Hintergründe & Infos

① **New South Wales**

② **Australian Capital Territory (A.C.T.)**

③ **Victoria**

④ **Queensland, Ausflug: Ayers Rock und Olgas**

UNTERWEGS MIT ARMIN TIMA

Australien präsentiert sich als unglaublich vielseitiges Reiseland. Man kann im dichten Regenwald exotische Tiere beobachten, an schneeweißen Sandstränden faulenzen oder vor der Küste in farbenprächtige Unterwasserwelten abtauchen. In den Millionenstädten pulsiert das Leben, während in kleinen Küstenorten ein ansteckend entspannter Beach-Lifestyle zelebriert wird. Wer karge Weiten liebt, wird im Outback sein Traumziel finden, wo die Luft flimmert, rote Staubpisten bis zum Horizont reichen und die Nächte sternenklar sind.

Darüber hinaus bietet Australien ein kulturelles Angebot, das von hochkarätigen Ausstellungen in den Galerien der Metropolen bis zu uralten Felszeichnungen der Aborigines in den entlegensten Winkeln des Kontinents reicht. Alles begleitet von der fast schon legendären Gelassenheit der Australier. Kein Wunder also, dass sich Touristen aus aller Welt und aller Altersklassen in „Down Under" schnell wohlfühlen und meist gar nicht mehr abreisen wollen. Weil der Heimflug aber fast immer unvermeidlich ist, bedarf es in Anbetracht der vielfältigen Möglichkeiten und der enormen Distanzen einer guten Planung, um auch all das zu sehen, was man sich vorgenommen hat. Aber dafür haben Sie ja jetzt diesen Reiseführer.

Viel Spaß in Australien wünscht Ihnen Armin Tima

Text und Recherche: Armin Tima **Lektorat:** Dagmar Tränkle, Anja Elser (Überarbeitung) **Redaktion:** Ute Fuchs **Layout:** Claudia Hutter, Dirk Thomsen **Karten:** Janina Baumbauer, Torsten Böhm, Carlos Borrell, Judit Ladik, Annette Seraphim, Gábor Sztrecska **Fotos:** Alles Fotos von Armin Tima, außer S. 174 und S. 281 Susanne Merbold. **Covergestaltung:** Karl Serwotka **Covermotive:** oben: Outback Sandpiste © HLPhoto – Fotolia.com, unten: Koala © X-M²-H – Fotolia.com

3. ÜBERARBEITETE UND AKTUALISIERTE AUFLAGE 2016

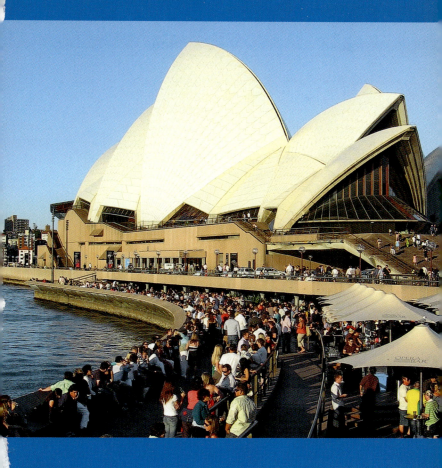

AUSTRALIEN
DER OSTEN

ARMIN TIMA

Australien – Die Vorschau 16

Australien – Hintergründe & Infos 22

Geografie und Geologie 24

Klima 32

Flora und Fauna 37

Australiens natürliche Vegetation	37	Reptilien	46
		Vögel und Fledertiere	48
Pflanzengesellschaften	38	Spinnen	51
Bäume und Sträucher	40	Insekten	51
Tierwelt	41	Wassertiere	52
Säugetiere	42	Giftige und gefährliche Arten	54
Amphibien	46	Importierte Arten	56

Geschichte 57

Australiens Ureinwohner	57	Besiedlung des Kontinents	70
Frühe Seefahrer und erste Erkundungen	61	Die Entdecker	71
James Cook und die Endeavour	62	Der Goldrausch und die Folgejahre	72
First Fleet	63	Föderation	74
Die Anfänge der neuen Kolonie	64	Das 20. Jahrhundert	74
Sträflinge und Gefangenenlager	66	Australien im Krieg	77
Freie Siedler und Klassenkonflikte	68	Australien im neuen Millennium	78
Squatter und Overlanders	68	Zeittafel	80

Politik 83

Wirtschaft 86

Kunst und Kultur 88

Menschen in Down Under 96

Reisevorbereitung und Anreise 105

Unterwegs in Australien 111

Mit dem Flugzeug	111	Mit der Bahn	120
Mit Pkw, 4WD, Wohnmobil und Motorrad	112	Mit dem Fahrrad	121
		Mit Fähre, Schiff & Co.	122
Mit dem Bus	119		

Übernachten — 123

Hotels	123	Hostels	127
Apart-Hotels und Apartments	125	Farmstay	129
Resorts	126	Campingplätze, Caravan-Parks und Cabins	129
Ferienhäuser und Retreats	126		
Motels und Motor-Inns	126	Bushcamping in Nationalparks	130
Bed & Breakfast	126	Wildcampen/Freecamping	131

Essen und Trinken — 132

Wissenswertes von A bis Z — 139

Ärztliche Versorgung	139	Medien (deutschsprachig)	153
Alkohol	139	Medizinische Versorgung	153
Alleinreisende Frauen	140	Mehrwertsteuer-Rückerstattung	153
Arbeiten	140	Mindestaufenthalt	154
Ausrüstung und Kleidung	140	Nachtleben	154
Auswandern	141	Nationalflagge	154
Baden und Schwimmen	141	Nationalhymne	155
Behinderung	141	Nationalparks	155
Bushwalking	142	Notruf	155
CBD	143	Öffnungszeiten	156
Ciguatera	143	Post und Paketsendungen	156
Diplomatische Vertretungen	143	Preisniveau	157
Dive Medicals	143	Rauchen	158
Drogen	143	Reisedokumente	158
EFTPOS	143	Reisezeit	158
Einkaufen	143	Schulferien	158
Ermäßigungen	144	Sonnenschutz	159
Erste Hilfe	144	Souvenirs	159
Feiertage und Feste	146	Steuernummer	161
FKK und Nacktbaden	147	Strom und Steckdosen	161
Fotografieren und Filmen	147	Tax File Number	161
Geld und Finanzen	148	Telefonieren	161
Gesundheitsrisiken und Impfungen	149	Toiletten	162
		Touristinformationen	162
Homosexuelle Szene	150	Trampen	162
Internet	150	Trinkgeld	163
Kartenmaterial	150	Vorwahlen	163
Kinder	151	Währung	163
Kriminalität	152	Wandern	163
Lebensmittel	152	Working Holiday	164
Maße und Gewichte	153	WWOOF	164
		Zeitzonen	164

Australien – Reiseziele

New South Wales (NSW)

Geschichte	170	Flora und Fauna	173
Geografie und Klima	173	Wirtschaft	175

Sydney

Geschichte	177	Kings Cross	233
Klima	178	Chinatown	233
Flora und Fauna	178	Olympiapark	234
Praktische Informationen	180	Centennial Parklands	235
Sehenswertes	217	Nordsydney	235
The Rocks und Circular Quay	219	Außerhalb	236
Innenstadt	225	Baden: Strände und Rockpools	236
Darling Harbour	230	Wandertouren und Walks	238

Die Umgebung von Sydney

Manly	240	Ku-ring-gai-Chase-Nationalpark	246
Northern Beaches	243	Botany Bay	247
Hawkesbury River	245	Royal-Nationalpark	248

Southern Highlands

Mittagong	249	Berrima	250
Bowral	250	Goulburn	251

Blue Mountains

Wandern in den Blue Mountains	256	Blackheath	262
Ortschaften am Round Drive	257	Mount Victoria	263
Wentworth Falls	257	Jenolan Caves	263
Leura	258	Lithgow	264
Katoomba	259		

New South Wales: Südküste

Wollongong und Vororte	265	Batemans Bay	279
Kiama	271	Mogo Village	280
Berry	272	Narooma	280
Kangaroo Valley	272	Montague Island	282
Nowra	274	Merimbula	282
Jervis Bay	275	Eden	283
Ulladulla und Milton	277		

Snowy Mountains ___ 285
Cooma	286	Perisher Blue	291
Jindabyne	288	Charlotte Pass	292
Thredbo	290	Die Snowies im Sommer	292
Weitere Skiresorts	291	Wanderung zum Mt. Kosciuszko	293

Das zentrale New South Wales ___ 294
Bathurst	294	Wellington	301
Orange	296	Dubbo	301
Mudgee und Region	298	Parkes und Umgebung	303
Cowra	300		

Riverina und Murray River ___ 304
Wagga Wagga	305	Deniliquin	309
Griffith	307	Wentworth	310
Hay	308		

Das Outback von New South Wales ___ 311
Cobar	312	Mungo-Nationalpark	322
Bourke	312	Kinchega-Nationalpark	323
Broken Hill	316	Mutawintji-Nationalpark	323
Silverton	322		

Hunter Valley ___ 324

New-England-Plateau ___ 328
Tamworth	329	Auf dem Waterfall-Way entlang zur Küste	336
Uralla und Walcha	333	Glen Innes	336
Armidale	334	Tenterfield	338

Westlich des Plateaus ___ 339
Lightning Ridge	339

New South Wales: Nordküste ___ 341
Newcastle	341	Coffs Harbour	360
Port Stephens und Nelson Bay	347	Grafton und Umgebung	364
Great Lakes und Manning Valley	350	Yamba und Umgebung	365
		Ballina	366
Barrington-Tops-Nationalpark	351	Lennox Head	367
Port Macquarie	352	Byron Bay	368
Nambucca Heads	357	Tweed Heads	375

Hinterland und Grenzregion	375	Nimbin und Umgebung	377
Lismore	375	Border-Ranges-Nationalpark	377

Australian Capital Territory (ACT) — 378

Canberra — 379

Geschichte	380	Der Parlamentsdistrikt	401
Klima	381	Die Münze und das Australian Institute of Sports	403
Praktische Informationen	382		
Sehenswertes	395	Außerhalb von Canberra	404
Civic und östlich des Zentrums	396	Gold Creek Village	404
Westlich des Zentrums	397	Canberra Deep Space	405
Rund um den Lake Burley Griffin	398	Lanyon Homestead	405

Victoria (VIC) — 406

Geschichte	408	Flora und Fauna	410
Geografie und Klima	409	Wirtschaft	410

Melbourne — 412

Geschichte	413	Southbank und Arts Precinct	449
Klima	414	Südöstlich des Zentrums	451
Geografie	414	Docklands	453
Praktische Informationen	415	St. Kilda	454
Sehenswertes	441	Williamstown und Heide Museum of Modern Art	455
Das Stadtzentrum	442		
Nördlich des Zentrums	448		

Die Umgebung von Melbourne und Port Phillip — 456

Dandenong Ranges	456	Hanging Rock und Werribee-Park	467
Yarra Valley	457		
Healesville	458	Bellarine Peninsula	468
Mornington Peninsula	461	Geelong	468
Sorrento und Portsea	462	Queenscliff	472
Point-Nepean-Nationalpark	463	Ocean Grove	475
French Island	464	Barwon Heads	476
Phillip Island	465		

Die Goldfelder Victorias — 477

Ballarat	478	Castlemaine	484
Spa Town: Daylesford und Hepburn Springs	483	Maldon	486

Bendigo	487	Avoca und Pyrenees	492
Maryborough	491		

Great Ocean Road 493

Torquay	495	Cape Otway und Great-Otway-Nationalpark	501
Anglesea und Aireys Inlet	497	Port-Campbell-Nationalpark und Küste	503
Lorne	497	Port Campbell	505
Apollo Bay	499		
Great Ocean Walk	500		

Entlang der Küste nach South Australia 506

Warrnambool	506	Portland	510
Port Fairy	508	Cape Bridgewater	512

Gippsland 514

South Gippsland und Wilsons-Promontory-Nationalpark	515	Traralgon	521
Korumburra	515	Mt. Baw Baw Alpine Resort	522
Inverloch, Wonthaggi und Cape Paterson	517	Walhalla	523
Foster	517	East Gippsland und Gippsland Lakes	524
Wilsons-Promontory-Nationalpark und Tidal River	518	Sale	524
Yarram	519	Bairnsdale	526
Tarra Valley und Tarra-Bulga-Nationalpark	519	Lakes Entrance	526
Auf dem Princess Free- bzw. Highway	520	Metung	529
Yarragon	521	Snowy-River-Nationalpark	530
		Cann River	531
		Mallacoota und Croajingolong-Nationalpark	531

Das Hochland Victorias 532

Der Südwesten des Hochlandes	533	Bright	539
Eildon	533	Mount Hotham	540
Mansfield	534	Dinner Plain	541
Mount Buller	536	Mount Beauty und Umgebung	542
Entlang der Great Alpine Road	537	Falls Creek	543
Wangaratta	537	Omeo	544

Murray River 545

Albury-Wodonga	546	Echuca	553
Rutherglen	550	Swan Hill	556
Lake Mulwala	551	Mildura	558
Shepparton	552		

Wimmera und Grampians-Nationalpark — 562

Ararat	562	Hamilton und Umgebung	569
Stawell	564	Horsham	570
Grampians-Nationalpark	566	Little-Desert-Nationalpark	571
Halls Gap	568		

Queensland (QLD) — 572

Geschichte	576	Flora und Fauna	578
Geografie und Klima	577	Wirtschaft	579

Brisbane — 580

Geschichte	581	Gardens Point und Waterfront	608
Stadtbild	583	South Bank	610
Klima	583	Roma Street Parklands und Umgebung	612
Geografie	584	Mt. Coot-tha	614
Praktische Informationen	584	Außerhalb	614
Sehenswertes	603		
Stadtzentrum	605		

Brisbane: Umgebung und Hinterland — 615

Die Moreton Bay und ihre Inseln	615	Bribie Island	619
Moreton Island	615	Hinterland und Darling Downs	620
North Stradbroke Island	618	Ipswich	620
		Toowoomba	621

Gold Coast und Hinterland — 624

Surfers Paradise, Broad Beach	625	Lamington-Nationalpark	638
Die Gold Coast abseits des Trubels	635	Springbrook-Nationalpark	638

Sunshine Coast — 639

Glasshouse Mountains	640	Sunshine Beach und Sunrise Beach	646
Caloundra	641	Noosa	647
Mooloolaba	644	Noosa-Nationalpark	653

Fraser Coast — 654

Fraser Island	654	Hervey Bay	665
Rainbow Beach	662	Bundaberg	671
Maryborough	663	Bargara	674

Capricorn Coast und Hinterland 676

Town of 1770 und Agnes Water	676	Rockhampton	681
Lady Musgrave Island	678	Yeppoon, Rosslyn Bay	685
Lady Elliot Island	679	Great Keppel Island	686
Gladstone	679		

Whitsunday Coast 687

Mackay	687	Whitsunday Island	702
Pioneer Valley und Eungella-Nationalpark	691	Long Island	703
		Hook Island und Resort	703
Airlie Beach	694	Daydream Island und Resort	703
Whitsunday Islands	698	Lindeman Island	704
Hamilton Island und Resort	701	Bowen	704
Hayman Island und Resort	702		

Nord-Queensland: von Townsville bis Cooktown 706

Townsville	708	Port Douglas	737
Magnetic Island	716	Mossman	743
Hinchinbrook Island	720	Daintree Village	744
Mission Beach	721	Vom Daintree River zum „Cape Trib"	745
Innisfail	723		
Cairns	726	Cape Tribulation	746
Cairns Northern Beaches	736	Cooktown	749

Cape York Peninsula 753

Atherton Tablelands 756

Mareeba	756	Atherton und Yungaburra	759
Granite Gorge	759	Kuranda	762

Das Outback von Queensland 767

Capricorn Highway	770	Longreach	775
Emerald	770	Winton	778
Sapphire Gemfields	771	Overlander's Way	781
Carnarvon-Nationalpark und Carnarvon-Schlucht	773	Mount Isa	781
		Cloncurry	785
Barcaldine	774	Richmond und Hughenden	786
Den Landsborough Highway entlang	775	Charters Towers	787
		Undara-Volcanic-Nationalpark	789

Ausflug nach Ayers Rock und Olgas 790

Ayers-Rock-Resort (Yulara)	791	Uluru-Kata-Tjuta-Nationalpark	793

Register 802

Kartenverzeichnis

Australien – Osten — vordere Umschlagklappe
Sydney Großraum — hintere Umschlagklappe

New South Wales	170/171
Armidale	335
Blue Mountains	256/257
Broken Hill	320/321
Byron Bay	371
Coffs Harbour	363
Hunter Valley	327
Katoomba	261
New England Plateau	331
Newcastle	345
Nordküste New South Wales	359
Nordküste Süd	343
Outback New South Wales	314/315
Port Macquarie	354/355
Riverina	306/307
Snowy Mountains	287
Southern Highlands	249
Südküste	267
Sydney	
CBD	198/199
City	188/189
The Rocks	193
Bondi	203
Pyrmont, Glebe, Balmain	207
Tamworth	333

Zeichenerklärung für die Karten und Pläne

- Autobahn
- Hauptstraße
- Straße
- Landstraße
- Straßennummer
- Nationalparkgrenze
- Richtungshinweis
- Parkplatz
- Botschaft
- Bank/Geldautomat
- Flughafen
- Bushaltestelle
- Fahrradverleih
- Krankenhaus
- Apotheke
- Supermarkt
- Post
- Sportplatz
- Information
- Allgem. Sehenswürdigkeit
- Aussichtspunkt
- Kirche
- Museum
- Theater
- Leuchtturm
- Badestrand

Wollongong	269
Zentrales New South Wales	296
Australian Capital Territiory	383
Canberrra - Zentrum	386/387
Canberra Kingston	390
Victoria	408/409
Albury	549
Ballarat	481
Bendigo	489
Entlang der Südküste nach South Australia	510
Geelong	471
Goldfelder Victorias	479
Great Ocean Road	494/495
Hochland Victorias	534
Lakes Entrance	528/529
Melbourne	
Übersicht	418/419
Carlton	428
City, Docklands	424/425
Fitzroy	427
South Yara & Prahran	431
St. Kilda	434
Umgebung & Port Phillip	458/459
Mildura	561
Murray River	546/547
East Gippsland	524/525
Phillip Island	465
South Gippsland and Wilsons Promontory	516/517
Swan Hill	557
Warrnambool	509
Wimmera & Grampians /NP	565
Yarra Valley	460
Queensland	574/575
Airlie Beach	697
Hochland/Atherton Tablelands	757
Brisbane	590/591
Fortitude Valley	593
Zentrum	595
Umgebung	616/617
Cairns	728/729
Cape Tribulation	748
Cap York	755
Capricorn Coast	680/681
Cooktown	751
Fraser Coast	658/659
Gold Coast	628/629
Hervey Bay	666/667
Kuranda	763
Magnetic Island	719
Mount Isa	783
Noosa	648/649
Nord-Queensland	707
Outback QLD	768/769
Port Douglas	739
Sunshine Coast	643
Surfers Paradise	631
Townsville	712/713
Whitsunday Coast	689
Whitsunday Island	701

 Mit dem grünen Blatt haben unsere Autoren Betriebe hervorgehoben, die sich bemühen, regionalen und nachhaltig erzeugten Produkten den Vorzug zu geben.

Wohin in Australiens Osten?

① **New South Wales** → S. 168

New South Wales hat für jeden Geschmack etwas: einladende Strände, grüne Regenwälder, staubtrockenes Outback und mit der Wohlfühlmetropole Sydney die bekannteste Stadt Australiens überhaupt – kaum ein Urlauber fliegt wieder heim, ohne sich das berühmte Opernhaus angeschaut zu haben. Mit einem kulturellen Zeugnis ganz anderer Art kann der äußerste Südwesten des Bundesstaates aufwarten: Am Lake Mungo wurden 1974 die rund 40.000 Jahre alten Überreste eines Homo Sapiens gefunden – mit weitreichenden Konsequenzen für die bis dato gängigen Theorien zur Besiedlungsgeschichte des Kontinents.

② **Australian Capital Territory** → S. 378

Ein territorialer Winzling von gerade einmal 2356 km² Fläche, 1911 eigens für die neue Landeshauptstadt Canberra geschaffen. Günstig zwischen Melbourne und Sydney gelegen, ist das ACT immer einen Ausflug wert: Das kulturelle Angebot Canberras ist riesig, einige der besten Museen des ganzen Landes befinden sich hier. Und mit dem modernen Parlamentsgebäude kann man sich ein wahres architektonisches Schmuckstück anschauen. Auch die Natur kommt nicht zu kurz, denn die am Reißbrett geplante Stadt ist in weitläufiges Buschland eingebettet, in dem man wunderbar wandern oder Rad fahren kann.

③ **Victoria** → S. 406

An der Küste von Australiens kleinstem Bundesstaat türmen sich einige der besten Surfwellen des Landes auf, das Hochland bietet viele Möglichkeiten zum Wandern oder Skifahren, und an den Ufern des Murray River verbreiten Orangenhaine fast schon mediterranes Flair. In Städten wie Bendigo oder Ballarat lassen prunkvolle Gebäude auch heute noch erahnen, welche enormen Reichtümer während des Goldrausches im 19. Jh. hier aus dem Boden geholt wurden. Bleibt schließlich die Metropole Melbourne, die den ewigen Konkurrenten Sydney zumindest in der Gunst der australischen Urlauber überholt hat.

④ **Queensland** → S. 572

Queensland ist nicht umsonst eines der beliebtesten Reiseziele in Down Under. Entlang der Küste reihen sich kleine Ortschaften, in denen das Strandleben zelebriert wird, in nördlicheren Gefilden kann man in dichten Regenwäldern auf Erkundungstour gehen, und mit dem Great Barrier Reef verfügt Queensland über eine weltweit einzigartige Attraktion. Exotische Tiere wie Helmkasuare oder Leistenkrokodile bevölkern die Naturräume, während man es in der aufstrebenden Metropole Brisbane versteht, das zunehmend hektische Großstadtleben mit subtropischer Gelassenheit zu nehmen.

Australien: Die Vorschau

Reiseziel Australien

Australien zieht Besucher aus allen Ecken der Welt an, v. a. Individualreisende finden hier ein ganz vorzügliches Revier, in dem sich vor exotischer Kulisse viele Abenteuer erleben lassen. Man kann mit dem Allrad-Camper durchs einsame Outback touren, dichte Regenwälder erkunden oder an schneeweißen Stränden entspannen. Flora und Fauna warten mit einer unvergleichlichen Artenvielfalt auf, die es so nirgends sonst auf unserem Planeten gibt. Reiserouten führen durch kleine Bauerndörfer, Bergbausiedlungen, entspannte Strandorte und pulsierende Metropolen, die den Besucher jeweils auf ihre ganz eigene Weise in den Bann ziehen. Sportskanonen finden ausgezeichnete Bedingungen zum Surfen, Tauchen oder Segeln, und ausreichend Stoff für ein spannendes Kulturprogramm ist nicht nur in den Großstädten geboten: Die Besichtigung historischer Felsmalereien und Kultstätten der Aborigines lässt sich oft mit abenteuerlichen Märschen durch die australische Wildnis kombinieren – oder ist anders gar nicht möglich. Dabei ist Australien aber immer noch ein sicheres Reiseland. Und damit ist es nicht nur für den gefahrenerprobten Globetrotter, sondern auch für junge Backpacker, rüstige Rentner und für Familien mit Kindern eine ausgezeichnete Urlaubsdestination.

Uralte Kultur

Auch wenn es lange Zeit konsequent ignoriert wurde: Die Aborigines durchstreiften den Kontinent schon lange vor den Europäern. Sehr lange, um genau zu sein – nach neuesten Erkenntnissen besiedelten sie Australien bereits vor wenigstens 40.000 Jahren. Dabei lebten sie von äußeren Einflüssen weitgehend ungestört bis zur Ankunft der ersten britischen Siedler im 18. Jh. Zeugnisse

„Über 40.000 Jahre alte Kultur"

dieser einzigartigen Kultur gibt es z. B. in Form von Felsmalereien zu bestaunen, einige direkt vor den Toren Sydneys. Der Besuch von *Uluru* („Ayers Rock") und *Kata Tjuta* („Olgas"), zwei der bekanntesten Kultstätten der Ureinwohner, gehört heute für viele Australienreisende zum festen Reiseprogramm. Zunehmend ist man sich auch der Bedeutung dieser Orte bewusst – aus Respekt vor der fremden Kultur verzichten immer mehr Urlauber auf die offiziell immer noch erlaubte Besteigung des Uluru. Im Mungo-Nationalpark im äußersten Südwesten von New South Wales kann man einen ganz besonderen Ort besuchen. Hier wurden 1969 in einem ausgetrockneten See die 40.000 Jahre alten Überreste einer Feuerbestattung gefunden, womit die Existenz einer frühen Kultur belegt werden konnte – aufgrund dessen musste die Geschichtsschreibung entsprechend geändert werden.

Landschaft

Die Lage und die enorme Ausdehnung des Landes begünstigen eine außergewöhnliche Vielfalt an Landschaftsformen und Klimabereichen, die jeden Australienreisenden begeistert. Im südlichen Victoria kann man tiefgrüne Urwälder mit meterhohen Farnen und beeindruckenden Baumriesen genauso entdecken wie fruchtbare Weinanbaugebiete und hügeliges Hochland. Entlang des Murray River erstrecken sich landwirtschaftliche Nutzflächen, während sich im östlichen Grenzgebiet zu New South Wales die Great Dividing Range auf über 2000 m erhebt – im Winter kann man hier sogar Ski fahren. Im Westen von New South Wales und Queensland dominiert karges, staubiges Outback, wohingegen sich im Norden und Osten des Landes Mangrovensümpfe, tropische Regenwälder und palmengesäumte Sandstrände ausbreiten. Dabei präsentiert sich der

Australien: Die Vorschau

Kontinent in vielen Gegenden oft noch genauso wild und unberührt wie bei der Ankunft der ersten Europäer.

Strände

Australien hat jede Menge wunderbarer Strände zu bieten – man hat die Wahl, ob man an einem der hippen Stadtstrände der Touristenhochburgen Beach-Lifestyle zelebrieren möchte oder lieber in einer einsamen Bucht Ruhe und Entspannung sucht. Empfehlungen für „den schönsten Strand" gibt es mehr, als man auf einer einzigen Reise abarbeiten kann, und so ist der beste Tipp, einfach loszuziehen und sich seinen ganz persönlichen Lieblingsstrand selbst zu suchen. Bei einer Küstenlänge von über 36.000 km – zählt man die vorgelagerten Inseln mit dazu, sind es sogar 56.000 km – stehen die Chancen auf Erfolg wahrlich nicht schlecht.

Metropolen mit Lebensqualität

In Australiens sonnenverwöhnten Metropolen lässt es sich außergewöhnlich gut leben, das erkennt man auch als Tourist sofort. „Work-Life-Balance" ist hier ein viel gebrauchter Begriff, und es scheint tatsächlich so, als würden es die Städte Sydney, Melbourne oder Brisbane ihren Bewohnern besonders leicht machen, Job und Freizeit zu verbinden. Die Zentren bieten nicht nur ein großartiges Kulturangebot, beste Einkaufsmöglichkeiten und ein vielfältiges Nachtleben, sondern eben auch eine fantastische Naturkulisse vor der Haustür – nicht zu vergessen das passende Wetter, um die Mußestunden auch unter freiem Himmel verbringen zu können. Da ist es dann auch möglich, vor der Arbeit noch schnell ein Stündchen surfen zu gehen oder nach Feierabend mit dem Fahrrad in einem der umliegenden Nationalparks eine

„Metropolen mit Lebensqualität"

Runde zu drehen. Urlauber können sich das vielfältige Angebot zunutze machen, um einige gelungene Tage zu erleben.

Küche

Auf Australiens Weiden grasen Millionen von Rindern und Schafen, die Fleisch in bester Qualität liefern, frischer Fisch und Meeresfrüchte schwimmen praktisch vor der Haustür, und im tropischen Norden gedeihen exotische Früchte wie Mango, Banane und Ananas. Es verwundert also nicht, dass man in einem Land, das vor exquisiten Grundzutaten nur so strotzt, auch ausgezeichnet essen kann. Im Einwandererland Australien finden sich kulinarische Einflüsse Dutzender Nationalitäten, und was heute als „Modern Oz" bezeichnet wird, verbindet hauptsächlich asiatische, mediterrane und arabische Küche zu einem wahren Gaumenschmaus. In den letzten Jahren hat man zunehmend auch das traditionelle „bush food" wie Wildkräuter, Buschtomaten oder Beeren integriert, von dem sich die Aborigines schon vor Tausenden von Jahren ernährten. Der Besuch in einem guten Restaurant ist in Australien leider kein billiges Vergnügen, aber mindestens ein Mal sollte man sich diesen Luxus gönnen.

Nationalparks

Man hat in Australien früh erkannt, dass es das außergewöhnliche und fragile Ökosystem zu schützen gilt – auch wenn man noch lange nach dieser Einsicht ökologische Dummheiten wie die gezielte Ansiedlung der brasilianischen Aga-Kröte zur Schädlingsbekämpfung vollbracht hat. Der *Royal National Park* südlich von Sydney wurde jedenfalls bereits 1879 gegründet und ist damit, nach dem Yellowstone-Nationalpark in den USA, der zweitälteste Nationalpark der Welt. Mittlerweile gibt es in Australien über 500 Nationalparks, die sich

Australien: Die Vorschau

über eine Gesamtfläche von mehr als 28 Mio. Hektar erstrecken und ganz unterschiedliche Landschaftsformen und Lebensräume einbeziehen. Urlauber wie auch Einheimische strömen in Scharen in die Parks, um sich dort in intakter Natur zu erholen, zu wandern oder um Tiere zu beobachten. Einige der Parks liegen entlang der Hauptreiserouten, während andere nur nach langen Anfahrten abseits asphaltierter Straßen zu erreichen sind.

Wandern

Es gibt wohl keine bessere Art, die australische Natur zu erkunden als beim „Bushwalking", wie hier sämtliche Wanderaktivitäten genannt werden. Die Möglichkeiten sind schier unerschöpflich, man kann im Hafengebiet von Sydney bequeme Kurzwanderungen durch typisches Buschland unternehmen, sich aber auch zu mehrtägigen Selbstversorger-Touren durch fast unberührte Wildnis im Hinterland aufmachen. In populären Wanderregionen wie den Blue Mountains (NSW), dem Grampians-Nationalpark (VIC) oder dem Eungella-Nationalpark (QLD) sind die Wege i. d. R. gut präpariert und markiert, sodass auch weniger erfahrene Bushwalker die Touren genießen können. In entlegeneren Gegenden ist es durchaus normal, dass man selbst bei mehrtägigen Touren kaum einer Menschenseele begegnet – gleichermaßen Grund zur Freude und zur besonderen Vorsicht.

Reisen mit Kindern

Die Australier reisen selbst sehr viel mit ihren Kindern, und so ist es auch für Urlauber überhaupt kein Problem, mit dem Nachwuchs auf große Tour zu gehen. Am bequemsten geht das sicherlich im Wohnmobil, die meisten Vermieter haben Modelle mit bis zu sechs Schlafplätzen im Programm. Campingplätze sind i. d. R. ganz gut auf Familien eingestellt, meist gibt es einen Pool und einen kleinen Spiel-

„Faszinierende Tierwelt"

platz, einige Holiday-Resorts bieten sogar Kinderbetreuung an. Auch ein kindgerechtes Reiseprogramm ist in Australien relativ unkompliziert zusammenzustellen – Besuche in Zoos oder Tierparks stehen dabei immer ganz hoch im Kurs. Je nach Alter kann man leichtere Wanderungen unternehmen, außerdem gibt es spezielle Sportangebote für Kinder wie z. B. Surfkurse. Lediglich die langen Überlandfahrten im australischen Outback können zur Geduldsprobe werden.

Kurioses und außergewöhnliches Australien

Ein Land mit Rinderfarmen, so groß wie Rheinland-Pfalz, mit einem Wappentier, das samt Nachwuchs im Beutel in großen Sätzen durch die Gegend hüpft, und mit Bewohnern, die Regatten in ausgetrockneten Flussbetten veranstalten – als Australienneuling sollte man sich auf allerhand Erstaunliches gefasst machen. Australien scheint ein fast unerschöpfliches Repertoire an Kuriositäten auf Lager zu haben, und eine der ersten ist wohl der Umstand, dass es die eigentlich so versierten europäischen Seefahrernationen überhaupt geschafft haben, auf ihren Erkundungsfahrten das riesige Australien so lange zu übersehen. Zweifellos einen Platz auf den vorderen Rängen des Kuriositätenkabinetts belegt das Schnabeltier, ein Eier legendes Säugetier, das man in den Flussläufen der Ostküste beobachten kann und das es sonst nirgends auf dem Planeten gibt. Aber auch die Tatsache, dass Australien von der weltweit größten Population an frei lebenden Kamelen bevölkert wird und die Tiere mittlerweile gar in die arabischen Länder exportiert werden, lässt ein gewisses Erstaunen aufkommen. Die vielleicht außergewöhnlichste Sehenswürdigkeit des Landes aber ist die farbenprächtige Unterwasserwelt des *Great Barrier Reef*, des mit rund 2300 km Länge größten Korallenriffs der Erde.

Surfer genießen den Sonnenuntergang auf dem Wasser

Hintergründe & Infos

Geografie und Geologie	→ S. 24	Menschen in Down Under	→ S. 96
Klima	→ S. 32	Reisevorbereitung und Anreise	→ S. 105
Flora und Fauna	→ S. 37	Unterwegs in Australien	→ S. 111
Geschichte	→ S. 57	Übernachten	→ S. 123
Politik	→ S. 83	Essen und Trinken	→ S. 132
Wirtschaft	→ S. 86	Wissenswertes von A bis Z	→ S. 139
Kunst und Kultur	→ S. 88		

Berühmte Felsformation: die „Three Sisters" in den Blue Mountains

Geografie und Geologie

Die Entstehung des Kontinents

Die Geburtsstunde des australischen Kontinents liegt rund 65 Mio. Jahre in der Vergangenheit. Gegen Ende des Mesozoikums brach eine große Landmasse vom südlichen Superkontinent *Gondwana* ab und driftete stetig in die Isolation inmitten der Ozeane. Etwa 15 Mio. Jahre später teilte sich diese Landmasse erneut in die heutige Antarktis und den Inselkontinent Australien. Dass die geologische Vergangenheit allerdings noch viel weiter zurückreicht, beweisen zahlreiche wissenschaftliche Erkenntnisse, denen zufolge beispielsweise das große Felsplateau im Westen des Landes rund 1000 Mio. Jahre alt ist – einige Formationen in der nordwestlichen *Pilbara*-Region werden gar auf ein Alter von über 3300 Mio. Jahren geschätzt.

Der große Unterschied in der Entwicklungsgeschichte zu den anderen Kontinenten liegt in der geologischen Stabilität. Während zahlreiche Gebiete im Rest der Welt durch massive tektonische Aktivität geprägt wurden, in deren Folge riesige Gebirgsmassive entstanden, war der australische Kontinent schon lange zur Ruhe gekommen und wurde bereits wieder durch die Naturgewalten geformt, geschliffen und abgetragen. Die viele Millionen Jahre während Erosion ist mit dafür verantwortlich, dass Australien heute der flachste aller Kontinente ist. Ausschlaggebend für die außergewöhnliche tektonische Stabilität ist die zentrale Lage auf der Indo-Australischen Platte. Direkte „Nachbarn" wie Neuseeland oder Indonesien hingegen befinden sich am Rande dieser Platte und damit inmitten einer tektonisch äußerst labilen Zone, die von Erdbeben und Vulkanismus geprägt ist.

Sein endgültiges Gesicht erhielt der Kontinent durch den Einfluss der letzten Eiszeit. Zu Beginn, vor etwa 20.000 Jahren, band das Eis so viel Wasser, dass der Meeresspiegel um über 100 m sank, was intensive Erosionsprozesse in Gang setze. Landbrücken nach Asien entstanden und auch die Insel Tasmanien konnte trockenen Fußes erreicht werden. Mit der Schmelze vor rund 10.000 Jahren stieg der Meeresspiegel wieder an und Australien erhielt seine charakteristische Küstenlinie, wie wir sie heute kennen.

Bei genauerer Betrachtung kann man drei grundlegend verschiedene Regionen differenzieren. Im Westen das riesige *Great Western Plateau*, das sich über zwei Drittel des Kontinents erstreckt und zu den ältesten Landmassen Australiens zählt. Bis auf einige vereinzelte Erhebungen ist es weitgehend flach und liegt durchschnittlich 350 m über dem Meeresspiegel. Im Osten des Landes erhebt sich die *Great Dividing Range* (Eastern Highlands), eine verhältnismäßig junge Bergkette, die sich entlang der Küste bis nach Tasmanien zieht. Hier erheben sich die höchsten Gipfel des Landes, zwischen denen sich einige größere Hochebenen ausdehnen. Dazwischen breiten sich als Senke die *Central Eastern Lowlands* aus, die vom Golf im Norden bis an die Küste im Süden reichen. Die durchschnittliche Höhe beträgt gerade mal 145 m, der *Lake Eyre* stellt mit seiner Lage 15 m unter dem Meeresspiegel den tiefstgelegenen Punkt Australiens dar.

Unter der Erdoberfläche breitet sich das *Great Artesian Basin* aus, das mit einer Fläche von mehr als 1,7 Mio. km² das größte artesische Becken der Welt ist. Es stellt die einzige zuverlässige Wasserquelle dar im trockenen Outback (Outback: unbewohnte und spärlich besiedelte Gegenden im Landesinneren). Tausende von Bohrungen wurden seit Beginn der europäischen Besiedlung gesetzt, wobei der unterirdische Druck so groß ist, dass das – bisweilen recht salzhaltige – Wasser vielerorts ganz ohne Einsatz von Pumpen sprudelt.

Steckbrief Australien

Fläche: 7.682.300 km²

Hauptstadt: Canberra

Bevölkerung: ca. 23.000.000, davon 517.000 Aborigines (2,4 % der Gesamtbevölkerung)

Bevölkerungsdichte: ca. 2,99 Einwohner/km²

Höchste Erhebung: Mount Kosciuszko mit 2228 m

Tiefster Punkt: Lake Eyre mit 15,2 m unter dem Meeresspiegel

Küstenlänge: 36.735 km (Festland), ca. 57.700 km (inkl. Inseln)

Größter See: Lake Eyre (Salzsee) mit bis zu 9600 km²

Größte Wüste: Great Victoria Desert mit 418.750 km²

Höchste jemals gemessene Temperatur: 53,1 °C (1889) in Cloncurry, QLD

Landschaftsformen

Küste und Inseln: Sanfte Sandstrände, schroffe Klippen, wilde Felsküsten – die rund 36.000 km lange Küstenlinie des australischen Festlands bietet Raum für reichlich Abwechslung. Rechnet man die dem Kontinent vorgelagerten Inseln noch dazu, so wächst die Länge auf beinahe 60.000 km. Über 8000 Eilande gehören zu Australien, ein Großteil davon sogenannte „Kontinentale Inseln", die auf dem Australischen Schelf sitzen. Die größte – von Tasmanien einmal abgesehen – ist das

5786 km² große *Melville Island*, das sich vor der Küste des Northern Territory aus dem Meer erhebt, gleich gefolgt vom südaustralischen *Kangaroo Island* mit 4416 km². *Groote Island* gehört ebenfalls zum Northern Territory und belegt mit 2285 km² den dritten Platz. Etliche küstennahe Inseln haben sich zu beliebten Touristenzielen entwickelt, einige davon – z. B. *Fraser Island* – sind aufgrund ihrer Einmaligkeit weit über die Grenzen des Landes hinaus bekannt.

Berge: Australien ist nicht gerade als alpines Mekka bekannt und tatsächlich sind Berge und größere Erhebungen auf dem Inselkontinent eher spärlich gesät. Einzige wirkliche Ausnahme ist die *Great Dividing Range*, die sich auf einer Länge von 3700 km entlang der Ostküste erstreckt. In den südlichen Ausläufern dieser Gebirgskette befinden sich im Grenzgebiet zwischen New South Wales und Victoria die „Australischen Alpen" mit den höchsten Gipfeln des Kontinents. Einige Berge bringen es auf über 2000 m, Spitzenreiter ist mit 2228 m der *Mount Kosciuszko*. Alle anderen Gebirgszüge in Australien sind wesentlich niedriger, wobei ihre Gipfel kaum die 1500-Meter-Marke überragen. Nennenswert sind diesbezüglich die *Flinders Ranges* und die *Musgrave Ranges* in South Australia, die *MacDonnell Ranges* im Northern Territory oder die *Hamersley Ranges* in Western Australia.

Vulkanische Formationen: Vulkanische Aktivität hat in Australien auf vielfältige Art und Weise ihre Spuren hinterlassen. Einige markante Erhebungen des Landes sind so entstanden, zu den bekanntesten gehören sicherlich die *Glasshouse Mountains* in Queensland, die *Warrumbungles* in New South Wales oder der kegelförmige *Mount Napier* in Victoria. Unterirdische Lavatunnel sind besonders imposante Zeugen des Vulkanismus, wobei die *Undara Lava Tubes* in Nordqueensland zu den weltweit längsten dieser Röhren gerechnet werden. Nicht zuletzt sind durch Ausbrüche zahlreiche Krater und Maare entstanden wie etwa der schroffe *Mount Mypipamee Crater* oder das *Mount-Gambier*-Areal. Die älteren Vulkanformationen Australiens entstanden bereits vor Millionen von Jahren, andere vor weniger als 12.000 Jahren – geologisch gesehen ein Wimpernschlag.

Flüsse: *Murray River* und *Darling River* bilden das bedeutendste Flusssystem Australiens. Die Quelle des „Mighty Murray" (dt. „mächtiger Murray") liegt hoch oben in den Snowy Mountains, von wo sich der Fluss westwärts schlängelt, bis er nach 2590 km in South Australia ins Meer mündet. Der Darling River ist insgesamt länger, transportiert aber bei Weitem nicht so viel Wasser. Das liegt v. a. daran, dass er einem Plateau in Südqueensland entspringt und sein Weg gen Südwesten durch weitgehend niederschlagsarme Ebenen führt, die als Zuflüsse oftmals nur kleine Rinnsale zu bieten haben. Nach rund 2740 km vereinigt sich der Darling nahe der Ortschaft Wentworth mit dem Murray. Das gesamte *Murray-Darling*-Becken mit all seinen Nebenflüssen erstreckt sich über mehr als 1 Mio. km². Was allerdings für australische Verhältnisse als „mächtig" gelten mag, stellt sich im internationalen Vergleich als eher „schmächtig" heraus: Die durchschnittlich transportierte Wassermenge beträgt gerade mal 750 m³ pro Sekunde – die Donau schafft diesbezüglich gut das Neunfache, der Amazonas gar 270-mal so viel …

Wüsten: Australien ist der trockenste Kontinent der Erde – von der Antarktis einmal abgesehen. Im Landesinneren fallen stellenweise so wenig Niederschläge, dass sich im Laufe der Zeit echte Sand- und Geröllwüsten (engl. „gibber plains") bilden konnten. Vor allem auf dem *Great Western Plateau* breiten sich diese menschenfeindlichen Gegenden aus: Die *Great Sandy Desert* ganz im Nordwesten, die *Gibson Desert* im Zentrum und etwas weiter südlich die *Great Victoria Desert* – mit rund

Gischtfontänen an einem Rockpool nahe Sydney

350.000 km² die größte Wüste des Landes. Die *Simpson Desert* erstreckt sich weiter östlich im Grenzgebiet der Bundesstaaten South Australia, Queensland und Northern Territory. Etwa ein Drittel des Landes wird als Wüste klassifiziert, die semiariden Zonen nehmen in etwa dieselbe Fläche ein. Nimmt man allerdings die Klassifizierungskriterien etwas genauer unter die Lupe, so stellt man fest, dass Australiens Wüsten am Rand des „Wüstenspektrums" liegen: Mit Niederschlagsmengen von 200–250 mm pro Jahr erhalten sie immerhin 4- bis 5-mal mehr Regen als die Sahara.

Bodenschätze

Australien ist eine Schatzkammer. Unter der Erdoberfläche ruhen noch immer schier unerschöpfliche Vorkommen an **Kohle**, **Erzen**, **Edelmetallen** und **Edelsteinen** – auch nach über 150 Jahren intensiven Abbaus. Mittlerweile herrscht sogar wieder ein regelrechter Boom, da modernste Technik die Förderung auch an Orten erlaubt, an denen der Abbau vorher technisch unmöglich oder nicht rentabel war. Genau genommen wird heute mehr gefördert als je zuvor. Exportiert wird in die ganze Welt, speziell das aufstrebende China erweist sich als zuverlässiger Abnehmer.

Angefangen hat alles mit dem **Goldrausch** Mitte des 19. Jh. Geschichten von Viehhirten, die über faustgroße Nuggets stolperten, lockten Zehntausende Glücksritter aus aller Welt an. Die Zeiten derartiger Funde sind natürlich längst vorüber, die Förderung des Edelmetalls wird inzwischen in großem Stil von Firmen wie *KCGM* betrieben. Es scheint jedenfalls noch genug vorhanden zu sein – die *Superpit*-Mine in Kalgoorlie, Westaustralien, ist mit einer jährlichen Fördermenge von bis zu 25 t reinen Goldes die größte Mine des Landes.

Beinahe Monopolstellung genießt Australien mit seinen **Opalvorkommen**, über 90 % der weltweiten Förderleistung werden in Down Under („Down Under": Bezeichnung für Australien) erbracht, wobei der größte Teil davon aus *Coober Pedy*

(South Australia) stammt. Die äußerst seltenen und entsprechend wertvollen Schwarzen Opale findet man allerdings nur in *Lightning Ridge* (New South Wales). Die Opalsuche kann auch heute noch von Einzelpersonen rentabel betrieben werden und so sind Opalfelder meist von Hunderten kleiner Einzelschächte durchlöchert.

Westaustralien ist bekannt für seine reichen **Diamantvorkommen**. In der *Argyle Mine* in den Kimberleys werden derzeit rund 10 Mio. Karat (entspricht 2000 kg; 1 Karat = 0,2 g) pro Jahr gewonnen, seit der Inbetriebnahme der Mine im Jahr 1985 wurden rund 760 Mio. Karat gefördert, also gut 152 Tonnen Diamanten! Damit liegt die Mine mengenmäßig im internationalen Spitzenfeld, allerdings sind nur 5 % der Ausbeute Diamanten höchster Güteklasse, was sich in der Wirtschaftlichkeit niederschlägt. Weniger als 1 % der Funde machen die rosa Diamanten aus – die sind aber so selten, dass diese winzige Menge ganzen 90 % der weltweiten Förderung entspricht. 2012 wurde der „Argyle Pink Jubilee" gefunden, mit 12,76 Karat der größte jemals in Australien gefundene rosa Rohdiamant.

Wälder mit üppiger Vegetation

Neben all diesen Edelsteinen und -metallen findet man in Australien auch reiche Erzadern mit **Eisen-**, **Blei-**, **Zink-** oder **Kupfervorkommen**. Es war der deutschstämmige *Charles Rasp*, der 1883 im Outback von New South Wales über die größte zusammenhängende Ganglagerstätte der Welt stolperte. Zahlreiche Ablagerungen von Silber, Zink und Blei wurden in der 7 km langen „Line of Load" nachgewiesen, die bis heute ausgebeutet wird.

Im Northern Territory und in Queensland befinden sich rekordverdächtige **Bauxitlagerstätten**. Die Vorkommen sind so reichhaltig, dass Australien mit 65 Mio. Tonnen jährlich rund ein Drittel der weltweiten Produktion bestreitet. Das Bauxit wird in energieaufwendigen Prozessen zu Aluminium verarbeitet.

Unter Engpässen in der Energieversorgung wird Australien sicherlich nicht so schnell zu leiden haben. Die **Kohleflöze** sind so ergiebig, dass das Land nicht nur 80 % der eigenen Energieproduktion damit decken kann, sondern zudem noch weltweit zweitgrößter Kohleexporteur ist. Experten schätzen, dass die Vorräte – bei gleichbleibendem Abbau – noch mehr als 150 Jahre reichen. Weitere fossile Brennstoffe werden vor der Küste Victorias in den *Bass-Strait*-Öl- und Gasfeldern gewonnen. Zu guter Letzt besitzt Australien noch eine Trumpfkarte, deren Wert sich in Zukunft wohl vervielfältigen wird: Rund ein Viertel der weltweit bekannten **Uranvorkommen** schlummern auf australischem Terrain. Im Land selber findet man für das radioaktive Metall zwar kaum Verwendung – es gibt keine Kernkraftwerke und es wird wohl so schnell auch keine geben –, aber der Export wird natürlich von enormen Gewinnspannen begleitet. Größter Produzent ist derzeit die *Olympic-Dam*-Kupfer-Uran-Mine in Südaustralien.

UNESCO-Weltnaturerbe

Die UNESCO hat Australiens außergewöhnlichste und bedeutendste Naturphänomene in ihre Liste des Weltnaturerbes aufgenommen. Die Besonderheit einiger dieser Orte ist den Ureinwohnern allerdings schon vor Tausenden von Jahren aufgefallen – sie nutzten sie als Treffpunkte oder Zeremonienplätze – und so erhalten diese Stätten letztendlich auch heute noch eine wichtige kulturelle Komponente.

UNESCO-Welterbe in Australien

Insgesamt gibt es in Australien 19 Stätten, die zum UNESCO-Welterbe gezählt werden, davon entfallen 12 auf das Weltnaturerbe, drei auf das Weltkulturerbe und vier Stätten zählen zu beiden Kategorien. Als letzter Zugang wurde 2011 die Ningaloo-Küste in Westaustralien in die Liste aufgenommen.

Naturerbe:
- Great Barrier Reef
- Lord-Howe-Inseln
- Gondwana-Regenwälder in Ostaustralien
- Feuchttropen in Queensland
- Shark Bay in Westaustralien
- Fraser Island
- Fossilienlagerstätten (Riversleigh/Naracoorte)
- Heard- und McDonald-Inseln
- Macquarie Island
- Greater Blue Mountains
- Purnululu-Nationalpark
- Ningaloo-Küste

Kulturerbe:
- Royal Exhibition Building und Carlton Gardens in Melbourne
- Sydney Opera House
- Historische Gefangenenlager

Naturerbe und Kulturerbe:
- Kakadu-Nationalpark
- Willandra Lakes
- Nationalparks in West-Tasmanien
- Nationalpark Uluru-Kata Tjuta

Das **Great Barrier Reef** an der Küste Queenslands besteht aus etwa 2900 zusammenhängenden Einzelriffen, die mit über 2000 km das längste Riffsystem der Welt bilden. 1981 wurde es als einer der ersten Naturräume Australiens in die UNESCO-Liste aufgenommen. Heute gerät es als Sorgenkind immer wieder in den Fokus, da der fragile Lebensraum zunehmend unter den sich verändernden Umwelteinflüssen zu leiden hat.

Ebenfalls zu Queensland gehört **Fraser Island**, die größte Sandinsel der Welt. Über einen Zeitraum von Hunderttausenden von Jahren lagerte sich Schwemmsand vor der Küste ab und ließ die über 180.000 ha große Insel entstehen. Bis auf einige Dünen ist „Fraser" überraschend dicht bewaldet, die Vegetation hat sich bestens an die sandigen Böden angepasst.

Wohl am bekanntesten unter allen Weltnaturerbekandidaten ist der *Ayers Rock* (Uluru) im Zentrum des Landes, der sich als einsamer Sandstein-Inselberg 350 m über die halbwüstenartige Ebene erhebt. Er ist zusammen mit *Kata Tjuta* (Olgas)

Teil des **Uluru-Kata-Tjuta-Nationalparks**. Das Gebiet wurde zunächst wegen seiner außergewöhnlichen Naturformationen, dann auch seiner kulturellen Bedeutung wegen in die Liste der UNESCO aufgenommen.

Einige Bedeutung besitzt der westaustralische **Purnululu-Nationalpark** wegen eines einzigartigen Phänomens, nämlich der sogenannten „Bienenkorb"-Formationen *(Bungle Bungles)*, die Ergebnis einer bestimmten Verwitterungsform im Sandstein sind. Außergewöhnlich dabei ist nicht nur die Erscheinungsform der Felsen, sondern auch deren verschiedenfarbige querverlaufende Schichtung. So beeindruckend diese Erscheinung ist, so erstaunlich ist die Tatsache, dass diese erst in den 1980er-Jahren richtig bekannt wurde.

In den **Willandra Lakes**, einer Ansammlung bereits seit langer Zeit ausgetrockneter Seen im Südwesten von New South Wales, hat die Erosion bizarre Formationen hinterlassen. Neben diesem Phänomen ist es aber v. a. der kulturelle Kontext, der den Ort zu etwas ganz Besonderem macht: Es gibt Funde, die Zeugnis von der Beisetzung einer Frau ablegen, was an sich noch nichts Ungewöhnliches wäre – nur: Diese Beisetzung fand vor 40.000 Jahren statt. Nirgends auf der Welt existieren ältere Beweise für rituelle Bestattungen. Die Entdeckung sorgte dafür, dass dieser Teil der australischen Geschichte neu geschrieben werden musste, ging man doch bis dahin davon aus, dass der Kontinent erst wesentlich später von Menschen besiedelt wurde.

Der **Kakadu-Nationalpark** im Northern Territory wurde in mehreren Phasen in die Liste aufgenommen. Den ehrenvollen Eintrag verdankt der Park seinen außergewöhnlichen Feucht- und Sumpfgebieten sowie den schroffen Sandsteinklippen des Plateaus.

Roter Fels und Kultstätte im Outback: Uluru

Externe Territorien Australiens

Neben Festland und vorgelagerten Inseln gehören noch weitere Territorien zu Australien, die weniger bekannt sind.

Das **Australian Antarctic Territory** ist das größte von einer Nation beanspruchte Gebiet in der Antarktis. Das rund 6 Mio. km² große Areal relativiert so manchen australischen Rekord: Hier ist es noch trockener als in den Wüsten Australiens, der *Mount McClintock* ist mit 3490 m rund ein Drittel höher als die Gipfel der Australischen Alpen und mit bis zu 60 °C unter Null ist es natürlich auch ein wenig kälter.

Die beiden Inseln des **Territory of Heard & McDonald Islands** liegen rund 4100 km südwestlich von Perth inmitten der Weiten des südlichen Ozeans. Auf dem 370 km² großen *Heard Island* erhebt sich der 2745 m hohe „Big Ben", Australiens einziger aktiver Vulkan.

Rund 1670 km nordöstlich von Sydney befinden sich die **Norfolk Islands**, Heimat der berühmten Pinie. Schon James Cook landete auf den 35 km² und binnen kürzester Zeit war knapp die Hälfte der fragilen Natur den Rodungen zum Opfer gefallen. Das Ökosystem muss sich noch immer von den frühen Sünden erholen – aber immerhin, es erholt sich.

Das Inselparadies des **Territory of Cocos (Keeling) Islands** breitet sich etwa 2770 km nordwestlich von Perth im Indischen Ozean aus. Tiefblaues Wasser, türkisfarbene Lagunen und schneeweiße Sandstrände verwöhnen die rund 550 Bewohner wie auch die Touristen. Entdeckt wurden die Inseln bereits Anfang des 17. Jh.

Das **Territory of Christmas Island** liegt wesentlich näher an Jakarta als an irgendeiner australischen Stadt. Über 60 % der Insel sind als Nationalpark ausgewiesen, die knapp 80 km Küstenlinie bestehen größtenteils aus Klippen. Es gibt praktisch kein Schelf und nur wenige hundert Meter vom Strand entfernt stürzt der Meeresboden auf einige hundert Meter Tiefe ab.

In der Timorsee liegt das **Territory of Ashmore & Cartier Islands**. Die Nähe zu Indonesien machte in den letzten Jahren immer wieder intensive Gespräche zwischen Regierungsvertretern beider Nationen nötig. Die vorgelagerten Riffe sind Heimat einer mannigfaltigen Fauna, einige Inselareale sind zum Schutz der Seevogel-Brutkolonien gesperrt.

Vor den Außenriffen des Great Barrier Reef erstreckt sich außerdem in Richtung Nordosten das **Coral Sea Islands Territory** über eine Fläche von rund 770.000 km². Das Gebiet besteht aus jeder Menge kleiner, unbewohnter Inseln, Korallenriffen und viel, viel Wasser.

Mystische Stimmung in den nebeligen Bergwäldern Victorias

Klima

Auf der Südhalbkugel verlaufen die Jahreszeiten entgegengesetzt zur Nordhalbkugel. Mit weißer Weihnacht wird's nichts in Down Under, ganz im Gegenteil, um diese Zeit ist der australische Hochsommer in vollem Gange. Wenn sich in Deutschland hingegen die Freibäder füllen, beginnt in Australien in manchen Gegenden die Skisaison. Da sich der australische Kontinent vom zehnten bis zum 43. Breitengrad (Tasmanien) erstreckt, sind die klimatischen Verhältnisse entsprechend vielfältig. Die gravierendsten Unterschiede ergeben sich zwischen Küste und Inland, d. h. von maritimem zu kontinentalem Klima, aber natürlich ist das Wetter an den Stränden der tropischen *Cape York Peninsula* auch deutlich anders als an den Gewässern der 3100 km weiter südlich gelegenen *Bass Strait*. Die Region mit dem „besten Wetter" gibt es sowieso nicht – wo das Thermometer das ganze Jahr über mehr als 25 °C anzeigt, können die Sommermonate Monsunregen, Stürme und extreme Hitzeperioden bringen, wo der Sommer hingegen angenehm warm und trocken ist, kann es im Winter bisweilen richtig ungemütlich und nasskalt werden. Aus diesem Grund gibt es – speziell unter Australiens Rentnern – regelrechte Klimapendler, die sich, je nach Jahreszeit, die angenehmste Alternative aussuchen.

Klimaregionen

Das Landesinnere: Der größte Teil des australischen Kontinents ist von aridem bis semiaridem Klima geprägt. Die Trockenheit und die enorme Hitze lassen kaum mehr Vegetation zu, lediglich karges Buschland vermag diesen lebensfeindlichen Bedingungen standzuhalten. Stellenweise gibt es so wenig Niederschläge, dass sich echte Wüsten bilden. In den Sommermonaten steigt das Thermometer leicht über 40 °C, der Ort *Cloncurry* im Outback von Queensland hält mit 53,1 °C den offizielˍ

len Hitzerekord. In den Winternächten hingegen kann es empfindlich kalt werden, die Temperaturen sinken dann gelegentlich auf unter 0 °C. Der große Pluspunkt dieses trockenen Klimas ist der sternenklare Nachthimmel – nirgends sonst in Australien präsentiert er sich so beeindruckend.

Der tropische Norden: So paradiesisch die warmen Wintermonate hier sind, so unangenehm wird es im Sommer. Monsunartige Regenfälle, extrem hohe Luftfeuchtigkeit und Temperaturen um die 30 °C machen jede noch so kleine Anstrengung zur Qual. Hinzu kommen gerne noch heftige Stürme und Unwetter. Einige dieser Regionen sind während der Regenzeit gar nicht mehr passierbar, weil die Asphaltstraßen überflutet sind und sich die Staubpisten in schlammige Gräben verwandeln. Die Temperaturunterschiede zwischen Sommer und Winter sind hier so gering, dass man die Jahreszeiten anders unterscheidet: die „wet season" (Regenzeit) und die „dry season" (Trockenzeit).

Tropic of Capricorn: Der Wendekreis des Steinbocks befindet sich auf 23°26'22" südlicher Breite und markiert die südlichste Position, an der die Mittagssonne exakt im Zenit steht. Um diese geografische Breite erstreckt sich an der Ostküste eine Übergangszone zwischen dem gemäßigten Ozeanklima und den Tropen. Das Temperaturminimum liegt hier im Jahresverlauf schon deutlich höher als in südlicheren Gefilden. Dies hat natürlich auch einen charakteristischen Wandel der Vegetation zur Folge, beispielsweise werden die Bedingungen für wechselwarme Tiere immer günstiger.

Gemäßigte Breiten (ozeanisches Klima): Die breiten Küstenstreifen von New South Wales und Victoria kann man den gemäßigten Breiten zuordnen, bedingt gehören auch Tasmanien und der östliche Küstenabschnitt Südaustraliens dazu. Die Sommer sind warm mit heißen Perioden, die Winter sind verhältnismäßig mild, kleinere Kälteperioden mit Ausreißern unter 10 °C gehören allerdings dazu. Die Niederschlagsmengen variieren innerhalb dieser Zone stark, in Sydney verzeichnet man durchschnittlich doppelt so viel Regen wie in Melbourne.

Bergregionen und Hochplateaus: Hierzu zählen z. B. das *New England Plateau*, die *Snowy Mountains* oder das *High Country* in Victoria. Diese wenigen Regionen unterscheiden sich vom Rest des Landes in erster Linie durch vier unterschiedliche, deutlich ausgeprägte Jahreszeiten. Im Frühling blühen die Wildblumen, die Sommer sind angenehm mild, im Herbst färben sich die Blätter der Laubbäume und im Winter kann es über mehrere Monate Schneefälle geben. Der Kälterekord in den *Snowies* liegt bei rund 22 °C unter Null.

Klimaextreme und Naturkatastrophen

Die Natur hat Australien mit extremen klimatischen Bedingungen bedacht. Modifizierend darauf wirkt sich das komplexe *El-Nino*-Phänomen aus, dessen Folgen kaum abzusehen sind. In der Kombination ergeben sich Wetterkapriolen, die nicht nur unangenehm sind, sondern auch ernsthafte Probleme für Land und Leute mit sich bringen.

Hitzewellen und Buschfeuer: Beide können eine verheerende Wirkung haben, meist treten sie auch noch im Doppelpack auf. Wochenlange Hitzeperioden ohne Regenfälle mit Extremtemperaturen um die 40 °C kommen in Australien immer wieder vor. Meist lassen die Buschfeuer dann auch nicht lange auf sich warten – bei entsprechenden Windverhältnissen werden innerhalb kürzester Zeit riesige Landstriche verwüstet. Begünstigend kommt hinzu, dass es die australische Flora den Flammen leicht macht: Die Öle der weitverbreiteten Eukalyptusbäume beispielsweise sind extrem schnell entflammbar und brennen äußert heiß. Die Ursachen für die Brände können natürlicher Art sein, oft genug sind aber leider auch Unachtsamkeit oder Brandstiftung mit im Spiel.

Eines der schlimmsten Feuer ereignete sich 1967 in Tasmanien, als innerhalb weniger Stunden über 250.000 ha Land verbrannten. Besonders hart traf es die Bewohner der Stadt Hobart – 62 Menschen verloren ihr Leben, 1400 Wohnhäuser wurden zerstört. Bei den Black Friday Fires im Jahr 1939 fegten regelrechte Feuerstürme über den Bundesstaat Victoria. Die tragische Bilanz: 71 Todesopfer und 20.000 km^2

Klimadurchschnittswerte

	Jan.	Febr.	März	April	Mai
Sydney	25,9	25,7	24,7	22,4	19,4
	18,6	18,8	17,5	14,7	11,5
	102,5	117,9	129,9	126,2	120,7
Brisbane	29,1	28,9	28,1	26,3	23,5
	20,9	20,8	19,5	16,9	13,8
	157,7	174,6	138,5	90,4	98,8
Cairns	31,8	31,3	30,5	29,2	27,4
	23,4	23,3	22,6	21,1	18,9
	419,3	422,4	459,6	263,8	110,5
Melbourne	26,2	26,4	24	20,2	16,6
	13,6	14	12,6	10,1	8,3
	42,7	43,3	36	44,8	41
Alice Springs	35,9	35	32,3	27,6	23
	20,9	20,1	17,1	12,2	7,7
	42,7	41,4	33,1	16,4	16,1
Darwin	32,4	32,2	32,7	33,5	32,6
	25,2	25	24,9	24,4	22,6
	393,2	329,7	258,3	102,6	14,3
Adelaide	27,9	28	25,5	22,1	18,5
	15,9	16	14,3	11,7	9,5
	18,1	18,5	20,8	34,8	54,1
Perth	30,7	31,2	29,5	25,5	22,4
	17,8	18	16,4	13,5	10,7
	17,6	9,1	20,7	28,8	89,5
Hobart	22,4	22,3	20,7	18,1	15,2
	12	12	10,7	8,7	6,6
	41,6	36,6	36,1	43	34,5

verbrannte Vegetation. Zu den jüngeren Feuersbrünsten gehören die Ash Wednesday Fires von 1983 und die Canberra Fires von 2003. Eine der größten Tragödien des Landes waren die Buschfeuer, die Anfang 2009 in verschiedenen Regionen Victorias wüteten und bei denen fast 200 Menschen ihr Leben verloren.

Wie anfällig die Natur für Buschfeuer ist, zeigt auch die seit 2009 einheitliche Bewertungsskala der Feuergefahr: Über der Stufe „sehr hoch" gibt es noch drei weitere, nämlich „severe", „extreme" und „catastrophic".

Dürre: Mangelnde und unregelmäßige Niederschläge sind sicherlich eine Hauptursache, aber insgesamt spielen mehrere Faktoren eine Rolle. Das australische *Bureau of Meteorology* definiert Dürre als eine „längere, ungewöhnlich trockene Zeitspanne,

Juni	Juli	Aug.	Sept.	Okt.	Nov.	Dez.
16,9	16,3	17,8	19,9	22,1	23,6	25,2
9,3	8,0	8,9	11	13,5	15,6	17,5
130,6	97,6	81,7	69,2	77	83,6	78,1
21,2	20,6	21,7	23,8	25,6	27,3	28,6
10,9	9,5	10	12,5	15,6	18	19,8
71,2	62,6	42,7	34,9	94,4	96,5	126,2
25,9	25,5	26,3	28	29,7	30,7	31,8
17,3	16,3	16,3	17,8	19,7	21,3	22,7
72,5	39,1	41,7	43,5	50,1	97,9	202,6
13,6	13	14,4	16,5	19,1	21,7	24,4
6,2	5,3	5,8	7	8,4	10,2	12
38	36,3	46,1	46,8	55	59,4	47,4
19,7	19,5	22,9	27	31,1	33,9	35,5
4,9	3,7	6	9,7	14,4	17,6	19,9
14,6	13,6	10,4	9,4	20,1	25,1	36,3
31,2	30,6	31,7	33	34,1	34,2	33,6
20,8	19,7	20,9	23,3	25,1	25,5	25,6
3	1,3	1,6	12,8	52,1	124	241,8
15,9	14,9	15,9	18,1	20,9	23,8	25,7
7,6	7	7,5	8,9	10,6	12,6	14,4
55,9	59,5	49,9	46,5	39,2	25,7	24,1
19,3	18,4	18,8	20,1	22,8	26,4	28,7
8,5	7,8	8	9,5	11,1	14,2	16,2
134,7	153,1	128,2	90,1	43,4	19,7	6,1
12,9	12,4	13,4	15,3	17,3	18,9	20,6
4,6	4,1	4,6	6	7,5	9,1	10,7
30,1	43,9	46,4	41,2	47,7	42,9	54,2

Information & Quellen: 1. Zahl: durchschnittliche Tageshöchsttemperatur in °C 2. Zahl: durchschnittliche Tagestiefsttemperatur in °C. 3. Zahl: durchschnittliche Niederschlagsmenge in mm. Sämtliche Angaben entstammen dem Australian Bureau of Meteorology

in der nicht genügend Wasser für den üblichen Bedarf vorhanden ist". Betroffen sind v. a. die Land- und Viehwirte. Die ganze Dramatik der Situation offenbart sich, wenn gestandene Männer mit Tränen in den Augen ihre Herden erschießen, um den Tieren den qualvollen Verdurstungstod zu ersparen. Die wirtschaftlichen Schäden gehen schnell in die Milliardenhöhe und für so manchen Farmer folgen Ruin und Arbeitslosigkeit. Dürreperioden gibt es in Australien regelmäßig, vereinzelt auch in besonders extremer Form. Die Dimensionen kann man als Außenstehender kaum ermessen, aber folgende Zahlen sprechen Bände: Während der *Federation Drought*, die von 1895 bis 1902 wütete, verendeten 36 Mio. Schafe und 5 Mio. Rinder. Die vermutlich schlimmste Dürre bislang – zumindest finanziell bemessen – ereignete sich zwischen 2003 und 2012.

Überschwemmungen: Nach den lang anhaltenden Trockenperioden ist der Boden hart wie Beton, kommt dann endlich der heiß ersehnte Regen, kann er nicht versickern und es kommt zu Überflutungen. In einigen nördlichen Regionen ist dies Teil des Jahreszyklus, Siedlungen und Infrastruktur sind entsprechend darauf ausgerichtet, die Menschen begegnen den Naturereignissen mit australischer Gelassenheit.

Aber Überschwemmungen können sich auch zu echten Desastern auswachsen – in der Vergangenheit wurden schon ganze Ortschaften zerstört. Unter allen Naturkatastrophen verursachen Überschwemmungen im Durchschnitt die höchsten Kosten. Im Jahr 1974 waren beispielsweise große Teile Brisbanes betroffen, es gab Todesopfer und Schäden in Höhe von mehreren Milliarden Dollar. Um die Ausmaße derartiger Katastrophen deutlich zu illustrieren: 1990 standen in New South Wales und Queensland Flächen unter Wasser, die doppelt so groß wie Deutschland waren.

Im letzten Jahrzehnt gab es wieder vermehrt besonders starke Überschwemmungen, fast jedes Jahr sind dabei auch Tote zu beklagen. Allein in Queensland verloren 35 Menschen in den Fluten um den Jahreswechsel 2010/2011 ihr Leben. Die Metropole Brisbane stand großflächig unter Wasser, in der Ortschaft Toowoomba schoss eine meterhohe Flutwelle durch die Straßen.

Zyklone sind im tropischen Norden ein echtes Problem. Der Zyklon *Mahina* fegte 1899 über die Cape York Peninsula und forderte dabei 400 Menschenleben – mehr als jede andere Naturkatastrophe davor oder danach. Auch heute kann man den entfesselten Urgewalten nicht viel entgegensetzen, aber man kann sich mithilfe zuverlässiger Wettervorhersagen zumindest in Sicherheit bringen. Vielleicht auch ein Grund, warum Zyklon *Larry* „nur" ein einziges Todesopfer forderte, als er 2006 mit Windgeschwindigkeiten von mehr als 250 km/h auf die Küste von Nordqueensland traf. Im Zentrum der Verwüstung befand sich die Ortschaft Innisfail, die zu großen Teilen zerstört wurde, die Gesamtschäden in der Region beliefen sich auf 1,5 Milliarden Dollar. Nur fünf Jahre später traf mit *Yasi* ein Monstersturm der Kategorie 5 – der höchsten Stufe – auf die Küste, wieder war die Region um Innisfail besonders stark betroffen. Böen von mehr als 285 km/h wurden gemessen, ganze Landstriche waren tage-, teilweise wochenlang ohne Strom. Die Schäden werden mit mehr als 3 Milliarden Dollar beziffert.

Erdbeben: Wenn auch nur äußerst selten – ab und an kommen sie doch vor. Das Newcastle-Beben von 1989 hatte eine Stärke von 5,6 auf der Richterskala und gilt als eine der größten Naturkatastrophen des Landes. 13 Menschen verloren ihr Leben, die Sachschäden beliefen sich auf über vier Milliarden Dollar. Die stärksten jemals in Australien gemessenen Erschütterungen gab es 1941 im westaustralischen Meeberri.

Der außergewöhnliche Curtain Fig Tree in den Atherton Tablelands

Flora und Fauna

Als sich die australische Landmasse vom Urkontinent Gondwana abspaltete, entstand ein Refugium, in dem sich Tiere und Pflanzen frei von äußeren Einflüssen entwickeln konnten – 65 Millionen Jahre lang.

Innerhalb dieses enormen Zeitraums konnten sich natürlich perfekt an die jeweiligen Gegebenheiten des Kontinents angepasste Ökosysteme herausbilden. Das Ergebnis ist eine fantastische und einmalige Naturlandschaft, die selbst die Einheimischen immer wieder zu begeistern und zu überraschen vermag – und die zahlreichen Besucher von Außerhalb sowieso. Diese Einzigartigkeit der Ökosysteme, die sich zu rund 85 % aus endemischen Arten zusammensetzen, ist aber leider auch mit ein Grund für deren Anfälligkeit gegenüber äußeren Einflüssen. Eingeschleppte Arten beispielsweise können verheerende Auswirkungen auf das empfindliche Gleichgewicht haben.

Seit Ankunft der europäischen Siedler wurden rund 12,5 % der natürlichen Vegetation gerodet, da die Neuankömmlinge Flächen für Viehweiden und Felder benötigten. Außerdem war man auf Holz als Baumaterial für die neu entstehenden Siedlungen angewiesen.

Australiens natürliche Vegetation

In den vergangen Jahrmillionen hat sich die Vegetation Australiens grundlegend verändert. Einst war der Kontinent von dichten Urwäldern bedeckt und riesige Landstriche verschwanden unter ebenso riesigen Seen – insgesamt konnte in dem feuchten Lebensraum eine Vielzahl von Pflanzen wuchern und gedeihen.

Heute wirken die klimatischen Extreme und die ganz speziellen Bodenverhältnisse derartig selektiv, dass nur die bestangepassten Arten überhaupt eine Überlebenschance haben. Als Folge kann selbst die zerstörerische Kraft des Feuers einigen australischen „Experten" nur wenig anhaben. Die regelmäßigen Buschbrände sind darüber hinaus Teil der natürlichen Prozesse innerhalb des Ökosystems, gegen die sich die lokale Flora mit entsprechenden Mechanismen gewappnet hat und so sprießen nach einer Feuersbrunst an den verkohlten Stämmen der zähen Eukalyptusbäume schon bald wieder frische Triebe. Es gibt sogar einige Arten, die regelrecht angewiesen sind auf die Brände – die *Banksien* beispielsweise werden erst durch enorme Hitze in die Lage versetzt, ihre Samen freizugeben.

Pflanzengesellschaften

Regenwälder

Regenwälder zeichnen sich durch ein dichtes, beinahe undurchdringliches Blätterdach und eine enorme Artenvielfalt aus. Ihre Verbreitung ist im Vergleich zu anderen Pflanzengesellschaften verschwindend gering, in Australien sind sie heute hauptsächlich entlang der Ostküste und in Tasmanien verbreitet. Dafür gibt es in Australien entsprechend der unterschiedlichen Klimazonen verschiedene Typen von Regenwäldern: Die tropischen Vertreter sind in Nordqueensland zu finden, während in der Kimberley-Region und im Norden des Northern Territory niedrige Monsun-Regenwälder gedeihen. Im südlichen Queensland, in New South Wales und Victoria gibt es Bestände, die an kühlere Temperaturen und etwas geringere Niederschlagsmengen angepasst sind.

Ein Eukalyptus „schält" seine Rinde

Im 19. Jh. fielen ganze Areale der Axt zum Opfer – der fruchtbare Boden wurde für Ackerbau nutzbar gemacht, man legte Felder und Plantagen an, außerdem waren die edlen Hölzer der Baumriesen begehrt.

Eukalyptuswälder

Eukalyptuswälder sind an den Küsten und im Hinterland von New South Wales, Victoria und Tasmanien verbreitet. Ihr Unterwuchs ist von dichten Strauchgewächsen oder Farnen geprägt, die Bäume selber werden im Schnitt 30 bis 65 m hoch. Die mächtigsten Exemplare findet man auf kleinen Arealen im Süden Victorias und in Tasmanien – bis zu 100 m ragen hier die Rieseneukalypten (engl. *Mountain Ash*, lat. *Eucalyptus*

Pflanzengesellschaften 39

regnans) in den Himmel. Leider wurde seit dem 19. Jh. auch in diesen Gebieten v. a. zur Holz- und Landgewinnung fleißig gerodet. Darüber hinaus befinden sich diese Wälder in den dichtbesiedelten Küstenregionen der südöstlichen Bundesstaaten, sodass die Bäume vielerorts den Interessen der Menschen weichen mussten.

Eine weitaus größere Fläche wird von Eukalyptuswäldern mit maximalen Baumhöhen von etwa 30 m eingenommen. Wie bei den hochgeschossenen Verwandten ist das Blätterdach locker und lichtdurchlässig, was einen Unterwuchs aus Sträuchern, Büschen und Gras ermöglicht. Derartige Gesellschaften bedecken einen breiten Küstenstreifen, der sich von Nordqueensland bis an die Bass Strait zieht. Verbreitet sind sie außerdem in den südlichen Ausläufern der Great Dividing Range, in weiten Teilen Ost-Victorias, auf Tasmanien, in Südwestaustralien und bedingt auch am Top End des Northern Territory.

Subalpine und alpine Vegetation

Auch in den Australischen Alpen und auf den höher gelegenen Plateaus der *Great Dividing Range* existieren vielfältige Pflanzengesellschaften. Hier ist die Heimat des kleinen Schneeeukalyptus (engl. *snowgum*), der sogar klirrenden Minustemperaturen trotzt und in den Wintermonaten oft komplett eingeschneit ist. Auf einer Höhe von etwa 1800 m über dem Meeresspiegel befindet sich die Baumgrenze, jenseits davon können nur noch Heide- und Graslandschaften gedeihen.

Baum- und Buschlandschaften

Die Gesellschaften der Baum- und Buschlandschaften bilden die Übergangszone zu den Gebieten mit geringeren Niederschlägen. Es sind lockere Bestände, deren einzelne Individuen bisweilen sehr schmächtig aussehen und damit signalisieren, dass sie sich an der Grenze ihrer Verbreitungsmöglichkeit befinden. Der Boden ist nun hauptsächlich mit Gräsern und Büschen bedeckt, die z. T. beachtliche Höhen erreichen. Für Eukalypten reichen die Niederschläge fast nur noch in den tropischen Feuchtsavannen des Nordens aus, in den Ausläufern der Great Dividing Range und in einigen Küstenregionen im südlichen Westaustralien. Einer der genügsamsten Vertreter ist der *Mallee Eucalyptus*, der im westlichen Grenzgebiet der Bundesstaaten Victoria und New South Wales und in den küstennahen Regionen South Australias vorkommt.

Je weiter man ins Landesinnere vordringt, desto spärlicher werden die Bestände, bis diese schließlich abgelöst werden von Arten, die auch unter den immer härter werdenden Bedingungen überleben können. Mit zunehmender Trockenheit beginnt das Regiment der Akazien, die selbst mit geringen Wassermengen auskommen. Etwa 700 Arten dieser im Allgemeinen als „wattles" bezeichneten Bäume und Sträucher existieren auf dem Kontinent – sie stellen einen großen Teil der australischen Buschlandschaft (engl. *shrublands*) in den semiariden und ariden Regionen dar.

Graslandschaften

Schier endlose Weiten in den heißen, trockenen Regionen des Landes sind von baumlosen Graslandschaften bedeckt, die vorwiegend von Steppengräsern dominiert werden. Es gibt Hunderte Arten von Gräsern in Australien, zu den wichtigsten Vertretern gehören die **Tussock-Gräser**. Diese kommen v. a. in der Mittelaustralischen Senke im Westen Queenslands vor, wobei allerdings große Teile dieser Gebiete durch intensive Beweidung in Mitleidenschaft gezogen wurden. Die zweite große Gruppe stellen die **Hummock-Gräser** dar, zu denen man auch das Spinifex-

Gras (lat. *Triodia*) rechnet. Diese harte, stachelige Grasart ist fast schon zum Synonym für die baumlosen Weiten des australischen Outback geworden und bedeckt alleine rund 23 % des Kontinents. In Büscheln bis zu etwa 1 m Höhe überzieht sie die kargen Ebenen. Zu finden ist sie vorwiegend auf dem westlichen Plateau im Gebiet der Bundesstaaten Westaustralien, Northern Territory und in kleinen Teilen Südaustraliens.

Natürlich gibt es in Australien noch viele weitere Pflanzengesellschaften, die jeweils an spezielle Lebensräume angepasst sind. An den tropischen und subtropischen Küsten beispielsweise finden Mangroven Verbreitung, in den Bergen gibt es kleinere Zypressen- und Pinienbestände und auch Kasuarinen sind bisweilen zu finden. In den tropischen Regionen am Golf von Carpentaria – und ganz vereinzelt in gemäßigteren Breiten – gedeihen die Australischen Teebäume, die aufgrund des außergewöhnlichen Aussehens ihrer Rinde auch „paperbark tree" genannt werden.

Bäume und Sträucher

Die **Golden Wattle** (lat. *Acacia pycnantha*), eine Akazienart, ist seit 1988 offiziell Australiens Blütenemblem, aber schon Anfang des 20. Jh. tauchte das Gewächs als patriotisches Symbol auf. Sie wird maximal 8 m hoch und trägt im Frühjahr flauschige, goldgelb leuchtende Blütenkugeln. Der Farbkontrast zu den grünen Blättern findet sich in den Nationaltrikots der australischen Sportler wieder. Am weitesten verbreitet ist die Golden Wattle im Bundesstaat Victoria, aber auch in den unmittelbar angrenzenden Küstenregionen der Nachbarstaaten. In New South Wales gibt es außerdem einige kleine Verbreitungsgebiete im Inland.

Das florale Emblem des Bundesstaates New South Wales ist seit 1962 die **Waratah** (lat. *Telopea speciosissima*) – die ersten Exemplare des bis zu 4 m hohen Strauchgewächses wurden bereits im Jahr 1810 gesammelt. Der lateinische Name bezieht sich auf das griechische Wort „telopos", was auf Deutsch „von weithin sichtbar" bedeutet. Eine treffende Bezeichnung, denn die 8–10 cm großen, blutrot leuchtenden Blütenköpfe stechen tatsächlich schon von Weitem ins Auge. Das Verbreitungsgebiet ist relativ klein, nur an der Central Coast, nördlich von Sydney, und in den Blue Mountains ist die Waratah zu finden. Die Blume ist übrigens auch Namensgeber für die *New South Wales Waratahs,* das Rugby-Union-Team von New South Wales, auf dessen blauen Trikots die rote Blüte prunkt.

Nach dem großen Botaniker *Joseph Banks* benannt ist die **Banksia** (lat. *Banksia*), von der rund 70 Arten vorkommen. Banks entdeckte die Pflanze bereits 1770 und brachte einige Exemplare nach England, wo diese eingehend studiert wurden. Am schönsten präsentieren sich die immergrünen Bäume und Sträucher, wenn ihre charakteristischen Blütenstände in den unterschiedlichsten Gelb-, Orange- und Rottönen leuchten. Banksien findet man in den Küstenregionen aller Bundesstaaten, im gemäßigten Klima von New South Wales und in Victoria auch im Hinterland.

Die besondere Form der Blütenstände, Flaschenbürsten tatsächlich nicht ganz unähnlich, hat dem **Bottlebrush** (lat. *Callistemon*) seinen Namen gegeben. Die Pflanze gedeiht in Zonen gemäßigten Klimas und findet als beliebte Garten- und Zierpflanze auch häufig in den Großstädten Verbreitung. Fast alle Unterarten sind in Australien endemisch, einige wenige gibt es auch in Neukaledonien.

Der berühmteste unter den australischen Bäumen ist wohl der **Coolabah Tree** (lat. *Eucalyptus coolabahs)*, auf jeden Fall aber ist er der meistbesungene. Der Swagman in *Banjo Patersons* Gedicht „Waltzing Matilda" begab sich im Schatten eines Vertreters dieser kleinwüchsigen Eukalyptusart zur Ruhe. Das Stück avancierte zur inoffiziellen Nationalhymne Australiens und machte auf diese Weise den Coolabah Tree (auch „Coolibah Tree") weithin bekannt.

Der **Boab Tree** (lat. *Adansonia*) ist sicherlich der kurioseste Vertreter unter Australiens Bäumen. Auf Deutsch als Affenbrotbaum oder Baobab bekannt, wird er in Australien wegen seiner dickgeschwollenen Stämme landläufig auch „bottle-tree" genannt. Berühmtester Vertreter ist der *Boab Prison Tree* in der Nähe von Derby, Westaustralien. Dessen massiver hohler Stamm ist so voluminös, dass er früher als Häftlingszelle Verwendung fand. In Down Under sind Boab Trees hauptsächlich in der Kimberley-Region verbreitet, besonders imposante Vertreter gibt es aber auch in Afrika oder Madagaskar.

Als kleine Sensation entpuppte sich im Jahr 1994 die Entdeckung der **Wollemia** (lat. *Wollemia Nobilis*) in einer Schlucht nahe Sydney. Die Baumart galt als längst ausgestorben und man war der Meinung, dass nur mehr Fossilienfunde dieser Spezies existieren, die auf ein Alter von über 200 Mio. Jahren datiert wurden. In groß angelegten Schutz- und Zuchtprogrammen konnte man das Fortbestehen der Baumart sichern, mittlerweile wurden Exemplare sogar bis nach Europa exportiert.

Tierwelt

Die Millionen Jahre während Isolation hat eine Fauna hervorgebracht, wie sie sich, ähnlich der Flora, sonst nirgends auf der Welt entwickeln konnte. Vertreter der Beutel- (lat. *Metatheria*) und Ursäuger (lat. *Protheria*), Unterklassen der Säugetiere, die noch heute in Australien heimisch sind, sollen schon Gondwanaland durchstreift haben. Auffallend ist das fast gänzliche Fehlen von sogenannten „höheren Säugetieren" (lat. *Eutheria*), also Säugern, die bereits voll entwickelte Junge zur Welt bringen, wie sie auf allen anderen Kontinenten üblich sind. Interessanterweise lassen sich in Australien lediglich die Meeressäuger und Fledertiere dieser uns eher geläufigen Kategorie der *Mammalia* zuordnen.

Etwa 80 % der australischen Tierwelt sind endemisch, also nirgends sonst auf der Welt zu finden. Einige Vertreter sind dabei so kurios, dass ihnen selbst im modernen Informationszeitalter noch staunende Blicke sicher sind. Man kann sich also lebhaft vorstellen, wie überrascht und beeindruckt die frühen Entdecker beim ersten Anblick von Känguru & Co. waren. Dabei ist es gar nicht unwahrscheinlich, dass es auch in Zukunft noch derartige Überraschungen geben wird. So wurde der überaus faszinierende Magenbrüterfrosch erst in den 1980er-Jahren entdeckt und ein im Jahr 2008 veröffentlichter Bericht bestätigte die Entdeckung Hunderter bis zu diesem Zeitpunkt unbekannter Arten in Australiens Riffwelt.

Leider gibt es aber auch eine Entwicklung in die entgegengesetzte Richtung – auch auf die Tierwelt übte die Besiedlung durch die europäischen Einwanderer einen gravierenden Einfluss aus. Viele heimische Tiere konnten sich nur schwer gegen eingeführte Arten behaupten, durch die Rodung von Wäldern, das Einzäunen ganzer Landstriche und die Verbauung von Flüssen wurde eine Vielzahl ursprünglicher Lebensräume für immer verändert oder gar zerstört. Die Liste der Arten, die seit Ankunft der Europäer ausgestorben sind, ist entsprechend lang. Gerade mal 225 Jahre hat es gedauert, um 50 Spezies für immer von der Bildfläche verschwinden zu lassen, weit über 100 werden heute als gefährdet eingestuft.

Wenn man sich mit der Fauna Australiens beschäftigt, wird man feststellen, dass es zahlreiche Tierarten gibt, mit denen man eine nähere Bekanntschaft besser vermeidet. Im Folgenden werden Sie einige Vertreter kennenlernen, die entweder zu den giftigsten ihrer Art zählen, besonders aggressiv oder unberechenbar sind oder denen man ihre Gefährlichkeit schlicht nicht ansieht. Man sollte sich aber deshalb auch nicht verrückt machen lassen. Zwischenfälle sind äußerst selten, durch umsichtiges und vernünftiges Handeln kann man die Gefahren zusätzlich minimieren. Auf jeden Fall sollte man Warnschilder – etwa vor Krokodilen oder Quallen – beachten und auch sonst den Tieren nicht zu nahe auf den Pelz rücken. Prinzipiell sollte man nichts anfassen, was man nicht kennt, und auch sicherstellen, dass Ratschläge bezüglich des Umgangs mit Tieren von qualifizierter Stelle kommen. Sollte doch einmal etwas passieren, so ist es v. a. wichtig, Ruhe zu bewahren und **sofort** einen Arzt zu verständigen, **die nationale Notrufnummer ist 000** (wenn diese Nummer von einem Mobiltelefon aus nicht funktioniert, kann man auch die 112 wählen). Nützliche Informationen und Verhaltensregeln für den Notfall kann man schon vor Antritt der Reise kostenlos z. B. auf der Internetseite www.health.qld.gov.au/poisonsinformationcentre/bites_stings/einsehen.

Säugetiere

Beuteltiere

In Australien nehmen die Beuteltiere (lat. *Marsupialia*) die Rolle ein, die auf anderen Kontinenten die höheren Säugetiere spielen. Die Tiere bringen ein nicht vollentwickeltes Junges zur Welt, das erst im Beutel „fertig" heranwächst. Unter den extremen Bedingungen des trockenen Kontinents eine durchaus vorteilhafte Strategie –

durch die extrem kurze Tragezeit spart die Mutter Energie und ist schnell wieder empfangsbereit. Auf diese Weise können in Phasen großen Futterangebots innerhalb kurzer Zeit viele Junge geboren werden, die das Überleben der Art sichern. Heute bevölkern noch rund 140 Beuteltierarten den australischen Kontinent.

Der bekannteste Vertreter – und wohl das prominenteste australische Tier überhaupt – ist das **Känguru** (lat. *Macropodidae*). Landläufig werden mit dem Begriff „Känguru" meist die Riesenkängurus der Gattung *Macropus* assoziiert, die mit bis zu 10 m weiten Sprüngen über die weiten Ebenen des australischen Outback hüpfen. Tatsächlich gibt es aber rund 50 Arten, die nicht nur verschiedene Lebensräume besiedeln, sondern auch noch ganz unterschiedlich aussehen.

Der größte Vertreter ist das Rote Riesenkänguru (lat. *Macropus rufus*), die Männchen erreichen voll aufgerichtet eine Größe von gut 1,90 m und werden in Einzelfällen bis zu 80 kg schwer. Seine kleineren Verwandten, die **Wallabys**, werden gerade mal halb so groß und kaum schwerer als 25 kg. Regelrechte Miniaturausgaben sind die selten gewordenen Zottel-Hasenkängurus (lat. *Lagorchestes hirsutus*), die meist nur 1–2 kg schwer werden.

Wahre Kletterkünstler findet man in der Gattung der Felskängurus (lat. *Petrogale*), die flink durch unwegsame Felslandschaften flitzen und mühelos über 4 m breite Schluchten springen.

Das ungewöhnlichste Familienmitglied ist sicherlich das Baumkänguru (lat. *Dendrolagus*). Es lebt in den Baumkronen und hat sich im Laufe der Evolution dem besonderen Lebensraum angepasst. In puncto Körperbau fallen v. a. die – im Vergleich zu seinen Verwandten – stark ausgebildeten Vorderbeine auf, die das Klettern in den Wipfeln ermöglichen.

Flora und Fauna

Die Australier haben ein zwiespältiges Verhältnis zu den Tieren. Sie lieben es als Wappentier und sie hassen es als direkten Futterkonkurrenten ihrer Rinder und Schafe. Schätzungen zufolge soll es heute rund 25 Mio. Kängurus auf dem australischen Kontinent geben, um die Jahrtausendwende sollen es gar über 50 Mio. Tiere gewesen sein. Die Größe der Population hat ihre Ursache u. a. in der Lernfähigkeit der schlauen Tiere, die sich an den Tränken und Futtertrögen der Farmen bedienen und auf diese Weise ihrer natürlichen Dezimierung in den Trockenperioden entkommen. Das kann in manchen Regionen zu regelrechten Plagen führen, und so werden einzelne Arten intensiv bejagt – die staatlich festgesetzte jährliche Abschussquote liegt derzeit im siebenstelligen Bereich. In der Vergangenheit wurden die erlegten Tiere hauptsächlich zu Tierfutter verarbeitet, mittlerweile erfreut sich das fettarme und proteinreiche Fleisch in der australischen und internationalen Küche zunehmender Beliebtheit.

Neben den hüpfenden Kollegen ist der **Koala** (lat. *Phascolarctos cinereus*) eine weitere tierische Ikone des Landes. Die Baumbewohner werden 60–80 cm groß und können unter idealen Bedingungen ein Lebendgewicht von etwa 14 kg erreichen. Ihre Diät besteht ausschließlich aus extrem schwer verdaulichen Eukalyptusblättern, wodurch sich die Energiegewinnung entsprechend wenig effizient gestaltet. Die Koalas meistern dieses Problem, indem sie auf Sparmodus schalten und rund 18 Stunden des Tages schlafend verbringen. Man sollte sich aber nicht täuschen lassen, die vermeintlich kuscheligen Gesellen können auch ungemütlich werden und richtig kratzen. Bis ins 20. Jh. hinein wurden die Tiere stark gejagt, heute fallen jedes Jahr Tausende der drolligen Beutelsäuger unliebsamen Begegnungen mit Hunden oder Autos zum Opfer.

Als richtige Buddelkünstler erweisen sich die **Wombats** (lat. *Vombatidae*), die ihre Höhlen und Tunnelsysteme bis zu 5 m tief unter die Erdoberfläche graben. Mit ihrem gedrungenen Körperbau und den kurzen Beinchen sehen sie nicht nur putzig aus, sondern sind auch echte Kraftprotze. Dringt ein fremdes Tier in ihre unterirdische Behausung ein, so versuchen die Wombats, sich unter dem ungebetenen Gast hindurch ins Freie zu zwängen und quetschen dabei den Eindringling gegen die Tunneldecke. Schon so mancher Hund bezahlte seine Neugier mit gebrochenen Knochen oder gar mit dem Leben. In Australien sind heute drei verschiedene Arten verbreitet: der Nacktnasenwombat (lat. *Vombatus ursinus*), der Südliche Haarnasenwombat (lat. *Lasiorhinus latifrons*) und der Nördliche Haarnasenwombat (lat. *Lasiorhinus krefftii*), mit bis zu 40 kg Lebendgewicht der größte Vertreter der Familie. Echte natürliche Feinde haben die Wombats nicht, viele werden jedoch Opfer des Straßenverkehrs. Heute gibt es nur noch wenige Gebiete, in denen die Tiere in freier Wildbahn anzutreffen sind, hauptsächlich im Küstengebiet von New South Wales, im Osten Victorias und in Tasmanien. Der Nördliche Haarnasenwombat zählt zu den bedrohten Arten.

Neben den zahlreichen Vegetariern gibt es aber auch eine ganze Reihe Fleischfresser unter Australiens Beuteltieren. Zur Familie der sogenannten **Raubbeutler** (lat. *Dasyuridae*) gehören der Beutelteufel, der Beutelmarder und die Beutelmaus. Größter Vertreter ist der **Tasmanische Teufel** (lat. *Sarcophilus harrisii*), der heute nur noch auf Tasmanien in freier Wildbahn vorkommt. Die etwa 8 kg schweren Tiere sind pechschwarz und geben kreischende Geräusche von sich, die einem durch Mark und Bein fahren. In den 1990er-Jahren wurde bei ihnen erstmals eine beunruhigende Krankheit entdeckt. DFTD, eine Art Gesichtskrebs, entstellt die Tiere fürchterlich, der Krankheitsverlauf ist meist tödlich, weil die Tiere mit ihrem von Tumoren übersäten Maul keine Nahrung mehr aufnehmen können und verhungern. Die Krankheit hat die Population der Tasmanischen Teufel in den letzten zehn Jahren massiv dezimiert, seit 2008 werden sie auf der Liste der bedrohten Tierarten geführt.

Zu besonderen Ehren hat es der **Kaninchennasenbeutler** gebracht (lat. *Macrotis*), im Englischen „Bilby" genannt. Die patriotischen Australier können zu Ostern natürlich nicht den ungeliebten – weil eingeschleppten – Hasen hoppeln lassen, deshalb stehen auch keine Schoko-Osterhasen, sondern „Osterbilbies" in den Regalen. Die Vorbilder leben hauptsächlich in den trockenen Regionen des Kontinents und können bis zu einem halben Meter groß werden. Charakteristisch sind die langen Lauscher und die spitz zulaufende Nase.

Besonders schwer in freier Wildbahn zu entdecken sind Australiens **Gleitbeutler** (lat. *Petauridae*), von denen es drei Gattungen gibt. Die nachtaktiven Tiere leben versteckt in den Wäldern der Ostküste und werden je nach Art maximal 40 cm groß und rund 500 g schwer.

Kloakentiere

Wohl als größtes Kuriosum der australischen Tierwelt gelten die Kloakentiere (lat. *Monotremata*), die sich aus zwei Familien zusammensetzen: den Ameisenigeln und den Schnabeltieren. Die Kloakentiere tragen ihren Namen deshalb, weil sie über nur eine Körperöffnung – die Kloake – verfügen, in die Darm, Harnleiter und Geschlechtsorgane münden. Sie gebären keine lebenden Jungen, sondern legen Eier – und das, obwohl sie zu den Säugetieren zählen. Ist der Nachwuchs geschlüpft, sondert die Mutter aus speziellen Drüsen Milch ab, die von den Kleinen aufgeleckt wird. Außer in Australien findet man die *Monotremata* nur noch in Neuguinea, die Schnabeltiere kommen ausschließlich in Australien vor.

Es kursieren eine ganze Reihe amüsanter Anekdoten bezüglich der ersten Untersuchungen dieser Tiere. Als europäische Wissenschaftler Ende des 18. Jh. erstmals ein präpariertes **Schnabeltier** (engl. *Platypus*, lat. *Ornithorhynchus anatinus*) zu Gesicht bekamen, sollen sie an einen schlechten Scherz geglaubt haben. Ein Tier mit einem Entenschnabel, einem dichten braunen Fell und mit Schwimmhäuten an den vier Füßen – da schien einiges einfach nicht zusammenzupassen. Anders als bei Enten ist der Schnabel aber weich und außerdem mit Sinneszellen versehen, mit denen die Tiere selbst schwächste elektrische Impulse wahrnehmen können. Die Männchen sind mit kleinen Giftspornen an den Beinen ausgestattet, die äußerst schmerzhafte Verletzungen verursachen. Ausgewachsene Exemplare der geschützten Tierart werden inklusive Schwanz etwa 50 cm lang und bis zu 3 kg schwer, Lebensraum sind die Flüsse in den östlichen Regionen des Landes. Der Platypus hat es sogar bis in den Geldbeutel der Australier geschafft, wo er die 20-Cent-Münze ziert.

Seine nächsten Verwandten sind die **Ameisenigel** (engl. *Echidna*, lat. *Tachyglossidae*). Von den vier bekannten Arten ist in Australien nur der Kurzschnabeligel (lat. *Tachyglossus aculeatus*) heimisch. Die Tiere verfügen über eine spitze Schnauze und ein raue Zunge, die es ihnen auf optimale Weise ermöglichen, an die Ameisen und Termiten zu gelangen, die ganz oben auf ihrem Speiseplan stehen. Bei Gefahr buddeln sie sich in den losen Untergrund ein oder rollen sich zusammen – eine wirksame Strategie, um mit ihren langen Stacheln mögliche Feinde auf Distanz zu halten. Die genügsamen Kurzschnabeligel sind auf dem gesamten australischen

Kontinent zu finden – und auf der Fünf-Cent-Münze. Auf dem Festland erreichen ausgewachsene Exemplare eine Größe von etwa 40 cm bei einem Gewicht von rund 5 kg, die tasmanische Unterart ist etwas größer.

Amphibien

Von den drei Ordnungen der Amphibien, die auf unserem Planeten existieren, sind in Australien lediglich die **Froschlurche** (lat. *Anura*) heimisch. Abgesehen von einigen niederschlagsreichen Küstenarealen sind die Lebensbedingungen in Australien nicht gerade ideal für deren Existenz, einige Arten finden sich aber dennoch mit widrigeren Umständen zurecht. Die Entwicklungszyklen der Froschlurche haben sich insofern an die Umweltbedingungen angepasst, als dass sie das kritische Kaulquappenstadium innerhalb der kurzen Regenzeiten abschließen können. Trocknen danach die letzten Tümpel aus, vergraben sich z. B. die Wasserreservoirfrösche der Gattung *Cyclorana* im Erdboden. Zuvor haben sie so viel Wasser aufgenommen, dass sie dort mehrere Jahre in einer Art Schlafzustand überstehen können.

An australischen Postkartenständen entdeckt man oft lustige Fotos von kleinen Fröschen, die auf tropfenden Wasserhähnen sitzen. Ein bezeichnendes Bild, denn tatsächlich hat der Mensch durch die Besiedlung neue Lebensräume geschaffen. Die Frösche freut es, sie fühlen sich bei den künstlich angelegten Viehtränken, den Staudämmen und den privaten Wasserspeichern pudelwohl.

Absolut einmalig in puncto Reproduktion ist der **Magenbrüterfrosch** (lat. *Rheobatrachus silus*). Das Weibchen verschluckt die befruchteten Eier und brütet die Jungen in ihrem Magen aus. Um nicht verdaut zu werden, scheiden die Embryonen ein Hormon aus, das die Säureproduktion im Magen der Mutter unterbindet. Sind die Kleinen fertig entwickelt, spuckt die Mutter die Tierchen einfach in die Welt hinaus. Diese vorbildliche Strategie erhöht die Überlebenschance des Nachwuchses um ein Vielfaches. Erstmals entdeckt wurde das Tier in den 1980er-Jahren in den feuchten Wäldern von Queensland, mittlerweile gelten sie aber schon wieder als ausgestorben.

Der **Corroboree-Frosch** (lat. *Pseudophryne corroboree*) würde jeden Schönheitswettbewerb gewinnen – zumindest unter den Amphibien. Seine charakteristische Färbung in den Farben Schwarz und Gelb ähnelt der des Feuersalamanders. In freier Wildbahn wird man die kleinen Gesellen trotz ihrer Leuchtfarben nur schwerlich entdecken. Zum einen gehören sie mit ihren knapp 3,5 cm Größe nicht gerade zu den Riesen im Tierreich, zum anderen haben Pilzerkrankungen diese Spezies, deren natürlicher Lebensraum ohnehin sehr begrenzt und ausschließlich auf kleine, höher gelegene Regionen der Australischen Alpen beschränkt ist, an den Rand des Aussterbens gebracht. Der Name leitet sich übrigens von den „Corroborees", den zeremoniellen Zusammenkünften der Aborigines, ab – die Zeichnung des Frosches erinnert entfernt an die traditionellen Körperbemalungen.

Reptilien

Australien ist ein Land der **Schlangen**, sie sind praktisch auf dem gesamten Kontinent verbreitet, von den trockenen Weiten des Outback bis zu den Regenwäldern des tropischen Nordens. Rund 170 Spezies aus sechs Familien gibt es, über 100 davon sind giftig. Mit Abstand der größte Vertreter ist der relativ seltene Amethystpython (engl. *Scrub python*, lat. *Morelia amethistina*), er wird i. d. R. 4–5 m lang,

Reptilien

Schlangen gibt es in Australien auch in bewohnten Regionen

bekannt ist jedoch auch ein rekordverdächtiges Exemplar von über 8,5 m Länge. Wesentlich weiter verbreitet ist der kleinere Teppichpython (engl. *Carpet python*, lat. *Morelia spilota variegata*), der eine Länge von maximal 3,5 m erreicht.

Australiens Giftschlangen stammen aus der Familie der Giftnattern (lat. *Elapidae*). Sie bevölkern sämtliche Lebensräume des Landes, wobei einige Vertreter zu den gefährlichsten Schlangen der Welt zählen. Ganz oben auf der Gift-Hitliste steht der Taipan (lat. *Oxyuranus*), der nicht nur über ein äußerst wirksames Gift verfügt, sondern obendrein extrem viel davon produziert und es mit seinen langen Fangzähnen dann auch noch besonders tief injizieren kann. Außerdem ist er einer der aggressivsten Vertreter der sonst eher scheuen Tiere, die im Allgemeinen eher den Rückzug antreten als anzugreifen. Darauf verlassen sollte man sich aber nicht!

An fast allen Küsten Australiens – die kalten Gewässer der Südküste bilden die Ausnahme – gibt es Seeschlangen, besonders häufig in den tropischen Gewässern Nordaustraliens. Die Tiere verfügen über ein extrem starkes und schnell wirkendes Gift, sind aber überhaupt nicht aggressiv. Dafür sind sie aber überaus neugierig – es gibt Berichte von Tauchern, denen zufolge die Schlangen ganz nahe an sie herankamen und sich sogar um ihre Arme und Beine wickelten. Der größten Gefahr sind Fischer ausgesetzt, wenn sie ihre Netze entleeren, in denen sich eines der Tiere verfangen hat. Insgesamt sind in Australien aber nur äußerst wenige Zwischenfälle bekannt und es soll bislang noch keinen einzigen Todesfall durch den Biss einer Seeschlange gegeben haben.

Die größten Reptilien des Landes sind die **Krokodile**, die in den nördlichen Regionen zwischen den Kimberleys in Westaustralien und Rockhampton in Queensland vorkommen. Die Urzeitechsen bevölkerten den Planeten schon zu Zeiten der Dinosaurier und bis zur Entwicklung moderner Feuerwaffen konnte ihnen nicht einmal der Mensch etwas anhaben. In Australien wurden sie dann allerdings wegen ihrer kostbaren Haut bis an den Rande des Aussterbens gejagt, aber auch, weil es immer wieder vorkam, dass sie Vieh rissen. Anfang der 1970er-Jahre wurden die Tiere unter Schutz gestellt, allerdings kam es nach einer Häufung von fatalen Attacken auf Menschen in den 1980er-Jahren nochmals zu unkontrollierten Abschüssen. Mittlerweile haben umfangreiche Schutzprogramme dafür gesorgt, dass sich die Bestände dieser beeindruckenden Tiere wieder stabilisieren und sogar erhöhen konnten. Vereinzelt werden sogar Stimmen laut, die eine staatliche Abschussquote fordern. In Acht nehmen sollte man sich vor den großen Leistenkrokodilen (lat. *Crocodylus porosus*), die über 6,5 m lang und eine Tonne schwer werden können. Die australische Bezeichnung „saltie" und auch der deutsche Name „Salzwasserkrokodil" sind etwas irreführend, denn die Tiere fühlen sich in Süßwasserseen und Flüssen genauso wohl wie in Mündungsgebieten und auf dem offenen Meer. Die wesentlich kleineren Süßwasserkrokodile (lat. *Crocodylus johnsoni*) sind eher harmlose Gesellen und werden dem Menschen nur gefährlich, wenn sie verwundet sind.

In Australien gibt es Hunderte Arten von **Echsen**. Größter Vertreter ist der Riesenwaran (lat. *Varanus giganteus*), der die trockenen Ebenen des Outback bevölkert und über 2 m lang werden kann. Zur Familie der Agamen (lat. *Agamidae*) gehört die beeindruckende Kragenechse (engl. *Frillneck Lizard*, lat. *Chlamydosaurus kingii*), die bei Gefahr das Maul weit aufreißt und einen großen Hautkragen abspreizt. Ebenfalls bekannte Vertreter sind die Bartagamen (engl. *Bearded Dragon*, lat. *Pogona*), deren Kehle von einem „Bart" geziert wird.

Die Skinke (lat. *Scincidae*) stellen mit knapp 200 Spezies die artenreichste Familie unter Australiens Echsen dar. Die kleinsten Exemplare sind gerade mal ein paar Zentimeter lang, zu den seltsamsten gehören sicherlich die Blauzungenskinke (engl. *Bluetoungue Lizard*, lat. *Tiliqua*) mit ihren charakteristisch blau gefärbten Zungen. Außerdem bereichern rund 30 Arten von **Flossenfüßen** (engl. *Legless Lizard*, lat. *Pygopodidae*) und über 60 **Gecko**-Arten (lat. *Gekkonidae*) die australische Fauna.

Meeresschildkröten bevölkern die warmen Gewässer der tropischen und subtropischen Regionen des Landes. Darunter sind wahre Giganten, die Lederschildkröte (lat. *Dermochelys coriacea*) etwa kann eine Panzerlänge von 2,5 m erreichen und über 600 kg schwer werden. Weitere Arten sind die Echten Karettschildkröten (lat. *Eretmochelys imbricata*) und die Unechten Karettschildkröten (lat. *Caretta caretta*). An einigen Stränden Queenslands – z. B. in Bargara – ereignet sich jedes Jahr ein regelrechtes Touristenspektakel, wenn die Tiere an Land kommen, um ihre Eier abzulegen.

Vögel und Fledertiere

In Anbetracht der Vielfalt an farbenprächtigen Vogelarten in Australien bekommen Ornithologen und Tierfotografen vor Freude glänzende Augen. Etwa 750 Vogelarten aus rund 80 Familien haben Forscher bislang auf dem südlichen Kontinent ausgemacht, über 60 % gelten als endemisch. Der bekannteste Vertreter ist sicherlich der **Kookaburra** (lat. *Dacelo novaeguineae*), im Deutschen aufgrund seines charakteristischen Lautes auch „Lachender Hans" genannt. Die zur Familie der Eisvögel gehörenden Kookaburras werden 40–45 cm groß und verfügen über einen massiven, kräftigen Schnabel. In Gärten sind sie gerne gesehen, weil sie sich von Insekten und Ungeziefer ernähren, auch Mäuse und kleinere Schlangen stehen auf ihrem Speiseplan. Bisweilen stibitzen einem die frechen Vögel sogar das Essen vom Teller.

Der **Emu** (lat. *Dromaius novaehollandiae*) ist – wie seine afrikanischen Verwandten, die Strauße – flugunfähig. Mit knapp 2 m ist er der größte Vertreter unter

Australiens Vögeln und mit einer Laufgeschwindigkeit von gut 60 km/h ein echter Sprinter. Das zweite Wappentier Australiens, neben dem Känguru, ist weitverbreitet und bevölkert fast den gesamten Kontinent. Seit Ende der 80er-Jahre werden die Tiere zur kommerziellen Nutzung in Farmen gezüchtet, ihr Fleisch ist äußerst schmackhaft und ihre Haut wird zu Leder verarbeitet.

Der seltene **Helmkasuar** (lat. *Casuarius casuarius*) kann ebenfalls nicht fliegen, erreicht eine Körperhöhe von bis zu 1,70 m und wird bis zu 70 kg schwer. Die Vögel mit dem pechschwarzen Gefieder besitzen einen leuchtend blau gefärbten Hals und einen skurrilen helmartigen Fortsatz auf dem Kopf. Im Kampf treten sie nach ihrem Gegner und können dabei mit ihren bis zu 10 cm langen, scharfen Krallen verheerende Verletzungen anrichten. Wenn es dabei um die Verteidigung ihres Reviers geht, attackieren die Tiere ohne Weiteres auch Menschen und gelten deshalb als gefährlichste Vögel der Welt. Der größte Feind ist aber auch hier der Straßenverkehr – in den Verbreitungsgebieten mahnen große Schilder die Autofahrer zur Vorsicht. Die massive Ausbreitung der menschlichen Siedlungen hat den natürlichen Lebensraum der Helmkasuare stark eingeschränkt, mittlerweile wurden die Populationen in einige wenige Refugien im tropischen Regenwald von Queenslands zurückgedrängt.

In weiten Teilen des Landes zieht der **Keilschwanzadler** (lat. *Aquila audax*) seine Runden. Der größte und majestätischste der australischen Raubvögel erreicht eine Spannweite von 2,5 m und ist aufgrund seiner charakteristischen Schwanzform relativ leicht zu identifizieren. Fährt man durchs Outback, schreckt man die Tiere oft von den Kadavern überfahrener Kängurus auf, die am Straßenrand liegen. Die Adler jagen aber auch lebende Tiere und sind tatsächlich kräftig genug, um Schafe oder Ziegen zu schlagen.

Rund 55 verschiedene Papageienarten gibt es in Down Under. Einer der buntesten Vertreter ist der kleine **Allfarblori** (lat. *Trichoglossus haematodus*) – im Englischen treffend „Rainbow Lorikeet" genannt –, der auch in Großstädten anzutreffen ist.

Ebenfalls weitverbreitet ist der 50 cm große **Gelbhaubenkakadu** (lat. *Cacatua galerita*), der bisweilen in Schwärmen von einigen Hundert Tieren auftritt. Die Tiere sind neugierig, schlau und laut und machen ihrem Namen alle Ehre, wenn sie ihren gelben Schopf zu einem Kamm aufstellen.

Eine ganz ausgefallene und in der gesamten Vogelwelt einzigartige Bruttechnik pflegen die **Großfußhühner** (lat. *Megapodiidae*). Sie brüten ihre Eier nicht durch die eigene Körperwärme aus, sondern legen z. B. Bruthügel oder -gruben an, in denen die nötige Wärme durch Gärungsprozesse entsteht. In Australien heimische Vertreter sind das Buschhuhn (lat. *Alectura lathami*), das hauptsächlich in den östlichen Regionen des Landes vorkommt, oder das Thermometerhuhn (lat. *Leipoa ocellata*) im Mallee Südaustraliens (→ Victoria/Flora und Fauna).

Ausgemachte Angeber sind die Männchen der **Prachtleierschwänze** (lat. *Menura novaehollandiae*), die mit ihren protzigen Schwanzfedern die Weibchen zu beeindrucken versuchen. Wesentlich kurioser als das Aussehen der Tiere ist allerdings ihr Gesang. Neben dem Produzieren ihrer eigenen Laute können die Prachtleierschwänze auch die Stimmen anderer Vögel perfekt imitieren. Und nicht nur das, es gibt sogar Berichte von Tieren, die vom Menschen erzeugte Geräusche nachahmten, etwa das Knattern einer Kettensäge oder das Auslösegeräusch eines Fotoapparates ...

Ganz besonders großes Erstaunen erweckten aber bei den ersten europäischen Entdeckern die schwarzen **Trauerschwäne** (lat. *Cygnus atratus*). In der alten Welt ging man nämlich davon aus, dass alle Schwäne weiß sind und der damals geläufige Ausdruck „Schwarzer Schwan" war Synonym für das Unmögliche.

Pinguine

Die **Zwergpinguine** (lat. *Eudyptula minor*) sind die kleinste Art aus der Familie der Pinguine, sie werden kaum größer als 40 cm und ihr Maximalgewicht liegt bei rund 1 kg. Die Jagdausflüge der ausgezeichneten Schwimmer reichen bis etwa 20 km aufs offene Meer hinaus, dabei ernähren sie sich von kleinen Fischen. Auf dem Festland droht den „Fairy Penguins" – so werden sie in Australien genannt – Gefahr durch Hunde oder Katzen, aber auch immer noch durch das rücksichtslose Verhalten der Menschen. Die putzigen Tiere sind eine große Touristenattraktion, auf *Phillip Island*, etwa 120 km südöstlich von Melbourne, gibt es jeden Abend ein großes Spektakel, wenn Hunderte Tiere von ihren Beutezügen an Land zurückkehren. Eine ganz außergewöhnliche Kolonie befindet sich in einer versteckten Bucht nahe Manly, mitten in Sydneys Port Jackson.

Wenn es zu dämmern beginnt, dann schlägt die Stunde der Fledertiere, von denen in Australien rund 70 Arten heimisch sind. Sie zählen zu den ganz wenigen Vertretern der höheren Säugetiere, die den Kontinent schon vor Ankunft der Europäer bevölkerten. Einige Spezies lassen sich relativ unkompliziert beobachten, meist reicht da schon ein Spaziergang durch die Stadtparks der großen Metropolen. Im

Botanischen Garten von Sydney z. B. hängen Tausende Exemplare des **Graukopf-Flughundes** (lat. *Pteropus poliocephalus*) in den Bäumen. Sie sind reine Vegetarier und können eine Spannweite von über 1 m erreichen. Die ganz im Norden des Landes heimische **Australische Gespenstfledermaus** (lat. *Macroderma gigas*) ist der einzige Fleischfresser unter Australiens Fledertieren. Die Tiere ernähren sich hauptsächlich von Insekten, kleinen Echsen und Fröschen, aber auch von anderen Fledermäusen.

Spinnen

Als Anpassungsspezialisten bevölkern rund 2000 australische Arten den gesamten Kontinent und machen dabei auch vor den Wohnhäusern der großen Metropolen nicht Halt. Die Tiere sind zum größten Teil ungefährlich, allerdings bestätigen auch hier die Ausnahmen die Regel.

Der berüchtigtste Vertreter der australischen Spinnen ist zweifellos die **Sydney-Trichternetzspinne** (engl. *Sydney funnel-web spider*, lat. *Atrax robustus*), deren Biss für Menschen im schlimmsten Fall tödlich sein kann. Über ein Dutzend Opfer wurden offiziell seit dem Jahr 1927 registriert, bis Anfang der 80er-Jahre ein wirksames Serum entwickelt wurde, danach gab es keine Todesfälle mehr. Die Tiere finden in der Region um Sydney Verbreitung und bevölkern dort u. a. die Gärten der Vororte.

Eine australische Art der Schwarzen Witwe ist die weitverbreitete **Redback Spider** (lat. *Latrodectus hasselti*). Gefährlich sind nur die Weibchen und auch nur sie tragen die charakteristische rote Zeichnung auf ihrem Rücken. Ein Biss dieser Spinne soll eine der schmerzhaftesten Erfahrungen sein, die man in Australien machen kann. Ähnlich wie bei der Trichternetzspinne kam es vor Entwicklung eines Gegengiftes zu Todesfällen.

Die Vertreter der **Riesenkrabbenspinnen** (lat. *Sparassidae*) werden in Australien allgemein „Huntsman Spiders" genannt. Sie sind nicht giftig, aber ironischerweise trotzdem für mehr Opfer verantwortlich als jede andere Spinne. Einige Arten sind handtellergroß, wild behaart und sorgen regelmäßig für Autounfälle, wenn sie während der Fahrt aus den Lüftungen kriechen und die Fahrer vor Schreck die Kontrolle über ihr Fahrzeug verlieren.

Insekten

Weit über 50.000 Insektenarten gibt es in Down Under. Die Palette reicht von Käfern, Fliegen und Kakerlaken über Läuse, Ohrwürmer und Libellen bis zu Bienen, Schmetterlingen und vielem mehr.

Der Schönling und deshalb auch die bekannteste unter Australiens 382 verschiedenen Schmetterlingsarten ist der **Ulysses-Falter** (lat. *Papilio ulysses*), dessen Flügeloberseite in einem atemberaubenden Blau schimmert. Die Tiere werden etwa 13 cm groß und flattern in den tropischen Regenwäldern Queenslands umher. Der **Herkules-Falter** (lat. *Coscinocera hercules*) ist mit einer Spannweite von 27 cm der größte Falter weltweit. Zu finden ist der kleine Gigant in Nordqueensland. Der endemische **Bogong-Falter** (lat. *Agrotis infusa*) spielte einst für die Aborigines eine wichtige Rolle als Nahrungsquelle. Die Tiere wandern jeden Frühling aus den heißen Regionen Queenslands in die höhergelegenen Bereiche der Australischen Alpen, um dort in dunklen, kühlen Höhlen den Sommer zu verbringen. Die Falter treten dort zu Millionen auf – in Untersuchungen wurden an ihren Rastplätzen bis zu

15.000 Tiere pro Quadratmeter gezählt, leichte Beute und Festschmaus für die Ureinwohner, die ihre Wanderungen denen der Falter anpassten.

Besonders beeindruckend sind die enormen Bauten der australischen **Termiten** (lat. *Isoptera*), die oft mehrere Meter hoch sind. Eine ganz spezielle Bauform sind die „Magnetic Termite Mounds", die z. B. im Litchfield-Nationalpark, Northern Territory, zu finden sind. Sie haben keine runde Form, sondern sind flach und ähneln eher einer Mauer als einem Hügel. Sie sind exakt in Nord-Süd-Richtung ausgerichtet, was aber nichts, wie der Name vielleicht suggerieren mag, mit Magnetismus zu tun hat. Vielmehr bieten die Bauten auf diese Weise der heißen Mittagssonne besonders wenig Angriffsfläche, sodass die Temperatur im Inneren der Behausung keine Ausmaße annimmt, die den Tieren Schaden zufügen könnte.

Wassertiere

Süßwasser

Mit gerade mal 200 Arten ist die Anzahl der australischen Süßwassertierarten ziemlich überschaubar, dafür tummelt sich unter ihnen ein ganz besonderes Exemplar. Der **Australische Lungenfisch** (engl. *Australian Lungfish*, lat. *Neoceratodus forsteri*), der als lebendes Fossil der rudimentärste Vertreter der Lungenfische ist, kommt ausschließlich in einigen Flüssen des südöstlichen Queensland vor. Fossilienfunde dokumentieren, dass die gedrungenen Tiere, die immerhin bis zu 1,5 m lang und rund 30 kg schwer werden können, seit den Zeiten der Dinosaurier in weitgehend unveränderter Form existieren. Als Besonderheit verfügt das Tier zusätzlich zu seinen Kiemen über eine primitive Lunge. Zum Einsatz kommt das Organ, wenn der Fisch aufgrund erhöhter Aktivität oder veränderter Wasserqualität seinen Sauerstoffbedarf nicht mehr allein über das Wasser decken kann. Über Jahrmillionen hat der Australische Lungenfisch auf diese Weise problemlos überlebt, doch nun zählt er zu den bedrohten Arten, weil sich sein natürlicher Lebensraum kontinuierlich äußeren Einflüssen beugen muss.

Der **Murray Cod** (lat. *Maccullochella peelii peelii*) gehört zur Familie der Barschartigen und ist der größte Süßwasserfisch Australiens. In der Regel wird der Fisch etwa 1 m lang, allerdings wird auch von Rekordexemplaren mit einer Länge von mehr als 1,5 m und einem Gewicht von über 100 kg berichtet. Derartige Riesen wird man heute allerdings nicht mehr fangen, denn der Süßwasserräuber hat stark unter der Überfischung gelitten. Einst war das gesamte Murray-Darling-Flusssystem voll von diesen Tieren, mittlerweile können nur noch strenge Fangquoten und Größenbeschränkungen ihr Überleben sichern.

Der **Barramundi** (lat. *Lates calcarifer*) ist so etwas wie der Kultfisch Australiens. Von Sportfischern ist er aufgrund seines Kampfwillens heiß begehrt, außerdem hat sein zartes, festes Fleisch ihm einen festen Platz auf den Speisekarten der Restaurants beschert. Der „Barra" kann in Ausnahmefällen bis zu 60 kg schwer werden, i. d. R. ist er aber wesentlich kleiner. Die Fische kommen sowohl im Süß- als auch im Salzwasser vor, wobei ihr natürliches Verbreitungsgebiet die Flüsse, Mangroven und Mündungsgebiete des nördlichen Australiens sind. Der Fisch kann das ganze Jahr über geangelt werden, die Hauptsaison ist aber von Oktober bis Februar.

Salzwasser

Die Gewässer um den australischen Kontinent sind von einem schier unfassbaren Artenreichtum charakterisiert. Weit über 4000 Fischarten sind hier heimisch, dazu kommen noch Tausende Arten von Korallen, Krustentieren, Schwämmen, Seegurken und allerlei anderen Meeresbewohnern. An den Riffen lebt vom winzigen **Anemonenfisch** (lat. *Amphiprion*) bis zum 450 kg schweren **Riesenzackenbarsch** (lat. *Epinephelus lanceolatus*) so ziemlich alles, was man sich nur vorstellen kann. Noch immer ist die Unterwasserwelt nicht komplett erforscht und noch immer werden bisher unbekannte Bewohner entdeckt. Erst 2008 wurde ein Bericht veröffentlicht, dem zufolge man bei einer intensiven Bestandsaufnahme an australischen Riffen auf Hunderte bisher unbekannter Arten stieß. Bei einem Großteil handelte es sich um Weichkorallen, aber auch Fische, Schnecken und Krebstiere präsentierten sich den erstaunten Forschern.

Eine besondere Faszination üben die Haie aus und hier natürlich v. a. die sogenannten „Menschenfresser". Unangefochtener Spitzenreiter ist dabei der **Weiße Hai** (lat. *Carcharodon carcharias*), ein torpedoförmiges Wunder der Evolution mit enormer Schnelligkeit und Bisskraft. Zuverlässige Berichte bestätigen die Existenz von Exemplaren mit 8 m Länge und über 4 t Gewicht. In Australien sind sie bis auf die warmen Gewässer des Nordens überall verbreitet, v. a. in der *Great Australian Bight* in Südaustralien fühlen sie sich wohl. Die Tieraufnahmen für Steven Spielbergs „Der Weiße Hai" wurden übrigens in Australien gedreht.

Obwohl langsamer und meist auch kleiner als der Weiße Hai, macht seine Vorliebe für warme Küstengewässer den **Tigerhai** (lat. *Galeocerdo cuvieri*) zu einer ernsten Gefahr für den Menschen.

Der **Bullenhai** (lat. *Carcharhinus leucas*) ist sowohl im Salz- als auch im Süßwasser heimisch. Er hält sich gerne in Mündungsgebieten auf und schwimmt von dort auch Flüsse hinauf.

Der Kontakt mit dem Feuerfisch ist äußerst schmerzhaft

Mit diesem Verhalten kommt er dem Menschen besonders nahe und ist für entsprechend viele Zwischenfälle verantwortlich. Bei den Überschwemmungen in Brisbane im Jahr 2011 soll eines der Tiere sogar in den überfluteten Straßen der Innenstadt gesichtet worden sein.

Trotz der immer wieder vorkommenden tragischen Begegnungen mit diesen drei großen Haiarten sollte man nicht vergessen, dass diesen eleganten Räubern viel mehr Gefahr von den Menschen droht als andersherum.

Der **Walhai** (lat. *Rhincodon typus*) ist ein friedlicher Gigant der Meere, der sich ausschließlich von Plankton ernährt. Die wunderschönen Tiere können bis zu 14 m lang und 12 t schwer werden. Die besten Chancen, einen Walhai zu sichten, hat man am *Ningaloo Reef* in Westaustralien.

Der kleine **Port Jackson Stierkopfhai** (lat. *Heterodontus portusjacksoni*) ist zwar nach Sydneys Hafen benannt, kommt aber in allen südlichen Küstenregionen des Landes vor.

Unter den Meeressäugern sind Australiens Delfine wohl am bekanntesten und sicherlich am einfachsten zu beobachten, oft turnen sie in der strandnahen Brandung herum, auch vor Ausflugsbooten haben sie keine Scheu. Häufige Vertreter sind z. B. der akrobatische **Ostpazifische Delfin** (lat. *Stenella longirostris*) oder der **Große Tümmler** (lat. *Tursiops truncatus*).

Die großen Walarten wurden im 19. Jh. fast komplett ausgerottet, vielerorts in Victoria und New South Wales gab es Fangstationen, von denen ganze Flotten zur Jagd auszogen. Nur durch rigorose Schutzprogramme konnten sich die Populationen in den australischen Gewässern wieder stabilisieren – aber Grund zur Entwarnung gibt es noch lange nicht. Heute wird viel Geld damit verdient, den Touristen zu Zeiten der saisonalen Walwanderungen mit Whalewatching-Touren die sanften Riesen nahezubringen. Für die größte Begeisterung sorgen dabei die bis zu 35 t schweren **Buckelwale** (lat. *Megaptera novaeangliae*) mit ihren wilden Flossenschlägen und Sprüngen. Ebenfalls regelmäßig gesichtet werden die noch etwas größeren **Südkaper** (lat. *Eubalaena australis*), die über 17 m lang und bis zu 80 t schwer werden können. Vereinzelt finden auch Begegnungen mit **Blauwalen** (lat. *Balaenoptera musculus*) statt. Diese unangefochtenen Giganten der Meere werden über 30 m lang und bringen bisweilen ein Lebendgewicht von schlappen 200 t auf die Waage. Damit sind sie die größten bekannten Tiere, die jemals auf unserem Planeten gelebt haben.

Der **Dugong** (lat. *Dugong dugon*) wird landläufig oft als „Seekuh" bezeichnet, weil er als reiner Vegetarier auf den ausgedehnten Seegraswiesen weidet. In Australien sind die rund 400 kg schweren Tiere in den warmen Gewässern der nördlichen Küstenregionen heimisch. Zu den natürlichen Feinden gehören das Leistenkrokodil und die Haie, allzu oft werden die zutraulichen und neugierigen Dugongs aber durch Schiffsschrauben verletzt.

Der **Australische Seelöwe** (lat. *Neophoca cinerea*) ist endemisch und bevölkert die kleinen küstennahen Inseln der Bundesstaaten Western Australia und South Australia. An den südlichen Stränden und Küsten sind außerdem Kolonien verschiedener **Seebären**-Arten (lat. *Arctocephalus*) verbreitet, die allerdings auch in Neuseeland oder Afrika vorkommen. Zwar kein echter Australier, aber immerhin ein regelmäßiger Besucher der australischen Gewässer ist der **Südliche Seeelefant** (lat. *Mirounga leonina*), der eine wirklich imposante Erscheinung ist – die ausgewachsenen Bullen werden über 4 m lang und knapp 4 t schwer.

Giftige und gefährliche Arten

So gut wie jeder Australienreisende ist sich der Tatsache bewusst, dass von Krokodilen, Haien, Schlangen und Spinnen Lebensgefahr ausgehen kann. Es gibt aber auch einige Vertreter der lokalen Fauna, denen man ihre Schlagkraft nicht ansieht und auch gar nicht zutraut. Und selbst wenn eine Begegnung mit diesen Tieren nicht notwendigerweise fatal enden muss, so kann sie doch sehr schmerzhaft sein.

Das lustige Postkarten-Klischee des boxenden **Kängurus** ist kein Witz, denn die Tiere können wirklich enorm kraftvoll zutreten und dabei üble Blessuren verursa-

Giftige und gefährliche Arten

chen. Vor allem die „Boomers", wie man die ausgewachsenen männlichen Kängurus nennt, schrecken auch vor Menschen nicht zurück, wenn sie sich bedrängt fühlen. Ähnlich herausfordernd verhalten sich auch **Wasserbüffel** oder **Wildschweine** und wenn sie einmal in Bewegung sind, sollte man ihnen besser nicht in die Quere kommen. Selbst die putzigen **Koalas** können bei schlechter Laune ganz gewaltig kratzen und beißen. Und nicht einmal vor Angriffen aus der Luft ist man sicher. Die australischen **Flötenvögel** (lat. *Gymnorhina tibicen*) sind bekannt für ihre Sturzattacken auf Menschen, die ihrem Nest während der Brutzeit zu nahe kommen. Sie stellen zwar keine ernsthafte Bedrohung dar, dennoch kann es zu leichten Verletzungen kommen.

An den Riffen lauern giftige **Feuerfische** (lat. *Pteroinae*), **Steinfische** (lat. *Synanceiinae*) und **Skorpionfische** (lat. *Scorpaenidae*) auf Beute. Kommt der Mensch mit ihren Stacheln in Kontakt, so verursacht das Schmerzen, die sogar zu Ohnmacht oder Wahnvorstellungen führen können. Einige Arten sind so gut getarnt, dass sie kaum von ihrer Umgebung zu unterscheiden sind.

Der kaum 20 cm große **Blaugeringelte Krake** (lat. *Hapalochlaena*) ist hochgiftig und der gefährlichste Krake der Welt. Zieht sich das Wasser bei Ebbe zurück, so bleiben die Tiere oft in kleinen Gezeitentümpeln und Felspfützen zurück, wo es dann auch zum Kontakt mit Menschen kommen kann. Seine blauen Ringe zeigt der Krake vornehmlich bei Bedrohung, wird er dann nicht in Ruhe gelassen, kann es zu einem meist schmerzfreien Biss kommen, bei dem das Gift übertragen wird. Bis heute gibt es kein Gegengift und auch erwachsene Menschen können am Biss des Kraken sterben, was allerdings durch entsprechende Gegenmaßnahmen verhindert werden kann.

Die **Seewespe** (lat. *Chironex fleckeri*) gehört zur Klasse der Würfelquallen, gilt als giftigstes Meerestier der Welt und wird in Australien „box jelly" genannt. Die bis zu 60 Tentakel der nahezu transparenten Tiere erreichen eine Länge von bis zu 3 m. Bei Berührung werden winzigste Giftfäden abgefeuert, die in die Haut des Beutetiers – oder des Menschen – eindringen und dort ihr Gift verbreiten. Das Ausmaß der Gefahr hängt dabei von der Größe der Kontaktstellen ab. Leider kann die Seewespe problemlos den Tod eines gesunden Menschen verursachen – etwa fünf Dutzend solcher Fälle sind bekannt. Hauptsächlich kommen die Seewespen in den wärmeren Regionen des australischen Nordens vor und auch dort nur während der Sommermonate. Wer trotzdem ein Bad nehmen will, sollte das ausschließlich in den mit Netzen abgespannten Bereichen tun und beim Tauchen oder Schnorcheln einen sogenannten „stinger suit", einen Nesselquallenschutzanzug, tragen.

Dieselben Vorsichtsmaßnahmen gelten auch für die **Portugiesische Galeere** (lat. *Physalia physalis*). Die „Blue bottle", wie sie im Englischen bezeichnet wird, ist auch in südlicheren Regionen verbreitet und sucht sogar Sydneys Strände regelmäßig heim. Die Tentakel werden bis zu 10 m lang und auch hier verursachen die Nesselzellen bei Berührung unvorstellbare Schmerzen. Die Portugiesische Galeere ist bei Weitem nicht so gefährlich wie die nicht artverwandte Seewespe, trotzdem kann es in seltenen Fällen zu allergischen Reaktionen kommen – dann allerdings besteht Lebensgefahr.

Einige **Kegelschnecken** (lat. *Conidae*) haben eine besonders gewiefte Jagdtechnik entwickelt, mittels der sie kleine giftige „Harpunen" in ihre Beutetiere rammen – und auch in Hände, die sie einzusammeln versuchen. Man sollte sich also beherrschen und der Versuchung widerstehen, auch wenn die Schneckenhäuser noch so hübsch aussehen. Und als Souvenir mit nach Deutschland nehmen dürfte man sie sowieso nicht.

Importierte Arten

Ein derartig fragiles Ökosystem, wie es für Australien typisch ist, reagiert besonders empfindlich auf äußere Einflüsse – das Einführen von fremden Arten kann verheerende und nicht absehbare Folgen nach sich ziehen, wie zahlreiche Beispiele aus der Vergangenheit gezeigt haben. **Katzen** und **Füchse** erwiesen sich in einigen Gebieten erfolgreicher als heimische Räuber und machten ihnen die Nahrung streitig. Zusätzlich fielen ihren ausgefeilten Jagdtechniken zahlreiche Tiere zum Opfer, die zuvor im natürlichen Gleichgewicht gut überleben konnten. Selbst die putzigen **Kaninchen** entwickelten sich zu einer regelrechten Plage und verdrängten durch ihr massives Auftreten einheimische Arten aus ihrem Lebensraum. Und dabei hatte man lediglich ein paar Dutzend Exemplare Mitte des 19. Jh. zum reinen Jagdvergnügen in die freie Wildbahn entlassen – nur zehn Jahre später soll die Population Schätzungen zufolge auf mehrere Millionen Tiere angewachsen sein, Ende des 20. Jh. bevölkerten schließlich mehrere Hundert Millionen Kaninchen den Kontinent.

Gut gemeint, aber als ebenso große Dummheit erwies sich die Einführung der in Mittelamerika und Teilen Südamerikas heimischen **Aga-Kröte** (lat. *Bufo marinus*). Zunächst erhoffte man sich durch die Kröte die natürliche Bekämpfung eines Schädlingskäfers, der in den Zuckerrohrfeldern sein Unwesen trieb. Allerdings hat das hochgiftige Tier in Australien keine natürlichen Feinde, weil die einheimischen Arten beim Versuch, die Kröten zu fressen, verenden. So wurden aus den 3000 Exemplaren, die 1935 freigelassen wurden, über 100 Millionen ...

In Australien gibt es heute die weltweit größte Population an wilden **Kamelen**, vorsichtigen Schätzungen zufolge soll es sich um etwa 600.000 Tiere handeln, man kann in verschiedenen Berichten aber auch von Zahlen jenseits der Millionenmarke lesen. Mittlerweile werden auch hier Abschussquoten im großen Stil gefordert, weil die Tiere seltene Pflanzen fressen und ganze Herden auf Wassersuche enorme Schäden verursachen. Die australischen Kamele stammen von jenen Tieren ab, die in den frühen Entdeckerjahren für die Expeditionen ins australische Outback gebracht wurden. Die wüstenhaften Bedingungen in Australien kommen der Lebensweise der Tiere sehr entgegen, sie fühlen sich wohl und vermehren sich rasch.

Der erste tierische Import war wohl der **Dingo**. Aborigines brachten den Wildhund vor etwa 16.000 Jahren aus Indonesien mit, heute sind die Tiere in fast allen Teilen des Kontinents verbreitet. Mit Ankunft der Europäer vermischten sich die Vierbeiner mit den mitgebrachten Haushunden – tatsächlich existiert heute nur noch auf *Fraser Island* eine Population aus reinrassigen Tieren. Da auch Schafe auf dem Speiseplan der Dingos stehen, wurde Ende des 19. Jh. ein 1,8 m hoher und 5300 km langer Zaun quer durchs Land gebaut, um die Tiere von den Weidegründen im Südosten fernzuhalten.

Aber nicht nur die ursprüngliche Tierwelt litt unter den Neuankömmlingen, sondern auch die Pflanzenwelt. Da Australiens natürliche Fauna keine Huftiere kennt, konnten die zahllosen eingeführten **Pferde**, **Rinder** und **Schafe** der empfindlichen Flora nicht unerheblichen Schaden zufügen.

Vom Mount William schweift der Blick über den Grampians Nationalpark

Geschichte

Australiens Ureinwohner

Ankunft

Bis etwa Mitte des 20. Jh. nahm man an, dass die australischen Ureinwohner kaum länger als seit 8000 Jahren den Kontinent bevölkern. Doch dann warfen spektakuläre Funde – wie etwa die rund 40.000 Jahre alten Überreste einer eingeäscherten Frau – mit einem Schlag alle Theorien über den Haufen. Fest steht, dass die erste Ankunftswelle wohl nur als Folge eines extrem niedrigen Meeresspiegels möglich war, als sich Landbrücken zwischen den Kontinenten bildeten oder sich zumindest die zu überbrückenden Distanzen zu den Landmassen Asiens erheblich verkürzten. Einige Wissenschaftler sprachen nun von Zeitspannen, die sich im Rahmen von etwa 40.000 Jahren bewegten, andere gar von 60.000 Jahren. Damit hätten die ersten Ureinwohner den Kontinent schon zu Zeiten der australischen „Megafauna" besiedelt und sich ihren Lebensraum mit 3 m großen Kängurus und 1000 kg schweren Wombats geteilt.

Diese bahnbrechenden Erkenntnisse lösten heftige Diskussionen über die rechtmäßige Beanspruchung Australiens durch die Briten aus. Ob man wollte oder nicht, man konnte die Augen einfach nicht mehr vor der Tatsache verschließen, dass Australien bei Ankunft der Europäer kein Niemandsland mehr war. Etwa eine halbe Million Menschen, so moderne Schätzungen, bevölkerten den Kontinent bereits vor Ankunft der Europäer. Genau genommen unterscheidet man heute zwischen den Ureinwohnern des Festlandes, den *Aborigines*, und den Ureinwohnern der Inseln nördlich des Kontinents, den *Torres-Strait-Insulanern*.

Lebensweise

Die Aborigines lebten als Jäger und Sammler. Organisiert in Familiengruppen, die insgesamt rund 500 übergeordneten Clans angehörten, zogen sie als Nomaden durch die Weiten des Kontinents. Die Größe ihrer Territorien hing dabei in erster Linie von den Nahrungsvorkommen ab; im kargen Inland musste man weite Strecken zurücklegen, um den täglichen Bedarf zu decken, in den Küstengebieten gestaltete sich die Nahrungsbeschaffung wesentlich unkomplizierter. Auf dem Speiseplan der Ureinwohner stand alles, was Land und Meer hergaben, von Beeren und Früchten über Fische und Krustentiere bis hin zu Kängurus, Vögeln, Echsen und Maden. Die Menschen lebten im natürlichen Rhythmus der Jahreszeiten, folgten den Wanderrouten ihrer Beutetiere und nahmen dem Land nicht mehr, als sie benötigten.

Über Hunderte von Generationen passten sie sich den unterschiedlichen klimatischen Verhältnissen des Kontinents an. Dabei entwickelten sie ganz außergewöhnliche Fähigkeiten und Methoden, um selbst in den unwirtlichsten Gegenden zu überleben. Die Aborigines waren Meister im Spurenlesen, wussten genau, wo sie nach essbaren Wurzeln zu graben hatten und nutzten das Feuer nicht nur zum Kochen, sondern auch, um Beutetiere in die Enge zu treiben. In den kalten Bergregionen fertigten sie Kleidung aus Tierhäuten an, wohingegen die warmen Gebiete des Landes eine Garderobe unnötig machten. Ihr effektivstes Werkzeug war die *woomera*, eine Art Speerschleuder, mit deren Hilfe sie eine bemerkenswerte Treffsicherheit erreichten. Außerdem nutzten sie Grabstöcke, Steinäxte, Bumerangs und in einigen Küstenregionen auch Borkenkanus für die Jagd auf dem Wasser.

Die Hierarchie innerhalb der Gesellschaft war denkbar einfach: die Männer dominierten die Frauen, oft genug auch mit physischer Gewalt. Stammesstrukturen mit Häuptlingen und Untergebenen wie z. B. in Afrika gab es nicht, dafür aber eine Art Ältestenrat. Zwischen benachbarten Gruppen kam es regelmäßig zu Auseinandersetzungen und Kämpfen um Jagdgebiete, auch Stammesfehden waren unter den Ureinwohnern keine Seltenheit.

Innerhalb eines extrem langen Zeitraums fanden kaum nennenswerte zivilisatorische Entwicklungen statt, sodass die Europäer bei ihrer Ankunft ein Volk vorfanden, das nicht viel anders lebte als vor zigtausend Jahren. Die Ureinwohner kannten keine permanenten Siedlungen und betrieben weder Landwirtschaft noch Viehzucht. Zwar waren sie vertraut mit der Herstellung von Wandmalereien und Felsgravuren, verfügten jedoch über keinerlei Schrift. Kurz gesagt: In den Augen der weißen Siedler führten sie ein mehr als primitives Leben, das den Neuankömmlingen vollkommen fremd war.

Spiritualität und Traumzeit

Der uralte Glaube der Aborigines basiert auf einigen einfachen und doch sehr komplexen Überzeugungen. Demnach liegt die Entstehung der Erde und allen Lebens in der lange vergangenen „Traumzeit". Die spirituellen Schöpfergestalten und Ahnen der Menschen sind in Landschaftsformationen, etwa einem Fels, einem Fluss oder einer Insel, manifestiert und somit im täglichen Leben der Menschen präsent. Gläubige Aborigines leben noch heute mit dem Grundsatz, dass man nur durch den besonnenen Umgang mit der Umwelt die Geister milde stimmen kann. Im Gegenzug werden Naturkatastrophen als eine Art „Zorn der Götter" empfunden, der auf menschliches Fehlverhalten zurückzuführen ist. Glaube und Religion lassen sich in der Welt der Aborigines nicht auf besondere Zeremonien und Riten reduzieren, sondern sind fester Bestandteil des Alltags, der jeden Tag aufs Neue gelebt werden muss.

Traditionell besitzt jeder Aborigine ein Totem – beispielsweise ein bestimmtes Tier oder eine Pflanze –, das in seinem Leben einen besonderen Stellenwert einnimmt. Niemals würde er eines jener Lebewesen töten oder verspeisen, die sein Totem repräsentieren, selbst in der allergrößten Not nicht. Auch besonders prägnanten Naturformationen – das bekannteste Beispiel ist der *Uluru* (Ayers Rock) – weist die Religion der Ureinwohner seit jeher einen besonderen Stellenwert zu. Diese heiligen Orte sind seit Dutzenden von Generationen Schauplatz von Zusammenkünften und Zeremonien.

Da die Aborigines vor Ankunft der Europäer keine Schrift kannten, beschränkte sich die Überlieferung ihrer Schöpfungsgeschichten und Mythen auf Erzählungen, die von Generation zu Generation mündlich weitergegeben wurden. Oft handelt es sich dabei um wunderschöne bildhafte Geschichten. Einige Sprachen der Ureinwohner – einst soll es weit mehr als 200 gegeben haben – sind v. a. im Bereich der Naturbeschreibungen sehr komplex. Für das Wort „Nacht" beispielsweise existiert nicht nur ein einziges Wort: Etwa ein Dutzend Begriffe umschreiben die verschiedenen Stadien einer Nacht, entsprechend bildhaft und detailliert konnte man die Erzählungen gestalten.

Kontakte mit der Außenwelt und ihre Folgen

Artefakte, die auf der nördlichen *Cape-York*-Halbinsel gefunden wurden, belegen den frühen Kontakt der Ureinwohner mit Stammesangehörigen aus Papua-Neuguinea. Vor etwa 500 Jahren begann ein Austausch mit Fischern und Händlern, die von Indonesien regelmäßig an die Nordküste Australiens kamen, wovon noch heute Felsgravuren zeugen. Soweit man heute weiß, verliefen derartige Begegnungen fast immer friedlich und fanden zudem so vereinzelt statt, dass sie keinen nachhaltigen Einfluss auf das Leben der Aborigines zur Folge hatten.

Dies änderte sich allerdings schlagartig mit Ankunft der Europäer. Hier stießen zwei Welten aufeinander: Auf der einen Seite ein Naturvolk mit einer seit über zehntausend Jahren kaum veränderten Lebensweise, auf der anderen Seite die Vorreiter der Industriellen Revolution, geprägt von gewinnorientiertem Denken. Die älteste Kultur der Welt hatte dem Expansionsdrang der Neuankömmlinge und ihren Gewehrkugeln nicht viel entgegenzusetzen. Viele Ureinwohner ließen in Kämpfen und Scharmützeln ihr Leben, eine vielfache Zahl wurde durch eingeschleppte Seuchen und für die Europäer meist harmlose Krankheiten dahingerafft. Es entstand eine Gesellschaft, deren Werte die Ureinwohner nicht verstanden und in der sie zu einem Schattendasein am Rande verdammt waren.

Die Ureinwohner im modernen Australien

Während der letzten 55 Jahre hat sich innerhalb der weißen australischen Bevölkerung die Einstellung gegenüber den Ureinwohnern erheblich gewandelt. In einem Referendum aus dem Jahr 1967 stimmten über 90 % der Australier für die Streichung diskriminierender Passagen in der Verfassung. Dieses Ereignis wird oft als der Beginn der sogenannten „reconciliation"-Bewegung gesehen, was übersetzt so viel wie „Annäherung" oder „Aussöhnung" bedeutet. In den darauffolgenden Jahren überschrieb die Regierung zahlreichen Aborigine-Gemeinden weite Landstriche, prominentestes Beispiel ist der *Uluru* (bekannt als „Ayers Rock"), der seit 1985 wieder unter der Oberhoheit der ansässigen Ureinwohner steht.

Besonderes Aufsehen erregte der Fall des *Eddie Mabo* im Jahr 1993. Er, der erst im Erwachsenenalter Lesen und Schreiben lernte, schuf einen Präzedenzfall, durch den die australischen Gerichte erstmals den – wenn auch eingeschränkten – Anspruch der Aborigines auf bestimmte Ländereien entsprechend ihrer uralten traditionellen Gesetze anerkannten. Auf diese Weise war es den Ureinwohnern erstmals wieder möglich, von ihrem Jagdrecht Gebrauch zu machen oder ihre Zeremonien zu pflegen, auch die Einnahmen aus dem Tourismus kamen nun den ansässigen Clans zugute. Diese sogenannten „native titles" stehen im Unterschied zu den „land titels", bei denen das Land tatsächlich überschrieben wird. Dem Präzedenzurteil folgte eine enorme Flut an Forderungen seitens lokaler Aborigine-Kommunen, die Regierung schuf daraufhin mit dem „native title act" ein Regelwerk zur Beurteilung etwaiger Ansprüche.

Stolen Generation

Mit den Begriffen *stolen generation* oder auch *stolen children* werden die rund 100.000 Aborigine-Kinder bezeichnet, die zwischen 1910 und den frühen 70er-Jahren ihren Eltern weggenommen und in weiße Adoptivfamilien oder Heime gesteckt wurden. Meist handelte es sich um Mischlingskinder, die man auf diese Weise in die europäisch geprägte Gesellschaft einzugliedern und zu „zivilisieren" versuchte. Der irrsinnige Glaube, den Kindern damit etwas Gutes zu tun, illustriert auf grausame Weise die mangelnde Achtung und entwürdigende Einstellung, die den Aborigines zu dieser Zeit entgegengebracht wurden.

Die Folgen waren dramatisch: Kleinkinder wurden in einer wichtigen Entwicklungsphase aus ihrem gewohnten Umfeld gerissen, ihre Familienbande wurden zerstört, wodurch eine völlige Entfremdung von ihren kulturellen Wurzeln stattfand. Sie durften ihre Muttersprache nicht mehr sprechen, ihre Gebräuche nicht mehr ausüben und sie wurden in „weiße" Kleidung gesteckt. Viele sahen ihre Eltern nie wieder. Aus den Kindern wurden Jugendliche und Erwachsene, die irgendwo im Niemandsland zwischen zwei Kulturen leben, die keiner wirklich zugehörig fühlen – und von keiner richtig akzeptiert werden. Was bleibt, sind gestörte Identitäten, Depressionen, übermäßiger Alkohol- und Drogenkonsum und eine Selbstmordrate, die weit über dem Durchschnitt liegt.

Lange Zeit blieb die Thematik von offizieller Seite unkommentiert, erst im Februar 2008 hielt der australische Premierminister Kevin Rudd eine Rede vor der Nation, in der er klar Stellung bezog und sich für die Untaten an den Aborigines und Torres-Strait-Insulanern entschuldigte.

Natürlich gibt es Ureinwohner, die sich gut in die modernen Gesellschaftsstrukturen integrieren konnten, manche verfügen über eine abgeschlossene Ausbildung, haben Universitäten besucht und stehen fest im Berufsleben. Es gibt Sportstars und Medienpersönlichkeiten, Politiker und Manager, in deren Adern Aborigine-Blut fließt. Aber leider ist das die Ausnahme – das Gros der Aborigines lebt auch im 21. Jh. noch am Rande der Gesellschaft. Ihr Leben ist geprägt von Armut und oft genug auch von Alkoholismus und häuslicher Gewalt.

Frühe Seefahrer und erste Erkundungen

Zahlreiche Spekulationen kursieren darüber, wann nun genau die ersten Seefahrer den australischen Kontinent erreichten. Viele Theorien stützen sich darauf, dass die weiter nördlich gelegenen Inselreiche schon sehr früh entdeckt wurden, wobei es dabei fast unmöglich erscheint, eine derart enorme Landmasse, nur einige Hundert Seemeilen entfernt, zu übersehen. So ist belegt, dass zwischen 1405 und 1433 eine riesige chinesische Flotte unter Führung von Admiral **Zheng Hi** ausgiebige Erkundungsfahrten im Indischen Ozean und um Indonesien unternahm. Da ist es zumindest nicht unwahrscheinlich, dass man in diesem Zusammenhang auch auf den australischen Kontinent stieß. Ähnliches gilt für die Portugiesen, die bereits 1516 das gerade mal 300 Meilen nordwestlich gelegene Timor besiedelten.

Die erste historisch belegte Sichtung fand im Jahr 1606 statt, als der Holländer **Willem Jansz**, Kapitän der *Duyfken*, an der Cape-York-Halbinsel vorbeisegelte. Im selben Jahr durchfuhr der Spanier **Luis Vaez de Torres** die später nach ihm benannte Torres Strait zwischen Indonesien und Australien, den Kontinent entdeckte er allerdings nicht.

Mit Gründung der **Niederländischen Ostindien-Kompanie** (*Dutch East Indies Company*) verkehrten Anfang des 17. Jh. immer mehr Schiffe auf den Gewürzrouten zwischen Europa und Java. 1611 entdeckten Seefahrer mit den Roaring Forties jene günstigen Westwinde jenseits des 40. südlichen Breitengrades, die es in der Folge ermöglichen sollten, die Fahrzeit mehr als zu halbieren. Fortan wählte man die längere, aber dennoch wesentlich schnellere Route, die ab dem Kap der Guten Hoffnung über Tausende von Seemeilen direkt gen Osten führt – und damit direkt auf Australien zu. Allerdings ergab sich dabei eine Schwierigkeit: Aufgrund der Tatsache, dass man zu dieser Zeit die Längengrade noch nicht zuverlässig bestimmen konnte, war man nicht in der Lage, den richtigen Moment abzupassen, um nach Norden Richtung Java abzudrehen. Aus diesem Grund kam es immer wieder vor, dass Handelsschiffe vom Kurs abkamen und irgendwo an der Westküste Australiens strandeten. Die bekannteste Geschichte ist die der *Batavia*, die 1629 vor der westaustralischen Küste auf ein Riff lief und sank. Die überlebenden Besatzungsmitglieder und Passagiere konnten sich auf eine der *Abrolhos*-Inseln retten. Während sich eine kleine Mannschaft um den Kapitän mit einem der Rettungsboote auf Java aufmachte, um Hilfe zu holen, kam es unter den Zurückbleibenden zu Auseinandersetzungen und regelrechten Massakern, in deren Folge 125 Menschen den Tod fanden. Die Schuldigen erwartete nach ihrer Rettung der Galgen.

Das heutige Tasmanien wurde 1642 von dem niederländischen Seefahrer **Abel Tasman** entdeckt, der es zunächst zu Ehren seines Auftrag- und Geldgebers *Van Diemen's Land* nannte. Tasman ging 1644 erneut auf große Fahrt, erkundete die Region und prägte den Namen, unter dem Australien für die nächsten 150 Jahre bekannt sein sollte: *New Holland*.

1688 landete mit **William Dampier** wieder ein Engländer in Australien. Wie seine Vorgänger befand auch er das Land für unwirtlich und nutzlos, als er an der Nordwestküste an Land ging. Wirtschaftliche Möglichkeiten in Form von gewinnbringendem Handel oder Landwirtschaft schienen in den kargen, gottverlassenen Gegenden gänzlich ausgeschlossen und so verebbte das allgemeine Interesse schnell. Ironischerweise stecken genau in diesen von so vielen Entdeckern verschmähten Gebieten einige der weltweit reichsten Vorkommen an Bodenschätzen.

Und dann hätte die Geschichte um ein Haar noch einen anderen Lauf genommen. Was wäre wohl passiert, wenn der Franzose **Louis Antoine de Bougainville** 1768 auf seinem Rückweg von Tahiti die fruchtbare australische Ostküste erblickt hätte? Nur das Great Barrier Reef trennte ihn damals von der Entdeckung seines Lebens. Da er aber auch nach längerer Suche keine Passage gen Westen ausmachen konnte, drehte er schließlich entnervt nach Norden ab und überließ der Geschichte jenen Lauf, der uns heute bekannt ist.

James Cook und die Endeavour

Der britische Kapitän **James Cook** verließ im August 1768 den Hafen von Portsmouth, England, mit der Anweisung, auf Tahiti den Venustransit zu beobachten, um dadurch Erkenntnisse für neue astronomische Berechnungen bezüglich der Entfernung der Erde von der Sonne zu gewinnen. Bei seinem Schiff, der Dreimastbark *Endeavour*, handelte es sich um einen umgebauten Kohlefrachter, nach heutigen Standards eine Nussschale von gerade mal 30 m Länge. Ebenfalls an Bord waren zahlreiche Wissenschaftler mit ihren Gerätschaften – und ein Umschlag mit geheimem Inhalt, den es erst nach Beendigung des offiziellen Auftrags zu öffnen galt.

Der Brief enthielt Instruktionen für die Suche nach dem sagenumwobenen, unbekannten Land im Süden, der „Terra Australis incognita". Cooks Aufgabe bestand darin, dieses Land zu finden, zu erkunden und in Besitz zu nehmen. Denn obwohl bereits zu dieser Zeit Seefahrer die australischen Küsten erreicht hatten und man von Van-Diemen's-Land und New Holland wusste, waren die größeren Zusammenhänge dennoch nach wie vor im Dunkeln. Nachdem also die Mission auf Tahiti zur vollsten Zufriedenheit aller erledigt war, wurden erneut die Segel gehisst.

Am 19. April 1770 sichtete Cook die Ostküste Australiens und am 28. April ging die Endeavour in der Botany Bay vor Anker. Der mitgereiste Botaniker **Joseph Banks** war von der üppigen Vegetation und ihrer Artenvielfalt so begeistert, dass er der Bucht den Namen „Botany Bay" gab. Innerhalb kürzester Zeit sammelte er Hunderte unbekannter Pflanzen und seine Berichte von

James Cook Statue in Cooktown

fruchtbarer Erde, Bäumen, Gräsern und Bächen sollten in der Zukunft die Entscheidung zur Besiedlung des Kontinents erheblich beeinflussen. Nach nur wenigen

Tagen lenkte Captain Cook seine Endeavour gen Norden und benannte im Vorbeifahren den Port Jackson, der Jahre später noch eine wichtige Rolle spielen sollte.

Am 11. Juni 1770 lief das Schiff etwas nördlich des heutigen Cairns auf ein Riff, worauf es leckschlug und das Wasser sofort in den Rumpf einzudringen begann. Die Mannschaft konnte die lädierte Bark gerade noch in eine Flussmündung steuern – den Fluss kennen wir heute als Endeavour River –, wo sechs Wochen lang Reparaturarbeiten durchgeführt werden mussten, bevor die Reise fortgesetzt werden konnte. Am 22. August 1770 hisste Cook die britische Flagge auf Possession Island an der nördlichsten Spitze von Cape York und beanspruchte die gesamte Ostküste für die englische Krone. Sein Name für das neue Land: „New South Wales".

James Cook

James Cook wurde 1728 als Sohn eines mittellosen Farmers geboren und niemand hätte sich wohl je träumen lassen, dass aus ihm einer der bedeutendsten britischen Entdecker werden sollte. Der Junge zeigte schon früh Ehrgeiz und hatte sich auf Transportschiffen bereits zum Maat hochgearbeitet, als er 1755 als 27-Jähriger in die *Royal Navy* eintrat. Im Dienste ihrer Majestät entwickelte sich Cook zu einem ausgezeichneten Seemann.

Das Kommando für die erste Südsee-Expedition kam etwas überraschend, da Cook einen nur verhältnismäßig niedrigen Rang innehatte. Aber er galt als ruhiger und umsichtiger Mann, der außerdem mit seiner mächtigen Statur und seiner für die damalige Zeit außergewöhnlichen Körpergröße von über 1,80 m beeindruckte. Auf einem umgebauten Kohlefrachter, der *Endeavour*, stach er im August 1768 zu seiner ersten großen Südseereise, in deren Verlauf er den australischen Kontinent im Auftrag der englischen Krone entdecken sollte, in See. Seine Frau und seine Kinder sollten ihn in den folgenden zehn Jahren den leidenschaftlichen Entdecker nur selten zu Gesicht bekommen.

Cooks Rastlosigkeit ließ ihn bald nach seiner Rückkehr im Jahr 1771 bereits im darauffolgenden Jahr erneut zu großer Fahrt aufbrechen. Von 1772 bis 1775 erkundete er die Antarktis, Australien und Neuseeland. Seine dritte Expedition führte ihn ab 1776 nach Tahiti, Tasmanien und nach Hawaii, wo er 1779 von Eingeborenen getötet wurde.

First Fleet

Gründe für eine Kolonie

In den 1780er-Jahren waren Englands Gefängnisse zum Bersten gefüllt, wobei die Zustände teilweise derartig schlimm waren, dass frisch verurteilte Straftäter sogar in umgebauten Frachtschiffen untergebracht werden mussten. Die 13 amerikanischen Kolonien hatten sich im Jahr 1776 für unabhängig erklärt, sodass die britische Regierung ihre Verbrecher fortan nicht mehr dorthin abschieben konnte. Auf der Suche nach einer adäquaten Lösung besann man sich auf die Berichte von *Joseph Banks*, in denen er der *Botany Bay* alle Vorraussetzungen zur Gründung einer Kolonie bescheinigte.

Sicherlich spielte die Möglichkeit, Strafgefangene zu deportieren, bei der Kolonialisierung des australischen Kontinents eine wesentliche Rolle. Es gibt aber darüber hinaus auch noch weitere Aspekte, die in diesem Zusammenhang berücksichtigt werden müssen. Ende des 18. Jh. tobte in Europa ein Machtkampf. Der amerikanische Unabhängigkeitskrieg war gerade zu Ende, die Französische Revolution und die Napoleonischen Kriege standen unmittelbar bevor. Die Briten hatten durch den Wegfall ihrer nordamerikanischen Kolonien enorm an Macht eingebüßt und so ist die Annahme sicherlich nicht ganz abwegig, dass sie sich durch die Besiedlung Australiens einen strategischen Stützpunkt innerhalb der Handelszonen des Ostens sichern wollten. Freie Menschen zum Verlassen ihrer Heimat zu überreden, um ein neues Leben in einem fast gänzlich unbekannten Land zu beginnen, wäre wahrscheinlich schwierig gewesen. Indem man jedoch Sträflinge zur Übersiedlung in die neuen Kolonien „verpflichtete", konnte man zwei Fliegen mit einer Klappe schlagen.

Reise in eine ungewisse Zukunft

Am 13. Mai 1787 verließ jene Flotte aus elf Schiffen den Hafen von Portsmouth, die fortan als „First Fleet" bekannt sein sollte. Ihre Fracht bestand aus über 750 Strafgefangenen – etwa dreimal mehr Männern als Frauen – und mehr als 250 Soldaten, wobei einige mit ihren Familien reisten. Zusätzlich an Bord befanden sich alle möglichen Güter und Gerätschaften, die man zur Gründung einer Kolonie als nötig erachtete: Samen, Setzlinge, Tiere, Werkzeuge und landwirtschaftliche Geräte. Eine über acht Monate währende Seereise und gut 14.000 Meilen trennten die Flotte von der neuen Heimat, eine Tortur v. a. für die Gefangenen, die, in den stickigen Schiffsrümpfen eingepfercht, nicht besser untergebracht waren als die mitgeführten Schweine, Rinder und Schafe. Kommandant der First Fleet war Captain **Arthur Phillip**, der nach Ankunft auch den Gouverneursposten bekleiden sollte.

Alle elf Schiffe liefen zwischen dem 18. und 20. Januar 1788 in der Botany Bay ein. 31 Personen hatten die Überfahrt nicht überlebt, für damalige Verhältnisse eine außergewöhnlich niedrige Zahl. Schon beim ersten Landgang wurde klar, dass man an den Ufern der Bucht keine Siedlung errichten konnte. Cook war hier im späten April vor Anker gegangen, als die Vegetation grünte und die Bachbetten von herbstlichen Regenfällen gefüllt waren. Die First Fleet erreichte die Botany Bay im australischen Hochsommer, der die Neuankömmlinge mit einer schier unerträglichen Hitze empfing: Die Pflanzen waren verkümmert und von den Bächen waren nicht einmal mehr kleine Rinnsale übrig.

Phillip selbst machte sich auf und fand in dem zwölf Meilen weiter nördlich gelegenen Port Jackson eine ihm ideal erscheinende Stelle mit ausreichender Frischwasserversorgung. Am 26. Januar, dem heutigen „Australia Day", ging die First Fleet im Port Jackson vor Anker, Arthur Phillip hisste an der Sydney Cove die britische Flagge und gründete damit offiziell die neue Kolonie. Die Siedlung benannte er nach dem damaligen britischen Innenminister *Lord Sydney.*

Die Anfänge der neuen Kolonie

So groß die erste Euphorie beim Anblick der Sydney Cove auch war, es dauerte nicht lange, bis die Neuankömmlinge von der harten Realität eingeholt wurden. Oberstes Ziel und absolut unerlässlich für das Fortbestehen der Kolonie war die Autarkie, also die Fähigkeit zur kompletten Selbstversorgung. Die ersten Ernten scheiterten jedoch kläglich, es gab niemanden, der über ausreichend Erfahrung mit der Landwirtschaft unter den gegebenen klimatischen Verhältnissen verfügt hätte. Genau genommen hatte kaum jemand überhaupt Ahnung von der Landwirtschaft – die Sträflinge waren meist Diebe und Kleinkriminelle aus den Tiefen der Großstädte und die Soldaten waren zwar geübt im Umgang mit Gewehr und Kanone, aber nicht mit Saatgut und Harke.

Die mitgebrachten Vorräte schwanden unaufhaltsam, die Rationen mussten gekürzt werden, der Diebstahl von Nahrungsmitteln wurde mit aller Härte geahndet. Unter dem strengen Militärregiment war die Peitsche ein gängiges Mittel zur Bestrafung und man musste sich wahrlich nicht viel zu Schulden kommen lassen, um hundert Schläge oder mehr zu kassieren. Nur sechs Monate nach Ankunft der Neuankömmlinge waren die ersten Opfer der anhaltenden Mangelernährung mit der Ausbreitung von Skorbut zu beklagen. Später wurden die Lebensmittel so knapp, dass die Schwachen oder Kranken gar verhungerten. Erst das Eintreffen der mit frischen Vorräten bestückten „Second Fleet" im Jahr 1790 sicherte das Überleben in der Kolonie.

In den ersten Jahren regierte das Chaos. Der Mangel an erfahrenen Arbeitskräften stellte nicht nur in der Landwirtschaft, sondern in allen Lebensbereichen ein massives Problem dar. Es mussten Häuser gebaut, Straßen angelegt und Dinge des täglichen Gebrauchs wie Möbel, Kleidung oder Werkzeuge hergestellt werden. Keiner der Neuankömmlinge war an das extrem heiße und schwüle Klima Australiens gewöhnt, sodass die schweren körperlichen Anstrengungen an der Gesundheit zehrten. Als kaum problematisch für die Siedler erwiesen sich die Auseinandersetzungen mit den Aborigines. Zwar kam es regelmäßig zu kleineren Scharmützeln, eine Gefahr für die Kolonie bestand jedoch nie.

Mit der Erschließung der fruchtbaren Regionen um den *Paramatta River* und den *Hawkesbury River* stellten sich schließlich langsam erste landwirtschaftliche Erfolge ein. Als vielversprechend erwiesen sich darüber hinaus der Walfang und die Seehundjagd. So kam es, dass Arthur Phillip, als er 1792 nach England zurücksegelte, doch gute Nachrichten im Gepäck hatte: Die neue Siedlung am anderen Ende der Welt zählte bereits 4000 Personen und – noch viel wichtiger – konnte sich komplett selbst versorgen.

Das „Rum Corps"

Die *Second Fleet* brachte 1790 nicht nur neue Gefangene und überlebenswichtige Vorräte, sondern auch die Soldaten des New South Wales Corps. Mit der Abreise von Gouverneur Phillip übernahm der Offizier Francis Grose die Leitung der Kolonie und der entwickelte schnell einen Führungsstil, der sich stark von der streng britisch geprägten Korrektheit seines Vorgängers unterschied. Er bedachte seine Offiziere großzügig mit Landschenkungen und stellte ihnen kostenlos Sträflinge zur Bewirtschaftung zur Verfügung. Unter der Herrschaft des Corps erblühte eine zugegeben extrem korrupte, aber durchaus funktionierende Gesellschaft. Strafgefangene, die nützliche Fähigkeiten besaßen, erhielten zahlreiche Vergünstigungen, die bis hin zu Freigängerscheinen oder Begnadigungen reichten. Wer besonders fleißig war, durfte bedingt auch in die eigene Tasche wirtschaften – was den Handel begünstigte, den wiederum die Offiziere kontrollierten. Immer öfter kam man mit ausländischen Händlern, die mit ihren Schiffen in der Kolonie haltmachten, ins Geschäft. Die geläufige Währung war in dieser Zeit der Rum, und weil der Heeresverband den kompletten Import kontrollierte, gab man ihm den Spitznamen „Rum Corps".

Als 1795 der neue Gouverneur John Hunter in der Kolonie ankam, stand er auf verlorenem Posten. Das New South Wales Corps war mächtig und die Offiziere sahen es gar nicht ein, ihre Privilegien wieder aufzugeben. Ganze 15 Jahre sollte es dauern, bis mit Lachlan Macquarie ein Gouverneur auf der Bühne erschien, der die Macht des Corps zu brechen im Stande war. Die wohl tragischste Gestalt dabei war sicherlich William Bligh. Nachdem er bereits als Kapitän der *Bounty* Opfer einer geradezu legendären Meuterei geworden war, erging es ihm als Gouverneur von New South Wales nicht besser. Seinen Bestrebungen, wieder Ordnung in die korrupten Strukturen zu bringen, begegnete das Corps mit der sogenannten „Rum Rebellion": Bligh sah sich erneut Rebellen gegenüber, von denen er kurzerhand verhaftet und unter Hausarrest gestellt wurde.

Macarthur und Macquarie

Ein junger Leutnant des Corps, **John Macarthur**, mit übermäßigem Ehrgeiz und wenig Skrupel ausgestattet, hatte bei allerlei dubiosen Geschäften die Fäden in der Hand. Er stieg schnell zum größten Grundbesitzer der Kolonie auf und begründete mit der Zucht einer neuen Kreuzung von Merinoschafen ein regelrechtes Imperium. Seine Machenschaften waren vielen ein Dorn im Auge, aber selbst nach Entmachtung des *New South Wales Corps* ermöglichten ihm beste Kontakte nach England, seine persönlichen Interessen weiterzuverfolgen. Auch wenn er nicht gerade auf rechtmäßige Weise zu seinem immensen Reichtum kam, so sind sich Experten heute einig, dass er einen erheblichen Beitrag zur Selbständigkeit und Entwicklung der Kolonie geleistet hat.

Nach seiner Amtseinführung 1810 trieb der liberale Gouverneur **Lachlan Macquarie** die Kolonie weiter voran. Das Australien seiner Visionen war keine reine Gefängniskolonie, sondern ein freies Land für freie Leute. Er förderte die Reintegration von Ex-Sträflingen und versuchte, sie zu nützlichen Mitgliedern der Gesellschaft zu machen, außerdem gab er Unsummen für öffentliche Gebäude aus. Damit machte er sich allerdings so viele Feinde, dass er 1822 seinen Hut nehmen musste. Aber zu diesem Zeitpunkt war der Aufstieg der neuen Kolonie schon nicht mehr aufzuhalten. Mit der Erstüberquerung der *Blue Mountains* im Jahr 1813 war schon knapp zehn Jahre zuvor der Weg zur Besiedlung der westlich gelegenen Weiten des australischen Kontinents bereitet.

Sträflinge und Gefangenenlager

Insgesamt wurden zwischen 1788 und 1868 über 160.000 Sträflinge von England ans andere Ende der Welt deportiert. Darunter befanden sich auch Schwerverbrecher und einige politische Gefangene, der Großteil der Männer und Frauen war jedoch wegen Diebstählen und anderer kleinerer Vergehen verurteilt worden – die Mindeststrafe betrug sieben Jahre. Nach heutigem Ermessen scheint das sicherlich gnadenlos überzogen, aber im 18. und Anfang des 19. Jh. war dieses Strafmaß durchaus üblich. In den 1830er-Jahren wurde in England bezüglich der Verschiffung von Strafgefangenen Kritik laut, worauf 1842 der Transport nach New South Wales eingestellt wurde. In anderen Regionen des Landes kam das Ende etwas später, die allerletzten Sträflinge erreichten 1868 Westaustralien.

Das Leben in den Gefangenenlagern war hart und grausam. In den Anfangsjahren der Kolonie kämpften die Menschen ums nackte Überleben, der Hunger- oder der Erschöpfungstod waren ständige Begleiter und einige Häftlinge waren so verzweifelt, dass sie ihren letzten Ausweg nur noch im Suizid sahen. Wer gegen die Regeln verstieß, der konnte nicht auf Milde hoffen, Peitsche und Fußeisen waren geläufige Mittel, um die Widerspenstigen zu züchtigen. Die besonders schweren Fälle und die Wiederholungstäter wurden bald von Sydney aus in externe Lager in Van-Diemen's-Land (heute Tasmanien), am Hunter River (heute Newcastle) oder an die Moreton Bay (heute Brisbane) verfrachtet. Dort sahen sie sich neben den noch widrigeren Bedingungen oft auch mit Wächtern konfrontiert, die ihren Zorn über die eigene Abkommandierung an den Sträflingen ausließen.

Verzweifelte Flucht

Unter den gegebenen Umständen verwundert es nicht, dass es zahlreiche Fluchtversuche gab. Allerdings scheiterten die meisten, viele Flüchtlinge starben in den einsamen Weiten Australiens, einige wurden wieder eingefangen oder kehrten halb verhungert freiwillig in die Gefangenschaft zurück. Ein ganz außergewöhnliches Beispiel einer geglückten Flucht ist die des **William Buckley**. Nachdem er aus dem Gefangenenlager ausgebrochen war, lebte er 32 Jahre mit einer Gruppe Aborigines, bevor er sich stellte und schließlich begnadigt wurde.

Hyde Parks Barracks in Sydney: Heute sind die ehemaligen Sträflingsunterkünfte ein Museum

Der Fall **Mary Bryant** wurde sogar verfilmt. Zusammen mit ihrem Mann und ihren Kindern floh sie in einem gestohlenen Boot. Sie überlebte als einzige die Strapazen der Tausende Kilometer langen Reise und erreichte schließlich Neuguinea. Dort wurde sie verhaftet und zurück nach England gebracht. Auch sie wurde begnadigt.

Erfolgsgeschichten

Von Anfang an mussten die Sträflinge hart arbeiten, erst für die Regierung, später wurden sie auch freien Siedlern zugeteilt. Wer sich geschickt anstellte und Fähigkeiten mitbrachte, die gebraucht wurden, konnte mit bevorzugter Behandlung rechnen und erhielt u. U. sogar Freigängerscheine („ticket of leave") oder eine Begnadigung („pardon"). Nach Verbüßen der Strafe konnte sich kaum einer der ehemaligen Gefangenen die Rückkehr nach England leisten und so blieben nahezu alle in Australien und versuchten, sich ein neues, freies Leben aufzubauen. Viele Exsträflinge bewiesen dabei ein glückliches Händchen und brachten es zu Wohlstand. Einige häuften gar regelrechte Vermögen an, die nach heutigen Maßstäben im zweistelligen Millionenbereich liegen würden. Zu erwähnen ist hier z. B. **Mary Reibey**, die, wegen Pferdediebstahls verurteilt, 1792 in die Kolonie kam. Sie heiratete und baute nach dem Tod ihres Mannes dessen Unternehmen zu einem wahren Imperium aus. Sie besaß eine Flotte aus Handelsschiffen, mehrere Geschäfte, Warenhäuser und Farmen und übte einen nicht unerheblichen Einfluss in der Kolonie aus. Heute ist sie mit ihrem Konterfei auf der australischen 20-Dollar-Banknote verewigt. **Francis Greenway** wurde wegen Dokumentenfälschung verurteilt und nach Sydney transportiert. Noch als Strafgefangener plante und gestaltete der begabte Architekt den Macquarie-Leuchtturm, was ihm eine vorzeitige Begnadigung einbrachte. Man kann durchaus behaupten, dass ohne ihn Sydney nicht das wäre, was es heute ist, viele seiner Arbeiten prägen noch immer das Stadtbild, darunter die *Hyde Park Barracks*, die *St. James Church*, das *Government House* oder das „Rum"-Hospital. Eine außergewöhnliche Karriere, auch wenn er es mit seinem Talent nicht zu Reichtümern gebracht hat.

Freie Siedler und Klassenkonflikte

Die ersten freien Siedler erreichten die Kolonie 1793, in größerer Zahl kamen sie aber erst Anfang des 19. Jh. und es dauerte bis in die 1830er-Jahre, bis sie die Häftlinge zahlenmäßig überholt hatten. Von der Regierung erhielten die Neusiedler Land zugeteilt und man stellte ihnen Strafgefangene als Arbeiter zur Verfügung, sodass es nicht lange dauerte, bis sich erste Erfolge einstellten. Im Gegensatz zu den Zwangsarbeitern der Anfangsjahre brachten die freien Siedler wichtige Fähigkeiten mit, viele waren Viehzüchter, Landwirte, Handwerker oder Händler. Die Regierung erkannte schnell, dass die Einwanderung von qualifizierten Arbeitskräften essenziell für das Fortbestehen der Kolonie war, ab den 40er-Jahren ging man deshalb dazu über, die Einwanderung zu fördern und z. B. die Schiffspassagen zu bezahlen.

Als problematisch erwies sich allerdings das Verhältnis zwischen den freien Neuankömmlingen und den ehemaligen Sträflingen, den sogenannten „emancipists", die ihrerseits durchaus Erfolge feierten. Es entwickelte sich eine regelrechte Klassengesellschaft, in der die „exclusives" auf ihren Status pochten, auf die einstigen Verbrecher herabschauten und sich beispielsweise weigerten, mit ihnen an einem Tisch zu sitzen. Lange Zeit stellte das einen Hinderungsgrund dafür dar, aus der Kolonie eine echte Einheit zu bilden und selbst die in Freiheit geborenen Kinder der Sträflinge hatten unter dieser Situation zu leiden.

Squatter und Overlanders

Ab den 1820er-Jahren eroberten Männer, die mit ihren Herden über Land zogen, die Weiten des Kontinents und stießen auf der Suche nach neuen Weideflächen immer weiter ins Landesinnere vor. Heute steht fest, dass diese als „Squatter" bezeichneten Pioniere einen nicht zu unterschätzenden Beitrag zur Erforschung und Erschließung des Kontinents beitrugen. Zur damaligen Zeit erweckten sie jedoch nicht selten den Missmut der Obrigkeit, da es immer öfter zu unkontrollierten und unberechtigten Inbesitznahmen des Landes kam. Die Squatter gaben im Laufe der Zeit ihr Nomadendasein auf, begannen, einfache Behausungen zu bauen und sich permanent niederzulassen. Das war der Grund dafür, dass Gouverneur Darling 1829 das Gebiet, in dem man siedeln durfte, auf einen Umkreis von rund 250 km um Sydney herum limitierte.

Squatter und Overlanders

Die Squatter ignorierten das konsequent und trieben ihre Herden weiterhin in Gebiete, in denen ihre Tiere das beste Gras zu fressen fanden. Weder im Sinne der britischen Gesetzgebung noch im Sinne der Aborigines hatten sie das Recht dazu, allerdings sah man keine Möglichkeit, etwas dagegen zu tun. Und bald schon wollte auch niemand mehr etwas dagegen tun, denn die Wollindustrie brachte dicke Gewinne ein. In den 1830er-Jahren stieg der Export auf rund 35.000 t pro Jahr – die Schafzüchter einzuschränken, schien wirtschaftlichem Selbstmord gleichzukommen. Letztendlich reagierte die Regierung, indem sie Lizenzen an die Squatter vergab.

Ein Beruf, der in der australischen Folklore mit regelrechtem Heldenstatus bedacht ist, ist der des *Overlanders* oder *Drovers*. Diese Raubeine trieben ihre riesigen Viehherden oft Tausende von Kilometern über den Kontinent. Eine gefährliche Arbeit, mit der nicht nur viel Geld zu verdienen war, sondern die auch für die Entwicklung des Landes essenziell war: Erst wurden auf diese Weise die neu gegründeten Kolonien mit überlebenswichtigem Fleisch versorgt, später dann die Glücksritter auf den Goldfeldern und die Arbeiter in den entlegenen Minen des Outback. Noch heute spricht man mit Bewunderung von jenen Männern, die einst ihre Herden heil über unvorstellbar weite Distanzen durch unwirtlichste Landstriche geführt haben.

Bushranger

Als „Bushranger" bezeichnete man in Australien all jene Männer, die mit bewaffneten Überfällen und Straßenraub ihren Lebensunterhalt verdienten. Meist handelte es sich um entflohene Sträflinge, die sich in den Weiten des Outback versteckt hielten und nur zum „Arbeiten" in die Nähe der Siedlungen kamen. Eine gemeinsame Abneigung gegenüber der Obrigkeit brachte ihnen einige Sympathie auf den Farmen ein – viele Farmer und Farmarbeiter waren einst selbst als Häftlinge in die Kolonie gekommen – und bisweilen wurden sie dort versorgt und vor der Polizei versteckt.

Was in den frühen Jahren lediglich vereinzelt vorkam, entwickelte sich schnell zu einem ausgewachsenen Problem, sodass die Regierung zum Handeln gezwungen war. Mit dem „Bushranging Act" von 1830 wurde der Grundstein für eine konsequente Strafverfolgung gelegt: Fortan wurde jeder Sträfling, der bewaffnet angetroffen wurde, bestraft. Immer wieder lieferten sich Regierungstruppen heftige Gefechte mit den Bushrangern, Todesopfer waren auf beiden Seiten zu beklagen. Die Blütezeit ihres Treibens erreichten die räuberischen Gangs in den 1860er-Jahren.

Mit der zunehmenden Erschließung des Landes wurden die Bushranger ihrer Verstecke beraubt. Darüber hinaus brachte eine neue Generation Australier, die frei in der Kolonie geboren wurde, kaum mehr Sympathie für die Gesetzlosen auf. Mit dem zunehmenden massiven Eingreifen für die Polizei war das Ende der Bushranger-Ära nur mehr eine Frage der Zeit. *„Mad Dog" Morgan* – einer der gefürchtetsten seiner Zunft – wurde 1865 erschossen, *„Captain Thunderbolt"* ereilte 1870 das gleiche Schicksal. Wohl der berühmteste von allen war *Ned Kelly*, der 1880 gefasst und noch im selben Jahr in Melbourne am Galgen aufgeknüpft wurde. Sein letzter Kampf, in dessen Verlauf er den Polizisten in einer aus Pflugscharen selbst gebauten Rüstung wild schießend entgegentrat, ist legendär. In Australien wird er noch heute als eine Art Volksheld verehrt.

Besiedlung des Kontinents

Neue Siedlungen

Die Besiedlung der *Norfolk-Inseln* erfolgte im selben Jahr wie die Gründung Sydneys. Rund zwei Dutzend Leute wurden auf die 800 Meilen östlich der australischen Küste gelegenen Eilande geschickt, eine der Gefängniskolonien mit den härtesten Bedingungen war damit gegründet. 1803 wurde *Van-Diemen's-Land* – das heutige Tasmanien – ebenfalls als externes Straflager besiedelt.

In den 1820er-Jahren schoben die Briten die Grenzen ihres Territoriums sukzessive Richtung Westen. Erstaunlicherweise konnten sie problemlos den gesamten Kontinent für sich beanspruchen, ohne dass ihnen andere europäische Nationen Steine in den Weg legten – und das, obwohl die Westhälfte des Kontinents zu dieser Zeit noch als „New Holland" bekannt war.

1824 wurde eine Siedlung mithilfe von 30 hartnäckigen Wiederholungsstraftätern und ihrer Aufpasser an der Stelle des heutigen *Brisbane* gegründet. Die Kolonie entwickelte sich rasch und 1831 waren bereits über 1000 Sträflinge dort stationiert. Auf *Melville Island* (Tiwi) entstand – ebenfalls im Jahr 1824 – der erste von zahlreichen Orten an der Küste des heutigen Northern Territory. Aber so richtig niederlassen konnten sich die Briten lange Zeit nicht, die extremen klimatischen Bedingungen, feindselige Aborigines und wenig fruchtbares Land machten es den Neuankömmlingen relativ schwer.

An der Westküste Australiens waren bereits zahlreiche Schiffe meist unbeabsichtigt gelandet, aber das offensichtlich unwirtliche Land wollte niemand haben. 1829 ging Captain Charles Freemantle am *Swan River* vor Anker und beanspruchte das westliche Australien für die britische Krone. Die neue Kolonie am Swan River war die erste, die ausschließlich aus freien Siedlern bestand. Die Anfangsschwierigkeiten für die Neulinge waren beträchtlich, noch verstärkt durch die zusätzliche Isolation, die sich aus der enormen Entfernung zu den bereits bestehenden Siedlungen des Kontinents ergab. In den ersten 20 Jahren ließen sich gerade mal 2300 Menschen hier nieder und so wurden 1850 letztendlich doch Sträflinge aus England angefordert, um überhaupt das Fortbestehen der Siedlung zu sichern. Aber erst die reichen Goldfunde von 1890 erweckten Westaustralien aus seinem Dornröschenschlaf.

Schon in den 1820er-Jahren kamen Viehzüchter von Van-Diemen's-Land (Tasmanien) zur nördlichen Seite der Bass Strait. Nägel mit Köpfen machte die Gruppe um John Batman, die im Jahr 1835 den lokalen Aborigines ein großes Stück Land an der Mündung des Yarra River abhandeln konnte. Aus dieser Siedlung ging die heutige Metropole *Melbourne* hervor. Nur fünf Jahre später lebten bereits 20.000 Menschen in der Region.

Es war ein Mann namens Edward G. Wakefield, der ein Konzept für eine Siedlung im südlichen Australien entwarf. Ausschließlich freie Siedler sollten hier ansässig werden und sie sollten ihr Land nicht staatlich zugeteilt bekommen, sondern kaufen müssen. Ziel war, dadurch ausschließlich finanzkräftige Kolonisten anzulocken und man hoffte, dass deren Kapital eine schnelle Entwicklung sichern würde. Mit den Einkünften aus dem Landverkauf wollte man die Einwanderung fähiger Arbeiter forcieren. Unter dieser Prämisse wurde 1836 eine freie Provinz mit der Stadt *Adelaide* gegründet. So ganz ging das Konzept allerdings nicht auf und es gab auch hier in den Anfangsjahren heftige Krisen. Aber ab den 1850er-Jahren nahm alles seinen gewünschten Gang, die Kolonie erblühte und sollte die einzige bleiben, die gänzlich ohne Sträflinge gegründet wurde.

Entstehung der heutigen Bundesstaaten und Territorien

Bei Ankunft der First Fleet war der australische Kontinent in zwei Hälften geteilt, New Holland im Westen und New South Wales im Osten. Nur 50 Jahre später wehte über dem gesamten Kontinent die britische Flagge, 1836 existierten bereits Siedlungen entlang der Küsten wie auch die eigenständigen Kolonien Western Australia, South Australia, New South Wales und Van-Diemen's-Land (heute Tasmanien). Das komplette Land war somit aufgeteilt, fortan sollten lediglich Grenzverschiebungen und Abspaltungen modifizierend wirken. Im Jahr 1851 erklärte Victoria seine Eigenständigkeit und im Jahr 1859 folgte Queensland. Die Grenzen des Northern Territory wurden 1911 festgelegt, als sich der nördliche Teil von South Australia abspaltete. Im selben Jahr wurde von New South Wales das Areal für das Australian Capital Territory an das Commonwealth abgetreten.

Die Entdecker

Die Anfangszeit war geprägt von wilden Spekulationen über die Beschaffenheit des Kontinents, es kursierten zahlreiche Mythen von großen Inlandseen oder mächtigen Strömen. Einige der Sträflinge sollen gar geglaubt haben, man könne China zu Fuß erreichen. Was uns heute bisweilen amüsant erscheint, war in den ersten Jahren der europäischen Besiedlung bezeichnend für die fast vollständige Unkenntnis der Gegebenheiten dieser enormen Landmasse. Australien war ein weitgehend unerforschter weißer Fleck, dessen Ausmaße man nicht einmal annähernd kannte. Es war dem Wissensdurst einiger unermüdlicher Entdecker zu verdanken, dass sich dies schon bald änderte.

Einer der ganz großen seiner Zunft war sicherlich **Matthew Flinders** (1774–1814), der zwischen 1801 und 1803 die Küsten des Kontinents erforschte und ihn als erster komplett umsegelte. Zahlreiche Entdeckungen gehen auf sein Konto und dank seines Einsatzes konnte erstmals eine vernünftige Karte gezeichnet werden. Flinders war es auch, der den Begriff „Australia" prägte und somit dem Land seinen Namen gab. Kurz vor seinem Tod erschien sein Buch *„A Voyage to Terra Australis"*.

Der Brite **John Oxley** (1785–1828) war einer der Vorreiter für Inlandsexpeditionen. In den Jahren 1817 und 1818 erkundete er die Flüsse westlich der Great Dividing Range und entdeckte dabei fruchtbare Ebenen und Weideflächen. Nach ihm ist der *Oxley Highway* benannt, der von Port Macquarie auf das New England Plateau führt und somit ganz grob der Route seiner zweiten Reise folgt.

Der in der Kolonie geborene **Hamilton Hume** (1797–1873) und der Brite **William Hovell** (1786–1875) machten sich 1824 von Sydney aus auf den Weg gen Südwesten. Auf ihrer Expedition entdeckten sie den Oberlauf des Murray River, die Australischen Alpen und erreichten schließlich nach einem langen Überlandtreck die Corio Bay nahe der Stelle, an der sich heute die Stadt Geelong befindet. Zurück in Sydney berichteten sie von fruchtbaren Böden und grünem Weideland, sodass bald zahlreiche Siedler ihrer Route folgten. Der *Hume Highway*, die Verbindung zwischen Sydney und Melbourne, ist nach dem Pionier benannt.

Die Entdeckungsreise von **Charles Sturt** (1795–1869) wird oft als eine der faszinierendsten und wohl auch schönsten bezeichnet. Bereits 1828 hatte er den Darling

River entdeckt, 1829 machte er sich erneut auf den Weg. Über den Murrumbidgee River gelangte er zu einem großen Strom, den er „Murray River" nannte und den er über gut 1000 km bis zu seiner Mündung hinabfuhr. Die Kulisse entlang des Flusses beschrieb er als atemberaubend und die zahlreichen Aborigines als weitgehend freundlich. Seine dritte Expedition führte ihn 1845 ins Zentrum des Kontinents, wo er nicht, wie erhofft, einen großen Inlandssee, sondern die Simpson-Wüste entdeckte. Das Unterfangen in der extremen Hitze endete für viele seiner Männer mit dem Tod, auch Sturt selbst kam nur knapp mit dem Leben davon.

Robert O'Hara Burke (1821–1861) und **William Wills** (1834–1861) sind die tragischen Gestalten im Zirkel der australischen Entdecker. Im Jahr 1860 machten sie sich auf, um den Kontinent von Melbourne im Süden bis zum Golf of Carpentaria im Norden zu durchqueren. Die extreme Hitze setzte den Männern enorm zu, sodass Burke und Wills mit nur zwei Begleitern die Tour fortsetzten, während der Rest der Mannschaft in einem Camp nahe dem heutigen Innamincka zurückblieb. Burke und Wills erreichten in der Regenzeit die Golfregion, schafften es aber nicht, die Sümpfe bis zur Küste zu durchqueren. Ihnen blieb nichts anderes übrig, als den beschwerlichen Rückweg anzutreten, sie mussten jedoch bei ihrer Ankunft im Camp feststellen, dass ihr Trupp sich bereits auf den Heimweg gemacht hatte. Zu dritt – einer der Begleiter war mittlerweile verstorben – machten auch sie sich Richtung Heimat auf, waren aber bald wegen Erschöpfung gezwungen, ins Camp zurückzukehren. Dort war in der Zwischenzeit eine Rettungsmannschaft angekommen, die aber tragischerweise wieder abgezogen war, nachdem man von den Abenteurern keine Spur entdeckt hatte. Burke und Wills überlebten ihre Expedition nicht, der letzte Begleiter konnte von Aborigines gerettet werden, später wurde er von Suchtrupps aufgespürt.

Der gebürtige Schotte **John McDouall Stuart** (1815–1866) hatte bereits 1860 vergeblich versucht, den Kontinent von Süd nach Nord zu durchqueren. Als Mann mit enormem Ehrgeiz brach er im Januar 1862 jedoch erneut von Adelaide gen Norden auf. Seine Hartnäckigkeit machte sich bezahlt – der Trupp erreichte Ende Juli den Indischen Ozean. Stuart kehrte krank und geschwächt nach Adelaide zurück und wurde wie ein Held gefeiert. Seine Tausende Kilometer lange Tour mitten durch die unwirtlichen Weiten Zentralaustraliens gehört zu den bedeutendsten Leistungen der Entdeckerzeit.

Nicht schlecht gestaunt haben dürfte **William C. Gosse** (1842–1881), als er 1873 vor dem großen roten Felsbrocken stand, den er „Ayers Rock" nannte. Er war von der neu gebauten Telegrafentrasse aus, die zwischen Darwin und Adelaide errichtet worden war, nach Westen gezogen und war wohl der erste Europäer, der den *Uluru*, wie der Berg heute in der Sprache der Aborigines genannt wird, zu Gesicht bekam.

Der Goldrausch und die Folgejahre

Gold!

Nach einer bitteren Wirtschaftskrise Anfang der 1840er-Jahre starteten die australischen Kolonien mit einem Paukenschlag in die zweite Hälfte des 19. Jh. Der erste große Goldfund ereignete sich 1851 in der Region um Bathurst in New South Wales und schon kurz darauf wurden die wesentlich ertragreicheren Goldfelder in Victoria entdeckt. Wie ein Lauffeuer verbreitete sich die Nachricht innerhalb kür-

Der Goldrausch und die Folgejahre 73

Nachgespielte Geschichte: Goldgräberstimmung in Ballarats Sovereign Hill

zester Zeit und schon bald strömten Glücksritter aus aller Herren Länder nach Australien. Kaum ein Tag verging, an dem nicht ganze Schiffsladungen an Abenteurern in den großen Häfen der Kolonien aus den Schiffen gespuckt wurden. Hunderttausende Europäer, Amerikaner und Asiaten – alleine 40.000 Chinesen – jagten dem großen Fund hinterher, der sie mit einem Schlag reich machen sollte. Ein Traum, der nur für wenige Glückliche in Erfüllung ging.

Riesige Zeltstädte entstanden von einem Tag auf den anderen und verschwanden ebenso schnell wieder, wenn die erhofften Erträge ausblieben. Die Hafenstädte platzten aus allen Nähten und konnten den Andrang an Neuankömmlingen kaum bewältigen. Findige Unternehmer verdienten mit den Goldsuchern ein Vermögen, v. a. Händler und Gastwirte, aber auch die *Overlanders*, die ihre Herden über enorme Distanzen transportierten, um die hungrigen Mäuler zu stopfen. Ein berühmtes Kind dieser Zeit ist das Cobb&Co-Kutschunternehmen, das mit seinen Pferdegespannen die Verbindungsstrecken zwischen den Siedlungen und den Goldfeldern befuhr.

Folgen des Goldrausches

Die Zeit zwischen den ersten Goldfunden im Jahr 1851 und der Jahrhundertwende war ungemein prägend für das Land. Mit dem neu gewonnenen Reichtum entstanden prachtvolle Städte wie Bendigo oder Ballarat, außerdem konnten dank des Geldsegens Mittel für den Ausbau der Infrastruktur bereitgestellt werden. Die Eisenbahn eroberte die Weiten des Landes und löste die Flussschifffahrt als wichtigstes Transportmittel ab. Melbourne entwickelte sich zum finanziellen Zentrum Australiens und lief Sydney damit den Rang ab – schon damals herrschte ein reger Konkurrenzkampf zwischen den beiden Städten. Die Bevölkerungszahl stieg stark an und selbst nach Ende des Goldrausches kehrten viele Glücksritter nicht in ihre alte Heimat zurück, sondern siedelten in Australien. Von den Ureinwohnern abgesehen, lebten 1850 geschätzte 400.000 Menschen auf dem Kontinent, im Jahr 1900 waren es fast vier Millionen.

Eine rasche Entwicklung fand aber auch auf politischer Ebene statt. Mit den gewaltigen Reichtümern, die aus der Erde geholt wurden, erachtete es die Regierung in England als unumgänglich, den Kolonien Mittel an die Hand zu geben, sich komplett selbst zu verwalten. Als Folge erhielten die Kolonien eigene Regierungen mit eigenen Verfassungen und Legislativen. Bald schon zeichneten sich demokratische Bestrebungen ab, es wurden geheime Wahlen abgehalten, bei denen fast alle weißen Männer ihre Stimme abgeben durften.

Föderation

Ende des 19. Jh. wurden erneut Rufe nach einer Föderation laut. Erste Anläufe in eine entsprechende Richtung waren in den Jahren zuvor gescheitert, aber jetzt traf die Idee ganz offensichtlich den Nerv der Zeit. Neben dem wachsenden Nationalgefühl der Australier waren es in erster Linie militärische und wirtschaftliche Argumente, die die Mehrheit der Bevölkerung überzeugen konnten. Erreichen wollte man eine zentral koordinierte Armee für den Verteidigungsfall und freien Handel zwischen den Kolonien. Bezüglich der Strafverfolgung erachtete man ein landesweit einheitliches Kontrollorgan für sinnvoll. Vorreiter und Schlüsselfigur der Föderation war **Sir Henry Parkes**, damals Premierminister von New South Wales und ein einflussreicher Mann, der Jahrzehnte auf dem politischen Parkett zugebracht hatte.

Die sechs damals existierenden eigenständigen Kolonien beschlossen also, sich zum „Commonwealth of Australia" zusammenzuschließen. Es wurde eine Bundesverfassung ausgearbeitet, die vom Volk bestätigt, vom britischen Parlament abgesegnet und von Queen Victoria im Juli 1900 unterzeichnet wurde. Darüber hinaus richtete man ein Parlament nach dem Zweikammersystem mit Repräsentantenhaus und Senat ein. Als Bundeshauptstadt wählte man Melbourne, wo das Bundesparlament bis zum Umzug nach Canberra im Jahr 1927 seinen Sitz haben sollte. Am ersten Januar 1901 wurde das *Commonwealth of Australia* ausgerufen, die neuen Gesetze traten offiziell in Kraft. Erster Premierminister des Bundes wurde **Sir Edmund Barton**. Die australische Nationalflagge entstammt übrigens einem Designwettbewerb, bei dem über 30.000 Entwürfe eingingen.

Das 20. Jahrhundert

Wirtschaftliche Entwicklung

In der letzten Dekade des 19. Jh. befand sich das Land in einer schweren Krise. Der Boom des Goldrausches war vorbei und viele Investoren hatten ihr Geld bei Grundstücksspekulationen buchstäblich in den Sand gesetzt. Zahlreiche Firmen gingen bankrott und viele australische Banken kollabierten. Zudem litt das Land in den Jahren um die Jahrhundertwende unter der schlimmsten bis zu diesem Zeitpunkt registrierten Trockenperiode – über 14 Mio. Schafe verdursteten, der für den Kontinent so wichtige Landwirtschaftssektor wurde empfindlich geschwächt. Mit Ende der Dürre erholte sich das Land zwar schnell wieder, aber die Weltwirtschaftskrise der 1930er-Jahre, während der die Arbeitslosigkeit auf rund 30 % anstieg, ging auch an Australien nicht spurlos vorüber.

Canberra: Blick über das Old Parliament House hinauf zum War Memorial

Der Zweite Weltkrieg brachte schließlich einen Wandel in der australischen Wirtschaft. Zwar brachen einige Exportmärkte weg, aber von der Regierung verordnete Importbeschränkungen bewirkten eine Stärkung der Produktion für den nationalen Markt. Nach Ende des Krieges wurden die Industrieanlagen, die z. T. durch Investitionen aus den USA erst ermöglicht worden waren, schnell von militärischer auf zivile Produktion umgestellt. Australien befand sich auf dem Weg von einer durch Landwirtschaft dominierten Wirtschaft zur Industrienation.

Der große Boom setzte in den 1950er- und 60er-Jahren ein. Aufgrund der immensen Vorkommen an Bodenschätzen expandierte v. a. der Bergbausektor in einem atemberaubenden Tempo. Diese rasche Entwicklung blieb auch in Übersee nicht unbemerkt, ausländische Investoren versprachen sich Gewinne in Down Under und pumpten zunehmend Geld in die australische Wirtschaft. Als wichtigste Handelspartner kristallisierten sich dabei immer mehr die asiatischen Nationen heraus, speziell mit Japan knüpfte man wirtschaftliche Bande. Traditionelle Absatzmärkte wie Europa und speziell England verloren als Zielländer für den Export hingegen zunehmend an Bedeutung.

Die 1980er-Jahre standen ganz im Zeichen der Globalisierung und des weltweiten wirtschaftlichen Wandels. Die internationalen Märkte begannen sich zu öffnen und australische Unternehmen bekamen auf eigenem Terrain zunehmend Konkurrenz von Firmen aus dem Ausland. In den 1990ern schwappte eine Privatisierungswelle über das Land, die nicht einmal vor Fluglinien oder Banken Halt machte und Zehntausende Arbeitnehmer ihre Jobs kostete. Entsprechend dem weltweiten Trend waren es auch in Australien die Unternehmen aus dem Bereich der Telekommunikation, die gegen Ende des 20. Jh. enorme Wachstumsraten verzeichnen konnten.

Einwanderung

Auch im 20. Jh. machte Australien seinem Ruf als Einwanderungsland alle Ehre. „populate or perish", „besiedeln oder untergehen", lautete das Motto in der Zeit nach dem Zweiten Weltkrieg. Der Begriff der „Ten Pound Poms" wurde geprägt, womit jene Briten, etwas abschätzig „Poms" genannt, gemeint waren, die im Zuge der geförderten Einwanderung nach Australien kamen. Erwachsene hatten lediglich zehn Pfund für die Überfahrt zu zahlen, den Rest schoss die australische Regierung zu. Dafür verpflichteten sich die Neuankömmlinge, mindestens zwei Jahre zu bleiben. Im Zuge verschiedener Einwanderungsprojekte kamen neben den Engländern auch zahlreiche Menschen anderer Nationalitäten ins Land, zu den größten Gruppen zählten Italiener, Griechen und auch Deutsche.

Bis Ende der 1960er-Jahre war die Einwanderung von der sogenannten „White Australia Policy" geprägt, mit deren Hilfe bevorzugt weiße Einwanderer ins Land gelassen wurden. Speziell gegen die asiatische Zuwanderung wehrte man sich vehement und machte den Bewerbern das Leben mit komplizierten Sprachtests schwer. Das Konzept war allerdings bald nicht mehr haltbar und kam Mitte der 70er-Jahre zu einem endgültigen Ende – mit einer Einwanderungswelle aus asiatischen Ländern als Folge.

In den letzten zwei Jahrzehnten hat sich die Zahl der Einwanderer pro Jahr verfünffacht. Die australische Einwanderungsbehörde hat mittlerweile sehr strenge Richtlinien herausgegeben, die über Erfolg oder Misserfolg einer Bewerbung entscheiden. Der Fokus liegt dabei auf der Begünstigung hochqualifizierter Arbeitskräfte in Berufsfeldern, die in Australien von Arbeitskräftemangel geprägt sind.

Die Entwicklung einer Nation

Das 20. Jh. war infolge der Gründung der Föderation gekennzeichnet von der sukzessiven Abnabelung vom Mutterland England. Die Einführung einer neuen Nationalhymne illustrierte diese Tendenzen deutlich – statt „God Save the Queen" wurde nun „Advance Australia Fair" gesungen. Auf dem Kontinent wuchs der Patriotismus und man war zunehmend stolz darauf, ein Australier zu sein. Im Verlauf des

Canberras War Memorial

20. Jh. gab es immer wieder einschneidende Ereignisse, die das Land prägten und zu dem Land machten, das wir heute kennen. Dazu gehört sicherlich die Gründung zweier bahnbrechender Institutionen, die noch heute tagtäglich für die Bewohner des Landes im Einsatz sind: Im Jahr 1920 wurde im Outback von Queenslands die Fluglinie *Qantas* gegründet, 1928 folgte der *Royal Flying Doctor Service*. Erstmals in der australischen Geschichte avancierten Sportler zu regelrechten Nationalhelden, darunter z. B. der Kricketspieler *Don Bradman* oder der Ausnahmeschwimmer *Andrew „Boy" Charlton*. Das steigende Interesse am Naturschutz und das zunehmende Bewusstsein für die Fragilität der australischen Ökosysteme sorgten für die Entstehung zahlreicher Nationalparks. Mit Sydneys Opernhaus und der Hafenbrücke wurden Ikonen der Architektur geschaffen, deren Wiedererkennungswert auf der ganzen Welt herausragend ist.

Im Jahr 1988 beging man mit rauschenden Festlichkeiten den 200. Jahrestag der europäischen Besiedlung. Die Feierlichkeiten waren begleitet von friedlichen Protestmärschen der Aborigines, mit denen sie auf ihre Rechte und Ansprüche als Ureinwohner des Kontinents verwiesen. Und zumindest im letzten Drittel des 20. Jh. hat man in Australien erkannt, dass die Aborigines ein essenzieller und bereichernder Teil der australischen Nation sind, sodass man auch von Regierungsseite ihren Ansinnen und Bedürfnissen immer mehr Gehör geschenkt hat.

Australien im Krieg

Auch wenn sich Australien im Laufe der Zeit zunehmend von England distanzierte, so stand es der britischen Krone im Kriegsfall immer sofort zur Seite. Gemessen an der geringen Gesamtpopulation waren die Verluste im Verlauf der Kriege enorm. Allein im **Ersten Weltkrieg** waren mehr als 310.000 Freiwillige im Einsatz, rund 150.000 wurden verletzt und 60.000 bezahlten den Einsatz mit dem Leben. Im türkischen Gallipoli endete der erste Einsatz der australischen Truppen nach blutigen Grabenkämpfen mit einem Rückzug und der Geburt des *ANZAC*-Mythos *(Australian and New Zealand Army Corps)*.

Auch im **Zweiten Weltkrieg** kämpfte Australien an der Seite Englands, außerdem stand die Sicherung des eigenen Landes gegen die Japaner im Vordergrund. Die nahmen im Februar 1942 Singapur ein und bombardierten nur wenige Tage später die nordaustralische Stadt Darwin. Der Vorfall ging als erster Kriegsakt auf australischem Grund und Boden in die Geschichte ein. Im Juli desselben Jahres drangen japanische U-Boote in den Sydney Harbour ein und versenkten ein Schiff.

Auf ganz andere Weise prägend wirkte sich die Stationierung amerikanischer

Streitkräfte um General MacArthur in Brisbane aus. Die GIs brachten ihren Lifestyle, viel Geld und jede Menge Ärger mit – man sagt, v. a. wegen ihrer Wirkung auf den weiblichen Teil der australischen Bevölkerung …

Ab Mitte des 20. Jh. kämpften rund 17.000 Australier im **Koreakrieg**, später etwa 47.000 Soldaten in **Vietnam**. Australische Soldaten waren außerdem im **Golfkrieg** von 1990/92 im Einsatz, darüber hinaus im **Irakkrieg**, im **Ost-Timor**-Konflikt von 1999 und beim „Krieg gegen den Terror" in **Afghanistan**. Auch heute ist das australische Militär an verschiedenen Auslandseinsätzen beteiligt.

Australien im neuen Millennium

Mit den **Olympischen Spielen** in Sydney hatte Australien einen schwungvollen Auftakt ins neue Jahrtausend. Die Welt richtete ihre Aufmerksamkeit nach Down Under und Experten waren voller Lob für die Gastgeber. Mit den **Commonwealth Games** von 2006 wurde ein weiteres Großsportereignis in Melbourne veranstaltet und 2008 gab sich der Papst während des **Weltjugendtags** in Sydney die Ehre.

Ein Schock ging durch das ganze Land, als im Jahr 2002 bei den **Anschlägen auf Bali** 88 Australier ihr Leben verloren. Selbstmordattentäter hatten in einem Nachtclub einen Rucksacksprengsatz gezündet und unmittelbar danach eine Autobombe, die gegenüber dem Club deponiert war. Über 200 Menschen – meist junge Urlauber – kamen dabei um. Zur Erinnerung an die Opfer wurden in Großstädten wie Sydney oder Melbourne Denkmäler errichtet. Die Drahtzieher der Anschläge wurden verhaftet und im November 2008 hingerichtet.

Politisch kam der Wandel 2007, als Australiens Premierminister *John Howard* nach elf Jahren Amtszeit von *Kevin Rudd* und seiner Labor Party abgelöst wurde. Was allerdings nichts daran änderte, dass sich der wirtschaftliche Boom fortsetzte – die weltweit steigende Nachfrage nach Rohstoffen brachte Australien auch weiterhin volle Auftragsbücher und saftige Gewinne ein. Die geringe Arbeitslosigkeit und der hohe Lebensstandard sorgen auch im neuen Millennium für Rekordzahlen bei Einwanderungswilligen aus aller Welt.

2010 wurde die Juristin Julia Gillard – ebenfalls aus dem Lager der Labor Party – Premierministerin und damit die erste Frau, die den Posten innehatte. Bei den Wahlen im September 2013 konnte die Koalition unter Führung der Liberal Party die Mehrheit erringen, der Parteivorsitzende Anthony „Tony" Abbott wurde zum Premierminister ernannt. Wirtschaftlich geht es dem Land immer noch gut, auch wenn die Zuwachsraten mittlerweile etwas kleiner ausfallen. Trotzdem zählt Australien nach wie vor zu den am schnellsten wachsenden Wirtschaftsräumen der Welt, was auch auf die im asiatischen Raum weiterhin steigende Nachfrage nach Rohstoffen zurückzuführen ist. Die OECD listete Australien 2013 an zweiter Stelle – nach der Schweiz – der Länder mit dem durchschnittlich höchsten Vermögen je Erwachsenem.

Ganz und gar rosig sind die Zeiten aber auch für Australien nicht. Auch wenn die australische Wirtschaft relativ schnell wieder auf sicheren Beinen stand, so wurde das Land in den Jahren 2009 und 2010 von der weltweiten Krise gebeutelt. Wichtige Absatzmärkte in Asien und Europa brachen ein, und das bekamen auch die Arbeitnehmer zu spüren. Und obwohl die Australier statistisch gesehen immer noch zu den wohlhabendsten Menschen der Welt gehören, so gibt es zunehmend auch Leute, die mit den enormen Preissteigerungen im Land nicht mehr Schritt halten

Australien im neuen Millenium 79

Die „Waterfront Bollards" in Geelong

können. Auch in puncto **Einwanderungspolitik** macht man sich große Sorgen – während sich die einen überlegen, wie viele Menschen mehr die australische Wirtschaft noch braucht, fragen sich die anderen, wie viele Millionen Menschen mehr das Land noch verkraften kann. Bleiben die Zuwachsraten konstant, könnte sich die Bevölkerung bis 2050 mehr als verdoppeln. International gesehen gerät die Regierung mit ihrer äußerst harten Einwanderungspolitik immer wieder in die Kritik, speziell was den Umgang mit den „boat people" betrifft, die auf maroden Kähnen, meist von Indonesien kommend, Australien zu erreichen suchen.

Als eines der Hauptprobleme kristallisierte sich in den letzten Jahren die ständige **Wasserknappheit** heraus. Zu den genauen Ursachen gibt es die unterschiedlichsten Meinungen, Einigkeit herrscht allerdings darüber, dass die Hauptgründe im ständig steigenden Bedarf und im verschwenderischen Umgang mit dem kostbaren Nass wie auch in den verlängerten Dürreperioden infolge des Klimawandels zu suchen sind. Man erkannte den Handlungsbedarf und kurzerhand wurden Verordnungen erlassen, die beispielsweise das Bewässern der Gärten oder das Waschen von Autos regelten. In einigen Städten wurden zeitweise sogar kleine Sanduhren verschickt, mit deren Hilfe die Bürger ihre Duschzeit auf drei Minuten reduzieren sollten. Außerdem wollte man mit im Jahr 2011 verordneten Emissionssteuern Anreize zur Verringerung des CO_2-Ausstoßes schaffen – allerdings wurde das Gesetz 2014 von der neuen Regierung gekippt.

Es hatte schon länger entsprechende Warnungen vor **Terroranschlägen** auf australischem Boden gegeben, am 15. Dezember 2014 wurden sie traurige Realität, als sich ein Bewaffneter in einem Café in der Innenstadt von Sydney verschanzte und 18 Personen als Geiseln nahm. Da der Täter die Geiseln zwang, eine Flagge mit arabischen Schriftzeichen ans Fenster zu halten, und zudem eine Flagge des IS forderte, wurde der Vorfall als terroristischer Akt eingestuft. Der Café-Manager Tori Johnson wurde vom Geiselnehmer erschossen, die Kundin Katrina Dawson verlor bei dem folgenden Befreiungsversuch ihr Leben. Der Täter wurde im Zuge der Aktion von der Polizei getötet.

Zeittafel

vor ca. 65 Mio. Jahren	Die Landmasse, aus der sich später Australien formt, bricht vom Urkontinent Gondwanaland ab und beginnt die Drift zu ihrer heutigen Lage.
vor ca. 60.000–40.000 Jahren	In einer ersten Einwanderungswelle erreichen die Vorfahren der modernen Aborigines vom indonesischen Archipel aus den australischen Kontinent.
vor ca. 18.000 Jahren	Während der Eiszeit ist so viel Wasser gebunden, dass der Meeresspiegel um bis zu 100 m sinkt. Es bilden sich Landbrücken nach Tasmanien, während sich die Wasserwege nach Indonesien drastisch verkürzen.
vor ca. 14.000 Jahren	Innerhalb der Zuwanderung aus Indonesien wird der Dingo auf dem Kontinent eingeführt.
vor ca. 8000 Jahren	Nach dem Ende der Eiszeit steigt der Wasserspiegel wieder an, die heutige Küstenlinie des Kontinents bildet sich heraus.
1606	Erste bestätigte Sichtung des australischen Kontinents: Der Holländer *Willem Jansz* segelt mit seinem Schiff „Duyfken" an der nördlichen Cape-York-Halbinsel vorbei.
1642	*Abel Tasman* entdeckt die südlich gelegene Insel, die zunächst „Van-Diemen's-Land" genannt wird, später allerdings nach ihrem Entdecker in „Tasmanien" umbenannt wird.
1770	*James Cook* landet mit seinem Schiff „Endeavour" an der Botany Bay. Im Folgenden erkundet und kartografiert er die Ostküste Australiens und beansprucht diese offiziell für die britische Krone.
1788	*Arthur Phillip* erreicht mit der „First Fleet" die Botany Bay, wählt aber für die Gründung einer Siedlung die Sydney Cove weiter nördlich.
1790	Die „Second Fleet" erreicht die neu gegründete Kolonie und bringt überlebenswichtige Vorräte.
1793	Erste freie Siedler erreichen den australischen Kontinent.
1803	Gründung eines Straflagers in Van-Diemen's-Land. *Matthew Flinders* umsegelt als erster den gesamten australischen Kontinent und fertigt detaillierte Karten an.
1808	In der „Rum Rebellion" stellt das *New South Wales Corps* den Gouverneur William Bligh unter Arrest.
1810	*Lachlan Macquarie* wird Gouverneur der Kolonie.
1813	Mit der ersten Überquerung der Blue Mountains westlich von Sydney wird fruchtbares Land erschlossen.
1824	Gründung eines Straflagers an der Moreton Bay in der Nähe des heutigen Brisbane. Die Entdecker *Hamilton Hume* und *William Hovell* erkunden den Oberlauf des Murray River.
1825	Van-Diemen's-Land wird unabhängig und erhält eine eigene Regierung.

Zeittafel

1829	*Charles Freemantle* geht in Westaustralien vor Anker, beansprucht das Land für die britische Krone und gründet eine Siedlung.
1835	Gründung von Melbourne
1836	Freie Siedler gründen Adelaide.
1842	Die Sträflingstransporte nach New South Wales werden eingestellt.
1851	Victoria wird eigenständige Kolonie. Erste Goldfunde in New South Wales und Victoria lösen einen regelrechten Goldrausch aus.
1854	Rebellion der Goldschürfer: Die *Eureka Stockade* in Ballarat ist einer der wenigen bewaffneten Aufstände in der australischen Geschichte.
1859	Queensland wird eigenständige Kolonie.
1861	Die Expedition von *Robert O'Hara Burke* und *William Wills* scheitert tragisch, beide Männer kommen beim Versuch, den Kontinent zu durchqueren, um. Das *Melbourne-Cup*-Pferderennen findet erstmals statt.
1862	*John McDouall Stuart* durchquert als erster Weißer den Kontinent von Süd nach Nord.
1868	West-Australien stellt als letzte Kolonie die Sträflingstransporte ein.
1873	*William C. Gosse* erblickt als (wahrscheinlich) erster Weißer den Ayers Rock.
1879	Südlich von Sydney wird der *Royal National Park* gegründet, nach dem Yellowstone-Nationalpark in den USA weltweit der zweite Nationalpark.
1880	Der berüchtigte Bushranger *Ned Kelly* wird verhaftet und in Melbourne gehenkt.
1883	In der Nähe von Broken Hill entdeckt ein Reiter eine Silber-Blei-Zinkader von enormen Ausmaßen.
1888	Weltausstellung in Melbourne
1895	*Banjo Patterson's* Gedicht „Waltzing Matilda" wird erstmals aufgeführt.
1901	Föderation der sechs australischen Kolonien; das *Commonwealth of Australia* ist gegründet.
1913	Gründung der zukünftigen Hauptstadt Canberra
1914	Australien im Ersten Weltkrieg: Das australische Schiff „HMAS Sydney" versenkt den deutschen Kreuzer „Emden".
1920	Im Outback von Queensland wird die australische Fluglinie *QANTAS* gegründet.
1927	Das australische Parlament zieht von Melbourne nach Canberra um; Canberra ist jetzt offizieller Regierungssitz Australiens.
1928	Reverend *John Flynn* gründet den „Royal Flying Doctor Service".
1932	Feierliche Eröffnung der *Sydney Harbour Bridge*

Geschichte

1939	*Black Friday Bushfires*: Bei den Buschbränden im Bundesstaat Victoria sterben 71 Menschen, rund 20.000 km^2 Vegetation werden verwüstet.
1942	Australien im Zweiten Weltkrieg: Die Japaner bombardieren Darwin; japanische Mini-U-Boote versenken im Sydney Harbour ein Schiff.
1956	In Melbourne finden die Olympischen Sommerspiele statt.
1966	Der australische Dollar löst das Pfund als Landeswährung ab, gleichzeitig wird das Dezimalsystem eingeführt.
1973	Das *Sydney Opera House* wird eröffnet. *Patrick White* erhält für sein Werk „Voss" als erster und bis heute einziger australischer Schriftsteller den Nobelpreis für Literatur.
1974	An den Weihnachtstagen 1974 hinterlässt der Zyklon Tracy eine Spur der Verwüstung in der nordaustralischen Küstenstadt Darwin.
1985	Der *Uluru* (Ayers Rock) wird offiziell an die in der Region ansässigen Aborigines zurückgegeben.
1988	200-jähriges Jubiläum der Ankunft der „First Fleet" und der ersten europäischen Siedler
1993/94	Mit dem *Native Title Act* wird von Seiten der Regierung offiziell anerkannt, dass die Aborigines bei Ankunft der weißen Siedler bereits Rechte auf das Land hatten.
1999	Die knappe Mehrheit der Australier stimmt in einem Referendum gegen die Gründung einer Republik.
2000	In Sydney finden die Olympischen Sommerspiele statt.
2001	100-Jahrfeier der australischen Föderation
2002	Bei den Bombenanschlägen von Bali sterben 202 Menschen, darunter 88 Australier.
2006	Der Zyklon Larry trifft bei Innisfail auf die Küste Queenslands und verursacht Schäden in Höhe von 1,5 Milliarden Dollar. In Melbourne finden die *Commonwealth Games* statt.
2008	In Sydney findet der Weltjugendtag statt, zu dem auch *Papst Benedikt XVI.* anreist.
2009	Bei den „Black Saturday Bushfires" kommen im Bundesstaat Victoria 173 Menschen ums Leben.
2010	Julia Gillard wird als erste Frau Premierministerin von Australien.
2011	Mit *Yasi* trifft ein Zyklon der höchsten Kategorie auf die Küste Queenslands und wütet mit Windböen von bis zu 285 km/h.
2013	Regierungswechsel: Tony Abbott, Vorsitzender der Liberal Party, wird neuer Premierminister.
2014	Am Morgen des 15. Dezember nimmt ein nach eigenen Angaben politisch motivierter und dem IS nahestehender Einzeltäter 18 Geiseln in einem Café in der Innenstadt von Sydney. Der Café-Manager wird vom Geiselnehmer erschossen, bei der darauffolgenden Befreiungsaktion verliert eine Kundin ihr Leben. Auch der Täter überlebt die Stürmung durch die Polizei nicht.

Am Tag vor Restaurierungsbeginn: das Old Government House in Brisbane

Politik

Politisches System

Das *Commonwealth of Australia* ist eine konstitutionelle Monarchie mit der britischen Königin Elisabeth II. als offiziellem Staatsoberhaupt. Ihr direkter Vertreter im Land ist der Generalgouverneur, der sogenannte „Governor-General", der in dieser Funktion auch Oberbefehlshaber der australischen Streitkräfte ist. Seine Ernennung erfolgt durch die Queen, allerdings auf Empfehlung des amtierenden Premierministers. Der Governor-General ist insgesamt mit nicht unerheblichen Befugnissen ausgestattet, handelt jedoch in aller Regel auf Empfehlung bzw. Anweisung des Premierministers. Nur in außergewöhnlichen Situationen, die allerdings von der Verfassung nicht ganz eindeutig definiert werden, kann er auch eigenständig handeln und sogar das Parlament auflösen.

Die australische Verfassung (engl. *constitution*) trat am 1.1.1901 in Kraft und schreibt eine Gewaltenteilung in Form von Legislative (Parlament), Exekutive (Regierung) und Judikative (oberster Gerichtshof) vor. Da in Australien die Mitglieder der Regierung – also die Minister – durch das Parlament gestellt werden, gibt es eine Überschneidung von Legislative und Exekutive. Trotzdem unterstehen die Minister einer strengen Kontrolle, und zwar durch die offizielle Opposition. Außerdem ist es nicht zwingend der Fall, dass die Exekutive bzw. Regierung beide Kammern des Parlaments (Repräsentantenhaus und Senat) kontrolliert.

Änderungen der Verfassung sind nur durch einen Volksentscheid möglich, in welchem eine Mehrheit der australischen Gesamtwählerschaft und zusätzlich Mehrheiten in mehr als der Hälfte der australischen Bundesstaaten – also in mindestens vier von sechs – erreicht werden müssen. Die Wähler-Stimmen des Northern Territory und des Australian Capital Territory zählen dabei ausschließlich auf nationaler Ebene, ob es sich dabei um Mehrheiten handelt, die innerhalb der Territorien errungen werden, spielt keine Rolle. Die Australier halten sich diesbezüglich aber zurück – bislang wurden nur acht von 44 Entwürfen angenommen. Im letzten Volksentscheid, der im Jahr 1999 stattfand, lehnte die Mehrheit der australischen Wahlberechtigten die Gründung einer Republik und somit die Abschaffung der Monarchie ab.

Das australische Parlament

Bei der australischen Regierungsform handelt es sich um eine Parlamentarisch-Demokratische Monarchie im Commonwealth of Nations. Das australische Parlament ist dabei nach dem Zweikammersystem mit Repräsentantenhaus (Unterhaus) und Senat (Oberhaus) aufgebaut. Derzeit ist das Repräsentantenhaus mit 150 Mitgliedern besetzt, wobei die einzelnen Staaten und Territorien proportional zu ihrem Bevölkerungsanteil vertreten sind. Der Senat wird von 76 Mitgliedern gebildet, je zwölf entfallen, unabhängig von der Einwohnerzahl, auf jeden Bundesstaat und je zwei auf die beiden Territorien. Die Machtverhältnisse sind in etwa ausgeglichen, beide Kammern sind für Belange auf nationaler Ebene wie etwa Steuergesetze, Einwanderungspolitik oder Verteidigung zuständig. Die Hauptaufgabe des Parlaments besteht in der Verabschiedung von Gesetzen, in der Bildung von Regierungen und deren Kontrolle. Für das Inkrafttreten neuer Gesetzesentwürfe bedarf es der Bestätigung durch beide Kammern. Im Regelfall werden alle drei Jahre sämtliche Mitglieder des Repräsentantenhauses und die Hälfte der Senatoren neu gewählt, wobei es hier die Möglichkeit der vorgezogenen Wahlen gibt. In Australien herrscht übrigens Wahl**pflicht** für jeden Staatsbürger, der das 18. Lebensjahr vollendet hat.

Die Regierung

Laut Verfassung ist die britische Königin Staatsoberhaupt mit dem Governor-General als ihrem Stellvertreter. Regierungschef hingegen ist der Premierminister – ein Posten, der in der Verfassung kurioserweise gar nicht erwähnt ist. Er bildet das Kabinett, er besetzt die Ministerposten und letztendlich ist auch er es, der die Entscheidungen des Governor-Generals lenkt. Der Regierungsauftrag wird durch die demokratische Wahl des australischen Parlaments erteilt. Diejenige Partei oder Koalition, die eine Mehrheit der Sitze im Repräsentantenhaus gewinnt, stellt den Premierminister und die Regierung, wobei die Opposition eine wichtige Rolle als Kontrollorgan innerhalb des Parlaments spielt.

Eine föderative Struktur

Australien ist eine Föderation, die sich aus sechs Staaten (New South Wales, Victoria, Queensland, South Australia, Western Australia und Tasmanien) und zwei Territorien (Northern Territory und Australian Capital Territory) zusammensetzt, dementsprechend weist die Regierungsstruktur neben der obersten – der Bundesebene – auch noch eine bundesstaatliche, eine territoriale und eine lokale Ebene auf. Die einzelnen Bundesstaaten haben dabei jeweils eine eigene Verfassung, ein eigenes Parlament und einen eigenen Regierungschef, der im allgemeinen „Premier" genannt wird (nicht zu verwechseln mit dem „Prime Minister"). Innerhalb dieser Struktur steht die australische Bundesregierung an der Spitze, wobei sie sich im Falle von Unstimmigkeiten oder Konflikten gegenüber den untergeordneten Regierungen der einzelnen Staaten bzw. Territorien durchsetzt. Zu den Regierungsangelegenheiten der einzelnen Staaten zählen beispielsweise das Bildungs- und das Gesundheitswesen wie auch die Infrastruktur. Die Regierungen der beiden Territorien haben ähnliche Befugnisse wie die der Bundesstaaten, sind ihnen aber nicht ganz gleichgestellt, z. B. bei Volksentscheiden. Zu guter Letzt gibt es noch die lokalen Regierungsbezirke, die in Australien jedoch verhältnismäßig wenig Entscheidungsgewalt besitzen.

Parteienlandschaft

Das australische Parteiensystem entwickelte sich bereits Ende des 19. Jh. – heute dominieren zwei große Parteien mit ihren Koalitionspartnern das Geschehen. Die **Australian Labor Party (ALP)**, eine sozialdemokratische Partei, die aus der Arbeiterbewegung hervorging, errang bei den Parlamentswahlen im November 2007 einen deutlichen Sieg. *Kevin Rudd* wurde Premierminister, 2010 folgte mit seiner Parteigenossin Julia Gillard erstmals eine Frau auf diesen Posten. Rudd beendete die Ära von Premierminister John Howard, der mit seiner **Liberal Party** die elf Jahre davor an der Macht war. „Liberal" – wie es im Namen steht – ist diese 1944 gegründete Partei allerdings nur auf wirtschaftlicher Ebene, in gesellschaftlicher Hinsicht ist sie eher konservativ und im rechten Spektrum der Mitte anzusiedeln. Koalitionspartner der Liberal Party ist die konservative **National Party**, die ursprünglich unter dem Namen „Country Party" gegründet wurde, um den Belangen der Landwirte und Viehzüchter Gehör zu verschaffen. Nachdem die Partei im Laufe der Zeit aber immer weniger Stimmen für sich gewinnen konnte, entschloss man sich für einen weniger polarisierenden Namen. Ebenfalls der Liberal Party zugehörig ist die 2008 gegründete **Liberal National Party** in Queensland. Kleinere Parteien, wie etwa auch die **Australian Greens**, die im linken Spektrum anzusiedelnde grüne Partei, spielten im politischen Gesamtgeschehen lange Zeit eine untergeordnete Rolle. Das änderte sich, als die Labor Party und die Koalition aus Liberal Party und National Party bei der Parlamentswahl 2010 mit jeweils nur 72

Alter Traktor: nicht bezeichnend für Australiens florierende Landwirtschaft

von 150 Sitzen keine klaren Machtverhältnisse schaffen konnten. Die Mitglieder der kleinen Parteien konnten „Zünglein an der Waage" spielen, und nur mit Unterstützung eines Grünen-Ministers und dreier unabhängiger Minister konnte die Labor Party ganz knapp ihre Macht behaupten.

Wirtschaft

Australiens Wirtschaft ist stark und seit über 15 Jahren mit durchschnittlichen Zuwachsraten von bis zu 3,3 % pro Jahr kontinuierlich auf dem Vormarsch. Allerdings prognostizieren Experten ab 2015 einen leichten Rückgang dieser Zuwachsraten und dann ein Einpendeln auf einem etwas niedrigeren Niveau. Im neuen Millennium dominiert dabei v. a. der Dienstleistungssektor, der mittlerweile rund zwei Drittel des Bruttoinlandsproduktes erwirtschaftet, während „traditionelle" Bereiche wie Landwirtschaft, Bergbau und Produktion nach wie vor für den Löwenanteil an den Exporteinnahmen verantwortlich sind. Australiens wichtigste Exportdestinationen sind Japan, China, Südkorea, Indien und die USA, wobei deren Wachstum bzw. Entwicklung einen erheblichen Einfluss auf die australische Wirtschaft ausübt. Rund 11,5 Mio. Menschen stehen in Down Under in Lohn und Brot, die Arbeitslosenquote lag 2015 etwas über 6 %. Doch das starke Wirtschaftswachstum hat Australiens Infrastruktur mittlerweile ans absolute Limit gebracht, dementsprechend hoch ist der Bedarf an umfangreichen Ausbauarbeiten, um auch weiterhin Zuwachsraten verbuchen zu können bzw. diesen gewachsen zu sein.

Die **Landwirtschaft** ist der ursprünglichste aller australischen Wirtschaftszweige – rund 60 % der Landesfläche, also etwa 4,5 Mio. Quadratkilometer, werden landwirtschaftlich genutzt. Der größte Anteil entfällt dabei auf den Bundesstaat Queensland, gefolgt von Western Australia und New South Wales. Insgesamt steuert die Landwirtschaft etwa 3 % zum Bruttoinlandsprodukt bei, ist aber ein wesentlicher Faktor in puncto Export und fungiert darüber hinaus als wichtiger Arbeitgeber im ländlichen Raum. Die hauptsächlichen Erwerbszweige stellen dabei die Viehwirtschaft – in Australien grasen etwa 90 Mio. Schafe und 28 Mio. Rinder – und der Getreideanbau dar. Obwohl die Wollproduktion seit den 1970er-Jahren, als es Down Under noch doppelt so viele Schafe gab wie heute, stark zurückgegangen ist, gilt Australien mit einem Anteil von rund 25 % nach wie vor als weltweit größter Wollproduzent.

Zunehmend konzentriert man sich auf den Anbau von Obst und Gemüse. In den feuchteren Regionen des Nordens gedeihen Zuckerrohr und exotische Früchte wie Mangos, Bananen, Ananas oder Papayas. In den gemäßigten Zonen weiter südlich sieht man Orangen, Äpfel und Trauben auf den Plantagen. Insgesamt ist Australien allerdings mit nur sehr wenig fruchtbarer Erde gesegnet, die darüber hinaus einfach viel zu geringe Niederschlagsmengen abbekommt. Mit umfangreichen Bewässerungsanlagen, die durch die Flusssysteme gespeist werden, konnte man dem trockensten aller besiedelten Kontinente jedoch zusätzlich noch nutzbares Land abringen.

Australien zählt bezüglich der abbaubaren Ressourcen zu den größten **Bergbau**-Nationen der Welt. Der gesamte Sektor war in den letzten 15 Jahren von einem enormen Wachstum geprägt, was auf den weltweit stark zunehmenden Rohstoffbedarf zurückzuführen ist. Exportiert wird v. a. nach Asien, zu den Großabnehmern gehören China, Japan, Indien und Singapur. Die Bedeutung der Bodenschätze vari-

Wirtschaft

iert von Region zu Region, einen besonderen Stellenwert haben sie sicherlich in Western Australia, dem Northern Territory und in Queensland.

Die Kohlevorkommen in Australien sind enorm – rund 25 % der weltweit bekannten und auch förderbaren Braunkohlevorkommen –, wobei in Victoria Braunkohle und in New South Wales wie auch in Queensland qualitativ hochwertige Steinkohle gefördert wird. Bemerkenswert ist darüber hinaus, dass Australien über die größten Uranvorkommen der Erde verfügt – etwa 27 % aller weltweit bekannten Lagerstätten befinden sich auf dem Kontinent. Günstig auf das Geschäft wirkt sich aus, dass das australische Uran sehr kosteneffektiv gewonnen werden kann und die stabile Regierung den Abnehmern auch langfristige Lieferverträge garantieren kann. Der Export von Uran wird äußerst streng kontrolliert – es wird penibel darauf geachtet, dass es nur zu zivilen Zwecken eingesetzt wird.

Neben immensen Ressourcen an Metallen wie Blei, Zink, Silber oder Kupfer befinden sich rund 95 % der weltweiten Tantalvorkommen auf australischem Territorium. Das äußerst seltene Übergangsmetall wird zur Produktion von Hochleistungskondensatoren benötigt, die in der Mikroelektronik beispielsweise für die Herstellung von Mobiltelefonen Verwendung finden. Wie man sich denken kann, ist das Metall dementsprechend heiß begehrt. Daneben ist Australien weltweit größter Förderer des Aluminiumerzes Bauxit, das im Land selber auch gleich zu Aluminium weiterverarbeitet wird.

Gold, das 1851 einen ersten Goldrausch auslöste, spielt mit dem Aufkommen neuer Abbautechniken ebenfalls wieder eine größere Rolle; ferner fördern die australischen Diamantminen jedes Jahr rund 30 Mio. Karat (6 t). Außerdem verfügt Australien über kleinere Öl- und Gasfelder vor der Küste Victorias bzw. Westaustraliens.

Der Aufstieg des **produzierenden Gewerbes** begann Anfang des 20. Jh. Während des Zweiten Weltkriegs wurden die Industrieanlagen, die mit Unterstützung der Amerikaner erst möglich geworden waren, hauptsächlich militärisch genutzt. Nach Kriegsende konnten die Produktionsanlagen jedoch schnell auf zivile Nutzung umgestellt werden, womit dem Land der Weg zum Aufstieg zur Industrienation geebnet war. Lediglich etwas weniger als 10 % des Bruttoinlandsproduktes entfallen heute noch auf den Fertigungssektor, der aber immer noch einen erheblichen Beitrag zu Australiens Exporteinnahmen beisteuert. „Made in Australia" sind v. a. Lebensmittel, Textilien, Maschinen, Produkte aus Chemie- und Pharmaindustrie sowie Erzeugnisse aus der Schwerindustrie wie z. B. Stahl.

Der **Dienstleistungssektor** ist für über 65 % des australischen Bruttoinlandsproduktes verantwortlich. An der Spitze stehen dabei Unternehmen aus dem Bereich der Anlagen- und Unternehmensdienstleistung, dicht gefolgt von der Finanz- und der Versicherungsbranche. Finanzzentrum des Landes ist Sydney, wo zahlreiche internationale Firmen mit Niederlassungen vertreten sind. Wie vielerorts auf der Welt ist auch in Australien die Informations- und Kommunikationsindustrie auf dem Vormarsch und hat sich mittlerweile zu einer festen Größe etabliert.

Der **Tourismus** macht etwas weniger als 3 % des Bruttoinlandsproduktes aus. Einzelne Städte und Regionen haben sich zu regelrechten Touristenhochburgen entwickelt und ziehen sowohl internationale als auch australische Urlauber an. In das Segment fallen aber nicht nur Erholungs- oder Abenteuersuchende, sondern auch Geschäfts- oder Bildungsreisende, deren Aufenthalt im Land weniger als ein Jahr beträgt.

„Sculpture By The Sea": Kunstwerke am Strand von Tamarama

Kunst und Kultur

Aboriginal Art – die Kunst der Ureinwohner

Jahrtausendealte Spuren in Form von Höhlenmalereien und Felsgravierungen liefern umfangreiche Erkenntnisse über die Kunst der Aborigines. Dabei geht es in deren Ursprüngen weniger um Kunst im europäischen Sinne, vielmehr besitzen die bildhaften Darstellungen eine tiefere spirituelle Bedeutung und waren einst eine klare Komponente der Riten und des Glaubens. Die Abbildungen, oftmals Menschen, Tiere oder mystische Wesen, erzählen die Geschichten der Traumzeit, als die Welt und die Menschen erschaffen wurden. Zu den frühesten Ausdrucksformen der Kunst der Aborigines gehört allerdings die Körperbemalung, die auch heute noch fester Bestandteil der uralten Riten und Tänze ist.

Bei den Felsmalereien kamen ausgeklügelte Methoden zum Einsatz: Oft wurde die Farbe mit einem Stock oder mit den Fingern aufgetragen, es gibt aber auch Beispiele, deren Entstehung einer ganz speziellen Technik zu verdanken ist, bei der die Farbe mit dem Mund über „Schablonen" wie Hände oder Bumerangs gesprüht wurde.

Interessanterweise tragen derartige Zeugnisse auch zu Erkenntnissen im geschichtlichen Kontext bei. So wurden beispielsweise detailgetreue Abbildungen von Segelschiffen gefunden, die neue Aufschlüsse über die Entdeckung des Kontinents lieferten. Da auch der Schiffsbau bis heute periodischen Neuerungen und einer konstanten Entwicklung unterworfen ist, lassen sich einzelne Konstruktionsmerkmale zeitlich und geografisch ziemlich genau zuordnen. Das bedeutet, dass man anhand der Höhlenmalereien relativ leicht die Nationalität jener Schiffe bestimmen kann, die einst in Sichtweite der australischen Küste kamen und den Anlass zur bildlichen Darstellung lieferten, wie auch den Zeitpunkt ihres Erscheinens.

Mit Ankunft der weißen Siedler begann die rasche Weiterentwicklung der traditionellen Kunst. In den 1930er-Jahren wurden Aborigines auf der Herrmannsburg-Missionsstation (Northern Territory) in westlichen Maltechniken unterrichtet. Bekanntester Vertreter dieser sogenannten *Herrmannsburger Schule* und eine regelrechte Ikone der Aborigine-Malerei ist **Albert Namatjira** (1902–1959), dessen Landschaftsaquarelle bereits 1938 in Melbourne und Sydney ausgestellt und später in der ganzen Welt verkauft wurden.

In den 1970er-Jahren bildete sich die Punktmalerei (engl. „Dot Painting" oder „Dot Art") der *Papunya-Tula*-Schule. Ihr entstammt **Clifford Possum Tjapaltjarri** (1932–2002), dessen Werk „Warlugulong" im Jahr 2007 für 2,4 Mio. Dollar den Besitzer wechselte und somit das bislang teuerste Gemälde eines Aborigines ist. Die Stilrichtung ist äußerst beliebt und gilt heute – obwohl verhältnismäßig jung – als typisch für die Malerei der australischen Ureinwohner.

In der zweiten Hälfte des 20. Jh. kam die Kunst der Aborigines in den Genuss vermehrter Aufmerksamkeit. Museen und Galerien vergrößerten ihre Sammlungen, der Markt, insbesondere für Gemälde, wurde immer größer. Speziell in den Anfangsjahren dieses Trends wurden die Künstler oft übervorteilt und erhielten von profitgierigen weißen Händlern meist nicht mehr als ein Taschengeld für ihre Werke. Fälschungen entwickelten sich zeitweise zu einem echten Problem – das Geständnis des bekannten Malers **Ginger Riley Munduwalawala** (1927–2002), im Alkoholrausch rund 50 fremde Bilder mit seiner Signatur versehen zu haben, sorgte für Aufruhr in der Szene. Der Künstler **Richard Bell** tat seine Meinung zum Stand der Dinge in seinem Bild „Scientia E Metaphysica (Bells Theorem)" kund, in das der Text „Aboriginal Art – It's a White Thing" eingearbeitet ist. Im Jahr 2003 gewann er mit dem kritischen Werk den *National Aboriginal & Torres Strait Islander Art Award*.

Zu Beginn des neuen Jahrtausends wurde das Bild „Earth's Creation" von **Emily Kngwarreye** (1910–1996) für über eine Mio. Dollar verkauft und erzielte damit als erstes Kunstwerk eines Aborigines eine siebenstellige Summe. Seitdem scheint es kein Halten mehr zu geben, immer wieder werden neue Rekordsummen vermeldet. Wer sich heute ein authentisches Kunstwerk anschaffen will, der muss zwar nicht ganz so tief in die Tasche greifen, aber in den Galerien von Sydney oder Melbourne sind Preise von mehreren Tausend Dollar für ein Bild mit Echtheitszertifikat durchaus üblich.

Weiße australische Maler

Die Künstler unter den weißen Neuankömmlingen verbanden die Exotik der außergewöhnlichen australischen Landschaft mit den europäischen Maltechniken und Stilrichtungen. Die erste erwähnenswerte Bewegung wurde in den 1880er-Jahren unter dem Namen *Heidelberg School* bekannt, deren Ursprünge in der Region um das Örtchen Heidelberg nahe Melbourne zu suchen sind. Beeinflusst durch Impressionismus und europäische Pleinairmalerei begaben sich die Künstler in die Natur und schufen Bilder wunderbarer Landschaften. Beliebte Sujets waren darüber hinaus Szenen aus dem Alltagsleben der Australier, gerne wurden z. B. Schafscherer, Viehhirten oder Landarbeiter porträtiert. Zu den herausragenden Persönlichkeiten dieses Genres gehören **Frederick McCubbin** (1855–1917) – als sein bestes Werk gilt „The Pioneer" (1904) – oder **Tom Roberts** (1856–1931), dessen Bilder „Shearing of the Rams" (1890) oder „The Big Picture" (1901) auf dem ganzen Kontinent bekannt sind.

Kunst und Kultur

Im 20. Jh. änderte **Russell Drysdale** (1912–1981) den Blick auf das Land und entfernte sich von der bis zu diesem Zeitpunkt vorherrschenden glorifizierenden Darstellung. Stark vom Surrealismus beeinflusst, zeigen seine Bilder oft die öde, verdorrte Landschaft des Outback und dessen durch die harten Bedingungen gezeichnete, ausgemergelte Bewohner. Eines seiner ersten Werke ist „Man Feeding his Dogs" (1941). Sein Zeitgenosse **Arthur Boyd** (1920–1999) zählt ebenfalls zu den ganz großen australischen Malern, ausgezeichnete Beispiele seines Schaffens sind Landschaftsbilder wie „Wimmera Landscape" (1975) oder abstraktere Werke wie „Bathers at Pulpit Rock" (1987) und „Two Angels with Black Hair" (1964).

Leben und Schaffen von **Pro Hart** (1928–2006) waren stark von der kargen Schönheit der Landschaft um seine Heimatstadt Broken Hill im Outback von New South Wales geprägt. Viele seiner Ölgemälde zeigen Szenen des ländlichen Lebens. Im Laufe seiner Karriere fertigte Hart aber auch Skulpturen an und illustrierte Gedichte (→ Kasten S. 319).

Australiens berühmtester und auch international bekanntester Maler ist zweifellos **Sidney Nolan** (1917–1992). Verantwortlich für seinen Bekanntheitsgrad ist v. a. seine „Ned-Kelly"-Serie, bestehend aus 27 Bildern, die er in den Jahren 1946 und 1947 malte, als er in der „Heide"-Künstlerkommune nahe Melbourne weilte. Eines dieser Bilder mit dem Titel „The First Class Marksman" erzielte 2010 mit 5,4 Mio. Dollar den höchsten Preis, der jemals für ein Bild eines australischen Malers, ja ein Werk eines australischen Künstlers überhaupt, bezahlt wurde.

Bis dahin führte **Brett Whiteley** (1939–1992) mit dem Werk „The Olgas for Ernest Giles" die Rangliste an. Seine Affinität zu Alkohol und Drogen fand ihren bildhaften Ausdruck beispielsweise in Gemälden wie „Self Portrait after three Bottles of Wine" (1971). 2007 kam sein Gemälde „Opera House" (1982) unter den Hammer und wurde für 2,8 Mio. Dollar verkauft. Eine Überdosis Heroin beendete 1992 viel zu früh das Leben des Ausnahmekünstlers. Zu den großen australischen Malern des 20. Jh. gehört sicherlich auch **John Brack** (1920–1999), der mit seinen Gemälden „The Old Time" (undatiert) und „The Bar" (1954) Summen jenseits der 3 Mio. Dollar erzielte.

Literatur

Da die Aborigines keine Schrift kannten, entstanden erste schriftliche Werke auf dem Kontinent tatsächlich erst gegen Ende des 18. Jh., als Forscher und Entdecker Berichte und wissenschaftliche Abhandlungen über ihre Erkundungsreisen und das neue Land verfassten. Im Folgenden bildeten Land und Leute weitgehend jenen thematischen Schwerpunkt, der die Schriftsteller des Kontinents in all seinen Facetten bewegte und immer wieder aufs Neue inspirierte.

Unauslöschlich mit Australien verbunden ist die Vergangenheit als Sträflingskolonie. **Marcus Clarke** (1846–1881) bearbeitete das Thema in seinem Werk „For the Term of his Natural Life", das 1874 erschien. Der Roman handelt von dem jungen Engländer Rufus Dawn, der fälschlicherweise des Mordes bezichtigt und in die australischen Kolonien deportiert wird.

Einen ganz besonderen Platz in den Herzen der Australier nehmen die Werke des „Buschpoeten" **Andrew Barton „Banjo" Paterson** (1864–1941) ein. Sein heroisches Gedicht „The Man from Snowy River" (1890) lieferte den Stoff für mehrere gleichnamige Verfilmungen (→ Filme aus Down Under), während die Strophen seiner „Waltzing Matilda" (1895) noch heute als inoffizielle Nationalhymne gesungen werden.

Der beste australische Kurzgeschichtenschreiber, wenn nicht gar der beste australische Schriftsteller überhaupt, war zweifelsohne **Henry Lawson** (1867–1922). Als sein herausragendstes Werk gilt die Kurzgeschichte „The Drover's Wife" (1892) – es gibt wohl kaum eine Geschichte, die auf solch eindrucksvolle Weise von der Einsamkeit des weiten australischen Outback berichtet. Die Hauptfigur, die Frau eines Viehtreibers, der mit seiner Herde unterwegs ist, wacht die ganze Nacht bei ihren Kindern, um sie vor einer Schlange zu beschützen, die sich in ihrem Haus versteckt hält. Lawson war seit seiner Kindheit taub, entwickelte später eine hochgradige Alkoholabhängigkeit, wurde aber noch zu Lebzeiten so berühmt, dass er mit einem Staatsbegräbnis beigesetzt wurde.

David Unaipon (1872–1967) war einer der ersten Aborigines, dessen Werk veröffentlicht wurde. „Native Legends" erschien im Jahr 1929 und wurde 2001 unter dem Titel „Legendary Tales of the Australian Aborigines" neu aufgelegt. Sein Konterfei schmückt heute übrigens die australische 50-$-Banknote.

Meist waren die Beschreibungen des Landes und seiner Bewohner eng mit den Erfahrungen der Schriftsteller verknüpft. Der autobiografische Roman „My Brilliant Career" von **Stella Maria Miles Franklin** (1879–1954) erschien erstmals 1901 und beschreibt das Erwachsenwerden eines jungen Mädchens im ländlichen New South Wales. Einen Erfolg auf ganz anderem Gebiet landete der Schriftsteller, Maler und Bildhauer **Norman Lindsay** (1879–1969), als er im Jahr 1918 mit „The Magic Pudding" einen australischen Kinderbuchklassiker schuf. Hauptakteur ist ein sprechender Pudding, der von einem Seemann, einem Koala und einem Pinguin vor den gemeinen Puddingdieben beschützt wird. Eine gänzlich andere Handlung beschreibt der Roman „A Town Like Alice" (1950) des Schriftstellers **Neville Shute** (1899–1960): Nachdem die Protagonistin die Wirren des Zweiten Weltkriegs überlebt hat, reist sie nach Australien, wo sie ein kleines Outbackdorf in Queensland in eine lebenswerte Stadt – ähnlich lebenswert wie Alice Springs – verwandeln will.

Wohl der bekannteste australische Schriftsteller des 20. Jh. ist **Patrick White** (1912–1990), der 1973 mit dem Nobelpreis für Literatur ausgezeichnet wurde. Der homosexuelle Schriftsteller verfasste neben zahlreichen Gedichten, Dramen und Kurzgeschichten auch zwölf Romane, deren berühmtester „Voss" (1957) ist. Obwohl er zurückgezogen lebte, nutzte er seinen Ruhm, um sich gegen die im damaligen Australien übliche Zensur zu wenden, darüber hinaus engagierte er sich für junge aufstrebende Schriftsteller.

Die Wurzeln der Künstlerin und Schriftstellerin **Sally Morgan** (geb. 1951) liegen in den Aborigine-Gemeinden der Pilbara-Region, was sie aber erst im Alter von 15 Jahren erfuhr. In ihrer Autobiografie „My Place" (1987) beschreibt sie eindrucksvoll die Suche nach ihrer Identität und die Erforschung ihrer Herkunft. Das Buch verkaufte sich in Australien rund 500.000-mal. **Thomas Keneallys** (geb. 1935) bekannteste Geschichte mit direktem Bezug zum australischen Kontinent ist „The Chant of Jimmy Blacksmith" (1972), sein international berühmtestes Werk jedoch ist zweifellos „Schindler's Ark" (1982), das als Vorlage für Steven Spielbergs Film „Schindlers Liste" diente. Eine ganz andere Thematik beschreibt **Helen Garner** (geb. 1942) in ihrem Roman „Monkey Grip" (1977). Schauplatz ist ein Vorort von Melbourne in den 1970er-Jahren, wo sich ihre Charaktere zunehmend in den Wirren einer Entdeckungsreise zwischen Kommune, Sex und Drogen verstricken.

Mit bislang über 30 Mio. verkauften Exemplaren ist die Familiensaga „Die Dornenvögel" (1977) der 2015 verstorbenen Autorin **Colleen McCullough** der meistverkaufte australische Roman. Einer der großen Namen zeitgenössischer australischer Literatur ist **Tim Winton** (geb. 1960). Bereits mit seinem Debütroman „An Open Swimmer" (1981) gewann er den australischen Vogel-Literaturpreis, seitdem entstanden zahlreiche Romane, Kurzgeschichten und Kinderbücher.

Zwar nicht von australischen Schriftstellen verfasst, dient den Werken „Songlines" von **Bruce Chatwin** oder „Down Under" (dt. „Frühstück mit Kängurus") von **Bill Bryson** das Land jedoch als Schauplatz.

Populäre Musik

Australien ist eine Bastion der Rockmusik – seit den 60er-Jahren feiern Rockbands aus Down Under nationale und internationale Erfolge. Regelrechten Kultstatus erreichte die 1973 in Adelaide gegründete Band **Cold Chisel**, die heute als Aushängeschild des klassischen australischen „Pub Rock" der 70er- und 80er-Jahre gilt. Zu ihren größten Hits gehören „Forever Now" oder „Choir Girl". Um dieselbe Zeit erlebten auch **Midnight Oil** den Höhepunkt ihrer Karriere. Ihr 1987 erschienenes Album *Diesel and Dust* enthält den bekannten Song „Beds are burning", in dem sie sich für die Rechte der Aborigines starkmachen. Der charismatische Sänger *Peter Garrett* nutzte darüber hinaus seinen Bekanntheitsgrad, um sich für den Umweltschutz einzusetzen. Nach Auflösung der Band wechselte er in die Politik und wurde 2007 von Premierminister Kevin Rudd zum Umweltminister ernannt.

Die Melbourner Combo **Men at Work** wurde 1983 als beste Newcomer-Band mit einem Grammy ausgezeichnet und hat mit ihrem Song „Land down under" eine Hymne geliefert, die als einer der australischsten Songs überhaupt gilt.

In den 80er- und 90er-Jahren feierten **INXS** große Erfolge in Australien, Europa und den USA. Zentrale Figur war der exzentrische Frontmann *Michael Hutchence*, der 1997 tot in einem Hotelzimmer aufgefunden wurde. Die Umstände seines Todes blieben teilweise ungeklärt, ein Selbstmord konnte nicht ausgeschlossen werden.

Urgestein der Szene und mit über 200 Mio. verkauften Alben die erfolgreichste Formation des Landes – und eine der kommerziell erfolgreichsten Bands der Welt – ist zweifellos die um die Brüder *Malcolm* und *Angus Young* im Jahr 1973 gegründete Hardrockband **AC/DC**. In Melbourne hat man sogar eine Straße nach ihnen benannt, auch wenn es sich bei der *AC/DC-Lane* nicht gerade um eine Prunkallee handelt. Das aktuelle Album *Rock or Bust* schoss sofort nach seiner Veröffentlichung im Jahr 2014 in zwölf Ländern an die Spitze der Charts. 2015 soll es auf große Welttournee gehen, wobei Kultgitarrist Angus Young aus gesundheitlichen Gründen nicht mehr dabei sein wird.

Im neuen Jahrtausend trat zunehmend eine neue Generation australischer Rockbands ins Rampenlicht. Das Debütalbum der Melbourner Formation **Jet** verkaufte sich weltweit über drei Millionen Mal. Die Scheibe *Black Fingernails, Red Wine* verschaffte der westaustralischen Combo **Eskimo Joe** 2006 die vierfache Platinauszeichnung. Shootingstar ist die Band **Wolfmother**, die 2007 für ihren Song „Woman" sogar einen Grammy in der Kategorie „Beste Hardrock-Darbietung" erhielt. Mit ihrem brachialen Sound eroberten die Hardrocker von **Airbourne** die Szene im Sturm und begeisterten offensichtlich auch Heavy-Metal-Legende *Lemmy Kilmister* (Motörhead), der in ihrem Videoclip zum Song „Runnin' Wild" einen Truckfahrer spielt.

Populäre Musik

Open-Air-Konzerte und Musikfestivals sind feste Bestandteile des Sommers

Großer Beliebtheit erfreut sich in Australien die Country-Musik, deren zweifellos berühmtester Barde und Songschreiber **Slim Dusty** (1927–2003) sich mit seinen Balladen über das Leben im weiten australischen Outback in die Herzen einer riesigen Fangemeinde sang. Im Jahr seines Todes arbeitete er an seinem 106. Album. Ein Musiker vom gleichen Schlag war der „singende Cowboy" **Smoky Dawson** (1913–2008), der auf eine Karriere von über 60 Jahren zurückblicken konnte. Aber auch bei den jungen Australiern steht das Genre durchaus hoch im Kurs und Künstler wie **Keith Urban** – der auch in den USA große Erfolge verbuchen kann –, **Kasey Chambers** oder **Lee Kernaghan** sorgen für frischen Wind in der Szene.

Die australische Musik ist natürlich keine Erfindung der weißen Gesellschaft, schon vor Zehntausenden von Jahren war die Musik fester Bestandteil der Kultur der Ureinwohner. Heute gibt es zahlreiche Künstler, die die modernen Stilrichtungen mit den Elementen der uralten Traditionen der Aborigines verknüpfen. Als bekannteste Gruppe ist **Yothu Yindi** Vorreiter dieser Richtung, ihr Stil ist an den klassischen Rock angelehnt, neben Schlagzeug und E-Gitarre kommen bei ihnen jedoch auch Didgeridoo und Clapstick zum Einsatz. Wahrlich virtuos beherrscht der Musiker **Mark Atkins** das Didgeridoo, meist tritt er solo, aber gelegentlich auch mit hochrangigen Musikern aus aller Welt auf. Bei **Archie Roach** sind es v. a. die eindringlichen Texte seiner Folksongs, die auf seine Wurzeln verweisen, wobei seine thematischen Schwerpunkte hauptsächlich im Leben und Leiden der Aborigines zu suchen sind. Ein herausragendes Beispiel ist der Song „They Took the Children Away", der auf seinem Album *Charcoal Lane* von 1980 erschienen ist und die Problematik der „Stolen Generation" aufgreift. Der Musiker **Geoffrey Gurrumul Yunupingu**, der ausschließlich in der Yolngu-Sprache singt, war 2008 für vier ARIA-Awards *(Australian Recording Industry Association)* nominiert. Die **Pigram Brothers** aus dem westaustralischen Broome steuerten einige Lieder zu dem Soundtrack des Films „Mad Bastards" bei – ihr unverwechselbarer Sound passt einfach perfekt zu langen Fahrten durchs Outback.

Einer der erfolgreichsten und beliebtesten Solokünstler – wenn auch nur auf nationaler Ebene – ist **John Farnham**. Seine 1986er-Platte *Whispering Jack* hielt sich knapp ein halbes Jahr auf Platz eins der australischen Charts und erreichte 24-fachen Platinstatus – bis heute ist sie damit das meistverkaufte australische Musikalbum.

Olivia Newton John sang sich im Laufe ihrer Karriere durch diverse Stilrichtungen, was ihrem enormen internationalen Erfolg aber keinen Abbruch tat: Insgesamt wurde sie mit vier Grammys ausgezeichnet. Der MTV-Generation am bekanntesten ist aber sicherlich Pop-Hupfdohle **Kylie Minogue**, die in den späten 1980ern den Sprung von der Seifenoper „Neighbours" auf die Musikbühne schaffte und letztendlich zum internationalen Superstar mutierte.

Singer-Songwriterin **Missy Higgins** brachte 2005 mit „The Songs of White" ein kommerziell äußerst erfolgreiches Album auf den Markt. **Bernard Fanning** – bekannt als Sänger der Formation **Powderfinger** – erreichte ein Jahr später mit seinem Solodebüt „Tea & Sympathy" den ersten Platz der australischen Albumcharts. Zu den absoluten Durchstartern der letzten Jahre zählen das Geschwisterduo **Angus & Julia Stone**, das Indie-Rock-Combo **Boy & Bear** und die Electronic-Band **Empire of the Sun**. Im Bereich des Jazz halten die Trompeter **James Morrison** und **Eugene Ball** die Fahne hoch, ebenfalls sehr erfolgreich sind der Pianist **Paul Grabowski** und der Klarinettist **Paul Furniss**. Den ersten Musik-Superstar hatte Australien übrigens schon Anfang des 20. Jh. zu bieten, als Operndiva **Dame Nellie Melba** (1861–1931) internationale Erfolge auf den Bühnen Europas und der USA feierte.

Filme aus Down Under

Es gibt einige unglaublich erfolgreiche australische Filmproduktionen. Dazu gehört in jedem Fall die **Mad-Max**-Filmtrilogie, die den damals weitgehend unbekannten Jungschauspieler *Mel Gibson* auf die Kinoleinwände der Welt brachte. Der erste der drei Actionstreifen erschien 1979 und galt lange als der Film mit der besten Kosten/Einnahmen-Bilanz: Mit Produktionskosten von gerade mal 400.000 Dollar ein echter Billigstreifen, spielte der Film über 100 Mio. Dollar ein.

Mit Einnahmen von über 300 Mio. Dollar war die Filmkomödie **Crocodile Dundee** (1986) noch erfolgreicher, außerdem trug sie das Klischee des ehrlichen, Krokodile niederringenden australischen Naturburschen in die Welt hinaus. Die Rolle des Mick Dundee machte Schauspieler *Paul Hogan*, der sich seine Brötchen in jungen Jahren als Anstreicher auf der Sydney Harbour Bridge verdient hatte, zum international bekannten Superstar.

Zweifellos einer der lustigsten australischen Filme der letzten zwei Jahrzehnte ist die Pseudo-Dokumentation **Kenny** (2006). Der Held des Streifens ist der Klempner und Dixi-Klo-Spezialist Kenny, der stets gut gelaunt durch sein Leben manövriert und trotz naserümpfender Mitmenschen und abfälliger Kommentare seine Tätigkeit nicht nur als Beruf, sondern auch als Berufung sieht.

Eine ganz und gar schrille Komödie ist **Priscilla – Queen of the Desert** (1994), in der drei Drag Queens aus Sydney auf ihrer Reise durch das australische Outback allerlei Abenteuer zu bestehen haben.

Zumindest in Australien ein echter Kultfilm ist **Don's Party** (1976), der auf einem sozialkritischen Theaterstück basiert. Die Handlung spielt während der australischen Bundeswahlen im Jahr 1969, wobei die Wahlparty in Dons Apartment außer Kontrolle gerät, als sich der erwartete Sieg der australischen Labor-Partei nicht ein-

Filme aus Down Under

stellt. Im Alkoholrausch verwandelt sich optimistische Freude zunehmend in Aggression, Frustration, Angst und Enttäuschung.

Einer der besten australischen Filme ist wohl **Jindabyne** (2006), dessen Handlung in die Tiefen und Abgründe der menschlichen Seele führt. Vier Männer finden auf einem Angeltrip im entlegenen Hochland Australiens ein ermordetes Aborigine-Mädchen in einem Fluss. Statt ihren Ausflug abzubrechen und den Vorfall umgehend der Polizei zu melden, setzen die Männer ihre Tour fort und sind auch nach ihrer Rückkehr nicht in der Lage, die moralische Verwerflichkeit ihres Handelns zu erkennen. Weniger tiefgründig, aber dennoch ein Klassiker ist **The Man from Snowy River** (1982), basierend auf dem Gedicht von *Banjo Paterson*. Hauptfigur ist der mutige Cowboy Jim Craig, der sich beim Einfangen von Wildpferden den Respekt der anderen Männer verdient.

Ein ganz außergewöhnlicher Film ist **Picnic at Hanging Rock** von Peter Weir, der unter dem deutschen Titel „Picknick am Valentinstag" 1977 in die deutschen Kinos kam. Vorlage war der gleichnamige Roman von Joan Lindsay, der das mysteriöse Verschwinden einer Gruppe junger Mädchen bei einem Ausflug zum Hanging Rock beschreibt, was eine Kette an tragischen Ereignissen zur Folge hat.

Der britische Film **Walkabout** (1971) basiert auf einem 1959 erschienenen Roman von *James Vance Marshall*. Ein Geschwisterpaar aus Sydney muss sich nach einer Tragödie bei einem Familienausflug alleine durch das australische Outback schlagen und wird dabei von einem jungen Aborigine unterstützt, der von dem damals gerade mal 18-jährigen *David Gulpilil* – dem heute vielleicht bekanntesten Aborigine-Schauspieler – gespielt wurde.

Ein wirklich bewegendes Werk ist **Rabbit Proof Fence** (2002), die Verfilmung eines Buches von *Doris Pilkington*, das auf einer wahren Begebenheit beruht und unter dem Titel „Long Walk Home" in die deutschen Kinos kam. Es ist die unglaubliche Geschichte von drei jungen Aborigine-Mädchen, die 1931 auf Initiative der Regierung ihren Familien weggenommen und in ein Erziehungsheim gesteckt wurden. Die Mädchen büxten allerdings bald darauf aus und wanderten über 2400 km entlang des westaustralischen Kaninchenzauns zurück zu ihren Familien.

Ein absolutes Novum in der australischen Filmszene stellt der Streifen **Ten Canoes** (2006) dar, der in der Arnhem-Land-Region zu einer Zeit lange vor Ankunft der Europäer spielt. Die Besonderheit ist dabei der Umgang mit Sprache: Der Erzähler spricht zwar Englisch, aber alle Darsteller sprechen ausschließlich in den Sprachen der Aborigines – zum besseren Verständnis sind die jeweiligen Szenen mit Untertiteln versehen.

Ende 2008 kam das knapp drei Stunden lange und 125 Mio. Dollar teure Epos **Australia** (2008) in die Kinos. Regisseur *Baz Luhrmann* konnte mit *Nicole Kidman* und *Hugh Jackman* zwei hochkarätige Stars verpflichten, die australischen Filmkritiker waren dennoch nur mäßig begeistert und auch der erhoffte Ansturm auf die Kinokassen blieb aus.

Die Suche nach seinem unehelichen Sohn führt den Aborigine TJ in die Kimberley-Region, wo die erste Begegnung alles andere als angenehm verläuft. Der Film **Mad Bastards** (2010) zeigt ein bisweilen erschreckendes Bild, das sich aus Hoffnungslosigkeit, Gewalt und jener Parallelgesellschaft zusammensetzt, in der viele Aborigines immer noch leben. Die Landschaftsaufnahmen und der grandiose Soundtrack der *Pigram Brothers* (s. o.) machen den Film zum Erlebnis.

Nationalstolz am Nationalfeiertag

Menschen in Down Under

Es war das Jahr 1986, als der ehemalige Brückenanstreicher Paul Hogan die Kinoleinwände auf der ganzen Welt als schlagkräftiges, aber gutherziges Outback-Raubein namens *Crocodile Dundee* eroberte. Ein Mann, der sein Land liebt, der im ganzen Film nichts anderes als Bier trinkt und der – auch gerne nur aus Spaß an der Freud – mit riesigen Krokodilen ringt. Der Streifen löste einen regelrechten Tourismusboom aus und prägte die Art und Weise, wie Australien und seine Bewohner im Rest der Welt wahrgenommen werden. Derartige Klischees werden zwar noch immer gerne v. a. in ländlichen Gegenden zelebriert, aber schon nach kurzer Zeit in Down Under wird man überrascht feststellen, wie ähnlich die Australier uns Mitteleuropäern eigentlich sind, auch wenn sie selbst das nicht immer gerne hören.

Der Großteil der australischen Bevölkerung lebt in den Städten, fast die Hälfte davon allein in den drei größten Metropolen des Landes – Sydney, Melbourne und Brisbane. Singles und Pärchen suchen sich ihr Heim bevorzugt in den hippen Stadtvierteln, junge Familien ziehen in die Vororte, wenn möglich in ein kleines Häuschen mit Garten. Von Montag bis Freitag pilgern dann ganze Heerscharen von Anzugträgern in die Büros der Stadtzentren, in den Mittagspausen trifft man sich zum Sushiessen und abends geht's zur After-Work-Party in die Bars und Pubs. Man zeigt sich modebewusst, am Puls der Zeit und weltoffen und lebt ein Leben als Großstädter, das sich nicht sonderlich von dem in New York, Paris oder Berlin unterscheidet.

Auf dem Land sieht es freilich etwas anders aus, hier zeigen sich dann auch einige für Australien so typische Besonderheiten. Die Distanzen sind enorm und es gibt Farmerfamilien, die rund 250 km fahren müssen, um den nächsten Nachbarn zu besuchen. Die Kinder werden per Funkgerät von der „School of the Air" unterrichtet und auf den richtig großen Besitztümern parkt nicht selten ein kleines Flugzeug oder ein Helikopter neben dem Haus. Das Leben hier ist auch im 21. Jh. hart, von anstrengender körperlicher Arbeit geprägt und oft genug auch von Einsamkeit. Der Männerüberschuss auf dem Land ist riesig, und viele tun sich schwer, eine Partnerin zu finden. In einigen Regionen sollen mittlerweile „Kuppelfahrten" Abhilfe schaffen, bei denen ganze Busladungen heiratswilliger Frauen aus den Städten anreisen, um auf dem Land ihren Traumprinzen zu finden.

Insgesamt betrachtet, zeichnet sich die australische Gesellschaft durch eine bemerkenswerte kulturelle Vielfalt aus – die Bewohner des Kontinents, zumindest ihre Vorfahren, stammen aus allen Ecken dieser Erde. Neben der offiziellen Landessprache Englisch werden von gut drei Mio. der rund 22 Mio. Australier über 200 weitere Sprachen gesprochen, wovon allein etwa 50 Sprachen den Aborigines zugerechnet werden. Das Miteinander der Kulturen funktioniert über weite Strecken ganz gut, auch wenn es vereinzelt zu Auseinandersetzungen zwischen den ethnischen Gruppierungen kommt.

Gemeinsam ist den Australiern in jedem Fall ein unerschütterlicher Nationalstolz. Der entwickelte sich bereits um 1820 mit den ersten in Australien geborenen Nachkommen der frühen Strafgefangenen. Von den freien Siedlern aus England aufgrund ihrer Abstammung mit Geringschätzung bedacht, verschwendeten sie keinen Gedanken mehr an das Heimatland ihrer Väter und Mütter und brüsteten sich damit, Australier zu sein. Bis in die zweite Hälfte des 20. Jh. hinein empfand man es allerdings als Makel, wenn die eigene Ahnengalerie von einem der Gefangenen aus den Zeiten der Sträflingstransporte geziert wurde. Heute ist das ganz anders, wer entsprechende Zweige in seinem Stammbaum aufzuweisen hat, der bekennt sich i. d. R. stolz dazu, von einem der ersten Weißen auf dem australischen Kontinent abzustammen.

Auch im 21. Jh. ist das Leben der Menschen von der Natur und den extremen Klimabedingungen des Kontinents geprägt. Während sich die Urlauber über die warmen Temperaturen und den schier endlosen Sonnenschein freuen, müssen die Australier auch mit den Schattenseiten leben. Nirgends auf der Welt ist die Hautkrebsrate höher – jährlich werden rund 100.000 Ersterkrankungen registriert und über 700.000 Menschen deswegen behandelt. Wasserknappheit ist schon lange nicht mehr nur ein Problem der Farmer, sondern hat auch, wenn auch noch nicht in existenzbedrohender Form, die Menschen in den Großstädten erreicht. Während besonders schlimmer Trockenperioden regeln strenge Verordnungen, wann und ob überhaupt Vorgärten bewässert oder Autos gewaschen werden dürfen. Dann wird die Bevölkerung sogar dazu angehalten, die tägliche Duschzeit auf drei Minuten zu beschränken. Die Australier sind sich der Brisanz bewusst und halten sich weitgehend an derartige Aufrufe.

Versucht man das Wesen der Australier zu beschreiben, so landet man letztendlich bei groben Verallgemeinerungen oder bei subjektiven Empfindungen, die aus der eigenen Erfahrung resultieren. Aber man lehnt sich gewiss nicht zu weit aus dem Fenster, wenn man behauptet, dass die Australier ein aufgeschlossenes Volk sind. Fremden gegenüber geben sie sich freundlich und offen und wenn der Sympathiefaktor auch noch stimmt, dann kann aus einem kurzen Schwätzchen durchaus eine Einladung zum Kaffee, zum Barbecue oder zu irgendwelchen Freizeitaktivitäten werden. Ein allzu dünnes Fell sollte man allerdings nicht haben, denn bei aller Freundlichkeit nehmen sich die Australier unglaublich gerne gegenseitig auf die Schippe. Schön daran ist, dass sie nicht nur austeilen, sondern auch einstecken können.

Was auf einer Reise durch das Land wirklich positiv auffällt und die offenherzige Mentalität der Australier illustriert, ist die Armada an ehrenamtlichen Helfern, die im ganzen Land ihren Dienst tun. Sie sorgen dafür, dass selbst in kleinen Ortschaften an sieben Tagen der Woche eine Touristinformation besetzt ist, sie veranstalten Führungen in Museen und führen Aufsicht in Bibliotheken. Oft handelt es sich dabei um rüstige Rentner, aber auch junge Menschen unterstützen auf diese Weise ihre Gemeinden, und das ganz ohne Bezahlung.

Ein kleines Kuriosum sind die australischen Senioren. Denn wo man sich andernorts darüber freut, den Lebensabend in den eigenen vier Wänden zu verbringen, da verkaufen australische Rentner nicht selten ihr Haus, finanzieren mit dem Erlös ein großes Wohnmobil, mit dem sie auf Tour gehen und den ganzen Kontinent erkunden. Auf Campingplätzen trifft man immer wieder auf ältere Ehepaare, die tatsächlich schon zehn Jahre unterwegs sind und dabei über eine viertel Million Kilometer zurückgelegt haben. Das ist natürlich beeindruckend und so hat man sogar einen gängigen Begriff für die rüstigen Reisenden geschaffen und nennt sie liebevoll „grey nomads" – die „grauen Nomaden".

Freizeit

Die Australier lieben die Natur und halten sich, wann immer möglich, im Freien auf. Man geht an den Strand, macht ein Picknick im Park oder wandert in den Nationalparks. Das Barbecue ist schon beinahe fester Bestandteil der Wochenenden, man lädt dann Freunde zu sich nach Hause ein oder geht an die Strandpromenaden oder in die Stadtparks, wo Gasgrills aufgestellt sind, die jedermann zur Verfügung stehen. Speziell in den Sommermonaten sind zahlreiche Musik- oder Kulturfestivals in den Gärten und Parks der Stadt geboten, die Freiluftkino-Vorstellungen sind meist im Handumdrehen ausverkauft. An den Küsten und Flüssen ist Angeln ein beliebtes Hobby und wer es sich leisten kann, hat ein eigenes Boot, wobei australische Freizeitkapitäne praktisch alles steuern, was sich irgendwie über Wasser hält – vom kleinen Aluboot mit Außenbordmotor bis hin zur 30-m-Segelyacht. Außerdem sind viele Australier begeisterte Camper. Sehr beliebt sind Naturparks und Zoos, wo all die Tiere vertreten sind, die man ansonsten nur äußerst schwer in freier Wildbahn zu Gesicht bekommt.

Die Whitsundays sind eines der besten Segelreviere in Australien

Das Angebot an Freizeitbeschäftigungen ist wirklich groß und die Australier nutzen es auch. Der eher gemütliche Typ unternimmt vielleicht eine Fahrt mit dem Heißluftballon oder eine Tour zur Weinprobe. Adrenalinjunkies können Fallschirmspringen, Mountainbike fahren oder mit speziellen Jetbooten übers Wasser düsen. Golf ist in Australien bei Weitem kein so elitärer Sport wie in Deutschland und viele Plätze kann man auch als Einsteiger ganz unproblematisch und für wenig Geld bespielen. Tauchen, Surfen und Segeln gehören zu den beliebtesten Freizeitbeschäftigungen der Australier, und das ist auch kein Wunder, kann das Land doch in jedem Bereich mit einigen der schönsten Reviere der Welt aufwarten. In den letzten Jahren hat das Radfahren – egal ob auf dem Mountainbike oder dem Rennrad – einen riesigen Boom erlebt, auch wenn es Radler auf australischen Straßen nicht immer leicht haben. Lange Zeit als Rentnersport verschrien, erfreut sich „lawn-bowls" (Rasen-Bowling), eine Mischung aus Bowling und Boule, auch bei jungen Leuten zunehmend großer Beliebtheit. Allerdings spielen die weniger in organisierten Ligen, sondern eher zum reinen Vergnügen, meist begleitet von einigen kühlen Drinks.

Eine Nation von Sportverrückten

Die Australier sind absolut verrückt nach Sport und das meist schon von Kindesbeinen an. Auf den Straßen der Wohnsiedlungen spielen die Kleinen Kricket, in den Hinterhöfen wird fleißig gebolzt oder der Nachwuchs prescht mit dem Rugby-Ei im Arm durch den Garten. Der Schulsport hat einen ähnlich hohen Stellenwert wie in den USA, eine gut organisierte Vereinslandschaft bietet attraktive Möglichkeiten jedoch auch nach dem Schulabschluss. Oft bilden Freunde und Kollegen eigene Freizeitmannschaften, die sich dann mit entsprechenden Teams messen. Die aktive Teilnahme nimmt aber mit steigendem Alter rapide ab, meist ausgelöst durch den Eintritt ins Berufsleben. Die Sportbegeisterung wird dann immer weniger auf dem Rasen als auf den Tribünen bzw. vor den Bildschirmen der Kneipen ausgelebt.

Was die Zuschauerzahlen in den Stadien betrifft, führt **Australian Rules Football** die Liste der beliebtesten Sportarten an. Kein Wunder, denn „Aussie Rules" ist schnell, hart und spektakulär. Zwei Mannschaften mit je 18 Spielern stehen sich auf einem ovalen Spielfeld gegenüber, das bis zu 180 m lang und 140 m breit ist. Ziel ist es, den ovalen Ball durch die Torstangen an den Enden des Feldes zu schießen. Abseitsregeln gibt es nicht, der Ball darf geschossen oder mit der Faust geschlagen werden und – mit kleinen Einschränkungen – die Spieler dürfen auch mit dem Ball in der Hand über den Platz rennen. Der Gegner darf den Ballführenden jederzeit blocken, ihn zwischen Schultern und Knien am Körper packen und zu Boden reißen. Das Spielgeschehen ist meist durch hohe und weite Pässe charakterisiert, die von den Spielern kunstvoll aus der Luft gepflückt werden, wobei es oft zu spektakulären Kollisionen kommt. Der ideale Spieler muss deshalb schnell und möglichst groß sein, aber auch robust genug, um die Attacken der Gegner gut zu überstehen. Hochburg des Sports ist der Bundesstaat Victoria, von den 18 Profimannschaften Australiens kamen in der Saison 2015 allein 9 aus Melbourne.

In der Zuschauergunst auf Platz zwei liegen die **Pferderennen**. Und wenn am ersten Dienstag im November beim *Melbourne Cup* einige der edelsten Pferde der Welt auf die 3200 m lange Strecke gehen, dann hält Australien für einige Minuten den Atem an. In Melbourne ist der „Melbourne Cup Day" sogar ein offizieller Feiertag. Pferderennen werden überall in Australien veranstaltet, wobei sich die Preisgelder selbst in ländlichen Gegenden sehen lassen können. In den letzten 20

Schwimmen ist Volkssport: Hier in einem Meerwasserpool nahe Sydney

Jahren ist ein Besuch der Rennbahn mehr und mehr zu einem gesellschaftlichen Ereignis geworden, das nicht nur Zocker, sondern auch junge Leute und Familien anlockt, die sich einfach einen schönen Tag machen wollen. Mittlerweile gibt es aber auch erste kritische Stimmen, da speziell bei jungen Leuten der Besuch auf der Rennbahn immer häufiger zu regelrechten Saufgelagen ausartet.

Rugby ist wohl der Sport, der insgesamt die größte Fangemeinde auf die Ränge und vor die Bildschirme lockt. In Australien werden dabei zwei verschiedene Codes (Varianten) gespielt: auf nationaler Ebene *Rugby League*, auf internationaler Ebene *Rugby Union*. Gespielt wird auf einem rechteckigen Feld von der Größe eines Fußballplatzes, wobei 13 (League) bzw. 16 Spieler (Union) pro Mannschaft auf dem Spielfeld stehen. Ziel ist es, den Ball hinter die gegnerische Verteidigungslinie zu bringen oder über den Querbalken eines H-förmigen Tores zu schießen. Im Angriff wird der Ball getragen und darf nur nach hinten gepasst werden. Der ballführende Mann ist wirklich brutalen Attacken ausgesetzt, die bulligen Spieler prallen oft mit voller Wucht aufeinander, Schutzkleidung oder Helme gibt es nicht. Legendär sind die Rugby-Union-Spiele der Rugby Championship (ehemals auch „Tri-Nations"), in denen sich mit Australien (*Wallabies*), Neuseeland (*All Blacks*), Südafrika (*Springboks*) und – seit 2011 auch – Argentinien (*Pumas*) die besten Mannschaften der südlichen Hemisphäre spannende Kämpfe liefern. In der Rugby League fiebern die Fans der jährlichen „State-of-Origin"-Serie entgegen, in der die besten Spieler aus Queenslands und New South Wales gegeneinander antreten.

Sommerzeit ist in Australien **Kricket**-Zeit. Die Spielregeln sind für Ausländer schwer zu verstehen, sofern diese nicht aus einer anderen Kricket-Nation wie England, Indien oder Südafrika kommen. Bei der Urform, dem sogenannten *Test Cricket*, sind einzelne Spiele auf sage und schreibe fünf Tage (!) angesetzt, wobei jeden Tag 3-mal zwei Stunden lang gespielt wird. Stehen sich zwei Nationen gegenüber, entscheidet eine Serie von mehreren Spielen über den Sieger. Und auch wenn die Australier diese traditionelle Form des Spieles lieben, so hat sich in den letzten Jahren auch eine verkürzte *One-Day-Cricket*-Version etabliert. Um nur im Ansatz einen vagen Eindruck von den Regeln zu vermitteln, verweist man am besten auf die entfernte Ähnlichkeit zu Baseball (Kricket-Puristen mögen diese Aussage bitte verzeihen).

In der Mitte des ovalen Spielfeldes befindet sich in Längsrichtung ein etwa 20 m langer und 3 m breiter Streifen, der sogenannte *Pitch*. An den beiden Enden des Pitches stehen sich zwei zur selben Mannschaft gehörende Schlagmänner gegenüber, hinter denen je ein *Wicket* steht – grob gesagt, ein Ziel aus drei im Boden steckenden Hölzern. Ein Werfer der gegnerischen Mannschaft versucht nun, von der Seite des einen Schlagmannes kommend, mit einem gezielten Bodenaufsetzer entlang des Pitches das Wicket des anderen Schlagmannes mit einem kleinen Ball zu treffen und ihn so aus dem Spiel zu nehmen. Der versucht aber, den Ball so weit wie möglich wegzuschlagen und Punkte (*Runs*) zu sammeln, indem er mit dem anderen Schlagmann so oft wie möglich die Position wechselt, bevor die Feldspieler der Werfermannschaft mit dem Ball doch noch eines der Wickets treffen können. Wenn alle zehn Schlagmänner ausgeschieden sind oder der Kapitän der Schlagmannschaft es bestimmt, dann wechseln die Mannschaften ihre Positionen und es geht wieder von vorne los. Gewonnen hat die Mannschaft, die am Ende die meisten *Runs* gesammelt hat. Und wenn Sie jetzt immer noch keine Ahnung haben, worum es eigentlich geht, dann sind Sie in bester Gesellschaft. Machen Sie es wie alle anderen Touristen und jubeln Sie einfach mit, wenn ihr Sitznachbar jubelt. Höhepunkt ist übrigens die sogenannte „ashes series", in der sich Australien und England alle zwei Jahre gegenüberstehen.

Wie gut, dass **Fußball** im deutschen Sprachraum wesentlich geläufiger ist und sich damit die Erklärung der Regeln erübrigt. Spätestens seit sich die australische Nationalmannschaft bei der Weltmeisterschaft 2006 wacker geschlagen hat, war der Sport mit dem runden Leder auch im Land der ovalen Bälle auf dem Vormarsch. Die A-League ist die höchste Fußballliga im Land, entspricht etwa unserer Bundesliga und wurde 2004 eigens gegründet, um dem Sport eine entsprechende Plattform zu bieten. International ist Australien der Asian Football Confederation (AFC) zugehörig. Mittlerweile gehört Fußball zu den beliebtesten Sportarten in Australien, gerade auch, was die aktive Teilnahme betrifft.

Netball könnte man als eine Abwandlung von Basketball beschreiben. Ziel ist es, den Ball in ein in 3,05 m Höhe angebrachtes Netz zu werfen, wobei es aber nicht wie beim Basketball ein Brett gibt, von dem der Ball abprallen könnte. Netball wird fast ausschließlich von Frauen und Mädchen gespielt und ist eine der Sportarten in Australien mit den meisten organisierten Spielern.

Die Australier lieben den **Segelsport** und wenn die Bedingungen passen – was sie fast das ganze Jahr über tun –, dann gibt es kein Halten mehr für die Freizeitkapitäne. Vor den Küsten kreuzen dann kleine Schwertboote, gemütliche Cruiser und große High-Performance-Offshore-Yachten. Das „Sydney-to-Hobart"-Yachtrennen ist das australische Großevent der Szene, an dem auch internationale Crews teilnehmen. Wenn alljährlich am 26. Dezember das Teilnehmerfeld nach dem Startschuss aus dem Port Jackson segelt, ist wirklich jedes Fleckchen am Ufer mit Zuschauern gespickt. Die große Sternstunde des australischen Segelsports ereignete sich allerdings 1983, als es einem Syndikat um den Geschäftsmann Alan Bond gelang, mit der Yacht „Australia II" den *America's Cup* zu gewinnen. Zum allerersten Mal in der Geschichte des prestigeträchtigsten Yachtrennens der Welt konnte – nach unglaublichen 132 Jahren – ein Herausforderer die Amerikaner besiegen und somit die längste Siegesserie der Sportgeschichte brechen.

Es verwundert nicht, dass sich in einem Land, das von Wasser umgeben ist, **Schwimmen** zu einem regelrechten Nationalsport entwickelt. Australien verfügt über einige der besten Wettkämpfer der Welt und auch als Freizeitsport ist Schwimmen extrem beliebt. Im Ozean selbst wird dabei aber – von Langstreckenschwimmern oder vom sogenannten „Ocean Swimming" einmal abgesehen – verhältnismäßig wenig trainiert. In Australien gibt es viele öffentliche Bäder mit olympischen (50-m-)Becken, die meist schon vor 6 Uhr früh geöffnet werden, damit die Schwimmsportler noch 90 Minuten lang ihre Bahnen ziehen können, bevor es ins Büro oder in die Schule geht.

An den Stränden Australiens gibt's regelmäßig sogenannte **Surf Carnivals** – Veranstaltungen, die von *Life Saving Clubs* organisiert werden, in deren Zuge auch zahlreiche Wettbewerbe stattfinden. In verschiedenen Altersklassen messen sich die Mitglieder verschiedener Clubs in Disziplinen, die mit ihrem Dienst als Rettungsschwimmer verknüpft sind. Beim „Ironman" muss man schwimmen, mit dem *Paddleski* (offenes Kajak) fahren und laufen. Beim „Surf Boat Rescue" werden schwere Brandungsboote mit fünf Mann Besatzung gerudert, während es beim „IRB Racing" darum geht, mit einem Gummi-Motorboot möglichst schnell Rettungseinsätze zu meistern. Schon Kinder im Alter von acht bis zehn Jahren nehmen an den Wettbewerben z. B. in Form von Wettschwimmen oder Strandläufen teil.

Surfen in Australien

Surfen ist knallharter Sport, Surfen ist Lifestyle und in Australien ist Surfen definitiv noch dazu Kult. Der legendäre *Duke Kahanamoku* – Olympiasieger im Schwimmen und hawaiianischer Surfpionier – besuchte im Jahr 1914 die australischen Küsten und begeisterte die Leute mit seinen eleganten Wellenritten. Und da in Australien vielerorts gute Surfbedingungen herrschen, verbreitete sich der Sport rasch. Die 60er-Jahre brachten die ersten Helden der Szene hervor, als *Bernard „Midget" Farelly* und *Nat Young* Weltmeistertitel erringen konnten. Der Sydneysider *Tom Carroll* wurde nicht nur Weltmeister, sondern auch der erste Surfer, der mit seinem Sport Millionen verdiente. Zwischen 1975 und 1982 errang *Mark Richards* ganze 5-mal die Krone im internationalen Surfzirkus, aber die Nummer eins im Lande ist eine Frau. *Layne Beachley* aus Manly ist mit sieben Weltmeistertiteln nicht nur die erfolgreichste Surferin des Landes, sondern auch auf internationalem Parkett – wobei ihr ihre Landsfrau Stephanie Gilmore mit sechs Titeln auf den Fersen ist. Und die australischen Damen haben auch in der Gesamtstatistik die Nase weit vorn: Während in den letzten 25 Jahren gerade sechs Mal ein Australier Weltmeister der Herrenkonkurrenz werden konnte, ersurften sich die Girls aus Down Under im gleichen Zeitraum sage und schreibe 18 Titel!

Gute Surfspots gibt es in Australien wie Sand am Meer. Es ist schwer zu sagen, welche die besten sind – bei diesem Thema kommt es auch unter Einheimischen immer wieder zu hitzigen Diskussionen –, und deshalb beschränkt man sich am besten darauf, von den bekanntesten oder beliebtesten Spots zu sprechen. An der Ostküste Australiens gibt es jedenfalls einige echte Klassiker, die neben den guten Bedingungen auf dem Wasser auch mit entsprechendem Lifestyle an Land aufwarten können wie z. B. *Noosa, Kirra, Duranbah* oder *Byron Bay*. Die Wellen vor *North Stradbroke Island* gehören zu den besten in Queensland. Die Strände nördlich und südlich von Sydney – beispielsweise *Avalon, Manly* oder *Maroubra* – bieten gute Bedingungen bei unterschiedlichstem Wellengang und sind von der Stadt aus leicht und schnell zu erreichen.

Der Bundesstaat Victoria hat einen der berühmtesten Strände des ganzen Landes zu bieten. Am *Bells Beach* wird jedes Jahr das „Rip-Curl-Pro"-Surfturnier ausgetragen, bei dem internationale Weltstars an den Start gehen.

Ein echter Klassiker ist der *Cactus Beach* nahe der Ortschaft Ceduna in South Australia. Leider fühlen sich in den etwas kühleren Gewässern auch die großen weißen Haie sehr wohl und so ist hier besondere Vorsicht geboten. Dies gilt auch für Westaustralien, wo man v. a. in *Magaret River* oder *Rottnest Island* hervorragende Breaks surfen kann.

„Strine" – australisches Englisch

In den gut 220 Jahren seit der Besiedlung durch die Briten hat sich in Australien eine eigene Variante der englischen Sprache entwickelt, die sich v. a. durch die Aussprache, vereinzelt aber auch durch Vokabular und Grammatik vom britischen oder auch vom amerikanischen Englisch unterscheidet. Wer nur auf wenige Jahre Schulenglisch zurückgreifen kann, der wird sich mitunter etwas schwertun, die Australier zu verstehen, v. a. in ländlichen Gegenden. Die gute Nachricht ist, dass die regionalen sprachlichen Unterschiede, wie man sie beispielsweise aus England oder den USA kennt, trotz der enormen Ausdehnung des Landes verschwindend gering sind. Und außerdem sind die Australier ein freundliches Volk, bei Verständigungsproblemen mit Urlaubern wird dann auch gerne etwas langsamer gesprochen und zur Not alles mehrmals erklärt.

Spricht man das Wort „australian" mit einem breiten australischen Akzent, so hört sich das an wie „strine" und so wird der Begriff landläufig für eben diesen Akzent verwendet. Die Ausprägung des Akzents variiert stark und selbst wenn man den Bankangestellten in Sydney gut versteht, kann es dennoch sein, dass der Farmer im australischen Outback scheinbar nur unverständliches Kauderwelsch von sich gibt. Wer nur Bahnhof versteht, kann gerne nachfragen, Anmerkungen oder gar Kritik bezüglich der Aussprache sollte man sich allerdings besser sparen. Eine gewisse Kultivierung des „australian english" begann schon mit den ersten in Down Under geborenen Nachkommen der weißen Siedler, die sich als Australier sahen und sich auf diese Weise deutlich von britischen Strukturen distanzieren wollten.

Immer Flagge zeigen!

Im alltäglichen Sprachgebrauch zu finden sind Kurzformen jeglicher Art, z. B. *aussie* (für „australian"), *barbie* (für „barbecue"), *truckie* (für „truck driver"), *arvo* (für „afternoon") oder *journo* (für „journalist") – die Liste ließe sich problemlos ewig weiterführen. Das Schöne an diesen Kurzformen ist, dass man das Prinzip auch als Ausländer relativ schnell durchschaut und gut damit zurechtkommt.

Lehnwörter aus den Sprachen der Aborigines bezeichnen meist Ortschaften sowie Tiere oder Pflanzen, die es nur in Australien gibt und für die es dementsprechend bei Ankunft der ersten weißen Siedler keine Begriffe im Englischen gab. Beispiele sind *Kangaroo, Barramundi* (ein Fisch), *Coolibah* (eine Baumart) oder *Wombat*. Für gute Laune bei Touristen sorgen v. a. die zahlreichen wohlklingenden Ortsnamen. *Wooloomooloo, Wonglepong* oder *Wagga Wagga* haben ganz sicher ihre Ursprünge in den Sprachen der Aborigines.

Flieger der australischen Qantas-Flotte

Reisevorbereitung und Anreise

Reisedokumente und Visa

Prinzipiell benötigt man für die Einreise nach Australien lediglich einen **Reisepass**, der aber mindesten drei Monate über den geplanten Aufenthalt hinaus gültig sein muss. Achtung, neues Passrecht: Seit Juni 2012 müssen Kinder (ab Geburt) über ein eigenes Reisedokument verfügen. Entsprechende Kindereinträge in den Reisepässen der Eltern werden ungültig. Wer länger als drei Monate bleiben will, muss u. U. nachweisen, dass er über genügend finanzielle Mittel verfügt. Für die Genehmigung bzw. Ablehnung von Visa können Einträge ins polizeiliche Führungszeugnis ausschlaggebend sein. Wer im deutschsprachigen Raum heimisch ist, muss i. d. R. keinen Nachweis über gesundheitliche Untersuchungen erbringen. Ausnahmen kann es geben, wenn man sich bis zu fünf Jahre vor Antritt der Reise längere Zeit in gefährdeten Gebieten (speziell in einigen afrikanischen Staaten) aufgehalten hat. Soweit nicht anders vermerkt, sind sämtliche der im Folgenden aufgelisteten Visa-Alternativen für deutsche, österreichische und schweizer Staatsangehörige, die im Besitz eines gültigen Reisepasses sind, erhältlich. Alle Preise für Visa bzw. Bearbeitungsgebühren sind in australischen Dollars angegeben. Die vorab zu leistenden Zahlungen werden nicht erstattet, wenn der Antrag abgelehnt wird.

Visa: Einfache Touristenvisa werden in Australien als **ETA** („Electronic Travel Authority") ausgestellt, also als elektronisches Visum, das ohne weitere Papierdokumente auskommt. Mit dem ETA darf man beliebig oft innerhalb eines Jahres, aber für maximal drei Monate am Stück in Australien urlauben, jegliche Art von Arbeit ist untersagt. Das ETA kostet 20 $, ist an die Reisepassnummer gekoppelt und wird bei der Einreise automatisch erkannt.

Wer den Pass eines Mitgliedsstaates der Europäischen Union bzw. der Schweiz besitzt, für den ist das **eVisitor-Visum** (subclass 651) – eine spezielle Form des ETA –

die perfekte Wahl. Mit diesem Visum darf man ebenfalls beliebig oft innerhalb eines Jahres, für maximal drei Monate am Stück nach Australien reisen, auch hier ist das Arbeiten untersagt. Auch hier ist die Einreiseerlaubnis an die Reisepassnummer geknüpft, entsprechend muss man mit dem Pass reisen, den man im Antrag angegeben hat. Die Bearbeitung der Anträge erfolgt i. d. R. sehr schnell – nach eigener Erfahrung keine 24 Stunden –, kann aber in Einzelfällen bis zu 14 Tage dauern. Personen, die zu Haftstrafen von insgesamt mehr als 12 Monaten (auch auf Bewährung) verurteilt wurden, können mit diesem Visum nicht einreisen, hier bleibt nur der Weg über das „klassische" Visum. Das eVisitor-Visum ist gebührenfrei, entsprechende Onlineformulare findet man unter www.border.gov.au.

Die klassische Version des Visums sind die sogenannten **Tourist-Visa**. Diese können für einen Aufenthalt von maximal zwölf Monaten beantragt werden – was aber nicht notwendigerweise genehmigt werden muss. Wer länger als drei Monate bleiben möchte, muss i. d. R. Gründe dafür angeben (z. B. eine detaillierte Reiseroute, die des gewünschten Zeitrahmens bedarf) und die dafür nötigen finanziellen Mittel nachweisen können (z. B. durch Kontoauszüge). Das Visum kostet 130 bis 335 $, die Bearbeitung kann sich 3–6 Wochen hinziehen. Diese Art Visum lässt sich auch in Australien selbst beantragen, um einen bereits begonnenen Aufenthalt (egal mit welchem Touristenvisum) zu verlängern. Dies sollte man aber spätestens zwei Wochen vor Ablauf des alten Visums erledigen. Auch mit diesem Visum darf nicht gearbeitet werden. Von Deutschland aus kann man das Visum online beantragen oder über die australische Botschaft in Berlin (s. u.) beziehen. Zur Verlängerung in Australien muss man eines der Büros der Einwanderungsbehörde aufsuchen (s. u.).

Das **Working-Holiday-Visum** (subclass 417) ist die beliebte Option für junge Leute zwischen 18 und 30 Jahren. Man muss das Visum vor seinem 31. Geburtstag beantragen, hat ab der Bewilligung dann zwölf Monate Zeit, nach Australien einzureisen, ab dem Tag der Einreise ist das Visum weitere zwölf Monate gültig. In Australien darf man dann mit bestimmten Einschränkungen arbeiten. Man kann dieses Visum grundsätzlich nur ein einziges Mal beantragen, wer jedoch während eines Aufenthalts mit dem Working-Holiday-Visum mindestens drei Monate (88 Tage) in fest definierten Regionen abseits der Ballungszentren z. B. als Erntehelfer (*fruit picker*) tätig ist, kann es ein zweites Mal beantragen, sofern bei Antrag immer noch sämtliche Vorraussetzungen erfüllt. Das Working-Holiday-Visum ist neben der Altersbeschränkung an weitere Bedingungen geknüpft, so muss man bei der Einreise ein gültiges Rückflugticket (oder das Geld dafür) sowie mindestens 5000 $ finanzielle Mittel nachweisen können. Das Visum kostet online beantragt 420 $, wer es nicht online anfordert und direkt bei der australischen Botschaft in Berlin beantragt, zahlt noch einmal 80 $ extra. Das jährliche Kontingent ist allerdings beschränkt. Schweizer und österreichische Staatsbürger können dieses Visum nicht beantragen. Bei Rechercheende wurden auf der Webseite der Einwanderungsbehörde gerade Änderungen bezüglich des Second-Working-Holiday-Visums angekündigt, allerdings nicht genauer erläutert.

Es existiert eine Vielzahl an **Studienvisa**, je nachdem, ob man in Australien eine reguläre Schule besuchen, an einer Universität studieren oder einfach einen Sprachkurs belegen will. Es gibt kleine Unterschiede, aber allen diesen Visa ist gemeinsam, dass man während des kompletten Aufenthalts in einer Bildungsinstitution eingeschrieben sein und die Anwesenheitspflicht erfüllen muss. Man darf neben dem Besuch der Schule bzw. Universität außerdem 20 Stunden pro Woche arbeiten. Wer

Reisedokumente und Visa 107

gegen diese Vorschriften verstößt, wird gnadenlos ausgewiesen. Die Visa sind maximal 1–2 Monate über die Beendigung der jeweiligen Kurse hinaus gültig, spätestens dann muss man ausreisen. Um an ein reguläres **Arbeitsvisum** zu kommen, sind zahlreiche Hürden zu überwinden. Gute Chancen hat, wer einen Beruf ausübt, in dem in Australien Arbeitskräftemangel herrscht (derzeit z. B. Ärzte und Pflegepersonal). Alternativ kann man sich vorab in Australien einen Arbeitgeber suchen, der einen über das sogenannte „Sponsoring"-Programm ins Land holt. Ausführliche Informationen zu Voraussetzungen und Möglichkeiten finden Sie auf der Webseite der australischen Einwanderungsbehörde (s. u.).

Diplomatische Vertretungen, Konsulate und Einwanderungsbehörden

Informationen im Internet Sämtliche Visa-Optionen, die für Australien erhältlich sind, sowie detaillierte Anforderungen und Bestimmungen finden sie unter www.border.gov.au.

Australische Botschaften Deutschland/Berlin, zuständig auch für Visum-Angelegenheiten von Schweizer Staatsbürgern. Telef. Mo–Fr 8.30–13 und 14–17 Uhr. Sprechzeiten vor Ort: Mo, Mi, Fr 9–11 Uhr nach vorheriger telef. Vereinbarung. Wallstr. 76–79, 10179 Berlin, ✆ 069/222239958 (Visainformationsdienst) oder 030/8800880 (Botschaft), 📠 03022489292, www.germany.embassy.gov.au.

Österreich/Wien, Mo–Fr 10–12 Uhr, pers. Termine nur nach Vereinbarung. Mattiellistr. 2, 1040 Wien, ✆ 01/506740, 📠 01/5041178, www.austria.embassy.gov.au.

Schweiz/Genf, Mo–Fr 9–17 Uhr. Chemin des Fins 2, Case Postale 102, 1211 Geneva 19, ✆ 0227999100, 📠 0227999178, www.switzerland.embassy.gov.au.

Botschaften in Australien (Canberra) In sämtlichen Botschaften gilt: Wer sein Anliegen persönlich vortragen will, muss unbedingt vorab einen Termin vereinbaren. Mitunter ist es recht schwierig, kurzfristig einen zu bekommen.

Deutsche Botschaft, telef. Mo–Do 8–17 Uhr, Fr 8–14 Uhr. 119 Empire Circuit, Yarralumla, ✆ 02/62701911, 📠 02/62701951, www.australien.diplo.de.

Österreichische Botschaft, telef. Mo–Fr 8.30–13 und 14–16.30 Uhr. 12 Talbot Street, Forrest, ✆ 02/62951533 oder 62951376, 📠 02/62396751, www.austria.org.au.

Schweizer Botschaft, Mo–Do 9–12 und 14–16 Uhr, Fr 9–11.30 Uhr. 7 Melbourne Avenue, Forrest, ✆ 02/61628400, 📠 02/62733428, www.eda.admin.ch/australia.

Konsulate in Australien Deutsche und Schweizer Konsulate gibt es in allen Bundesstaaten und Territorien, meist in den entsprechenden Hauptstädten. Österreich ist mit Konsulaten ebenfalls in allen Bundesstaaten vertreten, nicht jedoch im Northern Territory. Die Kontaktdaten (Adressen und Telefonnummern) aller Konsulate finden Sie auf der Webseite der australischen Botschaft in Berlin sowie in den einzelnen Kapiteln dieses Reiseführers. Auch hier muss man für ein persönliches Erscheinen unbedingt vorab einen Termin vereinbaren.

Immigration Offices (Einwanderungsbehörden) Adelaide, Mo–Fr 9–16 Uhr. 70 Franklin Street, ✆ 131881, 📠 08/74217653.

Brisbane, Mo–Fr 9–16 Uhr. 299 Adelaide Street, ✆ 131881, 📠 07/31367473.

Canberra, Mo–Fr 9–16 Uhr. 3 Lonsdale Street, Braddon, ✆ 131881, 📠 02/61956077.

Darwin, Mo–Fr 9–16 Uhr. Pella House, 40 Cavenagh Str., ✆ 131881, 📠 08/89816245.

Hobart, Mo–Fr 9–16 Uhr. 188 Collins Street, ✆ 131881, 📠 03/62819579.

Melbourne, Mo–Fr 9–16 Uhr. Casselden Place, 2 Lonsdale Street, ✆ 131881, 📠 03/92353300.

Perth, Mo–Fr 9–16 Uhr. Wellington Central, 836 Wellington Str., ✆ 131881, 📠 08/94159766.

Sydney, Mo–Fr 9–16 Uhr. 26 Lee Street, ✆ 131881, 📠 02/88626050.

Eine vollständige Liste finden Sie unter www.border.gov.au/about/contact/offices-locations/australia.

Zoll und Quarantäne

Einreise: Die Quarantänebestimmungen in Australien sind extrem streng und die Kontrollen lückenlos. Alle Gepäckstücke werden gescannt, speziell ausgebildete Suchhunde schnüffeln nicht nur nach Drogen, sondern auch nach Produkten, deren Einfuhr eine Gefahr für das empfindliche Ökosystem des Landes darstellen könnte. Schon im Flugzeug erhält jeder Passagier eine Einreisekarte („incoming passenger card"), auf der genaue Angaben zu mitgeführten Waren und Gegenständen gemacht werden müssen. Alle **Lebensmittel** – auch originalverpackte, eingeschweißte oder in Gläsern abgefüllte Erzeugnisse – müssen deklariert werden, ebenso wie tierische oder pflanzliche Artikel. Das trifft oft diejenigen, die vor ihrer Einreise nach Australien einen Zwischenstopp im asiatischen oder Pazifikraum eingelegt haben – beliebte Souvenirs wie **Muschelketten**, **Holzschnitzereien** oder kleine **Trommeln** (mit Tierhaut bespannt) müssen allesamt angegeben werden. Nach peinlich genauen Untersuchungen durch die Zollbeamten werden die Dinge – sofern sie als unbedenklich eingestuft wurden – meist umgehend wieder ihren Besitzern zurückgegeben. Besteht Verdacht auf eine Kontaminierung mit Schädlingen, bekommt man u. U. seine Sachen erst nach einer kostenpflichtigen Spezialbehandlung wieder, in einigen Fällen ist allerdings die Entsorgung bzw. Vernichtung der letzte Ausweg.

Wer nach Australien einreist und über 18 Jahre alt ist, darf nur 50 Zigaretten bzw. 50 g Tabakprodukte zollfrei nach Australien einführen, ebenso 2,25 l Alkohol. Für Geldbeträge gibt es kein Limit; Summen, die jedoch 10.000 $ (in bar, als Fremdwährung oder Traveler's Checks etc.) überschreiten, müssen angegeben werden. Verschreibungspflichtige Medikamente – immer ein entsprechendes Rezept mitneh-

Sonnenuntergang an der Sunshine Coast

men – müssen nicht beim Zoll deklariert werden, sofern man nicht mehr als einen Vorrat für drei Monate dabei hat. Die detaillierten Bedingungen zur Einfuhr von Gütern nach Australien finden Sie unter **www.customs.gov.au**.

Wer bestimmte Dinge nicht deklarieren möchte, kann diese noch vor der Kontrolle am Flughafenterminal in speziellen Mülleimern entsorgen. Problematisch wird es erst, wenn die Beamten etwas finden, was auf der Einreisekarte nicht oder falsch angegeben ist. Die Konsequenzen reichen von einem sofort zu leistenden Bußgeld ab 220 $ bis hin zu Strafverfolgung, an deren Ende Geldstrafen von bis zu 60.000 $ und sogar Haftstrafen von bis zu zehn Jahren stehen können.

Der Teufel liegt oft im Detail und man sollte schon vor der Abreise penibel auf einige Dinge achten. Folgendes wird ebenfalls streng kontrolliert und wer hier nicht gewissenhaft ist, muss mit einer Strafe rechnen. **Schuhe** müssen gründlich gereinigt sein, speziell im tiefen Profil von Wanderstiefeln haften oft Erdreste. **Fahrräder, Isomatten** und **Zeltunterböden** müssen komplett von Erde und Grasresten befreit werden. Oft werden die Standflächen von **Surfbrettern** zur besseren Haftung eingewachst und in diesem Wachs bleibt oft Sand kleben, der unbedingt gründlich entfernt werden muss! Auch **Tauchausrüstungen** und **Neoprenanzüge** sollten mit Süßwasser gereinigt und anschließend getrocknet werden.

Quarantänebestimmungen innerhalb Australiens: Für Australien besteht aber nicht nur die Gefahr, Schädlinge oder Krankheiten aus dem Ausland einzuführen, sondern auch bereits im Land existierende und regional begrenzt vorkommende Schädlinge weiterzuverbreiten. Wer mit dem Auto zwischen verschiedenen Staaten und Territorien reist, dem werden diesbezüglich oft Schilder am Straßenrand auffallen, die darauf hinweisen, dass man bestimmte Produkte – z. B. Obst oder Gemüse – nicht in die jeweilige Region einführen darf. Wer entsprechende Produkte mit sich führt, kann diese in speziell dafür vorgesehenen Mülleimern entsorgen. Man sollte diese Hinweise ernst nehmen, ihre Einhaltung mithilfe gezielter Kontrollen überprüft wird – Zuwiderhandlungen werden mit Bußgeldern geahndet.

Rückreise: Nicht nur der australische Zoll interessiert sich für die Urlauber, die nach Australien einreisen, der deutsche Zoll interessiert sich ebenso für die Rückkehrer. Neben den üblichen Vergehen bezüglich der Mitnahme von Alkohol (erlaubt: max. 1 l mit mehr als 22 % bzw. 2 l mit weniger als 22 % Alkoholgehalt – genaue Listung auf www.zoll.de) und Zigaretten (erlaubt sind max. 200 Stück) hat man es v. a. auf tierische oder pflanzliche Mitbringsel abgesehen, die unter das Artenschutzabkommen fallen. Derartige Produkte – wie auch die Tiere und Pflanzen selbst – unterliegen strengsten Einfuhrbestimmungen. Es gilt die Devise „Unwissenheit schützt vor Strafe nicht" und wer sich bei seinen Souvenirs nicht ganz sicher ist, kann die genauen Bestimmungen nachlesen unter **www.artenschutz.de** oder **www.artenschutz-online.de**. Insgesamt dürfen Erwachsene Waren im Wert von bis zu 430 €, Kinder unter 15 Jahren im Wert von bis zu 175 € nach Deutschland einführen. Achtung: Die Freibeträge mehrerer Personen können hierbei nicht addiert werden – ein gemeinsam reisendes Paar kann also demnach **nicht** einen einzelnen Gegenstand im Wert von bis zu 860 € nach Deutschland einführen. Barmittel über 10.000 € müssen angemeldet werden.

Flugpreise, Fluggesellschaften, Gepäck

Ein Flug nach Australien ist eine langwierige Angelegenheit, je nach Zielort und Anzahl der Zwischenlandungen ist man meist zwischen 22 und 30 Stunden unterwegs. Die Preise variieren stark und wer für etwa 1000 € einen Flug in der Economy Class (hin und zurück) bekommt, hat ein richtig gutes Geschäft gemacht – normal sind Preise bis etwa 1400 €. Ohne Aufpreis kann man je nach Fluglinie Freigepäck von 20 bis 30 kg aufgeben (es kann weitere Beschränkungen für das Gewicht je Gepäckstück geben) sowie ein kleines Handgepäckstück von etwa 7 kg in die Kabine mitnehmen. Jedes Extra-Kilo kostet am Check-In richtig viel Geld, über 50 €/kg können da fällig werden. Da heißt es bei der Hinreise leicht packen und die gewichtigen Souvenirs zur Not lieber per Schiff heimschicken (→ Australien A–Z/Post und Paketsendungen). Wer jedoch unbedingt mit großem Gepäck reisen will, der kann etwas tricksen: Bei Flügen über die USA gibt es eine andere Freigepäckregelung – Passagiere der Economy Class können hier meist zwei Gepäckstücke zu je 23 kg aufgeben (Unterschiede bei den einzelnen Fluglinien möglich).

Wer Sportgerät nach Australien mitnehmen will, der muss u. U. tief in die Tasche greifen. Fahrräder oder Surfbretter unter 2 m Länge kosten ab etwa 150 €, eine Tauchausrüstung oder ein Golfset ab etwa 70 €. Auch hier haben die Fluglinien unterschiedliche Regelungen. Die Mitnahme von Surfbrettern rentiert sich nicht wirklich, denn die kann man in Australien günstig kaufen und gut wieder verkaufen, wobei der Wertverlust des Brettes oft geringer ist als die Transportkosten.

Fluggesellschaften (deutsche Niederlassungen) & Buchungsbüros

Fluggesellschaften Qantas, in die Metropolen Australiens mit Zwischenstopp in Singapur oder – in Kooperation mit Emirates – in Dubai. Mo–Fr 9–18 Uhr. ✆ 069/29957142, www.qantas.de.

Emirates, ab Frankfurt, München, Hamburg oder Düsseldorf via Dubai z. B. nach Sydney, Perth, Melbourne, Brisbane. Tägl. 10–22 Uhr. ✆ 069/945192000, www.emirates.de.

Lufthansa, ab München oder Frankfurt via Bangkok, Hongkong oder Los Angeles in die australischen Metropolen. Tägl. 24 Std.: ✆ 069/86799799, www.lufthansa.de.

Kathay Pacific, ab Frankfurt via Hongkong nach Sydney, Brisbane, Melbourne, Adelaide, Perth und Cairns. Wer von München oder Düsseldorf fliegt, hat einen zusätzlichen Zwischenstopp in London. Mo–Fr 9–17.30 Uhr. ✆ 06971008777, www.cathaypacific.de.

British Airways, von Frankfurt, Düsseldorf oder München via London nach Sydney oder Melbourne; nach Brisbane mit zusätzlichem Zwischenstopp in Singapur. Mo–Fr 9–18 Uhr, Sa 9–14 Uhr. ✆ 0421/5575758, www.britishairways.com.

Singapore Airlines, ab Frankfurt oder München via Singapur nach Brisbane, Adelaide, Sydney, Perth, Cairns, Darwin und Melbourne. Mo–Fr 9–17.30 Uhr. ✆ 069/7195200, www.singaporeair.de.

Thai Airways, ab Frankfurt und München via Bangkok nach Sydney, Brisbane, Melbourne und Perth. Mo–Do 9–17.30 Uhr, Fr 9–16.30 Uhr. ✆ 069/92874444, www.thai-airways.de.

Air China, bietet Flüge z. B. ab München via Peking. Mo–Fr 8–21 Uhr, ✆ 0800/86100999, www.airchina.de.

Flugbuchung Wer nicht direkt bei einer Fluglinie buchen will, der findet eine gute Übersicht auf den gängigen Vergleichsplattformen im Internet. Wer den persönlichen Kontakt nicht missen möchte, der kann sich an folgende Buchungsbüros wenden:

Travel Overland, Mo–Fr 8–22 Uhr, Sa/So 9–17 Uhr. ✆ 089/27276314, www.traveloverland.de.

STA Travel, Mo–Fr 9–19 Uhr, Sa 10–16 Uhr. ✆ 069/255150000, www.statravel.de.

Beide Anbieter sind in Deutschland in zahlreichen Städten vertreten, die Adressen sind auf den jeweiligen Webseiten zu finden.

Unbefestigte Straßen gehören im Outback zum Alltag

Unterwegs in Australien

Mit dem Flugzeug

In Anbetracht der enormen Distanzen – von Sydney nach Perth sind es immerhin gut 4000 km – ist das Flugzeug in vielen Fällen die bequemste und natürlich zeitsparendste Art zu reisen. Australiens größte Fluglinie *Qantas* deckt praktisch den gesamten Kontinent ab; auf den viel beflogenen Strecken zwischen den Metropolen und zahlreichen Touristenhochburgen bieten zusätzlich diverse Billigairlines oft Flüge zu Schnäppchenpreisen. Erkundigen Sie sich unbedingt, wie viel Gepäck Sie kostenfrei mitnehmen dürfen – nicht unerhebliche Unterschiede sind hier möglich (und wer aus Deutschland mit 20 kg oder mehr angereist ist, ist diesbezüglich ja nicht flexibel). Die großen Städte werden dabei mit regulären Linienjets angesteuert, kleine Outback-Ortschaften oder Inseln vor der Küste sind oft nur mit Propellermaschinen erreichbar. Generell gilt, dass man überraschend viele Ziele per Flugzeug ansteuern kann.

Reisebüros & Buchungen STA Travel, Buchungsbüros in ganz Australien, außer im Northern Territory (Kontaktdaten auf der Webseite). Mo–Fr 9–19 Uhr, Sa 10–17 Uhr, So 11–15 Uhr. ✆ 134782, www.statravel.com.au.

Flight Centre, Hunderte Filialen im ganzen Land, Adressen und Kontaktdaten auf der Webseite. Mo–Fr 7–20 Uhr, Sa/So 8–19 Uhr. ✆ 133133, www.flightcentre.com.au.

Harvey World Travel, ebenfalls im ganzen Land vertreten (Kontakte im Netz). Tägl. 9–17.30 Uhr. ✆ 1300855492, www.harveyworld.com.au.

Fluglinien Qantas, bietet das umfangreichste Angebot. Kooperiert innerhalb Australiens teilweise mit den mittlerweile unter dem Namen *QantasLink* zusammengefassten Tochtergesellschaften. Tägl. 24 Std. ✆ 131313, www.qantas.com.au.

VirginAustralia, die Billig-Airline steuert neben den großen Metropolen des Landes hauptsächlich Ortschaften an der Ostküste an. Tägl. 24 Std. erreichbar. ✆ 136789, www.virginaustralia.com.

REX (Regional Express), steuert die ländlichen Regionen der Bundesstaaten New South Wales, Victoria, South Australia und Tasmanien an. Mo–Fr 6–22 Uhr, Sa/So 7–21 Uhr. ✆ 131713, www.rex.com.au.

Jetstar, ist hauptsächlich in Queensland unterwegs, es werden aber auch die Metropolen der anderen Bundesstaaten angesteuert, in New South Wales außerdem Newcastle und Byron Bay. Tägl. 24 Std. ✆ 131538, www.jetstar.com.

Tiger Airways, vier Ziele an der Küste Queenslands, außerdem Melbourne, Adelaide, Perth und Hobart. Tägl. 7–12 Uhr. ✆ (3)90343733, www.tigerair.com.

Mit Pkw, 4WD, Wohnmobil und Motorrad

Am flexibelsten ist man natürlich mit dem eigenen fahrbaren Untersatz. Das gilt speziell für Australien, denn das Netz an öffentlichen Verkehrsmitteln deckt die Weiten des Landesinneren nicht vollständig ab. Zwar kann man fast alle Ortschaften per Bus oder Bahn erreichen – wenn auch vereinzelt nur 1- bis 2-mal pro Woche –, aber viele Nationalparks oder Natursehenswürdigkeiten werden nicht angesteuert. Wer nicht selbst mobil ist, dem bleiben dann meist nur organisierte Touren, die nicht immer ganz billig sind.

Auf Australiens Straßen sind einige Dinge zu beachten, allerdings: Die einzig wirklich gravierenden Unterschiede zu Deutschland sind der Linksverkehr und die Geschwindigkeitsbeschränkungen. Neben dem regulären Führerschein aus dem Heimatland müssen Touristen außerdem immer auch einen **internationalen Führerschein** mitführen. Prinzipiell herrscht **Gurtpflicht**, für Motorräder wie auch für Fahrräder (!) besteht eine **Helmpflicht**. Die **Alkoholgrenze** liegt derzeit bei 0,5 Promille, für Fahranfänger, die den Führerschein weniger als zwei Jahre haben, gelten 0 Promille. Es gibt unglaublich viele Kontrollen, bisweilen werden ganze Ortschaften abgeriegelt und jeder, der hinein oder hinaus will, muss sich einem kurzen Alkotest unterziehen. Und die Beamten verstehen bei Alkohol am Steuer wirklich überhaupt keinen Spaß.

Was die erlaubten **Höchstgeschwindigkeiten** betrifft, so muss man in Australien extrem aufpassen. In Ortschaften gelten meist 50 km/h, auf den regulären Highways darf man nicht mehr als 100 km/h und auf den Freeways nicht schneller als 110 km/h fahren (natürlich nur, soweit nicht anders ausgeschildert). Speziell die langen, geraden Outback-Highways verleiten aber dazu, doch etwas stärker auf die Tube zu drücken. Wird man allerdings erwischt, kann's teuer werden – bereits 10 km/h zu viel können bis zu 349 $ und drei Punkte kosten. Mit 20 km/h zu viel ist man mit bis zu 709 $ und 5 Punkten dabei. Wer in Schulzonen auch nur mit minimal mehr als den erlaubten 40 km/h unterwegs ist, bekommt mindestens vier Punkte. Und wer denkt, als Ausländer würde einen das nicht treffen, der irrt sich gewaltig. Die Behörden entziehen Touristen, die zwölf Punkte angesammelt haben, nämlich die Fahrerlaubnis für Australien, und wer seine Strafzettel nicht bezahlt, der wird u. U. bei der Heimreise am Flughafen damit konfrontiert. Besonders gefährlich ist es an Feiertagen wie Weihnachten oder Ostern: Hier verdoppelt sich das Strafmaß. Zu beachten ist, dass Gesetzgebung und Strafen für die einzelnen Bundesstaaten und Territorien variieren können, und v. a. Änderungen bezüglich einer Promille-Obergrenze sind regelmäßig im Gespräch. Erkundigen Sie sich also vor der ersten Fahrt nach den aktuellen Vorschriften.

Mit Pkw, 4WD, Wohnmobil und Motorrad

Extreme Vorsicht ist bei Fahrten in der **Dämmerung** und im Morgengrauen angesagt, weil dann Australiens Tierwelt besonders aktiv ist. Selbst verhältnismäßig kleine Tiere wie Opossums können bei einer Kollision Schäden am Auto verursachen, rammt man ein Känguru, ist nicht selten die ganze Frontpartie hinüber. Im Outback führen Straßen oft durch riesige Weidegebiete, auf denen Rinder frei umherwandern – ein Zusammenstoß mit einem der rund 500 kg schweren Tiere ist lebensgefährlich und praktisch die Garantie für einen Totalschaden. Man sollte deshalb auf jeden Fall versuchen, möglichst noch bei Tageslicht das Ziel zu erreichen und Nachtfahrten komplett vermeiden.

Benzin ist in Australien wesentlich günstiger als in Deutschland. Das trifft auf Diesel (engl. *diesel*), bleifreies Benzin (engl. *unleaded petrol*) und Gas (engl. *LPG/autogas*) gleichermaßen zu. In entlegenen Gegenden des Outback kann der Sprit allerdings bis zu doppelt so teuer sein wie in den dichtbesiedelten Küstenregionen. Das Netz an Tankstellen ist dicht, in anbetracht der enormen Distanzen im Landesinneren sollte man aber dennoch immer ein Auge auf die Tanknadel haben und nach Möglichkeit den Tank immer füllen, wenn sich eine Möglichkeit dazu ergibt. Entlang einiger Outback-Highways können Hunderte von Kilometern zwischen zwei Tankstellen liegen und wer gar Querfeldeintouren auf ungeteerten Pisten plant, muss u. U. noch etliche Reservekanister zum Gepäck laden, um nicht irgendwann auf dem Trockenen zu sitzen. Bei Redaktionsschluss lag der **Benzinpreis** in Sydney bei etwa 130 australischen Cent (etwa 0,92 €) pro bleifreiem Liter, der Liter Diesel lag bei 128 Cent und der Liter LPG bei 65 Cent.

Fahrzeugmiete

Prinzipiell kann in Australien jeder, der einen gültigen Führerschein besitzt, ein Fahrzeug mieten, u. U. gibt es allerdings Einschränkungen für junge Leute unter 21 Jahren oder für Führerscheinneulinge. Meist benötigt man eine Kreditkarte. Dass vor der Unterschrift der Mietvertrag gründlich zu studieren ist, versteht sich von selbst, v. a. sollte man auch ein Auge auf die Versicherungsbedingungen werfen, speziell auf die Selbstbeteiligung im Schadensfall. Bei der Übergabe sollte man das Mietfahrzeug unbedingt genau inspizieren und sicherstellen, dass vorhandene Schäden, auch vermeintlich geringe wie etwa kleine Steinschlagspuren auf der Windschutzscheibe, im Übergabeprotokoll vermerkt werden.

Die großen **Autovermieter** (s. u.) sind mit Hunderten von Niederlassungen im ganzen Land vertreten und betreiben auch häufig Filialen direkt in den Flughafenterminals. Ein Kleinwagen ist schon ab etwa 45 $ pro Tag zu haben, pro Woche bezahlt man etwa 230 $. Lokale Mietfirmen verfügen u. U. über günstigere Angebote, erlauben aber meist keine One-way-Mieten. Prinzipiell ist immer zu beachten, wie viele Freikilometer im Mietpreis enthalten sind und wie viel man pro Extrakilometer zu bezahlen hat.

Die meisten **Motorradvermieter** bieten ihre Motorräder eher für kurze Ausflugsfahrten als zum Reisen an, es gibt aber vereinzelt auch die Möglichkeit von One-way-Mieten zwischen einigen Metropolen. Wie in Deutschland auch, benötigt man in Australien einen entsprechenden Motorradführerschein. In zahlreichen Touristenhochburgen kann man für wenig Geld Mopeds und Motorroller (Scooter) mieten. Die sind ideal, um auf kleine Erkundungstouren zu gehen, und man darf sie – soweit ihr Hubraum die 50 ccm nicht übersteigt – auch mit dem Autoführerschein fahren.

Die Preise für **Wohnmobile** variieren stark, Faktoren sind neben der Mietdauer natürlich auch Größe und Ausstattung, die Jahreszeit bzw. Saison, das Alter des Fahrers und u. U. auch die Orte der Abholung bzw. Rückgabe. Außerdem auch Alter und Laufleistung der Gefährte. Bei so vielen Variablen sind die folgenden Preisangaben auch nur grobe Anhaltspunkte, basieren auf einer Mietdauer von vier Wochen (30 Tage) und einer Reiseroute von Melbourne nach Cairns. Kürzere Mietdauern bedingen einen im Verhältnis höheren, längere Mietdauern einen niedrigeren Tagessatz. Bei wenig Auslastung gibt es oft gute Sonderangebote.

Die einfachsten *Mini-Vans* mit eingebauter Liegefläche und Platz für 2 Personen gibt es je nach Saison für etwa 1000 bis 2200 $ (33 bis 70 $ pro Tag). Großen Komfort kann man da nicht erwarten und die Fahrzeuge haben meist schon viele Jahre und Hunderttausende Kilometer auf dem Buckel. Aber sie erfüllen ihren Zweck und sind v. a. bei jungen Backpackern mit kleinem Budget sehr beliebt.

Eine gute Wahl für Paare sind Campingmobile auf *Kleinbusbasis* (z. B. *Toyota Hiace*) mit Hoch- oder Aufstelldach. Die sind meist modern ausgebaut, mit Kochgelegenheit, Spüle, kleinem Kühlschrank und einer Sitzgelegenheit ausgerüstet, die zum Doppelbett umfunktioniert werden kann. Die Kosten belaufen sich je nach Saison auf etwa 1400 bis 4000 $ (46 bis 135 $ pro Tag).

Wer es besser ausgestattet oder schlichtweg geräumiger haben will, für den empfiehlt sich ein klassisches *Alkoven-Wohnmobil* mit vier oder gar sechs Schlafplätzen. Mit eingebaut sind meist Küche, ein bequemer Essplatz und eine Nasszelle mit Dusche und Chemietoilette. Die Version für vier Personen kostet je nach Saison 2800 bis 7500 $ (90 bis 250 $ pro Tag), sollen sechs Personen Platz finden, erhöht sich der Preis auf 3600 bis 8000 $ (120 bis 260 $ pro Tag).

Für Leute, die Outback-Touren abseits der befestigten Straßen planen, bieten sich *Allrad-* oder *4WD-Camper* an („4WD" bedeutet „four-wheel drive", womit Fahrzeuge mit Allradantrieb gemeint sind). Meist sind das die klassischen *Toyota-Troop-Carrier*-Geländewagen, versehen mit Hochdach und Innenausbau inklusive Kochgelegenheit und Bett. Platz bieten diese Fahrzeuge allerdings lediglich für zwei Personen. Manchmal kann man auch reguläre Geländewagen mit Dachzelt mieten, wobei die Fahrzeuge für die Fahrt vier Passagieren Platz bieten, zum Übernachten müssen zwei Personen aber auf ein Extrazelt zurückgreifen. Die Kosten für den Geländespaß sind hoch, je nach Saison bezahlt man 4000 bis 7000 $ (133 bis 233 $ pro Tag).

Pkw Die gelisteten Vermieter unterhalten Hunderte von Filialen im ganzen Land, oft auch an den Flughäfen. Einzelne Standorte sind im Netz zu finden.

Avis, Mo–Do 7.30–21 Uhr, Fr 7.30–20 Uhr, Sa 8–18 Uhr, So 8–21 Uhr. ✆ 136333, www.avis.com.

Budget, Mo–Fr 8–21 Uhr, Sa 9–17 Uhr, So geschlossen. ✆ 1300362848, www.budget.com.au.

Europcar, Mo–Fr 24 Std., Sa/So 7–17 Uhr. ✆ 1300131390, www.europcar.com.au.

Hertz, Mo–Fr 8–20 Uhr, Sa/So 8–17 Uhr. ✆ 133039, www.hertz.com.au.

Thrifty, Mo–Fr 8–18 Uhr, Sa 8.30–13 Uhr, So 8.30–10.30 Uhr. ✆ 1300367227, www.thrifty.com.au.

Wohnmobile Die gelisteten Anbieter haben Niederlassungen in den meisten Großstädten und den typischen Touristenhochburgen. Im Angebot ist meist die gesamte Palette an Fahrzeugen, vom kleinen 2-Personen-Mobil bis hin zum riesigen Familiencamper. Es kann durchaus große Preisunterschiede bei scheinbar ähnlichen Modellen geben, das liegt dann meist an der Ausstattung, der Laufleistung und dem Alter der Fahrzeuge – und gelegentlich an den inkludierten Service- bzw. Versicherungsleistungen. Einzelne Standorte sind auf den Webseiten zu finden.

Mit Pkw, 4WD, Wohnmobil und Motorrad

Apollo Camper, sehr große Flotte mit ordentlichen Fahrzeugen zu guten Preisen. Mo–Fr 24 Std., Sa/So 7–17 Uhr. ℘ 1800777779 oder (07)32659200, www.apollocamper.com.

EasyLife Rentals, ein kleiner Familienbetrieb mit gutem Service, die Besitzer kommen aus der Schweiz und sprechen Deutsch. ℘ (07)54949761, www.easyliferentals.com.au.

Britz, relativ neue und hochwertig ausgestattete Fahrzeuge mit geringer Laufleistung. Deshalb auch höherpreisig. Neben der großen Flotte an Wohnmobilen auch Pkws und Motorräder. Tägl. 24 Std., ℘ 1300738087 (nur aus Australien) oder ℘ 0080020080801 (international), www.britz.com.au.

Kea Campers, sehr hochwertige Fahrzeuge (alle weniger als 30 Monate alt) und super Service, entsprechend auch teurer. Tägl. 24 Std., ℘ 1800664825, www.keacampers.com.au.

Maui Rentals, gehört zum gleichen Konzern wie Britz und vermietet hochwertige und relativ neue Fahrzeuge Tägl. 24 Std., ℘ 1800827821 (nur aus Australien) oder ℘ 0080020080801 (international), www.maui.com.au.

Mighty Campers, gehört zum gleichen Konzern wie Britz und Maui und vermietet die Fahrzeuge, die dort vorher schon im Einsatz waren. Tägl. 24 Std., ℘ 1800670232 (nur aus Australien) oder ℘ 0080020080801 (international), www.mightycampers.com.au.

Cheapa Campa, gehört zu Apollo und bietet die dort bereits verwendeten und dann bis zu 6 Jahre alten Fahrzeuge an. ℘ 1800777779, www.cheapacampa.com.au.

Wohnmobile in Deutschland buchen

Mittlerweile gibt es einige Anbieter, die eine Buchung direkt in Deutschland (und mit deutschem Ansprechpartner) ermöglichen. Meist sind Fahrzeuge aller Kategorien und aller größeren Mietfirmen im Angebot. Das ermöglicht einen guten Überblick und letztendlich einen einfacheren Vergleich von Leistungen und Tarifen. Insgesamt sind die Fahrzeuge auch nicht teurer, als direkt beim australischen Vermieter gebucht. Als Extra wird fast immer – als Alternative zu dem vom Vermieter selbst angebotenen All-Inclusive-Paket ohne Selbstbehalt – auch eine Selbstbehalts-Ausschluss-Versicherung angeboten.

Alacampa, die Firma gehört zum Fernreisespezialisten hm-touristik, man kann bei Bedarf auch gleich ein Komplettpaket mit Flug buchen. Sehr guter Service und Beratung. ℘ 08141/3969995, www.alacampa.com.

Australia Touring, sehr freundliche und kompetente Ansprechpartnerin. Anfragen über ein Webformular auf www.australienwohnmobile.de.

Bestcamper, auch bei dem in München ansässigen Unternehmen gibt es sehr gute Beratung rund um die Campermiete. Mo–Fr 9–18 Uhr. ℘ 089/74341996, www.bestcamper.de.

Motorräder

Bike Round OZ, hier kann man z. B. 650er- oder 1200er-BMWs, Harley Davidsons oder Yamaha-Maschinen mieten, auch One-way zwischen den großen Metropolen möglich. Mo–Fr 9–17 Uhr. ℘ (08)93992991, www.bikeroundoz.com.

Bikescape, schwere BMW-Tourer, Harley Davidsons und kleinere Honda-Maschinen von 125 bis 750 ccm. ℘ 1300736869, www.bikescape.com.au.

Fahrzeugkauf

Wer plant, länger als drei Monate durch Australien zu reisen, für den lohnt sich u. U. der Kauf eines Autos. Das bedeutet einerseits Unabhängigkeit und Freiheit, ist allerdings auch mit sämtlichen Risiken des Gebrauchtwagenkaufs verbunden. Wer sich mit Autos so gar nicht auskennt, der kann sich auf der Webseite des ADAC (www.adac.de) eine Gebrauchtwagen-Checkliste mit nützlichen Tipps herunterladen.

Die Geschichten vom 300 $ teuren Gefährt, mit dem man ohne Probleme den Kilometerstand von 500.000 auf 540.000 erhöhen kann, fallen mit großer Sicherheit ins Reich der Märchen. Für ein einigermaßen zuverlässiges Auto muss man etwa 3500 bis 4500 $ auf den Tisch legen, Kleinwagen kosten etwas weniger, Campingbusse oder Geländewagen etwas mehr. Das Angebot an billigeren Backpackerautos ist groß, aber das beste Schnäppchen verwandelt sich schnell in einen Albtraum, wenn unterwegs ständig Reparaturen anfallen. Die kosten nämlich nicht nur Geld, sondern auch Zeit und Nerven.

Besonders beliebt für die Reise durch Australien sind Kleinbusse oder Kombis, weil sie viel Platz für Passagiere und Gepäck bieten und geräumig genug sind, um auch darin zu schlafen. Wer abseits der Teerstraßen die einsamen Gebiete des Outback erkunden will, der kommt um die Anschaffung eines Geländewagens mit Allradantrieb nicht herum. In jedem Fall sollte man bei der Wahl des Fahrzeugs pragmatisch vorgehen. Ein alter VW-Bulli oder ein Mercedes sind zwar echte Kultgefährte, dafür gibt es für einen Ford, Toyota oder Holden überall günstige Ersatzteile und jeder Dorfmechaniker kennt die Technik in- und auswendig.

Es gibt zahlreiche Möglichkeiten, ein Auto zu kaufen, in jedem Fall sollte man das Gefährt genau unter die Lupe nehmen und eine ausgiebige Testfahrt damit machen. In einigen Bundesstaaten ist es für den Verkäufer Vorschrift, ein aktuelles „**Roadworthiness certificate**" – eine Bestätigung der Verkehrstauglichkeit – vorzulegen. Wer ganz auf Nummer sicher gehen will, der kann auch zur nächsten Werkstatt fahren und für etwa 50 $ eine kurze Inspektion durchführen lassen. Lizenzierte Gebrauchtwagenhändler geben meist drei Monate bzw. für die ersten 5000 km (was zuerst eintritt) Garantie auf Autos, die noch keine zehn Jahre alt sind und weniger als 160.000 km hinter sich haben. Gegen Aufpreis kann man die Garantien u. U. erweitern.

Am Ende der Reise steht dann der Verkauf des Vehikels an. Erfahrungsgemäß bezahlen Gebrauchtwagenhändler relativ wenig und man ist besser bedient, einen Privatkäufer zu finden. Das kann sich allerdings hinziehen und man sollte sich rechtzeitig damit beschäftigen, denn wenn der Heimflug kurz bevorsteht, muss man sein Fahrzeug im schlechtesten Fall verschleudern. Alternativ kann man bei einigen Autohändlern eine Rückkaufgarantie vereinbaren; damit verliert man zwar

So manches Backpackerauto sieht nicht viel besser aus

einige Dollars, erspart sich dafür aber auch den Stress vor der Heimreise. Als letzten Schritt sollten Sie mit dem Verkauf sofort das zuständige Meldeamt informieren, damit die Polizei etwaige Vergehen des neuen Besitzers nicht Ihnen zur Last legt.

Formalitäten: Zulassungen sind in Australien Sache der Bundesstaaten und Territorien, womit die entsprechenden Formalitäten leider nicht ganz einheitlich sind. Auch die Kosten, die mit dem An- oder Ummeldeprozedere einhergehen, variieren teilweise stark. Die folgenden Angaben beziehen sich – soweit nicht anders vermerkt – auf den Bundesstaat New South Wales, die grundlegenden Vorschriften sind jedoch überall sehr ähnlich.

Jedes Auto auf Australiens Straßen braucht eine Zulassung, eine sogenannte „registration" oder kurz „rego". Die richtet sich nach dem Gewicht des Fahrzeugs und kostet für normale Pkw oder kleine Vans etwa 240 bis 450 $ im Jahr und bleibt auch erhalten, wenn das Fahrzeug innerhalb der einjährigen (im Voraus bezahlten) Frist den Besitzer wechselt. Wer also ein gebrauchtes Auto kauft, muss eine vorhandene „rego" lediglich binnen 14 Tagen bei der Zulassungsstelle auf seinen Namen umschreiben lassen. Das kostet 31 $ (nach 14 Tagen 141 $) Bearbeitungsgebühr, allerdings fällt zusätzlich die **„stamp duty"** an, eine Art Urkundensteuer, die sich nach dem Verkaufswert des Fahrzeugs richtet. In New South Wales sind das z. B. 3 %, in Queensland 2 %, in anderen Staaten gibt es bisweilen abgestufte Systeme, die für billige Fahrzeuge oft nur kleine Pauschalen vorsehen, während bei teuren Gefährten dafür richtig zugelangt wird.

Damit alle australischen Fahrzeuge zumindest einen minimalen Versicherungsschutz haben, gibt es eine Zulassung nur, wenn man eine „compulsary third party (CTP) insurance" – im Volksmund auch **„green slip"** genannt – vorweisen kann. Diese Versicherung deckt Personenschäden ab und kostet pro Jahr zwischen 400 und 800 $. Beim Autokauf/-verkauf geht eine existierende CTP-Versicherung mit Umschreibung der „rego" automatisch auf den neuen Besitzer über. Außerdem kann man nur dringend empfehlen, zusätzlich eine **„third-party-property"**-Versicherung abzuschließen, die auch Sachschäden an fremden Fahrzeugen abdeckt.

In der Praxis sieht das meist so aus, dass man sich einen Gebrauchtwagen kauft, der noch über einige Monate „rego" verfügt, die man dann im Laufe der Reise verlängern muss. Dazu braucht man neben einem neuen „green slip" meist auch einen **„pink slip"**, eine Art TÜV-Bescheinigung. Bisher war es ziemlich umständlich, die Verlängerung in einem mit der Zulassung des Fahrzeugs nicht identischen Bundesstaat vorzunehmen. Zunehmend kann das aber ganz bequem online erledigt werden, wobei die elektronische TÜV-Bescheinigung („e-Safety check") direkt von der Werkstatt an die Zulassungsstelle geschickt wird, dasselbe macht der Versicherer mit dem „green slip".

Achtung: Diese Informationen sind akribisch recherchiert, aber schon die kleinsten Änderungen – und die gibt es immer wieder – in den Bestimmungen können große Folgen in der Praxis und v. a. im Schadensfall haben. Erkundigen Sie sich beim Autokauf nach dem aktuellen Stand der Vorschriften!

Backpacker-Automarkt Travellers Auto Barn, der Händler ist auf Backpacker spezialisiert und hat immer eine Auswahl an günstigen Fahrzeugen – allerdings meist mit Hunderttausenden von gefahrenen Kilometern auf dem Tacho. Man kann eine Rückkaufgarantie verhandeln, nach einem halben Jahr bekommt man noch 40 %, nach bis zu einem Jahr noch 30 % des Kaufpreises (regelmäßige Wartungen in einer Werkstatt sind dabei vorgeschrieben). Außerdem ist man bei der Erledigung sämtlicher nötigen Formalitäten behilflich. Niederlassungen in Sydney, Melbourne,

Brisbane, Cairns, Darwin und Perth. Mo–Fr 9–18 Uhr, Sa 9–17 Uhr, So 10.30–15 Uhr. ✆ (02)93601500 oder 1800674374 (nur in Australien), www.travellers-autobarn.com.au.

Sydney Travellers Car Market, hier können Backpacker Autos kaufen bzw. gegen eine kleine Gebühr wieder zum Verkauf anbieten. Man ist auch beim Abschluss von Versicherungen behilflich. Mo–Sa 10–17 Uhr. Level 2, Ward Avenue, Car Park Kings Cross, ✆ 93314361, www.sydneytravellerscarmarket.com.au.

Aushänge in Hostels Die Wände der Rezeptionen in den Hostels sind oft mit entsprechenden „Zu-verkaufen"-Zetteln tapeziert. Angeboten werden meist Fahrzeuge im niedrigen Preissegment, von etwa 500–3000 $, Geländewagen bis etwa 5000 $. Auf diese Weise wechseln die Autos – oft Kombis oder Kleinbusse – im Jahrestakt von Backpacker zu Backpacker und haben nicht selten 400.000 km auf dem Buckel.

Autohändler Der klassische Weg zum eigenen Auto führt über den Gebrauchtwagenhändler. An die Adressen kommt man über die Branchenverzeichnisse, meist findet man gleich mehrere Händler im selben Stadtteil (z. B. in Sydneys Parramatta Road), sodass man die Angebote gut vergleichen kann. Man bekommt hier zwar nicht die ganz billigen Modelle, dafür sind die Fahrzeuge oft aus erster oder zweiter Hand, während die typische Backpackerkutsche nicht selten über ein halbes Dutzend Vorbesitzer hatte.

Online-Markt Auf www.drive.com.au inserieren Privatleute und Händler. In der Datenbank sind über 50.000 Angebote gespeichert, wobei man sein Traumgefährt bequem über eine Suchmaske finden kann. Kriterien sind z. B. Standort, Preisvorstellungen, Fahrzeugtyp, Baujahr etc.

Eine weitere Option ist die Seite **www.gumtree.com.au**, auf der u. a. auch Pkw und Camper angeboten werden.

Tagespresse Die großen **Tageszeitungen** bieten meist 2-mal/Woche (z. B. mittwochs und samstags) auf speziellen Fahrzeugseiten Gebrauchtwagen an.

Meldeämter Eine Auflistung aller Büros sowie die genauen Kontaktdaten finden Sie auf den entsprechenden Webseiten, wo außerdem detaillierte Informationen bezüglich der Zulassung zur Verfügung gestellt werden.

Australian Capital Territory, Mo–Fr 8.15–17 Uhr. ✆ 132281, www.rego.act.gov.au.

New South Wales, Mo–Fr 7–19 Uhr. ✆ 132213, www.rta.nsw.gov.au.

Queensland, Mo–Fr 8–17 Uhr. ✆ 132380, www.transport.qld.gov.au.

Victoria, Mo–Fr 8.30–17 Uhr, Sa 8.30–14 Uhr. ✆ 131171, www.vicroads.vic.gov.au.

Versicherer AAMI, australienweit, sämtliche Arten von Autoversicherungen (*CTP* und *Third Party Property Insurance*). Tägl. 24 Std. ✆ 132244, www.aami.com.au.

NRMA, in New South Wales, Queensland, Australian Capital Territory und Tasmanien. *CTP* und *Third Party Property Insurance*. Tägl. 7–22 Uhr. ✆ 132132, www.nrma.com.au.

Mautstrecken in Australien

In australischen Großstädten und deren Umkreis gibt es Mautstrecken, wozu z. B. auch die Sydney Harbour Bridge zählt wie auch der Sydney-Harbour-Tunnel und verschiedene Zubringer oder Highwayabschnitte. Bezahlt wird meist nicht mehr an den Zahlhäuschen, sondern elektronisch und vollautomatisch. Für Urlauber ist das denkbar unpraktisch, man muss vorab ein bis zu 30 Tage gültiges Konto einrichten, die Durchfahrten werden dann über das Nummernschild erfasst. Alternativ kann man auch bis zu 48 Std. nach der Fahrt auf einer Mautstraße per Kreditkarte (telefonisch oder online) bezahlen, die Kontaktdetails der jeweiligen Betreiber finden sich meist auf großen Schildern am Straßenrand. Wer nicht bezahlt, erhält eine Zahlungsaufforderung mit zusätzlicher Strafgebühr, meist über die Mietwagenfirma – die dann bisweilen noch eine saftige Bearbeitungsgebühr erhebt – oder, bei eigenem Pkw, an die Adresse, auf die der Wagen angemeldet ist. Wer länger in Australien ist und regelmäßig entsprechende Strecken fährt, kann sich ein elektronisches Erfassungsgerät im Fahrzeug installieren.

Mit dem Bus

Überlandbusse sind ein beliebtes Fortbewegungsmittel in Australien. Das Netzwerk des größten Anbieters, *Greyhound Australia*, deckt praktisch den ganzen Kontinent ab. Das Angebot wird von regionalen Unternehmen entweder durch eigene Busflotten ergänzt oder durch Routen, die Greyhound nicht im Programm hat. Städte und Touristenhochburgen werden meist mehrmals täglich von verschiedenen Unternehmen angesteuert, kleinere Ortschaften wenigstens 1-mal pro Tag, entlegene Siedlungen zumindest noch 1- bis 2-mal pro Woche. Als problematisch erweist sich, dass man kaum einen Nationalpark mit den regulären Überlandbussen erreichen kann. In der Praxis bleibt einem dann nur, in eine Ortschaft in der Nähe zu reisen und von dort mit einem Mietwagen oder Shuttlebus (die eher selten angeboten werden) oder im Rahmen einer organisierten Tour in Richtung Park aufzubrechen.

Flexibler als mit der Bahn ist man mit den Überlandbussen allemal, auch wenn diese Art des Reisens natürlich nicht die komfortabelste ist, besonders wenn man auf langen Strecken ganze Tage oder Nächte auf seinem Sitz verbringen muss. Personen ab 185 cm Körpergröße bekommen u. U. Probleme mit der Beinfreiheit und wenn die Busse voll besetzt sind, ist an Ruhe meist nicht mehr zu denken. Immerhin sind die Busse klimatisiert, es gibt Toiletten und bisweilen auch einen Fernseher. Auf längeren Fahrten sind meist kleinere Stopps vorgesehen, damit man sich die Füße vertreten und einen Happen essen kann. Bei einigen Anbietern kann man Surfbretter oder Fahrräder mitnehmen, meist wird dafür eine kleine Gebühr fällig. Prinzipiell darf in den Bussen nicht geraucht werden und auch bezüglich des Alkoholkonsums sollte man zurückhaltend sein – sämtliche Unternehmen behalten sich vor, den Transport betrunkener Personen zu verweigern.

Busunternehmen national Greyhound Australia, der Klassiker mit dem größten Routennetz im ganzen Land. Neben Einzelfahrten gibt es diverse Buspässe, von denen unten 3 Varianten beschrieben werden (→ *Greyhound Bus Passes*). Mo–Fr 8–18 Uhr, Sa 8–16 Uhr. Buchungen und Information unter ✆ 1300473946, www.greyhound.com.au.

Busunternehmen regional Premier Motor Service, die Busse verkehren entlang der Ostküste zwischen Melbourne und Cairns (via Sydney, Brisbane und Townsville). Meist etwas günstiger als *Greyhound*, dafür gibt es weniger Verbindungen. Auf der Webseite findet man etwa zwei Dutzend Buspässe, die für verschiedene Etappen (feste Zeiträume) gültig sind. ✆ 133410, www.premierms.com.au.

Murrays Coaches, ist von Canberra aus auf vier Routen unterwegs: von/nach Sydney, Wollongong und an die Südküste nach Batemans Bay. ✆ 132251, www.murrays.com.au.

Firefly Express Coaches, verbindet die Städte Adelaide, Melbourne und Sydney mit Stopps unterwegs in zahlreichen kleineren Ortschaften. Tägl. 6.30–21 Uhr. ✆ 1300730740, www.fireflyexpress.com.au.

Bahnbusse Um den Kunden bessere bzw. flexiblere Anbindungen zu gewährleisten, haben die Bahnunternehmen (z. B. *CountryLink* oder *V/Line*) eigene Busse auf Routen ohne Schienenanbindung oder auf solchen, die mit Zügen nicht rentabel zu befahren sind, im Einsatz.

Greyhound Bus Passes Kilometerpässe (KM Passes), berechtigen innerhalb von 12 Monaten dazu, eine bestimmte Anzahl von Kilometern zu reisen. Angefangen bei 1000 km (189 $), geht bis hin zu Tickets, die für eine Reise von 25.000 km (2675 $) gültig sind. 5000 km kosten dabei 785 $, 10.000 km kosten 1435 $, 15.000 km kosten 1965 $. Unter www.greyhound.com.au kann man mithilfe einer Kilometertabelle das passende Ticket ermitteln.

Routenpässe, bei den sogenannten „Hop on hop off Passes" hat man die Möglichkeit, aus verschiedenen festgelegten Routen zu wählen, die man innerhalb eines festgelegten Zeitraumes mit beliebig vielen Zwischenstopps in eine Richtung bereisen kann. Es gibt z. B. ein Ticket von Sydney nach Cairns (419 $, 90 Tage). www.greyhound.com.au.

Short Hop Passes, die zeitlich begrenztere Variante der klassischen Routenpässe, nach Reiseantritt nur 30 Tage gültig. Beispiel: zwischen Sydney und Byron Bay nur 99 $.

Mit der Bahn

Reisen mit der Bahn ist komfortabler als mit dem Bus, allerdings ist man weniger flexibel und die Zahl der Orte, die angesteuert werden können, ist eingeschränkt. Aus Rentabilitätsgründen wurden in den letzten Jahren immer mehr Strecken stillgelegt, die derzeit nur noch vereinzelt mit Bahnbussen befahren werden. Dennoch gibt es einige lohnende Routen, auf denen man die wunderbare Landschaft bequem vom Zug aus an sich vorbeiziehen lassen kann. Ganz klassisch zählen dazu Fahrten mit den Zügen der *Great Australian Railways*, aber auch die *Queensland Rail* hat diesbezüglich einige verlockende Angebote. Und vom rein pragmatischen Standpunkt aus betrachtet, gibt es schlichtweg einfach auch Streckenverbindungen, auf denen man mit dem Zug viel schneller unterwegs ist als mit dem Bus.

In Australien existiert nicht nur ein einziges nationales Bahnunternehmen, sondern es gibt einzelne Gesellschaften, deren Träger die Bundesstaaten sind. Weil in der zweiten Hälfte des 19. Jh. – also noch vor der Föderation – die einzelnen Kolonien ihr jeweils eigenes Süppchen kochten, gab es etliche verschiedene Spurweiten. Die Anpassung bzw. Vereinheitlichung ist bis heute im Gange, derzeit gibt es noch drei verschiedene Spurweiten von Bedeutung.

Einige der im Folgenden aufgelisteten *Rail-Passes* sind nur für Besucher aus Übersee bestimmt, die beim Kauf einen gültigen Reisepass und ein Rückflugticket vorlegen müssen.

Die Australier begeistern sich zunehmend fürs Radfahren

Informationen im Internet Einen guten Überblick bietet die Webseite www.railaustralia.com.au.

Australienweit Great Southern Railways, ist auf drei Routen unterwegs. Der *Indian Pacific* fährt von Sydney via Adelaide nach Perth (939 $, 68 Std.), der *Ghan* von Adelaide nach Darwin (929 $, 54 Std.) und der *Overland* von Adelaide nach Melbourne (129 $, 11 Std.). Die angegebenen Preise beziehen sich auf einen regulär gebuchten Sitzplatz der einfachsten Kategorie (übers Internet gebucht kann man etwa 40 % des Preises sparen, dann gelten aber spezielle Bedingungen), im Schlafwagen zahlt man etwa das Doppelte, für eine eigene Kabine rund das Dreifache. Backpacker mit gültigem YHA-Ausweis können je nach Route und Kategorie bis zu 40 % sparen. Wer es ganz luxuriös haben will, kann für knapp 20.000 $ einen eigenen Waggon mieten (je nach Variante für 6–10 Pers.). Buchungen Mo–Fr 8.30–17.30, Sa 9–14 Uhr unter ✆ 1800703357. Hauptbüro: 422 King William Street, Adelaide, ✆ (08) 82134444, www.gsr.com.au.

New South Wales, Brisbane, Melbourne, Canberra NSW TrainLink, die Züge und Bahnbusse verkehren von Sydney aus in ganz New South Wales und steuern außerdem Brisbane, Melbourne und Canberra an. ✆ 132232, www.nswtrainlink.info.

Queensland Queensland Rail, die Züge und Busse verkehren in ganz Queensland. Der *Spirit of Queensland* fährt zwischen Brisbane und Cairns, der *Spirit of the Outback* zwischen Brisbane und Longreach und der *Inlander* zwischen Townsville und Mount Isa. ✆ 131617, www.qr.com.au.

Victoria V/Line, die Züge und Busse verkehren in ganz Victoria mit Knotenpunkt in Melbourne. Im Winter gibt es Sonderverbindungen in die Skigebiete. ✆ 1800800007, www.vline.com.au.

South Australia & Northern Territory Für Zugreisen in South Australia und im Northern Territory nutzt man am besten die Angebote der *Great Southern Railways* (s. o.).

Bahn-Pässe Discovery Pass, gilt im gesamten TrainLink-Netzwerk von NSW, bindet auch Brisbane und Melbourne an und ist mit Gültigkeitsspannen von 14 Tagen (232 $) bis zu 6 Monaten (420 $) zu haben. Bei Buchung in Deutschland günstiger. Erhältlich über *NSW TrainLink*.

Queensland Explorer Pass, uneingeschränkt gültig für Reisen im Netzwerk von *Queensland Rail*, gibt es als Version mit einem Monat (299 $) und zwei Monaten (389 $) Gültigkeit.

Queensland Coastal Pass, zwischen Brisbane und Cairns in eine Richtung gültig für Reisen im Netzwerk von *Queensland Rail*, gibt es als Version mit einem Monat (209 $) und zwei Monaten (289 $) Gültigkeit.

Rail-Explorer-Pass, 2 Monate uneingeschränkt reisen mit dem *Indian Pacific*, dem *Ghan* und dem *Overland*. Kostet ab 545 $, die 3-Monate-Version ab 655 $. Nicht für Personen mit australischem Pass. Zu kaufen über *Great Southern Railways*.

Mit dem Fahrrad

Als klassisches Radreiseland kann man Australien sicherlich nicht bezeichnen, auch wenn in australischen Städten zunehmend schöne Radwege entlang der Flüsse oder Strandpromenaden zu einer Tour auf dem Drahtesel verlocken oder man auf den Hochplateaus vereinzelt gemütliche Radtouren vor grüner Kulisse unternehmen kann. Für die Australier selbst ist das Fahrrad eher Sport- und Trainingsgerät, höchstens Kinder ohne Führerschein nutzen es als Transportmittel. Zwar trifft man immer wieder auf Abenteurer, die mit schwer bepacktem Rad den ganzen Kontinent bereisen, aber das ist eher die Ausnahme.

Ausschlaggebend sind zweifellos die enormen Distanzen und das extreme Klima. Während man an der Ostküste meist noch bequem von Ort zu Ort radeln kann, bedarf es dafür immer längerer Tagesetappen, je weiter man ins Landesinnere vorstößt. Und irgendwann liegen dann mehr Kilometer zwischen den Ortschaften, als man an einem Tag bewältigen kann. Da braucht es eine gute Planung und v. a. enorme Trinkwasservorräte – die körperliche Anstrengung fordert bei

Temperaturen von bis zu 40 °C gut und gerne sechs bis acht Liter Flüssigkeit pro Tag. Australische Outbackstraßen können zudem sehr einsam sein und bei Problemen jeglicher Art ist Hilfe oft weit.

Prinzipiell gilt Helmpflicht für Radfahrer in Australien. Wird man ohne Kopfschutz erwischt, zahlt man Strafe. Wer nachts oder in der Dämmerung unterwegs ist, muss ein Vorder- und ein Rücklicht an seinem Fahrrad angebracht haben. Nicht immer wird auf Radfahrer besonders viel Rücksicht genommen, weder im Stadtverkehr noch auf der Landstraße – wenn einer der bis zu 50 m langen und 100 t schweren Roadtrains mit 100 km/h heranprescht, ist äußerste Vorsicht geboten.

Mieträder in Melbourne

Auf den im Folgenden aufgelisteten Webseiten findet man zahlreiche Informationen über Radreisen in Australien, z. T. gibt es Karten zum Herunterladen oder Links zu speziellen Tourveranstaltern und lokalen Radclubs, an die man sich bei Fragen wenden kann.

Pedal Power ACT, ✆ (02)62487995, www.pedalpower.org.au.

Bicycle New South Wales, ✆ (02)97040800, www.bicyclensw.org.au.

Bicycle Queensland, ✆ (07)38441144, www.bq.org.au.

Cycling Northern Territory, http://nt.cycling.org.au.

Bicycle Victoria, ✆ (03)86368888, www.bicyclenetwork.com.au.

Mit Fähre, Schiff & Co.

Die wenigsten Urlauber werden wohl wirklich die Möglichkeit haben, Australien per Schiff zu bereisen. In den meisten Fällen wird sich eine Tour auf ein- bis dreitägige Segeltörns oder Fährfahrten zu den kleinen Inseln vor der Küste beschränken. Einige wenige Touristen werden vielleicht im Zuge einer Kreuzfahrt nach Australien kommen, wo die Ozean-Liner in den Häfen von Sydney oder Melbourne vor Anker gehen. Ab Melbourne startet die große Autofähre nach Tasmanien, die *Spirit of Tasmania*. Wer gute Erfahrung als Segler und entsprechende Seefestigkeit mitbringt, kann mit viel Glück als Crewmitglied für eine Yachtüberführung oder Ähnliches anheuern. Wobei „anheuern" etwas irreführend ist, denn obwohl man an Bord regulären Dienst tun muss, gibt es meist keine Bezahlung und man hat sogar noch seinen Beitrag für die Bordkasse zu leisten. Das ist letztendlich aber auch egal, denn immerhin erhält man auf diese Weise die außergewöhnliche Möglichkeit, das Land vom Meer aus zu erkunden. Informieren kann man sich in Yachtclubs, Marinas und einschlägigen Magazinen.

Spirit of Tasmania, 9 Std. für die einfache Überfahrt, ab 100 $/Pers. Wer über Nacht fährt (21–6 Uhr früh), zahlt je nach Unterbringung 130–500 $/Pers. Normaler Pkw ab 83 $, alle Fahrzeuge mit Übergröße kosten entsprechend mehr, z. B. ein 7–8 m langes Wohnmobil 176–231 $. Die Fähre verkehrt zwischen Melbourne und Devonport auf Tasmanien. ✆ 1800634906, www.spiritoftasmania.com.au.

Hostel in Brisbane: Nicht alle Günstigherbergen haben so schöne Balkons

Übernachten

Übernachtungsmöglichkeiten für Reisende gibt es in Down Under in sämtlichen nur denkbaren Varianten und Preisklassen. In den Mehrbettzimmern der Hostels kann man schon ab etwa 25 $ sein Haupt zur Ruhe betten, Motels oder Motor-Inns bieten meist einfache Doppelzimmer mit gutem Preis-Leistungs-Verhältnis. In Metropolen wie Sydney oder Melbourne kann man superexklusive Suiten und Apartments beziehen – sofern man auch bereit ist, die superexklusiven Preise zu bezahlen. Individualreisende werden sich darüber freuen, dass es in Australien ein Netz an günstigen Übernachtungsmöglichkeiten gibt, sodass man sich auch bei kleinerem Budget ein sauberes und solides Quartier leisten kann.

In den Unterkünften – egal ob im Hotel, im Apartment oder im Ferienhaus – werden meist Zimmer mit unterschiedlichen Betten-Varianten und -Größen angeboten. Ein „Double Bed" misst etwa 140 x 190 cm, ein „Queen Bed" etwa 150 x 200 cm und ein „King Bed" rund 180 x 200 cm. Für zwei Personen, die kein Paar sind, gibt es fast immer die Option, ein „Twin"-Zimmer mit zwei separaten Einzelbetten zu buchen. In den Hostels, einigen Bed&Breakfast-Häusern und historischen Pub-Unterkünften befinden sich Dusche und WC auf dem Flur und werden von allen Gästen gemeinsam genutzt. In Apartments, Hotels und Motels kann man prinzipiell davon ausgehen, dass jedes Zimmer bzw. Apartment über ein eigenes Bad verfügt („en-suite bathroom" oder kurz „en-suite").

Hotels

Zunächst gilt es, ein Begriffsproblem zu klären. Unter „Hotel" versteht man in Australien prinzipiell zwar das gleiche wie in Deutschland, aber zusätzlich werden hier auch traditionelle Pubs bzw. Kneipen so bezeichnet. Das liegt daran, dass früher die Schanklizenz oft an die Bereitstellung von Übernachtungsmöglichkeiten gekoppelt

Infos und Tipps zu Buchung und Reservierung

Im Regelfall kann man überall einfach an der Rezeption ein Zimmer, ein Bett oder einen Stellplatz für sein Wohnmobil buchen, speziell in der Ferienzeit sollte man jedoch im Voraus reservieren. Wer über Weihnachten oder Ostern reist, tut gut daran, sich bereits ein bis zwei Monate vorher nach einer Unterkunft umzusehen – v. a. die günstigen Zimmer sind in diesen Zeiträumen immer schnell ausgebucht. Wer dann kurzfristig eine Übernachtungsmöglichkeit braucht, muss u. U. in das hochpreisige Segment ausweichen. Besonders schnell belegt sind Hostels oder Campingplätze.

Übers Internet werden die Unterkünfte meist zu – mitunter wesentlich – günstigeren Preisen angeboten als direkt vor Ort. Da staunt man dann oft nicht schlecht, wenn der Tagespreis online nur halb so hoch ist wie die „Full Rate". Speziell bei Quartieren im mittleren und höheren Preissegment lässt sich so oft einiges an Geld sparen. In vielen Fällen geht man aber vor Ort mit dem Preis runter, wenn man das Personal auf die Internetangebote anspricht. Ist das nicht der Fall, marschieren ganz Gewiefte nach der Zimmerbesichtigung einfach kurz vor die Tür und buchen per Smartphone oder Laptop. Und auch wenn es dem Charme eines Abenteuerurlaubs etwas widerspricht, so rentiert es sich doch, wenn man sich einige Tage vor der geplanten Ankunft um die Übernachtungsmöglichkeit kümmert.

Kleines Übernachtungs-Glossar

AC	Air-Condition, Klimaanlage
Apartment	Wohnraum, Küche, Bad und ein oder mehrere separate Schlafzimmer.
B&B	„Bed and Breakfast" ist einerseits eine spezielle Kategorie an Unterkunft, andererseits bezeichnet der Vermerk „B&B" bei allen Unterkünften, dass im Preis neben der Übernachtung auch das Frühstück inbegriffen ist.
Cabin	Freistehende Hütte bzw. Holzhäuschen, die es in ganz einfachen Ausführungen, aber auch als Luxusvarianten gibt.
Dorm	Schlafsaal/Mehrbettzimmer in einer Herberge oder einem Hostel.
DZ	Doppelzimmer
EG	Erdgeschoss
EZ	Einzelzimmer
Executive Room	Höhere Kategorie als „Standard Room" (s. u.). Meist etwas geräumiger und mit größerem Bett.
Hostel	Herberge mit Mehrbettzimmern und Sanitäreinrichtungen auf dem Gang.
Hotel	Entweder ein klassisches Hotel oder auch die in Australien typischen Pubs/Kneipen mit Fremdenzimmern im ersten Stock.
Studio	Ein kombinierter Wohn-/Schlafraum, oft mit kleiner Kitchenette bzw. Kochzeile und Bad.
Standard Room	Hotel-/Motelzimmer mit einer der jeweiligen Kategorie entsprechenden Grundausstattung.

war. Um die Lizenz zu erhalten, nannten die Betreiber ihre Etablissements „Hotel", boten im ersten Stock einige Gästezimmer an und konnten auf diese Weise problemlos ihrem Hauptgeschäft – der Kneipe im Erdgeschoss – nachgehen.

Pub-Unterkünfte: Auch heute noch kann man in diesen als „Hotel" bezeichneten Pubs übernachten, man muss jedoch speziell an den Wochenenden mit etwas Lärmbelästigung rechnen. Dusche und Toilette liegen in diesen Häusern meist auf dem Gang. Die Unterschiede hinsichtlich des Standards und der Preise sind groß. Es kommt durchaus vor, dass die Zimmer wunderschön hergerichtet sind und ihren historischen Charme aus jeder Ecke verströmen, andere Unterkünfte dieser Art können im Gegensatz dazu relativ einfach, bisweilen sogar etwas heruntergekommen sein. In ländlichen Gegenden sind die Zimmer manchmal gar als Billigunterkünfte für Saisonarbeiter oder Backpacker umfunktioniert. Je nach Zustand schlägt die Übernachtung im Doppelzimmer mit etwa 50 bis 200 $ zu Buche, in luxuriös restaurierten Grandhotels kann es auch durchaus mehr sein. Zur besseren Unterscheidung wird diese Art von Hotel im Reiseführer oft als „Pub-Hotel" bezeichnet.

Klassische Hotels und Boutique-Hotels: In den Großstädten und einigen Touristenhochburgen – etwa an der Gold Coast – ragen riesige Hoteltürme mit Hunderten von Zimmern in den Himmel, geläufige Namen sind dabei *Hilton*, *Holiday Inn*, *Marriott*, *Rydges* oder *BreakFree Hotels*. Wem das standardisierte Wohngefühl der großen Hotelketten nicht zusagt, der findet zahlreiche kleinere Häuser, die oft richtig schicke und gemütliche Zimmer anbieten. Die sogenannten „Boutique Hotels" setzen bewusst auf Individualität und bestechen durch edlen Schick, Hightech-Funktionalität oder flippige Einrichtung. Für ein ordentliches Hotelzimmer muss man mindestens 125 $ investieren, man kann aber auch für schlappe 5000 $ eine Luxussuite in den Edelhotels der Metropolen beziehen. Dass es da gewisse Unterschiede gibt, dürfte klar sein; zur Grundausstattung der Zimmer gehören jedoch fast immer Klimaanlage, Fernseher, Minibar und immer öfter auch ein Internetzugang via Kabel oder WLAN.

Apart-Hotels und Apartments

In fast allen größeren Städten und touristisch erschlossenen Ortschaften gibt es Apart-Hotels oder Anlagen mit Ferienapartments. Die sind immer dann eine besonders gute Wahl, wenn man einige Tage an einem Ort bleiben und mehr als nur ein Dach über dem Kopf haben möchte: Zur Komplettausstattung gehört eine Küche oder wenigstens eine kleine Kitchenette, in der man sich entsprechend kostengünstig selbst versorgen kann. Waschmaschine und Trockner sind nicht Standard, aber zumindest in den größeren Apartments oft zu finden.

Die günstigste Alternative in dieser Kategorie ist das „Studio" in Form eines kombinierten Wohn- und Schlafbereichs mit integrierter kleiner Kochgelegenheit. Mietet man ein „One (two, three ...) Bedroom Apartment", hat man einen kombinierten Wohn- und Essbereich mit Küche und ein (zwei, drei ...) separates Schlafzimmer zur Verfügung. Die Bäder der exklusiveren Apartments sind oft mit Spa-Wanne oder Whirlpool ausgestattet. Zwei Personen bezahlen dabei kaum mehr als für ein vergleichbares Doppelzimmer im Hotel – wenn überhaupt. Ein Studio kann man ab etwa 145 $ mieten, ein Apartment für vier Personen ab etwa 200 $. In der Feriensaison und über Feiertage gibt es oft Mindestaufenthalte von bis zu einer Woche.

Resorts

Große Resortanlagen gibt es hauptsächlich auf den küstennahen Inseln und in einigen Touristenhochburgen. Hier finden Gäste neben Hotelzimmern auch Restaurants, Bars und Geschäfte, zusätzlich stehen meist Sport-, Wellness- und Unterhaltungsangebote sowie kleinere Ausflüge auf dem Programm. Die Inselresorts bieten oft die einzige Infrastruktur auf den Eilanden, einige sind nicht nur abgeschieden, sondern gehören auch zu den exklusivsten Urlaubsdestinationen des ganzen Landes.

Ferienhäuser und Retreats

In Australien bezeichnet man frei stehende Ferienhäuser gerne als „Retreat", was man in etwa mit „Rückzugsmöglichkeit" übersetzen kann. Diese Unterkünfte liegen meist abseits des Trubels und können sich in verschiedensten Varianten präsentieren. Da gibt es rustikale Berghütten, klassische „Queenslander" mit umlaufender Veranda oder luxuriöse Pfahlkonstruktionen, die in 10 m Höhe in den dichten Tropenwald hineingebaut sind. In den warmen Regionen Nordqueenslands gibt es oft exotische Behausungen im balinesischen Stil mit großen Gärten, zur Terrasse hin offenen Wohnräumen und Badewannen unter freiem Himmel. Die Preisspannen sind enorm, wobei nach oben hin kaum Grenzen gesetzt sind, speziell in den letzten zehn bis fünfzehn Jahren wurden v. a. Unterkünfte im exklusiveren Preissegment gebaut. Zwei Personen bezahlen für ein lauschiges Liebesnest im Grünen ab etwa 150 $ pro Nacht, eine vierköpfige Familie für ein geräumiges Ferienhaus ab etwa 200 $ pro Nacht.

Motels und Motor-Inns

Das klassische Motel ist praktisch überall im Land zu finden, stellt eine mehr oder weniger günstige Unterkunft dar und bietet sich immer dann an, wenn man lediglich ein festes Dach über dem Kopf braucht. Beliebt bei Urlaubern und Geschäftsreisenden sind Motelzimmer als einfache Übernachtungsmöglichkeit mit großen Betten, Fernseher und Bad mit Dusche und WC. Fast alle Motelzimmer verfügen außerdem über individuell steuerbare Klimaanlagen, einen kleinen Kühlschrank und einen Wasserkocher, um Tee oder löslichen Kaffee zuzubereiten. Neben den einfachen „standard units" gibt es meist auch noch eine höhere Zimmerkategorie, die dann etwas geräumiger ist und deren Bäder bisweilen mit einem kleinen Whirlpool (Spa-Wanne) ausgestattet sind. Zu vielen Motels gehört außerdem ein Restaurant, in dem man morgens ein kleines Frühstück zu sich nehmen kann und das auch für einige Stunden zum Abendessen geöffnet ist. Der Bau- und Einrichtungsstil der Anlagen ist bisweilen alles andere als modern, und die Zimmer sind i. d. R. etwas düster, aber für Leute, die mit dem Auto reisen, sind sie trotzdem die ideale Unterkunft. Man kann das Auto direkt vor der Zimmertür parken und muss nicht lange Koffer schleppen. Die Kosten halten sich in Grenzen, ganz billig ist der Spaß allerdings auch nicht – für ein ordentliches Doppelzimmer bezahlt man 80–140 $, bei gehobener Ausstattung bis etwa 200 $.

Bed & Breakfast

In Australien ist man auf dem besten Wege, den Begriff „Bed & Breakfast" von dem etwas verstaubten Image der gehäkelten Bettüberwürfe und Spitzendeckchen zu

Bed & Breakfast in Glen Innes

befreien. Auf dem Vormarsch sind moderne, speziell als B&B geplante und eingerichtete Häuser. Das Interieur ist dabei schick und funktional, die Zimmer mit Flachbildfernseher im Wohnbereich und kabellosem Internetzugang ausgestattet. Anders als die traditionellen B&Bs – die ja meist in ganz normalen Wohnhäusern oder Apartments geführt werden – verfügen hier meist alle Zimmer über ein eigenes Bad, sodass man vor dem Zubettgehen nicht noch über Flure tapsen muss. In der Regel gibt es Platz für maximal zwölf Gäste, die das Wohnzimmer, die Küche und den Essbereich gemeinsam nutzen. Wermutstropfen: Mit rund 200 $ für ein Doppelzimmer sind derartige Unterkünfte nicht gerade günstig, allerdings ist meist ein sehr opulentes Frühstück inklusive.

Natürlich gibt es auch noch die ursprünglichen B&Bs, die sogar in der Mehrzahl sind, und auch die können durchaus ihren Charme haben. Es kann beispielsweise ein ganz besonderes Erlebnis sein, in einem der wunderschönen Stadthäuser aus der viktorianischen Zeit untergebracht zu sein. Preislich liegt ein Doppelzimmer dann bei etwa 150 $ aufwärts.

Hostels

Die kostengünstigste Möglichkeit, in einem Bett zu übernachten, bieten die Hostels. Die Zimmer sind meist für vier bis zwölf Personen ausgelegt und äußerst spartanisch ausgestattet. Außer einfachen Stockbetten gibt's meist nicht viel, vielleicht noch eine Ablage für Rucksäcke oder abschließbare Spinde. Zusätzlich werden oft noch einige einfache Doppelzimmer angeboten, die aber – sofern mit eigenem Bad – meist so teuer sind, dass man auch gleich in ein günstiges Hotel oder Motel ziehen kann. Im Regelfall gibt es in den Hostels gemischte Schlafräume und Räume, die ausschließlich für Mädchen bzw. Frauen vorgesehen sind, in manchen Fällen sind die Schlafsäle aber auch strikt nach Männlein und Weiblein getrennt. In einigen Städten gibt es spezielle „Girls Hostels", in denen ausschließlich Frauen übernachten dürfen.

Zur Basisausstattung der Hostels gehören immer eine Gemeinschaftsküche, Duschen und Toiletten auf dem Flur, ein Aufenthaltsraum und ein Waschmaschinenraum. Bettzeug wird gestellt und muss auch verwendet werden, eigene Schlafsäcke dürfen aus Hygienegründen nicht benutzt werden. Der Konkurrenzkampf unter den Hostels belebt das Geschäft und vielerorts gibt's neben der bereits genannten Grundausstattung auch hauseigene Bars mit günstigen Essens- und Alkoholpreisen, Internetterminals, Buchungsschalter für Touren und manchmal auch kostengünstig Surfbretter oder Fahrräder zu mieten.

Zielgruppe sind v. a. junge Backpacker im Alter zwischen 20 und 30 Jahren und darüber sollte man sich im Klaren sein. Es kann durchaus vorkommen, dass die Mitbewohner in den frühen Morgenstunden lautstark von der Kneipentour zurückkommen, erst mal stundenlang in ihren Rucksäcken herumkramen, um dann irgendwann laut schnarchend einzuschlafen. Natürlich tun das nicht alle gleichzeitig, sondern nacheinander im Halbstundentakt. Wohl dem, der da einen gesunden Schlaf hat.

Hostels gibt es in fast allen Städten und Touristenhochburgen wie auch entlang der viel bereisten Pfade. In einigen ländlichen Gegenden haben sich manche Hostels auf die Unterbringung von Saisonarbeitern und Erntehelfern spezialisiert und bieten dementsprechend besonders günstige Konditionen für Aufenthalte von mehreren Wochen. Ganz anders verhält es sich in den Metropolen, wo die großen Hostels oft einen Maximalaufenthalt von etwa einer Woche vorschreiben. Die Preise variieren je nach Saison, Zimmerbelegung, Örtlichkeit und Zustand der Räumlichkeiten. Günstigstenfalls liegen die Preise bei etwa 25 $ pro Person und Nacht, 25 bis 35 $ sind noch im Rahmen des Normalen. In besonders guten oder gut gelegenen Häusern bezahlt man auch mehr, wie z. B. im topmodernen *Sydney Harbour – The Rocks*, wo man mehr als 40 $ für das günstigste Bett bzw. 180 $ für ein ganz einfaches Doppelzimmer berappen muss. Wer während der Skisaison in die Berge fährt, muss richtig tief in die Tasche greifen – bis zu 75 $ pro Nase und Nacht bezahlt man dann im Mehrbettzimmer.

Einige der großen Hostelketten bieten ihren Gästen Rabattkarten an, mit denen man nicht nur bei jeder Übernachtung sparen kann, sondern z. T. auch einen erheblichen Nachlass bei Eintritten zu Sehenswürdigkeiten oder bei Transportunternehmen, Touranbietern oder Sportgeschäften erhält.

In den Semesterferien kann man als Alternative zum Hostel in die Studentenbuden verschiedener Universitäten einchecken und wohnt dann meist direkt auf dem Campus. Die Zimmer sind meist für 1–6 Personen und ganz unterschiedlich ausgestattet, meist mit Bad und oft einer kleinen Kochgelegenheit. Informationen dazu unter www.campussummerstays.com.au.

Hostelketten base Backpackers, 7 Stück in ganz Australien, allesamt an der Ostküste. Richtig schick oder in perfekter Lage (Magnetic Island). ✆ (02)84055555, www.stayatbase.com.

Nomads, etwa zwei Dutzend Hostels in ganz Australien. Die Mitgliedskarte nennt sich „MAD-Card" und kostet online ab 19 $. ✆ 1800666237 (kostenlos, nur in Australien), www.nomadsworld.com.

VIP Backpackers, etwa 120 Hostels in Australien. Die VIP-Card kostet 47 $, ist 12 Monate gültig und berechtigt zu Rabatten und Vergünstigungen. ✆ (02)92110766, ✆ (02)92111077, www.vipbackpackers.com.

YHA (Youth Hostel Association), rund 140 YHA-Hostels gibt es in Australien. Die Mitgliedschaft für ein Jahr kostet ab 25 $, für zwei Jahre ab 45 $. Zahlreiche Rabatte mit der Karte. ✆ (02)92611111, www.yha.com.au.

Farmstay

Nicht nur bei Urlaubern aus Übersee, sondern auch bei australischen Großstädtern beliebt sind die sogenannten „Farmstays", welche sozusagen die australische Version von „Urlaub auf dem Bauernhof" darstellen. Man kann einfach nur übernachten, aber auch einige Tage bleiben, den harten Alltag auf den Viehstationen kennenlernen und sogar mit Hand anlegen, wenn einem danach ist. Entsprechend sind die Preise gestaltet, eine Nacht in den Arbeiterquartieren gibt es ab etwa 25 $ pro Bett, in einer Cabin zahlt man zu zweit ab etwa 60 $, für einen kompletten Erlebnisaufenthalt mit Unterkunft, Verpflegung und Programm muss man ab etwa 120 $ pro Tag und Nase einrechnen – wobei nach oben noch Luft ist. Aber letztendlich hängen die Details von vielen Umständen ab, denn wer jetzt denkt, die Tiere und der Betrieb wären nur die Kulisse für das Geschäft mit den Touristen, der irrt. Haupteinkommen ist immer die Land- oder Viehwirtschaft, mit den Urlaubern verdient man sich höchstens ein Zubrot. In der Regel handelt es sich bei den Betrieben um Rinder- oder Schaffarmen, vereinzelt werden auch Kamele gehalten. In jedem Fall hat man bei einem Farmstay die Möglichkeit, einige Tage und Nächte in wirklich abgeschiedenen Regionen zu verbringen und etwas Lagerfeuerromantik zu erleben.

Campingplätze, Caravan-Parks und Cabins

Die Australier lieben es zu Campen – selbst in kleinen Dörfern und entlegenen Gegenden gibt es noch Campinglätze. Zur Basisausstattung gehören neben dem Sanitärblock meist auch eine Campküche, einige BBQ-Stellen und ein Raum mit Waschmaschinen und Trocknern. Sogenannte „Caravan Parks" – auch kurz „Van Parks" genannt – sind dabei die einfachste und günstigste Alternative. Hier trifft

Unterkunft am Rande der Touristenhochburg: Safarizelte in Byron Bay

man neben Touristen auf Dauercamper und nicht selten wohnen wochentags auch Arbeiter in den Cabins. „Tourist Parks" oder „Holiday Parks" kosten zwar oft ein paar Dollars mehr, sind dafür aber hauptsächlich auf Urlauber eingestellt. Neben der Basisausstattung bieten sie meist weitere Annehmlichkeiten wie Pool, Tennisplatz, Aufenthaltsraum oder Kiosk.

Zelt und Wohnmobil: Stellplätze für Wohnmobile verfügen meist über einen Strom- und Wasseranschluss sowie einen betonierten Untergrund, damit das Mobil möglichst eben steht. Das Zelt baut man entweder auf einer separaten für diesen Zweck vorgesehen Wiese auf oder einfach auf einem der Wohnmobil-Stellplätze, sofern dieser mit Grasboden versehen sind. In einem einfachen Caravan-Park kann man schon ab etwa 22 $ zelten bzw. für etwa 25 $ das Wohnmobil parken (Preise jeweils für 2 Personen), in einem schönen „Holiday Park" muss man zuweilen mehr als das Doppelte berappen.

Cabins: Auf so gut wie jedem Campingplatz kann man sogenannte „Cabins" mieten. In der einfachen Version sind das lediglich kleine Holzhütten, die den Charme eines Geräteschuppens verströmen, in der gehobenen oder gar der Luxusversion handelt es sich um Unterkünfte, die in puncto Ausstattung und Komfort durchaus mit einem Apartment oder Ferienhaus mithalten können. In letzteren gibt's dann mehrere Schlafzimmer, ein Bad mit Wanne oder Whirlpool, eine voll ausgestattete Küche, einen Ess- und Wohnbereich und meist eine kleine Sonnenterrasse. Besonders beliebt sind die „Waterfront Cabins", die in erster Reihe zum Meer oder Seeufer stehen. Die günstigsten Cabins sind schon für etwa 60 $ pro Nacht zu haben, in der mittleren Kategorie bezahlt man 90 bis 140 $, die exklusive Version kostet je nach Saison 150 bis 250 $. Die Preise verstehen sich für zwei Personen, Extragäste – soweit Platz vorhanden – zahlen etwa 20 $ pro Nacht extra.

Holidaypark-Ketten **BIG4 Holiday Parks**, über 170 Plätze in ganz Australien, darunter einige große Holidayparks mit allem Komfort. Die Mitgliedschaft im BIG4-Club kostet 50 $ für 2 Jahre, dafür gibt's 10 % Rabatt auf die Übernachtungspreise (max. 40 $/Aufenthalt). ✆ (03)98119300 oder 1300738044 (kostenlos, nur in Australien), ✆ (03)98150076, www.big4.com.au.

Top Tourist Parks, über 200 Plätze in Australien (außer im ACT und auf Tasmanien). Wer für 30 $ eine Mitgliedschaft über 24 Monate abschließt, spart 10 % pro Aufenthalt (max. 30 $/Aufenthalt). Hauptbüro ✆ (08)83631901, ✆ (08)83631905, www.toptouristparks.com.au.

Bushcamping in Nationalparks

In vielen Nationalparks gibt es von der jeweils zuständigen Nationalparkverwaltung ausgewiesene Camping-Areale, wobei diese sicherlich die abenteuerlichste Übernachtungs-Alternative bieten. Wenn es dort einige Picknicktische, ein Plumpsklo und fließendes Wasser gibt, dann ist das schon das höchste der Gefühle – Stromanschlüsse oder gar Duschen sucht man fast immer vergeblich. Viele Plätze sind aber auch mit nichts dergleichen ausgestattet, man muss hier nicht nur die Verpflegung, sondern auch ausreichend Trinkwasser mitbringen. Die Bushcamping-Areale liegen meist sehr abgeschieden, nur selten kann man sie mit dem normalen Pkw erreichen, oft sind sie nur mit dem Geländewagen und in vielen Fällen nur zu Fuß zugänglich. Die Areale sind i. d. R. klein, bieten vereinzelt nicht mal Platz für zehn Zelte und sind eher als Lagerplatz für Wanderer auf der Durchreise gedacht. Pro Nacht und Person zahlt man ab 5–10 $ – in einigen Parks auch 15 $ –, wobei man die Rechnung entweder im Voraus online oder in einem der Büros der jeweiligen Nationalparkverwaltung begleicht, vereinzelt auch vor Ort, indem man das

Geld einfach in eine Art Briefkasten wirft. Etliche Plätze funktionieren nach der Devise „wer zuerst kommt, mahlt zuerst", jedoch wird man zunehmend zu einer vorherigen Anmeldung oder Buchung verpflichtet. Das ist problemlos per Internet oder telefonisch möglich, nimmt wenig Zeit in Anspruch und gibt einem letztendlich auch eine gewisse Sicherheit, v. a. wenn man auf mehrtägigen Wanderungen unterwegs ist. Informationen zu den staatlichen Bushcamping-Arealen und Kontaktdaten der zuständigen Dienststellen finden sie unter Australien A–Z/Nationalparks.

Der neue Trend – Glamping

Das Akronym setzt sich aus den Wörtern **Gla**morous und **Camping** zusammen und steht für die luxuriöseste Art von Camping. Dabei fallen unter den Begriff die verschiedensten Formen, alternativ zur klassischen Unterkunft zu übernachten, angefangen beim edlen Riesenwohnmobil bis hin zum exklusiven Baumhaus. Am reizvollsten ist davon vielleicht das Glamping im Zelt – für das sich gerade Australien gut eignet. Meist in eine wunderbare Naturkulisse eingebettet, werden große Safarizelte opulent ausgebaut, erhalten einen festen Holzfußboden und eine edle Einrichtung mit großem Bett, Essbereich, Kommoden, Ankleidespiegeln u. v. m. Je nach Preisklasse werden ganze Bäder integriert, in denen man bisweilen sogar von freistehenden Badewannen aus den Sternenhimmel anschauen kann. Für den Sundowner stehen Stühle oder Liegen auf den privaten Decks, und Moskitonetze schützen vor lästigen Plagegeistern. Billig ist das natürlich nicht, rund 200 $ pro Nacht muss man mindestens investieren – in der Nebensaison. Es werden aber durchaus auch vierstellige Übernachtungspreise pro Nacht erreicht, je nach Ausstattung, Lage und Exklusivität der Unterkunft.

Wildcampen/Freecamping

In ganz Australien gibt es zahllose „Restareas", wo man meist auch kostenlos übernachten kann. Zur kargen Ausstattung gehören mindestens ein Plumpsklo und einige Picknicktische. Einige dieser Plätze sind direkt an den großen Highways zu finden, andere nur nach längeren Fahrten abseits der Asphaltstraßen und bei trockenen Bedingungen nur mit dem Geländewagen erreichbar. Prinzipiell natürlich eine gute Sache, so kann man sich als Wohnmobilfahrer – geeignete Zeltstellplätze gibt es nicht überall – die Stellplatzgebühr sparen oder sich einfach die langen Überlandrouten besser einteilen. Allerdings verzichtet man nicht nur auf die Annehmlichkeiten, sondern auch auf die Sicherheit eines „echten" Campingplatzes. Meist wird man auf ganz nette Reisende treffen, aber man kann dabei durchaus auch die Bekanntschaft von etwas abgedrehten Zeitgenossen machen. Wer unangenehme Überraschungen vermeiden möchte, sollte möglichst nur auf solchen Plätzen übernachten, wo bei Ankunft bereits Leute sind, sodass man sich seine „Nachbarn" vorab anschauen kann. Man sollte dann auch früh genug eintreffen, um im Notfall noch zur nächsten Übernachtungsmöglichkeit weiterfahren zu können. Beim Campen an Flüssen sollte man sein Lager keinesfalls unter einem Red River Gum, einer Eukalyptusart, aufschlagen – die bis zu 45 m hohen Bäume sind dafür bekannt, aus heiterem Himmel riesige Äste abzuwerfen. Prinzipiell sind die Plätze nicht eingezäunt und so muss man in den entsprechenden Verbreitungsgebieten natürlich auch auf Krokodile achten.

Ein kühles Bier unter Palmen: Wer kann da schon Nein sagen?

Essen und Trinken

Die australische Küche ist ein Spiegel von Land und Leuten: vielseitig, abenteuerlich und immer für eine Überraschung gut. Lange vorbei sind die Zeiten, in denen das klassische „meat & three veg" – ein Stück Fleisch mit drei meist totgekochten Gemüsesorten – als Inbegriff der Gaumenfreuden galt. Die schweren Bratengerichte mit den dicken Soßen sind frischen und leichten Kreationen gewichen, die ihre Ursprünge in den Kochtraditionen der zahlreichen Zuwandererländer haben.

Um sich wahren Gaumenfreuden hinzugeben, muss man nicht unbedingt ein 15-Gänge-Menü in einem der exklusiven Genussstempel der Metropolen zu sich nehmen – auch wenn es sicherlich schlechtere Möglichkeiten gibt, rund 250 $ pro Person loszuwerden. Selbst in kleinen Cafés, Gaststätten oder Bistros kann man richtig gutes Essen bekommen. Dort stehen zwar oft weniger als ein Dutzend simpler Gerichte auf der Speisekarte, dafür sind die Zutaten meist von hervorragender Qualität und die Speisen frisch zubereitet. Wer dann 20–30 $ für ein Hauptgericht investiert, kann sich über ein schmackhaftes Mahl freuen.

Lokal erzeugte Lebensmittel

Egal ob im Restaurant oder am heimischen Herd, die Qualität der Gerichte steht und fällt mit den Zutaten. Und diesbezüglich muss sich Australien wahrlich nicht verstecken. Die heimischen Fangflotten laufen jeden Morgen mit frischem Fisch und Meeresfrüchten in den Häfen ein. Australisches Lamm- und Rindfleisch sind nicht nur schmackhaft und qualitativ hochwertig, sondern im Vergleich zu Deutschland auch noch relativ preiswert. Das Klima begünstigt außerdem die Kultivierung von Obst und Gemüse, sodass auf den Plantagen Bananen, Mangos, Orangen, Kaffee, Macadamianüsse und vieles mehr gedeihen.

Im Vergleich zu anderen Ländern haben Australiens Erzeuger weniger unter der Konkurrenz durch ausländische Produkte zu leiden. Das liegt u. a. an den strengen Quarantänevorschriften, die eine Einfuhr von bestimmten Agrarprodukten gänzlich verbieten und somit den lokalen Unternehmen eine Art Monopolstellung bescheren. Positiv auf die lokale Wirtschaft wirkt sich natürlich auch aus, dass die Australier sehr viel Wert darauf legen, heimische Produkte zu kaufen und dafür auch bereit sind, einige Dollars mehr zu bezahlen. Darüber hinaus haben mittlerweile viele australische Landwirte und Obstbauern eine lukrative Nische im immer größer werdenden Markt der Bio-Lebensmittel, die hier „organic food" genannt werden, gefunden.

Die Küche der Immigranten

Die Italiener – eine der größten nichtbritischen Zuwanderergruppen – hatten schon Mitte des 20. Jh. mit Pizza und Pasta die Herzen und Teller der Australier erobert, ansonsten wollte sich der australische Gaumen allerdings lange nicht so recht an Neues gewöhnen. Erst in den 1980er-Jahren fanden die Gerichte der Immigranten immer häufiger den Weg aus der Isolation der verschiedenen Zuwandererkommunen in die breite Öffentlichkeit. Vor allem die libanesische und die vielseitige asiatische Küche konnten im Laufe der Zeit zahlreiche Freunde gewinnen und sind heute fester Bestandteil in Australiens kulinarischer Landschaft. Und weil der Australier Bier und deftige Speisen liebt, sind auch deutsche – genau genommen bayerische – Restaurants in Down Under sehr beliebt. Aber letztendlich sind in den letzten 230 Jahren Menschen aus über 100 verschiedenen Nationen nach Australien ausgewandert und so findet man zumindest in den großen Metropolen eine enorme Auswahl an Spezialitäten aus allen Ecken dieser Erde.

Modern Oz

Die kulinarische Identitätsfindung Australiens begann in den 1990er-Jahren. Australische Köche verfeinerten nun die qualitativ hochwertigen Lebensmittel und bedienten sich bei der Zubereitung immer häufiger im Zutatenschrank der Einwanderer. Dabei legten sie eine ausgesprochene Experimentierfreude an den Tag und gingen weniger mit Ehrfurcht als mit purer Lust ans Werk. Das Ergebnis wird heute geläufig als „Modern Oz" („Oz": kurz für „Australien") bezeichnet und ist ein gelungener Mix, dem die Einflüsse der klassischen französischen Cuisine ebenso anzumerken sind wie die mediterranen, arabischen oder asiatischen Einschläge. Das mag für den Puristen manchmal etwas zu viel des Guten sein, aber wenn der Koch sein umfangreiches Zutatenarsenal wohldosiert zum Einsatz bringt, dann schmecken die Gerichte wirklich vorzüglich.

Was kommt in Down Under auf den Teller?

Prinzipiell ist Australiens Küche stark fleischlastig, je nach Region und Saison sind auch Fisch und Meeresfrüchte sehr beliebt. Vegetarier und Veganer finden in den großen Metropolen und einigen ökologisch-alternativ angehauchten Touristendestinationen gute Lokale, die sich entweder ganz auf diese Klientel spezialisiert haben oder zumindest eine schmackhafte Auswahl an entsprechenden Gerichten bieten. Je weiter man jedoch in entlegene Gefilde vordringt, desto spärlicher werden diese Angebote – wer sich ganz fleischlos ernährt, dem bleiben als Alternative dann oft nur Käsepizza oder Spaghetti mit Tomatensoße.

Die BBQ-Nation

Die Australier sind absolut verrückt nach BBQs und das milde Wetter ermöglicht es ihnen, das ganze Jahr über den Grill anzuschmeißen. Holzkohle oder Holz kommt dabei höchstens im Outback zum Einsatz, die Gärten der Vorstädte werden meist von enormen Grillstationen mit mehreren Gasbrennern geziert. Die sind pflegeleicht, innerhalb von Minuten auf Temperatur und groß genug, um ein ordentliches „barbie" – so nennt man hier die Grillpartys – für sämtliche Freunde zu veranstalten. Nicht selten werden die Geräte aber auch schon in den frühen Morgenstunden angeheizt, um schnell noch Eier und Speck fürs Frühstück zu brutzeln.

Und damit man auch außerhalb des eigenen Gartenzauns nicht auf die Grillfreuden verzichten muss, sind in vielen Stadtparks und an den Stränden öffentliche Gasgrills installiert. Man wirft einfach eine Dollarmünze – wenn das Vergnügen nicht sogar kostenlos ist – in den Schlitz und schon wird für etwa 20 Minuten eine Grillplatte erhitzt. Eine gesellige Angelegenheit, bei der man schnell Bekanntschaften schließt. Für die Australier versteht es sich von selbst, dass man die Geräte nach Gebrauch wieder reinigt und daran sollte man sich auch als Urlauber halten.

Fast noch kurioser sind die speziellen Restaurants oder Bistros, in denen man als Gast selber grillen kann. Dort kauft man sein rohes Fleisch an einer Kühltheke und marschiert dann zu einem der großen Gasgrills, um Steak oder Wurst nach eigenen Wünschen zuzubereiten. Die teuerste – die Preise unterscheiden sich kaum von „regulär" zubereiteten Gerichten in Restaurants –, aber zweifellos die stressfreiste Alternative, weil man weder etwas vorbereiten noch hinterher aufräumen muss.

Es ist schwer zu sagen, welche Gerichte man als landestypisch bezeichnen könnte, vielleicht gibt es die in Australiens multikultureller Küchenlandschaft auch gar nicht. Aber es gibt Speisen, die im ganzen Land verbreitet sind und die auch die Einheimischen sehr gerne essen. Wer zum Frühstück großen Hunger hat, ist mit einem *Big Brekkie* (kurz für „Big Breakfast") gut bedient. Auf dem Teller finden sich Spiegeleier, Speck, Grillwürste, gebackene Bohnen und Grilltomaten – in der Luxusversion oft auch noch Lammkoteletts. In den schicken Strandcafés stehen Müsli oder Joghurt mit Früchten jedoch höher im Kurs und natürlich kann man auch ganz einfach ein Croissant in seinen Kaffee tunken.

Schon der Name „*Aussie Burger*" verrät, dass es sich um eine australische Besonderheit handelt. Neben den klassischen Hamburgerzutaten klemmen hier noch Rote Beete und ein Spiegelei zwischen den Brothälften. Burger sind überhaupt sehr beliebt und es gibt sie in den verschiedensten Varianten, oft auch mit Lammfleisch, seltener mit Känguru oder Krokodil.

Kängurufleisch erfreut sich übrigens zunehmender Beliebtheit und kommt in Form von Würsten, Steaks oder Medaillons auf den Teller. Weil das Fleisch sehr fettarm ist, findet es an Stelle von Putenbruststreifen auch für gesunde knackige Salate Verwendung.

Gute Steaks gibt es überall in Australien, im einfachen Dorfpub ebenso wie im Gourmetrestaurant. In einigen besonders edlen Speiselokalen werden Steaks vom

Wagyu-Rind angeboten, das sich durch einen sehr hohen intramuskulären Fettanteil auszeichnet und deshalb extrem zartes und schmackhaftes Fleisch liefert. Allerdings kein billiger Spaß, im Restaurant ist man dann durchaus mit 100 bis 200 $ für ein 250-g-Steak dabei. Beliebt – und wesentlich günstiger – ist die sogenannte *Surf&Turf*-Kombination, bei der das gegrillte Rindersteak mit gegrillten Garnelen obenauf beispielsweise in Knoblauchsoße serviert wird. Und wer eine Vorliebe für Lammfleisch hat, der wird in Australien Freudentänze aufführen, denn die hiesigen Lammkoteletts sind einfach himmlisch.

Fish'n'Chips ist in australischen Schnellimbissbuden ebenso zu Hause wie in guten Speiselokalen. Traditionell wird das Fischfilet in Bierteig getunkt und dann in heißem Öl frittiert, mittlerweile wird der Fisch aber auch paniert, gebraten oder einfach nur gegrillt angeboten. Bei den Chips handelt es sich übrigens ganz einfach um unsere Pommes und nicht etwa um Kartoffelchips.

Fisch in sämtlichen Variationen – am Stück oder als Filet – ist v. a. aus der gehobenen australischen Küche nicht mehr wegzudenken. Er wird gegrillt, gebraten, gedünstet, geräuchert oder zu Pasteten verarbeitet. Ein Gericht aus frischen Meeresfrüchten ist einfach fantastisch, wobei man Austern oder Garnelen v. a. überall in den Küstenregionen bekommt. Als eine absolute Spezialität gelten die *Moreton Bay Bugs,* eine Langustenart, die allerdings auch nicht gerade günstig zu haben ist.

Und wenn es mal schnell gehen muss, dann greift der hungrige Australier gerne zu einem *Meat Pie,* einer Art Blätterteiggebäck mit Fleischfüllung. In der 08/15-Variante, die es oft sogar an Tankstellen gibt, ähnelt das Innenleben einer zähen, breiigen Masse und man muss schon wirklich am Verhungern sein, um das Ganze für sich als Nahrung durchgehen zu lassen. Aber es gibt

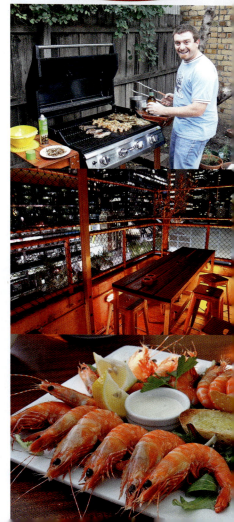

mittlerweile auch regelrechte Spezialisten, die ihr Können gar in Wettbewerben unter Beweis stellen. Sie produzieren ihre Pies mit qualitativ hochwertigen Zutaten und trotzen dem einfachen Fastfood mit Füllungen aus Büffel-, Krokodil- oder Emufleisch und verleihen ihren Kreationen damit einen Hauch Exotik. Im Supermarktregal finden sich dann noch einige Produkte, die man wirklich als „typisch australisch" bezeichnen kann. Für fast jeden Nicht-Australier ziemlich unverständlich ist die Beliebtheit von *Vegemite*. Dieser uraustralische Brotaufstrich aus fermentiertem Hefeextrakt wurde Anfang des 20. Jh. erfunden und schmeckt – bei wohlwollender Beurteilung – ganz penetrant nach Brühwürfel. In der Süßigkeiten-Abteilung lauert dafür ein absoluter Hochgenuss auf Kundschaft: *Tim Tams*. Kaum ein Australienreisender verlässt das Land, ohne eine mehr oder weniger ausgeprägte Abhängigkeit nach den Schokokeksen der Firma Arnott's entwickelt zu haben ...

Bush tucker

Als *bush tucker* bezeichnet man in Australien im Allgemeinen die Nahrung, die nicht kultiviert werden muss, sondern wild in der Natur wächst. Die Aborigines ernährten sich über Jahrtausende auf diese Art und Weise, die weißen Siedler konnten dem allerdings nichts abgewinnen und setzten lieber auf Bewährtes aus der alten Heimat. Selbst das heute hochgelobte fettarme Kängurufleisch – es hat einen hohen Proteingehalt – landete vor 20 Jahren noch in den Fressnäpfen der Hunde und nicht auf den Tellern der Menschen.

Im Australien des 21. Jh. zeigt man mittlerweile jedoch ein großes Interesse an traditionellem bush tucker. Die Gründe dafür sind vielfältig, vereinzelt spielt sicherlich eine Rolle, dass man die wildgewachsene Nahrung als gesunde und ökologisch

Urtümliche Busch-Küche: Im Camp Oven wird gekocht und sogar gebacken

korrekte Alternative zu herkömmlichen Lebensmittel entdeckt hat. Zum anderen ist es immer öfter auch die Lust auf neue und extravagante Geschmacksrichtungen, die Produkte wie Marmeladen oder Eiscreme aus endemischen Fruchtsorten hervorbringt. Mit den pflanzlichen Varianten tut man sich auch als Urlauber leicht, während Känguru-, Emu- oder Krokodilfleisch gerade noch in die europäisch geprägte Vorstellung von Essbarem passt. Auf dem Speiseplan der Aborigines standen aber auch Echsen, Käfer, Larven, Raupen, Schlangen und vielerlei anderes Getier. Wer abenteuerlustig genug ist, kann derartige Köstlichkeiten bei speziellen bushtucker-Touren kosten. Diese Touren bieten ohnehin die beste Alternative, um sich der wilden Nahrung zu nähern, denn auch hier ist Vorsicht geboten: So gibt es z. B. über 150 Arten wilder Tomaten, von denen lediglich eine essbar ist.

Alkoholische Getränke

Die Australier sind ein trinkfreudiges und durchaus trinkfestes Volk. Die Pubs füllen sich jeden Abend für die obligatorischen „after-work drinks", wobei es üblich ist, in der Gruppe reihum Runden zu bestellen. Eine sehr gesellige Trinkkultur, die aber auch ihre Tücken hat, denn es wird so lange getrunken, bis jeder einmal mit Bezahlen an der Reihe war. Und dann geht es nicht selten in die zweite Runde. Am häufigsten wird dabei nach wie vor **Bier** bestellt – Australien befindet sich mit einem jährlichen Pro-Kopf-Verbrauch von über 100 l im Spitzenfeld einschlägiger Statistiken. Zu den größten Bierkonzernen des Landes gehören *Fosters*, *Tooheys*, *Victoria Bitter (VB)* oder *XXXX*. Immer beliebter werden die sogenannten *boutique beers,* die Biere kleiner Mikrobrauereien. Die sind zwar bis zu doppelt so teuer, schmecken aber zumeist wirklich gut und punkten zusätzlich mit dem „Exotenfaktor".

Wein befindet sich in Australien stark auf dem Vormarsch – das Land hat sich bereits zum viertgrößten Weinexporteur der Welt gemausert. Schon die ersten Siedler brachten Reben mit, mittlerweile gedeihen die Trauben unter den verschiedensten klimatischen Bedingungen. Zu den bedeutendsten Anbauregionen gehören das Barossa Valley in South Australia, das Yarra Valley in Victoria oder das Hunter Valley in New South Wales, immer mehr Weine kommen aber auch aus Westaustralien oder Tasmanien. Australien produziert jedoch nicht nur Masse, sondern auch Klasse, wobei sich die edlen Tropfen durchaus im internationalen Vergleich messen können. Zu den am häufigsten angebauten Sorten gehören *Shiraz*, *Cabernet Sauvignon* und *Chardonnay*.

Ein echter „local" in der australischen Alkohollandschaft ist der **Bundaberg Rum**. Die Destillerie befindet sich in der Ortschaft Bundaberg, inmitten der Zuckerrohrfelder von Queensland. Von seinen begeisterten Fans liebevoll „bundy" genannt, wird der Rum vorwiegend als Mischgetränk mit Cola konsumiert. Mittlerweile gibt es „Bundy-Coke" sogar trinkfertig in Dosen zu kaufen und in den Kneipen fließt der Mix gar aus dem Zapfhahn.

Australiens Lokale

Der Begriff **Restaurant** wird in Australien weit gefasst, er kann vom edlen Gourmettempel bis zum einfachen Speiselokal alles bedeuten. Die Essenszeiten sind meist genau festgelegt mit etwa zwei Stunden um die Mittagszeit und drei bis vier Stunden abends. Qualität und Preisniveau erstrecken sich dabei von den Tiefen der Tiefkühlhölle bis hin zu den himmlischen Höhen der Sterne-Cuisine – eines der bekanntesten und besten Restaurants des Landes ist das *Tetsuya's* in

Sydney. Ausgezeichnete Gerichte zu günstigen Preisen bekommt man in den von Zuwanderern aus dem asiatischen Raum geprägten Stadtvierteln. Die zahlreichen thailändischen, chinesischen oder vietnamesischen Restaurants sind zwar oft klein und nur minimalistisch eingerichtet, aber in den Küchen wird Großartiges gezaubert.

Genügend Gelegenheiten bieten sich in Australien, sich über die zahlreichen Möglichkeiten zu wundern, die sich hinter dem Begriff **Café** verbergen – hier nur Kaffee, Kuchen und Gebäck zu erwarten, stellt sich sehr schnell als Irrtum heraus. Oftmals handelt es sich um lässige Lokale mit ungezwungener Atmosphäre und entspannter Musik aus den Boxen. Auf den Speisekarten stehen Frühstück, Snacks, verschiedene kleine Gerichte und eine Handvoll Hauptgerichte. Die kleine Auswahl sichert Frische und Qualität der Speisen, wobei die Angebote regelmäßig wechseln. Herauszuheben ist die Wandlungsfähigkeit der Lokale: Wo um sieben Uhr morgens die ersten Gäste ihren Tag mit der Lektüre der Morgenzeitung beginnen, füllen mittags die Büroleute in betriebsamer Atmosphäre die Tische, während abends im relaxten Barbetrieb leckere Cocktails ausgeschenkt werden. Und einen ordentlichen Kaffee bekommt man natürlich zu jeder Tageszeit – den nehmen die Australier übrigens ganz dem Trend entsprechend immer öfter auch unterwegs zu sich. „Coffee to go" ist hier wie anderswo die Entwicklung, und große amerikanische Ketten wie *Starbucks* und *San Francisco Coffee Company* überschwemmen mit Filialen das ganze Land. Aber zum Glück gibt's nach wie vor die kleinen, meist etwas versteckten Café-Bars, in denen man seine tägliche Koffeindosis mit Stil und Freude genießen kann.

Überall im Land bieten die Bistros der **Hotels** (Pubs) und **Clubs** (RSL-Clubs, Yacht-Clubs etc.) gute Möglichkeiten, ein warmes Mahl zwischen die Kiemen zu bekommen. Kulinarische Highlights kann man nicht unbedingt erwarten, dafür gibt es solide, bodenständige Gerichte wie etwa Steaks, Burger oder Pizza zu durchaus günstigen Preisen. Diese Kneipen-Gerichte sind übrigens auch gemeint, wenn man vom sog. „pub grub" oder „grub" spricht. Die Essenszeiten sind wie bei regulären Restaurants auf einige Stunden um die Mittags- bzw. Abendzeit begrenzt.

Ideal für den kleinen Geldbeutel und Unentschlossene sind die **Food Courts**, bei denen es sich um Bereiche in den großen Kaufhäusern handelt, in denen oft mehrere Dutzend Anbieter ihre Speisen anpreisen. Die Auswahl reicht dabei von den Burgern bekannter Fastfood-Ketten über asiatische Nudel- und Suppengerichte bis hin zu Döner, Falafel oder Crêpe. Sehr beliebt bei Backpackern, Studenten und Familien.

Im warmen Klima Australiens – v. a. dem der Küstenregionen – kann man wunderbar unter freiem Himmel essen. „Alfresco" nennt man das hier und wo immer sich auch nur ein bisschen Platz bietet, stehen ein paar Tische im Freien. Gaststätten und Pubhotels verfügen oft über große Terrassen oder Außenbereiche, die sich enormer Beliebtheit erfreuen. Wenn es im Sommer allerdings zu heiß wird, ziehen die Australier die voll klimatisierten Innenräume vor.

Eine Besonderheit in australischen Restaurants verbirgt sich hinter der Abkürzung **„BYO"** (kurz für „Bring Your Own"). Sie signalisiert, dass im Restaurant selber kein Alkohol ausgeschenkt wird und man entsprechende Getränke (i. d. R. nur Wein oder Sekt) mitbringen darf. Meist wird dann nur noch eine sogenannte „Corkage", eine Entkorkungsgebühr, für das Öffnen der Flasche erhoben.

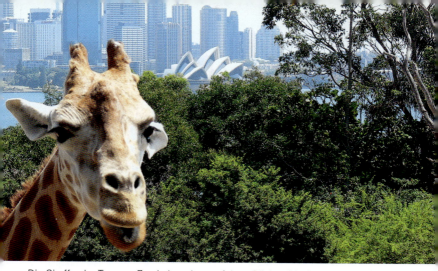

Die Giraffen im Taronga Zoo haben den perfekten Blick auf Hafen und Opernhaus

Wissenswertes von A bis Z

Ärztliche Versorgung
→ Medizinische Versorgung

Alkohol

Die Australier trinken gerne und viel Alkohol, v. a. Bier, Wein und den in Queensland hergestellten *Bundaberg Rum*. Insgesamt ist der Umgang mit Alkohol aber etwas strenger und nicht ganz so locker wie in Deutschland. Man kann alkoholische Getränke, egal ob Leichtbier oder hochprozentigen Schnaps, nicht einfach in einem Supermarkt erwerben, sondern nur in sogenannten „bottleshops", Getränkemärkten mit einer speziellen Lizenz zum Alkoholverkauf. Es gibt in Australien sogar Speiselokale, die meist aus Kostengründen keine der teuren Schanklizenzen haben und entsprechend keinen Alkohol ausschenken dürfen. Man umgeht das Problem, indem man den Gästen gestattet, ihren eigenen Wein ins Restaurant mitzubringen – allerdings müssen diese noch eine sogenannte „corkage" (Entkorkungsgebühr) für das Öffnen der Weinflaschen entrichten. Solche Restaurants sind mit dem Hinweise „BYO" versehen, was die Abkürzung für „Bring Your Own" ist.

Der Gesetzgeber versucht dem exzessiven Alkoholkonsum entgegenzuwirken, indem er Schankkellner und Kneipenbesitzer zu hohen Geldstrafen verdonnert, wenn sie bereits angetrunkenen Gästen Alkohol verkaufen. Eine Maßnahme, die allerdings nur sehr bedingt funktioniert und im besten Fall das Problem von der Kneipe auf die Straße verlagert. In einigen Aborigine-Kommunen herrscht absolutes Alkoholverbot, unter Strafe steht dort nicht nur der Konsum, sondern sogar schon das Mitführen von alkoholischen Getränken. Wer durch entsprechende Gebiete reist, darf nicht einmal eine verschlossene Weinflasche im Kofferraum dabeihaben.

Alleinreisende Frauen

Wer alleine unterwegs ist, speziell in einsamen Gegenden, sollte stets wachsam sein – das gilt besonders für alleinreisende Frauen. Prinzipiell sind die Gefahren für Frauen in Australien jedoch nicht größer als in Großbritannien oder Deutschland. Die australischen Männer geben sich zwar gerne als Machos, wissen sich aber i. d. R. zu benehmen und sind Frauen gegenüber meist zuvorkommend und hilfsbereit.

Arbeiten

Wer mit einem Touristenvisum nach Australien reist, darf prinzipiell keiner bezahlten Arbeit nachgehen. Wird man dennoch dabei erwischt, läuft man Gefahr, sofort des Landes verwiesen und mit einem mehrjährigen Einreiseverbot belegt zu werden. Für junge Leute bis 30 Jahre besteht die Möglichkeit, ein Working-Holiday-Visum zu beantragen, das die Aufnahme von bezahlter Arbeit erlaubt (→ Working Holiday). Ein reguläres Arbeitsvisum zu bekommen, ist sehr schwierig, erfolgreich ist man i. d. R. nur, wenn man eine Ausbildung und mehrjährige Erfahrung in einem Bereich nachweisen kann, der in Australien von Arbeitskräftemangel geprägt ist. Weitere Informationen → Kapitel Anreise und Reisevorbereitung/Reisedokumente und Visa sowie auf der Webseite der australischen Einwanderungsbehörde: www.immi.gov.au. Siehe auch WWOOF.

Ausrüstung und Kleidung

Was man in die Reisetasche oder den Rucksack packt, hängt sicherlich von der Urlaubsplanung und der Jahreszeit ab. Für einen Strandurlaub im tropischen Queensland braucht man kaum mehr als Shorts und einige lässige Hemden; wer in den Wintermonaten nach Sydney oder Melbourne reist, tut gut daran, einen dicken Pulli und eine Regenjacke dabeizuhaben. In den Bergregionen schneit es im Winter, selbst im Sommer kann es nach Sonnenuntergang empfindlich kühl werden und auch in den kristallklaren Outback-Nächten war schon so mancher um eine warme Jacke froh. Man sollte auch bedenken, dass langärmelige Kleidung nicht nur gegen Kälte schützt, sondern ebenfalls als Sonnen- und Moskitoschutz dient. Luftige Hemden oder Blusen, eine lange Trekkinghose aus leichtem Stoff und ein breitkrempiger Hut sind die beste Methode, um den Körper vor gefährlichen UV-Strahlen und lästigen stechenden Quälgeistern zu schützen.

Die Australier selbst sind wahre Fans von Flip-Flops und auch als Urlauber ist man mit den bequemen Latschen gut bedient. Für größere Sightseeing-Touren empfehlen sich bequeme Turnschuhe und wer Wandertouren plant, sollte auf alle Fälle feste Trekking- oder Bergschuhe im Gepäck haben. Beim Bushwalking durch unwegsames Gelände bieten hohe Stiefel und lange Hosen nicht nur Schutz vor leichten Verletzungen durch Gestrüpp oder Spinifex-Gras, sondern auch vor Bisswunden durch Schlangen oder Spinnen. Bei besonders großer Hitze stellen hier Gamaschen zu kurzen Hosen eine gute Alternative dar.

Es ist sicherlich auch keine schlechte Idee, ein paar schicke Sachen im Gepäck zu haben, wenn man nicht schon an der Tür von angesagten Bars und Nachtclubs abgewiesen werden will. Was die Australier als „neat casual", also gepflegt und lässig, bezeichnen, besteht bei Männern aus langen Hosen, einem Hemd mit Kragen oder einem Poloshirt und geschlossenen Lederschuhen. Frauen haben es da erfahrungsgemäß leichter und können bei der Wahl des Ausgeh-Outfits etwas kreativer zu Werke gehen.

Auswandern

Auswandern liegt derzeit voll im Trend und Australien gehört dabei zu den Traumzielen. Oft bleibt es aber beim Traum, denn die Einwanderungsbehörde geht nach extrem strengen Richtlinien vor. Vereinfacht gesagt: Es gibt eigentlich nur zwei Wege zum dauerhaften Leben in Down Under, wovon der eine aus einer gefragten beruflichen Qualifikation mit mehrjähriger Berufserfahrung besteht, während der andere von einer sechs- bis siebenstelligen Summe gepflastert ist, die man in die neue Existenz investieren kann. In jedem Fall kann sich die Prozedur hinziehen und die nicht unerheblichen Kosten für die jeweiligen Anträge werden auch nicht erstattet, falls die Einwanderungserlaubnis nicht erteilt wird. Detaillierte Informationen finden Sie auf der Webseite der Einwanderungsbehörde: www.immi.gov.au.

Baden und Schwimmen

Auch wenn die Verlockung groß ist, sich an einsamen Stränden in die Wellen zu stürzen – man sollte die enormen Gefahren des Ozeans auf keinen Fall unterschätzen. Jedes Jahr ertrinken Leute an Australiens Küsten, selbst starke Schwimmer können in ernsthafte Schwierigkeiten geraten. Vor allem die starken Rips – sogartige Strömungen vom Ufer in Richtung Meer – sind gefährlich und für den Laien oft nicht zu erkennen. Mit Fließgeschwindigkeiten von 1–2 m pro Sekunde befördern sie Schwimmer in Windeseile weit ins Meer hinaus und sogar Leute, die nur bis über die Knie im Wasser stehen, können mitgerissen werden. Rips sind in der Breite begrenzt, sodass die beste Gegenmethode ist, parallel zum Ufer zu schwimmen, bis man aus der entsprechenden Sog-Zone herauskommt. Dagegen anschwimmen ist zwecklos! Besonders wichtig ist es, Ruhe zu bewahren, nicht in Panik zu verfallen und seine Kräfte nicht unnötig zu vergeuden. Aber das ist leichter gesagt, als im Ernstfall getan, und so sollte man nur an Stränden schwimmen, an denen Rettungsschwimmer Dienst tun und auch dort nur zwischen den rot-gelben Flaggen, die den sicheren Bereich markieren.

Behinderung

Die Australier gehen i. d. R. sehr offen mit Behinderten um und zeigen verhältnismäßig wenig Berührungsängste. Man ist wirklich bestrebt, gehandicapten Leuten möglichst viele Barrieren aus dem Weg zu räumen. Die Museen und Sehenswürdigkeiten in den großen Städten verfügen meist über Aufzüge und Rampen für Rollstuhlfahrer, zum größten Teil sind auch die Wege in Anlagen wie Botanischen Gärten oder Tierparks den Bedürfnissen dieser Menschen entsprechend gestaltet. Vereinzelt kann man an Badestränden spezielle Rollstühle mit dicken Ballonreifen für das Fahren auf Sand leihen. Es gibt sogar eigens geschulte Surflehrer, die Menschen mit körperlichen oder kognitiven Einschränkungen den Spaß am Wellenreiten vermitteln, je nach Grad der Behinderung können selbst Tauchscheine gemacht werden.

Reisen: Die Reise in Linienflugzeugen ist für Rollstuhlfahrer relativ problemlos, sodass die großen Metropolen und Touristenhochburgen bequem angesteuert werden können. Die Autovermieter *Avis* und *Hertz* bieten spezielle Fahrzeuge für Rollstuhlfahrer an; da das Angebot allerdings beschränkt ist, wird eine Reservierung mindestens drei Tage im Voraus erbeten. In fast allen Zügen gibt es rollstuhlgerechte Rampen, das Personal ist beim Ein- und Aussteigen behilflich und meist gibt es mindestens einen Waggon, der mit einer speziellen Toilette ausgestattet ist.

Problematischer gestaltet sich da schon eher die Reise mit dem Bus. Zwar hat *Greyhound Australia* mittlerweile etliche Busse mit Einstiegslift in der Flotte, der Großteil der australischen Überlandbusse verfügt aber über keine speziellen Vorkehrungen, die Rollstuhlfahrern die Reise erleichtern würden. In jedem Fall sollte man sich einige Tage vor Antritt der Reise mit den Transportunternehmen bezüglich der speziellen Bedürfnisse telefonisch in Verbindung setzen.

Übernachten: Was die Übernachtungsmöglichkeiten betrifft, so werden kaum mehr Unterkünfte – egal ob Luxushotel oder Backpackerherberge – gebaut, die den Anforderungen von Rollstuhlfahrern nicht gerecht werden, sodass hier aus einem immer reichhaltiger werdenden Angebot gewählt werden kann. In älteren Hotels oder Motels gibt es meist ein oder zwei Zimmer, die gut zugänglich sind und mit einem zumindest ansatzweise rollstuhlgerechten Bad ausgestattet sind. Schwierig wird es mitunter auf Campingplätzen, jedoch verfügen zumindest einige größere Holiday-Parks über Badezimmer mit entsprechender Toilette und Dusche sowie niedrig angebrachten Waschtischen.

E-Bility, Webseite mit umfangreichen Informationen für behinderte Menschen zu Reisen in Australien, z. B. Unterkunftssuche, einschlägige Literatur und nach Regionen gegliederte Reisetipps. www.e-bility.com.

Easy Access Australia, Reiseführer von *Bruce M. Cameron*, der speziell auf die Bedürfnisse von Menschen mit Behinderung eingeht. Informationen dazu im Internet unter www.easyaccessaustralia.com.au.

Bushwalking

Der Begriff „Bushwalking" steht in Australien für sämtliche Wander- oder Trekkingaktivitäten, sei es nun ein längerer Spaziergang oder etwa eine mehrtägige Tour. Prinzipiell gelten dieselben Vorsichtsmaßnahmen wie beim Bergwandern in unseren Gefilden. Man sollte es in jedem Fall vermeiden, allein unterwegs zu sein, sollte nach Möglichkeit jemanden über die Dauer und den Streckenverlauf der Tour wie auch die geplante Rückkehr informieren und die Ausrüstung dem Terrain und möglichen Eventualitäten wie z. B. Wetterumschwüngen anpassen. Außerdem darf im Gepäck ein kleiner Verbandskasten nicht fehlen. Als australische Besonderheit beim Bushwalking verdienen die starke Sonneneinstrahlung und die enorme Hitze sicherlich besondere Beachtung – ein Hut auf dem Kopf, Sonnencreme mit besonders hohem Lichtschutzfaktor und viel Trinkwasser im Gepäck sind absolutes Muss!

Vor einer Wanderung sollte der Weg immer in eine Touristinformation, ein Büro der Nationalparkbehörde oder in die örtliche Ranger-Station führen. Dort gibt es Kartenmaterial, nützliche Tipps und aktuelle Informationen zur Beschaffenheit der Wege oder zu möglichen Sperrungen. Sperrungen kommen immer wieder dann vor, wenn beispielsweise Gefahr durch Buschfeuer oder Überschwemmungen droht. Und auch nach solchen Ereignissen bleiben viele Wege zunächst geschlossen, weil bisweilen Holzbrücken und wichtige Wegweiser zerstört sind oder nach Überschwemmungen die Zufahrtswege zu den Nationalparks selbst mit Geländewagen nicht befahrbar sind. In einigen Ranger-Stationen kann man sich vor Abmarsch zur Sicherheit in ein Tourenbuch eintragen. Sollten Sie das tun, vergessen Sie bitte nicht, sich nach der Rückkehr auch wieder auszutragen!

Information Bushwalking Australia, die nationale Vereinigung der Bushwalker. Auf der Homepage werden allgemeine Informationen wie auch Links zu den entsprechenden Organisationen auf bundesstaatlicher bzw. territorialer Ebene zur Verfügung gestellt. www.bushwalkingaustralia.org.

CBD

Kurz für „Central Business District"; meint die Innenstadt bzw. das Geschäftszentrum einer Stadt.

Ciguatera

An dieser Art der Lebensmittelvergiftung kann man durch den Verzehr von Warmwasser-Meeresfischen erkranken. Verantwortlich sind Mikroorganismen, die an Algen gedeihen, welche von kleinen Fischen gefressen werden. In der Nahrungskette reichert sich das Gift der Mikroorganismen an und gelangt mit den Speisefischen zuweilen auf die Teller der Menschen. Betroffene Fische können nicht identifiziert werden, das Gift beeinträchtigt weder deren Aussehen noch den Geruch oder den Geschmack. Auch Kochen und Einfrieren machen das Gift nicht unschädlich. Derartige Vergiftungen sind äußerst selten, zu den Symptomen gehören Kribbeln oder Taubheit um Mund, Zunge und die Finger, Übelkeit, Durchfall und Müdigkeit. Sofort ärztliche Hilfe aufsuchen!

Diplomatische Vertretungen

→ Kapitel Anreise und Reisevorbereitung/Reisedokumente und Visa (S. 107)

Dive Medicals

Ohne diese Unbedenklichkeitserklärung des Arztes darf man keine Tauchkurse belegen. Informationen zu den nächstgelegenen Tauchärzten findet man im Internet, außerdem erteilen die Tauchschulen Auskünfte zu einschlägigen Adressen. Der Gesundheits- und Fitness-Check ist umfangreich und kann einige Stunden in Anspruch nehmen, untersucht werden dabei neben der allgemeinen Fitness auch Lungenfunktion, Innenohren, Nebenhöhlen sowie auch Herz und Kreislauf. In Australien kostet die Untersuchung etwa 50 bis 80 Dollar, wobei die Kosten auch dann anfallen, wenn die Bescheinigung nicht ausgestellt wird. Wer regelmäßig Medikamente einnimmt – etwa gegen Bluthochdruck oder Herzbeschwerden –, der sollte am besten schon in Deutschland zu seinem Arzt gehen und sich im Voraus informieren.

Dive Medicals, umfangreiche Informationen (auf Englisch) zum gesamten Prozedere sowie Adressen von zugelassenen Ärzten in Queensland. www.divemedicals.com.au.

Drogen

In den Backpackerherbergen kann es schon passieren, dass abends im Zimmer ein Joint die Runde macht. Aber auch wenn immer wieder die Mär von den „erlaubten kleinen Mengen zum Eigengebrauch" kursiert: Drogen sind in Australien illegal, egal welcher Art und egal wie gering die Menge auch sein mag. Wer erwischt wird, muss nicht nur mit einer Strafe rechnen, sondern auch damit, dass es Probleme mit der Aufenthaltserlaubnis bzw. dem Visum gibt.

EFTPOS

Die Abkürzung steht für **E**lectronic **F**unds **T**ransfer at **P**oint **o**f **S**ale. In entsprechend gekennzeichneten Geschäften kann man sich beim Einkauf mit der **australischen** Bankkarte auch Geld auszahlen lassen kann.

Einkaufen

In Australien ist all das erhältlich, was es auch in Deutschland zu kaufen gibt. Die Öffnungszeiten der großen Supermärkte (*Coles*, *Woolworths* etc.) sind kundenfreundlich, in den Großstädten kann man meist zwischen sechs Uhr früh und Mitternacht einkaufen und das an sieben Tagen der Woche. In den Regalen findet man neben Altbekanntem oft auch Neues wie z. B. viele asiatische Produkte. In den riesigen Einkaufszentren, den *Malls*, sind oft Hunderte Geschäfte unter einem Dach vereint und man kann hier fast alles vom Elektrorasierer über das luftige Sommerkleid bis hin zum Kinderspielzeug kaufen. In vielen Städten gibt es gleich mehrere Outdoor- oder Campingläden, in denen man sich für sämtliche Unternehmungen mit entsprechender Kleidung und Ausrüstung eindecken kann. Für Lebensmitteleinkäufe kann man mittlerweile auch ein ganzes Netzwerk an Aldi-Filialen ansteuern.

Ermäßigungen

Mit einem **internationalen Studentenausweis** (*ISIC* – International Student Identity Card) gibt es vielerorts ordentliche Rabatte. So gewähren einige Hostels bis zu 10 % Nachlass pro Übernachtung, in verschiedenen Museen und Attraktionen kann man die günstigeren Studententarife in Anspruch nehmen, auch bei Bus- oder Zugtickets kann man sparen. Den Ausweis können Schüler (ab 12 Jahre) und Vollzeitstudierende für 15 € erwerben, die Gültigkeitsdauer beträgt ein Jahr. Eine Übersicht mit allen Ausgabestellen sowie weitere Informationen findet man unter www.isic.de. Für den Antrag sind neben einer gültigen Immatrikulationsbescheinigung auch der Personalausweis und ein Passfoto mitzubringen.

Exklusives Shopping:
die Strand Arcade in Sydney

Von derselben Vereinigung gibt es auch die **International Youth Travel Card** *(IYTC)* für Jugendliche bis 30 Jahre und die **International Teacher Identity Card** *(ITIC)* für Lehrer. Damit gibt es ebenfalls Rabatte, allerdings nicht so viele wie mit dem Studentenausweis.

Eine weitere Alternative sind die **Mitgliedskarten** der Backpacker-Hostels (z. B. *YHA*, → Übernachten in Australien/Hostels).

Ganz allgemein kann aber jeder im Internet gute Deals machen, nicht nur bei den Unterkünften. Manchmal bieten auch Museen oder Tourunternehmen auf ihren Webseiten Rabatte, z. B. für Onlinebuchungen.

Erste Hilfe

Ein Erste-Hilfe-Kasten gehört in jedes Auto – sollte sich in Ihrem Fahrzeug keiner befinden, so kann man schon ab 20 $ in den Supermärkten oder beim Autozubehörhändler ein „first aid kit" erwerben. Man erhält sie in verschiedenen Versionen und Ausstattungen, vom klassischen Plastikkasten bis hin zum kleineren und leich-

Erste Hilfe

teren Erste-Hilfe-Pack für den Rucksack. Schürf- und Schnittwunden oder Blasen an den Füßen dürften wohl die häufigsten zu verarztenden Verletzungen sein, sollte es jedoch einmal schlimmer kommen, so ist es natürlich nur von Vorteil, darauf vorbereitet zu sein. Wichtig ist in erster Linie, Ruhe zu bewahren und bei schwerwiegenden Fällen sofort einen Arzt zu verständigen, die **nationale Notrufnummer** ist **000**, funktioniert die Nummer vom Mobiltelefon aus nicht, wählt man die 112. Nützliche Informationen und Verhaltensregeln für den Notfall kann man sich schon vor Antritt der Reise kostenlos z. B. auf den Seiten der Regierung von New South Wales (www.health.nsw.gov.au) herunterladen.

Folgende Informationen stammen aus einer Broschüre, die der *Queensland Ambulance Service* vor einiger Zeit zum Download bereitstellte (aktuell leider nicht mehr verfügbar):

Hitzekollaps, Hitzschlag, Sonnenstich: Wer aus den gemäßigten Breiten Mitteleuropas nach Australien reist, für den können die enorme Hitze und die starke Sonneneinstrahlung schnell zum Problem werden. Zum *Hitzekollaps* kann es kommen, wenn sich der Körper selbst nicht mehr genügend zu kühlen vermag. Die Gefahr verstärkt sich bei körperlicher Anstrengung, etwa beim Wandern oder Sport, und zu geringer Flüssigkeitszufuhr. Die Symptome reichen von Kopfschmerzen und Schwindel über Übelkeit und Erbrechen bis hin zur Bewusstlosigkeit. Betroffene Personen sollten sofort in den Schatten gelegt werden und kleine Schlucke Wasser zu trinken bekommen. Zusätzlich kann man ihnen zur Kühlung Luft zufächeln oder sie mit einem feuchtem Lappen oder Schwamm abtupfen. Die schlimmste Form einer Überhitzung des Körpers ist der *Hitzschlag*, der durchaus eine lebensbedrohliche Situation darstellt. Der Puls der betroffenen Personen rast und wird immer schwächer, der Betroffene schwitzt nicht mehr, seine Haut ist gerötet, trocken und heiß. Darüber hinaus können sämtliche Symptome des Hitzekollapses auftreten, wobei insgesamt die Gefahr eines Schockzustands droht. Erste-Hilfe-Maßnahmen beinhalten auch hier das sofortige Verlegen der Person in den Schatten und verschiedene Kühlungsmaßnahmen wie das Abtupfen mit einem feuchten Schwamm oder besser noch das Bedecken des Körpers mit feuchten Handtüchern, Laken etc. Und egal ob Hitzekollaps oder Hitzschlag: Es gilt, sofort medizinische Hilfe anzufordern!

Man kann derartigen Zuständen vorbeugen, indem man die extreme Mittagshitze wie auch größere Anstrengungen meidet und immer wieder Pausen im Schatten einlegt. Regelmäßige ausreichende Flüssigkeitszufuhr ist essenziell, 5 bis 6 Liter Wasser pro Tag sind dabei durchaus angebracht, wenn nicht gar mehr. Einen Sonnenstich kann man vermeiden, indem man den Kopf mit einem Hut schützt.

Bisse und Stiche von Gifttieren: Die Sofort-Maßnahmen unterscheiden sich je nach Tier. Auf keinen Fall (!) jedoch sollte man in alter Cowboymanier die Wunde aussaugen, da man auf diese Weise das Gift über kleinste Verletzungen in der Mundhöhle aufnimmt. Es ist auch zu unterlassen, die Wunde auszuwaschen, da die Giftspuren im Krankenhaus helfen, das Tier zu identifizieren und dementsprechend das geeignete Antiserum zu ermitteln. Wichtig ist es, den Betroffenen ruhigzustellen und sofort medizinische Hilfe anzufordern. Bei Schlangenbissen sowie Bissen der Trichternetzspinne oder des Blauringkraken wird ein Druckverband als adäquate Behandlungsmethode empfohlen. Dabei sollte die gesamte Extremität – meist sind die Arme oder Beine die betroffenen Körperstellen – fest mit Bandagen umwickelt werden, die Blutzirkulation darf jedoch nicht unterbrochen werden.

Am Australia Day wird richtig gefeiert: hier im Sydney Harbour

Das Verwenden einer (improvisierten) Schiene stellt den Körperteil zusätzlich ruhig. Es gilt, die Atmung des Betroffenen zu kontrollieren, da diese schnell aussetzen kann. Keinesfalls sollte man einen Druckverband bei Bissen oder Stichen von Quallen, Skorpionen, Spinnen (außer der Trichternetzspinne), Tausendfüßlern und Fischen anbringen. Bei Verletzungen durch Quallen gibt es auch Unterschiede, bei Verletzungen durch Bluebottles hilft heißes Wasser, bei Würfelquallen sollte man Essig über die betroffenen Stellen geben und keinesfalls daran reiben. An gefährdeten Stränden ohne Rettungsschwimmer sind an den Zugängen meist Behälter mit Essig (engl. *vinegar*) aufgestellt.

Um selbst nicht zum Betroffenen zu werden, sollte man stets Warnschilder beachten, die beispielsweise auf die Gefahr von Quallen hinweisen. Einen guten Schutz vor den meisten Bissen und Stichen bietet angemessene Kleidung, beim Wandern sollte man entsprechend geschlossene, die Knöchel bedeckende Schuhe tragen wie auch lange Hosen oder Gamaschen. Bei Gartenarbeit oder ähnlichen Tätigkeiten bieten Handschuhe einen guten Schutz.

Feiertage und Feste

Weihnachten im Hochsommer ist ein absoluter Höhepunkt für Touristen, deren Heimat die nördliche Hemisphäre ist. Nur mit Nikolausmütze und Badehose bekleidet am Strand zu liegen und ein entspanntes Barbecue bei lauen Nachttemperaturen zu genießen, ist für viele ein Traum. Der kurioseste Anblick sind sicherlich die Nikolausschlitten in den dekorierten Schaufenstern, vor die hier statt der Rentiere gerne auch mal Kängurus gespannt sind.

Höhepunkt des Jahres sind die Feierlichkeiten des *Australia Day*, des australischen Nationalfeiertags im Januar.

Fotografieren und Filmen

An den Feiertagen sind die Geschäfte und meist auch die Museen geschlossen.

Nationale Feiertage

1. Januar: **New Year's Day** (Neujahr)

26. Januar: **Australia Day**

Ostern: **Good Friday** (Karfreitag) und **Easter Monday** (Ostermontag)

25. April: **ANZAC Day**

Weihnachten: **Christmas Day** (25. Dezember) und **Boxing Day** (26. Dezember).

Juni: Am 2. Montag im Juni wird der **Queens Birthday** gefeiert, Ausnahme ist Westaustralien, wo man den Ehrentag im September begeht. Das spielt insofern keine Rolle, als es sich bei keinem der Termine um den echten Geburtstag von Königin Elisabeth II handelt.

Regionale Feiertage (Auswahl)

Der **Labour Day** wird in allen Bundesstaaten gefeiert, allerdings an verschiedenen Terminen, entweder im Frühjahr oder im Herbst.

August: Am ersten Montag im August findet der **Picnic Day** statt, allerdings nur im Northern Territory.

November: Am ersten Dienstag des Monats sorgt der **Melbourne Cup Day** für allgemeine Aufregung – der Tag des berühmten Pferderennens ist in Melbourne ein Feiertag.

März: Am zweiten Montag im März feiert man in South Australia den **Adelaide Cup Day**.

Juni: Am ersten Montag des Monats begeht man in Westaustralien den **Foundation Day**.

In Tasmanien gibt es besonders viele Feiertage, darunter den **Regatta Day** (zweiter Montag im Februar), den **Eight Hours Day** (zweiter Montag im März) oder den **Royal Hobart Show Day** (am Donnerstag vor dem vierten Samstag im Oktober).

FKK und Nacktbaden

In Australien gibt es nur einige wenige ausgewiesene Nacktbadestrände. „Oben ohne" wird meist geduldet, solange die Damen nur in der Sonne liegen und nicht ohne Oberteil herumspazieren. Wer an einem regulären Strand ganz ohne erwischt wird, erhält meist sofort von den Rettungsschwimmern eine Verwarnung. Allerdings ist Australien mit einsamen, nicht kontrollierbaren Stränden so reich gesegnet, dass es neben den offiziellen eine weitaus größere Anzahl an inoffiziellen FKK-Stränden gibt, an denen man ungestört den Freikörperfreuden frönen kann.

In **New South Wales** gibt es etliche offizielle FKK-Strände, allein drei im Stadtgebiet von Sydney: den *Obelisk Beach*, den *Cobblers Beach* und den *Lady Bay Beach*. Weiter nördlich hat man am *Samurai Beach* am Port Stephens Australiens einzigen Nackt-Campingplatz eingerichtet. In **Victoria** kann man im Bereich der Port Phillip Bay am *Sunnyside North* oder an der *Campbell's Cove* Badehose und Bikini ablegen. *North Swanbourne* in **Westaustralien** genießt regelrechten Kultstatus unter FKK-Anhängern und wird oft als der beste Nacktbadestrand Australiens bezeichnet. Die weißen Palmenstrände in **Queensland** zählen zu den schönsten im Land – leider konnte man sich hier bislang nicht dazu durchringen, auch offizielle Areale für Nudisten zu schaffen.

Free Beaches Australia, hier finden Sie eine umfangreiche Liste offizieller (legaler) und inoffizieller FKK-Strände, außerdem Termine für Nudistenevents wie etwa die „Nacktolympiade". www.freebeach.com.au.

Fotografieren und Filmen

Fotografieren oder Filmen ist prinzipiell kein Problem, die Australier sind nicht kamerascheu und posieren auch gerne für einen Schnappschuss, sofern man ihnen nicht zu penetrant auf die Pelle rückt. Allerdings gibt es einige Kulturstätten der Aborigines wie beispielsweise am Uluru/Ayers Rock, an denen keinerlei Aufnahmen gemacht werden dürfen. Daran sollte man sich auch unbedingt halten, einerseits natürlich aus Respekt, andererseits sind bei Zuwiderhandlung auch Strafen von mehreren Tausend Dollar fällig.

Das Angebot an Kamerageschäften ist in den australischen Städten i. d. R. reichhaltig, hier kann man neben Fotoapparaten und digitalen Filmkameras auch Speicherkarten, Ersatzakkus, Stative und jegliches Zubehör erstehen. In den Fachgeschäften gibt es darüber hinaus Negativ- und Diafilme zu kaufen, wobei Letztere wirklich teuer sind. Und natürlich kann man dort auch Bilder – sowohl vom Film als auch von der Speicherkarte – entwickeln lassen. In Drogeriemärkten oder Apotheken stehen oft Entwicklungsautomaten, die man einfach nur mit den Daten der Speicherkarten füttert – die Bilder kann man dann sofort mitnehmen.

Camera House, in allen Staaten und Territorien. In der Regel täglich geöffnet, detaillierte Öffnungszeiten und Kontaktdaten der jeweiligen Filialen im Web. www.camerahouse.com.au.

Teds Cameras, in der gesamten Osthälfte Australiens vertreten. Alle Shops sind täglich geöffnet, die genauen Zeiten und Kontaktdaten der jeweiligen Filialen sind im Web zu finden unter www.teds.com.au.

Geld und Finanzen

Reiseschecks: Reiseschecks (*American Express*, *Thomas Cook* etc.) bieten ein Maximum an Sicherheit, da sie bei Verlust oder Diebstahl innerhalb kürzester Zeit ersetzt werden. Trotzdem nutzen in Australien nur noch wenige Reisende diese Möglichkeit und wenn, dann nur als eine Art Reserve. Fast alle Urlauber bevorzugen mittlerweile die Bezahlung mit Kreditkarte und das unkomplizierte Geldabheben mit EC-Karte.

Geldautomaten und EC-Card *(Maestro)*: Wer eine deutsche Bankkarte mit dem *Maestro*-Schriftzug besitzt, kann in Verbindung mit seiner PIN-Nummer an allen australischen Geldautomaten (ATM) Geld abheben. Die Gebühren können variieren, liegen aber bei etwa 4 bis 6 € pro Transaktion. Ideal ist in diesem Fall ein Konto bei der *Deutschen Bank*, weil man dann an den Automaten der australischen *Wespac*-Bankfilialen komplett gebührenfrei Geld abheben kann.

Kreditkarten: Eine Kreditkarte erleichtert den Aufenthalt in Australien enorm. Man kann online Flüge oder Zugtickets buchen und Hotelzimmer reservieren, bisweilen muss bei Mietwagenfirmen die Kaution per Kreditkartenlastschrift hinterlegt werden. Die gängigsten Karten sind *Mastercard* und *Visacard* – *American Express* hingegen wird häufig nicht akzeptiert.

Australisches Bankkonto: Wer im Zuge eines „Working Holiday" in Australien auch arbeiten will, für den ist es sinnvoll, ein Konto bei einem australischen Kreditinstitut zu eröffnen, auf das dann der Lohn überwiesen werden kann.

Mittlerweile bietet die *Westpac*-Bank auch die Möglichkeit, ein Konto schon online (www.westpac.com.au; auf „Moving to Australia" klicken) von Deutschland aus zu eröffnen. Man muss dann vor Ort nur noch die Bankkarte in einer Filiale abholen. Das kostet die ersten 12 Monate nichts, ab dann 5 $ pro Monat.

Bei den anderen Banken muss man sein Konto noch auf dem traditionellen Weg eröffnen: Den Gang zur Bank sollte man innerhalb der ersten sechs Wochen nach Einreise tätigen, denn nur innerhalb dieses Zeitraums ist das entsprechende Prozedere relativ unkompliziert, ab dann wird der Papierkrieg etwas umfangreicher. Bankkarte und PIN-Nummer werden getrennt voneinander per Post versandt, weshalb man eine australische Adresse angeben muss, zu der die Unterlagen geschickt werden können – zur Not kann man auch die eines Hostels oder eines Hotels angeben.

Mit der australischen Bankkarte kann man dann auch in Geschäften bargeldlos bezahlen und, sofern das EFTPOS-Logo (s. o.) angeschrieben ist, bei einem geringen Mindesteinkauf auch Geld abheben. Für Leute, die viel unterwegs sind, empfiehlt es sich, ein Konto bei der *Commonwealth Bank* oder der *Westpac*-Bank zu eröffnen, denn die haben landesweit die meisten Filialen.

Gesundheitsrisiken und Impfungen

Allgemeine Risiken: Neben den Risiken durch gefährliche Tiere (→ Flora und Fauna) sind es v. a. Sonne und Hitze, die unachtsame Urlauber immer wieder in die Bredouille bringen (→ Erste Hilfe/Sonnenschutz). Bei den langen Flugzeiten von Deutschland nach Australien besteht die Gefahr einer *Thrombose*, man sollte sich also zwischendurch immer wieder die Beine vertreten. Wer mit dem Schiff unterwegs ist – und sei es nur für einen Tagesausflug oder zu einem Segeltörn – kann bisweilen Probleme mit der *Seekrankheit* bekommen. Die alte Seemannsweisheit „viel essen und viel arbeiten" ist für eine Ausflugsfahrt nur bedingt praktikabel und so sollte man sich bei entsprechender Disposition in der Apotheke ein Präparat zur Vorbeugung besorgen. Im Fall der Fälle sollte man sich auch nicht schämen und ein Crewmitglied ansprechen, denn oft hört das Rollen und Schaukeln des Schiffes schon auf, wenn der Kapitän den Kurs leicht ändert. Um *Durchfallerkrankungen* zu vermeiden, sollte man kein Wasser aus Brunnen oder Flüssen trinken. Leitungswasser kann man relativ bedenkenlos zu sich nehmen, auch die Hygiene bei der Essenszubereitung in Restaurants oder Cafés stellt kein Problem dar.

Durch Mücken übertragene Infektionskrankheiten: Das *Ross-River-Fieber* ist zwar nach dem gleichnamigen Fluss in Nordqueensland benannt, an dem es erstmals auftrat, es ist jedoch nicht auf diese Region beschränkt, sondern kommt in ganz Australien vor. Bei infizierten Personen können sich nach einer kurzen Inkubationszeit Fieber, Gelenkschmerzen und Hautausschläge zeigen, allerdings kann die Krankheit auch völlig symptomfrei verlaufen. Es gibt keine spezielle Behandlung, aber i. d. R. bekommt das körpereigene Immunsystem das Virus nach einigen Wochen selbst in den Griff – immerhin ist man dann dagegen immun und kann nicht noch einmal erkranken.

Denguefieber kommt nur in den tropischen Regionen Queenslands vor. Der Krankheitsverlauf ist von Fieberschüben, starken Gelenk- und Muskelschmerzen und Hautausschlägen gekennzeichnet. Es gibt weder eine Impfung noch Medikamente gegen die Krankheit und so kann man nur die Beschwerden lindern. Es existieren vier verschiedene Serotypen des Dengue-Virus, und anders als beim Ross-River-Fieber kann man mehrmals im Leben von der Krankheit befallen werden und auch daran sterben.

Von *Malaria* geht in Australien so gut wie gar keine Gefahr aus, Wissenschaftler warnen aber, dass es im Zuge der globalen Erwärmung auch in den tropischen Regionen des Landes zu Infektionen kommen könnte.

Impfungen: Wer sich innerhalb von sechs Tagen vor der Einreise nach Australien in einem durch *Gelbfieber* gefährdeten Gebiet aufgehalten hat, muss eine entsprechende Impfung nachweisen. Derzeit ist das die einzige Impf-Vorschrift, es werden jedoch folgende Impfungen empfohlen: Grippe-Impfung, Tetanus, Hepatitis und Diphtherie.

Homosexuelle Szene

Die offene und aktive homosexuelle Szene ist fester Bestandteil der australischen Gesellschaft. In Sydney gibt es eine der weltweit größten schwul-lesbischen Gemeinden und mit dem alljährlichen *Mardi Gras* ein mittlerweile weltbekanntes Festival-Highlight der Szene. Die Australier gehen in der Mehrzahl sehr ungezwungen mit Schwulen und Lesben um, allerdings sind – wie überall auf der Welt – ganz selten auch homophobe Tendenzen zu erkennen, was sich zumeist im Gebrauch abschätzigen Vokabulars äußert. Gewaltsame Übergriffe sind glücklicherweise die absolute Ausnahme.

In Australien gibt es zahlreiche Unterkünfte, die sich als „gay-friendly" bezeichnen, was aber weder heißt, dass man Heterosexuelle hier nicht gern sehen würde, noch dass Homosexuelle in regulären Unterkünften nicht erwünscht wären. Der Unterschied ist meist einfach nur, dass die Besitzer oder Betreiber selbst schwul oder lesbisch sind.

Informationen im Internet Gay and Lesbian Tourism Australia, auf der Webseite sind Unterkünfte, Kneipen, Restaurants, Freizeitaktivitäten und Events gelistet. www.galta.com.au.

Festivals Sydney Gay and Lesbian Mardi Gras, Mitte Febr. bis Anfang März. Drei Wochen gespickt mit Unterhaltung, unterschiedlichsten Darbietungen, Partys und natürlich der weltberühmten Parade. www.mardigras.org.au.

Midsumma Festival Melbourne, über drei Wochen im Jan. und Febr. Melbournes Pendant zum *Mardi Gras* in Sydney. Großes Festival mit zahlreichen Veranstaltungsorten in der ganzen Stadt. www.midsumma.org.au.

Internet

In Australiens Städten und Touristenhochburgen sind in den 2000er-Jahren die Internet-Cafés (auch „Cybercafés" genannt) wie Pilze aus dem Boden geschossen. Dass diese mittlerweile genauso schnell wieder schließen, liegt v. a. an der rasendschnellen Verbreitung mobiler Technologien und erschwinglicher Datenflatrates. Schon ab etwa 25 $ pro Monat (die Geschwindigkeit wird u. U. bei bestimmtem Volumen gedrosselt) kann man seine E-Mails ortsunabhängig auf dem Smartphone, dem Tablet oder dem Laptop abrufen, in der Privatsphäre des Zimmers oder Campers per Skype in die ganze Welt telefonieren, Hotels online buchen oder deutsche Tageszeitungen lesen. Alle großen Mobilfunkanbieter in Australien haben entsprechende Prepaid-Angebote, bei Bedarf auch gleich mit passendem USB-Surfstick für den Laptop.

Ein Internetzugang per WLAN (frei oder kostenpflichtig) wird mittlerweile in fast allen Unterkünften und in immer mehr Cafés angeboten. Viele Hostels und Backpacker-Herbergen locken nach wie vor die jungen Gäste mit günstigen Tarifen für die hauseigenen Internet-Terminals, manchmal gibt's pro Übernachtung gleich ein bestimmtes Gratiskontingent dazu. Die zuverlässigste Adresse für den öffentlichen Internetzugang sind nach wie vor die Büchereien des Landes, hier kann man sich – meist zeitlich beschränkt und nach Voranmeldung – an den Terminals einloggen oder, sofern vorhanden, auch das WLAN nutzen. Beides ist meist kostenlos.

Kartenmaterial

Mit Straßenatlanten oder Straßenkarten kann man sich im gut sortierten Buchhandel, in speziellen Kartenshops (die gibt es nur in den Metropolen) und manchmal

Urlaub mit Kindern? In Australien kein Problem!

auch in großen Touristinformationszentren eindecken. Außerdem sind dort detaillierte Stadtpläne erhältlich. In fast allen Infozentren des Landes bekommt man zudem kostenlose Stadtpläne oder zumindest Pläne für die Stadtzentren. Die sind meist ganz brauchbar, auch wenn es sich manchmal nur um Schwarz-Weiß-Kopien oder gar um von Hand gezeichnete Skizzen handelt.

Elektronisches Kartenmaterial für GPS- und Navigationsgeräte gibt es z. B. von *Garmin* (www.garmin.com) oder *TomTom* (www.tomtom.com).

Kinder

Australier sind Familienmenschen und viel mit ihren Kindern auf Reisen. Entsprechend einfach gestaltet sich auch für Urlauber aus Übersee das Reisen mit dem Nachwuchs. Besonders beliebt sind dabei Wohnmobil-Touren, mit den Vehikeln ist man flexibel, die Kleinen haben bei den langen Überlandfahrten etwas mehr Bewegungsfreiheit als im Pkw und können sich am Tisch beschäftigen. Die Wohnmobilvermieter haben immer auch große Alkovenmodelle im Angebot, mit denen eine sechsköpfige Familie bequem auf Reisen gehen kann. Übernachtet wird dann auf Campingplätzen oder in Holiday-Parks, die normalerweise sehr familienfreundlich ausgestattet sind und manchmal sogar einen kleinen Spielplatz haben. Hotels oder Motels bieten meist günstige Familienzimmer, in denen zwei Erwachsene und zwei Kinder Platz finden. Oft kann man für einen kleinen Aufpreis auch noch ein rollbares Zusatzbett ins Zimmer stellen.

Für fast alle Sehenswürdigkeiten gelten spezielle Eintrittspreise für Kinder, die i. d. R. etwa die Hälfte des regulären Eintrittspreises ausmachen. Für Kleinkinder unter sechs Jahren muss man mitunter gar nichts zahlen. Ab vier Personen lohnt sich eine Familienkarte, die für zwei Erwachsene und zwei bis drei Kinder gültig ist. In australischen Städten werden oft spezielle Kinderprogramme angeboten, darüber hinaus verfügen viele der großen Natur- oder Geschichtsmuseen über Abteilungen, in denen das Material kindgerecht aufbereitet und dargestellt ist. Besonders beliebt sind erfahrungsgemäß Besuche von Tierparks, bei denen die Kleinen meist auch Kängurus streicheln oder einen Koala auf den Arm nehmen können.

Kriminalität

Australien ist ein verhältnismäßig sicheres Reiseland, und wenn man einige Grundregeln befolgt, sind Probleme eher unwahrscheinlich. Es lohnt sich immer, seine Siebensachen im Blick zu haben, aber auch nicht mehr als in Deutschland. Man sollte es beispielsweise vermeiden, Wertgegenstände in geparkten Fahrzeugen liegen zu lassen, im Straßencafé die Handtasche unachtsam über die Stuhllehne zu hängen und im dichten Gedränge von Veranstaltungen oder Märkten das Portemonnaie in die Gesäßtasche zu stecken. Das Kommen und Gehen in den Mehrbettzimmern der Backpacker-Hostels ist oft unüberschaubar, deshalb sollte man hier besonders auf seine Habseligkeiten achten. In etlichen dieser Unterkünfte gibt es abschließbare Spinde, in den moderneren Häusern benötigen die Gäste elektronische Schlüsselkarten, um in die einzelnen Stockwerke bzw. die jeweiligen Zimmer zu gelangen.

Gewalt ist leider durchaus ein Thema in Australien, wobei es v. a. in Kneipen und Pubs immer wieder zu Schlägereien kommt. Meist tut aber eine Armada stiernackiger Sicherheitsleute Dienst und verhindert Schlimmeres. Schwere Gewaltverbrechen oder Tötungsdelikte finden meist im Drogenmilieu statt und dann auch beinahe ausschließlich abseits der für Urlauber interessanten Pfade. Natürlich gibt es auch in den australischen Großstädten Brennpunkte mit hoher Kriminalitätsrate, jedoch sind diese hier nicht so ausgeprägt wie etwa in den USA. Abgründe tun sich allerdings teilweise in den Kommunen der Aborigines auf, wo v. a. häusliche Gewalt eines der zentralen Probleme bildet. Wer durch die Weiten des australischen Outback reist, sollte sich darüber im Klaren sein, dass es hier sehr einsam sein kann und Hilfe im Notfall meist weit entfernt ist. Ernsthafte Zwischenfälle gibt es zwar kaum, wer aber auf Nummer sicher gehen will, sollte nicht „wild" campieren und seine Tagesetappen nach Möglichkeit so planen, dass der Zielort vor Sonnenuntergang erreicht werden kann.

Lebensmittel

In Australien gibt es prinzipiell all das zu kaufen, was auch die Regale deutscher Lebensmittelgeschäfte füllt. Frische Produkte wie Obst, Fleisch oder Fisch sind gewöhnlich von ausgezeichneter Qualität, v. a. wenn sie aus heimischer Produktion stammen. Das Preisniveau ist dem deutschen vergleichbar, allerdings bezahlt man in entlegenen Regionen wesentlich mehr als in den Großstädten. Die Australier kaufen gerne in den großen Supermärkten wie *Woolworths* oder *Coles* ein, da hier alles bequem unter einem Dach erhältlich ist. Der deutsche Discounter *Aldi* hatte es anfangs nicht leicht, in Australien Fuß zu fassen, ist aber mittlerweile etabliert und lockt mit gewohnt günstigen Preisen. In australischen Metzgereien wird übrigens ausschließlich Fleisch angeboten, wer Wurst haben möchte, muss die Theken der Supermärkte ansteuern. Die sogenannten „Delis" (Delikatessengeschäfte) haben meist eine Mischung aus italienischen, griechischen und spanischen Spezialitäten im Sortiment, hier kann man sich mit edlem Serrano-Schinken, Mailänder Salami oder Antipasti eindecken – allerdings meist zu gesalzenen Preisen. Frisches Obst wird in den Anbaugebieten auch direkt neben den Feldern am Straßenrand verkauft.

Maße und Gewichte

In Australien gilt seit den 1960er-Jahren das metrische System und entsprechend wird in Metern bzw. Kilometern und Gramm bzw. Kilogramm gemessen. Das früher gebräuchliche Imperiale System, wie es noch heute in England üblich ist, wurde nach und nach ersetzt. Vereinzelt ist der Einfluss aber noch spürbar, z. B. wenn es sich um die Füllmengen der Biergläser handelt, die zwar heutzutage in Milliliter angegeben werden, deren krumme Zahlen sich aber aus der Umrechnung von den ursprünglichen „fluid ounzes" ergeben. So entspricht die geläufigste Bierglasgröße („middy" bzw. „pot") mit 285 ml genau zehn Flüssigunzen.

Medien (deutschsprachig)

Im Zeitalter des Internets ist es überhaupt kein Problem mehr, sich über das aktuelle Tagesgeschehen in Deutschland auf dem Laufenden zu halten. Alle großen Tageszeitungen haben Online-Portale, wobei man sich über Audio- bzw. Videostreams die letzten Nachrichtensendungen anschauen kann. Die aktuellsten Ausgaben unzähliger Sendungen, angefangen bei der Tagesschau bis hin zur Sendung mit der Maus, lassen sich als *Podcasts* aus dem Internet herunterladen und jederzeit bequem auf einem MP3-Player anhören.

In Australien werden darüber hinaus Nachrichten in deutscher Sprache vom Sender *SBS (Special Broadcasting Service)* ausgestrahlt, und zwar als Radio- und Fernsehprogramm. In den Zentren der Metropolen sind an einigen Zeitungskiosken auch der *Spiegel* und der *Stern* erhältlich.

Medizinische Versorgung

Die medizinische Versorgung in Australien hat einen hohen Standard. In den großen Städten gibt es bestens ausgestattete Kliniken und meist eine Vielzahl an niedergelassenen Allgemein- und Fachärzten, in Kleinstädten und anderen Ortschaften findet man häufig kleinere Kranken- oder Ärztehäuser. In den entlegenen Regionen des Landes ist der nächste Arzt oft weit – die medizinische Versorgung wird hier von den fliegenden Ärzten des *Royal Flying Doctor Service* sichergestellt. Als Ausländer muss man die Behandlung i. d. R. sofort bar bezahlen. Hat man die Möglichkeit, die Ausgaben bei der heimatlichen Krankenversicherung geltend zu machen, sollte man sich vom Arzt eine detaillierte Bescheinigung über die Behandlung ausstellen lassen. Wenn die Versicherung allerdings etwaige im Ausland oder Übersee entstandene Kosten nicht übernimmt, ist es unbedingt anzuraten, vor Antritt der Reise eine zusätzliche Auslands- bzw. Reisekrankenversicherung abzuschließen, die dann im Extremfall auch für längere Krankenhausaufenthalte oder einen Rücktransport nach Deutschland aufkommt.

Um Kontaktlinsen kaufen zu können, bedarf es eines Rezepts von einem Augenarzt. Wer dieses Rezept nicht von zu Hause mitbringt, muss sich vor Ort einer kostenpflichtigen Untersuchung unterziehen. Rezeptpflichtige wie auch rezeptfreie Medikamente erhält man in der *Pharmacy* oder beim *Chemist*.

Mehrwertsteuer-Rückerstattung

Im Juli 2000 wurde in Australien die *Goods and Service Tax (GST)* eingeführt, eine allgemeine Mehrwertsteuer von 10 %. Urlauber können bei der Heimreise am Flughafen einen leicht verringerten Satz von 9,09 % für in Australien erworbene Güter zurückfordern, sofern diese mehr als 300 $ (per Rechnung nachgewiesen) gekostet haben und nicht länger als 60 Tage vor Abreise gekauft wurden. An den internationalen Flughäfen gibt es nach der Zoll- bzw. Sicherheitskontrolle entsprechende Schalter, sogenannte *TRS facilities (Tourist Refund Scheme)*. Da man dort nicht nur den Reisepass, den Boarding-Pass und die Originalquittung (die Steuer muss unbedingt darauf verzeichnet sein; „tax invoice" beim Verkäufer verlangen), sondern auch das gekaufte Stück vorzulegen hat, muss man die entsprechenden Gegenstände im Handgepäck oder am Körper tragen bzw. sie vor Aufgabe des Gepäcks am Servicedesk anmelden. Bei Gegenständen im Wert über 1000 $ gelten erweiterte Bestimmungen. Auf der Webseite www.customs.gov.au/site/page4263.asp steht ein entsprechendes Infoblatt in deutscher Sprache zum Download bereit.

Mindestaufenthalt

Speziell in der Ferienzeit (→ Schulferien) stehen viele Unterkünfte nur bei einem Mindestaufenthalt von mehreren Tagen zur Verfügung. Dann sind die Quartiere beispielsweise nur für ein komplettes Wochenende buchbar, es kann allerdings auch vorkommen, dass der Mindestaufenthalt bei einer ganzen Woche liegt, speziell im hochpreisigen Segment und bei Ferienwohnungen. Man sollte sich aber nicht von vornherein abschrecken lassen und einfach für die gewünschte Aufenthaltsdauer – und sei es nur eine einzelne Nacht – anfragen. Wenn die Unterkunft nicht gerade ausgebucht ist, kann man oft verhandeln.

Nachtleben

Australiens Städte und Touristenhochburgen haben ein aufregendes und pulsierendes Nachtleben zu bieten. Ob uriges Pub oder gemütliches Weinlokal, ob intime Cocktaillounge oder Großraumnachtclub – es gibt hier wirklich für jeden Geschmack etwas. Die Australier sind gesellige Menschen und so wird quer durch alle gesellschaftlichen Schichten viel und meist auch exzessiv gefeiert.

Große Metropolen wie Sydney oder Melbourne unterscheiden sich in Hinblick auf das Nachtleben wenig von ihren europäischen Pendants. Vor den besonders angesagten Clubs stehen die Leute am Wochenende Schlange – wer von den strengen Türstehern durchgewunken wird, sieht sich mit gesalzenen Preisen konfrontiert. Ein angemessenes Outfit versteht sich von selbst, wer mit Turnschuhen oder kurzen Hosen unterwegs ist, braucht es gar nicht erst zu versuchen. Der Eintritt in einen Nachtclub liegt für gewöhnlich bei 5 bis 25 $, dafür kann man meist bis fünf Uhr früh feiern. In Australien gibt es auch vor Kneipen, Bars und Pubs Türsteher, die die Ausweise kontrollieren, betrunkenen Leuten den Eintritt verwehren und auch etwas aufs Outfit achten. Selbst in einfachen „Hotels" wird nach 19 Uhr ordentliche Kleidung erwartet, Flip-Flops, Muskelshirts, Jogginghosen oder gar Badebekleidung sind absolut tabu.

Die australischen „Hotels" zeigen sich als echte Allround-Locations: Neben dem regulären Bar- und Kneipenbetrieb ist regelmäßig Live-Musik und an den Wochenenden oft auch Nachtclubbetrieb bis in die frühen Morgenstunden geboten. Viele Backpacker-Hostels locken junge Gäste mit hauseigenen Kneipen und Bars. Optisch ansprechend sind die meist nicht, dafür sind die Alkoholpreise niedrig. In größeren Städten verkehren an den Wochenenden oft Nachtbusse, damit die Feierwütigen gut und sicher nach Hause kommen.

Nationalflagge

Die Nationalflagge Australiens existiert in ihrer heutigen Form seit der Gründung der Föderation im Jahr 1901. Die Grundfarbe ist blau, wobei der Union Jack im linken oberen Viertel die engen Bande zu Großbritannien symbolisiert. Direkt darunter befindet sich der „Federation Star" (der Föderationsstern), der für den Australischen Bund steht. Die rechte Hälfte der Flagge ist mit dem „Southern Cross" (Kreuz des Südens) versehen; das Sternbild besteht aus fünf Sternen und ist nur auf der Südhalbkugel zu sehen.

Nationalhymne

Aufgrund der engen Bindung zu Großbritannien wurde in Australien ursprünglich „*God Save the Queen*" gesungen. Erst seit dem 19. April 1984 hat das Land mit „*Advance Australia Fair*" eine eigene offizielle Nationalhymne. Der Schotte Peter Dodds McCormick komponierte das Lied bereits im 19. Jh., Berichten zufolge wurde es 1878 erstmals aufgeführt. Für die aktuelle Version wurde der Text lediglich an einzelnen Stellen „modernisiert":

Australians all let us rejoice,
For we are young and free;
We've golden soil and wealth for toil;
Our home is girt by sea;
Our land abounds in nature's gifts
Of beauty rich and rare;
In history's page, let every stage
Advance Australia Fair.

In joyful strains then let us sing,
Advance Australia Fair.

Beneath our radiant Southern Cross
We'll toil with hearts and hands;
To make this Commonwealth of ours
Renowned of all the lands;
For those who've come across the seas
We've boundless plains to share;
With courage let us all combine
To Advance Australia Fair.

In joyful strains then let us sing,
Advance Australia Fair.

Nationalparks

In Australien gibt es Hunderte Nationalparks, darunter auch den 1879 gegründeten *Royal National Park*, der nach dem Yellowstone in den USA der zweitälteste Nationalpark der Welt ist. Ein kleiner Teil der Parks untersteht der australischen Regierung, der Großteil wird auf bundesstaatlicher oder territorialer Ebene verwaltet. Die Nationalparks bieten ein ideales Refugium für Australiens äußerst empfindliche Tier- und Pflanzenwelt – häufig präsentiert sich die Natur hier noch genauso ursprünglich, wie sie die ersten weißen Siedler bei ihrer Ankunft vorfanden. Zahlreiche Regionen sind sehr unwegsam und eher unzugänglich, andere wiederum sind mit gut angelegten Wegen und Beschilderungen bestens für Wanderer und Naturfreunde erschlossen. In Australiens Nationalparks sind sämtliche für den Kontinent typischen Ökosysteme vertreten, von uralten Regenwäldern über dichtes Buschland bis hin zu den staubtrockenen Ebenen.

Australian Capital Territory, ✆ 132281, www.tams.act.gov.au.

New South Wales, 59–61 Goulburn Street, Sydney, ✆ 1300072757, www.nationalparks.nsw.gov.au.

Northern Territory, 25 Chung Wah Terrace, Palmerston, ✆ (08)89994555, www.parksandwildlife.nt.gov.au.

Queensland, 400 George Street, Brisbane, ✆ 137468, www.nprsr.qld.gov.au.

Victoria, Level 10/535 Bourke Street, Melbourne, ✆ 131963, www.parkweb.vic.gov.au.

Notruf

Die australienweite Notrufnummer ist die **000**. Unter dieser Nummer erreicht man zunächst eine Telefonzentrale, von der aus man sich mit Polizei, Feuerwehr oder

Notarzt/Rettungsdienst verbinden lassen kann. Sollte vom Mobiltelefon aus die 000 nicht funktionieren, kann man auch die internationale Notrufnummer **112** wählen, man wird dann ebenfalls weitergeleitet.

Öffnungszeiten

Generell ist es schwierig, zu diesem Thema für Australien exakte Angaben zu machen, da es keine gesetzlich festgelegten Öffnungszeiten gibt. Das ist auch der Grund dafür, dass diese sehr stark variieren können – manchmal existieren für ein und dasselbe Geschäft für fast jeden Tag andere Öffnungszeiten. Folgende Angaben dienen lediglich der groben Orientierung und sind nicht als allgemeingültig zu verstehen.

Banken, Ämter, Büros: Normalerweise sind Büros aller Art montags bis freitags von 9.30 bis 16.30 Uhr für den Publikumsverkehr geöffnet. Die Öffnungszeiten der Postämter sind i. d. R. Mo–Fr von 9 bis 17 Uhr, die der Banken Mo–Fr von 10 bis 16 Uhr.

Boutiquen, Buchhandlungen, Campingläden etc.: Diese sind für gewöhnlich wochentags von 10 bis 18 Uhr geöffnet, an den Wochenenden einige Stunden zwischen spätem Vormittag und frühem Nachmittag. Wo sich viele Touristen tummeln, sind die Geschäfte u. U. auch täglich von morgens bis abends geöffnet.

Supermärkte: Die großen Supermarktketten wie *Coles* oder *Woolworths* bieten kundenfreundliche Einkaufszeiten und sind zumindest in den Städten an sieben Tagen der Woche von 6 bis 24 Uhr geöffnet. In besonders abgelegenen Gebieten öffnen die Lebensmittelläden allerdings häufig nur für einige wenige Stunden pro Tag ihre Pforten und dabei nicht notwendigerweise täglich.

Restaurants, Bistros: Die Angaben der Speiselokale, Restaurants und Bistros sind oft etwas konfus und verwirrend. Statt genauer Öffnungszeiten heißt es oft einfach „open for lunch and dinner". Üblicherweise ist die Küche dann mittags von 12 bis 14 Uhr und abends von 18 bis 21 Uhr geöffnet, für das Abendessen im Restaurant meist bis etwa 23 Uhr.

Post und Paketsendungen

Briefporto: Die australische Postgesellschaft *Australia Post* unterhält in so gut wie jeder Ortschaft mindestens eine Filiale, zu erkennen an dem roten Schild mit weißer Schrift. Briefe nach Deutschland kosten 2,75 $ (bis 50 g) bzw. 7,40 $ (50–250 g), Postkarten kann man ebenfalls für 2,75 $ verschicken.

Pakete: Wenn sich nach einem längeren Aufenthalt in Australien entsprechend viele Souvenirs angesammelt haben, ist es meist günstiger, diese per Post nach Hause zu schicken als sie beim Flug als teures Übergepäck aufzugeben. Mit *Australia Post* kann man Pakete mit einem Gewicht von maximal 20 kg verschicken. Per Luftpost kostet das rund 430 $ und dauert etwa eine Woche, als Seefracht macht das gerade mal 210 $, dauert aber dafür bis zu drei Monate. Für ein 10-kg-Paket bezahlt man per Luftpost 235 $, auf dem Seeweg 115 $. Auf der Webseite von *Australia Post* (www.auspost.com.au) kann man mithilfe eines Gebührenrechners den genauen Preis für sein Paket ermitteln.

Ein alternativer Anbieter für Paket-Transporte ist *Jetta Express* (www.jetta.com.au), allerdings ist hier das Minimum 15 kg, pro Kilo bezahlt man zwischen 6 und 8 $. Dazu kommen noch 85 $ Flughafengebühr. Der Transport erfolgt nur bis zum Zielflughafen, man muss sein Paket dort am Frachtterminal selber abholen.

Post nach Australien: Diese muss wie folgt beschriftet werden:

> Name, Vorname
> Hausnummer, Straße
> Ort, Staat/Territorium (Kürzel), Postleitzahl
> Australia

Poste restante: Wer keine feste Adresse hat, aber dafür eine mehr oder weniger feste Reiseroute, kann entsprechend gekennzeichnete Post an ein Postamt schicken lassen und diese dort am Schalter abholen. Briefe müssen dann wie folgt beschriftet sein:

> Name, Vorname
> „Poste restante"
> Ziel-Postamt
> Ort, Staat/Territorium (Kürzel), Postleitzahl
> Australia

Die Post kann bis zu 30 Tage nach Eingang abgeholt werden, dann wird sie an den Absender zurückgeschickt. Bei Abholung muss man sich mit seinem Reisepass oder Führerschein ausweisen. In der Regel sind die Schalter Mo–Fr von 9 bis 17 Uhr geöffnet. Die Adressen und genauen Öffnungszeiten einzelner Postämter finden sie unter www.auspost.com.au.

Preisniveau

Australien ist wahrlich kein billiges Urlaubsland, von der Kugel Eis über den Zooeintritt bis hin zur Unterkunft – alles ist vergleichsweise teuer. Einzig die Spritkosten liegen deutlich unter deutschem Niveau, auch wenn die sich für Urlauber aufgrund der Preissteigerung in Australien und des veränderten Wechselkurses in den letzten 5 Jahren fast verdoppelt haben. Trotzdem, von weniger als 1 € pro Liter kann man in Deutschland nur träumen.

Für die Unterkünfte muss man im Schnitt mit mindestens 100 $ pro Doppelzimmer und Nacht rechnen, günstiger geht es nur im Mehrbettzimmer eines Hostels oder auf dem Campingplatz. Die Preise für Lebensmittel sind in den Städten mit deutschen Verhältnissen vergleichbar, in besonders entlegenen Gebieten bezahlt man mitunter das Doppelte.

Das Essen in Restaurants ist in den letzten Jahren richtig teuer geworden, für ein Hauptgericht muss man umgerechnet etwa 20 € einplanen, etwas günstiger ist es in den Bistros der Pubs oder in Asia-Lokalen. Wenn es um Alkoholika geht, wird's extrem teuer. Wer abends in die Kneipe geht, zahlt für 0,3 l Bier in etwa so viel, wie man in Deutschland für einen halben Liter hinlegen muss. In den Innenstädten der Metropolen kostet die Feierabend-Halbe in einem einfachen Pub schnell über 8 $, also mehr als 6 €.

Wer zum Studieren, Arbeiten oder im Zuge eines Working-Holiday längerfristig bleibt, wird sich in den Großstädten mit hohen Mietkosten für eine Wohnung bzw. entsprechend auch für ein WG-Zimmer konfrontiert sehen. Spitzenreiter diesbezüglich ist Sydney, wo man je nach Ortsteil und Lage zwischen 350 und 500 $ für ein Apartment mit zwei Zimmern, Küche und Bad berappen muss – pro Woche wohlgemerkt! Das macht je nach Wechselkurs immerhin bis zu 1500 € pro Monat! Kein Wunder also, dass bisweilen nicht nur Wohnungen, sondern auch Zimmer geteilt werden.

Rauchen

In Australien hält man es sehr streng mit dem Rauchen – schon lange, bevor in Deutschland ähnliche Regelungen in Kraft traten, wurden die Kneipengäste in Down Under zum Qualmen vor die Tür verbannt. Da versteht es sich beinahe von selbst, dass in öffentlichen Gebäuden, Zügen und Bussen der Glimmstängel sowieso tabu ist. Zigaretten sind außerdem teuer, für eine 20er-Packung Marlboro muss man derzeit über 20 $ (mehr als 14 €) auf den Tisch legen. Zigarettenautomaten sucht man übrigens vergeblich, man kann Tabakwaren ausschließlich an den Kassen von Geschäften, beispielsweise im Supermarkt oder Bottleshop, erstehen.

Reisedokumente

→ Kapitel Anreise und Reisevorbereitung/Reisedokumente und Visa, S. 105

Reisezeit

Eine echte Reisezeit gibt es nicht, irgendwo ist in diesem riesigen Land immer die perfekte Zeit für einen Urlaub. Man sollte sich lediglich genau überlegen, wann man wo hinfährt. In den Wintermonaten von Mai bis August bieten sich die zu dieser Jahreszeit angenehm warmen Gefilde des australischen Nordens an, sofern man nicht gerade zum Skifahren in die Berge will. Trips durch die im Sommer extrem heißen Weiten Zentralaustraliens sollten ebenfalls für die kühlere Jahreszeit eingeplant werden. Während der Sommermonate von Dezember bis März ist man in den Küstenregionen der südlichen Hälfte Australiens gut aufgehoben, im tropischen Norden ist dann nämlich Regenzeit (zahlreiche Offroad-Pisten sind dann nicht passierbar) und im Landesinneren klettert das Thermometer bis weit über 40 °C. Die Berge von Victoria oder New South Wales sind auch im Sommer ein beliebtes Ziel, um den Hitzewellen zu entgehen, die von Zeit zu Zeit die tiefer gelegenen Regionen heimsuchen. Für die Erkundung der unterschiedlichen Regionen bieten sich als gute Reisezeit der australische Frühling bzw. Frühsommer zwischen September und Weihnachten an.

Schulferien

Das australische Schuljahr ist in vier Abschnitte *(terms)* unterteilt und beginnt mit dem Kalenderjahr, wobei allerdings der erste Schultag nach den Ferien meist erst auf Ende Januar oder Anfang Februar fällt. Die genauen Termine der Schulferien können für die einzelnen Staaten und Territorien um mehrere Wochen verschoben sein, man kann sich aber ganz grob an folgenden Eckdaten orientieren:

Die großen Sommerferien beginnen für gewöhnlich eine Woche vor Weihnachten und dauern bis Ende Januar. Hinzu kommen drei kürzere Ferien im März/April, Anfang Juli und im September/Oktober. Die Schüler haben dann jeweils knapp zwei Wochen frei. Tasmanien tanzt hierbei etwas aus der Rolle – hier ist das Schuljahr in nur drei „terms" unterteilt und entsprechend gibt es auch nur 3-mal Ferien.

Postkartenidyll am Strand von Cape Tribulation

In den Schulferien steigen die Preise für Unterkünfte und Flüge deutlich an, darüber hinaus sind in diesen Zeiträumen gerade Familienunterkünfte und Campingplätze oftmals ausgebucht. Vielfach ist man dann auch mit dem Problem der Mindestaufenthalte konfrontiert (→ Mindestaufenthalt). Um gewappnet zu sein, sollte man also rechtzeitig reservieren.

Sonnenschutz

Die Sonneneinstrahlung ist extrem intensiv in Australien – als Mitteleuropäer muss man wirklich umdenken, um keinen Schaden zu nehmen. Wer mit knackiger Bräune aus dem Urlaub zurückkehrt, macht zwar die Daheimgebliebenen neidisch, bezahlt aber u. U. einen hohen Preis, denn Australien hält nach wie vor den traurigen Rekord der weltweit höchsten Hautkrebsrate. Und man weiß mittlerweile, dass ein einziger Sonnenbrand ausreichen kann, um zu erkranken.

Bei der Sonnencreme sollte man immer einen besonders hohen **Lichtschutzfaktor** wählen. Erwachsene sind ab Faktor 25 gut bedient – wer aus dem deutschen Winter in den australischen Hochsommer reist, sollte eher zu 35 greifen –, für empfindliche Kinderhaut erhält man überall in Australien Cremes mit einem Faktor bis zu 50. Leichte, luftige Hemden bieten einen guten Schutz für Arme und Schultern, während der Hut auf dem Kopf nicht nur vor Sonnenbrand schützt, sondern auch vor einem Sonnenstich. Auch für die Augen stellt die starke Sonneneinstrahlung eine Gefahr dar, man sollte deshalb unbedingt eine Sonnenbrille mit guten Gläsern im Gepäck haben. Um der größten Hitze des Tages aus dem Weg zu gehen, ist es sicherlich auch klug, wenn man es wie die Südländer hält und über die Mittagszeit eine ausgedehnte Siesta an einem schattigen, kühlen Ort einlegt.

Souvenirs

In den Fußgängerzonen der Großstädte und Touristenhochburgen gibt es jede Menge Souvenirgeschäfte, in denen massenweise billiger Krimskrams verkauft wird –

vom Schnapsglas mit Opernhausmotiv bis hin zum Flaschenöffner mit Griff aus präparierten Känguruhoden. Aber es geht auch anders, der Weg zum Fachgeschäft lohnt sich meist, dafür muss man dann allerdings etwas tiefer in die Tasche greifen. Immer gerne gekauft werden die klassischen **Akubra-Hüte**, wie sie im Outback getragen werden, wobei man etwa 140–190 $ je nach Modell einplanen muss. Die typischen Lederstiefel mit elastischem Gummieinsatz am Knöchel der Firma *R. M. Williams*, sind absoluter Kult und werden nicht nur von Viehtreibern, für die sie ursprünglich gedacht waren, getragen, sondern mittlerweile auch in eleganteren Varianten von den Anzugträgern der Metropolen. Das Original ist ab etwa 280 $ zu haben, je nach verwendetem Leder wird der vierstellige Bereich erreicht. Andere Firmen wie *Bluntstone* oder *Redback* vertreiben günstigere Modelle ab etwa 100 $.

Windräder im Outback

Wenn auch für beide Geschlechter gedacht, so sind die **UGG-Boots** v. a. bei jungen Frauen und Mädchen voll im Trend. Die weichen Stiefel aus Schafsleder sind mit Fell gefüttert und ab etwa 140 $ erhältlich.

Sehr beliebt als Souvenir ist alles, was mit den Aborigines zu tun hat – unangefochtener Spitzenreiter sind dabei sicherlich die **Didgeridoos**. Traditionell werden die Blasinstrumente aus von Termiten ausgehöhlten Hölzern gefertigt, dementsprechend teuer sind solche Stücke auch. Etwa 300 $ muss man mindestens berappen, für große und exklusiv bemalte Exemplare können es auch schnell 3000 $ sein. Wer nicht gar so viel ausgeben will, kann auch ein maschinell gefertigtes Stück für unter 100 $ erwerben. In den großen Städten gibt es meist Fachgeschäfte, in denen man gut beraten und in die Spieltechnik eingewiesen wird, außerdem kann man sich sein neuerworbenes Instrument direkt nach Deutschland schicken lassen und muss es nicht im Flieger mitschleppen.

Wunderschöne Mitbringel sind **Gemälde** in einem der typischen Malstile der Aborigines, z. B. in der bekanntesten Form, der sogenannten „dot-art". Wenn es beim Kauf lediglich um die Optik geht, tut es sicherlich auch ein preisgünstiger Kunstdruck, je nach Größe sind diese ab etwa 50 $ zu haben. Wer sich hingegen ein Original zulegen möchte, muss tiefer in die Tasche greifen. Ein Unikat mit Herkunftszertifikat ist unter 500 $ kaum erhältlich, für ein Bild im Format von etwa 100 x 80 cm kommt man schnell in den vierstelligen Dollarbereich. Galerien bieten meist einen voll versicherten Versand nach Deutschland.

Steuernummer

→ Tax File Number

Strom und Steckdosen

Die Stromspannung beträgt in Australien 240 Volt, man kann also so gut wie alle deutschen Geräte problemlos betreiben. Allerdings werden in Australien dreipolige Stecker verwendet, sodass man einen entsprechenden Adapter benötigt. Von Multi-Adaptern, die für mehrere Länder und Systeme funktionieren, ist abzuraten, weil die oft nur wackelige Verbindung gewährleisten. Schlau ist es, sich aus Deutschland gleich eine Mehrfachsteckerleiste mitzubringen, dann ist lediglich ein einziger Adapter nötig, um gleichzeitig das Handy, das GPS-Gerät und die Kamera aufzuladen.

Tax File Number

Wer in Australien bezahlte Arbeit annimmt, sollte eine Steuernummer *(tax file number, TFN)* beantragen. Arbeitet man ohne Steuernummer, muss man mehr Steuern bezahlen. Den Antrag stellt man in einem der Büros des *Australian Taxation Office (ATO)* oder online auf deren Webseite (s. u.). Man muss dazu seine Passnummer angeben, damit bei der Einwanderungsbehörde die Arbeitsberechtigung geprüft werden kann. Die Höhe der Steuern hängt davon ab, wie viel man verdient, derzeit bezahlt man als Non-Resident für die ersten 80.000 $ 32,5 %, ab diesem Betrag wird es gestaffelt mehr. Einen Steuerfreibetrag gibt es für Ausländer nicht, und so muss jeder verdiente Cent versteuert werden. Bis spätestens 31. Oktober jeden Jahres muss man eine Steuererklärung einreichen, dazu benötigt man seine TFN und eine Verdienstübersicht vom Arbeitgeber, auf der angegeben ist, wie hoch der vom Einkommen abzuführende Anteil an Steuern ist.

Australian Taxation Office, Adressen der Büros findet man im Internet. Mo–Fr 8–18 Uhr. ✆ 132861, www.ato.gov.au.

Telefonieren

Telefonkarten/Münztelefone: Die klassischen Telefonzellen mit Münzeinwurf (die mit 20- und 50-Cent-Münzen wie auch mit 1- und 2-$-Münzen zu füttern sind) bzw. Schlitz für Telefonkarten sind auch in Australien absolute Auslaufmodelle. Von Festnetzanschlüssen kann man mit den unterschiedlichsten Telefonkarten (engl. *calling card*), die in Zeitungsläden *(newsagent)* erhältlich sind, im günstigsten Fall schon für etwa zwei australische Cent pro Minute zu einem deutschen Festnetzanschluss telefonieren. Das funktioniert meist über spezielle Vor-Vorwahlen. Hinzu kommen noch u. U. die Kosten für ein Ortsgespräch und gegebenenfalls eine pauschale Verbindungsgebühr des Anbieters. Etwas aufpassen sollte man allerdings, denn die Supergünstigpreise gelten oft nur zu bestimmten Tages- oder Nachtzeiten.

Mobiltelefone: Wenn man mit seinem deutschen Mobiltelefon bzw. der dazugehörigen SIM-Karte in Australien zu Roaming-Tarifen telefoniert, wird es teuer. Um die 3 € pro Minute kann das kosten, egal ob man dann innerhalb Australiens telefoniert oder von Australien nach Deutschland. Informieren Sie sich vor der Abreise bei Ihrem Netzanbieter nach den genauen Konditionen und Kosten.

Besser man besorgt sich eine australische Prepaid-SIM-Karte – sofern das eigene Handy nicht vom deutschen Anbieter gesperrt ist. Innerhalb Australiens telefoniert man dann zu den jeweiligen Konditionen des Anbieters, wobei das Preisniveau dem deutschen vergleichbar ist. Mit dem australischen Handy oder der australischen SIM-Karte nach Deutschland zu telefonieren, wird allerdings auch teuer. Immerhin hat man eine einigermaßen gute Kostenkontrolle, denn als Urlauber kann man keine Mobilfunkverträge abschließen, sodass nur die Prepaid-Option bleibt. Wer ein Smartphone mitbringt, kann für etwa 10 € pro Monat einen Prepaid-Datentarif erwerben und damit unabhängig von anderen Tarifen via Skype und Co. kommunizieren und dazu noch im Internet surfen.

Skype und Co.: die billigste und mittlerweile am weitesten verbreitete Art international zu kommunizieren. Mit günstigen Datenflatrates (→ S. 150) geht das mittlerweile auch ganz einfach und überall (sofern Empfang) über das Smartphone.

Toiletten

Öffentliche Toiletten findet man im ganzen Land, z. B. an den Strandpromenaden, an Raststätten, in den Nationalparks und sogar in kleinen, entlegenen Ortschaften. Es gibt sogar eine Internetseite (www.toiletmap.gov.au), mit deren Hilfe man sich die Standorte von über 15.000 öffentlichen Toiletten anzeigen lassen kann. Übrigens: Sogenanntes „Wildpinkeln" in Stadtparks oder Gärten wird in Australien empfindlich bestraft.

Touristinformationen

In Australien gibt es selbst in kleinen Ortschaften Touristinformationen, die meist sogar täglich geöffnet sind. Fast immer tun hier Freiwillige aus der Gemeinde Dienst, versorgen die Fremden hilfsbereit mit Auskünften, stehen beratend zur Seite oder verteilen Broschüren. Ein Besuch lohnt sich in jedem Fall, denn auch wenn man glaubt, schon alles über die Region zu wissen, erfährt man bei einem netten Schwätzchen vielleicht doch noch etwas Neues. In den Großstädten und Touristenhochburgen geht es etwas weniger persönlich zu, oft muss man eine Nummer ziehen und warten, bis man aufgerufen wird, oder sich in die Schlange der zahlreichen Rat suchenden Urlauber einreihen. Die Beratung ist fast immer freundlich und kompetent, man kann außerdem Touren und Unterkünfte buchen oder Mietwagen reservieren. Neben jeder Menge kostenlosen Infomaterials erhält man normalerweise auch einen Gratis-Stadtplan – wenn auch manchmal nur in Form einer handgemalten Skizze oder einer Schwarz-Weiß-Kopie. In vielen Infozentren gibt es eine kleine Verkaufssektion mit Büchern, Landkarten und Souvenirs wie T-Shirts oder Tassen mit dem Stadtlogo. Geöffnet ist meist von 10 bis 17 Uhr, an den Wochenenden u. U. verkürzt auf vier bis fünf Stunden.

Trampen

Trampen birgt, wie überall auf der Welt, auch in Australien Risiken. Die enormen Distanzen und die Weiten des Outback machen die Sache nicht gerade ungefährlicher – ist man erst mal in ein Auto gestiegen, sind es mitunter ein paar Hundert einsame Kilometer bis zur nächsten Ortschaft. Prinzipiell kann man also nur davon abraten, per Autostop zu reisen; wer es trotzdem nicht lassen kann, sollte es zumindest nicht alleine tun. Eine Alternative zum klassischen Trampen findet man u. U. an den Pinnwänden der Hostels. Reisende mit eigenem Pkw bieten dort oft gegen Spritkostenbeteiligung eine Mitfahrgelegenheit an. Natürlich ist auch hier etwas Vorsicht geboten, aber man kann auf diese Weise das Risiko zumindest minimieren.

Trinkgeld

In australischen Restaurants oder Cafés wird Trinkgeld nicht unbedingt erwartet. Trotzdem sollte man sich großzügig zeigen, sofern man mit dem Service zufrieden war. Dabei kann man die Rechnungssumme einfach nach Gutdünken aufrunden, ohne sich großartig Gedanken darüber zu machen, wie viel Prozent man letztendlich geben sollte.

Vorwahlen

Landesvorwahl: 0061 für Anrufe aus dem Ausland nach Australien.

Vorwahlen ins Ausland: Deutschland 0049, Österreich 0043, Schweiz 0041.

Festnetz: Das australische Telefonnetz ist nach Regionen untergeteilt, denen bestimmte Vorwahlen zugeordnet sind. Diese sogenannten *Area Codes* bestehen aus zweistelligen Nummern, die man immer dann vor der achtstelligen Festnetznummer wählen muss, wenn man von einer Region in eine andere telefonieren möchte (von Handys aus immer vorwählen). Folgende Vorwahlnummern gibt es in Australien:

02 für den Bundesstaat New South Wales und das Australian Capital Territory.
03 für Victoria und Tasmanien.
07 für Queensland.
08 für South Australia, das Northern Territory und Western Australia

Mobilfunk: Australische Mobilfunknummern beginnen mit der Kombination 04, die aber immer als Teil der Nummer mit angegeben ist.

Servicenummern: Es gibt zahlreiche Servicenummern, unter denen man beispielsweise Hotels oder Mietwagen buchen kann, allerdings funktionieren diese Nummern nur innerhalb Australiens, man kann sie also nicht aus dem Ausland wählen. Fast alle kostenlosen Servicenummern beginnen mit der Zahlenkombination 1800. Nummern mit 1300 oder 13 am Anfang sind kostenpflichtig (Ortsgespräch) und werden gerne als zentrale Kontaktnummern von überregional agierenden Unternehmen (z. B. von *Qantas*) verwendet. Der Anrufer wird je nach Standort automatisch mit der Nummer der Niederlassung verbunden, die ihm am nächstgelegenen ist. Für Anrufe von einem Mobiltelefon treffen diese Angaben nicht immer zu, es können höhere Kosten entstehen.

Währung

Am 14. Februar 1966 wurde das australische Pfund durch den australischen Dollar (AUD, AU$, A$, $) ersetzt und die Währung damit gleichzeitig auf das Dezimalsystem umgestellt. Im Umlauf sind 5-, 10-, 20- und 50-Centmünzen, außerdem 1- und 2-Dollarmünzen. Scheine gibt es im Wert von 5, 10, 20, 50 und 100 $. Auf den enorm widerstandsfähigen Polymerscheinen sind berühmte australische Persönlichkeiten abgebildet wie beispielsweise der Dichter *Banjo Paterson*, der Aborigine-Schriftsteller *David Unaipon* oder *Reverend John Flynn*, der Gründer des „Royal Flying Doctor Service". Auch wenn die kleinste Zahlungseinheit das 5-Cent-Stück ist, so sind die Preise in den Geschäften doch auf einen Cent genau ausgezeichnet. An der Kasse werden zunächst alle Preise addiert und dann auf- oder abgerundet.

Wandern

→ Bushwalking

Working Holiday

Wer mindestens 18 und maximal 30 Jahre alt ist, kann ein *Working-Holiday*-Visum beantragen (→ Anreise und Reisevorbereitung/Reisedokumente und Visa). Damit ist es mit bestimmten Einschränkungen möglich, ganz legal einer bezahlten Arbeit nachzugehen. Man darf dabei maximal sechs Monate für ein und denselben Arbeitgeber tätig sein; welcher Arbeit man nachgeht und wie viel man verdient, ist jedoch egal. Zu den klassischen Tätigkeiten junger Leute innerhalb eines Working-Holiday gehören Jobs im Gastronomiegewerbe – etwa als Kellner oder Barkeeper –, Einsätze als Erntehelfer oder als Austräger von Werbematerial. Junge Frauen können u. U. relativ gemütliche Jobs als Babysitter ergattern, während Männer, die auch harte Schufterei in Kauf nehmen, mitunter richtig gutes Geld auf dem Bau verdienen können. Mittlerweile kann man das Working-Holiday-Visum um ein weiteres Jahr verlängern. Der Visumantrag kostet 420 $.

WWOOF

WWOOF steht für **W**orld **W**ide **O**pportunities **o**n **O**rganic **F**arms oder auch **W**illing **W**orkers **O**n **O**rganic **F**arms und ist ein Programm, in dessen Rahmen junge (und auch nicht mehr ganz so junge) Leute gegen Kost und Logis auf Bio-Bauernhöfen bzw. Farmen wohnen und arbeiten. Wer hieran teilnehmen will, sollte einer ökologisch korrekten – und meist auch alternativen – Lebensweise zugetan sein und körperliche Arbeit nicht scheuen. In der Regel muss man pro Tag Aufenthalt etwa 4 bis 6 Stunden arbeiten. Was genau zu tun ist, variiert je nach Betrieb, vom Unkrautjäten bis hin zum Kühemelken kann man praktisch mit allem konfrontiert werden. Eine Bezahlung oder einen Arbeitslohn im eigentlichen Sinne gibt es nicht, deshalb benötigt man auch kein Arbeitsvisum.

Informationen findet man unter www.wwoof.org oder unter www.wwoof.com.au.

Zeitzonen

In Australien gibt es drei Zeitzonen. Die **Australian Eastern Standard Time** (AEST) ist der sog. koordinierten Weltzeit (UTC) zehn Stunden voraus und gilt in New South Wales (außer Broken Hill), Victoria, Queensland, Tasmanien und dem Australian Capital Territory. Die **Australian Central Standard Time** (ACST) ist der UTC neuneinhalb Stunden voraus und gilt in South Australia, im Northern Territory und in Broken Hill. Die **Australian Western Standard Time** (AWST) ist der UTC nur noch acht Stunden voraus und ausschließlich in Western Australia gültig. Unsere mitteleuropäische Zeit ist der UTC um eine Stunde voraus – die exakten Zeitunterschiede ergeben sich aber auch aus der Umstellung von Winter- auf Sommerzeit, sowohl in Deutschland als auch in Australien.

Nicht alle australischen Staaten/Territorien stellen auf Sommerzeit *(Daylight Saving Time)* um. In New South Wales, Victoria, South Australia, Tasmanien und im Australian Capital Territory werden die Uhren Anfang Oktober um eine Stunde vorgestellt und im April wieder zurück. Westaustralien, das Northern Territory sowie Queensland haben überhaupt keine Sommerzeit.

Im deutschen Sommer ist Sydney in NSW also 8 Stunden voraus, im deutschen Winter 10 Stunden. In Brisbane stellt man die Uhr nicht um, da sind es entsprechend 8 bzw. 9 Stunden. Und in Perth in Westaustralien beträgt der Unterschied nur 6 bzw. 7 Stunden.

Abenteuerlicher Rastplatz in den Blue Mountains

Reiseziele

New South Wales (NSW)	→ S. 168
Australian Capital Territory (ACT)	→ S. 378
Victoria (VIC)	→ S. 406
Queensland (QLD)	→ S. 572

Der „million dollar view" in Avalon

New South Wales (NSW)

New South Wales begeistert mit einer atemberaubenden Mischung aus alt und neu, aus Stadt und Land, aus Bergen und Meer. Hier findet man die ältesten Anzeichen menschlicher Besiedlung, den höchsten Gipfel und die größte Metropole des Kontinents. Das ganze ist verpackt in eine farbenfrohe Landschaftskomposition aus glutrotem Outback, tiefgrünen Wäldern und schneeweißen Stränden. Da gerät man als Besucher schnell ins Schwärmen und beginnt zu überlegen, ob die Einheimischen vielleicht sogar recht haben könnten, wenn sie ihren Staat als die Nummer eins im Lande rühmen.

Ob das tatsächlich auch zutrifft, muss jeder für sich selbst entscheiden, aber zumindest mischt New South Wales in Bezug auf nackte Zahlen in etlichen Bereichen ganz weit vorne mit. Mit knapp 7,55 Mio. Einwohnern ist der Bundesstaat der bevölkerungsreichste des Landes, wobei etwa 4,6 Mio. Menschen allein in Sydney leben, der größten und ältesten Stadt des Landes. Weitere Ballungszentren sind Wollongong mit 290.000 und Newcastle mit 300.000 Einwohnern. Die Gesamtfläche betreffend, reicht es mit rund 800.650 km^2 im nationalen Vergleich allerdings nur für einen der hinteren Ränge. Immerhin macht das New South Wales nach Victoria zum dichtestbesiedelten Bundesstaat Australiens.

Vielleicht der größte Trumpf des Bundesstaates sind seine Strände. Ungehindert rollt die Dünung gen Küste und sorgt für exzellente Surfbreaks. Berühmte Namen wie *Manly Beach*, *Bondi Beach* oder *Byron Bay* lassen die Ohren klingen, kaum

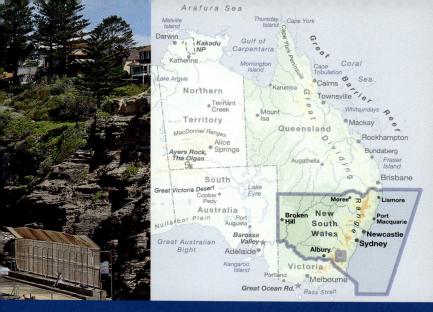

New South Wales

irgendwo sonst in Australien ist der entspannte Surfer-Lifestyle so ausgeprägt wie an den Stränden von New South Wales. Aber nicht nur Wasserratten kommen hier auf ihre Kosten, auch Bergfreunde werden das ganze Jahr über ihre Freude haben. Nur eine gute Autostunde westlich von Sydney erheben sich die *Blue Mountains* – mit einer grandiosen Szenerie und ausgezeichneten Möglichkeiten für Wandertouren sorgen sie für einen hohen Freizeitwert. Im Südosten des Staates bieten die *Snowie Mountains* in den Sommermonaten vielfältigste Gelegenheiten zum Wandern und Mountainbiken und in den Wintermonaten zum Skifahren.

Die *Great Dividing Range* teilt einen schmalen Küstenstreifen vom Inland ab, wobei das weite Areal unmittelbar westlich der Bergkette von Landwirtschaft geprägt ist. Auf einer Fahrt durch die Gegend passiert man schier endlose Sonnenblumenfelder und Baumwollplantagen. Nahe der Ortschaft Parkes hat man eines der größten Radioteleskope der Welt installiert – inmitten einer Viehweide. Je weiter man gen Westen reist, desto weiter dringt man in das trockene Outback des Staates vor, bis man irgendwann in *Broken Hill* angekommen ist. Die Stadt mag zwar über der weltgrößten Silber-Blei-Zink-Ader erbaut sein, sie präsentiert sich aber dennoch ganz überraschend keinesfalls als triste Bergbaustadt, sondern als pulsierende Kleinstadt mit blühender Kunstszene.

Unmittelbar nordwestlich von Sydney durchzieht das *Hunter Valley* die Region. Es ist Australiens älteste Weinanbauregion – schon in den 1820er-Jahren wurden hier die ersten Reben gepflanzt. Heute ist das Gebiet ein beliebtes Wochenendziel für die

Großstädter, die sich von Shuttlebussen zu Weinproben zwischen idyllisch gelegenen Weingütern herumkutschieren lassen. Auf dem *New England Plateau* findet man gemütliche Ortschaften, die v. a. im Herbst die Besucher anlocken, wenn die Blätter der Laubbäume in den schillerndsten Farben leuchten.

Möglicherweise genießt der im äußersten Südwesten des Bundesstaates gelegene *Mungo-Nationalpark* das Privileg, die bedeutendste historische und kulturelle Stätte des gesamten Landes zu sein. Anfang der 1970er-Jahre wurden hier unter einer Sanddüne menschliche Überreste gefunden, die auf das sagenhafte Alter von etwa 40.000 Jahren datiert werden konnten. Bestehende Theorien zur Besiedlung des Kontinents mussten mit einem Mal über den Haufen geworfen werden, denn niemand hatte bis dahin mit einer menschlichen Präsenz über eine derart große Zeitspanne gerechnet. Neben diesen sensationellen Funden entdeckte man dort die älteste bekannte zeremonielle Beerdigungsstätte der Welt.

Und dann ist da natürlich noch *Sydney,* die glamouröse Glitzermetropole, die boomende Finanzhauptstadt, der wahr gewordene Urlaubstraum am Ufer des malerischen Port Jackson. Es ist nicht zuletzt die bekannteste Stadt des ganzen Landes, die New South Wales zu einem beliebten Reiseziel macht.

Geschichte

Die Geschichte von New South Wales ist in ihren Anfängen identisch mit der Geschichte der Europäer in Australien. Nach der Inbesitznahme durch *James Cook* im Jahr 1770 erstreckte sich New South Wales als Gebiet über die gesamte Osthälfte des Kontinents. Als jedoch nach 1836 einzelne Regionen zu eigenständigen Kolonien wurden, schrumpfte das Territorium des Staates beständig auf eine Größe, die schließlich im Jahr 1863 ihren bis heute gültigen Grenzverlauf fand. Einzige Veränderung in späteren Jahren war die Bildung der Enklave des Australian Capital Territory.

Die weiße Geschichte des Bundesstaates beginnt im Jahr 1770, als *James Cook* mit seinem Schiff „Endeavour" in der Botany Bay vor Anker ging. Die Ankunft der Fremden löste bei den Aborigines, die zu dieser Zeit in zahlreichen Gruppen in der Region lebten, nicht gerade Begeisterung aus. Eine Handvoll Ureinwohner

soll sich zum fraglichen Zeitpunkt in der Bucht aufgehalten haben und die Neuankömmlinge zunächst ignoriert, diese jedoch bei deren Näherkommen mit einem Speer begrüßt haben. Nach einigen Warnschüssen sollen sie allerdings in den Busch geflohen sein.

Für die Ureinwohner begannen die Probleme mit Ankunft der *First Fleet* und den ersten Sträflingssiedlern im Jahr 1788. *Gouverneur Phillip* war zwar um ein gutes Verhältnis bemüht, Interessenkonflikte waren jedoch vorprogrammiert, da sich die besten Jagdgründe der Ureinwohner auch als die günstigsten Gebiete für die Landwirtschaft erwiesen. In den Folgejahren kam es deshalb immer wieder zu blutigen Auseinandersetzungen, wobei sich regelrechte Widerstandsgruppen unter den Aborigines bildeten. Besonders fatal erwiesen sich allerdings die von den Europäern eingeschleppten Krankheiten, denen die Ureinwohner keine natürlichen Körperabwehrmechanismen entgegenzusetzen hatten und denen sie deshalb zu Tausenden zum Opfer fielen.

Aber auch die Sträflingskolonie selbst hatte in den Anfangsjahren buchstäblich ums nackte Überleben zu kämpfen, jedoch lenkten noch vor der Jahrhundertwende einige Ereignisse die Geschicke der Kolonie in eine Richtung, die das erfolgreiche Fortbestehen der Siedlung sichern sollten. *John Macarthur* importierte bereits 1796 die ersten Merinoschafe und legte so den Grundstein für eine florierende Wollproduktion, die von gewinnbringendem Export begleitet wurde. Außerdem entdeckte man im Jahr 1797 in der Region um das heutige Newcastle Kohlevorkommen, die in den Folgejahren mithilfe von Gefangenen ausgebeutet wurden.

Wohl einer der wichtigsten Schritte für die Kolonisierung von New South Wales war die erste erfolgreiche Überquerung der Blue Mountains im Jahr 1813. Damit war der Weg für die Besiedlung der weiten Ebenen westlich der Great Dividing Range geebnet – bereits 1815 entstand mit *Bathurst* die erste Inlandstadt Australiens. Dennoch fanden wichtige Stationen der weiteren Besiedlung in erster Linie in den Küstenregionen statt. 1821 wurde die unter Sträflingen berüchtigte Gefangenenkolonie *Port Macquarie* gegründet; nachdem allerdings das Gefangenensystem zunehmend unter Kritik geraten war, wurden ab 1848 keine Sträflinge mehr nach New South Wales verfrachtet.

Im Jahr 1851 lösten Goldfunde nahe der Stadt Bathurst einen ersten Goldrausch aus, der sich aber noch im selben Jahr auf die wesentlich ertragreicheren Goldfelder in Victoria verlagerte. Als unmittelbare Folge musste man in der zweiten Hälfte des 19. Jh. hilflos mit ansehen, wie die neu gegründete Kolonie Victoria zunehmend erstarkte und deren Hauptstadt Melbourne die Funktion als Finanzzentrum des Landes übernahm. 1859 wurde Queensland eine eigenständige Kolonie, 1863 fiel auch noch die Region im Norden des Landes (heute Northern Territory) an South Australia. Mit der Föderation von 1901 wurde aus der ersten Kolonie des australischen Kontinents der Bundesstaat New South Wales.

Die große Wirtschaftskrise der 1930er-Jahre warf ihre Schatten auch auf New South Wales – die Arbeitslosigkeit stieg sowohl in den Städten als auch auf dem Land. Während des Zweiten Weltkriegs war Sydney Schauplatz einer spektakulären Operation. Japanische Mini-U-Boote fuhren in den eigentlich gut gesicherten *Sydney Harbour* und versenkten

Der Leuchtturm am Cape Byron

dort ein Schiff, worauf sie dann ihrerseits zerstört wurden. Im August 1944 versuchten fast 1000 japanische Kriegsgefangene, aus ihrem Lager nahe der Stadt Cowra zu entkommen. Rund 350 Männer konnten tatsächlich fliehen, waren aber binnen zehn Tagen entweder tot oder wieder eingefangen.

In der zweiten Hälfte des 20. Jh. entwickelte sich New South Wales zu Australiens Wirtschaftsstandort Nummer eins, wobei Sydney nicht nur zum unangefochtenen Finanzzentrum des Landes avancierte, sondern auch zur Kult-Metropole und zum Touristenmagnet. Und auch im neuen Millennium ließ sich New South Wales seinen Status als „Premier State" – so der selbst verliehene und gänzlich unbescheidene Spitzname – nicht nehmen.

Geografie und Klima

New South Wales erstreckt sich über die unterschiedlichsten Landschaftsräume und entsprechend unterschiedlich präsentieren sich auch die Klimaregionen. Die *Great Dividing Range* trennt den schmalen Küstenstreifen im Osten des Staates von den Weiten des Landesinneren. Die Bergkette hat ihre höchsten Erhebungen im Süden, an der Grenze zum Nachbarstaat Victoria. Hier erheben sich mit dem 2228 m hohen *Mount Kosciuszko* die Snowie Mountains, wo es im Winter regelmäßig schneit und die Temperaturen unter 0 °C fallen. Im Inland und an der Küste sind die Winter eher mild, trotzdem kann es nachts empfindlich kalt werden.

In den Sommermonaten wird es im *Outback* richtig heiß, im Nordwesten des Staates liegen die durchschnittlichen Höchsttemperaturen dann jenseits der 33 °C. An der Küste – entsprechend auch in Sydney – ist diese Zeit des Jahres traumhaft sonnig und warm, allerdings gibt es auch hier bisweilen kleinere Hitzewellen. Aber die beständige Meeresbrise dämpft die Hitze auf ein erträgliches Maß und sorgt für durchaus angenehme Temperaturen. Und wenn es gar nicht mehr auszuhalten ist, dann kann man immer noch in die höhergelegenen Regionen der Great Dividing Range flüchten. Übrigens: Egal, wo man sich befindet, die durchschnittliche Sonnenscheindauer liegt nirgends unter acht Stunden.

Die Niederschlagsmengen unterliegen einer deutlichen Abnahme von Ost nach West. An der Küste betragen die durchschnittlichen jährlichen Niederschlagsmengen je nach Region 1000–1600 mm, wobei unmittelbar westlich der Great Dividing Range noch rund 800 mm registriert werden können. Diese sinken dann allerdings mit zunehmender Kontinentalität in Zentral-NSW auf gerade noch 400–500 mm. Das Outback im äußersten Westen des Staates schließlich ist gekennzeichnet von jährlichen Regenfallsmengen, die sich um die 300 mm oder darunter bewegen.

Flora und Fauna

Entsprechend der Heterogenität der Klimazonen herrscht in New South Wales eine enorme Artenvielfalt mit ganz eigenen Vertretern in den jeweiligen Naturräumen. Während die Bergregionen von alpiner Flora mit Schnee-Eukalypten und Heidekraut dominiert sind, gedeihen im Hinterland der Küstenregionen auf kleinen Arealen uralte Regenwälder, wohingegen das karge Outback Heimat der Überlebenskünstler im Pflanzenreich ist. Die vorherrschende Baum- und Strauchvegetation von New South Wales besteht zum Großteil aus *Eukalypten*, eine ganz spezielle Kuriosität stellt aber die *Wollemi-Pinie* dar. Diese Baumart galt als ausgestorben und war nur durch teilweise bis zu 100 Mio. Jahre alte Fossilien bekannt, bis 1994

Ganz und gar nicht scheu: ein Korallenfingerlaubfrosch

ein lebendes Exemplar in einer Schlucht rund 200 km westlich von Sydney entdeckt wurde. *Banksien* sind zwar in New South Wales überdurchschnittlich weit verbreitet, kommen aber auch in anderen Teilen Australiens vor. Es war hier in der Botany Bay, wo der Botaniker *Joseph Banks,* nach dem die Gattung benannt ist, die ersten Exemplare sammelte.

Die Mannigfaltigkeit der Tierwelt steht der der Flora in nichts nach. Hunderte Vogelarten bevölkern New South Wales, das Spektrum reicht von den kleinen bunten *Loris* über die laut „lachenden" *Cookaburras* bis hin zum mächtigen *Keilschwanzadler,* dem größten flugfähigen Vogel Australiens. In den Stadtparks finden nicht nur die frechen *Opossums* einen Unterschlupf, in den Bäumen hängen, wie z. B. im Botanischen Garten von Sydney, oft Hunderte und Tausende von *Flughunden,* die bei Anbruch der Dämmerung in Schwärmen auf Beutefang gehen. Während in einigen Küstenwäldern große *Koala*-Populationen vorkommen, preschen im Outback die *Roten Kängurus* – die größte aller Känguruarten – mit Sätzen von knapp 10 m Länge über die weiten Ebenen. Nicht ganz so leicht zu entdecken, aber trotzdem weitverbreitet sind die *Kragenechsen* oder *Bartagamen.* Die *Sydney-Trichternetzspinne* lebt als gefährlichste Spinne der Welt nicht etwa in den entlegenen Regenwäldern oder im weiten Outback, sondern die hat sich die edlen Gärten in den Vororten der Metropole als Lebensraum ausgesucht. Und wie in allen Ecken des Kontinents gibt's in New South Wales natürlich auch jede Menge Schlangen.

Viel putziger sind da schon die *Zwergpinguine,* die ausgerechnet den betriebsamen Sydney Harbour als Heimat für ihre Kolonie gewählt haben. Zum Schutz der Tiere hält man den genauen Ort geheim – so gut es eben geht. Dafür erfährt man sofort, wenn sich die *Buckelwale* auf ihrer jährlichen Wanderung zwischen den warmen Gewässern Queenslands und ihren Jagdgründen in der Antarktis an der Küste blicken lassen.

Wirtschaft

New South Wales ist der wirtschaftlich stärkste Staat Australiens und trägt etwa ein Drittel zum gesamten Bruttoinlandsprodukt bei. Sydney ist dabei das unangefochtene Geschäftszentrum, in dem sich v. a. Firmen aus dem Versicherungs- und Finanzsektor, der **IT**- und **Telekommunikationsbranche** wie auch dem Technologiebereich niedergelassen haben. Vor allem Unternehmen aus dem asiatischen Raum sind mit Niederlassungen in Sydney vertreten.

Die reichen **Kohlevorkommen** des *Sydney-Gunnedah-Basin* stellen rund 60 % des Gesamtwertes des Bergbaus in New South Wales. 60 Bergwerke gibt es in dem 500 km langen und 150 km breiten Areal und etwa 12 Milliarden Tonnen Kohle warten noch darauf, abgebaut zu werden. In *Broken Hill* befindet sich der ertragreichste Silber-Blei-Zink-Erzkörper der Welt, seit 1885 wird er ausgebeutet. Im entlegenen nördlichen Outback liegt die staubige Ortschaft *Lightning Ridge*, die Hochburg der Opalsucher. Zwar gibt es andernorts wesentlich reichhaltigere Vorkommen des kostbaren Minerals, dafür kann man nirgendwo sonst auf der Welt größere Mengen der äußerst seltenen und kostbaren schwarzen Opale finden.

Nirgends in Australien wird so viel produziert wie in New South Wales. Das Spektrum reicht von der **Schwerindustrie** mit Eisen-, Stahl- und Aluminiumproduktion bis hin zur **Lebensmittelverarbeitung**. Besonders stark vertreten sind Elektronikkonzerne, Pharmaunternehmen und Hersteller medizinischer Geräte. Außerdem sind rund 40 % des australischen Verlagswesens in New South Wales ansässig.

Hier wird mit Windkraft Wasser gepumpt

Die **Landwirtschaft** präsentiert sich in New South Wales äußerst vielseitig. Während im Süden Obst, Gemüse und Wein angebaut werden, breiten sich im Zentrum riesige Sonnenblumen- und Baumwollfelder aus, daneben wird in großem Stil Getreide produziert. Ob Rinder, Schafe, Schweine oder Honigbienen – auch in der Tierhaltung und Viehwirtschaft ist die Bandbreite groß.

Selbstverständlich ist auch der **Tourismus** eine feste Größe im Wirtschaftsleben des Bundesstaates – über 35 % der landesweiten Einnahmen aus dem Fremdenverkehr werden in New South Wales erwirtschaftet. Vor allem die Metropole Sydney mit ihren Wahrzeichen und Attraktionen lockt Urlauber aus aller Welt.

Sydney: Skyline mit Opernhaus

Sydney
ca. 4,25 Mio. Einw.

Sydney ist einfach atemberaubend – eine pulsierende Metropole, eingebettet in eine grandiose Naturkulisse mit weißen Sandstränden und weitläufigen Nationalparks. Die Millionenstadt ist Finanzzentrum, Touristenmagnet und Tummelplatz für die Schönen und Reichen. Unglücklich reist man hier nur ab, weil man nicht länger bleiben kann.

Eine Beschreibung schreit geradezu nach Superlativen: Sydney ist die älteste und bevölkerungsreichste Stadt des Landes. Hier sind die Yachten am längsten, die Mieten am höchsten, die Feierabenddrinks am teuersten. Der Port Jackson ist der größte Naturhafen der Welt, und nirgends sonst in Australien leben so viele verschiedene Nationalitäten auf engem Raum. In puncto Lebensqualität landet Sydney laut Umfragen regelmäßig auf den vorderen Rängen, auf der Beliebtheitsskala der Urlaubsdestinationen liegt die Stadt sowieso ganz oben. Aus der ersten „weißen" Siedlung auf australischem Boden ist eine moderne Metropole geworden, die ihren europäischen Pendants in fast allen Bereichen ebenbürtig ist. Dass sie darüber hinaus mit exotischen Reizen trumpfen kann wie kaum eine andere Stadt, zeigt sich z. B. während der Abenddämmerung, wenn Tausende von Flughunden durch die Parks gleiten, oder im Frühling, wenn tonnenschwere Buckelwale nur wenige hundert Meter von den Stadtstränden entfernt ihre Fontänen in den Himmel blasen.

Es ist die schillernde Mischung der Gegensätze, die Sydney so interessant macht: Nur ein kleiner Spaziergang trennt Museum von Badestrand, von der Welt der schicken Edelboutiquen erreicht man in nur kurzer Fahrt mit dem Stadtbus die Ursprünglichkeit des Buschlands. Sportskanonen finden hier einmalige Surf- und Segelreviere, Feinschmecker können in einigen der edelsten Restaurants des Landes schlemmen, und für Kulturbegeisterte bietet sich ein Programm, das ganze Wochen ausfüllen könnte. Wenn einen eben noch die Hochhausschluchten des Central Business District zu verschlingen drohten, so kann man im nächsten Moment auf geschichtlichen Spuren durch das historische Viertel mit seinen Sandsteingebäuden aus dem 19. Jh. flanieren. Das skurrile Opernhaus mit seiner einmaligen Dachkonstruktion hat auch rund 40 Jahre nach seiner Fertigstellung nichts an Anziehungskraft verloren. Und dominiert wird die Szenerie von der liebevoll als „Kleiderbügel" bezeichneten Hafenbrücke.

Die Olympischen Spiele im Jahr 2000 brachten die Stadt auf die Fernsehbildschirme der ganzen Welt und verhalfen ihr endgültig zum Durchbruch in die Topliga der Touristenziele. Sydney vermarktet sich gut, und kaum ein Australienurlauber verlässt das Land, ohne die Millionenmetropole besucht zu haben. Mittlerweile wird jedoch auch der Ruf nach neuen Tourismuskonzepten laut, Kritiker monieren, dass man sich zu sehr auf seinen Lorbeeren ausruhe. Und das nicht ganz ohne Grund, denn es zeigen sich erste Wolken am Horizont – 2008 ließen die Touristen erstmals mehr Geld beim Erzrivalen Melbourne, und auch in den darauffolgenden Jahren zog Victorias Metropole mehr Urlauber an. Die Zukunft wird zeigen, wie man in der Tourismusbranche darauf reagiert – man kann gespannt sein auf weitere Entwicklungen.

Geschichte

Kapitän Arthur Phillip legte mit Gründung der Stadt den Grundstein für die Europäisierung eines ganzen Kontinents. Und Sydney erfüllte sämtliche Erwartungen – was 1788 mit einigen notdürftigen Unterkünften begann, ist heute eine der vielseitigsten Metropolen der Welt.

Die Geschichte der ersten Jahre der Stadt stehen stellvertretend für das ganze Land. Es war eine Zeit, die gespickt war mit allen Problemen und Schwierigkeiten, die man nur haben kann, wenn man versucht, mit unausgebildeten Sträflingen eine Kolonie in einem gänzlich unbekannten Land zu gründen. Hunger, Gewalt, Krankheit und Tod waren an der Tagesordnung, ein unrühmliches Ende schien unvermeidlich. Man beschloss, die britische Korrektheit den besonderen Umständen „anzupassen" und so erblühte unter dem Regime des *New South Wales Corps* eine äußerst korrupte, aber überlebensfähige Gesellschaft. Nach 15 mühsamen Jahren näherte sich die Kolonie langsam, aber sicher ihrer Autarkie. Die eigenmächtigen Aktivitäten des Corps waren der Obrigkeit in England allerdings ein Dorn im Auge, doch die entsandten Gouverneure waren lange Zeit nicht in der Lage, die Oberhand zu gewinnen. Erst im Jahr 1810 gelang es *Lachlan Macquarie,* die Macht des Militärs zu brechen.

Auch in der ersten Hälfte des 19. Jh. war Sydney ein heißes Pflaster. Entflohenen Sträflingen und gesuchten Verbrechern bot die Anonymität der Stadt vielerlei Gelegenheiten, unterzutauchen. Damals herrschte das Recht des Stärkeren, Morde gehörten zum traurigen Alltag. Die Stadt befand sich in einem permanenten Prozess des Umbruchs, die kaum überschaubare Bevölkerungsfluktuation schützte vor Überwachung und Verfolgung.

Mit dem ersten Goldrausch im Jahre 1851 strömten erneut ganze Heerscharen von Menschen aus aller Herren Länder in die Stadt. Innerhalb von nur 20 Jahren verfünffachte sich die Einwohnerzahl innerhalb eines wahren Einwanderungsbooms von knapp 40.000 auf etwa 200.000. Die Wirtschaft florierte und erlaubte die Gestaltung einer funktionierenden Infrastruktur, die Vorstädte schossen geradezu aus dem Boden. Um die Jahrhundertwende überstieg die Einwohnerzahl erstmals die Millionengrenze.

Während die 1930er-Jahre auch in Sydney von der „großen Depression" geprägt waren, erwiesen sich die Ereignisse in der zweiten Hälfte des 20. Jh. als maßgeblich für das heutige Erscheinungsbild. Das Außerkraftsetzen jener Reglementierung, die die maximale Gebäudehöhe auf 150 ft festlegte, erlaubte das Entstehen der Skyline wie wir sie heute kennen. Mit dem 26-stöckigen AMP-Gebäude wurde im Jahr 1959 der erste richtige Wolkenkratzer der Stadt errichtet, heute ist der Sydney Tower mit ca. 300 m das höchste Gebäude.

In den 70er-Jahren fand die sogenannte „white Australia policy" – eine Form der Einwanderungspolitik, die weiße Antragsteller bevorzugte und Bevölkerungsgruppen anderer Hautfarbe massiv diskriminierte – endgültig ein Ende. Menschen aus aller Welt konnten nun nach Australien einwandern, viele Neuankömmlinge hatten Sydney als Ziel und so entstand hier eine ethnische Vielfalt, die weltweit ihresgleichen sucht. Gewalt als deren trauriger Nebeneffekt zeigte sich allerdings beispielsweise im Jahr 2005 im Verlauf der *Cronulla Riots*, als ethnisch motivierte Straßenkämpfe für den Ausnahmezustand in der Stadt sorgten.

Nach der Sommerolympiade 2000 war der Weltjugendtag 2008 der letzte große international beachtete Eintrag in die Geschichtsbücher der Stadt. Am 15. Dezember 2014 wurden die tragischen Bilder einer Geiselnahme mit terroristischem Hintergrund auf die Fernseher der ganzen Welt übertragen: Zwei Geiseln verloren dabei ihr Leben.

Klima

Sydney ist ganzjährig von warmen oder zumindest milden Temperaturen geprägt. Im Hochsommer (Januar) liegen die durchschnittlichen Höchstwerte bei etwa 26 °C, Extremwerte von 40 °C sind allerdings nicht ungewöhnlich. Im Winter (Juli) fällt das Thermometer vereinzelt auf unter 10 °C, was die wetterverwöhnten Sydneysider zum Anlass nehmen, sofort ihre Schals und Handschuhe auszupacken. Und das ist auch die einzige Gelegenheit, die Wintergarderobe auszuführen, denn recht viel kälter wird es nicht. Im Gegensatz zu anderen Landstrichen Australiens, die deutlich abgegrenzte Regen- und Trockenperioden aufweisen, sind die Niederschläge in der Region um Sydney gleichmäßig über das ganze Jahr verteilt. Mit einer Niederschlagsmenge von 1200 mm pro Jahr gehört die Metropole zu den absoluten Spitzenreitern unter den australischen Großstädten, Melbourne bringt es gerade mal auf 660 mm pro Jahr. Ausreichend ist die Regenmenge aber trotzdem nicht – in den letzten Jahren mussten immer wieder besondere Wassersparmaßnahmen durchgesetzt werden.

Flora und Fauna

Sydney ist eine grüne Stadt. In den Parks flaniert man zwischen mächtigen Bäumen, das Frühjahr präsentiert sich mit einer vielfältigen, farbenprächtigen Pflanzenwelt. Wo die Vororte in die Nationalparks übergehen, breitet sich ursprüngliche Buschlandschaft aus, die heute noch wie vor Tausenden von Jahren unverändert gedeiht. Auch für eine außergewöhnliche Tierwelt bieten die klimatischen Bedingungen ideale Voraussetzungen. Im unmittelbaren Bereich um den Port Jackson hat die Mannigfaltigkeit in den letzten 200 Jahren allerdings ziemlich gelitten. Ursprünglich vorkommende Arten wie Koala, Schnabeltier und Schnabeligel gibt es schon lange nicht mehr, dafür hat sich das Opossum als einziger Vertreter der Beuteltiere gut an die neuen Bedingungen anpassen können. Von Australiens 2900 Spinnenarten lebt die gefährlichste in Sydney: Die Sydney-Trichternetzspinne *(Sydney funnel-web spider)* ist giftig und angriffslustig, aber Zwischenfälle sind selten und es gibt wirksames Antiserum. Auch Giftschlangen sind in der Region heimisch, aus dem Stadtgebiet jedoch praktisch komplett verdrängt.

Die Unterwasserwelt im *Sydney Harbour* ist einzigartig – rund 580 Fischarten tummeln sich an den Felsufern, Riffen, Mangroven und Seegraswiesen des Hafenbeckens und der Zuläufe. Allein 60 Hai- und Rochenarten sind hier heimisch, der Port-Jackson-Stierkopfhai verdankt dem Hafen sogar seinen Namen. Unterschiedliche Faktoren tragen zu dieser außergewöhnlichen Artenvielfalt bei. In den Sommermonaten werden mit dem warmen Ostaustralstrom tropische Arten in Richtung Süden und auch in den ansonsten so gar nicht tropischen *Sydney Harbour* gespült. Dauerhaft Fuß fassen können die „Urlauber" hier allerdings nicht – wenn im Herbst das Wasser wieder kälter wird, werden sie träge und damit leichte Beute für größere Raubfische. Sydney liegt auch auf der Route der alljährlichen Walwanderung, im Oktober 2010 kam es zu einer besonders ungewöhnlichen Begegnung, als sich eine ausgewachsene Buckelwaldame samt Kalb besonders weit ins Hafenbecken vorwagte und sogar unter der Harbour Bridge gesichtet wurde. Ein Ausnahmefall, aber zumindest Delfine werden regelmäßig gesichtet – einige der putzigen Kandidaten wohnen im nördlichen Hafenbereich. In der Nähe von Manly gibt es sogar eine Kolonie von Zwergpinguinen.

Klimawerte Sydney

Monat	Temp.-Max. in °C	Temp.-Min. in °C	durchschnittliche Niederschlagsmengen in mm
Januar	26	19	103
Februar	26	19	118
März	25	18	130
April	22	15	126
Mai	19	12	121
Juni	17	9	131
Juli	16	8	98
August	18	9	82
September	20	11	70
Oktober	22	14	77
November	24	16	84
Dezember	25	18	78
Quelle: Australian Government, Bureau of Meteorology			

Praktische Informationen

Orientierung & Stadtteile

Sydneys *Port Jackson* ist der größte Naturhafen der Welt. Nördlich davon liegt das Hornsby-Plateau mit Erhebungen von bis zu 200 m, im Süden und Westen erstreckt sich eine weitgehend flache Ebene, die *Cumberland Plain*. In diesen leichter zugänglichen Regionen befinden sich Sydneys älteste Viertel, die den heutigen Stadtkern bilden. Der hügelige Norden wurde später erschlossen und erst mit Öffnung der *Harbour Bridge* 1932 an die Stadt angegliedert. Sydney ist eine stark in die Breite gewachsene Stadt mit einer Fläche von ca. 1687 km^2, unterteilt in 40 Bezirke. Die größte Ausdehnung hat die Stadt in Richtung Westen erfahren, da es hier keine natürlichen Begrenzungen gibt.

Die Innenstadt Südlich der Sydney Cove gelegen. Bestehend aus dem *CBD* und den angrenzenden Vierteln. *Darling Harbour*, *Ultimo* und *Woolloomooloo* zählen auch noch zum Zentrum, *The Rocks* ist der historische Distrikt. Als Hauptader verläuft die George Street in Nord-Süd-Richtung.

Die östlichen Vororte Sie erstrecken sich vom direkt ans Zentrum angrenzenden Amüsierviertel *Kings Cross* über die hippen Stadtteile *Darlinghurst* und *Paddington* bis hin zum Pazifik. Bekanntester Vorort im Osten ist sicherlich *Bondi* mit seinem berühmten Bondi Beach. Einige der exklusivsten Wohngegenden der Stadt befinden sich in den am Hafenbecken gelegenen Vierteln zwischen *Elizabeth Bay* und *Watsons Bay*.

Süd-Sydney Ab der Central Station erstreckt sich Sydney in Richtung Süden über die Stadtteile *Redfern* und *Waterloo* bis hin zur *Botany Bay*, wo im Ortsteil *Mascot* auch der Flughafen zu finden ist. Entfernung vom Stadtzentrum etwa 8 km.

Die westlichen Vororte Hier ist die City am stärksten gewachsen. Im Vergleich zu den nördlichen und östlichen Gebieten sind hier die Grundstücke noch erschwinglich, wobei in einigen Vierteln in den letzten Jahren Preissteigerungen von 30 % pro Jahr zu verzeichnen waren. Die westlichen Vororte sind auch Heimat vieler ethnischer Gruppierungen. An der *Homebush Bay* liegt der Olympiapark der Sommerspiele von 2000. Größere Bezirke im inneren Westen sind *Canterbury*, *Bankstown* oder *Burwood*. Außenbezirke wie *Penrith* und, im äußeren Südwesten, *Campbelltown* sind über 40 km vom Stadtzentrum entfernt.

Nördlich des Hafenbeckens Zu erreichen sind die Viertel nördlich des Hafenbeckens über die Harbour Bridge oder mit der Fähre. Sicherlich eine der landschaftlich reizvollsten Gegenden, die sich von *North Sydney* bis zum Ku-Ring-Gai-Chase-Nationalpark erstreckt. Von *Manly* im Nordosten des Hafens ziehen sich die *Northern Beaches* entlang der Küste Richtung Norden bis zur gut 30 km vom Zentrum entfernten Halbinsel von *Palm Beach*. Der nördliche Küstenabschnitt ist von exklusiven Wohngegenden geprägt und als Naherholungsgebiet auch bei den Sydneysidern beliebt.

Information

GPS: S33°52.37′ E151°12.45′
Ortsvorwahl: 02

Touristinformation und Buchungszentren Sydney Visitor Centre, in den Rocks. Informationen, Buchungsservice und kostenlose Broschüren. Außerdem aktuelle Land- und Wanderkarten, Bücher zu Flora und Fauna, Stadt- und Busfahrpläne. Tägl. 9.30–17.30 Uhr. Argyle Street/Ecke Playfair Street, The Rocks, ✆ 92408788 oder 1800067676, www.sydneyvisitorcentre.com.

Sydney Visitor Centre, im Darling Harbour. Etwas kleiner, aber mit ähnlichem Angebot. Tägl. 9.30–17.30 Uhr. 33 Wheat Road, Darling Harbour, ✆ 92408788 oder 1800067676.

City Rail Info, Informationen zu sämtlichen Zugverbindungen der City-Rail, aber auch zu Kombitickets (Bus/Bahn/Fähre). Tägl.

Anreise 181

9–16.45 Uhr. Gegenüber von Fährterminal 5, Circular Quay.

Zeitungen, Wochenendplaner mit aktuellen Veranstaltungen in den Bereichen Sport, Musik und Kultur in der Tagespresse, z. B. im *Sydney Morning Herald*.

Sydney im Internet Die offizielle Seite des Tourismusverbandes ist www.sydney. com, es gibt sie auch auf Deutsch unter http://de.sydney.com. Weitere Infos zu bestimmten Stadtteilen z. B. unter www.the rocks.com.au oder www.darlingharbour. com.au.

Anreise

Die Stadt ist für viele Reisende das Tor zum australischen Kontinent und Startpunkt für ausgedehnte Reisen durch das Land, sei es per Bus, Bahn oder mit dem Auto. Mit Überlandbussen und mit der Bahn kann man von hier aus praktisch jeden Ort auf der Australienkarte ansteuern, wobei die beliebteste Autoroute nach Norden führt. Die Strecke zwischen Sydney und Cairns in Nordqueensland ist eine der meistgefahrenen Strecken von Wohnmobilisten und Backpackern.

Flugzeug Etwa 35 Mio. Passagiere steuern jedes Jahr den **Kingsford Smith Airport** (SYD) an. Der Flughafen liegt an der Botany Bay im Ortsteil Mascot, etwa 8 km südlich des CBD. Wer für einen Anschlussflug zwischen internationalem und nationalem Terminal wechseln muss, kann einen Shuttle-Bus nutzen (5,50 $). Der Bus verkehrt zwischen 6 und 21 Uhr mindestens im 30-Min.-Takt. Ein Taxi kostet etwa 17 $.

Flughafentransfer Wer seine Unterkunft vor der Anreise bucht, sollte gleich nach möglichen Transferoptionen fragen. Hotels oder Hostels bieten mitunter eigene Shuttles oder organisieren den Transport. Weitere Möglichkeiten sind:

Airport Shuttle North, für North Sydney und die Northern Beaches. Vom Flughafen nach Manly etwa 45 $, nach Palm Beach etwa 90 $. 2 Gepäckstücke/Pers. frei. Tägl. 4–22 Uhr, Buchungen 7–22.30 Uhr, Fahrten 3–23 Uhr. ✆ 1300505100 oder 99977767, www.airportshuttlenorth.com.

Airbus Sydney, im Kleinbus kostet der Transfer von den Terminals ins Stadtzentrum (oder umgekehrt) 16 $/Pers. 5–19 Uhr ab City, 6–22 Uhr ab Flughafen. Nur bei Vorabbuchung. ✆ 95577615, www.airbus sydney.com.au.

Taxi, zu Stoßzeiten sorgen Einweiser dafür, dass kein Kampf um freie Taxis entbrennt. Außerhalb der Taxistände dürfen die Fahrer übrigens keine Passagiere aufnehmen, woran sie in Anbetracht erheblicher Geldstrafen auch halten. Preise vom Flughafen nach: North Sydney 55 $, Manly 90 $, Paramatta 100 $, Liverpool 95 $, Cronulla 75 $ und zur Innenstadt 45 $. Fahrzeit bis zur Innenstadt je nach Verkehr ab etwa 30 Min. Etwaige Mautgebühren sind zusätzlich zu entrichten.

Bahn, AirportLink: die *City-Rail Airport & East Hills Line* (grüne Linie) fährt direkt ins Stadtzentrum. Haltestellen sind u. a. Museum, St. James, Circular Quay, Wynyard und Central. Einzelfahrt 17 $.

Sydney Buses, Busse der Linie 400 fahren vom *International Terminal* und vom *Qantas Domestic Terminal* zur Bondi Junction. Von dort Anschlussbusse in alle Richtungen. www.131500.com.

KST Airporter, fährt von beiden Terminals aus, steuert Ziele im inneren Stadtgebiet an und setzt Sie vor der Haustür ab. In die Innenstadt, nach Darling Harbour oder Kings Cross etwa 18 $. Vorab buchen. ✆ 96669988, www.kst.com.au.

Mietwagen, in beiden Terminals. Die Rufnummern der nationalen Callcenter für Anfragen und Buchungen: *Avis*, ✆ 136333, www. avis.com.au; *Budget*, ✆ 1300362848, www. budget.com.au; *Europcar*, ✆ 1300131390, www.europcar.com.au; *Hertz*, ✆ 133039, www.hertz.com.au; *Thrifty*, ✆ 1300367227, www.thrifty.com.au. Die direkten Durchwahlen der einzelnen Büros in der City → Adressen/Autovermietung.

Pkw Die Hauptverbindungsstraßen von Sydney aus sind der *Pacific Motorway (M1)* Richtung **Norden** und der *Great Western High*way Richtung **Westen**; Richtung **Süden** führt der *Princess Highway* entlang der Küste, während der *Hume Highway* Sydney mit Canberra verbindet. Die Anschaffung einer Straßenkarte bzw. Ausleihe eines Navigationsgerätes ist auf alle Fälle lohnenswert.

New South Wales / Sydney

Bus Der zentrale Busterminal befindet sich in der Eddy Avenue. Hier ist auch der *Travellers' Information Service* (✆ 92819366), wo man Auskunft zu Verbindungen erhält und Tickets kaufen kann. Zudem kann man direkt in den Büros der Gesellschaften buchen.

Greyhound Australia, Direktverbindungen von/nach Adelaide (24 Std.), Brisbane (17 Std.), Canberra (3:30 Std.) und Melbourne (12 Std.). Jede Stadt wird meist mehrmals tägl. angefahren, allerdings mit Unterschieden bezüglich der Zwischenstopps und dementsprechend der Fahrzeit. Information und Buchung unter ✆ 1300473946, www.greyhound.com.au.

Murrays, die Expressbusse von Murrays fahren mehrmals tägl. von/nach Canberra (25–42 $). Von dort gibt es Anschlussbusse nach Wollongong und Narooma (je 48 $) und im Winter den Snow-Express (ab 90 $) in die Berge. ✆ 132251, www.murrays.com.au.

Firefly Express, tägl. ein Tag- und ein Nachtbus von/nach Melbourne (65 $) bzw. Adelaide (120 $). ✆ 1300730740, www.firefly express.com.au.

Bahn Die Fernzüge verkehren ab Central Station und sollten möglichst früh im Voraus gebucht werden. Travel-Passes (s. u., Kasten), reguläre Tickets sowie Auskünfte zu Fahrzeiten erhält man im *NSW TrainLink Travel Centre*, Platform 1, Central Station, Eddy Ave, ✆ 132232, www.nswtrainlink.info.

NSW TrainLink, für rund 100 $ reist man nach Broken Hill (15 Std.), für 90 $ im XPT-Train (Expresszug) nach Melbourne (2-mal tägl., 11 Std.) oder nachBrisbane (2-mal tägl., 14 Std.).

Indian Pacific, von der Great Southern Railway, fährt 2-mal/Woche nach Adelaide (24 Std.) und weiter nach Perth (62 Std.). Einfacher Sitzplatz für die gesamte Strecke 939 $. Information und Buchung unter ✆ (08)82134444, www.gsr.com.au.

> **Discovery Pass**, gilt für Bahnreisen in den Zügen von NSW TrainLink inkl. Anschluss nach Melbourne und Brisbane. Verschiedene Optionen ab einer Gültigkeitsdauer von 14 Tagen (232 $) bis hin zu 6 Monaten (420 $). Innerhalb der bezahlten Zeitspanne kann man dann beliebig oft die Züge nutzen. Gegen Aufpreis auch als Premiumversion. Online unter www.nswtrainlink.info oder telefonisch unter ✆ 132232.

Schiff Kreuzfahrtschiff, Sydney ist ein beliebtes Ziel für Kreuzfahrtschiffe. Regelmäßig liegen die Ozeanriesen am Overseas-Terminal am Circular Quay. Reiserouten gibt es jede Menge, zu buchen bei verschiedenen Veranstaltern, z. B. *Cunard*.

Segelyacht, mit etwas Glück ergattert man mithilfe einschlägiger Magazine einen Platz auf einer Segelyacht. Von langer Hand ist so etwas allerdings schwer planbar und man muss meist an Bord mitarbeiten.

Stadtverkehr & öffentliche Verkehrsmittel

Sydneys öffentliche Verkehrsbetriebe stehen seit Jahren massiv in der Kritik: zu unpünktlich, zu überfüllt, zu unmodern. Aber was für die Berufspendler ein täglicher Kampf ist, das kann man als Urlauber wohl eher verkraften, v. a. wenn man die Stoßzeiten meidet. Wer die Stadt erkunden will, hat ohnehin wenig Alternativen, denn den Mietwagen sollte man besser stehen lassen. Mit den *MyMulti*-Kombi- und Mehrtagestickets kann man viel Geld sparen. **Achtung**: Es gibt Prepaid-only-Services, für die man Tickets vorab kaufen muss, in den Bussen selbst gibt es keine Möglichkeit dazu!

Fähre Sydney Ferries Corporation, v. a. von der Innenstadt in die Vororte nördlich des Hafenbeckens die bequemste Verbindung. Knotenpunkt ist der Fährterminal *Circular Quay*. Von hier fahren Fähren u. a. nach Manly, zum Taronga-Zoo, nach North Sydney, Parramatta, Darling Harbour und Balmain. Ab 6,20 $ pro Einzelfahrt. Fahrkarten sind an den Terminals erhältlich. Informationen unter ✆ 131500, www.sydney ferries.info.

Matilda Catamarans, schnelle Expressfähren mit limitierten Anlegestellen, z. B. Circular Quay, Loona Park und Darling Harbour, außerdem zwischen Lane Cove und City

(Einzelfahrt distanzabhängig ab 7 $). ℡ 82705188, www.matilda.com.au.

Linienbusse Sydney Buses, weitverzweigtes Netz im gesamten Stadtbereich und in den Vororten. Nicht gerade für Pünktlichkeit bekannt, schlecht beschilderte Haltestellen zwingen oft zum Mitzählen der Stopps. Das Netz ist in Zonen unterteilt, danach richten sich auch die Preise: ab 2,40 $, 10er-Ticket ab 19,20 $. Fahrpläne auch an Zeitungskiosken. Ein guter Online-Routenplaner ist unter www.sydneybuses.info zu finden.

> **Opal-Card**, aufladbare Karte, die man dann nur noch über die elektronischen Lesegeräte in Bus, Bahn oder Fähre halten muss. Die Vorteile: bis zu 30 % Rabatt, Tageskosten bei 15 $ gedeckelt, Wochenkosten bei 60 $, sonntags bezahlt man eine Tagesflatrate von lediglich 2,50 $. Erhältlich z. B. im Service-Centre an der Central Staton. Infos unter ℡ 136725 oder www.opal.com.au.

Sightseeing-Busse 2 Rundkurse, einer im Stadtzentrum, einer nach Bondi. 24-Std.-Ticket für 40 $, 48-Std.-Ticket für 60 $. www.citysightseeing.com. (auch: → Sehenswertes/Rundfahrten und -flüge/Sightseeing-Busse).

Bahn & Metro City Circle, Rundkurs in der Innenstadt. Stationen: Central Station, Town Hall, Wynyard, Circular Quay, St. James, Museum. Verkehrt tägl. von früh bis spät im 2-Min.-Takt. Tickets ab 4 $.

CityRail, Züge innerhalb der Stadt und in die diversen Vororte. Knotenpunkt ist die Central-Station. Fahrkarten am Schalter bzw. an den Ticketautomaten erhältlich. Tickets ab 4 $. Fahrpläne und Tarifauskünfte gibt's am Zeitungskiosk und unter www.cityrail.info.

Light Rail, fährt zwischen Central und Dulwich Hill. Zu den 23 Stationen gehören Paddy's Market, Star City, Glebe und Rozelle Bay. Einfache Fahrt 3,80–4,80 $, Tages-Pass 9,60 $, 7-Tage-Ticket 24 $.

Taxi Etwa 3,60 $ Grundgebühr, jeder Kilometer ca. 2,19 $. Zwischen 22 und 6 Uhr erhöht sich die Grundgebühr auf 6,10 $ und es kommen 20 % Nachtzuschlag zum regulären Preis dazu, (Maut-)Gebühren (z. B. Harbour-Bridge) sind vom Fahrgast zu entrichten und auch Übergepäck (>25 kg) bzw. Sperrgepäck (z. B. Surfboard) kosten extra.

Taxis Combined Services, ℡ 133300, www.taxiscombined.com.au.

> **MyMulti Weekly Pass**, erlaubt verschiedene Kombinationen aus Bus, Bahn und Fähre in verschiedenen Zonen des Netzes. Die unbegrenzte Nutzung von allen drei Verkehrsmitteln gibt es ab 48 $/Woche (MyMulti1). Mit der Version für 56 $ (MyMulti2) kommt man schon ziemlich weit. Gültig ab Kauftag (CityRail-Stations) bzw. ab erster Benutzung (Fährterminals, Transit-Shop). Auch als Monats- und Vierteljahrestickets.
> **MyMulti Day Pass**, ein Tag unbegrenzte Nutzung von Bahn, Bus und Fähre für 24 $, gültig ab Kauf.

Silver Service Fleet, ℡ 133100, www.silverservice.com.au.

Legion Cabs, ℡ 131451, www.legioncabs.com.au.

Premier Cabs, ℡ 131017, www.premiercabs.com.au.

St George Cabs, ℡ 132166, www.stgeorgecabs.com.au.

Wassertaxi Meist die schnellste Verbindung für Transfers und bei schönem Wetter ideal, um sich zum Schauen und Staunen durch den Hafen gondeln zu lassen. Mini-Tour von Darling Harbour nach Circular Quay 15 $/Pers.

Yellow Water Taxis, ℡ 1300138840, www.yellowwatertaxis.com.au.

Water Taxis Combined, ℡ 95558888, www.watertaxis.com.au.

Adressen

Ärzte Für den Notfall bieten die Krankenhäuser (→ S. 186) die beste Versorgung, für alle anderen Eventualitäten gibt es zahlreiche Ärzte – an der Rezeption Ihrer Unter-

kunft wird man Ihnen die nächstgelegenen Praxen nennen. Wenn Sie bereits vor Reisebeginn wissen, dass Sie einen Arzt benötigen, können Sie beim Konsulat eine Liste mit deutschsprachigen Ärzten anfordern (E-Mail an Konsulat, siehe dort).

Apotheken An jeder Straßenecke. Im Zentrum z. B. Amcal, Shop 6–8, Metcentre, 273 George Street, ✆ 92472045. Soul Pattinson, 160 Pitt Street Mall, ✆ 92327464.

Autokauf Travel Wheels, Verkauf und Rückkauf, 191–201 William Street, Kings Cross, ✆ 1800289222 , www.travelwheels.com.au.

Travellers Auto Barn (TAB), hier wird man u. U. sogar auf Deutsch begrüßt. Immer etwa 30 verschiedene Gefährte im Angebot. 177 William Street, Kings Cross, ✆ 1800674374, www.travellers-autobarn.com.

Sydney Travellers Car Market, eine der ersten Adressen, nur für Backpacker, hier dürfen Händler und Ortsansässige ihre Fahrzeuge nicht anbieten. Alle Fahrzeuge haben ein Road-Worthy-Certificate; das Personal kennt die speziellen Bedürfnisse von Backpackern. Level 2, Ward Avenue Car Park, Kings Cross, ✆ 93314361, www.sydneytravellerscarmarket.com.au.

Gebrauchtwagenhändler, gibt es zahlreich entlang der Parramatta Road. Ganz billige Mühlen findet man hier nicht, dafür aber Autos mit weniger als 5 Vorbesitzern. Mit dem Bus 461 ab QVB ein Stück aus der Stadt fahren und sich umschauen.

www.drive.com.au, gute Internet-Adresse, die Links zu vielen Händlern und privaten Verkäufern in Sydney bietet. Über eine Suchmaske (Preis, Typ, Marke, Ort usw.) kann man unter Tausenden von Autos auswählen.

Autovermietung Einige Autovermieter unterhalten gleich mehrere Büros in Sydney. Hier die wichtigsten im Zentrum und am Flughafen. Wenn Sie ein Fahrzeug buchen wollen, dann am besten über das jeweilige nationale Callcenter.

Hertz, Mo–Fr 7.30–17.30 Uhr, Sa/So 8–13 Uhr. William Street/Ecke Riley Street, ✆ 93606621.

Europcar, Mo–Fr 7.30–18 Uhr, Sa/So 8–17 Uhr. 26–36 College Street, ✆ 82559050.

Thrifty, Mo–Fr 7.30–17.30 Uhr, Sa/So 7.30–16 Uhr. 85 William Street, ✆ 83746177.

Avis, tägl. 7.30–18 Uhr. 200 William Street, ✆ 92464600.

Budget, Mo–Fr 7.30–17.45 Uhr, Sa/So 7.30–15.45 Uhr. 93 William Street, Kings Cross, ✆ 82559600.

Banken Jeder Work&Travel-Reisende benötigt ein Bankkonto (sofern er arbeiten

Sydney Harbour mit Blick auf den Central Business District

will) – die hier aufgelisteten Filialen liegen zentral in der George Street.

Westpac, Mo–Do 9.30–16 Uhr, Fr 9.30–17 Uhr. 275 George Street.

Commonwealth Bank, Mo–Do 9.30–16 Uhr, Fr 9.30–17 Uhr. George Street (gegenüber QVB).

ANZ, Mo–Do 9.30–16 Uhr, Fr 9.30–17 Uhr. 450 George Street.

National, Mo–Do 9.30–16 Uhr, Fr 9.30–17 Uhr. 345 George Street.

HSBC, Mo–Do 9.30–16 Uhr, Fr 9.30–17 Uhr. 570 George Street.

St. George, Mo–Do 8–18 Uhr, Fr 8–17 Uhr. 316 George Street.

Bücherei State Library of NSW, Staatsbibliothek von New South Wales. Kostenlose Nutzung für jedermann, allerdings keine Ausleihe für Touristen. Mit Bibliothekskarte gibt es kostenlosen Internet-Zugang. Schließfächer auf den Fluren. Sehr guter, kleiner Buchladen im Foyer. Mo–Do 9–20 Uhr, Fr 9–17 Uhr, Sa/So 10–17 Uhr. Macquarie Street, ✆ 92731414, www.sl.nsw.gov.au.

Einwanderungsbehörde Immigration Office, bei Anfragen zu Ihrem Visum können Sie sich telefonisch ans Immigration Office wenden oder persönlich im Büro vorbeischauen. Mo–Fr 9–16 Uhr. 26 Lee Street (nahe Central-Station), ✆ 131881, www.immi.gov.au.

Fahrradverleih Sydney ist nicht gerade das ideale Pflaster für Radler – in der Stadt selbst stürzen sich höchstens Kuriere auf ihren Drahteseln in den Verkehr. In den Vororten kann man hingegen schön entlang der Strandpromenaden und in den Parks radeln.

Manly (→ Manly, S. 241).

Im Olympiapark (→ Olympiapark, S. 234).

Centennial Parklands (→ Centennial Parklands, S. 235).

Geldwechsel American Express Foreign Exchange, Mo–Do 9.30–16 Uhr, Fr 9.30–17 Uhr. 275 George Street.

Western Union Money Services, im eben genannten American-Express-Exchange (s. o.) und überall, wo das Schild zu sehen ist (News Agents, Banken etc.).

Internet Kabellosen Zugang gibt es mittlerweile in fast allen Unterkünften, in vielen Cafés, Fastfoodlokalen und Kneipen. Wer kein mobiles Gerät dabei hat, für den stehen in einigen Unterkünften auch Terminals bereit. Außerdem gibt es in den Bibliotheken der Stadtteile meist auch Computer, die man nutzen kann.

City Hunter, hauptsächlich Gamer, aber auch „normale" Internetnutzung möglich.

733 George Street, Haymarket, www.cityhunter.com.au.

Intergate, in der George Street im Keller des McDonalds. Keine Laptop-Plätze, ab 3 $/Std. Tägl. 24 Std. geöffnet.

Konsulate Deutsches Generalkonsulat, Leiter ist Generalkonsul Hans-Dieter Steinbach. Erreichbar mit der Bahn (blaue Linie Richtung Bondi-Junction) bis Edgecliff, dann 10 Min. zu Fuß. Mo–Fr 9–12 Uhr, Mi 14–15 Uhr. 13 Trelawney Street, Woollahra. ✆ 93287733, Notfallnummer: 0412359826, www.sydney.diplo.de.

Österr. Honorargeneralkonsulat, Mo–Fr 9–12 Uhr. Level 10, 1 York Street, ✆ 92513363, consulate.sydney@advantageaustria.org.

Schweizer Generalkonsulat, Mo–Fr 9–12 Uhr. Tower 2, Level 23, 101 Grafton Street (Ecke Grosvenor Street), Bondi Junction, ✆ 83834000, syd.vertretung@eda.admin.ch.

Krankenhäuser Alle aufgelisteten Kliniken bieten einen 24-Std.-Notfallservice, im Ernstfall mit der 000 einen Krankenwagen rufen:

St. Vincent Hospital, großes Krankenhaus. Da es zentral in Kings Cross/Darlinghurst liegt, hat man dort viel Erfahrung mit Touristen und ausländischen Versicherungen. 390 Victoria Street, Darlinghurst, ✆ 83821111, www.stvincents.com.au.

Royal Prince Alfred Hospital, größtes Krankenhaus der Stadt. Genießt einen ausgezeichneten Ruf und verfügt über modernste Diagnosemöglichkeiten. Missenden Rd., Camperdown, ✆ 95156111.

Sydney Hospital & Sydney Eye Hospital, zentral in der Innenstadt gelegen. Das älteste Krankenhaus Australiens geht aufs Jahr 1788 zurück, unter der derzeitigen Adresse findet man es seit 1811. 8 Macquarie Street, ✆ 93827111.

Prince of Wales Hospital, das Klinikum ist in den östlichen Vororten gelegen. High Street bzw. Barker Street (Eingang), ✆ 96504000.

Concorde Hospital, im Westen Sydneys nahe dem Olympiapark Homebush Bay. Hospital Road, Concord, ✆ 97675000.

Royal North Shore Hospital, im Norden Sydneys. Pacific Highway, Reserve Road, St. Leonards, ✆ 99267111.

Medien Die gängigen **Tageszeitungen** sind *Sydney Morning Herald* (www.smh.com.au) und *Daily Telegraph* (www.dailytelegraph.com.au).

Internationale Presse, in gut sortierten Fachgeschäften oder an größeren Zeitungskiosken im Zentrum (z. B. Circular Quay) gibt es deutschsprachige Magazine wie Focus, Spiegel, Brigitte, etc.

SBS, internationaler Fernsehsender mit deutschsprachigen Nachrichten, immer wochentags um 10.30 Uhr früh.

Radio WSFM 101.7, hauptsächlich Klassiker, Oldies und Rockiges.

Radio JJJ (Triple J), der Jugendsender des ABC-Netzwerks, aktueller Rock und Independent. Auf Frequenz 105.7.

Radio 2Day, auf Frequenz 104.1.

Notruf Notrufnummer **Polizei, Feuerwehr** und **Krankenwagen**: ✆ 000.

Alkohol- und Drogenberatung (ADIS), ✆ 93618000 oder 1800422599.

Hotline für **Vergewaltigungsopfer**: ✆ 1800424017.

Polizei The Rocks, 132 George Street, ✆ 82206399.

City, 570 George Street (gegenüber der Town Hall), ✆ 92656595.

Kings Cross, 24 Std. geöffnet, Elizabeth Bay Road/Ecke Barncleuth Square, ✆ 83560099.

Post Eines der zahlreichen Postämter ist am 1 Martin Place. Mo–Fr 8.15–17.30 Uhr, Sa 10–14 Uhr. ✆ 131318.

Schwimmbäder Andrew „Boy" Charlton Pool, an der Woolloomooloo Bay in der Domain gelegen, mit beheiztem 50-m-Meerwasserbecken und Anfängerbecken mit Sonnendach; Café. Tägl. 6–19 Uhr, im Sommer bis 20 Uhr. Eintritt 6,50 $, 20er-Karte 96 $. 1C Mrs Macquarie Rd., The Domain, ✆ 93586686, www.abcpool.org.

Olympiapool, Schwimmstadion der Olympischen Sommerspiele von 2000. 50-m-Becken, Spaßbecken, 10-m-Sprungturm. Mo–Fr 5–20.45 Uhr, Sa/So 6–18.45 Uhr (im Sommer bis 19.45 Uhr). Eintritt Zuschauer 4 $, Schwimmen 7 $. ✆ 97523666.

North Sydney Olympic Pool, traumhaft gelegen zwischen Harbour Bridge und Luna Park. Der Pool wurde 1936 eröffnet und verfügt über ein 50-m-Schwimmbecken im Freien und ein 25-m-Hallenbecken. Mo–Fr 5.30–21 Uhr, Sa/So 7–19 Uhr. Eintritt 7,30 $. 4

Alfred Street South, Milsons Point, ✆ 99552309.

Bondi Icebergs, extrem cool. 50-m- und 20-m-Becken, beide mit grandiosem Blick auf den Bondi Beach und den Ozean. Café und Bar. Mo–Fr 6–18.30 Uhr, Sa/So 6.30–18.30 Uhr. Eintritt 6,50 $. 1 Notts Avenue, am südlichen Ende des Bondi Beach, ✆ 21304804, www.icebergs.com.au.

Wohnmobilverleih Apollo Campers, im Süden der Botany Bay, etwa 12 km vom Flughafen entfernt. Tägl. 8–16.30 Uhr. 31 Bay Rd, Taren Point, ✆ 1800777779, www.apollocamper.com.

Britz Australia & Maui Rentals, Büro und Abholung nahe dem Flughafen (Taxi etwa 20 $). 10–16 Uhr im Winter, sonst 7.30–16 Uhr. 653 Gardeners Road, Mascot, ✆ 83380708, www.britz.com.au.

Kea Campers, Büro und Abholung nahe dem Flughafen (Taxi etwa 20 $). 10–16 Uhr im Winter, sonst 7.30–16 Uhr. 653 Gardeners Road, Mascot, ✆ 83380708 oder 1800705174, www.keacampers.com.au.

Übernachten

In Sydney findet sich für jeden die passende Unterkunft, ob im 10-Bett-Zimmer in der Jugendherberge oder in der Suite im Luxushotel, ob im pulsierenden Stadtzentrum oder ganz entspannt in Strandnähe. Ab etwa 25 $ pro Nacht kann man Quartier beziehen – dass man für den Blick aufs Wasser oder gar aufs Opernhaus noch etliche Scheine mehr hinblättern muss, versteht sich von selbst. Man sollte unbedingt einige Tage im Voraus reservieren. Wer einen Aufenthalt über Weihnachten und Silvester plant, sollte bereits mehrere Monate vorher buchen. Ende Dezember scheint die Stadt aus allen Nähten zu platzen – speziell im unteren Preissegment werden dann die Schlafplätze knapp, weil ganze Horden junger Backpacker einfallen, um hier ins neue Jahr zu feiern. Im Folgenden sind die Unterkünfte entsprechend der Stadtteile sortiert, Hostels und Campingplätze finden Sie gebündelt am Ende der Liste.

> Die Legendenpunkte **1** bis **82** finden Sie auf der Karte „Sydney City" (→ S. 188/189), **83** bis **102** auf der Karte „The Rocks" (→ S. 193), **115** bis **125** auf der Karte „Sydney CBD und Darling Harbour" (→ S. 198/199), die Punkte **131** bis **139** auf der Karte „Bondi" (→ S. 203) und die Punkte **142** bis **148** auf der Karte „Sydney: Pyrmont, Glebe, Balmain" (→ S. 207).

The Rocks & Walsh Bay Es gibt etliche topmoderne Hotels, aber auch klassische Pubhotels, mit der Kneipe im Erdgeschoss und einigen Fremdenzimmern in den oberen Stockwerken. Die Zimmer dieser Pubs sind zwar eher einfach, punkten aber mit historischem Flair. Die geschützte Bausubstanz erlaubt oft keine großartigen Umbauten und so teilen sich manchmal 2–3 Zimmer Bad und WC auf dem Gang. Backpackerhighlight ist das neue YHA (→ Hostels, S. 195), von dessen Dachterrasse man den perfekten Blick auf Oper und Hafen genießen kann.

The Sebel Pier One 83, edle Adresse in bester Lage. 160 Zimmer, z. T. mit Blick auf den Hafen. High-Speed-Internet, TV, Minibar, AC, Room-Service. Restaurant und Bar im EG. Komplett Nichtraucher. DZ ab 299 $, mit Blick aufs Wasser ab 339 $. 11 Hickson Rd., Walsh Bay, ✆ 82989999 www.pieronesydneyharbour.com.au.

Harbour Rocks Hotel 96, angenehmes Boutique-Hotel mit 55 Zimmern auf 3 Etagen. DZ mit Queensize-Betten, Fernseher, Minibar und AC. Frühstücksterrasse, Restaurant und Bar. Einige Zimmer mit Blick auf den Hafen. Standard-DZ ab 250 $, Superior ab 290 $, mit Frühstück ab 30 $ extra. 34–52 Harrington Street, ✆ 82209999 oder 1800251210, www.harbourrocks.com.au.

The Russell 101, nur wenige Schritte vom Circular Quay entfernt. Jedes der 30 Zimmer mit individuellem Charme und richtig gemütlich eingerichtet. Vom Dachgarten öffnet sich der Blick auf den Circular Quay.

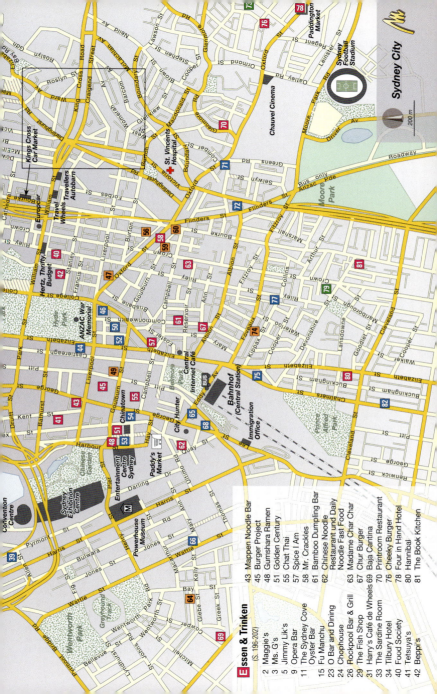

Restaurant im EG. DZ ab 159 $, mit Bad ab 229 $. 143a George Street, ✆ 92413543, www.therussell.com.au.

Lord Nelson Brewery Hotel 85, moderne Zimmer mit kolonialem Charme im 2. Stock des Gebäudes. Pub im EG, Brasserie im 1. Stock. Da hat man es nicht weit ins Bett, wenn man alle Biere der dazugehörigen Brauerei probiert hat. Alle Zimmer mit AC und TV. DZ ab 180 $, mit Bad ab 200 $. Kent Street/Ecke Argyle Street, ✆ 92514044, www.lordnelsonbrewery.com.

Australian Heritage Hotel 95, rustikales Pubhotel mit 10 einfachen Zimmern. Bad und WC auf dem Flur, keine AC. Gemütlicher Aufenthaltsraum zum Fernsehen und Frühstücken. Dachterrasse mit Blick auf die Oper und die Harbour Bridge. DZ ab 115 $. 100 Cumberland Street, ✆ 92472229, www.australianheritagehotel.com.

Sydney Harbour B&B 100, ein eher traditionelles Bed & Breakfast in einem 110 Jahre alten Gebäude. 9 gemütlich eingerichtete Zimmer (Doppelzimmer und Familienzimmer; 165–255 $) mit Klimaanlage, einige auch mit eigenem Bad. 140–142 Cumberland Street, ✆ 92471130, www.bbsydneyharbour.com.au.

Stadtzentrum In und um Sydneys CBD sind zahlreiche Hotels und Suite-Hotels angesiedelt – ideal, um zu Fuß auf Erkundungstour zu gehen. Unmittelbare Nähe zu den Rocks, Darling Harbour und zum Botanischen Garten.

Hilton Sydney 119, zentraler geht es nicht, direkt gegenüber dem QVB. Exklusive Unterkunft mit allen Annehmlichkeiten und Standards der Hotelkette. Auf der Internetseite ist eine virtuelle Tour durch die Zimmer möglich. Deluxe-DZ ab etwa 300 $. 488 George Street, ✆ 92662000, www.hiltonsydney.com.au.

Mantra on Kent 115, moderne Bilder in der Eingangshalle und Restaurant auf offener Galerie. 105 Suiten mit voll eingerichteter Küche, Wohn-/Essbereich, Bädern, Waschmaschinen, TV, WLAN, AC, Safe. Studio ab 180 $, einfachstes Apartment etwa 220 $. 433 Kent Street, ✆ 92842300 oder 1300987604, www.mantra.com.au.

Travelodge Wynyard 22, schräg gegenüber der Wynyard Station und nur einen Katzensprung von den Rocks entfernt. 270 Zimmer, alle mit Bad, AC, TV, Safes und Breitband-Internetzugang. Standard-DZ etwa 150 $. 7–9 York Street, ✆ 92741222, www.tfehotels.com.

Park8 Hotel Sydney 125, sehr zentrale Lage inmitten des CBD. Boutique-Hotel, 36 edel eingerichtete Zimmer/Suiten mit Flatscreen, iPod-Station und Internetzugang. Einfaches DZ mit Bad ab 175 $, Deluxe-DZ mit Kitchenette ab 225 $, Apartment mit Kitchenette und freistehender Badewanne ab 279 $. 185 Castlereagh Street, ✆ 92832488, www.park8.com.au.

Hyde Park Inn 44, günstige, aber etwas lautere Zimmer in den unteren Stockwerken des Hotels, ruhigere Deluxe-Zimmer in den oberen Etagen (mit Balkon). Einfaches Standard-Studio mit Queen-Bett und Bad ab 160 $, Deluxe-Studio zusätzlich mit Balkon und Kitchenette ab 180 $. 271 Elizabeth Street, ✆ 92646001, kostenlos: ✆ 1800221030, www.hydeparkinn.com.au.

Pensione Hotel Sydney 54, am südlichen Ende der George Street. 72 Einzel- bis 4-Bettzimmer. Schlicht eingerichtet, z. T. mit hohen Decken; gefliese Bäder. Alle mit AC, TV, Mini-Kühlschrank, WLAN. Rezeption im 1. Stock. Kleine Zimmer, aber gutes Preis-Leistungs-Verhältnis. Standard-DZ ab etwa 150 $. 631–635 George Street, ✆ 92658888, kostenlos: ✆ 1800885886, www.pensione.com.au.

Darling Harbour, Pyrmont, Ultimo
Holiday Inn Darling Harbour 53, Großhotel mit 304 Zimmern. Das ehemalige Woll-Depot ist modern eingerichtet, hebt sich aber mit seiner historischen Fassade von den üblichen Bausünden ab. Jedes Zimmer mit Schreibtisch, High-Speed-Internet (kostenpflichtig), TV und Safe. Hoteleigener Fitnessraum, Spa und Sauna. Gleich gegenüber das Entertainment Centre. Standard-DZ ab 199 $. 68 Harbour Street, Darling Harbour, ✆ 92910200 oder 08001816068, www.ihg.com/holidayinn.

1888 Hotel 146, stylish eingerichtetes Boutique-Hotel mit Zimmern in verschiedenen Größen und Ausstattungen, einige mit kleiner Kitchenette. Deckenhöhe 3 m, schallgedämmte Fenster und freigelegte Ziegelwände. Gute Verpflegung in der „1888 Eatery & Bar". DZ ab 240 $. 139 Murray Street, Pyrmont, ✆ 85861888, www.1888hotel.com.au.

Vulcan Hotel 66, nur einen Steinwurf vom Darling Harbour entfernt. Schön eingerichtete, helle Zimmer mit dezenter, klarer Linie. Moderne Badezimmer und Fenster, die man öffnen kann. TV, AC, WLAN. Ab 7 Uhr Frühstück im dazugehörigen Café (8–18 $). Standard-DZ ab 149 $. 500 Wattle Street, Ultimo, ☎ 92113283, www.vulcanhotel.com.au.

The Wool Brokers [39], kleines, gemütliches B&B, kaum einen Steinwurf vom Darling Harbour entfernt. Gebäude von 1886, Zimmer vor einigen Jahren renoviert, mit TV und Kühlschrank. DZ mit Bad ab 130 $, ohne Bad ab 89 $. 22 Allen Street, ☎ 95524773, www.woolbrokershotel.com.au.

Glebe, Balmain Verona Guest House [148], freundliches B&B in einem frei stehenden Häuschen mit schmiedeeisernem Geländer am Balkon. WLAN im Zimmer. Ensuite-DZ 175 $. 224 Glebe Point Road, Glebe, ☎ 96608975, www.veronaglebe.com.

Oasis in the City [142], richtig große Suite direkt unter dem Dach mit freiliegenden Balken. Eigener Eingang, Ensuite, großer LCD-Fernseher. Ein Gas-BBQ steht zur Verfügung. Ab 195 $ für zwei Pers. (2 Nächte Minimum). 20 Colgate Avenue, Balmain East, ☎ 98103487 oder 0408476421 (mobil). www.babs.com.au/oasis.

Woolloomooloo, Kings Cross, Potts Point Mariners Court Hotel [38], Zimmer auch für Rollstuhlfahrer geeignet, sämtliche Stockwerke per Lift zugänglich. Alle Unterkünfte mit Bad inkl. Dusche, TV, Kühlschrank und kostenlosem WLAN. Auf 2 Etagen gibt es Waschmaschinen, es steht aber auch ein Reinigungsservice zur Verfügung. DZ mit Frühstück ab 125 $. 44–50 McElhone St., Woolloomooloo, ☎ 93203800, www.marinerscourt.com.au.

DeVere Hotel [36], dreieinhalb Sterne-Hotel in einem schönen Eckhaus. Alle Zimmer mit Badewanne, TV, Kühlschrank, AC und kleinem Schreibtisch, fast alle Zimmer mit Fenstern zum Öffnen. Kostenloses WLAN. Standard-DZ ab 110 $. 44–46 Macleay Street, Potts Point, ☎ 93581211, kostenlos: ☎ 1800818790, www.devere.com.au.

Macleay Serviced Apartments [35], 126 Studio-Apartments, allesamt mit eigenem Bad und Kitchenette. Nichtraucherzimmer mit TV und AC. Außerdem Pool, BBQ-Platz, 24-Std.-Internet und Airportshuttle vor die Haustür. Waschmaschinen und Trockner auf jedem Stockwerk. DZ ab etwa 160 $. 26–28 Macleay Street, Potts Point, ☎ 93577755, kostenlos: ☎ 1800357775, www.themacleay.com.

Direkt am Wasser

Blue Hotel Sydney [30], in den historischen, wunderschön hergerichteten Wharfgebäuden von Woolloomooloo. Selbst wenn man hier nicht übernachtet, sollte man sich die tolle Location anschauen. Die großen Zimmer und Suiten sind stylish eingerichtet, der Service ist ausgezeichnet und die Restaurants sind Spitzenklasse. Das hat natürlich seinen Preis – unter 300 $/Nacht geht nicht viel (bei Vorausbuchung aber Rabatte möglich), eine Suite über 2 Ebenen kostet schnell mehr als 1000 $. 6 Cowper Wharf Road, Woolloomooloo, ☎ 93319000, www.bluehotel.com.au.

Woolloomooloo Waters Apartments [37], große und voll ausgestattete Apartments mit 4-Sterne-Standard, Küche und bis zu 3 Schlafzimmern. Super Lage an der Woolloomooloo Bay, mit Swimming Pool, bewachtem Parkplatz und Wäscheservice. Apartments ab etwa 250 $. 88 Dowling Street, ☎ 88378000, www.woolloomooloowaldorf-apartments.com.au.

Maisonette Hotel [32], helle, saubere Zimmer in guter Lage. Für den günstigen Preis absolut in Ordnung. WLAN verfügbar, das kostet aber extra. DZ mit Fernseher, Kitchenette und Bad ab 110 $. 31 Challis Ave, Potts Point, ☎ 93573878, www.sydneylodges.com.

Simpsons Potts Point Hotel [28], Luxus-Boutique-Motel. Verbreitet leicht kolonialen Flair, Zimmer luxuriös und etwas verspielt eingerichtet. Trotzdem wirkt es noch nicht überladen. Unterkunft mit B&B ab 255 $. 8 Challis Avenue, Potts Point, ☎ 93562199, www.simpsonshotel.com.

Challis Lodge [32], war immer eine günstige, solide Unterkunft, zum Zeitpunkt der Recherche wegen Renovierungsarbeiten geschlossen. Ab Ende 2015 wieder geöffnet. 21–23 Challis Avenue, Potts Point, ☎ 93585422, www.sydneylodges.com.

East Sydney, Darlinghurst, Paddington Die kreative Meile entlang der Oxford Street. Hier kann man fantastisch einkaufen, es gibt jede Menge kleine Boutiquen und Klamottengeschäfte. Die Bars und

Restaurants sind hier etwas weiter vom Mainstream entfernt als im CBD.

>>> **Mein Tipp: Medusa Boutique Hotel** 17, extrem stylishes Hotel in altem Herrenhaus. Die Einrichtung ist weit vom Gewöhnlichen entfernt, aber klar strukturiert. Mit verschiedenen Design-Awards ausgezeichnet, alles sehr exklusiv und mein Tipp, wenn es etwas Besonderes sein soll. Alle Zimmer mit AC, eigenem Bad, TV und kleiner Kitchenette. DZ ab 310 $, Premium-DZ ab 350 $. 267 Darlinghurst Rd., Darlinghurst, ✆ 93311000, www.medusa.com.au. «««

The Kirketon 15, alle Zimmer mit Bad (z. T. mit Badewanne), AC, Heizung, Zimmersafe und TV. Standard-DZ regulär ab 175 $, online gibt es bisweilen ordentlich Rabatt. Premium-Zimmer ab 185 $, Superior-Version ab 220 $. 229 Darlinghurst Rd., Darlinghurst, ✆ 93322011, Buchung: ✆ 1800332920, www.kirketon.com.au.

Morgans of Sydney 14, kleines Hotel in Darlinghurst mit 26 Studios bzw. 1-Zimmer-Apartments und einer Dachterrasse. Alle Suiten mit Bad (mit Badewanne), Queensize-Bett, kleiner Kitchenette, TV und AC. Für 2 Pers. ab 139 $, 3. Pers. gegen Aufpreis. 304 Victoria Street, Darlinghurst, ✆ 83543444, www.morganshotel.com.au.

Arts Hotel 71, in perfekter Lage an der Oxford Street. Zimmer mit Queensize- oder Twin-Betten, eigenem Bad mit Dusche, AC, TV und Kühlschrank. Kostenloses WLAN. Die Nutzung des Fitnessraumes und der Gästefahrräder ist kostenlos, wenige kostenlose Parkplätze. Standard-DZ online schon ab 150 $. 21 Oxford Street, Paddington, ✆ 93610211, www.artshotel.com.au.

Manor House 72, Residenz im viktorianischen Stil. Die 18 Zimmer haben hohe Decken, sind mit Antiquitäten eingerichtet und mit AC, TV, Safe und Internetanschluss ausgestattet. Alle mit eigenem Bad, z. T. sogar mit Spa. Zum Frühstücken kann man sich in den sonnigen Innenhof setzen. Das einfachste Zimmer kostet 195–295 $. 86 Flinders Street, Darlinghurst, ✆ 93806633, www.manorhouse.com.au.

Surry Hills, South Sydney In unmittelbarer Nähe zum Hyde Park und zu den Shops in der Oxford Street. Die Central-Station ist leicht zu erreichen und auch zu den anderen Zentren wie CBD und Darling Harbour ist es nicht weit.

Travelodge 50, nur 2 Min. vom Hyde Park entfernt. Großhotel mit 406 zweckmäßig eingerichteten Zimmern, jedes davon mit Bad und Dusche, AC, TV und kleiner Kitchenette. Einige Internetterminals mit Münzeinwurf in der Lobby. Standard-DZ mit Queensize-Bett saisonbedingt um die 135 $. Wentworth Ave/Ecke Goulbourn Street, Surry Hills, ✆ 82671700, australienweit: sydney@travelodge.com.au, www.tfehotels.com.au.

Y Hotel Hyde Park 46, direkt am Hyde Park gelegen und nur einen Steinwurf von den Geschäften und der Gastronomie der Oxford Street entfernt. Alle Zimmer mit TV, eigenem Safe und Bad. DZ mit Bad ab 155 $, für Sparfüchse auch als „Traditional Room" (DZ ohne Bad ab 105 $) und Dorm-Unterkunft (4 Einzelbetten) für 93 $ möglich. 5–11 Wentworth Avenue, ✆ 92642451, kostenlose Reservierung: ✆ 1800994994, www.yhotels.com.au.

Brickfield Hill 77, Gästehaus mit 4 Zimmern, eines davon mit eigenem Bad. Das 4-stöckige Gebäude wurde um 1880 erbaut, die Einrichtung ist entsprechend gewählt. Balkon mit schmiedeeisernem Geländer. Mit kabellosem Internet und TV auf allen Zimmern hat aber auch das 21. Jh. Einzug gehalten. DZ ab 130 $, mit Bad ab 160 $. Frühstück 15 $ extra. 403 Riley Street, Surry Hills, ✆ 92114886, www.brickfieldhill.com.

Crownhotel Sydney 52, sehr günstiges Pubhotel mit entsprechend einfachen Zimmern. DZ mit Bad ab 99 $/Nacht, ohne Bad ab 77 $/Nacht. Goulburn Street/Ecke Elizabeth Street, ✆ 92676793, www.crownhotelsydney.com.au.

Central Railway Hotel 82, nahe dem Bahnhof in South Sydney. Mit dunklem Holz eingerichtet, Wände in Pastelltönen gestrichen. Alle Zimmer mit Bad, Kitchenette, Kühlschrank, Mikrowelle, AC und TV. Gute Lage, wenn man mit den öffentlichen Verkehrsmitteln unterwegs sein will, zu Fuß ist man gut 30 Min. von den Rocks entfernt. DZ 119–199 $. 240 Chalmers Street, ✆ 93197800, www.centralrailwayhotel.com.

Woollahra, Bondi Junction In der Mitte zwischen Stadt und Strand. Gute Lage zu den Centennial-Parklands und den Shops in der Oxford Street. Nicht weit vom Bondi Beach.

The Hughenden, viktorianisches Herrenhaus mit 36 Zimmern. Gemütlicher Aufenthaltsraum mit Polsterstühlen; an das Hotel

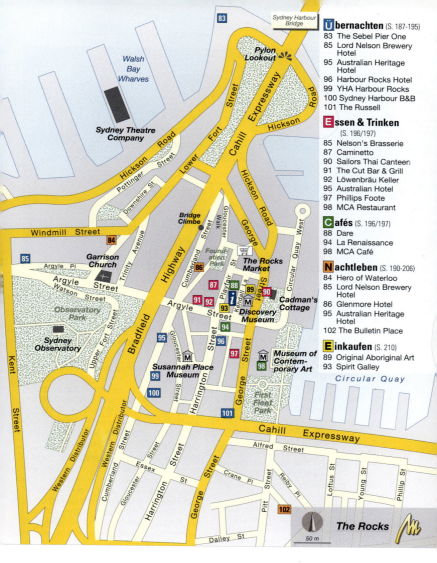

angeschlossenes Restaurant. Nur einige Schritte zur Oxford Street, die Centennial-Parklands sind auf der anderen Straßenseite. Mit dem Bus 10 Min. nach Bondi Beach, 10 Min. zum CBD. Einfachstes und recht kleines DZ ab 145 $, Queensize-Room ab 195 $, King-/Deluxe-Room ab 330 $ (inkl. Frühstück). Supersonderangebote im Internet. 14 Queen Street, Woollahra, ✆ 93634863, www.thehughenden.com.au.

In Strandnähe: Bondi, Coogee Ravesis 135, 12 Designer-Zimmer/Suiten. Im Prinzip wie ein Pubhotel, nur viel edler. Im EG und 1. Stock Bar bzw. Restaurant. Unterkünfte im 2. Stock. Hier diktiert der Ausblick

Kreuzfahrtschiff am Terminal Circular Quay

ganz massiv die Preise: Standard-DZ ab 285 $, zum Strand hin 379 $, 2-geschossige Suite mit Terrasse 345 $, zum Strand hin 525 $. 118 Campbell Pde., Bondi Beach, ✆ 93654422, www.ravesis.com.au.

The Bondi 131, Unterkunft im Pub-Stil, z. T. mit spektakulärem Blick auf den Bondi Beach. Die einst einfachen Zimmer sind frisch renoviert und ausgestattet mit eigenen Bädern. An den Wochenenden ist in den dazugehörigen Pubs und Bars (im gleichen Gebäude) die Hölle los und es kann bis in die frühen Morgenstunden etwas lauter sein. WLAN kostenlos, Parkplatz 25 $/Nacht. DZ ab ca. 185 $, mit Blick auf den Strand ab 230 $, Familiensuite ab 260 $. 178 Campbell Parade, Bondi Beach, ✆ 91303271, www.hotelbondi.com.au.

Coogee Sands, Hotel & Apartments. Direkt am Coogee Beach, südlich von Bondi. Wohnliche Studios mit Kitchenette und Bad ab 160 $, Apartments mit kompletter Küche und Waschmaschine/Trockner ab 215 $. Für Meerblick bezahlt man 30–35 % extra. 161–167 Dolphin Street, ✆ 96658588, www.coogeesands.com.au.

Nördlich des Hafens Glenferrie Lodge 1, in Kirribilli, mit der Fähre ist man aber blitzschnell am Circular Quay. Picobello sauber und mit hellem Holz eingerichtet. Im 4-Bett-Zimmer ca. 50 $, DZ oder Twin online ab 90 $, Luxus-DZ ab 139 $. Bei allen Zimmern ist das Bad auf dem Flur. Kostenlos WLAN. 12a Carabella Street, Kirribilli, ✆ 99551685, www.glenferrielodge.com.

Manly & Northern Beaches → S. 241 u. S. 243.

Flughafen Rydges Sydney Airport, direkt am International Terminal gelegen und somit auch zu Fuß nur einen Katzensprung entfernt. Gute Zimmer, Hotelbar, Café und Restaurant und somit eine gute Option, wenn der Flug schon sehr früh geht. Das DZ ab etwa 200 $. 8 Arrival Ct., Sydney International Airport, ✆ 93132500.

Hostels & Budgetunterkünfte Verhältnismäßig günstige Herbergen gibt es jede Menge, speziell in der Gegend um Kings Cross und an den Surfstränden von Bondi und Manly. Standards sind dabei so unterschiedlich wie die Preise. In den modernsten Unterkünften zahlt man im Mehrbettzimmer ab etwa 40 $/Pers., in einfacheren Häusern verlangt man etwa 30 $/Pers. Meist günstigere Wochenpreise.

Sydney University Village, in den australischen Sommerferien kann man auf dem Universitätscampus Unterkünfte mieten. Apartments, z. B. mit 5 Zimmern, 2 Bädern und Aufenthaltsraum. Einige Zimmer auch mit eigenen Bädern. EZ ab 65 $, Apartment ab 200 $. In Newtown und North Ryde, ✆ 90364000, www.campussummerstays.com.au.

Übernachten

»> Mein Tipp: YHA Harbour Rocks 99, neues, modernes Hostel, sicher eines der besten Hostels in ganz Australien – speziell die Lage betreffend: Von der Dachterrasse hat man den perfekten Blick auf Hafen und Opernhaus. Das kostet auch, im 6-Bett-Zimmer (mit Bad) zahlt man ab 42 $/Pers., das DZ mit Bad kostet ab 160 $. 110 Cumberlad Street, The Rocks, ✆ 82720900, www.yha.com.au. «««

Original Backpackers 4, zentral gelegen, im Amüsierviertel Kings Cross. Mit kleinem Innenhof, Gepäckaufbewahrung und relativ neuer Gemeinschaftsküche. Auch Zimmer nur für Frauen. Im 10-Bett-Zimmer ab 27 $, DZ oder Twin mit Bad ab 85 $. 160 Victoria Street, Kings Cross, ✆ 93563232, www.originalbackpackers.com.au.

Bounce Hotel 75, sehr schönes, blitzsauberes Hostel mit toller Dachterrasse – 2014 zum besten Hostel Australiens gekürt. Verschiedenste Möglichkeiten vom DZ mit eigenem Bad bis hin zum 8-Bett-Zimmer (auch davon einige mit eigenem Bad), auch Zimmer nur für weibliche Belegung. 30 Min. kostenlos Wi-Fi für Gäste. Sämtliche Einrichtungen. Das billigste Bett kostet 37 $, das DZ ab 120 $. 28 Chalmers Street, ✆ 92812222, www.bouncehotel.com.au.

Sydney Central YHA 65, riesiges Hostel in Downtown Sydney. Moderne Mehrbett-Zimmer, Twin und DZ mit Bad. Auf dem neuesten Stand: Internet, TV-Räume, hauseigene Bar und Tour-Desk. Swimmingpool auf dem Dach zum Relaxen und internationales Reisebüro in der Lobby, um den Abstecher nach Fidschi zu buchen. Im Mehrbettzimmer ab 36 $, DZ mit Bad ab 110 $. 11 Rawson Place, ✆ 92819000, sydcentral@yha.org.au.

Wake Up! 68, große Backpacker-Unterkunft, sauber, supermodern und zentral am Railway Square gelegen. 10er-, 8er-, 6er-, 4er-Zimmer. Twin bzw. DZ mit oder ohne Bad. In allen Zimmern verschließbare Spinde und AC. Hauseigene Bar, Internet, TV-Areale, Münz-Waschmaschinen, Airport-Service, Job-Desk. Bett im 10er-Zimmer ab 37 $, DZ mit Bad 139 $. 509 Pitt Street, ✆ 92887888, kostenlos: ✆ 1800800945, www.wakeup.com.au.

Glebe Point YHA, hier merkt man sofort, dass es etwas ruhiger zugeht als in den anderen Backpacker-Party-Höhlen der Stadt: Von Hektik keine Spur. Internetraum mit 6 Terminals. Im Dorm ab 27,50 $, DZ ab 78 $. 262 Glebe Point Road, ✆ 96928418, glebe@yhansw.com.au.

Bondi Beachouse YHA 139, Backpacker-Unterkunft am berühmten Strand und sehr beliebt, um einige Tage das dortige Beachlife zu genießen und zu entspannen. Internetzugang, TV-Raum, Tour-Desk und Surfbrettverleih. Im Mehrbettzimmer ab 30 $, DZ ab 72 $. Fletcher Street/Ecke Dellview Street, ✆ 93652088, www.bondibeachouse.com.au.

Noahs Backpacker Bondi Beach 137, einfaches Backpacker-Hostel am südlichen Ende des Bondi Beach. Die Partybar „The Shack" bietet günstiges Essen (5 $-Meals) und typische Backpackerunterhaltung. Alle Zimmer mit verschließbaren Spinden und Waschbecken. Im Mehrbettzimmer saisonabhängig ab 24 $, Twin oder DZ ab 60 $. 2 Campbell Pde., Bondi Beach, ✆ 93657100, 1800226662, www.noahsbondibeach.com.

Manly, es gibt zahlreiche Backpacker- und Budget-Unterkünfte in Manly (→ Manly, S. 241).

Camping Sydney ist nicht unbedingt der beste Ort zum Campen. Die Caravanparks sind weit außerhalb des Zentrums, und wer eine kostengünstige Unterkunft sucht, der bezahlt in einem der zahlreichen Hostels auch kaum mehr. In den Sommerferien und an Feiertagen schnellen die Preise zusätzlich in die Höhe.

Luxus-Camping

Tandara Luxury Eco Tent, wunderbar im Lane Cove Nationalpark gelegen, etwa 10 km vom Stadtzentrum entfernt. Das Großzelt ist mit Holzfußboden ausgestattet, man schläft im bequemen Doppelbett, im Bad gibt es eine frei stehende Wanne mit Blick auf die Sterne und eine Dusche für zwei. Auf der privaten Holzterrasse stehen edle Liegen und eine große Grillstation. Pro Übernachtung bezahlt man ab 200 $, da es nur ein Zelt gibt, sollte man unbedingt rechtzeitig reservieren. ✆ 98889133, www.lcrtp.com.au. ■

»> Mein Tipp: Sydney Lakeside, rund 25 km nördlich des Zentrums, an den Northern Beaches, nur einen Steinwurf vom Strand entfernt mit direktem Zugang (nur einmal die Straße queren). Der 13 ha große Platz ist penibel hergerichtet und immer top gepflegt. Das bezahlt man auch, einfacher Stellplatz 46–78 $ (inkl. Strom), die günstigste – aber gut ausgestattete – Cabin gibt's ab 160 $ (2 Pers.). 38 Lake Park Road, North Narrabeen, ✆ 99137845, www.sydneylakeside.com.au. **«**

Cockatoo Island Camping, hier sind die Zelte eng gestellt, dafür gibt es ein super Café und eine außergewöhnliche Location mitten im Sydney Harbour. Ab 45 $/Nacht. Per Fähre in etwa 10 Min. ab Circular Quay zu erreichen. Cockatoo Island, ✆ 89692100, www.cockatooisland.gov.au.

Lane Cove River Tourist Park, etwa 11 km nordöstlich des Zentrums. Es gibt einen Pool, BBQ-Plätze und kostenpflichtiges WLAN. In der schönen Parklandschaft kann man zelten (ab 37 $), den Caravan abstellen (ab 39 $) oder eine Cabin beziehen (ab 135 $). Plassey Road, North Ryde, ✆ 98889133, www.lcrtp.com.au. ■

Essen & Trinken

In Sydney kann man kulinarisch wirklich aus dem Vollen schöpfen: Edle französische Cuisine, eine unglaublich vielfältige asiatische Küche, deftige Grill- und Fleischgerichte und alles, was das Meer hergibt. In Sydney lässt es sich vereinzelt auch noch relativ kostengünstig essen, einfache Asia-Restaurants bieten Gerichte ab 10 $ an, in den edlen Tempeln der Stadt kann man aber auch problemlos 200 $ für ein Abendessen verbraten. Dabei gibt es auch verschiedene Konzepte abseits des klassischen Restaurants oder Bistros. Qualitativ hochwertiges Street Food ist – wie aktuell in vielen Metropolen – auch in Sydney äußerst angesagt, verkauft wird es an Ständen oder Buden, aber zunehmend auch aus hippen Food-Trucks, also mobilen Imbisswagen.

> Die Legendenpunkte **2**–**81** finden Sie auf der Karte „Sydney City" (→ S. 188/189), **85**–**98** auf der Karte „The Rocks" (→ S. 193), **104**–**123** auf der Karte „Sydney CBD und Darling Harbour" (→ S. 198/199), die Punkte **129**–**138** auf der Karte „Bondi" (→ S. 203). und die Punkte **140**–**149** auf der Karte „Sydney: Pyrmont, Glebe, Balmain" (→ S. 207).

The Rocks Caminetto 87, kleine Trattoria mit klassischer italienischer Küche mit Scaloppine (32 $), Spaghetti Marinara (29 $) und Calzone (25 $). Netter Platz zum Draußensitzen. So–Do 9–22 Uhr, Fr/Sa 9–23 Uhr. 13–17 Playfair Street, ✆ 92475787, www.caminetto.com.au.

Tetsuya's 41, Genusstempel des Meisterkochs Tetsuya Wakuda. Das regelmäßig wechselnde und bis ins letzte Detail durchstrukturierte 10-Gänge-Menü kostet ca. 220 $. Getränke extra. Nur mit Reservierung. Di–Sa ab 18 Uhr, Sa auch ab 12 Uhr zum Lunch. 529 Kent Street, City, ✆ 92672900, www.tetsuyas.com.

Sailors Thai Canteen 90, im 1. Stock, nicht zu verwechseln mit dem dazugehörigen (und teureren) Restaurant im EG. Ganz günstig ist es trotzdem nicht, aber jeden Cent wert. Ein vegetarisches Stir-Fry gibt es für 15 $, das Curry des Tages kostet 29 $. Mo–Sa 12–22 Uhr, So 12–21 Uhr. 106 George Street, ✆ 92512466, www.sailorsthai.com.au.

MCA Café & Restaurant 98, zwei unterschiedliche Lokale im Museum of Contemporary Art, beide mit Luxus-Ausblick auf das Opernhaus. Das Café im vierten Stock ist täglich ab 10 Uhr geöffnet und bietet Kuchen und kleine Stärkungen (10–20 $). Das Restaurant nennt sich **Graze MCA** und befindet sich im Erdgeschoss, fast direkt am Wasser. Hauptgerichte kosten 20–35 $ – in Anbetracht der perfekten Lage preislich absolut in Ordnung. Reservierungen für das Restaurant (nur Mittagessen Mo–Fr). 140 George Street. ✆ 92452452, www.grazemca.com.au.

Dare 88, steht für Delicious And Responsible Eating und entsprechend gibt es hier gesundes und faires Bio-Essen ohne Konservierungsstoffe – genaue Angaben zu

Essen & Trinken

den einzelnen Gerichten gibt es an der Tafel vor Ort. Shop 22, The Rocks Centre, ℘ 92511445.

Phillips Foote 87, rustikal-gemütlich. Außenbereich über mehrere Terrassen mit altem Steinpflaster. Wer will, kann sich ein rohes Stück Fleisch (T-Bone-Steak, Rumpsteak, Fleischspieß) aussuchen und selbst über der Holzkohle grillen. Inkl. Salat- und Beilagenbüfett ab etwa 33 $. Australische Tropfen aus dem Barossa Valley, vom Margret River und aus Tasmanien. Mo–Sa 12–24 Uhr, So 12–22 Uhr. 101 George Street, ℘ 92411485, www.phillipsfoote.com.

Löwenbräu Keller 92, bayrisches Bier, deftige Speisen und Blaskapelle. Die Australier lieben es jedenfalls und die Bude ist meist brechend voll. Tolle Lage mitten in den Rocks, einige Tische im Freien. Die Maß kostet 23 $! Tägl. ab 10 Uhr früh. Playfair Street/Ecke Argyle Street (gleich neben dem Informationszentrum), ℘ 92477785, www.lowenbrau.com.au.

Kaffeepause in den Rocks
La Renaissance 94, französische Patisserie mit kleinem Innenhofcafé. Richtig guter Kaffee und jede Menge köstlicher Kuchen und Gebäck. Die Quiche ist spitze. Täglich 8–18 Uhr. 47 Argyle Street, ℘ 92414878, www.larenaissance.com.au.

Nelson's Brasserie 85, im 1. Stock des Lord-Nelson-Brewery-Hotels. Schöner Speiseraum, von historischem Sandstein dominiert. Vorspeisen um die 15 $, Hauptgerichte (z. B. Schweinebauch mit Harrisa) 30–35 $. Gute Weinkarte, aber besser die Biere der hauseigenen Brauerei probieren, z. B. Trafalgar Pale Ale (4%ig) oder Olde Admiral (6,7%ig). Tägl. geöffnet. Kent Street/Ecke Argyle Street, ℘ 92514044, hotel@lordnelson.com.au.

Australian Heritage Hotel 95, hier sind die Pizzen „Australian Style", wahlweise mit Känguru, Emu oder Salzwasserkrokodil belegt (ab 17 $). Sonst eher klassische Tränke (→ Nachtleben). Mo–Sa 11–24 Uhr, So 11–22 Uhr. 100 Cumberland Street, ℘ 92472229, www.australianheritagehotel.com.au.

Circular Quay Opera Bar 9, gute Wahl für den lauen Sommerabend, die Tische stehen direkt am Wasser, der Blick auf Hafen, Oper und Brücke ist kaum zu übertreffen. Hauptgerichte mit Fleisch oder Fisch um 30 $. Als Sundowner gibt's dann eine „Summertini" (18 $). Tägl. 12–24 Uhr, Fr/Sa bis 1 Uhr. Lower Concourse, Opera House, ℘ 92471666, www.operabar.com.

The Sydney Cove Oyster Bar 11, hier fahren die Fähren fast über den Teller, näher am Wasser geht es wirklich nicht. Nur Plätze im Freien! Probieren Sie z. B. die Oyster-Shots „Original" mit Wodka, Tomatensaft, Tabasco und natürlich einer Auster. Tägl. 8–23 Uhr. 1 East Circular Quay (zwischen Circular Quay und Opernhaus), ℘ 92472937, www.sydneycoveoysterbar.com.

Best Steaks in Town!
Hierzu gehen die Meinungen sicherlich auseinander, aber wer ein richtig gutes Stück gegrilltes Rindfleisch auf den Teller bekommen will, hat einige ausgezeichnete Optionen: **Rockpool Bar & Grill** 26 (66 Hunter Street, ℘ 80781900, www.rockpool.com); **The Cut Bar & Grill** 91 in den Rocks (16 Argyle Street, ℘ 92595695, www.cutbarandgrill.com) – beide recht hochpreisig; es gibt Dry-Aged Steaks (50–120 $) in verschiedensten Cuts und Gewichtsklassen, auch vom edlen Wagyu-Rind. Preislich etwas günstiger geht es im **Chophouse** 24 (25 Bligh Street, ℘ 1300246748, www.chophouse.com.au) zu, wo man etwa 50 $ für ein Steak investieren muss.

CBD O Bar and Dining 23, Drehrestaurant im 47. Stock. Vorspeisen um 30 $, Hauptgerichte um 40 $. Ein 3-Gänge-Menü, z. B. mit Steak-Tatar und gegrilltem Stubenküken, kostet 75 $. Umfangreiche Weinkarte mit internationalen Tropfen und französischem Champagner. Tägl. ab 17.30 Uhr, außerdem Lunch am Freitag ab 12 Uhr. Level 47, Australia Square, 264 George Street, ℘ 92479777, www.summitrestaurant.com.

360 Bar and Dining Room 112, im Sydney Tower. Mittagsmenü mit 2 Gängen und einem Glas Hauswein 55 $, Dinner ab 75 $. Umfangreiche Cocktail- und Weinkarte.

Angemessene Kleidung wird erwartet. Bitte reservieren. Mi–Fr u. So 12–14 Uhr, tägl. ab 17.30 Uhr. 100 Market Street, ℅ 82233883, www.360dining.com.au.

Burger Project 45, hier werden mit Hingabe Burger gebraten, das Fleisch für die Patties stammt vom 36 Monate alten Weiderind und wird von Hand durch den Wolf gedreht. Den Classic Burger gibt es für 9 $, der Cheese and Bacon kostet 11 $. Beilagen kosten extra. Tägl. 11–21 Uhr. World Square, 644 George Street, www.burgerproject.com.au.

Le Grand Café by Bécasse 118, im Gebäude der *Alliance Française Sydney*. Viele Studenten der Sprachschule, aber auch „normale" Gäste. Toller Kaffee, Sandwiches, Quiche und Gebäck. Mo–Do 8–18.15 Uhr, Fr 8–16.30 Uhr, Sa 8–14 Uhr. ℅ 92647164, www.afsydney.com.au.

Mappen Noodle Bar 43, japanische Reis- und Nudel-Bar mit Selbstbedienung. Preisgünstig – fast alle Gerichte unter 10 $ – und gut. Tägl. 11.30–22 Uhr. Shop 11, 537–551 George Street, ℅ 92835525, www.mappen.com.au.

»» Mein Tipp: Workshop Espresso 123, sehr gute Espresso-Bar, ideal für die Koffeindosis zwischendurch. Zum Kaffee gibt es dann auch Müsli oder richtig gute Sandwiches. Mo–Mi u. Fr 6–17 Uhr, Do bis 19 Uhr, Sa 8–16.30 Uhr. Shop RG01A, The Galeries, 500 George Street, ℅ 92648836. **«««**

Haymarket (Chinatown) **Golden Century** 51, asiatisches Seafood-Restaurant. Dim Sims je 6 $, Hauptspeisen mit wahlweise Huhn, Rind, Schwein etc. ab 18 $, Hot Pot ab 20 $. Die Preise für Fisch und Meeresfrüchte (Abalone, Lobster, Garnelen etc.) richten sich nach dem Marktpreis und sind mitunter nicht ganz günstig. Tägl. 11.30–15 Uhr und 17.30–23 Uhr. 393–399 Sussex Street, ℅ 92123901, www.goldencentury.com.au.

Daily Noodle Fast Food 52, günstige Asia-Küche, die wirklich schmeckt. Um 10 $ für ein Gericht mit Rind-, Huhn- oder Schweinefleisch. Mit Seafood etwas mehr. Tägl. Mittag- und Abendessen. Shop G11, Prince Centre, 8 Quay Street, ℅ 92120338.

Gumshara Ramen 48, verschiedenste Variationen der japanischen Nudelsuppe. Die sehr intensiv schmeckende Brühe wird täglich aus Schweineknochen gekocht – der

absolute Hit! Gerichte unter 20 $. Di–So 11.30–20.30 Uhr. Shop 209, Eating World, 25–29 Dixon Street.

Chat Thai 55, einfache, authentische Thai-Küche, egal ob zum Mittagessen oder zur nachmitternächtlichen Stärkung. Mit 12–22 $ je Hauptgericht noch günstig, außerdem gute vegetarische Optionen (z. B. gebratener Wasserspinat in Knoblauch-Chili-Soße). Sehr beliebt, deshalb ist bisweilen etwas Geduld gefragt. Mittag 10–17 Uhr, Abendessen 17–22 Uhr, nachts bis 2 Uhr. 20 Campbell Street, ℅ 92111808, www.chatthai.com.au.

Chinese Noodle Restaurant 62, superkitschig, aber das Essen ist gut und Hauptgerichte gibt es für unter 15 $. Verschiedene Versionen handgemachter Asia-Nudeln und gefüllte Teigtaschen. Prince Centre, 8 Quay, ℅ 92819051.

Darling Harbour Georges Mediterranean Bar & Grill/Grove Bar 105, in der King Street Wharf. Die massiven Holzmöbel mit weißen Polstern und bunten Kissen erinnern eher an einen privaten Garten als an eine Bar. Mezze kosten 9–20 $ (z. B. gegrillte Lammsouvlaki oder Oktopus mit Ki-

chererbsensalat). Schöner Kontrast zu den Gastronomieriesen in der Umgebung und ideal zum Cocktailschlürfen. Tägl. Mittag- und Abendessen. King Street Wharf, ✆ 92955066, www.georgesrestaurant.com.au.

King Street Brewhouse 104, großes Restaurant an der King Street Wharf. Rustikale Holztische und -stühle auf der Terrasse und im Restaurantbereich, aus der Küche kommen Muscheln in Tomatensoße (24 $), 350gr.-Rib-Eye-Steaks (38 $) oder Känguru-Filets (28 $). Dazu natürlich das passende Bier, z. B. ein *Cannonball Stout*. Tägl. 11 Uhr bis spätabends. 22 The Promenade, King Street Wharf, ✆ 82707901, www.kingstbrewhouse.com.au.

Zaaffran 121, indische Küche zu (für die Toplage gerade noch) vernünftigen Preisen. Vorspeisen ca. 17 $, Hähnchen-Curry 27 $, Lammkeule oder Meeresfrüchteeintopf ca. 30 $, mehrgängige Menüs ab 40 $. Tägl. geöffnet für Mittag- und Abendessen. Harbourside Shopping Centre, Lvl. 2, ✆ 92118900, www.zaaffran.com.

Grill'd 116, im Ableger der Burger- und Sandwichkette gibt es gutes und für den Darling Harbour günstiges Essen. Rindfleischburger ab 12 $, Lammburger ab 15 $, Steak-Sandwich 17 $. Tägl. 11–22 Uhr. Harbourside Shopping Centre, ✆ 92815121, www.grilld.com.au.

Pyrmont Blue Eye Dragon 145, taiwanesische Küche in tollem Ambiente mit stimmungsvoller Beleuchtung und weiß gedeckten Tischen. Kleine Einsteiger ab 10 $, Hauptgerichte (Calamares in Sanbaisoße oder Schweinebauch mit Tofu und Schalotten) ab 24 $. Lunch Di–Fr, Di–Sa zum Abendessen geöffnet. 37 Pyrmont Street, ✆ 95189955, www.blueeyedragon.com.au.

Fischmarkt

Im *Sydney Fishmarket* kann man frischen Fisch und Meeresfrüchte kaufen, aber auch in eines der Restaurants oder Bistros einkehren, wo es die fantastischen Grundzutaten auf verschiedenste Art und Weise – z. B. asiatisch oder mediterran – zubereitet gibt. Pyrmont, ✆ 90041100, www.sydneyfishmarket.com.au.

Sugarroom 143, direkt am Wasser gelegen, aber abseits der Touristenströme. Richtig schick und gemütlich. Mittags gerne von Büroleuten besucht, weil das Essen gut und die Preise angemessen sind. Vorspeisen etwa 22 $, Hauptspeisen ab 35 $ (z. B. Lammbraten mit Paccetta und Polenta). Di–So 12–15 Uhr, Di–Sa 18–22 Uhr. Shop 2, 1 Harris Street, ✆ 95715055, www.sugarroom.com.au.

Ni Hao 144, chinesische Küche mit Hauptgerichten unter 20 $, z. B. das „Whimpy Chook" (Huhn in Pfeffer-Limonen-Soße) für 16 $. Die Empfehlungen des Chefkochs kosten etwas mehr. Tägl. 11–15 und 17–22 Uhr. 46 Harris Street, ✆ 95711735, www.nihaochinese.com.au.

Glebe, Balmain

Naggy's Espresso Bar 149, etwas durcheinander eingerichtet, aber an den großen Tischen kann man bei einem üppigen Frühstück perfekt Kontakte knüpfen. Tägl. 7–16 Uhr. 333 Glebe Point Road, ✆ 95664860.

Baja Cantina 69, typisch mexikanische Gerichte wie Nachos, Tacos, Burritos, Quesadillas und Fajitas. Solides Essen und preislich absolut im Rahmen, Hauptgerichte 14–25 $. Tische auch im Biergarten. Tägl. 18–23 Uhr, Sa auch 11–15 Uhr. 43–45 Glebe Point Rd., Glebe, ✆ 95711199, www.bajacantina.com.au.

Boathouse on Blackwattle Bay 147, auf den ersten Blick eine Wellblechbude in einer Sackgasse, auf den zweiten Blick ein schön eingerichtetes Restaurant mit super Blick auf den Hafen. Und die exklusive Küche ist auch nicht gerade billig: Verschiedene Austernsorten (4–6 $/Stück), Vorspeisen um 27 $, Hauptgerichte um die 40 $, z. B. Petersfisch mit Pastinakenpüree und Curry-Linsen. Weine ab 50 $/Flasche. Fr–So ab 12 Uhr Lunch, Di–So Abendessen. End of Ferry Rd., Glebe, ✆ 95189011, www.boathouse.net.au.

Bertoni Casalinga 140, super italienisches Essen für den kleinen Geldbeutel. Hier kann man sich den Bauch vollschlagen und guten Kaffee trinken. Zur Orientierung gibt es eine Tafel mit den Köstlichkeiten des Tages. BYO only! Mo–Fr 6–18.30 Uhr, Sa/So 6.30–18.30 Uhr. 281 Darling Street, Balmain, ✆ 98185845, www.bertoni.com.au.

Finola's 141, im Balmain Bowling Club und ein Tipp der Locals. Wen die typische Clubatmosphäre nicht stört, der bekommt hier Lambshanks (27 $) oder Fish-Pie (24 $). Tagesgerichte für 15 $. Di–So 12–15 und 18–21 Uhr. 156 Darling Street, Balmain, ✆ 98105100, www.balmainbowls.com.au.

Kings Cross

Ms. G's 3, richtig gute Asia-Küche. Die Karte ist recht überschaubar, aber die angebotenen Gerichte schmecken ausgezeichnet. Ein Hauptgericht kostet etwa 25–35 $, dafür bekommt man dann z. B. Pippies (Muscheln) mit scharfen Würsten im Bier-Zitronengras-Sud oder gebratenen Barramundi mit Enoki-Pilzen. Mo–Sa ab 17 Uhr, So ab 13 Uhr, Fr auch 12–15 Uhr. 155 Victoria Street, Potts Point, ✆ 92403000, www.merivale.com.au.

The Fish Shop 29, der Name sagt es schon, das Lokal ist eine gute Adresse für alles aus dem Wasser: auf der Karte stehen Linguine mit Muscheln, Lachs-Ceviche oder Regenbogenforelle. Preislich mit 15–35 $ breit aufgestellt und für die Qualität absolut in Ordnung. Mo–Do 12–22 Uhr, Fr/Sa 12–23 Uhr, So 12–21 Uhr. 22 Challis Ave., Potts Point, ✆ 93269000, www.merivale.com.au.

Woolloomooloo

Tilbury Hotel 34, täglich wechselndes Menü und ein spezielles Mittagsgericht. Auf den Teller kommen z. B. hausgemachte Gnocchi (28 $), Schweinekoteletts (30 $) und Kingfish-Tatar (19 $). Auch bei Angestellten zur Mittagspause beliebt. Di–Sa 12–15 und 18–22 Uhr, So 12–17 Uhr. 12–18 Nicholson Street, ✆ 93681955, www.tilburyhotel.com.au.

»» Mein Tipp: Poolside Café 20, hervorragendes Café in Toplage am Andrew „Boy" Charlton Pool. Hier kann man perfekt frühstücken oder brunchen – und dabei den Schwimmern beim Trainieren zusehen. Tägl. 7.30–16 Uhr. 1C Mrs Macquarie's Road, The Domain, ✆ 83541044, www.poolsidecafe.com.au. **««**

Harry's Café de Wheels 31, es mag anderswo vielleicht bessere Meatpies geben, aber kein Laden genießt derartigen Kultstatus – beim einfachen Arbeiter bis zum Promi. Harry's Imbissbude war in den 50ern Anlaufstelle für die Marinesoldaten, heute treffen sich hier klassenübergreifend Nachtschwärmer. Mo/Di 8.30–2 Uhr, Mi/Do 8.30–3 Uhr, Fr/Sa 9–4 Uhr, So 9–1 Uhr. ✆ 834664100, www.harryscafedewheels.com.au.

East Sydney, Potts Point

Beppi's 42, das Ristorante von Beppi Polese ist eine echte Institution mit rund 60 Jahren auf dem Buckel. Dezent in Pastelltönen gestrichene Wände und weiß gedeckte Tische.

Essen & Trinken

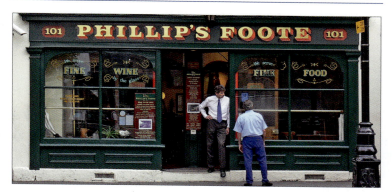

Speiselokal in den Rocks

Die Küche ist traditionell italienisch: z. B. Osso Buco (39 $) oder in Brandy flambierte Scampi (41 $). Mo–Fr 12–15 Uhr und Mo–Sa 18–23 Uhr. Yurong Street/Ecke Stanley Street, East Sydney, ✆ 93604558, www.beppis.com.au.

The Sardine Room 33, sehr gutes Fischlokal, hier gibt es gegrillten Barramundi mit grüner Papaya, frittierten Baby-Snapper oder schwarze Ravioli mit Krabbenfleischfüllung. Preislich ganz einfach: alle Vorspeisen kosten 16 $ bzw. 18 $, Hauptgerichte kosten 36 $. Di–So ab 18 Uhr. 31–35 Challis Ave., Potts Point, ✆ 93577444, www.thesardineroom.com.au.

Maggie's 2, deutsch-österreichisches Café und Restaurant. Die Stühle im Almhüttenstil sind nicht jedermanns Sache, dafür war die Bedienung bei unserem letzten Besuch extrem freundlich und das Essen deftig-gut. Zigeunerschnitzel 21 $, Gulasch 19 $, Krautrouladen 20 $. Auf der Weinkarte stehen auch deutsche Tropfen. Mo–Fr 11.30–22 Uhr, Sa/So 8–22 Uhr. 50 Macleay Street, Potts Point, ✆ 93312226, www.maggiespottspoint.com.au.

Jimmy Lik's 5, in einem langen, engen Flur, trotzdem empfehlenswert. Die asiatisch geprägte Küche ist super, Gerichte 20–35 $. Absolut angesagt. Tägl. 18–23 Uhr für Abendessen (Buchung notwendig), Bar 17–24 Uhr. 188 Victoria Street, Potts Point, ✆ 83541400, www.jimmyliks.com.

Surry Hills, Darlinghurst **Chur Burger** 67, Gourmet-Burger, die diese Bezeichnung auch verdienen. Ein klassischer Grilled-Beef-Burger kostet 10 $, das Pulled-Pork-Sandwich mit Blaukrautsalat und Fenchel-Majo bekommt man für 12 $. Mo 11.30–21, Di–Sa 11.30–22 Uhr. 48 Albion Street, ✆ 92123602, www.churburger.com.au.

Mr. Crackles 58, heftig deftig und sehr fleischlastig. Hier kann man knusprigen Schweinebauch oder saftige Lammschulter als Sandwich (um 12 $), als Hauptgericht (17 $) oder auch zum Mitnehmen nach Kilopreis (50 $/kg) kaufen. Mo–Mi 11.30–21.30 Uhr, Do 11.30–1.30 Uhr, Fr 11.30–4.30 Uhr. 155 Oxford Street, ✆ 80682832, www.mrcrackles.com.au.

Bar Coluzzi 16, für Frühaufsteher und Spätheimgeher ab 5 Uhr früh geöffnet. Winziges italienisches Café mit roter Holzfassade. Das wildgemischte Publikum schlürft hier Frühstücks- oder Gute-Nacht-Kaffee – so genau kann man das nicht immer sagen. Auch diverse Snacks und Speisen. Tägl. 5–19 Uhr. 322 Victoria Street, Darlinghurst, ✆ 0412253782 (mobil).

The Book Kitchen 81, Buchcafé mit Öko-Touch. Hier futtert die Kundschaft eher Müsli statt Bacon & Eggs – obwohl es die natürlich auch gibt. Tägl. 8–15 Uhr, Mi–Sa auch ab 17 Uhr. 255 Devonshire Street, Surry Hills, ✆ 0420239469 (mobil), www.thebookkitchen.com.au.

Madame Char Char 63, hier gibt es ausgezeichnete Hähnchen, entweder klassisch am Drehspieß gegrillt oder auf portugiesische Art (ganzes Hähnchen 17 $). Dazu eine richtig gute Auswahl an äußerst schmackhaften, gesunden Salaten, z. B. Aubergine-Spinat oder Karotte-Quinoa. Mo–Fr 11–21 Uhr, Sa/So 11–20.30 Uhr. 285A Crown Street, ✆ 93804411, www.madamcharchar.com.au.

Food Society 40, etwa 20 Gerichte stehen auf der Karte (15–30 $), etwa frittierter Blumenkohl mit Paprika und Wasserkresse oder Kalbskotelett in Roggenpanade und Blaukrautsalat. Jeden Samstag 11.30–17.30 Uhr gibt es „Vodka High Tea" mit Kanapees, Gebäck und Wodka-Verkostung (70 $/Pers.). Nur Do–Sa ab 17.30 Uhr. 91 Riley Street, Darlinghurst, ✆ 80903462, www.foodsociety.com.au.

Fu Manchu 15, das beliebte Lokal an neuer Adresse: Hauptgerichte gibt es hier für 16–22 $, es gibt z. B. gebratene Ente oder Huhn-Kartoffel-Curry. Gute Auswahl an vegetarischen und glutenfreien Gerichten. BYO Wein 10 $ Korkengeld. Tägl. 17.30–22.30 Uhr, Do/Fr Mittagessen ab 11.30 Uhr. 229 Darlinghurst Road,, Darlinghurst, ✆ 93609424, www.fumanchu.com.au.

»› Mein Tipp: Joe Black 50, richtig gute Anlaufstelle für Kaffee, Frühstück und leichte Snacks, etwa Salat mit gegrilltem Huhn und Röstkürbis (15 $). Sehr entspannt und gemütlich, außerdem auch preislich absolut in Ordnung. Mo–Fr 7–16 Uhr, Sa 8–13.30 Uhr, So 8.30–12.30 Uhr. 27 Commonwealth Street, ✆ 80978646. ‹‹‹

Tropicana Caffe 12, das „Trop" ist die Geburtsstätte des größten Kurzfilmfestivals der Welt: das „Tropfest". Neben Cappuccino und Caffè Latte (je 3,30 $) gibt es auch leckeres Essen (z. B. Chicken-Focaccia für 13,60 $). Das Mega-Breakfast kostet 16,40 $. Tägl. 5–23 Uhr. Shop 1, 227 Victoria Street, Darlinghurst, ✆ 93609809, www.tropicanacaffe.com.

Hannibal 80, libanesisches Essen. Überall Teppiche – an den Wänden, den Decken und natürlich auf dem Fußboden. Für 25–35 $ bekommt man hier Vorspeise und Hauptgang. Tägl. geöffnet für Mittag- und Abendessen. 557 Elizabeth Street, Surry Hills, ✆ 96988288, www.hannibalsrestaurant.com.

Bamboo Dumpling Bar 61, kleines, richtig gutes und deshalb meist proppenvolles Lokal. Verschiedene Sorten der typischen Dumplings kosten um 11 $ (5 Stück), das Schezuan Pork 16 $. Wechselnde Tagesgerichte Mo–Fr 10 $, Sa 15 $, So 20 $. Tägl. 12–15 und 18–22 Uhr. 140 Commonwealth Street, Surry Hills, ✆ 92812522, www.bamboodumplingbar.com.au.

Spice I Am 57, hier ist das Preis-Leistungs-Verhältnis wirklich super. Asialokal mit offener Front und Tischen im Freien. Stir-Frys und Currys mit Fleisch oder Gemüse um 16 $, mit Seafood um 20 $. An heißen Tagen sind die frischen und leichten Thai-Salate die erste Wahl. Di–So 11.30–15.30 und 17.30–22 Uhr. 90 Wentworth Ave., Surry Hills, ✆ 92800928, www.spiceiam.com.

Organic Produce Café 79, saisonale Produkte aus biologischem Anbau und von lokalen Bauern werden hier zu köstlichen Speisen verarbeitet. Viele vegetarische oder vegane Optionen. Mo–Sa 7–16.30 Uhr, 8.30–15.30 Uhr. 487 Crown Street, Surry Hills, ✆ 93194009, www.organicproduce.com.au. ■

Paddington und Umgebung Printroom Restaurant **70**, heller Speiseraum im 1. Stock des Pubs. Der irische Chefkoch nimmt frische Zutaten aus der neuen und zaubert Schmankerl aus der alten Heimat. Hauptgerichte 20–30 $. Fr–So 12–15 Uhr und Di–Sa 18–22 Uhr, So 17–21 Uhr. 9–11 Glenmore Rd., ✆ 0424034020 (mobil), www.printroom.net.au.

Four in Hand Hotel 78, klassisches Pub, aber mit ausgezeichneter Küche: Im edlen Speiseraum wird richtig gut aufgetischt, als Vorspeise lauwarmes Corned Beef mit Bresaola, Büffelkäse und Nashi-Birne (27 $), als Hauptgericht knusprige Ente mit geröstetem Kürbis (42 $). Nicht gerade billig, aber dafür qualitativ hochwertig. Di–So Mittag- und Abendessen. 105 Sutherland Stree, ✆ 93621999, www.fourinhand.com.au.

Cheeky Burger 76, hier gibt es gute Burger zu einem guten Preis: den klassischen Cheeseburger für 9,99 $, das Philly Cheesesteak für 14,99 $. Di–Sa ab 11 Uhr, So 11–22 Uhr. 312 Oxford Street, ✆ 93317436, www.cheekyburgerbar.com.

Paddington Alimentari 73, sehr freundliche Atmosphäre. Nur etwa 5 Min. von der Oxford Street entfernt und trotzdem keine Touristen. Um die Mittagszeit rappelvoll, die Gäste setzen bzw. stellen sich einfach hin, wo gerade Platz ist. Mo–Fr 7–18 Uhr, Sa 8–17 Uhr. 2 Hopetoun Street, ✆ 93582142.

Newtown African Feeling, tolle afrikanische Gerichte, die Lamm-Tangine (22 $) sind fantastisch. Di–Do 17.30–22 Uhr, Fr/Sa 17.30 Uhr bis open end, So 11.30–22 Uhr. 501 King Street, ✆ 95163130, www.africanfeelingrestaurant.com.au.

»› Mein Tipp: Brewtown, ausgezeichneter Kaffee aus der eigenen Mikro-Rösterei.

Übernachten (S. 193–195)
131 The Bondi
135 Ravesis
137 Noahs Backpacker Bondi Beach
139 Bondi Beachouse YHA

Essen & Trinken (S. 204/205)
129 Bangkok Bites
130 Sabbaba
132 Bondi Hardware
133 North Bondi Fish und North Bondi RSL Club
138 Bondi Icebergs Club und Icebergs Dining Room

Cafés (S. 204)
128 Jed's Café
134 Gertrude & Alice

Nachtleben (S. 194)
131 The Bondi

Einkaufen (S. 210)
136 Bondi Surf Co.

Bondi

Dazu eine überschaubare Speisekarte mit je 10 Frühstücksoptionen und kleinen Mittagsgerichten, z. B. Linguine mit Tinte und Garnelen (19 $) oder gegrillte Blutwurst mit Auberginenpüree und Fenchel-Orangen-Ziegenkäse-Salat (16 $). Tägl. 8–16 Uhr. 6–8 O'Connell Street, ✆ 80011001, www.brewtownnewtown.com. ⋘

The Pie Tin, hier hat man sich dem australischen Kult-Snack verschrieben und zwar in der süßen und herzhaften Variante, z. B. mit Schweinefleisch „Cajun-Style" oder mit Ente, Cointreau und Gemüse. 5,90–8,90 $ sind dafür fällig. Mo–Mi 10–20 Uhr, Do–Sa 10–22 Uhr, So 10–18 Uhr. 1a Brown Street, ✆ 95197880, www.thepietin.com.au.

Miss Peaches Soul Food Kitchen, hier hat man sich der amerikanischen Südstaatenküche verschrieben, es gibt Smoked Brisket Po' Boy (16 $) oder Gumbo mit Andouille Würsten (22 $). Mi–So 17–24 Uhr. 201 Missenden Road, ✆ 95577280, www.misspeaches.com.au.

Green Gourmet, vegetarische und vegane Küche mit außerordentlicher Vielfalt. Preislich günstig bis moderat (Dumplings 5,40 $, Hauptgerichte um 18 $). Tägl. 12–15 und 18–22 Uhr, Fr/Sa bis 23 Uhr. 115 King Street, ✆ 95195330, www.greengourmet.com.au.

Woollahra, Double Bay, Bondi Junction Big Mamas, in der italienischen Trattoria freuen sich Gäste seit mehr als 20 Jahren über Spezialitäten wie Vitello Tonnato

(20 $), hausgemachte Pappardelle mit Rindfleischragout (30 $) oder eine „Zupa di Mare" (38 $). Di–So ab 18 Uhr. 51 Moncur Street, Woollahra, ✆ 93287629, www.bigmamas.com.au.

》》 Mein Tipp: El Topo Mexican, sehr bunt, sehr angesagt, sehr gut. Tacos ab 6 $/St., Hauptgerichte, z. B. Stubenküken mit schwarzen Bohnen, kosten um 26 $. Drei verschiedene Menüs (40–50 $/Pers.), die man sich selbst zusammenstellen kann. Tolle Dachterrasse. Mo 16–22Uhr, Di–Sa ab 12 Uhr mit open end, So 12–24 Uhr. 3. Stock, 500 Oxford Street, ✆ 93877828, www.eltopo.com.au. 巜

The Lightbrigade, Pub im Erdgeschoss und Lounge-Bar im 1. Stock. Auf der Karte stehen gegrillter Lachs in Zitronen-Butter-Soße (18 $) oder Penne mit Feta und Spinat (16 $). Mo–Fr 12-$-Lunch. Tägl. 12–15 und 18–21 Uhr. 2A Oxford Street, Woollahra, ✆ 93312930, www.lightbrigade.com.au.

Australian 18 Footers League, der (Geheim-)Tipp! Offiziell ein Club-Restaurant im Yachtclub direkt am Wasser, aber auch für Besucher. Auf dem Teller landen Calamares (16,90 $) oder Knoblauchgarnelen (18 $). Fischplatte ab 39 $/Pers. Mo–Do 11.30–22 Uhr, Fr/Sa 11.30–23.30 Uhr, So 11–21.30 Uhr. 77 Bay Street, Double Bay, ✆ 93632995, www.18footers.com.au.

Tea Gardens Hotel & Bistro, mitten im Zentrum, gleich neben dem Busterminal. Pub im EG, Bistro im 1. Stock. Oben eine wunderbare Terrasse. Essen von der Selbstabholertheke, z. B. Hähnchenschnitzel mit Beilagen ca. 17 $ oder Burger ca. 13 $. Tägl Mi–Sa 12–20 Uhr, So 13–19 Uhr. 2–4 Bronte Rd., Bondi Junction, ✆ 93893288, www.teagardenshotel.com.au.

Bondi Beach **Bangkok Bites** 129, asiatische Suppen, Salate, Currys und Wok-Gerichte. Gute Auswahl und gute Preise, die Gerichte kosten zwischen 10 $ und 20 $. Alkohol BYO mit 2 $ Gebühr/Pers. Mo–Do 17–22 Uhr, Fr/Sa 11–22.30 Uhr, So 11–22 Uhr. 95 Hall Street, ✆ 93008999, www.bangkokbites.com.au.

Jed's Café 128, sehr entspannt und somit ein Favorit. Etwas abseits des Beach-Lifes in einem alten Eckhaus. Das überwiegend junge Publikum ist genau so bunt zusammengewürfelt wie die Sitzgelegenheiten. Auf der Mini-Grünfläche sitzt man auf Stühlen, Hockern, Steinquadern oder einfach im Gras. 96 Glenayr Avenue, ✆ 93650022.

North Bondi Fish 133, am nördlichen Ende des Strandes mit Terrasse und super Blick über den Strand. Hier steht (fast) ausschließlich Fisch und Seafood auf der Karte, vom Kingfish-Sashimi (22 $) über den Snapper-Burger mit Fenchelsalat (24 $) bis hin zum gebratenen Barramundi (33 $). Gute Weinauswahl. Mi–So ab 12 Uhr. 118–120 Ramsgate Ave, ✆ 91302155, www.northbondifish.com.au.

North Bondi RSL Club 133, über dem North Bondi Fish und noch bessere Aussicht vom großen Balkon aus. Ideal für ein kühles Bier und einfaches Essen. Übliche Clubraum-Atmosphäre und obligatorischer Eintrag ins Besucherregister. Mo–Fr ab 12 Uhr, Sa/So ab 10 Uhr. 118–120 Ramsgate Ave, ✆ 91303152.

Bondi Hardware 132, einst eine Do-it-yourself-Werkstatt, daher auch der Name. Super zum Frühstücken, tagsüber gibt es mediterran inspirierte Gerichte, etwa Toskanischen Brotsalat mit Ziegenkäse oder Garnelen mit Chorizo und Chili. Alle Gerichte 15–25 $. Mo–Do ab 17 Uhr, Fr ab 12 Uhr, Sa/So ab 9 Uhr. 39 Hall Street, ✆ 93657176, www.bondi-hardware.com.au.

Bondi Icebergs Club 138, ein super Laden und meist rappelvoll. Umlaufender Balkon mit perfektem Blick über den Pool und den gesamten Strand. Die Speisekarte ist kompakt, bietet typisches Pub-Food und ist günstig: für Burger, Pizzen und Pasta zahlt man ca. 15–20 $, für Steaks etwa 28 $. Mo–Fr 11–21 Uhr, am Wochenende ab 9 Uhr. 1 Notts Ave, ✆ 91303120, www.icebergs.com.au.

Icebergs Dining Room 138, sehr exklusiv, hier geben sich Stars und Sternchen die Klinke in die Hand. Vorspeise z. B. Krabben mit Polenta, Chili und Knoblauch (28 $), Hauptspeise z. B. Ochsenfilet mit Balsamico, Knoblauch und Minze (um 50 $). Hochwertige internationale und heimische Weine und selbstverständlich auch „echter" Champagner (Dom Pérignon, Krug). Di–So 12–15 und 18.30–22 Uhr. 1 Notts Ave, ✆ 93659000, www.idrb.com.

Gertrude & Alice 134, Buchcafé mit Schmökern auf absolut jedem freien Fleck. Der Nebenraum mit den zwei Sofas und dem kleinen Beistelltischchen ist der Joker, aber immer schnell besetzt. Essen und Kaffee wird an der Ladenkasse geordert und bezahlt. 40 Hall Street, ✆ 91305155, www.gertrudeandalice.com.au.

Kneipen, Bars & Nachtleben 205

Sabbaba 130, Pitataschen mit Falafel, Fleisch (Lamm, Huhn, Rind) oder Fisch kosten 9,90 $, für den größeren Hunger gibt's die Portionen auf dem Teller (16,90 $). Viel besser als das übliche Fast Food dieser Art und deshalb sehr beliebt. Mo–Fr 11–22 Uhr, Sa/So 10–22 Uhr. 82 Hall Street, ℡ 93657500, www.sabbaba.com.au.

Coogee Coogee Café, entspanntes Café, hell, mit offener Front und Tischen im Freien. Nur einen Block vom Strand entfernt. Mo–Sa 7–17 Uhr, So 8–17 Uhr. 221 Coogee Bay Road, ℡ 96655779, www.coogeecafe.com.au.

Barzura, wunderbar, um in der Sonne zu sitzen und auf den Coogee Beach hinabzuschauen. Pasta um 25 $, Hauptgerichte 20–30 $, super Frühstück. Tägl. 7–23 Uhr. 62 Carr Street, ℡ 96655546, www.barzura.com.au.

Nördliche Bezirke The Oaks, Pub-Gigant. Hier kann man Grillmeister spielen, sich ein rohes Steak kaufen und selber auf dem BBQ zubereiten (z. B. T-Bone-Steak für 28 $, Beilagen und Salatbar inkl.). Außerdem diverse Bars. Mo–Mi 10–24 Uhr, Do–Sa 10–1.30 Uhr, So 12–24 Uhr. 118 Military Rd., Neutral Bay, ℡ 99535515, www.oakshotel.com.au.

Manly und die Northern Beaches Jede Menge tolle Ausflugslokale und Restaurants, → Manly und Northern Beaches (ab S. 240).

Foodcourts Schnelle Sättigung für relativ wenig Geld gab es in den Foodcourts schon immer, in den letzten Jahren hat man zunehmend auch auf die Qualität und Auswahl geachtet.

Myer Food Court, Pitt Street/Ecke Markt Street (Fußgängerzone).

Australia Square Food Court, 264 George Street.

Eating World Foodcourt, 25–29 Dixon Street (Chinatown).

Hunter Connection Foodcourt, 7–13 Hunter Street.

Kneipen, Bars & Nachtleben

Bistros verwandeln sich zu später Stunde in Nachtclubs – wo man nachmittags noch Kaffee getrunken hat, werden um Mitternacht bunte Drinks gemixt, einige 24-Stunden-Multitalente könnten glatt in vier verschiedenen Kategorien aufgelistet werden. Aber egal ob hipper Tanzpalast, coole Cocktail-Lounge oder uriges Pub: Gefeiert und getrunken wird in Sydney immer. Das Nachtleben der Stadt ist berühmt-berüchtigt und gehört zum vielseitigsten und wildesten des Landes.

> Die Legendenpunkte 6–78 finden Sie auf der Karte „Sydney City" (→ S. 188/189), 84–102 auf der Karte „The Rocks" (→ S. 193), 107–124 auf der Karte „Sydney CBD und Darling Harbour" (→ S. 198/199) und den Punkt 131 auf der Karte „Bondi" (→ S. 203).

Pubs & Kneipen Hero of Waterloo 84, super urig! 1843 von einem Steinmetz erbaut, präsentiert sich die Kneipe mit grobem Mauerwerk und dicken Holzbalken. Hier mischen sich Touristen unter die Einheimischen und so mancher Stammgast steht schon nachmittags am Tresen. Mo–Sa 10–23.30 Uhr, So 10–22 Uhr. 81 Lower Fort Street, The Rocks, ℡ 92524553, www.herofwaterloo.com.au.

Australian Heritage Hotel 95, in einem Gebäude aus dem Jahr 1914. Überdachte Plätze im Freien und kleines Pizza-Menü. Mo–So 10.30–24 Uhr. 100 Cumberland Street, The Rocks, ℡ 92472229, www.australianheritagehotel.com.

Arthouse Hotel 122, altes Gemäuer, hohe Decken und viel Platz, um richtig zu feiern. Mehrere Räumlichkeiten. Di bis 3 Uhr, Sa Nachtclub-Betrieb bis 6 Uhr früh. 275 Pitt Street, ℡ 92841200, www.thearthousehotel.com.au.

Tilbury Hotel 34, schönes Pub mit schicken Leuten. Hier kann man gemütlich ein Bier trinken und am Wochenende feiern. 12–18 Nicholson Street, Woolloomooloo, ℡ 93681955, www.tilburyhotel.com.au.

Darlo Bar 18, supergemütliche Kneipe, in der die Locals abhängen. Ganz entspannt, bunt gemischtes, vornehmlich jüngeres Publikum. Einrichtung cool, irgendwo zwischen 50ern und 90ern. Es gibt sogar einen kleinen Dachgarten. Darlinghurst Road/Ecke Liverpool Street, Darlinghurst, ✆ 93313672, www.darlobar.com.au.

Glenmore Hotel 86, das Pub mit der besten Dachterrasse der Stadt, mit Blick auf den Sydney Harbour. Entsprechend beliebt ist das Lokal an warmen Sommerabenden. So–Do 11–24 Uhr, Fr/Sa 11–1 Uhr. 96 Cumberland Street, The Rocks, ✆ 92474794, www.theglenmore.com.au.

Australian Youth Hotel 64, stylishe Kneipe, in der man gut feiern kann. Kleiner Außenbereich, die Nude Lounge im 1. Stock war einst ein Bordell. Mo–Sa 11–24 Uhr, So 12–22 Uhr. 63 Bay Street, Glebe, ✆ 96920414, www.australianyouthhotel.com.au.

Hotel Bondi 138, Großpub am Bondi Beach. Verschiedene Bars und Räumlichkeiten. Relativ großer Raucherbereich. Billardraum mit etwa 10 Tischen. Am Wochenende geht hier bis 4 Uhr früh die Post ab. 178 Campbell Parade, Bondi, ✆ 91303271, www.hotelbondi.com.au.

Bars & Lounges

Lounge Bar 23, über den Dächern der Stadt gibt es gute, aber teure Cocktails (um 20 $) und als Magenfüller leckere Tapas. Tägl. ab 17 Uhr. Gehört zu „O Bar and Dining" (→ S. 197). Level 47, Australia Square, 264 George Street, ✆ 92479777, www.obardining.com.

Kinselas 60, ganz coole Bar, benannt nach dem Totengräber Charles Kinsela, der hier fast 50 Jahre lang sein Geschäft hatte. Super Stimmung, super Balkon im 1. Stock (Blick auf das Treiben auf der Oxford Street). 383 Bourke Street, Taylor Square, Darlinghurst, ✆ 93313100, www.kinselas.com.au.

Pontoon Bar 114, tolle Lage am Darling Harbour. Hier kann man auch tagsüber gemütlich draußen sitzen und ein Bierchen trinken. An den Wochenenden legen DJs auf und es wird heftig geflirtet. Eintritt Sa/So ab 22 Uhr 15–25 $. Tägl. geöffnet. Cockle Bay Wharf, Darling Harbour, ✆ 92677099, www.pontoonbar.com.

Establishment Bar 21, After-Work-Mekka der Schlipsträger aus dem CBD. Hier staksen die Mädels auf High Heels durch die Gegend und die Jungs führen den neuesten Anzug aus. 5 m hohe Decken, große Kronleuchter und eine 42 m lange Marmorbar. Abends Türsteher und entsprechender Dresscode. Mo–Fr 11 Uhr bis spät, Sa 18 Uhr bis spät. 252 George Street, ✆ 92403100.

The Bulletin Place 102, sehr coole und äußerst beliebte Cocktailbar mit simpler Einrichtung und alternativem Schick. Mehrfach ausgezeichnet, super Drinks (ab 10 $). Mo–Mi 16–24 Uhr, Do–Sa 16–1 Uhr. 10–14 Bulletin Place (Circular Quay), www.bulletinplace.com.

Hugo's Lounge 8, sehr angesagt, hier feiert auch schon mal Paris Hilton, wenn sie in der Stadt ist. Verschiedene DJs sorgen für die Unterhaltung. Für die Schönen und Superschönen. Di–So 20–3 Uhr. Level 1, Bayswater Rd., Kings Cross, ✆ 93574411, www.hugos.com.au.

Low 302 59, Bar, Lounge, Kneipe, Bandraum – was auch immer. Die Leute sind unkompliziert und freundlich, die Musik wie auch die Drinks sind spitze (Cocktails um 17 $). Sehr gemütlich. Tägl. 18–2 Uhr. 302 Crown Street, Surry Hills, ✆ 93681548, www.low302.com.au.

Grandma's Bar 121, „kitsch and faded granny glamour" kündigt der Landen auf seiner Webseite an, das bedeutet retro, etwas konfus eingerichtet und Treffen zum Stricken! Die guten Cocktails kosten um 17 $. Mal was anderes. Mo–Fr ab 15 Uhr, So ab 17 Uhr. Basement, 275 Clarence Street, ✆ 92643004, www.grandmasbarsydney.com.au.

Darlie Laundromatic 56, schicke, kleine Bar, in der man guten Wein (Flasche 40–80 $) und Cocktails (14–18 $) bekommt. In einem ehemaligen Waschsalon – was man an der Deko auch noch merkt –, daher auch der Name. Di–Sa abends. 304 Palmer Street, Darlinghurst, ✆ 80950129, www.darlielaundromatic.com.

Sweethearts Rooftop 6, hier kann man gut essen und danach richtig leckere Cocktails genießen, z. B. einen Lavender Rosemary Gimlet (16 $) oder einen Lychee Caipiroska (17 $). Das Ganze, wie der Name schon vermuten lässt, auch auf einer Dachterrasse. Mo–Do 14–23.30 Uhr, Fr–So 12–23.30 Uhr. 33–37 Darlinghurst Road, Potts Point. ✆ 80702424, www.sweetheartsrooftop.com.au.

Button Bar 74, schummrige Bar und perfekt für einen gepflegten Feierabend-Drink. Hier gibts ausgezeichnete Cocktails (10–20 $) und Spirituosen. Dutzende Sorten Rum, Wodka, Gin und Whiskey im Ange-

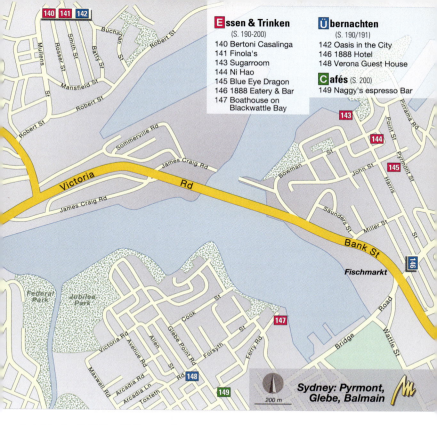

bot. Mo–Sa 16–24 Uhr. 65 Foveaux Street, Surry Hills, ℡ 92111544, www.button-bar.com.au.

Hinky Dinks 10, Bar im 50er-Stil mit rot gepolsterten Barhockern und schwarz-weißem Schachbrettfußboden. Um die 20 $ muss man hier für einen Cocktail auf den Tisch legen, aber die sind dafür mit hochwertigen Spirituosen gemixt und schmecken auch noch außerordentlich gut. Kleine Karte für Essen. Mo–Sa 16–24 Uhr, So 13–22 Uhr. 185 Darlinghurst Road, Darlinghurst, ℡ 80846379, www.hinkydinks.com.au.

Nachtclubs & Diskotheken Man sollte sich schon etwas aufbrezeln, um überhaupt am Türsteher vorbeizukommen. Eintritt Sa/So 10–30 $.

World Bar 7, Indie-Club und Bar; das eher junge Publikum wird hier täglich mit verschiedenen Mottos bespaßt. Dabei gibt man sich grün, zu 50 % wird alternative Energie bezogen, außerdem sieht man Teekannen auf den Tischen – allerdings mit Cocktails gefüllt. Sehr angesagt. Tägl. 15–3 Uhr. Bayswater Road, Kings Cross, ℡ 93577700, www.theworldbar.com.

》》 Mein Tipp: El Topo Basement, erst 2014 eröffneter Allrounder, es gibt mexikanisches Essen, gute Drinks und zu später Stunde Live-Musik und ausgezeichnete Stimmung auf der Tanzfläche. Mi–Sa 18–4 Uhr. Level 2, 500 Oxford Street, Bondi Junction, ℡ 93877828, www.theeastern.com.au. 《《

Home 124, Sydneys größter Nachtclub. Auf 3 Ebenen finden über 2000 Leute Platz. Tägl. ab 11 Uhr bis spät in die Nacht. 101 Cockle Bay Wharf, Darling Harbour, ℡ 92660600, www.homesydney.com.

Civic Underground 49, hier wird bis in die frühen Morgenstunden getanzt, am Freitag gibt es meist House und Techno, am Samstag Disco. Eher kleine Location mit Platz für etwa 200 Leute. 388 Pitt Street, ✆ 80807000, www.civichotel.com.au/underground.

Oxford Art Factory 47, Kunst, Live-Musik, DJs, Party – hier hat alles Platz. Unter der Woche bisweilen sogar mit freiem Eintritt. Auch optisch „Factory-Style". 38–46 Oxford Street, Darlinghurst, ✆ 93323711, www.oxfordartfactory.com.

Chinese Laundry 107, einer der ältesten und größten Clubs in Sydney und immer noch absolut angesagt. Drei verschiedene Areale und eine Outdoor-Bar. Gespielt wird House, Electro, Drum & Base. Fr ab 22 Uhr, Sa ab 21 Uhr. Slip Inn Hotel, 111 Sussex Street, ✆ 82959999, www.chineselaundryclub.com.au.

Candy's Apartment 7, hier gehts rund, meist spielen erst Livebands, danach legen DJs auf. Je nach Tag und Motto kommt aus den Boxen dann Rock, Electro, Hip-Hop oder House. 22 Bayswater Road, Potts Point, ✆ 93805600, www.candys.com.au.

Jackson on George 19, Pub und Bistro im EG, Disco im 1. Stock und gemütliche Cider-Bar im 2. Stock. Nur 2 Gehminuten vom Circular Quay entfernt. Mo–Do 7.30 Uhr bis spät, Fr 7.30 Uhr bis Tagesanbruch, Sa 10 Uhr bis Tagesanbruch, So 10 Uhr bis spät. Eintritt frei. 176 George Street, ✆ 84882450, www.jacksonongeorge.com.au.

Kulturelles Leben

In einer Metropole wie Sydney ist selbstverständlich für ein umfangreiches Unterhaltungsprogramm gesorgt. In den zahlreichen Pub-Hotels heizen lokale Bands die Stimmung an und für viele internationale Musik-Superstars wie die *Stones* oder *U2* ist Sydney eine beliebte Anlaufstelle in Down Under. Klassik-Fans können sich auf ausgezeichnete Aufführungen in der weltberühmten Oper freuen, die Orgelkonzerte in der Town Hall sind über die Landesgrenzen hinaus bekannt. Ein Sommerhöhepunkt ist sicherlich das Open-Air-Kino am *Mrs. Macquaries Chair* – die Schlangen an den Kassen werden Hunderte Meter lang und die Vorstellungen sind fast immer ausverkauft.

Kino Der klassische Kinobesuch steht wahrscheinlich nicht bei besonders vielen Urlaubern auf dem Programm, aber es gibt in Sydney doch ein paar außergewöhnliche Filmvorführungen. Dazu gehören sicherlich die diversen Open-Air-Kinoveranstaltungen in den lauen Sommernächten, z. B. das **Moonlight Cinema** im Centennial Park (Dez. bis März). Die beste Location hat sicherlich das **St. George OpenAir Cinema**, (immer im Jan. und Febr.). Eine große Leinwand ist am Mrs. Macquaries Chair auf Stelzen ins Wasser gestellt. Immer schnell ausreserviert, für die wenigen Karten an der Abendkasse muss man früh da sein. Tickets 35 $. ✆ 92318111, Programm unter www.stgeorgeopenair.com.au.

Govinda's, Restaurant & Movie-Room. Fast so gemütlich wie fernsehen im Bett. Die Bestuhlung, sofern man das überhaupt so nennen kann, besteht aus speziell entworfenen Polsterliegen und einigen Sofas. Wenig Mainstream, viele Independent-Filme. Auf der Web-Seite gibt es eine Liste mit dem aktuellen Programm und Fotos. Tickets ca. 14 $; Kombiticket für ein vegetarisches Dinnermenü und einen Film 30 $. Es empfiehlt sich auf jeden Fall, zu reservieren. 112 Darlinghurst Rd., Darlinghurst, ✆ 93805155, www.govindas.com.au.

Chauvel Cinema, Independent-Kino in Paddington, gleich neben der Townhall. Hier gibt es verschiedene Film-Festivals, u. a. auch ein deutsches. Kleine Café-Bar mit Süßigkeiten, Snacks und Getränken. ✆ 93615398.

Theater/Oper/Klassik **Sydney Opera House**, der Top-Veranstaltungsort für Klassik, Oper, Ballett oder Theater (→ Sehenswertes, S. 219). Tickets für Hauptveranstaltungen, z. B. für eine Aufführung von der „Zauberflöte", kosten etwa 45–300 $. Informationen zum Programm unter www.sydneyoperahouse.com.au, Buchung: ✆ 92507777, www.sydneyoperahouse.com.au.

Sydney Town Hall, ebenfalls ein beliebter, wenn auch viel kleinerer Veranstaltungsort (→ Sehenswertes, S. 226). Speziell Orgelkonzerte finden hier statt. ✆ 92659333, 483 George Street, www.sydneytownhall.

Sydney Theatre Company, abwechslungsreiches Programm mit Aufführungen von australischen und internationalen Stücken, auch Shakespeare-Klassiker fehlen nicht. Verschiedene Veranstaltungsorte: *Wharf1* und *Wharf2* an Pier 4 Hickson Rd., Walsh Bay, *das Roslyn Packer Theatre* in 22 Hickson Rd., Walsh Bay und das *Drama Theatre* im Opernhaus am Bennelong Point. Tickets je nach Veranstaltung und Kategorie 20–120 $. ✆ 92501700, Buchungen: ✆ 92501777, www.sydneytheatre.com.au.

Live-Musik Basement, Sydneys erste Adresse für Jazz- und Blues-Fans, hier spielten bereits Größen wie James Morrison, Bo Diddley oder das Taj Mahal Trio. Tickets (Stehplatz) ab etwa 25 $. 7 Macquarie Place, Circular Quay, ✆ 92512797, www.facebook.com/thebasementsyd.

Pubs in den Rocks, in so gut wie allen Pubs in den Rocks gibt es regelmäßig Live-Musik. Das Angebot variiert von klassischem Irish-Folk bis hin zu Rock und Pop. Eintritt meist frei bzw. nur einige Dollars.

Großkonzerte, Sydney ist beliebt bei den ganz Großen der Musikbranche. Hier haben schon die Rolling Stones, Robbie Williams, U2, die Red Hot Chili Peppers oder Kylie Minogue die Massen begeistert. Die Konzerte finden meist in den Sportstadien statt, z. B. im ANZ-Stadium (→ S. 213). Karten kann man bestellen unter www.ticketek.com.au, für die Top-Stars muss man mit etwa 100–300 $ und mehr rechnen.

Konzerte, lokale bzw. international weniger bekannte Bands spielen oft in RSL-Clubs, Bars oder ähnlichen Lokalitäten. Tickets direkt am Einlass, ab etwa 15 $. Informationen dazu in den Tageszeitungen oder im Internet, z. B. unter www.liveguide.com.au.

Einkaufen

Prinzipiell kann man davon ausgehen, dass in Sydney alles erhältlich ist, was generell in Australien erwerbbar ist – egal ob Sie edle Haute Couture für den Opernbesuch oder eine strapazierfähige Kluft für den Aufenthalt auf einer Cattle-Station suchen. Und natürlich gibt es hier auch alles, was hip und in ist. In der Stadt der vielen Strände ist die neueste Surf- und Beachmode ein Muss bei den Jungen und Junggebliebenen, da gibt's auch für die Touristen keine Ausnahme. Die große Auswahl an Kunsthandwerk bietet für jeden Geldbeutel das Geeignete, von Aborigines gemalte Bilder oder Didgeridoos können allerdings schnell mehrere Tausend Dollar kosten.

> Die Legendenpunkte **13**–**69** finden Sie auf der Karte „Sydney City" (→ S. 188/189), **89**–**93** auf der Karte „The Rocks" (→ S. 193), **103**–**127** auf der Karte „Sydney CBD und Darling Harbour" (→ S. 198/199) und den Punkt **136** auf der Karte „Bondi" (→ S. 203).

Bücher & Landkarten Abbey's Bookshop **120**, gegenüber dem Queen Victoria Building. Große Abteilung mit mehreren Regalen zum Thema Geschichte, unterteilt nach Ländern. Im 1. Stock ist das **Language Book Centre** mit fremdsprachiger Literatur untergebracht. Neben deutschen Büchern gibt es auch spanische oder französische Ausgaben. Mo–Fr 8.30–18 Uhr (Do bis 20 Uhr), Sa 9–17 Uhr, So 10–17 Uhr. 131 York Street, ✆ 92643111, www.abbeys.com.au.

Dymocks Booksellers 110, großer Buchladen im CBD. Aktuelle Romane, Buchklassiker, Fach- und Sachbücher. Nur englischsprachige Bücher. Mo–Fr 9–19 Uhr, Sa 9.30–18 Uhr, So 10–16 Uhr. 424 George Street, ✆ 92350155, www.dymocks.com.au.

»› Mein Tipp: Library Bookshop 27, kleiner Buchladen im Foyer der Staatsbibliothek. Interessante Auswahl an Büchern zum Thema Australien. Geschichtsbücher, Bildbände, Erzählungen. Mo–Fr 9–17 Uhr, Sa/So 11–17 Uhr. State Library of NSW, Macquarie Street, Sydney, ✆ 92731611. **‹‹**

Gleebooks 69, 4-mal zum „Australian Bookseller of the Year" gekürt. So–Mi 9–19 Uhr, Do–Sa 9–21 Uhr. 49 Glebe Point Rd., Glebe, ✆ 96602333, www.gleebooks.com.au.

Musik Mojo Record Bar **106**, sehr lässige Kreuzung aus Bar und Schallplattenladen. Gute Cocktails und jede Menge neuer und gebrauchter Vinylscheiben. Jeden Samstag Live Blues. Shop geöffnet: Mo–Mi 12–18 Uhr,

Do/Fr 12–22 Uhr, Sa 11–18 Uhr. Bar geöffnet: Mo–Mi 16–24 Uhr, Do/Sa 16–1 Uhr, Fr 15–1 Uhr. Basement Level, 73 York Street, ✆ 92624999, www.mojorecordbar.com.

Kunsthandwerk, Didgeridoos & Souvenirs In der ganzen Stadt gibt es die klassischen Souvenirshops mit dem üblichen Angebot irgendwo zwischen Kunst und Kitsch – da findet man schnell ein kleines Mitbringsel. Im Folgenden sind einige Geschäfte mit hochwertigen Produkten gelistet, die allerdings auch etwas mehr kosten.

The Artery 13, richtig gute Bilder von Aborigines, weit vom üblichen Kitsch entfernt. Preise je nach Größe 150–5000 $. Mo–Fr 10–18 Uhr, Sa/So 10–16 Uhr. 221 Darlinghurst Road, Darlinghurst, ✆ 93808234, www.artery.com.au.

Original Aboriginal Art 89, wirklich tolle Werke, die ab etwa 1000 $ zu haben sind. Und sollte einer von Ihnen, liebe Leser, 50.000 $ für ein Bild ausgeben wollen, so können Sie das hier tun. 79 George Street, ✆ 92514222, www.authaboriginalart.com.au.

Spirit Galley 93, zahlreiche Bilder, aber auch eine wirklich gute Auswahl an Didgeridoos (350–2000 $). Tägl. 9.30–18 Uhr. Shop 8, The Rocks centre, Argyle St., The Rocks, ✆ 92475961, www.spiritgallery.com.au.

Karlangu 103, Bilder, Didgeridoos, Töpferwaren, Bumerangs und mehr. Mo–Fr 9.30–19 Uhr, Sa/So 10–18Uhr. 47 York Street, ✆ 92792700, www.karlangu.com.

Surfshops An Sydneys Stränden gibt es jede Menge Surfshops, man kann dort Bretter, Neoprenanzüge und jegliches Zubehör kaufen. Und natürlich auch Klamotten. Die gibt es aber auch in den meisten größeren Kaufhäusern in der Innenstadt.

Dripping Wet Surfshop, riesige Auswahl an neuen und gebrauchten Surfbrettern. Außerdem Neoprenanzüge, Shorts, Surfzubehör usw. Auch Surfboardmiete. Mo–Fr 9–18 Uhr, Sa/So 8–18 Uhr. Shop 2, 93–95 North Steyne (direkt am Manly Beach), ✆ 99773549.

Bondi Surf Co. 136, hier findet man alles was man braucht, um direkt aufs Wasser zu gehen. Gute Auswahl. Tägl. 10–18 Uhr. 80 Campbell Parade (direkt am Bondi Beach), ✆ 93650870, www.bondisurfco.net.au.

SDS (Surf, Dive, Ski) 118, hauptsächlich Kleidung. Mo–Sa 9.30–18 Uhr (Do bis 21 Uhr), So 10–18 Uhr. Hat etliche Ableger in der Innenstadt (Darling Harbour, ✆ 94584987) und in den Vororten (500 Oxford Street, Bondi Junction, ✆ 94584982), www.sds.com.au.

Mode Die Möglichkeiten sind schier unerschöpflich, man kann von cool und günstig bis edel und sauteuer so ziemlich alles kaufen. Ein gutes Revier für ausgeflippte und trendige Klamotten ist die **Oxford Street**, wo sich jede Menge Boutiquen und Shops aneinanderreihen. In der **Castlereagh Street** gibt es luxuriöse Designerläden. Fündig wird man sicher auch in den großen Einkaufszentren (s. u.).

R. M. Williams 109, hier gibt's das „Bushoutfit" der australischen Cowboys, v. a. die typischen Boots mit dem elastischen Schaft. Ein Paar Arbeitsstiefel kostet ab 240 $, die edleren „Dress-Boots" mit Ledersohle gibt's ab knapp 400 $, für die Straußen- bzw. Krokodillledervariante legt man schnell über 1000 $ hin. Mo–Fr 9–18 Uhr (Do bis 21 Uhr), Sa 9–17 Uhr, So 11–17 Uhr. 389 George Street, ✆ 92622228, www.rmwilliams.com.au.

Strand Hatters, große Auswahl an echten australischen Akubra-Hüten (ab 140 $) und handgefertigten Montechristi-Panama-Hüten (ab 300 $). Mo–Fr 9–17.30 Uhr (Do bis 20 Uhr), Sa 9.30–16.30 Uhr, So 11–16 Uhr. In der Strand Arcade, ✆ 92316884, www.strandhatters.com.au.

Sportartikel Mick Simmons 117, Riesenauswahl an Trikots der australischen Rugby- und AFL-Profiteams. Man kann die Trikots vor Ort mit Rückennummer und Namen bedrucken lassen. Mo–Sa 9–18 Uhr (Do bis 21 Uhr), So 11–17 Uhr. 478 George Street (gegenüber dem Queen Victoria Building), ✆ 92642744, www.micksimmons.com.au.

Rebel Sport 108, der Allrounder mit der großen Auswahl. Funktionsbekleidung, Schwimm- und Badeausstattung. Angebote im Bereich Kricket, Rugby oder AFL lassen kaum Wünsche offen. Gute Sportschuh-Abteilung. Mo–Sa 9–18 Uhr (Do bis 21 Uhr), So 11–17 Uhr. Mid City Centre, 197 Pitt Street, ✆ 80799000, www.rebelsport.com.au.

Camping & Outdoor Eine ganze Reihe von Outdoor- und Adventureläden gibt es in der Kent Street hinter der Townhall, hier kann man sich fürs Outback-Abenteuer eindecken.

Kathmandu 127, hauptsächlich Kleidung und Kleinkram. Mo–Fr 9–17.30 Uhr (Do bis 20.30 Uhr), Sa 9–17 Uhr, So 10–16 Uhr. Shop

Einkaufen

35, Town Hall Arcade, Kent Street/Ecke Bathurst Street, ☎ 92618901, www.kathmandu.com.au.

Paddy Pallin 126, hauptsächlich Kleidung. Mo–Fr 9–17.30 Uhr (Do bis 21 Uhr), Sa 9–17 Uhr, So 10–17 Uhr. 507 Kent Street, ☎ 92642685, www.paddypallin.com.au.

Ray's Outdoors, großer Outdoorladen mit umfassendem Sortiment. Hier gibt's neben Gummistiefeln und Angelausrüstung auch Kühlboxen, Zelte und Swags sowie verschiedenste Kanister, Lampen, Kocher, Gaskartuschen etc. Mo–Fr 9–17.30 Uhr (Do bis 20 Uhr), Sa/So 9–17 Uhr. 93–99 Rarramatta Rd., Camperdown (Bus 461 ab QVB), ☎ 95579333, www.raysoutdoors.com.au.

Kaufhäuser & Einkaufszentren **Westfield Sydney**, den zentral gelegenen Shoppinggiganten findet man in der Pitt Street Mall, es gibt aber auch einen Ableger an der Bondi Junction. Weit über 100 Einzelgeschäfte. www.westfield.com.au/sydney.

QVB, das Queen Victoria Building beherbergt eine ganze Armada an Geschäften auf 3 Etagen. Wirklich preisgünstig ist hier nichts, z. T. sind die Geschäfte sehr exklusiv. www.qvb.com.au.

The Strand Arcade, Einkaufsarkade, 1892 als letzte von insgesamt 5 eröffnet und die einzige, die heute noch in dieser Art erhalten ist. Geschäfte im oberen Preissegment. Die Arkade verbindet die George Street mit der Fußgängerzone in der Pitt Street. www.strandarcade.com.au.

Harbourside, großes Shoppingcentre im Darling Harbour. Jede Menge Geschäfte, Cafés und Restaurants. Tägl. 10–21 Uhr.

Myers, großes Kaufhaus, Sortiment vom Parfüm über die Krawatte bis zum Turnschuh. Mo–Sa 9–19 Uhr (Do bis 21 Uhr), So 10–19 Uhr. 436 George Street, ☎ 92389111.

Foto & Elektronik **Georges Cameras** 111, Kameras, Zubehör, Computer, Hi-Fi. Mo–Fr 9–18 Uhr (Do bis 21 Uhr), Sa 9–17 Uhr, So 10–17 Uhr. 387 George Street, ☎ 92990177, www.georges.net.au.

Paxtons 25, Kameras, Video- und Digitalzubehör. Mo–Fr 8.30–18 Uhr (Do bis 20 Uhr), Sa 9–16 Uhr, So 10–16 Uhr. 285 George Street, ☎ 92992999, www.paxtons.com.au.

Dick Smith 108, „echter" Elektronikmarkt. Hier gibt's zwar auch Kameras und MP3-Player, aber auch verschiedene Elektrogeräte, Kabel und Adapter. Mo–Fr 9–19 Uhr (Do bis 21 Uhr), Sa 9–18 Uhr, So 10–18 Uhr. Basement Tenancy 6, 413–421 George Street, ☎ 92625799, www.dicksmith.com.au.

Märkte **Paddy's Market**, Sydneys größter Markt und DER Ort für Schnäppchenjäger. An über tausend Ständen gibt's Schuhe, Gemüse, CDs, Hundefutter, Gewürze, Spielsachen, Blumen, Krawatten, T-Shirts, Kunsthandwerk und, und, und. Auf jeden Fall einen Besuch wert. Paddy's finden Sie in Haymarket und Flemington. www.paddysmarket.com.au.

The Rocks Market, 150 Stände mit Lebensmitteln, Kunstgegenständen und Schmuck. Eintritt frei. Sa/So 10–17 Uhr am nördlichen Ende von George Street und Playfair Street, The Rocks, www.therocksmarket.com.

Eingang ins Queen Victoria Building

The Rocks Friday Foodie Market, von Schokoladenkreationen über Grillspieße und Marmelden bis hin zum Biltong — hier findet man allerlei Lebensmittel. Jeden Freitag am Jack Mundey Place. 9–15 Uhr. The Rocks, www.therocksmarket.com.

Paddington Market, auf dem Gelände der Paddington United Church. An etwa 250 Verkaufsständen werden u. a. Kunstgegenstände, Schmuck, Kleidung oder Bücher angeboten. Sa 10–16 Uhr (im Sommer bis 17 Uhr). 395 Oxford Street, www.paddingtonmarkets.com.au.

Festivals, Veranstaltungen & Termine

Das Freizeitangebot in Sydney ist riesig: Ob Musik, Kunst, Festivals oder Sportereignisse: Es gibt die vielfältigsten Möglichkeiten, für Kurzweil zu sorgen. Das liegt sicherlich auch daran, dass im wahrsten Sinne des Wortes Hunderte von Freiwilligen ihre Zeit und Energie zur Verfügung stellen, um ein schillerndes Angebot auf die Beine zu stellen.

Manly Jazz Festival, um die erste Oktoberwoche. Australische und internationale Künstler spielen z. T. vor grandioser Strandkulisse. Auf dem Programm stehen Classic-Jazz, Swing, Blues und Soul. Tagsüber kostenlos, zu späterer Stunde meist kostenpflichtige Konzerte in den umliegenden Bars. Guter Standort ist die Terrasse im 2. Stock des Steyne Hotels, von wo aus man die Großbühne am Strand gut im Blick hat.

》》 Mein Tipp: Sculpture by the Sea, im Okt./Nov.; Künstler aus aller Welt stellen auf dem Küstenabschnitt zwischen Bondi Beach und Tamarama Beach ihre Werke aus. Die Exponate sind in eine traumhafte Kulisse gebettet und z. T. speziell für den jeweiligen Standort angefertigt. Preise für die Unikate bis zu 90.000 $. Anfahrt mit dem Expressbus 333 ab Circular Quay. www.sculpturebythesea.com. 《《

Sydney Festival, im Januar. Von Shakespeares Sommernachtstraum bis zum Rockkonzert ist hier alles geboten. Veranstaltungsorte sind die *Domain*, das *Museum of Contemporary Art*, die *Hyde Park Barraks* und der *Olympiapark*, um nur einige zu nennen. Zahlreiche kostenlose Events. www.sydneyfestival.org.au.

Sydney Gay & Lesbian Mardi Gras, Ende Februar bzw. Anfang März. Sydney hat die größte homosexuelle Szene der Welt und die sorgt mit ihrem Mardi Gras für den schrillsten Eintrag im Veranstaltungskalender. Vor 30 Jahren ein kleiner „Gay-Pride"-Event, heute eine weltweit bekannte Großveranstaltung. Highlight der Festivitäten ist sicherlich die Parade entlang der Oxford Street, zu der jährlich etwa 500.000 Menschen erscheinen. www.mardigras.org.au.

Tropfest, seit 1992 gibt es das Kurzfilm-Festival — mittlerweile das größte weltweit —, das sich derart etabliert hat, dass auch schon mal Russell Crowe oder Nicole Kidman in der Jury sitzen. Jeder, gleichgültig wie alt und wie erfahren im Umgang mit der Kamera, kann einen Beitrag einreichen. Das Thema ist dabei egal, der Film muss aber ein vorgegebenes Element enthalten. www.tropfest.com.

Royal Easter Show, jedes Jahr um Ostern. Größte Veranstaltung im Kalender mit Besucherzahlen in Millionenhöhe. Zwei Wochen lang dreht sich alles um die Vieh- und Landwirtschaft. Das umfangreiche Unterhaltungsprogramm beinhaltet verschiedenste Darbietungen von Holzfällerwettbewerben über Motocross bis hin zu Rodeos. Ein Spaß, nicht nur für Fachpublikum. Findet im Showground im Olympiapark statt. www.eastershow.com.au.

Sydney Writers' Festival, im Mai. Hier stellen einheimische und internationale Schriftsteller ihre Werke vor. Vom aufstrebenden Talent bis zum alten Hasen ist so ziemlich jeder vertreten, die Werke sind dabei ebenso unterschiedlich. Präsentiert werden Romane, Kurzgeschichten und Unterhaltungsliteratur, aber auch Politisches und Sozialkritisches. Wharf 4/5, Hickson Rd., Walsh Bay, ✆ 92527729, www.swf.org.au.

Sydney Film Festival, im Juni. Ein Urgestein, bereits seit 1954 fester Bestandteil des Eventkalenders. Das Programm ist gespickt mit über 200 Filmvorführungen, Preisverleihungen, Partys und Vorträgen. Hauptveranstaltungsort ist das historische State Theatre im Stadtzentrum. www.sff.org.au.

Die Australier lieben Cricket, hier zu sehen die moderne Kurzversion

Stadien, Sportveranstaltungen & Clubs

Wenn in den verschiedenen Ligen Spiele bestritten werden, dann beben in Sydney die Pubs – vor Fernsehern und Großbildleinwänden kann man die Spiele verfolgen, Partystimmung ist angesagt. Bauarbeiter und Manager klemmen sich gleichermaßen an den Tresen, um ihre Teams anzufeuern. Wer überhaupt keine Ahnung von den jeweiligen Sportarten hat, kann sich mit dem „kleinen Regelwerk" im Einleitungskapitel genügend Grundkenntnisse aneignen, um wenigstens im richtigen Moment jubeln zu können – oder noch wichtiger: nicht im falschen! (→ Sport)

Stadien ANZ Stadium (ehemals *Telstra Stadium* und *Stadium Australia*), das Herzstück der Olympischen Spiele 2000 bietet heute Platz für bis zu 83.500 Zuschauer. Heimteams sind u. a. die Sydney Swans, die South Sydney Rabbitohs und die australische Rugby-Nationalmannschaft. Fester Bestandteil des Veranstaltungskalenders sind aber auch große Open-Air-Konzerte. Im Olympic-Park (→ Sehenswertes), ✆ 87652000, www.anzstadium.com.au.

Allianz Stadium (ehemals *Sydney Football Stadium*), Heimteam sind die *Sydney Roosters* und der *Sydney FC*. Das Stadion wurde am 24. Jan. 1988 eröffnet und ist das Stadion für die großen Football-Veranstaltungen in Sydney. Im Jahr 2000 war es Hauptaustragungsort der Fußballspiele (soccer) im Rahmen der Sommerolympiade. Das Stadion, das derzeit über 45.000 Sitze verfügt, befindet sich im Moore-Park, Paddington. ✆ 93606601, www.allianzstadium.com.au.

Sydney Cricket Ground (SCG), das älteste Stadion der Stadt, bereits Mitte des 19. Jh. wurde hier Kricket gespielt. Das Stadion ist Heimat der *New South Wales Blues* (Kricket) und der *Sydney Swans* (AFL). Das Stadion, das über 44.000 Sitze verfügt, befindet sich im Moore-Park, Paddington. ✆ 93606601, www.sydneycricketground.com.au.

Royal Randwick Racecourse, hier finden Sydneys höchstdotierte Pferderennen statt. Alison Road, Randwick, ✆ 96638400.

Rugby League Viele Stadtteile haben eigene Proficlubs. Zwei große Vertreter sind die **Sydney Roosters** (www.sydneyroosters.com.au) und die **South Sydney Rabbitohs** (www.souths.com.au). Letzterer

Verein gehört dem Schauspieler Russell Crowe, der mit entsprechenden Finanzspritzen den Club 2014 zur ersten Meisterschaft seit über 40 Jahren führen konnte.

Sonstige Codes Sydney Swans, Aussie Rules Football, traditionell eigentlich eine Sportart, die in Victoria heimisch ist, aber die Swans mischen die Liga ganz schön auf. Heimstadion ist ebenfalls das SCG. www.sydneyswans.com.au, www.afl.com.au.

Sydney FC, der Fußballverein wurde erst 2004 gegründet und hat sich gleich an die Spitze der Liga gesetzt. Die australische A-League spielt zwischen August und Januar. Heimstadion ist das *Allianz Stadium*. www.sydneyfc.com, www.a-league.com.au.

Surfspots

Bereits während des Sonnenaufgangs kann man die ersten Surfer auf den Wellen reiten sehen. Dabei handelt es sich nicht immer um die jungen Wilden, sondern oft genug um berufstätige Mittdreißiger, die es vor der Arbeit noch eine Stunde aufs Wasser zieht. Aber neben den einheimischen Cracks fühlt sich auch die internationale Weltelite hier wohl.

Cronulla Point, ein rechtsbrechender Point Break, viele Locals schwören drauf, aber nichts für Anfänger.

Maroubra Beach, die Wellen sind gut, aber die lokale Surferclique macht regelmäßig Schlagzeilen mit Körperverletzungen und Drogendelikten. Hier sollte man wissen, was man tut.

Bondi Beach, gut für Anfänger, oft überlaufen und viele Badegäste im Wasser. Aber wer schon zum Baden nach Bondi fährt, der kann sich auch mit dem Brett in die Wellen stürzen. Auch sehr beliebt bei Leuten, die ihr Surfbrett nur spazieren tragen. Surfschule vor Ort.

Manly Beach, ein guter Allrounder, für Anfänger geeignet, aber auch schon Veranstaltungsort von Pro-Events. Notfalls auch ohne Auto bequem mit der Fähre zu erreichen. Großer Strand mit Ausweichmöglichkeiten, wenn es voll wird. Surfboardverleih und Surfschulen vor Ort (→ Surfshops, S. 210).

Dee Why Point, wie stand es einst im australischen „tracks"-Surfmagazin: „Gut bei 4 Fuß, schwierig bei 6 Fuß, ein Witwenmacher bei 8 Fuß" – also viel Spaß!

Narrabeen, Northern Beaches. Heimbreak von Surflegende Tom Carroll und der wird es ja wohl wissen. Ein Klassiker und sehr beliebt bei den Einheimischen. Nicht unbedingt für blutige Anfänger geeignet.

Little Avalon, Northern Beaches. Eine der Lieblingswellen von Surf-Gott Kelly Slater. Und was einem 11-fachen Weltmeister gefällt, kann für unsereins ja auch nicht schlecht sein (aber vielleicht zu schwierig).

Sport & Action

Surfschulen **Manly Surf School**, größte Surfschule in Sydney. Gesurft wird in Manly, Collaroy oder Palm Beach. Kursstunde 70 $, 4 Std. 200 $, 10 Std. 380 $, Privatstunden ab 90 $/Pers. Auch Paddle Surfing. Tagestrips entlang der Northern Beaches mit Stopps an verschiedenen Surfspots 120 $. Auch Mehrtagestouren. Zu finden am North Steyne Surf Club, Manly Beach, ✆ 99327000, www.manlysurfschool.com.

Lets Go Surfing, in Bondi. Gruppenunterricht und Einzelstunden. Schnupperkurs für Anfänger (2 Std.) 99 $, 3-Tage-Kurs (6 Std.) 215 $. Nur für Mädels: Bondi Surfer Girl, ein 2-Std.-Kurs für 99 $. Brett- und Neoprenverleih ist in den Preisen inklusive. 128 Ramsgate Ave, Bondi Beach, ✆ 93651800, www.letsgosurfing.com.au.

Waves Surf School, 1-Tages-Surftrips (99 $) von Sydney aus und mehrtägige Surftouren (ab 259 $) entlang der Küste. 7 Tage Sydney bis Byron Bay kosten ab 795 $. ✆ 1800851101, www.wavessurfschool.com.au.

Surfbrettverleih In Bondi bei **Lets go Surfing** (Brett 20 $/Std., 40 $/Tag), in Manly im Dripping Wet Surfshop, an der Strandpromenade (Brett 18 $/Std., 45 $/Tag, Shop 2, 93–95 North Steyne, ✆ 99773549).

Tauchschule Pro Dive, Schnuppertauchen im Pool 95 $. Verschiedene Open-Water-Kurse (ab 299 $) als Vollzeit-, Abend-

Sport & Action 215

oder Wochenendkurse. Je nach Anzahl der Tauchgänge zahlt man bis 550 $. Auffrischungskurse für Leute mit Schein, aber wenig Übung: 2 Tauchgänge 199 $. Die komplette Ausrüstung wird gestellt. In Coogee oder Manly, ✆ 99775966 (Manly) oder 81161199, www.prodivesydney.com.

Dive Centre Manly, Schnuppertauchen oder Auffrischungskurs ab 155 $, 2 Tauchgänge (ab Boot) mit eigener Ausrüstung ab 100 $, mit Leih-Equipment ab 145 $. Der Open-Water-Diver ist ab 495 $ zu haben, 4 Tauchgänge inkl. Spezialkursen: Unterwasser-Fotografie (295 $) oder Wracktauchen (445 $). 10 Belgrave Street, Manly 2095, ✆ 99774355, www.divesydney.com.

Dive Centre Bondi, Pendant zum Zentrum in Manly. Ähnliches Angebot (ähnliche Preise), nur eben in Bondi. Getaucht wird u. a. in Bondi selbst, aber auch in Botany Bay. 198 Bondi Rd., Bondi 2026, ✆ 93693855, www.divebondi.com.au.

Segeln Sailing Sydney, hier sind zwei waschechte America's-Cup-Yachten – Baujahr 1992 und 1994 – in der Flotte. Man kann einen einfachen Törn buchen (ab 129 $) oder auch die Racing-Experience (169 $), bei der beide Yachten gegeneinander antreten. In beiden Fällen ist keine Segelerfahrung vonnöten, man kann als Crewmitglied mitarbeiten oder sich einfach als Passagier herumschippern lassen. ✆ 1300670008, www.sailingsydney.net.

Sydney by Sail, 3-stündige Segeltouren ab Darling Harbour für 165 $/Pers. (Termine im Internet). Romantiktörn mit Übernachtung vor Anker in einer Bucht für ein Pärchen ab 990 $ (inkl. Abendessen und Wein). Boote liegen in der Cockle Bay Wharf sowie vor dem Maritime Museum im Darling Harbour. ✆ 92801110, sail@sydneybysail.com.

Sydney Mainsail, die Kirralee ist ein 33 ft langer Katamaran und kann bis zu 30 Gäste an Bord nehmen. Das Boot ist an 7 Tagen/Woche quasi rund um die Uhr zu chartern, Minimum 4 Std. bei 400 $/Std. (350 $ im Winter). ✆ 1800798283, www.sydneymainsail.com.au.

Sailing School, am Balmoral Sailing Club. vierstündiger Einführungskurs 297 $, eine Privatstunde 135 $. Für den gleichen Preis auch Surfkurse. Nur Sa/So. The Esplanade, Balmoral Beach, ✆ 99605344, www.sailingschool.com.au.

James Craig, wunderschöne 3-Mast-Bark der *Sydney Heritage Fleet*. 1874 in England

Kunst am Strand

vom Stapel gelaufen und mittlerweile für 18 Mio. Dollar aufwendig und originalgetreu restauriert. Ausfahrten ab 150 $ inkl. Verpflegung. Termine im Internet. Wharf 17, Pyrmont, ✆ 92983888, www.shf.org.au

Sydney Harbour Tallships, Ausfahrten auf den historischen Holzschiffen gibt es ab 49 $ (70 Min.), die 2-stündige BBQ-Lunch-Cruise kostet 99 $, zum Laser-Tontaubenschießen von Bord aus geht es für 149 $. Kiosk 3, Wharf 5, Circular Quay, ✆ 80155571, www.sydneytallships.com.au.

Kajak & Boot Sydney Harbour Kayaks, an der Spit Bridge, perfekt für die Tour im Middle Harbour. Bietet volles Programm mit geführten Touren (ab 99 $/4 Std.), Kursen und Vermietung (ab 20 $/Std.). Im Shop werden Kajaks und Ausrüstung verkauft. ✆ 39604389, www.sydneyharbourkayaks.com.au.

Manly Kayaks, Ausleihe von 1- und 2-Sitzer-Kajaks, 25 $ bzw. 45 $/Std. 3-stündige Touren mit Guide 89 $. In Manly direkt an der

Oceanworld, West Esplanade, und vor dem Wharf Hotel, East Esplanade, ☎ 1300529257, www.manlykayakcentre.com.au.

Manly Boat Hire, gehört zu Manly Kayaks. Kleine Motorboote mit 15 PS ab 140 $ (60 Min.). Basis an der Manly Wharf, ☎ 1300529257, www.manlyboathire.com.au.

Parasailing Manly Parasail, den Hafen aus der Vogelperspektive erleben. Kinder dürfen ab 10 Jahren im Tandem mit einem Erwachsenen bzw. ab 15 Jahren alleine fliegen. In den Sommermonaten tägl. und natürlich abhängig vom Wetter. Einzelflug 95 $, zu zweit 149 $. Etwa 8–10 Min. in der Luft. Gäste auf dem Boot zahlen 18 $. Zu buchen bei der Touristeninfo. An der Manly Wharf, ☎ 99776781, www.parasail.net.

Jet- & Speedboote Personen mit Rücken-, Genick- oder Herzbeschwerden sowie Schwangeren wird von der Teilnahme abgeraten. Die Sicherheitssitze fordern eine Mindestgröße für Kinder von 130 cm. Für alle Anbieter gilt sowieso: Teilnahme auf eigene Gefahr, was durch eine Unterschrift (bei Kindern durch Erziehungsberechtigten) bestätigt werden muss.

OzJet Boating, nicht zu übersehen, die roten Boote mit den Haifischzähnen; das Flaggschiff schafft 80 km/h. Ein *Thrill Ride* dauert 30 Min. (tägl. 11–16 Uhr im Stundentakt) und kostet 79 $. Basis am Circular Quay. Buchungen erforderlich. ☎ 98083700, www.ozjetboating.com.

Harbour Jet, blaue Jetboote und verschiedene Angebote. Jet Blast (80 $/35 Min.) und Sydney Harbour Adventure (95 $/50 Min.), bei Onlinebuchung gibt es ordentlich Rabatt. Tägl. Fahrten innerhalb der Port Jackson, Basis im Darling Harbour. Buchungen notwendig. ☎ 1300887373, www.harbourjet.com.

Sydney Jet, die gelben Flitzer mit Basis im Darling Harbour. Angebotene Fahrten innerhalb des Hafens: Jet Thrill (80 $/35 Min.) im Stundentakt tägl. ab 12 Uhr. Buchungen notwendig. ☎ 99074333, www.sydneyjet.com.

Ocean Extreme, ein wahres Geschoss und üblicherweise von Militär- oder Polizeispezialeinheiten verwendet. 400 PS katapultieren den 8-Sitzer auf bis zu 100 km/h. 35 Min. kosten 75 $, dafür geht's bei entsprechender Witterung auch aufs offene Meer hinaus. Beim Bondi Bash geht es zu dem weltbekannten Strand (85 $/Std.). ☎ 1300604080, www.oceanextreme.com.au.

Golf Long Reef Golf Club, an den Northern Beaches, etwa 20 km von Sydney CBD entfernt. Toll gelegener Golfplatz mit Blick aufs Meer und den Strand von Dee Why. 9 Loch kosten ab 30 $, 18 Loch ab 50 $. Schlägermiete 40 $, Golfkart 28 bzw. 46 $. Anzac Avenue, Collaroy, ☎ 99822943, www.longreefgolfclub.com.au.

Fallschirmspringen Sydney Skydivers, Tandemsprung aus 14.000 ft (ca. 4200 m) Höhe. Ab 249 $/Sprung, Video vom Sprung 120 $, Video und Foto-CD 139 $ extra. 77 Wentworth Ave, ☎ 97919155 oder 1300759348, www.sydneyskydivers.com.au.

Skydive the Beach, Tandemsprung aus 14.000 ft (ca. 4200 m) mit Landung am Strand. Dafür muss man allerdings nach Wollongong, Transfers ab Sydney CBD sind im Preis von 289 $ bzw. 329 $ (Sa/So) inbegriffen. Auf Anfrage auch Nacht-Sprünge (440 $). ☎ 1300663634, www.skydivethebeach.com.au.

Kunstflug Red Baron Adventures, im offenen Doppeldecker über Hafen und Opernhaus, dafür zahlt man 475 $ (50 Min.), für die *Red Bull Air Race Experience* in einer *Extra 200* zahlt man 595 $ (30 Min.). Ganz Mutige können sogar Kunstflugmanöver buchen (465 $/30 Min.). Hangar 109 Drover Road, Bankstown Airport, ☎ 97910643, www.redbaron.com.au.

Ballonfahren Balloon Aloft, das Flugrevier liegt im Südwesten Sydneys und ermöglicht den Blick auf die Skyline im Osten und die Blue Mountains im Westen. Wenn es das Wetter erlaubt, finden Fahrten in den Sonnenaufgang statt. 299 $/Pers. inkl. Champagnerfrühstück. Extra Person beim Frühstück 25 $. ☎ 1300723279, www.balloonaloft.com.

Hochsee- und Riffangeln Wahoo Charters, Riffangeln 1200 $/Boot, 120-200 $/Platz. Sportfischen (6–14 Uhr) 1480 $/Boot, 185–250 $/Platz. *Big-Game Fishing* 240–400 $/Platz. Wahoo Charters, ☎ 96872903 oder 0414657332 (mobil), www.wahoocharters.info.

Reiten Glenworth Valley, größtes Reitzentrum Australiens mit gut 200 Pferden. Auf 3000 ha kann man auf eigene Faust über 50 km privater Trails (145 $/6 Std.) erkunden (nur erfahrene Reiter) oder an geführten Ausritten teilnehmen (Kinder ab 7 Jahre). 85–130 $. Touren 2- bis 3-mal tägl. Buchungen notwendig. 69 Cooks Rd., Peats Ridge (ca. eine Autostunde außerhalb), ☎ 43751222, www.glenworth.com.au.

Sehenswertes

Sydney ist eine der Städte, die an Sehenswürdigkeiten sowohl Masse als auch Klasse zu bieten haben. Bei straffer Organisation reichen einige Tage aus, um die wichtigsten Highlights abzuhaken, es ist allerdings überhaupt kein Problem, mehrere Wochen aus dem reichhaltigen Angebot der Stadt zu schöpfen, ohne dass es langweilig wird. Zu den weltbekannten Klassikern gehören sicherlich das **Opernhaus** und die **Hafenbrücke**, aber mit etwas Entdeckergeist findet man jede Menge weiterer interessanter Stationen. Wer nicht schon in der Badewanne seekrank wird, der sollte auf keinen Fall eine Hafenrundfahrt versäumen – es gibt keinen besseren Weg, um sich für wenig Geld ein Bild von der Stadt zu machen. Wer hoch hinaus will, der kann auf die **Harbour Bridge** steigen oder zur Spitze des **Sydney Towers** hinauffahren. Die zahlreichen Galerien und Museen der Stadt gehören zu den besten des Landes und sind deshalb weitaus mehr als eine Schlechtwetteralternative. In jedem Fall sollte man in Sydney nicht mit seiner Zeit geizen und das außergewöhnliche Angebot nutzen.

iVenture Card Sydney

Ideal für Leute, die ein intensives Sightseeing-Programm absolvieren wollen. Es gibt den Pass in zwei Varianten: er „Sydney Flexi Attraction Pass" erlaubt innerhalb von drei Monaten ab Kauf Besuche von 3 (99 $), 5 (149 $) oder 7 (199 $) Sehenswürdigkeiten. Mit dem „Sydney Unlimited Attractions Pass" kann man beliebig viele der teilnehmenden Sehenswürdigkeiten besuchen, entweder innerhalb von 3 Tagen (239 $) oder innerhalb von 7 Tagen (309 $). Ob sich das rentiert, hängt davon ab, was man unternehmen möchte, denn einzelne Eintritte zu Museen kosten teilweise nur 10 $. Wer hingegen dem Aquarium einen Besuch abstatten möchte, eine Jetbootfahrt unternehmen oder zum Skywalk auf den Sydney Tower steigen will, der kann u. U. gut Geld sparen. Zusätzlich gibt es noch Ticketoptionen, die für Attraktionen in mehreren Städten gültig sind. Eine detaillierte Liste mit allen Varianten und Vergünstigungen finden Sie unter www.seesydneypass.iventurecard.com.

Geführte Touren

I'm Free, die (prinzipiell) kostenlose Tour dauert 2:30 Std. und deckt einige der wichtigsten Sehenswürdigkeiten ab. Die Guides erhalten keine reguläre Bezahlung, und so sollte man beim Trinkgeld nicht knausern. Startet tägl. um 10.30 und 14.30 Uhr vor der Town Hall bzw. um 18 Uhr vor der Cadmans Cottage (dann nur 1:30 Std). www.imfree.com.au.

Peek Tours, vom zweistündigen Pub-Walk (60 $) über die kurze Bondi Beach Walking Tour (40 $) bis zur dreistündigen Stadttour in der Kleingruppe (105 $). Außerdem sind eine Radtour (95 $) und eine Paddeltour (45 $) im Angebot. www.peektours.com.au.

Night Cat Tours, Nachttour. Erst geht es zum McMahons Point, wo es bei perfektem Blick aufs Opernhaus eine Stärkung mit „Blubberwasser" gibt. Weitere Stationen sind das berüchtigte Kings Cross und Harry's Café de Wheels. Lustige Anekdoten aus der wilden Vergangenheit der Stadt. 99 $ inkl. 2 Gläsern Sekt. Mo, Mi, Fr/Sa 18.30–22 Uhr ab/nach Circular Quay. ✆ 1300551608 oder 0410545117 (mobil), www.nightcattours.com.

Ghost Tours, in den Rocks. Die etwas gruseligere Tour. Der Guide erzählt mystische Geschichten und Legenden aus den frühen

Sydney → Karte hinterer Umschlag

„wilden" Tagen der Rocks. Die Erzählungen ranken sich um Rum-Schmuggler und um Mord und Geister, die hier noch ihr Unwesen treiben sollen. Tägl. ab Cadman's Cottage. April–Okt. 18.45 Uhr, Nov.–März 19.45 Uhr. 42 $ (2 Std.). Buchung notwendig. ✆ 92411283, www.ghosttours.com.au.

Rocks Walking Tours, qualifizierte Guides führen Sie an den ältesten Gebäuden der Stadt vorbei und haben dabei so manche unterhaltsame Anekdote parat. Tägl. 10.30, 13.30 Uhr. Ab 25 $ (1:30 Std.). Treffpunkt am Clocktower Square (Argyle, Ecke Harrington Street) ✆ 92476678, www.rockswalkingtours.com.au.

Architecture Walks, es gibt fünf Touren, die verschiedene Bereiche aus architektonischer Sicht unter die Lupe nehmen, z. B. die *Sydney-Tour*, die *Utzon-Tour* und die *Harbourings-Tour* (39–59 $/Tour, Dauer je ca. 2:30 Std.). Etwa 1-mal/Monat auch entsprechende Fahrradtouren (120 $/Tag inkl. Bike). Regelmäßig, Termine und Treffpunkte werden einige Wochen vorher im Internet bekannt gegeben. ✆ 0403888390 (mobil), www.sydneyarchitecture.org.

Bonza Bike Tours, Stadttouren mit dem Fahrrad. Es gib eine halbtägige *Classic Tour* (119 $/4 Std.) im Stadtbereich, bei der *Manly Beach & Sunset Tour* (149 $/4 Std.) setzt man mit der Fähre nach Manly über und erkundet dort die Gegend. ✆ 92478800, www.bonzabiketours.com.

Rundfahrten und -flüge auf eigene Faust

Verbindungen bzw. Fahrpläne der öffentlichen Verkehrsmittel sind manchmal etwas undurchsichtig. Im Folgenden deshalb einige Tipps, wie Sie am besten alle Sehenswürdigkeiten ansteuern, die verzweigten Wasserwege des Port Jackson erkunden oder die Stadt aus der Vogelperspektive bewundern. Bis auf wenige Ausnahmen sind Spezialanbieter aufgelistet, die ihr Angebot ganz auf die Bedürfnisse der Touristen zugeschnitten haben; die regulären öffentlichen Verkehrsmittel finden Sie unter „Stadtverkehr & öffentliche Verkehrsmittel".

City-Sightseeing-Busse In den offenen Doppeldeckerbussen gibt es aufgezeichnete Kommentare auf Englisch. Zwei Rundkurse, nur ein Ticket, das für beide Touren gültig ist. Schnittpunkt ist die Central-Station. 24-Std.-Ticket für 40 $, 48-Std.-Ticket für 60 $. www.city-sightseeing.com.

City Sightseeing Sydney, ab Circular Quay, hält an 25 Attraktionen und Museen in der Innenstadt. Busse alle 15–20 Min.

Bondi Beach Explorer, ab Central Station, hier nur 10 Stopps, aber die wichtigsten sind natürlich dabei: z. B. Bondi Beach, Rose Bay, Double Bay. Alle 30–45 Min.

Hafenrundfahrten Sydney Ferries, eine preisgünstige Möglichkeit, sich die Stadt vom Wasser aus anzuschauen. Eine Strecke ist ab 6,20 $ zu haben, mit dem MyMulti Daypass kann man für 24 $ einen ganzen Tag durchs Hafengebiet schippern (→ Stadtverker). ✆ 131500, www.sydneyferries.info.

Captain Cook Cruises, der private Veranstalter bietet Touren von der einfachen Hafenrundfahrt (ab 32 $/70 Min.) bis hin zur luxuriösen Dinner-Cruise mit 6-Gänge-Menü (199 $) an. Wer will, kann sogar für ein ganzes Wochenende einchecken. Für Lunch- und Dinner-Cruises ist angemessene Kleidung (Jackett) erwünscht. Gegen Aufpreis kann man den Fensterplatz vorreservieren. ✆ 92061111 oder 1800804843, www.captaincook.com.au.

Wasserflugzeug & Helikopter Sydney Seaplanes, die *Sydney Highlights-Tour* (15 Min.) beschränkt sich auf das Hafengebiet und kostet 200 $/Pers. Die *Sydney Secrets-Tour* (30 Min.) führt zusätzlich entlang der Küste bis Palm Beach und kostet 265 $/Pers. Ab Flying Boat Terminal in der Rose Bay. ✆ 93881978 oder 1300732752, www.seaplanes.com.au.

Seawing Airways, Angebote je nach Dauer 190–525 $ (15–60 Min.), der obligatorische Schlenker über den Hafen ist immer mit dabei. Flüge starten von Rose Bay bzw. (auf Wunsch) von Palm Beach. ✆ 13006567787, www.seawing-airways.com.au.

Sydney Helitours, Rundflug ab 209 $ (20 Min.) bzw. 350 $ (30 Min.). Mit einem offenen Heli ohne Türen geht's zur *Harbour Exposure* entlang der östlichen Strände (297 $/20–25 Min.). Building 472, Ross Smith Avenue, Mascot Sydney Airport, ✆ 93173402, www.sydneyhelitours.com.au.

Blue Sky Helicopters, der günstigste Hafenrundflug mit *Opera House*, *Taronga Zoo* und *Fort Dension* dauert 15 Min. und kostet ab 125 $ (175 $/Pers. bei 2 Fluggästen). Als Zugabe erhalten Sie eine DVD mit den Aufzeichnungen der 3 Bordkameras (innen, hinten, vorne) sowie mit dem kompletten Funkverkehr während Ihres Fluges. Ross Smith Avenue, Sydney Airport, ✆ 97007888, www.blueskyhelicopters.com.

Sydney Living Museums

Gegründet 1980 als „Historic Houses Trust", um das *Vaucluse House* und das *Elizabeth Bay House* zu verwalten, ist die Vereinigung mittlerweile für 14 historische Gebäude und Museen in New South Wales zuständig. Zwölf davon sind für die Öffentlichkeit zugänglich: *Elizabeth Bay House, Elizabeth Farm, Government House, Hyde Park Barracks Museum, Police & Justice Museum, The Mint, Museum of Sydney, Rose Seidler House, Rouse Hill Estate, Susannah Place Museum, Meerogal* und *Vanclouse House*. Der enorme Aufwand kann nur durch den Einsatz von über 200 ehrenamtlichen Helfern bewältigt werden, die in verschiedensten Bereichen, von Verwaltung bis Gartenarbeit, ihren Dienst tun. In den Gebäuden und Gärten finden regelmäßig Veranstaltungen wie Jazz-Konzerte, Vorträge oder Seminare statt. In den Museen gibt es wechselnde Ausstellungen zu sehen.
Einzeleintritte bis zu 10 $, der „Sydney Museums Pass" kostet 18 $ und gilt für *Museum of Sydney, Hyde Park Barracks Museum, Justice & Police Museum* und *Susannah Place Museum*. The Mint, 10 Macquarie St., ✆ 82392288, www.sydneylivingmuseums.com.au.

The Rocks und Circular Quay

Die „Rocks" sind gewissermaßen die Wiege des modernen Australien. Schwer zu glauben, dass es gerade mal 230 Jahre her ist, dass hier die ersten Gebäude des gesamten Kontinents errichtet wurden. Harte Zeiten hat Sydneys ältestes Viertel gesehen, die Straßen waren einst bevölkert von Dieben, brutalen Banden und Dirnen. Heute streifen Besucher durch die kleinen Gassen, wandeln auf dem historischen Kopfsteinpflaster von einer Attraktion zur nächsten und kehren in die zahlreichen Pubs ein. Viele der alten Bauwerke stehen unter Denkmalschutz. Die im Folgenden aufgelisteten Sehenswürdigkeiten folgen grob einem Rundgang entgegen dem Uhrzeigersinn. Startpunkt ist in der **George Street** auf Höhe des Circular Quay, dann geht's in Richtung **Harbour Bridge**, unter der Brücke hindurch und zurück zum **Observatory Park**. Dabei lohnt es sich immer, die kleinen Gässchen und Seitenstraßen zu erkunden.

Sydney Opera House: Ein Schnappschuss vor der extravaganten Kulisse darf in keinem Album fehlen und Lästerzungen behaupten gar, wer kein Bild von der bekanntesten Sehenswürdigkeit der Stadt sein Eigen nennt, sei wahrscheinlich gar nicht in Sydney gewesen. Am besten lässt sich das beeindruckende Gebäude vom Gehweg auf der Harbour Bridge oder vom oberen Deck des Overseas Terminals ablichten.

Bereits Ende der 40er-Jahre gab *Eugene Goossens* den Anstoß zum Bau eines Opernhauses. In seiner Funktion als Direktor des Musik-Konservatoriums von New South Wales forderte er ein Gebäude, das Raum für große Aufführungen bieten und die Sydney-Town-Hall als Veranstaltungsort ablösen sollte. Nach jahrelangem Tauziehen sicherte er sich die Unterstützung des Premiers *Joseph Cahill*. 1956 wurde das Projekt international ausgeschrieben, worauf letztendlich der extravagante Entwurf des dänischen Architekten *Jörn Utzon* ausgewählt wurde.

Im März 1959 begannen die Bauarbeiten, wobei die ersten Rückschläge nicht lange auf sich warten ließen. Zwei Jahre nach Grundsteinlegung waren die Bautrupps bereits 47 Wochen im Zeitplan zurück. Schuld war die komplizierte Dachkonstruktion – Utzons ursprüngliches Parabel-Design war mit den damaligen technischen Möglichkeiten nicht realisierbar und musste entsprechend modifiziert werden. Zum Eklat kam es allerdings wegen des Innenausbaus: Im Oktober 1965 wurde die finanzielle Vollmacht über das Projekt an Minister Davis Hughes übertragen und der verweigerte dem Architekten die Genehmigung für die Umsetzung seiner Pläne. Der erboste Utzon trat daraufhin am 28. Februar 1966 von seinem Posten zurück und reiste wutschnaubend aus Australien ab. Sämtliche Versuche, ihn zur Rückkehr zu bewegen, scheiterten. Seine Nachfolger setzten ihre eigenen Ideen um und ruinierten damit die von Utzon stets penibel berücksichtigte Akustik.

In der Ausschreibung von 1956 gab es kein finanzielles Limit, den Planern wurde lediglich die „... vernünftige Einschätzung der finanziellen Auswirkungen" nahegelegt. Die Baukosten für Utzons Design wurden seinerzeit auf 7 Mio. Dollar geschätzt, lächerlich in Anbetracht der tatsächlichen Kosten von knapp 103 Mio. Dollar. Aber die geniale Idee von Joseph Cahill sicherte die Finanzierung, eine „Opernhaus-Lotterie" spülte mehr als 100 Mio. Dollar in die Kassen.

Neben den explodierenden Kosten waren auch die erheblichen Verzögerungen beim Bau den Kritikern ein Dorn im Auge. Als die Oper am 20. Oktober 1973 von *Queen Elisabeth II.* eingeweiht wurde, hatte man 10 Jahre länger als geplant an dem Gebäude gearbeitet. Der Bruch zwischen Utzon und den Bauherren war unüberbrückbar – nicht einmal zu den Eröffnungsfestivitäten erschien der Architekt. Immerhin ließ sich der Däne 1999 dazu überreden, einen Katalog für Designrichtlinien zu erstellen, der „... als dauerhafte Referenz für die Erhaltung ... und zukünftige Umgestaltungen ..." dienen sollte.

In den letzten Jahren wurden immer wieder Gerüchte laut, das Haus stünde aufgrund massiver Finanznöte kurz vor der Schließung, und auch der Bau eines neuen Opernhauses, eines mit besserer Akustik, war im Gespräch. Aber noch ist alles beim Alten, und das Sydney Opera House würde wohl in jedem Fall als Wahrzeichen erhalten bleiben.

The Rocks und Circular Quay

Das Opernhaus von Sydney ist zweifellos das berühmteste Gebäude des Landes

Eine kurze Tour ist ideal für einen groben Überblick; während der ausführlicheren Backstage-Tour erhält man auch Einblick in die Bereiche, die sonst nur Angestellten und Künstlern vorbehalten sind. Bei letzterer Tour sind flache Schuhe mit Gummisohlen empfehlenswert.

Essential Tour, tägl. 9–17 Uhr, Dauer 1 Std., 37 $/Pers. (Rabatt bei Onlinebuchung). Mo, Mi u. Fr um 15.30 Uhr, Di u. Do 11.30 Uhr, auch auf Deutsch.

Backstage Tour, tägl. um 7 Uhr früh, Dauer 2 Std., 165 $/Pers., Buchungen unter ✆ 92507777 oder bookings@sydneyopera house.com.au. Allgemeine Informationen unter ✆ 92507111, www.sydneyopera house.com.au.

Museum of Contemporary Art: Auf mehreren Etagen findet man zeitgenössische Kunst in Form von Bildern, Skulpturen, Collagen und Multimedia-Präsentationen. In den „Primavera"-Ausstellungen zeigen jedes Frühjahr ausgewählte australische Künstler unter 35 Jahren ihre Werke. Ständig wechselnde Ausstellungen und regelmäßig stattfindende Events runden das Museumskonzept ab. Im Museumsshop gibt es sehr gute einschlägige Literatur, im dazugehörigen Café kann man schön auf der Terrasse sitzen und das Treiben am Circular Quay beobachten.
Tägl. 10–17, Do bis 21 Uhr. Eintritt frei, in Teilen des Museums kostenpflichtige Sonderausstellungen. 140 George Street (gelbes Gebäude am Circular Quay West). ✆ 92452400, www.mca.com.au.

Cadman's Cottage: Das Häuschen aus dem Jahr 1816 beherbergte einst die Bootsführer der Regierung. Seinen Namen verdankt es John Cadman, der, wegen Pferdediebstahls verurteilt, 1798 in der Kolonie ankam. Er war zwar nicht der erste Bewohner, dafür blieb er aber mit knapp 19 Jahren am längsten und so erhielt sich der Name auch nach seiner Zeit. Bis in die 40er-Jahre des 20. Jh. hinein wurde das Haus genutzt, dann verfiel es zunehmend und stand mehrmals kurz vor dem Abriss. Erst

in den 1960ern besann man sich auf die historische Bedeutung des Gebäudes – 1999 wurde es schließlich restauriert und mit verschiedenen Informationstafeln versehen.
Di–So 10–16.30 Uhr. Eintritt frei. Cadman's Cottage, Circular Quay West.

Susannah Place Museum: Das Museum beherbergt einstige Arbeiterbehausungen, die aus dem Jahr 1844 stammen. Das letzte – bis 1990 – bewohnte der vier Häuser wurde 2006 aufwendig restauriert und schließlich der Öffentlichkeit zugänglich gemacht. Jedes der Häuser ist im Stil einer anderen Zeit eingerichtet: In einem hat man beispielsweise einen kleinen Laden aus dem Jahr 1915 rekonstruiert (der tatsächlich einmal existiert hat), in dem auch Produkte aus dieser Zeit verkauft werden.
Eintritt nur im Rahmen geführter Touren, tägl. um 14, 15, 16 Uhr. Eintritt Erw. 8 $, Kinder 4 $, Familienticket 17 $ (Kombitickets → „Sydney Living Museums", S. 219). 58–64 Gloucester Street, ✆ 92411893, www.hht.net.au.

The Rocks Discovery Museum: Entdecken Sie die Geschichte des ältesten Viertels der Stadt, angefangen bei den entbehrungsreichen Tagen der frühen Siedler über die rauen Jahre des 19. Jh. bis in die Gegenwart. Einer der größten Einschnitte für das Viertel, der Bau der Harbour Bridge, wird natürlich auch ausführlich dokumentiert. Das Museum befindet sich in einer restaurierten Sandsteinhalle, die in den 1850er-Jahren als Lagerhaus genutzt wurde. Ausgestellt sind Bilder und Artefakte aus verschiedenen Jahrhunderten. Mit Touchscreens, Audio- und Videoeffekten wird der Besuch zum interaktiven Erlebnis.
Tägl. 10–17 Uhr. Eintritt frei. 2–8 Kendall Lane (Eingang von der Argyle Street), ✆ 92408680, www.rocksdiscoverymuseum.com.

Sydney Harbour Bridge: Einer der absoluten Touristenlieblinge. Liebevoll „Kleiderbügel" genannt, hat die Hafenbrücke die Herzen der Sydneysider erobert wie kein anderes Bauwerk. Neben der prägnanten Optik spielte dabei auch die Funktion eine wesentliche Rolle, denn bis zur Fertigstellung des Hafentunnels 1992 stellte die Brücke die einzige direkte Straßenverbindung zwischen dem CBD und den nördlichen Vororten dar.

Die Idee für den Bau einer Brücke an der schmalsten Stelle des Hafens ist fast so alt wie die Kolonie selbst, erste Belege dafür stammen aus dem Jahr 1789. Es sollte aber bis 1924 dauern, bis das Gelände erschlossen wurde; mit dem Bau der Konstruktion begann man im Jahr 1926. Die Errichtung des Bogens wurde zeitgleich von beiden Seiten aus in Angriff genommen, wobei die Verankerung für die Fundamente jeweils 36 m in die Felsen getrieben werden musste. 1930 trafen sich die Bögen punktgenau in der Mitte. Die Eröffnungszeremonie am 19. März 1932 verlief nicht ganz wie geplant: Noch bevor Premierminister Jack Lang zur Arbeit schreiten konnte, preschte Captain Francis de Groot – Mitglied einer rechtsgerichteten Gruppierung, die der Labour-Regierung und speziell deren Premier Jack Lang feindlich gesinnt war – zu Pferde an ihm vorbei und durchtrennte mit einem Säbelhieb das Eröffnungsband. De Groot wurde festgenommen und das Band wieder zusammengeknotet, sodass die festliche Zeremonie doch noch ihren geplanten Gang nehmen konnte.

Die Harbour Bridge ist die größte Stahlbogenbrücke weltweit. Gerade mal 70 cm kürzer als die New Yorker Hell's Gate Bridge, übersteigen ihre Tragkraft und Breite den Konkurrenten bei Weitem. Der Bogen spannt sich über 503 m, die Fahrbahnen verlaufen 59 m über der Wasseroberfläche, der höchste Punkt liegt bei 135 m. Die vier großen Pylonen an den Enden der Brücke erfüllen in erster Linie ästhetische Gesichtspunkte, tragende Struktur ist einzig der Stahlbogen. Heute gibt es acht

The Rocks und Circular Quay

Imposante Erscheinung: die Sydney Harbour Bridge

Fahrbahnen für Autos, zwei Gleise für Züge, einen Gehweg auf der Ostseite und einen Radweg auf der Westseite. Über 150.000 Fahrzeuge wechseln täglich von der einen auf die andere Seite. Die Baukosten von etwa 13,5 Mio. Dollar wurden einst durch den geringen Wegezoll gedeckt, 1988 war die Brücke komplett abbezahlt. Seitdem werden die Einnahmen von rund 2,50–4 $ pro Pkw (Gebühr abhängig von Tageszeit) für die Instandhaltung aufgewendet.

Für Besichtigungen bieten sich mehrere Möglichkeiten an: Der etwa 15-minütige Spaziergang über den Gehweg auf der östlichen Seite der Brücke bietet einen fantastischen Blick auf das Opernhaus und den Hafen. Vom östlichen Pylon aus (auf der südlichen Seite der Brücke gelegen) kann man nach 200 Stufen Aufstieg den 360°-Blick aus 87 m Höhe genießen. Wer noch höher hinaus will, kann den *BridgeClimb* in Angriff nehmen, allerdings sollte man sich dafür vier Stunden Zeit nehmen. Vor Antritt des Ausflugs wird jeder Teilnehmer einem Alkoholtest unterzogen und auf seine Schwindelfreiheit getestet, die Teilnehmer müssen gesund und fit sein, älter als 10 Jahre und größer als 1,20 m – dies und weitere Gesundheitsvorschriften müssen per Unterschrift bestätigt werden. Wermutstropfen: Es dürfen keine Foto- bzw. Videokameras mitgenommen werden.

BridgeClimb, tägl. 7–19 Uhr. Verschiedene Optionen auf verschiedenen Routen (auch die Dauer variiert), je nach Saison und Tageszeit 220–360 $/Pers. 5 Cumberland Street, The Rocks, ✆ 82747777, www.bridgeclimb.com.

Pylon Lookout, tägl. 10–17 Uhr. 13 $/Pers. ✆ 92401100, www.pylonlookout.com.au.

Gloucester Walk und Foundation Park: Zwischen dem nördlichen Ende der George Street und der Argyle Street verläuft etwa parallel zur Cumberland Street ein kleiner Fußweg, der am unscheinbaren Foundation Park vorbeiführt. Erst bei genauerem Hinsehen erkennt man, dass hier noch einige Grundmauern ehemaliger Häuser existieren. Um einen plastischeren Eindruck zu vermitteln, hat man Möbelstücke wie Tische, Stühle und Schränke aus Eisen nachgebildet und sie so in die wenigen Überbleibsel eingefügt, wie sie in der Gründerzeit hätten stehen können.

New South Wales / Sydney

Sydney Observatory: Das älteste Observatorium Australiens, auf dem Observatory Hill in den Rocks gelegen, hat über 140 Jahre auf dem Buckel. Besuche sind bei Tag und bei Nacht möglich, man kann einen Blick durch historische oder moderne Teleskope in die Unendlichkeit werfen und dabei eine Menge über Australiens Sternenhimmel lernen. Wer will, kann sich gar einen Stern aussuchen, ihm einen Namen geben und diesen registrieren lassen. Die Nachttouren werden von einem Astronomen geführt.

Gebäude und Garten, tägl. 10–17 Uhr. Eintritt frei. Tour und 3-D Space Theatre, verschiedene Vorstellungen tägl. 12 und 15 Uhr, die Mittagsvorstellung kann entfallen, wenn Schulklassen zu Besuch sind. 10 $/Pers.

Sternwarte, jede Nacht geöffnet, aber Buchung notwendig. 18 $/Pers. Watson Rd., Observatory Hill, The Rocks, ✆ 92170485, www.sydneyobservatory.com.au.

Walsh Bay Wharves: Die Walsh Bay Wharves wurden 1910 errichtet, um etwas Ordnung in die chaotische Harbourfront zu bringen. Kaum zu glauben, dass die riesigen zweistöckigen Holzbauten zwischen den 60er- und den 80er-Jahren leer standen und vor sich hin rotteten. Nach und nach wurden die einzelnen Gebäude restauriert – mittlerweile gehören sie zu den besten Standorten der Stadt mit dem heiß begehrten „Million Dollar View" und „Multi Million Dollar"-Preisen.
Die Walsh Bay Wharves befinden sich entlang der Hickson Road zwischen dem Dawes Point und dem Millers Point.

Garrison Church: Die kleine Kirche am Fuße des Observatory Hills in den Rocks heißt eigentlich „Church of Holy Trinity", aber im Volksmund ist sie seit jeher als „Garrison Church" („Garnisonskirche") bekannt, weil hier früher Militärgottesdienste abgehalten wurden. Die Grundsteinlegung der Kirche fand 1840 statt, ursprünglich sahen die Architekten lediglich Platz für 250 Erwachsene und 50 Kinder vor. Bereits 1855 wurde die Kirche jedoch erweitert, sodass bis zu 600 Personen an den Gottesdiensten teilnehmen konnten.
Tägl. 9.30–17 Uhr. Lower Fort Street/Ecke Argyle Street, The Rocks, ✆ 92471268, www.thegarrisonchurch.org.au.

Justice & Police Museum: Nahe dem Circular Quay. Seit 1856 steht das Gebäude mit den Ordnungshütern in Verbindung: Ursprünglich beherbergte es eine Station der Wasserpolizei, darüber hinaus diente es als Gerichtshof. Die Räumlichkeiten wurden z. T. bis 1985 genutzt, später jedoch in den Zustand des ausgehenden 19. Jh. zurückversetzt, um das Gebäude als Museum zu nutzen. In den Ausstellungsräumen wird die frühe Geschichte der Polizei von Sydney nachgezeichnet, was zwangsläufig auch eine Illustration der Geschichte der Verbrechens mit einbezieht. Die Exponate bestehen aus beschlagnahmten Waffen, Verbrecherfotos vergangener Zeiten und Originalauszügen aus den Polizeiakten. Die Dolche, abgesägten Flinten und selbstgebauten Schlagutensilien vermitteln eine vage Vorstellung von den Zuständen, die in den Straßen der Kolonie geherrscht haben mögen. Ein Raum ist den Auseinandersetzungen der Polizei mit den Bushrangern wie etwa der berühmten Ned-Kelly-Gang gewidmet. Herzstück des Museums sind aber die kommentierten Diashows gleich im ersten Raum. Anhand Hunderter alter Polizeifotos wird das einstige Stadtleben auf bedrückende und schonungslos nüchterne Art und Weise dargestellt. Hier ist nichts gestellt, nichts ins rechte Licht gerückt, nichts beschönigt. Man sollte es auf keinen Fall versäumen, dem Museum einen Besuch abzustatten.
Sa/So 10–17 Uhr (außer Weihnachten). Eintritt Erw. 10 $, Kinder 5 $, Familienticket 20 $ (Kombiticket „Sydney Living Museums" 18 $). Phillip Street/Ecke Albert Street, ✆ 92521144, www.sydneylivingmuseums.com.au.

Innenstadt

Im unmittelbaren Stadtzentrum wartet eine ganze Reihe – und das kann man hier wörtlich nehmen – an Sehenswürdigkeiten auf Erkundung: In der Macquarie Street, am **Bennelong Point** beginnend, befinden sich einige Attraktionen, darunter das **Government House**, die **Hyde Park Barraks**, die **St. Mary's Cathedral** und natürlich der **Hyde Park** selbst. Die zweite Hauptader, der man folgen kann, ist die George Street, die von den Rocks bis nach Chinatown führt und an der z. B. die **Town Hall** liegt. In dem Gebiet, das durch die beiden Straßen eingegrenzt wird, liegen einige der interessantesten Gebäude und Glanzpunkte der Stadt.

St. Patrick's Catholic Church: Fast hätte es sie nicht gegeben. Als die Katholiken 1839 Land für den Bau dieser Kirche beantragten, wurde ihr Ansinnen von der Regierung abgelehnt. Es ist der Großzügigkeit eines Privatmannes zu verdanken, dass das Gotteshaus dennoch errichtet werden konnte – *William Davies* schenkte der katholischen Kirche kurzerhand das Land hinter seinem Haus und so konnte am 25. August 1840 der Grundstein gelegt werden. Bischof Polding hielt dort, auf dem Grundstein stehend, den ersten Gottesdienst ab. Davies überraschte die Anwesenden, indem er eine Spende von 1000 Pfund überreichte – eine astronomische Summe für damalige Verhältnisse. Die Eröffnung 1844 erlebte der Wohltäter Davies allerdings nicht mehr.

Grosvernor Street/Ecke Harrington Street., ✆ 92549855, www.stpatschurchhill.org.

Australian Museum: Australiens ältestes Museum wurde bereits 1827 gegründet und hat sich den Naturwissenschaften verschrieben. Zu den außergewöhnlichen Ausstellungsstücken gehören ein Pottwalskelett und eine 2800 Jahre alte ägyptische Mumie. Außerdem kann man 850 Kristalle bewundern und einiges über deren Entstehung lernen. Ein großer Bereich ist den Ureinwohnern des 5. Kontinents und ihren Mythen gewidmet, so z. B. der Regenbogenschlange. Hier wird der Blickwinkel der Aborigines in den Mittelpunkt gestellt und auch Themen wie das der „Stolen Generation", innerhalb welcher zahllose Kinder der Urbevölkerung auf Initiative der Regierung bis in die 1960er-Jahre hinein aus ihren Familien entfernt wurden, werden angesprochen. Natürlich kommen auch Flora und Fauna des Landes nicht zu kurz. Außerdem werden wechselnde Sonderausstellungen geboten, zum Zeitpunkt der Recherche z. B. die Fotoausstellung „Wildlife Photographer of the Year". Fotografieren und Filmen ist fast überall erlaubt.

Tägl. 9.30–17 Uhr (außer 25. Dez.). Eintritt 15 $. Schließfächer für Rucksäcke, Taschen etc. kosten 1 $. 6 College Street (William Street/Ecke College Street), gegenüber dem Hyde Park, ✆ 93206000, www.amonline.net.au.

Entlang der George Street

Sämtliche unten beschriebenen Sehenswürdigkeiten folgen einem Spaziergang in Nord-Süd-Richtung entlang der George Street, startend in den Rocks. Nicht jedes Highlight liegt direkt an der Straße, sondern auch gelegentlich in Quer- oder kleineren Parallelstraßen.

Museum of Sydney (MOS): An genau dieser Stelle ließ Stadtgründer Arthur Phillip 1788 das erste Regierungsgebäude der Kolonie errichten. Das Haus war bis zu seiner Zerstörung im Jahr 1846 Wohn- und Amtssitz der ersten neun Gouverneure – es stellt also einen wahrlich geeigneten Ort dar, um in verschiedenen Ausstellungen über die Geschichte der Stadt zu berichten. Im Erdgeschoss, gleich neben dem Eingang, ist übrigens die Fassade des ursprünglichen Gebäudes rekonstruiert. Auf drei

Stockwerken des Museums, das 1995 eröffnet wurde, findet man u. a. Informationen zum Stamm der *Cadigal People*, die vor Ankunft der Europäer die Region bewohnten. Modelle aller elf Schiffe der „First Fleet", welche 1787 von England aus mit über 700 Strafgefangenen an Bord startete, um Australien zu besiedeln, illustrieren den großen Umbruch für die Ureinwohner und das Land. Jedoch nicht allein geschichtliche Themen werden aufbereitet – wechselnde Präsentationen veranschaulichen die Bedeutung der Stadt für die heutigen Bewohner z. B. in Form von Foto-Ausstellungen, die das aktuelle Geschehen dokumentieren.

Die Freiluftskulptur *Edge of the Trees* am Eingang symbolisiert das Aufeinandertreffen der Kulturen. Ein Museumsshop und das MOS-Café befinden sich im Erdgeschoss.

Tägl. 10–17 Uhr (außer Karfreitag und Weihnachten). Eintritt Erw. 10 $, Kinder 5 $, Familienticket 20 $ (Kombiticket „Sydney Living Museums" 18 $). Bridge Street/Ecke Phillip Street, ✆ 92515988, www.sydneylivingmuseums.com.au.

Queen Victoria Building (QVB): Nach den Entwürfen von George McRae wurde das QVB 1898 auf dem Areal der Sydney Markets erbaut. Ursprünglich gab es außer den Geschäften noch andere Räumlichkeiten (z. B. eine Konzerthalle), die aber im Laufe der Zeit weichen mussten. Zum Zeitpunkt seiner Entstehung befand sich die Stadt in einer schweren Rezession – der prunkvolle Bau ermöglichte es jedoch vielen arbeitslosen Handwerkern, ihr Brot zu verdienen. Einige der optischen Highlights sind die große Kuppel, die umlaufenden Balustraden und die bunten Glasfenster. 1959 stand das Gebäude kurz vor dem Abriss, wurde aber dann doch penibel restauriert. Mittlerweile ist es ein beliebter Treffpunkt im Zentrum der Stadt und außerdem Heimat für einige edle Geschäfte.

Mo–Sa 9–18 Uhr (Do bis 21 Uhr), So 11–17 Uhr (obere Stockwerke jeweils ab 10 Uhr). George Street/Ecke Market Street, ✆ 92656800, www.qvb.com.au.

Sydney Town Hall: Um 1880 im viktorianischen Stil aus Sandstein erbaut, ist sie das besterhaltene „zivile" Gebäude aus dem 19. Jh. und Sitz der Stadtverwaltung. Die Town Hall steht auf dem Areal des alten Friedhofs der benachbarten Kirche – die sterblichen Überreste mussten extra für den Bau exhumiert und umgebettet werden. 1934 wurde im Zuge der Bohrungen für die U-Bahnschächte der Eingangsbereich beschädigt, der daraufhin abgerissen und neu aufgebaut werden musste. Vor dem Bau des Opernhauses war die Town Hall der erste Veranstaltungsort für Aufführungen aller Art; auch heute noch finden hier regelmäßig Konzerte statt. Die *Grand Organ* im Konzertsaal hat enorme Dimensionen – man änderte für sie sogar die Pläne für die Innenausstattung des großen Saals, weil man befürchtete, die wuchtigen Bässe würden die Deckenplatten herabfallen lassen. Die Stufen vor dem Gebäude sind ein beliebter Treffpunkt. In den Jahren 2008 und 2009 fanden umfangreiche Renovierungs- und Umbauarbeiten im Inneren der Townhall statt.

Mo–Fr 8–18 Uhr. Eintritt frei. Auf Anfrage werden bei ausreichender Teilnehmerzahl auch Touren veranstaltet. 483 George Street, ✆ 92659333, www.sydneytownhall.com.au.

St. Andrews Cathedral: Sitz der anglikanischen Diözese in Sydney und des Erzbischofs. Das für eine Kathedrale äußerst kleine Bauwerk wurde 1868 eingeweiht und in Dienst genommen – damit ist die St. Andrews Cathedral die älteste Kathedrale Australiens. Der Stil, in dem sie errichtet wurde, wird als „Perpendicular Gothic" bezeichnet und ist durch gerade, senkrechte Linien charakterisiert. Wie für eine Kathedrale üblich, wurde das Gebäude mit seiner Hauptachse in Ost-West-Richtung ausgerichtet, mit dem Haupteingang im Westen und dem Altar im Osten. Da aber eine der wichtigsten Straßen Sydneys, die George Street, im Osten des Gotteshauses verläuft, war der Eingang nicht ideal zugänglich. Als auch noch die neu installierte Trambahn in unmittelbarer Nähe des Altars vorbeifuhr, war von der Predigt nicht mehr viel zu hören. 1941 strukturierte man den kompletten Innenraum um und „drehte" die Einrichtung um 180°. Das behob zwar die bekannten Probleme, wirkte sich aber katastrophal auf die Akustik aus.

George Street/Ecke Bathurst Street, ℡ 92651661, www.sydneycathedral.com.

Sydney Tower Eye und **Skywalk**: Mit 1000 ft Höhe, also rund 305 m, das höchste Bauwerk Australiens, das außerdem die höchstgelegene Aussichtsplattform der südlichen Hemisphäre zu bieten hat. Hier kann man für wenige Dollars einen tollen 360°-Rundumblick genießen und sich über die Ausmaße der Stadt klar werden. Die drei Express-Aufzüge befördern die Passagiere in nur 40 Sekunden in eine Höhe von 250 m. Alternativ dazu kann man den Turm über die 1504 Stufen erklimmen Ein 162.000-Liter-Wassertank stabilisiert das Bauwerk und so trotzt es auch Windgeschwindigkeiten von bis zu 170 km/h. Und damit die Fernsicht durch nichts getrübt wird, putzt „Charlie" regelmäßig die 420 Fenster – eine Maschine natürlich. Im Preis inbegriffen ist die „4D Cinema Experience", die mit einigen Spezialeffekten begeistert. Wem es auf der (rundum geschlossenen) Aussichtsplattform nicht luftig genug ist, der kann beim *Sydney Tower Skywalk* auf 260 m Höhe testen, wie schwindelfrei er ist.

Tägl. 9–22.30 Uhr. 26,50 $/Pers., Kinder 16 $, Familienticket (2 Erw., 2 Kinder) 85 $; ein Ticket, das außerdem den Skywalk beinhaltet, kostet 70 $/Pers. Wer online bucht, kann etwa 25 % sparen! Auch als „Ultimate Sydney Pass" mit Madame Tussauds, Aquarium und Wild Life Sydney buchbar (99 $). Centrepoint Podium Level, 100 Market Street, ℡ 1800258693, www.sydneytowereye.com.au.

Botanischer Garten und The Domain

The Domain: Das große Parkareal zwischen dem Business District und Woolloomooloo erstreckt sich über 34 ha, wobei der Botanische Garten direkt an die

Touristenzug im Botanischen Garten

Domain angrenzt – beide werden von derselben Einrichtung verwaltet. Das Areal mit seinen weitläufigen Grünflächen ist sehr beliebt zum Picknicken, Sonnenbaden und einfach nur zum Erholen, in den Sommermonaten finden hier außerdem Veranstaltungen statt. Der schönste Ort innerhalb der Domain ist der **Mrs Macquaries Chair**, eine Sitzgelegenheit, die für die Frau des Gouverneurs Lachlan Macquarie aus dem Felsen gehauen wurde. Der Zutritt zum Park ist frei und rund um die Uhr möglich.

Royal Botanic Gardens: Eines der Highlights sind sicherlich die Scharen von Flughunden, die tagsüber in den Bäumen hängen und bei Dämmerung laut schnatternd ihre Runden drehen. Gegen Eintritt kann man im *Tropical Centre* (Glaspyramide) exotische Pflanzen bestaunen. In der Mitte, am *Palm Grove Centre*, trifft man sich für geführte Touren oder für eine Stärkung im Restaurant. Im Shop gibt's neben einschlägigen Büchern und Mitbringseln auch eine Vielzahl an Blumensamen zu kaufen. Hier lohnt es sich auch, einen Blick in die ausliegenden Broschüren zu werfen, in denen aktuelle Termine und Veranstaltungen angekündigt werden. Die Wiesen sind sehr beliebt zum Picknicken, Lesen oder Dösen.

Royal Botanic Gardens, tägl. 7–17.30 Uhr im Winter, im Sommer bis 20 Uhr. Eintritt frei. Kostenlose Führung tägl. 10.30 Uhr ab Palm Grove Centre. Info: ✆ 92318111. **Tropical Centre** bei Ende der Recherche wegen Umbauarbeiten geschlossen. Shop, tägl. 9.30–17 Uhr. ✆ 92318125. **Café**, tägl. 8.30–16.30 Uhr, im **Restaurant** Mittagessen ab 12 Uhr bzw. Brunch an den Wochenenden. ✆ 92412419, www.rbgsyd.nsw.gov.au.

Art Gallery of New South Wales: Die Art Gallery vereint bedeutende Sammlungen australischer, europäischer und asiatischer Kunst – in jährlich knapp 40 Ausstellungen werden die Werke präsentiert. Ursprünglich ging die Art Gallery of NSW aus der 1870 gegründeten *Academy of Arts* hervor. Sie wurde im Zeitraum von 1896 bis 1909 errichtet und ist eines der schönsten und beeindruckendsten Gebäude Sydneys. Man betritt den imposanten Bau durch hohe Säulen im Eingangsbereich, die Namen großer Künstler sind in die Wände eingraviert. Die permanenten Ausstellungen zeigen Werke australischer Künstler ab dem 19. Jh. und europäische Kunst ab dem 15. Jh. Darüber hinaus gibt es zeitgenössische Kunst und Kunst der Aborigines zu sehen. Neue Ankäufe werden hauptsächlich aus Spenden getätigt, der Erwerb des ersten Ölgemäldes eines australischen Künstlers – „Mount Olympus, Tasmania" von *William Piguenit* – wurde durch die Schenkung von 50 Spendern ermöglicht. Wechselnde Ausstellungen beschäftigen sich mit Kunst aus aller Welt. Außerdem gibt es ein Café, ein Restaurant und einen Museumsshop mit ausgezeichneter Auswahl.

Tägl. 10–17 Uhr (Mi bis 21 Uhr). Eintritt frei, kostenlos Wi-Fi. Art Gallery Rd., The Domain 2000, ✆ 92251744, Infohotline: ✆ 1800679278, www.artgallery.nsw.gov.au.

Entlang der Macquarie Street

Ein kurzer Spaziergang entlang der Macquarie Street führt an zahlreichen Sehenswürdigkeiten vorbei. Die im Folgenden beschriebenen Highlights sind in Nord-Süd-Richtung sortiert, der Spaziergang beginnt also am **Bennelong Point** und folgt dann der Macquarie Street bis zum **Hyde Park**.

Government House: Es wurde zwischen 1837 und 1845 als Sitz des Gouverneurs von New South Wales erbaut. Die Zimmer wurden 1879 im Zuge der *Sydney International Exhibition* komplett neu dekoriert – die Inneneinrichtung zeigt eine außergewöhnliche Kollektion an Möbeln und Gemälden im Kolonialstil. Das Haus liegt inmitten eines traumhaften Gartens mit exotischen Bäumen und Pflanzen, zahlreichen Terrassen und engen Wegen. Diese außerordentlich schöne Umgebung bietet sich geradezu an, auch immer wieder wichtige Persönlichkeiten des öffentlichen Lebens und gekrönte Häupter zu empfangen wie z. B. den Prince of Wales oder Kronprinzessin Viktoria von Schweden.

Besichtigung nur innerhalb geführter Touren, Fr–So 10.30–15 Uhr. Eintritt frei. Macquarie Street, ✆ 92284111, www.sydneylivingmuseums.com.au.

The Mint: Gleich neben dem *Hyde Park Barracks Museum* und eines der ältesten Gebäude der Stadt. Erbaut von 1811 bis 1816 als Südflügel des *Sydney Hospitals* wurde hier 1854 die erste „Zweigstelle" der englischen *Royal Mint* (Königliche Münzanstalt) außerhalb Englands eingerichtet. Die Münzprägeanstalt war bis 1926, als die neue *Commonwealth Mint* in Canberra die Arbeit übernahm, in Betrieb. Die Gebäude beherbergten zwischenzeitlich verschiedene Regierungsabteilungen, heute sind hier die Büros des *Historic Houses Trust*, eine Bibliothek, ein Café und diverse Veranstaltungsräumlichkeiten untergebracht. Die beiden Gebäude können zwar besichtigt werden, haben aber nichts mehr mit ihrer ursprünglichen Funktion zu tun.

Tägl. 9–17 Uhr (außer Weihnachten und Karfreitag). Eintritt frei. 10 Macquarie Street, ✆ 82392288, www.sydneylivingmuseums.com.au.

Hyde Park Barracks Museum: Die Gefängnisbaracken wurden von dem Sträfling und Architekten Francis Greenway entworfen und zwischen 1817 und 1819 erbaut. Nachdem die Gefangenentransporte eingestellt worden waren, nutzte man die Örtlichkeit ab 1848 als Anlaufstation für Frauen, die neu in der Kolonie ankamen Bis zur Umgestaltung in ein Museum im Jahr 1979 durchliefen die Gebäude noch diverse weitere Stationen, die sich am besten anhand der chronologisch angeordneten Modelle des Areals in einem der Museumsräume nachvollziehen lassen Auf insgesamt drei Stockwerken werden innerhalb verschiedener Ausstellungen interessante Fundstücke gezeigt. Darüber hinaus wurden z. T. die im Laufe der Zeit aufgetragenen Schichten von Verputz und Farbe bis auf die Grundsubstanz abgetragen, sodass man einen Überblick über die erfolgten Umbaumaßnahmen innerhalb der vergangenen zwei Jahrhunderte erhält. Wer es ganz „authentisch" mag, der kann im Museumsshop eine „echte" Sträflingsseife erwerben.

Tägl. 10–17 Uhr (außer Weihnachten und Karfreitag). Eintritt Erw. 10 $, Kinder 5 $, Familienticket 20 $. Queens Square, Macquarie Street, ✆ 82392311, www.sydneylivingmuseums.com.au.

St. Mary's Cathedral: Sitz des römisch-katholischen Erzbischofs in Sydney. Die Kathedrale prunkt an einem der zentralsten und exponiertesten Orte der Stadt. In den frühen Jahren der Kolonie legte die englische Krone nicht viel Wert auf die Belange der katholischen Bevölkerung, die zudem fast ausschließlich aus Gefangenen bestand. So wurde auch Reverend Therry's Anfrage nach einem Stück Bauland in der Nähe des Darling Harbour abgelehnt, lediglich ein Fleckchen Erde nahe der Gefangenenbaracken wurde bewilligt. 1821 wurde der Grundstein der St. Mary's Cathedral gelegt, die allerdings im Jahr 1865 komplett niederbrannte. Sofort nahm man den noch prächtigeren Wiederaufbau in Angriff – nach den Plänen des Architekten William Wardell entstand ein beeindruckendes Gebäude im Stil des sogenannten „Gothic Revival". Gebaut wurde 60 Jahre lang, bis am 2. September 1928 die Kathedrale von Erzbischof Kelly feierlich eingeweiht wurde. Die von Wardell entworfenen, aber nie verwirklichten Zwillings-Turmspitzen wurden nachträglich im Jahr 2000 aufgesetzt. Heute ist die St. Mary's Cathedral die größte Kirche Australiens und die größte römisch-katholische Kirche der gesamten südlichen

Die St. Mary's Cathedral am Hyde Park

Hemisphäre – im Laufe der Zeit hat sie sich zu einem der meistbesuchten Orte Sydneys gemausert.

Kathedrale, öffnet tägl. vor der ersten und schließt nach der letzten Messe: Mo–Fr 6.45, 13.10 und 17.30 Uhr, Sa 9 und 12 Uhr, So 7, 9, 10.30 und 18 Uhr. **Cathedral Store**, während der Gottesdienste geschlossen. Mo– Fr 10–17 Uhr, Sa 10–16 Uhr, So 12–16 Uhr. Hauptsächlich Souvenirs. Direkt am Nordende des Hyde Park gelegen und nicht zu übersehen. ✆ 92200400, www.stmaryscathedral.org.au.

Hyde Park: Am Ende der Macquarie Street beginnt der Hyde Park. Der älteste Stadtpark Australiens, dessen nördlicher Bereich von einem großen Brunnen, dem *Archibald Fountain,* dominiert wird, geht auf das Jahr 1810 zurück. Blickt man von hier aus in Richtung Osten, kann man die *St. Mary's Cathedral* (s. o.) am Rande des Parks erspähen. Eine Allee aus riesigen Schatten spendenden Feigenbäumen führt Richtung Süden zur Park Street. Dieser zentrale Weg wie auch die Bepflanzung wurden 1930 nach Fertigstellung der U-Bahntunnel angelegt. Überquert man die Park Street, gelangt man in den südlichen Teil des Parks, wo linker Hand eine Statue des verehrten Captain Cook zu bestaunen ist. Geradeaus erblickt man das fast schon monströse *ANZAC War Memorial.* Der Park ist zwar nicht sonderlich groß, bietet sich aber für eine kleine Verschnaufpause an.

Darling Harbour

Die *Cadigal-Aborigines* nannten den Ort ursprünglich „Tumbalong", was übersetzt so viel heißt wie „Ort, an dem es Meeresfrüchte gibt". Das trifft zwar immer noch zu, allerdings werden die Austern heute bequem in einem der zahlreichen Restaurants serviert. Darling Harbour ist ein zentraler Ort des Müßiggangs und der Erholung mit jeder Menge Restaurants, Bars, Nachtclubs und Hotels. Hier trifft man sich für die Neujahrsparty, den Australia Day und andere große Events im Kalender. Regelmäßig gibt es Festivals, Konzerte und Sportveranstaltungen.

Darling Harbour

Die Anfänge des Darling Harbour haben mit Vergnügungen und Müßiggang allerdings wenig zu tun: Der Long Harbour, wie er Anfang des 19. Jh. noch genannt wurde, war ursprünglich Industriegebiet. Der erste Anleger wurde knapp nach 1800 gebaut, die erste mit Dampfmaschinen bestückte Fabrik entstand 1813. Es folgten Dutzende weiterer Kais, wovon heute lediglich die 1820 erbaute **Market Street Wharf** übrig geblieben ist, wo das Aquarium zu finden ist (s. u.). Ab 1857 überspannte eine kleine Brücke den Hafen, die allerdings 1902 durch die **Pyrmont Bridge** ersetzt wurde. Die wirtschaftliche Bedeutung des Hafens reichte bis in die Mitte des 20. Jh. Als dann der Warenverkehr zunehmend auf Schiene und Straße verlegt wurde, begann der ökonomische Abstieg des Areals. In den 1970er-Jahren schließlich standen die Lagerhallen leer, die Gebäude verkamen und von emsiger Betriebsamkeit war nichts mehr zu spüren. Die äußerst reizvolle Lage und die Nähe zum CBD jedoch ließen Pläne entstehen, dem ehemaligen Industriehafen neues Leben einzuhauchen und einen pulsierenden Stadtteil zu schaffen. Die Pläne wurden bald in die Tat umgesetzt, und 1988, im Zuge der 200-Jahr-Feierlichkeiten, wurde der Darling Harbour wieder eröffnet.

Sydney Sealife Aquarium: Auf über 4000 m² wird den Gästen die australische Unterwasserwelt nahegebracht. Jede der 650 Spezies ist in Australien heimisch, mehr als 11.000 Tiere beherbergt das Aquarium insgesamt, darunter Salzwasserkrokodile, Schnabeltiere, Pinguine, Schildkröten, Seehunde und natürlich jede Menge Fische. Besonders interessant wird der Rundgang durch informative Schilder und Wandtafeln gestaltet. Das Sydney Aquarium beherbergt übrigens die größte Haipopulation, die es weltweit in Gefangenschaft gibt – einige Exemplare sind über 3,5 m lang. Von gläsernen Unterwassertunneln aus kann man die majestätischen Tiere über sich hinweggleiten sehen. Für einen Besuch sollte man sich etwa zwei Stunden Zeit nehmen und speziell in den Ferien mit langen Wartezeiten am Eingang rechnen.

Tägl. 9.30–19 Uhr, letzter Einlass 18 Uhr. Eintritt Erw. 40 $, Kinder 28 $. Wer online bucht, kann etwa 25 % sparen. Es gibt darüber hinaus verschiedene Kombitickets, die man sich online selbst zusammenstellen kann, z. B. mit *Wildlife Sydney* (s. u.) für 54 $. Aquarium Pier, Darling Harbour, ✆ 1800199657, www.sydneyaquarium.com.au.

Wildlife Sydney (ehemals „Sydney Wildlife World"): Die 7000 m² sind Heimat für 130 Spezies und 6000 Individuen, allesamt echte Australier. Im zweiten Stock ist ein großes Freiluftgehege untergebracht, das lediglich von einem Spezialnetz überspannt, ansonsten aber den Elementen ausgesetzt ist. Insgesamt werden in dem Komplex neun verschiedene Ökosysteme vorgestellt, die vom staubtrockenen Outback bis zum tropischen Regenwald Nordqueenslands naturgetreu nachempfunden wurden, sodass die Tiere unter beinahe natürlichen Bedingungen gehalten werden können. So kann man z. B. Koalas, Rock-wallabies (Felskängurus) oder sogar den (laut Guinnessbuch) angeblich gefährlichsten Vogel der Welt, den Helmkasuar, bestaunen. Es gibt ein Terrain für nachtaktive Tiere und einen Bereich für die wirbellosen Vertreter wie Spinnen, Skorpione und Käfer. Einer der Stars ist Rex, ein gut 5 m langes Salzwasserkrokodil.

Tägl. 9–17 Uhr, im Sommer bis 19 Uhr; letzter Einlass jeweils eine Stunde vorher. Eintritt Erw. 40 $, Kinder 28 $. Wer online bucht, kann etwa 25 % sparen. Es gibt darüber hinaus verschiedene Kombitickets, die man sich online selbst zusammenstellen kann, z. B. mit *Sydney Aquarium* (s. o.) für 54 $. Für Rollstuhlfahrer geeignet. Aquarium Pier, Darling Harbour, ✆ 1800206158, www.wildlifesydney.com.au.

Powerhouse Museum: Das größte und vielseitigste Museum Australiens. Seine Ursprünge gehen auf das Jahr 1879 zurück, doch ein Feuer zerstörte 1882 das gesamte

Gebäude und mit ihm fast alle Exponate. Seit 1988 ist eine alte Trafostation aus dem Jahr 1899 die neue Heimat des Museums. Die Bandbreite der technischen Exponate reicht von der Pferdekutsche über den nostalgischen 1928er *Bugatti*-Rennwagen bis hin zum *F1*-Raketentriebwerk mit 680 t Schubkraft. In der Abteilung „Fernsehen" schwelgen ältere Semester in TV-Erinnerungen an ihre Jugend, während die Teenager die originale Kommandozentrale der australischen Version von „Big Brother" stürmen. Bahnbrechendes in puncto Design stammt aus Werbung, Mode, Wohnen und sogar aus der Tätowierkunst. Mehr als 250 interaktive Stationen erlauben es nicht nur zu sehen, sondern auch zu erleben. Sie können z. B. den Sitz der „Computersocke" testen, indem Sie auf der Stelle treten und so die Roboterbeine in Bewegung bringen ... Regelmäßig auch hochkarätige Sonderausstellungen. Sehr interessant und äußerst unterhaltsam.

Tägl. 10–17 Uhr (außer Weihnachten). Eintritt Erw. 15 $, Kinder 8 $, Familienticket 38 $. Kostenloses Wi-Fi. 500 Harris Street, ✆ 92170111, www.powerhousemuseum.com.

Australian National Maritime Museum: Ausgezeichnetes Museum am Darling Harbour, das sich u. a. der Seefahrt widmet, welche seit jeher eine enorme Bedeutung für Australien hatte. Besonders rührend ist die Darstellung der Geschichten der frühen Auswanderer, deren Schiffsreisen in die neue Heimat mehrere Monate in Anspruch nahmen. Daneben werden die kommerziellen Aspekte der Seefahrt beleuchtet und die Kriegsmarine kommt natürlich auch nicht zu kurz. Aus dem Bestand der Navy stammt übrigens das größte Ausstellungsstück, die *Vampire*, ein 118 m langer Zerstörer der sogenannten „Daring-Klasse", den man heute besichtigen kann. Im aktiven Dienst hat das Schiff über 800.000 Seemeilen (fast 1,5 Mio. Kilometer) zurückgelegt. Ein Muss ist der Besuch der Nachbildung von James Cooks berühmter *Endeavour* (→ Kasten S. 63) – sofern sie nicht gerade unterwegs ist, denn das voll seetüchtige Schiff läuft immer wieder zu längeren Törns aus.

Tägl. 9.30–17 Uhr. Eintritt 7 $, das Big-Ticket für 27 $ beinhaltet außerdem die Besichtigung der Schiffe. 2 Murray Street, Darling Harbour, ✆ 92983777, www.anmm.gov.au.

Sydney Heritage Fleet: Eine Vereinigung aus hauptsächlich Freiwilligen, die sich alter Schiffe annehmen und diese restaurieren. Vorzeigeobjekt ist die *James Craig* (→ Segeln, S. 215), eine aufwendig und kostspielig hergerichtete 3-Mast-Bark aus dem Jahr 1874. In den eigenen Werkstätten werden von meist bereits ergrauten Haudegen fast vergessene Techniken wiederbelebt wie z. B. das Nieten von Schiffsrümpfen oder das Befeuern von Dampfkesseln – freiwillige Helfer (längerfristig) sind jederzeit willkommen. Ausstellungsräume gibt's im Gebäude an der Wharf 7, wo kleinere Boote wie Segeljollen oder Ruderboote zu sehen sind. Außerdem kann man

Die nachgebaute Endeavour

Ausfahrten auf der James Craig und anderen historischen Schiffen buchen. Touren durch die Werkstätten werden leider nicht regelmäßig angeboten.
Wharf 7, Pirrama Rd., Pyrmont, ℅ 92983888, www.shf.org.au.

Kings Cross

Schon von Weitem leuchtet einem das inoffizielle „Ortsschild" des Kings Cross entgegen: Das riesige Coca-Cola-Werbeschild aus den 70er-Jahren hat mittlerweile Kultstatus und ist eines der größten der Welt. Es ist nicht immer der beste Ruf, der dem Cross vorauseilt, immer wieder ist von Diebstählen, Drogen und Prostitution die Rede. Dabei hat alles ganz anders angefangen: Im 19. Jh. residierte in dem Areal die wohlhabende Oberschicht der Stadt. Die Häuser waren luxuriös und die Gärten prunkvoll – das **Elizabeth Bay House** (s. u.) im Nachbarviertel ist ein beeindruckendes Überbleibsel aus dieser Zeit. Den ersten großen Umbruch brachte der Zweite Weltkrieg. Amerikanische Soldaten entdeckten „The Cross", wie es auch genannt wird, für sich und ihr Vergnügungsbedürfnis. Mit ihnen kamen die Amüsierbetriebe, Stripclubs und Bordelle. Nach dem Ende des Krieges erholte sich das Viertel schnell und es entwickelte sich eine rege Café- und Restaurantszene – es galt als schick, im „Cross" auszugehen. Aber die Geschichte wiederholte sich Ende der 1960er-Jahre, als der Vietnamkrieg erneut ganze Heerscharen von Soldaten in die Stadt spülte. Dieses Mal fasste die Vergnügungsindustrie fester Fuß, bis heute konnte das Kings Cross seinen zwielichtigen Ruf nicht mehr loswerden. Und es gibt sie natürlich auch wirklich, die Rotlichtbetriebe, die Stripperinnen und die finsteren Gestalten, aber in den letzten Jahren wurde das Viertel auch für die breite Masse der Bevölkerung wieder interessant. Das Cross ist wieder in – einige der bekanntesten und angesagtesten Bars und Clubs der Stadt sind hier zu finden. Und auch ein Besuch bei Tageslicht ist durchaus reizvoll, in einem der zahlreichen Cafés lässt sich bei Kaffee und Zeitung wunderbar die emsige Betriebsamkeit genießen.

Elizabeth Bay House: Ein außergewöhnliches Beispiel kolonialer Architektur und Baukunst. Entworfen wurde das Wohnhaus vom Architekten *John Verge*, einem absoluten Meister seiner Zunft, den man heute wohl als Trendsetter bezeichnen würde. Auftraggeber war *Alexander Macleay*, seines Zeichens Sekretär der Kolonie, der dort ab 1839 mit seiner Familie wohnte und das Haus bis 1845 geschmackvoll und edel einrichtete. Einst war das Gebäude von einem 54 ha großen Garten umgeben, der, ganz der botanischen Leidenschaft Macleays entsprechend, ein wahres Paradies gewesen sein soll. Leider existiert der Garten nicht mehr – das Anwesen ist heute bebaut.
Fr–So 11–16 Uhr. Eintritt 8 $/Pers. 7 Onslow Avenue, Elizabeth Bay, ℅ 93563022, www.sydneylivingmuseums.com.au.

Chinatown

Marschiert man die George Street Richtung Haymarket, wird die Veränderung rasch deutlich. Wenn dann die gegrillten Pekingenten samt Hals und Watscheln in den Auslagen hängen, kann man sicher sein: Man ist in Chinatown. Sydneys Chinatown ist die größte in Australien und hat ihr Zentrum in der Dixon Street, einer Fußgängerzone, die an beiden Enden durch einen sogenannten *Paifang*, ein mit chinesischen Motiven bunt bemaltes Eingangstor, betreten wird (die parallel verlaufende Sussex Street und Teile der George Street gehören ebenfalls dazu). Hier wird gehandelt und gegessen, wobei die emsige Bertiebsamkeit rund um die Uhr zu spüren ist. Wer die asiatische Küche liebt, wird hier seine wahre Freude haben: Vom einfachen Noodle-Haus über den Grill-Straßenverkauf bis hin zum kantonesischen Seafood-Schlemmertempel findet man hier alles. Zu kaufen gibt's alles Nötige und noch viel mehr Unnötiges, aber ein Spaziergang an den Schaufenstern vorbei ist allemal interessant. In der Market City, einem riesigen Einkaufskomplex mit kleinen Läden und Food-Court, gibt es auch den berühmten Paddy's Market. An der Kreuzung George Street und Sussex Street befindet sich eine Skulptur aus dem abgestorbenen Ast eines Baumes. Sie ist mit dem Namen „Golden Water Mouth" betitelt und soll der chinesischen Gemeinschaft Glück bringen.

Olympiapark

Das Gelände der Olympischen Spiele 2000 liegt ein gutes Stück westlich des Zentrums, direkt am Parramatta River. Das weitläufige Areal bietet Sehenswürdigkeiten für einen ganzen Tag und ist sowohl zu Fuß als auch mit dem Fahrrad gut zu erkunden. Herzstück ist das **ANZ-Stadium** (ehemals Telstra-Stadium) mit einer Kapazität von bis zu 110.000 Zuschauern. Heute finden bei Veranstaltungen immerhin noch gut 80.000 Personen Platz. Weiteres Highlight ist das **Aquatic Centre**, jener olympische Pool, in dem *Eric Moussambani* (auch bekannt als „der Aal") olympischen Geist bewies. Erst acht Monate vor den Wettkämpfen hatte er überhaupt schwimmen gelernt, um für Äquatorialguinea im 100-m-Rennen anzutreten.

Wer den Ausflug möglichst billig gestalten will, findet einiges, was gar nichts kostet. Unter dem Kessel, in dem ehemals das Olympische Feuer brannte, befinden sich Plaketten mit den Namen sämtlicher Medaillengewinner – die Besucher halten hier gerne nach den Helden ihres Heimatlandes Ausschau. Vor dem ANZ-Stadium gibt es die **Games Memory Poles** und einen Pavillon mit Bildschirmen, auf denen die Höhepunkte der Spiele gezeigt werden. Außerdem hat die Parklandschaft Picknickplätze, BBQs, Aussichtspunkte und jede Menge Spazier- und Radwege zu bieten. Den **Brickpit Ringwalk**, wo einst Ziegel hergestellt wurden, kann man ebenfalls kostenlos besuchen. Im Zuge der Spiele sollte hier das Tennisstadion errichtet werden, bis man dort den bedrohten „Green and Golden Bell Frog" entdeckte. Der Frosch blieb, das Stadion musste woanders gebaut werden. Wer alles ganz genau wissen möchte, der kann im Visitor-Centre einen Audio-Guide mit zahlreichen Informationen zu den einzelnen Stationen leihen.

Anreise Züge verkehren direkt vom Stadtzentrum (ca. 20 Min.) und halten 30 m vom Informationsstand entfernt. Vom Circular Quay aus kann man mit der **Fähre** bis zur Homebush Bay fahren und dann das letzte Stück mit dem **Bus** zurücklegen.

Information Sydney Olympic Park Visitor Centre, Informationen, Broschüren und Tourbuchungen. 1 Showground Rd. (gegenüber der Bahnstation), ✆ 97147888, www.sydneyolympicpark.com.au.

Aktivitäten Aquatic Centre, 50-m-Becken, Sprungturm, Spaßbecken. Mo–Fr 5–20.45 Uhr, Sa/So 6–19.45 Uhr (im Winter 1 Std. kürzer). Eintritt Zuschauer 4 $, Schwimmen 7 $. Außerdem auch Spas und Sauna (→ Schwimmen, S. 186).

Olympic Park Tennis Centre, hier finden hochklassige Tourniere statt, man kann aber auch selbst spielen. Mo–Fr 7–21 Uhr (ab 24 $/Std.), Sa/So 8–17 Uhr (28 $/Std.), ✆ 90247628.

Fahrradmiete Bike Hire @ Sydney Olympic Park, Fahrräder für Erwachsene und Kinder, außerdem Kindersitze, Anhänger etc.; 15 $/Std., 2 Std. 20 $, 4 Std. 30 $, 24 Std. 50 $. Tägl. 9–17 Uhr. Am Bicentennial Park. ✆ 97461572, www.bikehiresydneyolympicpark.com.au.

Touren ANZ-Stadium (ehemals *Telstra-Stadium*), Sportfans sollten die Tour durch die Arena und auch hinter die Kulissen nicht auslassen. Tägl. 11, 13 und 15 Uhr, Dauer etwa 60 Min., Tickets 28,50 $. Die

„Gantry Tour" kostet 49 $ und führt auf die 45 m hohen Eisenstege unterm Dach der Arena. Karten online buchbar oder im Visitor-Centre erhältlich. ✆ 87652300, tours@anzstadium.com.au.

Centennial Parklands

Die Centennial Parklands liegen leicht erreichbar zwischen dem Stadtzentrum und den östlichen Stränden (Bondi) und bestehen eigentlich aus drei verschiedenen Parks: dem **Moore Park**, dem **Queens Park** und dem namengebenden **Centennial Park**. Insgesamt erstreckt sich das Areal über 360 ha und bietet zahlreiche Freizeitmöglichkeiten wie Radeln, Rollerbladen oder Laufen. Außerdem gibt es einen 18-Loch-Golfplatz, Tennisplätze und ein Reitzentrum. Bei vielen Australiern ist der Park aber auch einfach zum Spazierengehen oder Picknicken beliebt. Es gibt öffentliche BBQs, aber auch einige Cafés und Restaurants. Darüber hinaus bietet sich das große Gelände geradezu als Veranstaltungsort an, die Palette reicht vom „Do-it-yourself"-Drachenbaukurs über Profi-Golfturniere bis hin zu Konzerten internationaler Stars.

Information April, Sept./Okt. 6–18 Uhr, Mai–Aug. 6.30–17.30 Uhr, Nov.–März 6–20 Uhr. Zutritt frei. Haupttore Paddington, Woollahra, Randwick und Robertson Rd., ✆ 93396699, www.centennialparklands.com.au.

Fahrrad- und Rollerbladeverleih Centennial Parklands Cycle Hire, Fahrräder 15 $/Std., bis 4 Std. 30 $, bis 8 Std. 40 $, Kinderräder 5 $ günstiger. Direkt im Park nahe der Kreuzung Grand Drive/Hamilton Drive, tägl. 9–17 Uhr, oder im Shop in 50 Clovelly Road, Randwick, tägl. 8.30–17.30 Uhr (letzte Miete jeweils 16 Uhr), ✆ 93985027, info@cyclehire.com.au.

Golf Moore Park Golf Club, Par 70, 18-Loch-Kurs. Drivingrange mit 60 Abschlagplätzen auf 3 Etagen. 18 Löcher ab 45 $, Schlägermiete ab 45 $, Golfcart 45 $. 110 $/Unterrichtsstunde, 2 Pers. je 65 $. Anzac Pde./Ecke Cleveland Street, ✆ 96631064, www.mooreparkgolf.com.au.

Nordsydney

Loona Park: Der Freizeitpark am Milson's Point kann auf eine lange Geschichte zurückblicken, seit 1935 amüsieren sich hier die Sydneysider. Ursprünglich standen hier Werkstätten, nach Vollendung der Brücke wurden aber alle Gebäude abgerissen, lediglich der Kai blieb erhalten. Man entschloss sich letztendlich, einen Freizeitpark an der nun freien Stelle, direkt neben dem Nordpylon der Hafenbrücke, zu errichten. Heute spaziert man durch den weit geöffneten Mund am Eingangstor, drinnen kann der Spaß beginnen. Wem Rutschen, Autoscooter und Riesenrad nicht wild genug sind, auf den warten auch etwas rasantere Attraktionen.

Öffnungszeiten und Ruhetage ändern sich je nach Wochentag und Saison, exakte Angaben dazu im Netz oder in den Touristeninformationen. Einfache Fahrt bis 7 $, Tagespass für unbegrenzte Fahrten ab 29,95 $ für bis zu 105 cm Körpergröße, ab 39,95 $ für bis zu 129 cm Körpergröße, ab 49,95 $ ab 130 cm Körpergröße. Bei Onlinekauf spart man jeweils 4 $, montags jeweils 10 $. Ideal erreichbar mit der Fähre von Circular Quay. www.lunaparksydney.com.

Taronga Zoo: Der „Stadtzoo" liegt am Nordufer des Hafenbeckens. Das Konzept stammt aus Deutschland: Da der 1884 gegründete Zoo ein neues Quartier erhalten sollte, reiste im Jahr 1908 der damalige Zoochef nach Hamburg, um sich dort inspirieren zu lassen. 1916 schließlich wurde am Bradleys Head Eröffnung gefeiert. Heute beherbergt der Zoo eine Vielzahl heimischer Spezies sowie Tiere aus aller

Welt. Es gibt Dingos, Koalas, Elefanten, Kodiakbären, Pinguine und Schimpansen, um nur einige zu nennen. Regelmäßig gibt es Vorführungen, z. B. eine Freiflugshow der Vögel, Reptilienshows oder Vorführungen mit den Seehunden. Wer will, kann sich mit einem Koala ablichten lassen, und einmal täglich werden auch die Giraffen vor die Kameralinsen bugsiert, damit man das klassische Foto mit dem Opernhaus im Hintergrund schießen kann. Für das leibliche Wohl wird im dazugehörigen Café gesorgt, im Shop kann man sich mit entsprechenden Souvenirs eindecken.

Tägl. 9–17 Uhr. Es gibt von *Sydney Ferries* ein Kombiticket, das für 53 $, Kinder 26,50 $, Familie 148,70 $ den Eintritt und den Fährtransfer beinhaltet. Nur Eintritt 46 $, Kinder 23 $, Familie 124,20 $. Pkw-Parkgebühr von 17 $! Busse fahren ab Wynyard. ✆ 99692777, www.taronga.org.au.

Außerhalb

Koala Park Sanctuary: Ursprünglich gegründet als Auffang- und Schutzstation für Koalas, sind hier mittlerweile auch zahlreiche andere australische Tierarten zu Hause. Bereits in dritter Generation kümmert man sich um Dingos, Pinguine, Helmkasuare, Adler und viele mehr. Mehrmals täglich gibt es Vorführungen u. a. in Schafschur oder Bumerangwerfen. Natürlich kann man sich auch ganz klassisch mit einem Koala ablichten lassen. Außerdem gibt es einen Kiosk und einen Souvenirladen.

Tägl. 9–17 Uhr. Eintritt 27 $, Kinder 15 $. 84 Castle Hill Road, West Pennant Hills, NSW 2125, ✆ 94843141, www.koalaparksanctuary.com.au.

Anreise: Zug nach **Pennant Hills** und dann mit *Glenorie Bus-Service 651 oder 655*.

Featherdale Wildlife Park: Im Jahr 2005 mit dem New South Wales-Tourismusaward ausgezeichnet. Der Wildpark beherbergt mit 2200 Exemplaren aus über 320 heimischen Spezies die weltweit größte Ansammlung an australischen Tieren, darunter Tasmanische Teufel, Wombats, Pinguine und verschiedenste Reptilien. Man kann Koalas streicheln oder Kängurus mit der Hand füttern oder bei diversen Fütterungen zusehen, z. B. bei den Krokodilen. Zur Stärkung gibt's ein Café sowie BBQ-Plätze, Andenken kauft man im Souvenirshop. Kostenlose Parkplätze.

Tägl. 9–17 Uhr. Eintritt Erw. 29,50 $, Kinder 16 $, Familie (2+2) 83 $. 217–229 Kildare Road, Doonside, NSW 27767, ✆ 96221644,

www.featherdale.com.au.

Anreise: Nach **Blacktown** und dann mit der Buslinie 725.

Baden: Strände und Rockpools

94 Strände gibt es in Sydney, 34 davon entlang der Küste und 60 im Hafen, in den Buchten und Flüssen – irgendwo findet da jeder seinen Traumstrand, wobei etliche leider nur vom Wasser aus erreichbar sind, viele werden allerdings sogar mit öffentlichen Verkehrsmitteln angefahren.

Manly Beach: → Manly.

Avalon: Klein, aber fein. Gehfaule können mit dem Auto direkt auf die Klippen fahren und den tollen Blick über den Strand genießen. Rockpool am südlichen Ende, am nördlichen Ende oft gefährliche Strömung und sowieso Revier der Surfer. Relaxte Atmosphäre, nette Cafés etwa 5 Gehminuten entfernt im Ort. Kaum Touristen. Parkplätze am Life-Saving-Club, südlich des Strandes auf den Klippen oder im Ort.
Anreise: Vom **Zentrum** aus mit dem Auto Richtung **Manly/Dee Why** erreichbar. Mit den Bussen der Linie L90 ab **Wynyard Station**.

Baden: Strände und Rockpools

Bondi Beach: Spätestens seit den Olympischen Spielen 2000 die Berühmtheit unter Sydneys Stränden (hier wurden die Beach-Volleyball-Turniere ausgetragen), bei Einheimischen schon immer beliebter Badestrand. In den Sommermonaten liegen die Besucher wie die Ölsardinen aufgereiht im Sand. Am südlichen Ende ein Pool beim *Bondi Icebergs Club* (Eintritt etwa 6,50 $), ansonsten gibt's natürlich alles, was cool ist: Skateboardpark, jede Menge Cafés und Strandkultur in Vollendung.

Anreise: Vom **Zentrum** aus am schnellsten erreichbar mit dem Bus der Linie 333 (Prepay-Expressbus ab Circular Quay) bzw. mit dem Zug nach **Bondi Junction** und von da mit dem Bus weiter.

Bronte Beach: Der kleine Bruder des weltberühmten Bondi Beach. Bronte ist ruhiger und familiärer. Es gibt einen Rockpool, Surfer und Badegäste teilen sich die Wellen. Die Parklandschaft hinter dem Sandstreifen ist ideal zum Picknicken, die Bäume spenden den oft bitter nötigen Schatten. Es gibt BBQ-Stellen, an der Strandpromenade kann man gut einkehren und sich in einem der Cafés stärken.

Anreise: Südlich von Bondi gelegen. Mit dem Bus der Linie 378 vom **Railway Square** aus zu erreichen. Parkplätze können hier schnell knapp werden.

Tamarama Beach: Nirgends in New South Wales müssen die Rettungsschwimmer öfter zupacken. Es ist verlockend, hier schwimmen zu gehen, aber gefährliche Strömungen verderben schnell den Spaß. Dafür ist das Fleckchen sehr bei Sonnenanbetern beliebt. Die kleine Grasfläche mit Picknickbänken eignet sich gut für eine kleine Stärkung, die man am besten selber mitbringt.

Anreise: Tamarama liegt zwischen **Bondi** und **Bronte** und ist von Bondi aus bequem zu Fuß zu erreichen, einfach dem Weg am *Bondi Icebergs* vorbei folgen.

Balmoral Beach: Hafenstrand, der im vorderen Teil des Middle Harbour liegt und dementsprechend vor größerer Dünung geschützt ist – die Wellen sind hier selten

Bondi Icebergs Pool am Bondi Beach

groß und so kann man gut schwimmen, Surfer gibt es gar nicht. Der Strand ist bei Familien sehr beliebt, weil die Kinder hier relativ sicher plantschen können.

Anreise: Auf der Military Rd. über **Cremorne**, dann links in die Raglan Rd. einbiegen und zur Esplanade fahren.

Palm Beach: Ganz im Norden der Barrenjoey-Halbinsel. Drehort der australischen Daily-Soap „Home and Away" (seit 1988). Toll, aber auch eine gute Autostunde vom Zentrum entfernt. Dafür trennt nur ein etwa 100 m breiter Streifen den Pazifikstrand vom Strand auf der Innenseite der Bucht. Wenn also die Wellen und der Wind zu heftig werden, dann kann man einfach auf die geschützte Pittwater-Seite wechseln.

Anreise: Mit dem Auto bis ans Ende der **Northern Beaches** fahren. Parkplatz auf der Innenseite gleich links hinter dem Golfplatz.

FKK

Lady Bay: Wohl der bekannteste Nacktbadestrand in Australien. Verdankt seinen Namen den freizügig badenden Damen im 19. Jh. Seit 1976 legaler Status. Unter FKKlern im Sommer sehr populär, mit tollem Blick auf den Hafen und hohem „In"-Faktor. Der Strand ist nur zu Fuß zu erreichen und liegt auf der Hafenseite des *South Head* nahe der *Watsons Bay*.

Anreise: Über die New South Head Road und die Hopetown Avenue. Parken und auf dem steilen Weg am nördlichen Ende der **Camp Cove** bis zum Strand gehen.

Obelisk Beach: Am Nordufer des Hafens nahe Mosman. Hier ist die Einfahrt zum *Middle Harbour* und entsprechend heißt die Landzunge *Middle Head*. Der kleine Strand ist auf der Südseite und bietet einen tollen Blick auf die Stadt. Sehr beliebt in der homosexuellen Szene.

Anreise: Mit dem Bus nach **Mosman**, dann zu Fuß Richtung **Middle Head**.

Cobblers Beach: An der Nordseite des Middle Head und deshalb auch kein Blick auf die Stadt. Dafür ist der Strand etwas geschützter und man kann gut schnorcheln. Hier gehen auch viele Hobbykapitäne mit ihren Booten vor Anker.

Anreise: Wie Obelisk Beach. Dann geht man allerdings noch am Sportplatz vorbei und folgt links dem kleinen Pfad.

Wandertouren und Walks

Mit seinen an das Stadtgebiet angrenzenden Nationalparks und den langen Küstenabschnitten bietet Sydney zahlreiche Möglichkeiten für Touren. Die atemberaubende Buschlandschaft präsentiert sich heute noch genauso wie den ersten Siedlern um Arthur Phillip. Die Touren bestehen fast immer aus Etappen, die nahe am Wasser entlangführen, z. T. sind die Wege, die direkt am Strand verlaufen, nur bei Ebbe passierbar.

Manly Scenic Walkway

Die Tour führt von Manly zur Spit Bridge – wer will, kann auch entgegengesetzt marschieren, die Wegmarkierungen sind auch dann gut sichtbar. Der Vorteil: Man kann so nach der Tour in Manly schön einkehren oder baden gehen, auch ist die Frequenz der öffentlichen Verkehrsmittel für die Rückfahrt ins Zentrum höher. Die Beschilderung ist bis auf wenige Ausnahmen gut, im ersten Abschnitt gibt es sogar öffentliche Toiletten.

Distanz: ca. 10 km. **Wanderzeit:** etwa 4 Std. ohne Abstecher. **Besonderheiten:** Trinkwasser nicht vergessen, geschlossenes Schuhwerk ist angebracht. Das Terrain ist

Wandertouren und Walks

relativ unkompliziert, aber es gibt zwischendurch im Gelände des Nationalparks einige felsige Abschnitte. Im letzten Drittel sind etliche Stein- bzw. Holzstufen zu erklimmen.

Wegbeschreibung: Ausgangspunkt ist die Touristinformation am Fährterminal in Manly. Der Weg führt entlang der Strandpromenade in Richtung Oceanworld. Halten Sie sich links und folgen Sie einfach dem Küstenverlauf. Bald erreichen Sie eine Teerstraße, aber linker Hand weist in etwa 30 m Entfernung ein Schild wieder auf den Weg. Etwa 10 Min. später folgen 100 m auf der asphaltierten North Harbour Street. Dort zeigt nur ein kleiner, leicht zu übersehender Pfosten mit der Aufschrift „The Spit" den Weg. Halten Sie sich immer links. Nach dem 40 Baskets Beach mit seinem weiß eingezäunten Schwimmbereich müssen Sie bei hohem Gezeitenstand der Beschilderung um die Häuserblocks herum folgen, an-sonsten führt der Weg etwa 100 m am Strand entlang. Ab dann folgen Sie einfach dem vorgegebenen Track. Nach insgesamt etwa 50 Min. zweigt ein kleiner Pfad nach links ab, während der große Weg nach rechts abbiegt. Der kaum 1-minütige Abstecher führt Sie zu einer großen umzäunten Aussichtsstelle mit tollem Blick auf Manly und den Hafen. Die nächste ausgeschilderte Abzweigung führt rechts zum **Arabanoo Lookout**, der direkt an einer Teerstraße liegt. Zurück auf dem Track folgt der **Crater Cove Lookout**. Wenn Sie ganz genau hinschauen, können Sie am Ufer einige verlassene Hütten erkennen, die einst von Aussteigern bewohnt waren – bis in die 1980er-Jahre konnten sie ihren „Million Dollar View" genießen, bevor sie ihre Behausungen räumen mussten. Am **Grotto Point Aboriginal Site** gibt's einige der wenigen erhaltenen Felsgravierungen der Gegend zu bestaunen. Gut zu erkennen sind sie allerdings nicht mehr, aber wenn man die Hinweise auf den Informationstafeln studiert, erkennt man leichter, was abgebildet ist. Die Abzweigung zum **Grotto-Point-Leuchtturm** ist beschildert. Zwar dauert der Abstecher ca. 20–25 Min., man wird aber mit einem tollen Ausblick zum Middle Harbour belohnt. Zurück auf dem Haupttrack verlassen Sie den Nationalpark und folgen nun wieder dem Ufer. In diesem letzten Abschnitt gibt es etliche Stufen und Treppen zu bewältigen. Hier sollten Sie an Abzweigungen immer den 360°-Rundumblick schweifen lassen, weil die (wichtigen) Schilder einige Male nicht gleich zu sehen sind. Der **Clontarf Beach** muss bei Flut umgangen werden. Ab dem **Clontarf Reserve** (Park) dauert es noch etwa 45 Min. bis zur **Spit Bridge**, man folgt einfach dem Wanderweg. Dort angekommen, gehen Sie unter der Brücke hindurch, die Stufen hoch und auf die andere Seite, wo sich Bushaltestellen für die Fahrt Richtung Innenstadt bzw. Manly befinden.

Von Bondi Beach nach Bronte: Die 3 km lange Tour ist leicht zu bewältigen. Start ist in Bondi am *Bondi Icebergs Club*. Von dort führt ein geteerter Weg oberhalb der Klippen vom Tamarama Beach und von da aus weiter nach Bronte. Unterwegs gibt's Picknickplätze, Münz-BBQs und Toiletten. Fantastische Küstenlandschaft und toller Blick auf den Ozean.

Anreise: Von der **City** aus Anbindung durch die Buslinien 380 und 333 (Prepay only) nach **Bondi**, 361 nach **Tamarama** und 378 nach **Bronte**.

Von der Watsons Bay zum South Head: Von der Watsons Bay geht's entlang des Hafenbeckens zum südlichen Punkt der Hafeneinfahrt. Die Tour führt durch eines der exklusivsten Wohngebiete der Stadt, der letzte Bereich ist für Autos gesperrt. Am South Head steht ein Leuchtturm und der Lady-Beach-FKK-Strand liegt praktisch auf dem Weg.

Der Manly Beach zählt zu den beliebtesten Stränden der Sydneysider

Die Umgebung von Sydney

Manly
ca. 41.000 Einw.

„Seven miles from Sydney, a thousand miles from care", so der gängige Slogan. Manly tut alles, um diesem Motto gerecht zu werden und präsentiert sich cool und entspannt.

Die Fährfahrt vom Circular Quay nach Manly gehört zum Standardprogramm eines jeden Sydney-Aufenthalts. Warum also nicht gleich einen Tagesausflug daraus machen und das süße Leben im Vorort genießen? Der große Strand ist einfach wunderbar, die Restaurants und Cafés sind ausgezeichnet und nach dem kurzen Spaziergang zum North Head hat man einen atemberaubenden Blick auf den Sydney Harbour und die Hafeneinfahrt. Und wem das alles so gut gefällt, dass er länger bleiben möchte, der findet auch noch tolle Unterkünfte.

GPS: S33°47.958' E151°17.036'
Ortsvorwahl: 02

Anreise Pkw: Über die Harbour Bridge (Mautgebühr 2,50–4 $), dann auf die Falcon Street/Military Road und die Spit Road. Manly ist sehr gut ausgeschildert.

Bus: Mit den Bussen von *Sydney Buses* (✆ 131500, www.sydneybuses.info), z. B. Linie 171, von Wynyard Station aus.

Fähre: Die grün-gelben Fähren (7,60 $, 30 Min.) und die schnellen *Manly Fast Ferries* (9,50 $, 15 Min., www.manlyfastferry.com.au) fahren ab Circular Quay. *Sydney Ferries*, ✆ 131500, www.sydneyferries.info.

Touristinfo Manly Visitors Bureau, Informationen und Material für Manly und die Northern Beaches. Mo–Fr 9–17 Uhr, Sa/So

10–16 Uhr. Manly Wharf, The Forecourt, ✆ 99761430, us@hellomanly.com.au.

Manly im Internet Informationen unter www.hellomanly.com.au oder www.manlyaustralia.com.au.

Fahrradverleih Manly Bike Tours, einfache Cruiser Bikes 15 $/Std. bzw. 31 $/24 Std., Mountainbikes 45 $/2 Std. Helm, Schloss und Karte sind im Preis inbegriffen. Shop 6, 54 West Esplanade, Manly, ✆ 80057368, www.manlybiketours.com.au.

Internet Kostenloser Zugang via WLAN in der Touristeninformation (siehe oben).

Backpackers Buddy, modernes Internet-Café mit Tourdesk und Reiseservice. Mo–Fr 9–19 Uhr, Sa 9–14 Uhr. 42 Belgrave Street, ✆ 99766937, www.manlybeachinternet.com.au.

Kajak und SUP Manly Kayak Centre, Verleih auf der Hafenseite, nahe dem Fährterminal. Kajak oder SUP ab 25 $/Std., 3-stündige Kajaktouren ab 89 $, SUP-Kurse (1 Std.) ab 50 $/Pers. ✆ 0412622662 (mobil), www.manlykayakcentre.com.au.

Krankenhaus Manly District Hospital, kleineres Krankenhaus auf der North-Head-Halbinsel. Darley Road, NSW 2095, ✆ 99769611.

Surfshops, Surfschulen & Verleih Dripping Wet Surfshop, direkt am Strand. Riesige Auswahl an Surfbrettern, Neoprenanzügen etc. Auch Materialleihe möglich. Shop 2, 93–95 North Steyne, ✆ 99773549.

Manly Surf School, mehrmals tägl. Gruppenunterricht (2 Std. ab 70 $/Pers.), Stand-up-Paddle ab 70 $/Std. inkl. Material. Am North Steyne Lifesaving Club, ✆ 99327000, www.manlysurfschool.com.

Sunshine Boards, ein Veteran der alten Schule, seit 1968 gibt es den Shop. Miete und anschließende Verrechnung bei Kauf möglich. Mo–Sa 9–17.30 Uhr, So 9–17 Uhr. 89 Pittwater Road, ✆ 99774399, www.sunshinesurfing.com.au.

Übernachten Q-Station Retreat, edle Unterkunft in der ehemaligen Quarantänestation. Die sonst unverbaute Lage am North Head ist super, die Zimmer sind – obwohl nicht übermäßig groß – wirklich wohnlich, wobei einige sogar eine Veranda mit Blick auf den Sydney Harbour haben. DZ 150–400 $. North Head Scenic Drive, ✆ 94661500, www.qstation.com.au.

Novotel Sydney Manly Pacific, großes Hotel direkt an der Strandpromenade und in unmittelbarer Nachbarschaft zu Geschäften, Restaurants und Bars. Kurzer Fußmarsch zur Fähre. Geräumige Zimmer mit blitzblanken Bädern. DZ ab 229 $. 55 North Steyne, ✆ 99777666, www.manlypacificsydney.com.au.

》》 Mein Tipp: Quest Manly, in perfekter Lage direkt am Fährterminal und die ideale Lösung für Selbstversorger. Verschiedene Optionen, vom Studio bis zum Apartment mit 2 Schlafzimmern, alle ausgestattet mit Kochgelegenheit, Kühlschrank, Waschmaschine und Trockner. Sehr freundliches Personal. Je nach Saison und Auslastung ab etwa 240 $/Nacht. 54A West Esplanade, ✆ 99764600, www.questmanly.com.au. **《《**

Freshwater Oasis B&B, schick, ganz hell gehalten, mit Terrasse und Pool. Für 2 Pers. ab 170 $, inkl. Frühstück 200 $. Minimum 2 Nächte. 149 Crown Rd., Queenscliff, ✆ 99053132 oder 0411724782 (mobil), www.freshwateroasis.com.au.

The Boardrider Backpacker, gute Low-Budget-Unterkunft im Zentrum. Bett im Dorm ab 32 $ (196 $/Woche), DZ mit eigenem Bad ab 105 $. Rear 63 The Corso, ✆ 99776077, www.boardrider.com.au.

Essen & Trinken Jellyfish Café, hier füllen sich die Stühle schon in den frühen Morgenstunden, wenn Surfer und junge Muttis ein supergesundes Frühstück zu sich nehmen. Shop 5, 93–95 North Steyne, ✆ 99774555, www.jellyfishmanly.com.

Beaches Pizzeria, rustikaler Laden mit der besten Pizza der Stadt. Normale Größe 10–20 $, es gibt sie auch eine Nummer kleiner oder eine Nummer größer. Tägl. ab 17.30 Uhr. 22–24 Darley Road, ✆ 99770078, www.beachespizza.com.au.

Manly Wharf Bar, hier wird gefeiert – der Sundowner auf dem Pier am Sonntagabend ist Kult. Das Essen ist gut, die Preise sind in Ordnung. Mo–Fr 11.30–24 Uhr. Sa/So 11–24 Uhr. ✆ 99771266, www.manlywharfhotel.com.au.

Steyne Hotel, Pub mit diversen Bistros und Bars, das Essen ist simpel, aber richtig gut. Dachterrasse mit perfektem Strand- und Meerblick. Regelmäßig Live-Bands. Tägl. 10–3 Uhr (Sa/So bis 4 Uhr). 75 The Corso, ✆ 99774977, www.steynehotel.com.au.

Baden & Strände

Manly Beach: Der Klassiker und bei Weitem nicht so überlaufen wie Bondi Beach. Großer Rockpool am nördlichen Ende (Abschnitt North Steyne) und Mini-Rockpool am Fußweg Richtung Shelley Beach. Beachvolleyballplätze, Surfbrettverleih und jede Menge Cafés und Kneipen.

Shelley Beach: Kleiner, romantischer Strand mit Abendsonne, etwa 20 Minuten zu Fuß vom südlichen Ende des Manly Beach entfernt. Zur Stärkung kann man die öffentlichen BBQs anheizen oder im Restaurant „Le Kiosk" einkehren.

Manly Cove: Nicht auf der Pazifikseite, sondern im Hafenbecken, gleich neben dem Fährterminal. Geschützt, mit schattigen Bäumen und Verpflegung im Fährterminal.

Sehenswertes

North Head Sanctuary: Auf penibel angelegten Spazierwegen kann man durch die Buschlandschaft auf dem North Head streifen. Auf dem ehemaligen Gelände einer Artillerieschule lassen heute Einheimische und Touristen die Seele baumeln. Das „Gatehouse Visitor Centre" ist sieben Tage die Woche (10–16 Uhr) besetzt.

North Head Lookout: Ein unglaublicher Blick auf den Port Jackson und den South Head vom North Head aus, direkt an der Einfahrt in den Hafen. Zum Start des **Sydney Hobart Race** immer am 26. Dezember pilgern Zuschauer, Pressefotografen und Fernsehteams gleichermaßen zu dem beliebten Aussichtspunkt.
Anreise: Zu Fuß ab Manly in etwa 50 Min. erreichbar. Geringe Parkgebühr für Pkws. Mit der Buslinie 135 ab Manly Wharf nach North Head.

Q Station: In der Quarantänestation wurden einst all jene Neuankömmlinge „deponiert", bei denen ein Verdacht auf ansteckende Krankheiten bestand – in Zeiten von Pocken, Cholera und Spanischer Grippe, alles Krankheiten, die weltweit Millionen von Menschen dahingerafft haben, ein absolut notwendiger Schutz der Kolonie. Die Anlage befindet sich in bester Lage direkt am Hafenbecken und wird entsprechend für den Tourismus genutzt: Man findet Übernachtungsmöglichkeiten, im Boilerhouse Restaurant kann man ausgezeichnet essen und auf geführten Tou-

Surfer finden am Manly Beach gute Bedingungen

ren viel über die Historie der Bauten erfahren. Anreise auch direkt mit dem Wassertaxi möglich.

Führung: tägl. um 11 Uhr, dauert eine Stunde und kostet 15 $. Eine längere Variante (2 Std.), Sa/So um 14 Uhr, 35 $. **Ghost-Tours**: Mi–So um 20 Uhr (ca. 2:30 Std.), ab 49 $ bzw. jeden Fr um 22 Uhr (ca. 3 Std) für 75 $. **Übernachten** → S. 241. www.qstation.com.au.

Manly Sea Life Sanctuary: Aquarium mit zahlreichen Tieren, von bis zu 3 m langen Haien bis hin zu Stachelrochen und Pinguinen. Mutige können hier auch einen *Shark Dive Xtreme* buchen und selbst zu den Tieren ins Becken steigen.

Tägl. 9.30–17 Uhr (außer 25. Dez.). Erw. 25 $, Kinder 15 $, Familienticket (2 Erw., 2 Kinder) 65 $, Shark Dive Xtreme 205 $ (für Certified-Diver) bis 280 $ (für Anfänger), mit Fütterung 395 $. Onlinebuchung bis zu 30 % günstiger. West Esplanade, ℡ 82517878, www.manlysealifesanctuary.com.au.

Manly Art Gallery & Museum: Vom Fährterminal gerade mal drei Gehminuten entfernt. Gegründet wurde die Galerie 1930 mit dem Erwerb des Bildes „Middle Harbour from Manly Heights" von **James Jackson** – mittlerweile sind über 800 Gemälde, Zeichnungen, Drucke usw. ausgestellt. Außerdem gibt es eine Abteilung, die sich mit der „Strandkultur des 20. Jahrhunderts" befasst. Zu den Exponaten gehören Fotos, Taschen, Hüte und Sonnenbrillen aus den letzten 100 Jahren.

Di–So 10–17 Uhr. Eintritt frei. West Esplanade, ℡ 99761420, http://manlyartgallerycollections.com.au.

Northern Beaches

Begehrte Wohngegend abseits des Trubels, beliebtes Surfrevier und Oase vor den Toren der Stadt – die Einheimischen wissen schon lange, was sie an ihren Northern Beaches haben.

Im Vergleich zu den Stränden in Sydneys Osten sind Touristen hier eher spärlich gesät. Das liegt sicherlich auch daran, dass man vom Stadtzentrum in 20 Minuten nach Bondi fährt, aber über eine Stunde z. B. nach Avalon benötigt. Dafür gibt's hier gemütliche Cafés und familiäre Beschaulichkeit. Die Strände wurden zum großen Teil in ihrer Ursprünglichkeit belassen – noch hat man sie nicht in das Korsett des Massentourismus gezwängt. Große Pinien spenden Schatten und bilden einen dramatisch-grünen Kontrast zum weißen Sand und zum tiefblauen Meer. Ganz im Norden, in Palm Beach, stehen einige der exklusivsten Wohnhäuser der Gegend.

Anreise Pkw: 40 km von *Manly* nach *Palm Beach* auf der Pittwater Road und der Barrenjoey Road.

Bus: Viele Linien von *Sydney Buses* (℡ 131500, www.sydneybuses.info) steuern die *Northern Beaches* an, aber nur mit den Linien 190 und L90 gelangt man bis nach Palm Beach.

Übernachten Jonah's, es gibt 7 Einheiten mit handgefertigten Designermöbeln, edlen Bädern mit Jacuzzi und eigenen Balkonen. Übernachtung ab 325 $, mit Abendessen im noblen Restaurant ab 484 $, Preise pro Pers. 69 Bynya Rd., Whale Beach (Palm-Beach-Halbinsel), ℡ 99745599, www.jonahs.com.au.

Avalon Beachside, nettes Ferienhäuschen in Strandnähe. Zimmer mit Wohn- und Schlafbereich und Kochnische. Übernachtung ab 120 $/2 Pers., die Woche ab 550 $. Waschmaschine und Trockner vorhanden. 22 Elaine Ave, Avalon, ℡ 99183669 oder 0416286697 (mobil), www.avalonbeachside.com.au.

Barrenjoey House, Weiß ist die dominante Farbe, was den Zimmern einen kühlen Touch an heißen Tagen verleiht. DZ mit Bad ab 220 $, DZ ohne eigenes Bad ab 180 $. 1108 Barrenjoey Rd., ℡ 99744001, www.barrenjoeyhouse.com.au.

Sydney Beachhouse YHA, am Collaroy Beach. Swimmingpool, TV-Raum, BBQs,

Grandioser Blick über die Barrenjoey-Halbinsel

Internetzugang und Touristinfo. Kostenloser Surfbrett- und Fahrradverleih. Im Mehrbettzimmer ab 30 $, DZ ohne Bad ab 80 $. 4 Collaroy Street, Collaroy Beach, ✆ 99811177, www.sydneybeachhouse.com.au.

Sydney Lakeside Holiday Park, wunderbar gelegen, aber teuer. Stellplatz ab 40 $ (in der Hochsaison bis 70 $!), ein festes Dach über dem Kopf ab 140–320 $. 38 Lake Park Road, North Narrabeen, ✆ 99137845 oder 1800008845, www.sydneylakeside.com.au.

Essen & Trinken **Newport Arms Hotel**, riesiger Komplex direkt am Wasser, mit großer Terrasse, Biergarten, Bistro, Restaurant und Fremdenzimmern. Sehr beliebt bei Wochenendausflüglern. 2 Kalinya Street, Newport, ✆ 99974900, www.newportarms.com.au.

Café Ibiza, lässiges Café für eine Stärkung zwischendurch und nur in paar Minuten vom Strand entfernt. Tägl. 8–20 Uhr. 47 Old Barrenjoey Rd., Avalon, ✆ 99183965, www.cafeibiza.com.au.

Sea Change Cafe, super Lokal. Das vorbereitete Grillgut (z. B. Thunfischsteak, Lammkoteletts, Garnelen) liegt in einer Glasvitrine und kann vor der Zubereitung „besichtigt" werden. Frühstück 8–20 $, Vorspeisen 6–15 $, Hauptgerichte 20–30 $. So/Mo 6.30–17 Uhr, Di–Sa 6.30–21.30 Uhr. Shop 3/20 The Strand, Dee Why Beach, ✆ 99719692, www.seachangecafe.com.au.

Wanderung zum Barrenjoey Lighthouse

Der Leuchtturm thront auf dem nördlichen Hügel der **Barrenjoey-Halbinsel**. Ab dem Parkplatz (→ Anfahrt) geht's zu Fuß etwa 10 Min. am Strand der Buchtseite entlang, bevor man bei einer kleinen Wellblechhütte den Einstieg zum Track sieht. Es gibt drei Alternativen: Die beiden kürzeren (z. B. der **Smuggler's Track**) sind schwieriger zu gehen, schlechter ausgebaut und nicht so schön, es lohnt sich also nicht, hier 10 Min. zu sparen. Der Hauptweg wurde zum Bau des Leuchtturms angelegt, ist breit, zwar etwas steil, aber doch relativ einfach zu bewältigen. Da das Gelände z. T. etwas felsig ist, sollte man festes Schuhwerk tragen. Rückweg auf demselben Track. Einfache Strecke 30 Min. Sonntags gibt es geführte Touren im Leuchtturm. Derzeit ist das Areal von den Folgen der Buschbrände gezeichnet.

Anfahrt: Relativ leicht zu erreichen, man fährt mit dem Auto nach **Palm Beach** und biegt nach dem Golfplatz links in den Parkplatz ein. Touren (ca. 30 Min.) jeden Sonntag 11–15 Uhr, 5 $. Infos unter ✆ 94729300.

Hawkesbury River

Der Fluss, der mit zahlreichen Seitenarmen und Buchten die Region zerklüftet, wurde bereits wenige Wochen nach Ankunft der First Fleet in der Sydney Cove von Gouverneur Phillip höchstpersönlich erkundet.

Das Zusammentreffen mit den dort ansässigen Aborigines beschrieb er zwar als freundlich; als er jedoch ein Jahr später zurückkehrte, war bereits die Hälfte der Eingeborenen an den Pocken verstorben, und jeder, der sich noch irgendwie bewegen konnte, lief vor seinen Truppen davon.

In den Anfangsjahren entwickelte sich die unübersichtliche Region mit ihren dichten Wäldern und weitverzweigten Wasserwegen zu einem wahren Paradies für entlaufene Sträflinge und Schmuggler. 1889 wurde die erste Eisenbahnbrücke über den Fluss gebaut, um eine schnellere Anbindung an die Nordküste von New South Wales zu gewährleisten. Heute ist die Region beliebtes Urlaubsziel und steht bei Wassersportlern hoch im Kurs.

Brooklyn

Der kleine Küstenort wird oft „Tor zum Hawkesbury" genannt und liegt auf einem schmalen Streifen Land zwischen dem Fluss im Norden und dem Ku-Ring-Gai Chase-Nationalpark im Süden.

Gegründet wurde Brooklyn 1884 von den zwei *Fagan*-Brüdern, die hier ihre 100 ha Land zugeteilt bekamen. Der Fluss ist landeinwärts noch gut 100 km schiffbar, von hier aus startet auch Australiens letztes Postboot, das neben der Lieferung von Lebensmitteln auch Touristen mit an Bord nimmt. Außer dem Tourismus und den Unternehmen, die im maritimen Sektor tätig sind, spielen Austernfarmen eine große Rolle für die Region – das Gebiet um den Hawkesbury deckt 10 % des gesamten Austernbedarfs von New South Wales.

GPS: S33°32.84' E151°13.74'
Ortsvorwahl: 02

Anreise Pkw: Etwa 55 km ab *Sydney-Zentrum*. Zuerst nach *Hornsby* im Norden der Stadt, dann weiter auf dem Sydney–Newcastle-Freeway.
Bahn: Züge (✆ 131500, www.cityrail.info) fahren von *Sydney Central* nach *Brooklyn* (6,40 $ einfach, 65 Min.) mit den Haltestellen *Mt. Kuring-Gai, Berowra* und *Cowan*.
Infos im Web www.hawkesburytourism.com.au.
Events Bridge to Bridge Races, im Mai und Nov. Mit Jetbooten und auf Wasserskiern wird von der Hawkesbury River-Brücke in Brooklyn bis zur Brücke in Windsor gerast. Distanz: sage und schreibe 110 km!

Hausboote Ripples Houseboats, die kleineren Boote mit 4 Schlafplätzen kosten für

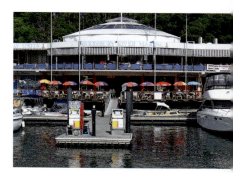

Hawkesbury Marina in Brooklyn

2 Nächte 700–1000 $, in den Weihnachtsferien bis 1600 $. Auch Boote für bis zu 10 Pers. im Angebot. 87 Brooklyn Rd., ✆ 99855555, www.ripples.com.au.

Luxury Afloat Houseboats, die Marina befindet sich nicht direkt in Brooklyn, also vom Highway nicht in die Brooklyn Rd. abzweigen, sondern eine Ausfahrt später. 33ft- und 45ft-Hausboote gibt's im Winter schon ab 900 $ für 3 Nächte. ✆ 99857344, www.luxuryafloat.org.

Postboot Die entspannte Fahrt (50 $/Pers.) genießt man am besten bei einem kühlen Bier auf dem Sonnendeck des Tuckerkahns. Mo–Fr 9.30–13.15 Uhr (nicht an Feiertagen). Die Boote legen an der Marina in Brooklyn ab (beim Parkplatz an der Dangar Road). ✆ 99859900.

Essen & Trinken **Anglers Restaurant**, nettes Restaurant mit überdachtem Außenbereich. Die Meeresfrüchteplatte gibt es ab 30 $/Pers., Steaks ab 26 $. Tägl. ab 11 Uhr. 216 Brooklyn Road, ✆ 99857860, www.anglersrestaurant.com.au.

JJ's Seafood, nicht gerade eine Schönheit, aber dafür gibt's frischen Fisch in allen Variationen und das auch noch günstig. Etwa 10 Variationen von Austern, ab 20 $ das Dutzend, Fish&Chips ab 10 $. Tagsüber geöffnet. Im Ort an der Dangar Road (Richtung Marina).

Ku-ring-gai-Chase-Nationalpark

Der zweitälteste Nationalpark des Landes (1894 gegründet) präsentiert sich auf einer Fläche von knapp 15.000 ha mit einer enormen Vielfalt an Flora und Fauna. Selbst an Stellen, wo die Sandsteinformationen nur wenig von fruchtbarem Boden bedeckt sind, wuchert üppiges Heideland; an Stellen mit tiefgründiger Bodenbedeckung, die den Baumwurzeln mehr Halt bieten, breiten sich größere Waldflächen aus. Auf kleineren Arealen gedeiht sogar Regenwald, während an den Ufern der Flussarme direkt am Wasser Mangroven ideale Bedingungen finden. Über 160 Vogelarten, vom kleinen Kingfisher bis hin zum mächtigen Keilschwanzadler, sind hier heimisch. Mehr als 800 **Aboriginal Sites** mit Hinweisen auf frühe Besiedlung der Ureinwohner sind bekannt, darunter Felsgravuren, Höhlenmalereien und Beerdigungsstätten. Am **Westhead** gibt es nicht nur den schönsten Ausblick, sondern auch die bekannte **Red Hands Cave**. Im Juli 2006 wurde der Park der National Heritage List hinzugefügt.

Anreise Pkw: Von *Palm Beach* aus mit der Fähre (→ Northern Beaches). Zum *Bobbin Head* sind es ab Sydney 30 km via *Hornsby* auf dem Pacific Highway. Zur *Akuna Bay* und dem *West Head* biegt man bei *Gordon* vom Highway auf die Mona Vale Road, später auf die McCarrs Creek Road und die West Head Road. Pro Pkw ist eine Nationalpark-Gebühr von 11 $ fällig. Die Schranken an der Zufahrt zum Bobbin Head und der Appletree Bay sind im Sommer 20–6 Uhr geschlossen, sonst 17.30–6 Uhr. Zufahrt zum West Head im Sommer 20.30–6 Uhr geschlossen, den Rest des Jahres 18–6 Uhr.

Öffentliche Verkehrsmittel – Park Ost: Die Linie 190 der *Sydney Buses* (✆ 131500, www.sydneybuses.info) fährt von *Wynyard* zum Fährterminal in *Palm Beach*. Von dort steuern die *Palm Beach Ferries* (✆ 99742411, www.palmbeachferry.com.au) im 1-Std.-Takt *The Basin* (15,40 $ return) und den *Mackerel Beach* an. Ein Wassertaxi (✆ 0415408831) kostet ab 55 $.

Öffentliche Verkehrsmittel – Park West: Züge (✆ 131500, www.cityrail.info) fahren ab *Sydney* Central mit folgenden Stationen: *Mt. Kuring-Gai*, *Berowra* und *Cowan*.

Touristinfo Park Information Bobbin Head, Auskunft zu Wandertouren und zum Areal am Bobbin Head. Es gibt diverse Bücher und einige Souvenirs zu kaufen. 10–12 u. 12.30–16 Uhr. Bobbin Head Road, ✆ 94728949, bobbin.head@environment.nsw.gov.au.

Kalkari Discovery Centre, nur einige Kilometer vom Bobbin Head entfernt. Tägl. 9–17 Uhr. Ku-ring-gai Chase Road, Mount Colah, ✆ 94729300, snr.discovery@environment.nsw.gov.au.

Bootsmiete All Points Boating, hier kann man kleine Runabouts (ab 40 $/Std.) und

Kajaks (ab 20 $/Std.) mieten, auf Wunsch auch mit Angelausrüstung. Kein Bootsführerschein nötig. ℡ 0413299185, www.boabboathire.com.au.

Übernachten Pittwater YHA, idyllisch gelegene Herberge, mit etwas umständlicher Anreise per Fähre bzw. Wassertaxi ab Church Point bis zur Halls Wharf, am Ende geht es noch 15 Min. zu Fuß bergauf. Bett im Dorm ab 27 $, DZ ab etwa 70 $. Towlers Bay, ℡ 99995748, www.yha.com.au.

The Basin Campground, der einzige Campingplatz im Nationalpark, erreichbar mit der Fähre von Palm Beach aus, mit dem Wassertaxi oder ab Sydney mit dem Wasserflugzeug. Man kann auch zu Fuß den Basin Track von der West Head Rd. aus nehmen, in jedem Fall muss man das Auto ziemlich weit weg parken. Es gibt Toiletten, Duschen, BBQs und ein Telefon. Stellplatz 28 $ (inkl. 2 Pers.). Unbedingt vorher buchen, ℡ 99741011 oder 1300072757.

Essen & Trinken Driftwood Café, hier gibt's Kaffee und Kuchen, Frühstück sowie kleinere Gerichte (Burger, Fish&Chips) Sandwiches. Mo–Fr 8.30–16 Uhr, Sa/So 8–17 Uhr. In der d'Albora-Marina an der Akuna Bay. ℡ 99861108, www.driftwoodcafeakunabay.com.au.

Sehenswertes & Wandern

West Head: Der West Head liegt gegenüber vom Barrenjoey Head auf der anderen Seite des Pittwater. Von hier hat man einen tollen Ausblick über die Broken Bay, auf den Leuchtturm und Palm Beach. Bei der Anfahrt ist etwas Vorsicht geboten, die Straße ist z. T. nur einspurig, die Kurven sind oft sehr eng und unübersichtlich. Anfahrt über den General San Martin Drive, dann in den West Head Drive abzweigen. Es gibt etliche Parkplätze entlang der Straße (vor und nach dem West Head), außerdem sind Toiletten vorhanden.

Mt. Ku-ring-gai Track: Wanderung von der Mt.-Ku-ring-gai-Bahnstation zur Berowra-Bahnstation. Ideal für Leute ohne fahrbaren Untersatz. Der Weg führt an diversen Aboriginal-Sites vorbei zur *Apple Tree Bay*, dann weiter entlang des Cowran Creek zur *Waratah Bay*, wo einst das Windybanks Boatshed stand. Von hier aus ist noch ein steiler Aufstieg zur Berowra-Station zu bewältigen. Die mittelschwere Tour dauert etwa 4 Stunden (11 km).

The Basin Track: Dieser mittelschwere Wanderweg führt zum **Basin**, einer der Hauptattraktionen des Nationalparks, die mit einer Lagune und weißen Stränden lockt. Ein kleiner hölzerner Steg zu Beginn des Tracks führt zu einigen der besterhaltenen Felsgravuren des Parks. Auf dem Hauptweg durchquert man u. a. die hohen Wälder des Basins. Nur für Leute mit eigenem Pkw. Hin und zurück 7 km, Übernachtung auf dem Campingplatz möglich (→ Übernachten). Anfahrt über den General San Martin Drive, dann in den West Head Drive abbiegen. Der Track startet etwa 8,5 km nach der Abzweigung. Auto einfach am Straßenrand parken.

Botany Bay

Hier ging Captain Cook bei seiner Entdeckungsfahrt 1770 vor Anker und hier sollte ursprünglich auch die erste Siedlung entstehen. Bei Ankunft der First Fleet fand man allerdings nicht die idealen Bedingungen vor, die Cook beschrieben hatte, und so entschied man sich, weiter gen Norden zu segeln, wo man schließlich auf den Port Jackson stieß. Der Botaniker Joseph Banks fand hier jedoch eine schier endlose Anzahl an bis dahin unbekannten Spezies und startete ausgiebige Untersuchungen – und gab der „Botanik-Bucht" auch ihren Namen. In dieser Hinsicht ist der **Banks-Solander Walking Track**, der sich mit der außergewöhnlichen Flora der Region befasst, äußerst interessant. Der **Botany Bay Nationalpark** erstreckt sich nur über eine kleine Fläche nördlich und südlich der Einfahrt. Der Großteil der Bucht ist mittlerweile von den Ausläufern der Großstadt in Beschlag genommen und besiedelt, Sydneys Flughafen befindet sich im Norden der Bucht.

Anreise Pkw: Nach *La Perouse* sind es 18 km über den Eastern Distributor Richtung Flughafen, dann Richtung *Eastgardens* abbiegen. Nach *Kurnell* (40 km) fährt man am Flughafen vorbei, dann um die Bucht herum und auf dem Captain Cook Drive zum Ziel.

Öffentliche Verkehrsmittel: Nach *La Perouse* auf der Nordseite der Bucht fährt man mit dem Bus der Linie 394 (✆ 131500, www.sydneybuses.info). Wer nach Kurnell auf der Südseite der Bucht will, muss zunächst mit dem Zug nach Cronulla (✆ 131500, www.cityrail.info) fahren und von dort weiter mit dem Bus der Linie 987.

Information/Sehenswertes Kurnell Discovery Centre, hier soll der erste Kontakt von Captain Cooks Mannen mit der neuen Welt und den Aborigines stattgefunden haben. Außerdem reichhaltige Informationen zur Fauna des Parks und den Botanikern *Banks* und *Solander*. Shop mit Büchern, Karten und Souvenirs. Mo–Fr 10–15.45 Uhr, Sa/So 9.30–16.30 Uhr. Cape Solander Drive, Kurnell, ✆ 96682000.

La Perouse Museum & Visitor Centre, nettes Geschichtsmuseum an der Stelle, an der 1788 die *First Fleet* landete. Einige Tage später kam auch der französische Forscher und Entdecker an, nach dem das Museum benannt ist. Hier auch Infos zu den Touren auf Bare Island. So 10–16 Uhr. Cable Station, Anzac Parade, La Perouse, ✆ 93113379.

Royal-Nationalpark

Etwa auf halber Strecke zwischen Sydney und Wollongong breitet sich Australiens ältester Nationalpark aus. Mit seinem Gründungsdatum im Jahr 1879 ist er sogar der zweitälteste weltweit, nur der Yellowstone-Nationalpark in den USA ist noch älter. Den Zusatz „Royal" erhielt der Park 1954 nach einem Australien-Besuch von Queen Elizabeth. Mit einer Größe von etwa 16.000 ha bietet der Park zahlreiche Wandermöglichkeiten. Zu den Höhepunkten gehört sicherlich die zweitägige Wanderung entlang des **Coast Track** (→ Wandern) und ein Bad an einem der tollen Strände, z. B. in **Wattamolla**.

Anreise Pkw: Zum Visitor Centre in *Audley* 40 km ab *Sydney* über den Princess Highway und dann auf der Farnell Ave.

Öffentliche Verkehrsmittel: Mit dem Zug nach *Cronulla* (✆ 131500, www.cityrail.info), dann mit der Fähre nach *Bundeena*. Auch *Otford* am südlichen Ende des Nationalparks ist an die Bahn angebunden.

Parkinformation National Park Visitor Centre, Information und Karten, Kiosk und Bootsvermietung. Tägl. 8.30–16.30 Uhr. 2 Lady Carrington Drive, Audley, ✆ 95420648, www.environment.nsw.gov.au.

Wandern The Coast Track: Diese Tour erstreckt sich über 26 km entlang der Küste und ist bei mittlerer Schwierigkeit in zwei Tagen gut zu bewältigen. Start ist **Bundeena**, Endpunkt **Otford**. Gute Übernachtungsstation ist **North Era** (5 $), man muss sich aber im Voraus eine Campinggenehmigung besorgen (Mo–Fr 10.30–13.30 Uhr unter ✆ 95420683 oder im Visitor Centre, s. o.). Vor dem Start der Wanderung unbedingt aktuelle Informationen im Visitor Centre einholen (s. o.).

Übernachten & Camping Bonnie Vale Camping, auch für Caravans und Wohnmobile geeignet. Duschen und Toiletten vorhanden. Zufahrt über den Bundeena Drive, Schranke aber 20.30–6 Uhr geschlossen. Stellplatz 28 $ (inkl. 2 Pers). Vorab ist eine Genehmigung einzuholen: Mo–Fr 10.30–13.30 Uhr unter ✆ 95420683 oder beim Visitor Centre (s. o.).

North Era Campground, nur per pedes erreichbar, vor Ort gibt es Plumpsklos. 5 $/Pers. Man muss vorab eine Genehmigung einholen, entweder unter ✆ 95420683 oder im Visitor Centre (s. o.).

Southern Highlands

Die Landschaft bezaubert mit grünen Hügeln und Siedlungen im kolonialen Stil. Die etwas kühleren klimatischen Bedingungen machen die Region v. a. in den heißen Sommermonaten zum idealen Ziel. Schönster Ort der Region ist sicherlich das historische **Berrima**. Seit 1992 sind die Ortschaften durch den Bau von Umgehungsstraßen größtenteils verkehrsberuhigt. Befürchtungen, dies könnte sich in Form von Umsatzeinbußen auf die ortsansässigen Geschäfte finanziell negativ auswirken, erwiesen sich als unbegründet – im Gegenteil, die Tourismusbranche profitierte sogar. Etwa auf halber Wegstrecke zwischen Sydney und Canberra gelegen, ist die Region bei den Großstädtern sehr beliebt, die sich gerne in den ruhigen Gefilden erholen.

Anreise Pkw: Von *Sydney* fährt man 200 km nach *Goulburn* auf dem Hume Highway. Die Ortschaften *Mittagong*, *Bowral* und *Berrima* liegen in etwa auf halber Strecke. Von hier führt auch die Nowra Road über das *Kangaroo Valley* an die Küste.

Fährt man ab *Goulburn* auf dem Hume Highway weiter, so sind es noch gut 90 km nach *Canberra*.

Bus & Bahn: Bis auf Berrima sind die Orte auch mit der Bahn erreichbar (℡ 131500, www.cityrail.info).

Mittagong

ca. 7000 Einw.

Historisch gesehen ist Mittagong die erste Siedlung der Region. Von der Eisenhütte bis hin zur Molkerei waren hier in den frühen Jahren etliche Unternehmen tätig, die das nahe Sydney mit zahlreichen Produkten versorgten. Heute ist Mittagong ein entspannter Urlaubsort, in dem u. a. das Informationszentrum der Region zu finden ist. Besonders schön präsentiert sich der Ort im November zu Blüte der Waratahs.

GPS: S34°27.006' E150°27.124'
Ortsvorwahl: 02

Touristinfo Tourism Southern Highlands, großes Informationszentrum mit Broschüren, Büchern und Souvenirs. Mo–Fr 9–17 Uhr, Sa/So 9–16 Uhr. 62–70 Main Street, ✆ 48712888, tourism@wsc.nsw.gov.au.

Southern Highlands im Internet Infos unter www.southern-highlands.com.au.

Übernachten Fitzroy Inn, gutes Restaurant mit Hauptgerichten (Steak, Lamm, Huhn) um 30 $. 10 wunderbare Suiten für je 190–320 $. 1 Ferguson Crescent, ✆ 48723457, www.fitzroyinn.com.au.

Best Western Grand Country Lodge, direkt neben dem Infocenter. Alle Zimmer mit AC, TV, Minibar und eigenem Bad. DZ ab 150 $. Main Street (Old Hume Highway), ✆ 48713277.

Mittagong Caravan Park, es gibt eine komplett ausgestattete Campküche mit BBQs, Spüle, Mikrowelle, TV, Kühlschrank. Cabin ab 100 $, Stellplatz ab 28 $. 1 Old Hume Highway, ✆ 48711574, www.mittagongcaravanpark.com.au.

Bowral
ca. 11.000 Einw.

Bowral ist das kommerzielle Zentrum der Southern Highlands. In den 60er-Jahren des 19. Jh. gegründet, findet man heute noch die alten Herrenhäuser und die penibel angelegten Gärten der reichen Sydneysider, die hier zur Sommerfrische weilten.

GPS: S34°28.87' E150°25.05'
Ortsvorwahl: 02

Außerdem ist der Ort Heimat einer australischen Legende: *Sir Donald Bradman*, für viele Australier ein gottgleicher Kricket-Held, war hier zu Hause. Im „Bradman Museum & International Cricket Hall of Fame" steht alles im Zeichen der Kricket-Ikone: Geboten werden Ausstellungen und Filmvorführungen, sogar eine lebensgroße Bronzestatue kann bewundert werden.

International Cricket Hall of Fame, Eintritt 20 $, tägl. 10–17 Uhr. St. Jude Street, ✆ 48621247, www.internationalcrickethall.com.

Berrima
ca. 400 Einw.

Berrima ist ein bezaubernder kleiner Ort mit zahlreichen historischen Gebäuden, der sich wunderbar zum Herumschlendern und für eine kleine Stärkung eignet. Ab Mitte des 19. Jahrhunderts gab es hier ein Gefängnis, das – mit Unterbrechungen – bis 2011 in Betrieb war. In den frühen Jahren ein Ort unvorstellbarer Grausamkeiten, saßen hier zuletzt ausschließlich Frauen ein, die zu Kurzzeitstrafen verurteilt wurden. Da konnte man den Wärter mitunter beim Blümchenpflücken vor den historischen Mauern beobachten.

GPS: S34°29.42' E150°20.00'
660 m ü. M.
Ortsvorwahl: 02

Berrima im Internet Informationen unter www.berrimavillage.com.au.

Einkaufen Im **Australian Alpaca Centre** kann man Kleidung aus edler Alpaka-Wolle erstehen (tägl. 9–17 Uhr), bei **Mrs. Old Bucks** gibt es ausgezeichnete und außerdem naturbelassene Marmeladen, Konfitüren und Chutneys (tägl. 10–17 Uhr).

Übernachten/Essen Surveyor General Inn, ordentliche Pubunterkunft, DZ ab 70 $. Old Hume Highway, ✆ 48771226, www.surveyorgeneralinn.com.au.

Berrima Bakehouse Motel, DZ ab 110 $. 19 Old Hume Highway, ✆ 48771381, www.berrimamotel.com.au.

Eschalot Restaurant, ausgezeichnetes Restaurant. À-la-carte-Vorspeisen 16–22 $, Hauptgerichte 34–40 $. Chef-Menü mit 8

Gängen 110 $, mit passenden Weinen 165 $. Geöffnet für Abendessen Mi–Sa, für Lunch Do–So. 24 Old Hume Highway, ✆ 48771977, www.eschalot.com.au.

Für die kleine Stärkung auch die **Berrima Bakery** oder das **The Olde Magpie Café**.

Camping im Bungonia Nationalpark
Im Bungonia Camping Ground – zwischen Goulburn und Berrima – kann man idyllisch übernachten, außerdem gibt es heiße Duschen und eine Campküche. Nationalparkgebühr 7 $/Fahrzeug und 14–20 $/Nacht (2 Pers. inkl.). Platz für Wohnmobile und Zelte. Vorab buchen unter ✆ 48274700 oder 1300072757 oder bungonia@environment.nsw.gov.au.

Goulburn
ca. 24.000 Einw.

Goulburn war die erste Inlandsstadt auf dem australischen Kontinent. Die ersten Siedler ließen sich hier in den 20er-Jahren des 19. Jh. nieder, wovon noch heute zahlreiche historische Gebäude, darunter auch eine wunderbare Kathedrale, Zeugnis ablegen. Diese lassen sich bei einem entspannten Spaziergang erkunden, denn seit der Fertigstellung der Umgehungsstraße im Jahr 1992 ist es viel ruhiger geworden in der Stadt. Außerdem sollte man sich Zeit für einen Kaffee in einem der hübschen Cafés nehmen oder sich für eine kleine Pause in einen der Parks lümmeln.

GPS: S34°45.34' E149°43.25'
698 m ü. M.
Ortsvorwahl: 02

Anreise Pkw: Goulburn liegt am Hume Highway, rund 200 km südwestlich von *Sydney* und etwa 90 km nordöstlich von *Canberra* (großteils erfolgt die Route über den Federal Highway).

Bus: *Greyhound* (✆ 1300473946, www.greyhound.com.au) hält auf Wunsch in Goulburn (dem Fahrer vorher Bescheid sagen) und fährt z. B. von *Sydney* (ab 36 $, 3:15 Std.) oder von *Canberra* (20 $, 1:10 Std.) aus. *Murrays Coaches* (✆ 132251, www.murrays.com.au) hält auf der Route zwischen *Canberra* und *Wollongong*.

Bahn: Mit *NSW TrainLink* (✆ 132232, www.nswtrainlink.info) kostet die Verbindung Sydney–Goulburn 29 $ (2:30 Std.) und die Verbindung Canberra–Goulburn 11 $ (1:30 Std.). Mit *City Rail* (✆ 131500, www.citytrail.info) ist die Verbindung Sydney–Goulburn wesentlich günstiger, sie dauert aber länger und die Züge fahren auch nicht so oft.

Touristinfo Goulburn Visitor Information Centre, nahe dem Bahnhof, mit guter Auswahl an Broschüren. Mo–Fr 9–17 Uhr, Sa/So 10–16 Uhr. 201 Sloane Street, ✆ 48234492 oder 1800353646, info@igoulburn.com.

Goulburn im Internet www.igoulburn.com.

Festivals Australian Blues Music Festival, am 2. Febr.-Wochenende. ✆ 48234492 oder 1800353646, www.australianbluesfestival.com.

Übernachten Mandelson's, Boutique-Hotel. In dem roten Gebäude gibt's 8 schöne Gästezimmer mit eigenem Bad (einige mit Spa). Außerdem Innenhof, Zentralheizung, 2 Aufenthaltsräume mit Kamin. DZ etwa 170 $. 160 Sloan Street, ✆ 48210707, www.mandelsons.com.au.

Goulburn Heritage Lodge, gutes Motel. DZ ab 145 $, mit Spa ab 165 $. 69 Sydney Rd., ✆ 48219377, www.goulburnheritagemotel.com.au.

Governor's Hill Carpark, nicht besonders groß, aber mit blitzblanker Gemeinschaftsküche, TV und einem Internet-Terminal. Stellplatz mit Stromanschluss ab 35 $. 77 Sydney Road, ✆ 48217373, www.big4.com.au.

Kostenloses Übernachten mit dem Wohnmobil an der **French VC Rest Area**, etwa 10 km westlich der Stadt und direkt am

Hume Highway gelegen. Toiletten und Feuerstelle, kein Trinkwasser.

Essen & Trinken **Ban Thai Restaurant**, klassische Asia-Gerichte wie Currys und Stir-Frys gibt es hier als vegetarische Version ab 10 $, mit Fleisch oder Fisch 15–20 $. Mo–Sa 11.30–14.30 Uhr und tägl. 17–21.30 Uhr. 173 Bourke Street, ✆ 48212075, www.banthairestaurant.com.au.

》》》 **Mein Tipp: The Roses Café**, schönes, richtig gutes Café mit gutem Kaffee, Gebäck und kleinen Stärkungen. Gegenüber dem Belmore Park, einige Tische im Freien. Mo–Fr 8–17 Uhr, Sa/So 8–15 Uhr. 10 Montague Street, ✆ 48222248, www.theroses cafe.com.au. 《《《

Digger by the Perk, Bistro im Soldier's Club mit günstigen Sattmachern. Burger unter 12 $, Steaks um 25 $, der „Roast of the Day" ab 15 $. Tägl. geöffnet. 15 Market Street, ✆ 48213300, www.goulburn soldiers.com.au.

Sehenswertes

Self Guided Heritage Walking Tour: Wo sonst, wenn nicht hier: Goulburn besticht durch eine enorme Anzahl an wunderbaren historischen Gebäuden, die zum größten Teil auf die Mitte des 19. Jh. zurückgehen. Zu den herausragenden Beispielen gehören das *Court House* (1887), das *Post Office* (1881) und die *St. Saviour Cathedral* (1874–84). Eine sehr gute Karte erhält man in der Touristinformation. Absolut zu empfehlen.

The Brewery: Australiens älteste Brauerei kann besichtigt werden und natürlich kann (und sollte) man auch die Biere probieren. Es gibt ein **Sparkling Ale**, ein **Stout** und ein **Gold**. Ideal sind die Geschenkpacks mit verschiedenen Flaschen.
Fr–So ab 10 Uhr geöffnet, Führungen auf Anfrage. Eintritt 6 $. 23 Bungonia Road, ✆ 48216071, brewery@tpg.com.au.

The Big Merino: Man kann sicherlich geteilter Meinung sein, ob ein 15 m hohes Betonschaf eine Sehenswürdigkeit ist oder nicht, außergewöhnlich ist es jedoch in jedem Fall. Im „Erdgeschoss" des Schafs ist ein Shop für Wollprodukte und Souvenirs untergebracht. Wenn man ein paar Stufen weiter emporsteigt, kann man aus den Augen des Merinos über die Stadt blicken. 2007 wurde das 96 t schwere Schaf mit einem Tieflader an seinen jetzigen, günstiger gelegenen, Standort versetzt.
Corner of Hume and Sowerby Street, ✆ 48228013, www.bigmerino.com.au.

The Big Merino

Perfekter Blick auf die „Three Sisters"

Blue Mountains

Wenn dem gestressten Sydneysider die Großstadtschluchten zu eng werden, dann düst er in die Blue Mountains. Gerade mal anderthalb Stunden westlich der Metropole gibt es Natur pur mit dichten Wäldern, rauschenden Wasserfällen und vielfältiger Fauna und Flora.

Die Blue Mountains sind Teil des Australischen Berglands *(Great Dividing Range)*, welches das größte Gebirgsmassiv Australiens darstellt. Ein unüberwindbares Hindernis tat sich für die ersten europäischen Kolonisten auf, wo vereinzelte Stämme der Aborigines bereits seit gut 20.000 Jahren beheimatet waren. Erst 1813 gelang es einer Expedition, die Berge zu überqueren, was den Zugang zu den weiten Ebenen westlich der Dividing Range ermöglichte. Einige der Ortschaften liegen auf über 1000 m Höhe, ihr Klima unterscheidet sich grundlegend von dem der nahen Küstenregionen. Die Sommer sind zwar mild, im Winter wird es jedoch empfindlich kalt, vereinzelt gibt es sogar Schneefälle. Aber egal, für welche Jahreszeit man seinen Besuch einplant, die „Blauen Berge" begeistern in jedem Fall, und wer nach Sydney reist, sollte zumindest einen Tagesausflug dorthin einplanen.

Zentrum des Tourismus ist **Katoomba**, dort kann man zahlreiche Aktivitäten buchen und auch am günstigsten übernachten. Bei entsprechendem Geldbeutel kann man aber auch in exklusiven und bisweilen außergewöhnlichen Landsitzen residieren und in edlen Restaurants speisen. Die Lieblingsbeschäftigung der Touristen ist dafür kostenlos: Eine schier endlose Zahl an Wanderwegen und Routen lockt zum Erkunden der außergewöhnlichen Natur. Verantwortlich für den Namen des Gebirges sind übrigens die öligen Ausdünstungen der Eukalyptuswälder, die sich wie ein blauer Dunst über die Landschaft legen.

Grand Circular Tourist Drive

Eine Perfekte Route für Leute mit eigenem Fahrzeug. Ab **Penrith** fährt man in einer großen Schleife über Glenbrook, Wentworth Falls, Leura, Katoomba, Blackheath, Hartley, die Jenolan Caves, Oberon, Lithgow, Bell und Mt. Tomah nach **Richmond** (insgesamt 290 km bzw. 400 km ab/nach Sydney). Im Idealfall nimmt man sich dafür 3–4 Tage Zeit. Man kann zwischen Hartley und Lithgow 115 km abkürzen, verpasst dann allerdings einen wunderbaren Streckenabschnitt mit den *Jenolan Caves* und Oberon. Achtung: Die Strecke zu den Jenolan Caves ist extrem steil, eng und kurvig und deshalb für Autos mit Wohnwagen und große Wohnmobile nicht geeignet.

Großes Infozentrum in Glenbrook am Anfang der Tour. Mo–Sa 8.30–16 Uhr, So 8.30–15 Uhr. Great Western Highway, Glenbrook, ✆ 1300653408, www.visitbluemountains.com.au.

Anreise Pkw: Über *Parramatta* auf dem Western Motorway. Von *Sydney* CBD nach *Glenbrook* (63 km), nach *Katoomba* (120 km), nach *Lithgow* (145 km). Zwischen *Lithgow* und *Bathurst* in Zentral-NSW sind es etwa 60 km.

Bahn: Ab *Sydney* etwa im Stundentakt. Ab Central Station nach Katoomba gut 2 Std. 8,20 $ einfach, inkl. Rückfahrticket 16,40 $ (gilt nur am selben Tag!). ✆ 131500, www.131500.info.

Bustouren & Tagestrips Es gibt jede Menge Veranstalter, die Tagestouren ab Sydney anbieten, in der Touristeninformation prüft man für Sie, wo auch kurzfristig noch Plätze frei sind. Man reist im klimatisierten Bus, steuert die wichtigsten Attraktionen an und hat meist einen eigenen Guide an Bord. Tagestour um 79 $ (Kinder 60 $). Bei jungen Leuten sehr beliebt. Anbieter sind z. B. **Oz Trails**, (✆ 0411288805 oder 1300853842, www.oztrails.com.au) oder **Sightseeing Tours Australia** (✆ 1300661225, www.bluemountainstoursydney.com.au).

Private Touren im Geländewagen Life's an Adventure, unterwegs im klimatisierten Geländewagen, der Fahrer ist gleichzeitig Guide und bringt seine Gäste auch in abgelegene Winkel der Region. Ab Sydney 275–299 $/Pers., ab Blue Mountains 225–249 $/Pers. ✆ 99754553, www.lifesanadventure.com.au.

Transport & Sightseeing **Blue Mountains Bus Company**, zwischen Penrith und Mt. Victoria, hält an Sehenswürdigkeiten. Fahrpläne → www.bmbc.com.au, ✆ 47511077.

Blue-Mountains-Explorer-Busse, die roten Doppeldecker halten an 30 Stopps um Katoomba und Leura. 40 $ ohne Limit für bis zu 7 Tage. ✆ 47821866, www.explorerbus.com.au.

Trolley Tours, hält an den wichtigsten Sehenswürdigkeiten. Hop-on-hop-off-Tagespass 25 $. ✆ 47877999, www.trolleytours.com.au.

Free-, Budget- & Nationalpark-Camping Euroka Campground, rund 80 Personen können hier zelten, es gibt Plumpsklos und Picknicktische. Die letzten 4 km auf unasphaltierter Straße, bei gutem Wetter für 2WD, aber nicht für große Wohnmobile geeignet. Park wird um 18 bzw. 19 Uhr abgesperrt und erst um 8.30 Uhr wieder geöffnet. Nationalparkgebühr 7 $ und 20 $/Platz (2 Pers. inkl.). Anfahrt ab Glenbrook. Buchung unter ✆ 45882400, www.environment.nsw.gov.au.

Ingar Campground, nur Zelte, kurzer Weg vom Parkplatz zum Stellplatz. Plumpsklos. Anfahrt westlich von Bullaburra auf der Tablelands Road nach Süden und via Queen Elizabeth Drive. 4WD empfohlen, bei nassem Wetter nötig. Kostenlos, dafür keine Reservierung möglich. ✆ 47878877, www.environment.nsw.gov.au.

Perrys Lookdown, Top-Spot, der allerdings nur Platz für 5 Zelte bietet. Außerdem muss man von seinem Fahrzeug zum Stellplatz ein Stück zu Fuß gehen. Es gibt nichts außer Plumpsklos, außerdem darf man nur eine Nacht bleiben. Anfahrt ab Blackheath über Hat Hill Road (nicht asphaltiert, 2WD möglich). ✆ 47878877, www.environment.nsw.gov.au.

Jenolan Caves → S. 256.

3-Day Blue Mountains ExplorerLink
Das Kombiticket von *City Rail* beinhaltet die An- und Abreise mit dem Zug, unlimitierte Nutzung der Züge zwischen Wentworth Falls und der Zig-Zag Railway sowie der roten Explorer-Sightseeing-Busse. Ab Sydney Central Station 81,60 $/Pers., Kinder 38 $. ✆ 131500, www.131500.info.

Sehenswertes

Three Sisters: Ein Muss und auch noch kostenlos. Der berühmteste Anblick in den Blue Mountains sind zweifellos die „Three Sisters", eine Formation aus drei nebeneinander stehenden Felssäulen, jede über 900 m hoch. Zur riesigen Aussichtsplattform am **Echo Point** werden ganze Busladungen an Touristen gekarrt und von hier geht auch der Wanderweg zu den Schwestern ab. Etwa 300 m nach der Scenic World (s. u.) geht's den Berg hinauf zum **Eagle Hawk Lookout**, von wo aus man die Formation im Profil sieht.
Infozentrum, tägl. 9–17 Uhr. Parkgebühr am Echo Point 1. Stunde 3,80 $, danach 4,40 $/Std.
Am Eagle Hawk Lookout haben am Straßenrand nur etwa 3 Autos Platz.

Die Legende der Three Sisters
Die drei Schwestern *Meehmi*, *Wimlah* und *Gunnedoo* lebten einst als Mitglieder des Volkes der Katoomba in jenem Tal, das sich heute zu Füßen der Felssäulen erstreckt. Die Mädchen verliebten sich in drei Brüder aus dem Pepean-Stamm, aber die Gesetze verboten ihnen, zu heiraten, worauf die Männer die Schwestern mit Gewalt erobern wollten. Um das zu verhindern, verwandelte ein Zauberer der Katoomba die Mädchen für die Dauer der Kämpfe in Stein. Der Zauberer selbst fand jedoch im Kampf den Tod und so erhielten die Schwestern nie ihre menschliche Gestalt zurück – noch heute wachen sie als markante Felsformation über dem Tal. Diese Geschichte existiert auch in leicht abgewandelten Versionen.

Scenic World: Ein Klassiker und ideal, um in kurzer Zeit viel zu sehen. Man kann mit der **Scenic Skyway** in 270 m Höhe über eine Schlucht fahren und durch den Glasboden den Wald von oben bestaunen. Die **Scenic Railway** ist die steilste Schienenseilbahn der Welt und führt durch dichte Vegetation in den Talkessel hinab. Unten gibt es den 2 km langen **Scenic Walkway**; mit dem **Scenic Cableway** schwebt man in einer Gondel wieder zum Ausgangspunkt zurück.
Tägl. 9–17 Uhr, letzte Fahrten 16.50 Uhr. Kombiticket für alles 35 $, Bushwalker können die einfache Rückfahrt aus dem Jamison Valley für 16 $ antreten. Violet Street/Ecke Cliff Drive, Katoomba, ✆ 47800200 oder 1300759929, www.scenicworld.com.au.

Blue Mountains Botanic Garden: Ein Ableger des Botanischen Gartens in Sydney und Heimat für Pflanzen, die kühles Bergklima bevorzugen. Hier gedeihen auch einige (zugegeben etwas unscheinbare) Exemplare der berühmten und seltenen **Wollemi-Pinie** (→ S. 41). Außerdem gibt's einen Felsgarten und ein Bistro-Restaurant mit tollem Ausblick.
Tägl. 9–17.30 Uhr. Eintritt frei. Bells Line of Road (nahe Bilpin), ✆ 45673000, www.rbgsyd.nsw.gov.au.

Everglades Gardens: Wunderschöne Gartenlandschaft, harmonische Mixtur aus europäisch inspiriertem Gartendesign und australischem Buschland. Der Garten wurde zwischen 1932 und 1947 angelegt, das Haus stammt von 1935/36. Seit 1962 ist das Gelände im Besitz des National Trust und zu jeder Jahreszeit für einen Besuch sehr zu empfehlen.

Okt.–März 10–17 Uhr, April–Sept. 10–16 Uhr. Eintritt 10 $. 37 Everglades Ave, Leura, ✆ 47841938, www.everglades.org.au.

Zig-Zag Railway: Die Trasse wurde zwischen 1866 und 1869 erbaut, um mit den Zügen der **Great Western Railway** den enormen Höhenunterschied zwischen Lithgow und den Erhebungen der Blue Mountains zu überwinden. Ende des 19. Jh. wurde die einspurige Linie stillgelegt. 1972 wurde die Strecke restauriert und mit den alten Waggons befahren. Bei einem Feuer 2013 wurden Züge und Anlagen vernichtet bzw. stark beschädigt, der Schaden wurde auf rund 4 Mio. Dollar beziffert. Die Wiederaufnahme des Betriebs ist für 2015 geplant.

www.zigzagrailway.com.au.

Jenolan Caves: Experten schätzen das Alter der Kalksteinhöhlen auf etwa 100 Mio. Jahre. Der Outlaw **James McKeowan** soll als erster Europäer seinen Fuß in die Jenolan Caves gesetzt haben, bestätigt ist die Entdeckung durch den Schäfer **James Whalan** im Jahr 1838. Bereits in den 1880ern hatte sich das Höhlensystem zu einer Attraktion entwickelt, erste Wege wurden angelegt und später Lichter installiert. Heute ist rund ein Dutzend der imposantesten Höhlen zu besichtigen. Keine Tankstelle an den Caves, also vor Anreise noch einmal Sprit auffüllen!

Besichtigungen ab 32 $ für eine 1-stündige Führung bis hin zu 200 $ für eine 7-stündige Abenteuertour. Buchungen nur telefonisch unter ✆ 63593911 oder 1300763311, Infos auch unter www.jenolancaves.org.au.

Wandern in den Blue Mountains

Es gibt wohl nur wenige Regionen in Australien, die in puncto Wandern so gut erschlossen und organisiert sind wie die Blue Mountains. In den Touristinformationen kann man sich mit kostenlosem Karten- und Infomaterial eindecken, für besonders Interessierte steht eine Flut an Literatur zur Verfügung (auch schon in den Buchläden in Sydney). Gut geeignet ist das Booklet „Bushwalking in the Katoomba and Leura Area", das für 8 $ in der Touristinfo erhältlich ist. Am oberen Rand des Talkessels schlängelt sich der **Prince Henry Cliff Walk** entlang, der etappenweise zu wunderbaren Aussichtspunkten führt. Unten im Jamison Valley

führt der **Federal Pass** an den Klippen entlang. Ein einfacher halbstündiger Spaziergang bringt einen vom *Echo Point* zu den *Three Sisters*. Eine moderate Tour kann man von den *Golden Stairs* zur *Scenic Railway* unternehmen – auf diese Weise spart man sich den anstrengenden Aufstieg (kostenpflichtig, letzte Fahrt 16.50 Uhr). Für erfahrene und ausdauernde Wanderer ist z. B. der **Ruined Castle Track** (6 Std.) genau das Richtige.

Ortschaften am Round Drive

Wentworth Falls

ca. 5400 Einw.

Zuerst wurden die Wasserfälle nach ihrem Entdecker *William Charles Wentworth* benannt, später änderte auch die Ortschaft ihren Namen. Einen Blick auf die Wentworth Falls hat man vom **Princess Rock Lookout**, der über einige Stufen bequem vom Parkplatz aus erreichbar ist, die Anfahrt ist beschildert. Im Ort selbst gibt es einige wunderbare viktorianische Gebäude; das Café in der *Conservation Hut* ist ein unglaublich toller Platz für eine Stärkung.

> GPS: S33°43.57′ E150°22.13′
> 867 m ü. M.
> Ortsvorwahl: 02

Touristinfo Nächste Infozentren in **Katoomba** oder **Glenbrook**.

Festivals Wentworth Falls Autumn Festival, im April.

Übernachten/Essen The Falls Mountain Retreat, stilvoll eingerichtete Apartments in versch. Ausführungen. Kleines Studio mit Küche, Spa und Kamin ab 175 $ bzw. 210 $/Nacht (Sa/So), 2 Übernachtungen Minimum. Auch mit 2 Schlafzimmern. The Avenue, ✆ 47578801, www.fallsmountainretreat.com.au.

Silvermere Guesthouse, fantastische B&B-Zimmer in toller Location mit großem Garten. Mo–Fr ab 190 $/DZ (mit eigenem Bad), Evtl. 2 Nächte Minimum. 1 Lake Street, ✆ 0488361923, www.silvermere.com.

Grand View Hotel, Hauptgerichte 20–28 $. schönes Pub-Hotel mit einfachen DZ (80–110 $) und richtig gutem Bistro. Täglich Mittag- und Abendessen. 174 Great Western Highway, ✆ 47571001, www.thegrandviewhotel.com.

The Conservation Hut, perfekte Lage mit ebenso perfektem Ausblick. Frühstück und Lunch (15–28 $), Dinner (2 Gänge 45 $) nur im Sommer. Nur BYO. Tägl. ab 9 Uhr. Fletcher Street, ✆ 47573827, www.conservationhut.com.au.

Leura

ca. 4500 Einw.

Leura ist sicherlich die schönste Ortschaft in den Blue Mountains. Die kurze Hauptstraße wird von Bäumen gesäumt, auf einer Länge von 200 m reihen sich gemütliche Cafés und kleine Läden aneinander. Touristenströme wie in Katoomba gibt es hier nicht, vielmehr herrscht entspannte Ruhe. Man kann wunderbar durch den Ort schlendern, einkaufen und schlemmen – in und um Leura gibt's etliche ausgezeichnete Restaurants. Wer hier übernachten will, findet im oberen Preissegment einige fantastische Unterkünfte, die z. T. äußerst kreativ gestaltet sind und ein ganz besonderes Flair besitzen. Absolut sehenswert sind die **Everglades Gardens** (→ S. 256).

Steile Felstreppen
in den Blue Mountains

> GPS: S33°42.858′ E150°19.845′
> 985 m ü. M.
> Ortsvorwahl: 02

Leura im Internet Informationen unter www.leurabluemountainsguide.com.

Übernachten/Essen The Greens of Leura B&B, die gemütlichen Zimmer mit Bad und massiven Betten sind nach Schriftstellern benannt. DZ ab 175 $/Nacht, allerdings 2 Nächte Mindestaufenthalt. 24–26 Grose Street, ✆ 47843241, www.thegreensleura.com.au.

🍃 **Old Leura Dairy**, freistehende Unterkünfte mit edel-rustikalem Flair und toll eingerichtet. Platz ist je nach Option für 2–10 Pers. Ab 220 $/Paar, zur Hauptsaison mehr, dafür massiver Rabatt ab 2 Übernachtungen. 61 Kings Road, ✆ 47820700, www.oldleuradairy.com. ∎

Silk's Brasserie, hochgelobtes Restaurant mit umfangreicher Weinkarte und raffinierten Gerichten, z. B. Lachsfilet auf Papayasalat mit Chilidressing (35 $). Tägl. Lunch und Dinner. 128 The Mall, ✆ 47842534, www.silksleura.com.

Zest Leura, hier bekommt man einen guten Espresso und einige frische Gerichte, z. B. Vongole-Linguine (19 $) oder ein Pulled Pork Sandwich (17,50 $). Frühstück bis mittags erhältlich. Tägl. ab 8 Uhr, Abendessen Di–Sa ab 17.30 Uhr. Leura Mall/Ecke Megalong Street, ✆ 47841159, www.zestleura.com.au.

Wayzgoose Café, nettes, günstiges Café mit Frühstücks- und kleiner Mittagskarte. BYO. Tägl. 9–17 Uhr. 174 The Mall, ✆ 47841973, www.wayzgoosecafe.com.au.

Katoomba

ca. 18.000 Einw

Katoomba ist die größte Ortschaft der Blue Mountains und Touristenmagnet der Region. Einen großen Teil der Naturschätze hat man wirksam durch etliche moderne Attraktionen ergänzt.

Vom **Echo Point** aus gibt's die berühmten *Three Sisters* (→ Sehenswertes, S. 255) zu sehen und deshalb macht wirklich jeder Blue-Mountains-Tourist hier Station. Doch was sicherlich gut fürs Geschäft ist, macht die eigentlich schöne Stadt auch wieder unattraktiv – manchmal tummeln sich hier einfach zu viele Menschen. Einige günstige Backpackerunterkünfte machen Katoomba für junge Leute interessant und so haben sich auch Buchungsbüros für Abenteuertouren im Ort niedergelassen. In den Restaurants und Cafés der Stadt kann man gut essen, während das Nachtleben auch zu später Stunde für Kurzweil sorgt. Ein sehr gutes Infozentrum befindet sich am Echo Point.

(Basis-Infos → Karte S. 261

GPS: S33°43.90′ E150°18.78′
1000 m ü. M.
Ortsvorwahl: 02

Touristinfo Visitor Information Centre, gute Broschüren für Wanderungen in der Region (6 $) und jede Menge kostenloses Material. Tägl. 9–17 Uhr. Echo Point, ✆ 1300653408, info@visitbluemountains.com.au.

Katoomba im Internet Informationen unter www.visitbluemountains.com.au.

Festivitäten & Märkte Yulefest, Weihnachtsfeierlichkeiten im Juli (!). Weil die Australier auch eine weiße Weihnacht erleben wollen, gibt es in den Wintermonaten Juni–Aug. diverse Festivitäten – sogar mit Tannenbaum und Nikolaus. Offizielle Feiertage sind dies allerdings nicht.

Katoomba Growers Market, zwischen Mai und November immer am vierten Sonntag des Monats.

Internet Die Terminals im YHA **8** dürfen auch Nichtbewohner nutzen.

(Übernachten/Essen & Trinken/Nachtleben → Karte S. 261

Übernachten The Carrington **4**, wunderbar hergerichtet und mit enormer Auffahrt, erinnert das historische Hotel (1882) an ein Herrenhaus. Wohnliche Zimmer mit Bad. Das einfachste DZ ab 129 $ bzw. ab 149 $ (Sa/So). Versch. Varianten bis zur 500-$-Suite. 15–47 Katoomba Street, ✆ 47821111, www.thecarrington.com.au.

Lurline Guesthouse 9, elegantes Haus von 1910. Ab 130 $/Nacht kann man sich in eines der kuscheligen Himmelbetten legen. DZ ab 130–180 $, mit Spa 150–200 $, inkl. Frühstück. 122 Lurline Street, ✆ 47824609, www.lurlinehouse.com.au.

3 Sisters Motel 12, gutes dreieinhalb-Sterne-Motel, die Zimmer sind sauber, haben

WLAN-Empfang und Heizung (zur Not auch Heizdecken) – außerdem kann man direkt vor der Tür parken. DZ online gebucht ab 100 $, regulär ab 135 $. 348 Katoomba Street, ✆ 47822911, www.threesistersmotel.com.au.

Hostel & Camping YHA Blue Mountains **8**, tolles Hostel, im Aufenthaltssaal war einst eine Kleinkunstbühne untergebracht. TV-Raum, Internet, BBQ-Platz. Bett im 8er-Dorm ab 27,50 $, DZ mit Bad ab 85 $. 207 Katoomba Street, ✆ 47821416, bluemountains@yhansw.com.au.

Central Blue Mountains Backpackers **1**, relativ neues Hostel (2005) in unmittelbarer Nähe zur Bahnstation. Top eingerichtete Gemeinschaftsküche, TV-Raum und Billardtische. Bett im 12er-Dorm ab 22 $, DZ mit Bad ab 89 $ (ohne Bad ab 79 $). Günstige Wochenraten. 144 Bathurst Street, ✆ 47829630, www.bluemountainsbackpackerhostel.com

Katoomba Falls Caravan Park **10**, Zeltplätze ab 30 $, für Wohnmobile mit Strom und Wasser ab etwa 38 $. Katoomba Falls Rd., ✆ 47821835, katfalls@tpg.com.au.

Restaurants & Cafés Echoes **13**, edle Adresse im Echoes Boutique-Hotel. Gute Option zum Lunch, z. B. gebratener Barramundi (42 $). Auch ausgezeichnetes Dinner, allerdings kosten 2 Gänge 85 $. Toller Ausblick von der Terrasse. Täglich Frühstück, Mittag- und Abendessen. 3 Lilianfels Avenue, ✆ 47821966, www.echoeshotel.com.au.

Up Beet Juice & Espresso **5**, guter Kaffee, frische und gesunde Speisen, meist vegetarisch oder vegan, mit viel Gemüse und Obst. Sehr gemütlich und freundlich. Mo–Sa 8.30–16.30 Uhr. Shop 9, James Building, 72 Bathurst Road.

Tokyo Sushi **6**, im Einkaufszentrum und mit richtig guter Auswahl an Sashimi, Nigiri, Rollen und verschieden zusammengestellten Boxen. Preislich in Ordnung und gut für eine kleine Stärkung zwischendurch. K01 32 Parke Street, ✆ 47821991, www.tokyosushi.com.au.

Katoomba Falls Café & Kiosk **11**, gleich gegenüber dem Caravan Park. Superfreundliches Café mit gutem Frühstück und Lunch. Die Kuchen sind äußerst lecker. Tägl. außer Mi 9–17 Uhr. 102B Cliff Drive, ✆ 47824868, www.katoombafallskiosk.com.au.

Station Bar **2**, ein echter Allrounder und erst im Jahr 2010 eröffnet. Es gibt gute Holzofenpizzen (um 20 $), Cocktails (um 14 $), und bisweilen wird der Abend auch mit Live-Musik eingeläutet. Täglich geöffnet. 287 Bathurst Road, ✆ 47824782, www.stationbar.com.au.

Pubs, Bistros, Bars Old City Bank Bar & Brasserie **4**, entspannte Atmosphäre in

Die Hauptstraße von Katoomba

einer tollen Location, es gibt ausgezeichnetes Bistro-Essen mit Pasta, Steaks und Burgern (15–28 $). Tägl. Mittag- und Abendessen. 15-47 Katoomba Street (am Fuße der Einfahrt zum Hotel), ℡ 47821111, www.thecarrington.com.au.

Baroque Bar & Nightclub [4], gehört zum Carrington und befindet sich im ersten Stock der „Carrington Public Bar". Hier finden verschiedene Events statt, es spielen Bands, und man kann zu den Beats der DJs tanzen. Fr/Sa geöffnet. Main Street, Katoomba.

Aktivitäten → Karte S. 261

Outdoor-Shop Paddy Pallin, Wander- und Bergsteigerausrüstung. Tägl. 8.30–17.30 Uhr. 166B Katoomba Street, ℡ 47824466.

Outdoor-Veranstalter Auf dem Programm stehen Klettern, Mountainbiking, Bushwalking, Canyoning oder Abseilen. Ab etwa 120 $. Detaillierte Infos auf den Internetseiten der jeweiligen Veranstalter.

Tread Lightly Eco Tours, auch hier legt man Wert darauf, die Natur so schonend wie möglich zu erkunden. Im Angebot sind Bushwalks, auch Nachtwanderungen und längere Touren, z. B. zum Ruined Castle (135 $/Pers.). ℡ 0414976752, www.treadlightly.com.au.

River Deep Mountain High [7], das volle Programm, z. B. Kletterkurs für Anfänger (ab 220 $/Tag). 2/187 Katoomba Street, ℡ 47826109, www.rdmh.com.au.

Blue Mountains Adventure Company [8], 84a Bathurst Road, ℡ 47821271, www.bmac.com.au.

High 'n' Wild Mountain Adventures [8], 3/5 Katoomba Street, ℡ 47826224, www.highandwild.com.au.

Fahrradverleih Mountainbikes kann man im **River Deep Mountain High** (s. o.) mieten. Ab 55 $/Tag.

Blackheath

ca. 4000 Einw.

Mit der Broschüre „101 things to do in Blackheath" haben es die Verantwortlichen vielleicht etwas übertrieben, aber dennoch ist Blackheath ein attraktiver Ort, in dem man einige Zeit verbringen kann. Der nahe Aussichtspunkt am *Govetts Leap* ist mit dem Auto erreichbar und ideal für Leute, die nicht gut zu Fuß sind. Man erzählt sich die Geschichte, dass der Outlaw Govett auf der Flucht vor dem Gesetz seinem Pferd die Sporen gab und in den Abgrund sprang, um der Verhaftung zu entgehen. Die weit weniger spektakuläre, aber dafür korrekte Version: „Leap" ist ein altes Wort für Wasserfall und Govett der Name des Entdeckers.

GPS: S33°38.01' E150°17.05'
1065 m ü. M.
Ortsvorwahl: 02

Touristinfo Blue Mountains Heritage Centre/National Parks NSW, ausführliche Informationen von Parkrangern. Tägl. 9–16.30 Uhr. Am Ende der Govetts Leap Rd., ℡ 47878877, bluemountains.heritagecentre@environment.nsw.gov.au.

Blackheath im Internet Informationen unter www.visitbluemountains.com.au.

Übernachten Parklands, Studios und Suiten im Privatpark. Große Betten, Holzfeuerstelle und TV in allen Einheiten. Frühstück aufs Zimmer. Toll für Paare, keine Kleinkinder erwünscht. Suite im EG mit Schlafzimmer, separater Lounge und eigener Terrasse oder Loft Rooms im 1. Stock ab etwa 250 $. Wochenende nur komplett buchbar. Govetts Leap Road, ℡ 47877771, www.parklands.com.au.

St. Mounts Boutique Hotel, picobello saubere Zimmer mit bequemen Betten und Bad. DZ ab 160 $, Cottages mit mehreren Schlafzimmern und Jacuzzi ab 210 $. 194 Great Western Highway, ℡ 47876111, www.stmounts.com.au.

Blackheath Caravan Park, das Schwimmbad im Park gegenüber ist im Sommer geöffnet. Zelten ab 30 $, Wohnmobil-Stellplatz mit Strom und Wasser 38 $, Cabins ab 99 $. Prince Edward Street, ℡ 47878101.

Essen & Trinken Ashcrofts, stylishes Restaurant mit exzellenter Küche. Mitunter exotische Gerichte, z. B. Lammkarree mit Chorizo-Kümmel-Kruste. Vorspeisen um 20 $, Hauptgerichte um 40 $. Edle Weine ab 50 $/Flasche. Do–So ab 18 Uhr, So Lunch ab 12 Uhr. 18 Govetts Leap Road, ✆ 47878297, www.ashcrofts.com.

Victory Café, hier bekommt man einen ordentlichen Kaffee, Frühstück (bis 14 Uhr) und frische Mittagsgerichte. Tägl. 8–16 Uhr. 17–19 Govetts Leap Road, ✆ 47876002, www.victorytheatre.com.au.

Gardners Inn, historisches Hotel mit Fremdenzimmern (2008 renoviert), 2 Bars, Bottleshop und einem Restaurant. 255 Great Western Highway, ✆ 47876400, www.gardnersinn.com.au.

Sehenswertes: Im *Blue Mountains Heritage Centre* kann man sich einige Ausstellungen zum Thema Blue Mountains anschauen, darunter eine Fotogalerie, interaktive Displays und kurze Videofilme. Nur ein kurzes Stück die Straße entlang befindet sich der *Govetts-Leap-Aussichtspunkt*, von dem man einen atemberaubenden Ausblick auf das Grose Valley und den Govetts-Leap-Wasserfall hat, der hier 180 m in die Tiefe stürzt. Für den Weg zum Fuß des Wasserfalls sollte man aber entsprechend fit sein, die Stufen sind extrem steil und je nach Witterung auch feucht und rutschig. Der schöne *Cliff Top Track* führt zum *Evans Lookout*, von dem man ebenfalls einen guten Blick auf das Tal hat. Die Wanderung ist mittelschwer und dauert in eine Richtung etwa anderthalb Stunden. Der Rückweg erfolgt auf demselben Track. Alternativ kann man den Evans Lookout mit dem Auto ansteuern. Zahlreiche Wanderwege durchziehen die Region um Blackheath, gute Karten und Informationen gibt es im Heritage Centre (s. o.), hier sollte man sich auch nach möglichen Sperrungen einzelner Wege erkundigen.

Mount Victoria

ca. 1000 Einw.

Das verschlafene Dorf am westlichen Ende der Blue Mountains kann mit etlichen historischen Gebäuden aus dem 19. Jh. aufwarten und eignet sich hervorragend für einen kleinen Zwischenstopp. Die Ortschaft ist herrlich in die Natur eingebettet und auch der Charme der vergangenen Zeit ist hier deutlich spürbar. Das Hotel *Imperial* von 1878 rühmt sich damit, das älteste Touristenhotel Australiens zu sein.

GPS: S33°35.30' E150°15.30'
1064 m ü. M.
Ortsvorwahl: 02

Übernachten/Essen The Manor House, schöne Unterkunft in historischem Gebäude. DZ mit Bad ab 175 $, Apartment (inkl. 4 Pers.) ab 250 $. Montgomery Street, ✆ 47871369, www.bluemountainsmanorhouse.com.au.

The Imperial Hotel, Pub, Hotel und Bistro. Alles mit wirklich gutem Preis-Leistungs-Verhältnis. Lammkoletts 22 $, Burger 16 $. Zimmer mit Bad ab 120 $. 1 Station Street, ✆ 47871878, www.hotelimperial.com.au.

Cedar Lodge Cabins, Kängurus im Garten und Unterkunft in einfachen, aber gut ausgestatteten Cabins 135–200 $. 42 Great Western Highway, ✆ 47871256, www.cedarlodgecabins.com.au.

Jenolan Caves

Im Hochsommer liegt hier der Geruch von glühenden Bremsscheiben in der Luft. Die Zufahrt in den kleinen Talkessel ist wirklich mörderisch und nicht ohne Grund für Pkws mit Anhänger gesperrt. Es gibt hier keine Ortschaft im herkömmlichen Sinn, lediglich ein Café, ein Restaurant und ein Hotel. Übernachtungsmöglichkeiten findet man auch im näheren Umkreis.

New South Wales / Blue Mountains

GPS: S33°49.20' E150°01.29'
Ortsvorwahl: 02

Jenolan Caves im Internet Informationen unter www.jenolancaves.org.au.

Sehenswertes Die Höhlen natürlich (→ Sehenswürdigkeiten S. 256).

Übernachten/Essen Jenolan Caves House, direkt vor Ort. Einfaches DZ mit Bad ab 159 $, in der Hochsaison gibt's dafür nur ein DZ ohne eigenes Bad. Backpackerunterkunft im Dorm ab 65 $/Pers. ✆ 63593911 (Bandansage, Taste 1 drücken), www.jenolancaves.org.au.

Tagsüber serviert das **Trails Bistro** z. B. Burger, Lasagne, Bier und Kaffee (Tägl. 9–16 Uhr). À-la-carte-Abendessen (Hauptgerichte um 25 $) werden im **Chisolm's Restaurant** serviert (tägl. ab 18 Uhr). Drinks und günstigere kleine Snacks gibt es abends in der **Jeremiah's Bar**. Preislich sind alle drei Optionen – wenn man die abgelegene Lage an den Höhlen bedenkt – noch in Ordnung.

Jenolan Cabins, frei stehende Cabins mit Bad, Kitchenette und Terrasse, etwa 6 km in Richtung Oberon. Ab rund 125 $/Nacht, Sa/So und in den Ferien ab 145 $, dann außerdem mind. 2 Übernachtungen. Bettzeug muss selbst mitgebracht oder für 12 $ gemietet werden. Porcupine Hill, 42 Edith Rd., ✆ 63356239 oder 0418619709 (mobil), www.jenolancabins.com.au.

Freecamping Millionth Acre Picnic Area, kostenlose Wohnmobil-Stellplätze, Toiletten, Picknicktische und Wasser. Direkt an der Jenolan Caves Road (& Oberon Road).

Lithgow

ca. 20.000 Einw.

Lithgow ist das westliche Tor zu den Blue Mountains, von hier ist man schnell in den Bergen, aber auch in den fruchtbaren Ebenen bei Bathurst und Mudgee. Die ersten Siedler kamen 1824 und in den folgenden 45 Jahren wurden es kaum mehr – bis zur Fertigstellung der *Zig Zag Railway* (→ S. 256) war Lithgow ziemlich abgeschnitten vom Rest der Kolonie. Ein wesentlicher Industriezweig ist heute der Kohlebergbau, außerdem befinden sich in der Gegend einige der größten Kraftwerke des Bundesstaates.

GPS: S33°29.41' E150°08.99'
900 m ü. M.
Ortsvorwahl: 02

Touristinfo Lithgow Visitors Information Centre, tägl. 9–17 Uhr. 1137 Great Western Highway, ✆ 63503230 oder 1300760276, tourism@lithgow.com.

Lithgow im Internet Infos unter www.tourism.lithgow.com.

Festivitäten Iron Fest, am Wochenende vor dem *ANZAC Day*. Vom Ritter über den Hufschmied bis zum Motorradbauer: Alles, was mit Metall zu tun hat, ist hier anwesend.

Übernachten/Essen Zig Zag Motel, saubere Zimmer mit üblicher Motelausstattung, das Essen im Restaurant ist auch nicht schlecht. WLAN-Internet. DZ ab 115 $. 70 Chifley Road, ✆ 63522477, www.zigzagmotel.com.au.

Lithgow Tourist & Van Park, grüner, gepflegter Park. Zelten ab 12 $/Pers., Wohnmobile ab 25 $, Cabin mit Bad und Kitchenette ab 95 $. 58 Cooerwull Road, ✆ 63514350, www.lithgowcaravanpark.com.au.

Lake Lyell Campground, lauschig am See gelegen, es gibt Duschen, Toiletten und kostenlos nutzbare Gas-BBQs. 20 $/Stellplatz, 25 $ mit Strom. Ab Lithgow via Magpie Hollow Road, ✆ 63556347.

Secret Creek Restaurant, es gibt z. B. schwarzen Reis mit gegrilltem Huhn und Pilzen oder Salat mit Ente. Hauptgerichte 25–35 $, Vorspeisen um 15 $. Do–Sa 10 Uhr bis spät, So 10–16 Uhr. 35 Crane Road, ✆ 63521133, www.secretcreekcafe.com.

Beliebt ist auch das **Blue Bird Café** (118 Main Street, ✆ 63521644); für Steaks, Pub-Grub und Drinks gibt es etliche **Hotels**.

Bunt bemalte Outrigger-Kanus in Wollongong

New South Wales: Südküste

Ganz anders als die exzessiv bereiste Nordküste des Staates präsentiert sich die Region zwischen Sydney und der Grenze zu Victoria. Dieser Abschnitt ist nicht weniger schön, aber wesentlich ruhiger und entspannter.

Von Sydney kommend reist man zunächst durch die *Illawarra*-Region, die grünen Steilhänge des *Illawarra-Escarpments* auf der einen, das Meer auf der anderen Seite. In Richtung Süden öffnet sich die Landschaft allmählich, zeigt sich aber weiterhin grün und hügelig. Immer öfter prägen Viehweiden, grasende Kühe und einzelne Farmhäuser die Szenerie. Im *Shoalhaven*-Distrikt findet man die wunderbare **Jervis Bay** und im Landesinneren das idyllische **Kangaroo Valley**. Ein stetiger Wechsel zwischen touristisch gut erschlossenen Regionen und verschlafenen Ortschaften gestaltet die Fahrt abwechslungsreich und immer wieder interessant. **Batemans Bay** ist aufgrund der direkten Straßenanbindung nach Canberra zu einem stark frequentierten Ziel an der Küste geworden, ebenso **Merimbula**, das weiter südlich an der *Sapphire Coast* liegt. Die Südküste ist ein Paradies für Angler und Wassersportler, aber auch Wanderer kommen in den nahen Nationalparks voll auf ihre Kosten. Es sind in erster Linie Australier, die hier unterwegs sind – internationale Touristen vernachlässigen die Gegend meist und geben dem klassischen „East Coast Run" von Sydney nach Queensland den Vorzug.

Wollongong und Vororte
ca. 230 000 Einw.

Wollongong ist Standort des größten Industriekomplexes der südlichen Hemisphäre. Das sollte trotzdem kein Grund sein, einen Bogen um die Stadt zu machen, denn die zeigt sich vielseitiger und entspannter als man glaubt.

Die traditionellen Wirtschaftszweige sind Bergbau und Schwerindustrie, aber man hat einiges getan, um die Stadt für Bewohner und Besucher interessant zu gestalten.

„The Gong" ist stets penibel herausgeputzt, verfügt über ein umfangreiches kulturelles Angebot und hat nicht zuletzt etliche tolle Strände zu bieten. Die nördlichen Vororte wie **Bulli** oder **Austinmer** breiten sich malerisch zwischen den grünen Steilhängen des *Illawarra Escarpments* und dem blauen Meer aus. Der Schriftsteller D. H. Lawrence war von dieser Kulisse derart begeistert, dass er sich 1922 in **Thirroul** niederließ. Besonders reizvoll: Im Gegensatz zu anderen australischen Städten dieser Größenordnung lässt sich Wollongong fantastisch mit dem Fahrrad erkunden.

Basis-Infos → Karte S. 269

GPS: S34°25.589' E150°53.843'
Ortsvorwahl: 02

Anreise Pkw: Von **Sydney** 85 km entfernt, am schnellsten auf dem Princess Highway und dem Southern Freeway erreichbar. Die weitaus schönere Route ist der Grand Pacific Drive, der von den Schnellstraßen in Richtung **Stanwell Park** abzweigt und an der Küste über die nördlichen Vororte **Thirroul** und **Bulli** nach Wollongong entlangführt.

Bus: Die Busse von *Premier Coaches* (℡ 133410, www.premierms.com.au) halten auf der Route zwischen **Melbourne** und **Sydney** (18 $) entlang der Küste. *Greens Coaches* (℡ 42673884, www.greensnortherncoaches.com.au) bindet die nördlichen Vororte bis **Stanwell Park** an die Stadt an. *Murrays Coaches* (℡ 132251, www.murrays.com.au) von/nach **Canberra** für 45 $.

Bahn: Von **Sydney** mit *City Rail* (℡ 131500, www.citryrail.nsw.gov.au) für gerade mal 8,20 $.

Touristinfo Southern Gateway Centre, neben den üblichen Broschüren auch ein Souvenirshop. Tägl. 9–17 Uhr. Princess Highway, Bulli Tops, ℡ 42675910, tourism@wollongong.nsw.gov.au.

Wollongong Visitor Information Centre, kleines Infobüro auch im Zentrum (hinter dem Flame Street Café). Mo–Sa 9–17 Uhr, So 10–16 Uhr. 91 Crown Street, ℡ 42675910, tourism@wollongong.nsw.gov.au.

Wollongong im Internet Informationen unter www.visitwollongong.com.au.

Fahrradverleih Wollongong Bikehub **14**, Leihräder 25 $ für 4 Std., 35 $ für 8 Std., 50 $ für 2 Tage. Mo–Fr 9–17.30 Uhr, Sa 9–16 Uhr, So 10.30–16 Uhr. 337 Keira Street, ℡ 42287366, wollongong@bikehub.com.au.

24-Std.-Leihstation am Novotel Hotel, 2–14 Cliff Road.

Festivals Thirroul Seaside & Arts Festival, im März bzw. April im Vorort Thirroul. www.thirroulfestival.com.

Ester Jazz Festival, an Ostern in Wollongong.

Viva la Gong, im Okt. bzw. Nov., verschiedene Veranstaltungsorte in der Stadt. www.vivalagongfestival.org.

Internet Wollongong Central Library, kostenloser Internetzugang auch per WLAN. Außerdem Drucken und Scannen möglich. Mo–Fr 9.30–20.30 Uhr, Sa 9.30–17 Uhr. 41 Burelli Street, ℡ 42277428.

Märkte Produce & Creative Markets, lokale Bauern und Lebensmittelerzeuger haben sich mit einheimischen Künstlern zusammengetan und bieten hier gemeinsam ihre Produkte an. Jeden Fr 9–15 Uhr in der Crown Street Mall.

Unterwegs mit dem Fahrrad
Die über 60 km Radwegenetz in und um Wollongong bieten sich geradezu an, um per Drahtesel die Umgebung zu erkunden. Die Küstenlinie ist dabei in zwei Teilstücke unterteilt: Auf dem „Northern Cycleway" (14 km Länge) fährt man zwischen dem Vorort Thirroul und dem Stadtzentrum an den Stränden entlang, das südliche Pendant (19 km) führt durch das Industriegebiet um Port Kembla zum Lake Irrawarra bis zur südlichen Seite der Windang-Brücke. In der Touristinfo (s. o.) ist eine gute Routenkarte erhältlich, die kann man aber auch unter www.wollongong.nsw.gov.au als PDF herunterladen.

Übernachten/Essen & Trinken/Nachtleben

Im Stadtgebiet Escape 778 B&B **4**, etwas außerhalb, dafür in grüner Natur und mit tollem Blick über das Calderwood Valley. Geeignet für 2–6 Gäste, die auch einen eigenen Eingang haben. Insgesamt drei Zimmer, zwei davon mit eigenem Bad. 300 $ für 2 Pers., jede Extrapers. 90 $. 778 Calderwood Road, Calderwood, ✆ 0497026892, www.escape778.com.au.

Belmore All Suite Hotel 8, in der Nähe des CBD. Jede der Suiten verfügt über einen getrennten Schlaf- und Wohnbereich wie auch über ein Bad, wahlweise mit Dusche oder Wanne. Einige Zimmer sind außerdem mit Balkon ausgestattet. AC, Kühlschrank und TV in allen Suiten. 125–210 $/2 Pers. 39 Smith Street, ✆ 42246500, www.belmore.net.

Beach Park Motor Inn 2, nettes Motel 15 Gehminuten vom CBD entfernt, 3 Min. zum Strand. DZ 90–190 $. 10 Pleasant Ave, ✆ 42261577, www.beachparkmotorinn.com.au.

Hostel Keiraview Wollongong YHA **5**, relativ neues Hostel in zentraler Lage und mit Waschküche und Internetzugang. Fahrräder 10 $/Tag. Im 4-Bett-Zimmer 32 $/Nacht. DZ mit Bad, Kitchenette und TV ab 99 $. 75–79 Keira Street, ✆ 42291132.

Wollongong Backpackers Keiraleagh 10, Super-Low-Budget-Variante mit sehr jungem Publikum. Übernachten kann man ab 24 $. 60 Kembla Street, ✆ 42286765, www.backpack.net.au.

Camping Es gibt drei vom Wollongong City Council betriebene Campingplätze: einen am Bulli Beach, einen am Corrimal Beach und einen am Windang Beach.

Bulli Beach Tourist Park 1, im schönen Strandvorort. Es gibt eine Bahnverbindung in die City. Stellplatz ab 26 $, Cabin ab 130 $ (für 2 Pers.). 1 Farell Rd., Bulli, ✆ 42855677, bullitp@wollongong.nsw.gov.au.

Essen & Trinken Harbourfront **7**, direkt im Fischerhafen mit Blick auf Fisch-Trawler und Pelikane. Als Vorspeise z. B. gegrillter Baby-Oktopus (20 $), als Hauptspeisen Barramundi-Filet (38 $) oder Ribeye-Steak (38 $). Umfangreiche Weinkarte. Tägl. 11–24 Uhr. 2 Endeavour Drive, ✆ 42272999, www.harbourfront.com.au.

City West Café 11, super entspanntes Café mit äußerst schmackhaftem, preislich günstigem Essen; in den Tag kann man hier starten z. B. mit Pfannkuchen mit in Cider geschmorten Feigen und Eiscreme (15 $). Mo–Fr 7.30–15 Uhr, Sa 8–13 Uhr. 76–78 Market Street, ✆ 42299900, www.citywestcafe.com.

The [m]eatery 12, Restaurant und Cocktail-Bar mit fantastischem Blick auf den City-Beach und den Leuchtturm am Flagstaff Hill. Auf der Karte stehen z. B. Wagyu-Burger (21.50 $), Barramundi (28 $) und natürlich hervorragende Steaks vom 200 g Rump (20 $) bis zum 1 kg Tomahawk Steak (60 $). Mi–So 12 Uhr bis spät. 1 Marine Drive, ✆ 42296895, www.themeatery.com.au.

》》 Mein Tipp: Levendi **6**, guter und günstiger Seafood-Take-away mit einigen Picknicktischen im Freien. Direkt am Hafen. Fish & Chips gibt's ab etwa 10 $. Tägl. 7–18.30 Uhr. Harbour St./Ecke Cliff Rd., ✆ 42272989. 《《

Connie's Cliff Road Cafe 3, gut für ein frühes Frühstück und den gemütlichen Nachmittagskaffee. In Strandnähe. Tägl. 6.30–15 Uhr. 16 Cliff Road, ✆ 42281652.

Nachtleben The Illawarra Brewery **13**, riesige Terrasse mit Meerblick. Hauseigene Brauspezialitäten wie das *Draught Ale*, *Rust Amber* oder *Koelsch* gegen den Durst, Brewery Beef Burger (18 $) oder gegrillter Barramundi (32 $) gegen den Hunger. Mo–Sa 11–1 Uhr, So 10–22 Uhr. 9-11 Crown St./Ecke Harbour St., ✆ 1800843273, www.thebrewery.net.au.

Hotel Illawarra 9, auch gutes Pub-Essen (Hauptgerichte um 20 $), aber v. a. kann man hier gut feiern. Verschiedene Bars, auch mit Live-Musik und DJs. Mo–Fr ab 11 Uhr, Sa/So ab 17 Uhr. Market Street/Ecke Keira Street, ✆ 42295411, www.hotelillawarra.com.au.

Aktivitäten

Wandern Einfache Wege auf die beiden Hausberge, den **Mount Keira** (464 m) und den **Mount Kembla** (534 m). Karte und Infos in der Touristinfo.

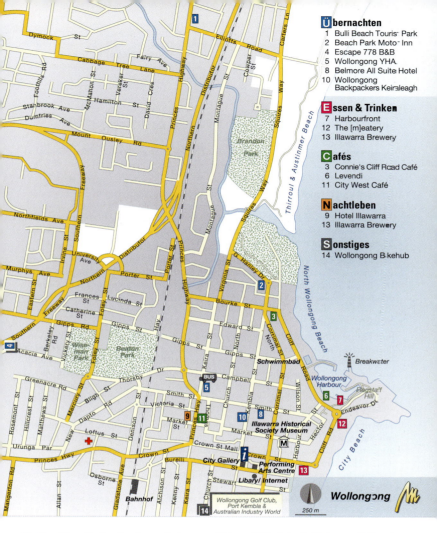

Surfen Pines Surfing Academy, direkt am Wollongong City Beach. Kurse ab 50 $ (2 Std.) bzw. 60 $ für eine Privatstunde. Auf dem SUP kostet die Privatstunde ebenfalls 60 $, der Gruppenunterricht (1 Std.) 30 $. Suite 3–61 Moore Street, Austinmer, ☏ 0410645981, www.pinessurfingacademy.com.au.

Skydiving Skydive The Beach, Sprung aus 14.000 ft Höhe (ca. 4000 m). Mo–Fr 289 $, Sa/So 339 $. Aufpreis für Schwergewichte mit mehr als 95 kg auf den Rippen. Digitale Bilder auf CD gibt's ab 119 $ extra, DVD und Fotos ab 149 $ extra. ☏ 1300663634, www.skydivethebeach.com.

Drachenfliegen Hangglide Oz, Tandemflug am Stanwell Park. Mo–Fr 245 $, Sa/So 295 $. Video und Fotos ab 75 $. ☏ 0417939200 (mobil), www.hangglideoz.com.au.

Sydney Hang Gliding Centre, Full-Time-Centre am Stanwell Park. Tandemflug: Mo–Fr 245 $, Sa/So 295 $. DVD 95 $, Foto-CD 45 $. Kontakt: Chris Boyce, ☏ 42944294 oder 0400258258 (mobil), www.hanggliding.com.au.

Golf Wollongong Golf Club, sehr guter Club direkt am Meer. 18 Loch je nach Tag und Uhrzeit um 45 $. Schlägerset 35 $, Golfkart 45 $. Corrimal St./Ecke Bank St., ✆ 42223114, www.wollongonggolfclub.com.au.

Strände um Wollongong

City Beach: Großer Strand mit tollen Sanddünen, gerade mal 5 Gehminuten vom Stadtzentrum entfernt.

North Wollongong Beach: Etwas weiter nördlich, hier gibt's auch einen Kiosk und ein Café. Wer sich nicht in die Fluten stürzen will, kann den Pool zwischen den beiden Stränden nutzen.

Thirroul und Austinmer: Die Vororte im Norden. Hier kann man in einem windgeschützten 50-m-Becken bzw. in einen Rockpool baden. In Austinmer gibt es außerdem das tolle „Austi Beach-Café". Man kann bequem und ohne Probleme mit dem Auto anreisen – an den Stränden außerhalb der City gibt's fast überall Parkplätze. Besser ist's natürlich mit dem Fahrrad.

Surfstrände: Die Strände um Wollongong eignen sich gut zum Surfen. Teilweise sieht man die Locals gefährlich nahe an den Felsen surfen, z. B. am *Flagstaff Point*. Die Taupu-Surfschule (→ Aktivitäten) bietet Kurse an den Stränden von Thirroul und North Wollongong an.

Sehenswertes

Port Kembla und Australian Industry World: Port Kembla ist einer der größten Industriehäfen Australiens, das Industriegebiet selber ist das größte der gesamten südlichen Hemisphäre. Das Hafenbecken wurde 1883 künstlich angelegt und kontinuierlich zum Tiefwasserhafen ausgebaut. Die **Australian Industry World** veranstaltet Touren, die z. B. einen Besuch der Port-Kembla-Stahlwerke beinhalten.
In der Regel Fr 9.30 Uhr, Dauer etwa 2:30 Std., 20 $. Mindestalter 10 Jahre. Einfahrt bei Blue Scope Steel Northgate, ✆ 42757023, www.aiw.org.au.

Wollongong City Gallery: Richtig gute Galerie! Die großzügigen Räumlichkeiten mit den hohen Decken und Balkonen eignen sich hervorragend, um die Ausstellungsstücke ins rechte Licht zu rücken. Die Exponate stammen größtenteils aus der Region Illawarra. Jedes Jahr wird eine „Peoples Choice"-Ausstellung veranstaltet, in der einzelne Einwohner der Stadt ihr Lieblingsstück auswählen können. Kleiner Shop mit einigen Büchern und Postkarten.
Di–Fr 10–17 Uhr, Sa/So/Feiertage 12–16 Uhr, Mo geschlossen. Eintritt frei. Kembla St./Ecke Burelli St., ✆ 42287500, www.wollongongartgallery.com.

Illawarra Historical Society Museum: In einem ehemaligen Postgebäude untergebracht, beschäftigt sich das Museum mit der frühen Besiedlung und Entwicklung der Region Illawarra. Im Hinterhof steht z. B. die rekonstruierte **Stockman's Hut**, eine Holzhütte, in der traditionell ein Fußboden aus Kuhmist „verlegt" ist.
Do 12–15 Uhr, Sa/So 13–16 Uhr. Eintritt 4 $. 11 Market Street, ✆ 42287770, www.illawarramuseum.com.

Nan Tien Buddhist Temple: Das Gelände wurde für den symbolischen Preis von 1 $ an die Anhänger des **Fo-Guang-Shan**-Buddhismus verkauft, 1995 wurden die Gebäude fertiggestellt. Außer den Gebetshallen und 10.000 Buddha-Statuen sind noch ein Museum, ein Restaurant und sogar eine „Pilgrim Lodge" mit 100 Zimmern in dem Gebäudekomplex untergebracht. Besucher können kostenlos an Thai-Chi-

Stunden oder einer Studiengruppe „Buddhismus" teilnehmen. Für 75 $ kann man einen ganzen Tag ins Tempelleben eintauchen.
Besuchszeit Di–So 9–17 Uhr. Eintritt frei. Touren Sa/So 13 Uhr für 4 $. 180 Berkeley Rd., Berkeley, erreichbar via Southern Freeway und Five Island Rd., ✆ 42720600, www.nantien.org.au.

Illawarra Fly: Für 6,5 Mio. Dollar hat man hier 25 m über dem Erdboden einen 500 m langen Baumwipfelpfad in den Regenwald gebaut. Über eine Wendeltreppe kann man auf den 45 m hohen Aussichtsturm steigen und von oben den tollen Blick genießen. Wagemutige können an einer Zipline über das Blätterdach rauschen. Vor Ort gibt es ein Café.
Eintritt 24 $, Kinder 10 $. Zipline 70 $. Tägl. 9–17 Uhr, letzter Einlass 16.15 Uhr. 182 Knights Hill Road (GPS: S34°37.280 E150°42.100, eine knappe Stunde von Wollongong entfernt, zwischen Kiama und Bowral gelegen), ✆ 1300362881, www.illawarrafly.com.au.

Lookouts: Reist man von Sydney auf dem Freeway bzw. Princess Highway an, so liegen der *Sublime Point Lookout* und der *Bulli Lookout* direkt am Weg. Auf dem Kamm des Illawarra Escarpments gelegen, hat man von hier einen fantastischen Ausblick über die Region. An beiden Aussichtspunkten kann man sich in einem Café stärken. Fährt man schon beim Stanwell Park vom Freeway ab, so passiert man den *Bald Hill Lookout*, der auch Startpunkt für Drachenflieger ist. Die Aussicht ist einfach fantastisch und man kann die Sea Cliff Bridge sich um die Felsen schlängeln sehen.

Kiama
ca. 12.000 Einw.

Kiama ist eine hübsche Ortschaft mit kleinem Fischerhafen und charakteristischem Leuchtturm. Touristen lieben die entspannte Atmosphäre, daher bewegen sich die jährlichen Besucherzahlen auch jenseits der Millionengrenze. Mit verantwortlich ist sicherlich das **Kiama Blowhole**, ein Naturschauspiel, das dadurch zustande kommt, dass das Meerwasser so lange in eine unterirdische Höhle gedrückt wird, bis es in Form einer 60 m hohen Fontäne aus dem Boden schießt. Natürlich nur, wenn die Bedingungen stimmen, und darauf sollte man sich nicht unbedingt verlassen … Beliebte Sehenswürdigkeiten sind darüber hinaus der etwas außerhalb gelegene **Kingsford Smith Lookout** wie auch die **Dry Stone Walls** entlang der Old Saddleback Road, bei denen es sich um 100 Jahre alte Trockenmauern handelt.

GPS: S34°40.270' E150°51.348'
Ortsvorwahl: 02

Anreise Pkw: Etwa 40 km von *Wollongong* entfernt über den Princess Highway erreichbar oder über die Schleichwege entlang der Küste via *Shellharbour*.

Bus: *Premier Coaches* (✆ 133410, www.premierms.com.au) von *Sydney* aus (25 $). *Kiama Coachlines* (✆ 42323466, www.kiamacoachlines.com.au) verkehrt wochentags zwischen den umliegenden Orten. *Premier Illawarra* (✆ 42711322, www.premierillawarra.com.au) verbindet *Kiama* mit *Shellharbour City*.

Bahn: Von *Sydney* aus mit *City Rail* (✆ 131500, www.cityrail.nsw.gov.au).

Touristinfo Kiama Visitors Information, direkt am Leuchtturm. Gute Infos zur ganzen Region. Tägl. 9–17 Uhr (im Winter So 10–16 Uhr). Blowhole Point Rd., ✆ 42323322 oder 1300654262, tourism@kiama.com.au.

Kiama im Internet www.kiama.com.au.

Baden & Strände Es gibt zwei schöne Strände, den **Surf Beach** (mit Lifeguards) und den **Kendalls Beach** (ohne Lifeguards).

Feste & Märkte Kiama Farmers Market, jeden Mittwoch von 14–17 Uhr ist Bauernmarkt an der Strandpromenade.

Fischen Kiama Charter Service, Riff- und Tiefseeangeln im Komplettpaket mit Ausrüstung, Lizenzen und Anleitung. Je nach Dauer der Fahrt und angesteuerten Fischgründen ab 125 $/Pers. (mind. 4 Pers. nötig).

Die „Kostalota" liegt im Hafen, Kontakt: 42361716 oder 0428621875 (mobil), www.kiamafishing.com.au.

Internet Bibliothek, WLAN-Hotspot. Mo–Fr 9.30–17.30 Uhr (Di bis 20 Uhr), Sa 9.30–14 Uhr. 7 Railway Parade, 42331133, library@kiama.nsw.gov.au.

Übernachten Bellevue Accomodation, mit bunt bepflanzten Beeten und umlaufender Veranda. Wohnliche Apartments mit moderner Küche (inkl. Geschirrspüler), Bad und getrenntem Schlaf- und Wohnbereich. Täglicher Service. Für 2 Pers. ab 160–220 $. Minnamurr St./Ecke Collins St., 42324000, www.bellevueaccommodation.com.au.

Kiama Cove Boutique Motel, mit Blick auf den Surf-Beach. Zimmer mit AC und eigenem Bad. Strandhaus mit 4 Schlafzimmern auf Anfrage. DZ Mo–Fr ab 100 $, Sa/So ab 140 $. 10 Bong Bong Street, 42324500, www.kiamacove.com.au.

Kiama Harbour Cabins, nicht ganz billig, aber in fantastischer Lage am Blowhole Point, einige Cabins haben von der eigenen Terrasse Blick aufs Meer. Kleinste Cabin – immer noch voll ausgestattet mit Küche, Waschmaschine und BBQ – je nach Saison 210–290 $. Blowhole Point, 42322707, blowhole@kiamacoast.com.au.

Camping Kendalls on the Beach, fantastisch gelegener Platz mit direktem Strandzugang. Stellplatz je nach Saison 23–40 $, (30–55 $ mit Strom) voll ausgestattete Cabin 135–340 $. Bonaira Street, 42321790, kendalls@kiamacoast.com.au.

Killalea State Park Camping, alle Einrichtungen, nur keine Stellplätze mit Strom. ab 30 $ für 2 Pers. Killalea Drive (ab Shellhabour Road), 42378589, www.killalea.com.au.

Essen & Trinken Chachi's Ristorante, wunderbares Ambiente in einem historischen Häuschen. Schlicht eingerichtet und mit guter italienischer Küche. Antipastiplatte 17 $, Spinat-Gorgonzola-Lasagne 19 $, gefüllte Hähnchenbrust 29 $. Di–Fr 11.30–14.30 Uhr und Di–Sa ab 17.30 Uhr. 32 Collins Street, 42331144, www.chachisrestaurant.com.au.

》》》 Mein Tipp: Amaki Cottage, urgemütliches Café mit rustikalen Holzdielen, Tischen auf dem Gehweg und Terrasse hinterm Haus. Tafel mit Tagesangeboten. Tägl. 8–16.30 Uhr. The Terraces, 44 Collins Street, 42321214, www.amakicafe.com.au. 《《《

Grand Hotel Kiama, großes Pub mit Restaurant und Biergarten. Es gibt Burger, T-Bone-Steaks, Pizzen und Pasta (Hauptgerichte 15–28 $). Tägl. ab 10 Uhr. Bistro tägl. 12–14 Uhr und Mo–Sa 18–20.30 Uhr. 49 Manning Street, 42321037, www.grandhotelkiama.com.au.

Berry
ca. 1600 Einw.

Die Straße Richtung Kangaroo Valley zweigt in dem kleinen Ort Berry ab. Hier sticht v. a. das riesige Pub mit den zwei Surfbooten auf dem Dach ins Auge. Auch innen ist das „Great Southern Hotel" leicht kurios und u. a. mit einem ausgestopften Elchkopf, einer 3 m langen Militärrakete und einem verrosteten Motorrad dekoriert. Der Ort selber wartet mit einer Reihe hübscher Häuser auf, in denen Cafés, kleine Geschäfte oder Galerien untergebracht sind. Übernachten kann man im „Postmans Ghost" (44643379) oder im „Berry Motel" (44643570, www.berrymotel.com.au).

GPS: S34°46.537' E150°41.885'
Ortsvorwahl: 02

Kangaroo Valley
ca. 350 Einw. (Ort)

Der Entdecker *George Evans* soll 1812 vom Mount Tapitalle ins Tal hinabgeblickt haben und zu dem Schluss gekommen sein, dass kein Maler diesen Anblick verschönern könnte. Ab 1817 wurde das Gebiet urbar gemacht, Viehzüchter und Milchfarmer siedelten sich an. Das kristallklare Wasser der Gegend machten sich

Kangaroo Valley

Im Kangaroo Valley wird Landwirtschaft betrieben

einst die „Moonshiner" zu Nutze und brannten hier ihren Schnaps. Die letzte Vertreterin, *Granny Humphries*, soll 1932 im stolzen Alter von 106 Jahren gestorben sein – just nachdem sie die letzte Flasche ihres Hochprozentigen ausgetrunken hatte. Damit die Idylle erhalten bleibt, zeigt man sich heute verstärkt umweltbewusst: 2003 war Kangaroo Valley die erste Ortschaft des Landes, die Plastiktüten aus den Geschäften verbannte. Sehenswert ist die **Hampden Bridge**, die 1898 erbaut wurde und somit die älteste Hängebrücke Australiens ist.

GPS: S34°52.541' E150°36.161'
Ortsvorwahl: 02

Anreise Pkw: Von *Sydney* 120 km entfernt, 45 km von *Kiama*. Ab *Berry* fährt man auf der Kangaroo Valley Road, dieser Abschnitt ist von steilen Serpentinen und mitunter dichtem Nebel geprägt.

Bus: *Prior's Coaches* (℡ 1800816234, www.priorsbus.com.au) verkehrt tägl. zwischen *Bateman's Bay* und *Parramatta* via *Kangaroo Valley*. *Kennedy's Bus* fährt ab/nach Nowra (℡ 1300133477, www.kennedystours.com.au).

Kangaroo Valley im Internet Infos unter www.kangaroovalleytourist.asn.au.

Aktivitäten Kangaroo Valley Safaris, geführte Kanu- und Kajaktouren sowie Vermietung (beides ab 40 $/Pers.). ℡ 44651502, www.kangaroovalleycanoes.com.au.

The Man from Kangaroo Valley Trail Rides, 2-stündige Tour für 90 $/Pers. Reithelme werden gestellt. ℡ 44651912 www.kangaroovalleyhorseriding.com.

Museum Pioneer Farm Museum, im Sommer Fr–Mo 10–16 Uhr, im Winter 11–15 Uhr. Eintritt 7 $. 2029 Moss Vale Road, ℡ 44651306, www.kangaroovalleymuseum.com.

Übernachten Love Shack, abgelegenes Refugium mit Eckspa, Küche, TV und BBQ auf der Terrasse. 2 Nächte Minimum, ab 370 $. Kelly's Road (via Moss Vale Road), ℡ 44651300, www.kangaroovalleygetaways.com.au.

Tall Trees B&B, 3 angenehme Zimmer mit eigenem Bad und AC bzw. Deckenventilator. DZ Mo–Fr ab 160 $, Sa/So ab 175 $. 8 Nugents Creek Rd., ℡ 44651208, www.talltreesbandb.com.au.

Kangaroo Valley Tourist Park, bestens ausgestatteter Park mit Spiel- und Volleyballplatz. Camping ab 25 $, mit Strom ab 35 $, Cabins ab 80 $. 5 Moss Vale Road, ℡ 1300559977 oder 44061900, www.kangaroovalleytourist.asn.au.

Glenmack Caravan Park, gute Ausstattung mit kleinem Shop, Campküche und Minigolfplatz. Stellplatz (inkl. Strom) ab 30 $/Pers., Cabin mit Bad ab 80 $. 215 Moss Vale Road, ✆ 44651372, www.glenmack.com.au.

Freecamping Bendeela Campground, etwa 8 km westlich von Kangaroo Valley, nahe der Bendeela Pumping Station. Es gibt Toiletten, Wasser, Stell- und Zeltplätze. Kostenlos, dafür keine Buchungen möglich.

Tallowa Dam Camping Area, gut 22 km westlich von Kangaroo Valley. Zufahrt über die Tallowa Dam Road. Toiletten und Wasser.

Essen & Trinken Bistro One46, in einem Haus mit großem Balkon, von dem man direkt das Geschehen auf der Durchgangsstraße beobachten kann. Mittags bekommt man für 15–20 $ eine ordentliche Mahlzeit, beim Abendessen zahlt man 25–30 $. Mo–Mi 11.30–14.30 Uhr, Fr–Mi 17.30–20.30 Uhr, Sa/So 8–14.30 Uhr. 146 Moss Vale Road, ✆ 44652820, www.bistro146.com.au.

Friendly Inn, super Pub und wirklich freundlich. Tische im Freien, für den Hunger eine kleine, etwas durchschnittliche Bistro-Speisekarte. Tägl. 11–15 Uhr und ab 18 Uhr. 159 Moss Vale Road, ✆ 44651355.

Barrengary Old Store, Tante-Emma-Laden und Café mit den laut Eigenwerbung „besten Pies der Welt". Ideal, um auf der Terrasse eine Kaffeepause einzulegen. Do–Mo 9–17 Uhr. 2167 Moss Vale Road, ✆ 44651360.

Nowra
ca. 24.000 Einw.

Die wohl bekannteste Persönlichkeit der Stadt ist ein Pferd. 1861 machte sich der Jockey Dave Power auf seinem Rennpferd *Archer* auf den 880 km langen Weg nach Melbourne, um dort am allerersten *Melbourne Cup* teilzunehmen. Archer siegte nicht nur in diesem Jahr, sondern auch noch im darauffolgenden und brannte sich auf diese Weise in die Herzen der pferdesportverrückten Australier. Für Touristen bieten sich gute Einkaufsmöglichkeiten, für Flugzeugfanatiker ist das **The Fleet Air Arm Museum** ein Muss. Auf jeden Fall lohnend ist ein Ausflug nach **Meerogal**.

Meroogal

Das wunderschöne Holzhaus wurde 1885 erbaut und war über vier Generationen hinweg in Besitz der selben Familie, wobei die Eigentümer allesamt Frauen waren. Es ist eines der am besten erhaltenen Gebäude aus dem 19. Jh. in ganz New South Wales. Das Haus wird von Sydney Living Museums (→ Sydney, S. 219) verwaltet.

Sa 10.30–15.30 Uhr. Eintritt 8 $. Zutritt nur im Rahmen geführter Touren; jeweils zur vollen Stunde, letzte Führung um 15 Uhr. West St./Ecke Worrigee St., ✆ 44218150, www.sydneylivingmuseums.com.au.

Anreise Pkw: Gut 160 km von *Sydney* entfernt, 80 km von *Wollongong*. Etwa 30 km weiter südlich liegt die *Jervis Bay*.

Bahn & Bus: Die Endstation der *City Rail* (✆ 131500, www.citytrail.nsw.gov.au) ist *Bomaderry*, ab *Sydney* mit Umsteigen für 8,20 $. *Premier Coaches* (✆ 133410, www.premierms.com.au) hält auf der Route zwischen *Melbourne* und *Sydney* (25 $) entlang der Küste. Außerdem fahren ab hier regionale Buslinien Richtung Süden.

Touristinfo Shoalhaven Visitors Centre, Broschüren über die Stadt und die ganze Region. Tägl. 9–17 Uhr. Princess Hwy./Ecke Pleasant Way, ✆ 44210778 oder 1300662808, tourism@shoalhaven.nsw.gov.au.

Nowra im Internet Informationen unter www.shoalhaven.nsw. gov.au.

Aktivitäten Shoalhaven River Cruises, Tour zum Red Rock 29 $, zum Greenwell Point 49 $. Tage und Abfahrtszeiten können variieren. Auskünfte unter ✆ 44415660 oder

GPS: S34°52.541' E150°36.161'
Ortsvorwahl: 02

0429981007 (mobil), www.shoalhavenriver cruise.com.

Internet Im **Visitors Centre**, tägl. 9–17 Uhr. 1 $/15 Min.

Museum **The Fleet Air Arm Museum**, Über 30 Flugzeuge, von Maschinen aus dem Weltkrieg bis zu modernen A4-Skyhawks. Tägl. 10–16 Uhr. Eintritt 10 $. 489 A Albatross Road (via BTU Road), ☏ 44241920.

Übernachten **Comfort Inn Pleasant Way**, einfaches Motel, saubere Zimmer mit Bad, AC, TV und Heizdecken. Außerdem Pool und Waschraum. DZ ab 115 $. 9 Pleasant Way, ☏ 44215544, www.pleasantway.com.au.

White Heritage Guesthouse, das denkmalgeschützte Haus ist wunderbar hergerichtet und steht in einem gepflegten Garten. Gemütliche Zimmer (auf für Familien). DZ ab 140 $ (inkl. WLAN). 30 Junction Street, ☏ 44212084, www.whitehouseguesthouse.com.

Shoalhaven Caravan Village, weitläufiges Areal direkt am Fluss. Camping 30–55 $, Cabin mit Bad ab 100 $. 17 Terara Road, ☏ 44230770, www.shoalhavencaravanvillage.com.au.

Freecamping Etwa 22 km westlich von Nowra gibt es das **Bundunah Reserve** und die **Grassy Gully Camping Area**. Kostenlos, dafür gibt's weder Toiletten noch Trinkwasser.

Essen & Trinken **Nowra Steakhouse**, natürlich gute Steaks (24–32$), aber auch Fisch und Pasta sind hier eine gute Wahl. Jeweils etwa 5 verschiedene Vorspeisen, Hauptgerichte, Steaks und Fischgerichte. Mo–Sa 11–14 und 17.30–20 Uhr. Unit 2, 10 Pleasant Way, ☏ 44234193, www.nowrasteakhouse.com.

》》》 Mein Tipp: **Orient Point Bakehouse**, hier kann man süße Versuchungen bestellen oder supergesund frühstücken, z. B. Wassermelonensalat mit Minze und Joghurt oder glutenfreies Müsli. Außerdem gutes Lunch und Abendessen. Etwa 25 km östlich von Nowra direkt an der Küste gelegen. Fr/Sa 17–20 Uhr, Sa/So 7.30–14.30 Uhr. 71 Orama Crescent, Orient Point, ☏ 0431224331, www.orientpointbakehouse.com. **《《《**

Bridge Tavern, guter Grub, Tagesgerichte 12–14 $, Fish&Chips für 16 $, für 20 $ bekommt man ein anständiges Steak. Unterhaltung und Barbetrieb. 87 Bridge Street, ☏ 44212555, www.bridgetavernnowra.com.au.

Jervis Bay

Die wunderbare Bucht mit den weißen Sandstränden ist Heimat einer üppigen Fauna: Neben Pinguinen und Seeadlern kann man Delfine und Seehunde beobachten, während ihrer Wanderschaft steuern sogar Wale die Bucht an. Größte Ortschaft ist **Huskisson,** benannt nach dem Politiker *William Huskisson*, der eigentlich nichts Besonderes erreicht hat, außer sich 1830 bei der Eröffnung einer Eisenbahnstrecke von einem Zug überfahren zu lassen. Ein weiteres Zentrum mit diversen Einrichtungen ist **Vincentia**. Die Jervis Bay selbst ist ein Dorado für Sportfischer, vereinzelt kann man sogar legal zum Speerfischen abtauchen, Sporttaucher können die Unterwasserwelt mit ihren Riffs, Höhlen und Spalten erkunden. Der südlich gelegene **Booderee Nationalpark** (→ S. 277) bietet gute Möglichkeiten für Wanderungen durch dichtes Buschland.

Anreise Pkw: Die Jervis Bay befindet sich knapp 200 km südlich von *Sydney*. Von *Nowra* nach *Huskisson* sind es 25 km, Huskisson und *Vincentia* liegen knapp 5 km auseinander.

Bus: *Nowra Coaches* (☏ 44235244, www.nowracoaches.com.au) steuert die westlichen Ortschaften der Bucht an.

Jervis Bay im Internet Informationen unter www.tourismjervisbay.com.au.

E-Bike- & Fahrradmiete Jervis Bay Bike Hire, Cuiser-Bikes ab 40 $/Tag, Crossräder ab 50 $/Tag, ab dem 2. Tag gibt es Rabatt. Buchung per Telefon, das Rad wird dann kostenlos zur Unterkunft geliefert. ☏ 0410335015, www.jervisbaybikehire.com.

Hire au Go-Go, hier kann man ab 19 $/Std. eine Art E-Mofa – zumindest optisch – mit E-Motor unterstütztem Pedalantrieb mieten. 1 Tomerong Street, ☏ 44417674, www.hireaugogo.com.

Fischen Jervis Bay Fishing Charters, Game Fishing, Riffangeln oder Angeln in der Bucht – es gibt verschiedene Optionen, die je nach Art und Dauer ab etwa 150 $ kosten. Mindestbeteiligung erforderlich, Start um 6 Uhr früh. Legt von der *Huskisson Wharf* in Huskisson ab. ☏ 44478177 oder 0412506422 (mobil), www.jervisbayfishing.com.au.

Kajak und SUP Jervis Bay Kajak & Paddlesports, Sit-on-top-Kajak oder SUP 39 $/2 Std., Angelkajak 100 $/Tag. Auch Kurse und Touren mit Guide. Mi–Mo 9.30–16.30 Uhr (Sa/So bis 15 Uhr). 13 Hawke Street, Huskisson, ☏ 44417157, www.jervis baykayaks.com.

Jervis Bay Stand Up Paddle, in der geschützten Bucht kann man die Trendsportart in Kursen lernen (90 Min. Gruppenunterricht ab 50 $) oder einfach Material ausleihen (4 Std. 50 $). ☏ 0403354716, www.jervis baystanduppaddle.com.au.

Kino Huskisson Pictures, in tollem Holzhaus aus dem Jahr 1913. Blockbuster zu günstigen Preisen (10 $). ☏ 44415076, www.huskipics.com.au.

Schwimmbad Pool, es gibt einen eingezäunten Salzwasserpool nur einige Schritte vom Husky-Pub (s. u.) entfernt.

Sehenswertes Lady Denman Maritime Museum, tägl. 10–16 Uhr. Eintritt 10 $. Woollamia Rd./Ecke Dent St., Huskisson, ☏ 44415675, www.ladydenman.asn.au.

Tauchen Dive Jervis Bay, Schnupperkurse mit Theorie und 2 Tauchgängen und Open-Water-Kurse. Auch Kurse zum Rettungstaucher oder Tauchinstruktor. 6/64 Owen Street, Huskisson, ☏ 44415255, www. deep6divingjervisbay.com.au.

Whalewatching & Segeln Jervis Bay Whales/Dolphin Watch Cruises,Mai–Nov. Buckelwal-Touren (ab 65 $), den Rest des Jahres gibt's Delfine zu sehen (ab 35 $). 50 Owen Street, Huskisson, ☏ 144416311 oder 1800246010, www.jervisbaywhales.com.au.

Übernachten CeeSpray on Owen, super B&B in wunderschönem Haus. DZ 210–270 $/Nacht, inkl. eines ausgiebigen Frühstücks (ohne Frühstück online ab etwa 175 $). 30 Owen Street, Huskisson, ☏ 44416430, www.ceespray.com.au.

Hyams Beach Seaside Cottages, nur für Paare. Die Räume sind schlicht, aber edel eingerichtet. Einige Cottages mit Spa-Wanne. Tolle Veranda. Mo–Fr ab 195 $/Nacht, ganzes Wochenende ab 520 $. 53–55 Cyrus Street, Hyams Beach, ☏ 44417838 oder 0412029096 (mobil), www.hyamsbeach seasidecottages.com.au.

Huskisson Bayside Motel, wohnliche Zimmer, alle mit Dusche und WLAN. Standard-DZ ab 110 $, Superior ab 145 $. 28 Bowen Street, Huskisson, ☏ 44415500, www.husky bayside.com.au.

Paperbark Camp, edle Safarizelte mit Holzfußboden und jeder Menge Komfort: große Betten mit Mosquitonetzen, Sofas, Open-Air-Bad mit frei stehender Wanne und privatem Deck mit Lounge. Standardzelt ab 400 $, Deluxe-Zelt ab 520 $. ☏ 1300668167, www.paperbarkcamp.com.au.

Huskisson White Sands Tourist Park, tolle Lage in der Bucht. Cabins in verschiedensten Größen und Ausstattungen, für 2 Pers. je nach Saison 100–230 $, Stellplatz 30–60 $. Nowra St./Ecke Beach St., Huskisson, ☏ 44416025 oder 1300733028, www.white sandstouristpark.com.au.

Bushcamping Honeymoon Bay, auf der Beecroft Penninsula, einer der schönsten Orte in NSW, um sein Zelt aufzuschlagen (etwa 20 $). In einem Militärgebiet, deshalb ist der Zugang während Truppenübungen untersagt. Unbedingt vorher diesbezüglich Informationen im Visitor-Centre in Nowra einholen (→ S. 274).

Im Boderee-Nationalpark → S. 277.

Essen & Trinken The Gunyah Restaurant, Stelzenbau inmitten von Paperbark-Bäumen. Zur perfekten Lage kommt kreative Küche mit regionalen Zutaten. Nicht ganz billig, für das wechselnde 3-Gänge-Menü zahlt man 70 $. Geöffnet ab 18 Uhr, letzte Bestellung um 21 Uhr. Nur mit Reservierung. 571 Woollamia Rd., Huskisson, ☏ 44417299, www.paperbarkcamp.com.au.

Wild Ginger, tolles Asialokal, sowohl die Gerichte als auch die Einrichtung betreffend. Für rund 20 $ bekommt man Vorspeisen, Hauptgerichte bis 32 $. 42 Owen Street, Huskisson, ☏ 44415577, www.wild-ginger.com.au.

Husky Pub, großes Pub mit schönem Außenbereich, von dem man die Bucht und den Strand überblicken kann. Öffnungszeiten Bistro: Lunch 12–14.30 Uhr, Dinner 18–20.30 Uhr. 73–75 Owen Street, Huskisson, ☏ 44415001, www.thehuskisson.com.au.

》》》 Mein Tipp: Supply, Deli und Café. Super Espresso, super Muffins und einen richtig guten Falafel-Burger (14,50 $). Mo–Sa 7.30–17 Uhr, So bis 15 Uhr. 1/54 Owen Street, Huskisson, ☏ 44415815, www.supply jervisbay.com.au. **《《《**

Baden & Schwimmen

Hyams Beach: Sicherlich das Highlight mit dem laut Guinness-Buch der Rekorde weißesten Sand der Welt. Erreichbar ist der Strand ganz einfach mit dem Auto auf der Jervis Bay Road Richtung Booderee-Nationalpark. Vor Ort sorgt ein kleines Café für das leibliche Wohl.

Shark Net Beach: Nahe dem Ortskern von Huskisson und dementsprechend in Schlenderweite zu den Cafés im Ort. Gut für den kurzen Sprung ins kühle Nass, und wenn es zu stürmisch ist, dann ist zur Not auch gleich der Pool in der Nähe.

Huskisson Beach: Der erstreckt sich zwischen den beiden Tourist-Parks und ist die ideale Lösung für Camper, die dort ihr Zelt aufgeschlagen haben. Gute Parkmöglichkeiten vor Ort.

Collingwood Beach: Der längste Strand beginnt beim Moona Moona Creek und zieht sich bis nach Vincentia.

Booderee-Nationalpark: Es gibt noch einige tolle Badestrände im Booderee-Nationalpark, die aber z. T. nicht ganz so gut mit dem Auto erreichbar sind (s. u.).

Booderee-Nationalpark

Ein wunderbarer, verhältnismäßig kleiner Nationalpark, in dem man hervorragend wandern kann. Auf einigen Wegen gelangt man zu abgelegenen Stränden, vier einfache Campingareale bieten abenteuerliche Übernachtungsmöglichkeiten im Park. Zu empfehlen ist der **Cave Beach**, dort kann man sein Zelt aufschlagen, muss allerdings die Ausrüstung vom 300 m entfernten Parkplatz heranschleppen. Die **Booderee Botanical Gardens** befinden sich etwa in der Mitte des Parks, bieten einige schöne Spaziergänge und sind direkt mit dem Auto erreichbar.

Eintritt in den Park: 11 $ für 48 Std. (auch per Münzautomat). **Booderee Visitor Centre**, Information und Broschüren. Hier checkt man auch für die Campingplätze (je nach Saison 11–22 $/Zeltplatz plus 5–11 $/Pers.) im Park ein. Tägl. 9–16 Uhr (im Sommer erweiterte Öffnungszeiten). Jervis Bay Rd., Jervis Bay Territory, ✆ 44430977, booderee.mail@environment.gov.au.

Ulladulla und Milton

ca. 10.000 Einw.

Nur einen Katzensprung voneinander entfernt, bieten die zwei Ortschaften den Besuchern zwei ganz unterschiedliche Welten. Das dörfliche **Milton** kann mit etlichen historischen Gebäuden aus dem 19. Jh. aufwarten und eignet sich hervorragend zum Bummeln und Kaffeetrinken. **Ulladulla** ist stark von der Fischerei geprägt – im Hafen liegt eine der größten Fangflotten der Südküste. Außerdem ist das Städtchen das kommerzielle Zentrum und lockt mit seinen Stränden auch mehr Besucher an. Der Name „Ulladulla" leitet sich von einem Wort der Ureinwohner ab und soll „sicherer Hafen" bedeuten.

GPS: S35°21.08' E150°28.60'
Ortsvorwahl: 02

Anreise Pkw: Die beiden Orte sind 7 km voneinander entfernt und 225 km südlich von *Sydney* gelegen. Entfernung nach *Nowra* 60 km, zur *Jervis Bay* 50 km.

Bus: *Premier Coaches* (✆ 133410, www.premierms.com.au) hält auf der Route zwischen *Melbourne* und *Sydney* (35 $) entlang der Küste. Die *Ulladulla Bus Lines* (✆ 44552338) verbinden die kleineren Ortschaften in der Umgebung. Ein weiterer Anbieter ist *Priors Express* (✆ 1800816234) der nach Parramatta fährt.

Boote in der Hafenbucht von Ulladulla

Touristinfo Ulladulla Visitors Centre, Mo–Fr 10–17 Uhr, Sa/So 9–17 Uhr. Princess Highway, Ulladulla, ☏ 1300662808 oder 44551269, tourism@shoalhaven.nsw.gov.au.

Milton & Ulladulla im Internet Infos unter www.shoalhaven.nsw.gov.au.

Aktivitäten Ulladulla Surf Schools, Kurse inkl. Leihbrett (und Neopren in den kälteren Monaten) 49 $ für ca. 2:30 Std., Surfbrettmiete (inkl. Anzug) ab 28 $/Tag, SUP 59 $/2 Std., 59 $/halber Tag. ☏ 0417360791, www.wow-watersports.com.au.

Dive & Adventure Ulladulla, Schnuppertauchgang um 120 $, Tauchkurs um 500 $. 6 Aroo Road, Ulladulla, ☏ 44553029, www.ulladulladive.com.au.

Internet CTC@Ulladulla, Mo–Fr 9.30–16 Uhr. 3A/82 St. Vincent Street, Ulladulla, ☏ 44551292.

Übernachten Ulladulla Guest House, alle DZ mit eigenem Bad und individueller, hochwertiger Einrichtung. Beheizter Salzwasserpool und Spa im Außenbereich. Üppige Gartenlandschaft. DZ ab etwa 200 $. 39 Burrill Street, Ulladulla, ☏ 44551796, www.guesthouse.com.au.

Times Past B&B, in Milton. Umlaufende Veranda, Holzbänke mit weißen Kissen, gepflegter Garten. Ab 170 $/2 Pers. (inkl. cont. breakfast). 51 Princess Highway, Milton, ☏ 44555194, www.timespastbnb.com.au.

Ulladulla Lodge, günstige Unterkunft mit großer Gemeinschaftsküche und Wohnzimmer mit Kamin. Inkl. Nutzung von Fahrrädern, Surfbrettern und Angelausrüstung. DZ ab 80 $, im Mehrbettzimmer ab 35 $/Pers., Gemeinschaftsbad. 63 Princess Highway, Ulladulla, ☏ 44540500, www.ulladullalodge.com.au.

Essen & Trinken Boardwalk Café, am Eingang an der Durchfahrtsstraße sieht man nicht, dass es hinter dem Haus eine tolle Terrasse und sogar eine kleine Grünfläche gibt. Ideal für Kaffee, Kuchen oder kleine Stärkungen. Tägl. 6.30–17 Uhr. 1/92 Princess Highway, Ulladulla, ☏ 44542555.

Coastal Indulgence, um die 18 $ kosten hier leichte Mittagsgerichte, z. B. Hähnchen-Focaccia, Lachs-Wrap oder Lamm-Burger. Hauptgerichte abends 15–25 $. Tägl. schon zum Frühstück geöffnet. Village Green, 107–109 Princess Highway, Milton, ☏ 44540640, www.coastalindulgence.com.au.

»› Mein Tipp: The Kitchen Milton, es gibt Currys, Quiche, Suppen etc. Gesund, lecker und frisch gekocht – aber nur zum Mitnehmen und später selber Aufwärmen. Mo–Fr 9–18 Uhr, Sa 9–16 Uhr. Shop 3, 105 Princess Highway, Milton, ☏ 44542042. ‹‹‹

Pilgrims Cafe, ausschließlich vegetarische Küche, schmackhafte Pfannkuchen, Vegiburger oder Sandwiches (8–20 $). Tägl. 9–15 Uhr. Shop 8/9 „The Settlement", Milton, ☏ 44553421, www.pilgrimsmenu.com.

Batemans Bay

ca. 10.000 Einw.

Von der Hauptstadt Canberra aus führt der kürzeste Weg an die Küste direkt nach Batemans Bay. Und das merkt man v. a. an Wochenenden und während der Schulferien. Mittlerweile macht der Tourismus dem Fischfang als Wirtschaftszweig massive Konkurrenz und die Ortschaft hat im Zuge des Wandels zum Urlaubsmekka etwas an Charme verloren. Man muss aber auch sagen, dass der Ansturm nicht von ungefähr kommt: Batemans Bay liegt wunderbar im Mündungsgebiet des Clyde River, die Landschaft geizt nicht mit Reizen und die Strände eignen sich hervorragend zum Baden und Surfen. Kulinarisch ist der Ort für seine Clyde-River-Austern berühmt und die schmecken auch wirklich vorzüglich.

GPS: S35°42.31′ E150°09.58′
Ortsvorwahl: 02

Anreise Pkw: 285 km südlich von *Sydney*. Weiter gen Süden sind es 72 km nach *Narooma*. Ins Landesinnere fährt man auf dem Kings Highway 155 km nach *Canberra*.

Bus: *Premier Coaches* (✆ 133410, www.premierms.com.au) hält auf der Route zwischen *Melbourne* und *Sydney* (45 $) entlang der Küste. *Murrays Coaches* (✆ 132251, www.murrays.com.au) von/nach *Canberra* für 37 $. *Priors Express* (✆ 1800816234) nach Parramatta.

Touristinfo Batemans Bay Visitors Centre, großes Infocenter mit Broschüren, Souvenirs und guter Beratung. Tägl. 9–17 Uhr, in der Nebensaison 9–16 Uhr. Bench Rd./Ecke Princess Highway, ✆ 44726900 oder 1800802528, info@eurobodalla.com.au.

Batemans Bay im Internet Informationen unter www.eurobodalla.com.au.

Aktivitäten Total Eco Adventures, Unterricht im Stand-up-Paddle (ab 50 $), Kajaktouren (ab 50 $) und Schnorchelexkursionen in den Marinepark (ab 40 $). Außerdem Materialmiete. Niederlassung in Broulee, südlich von Batemans Bay, 7/77 Coronation Street, Broulee, ✆ 44716969, www.totalecoadventures.com.au.

Broulee Surf School, Einsteigerstunde 45 $, Eintageskurs 65 $. Materialmiete für den gesamten Tag (inkl. Anzug) 40 $. Auch SUP. 7/77 Coronation Drive, Broulee, ✆ 44717370, www.brouleesurfschool.com.au.

Bay and Beyond Sea Kayak Tours, von der 3,5-stündigen Paddeltour bis hin zu ausgedehnten Fahrten mit mehr als 6 Std. Dauer. 80–120 $/Pers. Auch Unterricht und Materialmiete. ✆ 44787777, www.bayandbeyond.com.au.

Merinda Cruises, 3-stündige Fahrt auf dem Clyde River. Bier, Wein und Softdrinks gibt's an Bord zu kaufen. 30 $. Fährt ab Innes Boatshed in der Clyde Street. ✆ 44724052.

Clyde River Boat Hire, kleine Boote für max. 5 Pers. inkl. Angelausrüstung 50 $/2 Std., jede weitere Std. 10 $. In der Wray Street, ✆ 44726369.

Fischen Top Cat Charters, 30ft-Katamaran für 8 Pers., Sitzplätze unter einem Dach und Toilette an Bord. Riffangeln ab 130 $, Hochseefischen ab 250 $. Fährt ab der Batemans-Bay-Marina in der Beach Road. ✆ 44727340 oder 0427727340 (mobil), www.topcat-charters.com.au.

Ausfishing, im Mündungsgebiet des Clyde River. 5-Std.-Charter je nach Teilnehmerzahl ab 150 $/Pers. Für Gruppen von 3 Pers. lohnt es sich je nach Option, evtl. das ganze Boot komplett zu chartern. Rosella Place, Tura Beach, Kontakt: Stuart, ✆ 64969902 oder 0400062504 (mobil), www.ausfishing.com.au.

Internet In der **Touristinfo** (s. o.).

Übernachten Batemans Bay Beach Resort, direkt am Wasser und nahe der Shops und Restaurants gelegen. Campen ab 28 $; mit Strom ab 35 $, als gute Alternative zum Hotel erweisen sich die bestens ausgestatteten Cabins (155–250 $). 51 Beach Rd., ✆ 1800217533, www.beachresort.com.au.

Caseys Beach Holiday Park, kleiner, freundlicher Campingplatz, überdachte Campküche und kleiner Pool. Stellplatz 35 $/Nacht, Cabins ab 95 $. 414 Beach Rd., ✆ 44724226, www.caseysbeach.com.au.

Nationalparkcamping Depot Beach Campground, im Murramang National Park. Sanitäranlagen, Trinkwasser, BBQs und Waschmaschinen. Ab 20 $/Nacht, mit Strom 28 $ (2 Pers. inkl.). Erreichbar über

Mount Agony Road und North Durras Road, ✆ 44786582, www.visitdepotbeach.com.au.

Hausboote Clyde River Houseboats, Hausboote mit 8 bzw. 10 Schlafplätzen. Kein Bootsführerschein nötig. In der Nebensaison (Mai–Aug.) 4 Nächte wochentags schon ab 700 $. In der Hochsaison mehr als doppelt so viel. ✆ 44726369, www.clyderiverhouseboats.com.au.

Essen & Trinken On the Pier, natürlich (hauptsächlich) Frisches aus dem Wasser. Das Dutzend Austern 30 $, gegrillter Thunfisch 32 $. Tägl. zu Lunch und Dinner geöffnet. Old Punt Road, ✆ 44726405, www.onthepier.com.au.

Starfish Deli, super Café/Deli mit 1-a-Ausblick. Pizzen, Seafood, Ciabattas und frische Salate. Gerichte 8–28 $, Steak 35 $. Tägl. 9–20.30 Uhr. Promenade Plaza, 1 Clyde Street, ✆ 44724880, www.starfishdeli.com.au.

North Sreet Café & Bar, sehr schön – der ideale Platz für ein Frühstück oder den Mittagssnack. Mo–Sa 8–16 Uhr. Gute Qualität zu vernünftigen Preisen. 5 North Street, ✆ 44725710.

Soldiers Club, mit der umlaufenden Glasfront sieht das riesige Ding bei Nacht aus wie ein Ufo. Gutes Bistro mit Lunch-Angeboten für 8,90 $. Drinks und Unterhaltung. Tägl. geöffnet. Beach Road, ✆ 44724117, www.baysoldiers.com.au.

Mogo Village

Mogo entstand im Zuge des Goldrausches in den 1850er-Jahren – während seiner Blütezeit herrschte hier reges Leben. Doch genauso kurzlebig wie der Goldrausch war leider auch das Interesse an dem kleinen Dorf. Lange Zeit war hier gar nichts mehr los, bis um 1980 einige Künstler und Alternative das verschlafene Nest für sich entdeckten. Die alten Gebäude wurden restauriert und ergänzt, heute beherbergen sie v. a. Galerien, Geschäfte und Cafés.

Narooma
ca. 3500 Einw.

Hier protzt die Natur mit allem, was sie zu bieten hat. Im Landesinneren thront der Mount Dromedar, vor der Küste liegt Montague Island und das Wasser des Wagonga Inlet strahlt in den unterschiedlichsten Blautönen. Kein Wunder also, dass sich der Ort bereits sehr früh zu einem beliebten Ausflugsziel entwickelte. Es gibt einige gute Strände zum Schwimmen, die allerdings meist nicht bewacht sind. Die Dame in der Touristinfo gibt gerne Auskunft, wo man bei den vorherrschenden Bedingungen am sichersten baden kann. Nicht versäumen sollte man eine Fahrt im Inlet auf der *Wagonga Princess*, auch Montague Island ist unbedingt einen Ausflug wert (s. u.).

GPS: S36°13.40′ E150°07.64′
Ortsvorwahl: 02

Anreise Pkw: 357 km von *Sydney* entfernt. Nach *Merimbula* sind es 115 km auf dem Princess Highway. Biegt man unterwegs auf den Snowy Mountains Highway ab, ist man nach 185 km in *Cooma*.

Bus: *Premier Coaches* (✆ 133410, www.premierms.com.au) hält auf der Route zwischen *Melbourne* und *Sydney* (58 $) entlang der Küste. *Murrays Coaches* (✆ 132251, www.murrays.com.au) von/nach *Canberra* für 48 $.

Touristinfo Narooma Visitors Information Centre, hier kann man auch die Überfahrt zum nahen Montague Island buchen. Tägl. 9–17 Uhr, Nebensaison 9–16 Uhr. Princess Highway, ✆ 44762881, narooma@eurobodalla.com.au.

Narooma im Internet Informationen unter www.eurobodalla.com.au.

Bootscharter & Angeln Narooma Tours and Charter Fish, diverse Optionen, angefangen von 2 Std. (80 $) bis hin zur Tagesfahrt (275 $). Außerdem Ausflüge zum Schnorcheln mit Seehunden (75 $) oder Touren nach Montague Island (ab 120 $). ✆ 0407487702, www.charterfishnarooma.com.

Tankstelle, Touristeninfo und Tante-Emma-Laden unter einem Dach

Schiffsfahrten Wagonga Princess, die historische Fähre ist 100 Jahre alt und auf leisen Elektroantrieb umgebaut. 3-stündige Fahrt 35 $. So, Mi, Fr 13 Uhr, während der Ferien tägl. Legt von der *Taylors Wharf* östlich des Zentrums ab. ✆ 44762665 oder 0408489098, www.wagongainletcruises.com.

Übernachten Whale Motor Inn, 17 geräumige Zimmer und Selbstversorger-Suiten (mit Kitchenette). Sehr gutes Restaurant. Standard-DZ ab 130 $, mit Spa ab 210 $, in der Hochsaison etwa 40 $ mehr. 104 Wagonga Street, ✆ 44762411, www.whalemotorinn.com.

Narooma Beachfront Apartments, 4 voll ausgestattete Apartments für Selbstversorger. Inkl. Frühstück, Grillagen für ein BBQ werden auf Anfrage arrangiert. Für 2 Pers. 120–180 $. 8 Warbler Crescent, ✆ 44761606, www.beachfrontnarooma.com.au.

Narooma Motel YHA, Sonnendeck, kostenloser Internetzugang und kostenloser Fahrradverleih. Im Dorm ab 27 $ (4–7 Pers.), im DZ ab 75 $ (mit Bad). 243 Princess Highway, ✆ 44763287, www.naroomamotel.com.au.

Easts Holiday Parks, gut ausgestatteter Park, ein einfacher Zelt- oder Wohnmobil-Stellplatz für 2 Pers. kostet ab 35 $. Verschiedene Cabins mit unterschiedlicher Ausstattung (3–4,5 Sterne) für 95–250 $. Princess Highway, ✆ 44762046 oder 1800332787, www.eastsnarooma.com.au.

Freecamping Bodalla Park Forest Rest Area, knapp 10 km nördlich von Narooma, auf blaues Schild achten. Mit Toiletten, Picknickbänken und Feuerstelle.

Essen & Trinken O'Briens Hotel, super Ausblick und ideal für ein Feierabendbier. Küche ganztags geöffnet, guter Grub. Ab 12 Uhr knusprige Pizzen. Bistro tägl. 9–21 Uhr (So ab 10 Uhr). 99–101 Campbell Street, ✆ 44763691, www.obrienspubnarooma.com.au.

The Quarterdeck, direkt am Wasser in einem alten Bootshaus. Gutes Essen, z. B. indisches Garnelen-Curry (26 $). Geöffnet für Frühstück und Lunch, im Sommer auch samstagabends mit Live-Musik. Do–Mo 8–16 Uhr. 13 Riverside Drive, ✆ 44762723.

Roxy's Café, günstige Sandwiches und Ganztagesfrühstück bei entspannter Musik und bunter Deko. Die Chicken-Burger sind hier der Tipp. Geöffnet ab 7 Uhr für Frühstück und Mittagessen. Shop 13, Narooma Plaza, ✆ 44762555.

Montague Island

Einen Besuch kann man der Insel, die 9 km vor der Küste Naroomas liegt, nur innerhalb geführter Touren abstatten. Das Eiland mit einer Fläche von 81 ha ist ein wahres Paradies für Tiere. Man schätzt, dass etwa 10.000 Pinguinpaare hier brüten, die zerklüfteten Ufer sind bevölkert von Seehunden und je nach Jahreszeit ziehen Buckelwale in unmittelbarer Nähe vorbei. Seit jeher stellte Montague Island einen wichtigen Ort zur Nahrungssuche für die Aborigines dar – was für uns heute 30 Minuten bequeme Überfahrt sind, war für sie damals ein lebensgefährliches Unterfangen. 1881 schließlich wurde der Leuchtturm in Betrieb genommen.

Buchungen im **Visitors Centre** in Narooma (s. o.) oder auch bei **Narooma Tours and Charter Fish** (→ S. 280). Es gibt verschiedene Touren, u. a. geführte Spaziergänge, Schnorchel- oder Tauchtrips. Touren sind jedoch wetterabhängig. 2 Nächte auf der Insel mit Verpflegung 595 $, für 3600 $ kann man die gesamte Unterkunft (max. 12 Pers.) für 2 Nächte mieten, dann allerdings mit Selbstversorgung. www.montagueisland.com.au.

Merimbula

ca. 6000 Einw.

Eingebettet in atemberaubende Landschaft, ausgestattet mit guter Infrastruktur und umfangreichem Freizeitangebot präsentiert sich Merimbula als idealer Standort, um einige schöne Urlaubstage zu verbringen. Die Ortschaft selbst liegt am Inlet zwischen den geschützten Wassern des *Merimbula Lake* und dem Meer, Bade- und Surfstrände befinden sich also in unmittelbarer Nähe. Merimbula ist ein klassischer Urlaubsort, man hat sich professionell auf hohe Besucherzahlen eingestellt. Unzählige Ferienapartments warten auf Besucher, an den Uferpromenaden reihen sich die Gastronomiebetriebe aneinander. Und wenn es zu überlaufen ist, dann bieten die umliegenden Nationalparks ein entspanntes Rückzugsgebiet.

GPS: S36°53.32' E149°54.32'
Ortsvorwahl: 02

Anreise Pkw: Von *Narooma* sind es etwa 115 km bis Merimbula. Anstatt des Highways sollte man die Route an der Küste entlang wählen. Nach *Cooma* (in den Snowy Mountains) sind es gut 150 km.

Bus: *Premier Coaches* (✆ 133410, www.premierms.com.au) hält auf der Route zwischen *Melbourne* (58 $) und *Sydney* (69 $) entlang der Küste.

Touristinfo Merimbula Visitors Information Centre, Buchung von Unterkünften und diversen Freizeitaktivitäten. Mo–Fr 9–17 Uhr, Sa 9–16 Uhr, So 10–16 Uhr. 2 Beach Street, ✆ 64951129 oder 1800150457, info@sapphirecoast.com.au.

National Parks Regional Office – Far South Coast Region, Mo–Fr 8.30–16.30 Uhr. Merimbula St./Ecke Sapphire Coast Drive, ✆ 6495 5000.

Merimbula im Internet Informationen unter www.sapphirecoast.com.au und www.merimbulatourism.com.au.

Aktivitäten Skydive Oz, Tandemsprünge ab Merimbula Airport ab 330 $ (bei Onlinebuchung um 280 $). Foto- und Videopackages 99–139 $. Nur im Sommer, ab Batemans Bay ganzjährig. ✆ 0438185180, www.skydiveoz.com.au.

Sea Kajaking, 2-stündige Touren (65 $) und eine 5-stündige Tour zum Ben Boyd National Park (115 $) im Angebot. Einweisung und Sicherheitsausrüstung inkl. Individuelle Touren auf Anfrage. ✆ 64935635, www.oceanwilderness.com.au.

Merimbula Divers Lodge, PADI-Open-Water-Kurs (3 Tage) 589 $, inkl. Leihmaterial für 5 weitere Tauchgänge. 15 Park Street, ✆ 64953611, www.merimbuladiverslodge.com.au.

Rathlin II, große 41ft-Fisherman-Flybridge-Yacht. 5 Std. Riffangeln ab 120 $, Hochseeangeln ab 300 $. ✆ 64959080, www.rathlinfish.com.au.

Internet Merimbula Library, Mo u. Mi–Fr 9.30–17 Uhr, Sa 9–12 Uhr. 3 Market Street, ✆ 64992481.

Übernachten Bella Vista B&B, wirklich toll, mit riesigen Betten, edlen Bädern und Fußbodenheizung. DZ ab etwa 200 $. 16 Main Street, ✆ 64951373, www.merimbula bellavista.com.au.

Lakeview Hotel, Pubhotel mit günstigen Übernachtungsmöglichkeiten ab 89 $. 1 Market Street, ✆ 64951202, www. merimbulalakeview.com.au.

Wandarrah Lodge, in Strandnähe. Mehrbettzimmer, DZ, Twin und Familienunterkunft. Internetzugang und TV-Raum. Im 4er-Zimmer ab 32 $, DZ ab 85 $. 8 Marine Parade, ✆ 64953503, info@wandarrahlodge.com.au.

Merimbula Beach Holiday Park, billigste Cabins 100–250 $, Camping ab 30 $/Nacht, mit Strom ab 36 $, mit Blick von der Klippe aufs Meer ab etwa 45 $. 2 Short Point Road, ✆ 64998999 oder 1300787837, www. merimbulabeachholidaypark.com.au.

Essen & Trinken Zanzibar Café, wird gerne von den Einheimischen empfohlen, das Essen ist tatsächlich spitze, aber nicht ganz billig. Um die 65 $ muss man für zwei Gänge bezahlen (80 $ für 3), man bekommt dafür aber z. B. rosa gebratenes Kängurufilet mit Räucheraalkroketten und Roter Bete. Do/Fr 12–14 Uhr und Di–Sa ab 18 Uhr. Main Street/Ecke Market Street, ✆ 64953636, www.zanzibarmerimbula.com.au.

Waterfront Cafe, zentral gelegen, direkt neben der Touristeninformation. Gutes Frühstück, aber auch Mittag- und Abendessen. Hauptgerichte 15–28 $. Tägl. ab 8 Uhr, Dinnerkarte ab 18 Uhr. Shop 1, The Promenade, ✆ 64952211, www.thewaterfrontcafe.net.au.

Merimbula Lakeview Bistro, ausgezeichnete Küche im gleichnamigen Pub-Hotel. Auf der Karte stehen gegrillte Calamares, Burger, Steaks und Pasta. Küche tägl. 12–14 und 18–20.30 Uhr. 1 Market Street, ✆ 64951202, info@merimbulalakeview.com.au.

》》》 **Mein Tipp**: Bar Beach & Beach Kiosk, die perfekte Wahl für Beach-Feeling pur! Frühstück, Lunch, Kaffee und kleine Snacks in perfekter Lage am Strand. Auf der Holzterrasse gibt es auch BBQs. Einziges Manko: Die Parkplätze werden schnell knapp. Im Sommer tägl. 7.30–16 Uhr. www.barbeachkiosk.com. 《《《

Eden

ca. 4000 Einw.

Die kleine Ortschaft zieht sich einen Hang hoch, von wo man einen großen Naturhafen und die Twofold Bay überblickt. Einst war Eden eine Hochburg des Walfangs, ein Museum im Ort erinnert an die längst vergangenen Zeiten. Heute fährt man Besucher hinaus in die Bucht, um die Meeressäuger zu beobachten. Nach wie vor stellt die Fischereiindustrie einen wichtigen Erwerbszweig dar – für die Touristen ist es immer wieder ein tolles Schauspiel, wenn die Trawler in den Hafen einlaufen. Zum Schwimmen eignen sich v. a. der **Cocora Beach** und der **Aslings Beach**. Vor der Grenze zum Bundesstaat Victoria ist Eden die letzte größere Station an der Küste.

GPS: S37°03.821' E149°54.299'
Ortsvorwahl: 02

Anreise Pkw: 490 km von *Sydney* entfernt und 27 km südlich von *Merimbula* gelegen. Auf dem Princess Highway sind es 50 km bis zur Staatsgrenze nach Victoria. Erste (Mini-) Ortschaft im Nachtbarstaat ist *Cann River* (115 km).

Bus: *Premier Coaches* (✆ 133410, www.premierms.com.au) hält auf der Route zwischen *Melbourne* (58 $) und *Sydney* (71 $) entlang der Küste.

Touristinfo Eden Gateway Visitor Information Centre, Broschüren und Beratung. Tägl. 9–17 Uhr. Mitchell St./Ecke Imlay St., ✆ 64961953, info@edentourism.com.au.

Eden im Internet Informationen unter www.visiteden.com.au oder www.sapphirecoast.com.au.

Aktivitäten Sea Kajaking, Halbtagestouren (85 $, 4 Std.) und Tour zur Davidson Whaling Station (130 $/6 Std.). Einweisung und Sicherheitsausrüstung inkl. Individuelle Touren auf Anfrage. ✆ 64935635 oder 0405529214 (mobil), www.oceanwilderness.com.au.

Freedom Charters, 5-stündige Tour mit Game- und Riffangeln auf einem 38ft-Boot ab 120 $. ℡ 64961209 oder 0415602446 (mobil), www.freedomcharters.com.au.

Cat Balou Cruises, 16m-Motorkatamaran. Ganzjährig, Ende Sept. bis Ende Nov. auch Whalewatching (75 $). 35 $ für die 2-stündige Tour. ℡ 0472962027 (mobil) oder 0427260489 (mobil), www.catbalou.com.au.

Internet In der Bibliothek neben der Touristinfo (s. o.).

Sehenswertes Killer Whale Museum, 1931 gegründet. Hier ist auch das Skelett von „Old Tom", dem Killerwal, ausgestellt. Mo–Sa 9.15–15.45 Uhr, So 11.15–15.45 Uhr. Eintritt 9 $, Kinder 2,50 $. Im Ort an der Abzweigung Imlay Street/Albert Terrace, ℡ 64962094, www.killerwhalemuseum.com.au.

Übernachten The Crown & Anchor Inn, aus den 1840ern und liebevoll restauriert. Toller Blick über die Bucht, nur einen Katzensprung von den Restaurants und Shops entfernt. DZ ab 180 $. 239 Imlay Street, ℡ 64961017, www.crownandanchoreden.com.au.

Cocora Cottage B&B, 2 schöne Zimmer, je mit eigenem Bad und Spa. Kostenloses WLAN. Ab 150 $ für 2 Pers. 2 Cocora St., ℡ 64961241 oder 0427218859 (mobil), www.cocoracottage.com.

Heritage House Motel & Units, zentral im Ort gelegen. Neben einfachen Motelzimmern gibt's auch 8 Wohneinheiten für 4–5 Pers. Toller Blick über die Twofold Bay. DZ ab 99 $. 178 Imlay Street, ℡ 64961657, www.heritagehouseunits.com.

Eden Tourist Park, perfekte Lage zwischen dem Lake Curalo und dem schönen Aslings Beach. Cabins, Stellplätze direkt am See und überdachte BBQs. Camping ab 25 $, in der Hochsaison ab 35 $. Aslings Beach Road, ℡ 64961139, www.edentouristpark.com.au.

Nationalparkcamping Saltwater Creek Campground, im Ben Boyd National Park. Einfacher Platz, es gibt nur Toiletten, Tische und BBQs. Etwa 18 km südl. von Eden vom Highway auf die Edrom Road abbiegen und dann weiter (teils unasphaltiert). 4WD sehr empfohlen. Genaue Anfahrt im Netz. Nationalparkgebühr 7 $/Fahrzeug, 20 $/Nacht (2 Pers.) fürs Camping. www.environment.nsw.gov.au.

Essen & Trinken Great Southern Inn, das lokale Pub. Hier kann man mit den Einheimischen einkehren und bekommt gutes Essen für 15–30 $. Tägl. ab 10 Uhr, Lunch 12–14 Uhr, Abendessen 18–20.30 Uhr. 158 Imlay Street, ℡ 64961515, www.greatsoutherninn.com.au.

Wharfside Café, hier kann man an den Außentischen am Kai sitzen und die Fischtrawler anschauen. Chorizo-Garnelen-Papardelle (26 $), koreanisch gegrillter Tintenfisch (14 $) oder lokal geerntete Muscheln (27 $). Tägl. 8–15.30 Uhr. 3/253 Imlay Street, ℡ 64961855, www.wharfsidecafe.com.au.

Cuppaz, gutes Frühstückscafé, und auch tagsüber kleine Stärkungen. Die Pfannkuchen mit Sirup und Früchten sind ausgezeichnet. Geöffnet ab 6 Uhr. 207 Imlay Street, ℡ 64961493.

Die Legende von „Old Tom"

In den Jahren, als der Walfang noch eine ganz normale Einnahmequelle darstellte, machte eine Gruppe Orcas (Killerwale) von sich reden. Wann immer ein großer Wal vor der Küste auftauchte, trieb die Gruppe das Tier in die *Twofold Bay*, wo die Walfänger den Wal ohne viel Mühe harpunieren konnten. Als Belohnung erhielten die Orcas die Zunge der Beute. Die Walfänger konnten ihre Verbündeten anhand ihrer individuell geformten Flossen erkennen und gaben ihnen Namen. Anführer der Truppe war „Old Tom", der seine Artgenossen bei ihren Angriffen dirigierte. Ein derartiges Zusammenspiel von Mensch und Killerwal ist ansonsten nicht bekannt.

Malerische Kulisse in den Ausläufern der Snowy Mountains

Snowy Mountains

Im Südwesten des Staates, wo sich die Great Dividing Range zu ihren höchsten Höhen aufschwingt, erheben sich die Snowy Mountains. Die „Snowies" sind ganzjährig ein beliebtes Ausflugsziel, während der Skisaison herrscht gar der Ausnahmezustand.

Die Region ist das Mekka des australischen Wintersports, in den Monaten Juni bis August findet man hier gute Bedingungen zum Ski- und Snowboardfahren. Der Rest des Jahres gehört den Wanderern und Anglern: In den kalten Gebirgsbächen tummeln sich jede Menge Forellen – 1999 wurden hier sogar die Weltmeisterschaften im Fliegenfischen ausgetragen. Außerdem ist dann die Zeit auch günstig für eine Besteigung des höchsten Berges des Landes, des **Mount Kosciuszko** (2228 m). Landschaftlich sind die Snowy Mountains wirklich ein Traum: Kleine Ortschaften schmiegen sich in grüne Täler, der malerische **Snowy River** fesselte bereits den Dichter *Banjo Paterson* und inspirierte ihn zu seiner berühmten Ballade „The Man from Snowy River". Den größten Einschnitt in vielerlei Hinsicht brachte die Konstruktion des **Snowy Mountain Hydro Scheme** (→ Kasten), eines enormen Wasserkraftwerks, bei dessen Bau ganze Ortschaften geflutet werden mussten. Eine gute Möglichkeit zur Erkundung der Region stellt eine Fahrt entlang dem 108 km langen **Alpine Way** dar.

Anreise Von *Cooma*, östlich des Kosciuszko-Nationalparks, kann man alle wichtigen Ortschaften der Gegend ansteuern, z. B. *Jindabyne* (65 km), *Thredbo* (100 km) oder *Kiandra* (55 km). Jindabyne liegt dabei am zentralsten. Einige Resorts sind im Winter nur per Pistenraupe erreichbar.

Pkw: Über den Monaro Highway ist Cooma an *Canberra* (120 km) im Norden und über den Princess Highway an die Küste Victorias (250 km) angeschlossen. Der Snowy Mountains Highway führt nach *Merimbula* (148 km), an die Küste von New South Wales.

New South Wales / Snowy Mountains

Bus: *Greyhound Australia* (✆ 1300473946, www.greyhound.com.au) fährt nach *Cooma*, *Jindabyne*, zum *Skitube Terminal* (Bullocks Flat) und nach Thredbo. Ab *Sydney* 85–125 $, ab *Canberra* 50–85 $. *Transborder Coaches* (✆ 62993722, www.transborder.com.au) fährt die Verbindung *Canberra–Thredbo* mit entsprechenden Zwischenstopps.

Bahn: Kombinierte Bahn-/Bus-Services nach *Cooma*, ab *Sydney* mit *NSW TrainLink* (✆ 132232, www.nswtrainlink.info), ab *Melbourne* mit *V/Line* (✆ 136196, www.vline.com.au).

Freecamping Thredbo Diggings, BBQs, Picknicktische und Plumpsklos. Platz auch für Wohnmobile.

Yachting Point, am Blowering Dam. Nur Toiletten, BBQs und Tische. Erreichbar über die Straße zwischen Adaminaby und Tumut.

Ngarigo, nur zelten, kurzer Fußmarsch vom Parkplatz zum Campingareal. Plumpsklos, Picknicktische und BBQs. Teilweise nicht asphaltiert. www.environment.nsw.gov.au.

Nationalparkgebühr Der Parkeintritt in den Kosciuszko National Park (darin befinden sich auch die Campingareale Thredbo Diggings und Ngarigo) beträgt 16 $/Auto für 24 Std. (27 $ im Winter).

Snowy Mountains Hydro Electric Scheme

Der Bau des äußerst komplexen Wasserkraftwerks hat die Region nachhaltig geprägt und verändert – ganze Ortschaften verschwanden in den künstlichen Stauseen. Insgesamt 25 Jahre dauerten die Arbeiten und bis zur Fertigstellung im Jahr 1974 verschlang das Projekt gigantische 820 Mio. Dollar. Noch heute ist das „Snowy Hydro" eines von Australiens Vorzeigeprojekten hinsichtlich erneuerbarer Energien. Es gibt ein interessantes Informationszentrum in Cooma, auch der Besuch der Trafostationen ist nach Anmeldung möglich.
Infozentrum: Kostenloser Eintritt/Vorführungen. Mo–Fr 8–17 Uhr, Sa/So 9–14 Uhr. Monaro Highway (2 km von Cooma entfernt), ✆ 1800623776, www.snowyhydro.com.au.

Cooma
ca. 7000 Einw.

Cooma ist eine der wenigen natürlich gewachsenen Ortschaften der Region – ihre Ursprünge reichen bis ins Jahr 1849 zurück. Sie wurde weder als Resort konzipiert noch musste sie als Folge des Kraftwerkbaus weichen und an anderer Stelle neu aufgebaut werden. Am östlichen Ende der Berge gelegen, ist Cooma zwar nicht das geografische, wohl aber das kommerzielle Zentrum der Gegend. Eine erste Blütezeit erlebte Cooma im Zuge des Goldrausches in den 60er-Jahren des 19. Jh., für einen weiteren Boom sorgte ab 1949 der Bau des Kraftwerks. Abertausende von Arbeitern aus gut 30 unterschiedlichen Nationen fanden hier eine temporäre Heimat und hinterließen ihre Spuren. Im Ort gibt es die **Avenue of Flags**, ein Flaggendisplay, das an die Zuwanderer erinnert. Mittlerweile spielt aber auch in Cooma der Tourismus eine wesentliche Rolle und speziell im Sommer kann man die Vorzüge der Ortschaft genießen. Der **Lambie Town Walk** ist ein netter Rundgang, um den Ort etwas besser kennenzulernen und ein wenig in der Historie zu stöbern. Kartenmaterial ist in der Touristinfo (s. u.) erhältlich.

GPS: S36°14.158' E149°07.424'
810 m ü. M.
Ortsvorwahl: 02

Touristinfo Cooma Visitors Centre, Broschüren, Karten, Beratung. 3 Internet-Terminals. Tägl. 9–15 Uhr (in der Skisaison erweiterte Öffnungszeiten). 119 Sharp Street, ✆ 64501742 oder 1800636525, info@visitcooma.com.au.

Cooma im Internet Informationen unter www.visitcooma.com.au oder auch unter www.cooma.nsw.gov.au.

Einkaufen Snowy Camping World, Outdoor-Ausrüstung von der Zeltstange bis zum Wanderstiefel. Mo–Fr 9–17.30 Uhr, Sa 9–14 Uhr. 106 Sharp Street, ☏ 64522729, www.campingworld.com.au.

Lebensmittel Aldi, tägl. 8.30–19 Uhr, 18 Hilton Street.

Coles, Mo–Sa 7–21 Uhr, So 8–20 Uhr, 85–91 Commissioner Street.

Märkte Rotary High Country Markets, jeden 3. So im Monat im Centennial Park. Verkaufsstände und Essen.

Skiverleih Skico, Skier, Stöcke, Stiefel und Kleidung (keine Handschuhe) ab 68 $, das Snowboardpack ab 75 $/Tag, „Performance"-Ausrüstung etwas mehr. Tägl. 6 Uhr bis spät (Fr bis 2 Uhr). 32 Bradley Street, ☏ 1800686125, www.skico.com.au.

Übernachten Kinross Inn, 17 blitzsaubere 4-Sterne-Wohneinheiten auf EG-Level. Satelliten-TV, AC, Heizung. Beheizter Indoor-Pool. DZ je nach Saison 114–194 $. 15 Sharp Street, ☏ 64523577 oder 1800223229, www.kinrossinn.com.au.

Woodvale Cooma, historisches Stein-Cottage von 1853, aber neu hergerichtet mit modernem Bad. Zur Ausstattung gehören Waschmaschine, Trockner, BBQ und Kochgelegenheit. Internetzugang. Für 2 Pers. ab etwa 140 $/Nacht. 128 Church Road, ☏ 0457234099 (mobil), www.woodvale cooma.com.au.

White Manor Motel, 3-Sterne-Motel mit 12 voll ausgestatteten Einheiten mit guter Heizung. DZ 105–150 $. 252 Sharp Street, ☏ 64521152, www.whitemanor.com.

Bunkhouse Motel, nicht gerade modern, aber superfreundlich und mit Abstand die günstigste Alternative in Cooma. DZ ab 80 $ (in der Skisaison mehr). 28–30 Soho Street, ☏ 64522983, www.bunkhousemotel.com.au.

Cooma Tourist Park, Cabins, Stellplätze mit Strom und einfache Zeltplätze. Gute Ausstattung. Ab 28 $ für 2 Pers. (mit Strom 33 $). 286 Sharp Street, ☏ 64521828, www.coomatouristpark.com.au.

Essen & Trinken Alpine Hotel, Pub-Hotel mit herzhaftem Grub. Steaks ab 20 $, Antipasti 13 $, Burger 14 $. Mittagsangebote um 12 $. Bistro tägl. 12–14 und 18–21 Uhr. 170 Sharp Street, ☏ 64521466, www.alpine hotel.com.au.

》》》 Mein Tipp: The Lott, Café, Bäckerei und Deli. Ausgezeichnetes Essen und urgemütlich. Frisch zubereitete Gerichte mit Pfiff 12–20 $. Mo–Do 7.30–16 Uhr, Fr bis 17 Uhr, Sa/So 8–16 Uhr. 177–179 Sharp Street, ☏ 64521414, www.lott.com.au. **《《**

Grand Court Chinese Restaurant, klassische kantonesische Küche, auch als Takeaway. Tägl. 11.30–14.30 und 17–22 Uhr. Snowstop Village, Sharp Street, ☏ 64524525.

Jindabyne

ca. 4000 Einw.

Einige Straßen führen immer noch direkt in den See – Zeugen der Vergangenheit, denn die ursprüngliche Ortschaft wurde in den 60er-Jahren im Verlauf des Stauseebaus unter den Wassermassen begraben. Fast schon etwas schaurig wird es, wenn bei niedrigem Pegelstand Dächer und Spitzen aus dem Wasser ragen. Das neue „Jindy" breitet sich direkt am Seeufer aus und stellt eine ideale Basis für Urlauber dar. Angler können ihre Köder praktisch vor der Haustür auswerfen, Wanderer haben den Nationalpark direkt vor der Nase, und im Winter sind die Skifahrer innerhalb kürzester Zeit auf den Pisten. Während der Wintermonate ist die Hölle los, im Sommer geht's wesentlich geruhsamer zu. Bekannt ist die Ortschaft außerdem durch den ziemlich düsteren Film *Jindabyne* (→ S. 95) aus dem Jahr 2006.

GPS: S36°24.785' E148°37.180'
990 m ü. M.
Ortsvorwahl: 02

Touristinfo & Buchungen Snowy Region Visitor Centre, Infos rund um die Region. Tägl. 8.30–17 Uhr (Winter), sonst 9–16 Uhr. Kosciuszko Rd., ☏ 64505600, srvc@environment.nsw.gov.au.

Kosciuszko-Nationalpark

Überragt wird der 690.000 ha große Park vom **Mount Kosciuszko**, mit 2228 m der höchste Berg Australiens. Sämtliche Skiresorts des Bundesstaates New South Wales befinden sich im Kosciuszko-Nationalpark, außerdem sprudelt hier die Quelle des berühmten *Snowy Rivers,* dessen Ufer von Zypressen gesäumt werden. Die östlichen Ausläufer des Parks sind geprägt von subalpinen Wäldern mit Schnee-Eukalyptusbäumen, aber auch Wälder mit Rieseneukalyptusbäumen gedeihen hier. Den Norden dominieren hingegen weite baumlose Ebenen. Neben einer beachtlichen Population an Wildpferden sind im Park auch Tiere heimisch, die es sonst nirgends gibt, z. B. das Zwerg-Opossum und der Corroboree-Frosch.

Um die Jahreswende 2002/2003 wüteten verheerende Waldbrände, die mehrere Monate nicht zu kontrollieren waren und sich auf knapp die Hälfte des Parks ausdehnten. Dabei wurden v. a. die südlichen Regionen stark betroffen. Da das Ökosystem hier aber an derartige Ereignisse angepasst ist, konnte schon bald wieder Grün sprießen.

Parkeintritt 16 $/Auto für 24 Std. (27 $ im Winter). Die Camping-Areale Ngarigo und Thredbo Diggings (nur für Zelte) liegen an der Straße zwischen Thredbo und Jindabyne. Auf beiden Plätzen gibt's weder Duschen noch Trinkwasser.

Jindabyne Accommodation Centre, gute Hilfe bei der Zimmersuche, im Angebot alles vom DZ bis hin zum Apartment mit 4 Schlafzimmern. ✆ 64572000 oder 1800527622, www. jindabyneaccommodationcentre.com.au.

Jindabyne im Internet www.snowymountains.com.au und www.visitsnowymountains.com.au.

Einkaufen Im Nuggets Crossing Shopping Centre befinden sich zahlreiche Geschäfte, vom Supermarkt bis zum Sportgeschäft alles, was das Herz begehrt. Auch Restaurants, Cafés und Fotogalerie. Man kann schön im Innenhof sitzen, Zeitung lesen und einen Kaffee trinken. Snowy River Avenue (direkt an der Durchgangsstraße, nicht zu übersehen).

Woolworths, tägl. 7–20 Uhr, Shop 1, Nuggets Crossing.

Sport & Skiverleih Jindabyne Sports, Verkauf von Sportartikeln und Skiverleih (Set ab 45 $). Im Winter tägl. 7–19 Uhr, im Sommer kürzer. Shop 12, Town Centre, ✆ 64562636, www.jindabynesports.com.au.

Übernachten Lake Jindabyne Hotel, Allrounder mit Zimmern, Pub und Bistro. Einfache 3-Sterne-Zimmer, auch als Familienzimmer mit Platz für 4 Pers. DZ im Sommer ab 110 $, im Winter ab 255 $. 48 Kosciuszko Road, ✆ 64562203, www.lakejindabynehotel.com.au.

Quality Resort, mit Restaurant, Bar, Schwimmhalle, Tennisplatz, Fitnessraum. Im Sommer fast ein Schnäppchen: Studio ab 170 $. Im Winter 3 Nächte um 1000 $. 10 Kosciuzko Rd., ✆ 64562562, www.horizonsresort.com.au.

The Swagman Rest, 2 frei stehende Unterkünfte, ideal für Paare und Familien (bis zu 6 Pers.). Mit Spa im Freien. Im Sommer ab 200 $, im Winter auf Anfrage. Old School Rd., ✆ 64567332 oder 0412635836 (mobil), www.swagmansrest.com.au.

Snowy Mountains Backpackers, zentrale Lage, ganz in der Nähe der Shops. Dorm ab 30 $, DZ mit Bad ab 90 $. Im Winter gut das Doppelte. 2/3 Gippsland Street, ✆ 1800333468, www.snowybackpackers.com.au.

Jindabyne Holiday Park, moderner Park, hier wird auch im Winter gecampt. Stellplatz 30–45 $, Cabin ab 140 $, im Sommer günstiger. Kosciuszko Rd., ✆ 64562249, www.jindyhp.com.au.

Essen & Trinken Bacco Italian, im Ristorante speist man Knoblauchgarnelen oder Saltimbocca à la Romano (Hauptgerichte 20–33 $), dazu gibt's einen guten Tropfen. Pizzeria nebenan. Lunch ab 12 Uhr, Dinner ab 17.30 Uhr. Nuggets Crossing Centre, ✆ 64561420.

Brumby Bar & Bistro, Steaks und Burger, außerdem für ein paar Biere gut. Hauptgerichte 18–30 $. Auch Live-Musik. Mo–Sa 12–3 Uhr, So 12–24 Uhr. Kosciuszko Road/Ecke Kalkite Street, ✆ 64562526.

Sundance Bakehouse & Tea Rooms, hervorragende Pies und guter Kaffee. Man kann schön im Innenhof sitzen. Tägl. ab 6 Uhr. Shop 13, Nuggets Crossing, ✆ 64562951.

Crackenback/Thredbo Valley Lake Crackenback Resort, sehr schönes Ganzjahresresort mit Wellnessmöglichkeiten, Skiverleih und exzellentem Restaurant. Günstigste Option ab 199 $, Apartment mit 3 Schlafzimmern ab 399 $. Während der Skisaison um 425 $ bzw. 900 $. Internetangebote checken! Schnelle Anbindung ans Perisher Valley. 1650 Alpine Way, Crackenback, ✆ 1800020524, www.lakecrackenback.com.au.

Cuisine on Lake Crackenback, ausgezeichnetes Restaurant. Auf der Karte stehen z. B. Enten-Brandy-Pastete und Forellenfilets mit Fenchelpüree und Spargel. Vorspeisen 23 $, Hauptgerichte 40 $, Menü ab 70 $. Mi–Sa ab 18 Uhr. 1650 Alpine Way, Crackenback, ✆ 64513249.

Alpine Larder, gehört ebenfalls zum Crackenback-Resort, bietet aber rustikale Küche mit Pizzen (ab 22 $), Pasta und Co. Tägl. 10–16 Uhr, Dinner Fr–Di ab 17 Uhr (im Winter tägl.). 1650 Alpine Way, Crackenback, ✆ 64513060.

Thredbo Valley Distillery, ausgezeichnetes Hochprozentiges, direkt in der Destillerie käuflich. Der 50%-ige *Apricot Super Premium* hat es in sich! Alpine Way/Ecke Wollondibby Road, ✆ 64571447, www.wildbrumby.com.

Thredbo
ca. 200 Einw.

Ursprünglich als reines Skiresort konzipiert, hat sich Thredbo mittlerweile auch im Sommertourismus etabliert. Das liegt natürlich auch daran, dass von hier der Aufstieg zum Mt. Kosciuszko am kürzesten und einfachsten ist. Der Sessellift ist ganzjährig in Betrieb und chauffiert Wanderer und Mountainbiker bis auf knapp 2000 m Höhe. Die einen erobern dann den Gipfel, die anderen stürzen sich mit dem Radl den *Cannonball Run* hinunter. Natürlich ist und bleibt aber der Winter die Hauptsaison, entsprechend steigen dann die Preise und boomt das Nachtleben. Das Ski-Terrain ist mit 480 ha relativ klein, aber die Abfahrten gehören zu den besten des Landes.

GPS: S36°30.245' E148°18.295'
1393 m ü. M.
Ortsvorwahl: 02

Information & Buchung Thredbo Resort Centre, Buchungszentrum für Unterkünfte, Materialmiete, Skikurse und Komplettpakete. Im Winter täglich, im Sommer verkürzte Öffnungszeiten. Friday Drive, ✆ 64594100 oder 1300020589, info@thredbo.com.au.

Thredbo im Internet Die Seite des Resorts ist www.thredbo.com.au.

Skiinfo Liftpass, 2-Tage-Pass für Erwachsene je nach Saison 150–210 $, der Tagespass kostet immer 115 $.

Komplettpaket, 2 Tage komplett mit Liftpass, Skiern, Boots, Stöcken und Kleidung (ohne Handschuhe) rund 280 $, ein Tag 185 $. Im Thredbo Resort Centre (s. o.).

Übernachten River Inn, direkt an den Liften. 52 Zimmer, Indoor-Pool, Hotspots und Bar. Im Restaurant werden bodenständige Gerichte nach bayrischem Vorbild serviert. DZ ab 150 $/Pers., im Winter unterschiedliche Pakete, z. B. mit 3 Übernachtungen im DZ inkl. Frühstück und 1-mal Abendessen um 1400 $. ✆ 64576505, www.riverinn.com.au.

Thredbo Alpine Hotel, Internet-Lounge, Spa und Sauna, Bars und Bottleshop. Einfachstes DZ ca. 160–190 $, Frühstück inkl. Im Winter DZ inkl. Frühstück um 500 $. Friday Drive, ✆ 64594200 oder 1300020589, www.thredbo.com.au.

Winterhaus Lodge, nur im Winter und während der Übergangsmonate geöffnet. Einfache, aber saubere Zimmer, das Budget-DZ in der Hochsaison ab 320 $/Tag (2 Nächte Minimum), in der Nebensaison ab 220 $.

Wellblechscheune nahe Jindabyne

Kostenpflichtiges WLAN. 11 Alpine Way, ✆ 64576226, www.winterhaus.com.au.

Lantern Apartments, ideal für Selbstversorger; Kitchenette, Waschmaschine und Trockner. Apartment mit 1 Schlafzimmer im Sommer 220 $/Nacht, im Winter um 1200 $ für 2 Nächte. Kostenloses WLAN. Banjo Drive, ✆ 64576600, www.lanternapartments.com.au.

Thredbo YHA, man muss bereits bei Ankunft YHA-Mitglied sein. Im Dorm ab 32 $, Twin mit Bad ab 81 $. Im Winter etwa das Dreifache und mit Mindestaufenthalt, z. B. Fr–So oder Mo–Fr. 2 Buckwong Place, ✆ 64576376, thredbo@yhansw.org.au.

Camping → S. 286

Essen & Trinken The **Knickerbocker Restaurant & Bar**, serviert wird ein Mix aus europäischer und australischer Küche, dazu gibt es Bier, ausgezeichnete Schnäpse und bisweilen auch Live-Musik. Täglich ab 18 Uhr. Riverside Cabins, ✆ 64576844, www.theknickerbocker.com.au.

The Terrace, im Denman Hotel, auf der Karte stehen z. B. Steaks, langsam geschmorte Lammschulter und Entenkonfit. Vorspeisen 15–20 $, Hauptgerichte 30–35 $. The Denman Hotel, Diggings Terrace, ✆ 64576039, www.thedenman.com.au.

The Pub Bar & Bistro, im enormen Alpine Hotel (s. o.). Drinks und guter Grub (15–28 $), bei schönem Wetter kann man auf der riesigen Terrasse sitzen. Nahe der Sesselliftstation. Geöffnet für Lunch & Dinner. Friday Drive, ✆ 64574200.

Eagles Nest, Australiens höchstgelegenes Restaurant (auf 1937 m). Sommer wie Winter gut zum Einkehren. Tägl. tagsüber geöffnet, Do/Sa auch Abendessen. Bergstation des Sessellifts, ab Thredbo Village, ✆ 64576019, www.eaglesnest.com.au.

Avalanche BBQ Kiosk, Mittagspause oder Après-Ski an der Talstation des Ramshed Sessellifts, hier treffen sich Skifahrer und Snowboarder. Im Winter tägl. 8–17 Uhr.

Weitere Skiresorts

Perisher Blue

Als größtes Skigebiet Australiens hat Perisher Blue mit einer Fläche von 1250 ha die meisten Abfahrten zu bieten. Für Trickser und Brettartisten gibt es eine Superpipe, einen Funpark und eine Buckelpiste. 50 Lifte und 150 Schneekanonen sorgen für ungetrübtes Schneevergnügen – auf der längsten Abfahrt kann man etwa 3 km gen Tal wedeln, die maximale Höhe für einen Start bergab liegt bei 2034 m. Für eine ideale Anreise gibt's die Skitube ab Bullocks Flat.

GPS: S36°24.394' E148°24.590'
1732 m ü. M.
Ortsvorwahl: 02

Touristinfo Resortinfo, Buchungen und Auskünfte jeglicher Art. Finden die günstigste Unterkunft. ✆ 1300655822 oder 64594495. Kontaktformular auf der Webseite (s. u.).

Perisher Blue im Internet Info zum Resort unter www.perisher.com.au.

Skiinfo Liftpass 2 Tage 244 $, 3 Tage 351 $. Komplette **Ausrüstung** (inkl. Jacke+Hose) etwa 220 $/2 Tage. **Skitube** in Verbindung mit gültigem Skipass 33 $ bei Rückfahrt am selben Tag. Alles erhältlich am Skitube-Terminal in Bullocks Flat (am Alpine Way zwischen Jindabyne und Thredbo).

Übernachten/Essen Perisher Manor, Unterkunft, Restaurant und Bar. „Budget"-DZ 155–225 $/Nacht (2 Nächte Minimum), Deluxe-Version 200–310 $. ✆ 64575291 oder 1800636360, www.perishermanor.com.au.

Eiger Chalet, mit Bar und Restaurant. 2 Nächte im DZ je nach Saison und Kategorie 700–1200 $. ✆ 64575209, www.eiger.com.au.

Charlotte Pass

Charlotte Pass ist das höchstgelegene Skigebiet des Landes, das zwar klein und eher familiär ist, aber auch nicht gerade einen kostengünstigen Aufenthalt gestattet. Im Winter ist das Resort nur per Pistenraupe ab dem Perisher-Valley-Skitube-Terminal zu erreichen, entsprechend eingeschränkt ist man, was die An- und Abreise betrifft. Wenn man aber erst mal dort ist, spielt das keine Rolle mehr und man kann Pisten ohne Menschenmassen genießen.

GPS: S36°25.885' E148°19.769'
1845 m ü. M.
Ortsvorwahl: 02

Touristinfo & Buchung Charlotte Pass Village Administration, ✆ 64571555, ski@charlottepass.com.au.

Charlotte Pass im Internet Informationen unter www.charlottepass.com.au.

Skiinfo Tagespass, inkl. Over-snow-Transport 85–105 $, komplettes **Material** mit Kleidung (ohne Handschuhe) 140 $. Oversnow alleine kostet 65 $ einfach bzw. 100 $ return.

Übernachten/Essen Kosciuszko Chalet, in dem großartigen Chalet aus dem Jahr 1938 kostet das Wochenende im DZ je nach Kategorie ab etwa 1200 $ (inkl. Halbpension). Sorglos-Komplettpakete mit Material und Skipass auf Anfrage. ✆ 1800026369, www.charlottepass.com.au.

Stillwell Lodge, „Ski in – ski out"-Unterkunft. In der Skisaison kostet die Woche ab 3500 $, kürzere Aufenthalte auf Anfrage. ✆ 64575073, www.stillwell.net.au.

Die Snowies im Sommer

Wenn die Skigebiete im Sommerschlaf schlummern, geht es in den Bergen wesentlich ruhiger zu. Viele Unterkünfte und Lokale sind dann geschlossen, das Leben konzentriert sich wieder um die Ortschaften. Ausnahme ist **Thredbo**, wo man zur warmen Jahreszeit Downhill-Mountainbiking oder Golf anbietet. Gute Plätze zum Angeln sind der **Lake Jindabyne**, der **Lake Eucembene** oder der **Murrumbidgee River**. Die meisten europäischen Urlauber besuchen die Berge in den Sommermonaten – der Aufenthalt ist dann wesentlich günstiger, und mit den Pisten der Alpen können die Snowies eh nicht mithalten.

Die Snowies im Sommer

Mountainbiken South East MTB Co, ein Tag Downhillfahren kostet um 300 $ (um 200 $ Kinder bzw. leichte Fahrer) inkl. Schutzausrüstung, Einführung (Pflicht) und Pass für den Sessellift. Für die Abfahrten werden vollgefederte MTBs gestellt. Hardtail-MTBs für Tourenfahrten, 90 $/Tag. Valley Terminal, Thredbo, ℡ 64594119, mountainbiking@thredbo.com.au.

Angeln Lizenzen sind in den Geschäften vor Ort erhältlich. Juni–Okt. ist Schonzeit.

Jindabyne Flyfishing School, hier kann man die knifflige Angelegenheit des Fliegenfischens erlernen. 10 km von Jindabyne entfernt. Übernachtungsmöglichkeit in der Lodge. Wochenendkurs all-incl. 660 $. Mowamba River Lodge, 12 km südöstlich von Jindabyne (Richtung Dalgetty), ℡ 0402315799 (mobil), www.flyfishing.com.au.

Lake Eucumbene Fishing Charters, gefischt wird von einem 6-m-Boot aus. Max. 6 Passagiere, mind. 4 Std. bei 75 $/Std. Auch Fliegenfischen. 11 Rainbow Street, Old Adaminaby, ℡ 64541000 oder 0428852880 (mobil), www.eucumbenefishingcharters.com.au.

Trout Fishing Adventures, Forellen-Fischen am Lake Jindabyne. Steve Williams ist ein absoluter Experte. Der halbe Tag kostet ab 180 $/Pers. in der Gruppe bzw. 400 $ alleine. Shop 1, Snowline Service Centre, Kosciuszko Rd., Jindabyne, ℡ 64561551 oder 0408024436 (mobil), www.swtroutfishing.com.au.

Reiten Cochran Horse Treks, 2 bis 8-tägige Touren, auf All-inclusive-Basis. Im Norden, nahe der Grenze zum Australian Capital Territory. 750–2200 $. Basis in Yaouk, etwa 20 km nördlich von Adaminaby, ℡ 64542336, info@cochranhorsetreks.com.au.

Festivals Snowy Mountains Trout Festival, findet immer im November statt. www.troutfestival.com.

Thredbo Blues Festival, im Januar. www.thredboblues.com.

Wanderung zum Mt. Kosciuszko

Man kann jede Menge Touren und Wanderungen im gesamten Bereich der Snowy Mountains unternehmen. Informationen und Karten erhält man in den Touristinformationen, besonders hervorzuheben ist dabei das Zentrum in Jindabyne (→ S. 288). Für viele Bergfreunde zählt in den Snowies aber nur eines: die Besteigung des höchsten Gipfels von Australien, des Mt. Kosciuszko. Auf keinem Kontinent kann man den höchsten Berg so einfach erklimmen (oder besser erwandern) wie in Australien, denn mit 2228 m ist der Mount Kosciuszko nicht gerade ein Gigant. Man benötigt nur wenig alpine Erfahrung und konditionell reicht gesundes Mittelmaß.

Distanz: 13 km hin und zurück. **Wanderzeit**: reine Gehzeit ca. 4 Std.; falls man den letzten Lift verpasst, muss man für den Abstieg ins Tal eine weitere Stunde einplanen. **Besonderheiten**: Nur wenig alpine Erfahrung nötig, nicht anspruchsvoll, durchschnittliche Kondition reicht vollkommen aus.

Wegbeschreibung: Ausgangspunkt der Wanderung ist Thredbo. Man kann auf den ausgewiesenen Flächen kostenlos parken, von da sind es nur einige wenige Minuten bis zur Liftstation. Mit dem Sessellift wird man von der Ortschaft auf eine Höhe von 1950 m befördert. An der Bergstation gibt's ein nettes Lokal, das sich bestens zur Einkehr nach der Tour eignet (→ S. 291). Von hier aus folgt man einfach dem Weg. Auf die Vegetation nimmt man hier übrigens besonders viel Rücksicht – man legt fast die gesamte Strecke auf einer Art Steg aus Eisengittern zurück, eine Konstruktion, die bei Feuchtigkeit leider ziemlich rutschig werden kann. Nach etwa 30 Min. erreicht man einen Aussichtspunkt mit Blick auf den Gipfel. Nach einer weiteren Stunde wird der Eisensteg von einer Schotterstraße abgelöst, die sich um den Berg zum Gipfel windet. Hier zweigt noch ein weiterer Wanderweg ab, die Beschilderung ist aber eindeutig. Der Aufstieg bis zum Gipfel dauert nun etwa noch weitere 30 Min. Heimwärts geht's auf demselben Weg bis zur Liftstation zurück. Letzte Talfahrt ist um 16.30 Uhr. Wer den Lift verpasst, gelangt aber problemlos direkt in der Liftschneise zu Fuß ins Tal.

Baumwolle so weit das Auge reicht

Das zentrale New South Wales

Jenseits der Blue Mountains erstrecken sich weite fruchtbare Ebenen, die zum großen Teil landwirtschaftlich genutzt werden – das zentrale New South Wales präsentiert sich mit schier endlosen Baumwoll- und Sonnenblumenfeldern, Obstplantagen und Weideflächen. Die ganze Region ist für die Produktion qualitativ hochwertiger Lebensmittel bekannt – einige der lokalen Restaurants können sich deshalb auch durchaus mit den Genusstempeln in Sydney messen. Jedes Jahr finden zahlreiche Festivitäten statt, die den Gaumenfreuden gewidmet sind.

Je weiter man nach Westen fährt, desto mehr verändert sich die Landschaft, die grünen Wiesen weichen unweigerlich dem roten Outback.

Orientierung: Von den Blue Mountains kommend, gelangt man auf dem Great Western Highway nach **Bathurst**. Richtung Nordwesten fährt man auf dem Mitchell Highway via **Orange** und **Wellington** weiter nach **Dubbo**, wo sich ein wichtiger Knotenpunkt der Region befindet. Der Newell Highway, die kürzeste Verbindung zwischen Brisbane und Melbourne, führt von hier aus in die beiden Städte. Folgt man dem Mitchell Highway noch weiter ins Outback, kann man ab **Nyngan** entweder nach **Bourke** im Norden oder auf dem Barrier Highway bis nach **Broken Hill** fahren. Wählt man ab Bathurst die südlichere Route, führt der Mid Western Highway nach **Cowra** und von dort entweder südlich auf dem Olympic Way nach **Wagga Wagga** oder auf dem Highway bleibend nach Westen. Dort trifft die Straße in der Ortschaft **Hay** auf den Sturt Highway, der den südlichen Teil des Staates von **Mildura** im Westen bis nach **Wagga Wagga** nahe den Snowy Mountains durchzieht.

Bathurst

ca. 37.000 Einw.

Bathurst ist Australiens älteste Siedlung im Landesinneren. Schon in den frühen Jahren spielte die Ortschaft eine wichtige Rolle als Tor zum noch weitgehend unerforschten Westen. 1813 gelang die erste Überquerung der Blue Mountains, bereits 1815 wurde die Siedlung gegründet, die ersten freien Siedler folgten im Jahr 1818.

Während des ersten Goldrauschs 1851 flossen Unmengen an Geld in die Stadt – noch heute zeugen die Gebäude mit ihrer Architektur im Kolonial- und viktorianischen Stil vom frühen Reichtum und der Bedeutung der Stadt. Neben den optischen Reizen sorgen das kosmopolitische Flair und die Nähe zu den Blue Mountains für eine hohe Lebensqualität und machen den Standort so interessant. Die Stadt ist außerdem eine Hochburg des australischen Motorsports, die PS-Jünger strömen regelmäßig in Scharen zum *Mount Panorama Raceway*. Berühmtester Sohn der Stadt ist übrigens *Ben Chifley*, der von 1945–1949 das Amt des australischen Premierministers innehatte.

GPS: S33°25.116′ E149°35.182′
650 m ü. M.
Ortsvorwahl: 02

Anreise Pkw: Von *Sydney* 210 km über die *Blue Mountains* und den Great Western Highway, 254 km sind es von *Canberra*, 206 km von *Dubbo* via Mitchell Highway.

Bahn & Bus: *NSW TrainLink* (✆ 132232, www.nswtrainlink.info) bindet mit XPT-Zügen und Bussen die ganze Region an, z. B. nach *Sydney* oder *Orange*. Der Orange-Bathurst-Sydney-Express von *Australia Wide Coaches* (✆ 95161300, www.australiawidecoaches.com.au) fährt nach *Orange* und *Sydney*.

Flugzeug: Ab *Sydney* mit *Regional Express Airways* (✆ 131713, www.rex.com.au) etwa 40 Min., ab 110 $.

Touristinfo Bathurst Visitor Information Centre, großes Zentrum mit guten Infos. Tägl. 9–17 Uhr. 1 Kendall Avenue, ✆ 63321444, visitors@bathurst.nsw.gov.au.

Bathurst im Internet Informationen unter www.bathurstregion.com.au.

Charterflüge Panorama Airways, 30-minütige Rundflüge ab 340 $. ✆ 63373737 oder 0409455084 (mobil), www.panair.com.au.

Festivitäten Bathurst 1000, Autorennen im Oktober, www.v8supercars.com.au.

National Cool Wine Show, im Oktober, www.coolwines.com.au.

Internet Bibliothek, kostenloser Zugang. Mo–Fr 10–18 Uhr, Sa 10–17 Uhr, So 11–14 Uhr. 70–78 Keppel Street, ✆ 63336281.

Lebensmittel Aldi, tägl. 8.30–20 Uhr, Do bis 21 Uhr, So bis 19 Uhr. 128 Russel Street.

Coles, Mo–Fr 6–22 Uhr, Sa 7–22 Uhr, So 8–20 Uhr.

Märkte Farmer's Market, jeden 4. Samstag im Monat. www.bathurstfarmersmarket.com.au.

Transport Bathurst Buslines, ✆ 63312744. Fahrplan im Visitor Centre (s. o.) oder unter www.bathurstbuslines.com.au.

Taxi, ✆ 131008 oder 63250004.

Übernachten Achtung: Wenn die großen Autorennen anstehen, sind nahezu alle Unterkünfte – allen voran die Campingplätze – in der Stadt ausgebucht und die Preise schießen in die Höhe.

Encore Apartments, moderne, voll ausgestattete Apartments, stilvoll und hochwertig eingerichtet. Ab etwa 180 $ (für 2 Pers.) bis 590 $ (für ein ganzes Stadthaus mit 3 Schlafzimmern). 187 Piper Street, ✆ 63336000, www.encoreapartments.com.au.

Historic Warehouse, toll umgebautes Lagerhaus. Aufenthaltsraum. Geräumige Zimmer und Apartments gibt's schon ab 125 $ (für 2 Pers.). 121a Keppel Street, ✆ 63322801, www.accomwarehouse.com.au.

Bathurst Panorama Holiday Park, in gewohnter *BIG4*-Qualität. Camping ab 26 $ bzw. 35 $ (mit Strom), Cabins und Cottages ab 110 $. 250 Sydney Road, Kelso, ✆ 63318286, www.bathurstholidaypark.com.au.

Darüber hinaus gibt's zahlreiche **Motels** in der Stadt, Zimmer je nach Kategorie 70–170 $. Einige **Hotels** bieten billige Zimmer für Backpacker an (ab 30 $/Pers.).

Freecamping Macquarie Woods, im Vittoria State Forest. Etwa 2,5 km vom Highway entfernt (nicht asphaltiert). Toiletten, Wasser, BBQs und auch Zeltstellplätze. Rund 30 km westl. von Bathurst.

Essen & Trinken Cobblestone Lane, schlicht und stilvoll eingerichtet, ausgezeichnete Brasserie-Karte. Mittags 2 Gänge für 35 $, abends Hauptgerichte 40 $, Vorspeisen um 16 $. Küche tägl. 12–14 und 18–21 Uhr. 173 George Street, ✆ 63312202, www.thecobblestonelane.com.

Tamarin Tandoori, hier bekommt man gutes Essen und wird auch noch für verhältnismäßig wenig Geld satt. Ein Chicken Vindaloo gibt es für 18,90 $, ein Lamm Korma für 19,90 $. Tägl. 11–14 und 17–21.30 Uhr. 126 William Street, ✆ 63325965, www.tamarintandoori.com.au.

Legall Patisserie Café, die französische Patisserie ist eine supergute Option für Kaffee, Kuchen und feines Gebäck. Auch frisch gebackenes Brot. Di–Fr 9–17 Uhr, Sa 9–14 Uhr. 56 Keppel Street, ✆ 63315800.

The Oxford, in dem Pub-Hotel wird am Wochenende gefeiert, im Bistro bekommt man die ganze Woche über gutes Essen, auf der Karte stehen Klassiker wie Burger, Pasta und Steaks. 170 William Street, ✆ 63315500, www.theoxfordbathurst.com.au.

Sehenswertes

Historische Bausubstanz: Ältestes Bauwerk ist das *Old Government Cottage* aus dem Jahr 1817 (George Street). Das *Abercrombie House* aus den 1870er-Jahren (311 Ophir Road) ist ein wunderschönes Herrenhaus, während das *Bathurst Courthouse* (Russel Street) von 1880 mit seiner Kuppel und den Säulengängen beeindruckt. Im *Chifley Home* (10 Busby Street) verbrachte der spätere Premierminister *Ben Chifley* seine Kindheit.

Bathurst Regional Art Gallery: Eine tolle permanente Sammlung und wechselnde Ausstellungen – besonders interessant sind dabei die Werke der modernen Kunst, bisweilen befinden sich darunter wirklich abgefahrene Arbeiten.
Di–Sa 10–17 Uhr, So 11–14 Uhr. Eintritt frei. 70–78 Keppel Street, ✆ 63336555, www.bathurst.com.au.

Australian Fossil & Mineral Museum: Ausgezeichnetes Museum, interessant nicht nur für Dino-Freaks. Tausende Ausstellungsstücke kann man bestaunen, von fossilen Dinosaurier-Eiern bis zu 2000 Mio. Jahre alten Mineralen. Prunkstück ist Australiens einziges komplettes Skelett eines T-Rex.
Mo–Sa 10–16 Uhr, So 10–14 Uhr. 12 $/Pers. 224 Howick Sreet, ✆ 63315511, www.somervillecollection.com.au.

Mount Panorama Motor Racing und **National Motor Racing Museum**: Motorsport-Fans kommen hier ganz auf ihre Kosten, entweder an der Rennstrecke oder im Museum. Es finden Rennen in allen Klassen statt, Aushängeschild ist das *Bathurst 1000*.
Museum: Eintritt 12,50 $. Tägl. 9–16.30 Uhr. Murray's Corner, Mount Panorama, ✆ 63321872, www.nmrm.com.au.

Orange

ca. 40.000 Einw.

Die Region um Orange ist v. a. für Obst bekannt. Dem Ortsnamen zum Trotz ist es zwar zu kalt für Orangen, aber dafür gedeihen hier Trauben für ausgezeichnete Weine. An die 70 Winzer pflegen ihre Reben in der Region und wer einen guten Tropfen zu schätzen weiß, der ist hier goldrichtig. Neben der Weinproduktion werden aber auch Äpfel, Birnen, Pfirsiche, Pflaumen und Kirschen angebaut. Während der Ernte ist immer Bedarf an fleißigen Händen, als „Fruit-Picker" kann man sich dann einige Dollars verdienen. Die „Colour City" hat übrigens noch ein richtiges Highlight in ihrer Geschichte zu bieten, hier wurde nämlich der berühmte Poet *Banjo Paterson* geboren.

Anreise Pkw: *Orange* liegt am Mitchell Highway zwischen *Dubbo* (155 km) und *Bathurst* (60 km).
Bahn & Bus: *NSW TrainLink* (✆ 132232, www.nswtrainlink.info) bindet mit seinen Zügen und Bussen die ganze Region an. Mit dem Orange-Bathurst-Sydney-Express von *Australia Wide Coaches* (✆ 95161300, www.australiawidecoaches.com.au) nach *Bathurst* und *Sydney*. Der *Indian Pacific*

(www.gsr.com.au) zwischen Sydney und Perth hält auch in Orange.

Flugzeug: Ab *Sydney* mit *Regional Express Airways* (✆ 131713, www.rex.com.au) etwa 50 Min., ab 140 $.

GPS: S33°17.011' E149°05.988'
860 m ü. M.
Ortsvorwahl: 02

Touristinfo Orange Visitors Centre, auch große Auswahl an lokalen Produkten. Tägl. 9–17 Uhr. 149 Byng St., ✆ 63938226 oder 1800069466, tourism@orange.nsw.gov.au.

Orange im Internet Informationen unter www.visitorange.com.au.

Internet Orange City Library, Terminal und WLAN. Mo–Fr 10–19 Uhr, Sa 9.30–16 Uhr, So 13–17 Uhr. Civic Square, 147 Byng Street, ✆ 63938132.

Lebensmittel Aldi, tägl. 8.30–20 Uhr, 167–177 Peisley Street.

Coles, tägl. 7–22 Uhr, Anston Street/Ecke Byng Street.

Märkte & Festivitäten Farmers Markets, an jedem 2. Samstag im Monat 8–12 Uhr. Frische Lebensmittel aus der Region, Show Grounds. www.orangefarmersmarket.org.au.

Orange Food Week, 9 Tage im April dreht sich alles nur um Essen und Trinken, www.orangefoodweek.com.au.

Übernachten De Russie, modernes Boutique-Hotel, Zimmer mit Bad, Kitchenette, WLAN und Flatscreen-TVs. DZ ab 155 $. 72 Hill Street, ✆ 63600973, www.derussiehotels.com.au.

Ibis Styles Orange, saubere Motelzimmer mit unterschiedlicher Ausstattung. WLAN (kostenpflichtig), täglich Frühstück und Abendessen im hauseigenen Restaurant. DZ ab 135 $. 146 Bathurst Road, ✆ 63626033, www.ibisstylesorange.com.au.

Colour City Caravan Park, Zelten ab 25 $, Caravans ab 27 $, Cabin bzw. Cottage 70–270 $. Margaret St., ✆ 63938980, .

Essen & Trinken Lolli Redini, *das* Top-Restaurant in Orange. Auf der Karte stehen u. a. Wachtel-Saltimbocca, John-Dory-Filet und Thunfisch-Carpaccio. 2 Gänge 68 $, 3 Gänge 85 $. Weine ab 30 $/Flasche. Di–Sa ab 18 Uhr, Sa/So Lunch 12–14 Uhr. 48 Sale Street, ✆ 63617748, www.lolliredini.com.au.

》》 Mein Tipp: Union Bank Wine Bar, ungezwungene Atmosphäre, überschaubare Speisekarte und gutes Menü (Hauptgerichte 16–28 $). Weine ab 20 $/Flasche. Geöffnet für Abendessen, mittags gibt es Snacks. Sale Street/Ecke Byng Street, ✆ 63614441, www.unionbank.com.au. 《《

Café Latte, ruhiges Café mit bunten Gemälden an den Wänden und ausgezeichnetem Kaffee. Kleine Gerichte und Snacks. Mo–Fr 7.30–17 Uhr, Sa 8–15 Uhr. 173 Summer Street, ✆ 63631855.

Mudgee und Region

ca. 9000 Einw.

Es waren deutsche Auswanderer, die hier Mitte des 19. Jh. den Grundstein für die Kultivierung von Weinreben legten. Heute ist die Region um Mudgee eines der größten Weinanbaugebiete Australiens und weit über die Grenzen hinaus bekannt für exzellente landwirtschaftliche Erzeugnisse. Darüber hinaus ist der Ort mit seinen breiten Straßen und viktorianischen Gebäuden ein beliebtes Ziel für Ausflügler aus Sydney, die in den fantastischen Unterkünften und tollen Restaurants Erholung suchen. Der Name leitet sich übrigens aus der Sprache der Aborigines ab, in der „moothi" so viel bedeutet wie „Nest in den Hügeln".

GPS: S32°35.82' E149°34.89'
Ortsvorwahl: 02

Anreise Pkw: *Mudgee* liegt am Castlereagh Highway, nach *Bathurst* oder *Lithgow* sind es je 130 km. Nach *Sydney* 275 km.

Bahn & Bus: *NSW TrainLink* (✆ 132232, www.nswtrainlink.info) bindet mit Zügen und Bussen die ganze Region an.

Touristinfo Mudgee Visitor Information Centre, Unterkünfte und Infos zu den vielen Weingütern. Tägl. 9–17 Uhr. ✆ 63721020 oder 1800816304, 84 Market Street, info@visitmudgeeregion.com.au.

Mudgee im Internet Informationen unter www.visitmudgeeregion.com.au.

Mudgee und Region

Lebensmittel Aldi, tägl. 8.30–20 Uhr, Sa/So bis 19 Uhr, 97–99 Church Street.

Märkte Einen Marktbesuch sollte man sich keinesfalls entgehen lassen. Immer Sa in **Mudgee**.

Touren Mudgee Tourist Bus, im Kleinbus mit Gruppen von bis zu 15 Pers. Halbtagestouren 45 $ (4 Weingüter), Tagestouren 70 $/Pers. (7 Weingüter). ✆ 63724475 oder 0428669945 (mobil), www.mudgeetouristbus.com.au.

Übernachten Es gibt jede Menge Übernachtungsmöglichkeiten, z. B. auf zahlreichen Weingütern, und es gibt jede Menge frei stehender Cottages in traumhafter Lage. Günstiges ist dabei kaum zu finden.

»» Mein Tipp: Ruwenzori Retreat, wirklich außergewöhnlich, auf 20 ha Land gelegen und mit einem gigantischen Ausblick. Man residiert in 100 Jahre alten und luxuriös eingerichteten Eisenbahnwaggons. 2 Pers. wochentags ab 250 $/Nacht, am Wochenende 525 $ (4 Pers. inkl.). Ridge Road, Cooks Gap, ✆ 96996029, www.otr.com.au. **«««**

Cobb & Co Court Boutique Motel, edel eingerichtete Zimmer mit superkomfortablen Betten. Frühstück in der dazugehörigen Wineglass Bar & Grill. DZ je nach Kategorie und Wochentag 150–275 $, Apartment mit Spa und Kitchenette 250–340 $. 97 Market Street, ✆ 63727245, www.cobbandcocourt.com.au.

Beverley House, 4 wunderbare Apartments mit 3,5 m hohen Decken, massiver Einrichtung sowie eigenen Bädern und Küchen. Schöner Garten. 2 Pers. ab 175 $. 4 Lawson Street, ✆ 63724225, www.beverleyhouse.com.au.

Mudgee Riverside Tourist Park, guter Campingplatz am Fluss, sehr zentral nahe der Touristinfo gelegen. Stellplätze ab 28 $, Cabin ab 85 $. 22 Short Street, ✆ 63722531, www.mudgeeriverside.com.au.

Essen & Trinken Sajo's Lounge Bar & Restaurant, gutes Essen, gute Cocktails, gute Stimmung. Zum Lunch ein Steaksandwich (15 $) und zum Abendessen Schweinebauch mit Bratapfel und Kartoffelbrei (32 $). Mi–Sa 12–14 Uhr und ab 18 Uhr, Sa/So 9.30–12 Uhr. 22 Church Street, ✆ 63722722, www.sajos.com.au.

»» Mein Tipp: Butcher Shop Café, interessante Location in einer alten Metzgerei mit rustikaler Einrichtung und Gemälden an den Wänden. Man kann auch an einigen Tischen draußen auf dem Gehweg sitzen; guter Kaffee und gutes Essen. Mo–Fr 7–17 Uhr, Sa bis 15 Uhr, So bis 14 Uhr. 49 Chruch Street, ✆ 63727373. **«««**

Roth's Wine Bar, schon seit 1923 und mit urigem Ambiente. Gute Weine auf der Karte, für den Hunger Holzofenpizzen (ab 15 $) und einige Tapas (7–14 $) für zwischendurch. Jeden Fr Live-Musik. Mi–Sa ab 17 Uhr. 30 Market Street, ✆ 63721222, www.rothswinebar.com.au.

Mudgee Brewing Co, die hauseigenen Biere sind wirklich gut, sogar ein Weißbier ist im Programm, klassischer Pub-Grub mit Burgern, Steaks und etwa 5 Abendgerichten. 4 Chruch Street, ✆ 63726726, www.mudgeebrewing.com.au.

Oriental Hotel, super Pub mit Bier und Bistro-Essen, das 400g-Rumpsteak gibt es hier für 20 $, wechselnde 10$-Lunch-Angebote. 6 Lewis Street, ✆ 63721074, www.orientalhotel.com.au.

🍃 **Mudgee Fine Foods**, in der Region dreht sich alles um gutes und gesundes Essen. Der Farmers Market findet immer am 3. Samstag des Monats von 8.30 bis 12.20 Uhr statt. Für Transparenz bei der Produktion sorgen die Farm Walks (immer nach den Markets; 10 $/Pers.), bei denen man die Bauernhöfe besichtigen kann. Markt auf dem Gelände der St. Mary's Catholic Church, Church Street/Ecke Market Street, www.mudgeefinefoods.com.au. ∎

Weingüter (Weinprobe und Restaurant) Logan Wines, im „tasting room" zaubern ab und an bekannte Gastköche aus Sydney Gerichte auf die Teller (Menü ab 100 $). Tägl. 10–17 Uhr. 1320 Castlereagh Hwy., Apple Tree Flat, ✆ 63731333, www.loganwines.com.au.

🍃 **Thristle Hill**, mehrfach ausgezeichnet für seine exzellenten Bioweine. Offen für Verkostungen. Mo–Sa 10–16.30 Uhr, So 10–16 Uhr. 74 McDonalds Road, ✆ 63733400, www.thistlehill.com.au. ∎

Blue Wren Wines, gutes Restaurant, Vorspeisen 18 $, Hauptgerichte 35 $. Mittagssnacks um 18 $. Geöffnet für Lunch Mi–So 12–15 Uhr, Mi–Sa auch ab 18.30 Uhr. 433 Ulan Rd., ✆ 63726205, www.bluewrenwines.com.au.

Cowra

ca. 10.000 Einw.

Man glaubt es kaum, aber in dem friedlichen Städtchen fand einst der größte Gefängnisausbruch der modernen Geschichte statt. Rund 1000 japanische Kriegsgefangene versuchten 1944, die Wachen zu überwältigen und zu entkommen. Die Bilanz des Unterfangens: 231 Tote und 350 Entflohene, die jedoch ausnahmslos binnen einer Woche wieder eingefangen wurden. Im Ort ist die Beziehung zu Japan gegenwärtig, im **Prisoner of War Theatre** wird ein Kurzfilm über die Ereignisse gezeigt, es gibt einen tollen japanischen Garten und auf dem Friedhof steht ein Denkmal für die getöteten Gefangenen. Cowra erkundet man am besten auf dem kleinen **Heritage Walk** – die Ortschaft ist hübsch und kann mit tollen Restaurants und Cafés aufwarten. In der Region sind über 15 Weingüter angesiedelt.

GPS: S33°49.97′ E148°41.07′
Ortsvorwahl: 02

Anreise Pkw: *Cowra* liegt am Mid Western Highway, nach *Bathurst* sind es 110 km, nach *Sydney* etwa 320 km.

Bahn & Bus: *NSW TrainLink* (☎ 132232, www.nswtrainlink.info) bindet mit Zügen und Bussen die ganze Region an. Nach *Sydney* ab 35 $.

Touristinfo Cowra Visitors Centre, tägl. 9–17 Uhr. Olympic Park, Mid Western Highway, ☎ 63424333, info@cowratourism.com.au.

Cowra im Internet Informationen unter www.cowratourism.com.au.

Feste Cowra Show, an einem Wochenende Ende Juli. Eine der größten Weinshows in Australien. www.cowrashow.com.

Balloon Festival, im April im nahen Canowindra. Dutzende von bunten Heißluftballons steigen in den Himmel. www.canowindrachallenge.org.au.

Lebensmittel Aldi, Mo–Fr 8.30–20 Uhr, Sa/So bis 19 Uhr, Fitzroy Street/Ecke Railway Lane.

Sehenswertes & Wein Japanese Garden, wunderbar gestalteter japanischer Garten mit Koi-Teichen, Bonsai-Haus, Kulturzentrum, Restaurant und Souvenir-Shop (dort ist auch ein Audio-Guide zu haben). Im Frühling wird das Kirschblütenfest gefeiert. 8.30–17 Uhr. 15 $. Binni Creek Road, ☎ 63412233, www.cowragarden.com.au.

The Mill, ältestes Gebäude des Ortes, von 1861 bis 1905 wurde hier Getreide gemahlen. Nach über 90 Jahren wurde die „Mill" hergerichtet und beherbergt jetzt ein Weingut mit Restaurant. Weinprobe tägl. 11–17 Uhr. 6 Vaux Street, ☎ 63443264, www.windowrie.com.au.

Cowra Heritage Walk, eine kleine Faltkarte für den Rundgang und mit Informationen zu Cowras historischen Gebäuden gibt es in der Touristeninformation (s. o.).

Übernachten/Essen The Vineyard Motel, nur 6 Zimmer, in absoluter Traumlage, direkt neben den Weinstöcken. Im typischen Motelstil eingerichtet. DZ ab 135 $. Etwa 3 km südlich der Stadt. 42 Chardonnay Road, ☎ 63423641, www.vineyardmotel.com.au.

Breakout Motor Inn, 17 geräumige Units im EG mit Parkplatz vor der Tür. Nett eingerichtet und mit weiß gefliesten Bädern (einige mit Spa-Wanne). Zimmerservice möglich. DZ ab 135 $. 181/183 Kendall Street, ☎ 63426111, www.breakoutmotel.com.au.

Cowra Holiday Park, mit Pool, TV-Raum, WLAN. Stellplätze ab 31 $, Cabins ab 90 $. Mid Western Highway, ☎ 63422666, www.cowraholidaypark.com.au.

The Quarry, Vorspeisen 19 $, Hauptgerichte 34 $, z. B. Kängurufilet mit Rote-Bete-Relish und Anchovibutter. Do–So Lunch ab 12 Uhr, Fr/Sa Dinner ab 18.30 Uhr. Verkostung von Weinen verschiedener Hersteller. Do–So 10–16 Uhr. 7191 Boorowa Road, ☎ 63423650, www.thequarryrestaurant.com.au.

Japanese Garden Café, für rund 15–20 $ gibt es hier Burger, Fish&Chips oder Salat mit gegrilltem Lamm. Tägl. 9–17 Uhr, Mittagessen 11–14.30 Uhr. Binni Creek Road, ☎ 63425222.

Es gibt etliche Pubs, z. B. das **Railway Hotel** oder das **Imperial Hotel**.

Wellington

ca. 5000 Einw.

Bekannt ist der Ort v. a. wegen der gleichnamigen Höhlen. Man sagt, dass *George Rankin* zufällig in den Eingang gestürzt sei und auf diese Weise im Jahr 1830 die **Wellington Caves** entdeckte. Ganz eindeutig ist das allerdings nicht belegt, trotzdem sind die Höhlen, in denen man Fossilien und 300.000 Jahre alte Knochen fand, ganz außergewöhnlich. Einer der Stalagmiten gilt mit 15 m Höhe und 32 m Umfang als einer der größten der Welt. Den Ort selber kann man bequem auf einem kleinen **Heritage Walk** erkunden. Am **Lion of Waterloo Hotel** soll 1854 das letzte offizielle Duell Australiens ausgetragen worden sein.

GPS: S32°33.30′ E148°56.47′
Ortsvorwahl: 02

Anreise Am Mitchell Highway gelegen, 160 km von *Bathurst* entfernt. Die Busse und Züge von *NSW TrainLink* (✆ 132232, www.nswtrainlink.info) binden die ganze Region an.

Touristinfo Wellington Visitor Information Centre, Mo–Fr 9–16.30 Uhr, Sa/So 10–14 Uhr. Cameron Park, ✆ 68401770 oder 1800621614, tourism@wellington.nsw.gov.au.

Wellington im Internet Informationen unter www.visitwellington.com.au.

Lebensmittel Coles, Mo–Sa 6–22 Uhr, So 8–20 Uhr, 128–140 Percy Street.

Sehenswertes Wellington Caves & Phosphate Mine, man kann 2 Höhlen und die alte Mine besichtigen. In der *Cathedral Cave* ist mit 15 m Höhe einer der größten Stalagmiten der Welt zu sehen. Touren mehrmals tägl., 2 Höhlen bzw. eine Höhle und die Mine für 34 $, Komplettticket für 45 $. ✆ 68451418.

Übernachten/Essen Hermitage Hill Resort, wunderschönes Gebäude, das in den frühen Jahren des 20. Jh. das Krankenhaus beherbergte. Im Gästehaus nette Zimmer ab 100 $, in einem separaten Cottage King-Rooms mit Spa-Bad ab 235 $. Mi–So Lunch und Dinner im hauseigenen Restaurant. 135 Maxwell Street, ✆ 68454469, www.hermitagehill.com.au.

Wellington Caves Caravan Park, in Fußmarschdistanz zu den Höhlen. Mit Pool und Kiosk. Check-in am Caves Kiosk. Camping 22–29 $, Cabin ab 75 $ für 2 Pers. Cave Road, ✆ 68452970.

Budget Camping Lake Burrendong State Park Camping Area, am See, mit Sanitäreinrichtungen, 7 $/Pers. für einen einfachen Stellplatz, mit Strom 24 $ (2 Pers.). ✆ 68467435.

Essen & Trinken Lion of Waterloo Inn, das älteste Pub der Gegend (1841) serviert auch heute noch Grub und Bier. Geöffnet für Lunch Fr 12–14 Uhr, Dinner Mo–Sa 18.30–21 Uhr. 89 Montefiores Street, ✆ 68453636.

Kimbell's Kitchen & Old Bakery Cafe, Kaffee und Kuchen, aber auch Sandwiches, Burger u. Ä. Mo–So 7.30–17.30 Uhr. 44 Warne Street, ✆ 68451110.

Dubbo

ca. 40.000 Einw.

Dubbo ist für seine Größe ein touristisches Schwergewicht, über eine halbe Mio. Besucher strömen jedes Jahr in die Kleinstadt. Verantwortlich dafür ist hauptsächlich der Zoo mit seinem großen Afrika-Areal. Gut 80 Mio. Dollar spülen die Touristen jährlich in die Kassen und so überrascht es nicht, dass man ein richtig hübsches Städtchen mit allen möglichen Annehmlichkeiten vorfindet. Man kann hervorragend essen, komfortabel übernachten, shoppen, bis die Kreditkarte glüht, und in wunderbar gepflegten Parks entspannen. Die besondere Mischung macht den Reiz aus, die Lebensqualität ist entsprechend hoch, und das genießen Einheimische und Besucher gleichermaßen.

Anreise Pkw: Auf dem Mitchell Highway 206 km nach *Bathurst*, 155 km nach *Orange*. Via den Castlereagh Highway 360 km nach *Lightning Ridge*.

Bahn & Bus: Bus- und Zugverbindungen mit *NSW TrainLink* (✆ 132232, www.nswtrainlink.info) nach *Bathurst* (ab 35 $, 3 Std.) oder nach *Sydney* (ab 60 $, 6:30 Std.).

Flugzeug: Ab *Sydney* mit *Regional Express Airways* (✆ 131713, www.rex.com.au) oder Qantas (✆ 131313, www.qantas.com.au). Mit *Airlink Airlines* (✆ 1300662823, www.airlinkairlines,) auch zu kleineren regionalen Flughäfen.

GPS: S32°15.382' E148°35.898'
Ortsvorwahl: 02

Touristinfo Dubbo Visitor Centre & Events Bureau, Beratung und Buchung. Tägl. 9–17 Uhr. Macquarie Street/Ecke Newell Highway, ✆ 68014450, tourism@dubbo.nsw.gov.au.

Dubbo im Internet Informationen unter www.dubbotourism.com.au.

Festivitäten Dubbo Jazz Festival im August, www.dubbojazz.com.au, **Western Plains Country Music Championships** im April oder Mai.

Lebensmittel Coles (Stadtzentrum), Mo–Sa 6–22 Uhr, So 8–22 Uhr, Macquarie Street/Ecke Bultje Street.

Woolworths (nahe dem *BIG4*-Campingplatz), tägl. 7–22 Uhr, Minore Road/Ecke Baird Drive.

Markt Farmers Market, immer am 1. und 3. Samstag des Monats. www.dubbofarmersmarket.org.au.

Übernachten Pericoe Retreat, 4 tolle Suiten mit polierten Holzdielen, Bädern mit Wanne und wahnsinnig gemütlicher Einrichtung. Gemeinschaftsraum mit Bar, Feuerstelle und Billardtisch. Gartenlandschaft. DZ 250–280 $, inkl. Frühstück. 12R Cassandra Drive (12 km vom CBD entfernt), ✆ 68872705 oder 0407896828 (mobil), www.pericoeretreat.com.au.

Cattleman's Country Motor Inn & Serviced Apartments, relativ günstige Unterkunft mit unterschiedlichen Zimmern und Apartments mit 2 Schlafzimmern. Restaurant im Haus. DZ ab 110 $, Apartments ab 155 $. 8 Whylandra Street, ✆ 68845222 oder 1800068110, www.cattlemans.com.au.

Zoofari Lodge und **Billabong Camp**, 2 Übernachtungsmöglichkeiten auf dem Zoogelände. Außergewöhnlich, aber mit Preisen von 269 bis 399 $/Pers. (!!) in der Lodge und 175 $ im Safarizelt auch nicht gerade billig. Zooeintritt und Spezialprogramm inkl. ✆ 68811488, www.zoo.nsw.gov.au.

Es gibt Dutzende von **Motels** in der Stadt, ein Infoblatt mit Telefonnummern und Preisen liegt in der Touristinfo (s. o.) aus.

Camping Dubbo City Caravan Park, wunderbar am Macquarie River gelegen, trotzdem nicht weit vom CBD. Camping 30–38 $, Cabin 115–170 $. Whylandra Street, ✆ 68014530, www.dubbocityholidaypark.com.au.

Dubbo Parklands, bestens ausgestatteter Park mit Stellplätzen und einer ganzen Reihe verschiedener Cabins mit bis zu 3 Schlafzimmern. Mit Pool, kostenlosen BBQs, Küche, Fernsehraum etc. Camping ab 35 $, Cabins ab 130 $. 154 Whylandra Street, ✆ 68848633, www.big4dubboparklands.com.au.

Poplars Tourist Park, nicht der Schönste, aber direkt am CBD gelegen. Stellplatz ab 25 $, Cabins ab 65 $. Bultje Street/Ecke Bligh Street, ✆ 68824067, waldrong@tpg.com.au.

Free- & Budgetcamping Terramungamine Reserve, Toiletten, BBQs, Feuerstelle und Picknicktische. Auch Zelte kann man hier aufbauen. Ab Dubbo über den Newell Highway nach Norden, dann links auf die Burrowy Road.

Essen/Nachtleben Church Street Café, wunderbares Café, sehr gemütlich und perfekt für ein – supergesundes oder herzhaftes – Frühstück oder einfach die tägliche Dosis Koffein. Gutes Gebäck. Ab Frühstück geöffnet. 15 Church Street, ✆ 68840790.

Sticks & Stones, gemütlicher Italiener. Neben Pizzaklassikern werden auch gewagte Kreationen angeboten, z. B. „Greek Lamb" oder „Chicken Aioli". Pizzen 16–26 $. Tägl. abends. 215A Macquarie Street, ✆ 68854852, www.sticksandstonespizza.com.au.

Milestone Hotel, richtig schickes Hotel in einem kürzlich renovierten Eckhaus. Gut zum Essen, besser zum Feiern. Restaurant 11–23 Uhr, Bar 8–2 Uhr. 195–197 Macquarie Street, ✆ 68848230, www.milestonehoteldubbo.com.au.

Village Bakery Café, Kaffee, Kuchen, Focaccias und richtig leckere Meat-Pies. Tägl. 6–18 Uhr. 113 Darling Street, ✆ 68845454, www.villagebakerycafe.com.au.

Sehenswertes

Western-Plains-Zoo: Die Hauptattraktion der gesamten Region. Australiens erster Open-Range-Zoo ist mit seinen rund 300 ha Größe die Heimat für über 1000 Tiere.

Neben heimischen Arten sind hier allerlei Gesellen aus der ganzen Welt vertreten. Besonderer Magnet ist der Savannenbereich mit Löwen, Nilpferden und anderen afrikanischen Kollegen. Die *Zoofari Lodge* bietet Übernachtungsmöglichkeiten (→ Übernachten). Die *Early Morning Walks* starten bei Tagesanbruch um 6.45 Uhr ab der Savannah Visitor Plaza (15 $ + Eintritt). Bei den *Animal Encounters* kommt man den Tieren, z. B. Tigern oder Löwen, besonders nahe (59 $/Pers. für 20 Min.). Tägl. 9–16 Uhr. 47 $/Pers. (gilt für 2 aufeinanderfolgende Tage). Obley Road, ✆ 68811400, www.taronga.org.au.

Old Dubbo Gaol: Museum mit Exponaten aus einer Zeit, als es im Strafvollzug noch nicht allzu zimperlich zuging. Zu sehen sind z. B. eine originale Henkersausrüstung, ein Galgen und verschiedene Hals- und Handschellen.
Tägl. 9–16 Uhr. 15 $. 90 Macquarie Street, ✆ 68014460, www.olddubbogaol.com.au.

Das **Dundullimal Homestead** von 1840 ist das älteste noch existierende Holz-Wohnhaus in Australien, das sogar besichtigt werden kann (Eintritt 8 $, Di–Sa 11–15 Uhr, 23L Obley Road, ✆ 68849984). Im **Western Plains Cultural Centre** (Mi–Mo 10–16 Uhr, 76 Wingewarra Street, ✆ 68014444) werden verschiedenste Veranstaltungen und Ausstellungen geboten, aktuelles Programm unter www.wpccdubbo.org.au.

Parkes und Umgebung

ca. 11.000 Einw.

„Wiese trifft Weltraum" könnte man salopp sagen. Schon von Weitem kann man das große Radioteleskop erkennen, übrigens eines der leistungsfähigsten der Welt. Drum herum idyllisch gelbe Sonnenblumenfelder und grasende Kühe. Die Ortschaft rückte 1969 in den internationalen Fokus, als das Teleskop die Bilder der Mondlandung auf die Fernseher der ganzen Welt übertrug. Wirtschaftlich spielen Landwirtschaft und Bergbau die erste Geige. Im Jahr 2000 kam der Film „The Dish" heraus, der die Ereignisse von 1969 nachzeichnet. In seinem Gefolge stiegen die Besucherzahlen in der Ortschaft an. Ursprünglich als „Currajon" und „Bushmans" bekannt, wurde der Ort 1873 nach dem Politiker *Henry Parkes* benannt.

GPS: S33°08.09′ E148°11.20′
Ortsvorwahl: 02

Anreise Pkw: Von *Dubbo* sind es 120 km, von *Bathurst* 160 km, *Sydney* 360 km.

Bahn & Bus: Bus- und Zugverbindungen mit *NSW TrainLink* (✆ 132232, www.nsw trainlink.info). *Indian Pacific* (www.gsr. com.au) zwischen *Sydney* und *Perth* hält auch in Parkes.

Touristinfo Henry Parkes Centre, Mo–Fr 9–17 Uhr, Sa/So 10–16 Uhr. Newell Highway/Ecke Thomas Street, ✆ 68626000 oder 1800624365, tourism@parkes.nsw.gov.au.

Parkes im Internet Informationen unter www.parkes.nsw. gov.au.

Festivals Parkes Elvis Festival, im Januar. Schmalztollen, Glitzerkostüme und Koteletten bis zum Hosenbund – Imitatoren aus dem ganzen Land treffen sich hier.

Sehenswertes Parkes CSIRO Radio Telecope, die 64-m-Stahlschüssel war an der Apollo-11-Mission beteiligt. Discovery Centre tägl. 8.30–16.15 Uhr, Eintritt frei. 20 km nördlich von Parkes am Newell Highway, ✆ 68611777.

Supermarkt Coles, Mo–Sa 6–22 Uhr, So 8–20 Uhr, 31 Bogan Street.

Übernachten Parkes International, sauberes Motel in gepflegter Anlage. Gute und umfangreiche Speisekarte im Hausrestaurant (geöffnet Mo–Sa), auch Zimmerservice möglich. DZ ab 160 $. 18–32 Peak Hill Road, ✆ 68625222, www.parkesinternational.com.au.

Spicer Caravan Park, nahe der Einkaufsstraße. Campen ab 10 $ (mit Strom ab 26 $), Cabin mit Bad ab 70 $. Albert Street/Ecke Victoria Street, ✆ 68626162, spicercaravan park@parkes.nsw.gov.au.

Nationalparkcamping Greenbah Camping Grounds, nur 6 Stellplätze auf dem Areal des Goobang National Parks. Anfahrt via Trewilga (nördl. von Parkes) auf einer unasphaltierten Straße. Toiletten und Bänke vorhanden.

Essen & Trinken Railwayhotel Parkes, schönes Pub, in dem man neben kalten Drinks auch gutes Essen bekommt: Pizzen 16–20 $, Steaks oder Schweinerippen um 20 $. May Street, ✆ 68621553, www.therailwayhotelparkes.com.au.

The Dish Café, direkt an der „Schüssel". Frühstück, Lunch und deftige Snacks. Gerichte ab etwa 15 $. Tägl. 8.30–16.15 Uhr. 20 km nördl. von Parkes am Newell Highway, ✆ 68621566.

Riverina und Murray River

Die Riverina ist einer der fruchtbarsten Flecken Erde in ganz New South Wales. Der Murrumbidgee River durchzieht die Region wie eine alles nährende Lebensader und ermöglicht eine äußerst ertragreiche Landwirtschaft.

Vor allem Zitrusfrüchte werden hier in ganz großem Stil angebaut, etwa 3 Mio. Bäume gedeihen auf den Plantagen. Ein großer Teil der Ernte wird direkt vor Ort zu Fruchtsäften verarbeitet, Weine wurden erstmals 1913 angebaut. Durch das ausgeklügelte Murrumbidgee-Bewässerungssystem konnten die Erträge schnell gesteigert werden. Ihren Spitznamen als „food bowl" Australiens hat die Riverina jedenfalls nicht umsonst – die ausgezeichneten Lebensmittel werden in den lokalen Restaurants und Cafés zu schmackhaften Gerichten verarbeitet. Mit ihrem angenehmen Klima und der landschaftlichen Vielfalt eignet sich die Region im Süden von New South Wales hervorragend zum entspannten Touren und Genießen. Es gibt betriebsame, moderne Städte wie **Wagga Wagga** oder **Griffith**, aber auch jede Menge verschlafene Ortschaften, in denen Ruhe und Gelassenheit vorherrschen. Im Grenzgebiet, entlang dem Murray River, gibt es eine ganze Reihe sogenannter *Twin Towns*, die werden im Kapitel über Victoria (→ S. 545) näher erläutert.

Die Perry Sandhills nahe Wentworth sind nicht nur für Kinder ein Erlebnis

Wagga Wagga

ca. 60.000 Einw.

„Es muss etwas im Wasser sein", so die oft gehörte Erklärung, warum überdurchschnittlich viele Sportchampions aus Wagga Wagga stammen. Eine Theorie, die zumindest Touristen gerne erzählt wird. Aber wer der wunderschönen Stadt am Ufer des Murrumbidgee River einen Besuch abstattet, der könnte fast glauben, es wäre doch ein Quäntchen Wahrheit daran. Richtig wohlfühlen kann man sich hier, das kulturelle Angebot ist vielfältig und auch die kulinarische Komponente kommt nicht zu kurz. „Wagga" ist nicht nur kommerzielles, sondern auch touristisches Zentrum der Region. Am östlichen Ende der Riverina, ziemlich genau in der Mitte zwischen Sydney und Melbourne gelegen, strömen die Besucher gleich aus zwei Metropolen an. Der Name der Stadt ist einer der klangvollsten in Australien und bedeutet in der Sprache der Ureinwohner so viel wie „Ort vieler Krähen".

GPS: S35°06.55' E147°22.40'
Ortsvorwahl: 02

Anreise Pkw: Nach *Sydney* sind es 470 km, nach *Melbourne* 480 km, beide via Hume Highway. Weitere Distanzen: *Canberra* 250 km, *Griffith* 195 km, *Albury* an der Grenze zu Victoria 150 km.

Bahn & Bus: *Wagga Wagga* wird durch *NSW TrainLink* (☏ 132232, www.nswtrainlink.info) sehr gut angebunden. Zahlreiche Verbindungen z. B. nach *Albury* (19 $, 1:30 Std.), *Griffith* (39 $, 3:15 Std.), *Sydney* (65 $, 6:30 Std.), *Canberra* (28 $, 4:30 Std.) und *Melbourne* (65 $, 5 Std.). Außerdem Überlandbusse von *Greyhound* (☏ 1300473946, www.greyhound.com.au).

Flugzeug: Zum Airport von Wagga Wagga mit *Qantas* (☏ 131313, www.qantas.com.au) und *Regional Express* (☏ 131713, www.rex.com.au) von/nach *Sydney* (ab 129 $) und *Melbourne* (ab 160 $).

Touristinfo Wagga Wagga Visitor Centre, am Ufer des Murrumbidgee River. Tägl. 9–17 Uhr. 183 Tarcutta Street, ☏ 1300100122, visitors@wagga.gov.nsw.au.

Wagga Wagga im Internet Informationen unter www.waggawaggaaustralia.com.au.

Feste & Events Jazz Festival, im Sept., ein ganzes Wochenende lang Jazz & Blues. www.waggajazz.org.au.

Wagga Wagga Gold Cup, im April/Mai. Zweitältestes Pferderennen in Australien und mit 150.000 $ dotiert.

Internet Scribbles Internet Café, Café mit Schanklizenz und High-Speed-Internet. Tägl. ab 11 Uhr, 22 Fitzmaurice Street, ☏ 69218860.

Lebensmittel Aldi, tägl. 8.30–20 Uhr, Riverina Plaza, 15 Berry Street.

Markt Farmers Market, jeden 2. Samstag im Monat 8–13 Uhr. Civic Gardens.

Übernachten Forget Me Not Cottage, urgemütliches B&B-Cottage in 8 ha großem Garten. Gut eingerichtet, mit großem Bett, WLAN, Küche und Spa-Badewanne für 2 Pers. 250 $/Nacht, 2 Nächte 350 $. 196 Dukes Road (ca. 15 Min. vom Zentrum entfernt), ☏ 69225114 oder 0438225114 (mobil), www.elmtreepark.com.au.

Carlyle Suites & Apartments, saubere, qualitativ hochwertige Zimmer, auch als Apartment mit Küche. 139–200 $ für 2 Pers. 148 Tarcutta Road, ☏ 69336100, www.carlylesuites.com.au.

City Park Motel, einfache Zimmer in ordentlicher Budget-Unterkunft. DZ ab 110 $. 1 Tarcutta Street, ☏ 69214301, www.cityparkmotel.com.au.

> ### Freecamping
> Entlang des Murrumbidgee River bzw. des Sturt Highway gibt es eine Menge Rast- und Campingareale, v. a. zwischen Wagga Wagga und Hay. Die meisten davon sind sehr rudimentär ausgestattet, viele haben nicht einmal ein Plumpsklo. Die Zufahrt erfolgt fast immer über ein mehr oder weniger kurzes Stück unasphaltierter Straße, ein Geländewagen ist empfehlenswert, bei Regenfällen hilft auch der bisweilen nicht.

Riverina und Murray River → Karte S. 306/307

Wagga Wagga Beach Caravan Park, in einer Flussbiegung gelegen, aber immer noch nahe dem Zentrum. Campen ab 26 $, Cabin ab 75 $. 2 Johnston Street, ✆ 69310603, www.wwbcp.com.au.

Oura Beach Camping Reserve, am Murrumbidgee River. Schattige Bäume, Toiletten, Picknickbänke und Zeltstellplätze. Anfahrt ab Wagga Wagga auf der Oura Road 18 km nach Oura, dort auf die Wagga Wagga Road nach Süden. Letztes Stück nicht asphaltiert.

Essen & Trinken Pot 'n' Kettle, hier bekommt man guten Kaffee und kleine Stärkungen für zwischendurch, z. B. Steakburger oder Hähnchenwrap (je um 17 $). Di–Sa ab 7 Uhr, So ab 8 Uhr. 10 Blake Street, ✆ 69213340.

Thirsty Crow, Mikrobrauerei mit Braukesseln im Gastraum. Kleine Mittagskarte (Pizzen um 20 $) und zusätzlich Abendgerichte (um 30 $). Mo–Di 16–22 Uhr, Mi–So ab 12 Uhr bis spät. 31 Kincaid Street, ✆ 69217470, www.thirstycrow.com.au.

Sehenswertes

Wagga Wagga Art Gallery und **National Art Glass Gallery**: Beides im *Civic Centre*, beides absolut sehenswert und mein Tipp für das Sightseeing-Programm. Zu sehen gibt es Bilder und Skulpturen namhafter australischer Künstler. In der *Glass Collection* sind etwa 400 Exponate zu bestaunen, deren Entstehung bis in die 60er-Jahre zurückreicht. Guter Shop.
Di–Sa 10–16 Uhr, So 10–14 Uhr. Eintritt frei. Civic Centre, Baylis Street, ✆ 69269660, gallery@wagga.nsw.gov.au.

Museum of the Riverina: In dem Museum, das in den historischen *Council Chambers*, einem wunderschönen neoklassizistischen Gebäude, untergebracht ist, werden regelmäßig wechselnde Ausstellungen präsentiert. Der Ableger im botanischen Garten beschäftigt sich mit Wagga Wagga und seinen Bewohnern, es gibt z. B. eine *Hall of Fame*, in der knapp 80 lokale Sportgrößen zu Ehren kommen.
Di–Sa 10–16 Uhr, So 10–14 Uhr. Eintritt frei. Im botanischen Garten (✆ 69252934) und in den Council Chambers (✆ 69269655) neben dem Civic Centre (Baylis Street). www.wagga.nsw.gov.au/museum.

Livestock Marketing Centre: Bei Cartwrights Hill. Im Norden der Stadt kann man auf Anfrage Rinder- und Schafauktionen besuchen, in der Touristinformation ist man gerne bei der Organisation behilflich. Für Eisenbahnenthusiasten bietet sich ein Besuch im **Wagga Steam & Vintage Museum** an (Eintritt frei, Lord Baden Powell Drive, Öffnungszeiten erfragen unter ✆ 0417246931). Die 20 ha großen **Botanical Gardens** (✆ 69254065) liegen innerhalb des *Willans Hill Reserve* und präsentieren neben einem tollen Rosen- und Kaktusgarten auch einen kleinen Zoo mit Kängurus, Emus, Alpacas und Eseln.

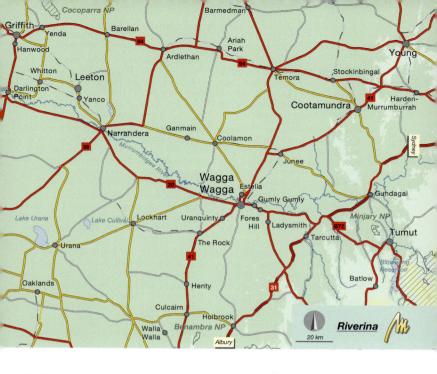

Griffith

ca. 16.000 Einw.

Die Einflüsse der vielen italienischen Zuwanderer sind sehr präsent, v. a. in der Küche, bei den Festen und natürlich beim Wein. Und entsprechend sollte man seinen Aufenthalt in Griffith auch gestalten: gut essen, gut trinken und dann noch mal von vorne – so lieben es jedenfalls die Einheimischen und so wird man auch als Besucher glückliche Zeiten verbringen. Das Städtchen ist kleiner als Wagga Wagga, aber an Festivitäten und Unterhaltungsprogramm herrscht trotzdem kein Mangel. Für den Grundriss der Stadt ist übrigens *Walter Burley Griffith* verantwortlich, jener amerikanische Architekt, auf dessen Reißbrett auch die Hauptstadt Canberra entstand. Studiert man die Stadtkarten, ist eine gewisse Ähnlichkeit auch nicht abzustreiten, was v. a. bei den kreisrunden Ringstraßen auffällt.

GPS: S34°17.49' E146°02.89'
Ortsvorwahl: 02

Anreise Pkw: Nach *Wagga Wagga* 195 km, nach *Dubbo* 425 km, nach *Hay* 165 km, nach *Deniliquin* 235 km. Von *Sydney* 580 km entfernt, von *Melbourne* 475 km.

Bahn & Bus: Verbindungen mit *NSW TrainLink* (✆ 132232, www.nswtrainlink.info) z. B. nach *Hay* (22 $, 1:45 Std.), *Wagga Wagga* (39 $, 3:15 Std.), *Sydney* (75 $, 10:15 Std.) und *Melbourne* (75 $, 9:30 Std.). Mit *Greyhound* (✆ 1300473946, www.greyhound.com.au) etwas teurer, aber wesentlich mehr Verbindungen.

Flugzeug: Mit *Regional Express* (✆ 131713, www.rex.com.au) von/nach *Sydney* (ab 170 $) und *Narrandera* (ab 70 $).

Touristinfo Griffith Visitor Centre. Tägl. 9–17 Uhr. Banna Ave/Ecke Jondaryan Ave, ✆ 69628400 oder 1800611141, visitgriffith@griffith.com.au.

Griffith im Internet Informationen unter www.griffith.nsw.gov.au.

Festivitäten La Festa, großes Straßenfest mit Musik und Wein im April. Beim **Festa della Salsicce** im August werden die leckeren italienischen Salamis gefeiert. Im Oktober findet das **Festival of Gardens** statt.

Sehenswertes Pioneer Park Museum, großes Freiluftmuseum, in dem man durch die frühe Geschichte der Region wandeln kann. Tägl. 9.30–16 Uhr. Eintritt 10 $. Scenic Drive/Ecke Rememberance Drive, ✆ 69624196, www.griffithpioneerpark.com.au.

Italian Museum, Zutritt via *Pioneer Park Museum*. Den vielen italienischen Zuwanderern gewidmet, die die Stadt entscheidend geprägt haben.

Regional Art Gallery, kleine, aber feine Galerie in einem Art-déco–Gebäude aus dem Jahr 1930. Mi–Sa 10–17 Uhr, Sa/So 11–14 Uhr. 167 Banna Avenue, ✆ 69628338, www.griffithregionalartgallery.com.au.

Supermarkt Coles, Mo–Sa 7–24 Uhr, So 8–22 Uhr, Yambil Street/Ecke Crossing Street.

Übernachten Mindon Serviced Apartments, hochwertig eingerichtete Apartments über 2 Ebenen. 2 Schlafzimmer (je mit Bad), Küche, Waschmaschine, Ess- und Wohnzimmer, Parkgarage. Ab 160 $ für 2 Pers. 41–45 Couch Road, ✆ 0429603940, bookings@mindonapartments.com.au.

EconoLodge Griffith Motor Inn, die picobello sauberen Zimmer sind jeden Dollar wert. WLAN, Pool, Restaurant und freundliche Beratung zu Touren und Aktivitäten. DZ ab etwa 100 $. 96 Banna Ave, ✆ 69621800, www.griffithmotorinn.com.au.

Griffith International Backpacker Hostel, relativ zentral gelegenes Hostel. Sauber und günstig, mit großer Gemeinschaftsküche und Waschmaschinen. Im Dorm ab 25 $. 72 Benerembah Street, ✆ 69644638, www.explorershostel.com.au.

Tourist Caravan Park, gepflegter und ruhiger Park. Camping ab 28 $, Cabin mit Bad, Kochgelegenheit und AC ab 75 $. 919 Willandra Ave, ✆ 69642144, www.griffithtouristcaravanpark.com.

Essen & Trinken The Roastery, hier gibt es wirklich ausgezeichneten Kaffee aus der hauseigenen Rösterei. Dazu auch gutes Frühstück oder kleinere Stärkungen wie Sandwiches, Burger oder Salate. Und natürlich auch Gebäck. Mo–Fr 7–17 Uhr, Sa/So 8–14 Uhr. 232 Banna Ave, ✆ 69625560.

Bertoldo's Bakery, große Sonnenschirme im Außenbereich. Lauter gute Sachen, von Kaffee über Gelato bis zu Meat-Pies. Mo–Fr 8–17.30 Uhr, Sa 8–12 Uhr, So 8–13.30 Uhr. 324 Banna Ave, ✆ 69642514, www.bertoldos.com.

Hay
ca. 3600 Einw.

Unglaublich flach ist es um Hay herum. Wie flach, das kann man sich vorstellen, wenn ein einzelner Baum ausreicht, um eine ganze Ebene zu benennen, nämlich die „One Tree Plain". Die Tatsache, dass man sich auf dem schier endlosen Flachland kaum verstecken kann, dürfte der Errichtung der Internierungslager während des Zweiten Weltkriegs zumindest nicht im Wege gestanden haben. Nach dem berühmten *Cowra Breakout* (→ S. 300) wurden außerdem viele Gefangene hierher verlegt. Besucher können sich in einem kleinen Museum zu dieser Thematik informieren. Und wer sich gar, in welcher Hinsicht auch immer, für den Beruf des Schafscherers interessiert, wird in Hay vor Freude in die Luft springen: das Zentrum **Shear Outback** befasst sich ausführlich mit der Thematik.

GPS: S34°30.32' E144°50.88'
Ortsvorwahl: 02

Anreise Pkw: 130 km nach *Delinquin*, 165 km nach *Griffith*. Nach *Mildura* in VIC sind es knapp 300 km über den Sturt Highway.

Bahn & Bus: Anbindung mit *NSW TrainLink* (www.nswtrainlink.info, ✆ 132232) z. B. zum Knotenpunkt *Wagga Wagga* (60 $, 6 Std.). *Greyhound* (✆ 1300473946, www.greyhound.com.au) steuert *South Hay* an, z. B. von *Griffith* aus.

Touristinfo Hay Visitor Information Centre, Info und Buchungen. Mo–Fr 9–17 Uhr, Sa 9–14 Uhr, So 9–12 Uhr. 407 Moppet Street, ✆ 69934045, hayvic@hay.nsw.gov.au.

Hay im Internet Informationen unter www.hay.nsw.gov.au.

Festivitäten Shear Outback Speed Shear, Wettscheren am Ostersonntag.

Hay Agricultural Show, im September.

Sehenswertes Shear Outback, modernes Zentrum mit Infos rund um die Schafschur. Ausstellungen zu Geschichte, Gerätschaften und den Charakteren der Zunft. Auch Vorführungen. Tägl. 9–17 Uhr. Eintritt 15 $. Sturt Hwy./Ecke Cobb Hwy., ✆ 69934000, www.shearoutback.com.au.

In der toll restaurierten **Railway Station** von 1882 befindet sich das **Dunera Museum** (Mo–Fr 9–17 Uhr, 2 $). Der Schwerpunkt ist auf die Geschichte jener Menschen gelegt, die während des Zweiten Weltkriegs hier interniert waren. Die „Dunera Boys" gehörten zu den ersten und bauten sich eine funktionierende Infrastruktur auf mit Zeitung, Theatergruppe und Lehrern.

Das **Bishop's Lodge Historic House** von 1888 ist Mo–Sa 14–16.30 Uhr zu besichtigen. Eintritt 5 $. Sturt Hwy./Ecke Roset Street, ✆ 69931727, www.bishopslodgehay.com.

Supermarkt Food Works, Mo–Fr 7.30–18.30 Uhr, Sa/So 7.30–17 Uhr. 110 Lachlan Street.

Übernachten/Essen Bank B&B, heimelige Unterkunft in historischem Bankgebäude von 1891. 2 Zimmer, modernes Bad, außerdem Speise-/Aufenthaltsbereich. DZ/Twin inkl. Frühstück ab 140 $. 86 Lachlan Street, ✆ 69931730, ttsk@tpg.com.au.

Hay Plains Holiday Park, gepflegter BIG4-Ableger. Günstigste Stellplätze ab 22 $, Cabin mit Bad ab 75 $. 4 Nailor Road, ✆ 69931875, www.big4.com.au.

New Crown Hotel, gutes Pub mit anständigem Bistro-Essen. Tägl. für Dinner geöffnet. 117 Lachlan Street, ✆ 69931600.

Robertsons Hot Bread Kitchen, Backwaren und Sandwiches, auch für absolute Frühaufsteher. Mo–Sa ab 5 Uhr früh. 149 Lachlan Street, ✆ 69931130, www.robertsonshotbread.com.au.

Deniliquin

ca. 7500 Einw.

Einmal im Jahr dreht sich hier alles um das australischste aller Fahrzeuge, die „Ute". Dann pilgern Tausende von Männern in die Stadt, ziehen sich blaue Unterhemden an und philosophieren über V8, Roo-Bars und Mud-Flaps. Aber auch wenn an besagtem Oktoberwochenende die Motoren dröhnen, ist die Ortschaft am Edward River eigentlich ein beschauliches und grünes Städtchen mit schönen Parks und sogar einigen Sandstränden am Flussufer. Es gibt kurze Spazierwege, gute Möglichkeiten für ein Picknick und der Fluss eignet sich hervorragend fürs Angeln und für Wassersport.

GPS: S35°31.70' E144°57.86'
Ortsvorwahl: 02

Anreise Pkw: Nach *Echuca* in Victoria sind es 80 km über den Cobb Highway, in entgegengesetzter Richtung 130 km nach *Hay*. *Griffith* ist 235 km entfernt.

Bahn & Bus: Verbindungen mit *NSW TrainLink* (www.nswtrainlink.info, ✆ 132232) z. B. via *Albury* nach *Wagga Wagga* (39 $, 5:20 Std.), von dort an die Küste. Mit *VLine* (✆ 136196, www.vline.com.au) über die Grenze nach Victoria und weiter nach *Melbourne* (25 $, 4 Std.).

Touristinfo Deniliquin Visitor Information Centre, gute und freundliche Beratung. Tägl. geöffnet. ✆ 58983120 oder 1800650712, George Street, info@denitourism.com.au.

Deniliquin im Internet Informationen unter www.denitourism.com.au.

Festivals Deniliquin Ute Muster, Ende Sept./Anfang Okt. Mehr als 6000 Fahrzeuge parken jedes Jahr auf dem Veranstaltungsgelände, die Stadt platzt dann aus allen Nähten. ✆ 58813388, info@deniutemuster.com.au.

Sehenswertes/Aktivitäten Deniliquin Town Walk, in der Touristinfo erhält man einen Stadtplan für den Rundgang.

McLean Beach, Sandstrand am Fluss, gut zum Sonnen, Baden und Erholen.

Ute on a Pole, eine alte „Ute" auf einem hohen Betonpfeiler in Szene gesetzt. Am Flussufer nahe der Touristinfo.

Übernachten/Essen Deniliquin Holiday Park, die Cabins sind hell, modern, voll ausgestattet und in der Nebensaison schon ab

100 $ zu haben (Hauptsaison das Doppelte). Außerdem gibt es nagelneue Cabins mit 3 Schlafzimmern. Camping ab 30 $. Ochtertyre Street, ✆ 58811131 oder 1800227217, www.big4deniliquin.com.au.

Settlement Motor Inn, etwas altbackene, aber ordentliche Zimmer für 1–5 Pers. AC, TV, einige Zimmer mit Spa. DZ ab 98 $. 327 Victoria Street, ✆ 58813999, www.settlementmotorinn.com.au.

Edward River Houseboats, 3 Nächte (Wochenende) bzw. 4 Nächte (Mo–Fr) gibt's ab 800 $, in den Ferien bis 1100 $ (bequem für 6 Pers., max. 8 Pers.). ✆ 58814540, www.edwardriverhouseboats.com.au.

The Crossing Café, wunderbarer Außenbereich mit großen Sonnenschirmen. Pizzen, Lunch, Snacks oder einfach ein Bier zwischendurch. Mittagsgerichte 15–25 $, Abendessen um 30 $. Di–Do 8–16.30 Uhr, Fr/Sa 8 Uhr bis spät, So 8–16 Uhr. 295 George Street, ✆ 58817827, www.thecrossingcafe.com.au.

The Exchange Hotel, Bier, Grub und Tagesspezial in uriger Atmosphäre. 116 End Street, ✆ 58811337.

Wentworth

ca. 7000 Einw.

Wentworth ist die südwestlichste Bastion des Bundesstaates New South Wales, direkt an der Grenze zu Victoria gelegen und keine 100 km von South Australia entfernt. Einst hatte die Ortschaft enorme Bedeutung als Flusshafen – hier treffen die beiden größten Ströme des Landes aufeinander: der Darling River (2740 km) und der Murray River (2530 km). In der Touristinfo hängt eine wunderbare Luftaufnahme, auf der man die unterschiedlichen Färbungen der beiden Flüsse erkennen kann; außerdem kann man einen kurzen Spaziergang zur Landspitze unternehmen, an der die Flüsse zusammenlaufen. Einen Abstecher zu den **Perry Sandhills** sollte man auf jeden Fall unternehmen.

GPS: S34°05.32′ E141°54.56′
Ortsvorwahl: 03

Anreise Pkw: Von/nach *Broken Hill* fährt man etwa 275 km auf dem Silver City Highway. *Hay* ist 325 km auf dem Sturt Highway entfernt, die Grenzstadt *Mildura* liegt bereits im Bundesstaat Victoria und ist 35 km entfernt.

Touristinfo Wentworth Shire Tourist Information Centre, direkt neben der Post. Mo–Fr 9–17 Uhr, Sa/So 10–13 Uhr. 66 Darling Street, ✆ 50275080, tourism@wentworth.nsw.gov.au.

Wentworth im Internet Informationen unter www.visitwentworth.com.au.

Sehenswertes & Ausflüge Perry Sand Hills, die großen Sandhügel sollen 40.000 Jahre alt sein. Die Dünen wandern langsam, aber beständig und geben immer wieder Fundstücke wie Fossilien oder Tierskelette frei. Die Anfahrt ist gut ausgeschildert.

》》 Mein Tipp: Harry Nanya Tours, spannende Touren in den Mungo-Nationalpark. Tagestouren (April–Okt. 8–17 Uhr) 180 $/Pers., Sunset-Touren (Nov.–März 14–22.30 Uhr) 180 $. ✆ 50272076, info@harrynanyatours.com.au. 《《

Übernachten/Essen Sundowner Wentworth Grande, ansprechende Motelzimmer in verschiedenen Kategorien bis hin zum State-Room mit separatem Schlafzimmer, Spa und Balkon mit Blick auf den Darling River. DZ 100–200 $. 61–79 Darling Street, ✆ 50272225, www.wentworthgraderesort.com.au.

Willow Bend Caravan Park, direkt am Flussufer gelegen, mit Kanuverleih. Camping ab 24 $. Darling Street, ✆ 50273213, www.willowbendcaravanpark.com.

Riverview Bistro, im großen Wentworth Services Club. Gegrillte Hähnchenspieße (14 $), Knoblauchgarnelen (19 $) und Steaks (28 $). Tägl. 12–14 und 18–21 Uhr. Darling Street, ✆ 50273202, www.wentworthclub.com.au.

Artback Australia, Mischung aus Kunstgalerie und Café, es gibt Frühstück, kleine Stärkungen und frisch gebackene Kuchen. Do–Sa 10–16 Uhr, So 8.30–16 Uhr. 6–8 Adelaide Street, ✆ 50272298, www.artbackaustralia.com.au.

Crown Hotel, beliebtes Dorf-Pub, in dem tägl. auch Lunch und Dinner angeboten werden. Sandwych St./Ecke Darling St., ✆ 50273061, www.crownhotelwentworth.com.au.

Bemalter VW-Käfer vor einer Kunstgalerie in Silverton

Das Outback von New South Wales

Bis weit über 1000 km von der Küste entfernt zieht sich das Outback von New South Wales. Bezeichnend für die Region sind neben der Einsamkeit v. a. schnurgerade Straßen, glühende Sonnenuntergänge und sternenklare Nächte. Zwischen den Ortschaften liegen meist Hunderte von Kilometern, sogenannte „Roadhouses" sind oft über weite Strecken das einzige Zeichen menschlicher Besiedlung. Bisweilen zweigt eine tiefrote Staubpiste zu einer der riesigen „Stations" ab, in denen man oft auch übernachten kann. Entgegen aller Erwartungen zeigt sich das Outback durchaus vielseitig. Es gibt die Mondlandschaft um die Opalfelder von White Cliffs, die fruchtbare Erde an den Ufern des Darling River, das blühende Leben in Broken Hill und entlegenste Bastionen wie Cameron's Corner, die nur durch aufreibende Fahrten auf staubigen 4WD-Pisten zu erreichen sind. Und all das ist eingebettet in die weiten, roten Ebenen, an deren karger Schönheit man sich kaum sattsehen kann.

Anreise Von Dubbo aus führt der Mitchell Highway in das Örtchen Nyngan, von wo aus die beiden wichtigsten Orte im NSW-Outback angesteuert werden. Dem Mitchell Highway weiter nach Norden folgend kommt man nach Bourke, der Barrier Highway durchquert die komplette Westhälfte des Staates bis nach Broken Hill. Broken Hill ist in NSW auch über den Silver City Highway nach Mildura angeschlossen, der Barrier Highway verbindet die Stadt außerdem mit Adelaide im benachbarten South Australia.

Tankstellen Sprit erhält man in Wilcannia, Emmdale, Nyngan, Cobar, Bourke, Broken Hill, White Cliffs, Menindee und Little Topar.

Farmstays im Outback Die Zufahrten sind nicht asphaltiert! Erkundigen Sie sich vor Abfahrt über den Zustand der Piste (am besten telefonisch direkt bei der jeweiligen Station).

Comeroo Camel Station, Kamelstation in der Nähe von Bourke. Ab 25 $/Campingmobil (35 $ mit Strom), Dinner-Bed&Breakfast-Kombi ab 100 $/Pers. ✆ 68747735, www.comeroo.com.

Trilby Station, nahe Louth. Bei Liz und Gary ist man gut aufgehoben. Camping für 2 Pers. ab 25 $ (mit Strom ab 30 $), Cabin oder Cottage 100 $. ✆ 68747420, www.trilbystation.com.au.

Kallara Station, nahe Tilpa. Ein Dach über dem Kopf gibt's ab 30 $, ein DZ mit Bad ab 70 $. ✆ 68373963, www.kallarastation.com.au.

Übernachten in Nyngan Beancounters House & Café, saubere und absolut komfortable Unterkunft, Das tolle Café ist täglich geöffnet. DZ 100–130 $. 103 Pangee Street, ✆ 68321610, book@beancountershouse.com.au.

Nyngan Riverside Caravan Park, schön angelegter Park. Camping ab 26 $, mit Strom 30 $, Cabin 70–140 $. Barrier Hwy./Ecke Mitchel Hwy., ✆ 68321729, www.nynganriverside.com.au.

Übernachten in White Cliffs White Cliffs Underground Motel, um der Hitze zu entgehen, schläft man in Dugouts unter der Erde. DZ 149 $ inkl. Frühstück. ✆ 80916677, www.undergroundmotel.com.au.

Cobar
ca. 5500 Einw.

Das Städtchen an der Kreuzung des Kidman Way mit dem Barrier Highway wird gerne für einen Übernachtungsstopp gewählt. Einige Bedeutung erlangte Cobar durch den Bergbau – die Entdeckung einer ertragreichen Kupfermine im Jahr 1870 sorgte dafür, dass zehn Jahre später bereits 650 Männer in den Minen beschäftigt waren. Um 1900 lebten rund 10.000 Menschen im Ort – zu Spitzenzeiten beschäftigte die *Great Cobar Copper Mine* gut 2000 Arbeiter. Heute spielt neben dem Bergbau die Viehhaltung eine große Rolle. Im **Great Cobar Heritage Centre** erhält man einen guten Einblick in die Vergangenheit des Ortes. Übrigens leben in dem riesigen 44.000 km² großen Bezirk gerade mal 7000 Personen.

GPS: S31°29.83' E145°49.87'
Ortsvorwahl: 02

Anreise Pkw: *Cobar* liegt am Barrier Highway, nach *Dubbo* sind's gut 300 km, nach *Broken Hill* 465 km. Über den Kidman Way fährt man 165 km nach Bourke.

Bahn & Bus: Die Busse von *NSW TrainLink* (www.nswtrainlink.info, ✆ 132232) stoppen auf der Route *Broken Hill – Dubbo* auch in *Cobar*.

Touristinfo & Museum Great Cobar Heritage Centre, in historischem Gebäude. Tolle Mischung aus Informationsstelle und Museum (Eintritt 7 $). Mo–Fr 8.30–17 Uhr, Sa/So 9–17 Uhr. Barrier Highway, ✆ 68362448, cobarmus@bigpond.com.

Cobar im Internet Informationen unter www.cobar.nsw.gov.au.

Internet In der *Bibliothek*. Mo–Fr 10–17.30 Uhr, Sa 9–13 Uhr. 39 Marshall Street.

Supermarkt Supa IGA, Mo–Fr 7–20 Uhr, Sa 8–20 Uhr, So 8–19 Uhr, 34 Linsley Street.

Übernachten/Essen Cobar Motor Inn, nettes Motel mit geräumigen Zimmern und freundlichem Personal. TV, AC, Pool. DZ ab 115 $. 67 Marshall Street, ✆ 68362304, www.cobarmotorinn.com.au.

Cobar Caravan Park, guter Platz, Einrichtungen okay. Campen ab 30 $/Nacht. 101 Barrier Highway, ✆ 68362425, www.cobarcaravanpark.com.au.

Great Western Hotel, von 1898, mit der längsten Eisenveranda in ganz NSW. Bier, guter Grub und Zimmer. Das Bistro ist tägl. geöffnet. 12–20 Marshall Street, ✆ 68362503.

Gecko Espresso Bar, die beste Adresse für die tägliche Dosis Koffein. Mo–Fr 8–16.30 Uhr. 35 Marshall Street, ✆ 68364888.

Auf dem Dach des **Grand Hotel** (34 Marshall Street) steht eine 5 m hohe „Tooheys"-Bierdose mit einem Füllvermögen von knapp 80.000 Middies – das sind rund 22.000 Liter.

Bourke
ca. 2400 Einw.

Die Geschichte des Ortes ist äußerst bewegt. *Thomas Mitchell* hielt sich im Jahr 1835 als einer der ersten Europäer in der Region auf, die erste Station gab es bereits 1859. Unter anderem waren in Bourke im letzten Drittel des 20. Jh. afghanische Ka-

Einst waren Kamele wichtige Transporttiere im australischen Outback

melhändler ansässig, um mit ihren Wüstenschiffen die entlegene Ortschaft an die Zivilisation anzubinden. Zu Zeiten der Flussschifffahrt wurden Unmengen an Wollballen auf große Schaufelraddampfer verladen. Der Autor *Henry Lawson*, der 1892/93 in Bourke lebte, war so beeindruckt von der Ortschaft, dass er sie in seinen Werken verewigte und den Satz prägte: „If you know Bourke, you know Australia". Das **Back o' Bourke Exhibition Centre** versorgt die Besucher mit umfassenden Informationen. Die in ganz Australien gängige Phrase „Back o' Bourke" (hinter Bourke) bedeutet übrigens so viel wie „am Arsch der Welt".

GPS: S30°05.66' E145°56.11'
Ortsvorwahl: 02

Anreise Pkw: Anfahrt über den Barrier Highway, von *Nyngan* sind es dann 210 km über den Mitchell Highway, ab *Cobar* 165 km auf dem Kidman Way.

Bahn & Bus: Mit *NSW TrainLink* (www.nswtrainlink.info, ✆ 132232) nach *Nyngan* (ab 25 $, 2:30 Std.) und *Dubbo* (ab 50 $, 4:30 Std.).

Touristinfo Bourke Visitor Information Centre, tägl. 9–17 Uhr (So im Sommer geschlossen). Im Exhibition Centre, ✆ 68721321, info@backobourke.com.au.

Bourke im Internet Informationen unter www.visitbourke.com.au.

Sehenswertes & Touren Back o' Bourke Exhibition Centre, die neuen Räumlichkeiten haben ganze 6 Mio. Dollar verschlungen. Tolle Geschichten über Entdecker, Viehstationen und natürlich Henry Lawson. Tägl. 9–17 Uhr, Eintritt 22 $. Kidman Way, ✆ 68721321.

Historischer Friedhof, die Beerdigung von John Hallahan im Jahr 1892 inspirierte Lawson zu seiner Geschichte „The Union Buries Its Dead". 1934 wurde der berühmte Augenarzt Professor Fred Hollows beigesetzt, der weltweit in humanitären Projekten tätig war.

Mateship Country Tours, im Minibus durch Bourke und die Umgebung. Mo–Fr 14–17.30 Uhr, Sa 9.30–13 Uhr. ab 32 $/Pers. Abfahrt vom Tourist-Office (s. o.), dort werden die Touren auch gebucht. ✆ 68721321.

Flussfahrt, auf der *PV Jandra*. Das Schiff ist täglich auf dem Darling River unterwegs. Einstündige Touren Mo–Sa je um 9 und um 15 Uhr, die Tour am Sonntag startet um 14.30 Uhr. 16 $/Pers. Abfahrt ist Kidman's Camp. ✆ 68721321.

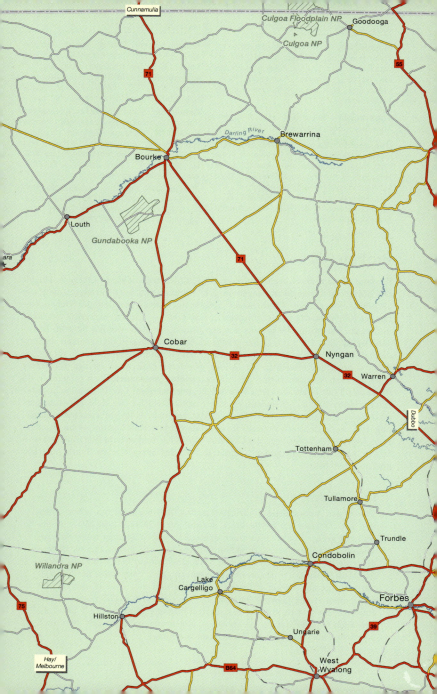

Mount Oxley, 50 km von Bourke entfernt. Toller Blick über die weite Ebene, mit etwas Glück sieht man auch Keilschwanzadler. *Achtung:* An der Touristinfo (s. o.) muss man sich einen Schlüssel für die Zufahrt holen!

Supermarkt Supa IGA, tägl. 8–19 Uhr, Sturt Street/Ecke Oxley Street.

Übernachten/Essen Bourke Riverside Motel, außergewöhnliche Unterkunft in einem liebevoll umgebauten, über 130 Jahre alten Pub. Suiten mit Schlafzimmer(n), Bad, Küche und Lounge. Sehr gemütlich, mit tollem Rosengarten. 2 Pers. 125–185 $. 3–13 Mitchell Street, ✆ 68722539, www.bourkeriversidemotel.com.

Kidman's Camp Country Resort, Campen ab 25 $, die einfachsten Cabins ohne Bad kosten 99 $, die rustikalen „Log Cabins" sind mit Küche und Bad ausgestattet und kosten als DZ 139 $. Kidman Way, ✆ 68721612, www.kidmanscamp.com.au.

Gidgee Inn Guest House, im ehemaligen Bankgebäude aus dem Jahr 1888 untergebracht. 10 günstige Zimmer, Gemeinschaftsküche und -bäder, TV-Raum und Waschküche. Im Mehrbettzimmer ab 30 $, DZ ab 70 $. 17 Oxley Street, ✆ 68701017, www.gidgeeguesthouse.com.au.

Für die kleine Stärkung: Gecko Café (Mo–Fr 8.30–17 Uhr, Sa 8.30–14 Uhr, Oxley Street, ✆ 68721701) oder die Morralls Bakery (Mo–Sa, Mitchell Street, ✆ 68722086).

Broken Hill

ca. 20.000 Einw.

Beinahe wie eine Insel liegt die „Silver City" im lebensfeindlichen Outback. Die alten hölzernen Fördertürme ragen in den Himmel und auch Straßennamen wie „Bromide Street" oder „Oxide Street" zeugen noch heute von den glorreichen Zeiten des Bergbaus. Die Entdeckung der *Line of Lode* (→ Kasten) bescherte der Stadt immensen Reichtum, die Erträge aus den Minen der Stadt werden bis zum heutigen Tag auf über 100 Mrd. Dollar geschätzt. Mit derartigen Bodenschätzen als Fundament konnte sich selbst in dieser entlegenen Gegend eine blühende Stadt entwickeln – noch heute wird in den Minen gearbeitet. Allerdings ist der Tourismus stark auf dem Vormarsch und das mit exzellenten Aussichten für die Zukunft, da Broken Hill mit einer kreativen Kunstszene, entspanntem Lifestyle und sehr guter Infrastruktur eine außergewöhnlich interessante Stadt ist. Sie stellt also eine perfekte Basis für Touren ins wilde Outback dar, von dem es im Umkreis mehr als genug gibt. Außerdem erwähnenswert ist, dass Broken Hill, obwohl es im Bundesstaat New South Wales liegt, die Ortsvorwahl 08 hat und sowohl Zeitzone (NSW + 30 Min.) wie auch Sportkodex („Aussie Rules") des benachbarten South Australia übernommen hat.

Line of Lode

Es war der Auswanderer *Charles Rasp*, der 1883 die Ader mit silber-, blei- und zinkhaltigem Erz entdeckte – das mit 7,5 km Länge und 250 m Breite weltweit größte Einzelvorkommen dieser Art. Sieben Männer taten sich zusammen, um die Ader auszubeuten und steckten die ersten Claims ab, von denen jeder einzelne nach heutigen Maßstäben einen Wert von mehr als einer Mrd. Dollar hatte. Da ist es fast schon tragisch, dass einige der Beteiligten nicht genug Geduld aufbringen konnten und ihre Anteile viel zu früh mit viel zu wenig Gewinn verkauften. Das Geld war nach einigen Jahren aufgebraucht und sie starben in Armut, während es die anderen – unter ihnen auch Charles Rasp – zu enormem Reichtum brachten, mit dem auch ihre Erben noch in Saus und Braus leben konnten.

Broken Hill

Basis-Infos
→ Karte S. 320/321

Anreise Pkw: Von *Sydney* sind es 1150 km, nach *Adelaide* in SA 520 km. *Mildura* ist rund 300 km über den Silver City Highway entfernt, *Cobar* 465 km über den Barrier Highway.

Bahn & Bus: Der *Indian Pacific* (www.gsr.com.au) hält 2-mal/Woche auf der Route zwischen *Adelaide* (6:30 Std.) oder *Sydney* (16:30 Std.). Mit *NSW TrainLink* (✆ 132232, www.nswtrainlink.info) bestehen Busverbindungen z. B. nach *Dubbo* (9 Std.), und 1-mal/Woche fährt ein *Xplorer*-Zug direkt nach *Sydney* (13:30 Std.). *Buses-R-Us* (✆ 82856900 www.busesrus.com.au) fährt nach *Mildura* und *Adelaide*.

Flugzeug: Zum Broken Hill Airport mit *Regional Express* (✆ 131713, www.rex.com.au) von *Adelaide* (145 $), *Sydney* (270 $) oder *Dubbo* (205 $).

GPS: S31°57.593' E141°27.645',
Ortsvorwahl: 08 (!)

Touristinfo Broken Hill Visitor Information Centre, tägl. 8.30–17 Uhr. Mit Café und Shop. Bromide Street/Ecke Blende Street, ✆ 80883560, tourist@brokenhill.nsw.gov.au.

Broken Hill im Internet Informationen unter www.visitbrokenhill.com.au oder www.brokenhillaustralia.com.au.

Autovermietung Avis, 195 Argent Street, ✆ 80877532, www.avis.com.au.

Hertz, 193 Argent Street, ✆ 80872719, www.hertz.com.au.

Festivitäten Irgendwas ist immer los, vom **Musikfestival** über **Rodeo** bis hin zur **Agrarausstellung**. Im März finden ausgedehnte **St.-Patrick's-Day**-Feierlichkeiten inklusive Pferderennen statt.

Flugzeugcharter Silver City Scenic Flights, Rundflüge über Broken Hill, aber auch bis zum Lake Eyre in South Autsralia. ✆ 0457155393, www.scsf.com.au.

Wettenhall Air Services, verschiedene Optionen, z. B. zum Lake Aire, nach White Cliffs oder Lake Mungo. ✆ (08)58812404, www.wettenhallairservices.com.

Internet Broken Hill City Library **9**, Internet-Terminals und WLAN. Für Terminals muss man reservieren. Mo–Fr 9–18 Uhr, Sa 10–13 Uhr, So 13–17 Uhr. Blende Street.

Kostenloses WLAN in **Bells Milk Bar** (→ S. 318).

Märkte Community Markets, jeden 2. Samstag im Monat, 200 Beryl Street, die **Sunday Markets** finden jeden Sonntag statt.

Quarantäne Broken Hill liegt in der **Fruit Fly Exclusion Zone**. Nehmen Sie kein Obst von außerhalb der Zone mit!

Stillgelegte Mine

Übernachten/Essen & Trinken/Nachtleben → Karte S. 320/321

Übernachten Royal Exchange Hotel **9**, tadellose Zimmer in tollem Art-déco-Gebäude. Gehobene Ausstattung z. T. mit Balkon. DZ ab 130 bzw. 170 $. 320 Argent Street, ✆ 80872308, www.royalexchangehotel.com.

Red Earth Motel **4**, hochwertig eingerichtet, blitzsauber und superwohnlich. In der Anlage gibt es einen Pool, Parkplätze und Waschküche. Studio-Apartment für 160 $, Spa-Suite ab 180 $, Apartment mit 2 Schlafzimmern (und Küche) ab 220 $. ✆ 80885694, 469 Argent Street, www.redearthmotel.com.au.

The Imperial **3**, historisches Gästehaus mit großen Veranden. 5 individuell gestaltete und sehr wohnliche Zimmer mit Bad. Toller Poolbereich. DZ ab 170 $. 88 Oxide Street, ✆ 80877444, www.imperialfineaccommodation.com.

The Lodge Outback Motel **2**, bestes Preis-Leistungs-Verhältnis. Nette DZ mit Bad und kostenlosem WLAN ab 90 $, Familienzimmer für 4 Pers. ab 141 $. 252 Mica Street, ✆ 80882722, www.lodgemotel.com.au.

Broken Hill City Tourist Park **12**, saubere, gut ausgestattete Anlage. Caravan-Stellplätze auf Rindenmulch anstatt auf Gras. Möglichst vorab reservieren. Camping ab 30 $, Cabin ab 90 $. 142 Rakow Street, ✆ 80873841, www.brokenhilltouristpark.com.au.

Freecamping Little Topar Roadhouse, direkt am Highway, etwa 80 km östlich von Broken Hill gelegen. Hier kann man essen, trinken und das Wohnmobil abstellen.

Essen & Trinken Trinders Restaurant **7**, moderne australische Kost im „Astra"-Hotel. Klassisch eingerichtet und mit qualitativ hochwertiger Küche. Vorspeisen 15–25 $, Hauptgerichte 25–35 $. Mo–Sa für Lunch & Dinner geöffnet. 393 Argent Street, ✆ 80875428, www.theastra.com.au.

»» Mein Tipp: The Silly Goat **6**, in der „dummen Ziege" ist man bestens versorgt, es gibt leckeren Kaffee, richtig gutes Frühstück, Sandwiches, Salate mit frischen Kräutern, Gebäck. Mo–Fr 7.30–17 Uhr, Sa 8–14 Uhr, So 8–13 Uhr. 360 Argent Street, ✆ 80884774. **«««**

Café Alfresco **5**, auch empfehlenswert. Superzentral gelegen und mit vielsiger Karte. Hauptgerichte 20–25 $. Zum Frühstück sollten es die Pfannkuchen sein. Tägl. geöffnet ab 7 Uhr bis spät. 397 Argent Street, ✆ 80875599.

Bell's Milk Bar **13**, seit 1892 ohne Unterbrechung im Business. Schachbrettmuster und Neonreklame erinnern an die 50er-Jahre. Tägl. 10–17.30 Uhr. Kostenloses WLAN. 160 Patton Street, ✆ 80875380, www.bellsmilkbar.com.au.

Pubhotels mit Bistro Mulga Hill Tavern **1**, Allrounder mit gutem Bistro und enorm viel Partypotenzial. Oxide Street/Ecke Williams Street, ✆ 80877138.

The Black Lion Inn Hotel **11**, auch hier wird an den Wochenenden gut gefeiert. Blend Street/Ecke Bromide Street, ✆ 80874801.

Broken Hill Musicians Club **10**, verschiedene Bars, ein Bistro und natürlich regelmäßig Musikveranstaltungen. Tägl. ab 10 Uhr; Frühstück, Lunch und Abendessen. 276 Chrystal Street, ✆ 80884477, www.musiciansclub.com.au.

Touren & Minenführungen

Minenführung Historic Day Dream Mine, etwa 28 km von Broken Hill entfernt, zweigt von der Silverton Road ab. Touren an der Oberfläche (8 $) und unter Tage (25 $). Regulär 10 und 11.30 Uhr, in den Schulferien stündlich 10–15 Uhr. ✆ 80885682 oder 0427885682 (mobil), www.daydreammine.com.au.

Touren Silver City Tours, Tagestour zu den Opalfeldern in White Cliffs 185 $/Pers., eine (Halbtages-) Ghost-Tour im 28 km entfernten Silverton kostet 78 $. Termine beim Veranstalter oder in der Touristinfo (s. o.)

Outback Adventure, organisierte Tour ab Sydney inkl. Bahntransfers, Zutritt zu diversen Attraktionen, Unterkunft, Frühstück und Abendessen. Anreise nach Broken Hill im Indian Pacific, Rückreise mit dem regulären Zug. Termine und Buchungen über Silver City Tours (s. o.).

erfragen. 380 Argent Street, ✆ 80876956, www.silvercitytours.com.au.

Tri State Safaris, hier wird von der Tagestour (220 $) bis hin zur 18-tägigen Abenteuersafari (ab 9300 $) einfach alles angeboten. Interessant z. B. die Tagestouren zu den *Opalfeldern* in White Cliffs oder in den *Mutawintji-Nationalpark.* Die 3-Tagestour in den tollen *Mungo-Nationalpark* kostet ab 1360 $. ✆ 80882389 oder 0418646016 (mobil), www.tristate.com.au.

Bush Mail Run, wie der Name schon sagt: Hier ist man mit dem Postboten unterwegs. 120 $/Pers. Eine kleine Brotzeit auf der Budgeree-Station und ein Mittagessen auf der Bindara-Station sind inklusive. Kontakt und Info in der Touristeninformation (s. o.).

Pro Hart (1928–2006)

Der Vorreiter der Outbackmalerei und Mitbegründer der „Brushmen" (in Anlehnung an das Wort „Bushmen") besticht durch seinen ganz eigenen Malstil, wobei die alles bestimmende Thematik seiner Bilder Australiens Outback und dessen Bewohner ist. Im Alter von 30 Jahren machte er sein Hobby zum Beruf und konnte seine Werke im Laufe seines Lebens auf internationaler Bühne präsentieren. Zum illustren Käuferkreis seiner Werke zählten u. a. *Prinz Philip* und der ehemalige US-Präsident *Lyndon Johnson.* Nach Pro Harts Tod im Jahr 2006 wurden einige seiner Bilder für rund eine halbe Mio. Dollar gehandelt. Für viele war er ein „echter" Australier, der seiner Heimat in den roten Weiten auch trotz internationalen Erfolgs stets treu blieb. Eines der Prunkstücke der *Pro Hart Gallery* (s. u.) ist ein bemalter Rolls Royce.
Pro Hart Gallery: Mo–Sa 9–17 Uhr, So 13.30–17 Uhr. 108 Wyman Street, ✆ 80872441, www.prohart.com.au.

Sehenswertes

Gegen eine freiwillige Spende kann man mit einem Ortskundigen zu einer zweistündigen **Walking-Tour** (Mo, Mi, Fr um 10 Uhr an der Touristinfo) durch Broken Hill aufbrechen. Aber auch auf eigene Faust lässt sich vieles erkunden, die Stadt hat eine große Kunstszene und an die **30 Galerien** zu bieten. Einige der historischen Gebäude gehören zu den schönsten im Outback, regelrechten Kultstatus genießt das **Palace Hotel** von 1889, das als einer der Schauplätze für die skurrile Drag-Komödie „Priscilla – Queen of the Desert" (→ S. 94) diente. Natürlich gibt es in dieser entlegenen Gegend auch eine Basis der **School of the Air,** in der man Schulstunden miterleben kann (Mo–Fr pünktlich um 8.20 Uhr, Ferienzeiten beachten! Buchung am Vortag in der Touristinfo, s. o.). Einen besonders faszinierenden Einblick in die Geschichte der Stadt bietet die Ausstellung **Photographic Recollections,** in der historische Schwarz-Weiß-Fotografien präsentiert werden (Mo–Fr 10–16.30 Uhr, Sa 13–16.30 Uhr, Eyre Street, ✆ 80879322). Im **Silver City Mint & Art Centre** gibt es ein riesiges 100 m auf 12 m großes Gemälde zu sehen (täglich 10–16 Uhr, 66 Chloride Street, ✆ 80886166, www.silvermint.com.au). Eine **Minenführung** (→ Touren S. 318) sollte auf jeden Fall zum Programm gehören.

Broken Earth Complex und **Miners Memorial:** Weithin sichtbar auf einem Hügel 54 m über der Stadt. Es gibt ein Restaurant, ein Informationszentrum und einen Shop. Im *Miners Memorial* wird den mehr als 810 Bergleuten gedacht, die in den Minen ihr Leben ließen. Der Ausblick auf die Stadt ist von hier oben gigantisch.
Erreichbar per Auto über den Federation Way.

Das Outback

Broken Hill Regional Art Gallery: 1904 gegründet und somit die älteste regionale Kunstgalerie in New South Wales. Zu sehen sind tolle Werke aus der städtischen Sammlung, außerdem werden jedes Jahr zahlreiche Bilder für den prestigeträchtigen „Outback Art Prize" eingereicht. Unbedingt sehenswert.
Tägl. 10–17 Uhr. 404–408 Argent Street, ✆ (08)80803440, www.bhartgallery.com.au.

The Living Desert Reserve & Sculpture Symposium: Der Skulpturenpark ist auf einem kleinen Hügel mit atemberaubendem Rundumblick angelegt. Zu sehen sind zwölf Sandsteingebilde von internationalen Künstlern, die sich fantastisch in die Landschaft einfügen. Ein 180 ha großes Areal wurde als Nature-Reserve eingezäunt, um die karge, aber wunderschöne Natur zu bewahren und dem Besucher nahezubringen. Außerdem gibt es einige interessante Kurzwanderungen. Die 5 $ Eintritt sind vor Ort in einen kleinen Kasten einzuwerfen.
13 km vom CBD entfernt, die Anfahrt ist beschildert.

Albert Kersten Mining and Minerals Museum: Große Sammlung an Mineralien und ein riesiges 42 kg schweres Silbernugget. Hier gibt's den berühmten „Silver Tree" zu sehen, den der deutsche Silberschmied *Henry Steiner* 1878 angefertigt hat. Das fein verzierte Kunstwerk ist etwa 70 cm groß, wiegt 8,5 kg und war einst im Besitz von Charles Rasp.
Mo–Fr 10–17 Uhr, Sa/So 13–17 Uhr. Crystal Street/Ecke Bromide Street, ✆ 80803500.

Royal Flying Doctor Service: Man kann die Basis besichtigen, die Flugzeuge im Hangar anschauen und im *Mantle of Safety Museum* die 80 Jahre alte Geschichte des einmaligen Arzt-Dienstes Revue passieren lassen. Sämtliche Einnahmen aus Eintrittsgeldern und dem Souvenirverkauf werden für neue Ausrüstung verwendet.
Mo–Fr 9–17 Uhr, Sa/So 11–15 Uhr. Eintritt 8,50 $. Broken Hill Airport, ✆ 80801714, www.flyingdoctor.org.au.

Übernachten
2 The Lodge Outback Motel
3 The Imperial
4 Red Earth Motel
8 Royal Exchange Hotel
12 Broken Hill Caravan Park

Essen & Trinken
5 Café Alfresco
7 Trinders Restaurant

Cafés
6 The Silly Goat
13 Bell's Milk Bar

Nachtleben
1 Mulga Hill Tavern
10 Broken Hill Musicians Club
11 The Black Lion Inn Hotel

Sonstiges
9 Broken Hill Library/Internet

Silverton

Knapp 25 km von Broken Hill entfernt liegt die Geisterstadt Silverton. Einst war sie eine betriebsame Bergbaustadt, die heute allerdings längst verlassen ist und nur noch als Filmkulisse von sich reden macht – Szenen für über 140 Filme und Werbesports wurden hier gedreht. Das **Silverton Gaol** von 1889 ist zu einem Museum umgebaut, auch einige Kunstgalerien gibt es vor Ort, die aber nicht regelmäßig geöffnet sind. Vor dem **Silverton Hotel** parkt meist ein Nachbau des Filmautos von Mad Max, bisweilen werden hier aber auch die Tiere der Kamelsafaris geparkt ... Das Hotel beherbergt übrigens eines *der* Pubs, in dem man unbedingt ein Bier getrunken haben sollte.

Mungo-Nationalpark

In der **Willandra Lakes World Heritage Area** gibt es Hinweise auf eine menschliche Besiedlung, die bis 40.000 Jahre zurückreichen und das ist noch vorsichtig geschätzt – einige Experten sprechen sogar von 60.000 Jahren. In den ausgetrockneten Seenbetten wurden perfekt konservierte Fußabdrücke entdeckt, außerdem lieferten diverse Funde Anhaltspunkte für die früheste bekannte rituelle Beerdigung. Die Dünen bewegen sich und geben immer wieder Artefakte und Knochen frei. Weil diese in der Vergangenheit immer wieder von Besuchern entfernt wurden, sind Teile des Nationalparks mittlerweile nur noch innerhalb geführter Touren zugänglich.

Die ersten Europäer kamen in den 50er-Jahren des 19. Jh. in die Gegend, 1869 wurde die **Mungo Woolshed**, eine Scheune, in der u. a. die Schafe geschoren wurden, gebaut. Zu den Sehenswürdigkeiten gehören auch die **Walls of China** – benannt von chinesischen Arbeitern –, bizarre von Winderosion geschaffene Sand- und Kalkformationen.

Im Park gibt es nur Sandpisten, die unter Idealbedingungen zur Not auch für normale Pkws geeignet sind, nach Regen kann es aber auch längere Sperrungen geben. Der Park ist ganzjährig zugänglich, ideale Besuchszeit ist zwischen März und Oktober. Viele Touren starten ab Mildura, dort gibt es auch umfassende Informationen und Ausstellungen.

Anreise Pkw: Von *Broken Hill* aus sind es 316 km bis Menindee und Pooncarie. 20 km südlich von Pooncarie biegt man rechts auf die Top Hut Road (Nationalpark ausgeschildert). Am Ende der Straße rechts abbiegen.

Von *Mildura* aus sind rund 110 km zu fahren. Vom Stadtzentrum fährt man über den Fluss nach Buronga und folgt dem Silver City Highway bis zur Buronga-Arumpo Road, der man bis ans Ende folgt. Der Park ist ausgeschildert.

Achtung: Die Straßen sind größtenteils nicht asphaltiert, erkundigen Sie sich bitte vor der Anreise in einer Touristinformation nach dem Zustand der Pisten, u. U. gibt es Sperrungen.

Informationsstelle Am Parkeingang. Umfangreiche Informationen und Zahlstelle für die Parkgebühren (7 $/Pkw).

Organisierte Touren Harry Nanya **Tours**, spannende Touren in den Mungo-Nationalpark. Tagestouren (April–Okt. 8–17 Uhr), Sunset-Touren (Nov.–März ab 14.30 Uhr) je 180 $/Pers. Preise inkl. Verpflegung und Transfer von/nach Mildura oder Wentworth. ✆ 50272076, www.harrynanyatours.com.au.

Verschiedene **Touren** auch ab Broken Hill (→ S. 318) und Mildura (→ S. 560).

Self Drive Tour Es gibt einen beschilderten Rundkurs, der etwa 70 km lang ist (unasphaltiert). Unterwegs einige Picknickplätze und öffentliche Toiletten.

Übernachten Bushcamps, mit Plumpsklo und Tischen am Parkeingang (Main-Camp) und entlang der 70 km-Tour (Belah-Camp). Keine Reservierungen möglich.

5 $/Pers. In den Shearers Quarters ab 30 $ pro Pers. ℘ 13000727575.

🌿 **Mungo Lodge**, in außergewöhnlicher Lage, 2008 nagelneu hergerichtet, dafür leider auch nicht gerade günstig. Standard-Cabin ab 180 $, Deluxe-Cabin für 2 Pers. 279 $, größere Cabin für 4 Pers. mit Küche 450 $. Camping bzw. im Schlafsaal ab 25 $. 2 km vom Parkeingang entfernt, Zufahrt unasphaltiert. ℘ 1300663748, www.mungolodge.com.au. ■

Kinchega-Nationalpark

Seit 1967 existiert der heute 44.000 ha große Nationalpark, der zu Boomzeiten eine Größe von über 800.000 ha hatte. Bei seiner Einweihungsfeier wurde in der Woolshed das sechsmillionste und zugleich letzte Schaf geschoren. Der Park kann mit mehreren Seen aufwarten, die aber bei anhaltender Dürre auch schon mal austrocknen. Entlang dem Darling River deuten zahlreiche Hinweise darauf hin, dass die Aborigines schon vor Tausenden von Jahren hier campierten. Auch heute noch können das die Besucher, allerdings muss man sich komplett selbst versorgen, da es wirklich keinerlei Einrichtungen oder Läden gibt.

Anreise Der Park ist nicht mit öffentlichen Verkehrsmitteln erreichbar. Er befindet sich rund 110 km südöstlich von **Broken Hill** an der Asphaltstraße nach Menindee. Im Park gibt es nur Staubpisten, erkundigen Sie sich bitte vor der Anreise im *Broken Hill Visitor Information Centre* (→ Broken Hill), ob eventuell Sperrungen vorliegen.

Information Camping z. B. am Emu Lake Camping Ground 5 $/Nacht. Karten für Self-Drive-Touren im Park, Buchungen für eine Übernachtung in den „Shearers-Quarters"-Mehrbettzimmern (20-30 $/Pers.) und aktuelle Informationen bezüglich des Straßenzustands (im Park ungeteerte Pisten, nach starken Regenfällen gesperrt) im *Broken Hill Area Office*, 183 Argent Street, Broken Hill, ℘ 80803200. Nationalparkgebühr 7 $/Fahrzeug.

Mutawintji-Nationalpark

Auf dem Gelände des Nationalparks befand sich einst ein wichtiger Zeremonienort der Aborigines, darüber hinaus beherbergt der Park einige bedeutende Felsmalereien. Der Nationalpark wird von tiefen Schluchten zerfurcht, die von Wasserlöchern und Rockpools durchsetzt sind und an deren Wänden große schattige Eukalypten wachsen. Es gibt einen Infokiosk und die *Homestead Creek Camping Grounds*. Vom Zeltplatz und der Day-Use-Area aus führen einige leichte bis mittelschwere Wanderungen in den Park hinein. **Achtung**: Man muss sich komplett selbst versorgen, es gibt keinerlei Einrichtungen oder Läden. Erkundigen Sie sich unbedingt schon im Infozentrum in Broken Hill (→ S. 317) nach den aktuellen Straßenbedingungen, da die ungeteerten Pisten nach starken Regenfällen gesperrt sein können.

Anreise Der Park ist nicht mit öffentlichen Verkehrsmitteln erreichbar. Ab **Broken Hill** fährt man Richtung Tibooburra, nach etwa 55 km erreicht man eine beschilderte Abzweigung zum Nationalpark. Gesamtdistanz etwa 135 km. Die Zufahrtsstraßen sind teilweise nicht asphaltiert, erkundigen Sie sich bitte im *Broken Hill Visitor Information Centre* (→ Broken Hill) nach dem Zustand der Staubpisten.

Information Auf dem einfachen **Campingplatz** gibt's BBQs und einen Sanitärblock mit Duschen und WCs. Der Platz liegt auf der Westseite des Parks und ist über die einzige Zufahrtsstraße erreichbar. **Tagestouren** ab Broken Hill (→ S. 318).

Der Postbote freut sich: Briefkästen stehen gesammelt an der Hauptstraße

Hunter Valley

Das Hunter Valley ist zwar flächenmäßig nicht die größte, wohl aber die älteste Weinregion Australiens. Bereits Anfang der 1820er-Jahre wurden die ersten Reben gepflanzt, einige Betriebe sind seit sechs Generation in Familienbesitz.

Auf einer Gesamtfläche von etwa 3500 ha haben sich heute rund 140 Weingüter angesiedelt. Bekannt ist die Region v. a. für ihren *Shiraz*, *Chardonnay* und *Semillion*, aber die Bandbreite ist groß. Bei der Produktion geht man mit australischer Unbekümmertheit ans Werk und zeigt eine Experimentierfreude, die bei den europäischen Weinpuristen einen Herzinfarkt hervorrufen würde. Trotzdem (oder vielleicht gerade deshalb?) sind die hiesigen Weine auch international sehr beliebt. Für Touristen besteht das Programm bei einem Besuch im Hunter Valley bevorzugt aus kulinarischen Genüssen, denen man sich hier hervorragend und ausgiebig hingeben kann. Ganz billig ist das zwar nicht immer, aber dafür wird auch Qualität geboten. An den Wochenenden, wenn die Ausflügler aus dem nahen Sydney anreisen, sind übrigens empfindliche Preissteigerungen für die Unterkünfte die Regel. Da freut es, dass man im Hunter Valley auch mit den Augen genießen und sich ganz und gar kostenlos der atemberaubend schönen Hügellandschaft hingeben kann.

Basis-Infos   → Karte S. 327

Anreise Das Hunter Valley liegt etwa auf Höhe von Newcastle und wird entsprechend dem Flusslauf in *Upper Hunter* und *Lower Hunter* unterteilt. Nennenswerte Ortschaften sind **Singleton**, **Pokolbin**, **Cessnock** und **Lovedale**. Dieser untere Bereich ist für Touristen meist am interessantesten, weil von der Küste aus am schnellsten zu erreichen. Hier konzentrieren sich auch viele der Winzereien, Unterkünfte und Restaurants. Die genannten Ortschaften liegen in einem Umkreis von etwa 25 km.

New South Wales / Hunter Valley

Pkw: Von **Sydney** nach **Cessnock** sind es etwa 150 km, 80 % davon geht's ganz bequem über den Sydney–Newcastle-Freeway. Ab **Newcastle** fährt man 53 km auf der Landstraße. Von **Tamworth** aus sind es etwa 200 km ins Hunter Valley.

Bahn & Bus: Die Busse von *Rover Coaches* (✆ 499001699, www.rovercoaches.com.au) fahren von/nach Newcastle (von dort Zugverbindung nach Sydney). Ab **Newcastle** kann man auch für 6–10 $ mit *Sydney Trains* (✆ 131500, www.sydneytrains.info) nach Maitland fahren, mit den Zügen von *NSW TrainLink* (✆ 132232, www.nswtrainlink.info) ab Sydney nach **Maitland** bzw. Singleton. → auch Tagestouren S. 327.

Unterwegs im Hunter Valley: Die Busse von **Rover Coaches** (✆ 499001699, www.rovercoaches.com.au) fahren zwischen Newcastle, Cessnock, Maitland, Kurri Kurri und anderen Ortschaften des Hunter Valley. Fahrpläne auf der Webseite.

Ortsvorwahl: 02

Touristinfo Hunter Valley Wine Country Visitor Information Centre, viele Infos zur Region. Mo–Fr 9–17 Uhr, Sa/So 9–16 Uhr. 455 Wine Country Drive, Pokolbin, ✆ 49936700 oder 130069486837, vic@cessnock.nsw.gov.au.

Hunter Valley im Internet Informationen unter www.huntervalleyvisitorcentre.com.au oder www.winecountry.com.au.

Autovermietung Hertz 🔟, 1A Aberdare Rd., Cessnock, ✆ 49912500, www.hertz.com.au.

Fahrräder Hunter Valley Bicylce Hire & Tours, MTBs inkl. Helm und Tourenkarte ab 35 $ (24 Std.). Räder werden zur Unterkunft oder an einen Treffpunkt geliefert und wieder abgeholt. ✆ 0418281480 (mobil). www.huntervalleycycling.com.

Grapemobile Bicycle Hire 🔢, Fahrräder, Helme, Karten und Abholservice zur Mietstation. 8 Std. für 35 $. Tägl. 10–18 Uhr. 307 Palmers Lane, Pokolbin, ✆ 49987660, www.grapemobile.com.au.

Internet Cessnock Library 🔢, Mo–Fr 9–17.30 Uhr, Mi/Do bis 19 Uhr, Sa 9–13 Uhr. 65 Vincent Street, Cessnock, ✆ 49934399.

Märkte & Festivals Im Hunter Valley ist immer was los, übers Internet (s. o., Hunter Valley im Internet) kann man eine lange Liste mit anstehenden Terminen abrufen. Einige Höhepunkte:

Jazz in the Vines, im Oktober in den *Tyrells Vinyards*. Bekannte Jazzmusiker treten auf. Tickets ab 65 $. www.jazzinthevines.com.au.

Opera in the Vineyards, im Oktober im *Wyndham Estate*. Tickets 70–160 $. www.operainthevineyards.com.au.

Festival of Flowers, Ende Juli bis Anfang September in den *Hunter Valley Gardens*.

Medizinische Versorgung Einrichtungen zur medizinischen Versorgung und Krankenhäuser findet man in Maitland, Singleton und Muswellbrook.

Sehenswertes Hunter Valley Gardens, 300 ha große Anlage mit wunderbaren Gärten, Shops, Cafés und Restaurants. Eintritt 27 $. Tägl. 9–17 Uhr. Broke Road, Pokolbin, www.huntervalleygardens.com.au.

Taxis Cessnock Radio Cabs, ✆ 49901111.

Übernachten/Essen & Trinken → Karte S. 327

Übernachten Das Hunter Valley ist ein klassisches Ziel für einen Wochenendausflug. Während der Woche kann man bisweilen sehr günstig übernachten und auch Buchungen für einzelne Nächte werden akzeptiert. Das Wochenende (Fr–So) ist oft nur komplett buchbar, die Preise schnellen dann gewaltig in die Höhe.

Tonic Hotel 🔢, cool und stylish, nicht ganz billig. Bietet jeglichen Komfort (z. B. beheizten Steinfußboden im Bad; 15-m-Pool mit Unterwasser-Beleuchtung) und sieht auch noch verdammt gut aus. DZ ab 300 $ (mit 2 Nächten Mindestaufenthalt an den Wochenenden). 251 Talga Rd., Lovedale, ✆ 49309999, www.tonichotel.com.au.

Splinters Guest House 🔢, drei gemütliche Gästezimmer (je mit Bad) und Nutzung der Gemeinschaftslounge. DZ inkl. Frühstück ab 210 $, gesamtes Wochenende 520 $. Cottages mit 2 Schlafzimmern sind unter der Woche schon ab 240 $ für 2 Pers. und ab 400 $ für 4 Pers. zu haben. 617 Hermitage Road, Pokolbin, ✆ 65747118, www.splinters.com.au.

Hunter Country Lodge 🔢, wunderbar in die Buschlandschaft eingebettet, nicht mehr ganz taufrisch, aber sauber und gemütlich, mit viel Holz. Restaurant Shakey Tables. DZ ab 125 $. 1476 Wine Country Drive, North Rothbury, ℡ 49381744, www.huntercountrylodge.com.au.

Potters Hotel 14, gehört zur gleichnamigen Brauerei. Saubere, einfache Zimmer mit klassischer Motelausstattung. DZ ab 119 $, Wochenende 350 $. Wine Country Drive, Nulkaba, ℡ 49917922, www.pottershbr.com.au.

In den Ortschaften gibt's teils günstigere Motels, z. B. das **Cessnock Motel** 16, (DZ 130–170 $). 13 Allandale Road, Cessnock, ℡ 49902699, www.cessnockmotel.com.au.

Hostel Hunter Valley YHA 15, günstigste Übernachtung im 8-Bett-Zimmer schon ab 30 $, DZ mit Bad ab 88 $. 100 Wine Country Drive, Nulkaba, ℡ 49913278, www.yha.com.au.

Camping & Cabins Valley Vineyard Tourist Park 17, BIG4-Holidaypark mit allem Schnickschnack. Zentral gelegen mit den Weinstöcken gleich nebenan. Campen ab 35 $, Cabin 100–200 $, während der Hochsaison ca. 30 % Aufschlag. 137 Mount View Road, Cessnock, ℡ 49902573, www.valleyvineyard.com.au.

Sandy Hollow Tourist Park 1, mit großem Pool. Campen ab 25 bzw. 32 $ (mit Strom), Motelzimmer mit Kitchenette 110 $, voll ausgestattetes Cottage für 2–6 Pers. 95–200 $. Golden Hwy., Sandy Hollow, ℡ 65474575, www.sandyhollow.com.au.

Cafés & Restaurants Die Auswahl in der Region ist riesig und vielen Weingütern sind fantastische Restaurants angegliedert. Allerdings sollte man immer reservieren und auf eine etwas höhere Rechnung gefasst sein.

Amanda's on the Edge 4, bekannt für ausgezeichnetes Essen und super Ausblick. Probieren Sie die Prawn-Pasta mit Knofi und Basilikum (31 $). Tägl. Abendessen; Lunch Fr–Mo. Windsor's Edge Vineyard, McDonalds Road, Pokolbin, ℡ 49987900, www.amandas.com.au.

Nanna Kerr's Kitchen 7, schöne Location und gutes Essen mit Fokus auf Bioprodukten – was will man mehr. Hier gibt es herzhaftes Frühstück und zum Lunch klassische Beef-Pies, auch eine vegane Pie-Variante. Do–Mo ab 8 Uhr früh. Wilderness Road, Lovedale, ℡ 49987333, www.nannakerrskitchen.com.au.

Muse 11, sehr angesagt, richtig gut und mit etlichen Auszeichnungen belohnt. Für zwei Gänge bezahlt man 75 $, für drei Gänge 95 $, dafür bekommt man z. B. Kingfish-Sashimi mit Fenchel und Wasabi-Joghurt oder Wachteln mit Rote Bete und Ziegenkäse. Die vegetarischen Menüs kosten 60 $ bzw. 80 $. Sa/So 12–15 Uhr, Mi–Sa 18.30–22 Uhr. Hungerford Hill Wines, Broke Road, Pokolbin, ℡ 4998677, www.musedining.com.au.

> **Matilda Bay Brewhouse** 5, ursprünglich die Bluetongue Brewery, mittlerweile umbenannt, aber immer noch mit ausgezeichneten Bieren. Man kann hier die verschiedenen Kreationen probieren, und es gibt günstiges Lunch und Dinner. Gemütliche Brauhausatmosphäre. Tägl. ab 12 Uhr. Hunter Resort, Hermitage Road, Pokolbin, www.hunterresort.com.au.

Shakey Tables 2, buntes Interieur, wilde Bilder, kreative Küche. Leckereien wie Feigen mit Lammfüllung in Pancetta. Vorspeisen 24 $, Hauptgerichte um 40 $. Tägl. 18.30 Uhr, So Lunch. 1476 Wine Country Drive, North Rothbury, ℡ 49381744, www.shakeytables.com.au.

»› Mein Tipp: Café Enzo 9, die erste Wahl an einem lauen Sommertag. Wunderbarer Außenbereich im Grünen. Gutes Frühstück und Lunch. Tägl. 9–17 Uhr. Peppers Creek, Broke Road, Pokolbin, ℡ 49987233, www.enzohuntervalley.com.au. ‹‹‹

Lebensmittel Hunter Valley Smelly Cheese Shop 10, leckere Käsesorten, die man in Australien nicht überall bekommt. Tägl. 10–17 Uhr. Shop 33, 2188 Broke Road, Pokolbin, ℡ 49986960, www.smellycheese.com.au.

Australian Regional Food 13, lokal erzeugte Lebensmittel. Tägl. 9–17 Uhr. 426 McDonalds Road, Pokolbin, ℡ 49986800, www.australianregionalfoods.com.au.

Hunter Valley Chocolate Company 12, Schokolade, Pralinen, Kakao – eine kleine Sünde wert. Tägl. 9–17 Uhr. Shop 5, Hunter Valley Gardens, Broke Road, Pokolbin, ℡ 49987221, www.hvchocolate.com.au.

Touren & Aktivitäten

Tagestrips ab Sydney Jede Menge Bustouren ab Sydney kann man dort im Infozentrum (→ Sydney, S. 180) buchen.

Hunter Valley Wine Tasting Tours, Besuch von 4–5 Weingütern inkl. Verkostung. Ab 99 $/Pers., mit Lunch ab 125 $. Dauer: 7.30–18.30 Uhr. ✆ 93575511, info@huntervalley winetastingtours.com.au.

Wendt on Wineries private day tour, Touren im modernen Minivan. Pauschal 800 $ (10 Std.) für bis zu 7 Teilnehmer. Verkostung und Lunch im Restaurant inkl. ✆ 49986757, glenn@wendtontours.com.au.

Weintouren ab Hunter Valley Cheers Bus, Tagestour im Minibus. Weingüter, Brauerei, Cheese-Shop etc. Ohne Verpflegung ab 55 $/Pers. ✆ 0408987057 (mobil), www.cheersbus.com.au.

Wine Rover Tours, ab Hunter Valley, Newcastle oder Morriset (nur Mo–Fr, Zuganbindung nach Sydney). Preise für Tagestour 55–70 $, am Wochenende 10 $ mehr. ✆ 49901699, www.rovercoaches.com.au.

Ballonfahren Balloon Safaris, Start vor Tagesanbruch. Etwa 1 Std. in der Luft, insgesamt sollte man 3–4 Std. einplanen. Ab 299 $/Pers. (online ab 245 $) inkl. Champagnerfrühstück. ✆ 1800818191, www.balloonsafaris.com.au.

Balloon Aloft Australia, ähnliches Angebot, ähnliche Preise. ✆ 1300723279, reservations@balloonaloft.com.

Rundflüge Hunter Valley Helicopters, 10-minütiger Rundflug ab 90 $/Pers. (mind. 2 Pers.), diverse längere Optionen mit Flugzeiten bis 45 Min. im Angebot. Am Cessnock Airport. ✆ 0488711778 (mobil), www.huntervalleyhelicopters.com.au.

Ausritte Horse Riding, auch für absolute Anfänger. Ausritte (ab 50 $) 3-mal tägl. für 1:30 Std. Talga Road, Rothbury, ✆ 49307111, ride@huntervalleyhorseriding.com.au.

Die Weingüter (kleine Auswahl)

Wyndham Estate, die Pioniere, die schon 1830 den ersten *Shiraz* Australiens pflanzten. Ältestes Weingut des Landes. Tägl. 9.30–16.30 Uhr. 700 Dalwood Road, Dalwood, ✆ 1300374977, www.wyndhamestate.com.

Tempus Two, großes Weingut mit modern-futuristischem Gebäudekomplex. Für die Weine werden auch Trauben aus anderen Regionen Australiens verwendet. Tägl. 10–17 Uhr. Broke Road/Ecke McDonalds Road, Pokolbin, ✆ 49933999, www.tempustwo.com.au.

Tower Wine Estates, traditionelle Techniken bei der Herstellung und ein selbst auferlegtes Produktionslimit von 1000 Kisten/Wein sichern die Qualität. Wunderschöne mediterran angehauchte Gebäude. Das Restaurant *Roberts* ist richtig gut. Tägl. 10–17 Uhr. Halls Road/Ecke Broke Road, Pokolbin, ✆ 49984866, www.towerestatewines.com.au.

Drayton, das Familienunternehmen existiert seit über 150 Jahren. Zu empfehlen ist der *Shiraz*. Mo–Fr 8–17 Uhr (Touren beginnen um 11 Uhr), Sa/So 10–17 Uhr. 555 Oakley Creek Road, Pokolbin, ✆ 49987513, www.draytonswines.com.au.

New-England-Plateau

Die Reiseroute führt durch verschlafene Ortschaften, vorbei an grünen Wäldern und saftigen Wiesen, auf denen glückliche Kühe grasen. Durch die Landschaft schlängeln sich klare Bäche, in denen man ausgezeichnet Forellen angeln kann. Wenn sich im Herbst dann noch die Blätter färben, könnte man fast meinen, man befände sich irgendwo im alten England.

Es gibt verschiedene Möglichkeiten, die Region New England abzugrenzen, im Allgemeinen jedoch bezeichnet man die Gegend um die Städte **Tamworth** und **Armidale** als New England. An der nördlichen Grenze zu Queensland befindet sich **Tenterfield**. Einige Ortschaften liegen auf über 1000 m Höhe, was ihnen ein deutliches Jahreszeitenklima beschert. Im Sommer sind die Temperaturen angenehm warm, im Winter hingegen kann es sogar schneien. Zahlreiche Hinweise deuten darauf hin, dass bereits vor Jahrtausenden die Aborigines in der Region umherstreiften; die ersten weißen Siedler kamen in den 30er-Jahren des 19. Jh. Für Besucher präsentiert sich das verhältnismäßig kleine Gebiet als äußerst abwechslungsreich und kurzweilig. Naturfreunde können sich über einige der schönsten Nationalparks in New South Wales freuen, der **Waterfall Way**, der zwischen Armidale und dem Pacific Highway an der Küste entlangführt, gilt als eine der tollsten Überlandfahrten des Staates.

Herbst auf dem New England Plateau

Tamworth
ca. 55.000 Einw.

Hut aufsetzen, rein in Bluejeans und Cowboystiefel – in keiner australischen Stadt ist dieses Outfit angebrachter. Und wessen Stil das ohnehin ist, der wird sich in Tamworth pudelwohl fühlen und die Stadt lieben.

Durch cleveres Marketing konnte sich die größte Stadt der Region zu Australiens „Capital of Country Music" aufschwingen, mittlerweile genießt sie in der Szene Kultstatus. In den Konzerthallen werden das ganze Jahr über die Heimat, Frauen und Pick-up-Trucks besungen, wobei als Höhepunkt das **Tamworth Country Festival** jedes Jahr über 50.000 Besucher anlockt. Gleich mehrere einschlägige Museen widmen sich umfassend der Thematik, darüber hinaus gibt es professionelle Aufnahmestudios. Eine goldfarbene 12 m große Gitarre signalisiert die allgegenwärtige Präsenz der Musik, sogar ganzen Gebäuden hat man die Form des Saiteninstruments gegeben. Grüne Parkanlagen und ein Zentrum mit tollen Cafés, vielen kleinen Geschäften und natürlich etlichen Pubs sorgen für einen entspannten Aufenthalt. Seinen frühen Wohlstand verdankte Tamworth der Viehwirtschaft, in den 1960er-Jahren wurden dann mit der ersten Veranstaltung eines größeren Musikfestivals die Weichen für eine zweite Karriere gestellt, deren Ausmaß damals wohl niemand ahnte.

Basis-Infos
→ Karte S. 333

GPS: S31°05.49' E150°55.90'
404 m ü. M.
Ortsvorwahl: 02

Anreise Pkw: *Tamworth* liegt am New England Highway, etwa 300 km nördlich von *Newcastle* bzw. 200 km nördl. des *Hunter Valley*. Nach *Armidale* sind es 115 km. Der Oxley Highway führt nach Westen ins Outback.

Bus: *Greyhound Australia* (✆ 1300473946, www.greyhound.com.au) fährt nach *Sydney* (7 Std.), *Newcastle* (5:30 Std.), *Armidale* (2:30 Std.) oder *Tenterfield* (4:30 Std.).

Die **New England Coaches** (✆ 67321051, www.newenglandcoaches.com.au) operieren zwischen Tamworth und Coff's Harbour und halten auch in Uralla und Armidale.

Bahn: Die Explorer-Züge von *NSW Train-Link* (✆ 132232, www.nswtrainlink.info) fahren via Hunter Valley nach *Sydney*

New South Wales / New-England-Plateau

(60 $, 6:15 Std.) sowie Richtung Norden nach *Armidale* (15 $, 2 Std.).

Flugzeug: Der Tamworth Airport liegt knapp 10 km westlich des Zentrums. Mit *QantasLink* (℡ 131313, www.qantas.com.au) fliegt man nach *Sydney* (ab 130 $). Mit Jetgo (www.jetgo.com) von/nach Brisbane. Taxitransfer etwa 20 $.

Touristinfo Visitor Information Centre, gute Infos zur gesamten New-England-Region. Tägl. 9–17 Uhr. 2 Ringers Road, Tamworth South, ℡ 67675300, tourism@tamworth.nsw.gov.au.

Tamworth im Internet Aktuelles unter www.destinationtamworth.com.au.

Cowboyschule Leconfield Jackaroo & Jillaroo School ▨, in den Kursen lernt man Lassowerfen, Reiten, Melken, Schafscheren, das Beschlagen von Pferden und noch vieles mehr, was man daheim als Großstadtcowboy ganz sicher nie wieder braucht. Start jeweils Mo, Dauer 5 Tage. 655 $/Pers. inkl. aller Mahlzeiten, Übernachtung und Transfer vom YHA in Tamworth. Außerhalb in Kootingal, ℡ 67694328, www.leconfield.com.

Supermarkt Coles ▨, Mo–Sa 6–22 Uhr, So 8–22 Uhr. Peel Street.

Veranstaltungen Country-Music-Festival, 10 Tage im Januar. Das größte Festival seiner Art in ganz Australien, mit allem, was dazugehört. www.tamworthcountrymusic.com.au.

Übernachten/Essen & Trinken → Karte S. 333

Übernachten Wer während des Country-Festivals auch nur in der Nähe von Tamworth übernachten will, sollte Monate im Voraus buchen. Einzige Möglichkeit für spontan Entschlossene sind meist rudimentäre Bushcamping-Areale.

Quality Hotel Powerhouse ▨, Hotelzimmer und Apartments der oberen Klasse. Gut gelegen, nur 2 Min. vom Ortskern entfernt. Ab 189 $ für 2 Pers. Armidale Road, ℡ 67667000, www.qualityhotelpowerhouse.com.au.

The Retreat at Froog-Moore Park ▨, tolle B&B-Adresse mit 5 Sternen. Thematische Gestaltung der Zimmer, z. B. orientalisch oder japanisch. Jedes Zimmer mit eigenem Bad. Ab 235 $/Paar, inkl. großem Frühstück. 78 Bligh Street, ℡ 67663353, www.froogmoorepark.com.au.

Ashby House Motor Inn ▨, schönes Gebäude mit sauberen und wohnlichen Motelzimmern und Apartments. Gutes Restaurant. DZ ab 140 $. 83–85 Ebsworth Street, ℡ 67620033, www.ashbyhousemotorinn.com.au.

Tamworth YHA ▨, einfaches Hostel mit üblicher Grundausstattung. Im 8er-Zimmer 27 $, im 6er-Zimmer 31 $, im DZ ab 61 $. 169 Marius Street, ℡ 67612600, tamworth@yha.com.au.

Camping Paradise Tourist Park ▨, Ensuite-Cabin mit Bad und 2 Schlafzimmern ab 105 $. Stellplatz mit Strom ab 37 $. 575 Peel Street, ℡ 67663120, www.paradisetouristpark.com.au.

Essen & Trinken The Workshop ▨, gute Küche im Quality-Hotel Powerhouse. Thai-Beef-Salad als Vorspeise 23 $, Red-Snapper-Filet vom Grill 37 $, Seafood-Curry mit Reis und Naan-Brot 36 $. Schöner Außenbereich. Tägl. ab Frühstück geöffnet. Armidale Road, ℡ 67667000, www.powerhousetamworth.com.au.

》》》 Mein Tipp: Addimi Espresso Shop ▨, super Kaffee und Frühstück – auch für Frühaufsteher. Außerdem Lunch und kleine Gerichte für Zwischendurch. Mo–Sa 7–16 Uhr, Fr/Sa bis 17 Uhr, So 7.30–15 Uhr. 306 Peel Street, ℡ 67667802, www.addimi.com.au. **《《《**

Smoky's Bar & Grill ▨, hier ist das Essen wie für einen Cowboy gemacht: 400g-Steaks 35 $, die Ladung BBQ-Ribs ab 31 $. Entsprechend rustikale Einrichtung und Deko. Di–Do 18–21 Uhr, Fr/Sa 18–21.30 Uhr. Level 1, West Diggers, Kable Avenue, ℡ 67664661, www.wtlc.com.au.

Safari Club Bar & Grill ▨, hier gibt es gegrillte Krokodilfilets oder geschmorte Rinderbacken. Nicht ganz billig, Hauptgerichte etwa 33–43 $. Der riesige „Hunger Buster"-Burger mit 400 g Rindfleisch kostet 26 $. Nur zum Abendessen. 19–23 Brisbane Street Street, ℡ 67666878, www.safariclub.com.au.

My Thai ▨, im Centrepoint Tamworth. Vielleicht die günstigste Möglichkeit, um in Tamworth satt zu werden. Gebratener Reis mit Huhn 10 $, BBQ-Beef 12 $, Gemüse-Stir-Fry 10 $. Täglich geöffnet, auch als Takeaway. Shop 20, Centrepoint, 374 Peel Street, ℡ 67666799.

Nachtleben & Live-Musik Live-Musik wird hier ganz groß geschrieben, aktuelle Informationen zu Terminen und Veranstaltungsorten sind in der Tageszeitung zu finden (ideal die Onlineausgabe des Northern Daily Leader) sowie in der Touristinfo erhältlich.

Imperial Hotel & Studio 181 ■, im „Impy" kann man gemütlich ein Bier trinken, aber auch ausgelassen feiern. Am Wochenende legen DJs auf. Mo–Sa 17–2.30 Uhr, So 17–24 Uhr 181–195 Marius Street, ℘ 67662613, www.imperialhotel.com.au.

The Albert ■, neu umgebautes Pub, in dem Country, Rockabilly und Blues zum Besten gegeben werden. Tägl. ab 10 Uhr, So ab 12 Uhr, Do–Sa bis 3 Uhr früh. 211 Peel Street, ℘ 67666363.

The Tamworth Hotel ■, schönes Pub mit gemütlichem Biergartenbereich und guter Brasserie. Gegenüber dem Bahnhof. 147 Marius Street, ℘ 67662923, www.thetamworthhotel.com.au.

Sehenswertes

Powerhouse Motorcycle Museum: Ein Traum für Zweiradfans, über 50 heiße Feuerstühle der Marken *Ducati, Triumph, Velocette, Laverda* etc. Viele Oldtimer-Maschinen aus der Zeit zwischen den 1950ern und den 1980ern. Schmuckstück ist eine seltene *MV Augusta F4*, Serie d'Oro.
Tägl. 10–17 Uhr. Eintritt 7 $. Armidale Road, ℘ 6766700, www.powerhousemotorcyclemuseum.com.au.

The Big Golden Guitar Tourist Centre: Hier gibt es alles, was man sich vom Showbiz erwartet: Ein Museum, lebensgroße Wachsfiguren, eine Ehrengalerie der wichtigsten Country-Helden, einen großen Souvenir- und Musikshop und ein Café.
Tägl. geöffnet. Eintritt ins Wachsmuseum 10 $. 2 Ringers Road/Ecke New England Highway, ℘ 67652688, www.biggoldenguitar.com.au.

Country Music Hall of Fame: Hier braucht's keine großen Erklärungen, alles dreht sich um Country-Music, sogar das Gebäude hat die Form einer Gitarre. Ausstellungen, Archive, Hall of Fame etc. Beim *Country in the Courtyard* (ab 5 $ Eintritt), einem kleinen monatlich stattfindenden Musikevent, treten regelmäßig Größen der Szene auf.
Mo–Fr 10–16 Uhr, Sa 10–14 Uhr. Eintritt 7 $. 561 Peel Street, ℘ 67669696, www.countrymusichalloffame.com.au.

Tamworth Regional Gallery: Bereits 1919 eröffnet, ist die Galerie eine der ältesten regionalen Galerien in New South Wales. Seit 2004 sind die Exponate in einem eigens dafür entworfenen Gebäude untergebracht, das über zwei große Ausstellungsräume und einige kleinere Räumlichkeiten verfügt. Dazu gehört auch das Powerstation Museum, in dem sich alles um frühe elektrische Anwendungen dreht.
Tamworth Regional Gallery, Di–Fr 10–17 Uhr, Sa 10–16 Uhr. Eintritt frei. 466 Peel Street, ℘ 67675248. **Powerstation Museum**, Mi–Sa 9–13 Uhr, Eintritt 5 $. 216 Peel Street, www.tamworthregionalgallery.com.au.

Die Big Guitar in Tamworth

Uralla und Walcha

In der ländlichen Gegend, in die die beiden Ortschaften eingebettet sind, ranken sich zahlreiche Legenden um Entdecker, Pioniere und wilde Gesellen, allen voran *Captain Thunderbolt* – eine Statue des berühmten Bushrangers steht in Uralla. In den umliegenden Nationalparks finden sich Hinweise auf eine sehr frühe Besiedlung durch Aborigines, die etliche tausend Jahre zurückreichen. Nachdem *John Oxley* (britischer Offizier und einer der ersten australischen Entdecker) schließlich im Jahr 1818 die Region erkundet hatte, durchkämmten zunächst Holzfäller die Region, bevor sich die ersten Siedler niederließen. Einige der heute noch existierenden Gebäude stammen aus dem ausgehenden 19. Jh. Heute sind die herzlichen Gemeinden beliebte Zwischenstopps für Ausflügler.

Anreise Pkw: *Uralla* liegt am New England Highway, *Walcha* am Oxley Highway. Beide sind knapp 100 km von *Tamworth* entfernt, nach *Armidale* sind es 25 bzw. 70 km.

Bahn & Bus: Günstige Zugbindungen (und Schienenersatzverkehr) mit NSW TrainLink (✆ 132232, www.nswtrainlink.info) nach *Armidale*, *Tamworth* und *Sydney*.

Die New England Coaches (✆ 67321051, www.newenglandcoaches.com) operieren zwischen Tamworth und Coff's Harbour und halten auch in Uralla und Armidale.

Edwards Coaches (℡ 67723116, www.edwardscoaches.com.au) fahren von Uralla nach Armidale.

Uralla: S30°38.51' E151°29.79'
1008 m ü. M.
Walcha: S30°59.05' E151°35.21'
1060 m ü. M.
Ortsvorwahl: beide 02

Touristinfo Walcha Visitor Centre, tägl. 9–16.30 Uhr, Sa/So bisweilen kürzer. 51 Fitzroy Street, Walcha, ℡ 67742460, gclarke@walcha.nsw.gov.au.

Uralla Visitor Centre, Mo–Fr 9.30–16.30 Uhr, Sa/So 10–15 Uhr. Am New England Highway gelegen. 104 Bridge Street, ℡ 67786420, visit@uralla.com.

Uralla und Walcha im Internet Infos unter www.uralla.com oder auch unter www.walchansw.com.au.

Übernachten/Essen in Uralla Bushranger Motor Inn, saubere Standardzimmer ab 110 $. Restaurant im Haus. 37 Bridge Street, New England Highway, ℡ 67783777, www.bushrangermotorinn.com.au.

Top Pub, tolles Pub mit Biergarten und gutem Grub; Sa/So Live-Bands. Einfache DZ ab 75 $. 23–27 Bridge Street, New England Highway, ℡ 67784110, www.toppuburalla.com.au.

Country Road Caravan Park, gepflegter Park, sogar mit WLAN. Stellplatz 30–45 $, Cabin 60–100 $. New England Highway, ℡ 67784563, www.countryroadcp.com.au.

Übernachten/Essen in Walcha Walcha Guesthouse & Café Graze, 4 blitzsaubere Gästezimmer, 2 Bäder, voll ausgestattete Küche und Internetzugang. Wunderbar gemütliches Café dabei (So geschlossen). Übernachtung für 2 Pers. ab 100 $. 15 N Derby Street, ℡ 67775891, www.walchaguesthouse.com.au.

Apsley Arms Hotel, Pub-Hotel. Tägl. Mittagessen; Abendessen So–Di 18–20 Uhr, Mi–Sa 18–21 Uhr. Zimmer ab 70 $. Derby Street, ℡ 67772502.

Freecamping Wooldridge Fossicking Area, Toiletten, Wasser, Picknicktische. Stellmöglichkeiten für Zelte. Westlich von Uralla, zu erreichen über die Kingston Road und dann die Devoncourt Road.

Captain Thunderbolt

Geboren wurde Thunderbolt 1836 als jüngstes von zehn Kindern und auf den bürgerlichen Namen *Frederick Wordsworth Ward* getauft. Als junger Mann entwickelte er sich schnell zu einem guten Pferdekenner – und nutzte diese Fähigkeit, um sich bei seinen Raubzügen nur die edelsten Tiere auszusuchen. Seine Karriere als Bushranger begann, nachdem er aus dem Cockatoo-Island-Gefängnis ausgebrochen war, wo er wegen Pferdediebstahls eine Strafe zu verbüßen hatte. Er galt als Gentleman seiner Zunft, denn während bei anderen Bushrangern das Schießeisen eher locker saß, ist nicht bekannt, dass er jemals einen Menschen getötet hat. Ironischerweise wurde ihm selbst genau das zum Verhängnis – im Jahr 1870 wurde er nämlich von einem Constable erschossen. Über den genauen Hergang gibt es zahlreiche Theorien, ganze Abhandlungen wurden über Thunderbolt verfasst, Details bleiben jedoch bis heute im Dunkeln. In der Nähe von Tenterfield soll sich eines seiner letzten Verstecke, das „Thunderbolts Hideout", befunden haben.

Armidale

ca. 25.000 Einw.

Wenn man durch Armidale fährt, fühlt man sich unweigerlich in eine englische Landschaft versetzt: Birken, Eschen und Pappeln säumen die Straßen, dazwischen wie hingetupft einige wunderschöne alte Gebäude – v. a. die zahlreichen Bildungseinrichtungen warten mit imposanten Ziegelbauten auf. In einem wirklich beein-

druckenden Gebäude untergebracht ist beispielsweise die *University of New England*, die einen ausgezeichneten Ruf genießt und Australiens erste Universität außerhalb einer Großstadt ist. Daneben gibt es in der Gegend eine ganze Reihe an guten Schulen und Internaten. Während der Ferien geht es da beinahe geruhsam zu, dafür gibt's in der ganzen Stadt kein einziges freies Bett mehr, wenn die Verwandtschaft zu den wichtigen Schulfeierlichkeiten ihrer Sprösslinge pilgert.

In den kleinen Fußgängerzonen und Arkaden kann man gut bummeln, einkaufen und einkehren. Außerhalb des Zentrums ziehen sich die Wohngebiete auseinander und gehen fließend in die grüne Hügellandschaft über. Zu einem beliebten Ausflugsziel der Einheimischen gehört der **Oxley Wild Rivers Nationalpark**, die Stadt selbst erkundet man am besten beim **Self Guided Heritage Walk** (Karte in der Touristinfo, s. u.).

GPS: S30°30.560' E151°40.200'
980 m ü. M.
Ortsvorwahl: 02

Anreise Pkw: *Armidale* liegt günstig. Etwa 100 km sind es auf dem New England Highway nach *Glen Innes* im Norden bzw. 115 km nach *Tamworth* im Süden. Der Waterfall Way führt an die Küste, knapp 200 km sind es nach *Coffs Harbour*.

Bus: *Greyhound Australia* (℡ 1300473946, www.greyhound.com.au) fährt tägl. nach *Sydney* (9 Std.), *Tamworth* (2:30 Std.) oder *Tenterfield* (2:30 Std.). Edwards Coaches (℡ 67723116, www.edwardscoaches.com.au) fahren nach Uralla.

Die New England Coaches (℡ 67321051, www.newenglandcoaches) operieren zwischen Tamworth und Coff's Harbour und halten auch in Uralla und Armidale.

Bahn: Die Züge von *NSW TrainLink* (℡ 132232, www.nswtrainlink.info) fahren nach *Tamworth* (15 $, 2 Std.) und weiter via *Hunter Valley* nach *Sydney* (70 $, 8:30 Std.).

Flugzeug: Der Armidale Airport liegt etwa 8 km westlich der Stadt am Highway. Mit *QantasLink* (℡ 131313, www.qantas.com.au) fliegt man nach *Sydney* (119 $, 1:15 Std.).

Touristinfo Armidale Visitor Information Centre, freundliche Beratung, Informationen. Tägl. 9–17 Uhr. 82 Marsh Street, ℡ 67703888, tourism@armidale.nsw.gov.au.

Armidale im Internet Informationen unter www.armidaletourism.com.au.

Festivitäten Woman's Comedy Festival, im Okt., bietet allerlei Klamauk.

Sehenswertes New England Regional Art Museum, im NERAM sind über 3500 Ausstellungsstücke zu sehen. Di–So 10–16 Uhr. 106–114 Kentucky Street, Armidale, ✆ 67725255, www.neram.com.au.

Supermarkt Coles **2**, Mo–Sa 6–24 Uhr, So 8–19 Uhr, Dumaresq Street/Ecke Marsh Street.

Touren Free Heritage Bus Tour, kostenlose (Spenden erwünscht und angemessen) Busrundfahrten starten tägl. um 10 Uhr an der Touristinfo. Dauer 2:30 Std. ✆ 67703888.

Übernachten Petersons Guest House **8**, auf einem Weingut außerhalb der Stadt. Edel eingerichtete Zimmer, 3 davon mit Spa, 2 mit freistehenden Badewannen. Großer Speiseraum. Je nach Ausstattung 200–300 $ inkl. Frühstück. Dangarsleigh Road, ✆ 67720422, www.petersonsguesthouse.com.au.

Cotswold Gardens **1**, in dem historischen Cotswold-Haus. Der Baustil und der dazugehörige Garten erinnern eher an einen Landsitz als an ein Motel. Zimmer mit Bad, z. T. mit Spa. DZ ab 140 $. 34 Marsh Street, ✆ 67728222, www.cotswoldgardens.net.

Armidale Pines Motel **6**, geräumige Zimmer mit großen Betten, Kitchenette und großem LCD-Fernseher. Kostenloser Internetzugang. DZ ab 150 $, Familienzimmer ab 150 $. 141 Marsh Street, ✆ 67720625, www.armidalepinesmotel.com.au.

Armidale Tourist Park **7**, Anlage mit guten Einrichtungen und WLAN. Stellplatz ab 24 bzw. 37 $, verschiedene Cabins etwa 90–190 $. 39 Waterfall Way, ✆ 67726470, www.armidaletouristpark.com.au.

Nationalparkcamping Native Dog Campground, im Cathedral Rock National Park. Toiletten und Picknicktische. 5 $/Pers. und Nacht. Zufahrt über die Guyra-Ebor Road, stellenweise nicht asphaltiert.

Essen & Trinken Whitebull Hotel **5**, uriges Pub mit guter Küche. Als Vorspeise ein Halloumi-Salat (18 $), zum Hauptgang knuspriger Schweinebauch mit Pancetta und Kartoffelstampf (30 $) oder ein Steak (30 $). Kleine Snacks an der Bar, z. B. Burger oder Nachos (um 16 $). Tägl. ab 10 Uhr. ✆ 67723833, www.whitebullhotel.com.

Bistro on Cinders **3**, eine gute Option für Frühstück (Eggs Benedict 15 $), Lunch (Thai Calamari Salad 19 $) oder einen Kaffee. Mo–Sa 8.30–15 Uhr. 14 Cinders Lane, ✆ 67724273, www.bistrooncinders.com.

»› Mein Tipp: Goldfish Bowl **4**, hier gibt es guten Café und Gebäck und jeden Freitag frisch gebackene Pizzen. Ideal für Frühstück, Brunch und kleines Mittagessen. Es gibt selbst geröstetes Müsli mit Früchten (13 $) oder pochierte Eier mit Chorizo, Fetakäse und Paprika (18 $). Mo–Fr 7–16 Uhr, Sa 7–13 Uhr. Jessie Street, ✆ 67715533. **‹‹‹**

Auf dem Waterfall-Way entlang zur Küste

Die wohl schönste Route zwischen Küste und Hochland führt von Armidale über Dorrigo und Bellingen zum Pacific Highway, etwas südlich von Coffs Harbour. Auf der 170 km langen Strecke werden etwa 1000 Höhenmeter zurückgelegt, in deren Verlauf man die unterschiedlichsten Vegetationszonen passiert, angefangen bei den Laubwäldern des Hochlands bis zu den Palmen und Bananenplantagen auf Meereshöhe. Es gibt v. a. viel Natur zu sehen, etliche Nationalparks kann man auf Abstechern erkunden, so z. B. den **Cathedral Rock Nationalpark**, den **New England Nationalpark** oder den **Dorrigo Nationalpark**. Zu den Höhepunkten gehören sicherlich die Wasserfälle, von denen der Highway seinen Namen erhielt, allen voran die 200 m hohen **Wollomombi Falls**. In Dorrigo gibt es ein Infozentrum. Übernachtungen entlang des Waterfall Way → Armidale/Nationalparkcamping.

Glen Innes
ca. 9000 Einw.

Männer in Kilts, Steinkreise und keltische Festivals: Das gibt's nicht nur in den schottischen Highlands, sondern auch in Glen Innes. Die ersten Siedler kamen ab

Glen Innes

1830 aus Schottland – auf die Herkunft der Ahnen ist man stolz in Glen Innes. Als Tourist sieht man sich von traditionellen Karomustern umgeben, in der Touristinformation dudelt keltische Volksmusik aus den Lautsprechern und zur Teatime werden *Scones* und *Crumpets* gereicht. Hauptattraktion sind aber sicherlich die 1992 eingeweihten **Standing Stones**, eine Formation aus 38 enormen Monolithen, jeder um die 17 t schwer und knapp 4 m aus dem Boden ragend. Als Vorbild diente der Tausende von Jahren alte *Ring of Brodgar* auf den schottischen Orkney-Inseln. Ein schöner Ausflug ins Umland führt zum **Kings Plains Castle**. Der Spitzname „Land of the Beardies" geht übrigens auf zwei frühe Pioniere der Gegend zurück, die beide mit besonders üppiger Bartpracht gesegnet waren.

GPS: S29°44.293' E151°44.239'
1062 m ü. M.
Ortsvorwahl: 02

Anreise Pkw: Auf dem New England Highway sind es etwa 100 km nach *Armidale* bzw. 90 km nach *Tenterfield*. Auf dem Gwydir Highway fährt man 165 km nach Grafton oder tritt die 490 km lange Reise nach *Lightning Ridge* an.

Bus: *Greyhound Australia* (✆ 1300473946, www.greyhound.com.au) fährt tägl. nach Tamworth (2:50 Std.), Tenterfield (1:10 Std.) und Brisbane (5:15 Std.). Außerdem mit *NSW TrainLink* (www.nswtrainlink.info), Busse nach Tenterfield und als Verbindung mit den Zügen am Bahnhof in *Armidale*.

Touristinfo Glen Innes Visitor Centre, Infozentrum mit großem Souvenirshop. Mo–Fr 9–17 Uhr, Sa/So 9–15 Uhr. 152 Church Street, ✆ 67302400, tourism@gisc.nsw.gov.au.

Glen Innes im Internet Informationen unter www.gleninnestourism.com.

Festivitäten Celtic Festival, immer Anfang Mai. Bunte Kilts, Baumstammwerfer, Dudelsackspieler und Tänzer. Alles ganz im Zeichen keltischen Brauchtums. www.australianceltifestival.com.

Internet Kostenloser Zugang in der **Library**. Mo–Fr 10–17 Uhr, Sa 9–15 Uhr. 71 Grey Street.

Sehenswertes Land of the Beardies History House, informiert über die Geschichte der Stadt und der Region. Mo–Fr 10–12 und 13–16 Uhr, Sa/So 13–16 Uhr. West Ave/Ecke Ferguson Street, ✆ 67321035, www.beardieshistoryhouse.info.

Kings Plains Castle, 1908 erbaut, 3 Stockwerke, 28 Zimmer – und als Eigenheim gebaut. Die Nachkommen des schottischen Einwanderers William Vivers schufen sich hier ein Stückchen der alten Heimat. Ein wirklich beeindruckendes Gebäude, in dem man sogar übernachten kann. Kings Plains Road (ca. 35 km westl. von Glen Innes). ✆ 67336808.

Supermarkt Woolworths, Mo–Fr 7–21 Uhr, Sa 7–20 Uhr, So 8–20 Uhr, Wentworth Street/Ecke Grey Street.

Übernachten/Essen Clansman Motel, nettes Motel mit Standardausstattung, etwa 1,5 km vom Ortskern entfernt. Einfaches DZ ab etwa 100 $. 9981 New England Highway, ✆ 67322044, www.clansmanmotel.com.au.

Fossicker Caravan Park, ein gut ausgerüsteter Top-Tourist-Park. Stellplatz ab 29 $, Cabin mit Bad ab 85 $. 94–96 Church Street, ✆ 67324246, www.fossickercaravanpark.com.au.

》》 Mein Tipp: Cuisine Café, vielleicht die beste Adresse zum Essen in Glen Innes, es gibt wechselnde Gerichte, z. B. Blinis mit gerösteten Kürbis und Fetakäse oder Burger mit Coleslaw und dicken Pommes. Täglich für Frühstück und Mittagessen, Fr/Sa auch Abendessen. 305 Grey Street, ✆ 67322301. **《《**

Smeaton's Bakery, hier kann man sich mit Kuchen, Brot und Meat-Pies eindecken, außerdem gibt es Kaffee für Frühaufsteher. Mo–Fr 6–17 Uhr, Sa 7–13.30 Uhr. 176/178 Bourke Street, ✆ 67321108.

Es gibt einige **Pubs**, die auch entsprechendes Bistro-Essen servieren, z. B. die Railway Tavern (73 Bourke Street, ✆ 67321504).

Freecamping Beardy Creek Campground, etwa 10 km nördl. von Glen Innes. Toiletten und Feuerstelle, Zeltplätze und Picknicktische. Anfahrt über den New England Highway.

… New South Wales / New-England-Plateau

Tenterfield
ca. 3500 Einw.

Tenterfield, die Perle New Englands, ist gerade mal 18 km von der Grenze nach Queensland entfernt. Von seiner prachtvollsten Seite zeigt sich die kleine Ortschaft im Herbst, wenn die Blätter in bunten Farben von den Bäumen leuchten. Aber auch im Rest des Jahres verzaubert Tenterfield seine Besucher durch seine Mischung aus kolonialer Architektur, ländlicher Gemütlichkeit und freundlichen Bewohnern. Und von denen haben viele deutsche Wurzeln, die sie alle zwei Jahre mit einem großen Bierfest feiern. Der Politiker *Sir Henry Parkes* hielt hier 1889 seine richtungsweisende Rede zur Föderation, der berühmte Bushpoet *Banjo Paterson* lebte gar einige Jahre hier. Ein lokales Gewächs ist der Entertainer *Peter Allen*, der als „Boy from Oz" sogar den Broadway eroberte und vor seinem Coming-Out einige Jahre mit Liza Minelli verheiratet war. Im Umland von Tenterfield gibt es einige schöne Parks zu erkunden, sehr beliebt ist die Wanderung zum **Bald Rock**. Tenterfield ist die Partnerstadt von Ottobeuren.

Anreise Pkw: Über den New England Highway 90 km von *Glen Innes* bzw. 190 km von Armidale entfernt. Auf dem Bruxner Highway fährt man knapp 200 km an die Küste nach *Ballina*.

Bus: *Greyhound Australia* (☎ 1300473946, www.greyhound.com.au) fährt tägl. nach Tamworth (4:40 Std.) und Brisbane (4:30 Std.). NSW *TrainLink*-Busse (www.nswtrainlink.info) nach Glen Innes und als Verbindung mit den Zügen am Bahnhof in *Armidale*.

GPS: S29°03.216′ E152°01.410′
882 m ü. M.
Ortsvorwahl: 02

Touristinfo Tenterfield Tourism, großes Infozentrum mit superfreundlichen Mitarbeitern. Mo–Fr 9–16.30 Uhr, Sa 9–16 Uhr, So 10–14 Uhr. 157 Rouse Street, ☎ 67361082, info@tenterfieldtourism.com.au.

Tenterfield im Internet Informationen unter www.tenterfieldtourism.com.au.

Feste Oracles of the Bush, im April. Busch-Balladen, Musik und Geschichten. www.oraclesofthebush.com.

Internet Kostenloser Internetzugang in der **Bibliothek**. Mo–Fr 10–17 Uhr, Sa 9–12 Uhr. In der *Sir Henry Parkes Memorial School of Arts*, Manners Street/Ecke Rouse Street.

Sehenswertes Tenterfield Saddler, die Sattlerei von George Woolnough war über 50 Jahre beliebter Treffpunkt und genießt heute Kultstatus. Der Entertainer Peter Allen, der Enkel von Woolnough, verewigte die Institution in einem seiner Lieder. In der High Street.

Sir Henry Parkes Memorial School of Arts, benannt nach *Sir Henry Parkes*. Museum, Galerie, Kino und Bücherei. Museum tägl. 10–16 Uhr. Eintritt 5 $. ☎ 67363592 (Kino), www.henryparkestenterfield.com.

Supermarkt Foodworks Tenterfield, Mo–Fr 7–18.30 Uhr, Sa/So 8–16 Uhr, 115 High Street.

Wandern Bald Rock N.P., 7 $/Pkw sind für die Zufahrt zu entrichten. 2 mittelschwere Touren (3 km und 7 km) und eine schwere Tour (10 km) gibt es im Angebot. Informationen dazu in der Touristeninformation, wo man sich auf jeden Fall über den aktuellen Zustand der Wege erkundigen sollte.

Übernachten Bald Rock Bush Retreat, an der Grenze zum Bald-Rock-Nationalpark und im Stil einer mexikanischen Hazienda erbaut. Mindestaufenthalt 2 Nächte, im DZ ab 250 $, in der idyllisch gelegenen Lake Cabin mit Küche 350 $. Folgenächte günstiger. ☎ 46861227, www.baldrockbushretreat.com.

Comfort Inn Henry Parkes, ganz in Pink gestrichen und direkt im Zentrum gelegen. Standardzimmer, Deluxe-Suites mit Spa und Kitchenette und ein Luxusapartment mit Holzofen. DZ ab 125 $. 144 Rouse Street, ☎ 67361066, www.bestwestern.com.

Tenterfield Lodge & Caravan Park, Lodge und Rezeption sind im historischen Gebäude von 1875 untergebracht. Cabin ab 65 $, Stellplatz für 2 Pers. mit Strom ab 29 $. 2 Manners Street, ☎ 67361477, www.tenterfieldbiz.com/tenterfieldlodge.

Essen & Trinken *Courtyard Café*, in der School oft the Arts. Gut für Kaffee, Kuchen und eine Stärkung zwischendurch. Di–Fr 8.30–16 Uhr, Sa 8.30–15 Uhr, So 8.30–13 Uhr. Sir Henry Parkes Memorial School of Arts, Manners Street/Ecke Rouse Street.

Tenterfield Tavern, Bier und guter Pub-Grub. Modern umgebauter Innenraum sowie ein Außenbereich mit Sonnenschirmen. 378 Rouse Street, ✆ 67362888.

Nationalparkcamping Bald Rock Campground, im Bald Rock National Park. 14 Stellplätze, erreichbar über eine asphaltierte Straße. Plumpsklos, Holz-BBQs und Picknicktische. Nationalparkgebühr 7 $/Auto, dann 10 $/Pers. und Nacht, keine Anmeldung, bezahlt wird vor Ort auf „Ehrlichkeitsbasis". Rund 30 km nördl. von Tenterfield, Anfahrt via Mount Lindesay Road und Bald Rock Road.

Westlich des Plateaus

Von Tamworth führt der Oxley Highway nach Gilgandra (285 km). Von dort kann man gen Süden via Dubbo nach Central NSW fahren oder über Mitchell Highway und Barrier Highway die 750 km lange Fahrt ins Outback nach Broken Hill antreten. Ab Glen Innes führt der Gwydir Highway nach Inverell und Moree und stößt nahe Walgett auf den Castlereagh Highway, auf dem man in nördlicher Richtung nach Lightning Ridge gelangt.

Lightning Ridge
ca. 3000 Einw.

Staubig, heiß und verdammt weit ab vom Schuss – das ist Lightning Ridge. Aber nirgends sonst auf der Welt existiert ein entsprechendes Vorkommen an schwarzen Opalen, und das lockt natürlich auch allerlei bunte Charaktere an. Jede Menge Minen und Schächte durchziehen das Land, einige der Stollen kann man besichtigen. In den örtlichen Geschäften gibt es Opale und Schmuckstücke zu kaufen, allerdings nur für Leute mit dickem Geldbeutel. Dass es hier jede Menge Glücksritter gibt, versteht sich von selbst – man sollte auf urige und bisweilen spleenige Gestalten gefasst sein. Und auch sonst ist hier vieles anders: An der Zufahrt werden die Gäste von einem Betonmischer als Ortsschildersatz begrüßt, die Rundfahrt ist nicht mit normalen Schildern gekennzeichnet, sondern mit bunt bemalten Autotüren. Die lange Fahrt lohnt sich v. a. im Winter, im Sommer wird es bisweilen unerträglich heiß.

GPS: S29°25.33' E147°58.19'
Ortsvorwahl: 02

Anreise Pkw: Von *Glen Innes* über *Moree* sind es 490 km auf dem Gwydir Highway. Der Castlereagh Highway führt gen Süden durchs zentrale New South Wales bis in die Blue Mountains. Abzweigungen z. B. nach *Dubbo* (365 km).

Bus: *Mit den Bussen von NSW TrainLink* (www.nswtrainlink.info) tägl. ab bzw. via *Dubbo* (4:30 Std.).

Flugzeug: Es gibt einen Flughafen, auf dem allerdings derzeit nur Charter-Maschinen landen, z. B. www.airlinkairlines.com.au.

Touristinfo Lightning Ridge Visitor Information Centre, Info, Buchungen und Karten. Tägl. 9–17 Uhr. Lion's Park, Morilla Street, ✆ 68291670, lrvic@lightningridgeinfo.com.au.

Lightning Ridge im Internet Basisinformationen unter www.lightningridgeinfo.com.au.

Festivitäten Goat Races, die beliebten Ziegenrennen an Ostern wurden von Tierschützern kritisiert und finden seit 2011 in abgewandelter Form statt: Menschen verkleiden sich als Ziegen und rennen um die Wette.

Opal Festival, im Juli. Ideal, um sich tolle Steine anzuschauen und Steine bzw. Schmuck zu kaufen. www.lightningridgeopalfestival.com.au.

New South Wales / Westlich des Plateaus

In Lightning Ridge gibt es die besonders wertvollen schwarzen Opale

Internet Bibliothek Di 9–14 Uhr, Mi/Do 13.30–17.30 Uhr, Fr 9–13 Uhr, Sa 9.30–13.30 Uhr. Pandora Street.

Opal-Shops In den Shops werden ungeschliffene und geschliffene Steine angeboten, außerdem Schmuckstücke. Preislich sind nach oben hin kaum Grenzen gesetzt. Tägl. geöffnet.

Lost Sea Opals, großer Shop mit guter Auswahl. 2 Morilla Street, ✆ 68290066, www.lostseaopals.com.au.

Down to Earth Opals, 11 Morilla Street, ✆ 68292616, www.downtoearthopals.com.au.

Opal Cave, 51 Morilla Street, ✆ 68290333, www.opalcave.com.au.

Sehenswertes Black Opal Tours, die klassische Black Opal Tour kostet 35 $, dauert etwa 3 Std. und schließt eine Führung in eine Mine unter Tage ein. Täglich 8.45 und 13.30 Uhr. Discovery Tour und Opal Miners' Trail auf Anfrage. ✆ 68290368, www.blackopaltours.com.au.

Outback Opal Tours, ähnliche Touren, ähnliche Preise. Start um 9 bzw. 14 Uhr. ✆ 68294110, www.outbackopaltours.com.au.

Artesian Baths, artesische Becken, in die ein konstant 42 °C warmer Wasserstrom fließt. Super für müde Knochen.

Car Door Tours, 4 verschiedene Touren, gekennzeichnet mit Autotüren in 4 verschiedenen Farben. Die dazugehörigen Broschüren gibt es in der Touristeninformation für 1 $.

Übernachten/Essen Sonja's B&B, einfache, aber schöne und wohnliche Zimmer, je mit eigenem Bad, Kitchenette, AC und Ventilatoren. Gästelounge mit TV und Internetzugang. DZ 130 $ (170 $ inkl. Frühstück). 60 Butterfly Road, ✆ 68292010, www.sonjasbedandbreakfast.com.

Wallangulla Motel, großes Motel im Zentrum mit 42 Zimmern in verschiedenen Kategorien. Gegenüber der Bowls Club, Zimmerservice möglich. DZ ab 100 $. ✆ 68290542, www.wallangulla.com.

Opal Caravan Park, direkt an den *Artesian Baths*, gut ausgestattet und mit kostenlosem WLAN. Es gibt sogar einen kleinen Busservice ins Ortszentrum. Zelten ab 27 $, WoMo-Stellplatz mit Strom ab 35 $, Cabins ab 110 $. 142 Pandora Street, ✆ 68294884, www.opalcaravanpark.com.au.

Morilla's Café, hier kann man an dem großen Holztisch unter den schattigen Gumtrees sitzen und getoastete Sandwiches futtern. Wechselnde Lunchgerichte, verschiedene Kuchen und guter Kaffee. Tägl. 7–16 Uhr. 2 Morilla Street, ✆ 0488113005.

New South Wales: Nordküste

Gut 950 km liegen zwischen Sydney und Brisbane, der größte Teil der Strecke führt von Sydney aus an der Küste des Bundesstaates New South Wales entlang, während sich der wesentlich kleinere Küstenabschnitt mit Brisbane im Bundesstaat Queensland befindet. Die Küstenregion zwischen den beiden Metropolen gehört zu den meist bereisten in ganz Australien und ist zudem eine Teiletappe des klassischen „East Coast Run" von Sydney nach Cairns. Die Natur zeigt sich vielseitig: strahlend weiße Sandstrände an der Küste und grüne Nationalparks im hügeligen Hinterland. Man bewegt sich auf klassischem Urlaubsterrain, wo für jeden Geschmack etwas geboten ist. Natürlich gibt es da auch die fast unausweichlichen Stationen, die vom Massentourismus geprägt und unglaublich überlaufen sind. Auch hier hat man erkannt, dass die Urlauber eine exzellente Einnahmequelle sind und so hat sich vielerorts ein rascher Wandel vom kleinen Fischerdörfchen zur Feriendestination vollzogen. Aber es geht auch anders, und man muss auf keine großen Erkundungstouren gehen, um immer wieder auf kleine, ursprüngliche Gemeinden zu stoßen, in denen das australische Pendant zum italienischen Dolce Vita zelebriert wird. Im milden Klima kann man sich mit ausgezeichneten Weinen und einer leichten und schmackhaften Küche verwöhnen lassen. Der Küstenabschnitt ist außerdem eine Hochburg des australischen Surfsports, die Bedingungen gehören zu den besten des Landes. Wirklich ganz groß im Geschäft ist man auch mit Whalewatching-Touren – von fast jedem Küstenort starten Veranstalter, um Urlaubern einen Blick auf die majestätischen Meeressäuger zu ermöglichen.

Orientierung Die Strecke zwischen Sydney und der Grenze zu Queensland bei **Tweeds Heads** kann man über **Newcastle**, **Port Macquarie** und **Coffs Harbour** komplett an der Küste auf dem Pacific Highway zurücklegen. Ab **Newcastle** gelangt man auf dem New England Highway auf die westliche Seite der Great Dividing Range und kann via **Tamworth** und **Armidale** nach **Glen Innes** auf das New-England-Plateau fahren. Weitere Zufahrten auf den New England Highway gibt es in **Port Macquarie** über den Oxley Highway oder in **Grafton** über den Gwydir Highway. Beide Highways führen weiter landeinwärts und treffen dort bei **Coonabarabran** bzw. **Moree** auf den Newell Highway (Brisbane–Melbourne).

Newcastle

ca. 140.000 Einw.

Newcastle kann auf eine lange Geschichte im Bergbau und in der Stahlherstellung zurückblicken. Im Zuge der Industrialisierungsprozesse entwickelte sich der Newcastle Harbour zum größten Exporthafen des gesamten Commonwealth.

Und natürlich gibt es sie, die Schornsteine, die enormen Verladeterminals und die Armada an Cargo-Schiffen, die am Horizont eine schier endlose Warteschlange bildet. Trotzdem ist Newcastle keineswegs hässlich. Bereits Ende des 18. Jh. als Straf- und Arbeitslager gegründet, ist die Stadt eine der ältesten Siedlungen des Landes und kann gleich mit Dutzenden von historischen Gebäuden aufwarten, einige davon noch aus den 1860er-Jahren. Außerdem hat man den Tourismusboom nicht verschlafen, wunderbare Promenaden mit tollen Cafés, Bars und Restaurants wurden angelegt, zusätzlich lockt ein umfangreiches kulturelles Angebot. Und nicht zuletzt sind es die ausgezeichneten Surfstrände, die Newcastle einen kontinuier-

New South Wales / Nordküste

lichen Strom an Besuchern bescheren. Und denen bot sich im Juni 2007 ein ungewöhnlicher Anblick, nachdem schwere Stürme das 225 m lange Containerschiff *MV Pasha Bulka* am Nobby's Beach auf Grund gespült hatten. In den letzten Jahren hat man die Stadt massiv aufgehübscht und auch noch einige der alten, teilweise leer stehenden – und etwas gammeligen – Industriegebäude hergerichtet und wunderbar ins Stadtbild integriert.

Basis-Infos → Karte S. 345

GPS: S32°55.80' E151°47.03'
Ortsvorwahl: 02

Anreise Pkw: Ab **Sydney** 160 km auf dem Sydney–Newcastle-Freeway zu erreichen. Die wesentlich schönere Route zweigt bei **Gosford** vom Highway ab und führt über **The Entrance** und **Swansea** direkt zwischen den großen Seen und der Küste entlang. Nach **Port Macquarie** im Norden sind es gut 250 km.

Bus: Mit *Greyhound Australia* (✆ 1300473946, www.greyhound.com.au) oder *Premier Motor Service* (✆ 133410, www.premierms.com.au). Nach **Sydney** bezahlt man ab 35 $ (3 Std.), nach **Port Macquarie** 70 $ (4 Std.). *Premier* ist etwas günstiger, hat aber weniger Verbindungen. *Port Stephens Coaches* (✆ 49822940, www.pscoaches.com.au) bindet das Gebiet um Nelson Bay an.

Bahn: Die Züge von *NSW TrainLink* (✆ 132232, www.nswtrainlink.info) fahren in 2:45 Std. von/nach **Sydney** (20 $). Züge (evtl. in Kombination mit Bussen) fahren auch Richtung Norden (z. B. nach **Port Macquarie**, 40 $) und ins Landesinnere (z. B. nach **Tamworth** 40 $). Außerdem gibt es zahlreiche günstige Züge von *Sydney Trains* (✆ 131500, www.sydneytrains.info) nach **Sydney** oder ins Hunter Valley nach **Maitland**.

Flugzeug: Der Newcastle-Airport befindet sich in **Williamtown**, etwa 20 km nördlich des Zentrums, und wird u. a. von *QantasLink* (✆ 131313, www.qantas.com.au), *Jetstar* (✆ 131538, www.jetstar.com.au) und *Virgin Australia* (✆ 136789, www.virginaustralia.com.au) angesteuert. Direktflüge z. B. nach **Sydney, Brisbane, Melbourne** oder zur **Gold Coast**. Transfers mit *Port Stephens Coaches* (info@pscoaches.com.au) oder mit einem *Airport Shuttle*.

Autovermietung Beide Anbieter auch am Flughafen: **Hertz**, 122 Hannel Street, ✆ 49675223, www.hertz.com. **Budget**, im Ortsteil Hamilton, 107 Tudor Street, ✆ 49276375, www.budget.com.au.

Festivals Newcastle Jazz Festival, am letzten Augustwochenende. Seit über 20 Jahren fester Bestandteil des Musikjahres der Stadt. Veranstaltet vom lokalen Jazz-Club. www.newcastlejazz.com.au.

Surfest, immer 2 Wochen im März, großer Surfwettbewerb mit internationalem Teilnehmerfeld. www.surfest.com.

Internet Newcastle City Library [12], tägl. 9.30–20 Uhr. Laman Street, ✆ 49745300.

Newcastle im Internet Aktuelle Reiseinfos auf www.visitnewcastle.com.au.

Supermarkt Aldi [13], Mo–Fr 8.30–20 Uhr, Sa/So 8.30–19 Uhr, 54 Union Street.

Taxis Newcastle Taxis, heranwinken oder bestellen unter ✆ 133300.

Touristinfo Newcastle Visitor Centre, freundliche Information, Broschüren zu Stadt und Region sowie Buchungen aller Art. Di–So 10–16 Uhr. Im Maritime Centre. 3 Honeysuckle Drive, ✆ 1800654558, tourism@ncc.nsw.gov.au.

Transport Im Ortskern gibt es – zwischen 7.30 und 18 Uhr kostenlose – Stadtbusse.

Übernachten → Karte S. 345

Terraces for Tourists [9], hier werden klassische Terrassenhäuser an Touristen vermietet. Die Gebäude stammen teils noch aus dem 19. Jh., sind liebevoll restauriert und komplett modern ausgestattet. 2 Nächte (Minimum) je nach Objekt und Anzahl der Gäste 300–850 $. Direkt im Zentrum, Büro: 9 Telford Str., ✆ 49294575, www.terracesfortourists.com.au.

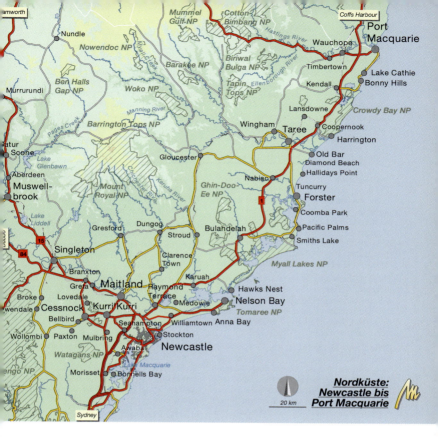

»» Mein Tipp: Junction Hotel 16, hier kann man es sich rundum gut gehen lassen: Zum Abendessen gibt es geschmorte Lammschulter oder Cajun-Barramundi (je um 25 $), die Weinkarte listet edle Tropfen und ab etwa 125 $ kann man eines der neun individuell eingerichteten Zimmer beziehen. Corlette Street/Ecke Kenrick Street, ✆ 49628888, www.junctionhotel.com.au. ««

Travelodge Newcastle 6, großer Hotelbau mit 130 zweckmäßigen Zimmern. Im eigenen Restaurant werden Frühstück und Abendessen serviert. DZ ab etwa 150 $. King Street/Ecke Steel Street, ✆ 49263777, www.travelodge.com.au.

Clarendon Hotel 7, nicht die gewöhnliche Pub-Unterkunft, sondern gemütliche 4-Sterne-Zimmer mit moderner Einrichtung. Zur Ausstattung gehören WLAN-Anschluss und AC. DZ ab 160 $. 347 Hunter Street, ✆ 49270966, www.clarendonhotel.com.au.

Merewether Motel 17, schlichte, aber saubere Zimmer in Doppel- oder Twinausstattung. Für den Ausflug gibt es Fahrräder zu mieten. DZ ab 120 $. 231 Glebe Road, ✆ 49631283, www.merewethermotel.com.au.

Newcastle Beach YHA 11, mitten im Zentrum in einem tollen historischen Gebäude. Gemeinschaftsraum mit Pool-Tisch und schweren Ledersofas. Internet-Terminals. Im 4er-Zimmer ab 33 $. 30 Pacific Street, ✆ 49253544, www.yha.com.au.

Backpackers by The Beach 10, im gelben Eckgebäude mit der Sonne über dem Eingang. Außerdem Internetzugang, Fahrrad- und Surfbrettmiete. Nahe dem Newcastle Beach. Im Mehrbettzimmer 26–36 $. 34 Hunter Street, ℅ 49263472 oder 1800008972, www.backpackersbythebeach.com.au.

Camping Stockton Caravan Park **1**, nördlich des Zentrums, etwas umständlich mit dem Auto zu erreichen, dafür kann man von Stockton mit der Fähre direkt in die Stadt fahren. Der Park hat einen eigenen Strandzugang. Stellplatz 30–60 $. Pitt Street, Stockton, ℅ 49281393, www.stocktonbeach.com.

Redhead Beach Holiday Park **18**, gut 15 km südlich gelegen. Tolles Gelände, auf dem man allerdings nicht zelten darf. Moderne und voll ausgestattete Cabins kosten 90–210 $. 1A Kalaroo Rd., Redhead, ℅ 49448944, www.redheadbeach.com.au.

Essen & Trinken/Nachtleben

Blue Door **8**, die „Green Breakfast Bowl" (22 $) mit Grünkohl, Quinoa, pochierten Eiern, Avocado und vielen Kräutern ist das perfekte Powerfrühstück. Es geht aber auch ganz klassisch mit Eiern oder Müsli. Mittags ein halbes Dutzend Gerichte um 20 $. Und einen guten Kaffee bekommt man auch. Tägl. 7–14 Uhr. 363–365 Hunter Street, ℅ 49294988, www.blue-door.com.au.

Table 1 Espresso **15**, hier kann man mit leckerem Kaffee und einer deftigen Bacon-&-Egg-Roll in den Tag starten, mittags gibt es dann frische Salate und Wraps. 89/93 City Road, Merewether, ℅ 49633796, www.table1espresso.com.

Scratchleys **3**, der Spezialist für Seafood. Riesige Glaswände und direkt am Anleger aufs Wasser hinaus gebaut. Das Dutzend Austern 40 $, die Meeresfrüchte-Platte für 2 Pers. 130 $. Tägl. Mittagessen ab 11.30 Uhr und Abendessen ab 17.30 Uhr. 200 Wharf Road, ℅ 49291111, www.scratchleys.com.au.

Clarendon Brasserie **7**, im gleichnamigen Hotel. Barramundi auf gegrilltem Kürbis oder Kängurufilet mit Roquette-Pesto (je um 30 $). Mo–Fr 12–14.30 Uhr, Mo–Sa 17.30–21 Uhr. 347 Hunter Street, ℅ 49250966, www.clarendonhotel.com.au.

Nagisa **4**, toller Japaner, bei dem nicht nur Sushi, sondern auch Teriyaki-Lachs (36 $), Tofu-Steaks (24 $) und Grüntee-Eiscreme auf der Karte stehen. Di–Sa 11.30–21 Uhr. N2 The Boardwalk, 1 Honeysuckle Drive, ℅ 49294122, www.nagisa.com.au.

Honeysuckle Hotel **2**, im alten Wharfgebäude mit freiliegenden Holzbalken und Freilufttischen am Wasser. Typische Pubgerichte, sehr gut zubereitet. Für etwa 20–25 $ wird man hier satt, nur die Steaks kosten um 30 $. Mo–Do 10–23 Uhr, Fr/Sa 10–24 Uhr, So 10–22 Uhr. Lee Wharf C, Honeysuckle Drive, ℅ 49291499, www.honeysucklehotel.com.au.

Hotel Delany **14**, das „Del" hat eine lässige Lounge-Bar. Sehr beliebt für das Feierabendbier. Übersichtliche Speisekarte, Gerichte 15–30 $. Mi–Sa abends Live-Musik, am Wochenende geht die Post ab. Tägl. ab Mittag, im Bistro Mittag- und Abendessen. Darby Street, ℅ 49291627, www.hoteldelany.com.

M.J. Finnegans **5**, ideal für einen lustigen Abend. Im *Finnegans-Bistro* gibt es Hauptgerichte (16–25 $) und Snacks (ab 7 $). Die *Dublin-Bar* ist eine klassische Trinkhöhle, die *Halo-Bar* hat Lounge-Charakter und wird am Wochenende von DJs beschallt. Tägl. geöffnet. 21–23 Darby Street, ℅ 49264777, www.finneganshotel.com.au.

Touren & Aktivitäten

Touren Famous Tram, 60-minütige Rundfahrten durch Newcastle. Nachbildung einer Originaltram von 1923, allerdings auf Omnibuschassis und somit nicht auf Schienen angewiesen. 15 $/Pers. Mo–Fr 11 und 13 Uhr ab Railway Station. ℅ 0418307166 (mobil), www.famous-tram.com.au.

Rundflüge Heliservices, die günstigsten Helikopterflüge gibt es schon ab 120 $/Pers. Gute Möglichkeit, um sich Newcastle, das Hunter Valley oder Port Stephens von oben anzuschauen. 45 Fitzroy Street, Carrington, ℅ 49625188, www.heliservices.com.au.

Surfen Surfest Surf School, am Nobby's Beach. 80 Min. in der Gruppe kosten 35 $, als Privatstunde 70 $ inkl. Material. ℅ 0410840155 (mobil).

Newcastle Surf School, hier dauert die Unterrichtsstunde 120 Min. und kostet in-

klusive Equipment 40 $. Tägl. Kurse. ✆ 0405500469 (mobil), www.newcastlesurfschool.com.

Wassersport Gutes Wassersportangebot und Bootstouren gibt es im nahen Nelson Bay, z. B. **Jetskifahren** oder **Hochseefischen**.

Sehenswertes

Newcastle ist ein Ort im Wandel. Natürlich dominiert der große Kargohafen mit seinen riesigen Verladestationen das Bild. Aber man hat es verstanden, diese industrielle Komponente zu integrieren und hat alles in allem ein wirklich ansprechendes Stadtbild geschaffen. Nur vereinzelt stolpert man noch über wenig ansehnliche Gebäude, aber das wird sicherlich bald der Vergangenheit angehören. Ein toller Ort ist die **Queens Wharf**, wo man in schicken Cafés sitzen und dabei die Containerschiffe beobachten kann. Im Ortsteil Hamilton um die **Beaumont Street** kann man wunderbar in Secondhand-Shops und trendigen Boutiquen shoppen. Im Osten der Stadt erstrecken sich gute Surf- und Badestrände.

Architektur: In und um die *Hunter Street* gibt es knapp drei Dutzend historischer Gebäude, z. T. im viktorianischen Stil des späten 19. Jh. errichtet, einige im Art-déco-Stil des frühen 20. Jh. Zu den ältesten Bauwerken gehören das *Former Telegraph Office* (1861) und das *Victoria Theatre* (1876). Eine Karte mit allen Gebäuden und entsprechenden Informationen ist in der Touristinformation erhältlich (s. o.).

Bather's Way: Der Weg führt über 5 km die Küste entlang und erstreckt sich von *Nobby's Headland* im Norden bis zu den *Merewether Oceanbaths* im Süden. Ein schöner Spaziergang von etwa 2 Std., die Route ist mit Informationstafeln versehen. Unterwegs verführen gut ein Dutzend schöner Badeplätze, Rockpools und Strände zu einer Pause. An einigen Abschnitten gibt es öffentliche Toiletten, Picknicktische und Kioske.

Newcastle Ocean Baths und **Merewether Ocean Baths**: Nicht einfach nur simple Schwimmbäder, sondern Freiluftbadeanstalten mit Flair. Die *Newcastle Baths* gibt es seit 1922, der erste Eindruck, der sich dem Besucher bietet, ist durch die gigantische Art-déco-Fassade geprägt. Der Lack schon etwas, aber auch das gehört zur tollen Atmosphäre. Die *Merewether Baths* wurden 1935 eröffnet, 2014 umfangreich renoviert und sind die größten auf der ganzen südlichen Hemisphäre. Unglaublich beliebt und von den ganz Harten sogar im Winter täglich besucht.
Eintritt frei. Die *Newcastle Baths* befinden sich am nördlichen Ende vom Newcastle Beach, die *Merewether Baths* weiter südlich im Ortsteil Merewether.

Fort Scratchley: Die Befestigungsanlage auf dem *Flagstaff Hill* wurde 1882 in Betrieb genommen. Eigentlich wollte man mit dem Fort einem möglichen russischen Angriff begegnen, doch der einzige Einsatz fand im Zweiten Weltkrieg gegen die Japaner statt. Am 8. Juni 1942 wurde Newcastle von einem japanischen U-Boot aus beschossen, worauf man das Feuer erwiderte. Die Anlage war bis 1962 besetzt und ist heute ein beliebtes Ausflugsziel.
Am östlichen Ende der Stadt gelegen, direkt an der Mündung des Hunter River. Geführte Touren tägl. zwischen 10.30 und 14.30 Uhr. Kosten ab 12 $. www.fortscratchley.com.au.

Newcastle Art Gallery: In der Galerie gibt es regelmäßig wechselnde Ausstellungen internationaler wie lokaler Künstler zu sehen. Die Werke stammen aus verschiedenen Bereichen der Kunst, hauptsächlich sind aber Gemälde und Zeichnungen zu

Die Merewether Ocean Baths in Newcastle

sehen. Zu den bekanntesten Namen zählen u. a. *Sydney Nolan*, *Arthur Boyd* oder *Margaret Preston*. Im Shop gibt es eine tolle Auswahl an Kunsthandwerk und einschlägiger Literatur.
Di–So 10–17 Uhr. Eintritt frei. 1 Laman Street, ✆ 49755100, www.nag.org.au.

Newcastle Museum: Oft gelobtes Museum mit über 4000 Exponaten aus den Bereichen Industrie, Landwirtschaft, Geschichte der Aborigines etc. Natürlich wird auch die Geschichte der Stadt und ihre Entwicklung vom Straflager zum Industriestandort beleuchtet.
Di–So 10–17 Uhr. Eintritt frei. Workshop Way, Honeysuckle, ✆ 49741400, www.newcastlemuseum.com.au.

Baden & Strände

Nobbys Beach: Einer der beliebtesten Strände. Gut zum Schwimmen und für Surfanfänger, außerdem sind auch einige bunte Drachen der Kitesurfer zu sehen. Schöner Blick auf den *Nobby's Head* und den Leuchtturm. Es gibt Toiletten, Umkleidekabinen, Picknickpavillons und einen Kiosk. Lifeguards sind an 365 Tagen im Jahr zur Stelle.

Newcastle Beach: Der ist v. a. bei Surfern sehr beliebt und wird als einer der besten Surfbreaks in New South Wales gehandelt. Es gibt Umkleidekabinen, Toiletten und einen Kiosk. Rettungsschwimmer tun nur während der Schwimmsaison im Sommer Dienst. In Zentrumsnähe und somit auch nicht weit weg von den zahlreichen Cafés und Restaurants.

Bar Beach: Langer Strand zum Schwimmen, Baden und Joggen. Bei Familien sehr beliebt, an 365 Tagen im Jahr haben Rettungsschwimmer ein Auge auf die Badegäste. Darüber hinaus sorgt ein geschützter Rockpool für das sichere Plantschvergnügen der Kleinen. Umkleidekabinen und Toiletten befinden sich vor Ort, während der Sommermonate ist ein Kiosk geöffnet.

Merewether Beach: Guter Surfstrand, an dem alljährlich der *Surfest*-Wettbewerb ausgetragen wird. Nichts für blutige Brett-Anfänger. Auch hier gibt es sämtliche Einrichtungen und im Sommer einen Life-Guard-Service.

Port Stephens und Nelson Bay

ca. 8000 Einw.

Eine bedeutende Karriere blieb Port Stephens versagt, da zahlreiche Untiefen die kommerzielle Schifffahrt erschweren, während das umliegende Land als ungeeignet befunden wurde, um eine größere Siedlung zu versorgen. Mittlerweile hat sich aber der Tourismus zu einer guten Einnahmequelle entwickelt – das Angebot für die Urlauber ist hervorragend. Neben verschiedensten Aktivitäten auf dem Wasser sind es v. a. Ausflüge zu den **Stockton-Sanddünen**, die ganz hoch im Kurs stehen. Im Hafen liegt eine der größten Austern-Produktionsstätten Australiens – frischer als in den ortsansässigen Restaurants bekommt man die berühmte *Port Stephens Oyster* nirgends auf den Tisch. Während der Saison starten die Ausflugsboote zu den vorbeiziehenden Buckelwalen, für den Rest des Jahres übernimmt die lokale Population an großen Tümmlern das Unterhaltungsprogramm.

GPS S32°43.206′ E152°08.665′
Ortsvorwahl: 02

Anreise Pkw: Ab *Newcastle* fährt man etwa 55 km auf der Nelson Bay Road nach Nelson Bay, das am äußeren Ende der Halbinsel gelegen ist. Abzweigungen führen nach *Anna Bay* oder zum *One Mile*

Beach. Die schnellste Anbindung von/nach Norden erfolgt über die Medowie Road.

Bus: *Port Stephens Coaches* (✆ 49822940, www.pscoaches.com.au) verbindet die Region mit *Newcastle.*

Flugzeug: Der Newcastle-Airport befindet sich in Williamtown, etwa 35 km entfernt, Transfers mit *Port Stephens Coaches.*

Touristinfo Visitor Information Centre, tägl. 9–17 Uhr. 60 Victoria Parade, Nelson Bay, ✆ 49806900 oder 1800808900 (kostenlos), info@portsephens.org.au.

Port Stephens im Internet Informationen unter www.portstephens.org.au.

Angeln Calypso Fishing Adventures, auf dem Big-Game-Boot ist man komplett auf die verschiedenen Sorten Marlin eingestellt. Tagestrip ab 385 $/Pers. inkl. Material. ✆ 0411111476 (mobil), www.marlinfishingaustralia.com.au.

Austernfarm Holberts Oyster Farm, Austernfarm in der Salamander Bay. Mo–Fr 7–17 Uhr, Sa/So 9–17 Uhr. 51 Diemars Road, Salamander Bay, ✆ 49827234, www.holbertsoysterfarm.com.

Festivitäten Es gibt viele Festivals und Events, v. a. Sport, Musik und Angelwettbewerbe, z. B. das **Country-Music-Festival** (www.bluewatercountrymusic.com.au).

Touren Port Stephens 4WD, 2-stündige Beach&Dunes-Tour 52 $/Pers. Das Revier sind die Stockton Dunes, man kann **Sandboarden** (Einzelpreis 28 $) oder am Strand nach Pipis graben. Shop 3, 35 Stockton Street, Nelson Bay, ✆ 49844760, www.portstephens4wd.com.au.

Dawsons Tours, verschiedene 4WD-Touren in einem zum Panoramamobil umgebauten Hummer. 2-stündige Fahrt mit Stopps zum Sandboarden 60 $. ✆ 49820602, www.portstephensadventures.com.au.

Moonshadow Cruises, auf dem großen Katamaran geht's zum Whalewatching (nur Mai–Nov., 55 $, 2:30 Std.) oder zum Delfine Beobachten (24 $, 1:30 Std.); Dinner-Cruises ab 69 $. 3/35 Stockton Street, Nelson Bay, ✆ 49849388, www.moonshadow.com.au.

🍃 **Imagine Cruises**, verschiedene Fahrten auf einem großen Segelkat. Juni–Nov. Whalewatching (63 $/3 Std.), den Rest des Jahres gibt's Delfintouren (28 $/1:30 Std.). Teramby Rd., Nelson Bay, ✆ 49849000, www.imaginecruises.com.au. ∎

Wasserspaß Port Stephens Eco Sports, geführte Touren in Sit-on-top-Kajaks (50 $/ 2 Std.), Sunset-Tour 40 $. Außerdem Verleih (Preise je für 2 Std.) von Kajaks (40 $) und Stand-up-Paddleboards (50 $). 40 Victoria Parade, Nelson Bay, ✆ 0405033518 (mobil), www.kayakingportstephens.com.au.

Feet First Dive, Schnuppertauchgänge 150 $, 2-tägiger Open-Water-Kurs 399 $ (inkl. Ausrüstung und 4 Tauchgängen). Die Theoriestunden müssen vorab online absolviert werden. Doppeltauchgang vom Boot aus 170 $ (inkl. Material). 17/34 Stockton Street, Nelson Bay, ✆ 49842092, www.feetfirstdive.com.au.

Port Stephens Surf School (& Materialmiete), am One Mile Beach. 120 Min. in der Gruppe 60 $, 80 Min. Einzelunterricht 100 $. 2-Tagekurs (2-mal 120 Min.) 110 $. Materialmiete 17 $/Std., 50 $/Tag. Kurse für Stand-up-Paddle inkl. Material 80 $ (90 Min.). ✆ 0411419576 (mobil), www.annabaysurfschool.com.au.

Port Stephens Parasailing, bis zu 100 m hoch über dem Wasser hängt man an dem Schirm. Die reine „Flugzeit" beträgt etwa 10 Min., dafür bezahlt man alleine 90 $, im Tandem 150 $. Ab Aqwua Blue Café, d'Albora Marina, Nelson Bay, ✆ 0488872272 (mobil), www.portstephensparasailing.com.au.

Boat Hire, kleine Runabouts und Ausflugsboote für bis zu 12 Pers. zum Selberfahren. 2 Std. ab 75 $. Dock C, d'Albora Marina, Nelson Bay, ✆ 0419631988 (mobil), www.nelsonbayboathire.com.au.

Boab Boat Hire, für Leute mit gültigem Bootsführerschein gibt es hier Boote mit 50–150 PS. Ab 200 $/Tag, mit Rundumservice ab 250 $/Tag. ✆ 1300002622, www.boabboathire.com.au.

Übernachten Marty's at Little Beach, wunderbar eingerichtete und blitzsaubere Studios und Apartments in verschiedenen Ausführungen mit bis zu 2 Schlafzimmern. Kostenloses WLAN. Studios in der Nebensaison ab 100 $, App. ab etwa 140 $. Am Little Beach. Gowrie Ave/Ecke Intrepid Close, ✆ 49849100, www.martys.net.au.

Bali at the Bay, 2 Apartments im balinesischen Stil, je mit 2 Schlafzimmern und Doppelspa. Badegels, Duftkerzen, Aromaöle usw. inklusive. Dunkles Holz, Bambus, warme Farben und etliche exotische Statuen sorgen für Urlaubsflair. 260–300 $ für 2 Pers., für 4 Pers. 360–400 $. Mindestaufenthalt

Port Stephens und Nelson Bay

Fischtrawler im Hafen von Nelson Bay

2 Nächte. 1 Achilles Street, Shoal Bay, ✆ 49815556 oder 0425240838 (mobil), www.baliatthebay.com.au.

Nelson Bay B&B, gemütliches B&B mit 3 Zimmern, je mit Bad und TV. 2 davon haben eine Sonnenterrasse, das dritte ist mit einem Spa-Bereich ausgestattet. Zusätzlich gibt's einen Wohnraum für alle. Je nach Saison 115–300 $, inkl. Frühstück. 81 Stockton Str., Nelson Bay, ✆ 49843655, 0422054039 (mobil), www.nelsonbaybandb.com.au.

Melaleuca Surfside Backpackers, alles andere als eine 08/15-Unterkunft ist dieses tolle Backpackers mit riesiger Campingwiese. Übernachtung im Dorm ab 32 $, Zelten (ohne Strom) ab 20 $/Pers. Cabin 100 $ für 2 Pers. 2 Koala Place, One Mile Beach, Port Stephens, ✆ 49819422, www.melaleucabackpackers.com.au.

Camping Halifax Holiday Park, 4-Sterne-Park, etwa 15 Min. Fußmarsch von Nelson Bay entfernt. Camping ab 30 $, an Feiertagen bis 50 $. Die exklusiveren Cabins sind regelrechte Ferienhäuser mit mehreren Schlafzimmern, Spa-Bad und Sonnenterrasse. In der Nebensaison mit etwa 120 $ ein Schnäppchen, Ostern und Weihnachten bis 320 $. ✆ 49811522 oder 1800600201, www.halifaxholidaypark.com.au.

Essen & Trinken Nice Café, super Wahl für Frühstück und Lunch. Die Buttermilch-Pfannkuchen mit Blaubeeren, Speck, Sirup und Eiscreme (18 $) sind der perfekte Start in den Tag. Guter Kaffee. Tägl. 8–16 Uhr. 3 Government Drive, ✆ 49813001, www.niceatnelsonbay.com.au.

Mod Thai Noodle Bar, nicht außergewöhnlich, aber es gibt ein günstiges 10 $-Lunch-Gericht, z. B. Red Curry oder gebratenen Reis mit Fleischeinlage. Abends Hauptgericht ab etwa 15 $. Tägl. geöffnet. Shop 12, Stockton Street, Nelson Bay, ✆ 49844222, www.modthai.com.au.

The Point, direkt am Wasser auf einer Landzunge gelegen. Nicht unbedingt günstig: Hauptgerichte 30–40 $, Vorspeisen um 20 $. Soldiers Point Marina, Sunset Boulevard, Soldiers Point, ✆ 49847111, www.thepointrestaurant.com.au.

Red Neds Gourmet Pies, etwa 50 Variationen, die man so sonst nirgends bekommt, z. B. Hummer, Garnelen und Barramundi in Kokoscreme oder „BBQ Bourbon Whiskey & Beef". Außerdem Pies mit Strauß, Krokodil, Känguru oder Lamm. 6–17 Uhr. Shop 3/17–19 Stockton Street, Nelson Bay, ✆ 49841355, www.rednéds.com.au.

Fishermans Wharf Seafood, hier gibt es frischen Fisch und Meeresfrüchte auch grillfertig vorbereitet zum Selbergrillen. Und natürlich Fish&Chips. 1 Teramby Road direkt am Anleger, ✆ 49843330.

Atemberaubender Sonnenuntergang an den Great Lakes

Great Lakes und Manning Valley

Sicherlich einer der landschaftlich schönsten Streckenabschnitte auf der Tour gen Norden. Das Netz aus Seen, an deren Ufern man immer ein lauschiges Plätzchen findet, formt eines der größten Süßwassersysteme des Staates. Im **Myall Lakes Nationalpark** gibt es etliche Campingmöglichkeiten, man kann mit dem Geländewagen am Strand entlangfahren und es gibt einige schöne Aussichtspunkte. Es sind v. a. die rot-goldenen Sonnenuntergänge, die einem schier den Atem rauben. Die „Doppelstadt" **Forster-Tuncurry** befindet sich am nördlichen Ende der Seenplatte und bietet Touristen eine gute Basis direkt an der Küste. Etwas weiter nördlich im Inland liegt die Stadt **Taree**, das kommerzielle Zentrum des Manning Valley. Im Hinterland breitet sich ländliche Bilderbuch-Landschaft aus: grüne Hügel, glückliche Kühe und vereinzelte Bauernhöfe. Gutes Ausflugsziel ist das überaus hübsche Dorf **Gloucester**.

Ortsvorwahl: 02

Anreise Pkw: Vom Pacific Highway fährt man über den Lakes Way eine Schleife nach Forster-Tuncurry (160 km von Newcastle). Taree (80 km von Port Macquarie) befindet sich direkt am Highway. Beide Orte liegen 30 km auseinander. Wer in den Nationalpark fahren will, der zweigt bei Tea Gardens an die Küste ab, fährt dann über *Hawks Nest* entlang der Mungo Brush Road die Küste hinauf. Einige Streckenabschnitte sind hier nicht asphaltiert, einmal muss man mit der *Bombah Point Ferry* übersetzen.

Bus: *Greyhound Australia* (℡ 1300473946, www.greyhound.com.au) und *Premier Motor Service* (℡ 133410, www.premierms.com.au) halten auf der Ostküstenroute.

Bahn: *Taree* ist mit dem Service von *NSW TrainLink* (℡ 132232, www.nswtrainlink.info) zu erreichen, z. B. nach *Sydney* (45 $, 5:30 Std.) oder nach *Coffs Harbour* (30 $, 3:20 Std.).

Flugzeug: *Regional Express* (www.rex.com.au) steuert den Taree Regional Airport an. Mehrmals täglich von/nach *Sydney* ab 100 $.

Touristinfo Forster Visitor Information Centre, tägl. 9–17 Uhr. Little Street, Forster, ℡ 65548799, 1800802692 (kostenlos), tourism@greatlakes.nsw.gov.au.

Manning Valley Visitor Information Centre, Mo–Fr 9–16.30 Uhr, im Sommer Sa/So 9–16.30 Uhr, im Winter Sa/So 9–16 Uhr. 21 Manning River Drive, Taree, ℡ 65925444 oder 1800182733, tourism@manningvalley.info.

Great Lakes im Internet Forster/Tuncurry und die Great-Lakes-Region sind unter www.greatlakes.org.au zu finden.

Manning Valley im Internet Informationen zu Taree und Manning Valley sind unter www.manningvalley.info zu finden.

Supermarkt Coles, tägl. 6–22 Uhr, Breese Parade.

Übernachten/Essen Bank & Tellers, in Wingham. Tolles Gästehaus in einem alten Bankgebäude, 5 Zimmer stehen zur Verfügung. DZ ab 160 $ (Sa/So ab 175 $). 48 Bent Street, Wingham, ℡ 65535068, www.thebankandtellers.com.au.

Island Palms Motor Inn, superfreundliches Motel mit blitzblanken Zimmern. Gutes Restaurant. DZ je nach Saison ab 110–160 $. 115 The Lakes Way, Forster, ℡ 65545555, www.islandpalmsmotorinn.com.

Lani's on the Beach, schöner Caravanpark, direkt am Strand gelegen und etwa 15 Min. von Taree entfernt. Stellplatz für Camper 30–50 $, Cottage mit Bad ab 95 $. Old Bar Road, Old Bar, ℡ 65537274, www.lanisonthebeach.com.au.

Reef Bar Grill, tolle Aussicht auf Wasser und Brücke, außerdem gutes Bistro-Essen mit frittiertem Barramundi (23 $) oder gegrillten Lammfilets mit Ratatouille (35 $). Shop 1, Wharf Street, ℡ 65557092, www.reefbargrill.com.au.

Nationalparkcamping Violet Hill Campground, super am Boolanbayte Lake gelegen, allerdings ist die Anfahrtsstraße auf einer Länge von rund 10 km nicht asphaltiert. Zufahrt ab dem Highway über den Lakes Way und dann die Violet Hill Road. 10 $/Pers. und Nacht, Kinder 5 $. Nationalparkgebühr 7 $.

Mungo Brush Campgrounds, für Zelte und Wohnmobile. Zufahrt von Süden via Tea Gardens, von Norden ab Buladelah. 10 $/Pers. und Nacht, Kinder 5 $. Nationalparkgebühr 7 $.

Barrington-Tops-Nationalpark

Etwa 80 km von der Küste entfernt liegt der Barrington-Tops-Nationalpark, der 1986 in die *World Heritage List* aufgenommen wurde. Das 25 km lange Plateau breitet sich auf einer Höhe von bis zu 1500 m zwischen den Gipfeln einiger erloschener Vulkane aus. Botaniker versetzt v. a. der Bestand an Antarctic Beeches *(Nothofagus Moorei)* in Entzücken, einer Baumspezies, die schon vor 66 Mio. Jahren auf dem Urkontinent Gondwanaland existierte. Die Vegetation zeigt sich außergewöhnlich vielfältig und reicht von Sumpfgebieten über Graslandschaften und subtropischen Regenwald bis hin zu subalpiner Vegetation in den höheren Regionen. Höchster Punkt des Nationalparks ist mit 1556 m der **Mount Barrington.** Zahlreiche Wanderwege bieten Routen für jedes Fitnesslevel, angefangen beim einfachen Spazierweg bis hin zur anstrengenden Zehn-Stunden-Tour. Man kann den Park das ganze Jahr über besuchen, im Winter muss man allerdings mit regelmäßigen Schneefällen rechnen. Besuchen Sie vorher auf jeden Fall das Park-Office in Gloucester (s. u.), dort gibt es Wanderkarten, Sicherheitshinweise und aktuelle Informationen zu Sperrungen.

Anreise Gloucester liegt etwa 75 km westlich von Forster bzw. 50 km westlich des Highways, Abfahrt ist bei Nabiac.

Information Park Office, Mo–Fr 8.30–16.30 Uhr. 59 Church Street, Gloucester, ℡ 65385300. Infos inkl. Karten mit eingezeichneten Campingplätzen unter www.nationalparks.nsw.gov.au.

Nationalpark Camping Gloucester River Campground, an der Gloucester Tops Road. Toiletten, BBQs, Picknicktische. 10 $/Pers. und Nacht. www.nationalparks.nsw.gov.au.

Polblue Campground, an der Barrington Tops Forest Road. Toiletten, BBQs, Picknicktische. 10 $/Pers. und Nacht. Anfahrt teilweise über eine nicht asphaltierte Straße. www.nationalparks.nsw.gov.au.

Port Macquarie

ca. 40.000 Einw.

Die Mischung macht den Reiz von Port Macquarie aus. Omnipräsente Historie trifft auf wunderbare Strände, kleinstädtische Betriebsamkeit trifft auf entspanntes Flip-Flop-Feeling. Der britische Offizier *John Oxley* entdeckte das Fleckchen Erde, als er Anfang des 19. Jh. auf einer Inlandsexpedition dem Hastings River bis zur Küste folgte – bereits 1821 legten drei Schiffe mit 60 Gefangenen und 40 Soldaten hier an. Die neue Siedlung sollte sich selbst versorgen können, weshalb besonders fähige Häftlinge ausgesucht wurden, denen für 18 Monate Aufbauarbeit die Freiheit versprochen wurde. Heute ist Port Macquarie ein beliebter Urlaubsort und lockt mit tollen Stränden, gutem Surfrevier, vielseitiger Gastronomie und zahlreichen Unterkünften die Besucher an. Einigen Einheimischen wird der Trubel um das „Port" allerdings fast schon zu viel: Große Hotelketten drängen in den Ort und nicht ganz unbegründet ist eine gewisse Angst vor dem Verbau der Landschaft durch Hochhäuser. In den Gebieten rund um die Stadt gibt es eine beachtliche Koalapopulation und die Chancen stehen nicht schlecht, eine dieser australischen Pelz-Ikonen zu sichten.

Basis-Infos → Karte S. 354/355

GPS: S31°26.05' E152°54.11'
Ortsvorwahl: 02

Anreise Pkw: Vom Pacific Highway zweigen Oxley Highway bzw. Hastings River Drive nach *Port Macquarie* ab. Distanz nach *Newcastle* 250 km, nach *Tamworth* 285 km, nach *Coffs Harbour* 170 km.

Bus: *Greyhound Australia* (✆ 1300473946, www.greyhound.com.au) oder *Premier Motor Service* (✆ 133410, www.premierms.com.au) halten hier. *Sydney* (70 $, 7 Std.), *Coffs Harbour* (45 $, 2:45 Std.).

Bahn: Der Bahnhof liegt in *Wauchope*, 20 km westlich der Stadt. Die Züge von *NSW TrainLink* (✆ 132232, www.nswtrainlink.info) halten hier, anschließend gibt es einen Bustransfer.

Flugzeug: Der Port Macquarie Airport liegt 5 km westlich des Zentrums. Flüge mit *VirginAustralia* (✆ 136789, www.virginaustralia.com.au) und *Qantas* (✆ 131313, www.qantas.com.au). Nach *Sydney* ab 129 $ oder nach *Brisbane* ab 135 $.

Touristinfo Port Macquarie Visitor Information Centre, im „Glasshouse". Buchungen und Broschüren. Mo–Fr 9–17.30 Uhr, Sa/So 9–16 Uhr. Clarence Street/Ecke Hay Street, ✆ 65818000 oder 1300303155, tourism@pmhc.nsw.gov.au.

Port Macquarie im Internet Informationen unter www.portmacquarieinfo.com.au.

Autovermietung Hertz, Jindalee Road, ✆ 65836599.

Thrifty, 101 Hastings River Drive, ✆ 65842122.

Internet Port Macquarie Library **13**, Internetzugang per Terminal und WLAN. Mo–Fr 9.30–18 Uhr, Sa 9–12 Uhr. Gordon Street Ecke/Grant Street, ✆ 65818755.

Festivitäten Das ganze Jahr ist gespickt mit Events, zu den sportlichen Highlights gehören das **Australian Surf Festival** (August) und der **Ironman-Australia-Wettbewerb** (Mai).

Märkte The Foreshore Market, lokal erzeugte Lebensmittel, Kunsthandwerk u. v. m. Jeden 2. Samstag im Monat 8–13 Uhr. Westpot Park Buller.

Übernachten/Essen & Trinken/Nachtleben → Karte S. 354/355

Übernachten Flynn's on Surf **15**, Anlage mit 10 Stadthäusern, jedes mit bis zu 3 Schlafzimmern, 2 Bädern, Küche, Sonnenterrasse und eigener Garage. Übernach-

Port Macquarie 353

tungspreise ab etwa 150 $/Nacht (Nebensaison), bei längerem Aufenthalt günstiger. 25 Surf Street, ℅ 65842244, www.flynns.com.au.

>>> **Mein Tipp: Observatory Resort Hotel** 10, super Apartments mit 1–3 Schlafzimmern. Voll ausgestattet mit moderner Küche, Waschmaschine & Trockner und mit eigenem Balkon. Bäder mit Wanne und Dusche. Günstigste Variante ab 165 $, Ocean-View-Apartment ab 250 $. 40 William Street, ℅ 65868000, www.observatory.net.au. <<<

Macquarie Waters 3, zentral gelegenes 4-stöckiges Gebäude. Zur Ausstattung gehören Flatscreen-TV und kostenloses Internet. Unterschiedliche Ausführungen als Motelzimmer oder Apartment mit 1–3 Schlafzimmern. Im EG befindet sich das Corner-Café/Restaurant. Übernachtung ab 150 $ (inkl. Frühstück). 11 Clarence Street, ℅ 65845755 oder 1800702535, www.mwaters.com.au.

Town Beach Motor Inn 12, einfache, aber saubere und wohnliche DZ ab 99 $. 12 Gordon Street, ℅ 65838899, www.townbeachmotorinn.com.au.

Ozzie Possie Backpackers 11, tolles Hostel mit familiärem Flair. Gute Küche und gemütlicher Aufenthaltsbereich, außerdem Rad- (5 $) und Boogieboardleihe. Übernachtung in den blitzblanken Dorms ab 30 $. 36 Waugh Street, ℅ 1800620020 oder 65838133, www.ozziepozzie.com.

Port Macquarie Backpackers 14, historisches Holzhaus mit grünem Dach und großer Veranda. Pool und BBQ-Stelle im Garten. Übernachtung im 4–10er-Zimmer 26–34 $. 2 Hastings River Drive, ℅ 65831791 oder 1800688882 (kostenlos), www.portbackpackers.com.au.

Sundowner Breakwall Tourist Park 1, riesiger BIG4-Park in bester Lage am Wasser. Pool, kostenloses WLAN und Kiosk. Zelten ab 29 $, mit Strom 36 $. Günstigste Cabin ab 70 $, in verschiedenen Versionen bis 175 $. In der Hochsaison verdoppeln sich die Preise. 1 Munster Street, ℅ 65832755, www.sundownerholidays.com.

Restaurants & Cafés Cedro 7, Café mit tollem Außenbereich. Richtig schmackhafte Gerichte gibt's schon ab 18 $, z. B. Lammburger mit Joghurt-Harissa-Soße. Zum Frühstück kommt man an den Pfannkuchen mit Rhabarber-Erdbeer-Kompott kaum vorbei. Tägl. Frühstück und Lunch. Short Street/Ecke Clarence Street, ℅ 65835529.

The Stunned Mullet Restaurant 9, 2006 als bestes Newcomer-Restaurant ausgezeichnet und seitdem noch besser geworden. Mit Blick auf den Town Beach kann man sich tasmanischen Lachs auf Kokos-Risotto oder ein edles Steak mit Wasabi-Shiitakepilz-Butter schmecken lassen. Gute Weine, einige Boutique-Biere und leckere Cocktails. Hauptgerichte 30–50 $. 24 William Street, ℅ 65847757, www.thestunnedmullet.com.au.

Casualties Espresso Bar 4, hier gibt es den besten Kaffee der Stadt – um die Mittagszeit ziemlich voll, wenn die Angestellten aus den umliegenden Geschäften und Büros hier Pause machen. Mo–Fr 6.30–15 Uhr, Sa 6.30–13 Uhr, So 6.30–11 Uhr. 23 Clarence Street, ℅ 65843375.

🌿 **Rainforest Café** 16, wunderbar in die Regenwald-Landschaft integriert mit viel Grün vor den Panoramafenstern. Wo immer möglich, werden lokal erzeugte Bioprodukte verwendet, außerdem wird das Anwesen zu 100 % mit grüner Energie versorgt. Kleine Karte, alle Gerichte unter 20 $. Tägl. 9–16 Uhr. Sea Acres Rainforest Centre, ℅ 65824444, www.rainforestcafe.com.au. ■

The Corner Restaurant 8, auf der Dinnerkarte stehen z. B. Entenbrust glasiert mit Ahornsirup oder Seafood-Chili-Linguine (je um 30 $). Tagsüber 1-a-Adresse für Lunch, Kaffee und Gebäck. Tägl. ab 7 Uhr. Clarence Street/Ecke Munster Street, ℅ 65833300, www.cornerrestaurant.com.au.

Reyhana 6, hier gibt es türkische Küche mit Shish-Kebab, Pide und Baklava, aber auch über Holzkohle gegrillte Hähnchen. Gute Qualität, dafür auch ein wenig teurer, als die sonst üblichen Kebab-Lokale. Auch als Take-away. 2/29 Horton Street, ℅ 65844154.

Pubs Town Green Inn 2, das „TG" ist für das Feierabendbier beliebt, 10 verschiedene Sorten vom Zapfhahn. 4 Horton Street, ℅ 65807899, www.towngreeninn.com.au.

Port Macquarie Hotel 5, der Dinosaurier von Port. Hier trinken die Arbeiter ihr Feierabendbier. 3 Bars und Bottleshop. Horton Street/Ecke Clarence Street, ℅ 65807888, www.portmacquariehotel.com.au.

Nordküste

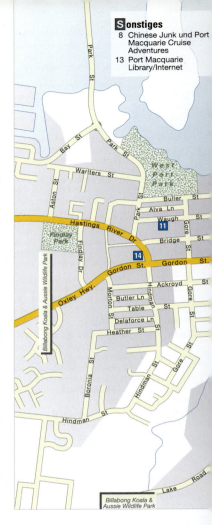

Sonstiges
8 Chinese Junk und Port Macquarie Cruise Adventures
13 Port Macquarie Library/Internet

Touren & Aktivitäten

Cruises The Chinese Junk ■, grüne Dschunke mit Drachen am Bug. Ausfahrten Mo/Mi 10–12 Uhr (17 $), Lunch-Cruise Fr/So 11–13 Uhr (30 $ inkl. Fish&Chips), Sunset-Cruise nach Ankündigung (27 $, 2 Std.), Abfahrt am unteren Ende der Clarence Street. ☏ 65833721, www.junkcruises.com.au.

Port Macquarie Cruise Adventures ■, großes Angebot. Die Everglades-Cruise dauert 6 Std. und erstreckt sich über insgesamt 90 km (1-mal/Woche, 79 $), eine kleine Scenic-eco-Cruise dauert 2 Std. (2-mal tägl., ab 15 $). Mai–Dez. auch Whalewatching. Buchungsbüro in der 3/74 Clarence Street. Die Boote liegen in der Town Wharf, am unteren Ende der Short Street. ☏ 1300555890, www.cruiseadventures.com.au.

Port Venture, 120-minütige Cruise 17 $, BBQ-Lunch-Cruise 40 $ inkl. Verpflegung, Mai–Nov. Whalewatching. ☏ 65833058, www.portventure.com.au.

Kajak Kayaktivity, hier kann man mit den sportlichen Paddle-Skis, wie sie auch bei Wettbewerben verwendet werden, aufs Wasser. Einsteigerkurse ab 30 $. ☏ 0419154306 (mobil), www.kayaktivity.com.au.

Hochseeangeln & Jetski Ocean Star, auf einem 40-ft-Boot geht es auf Angeltour nach Snapper, Kingfish oder Jewfish. Rundumversorgung mit Ausrüstung, Verpflegung und Abholung vom Hotel. Preise je nach Teilnehmerzahl auf Anfrage. An der Town Wharf, ☏ 0416240877 (mobil), www.oceanstarfishing.com.

Surfen Port Macquarie Surf School, im Angebot sind Gruppenstunden (120 Min., 40 $), Privatstunden oder ein 5-tägiger Kurs. ☏ 65855453, www.portmacquariesurfschool.com.au.

Soul Surfing Surf School, Gruppenstunde (120 Min.) 50 $, 90 Min. Privatunterricht 75 $. ☏ 65820114, www.soulsurfing.com.au.

Tauchen Rick's Dive School, Schnupperkurse, Tauchscheine, Schnorcheln und Speerfischen. 19 Granite Street, ☏ 65847759 oder 0422063528 (mobil), www.ricksdiveschool.com.au.

Fallschirmspringen Coastal Skydivers, Tandemsprung aus 10.000 ft (ca. 3000 m) Höhe 320 $, Fotos oder DVD kosten je 80 $ extra. Kompletter Kurs mit Zertifikat 2600 $. Am Port Macquarie Airport, ☏ 0428471227 (mobil), www.coastalskydivers.com.

Rundflüge Australia by Seaplane, kurze Rundflüge über den Leuchtturm und die Region (30 Min.) ab 120 $ bzw. 360 $ (75 Min.). An der Waterfront, ☏ 0404684212 (mobil), www.australiabyseaplane.com.au.

Kamelreiten Port Macquarie Camel Safaris, den Ritt auf dem Wüstenschiff gibt es am Lighthouse Beach. 30 Min. 35 $/Pers. Mo–Fr 9.30–13 Uhr. Genaue Termine erfragen unter ☏ 0437672080 oder 0415752254 (mobil), www.portmacquariecamels.com.au.

Nachtleben
- 2 Town Green Inn
- 5 Port Macquarie Hotel

Cafés
- 4 Casualties Espresso Bar
- 7 Cedro
- 16 Rainforest Café

Essen & Trinken
- 3 The Corner Restaurant
- 6 Reyhana
- 9 The Stunned Mullet Restaurant

Übernachten
- 1 Sundowner Breakwall Tourist Park
- 3 Macquarie Waters
- 10 Observatory Resort Hotel
- 11 Ozzie Possie Backpackers
- 12 Town Beach Motor Inn
- 14 Port Macquarie Backpackers
- 15 Flynn's on Surf

Port Macquarie

Sehenswertes

Port Macquarie ist eine der ältesten Siedlungen Australiens und so ist der **Port Macquarie Heritage Trail** (Karte in der Touristinformation erhältlich) ein guter Einstieg fürs Sightseeing-Programm. Zu den Stationen gehören das *Old Court House*, die *St. Thomas Church* oder die *Lakes Inns Ruins*. Die Kirche (1824–1828) ist die drittälteste in ganz Australien und wird immer noch genutzt. Zwei Museen sind außerdem erwähnenswert, das **Maritime Museum** mit allerlei Artefakten zum Thema Schifffahrt (Mo–Fr 10–16 Uhr, 5 $, William Street, ✆ 65831866) sowie das **Port Macquarie Historical Museum** mit lokalen Ausstellungsstücken des 19. und 20. Jh. (Mo–Sa 9.30–16.30 Uhr, 5 $, 22 Clarence Street, ✆ 65831108). Einen kurzen

Ausflug wert ist das **Tacking Point Lighthouse** von 1879 am nördlichen Ende des Lighthouse Beach. Entlang der Breakwall hinter dem Campingplatz haben sich Besucher über Jahre hinweg verewigt und die Felsbrocken bunt bemalt. Die Botschaften reichen vom banalen „John war hier!" bis hin zum Heiratsantrag.

Historic Courthouse: Erbaut im Jahr 1869, ist das alte Gerichtshaus das letzte verbleibende Regierungsgebäude von Port Macquarie. 117 Jahre erfüllte es seine Funktion, bevor die Büros 1986 in neue Räumlichkeiten umquartiert wurden. Nach aufwendigen Restaurierungsarbeiten, in deren Zuge man auch den Innenbereich zu altem Glanz aufpoliert hat, konnte es im August 1993 der Öffentlichkeit zugänglich gemacht werden. Es gibt geführte Touren durch das Gebäude.
Mo–Fr 10–15 Uhr, Sa 10–13 Uhr. Eintritt 2 $. Clarence Street/Ecke Hays Street, ✆ 65841818.

Glasshouse: Erstklassiger Veranstaltungsort, in dem es seit Ende 2008 die *Regional Gallery*, eine Theaterbühne, ein Café und verschiedene kleinere Räumlichkeiten für Ausstellungen und Aufführungen unter einem Dach vereint gibt. Wie der Name schon sagt, wurde hier jede Menge Glas verbaut, was dem Gebäude einen modernen Look verleiht. Hier befindet sich auch die Touristeninformation.
Gebäude, Mo–Fr 9–17.30 Uhr, Sa/So 9–16 Uhr. Regional Gallery, Di–Fr 10–17 Uhr, Sa/So 10–16 Uhr. Clarence Street/Ecke Hay Street, ✆ 65818888, www.glasshouse.org.au.

Billabong Koala & Aussie Wildlife Park: Tierpark mit allerlei Reptilien, Kängurus und Koalas, aber auch seltenen Beutelmardern oder nichtheimischen Spezies wie z. B. Affen. Unterhaltungsprogramm mit verschiedenen Shows – natürlich kann man sich auch mit einem Koala ablichten lassen.
Tägl. 9–17 Uhr. Eintritt 26,50 $. 61 Billabong Drive, ✆ 65851060, www.billabongkoala.com.au.

Sea Acres Rainforest & Cafés: Kleines Areal mit Küstenregenwald, das direkt an den Shelley Beach angrenzt, etwa 4 km südlich der Stadt gelegen. Bei dem Spaziergang auf dem knapp 1,3 km langen Steg, der durch die grüne Oase führt, kann man wunderbar die vielfältige Tierwelt beobachten. Auch für Rollstuhlfahrer geeignet. Es gibt außerdem ein Infozentrum, einen Shop und ein gutes Café.
Shop und Café tägl. 9–16 Uhr. Pacific Drive, ✆ 65824444, www.rainforestcafe.com.au.

Koala Hospital: Je mehr Lebensraum der Mensch für sich beansprucht, desto schwieriger wird das Leben für die kleinen Fellknäuel. Viele werden von Autos angefahren, von Hunden attackiert oder kommen anderweitig im Zivilisationsdschungel zu Schaden. 200–250 Exemplare werden hier pro Jahr behandelt. Man ist auf Spenden angewiesen, also nicht geizig sein.
Tägl. 8–16.30 Uhr, Fütterungszeit 15 Uhr. Eintritt durch Spende. Lord Street, ✆ 65841522, www.koalahospital.org.au.

Timbertown: Hier wird das Leben nachgezeichnet, wie es vor über hundert Jahren stattgefunden hat. In dem Themenpark ziehen Ochsenkarren ihre schwere Ladung, in der dampfbetriebenen Sägemühle werden Bäume geschnitten und in der Drechslerei kann man bei der Holzverarbeitung zuschauen. Ein Restaurant und ein toller Süßigkeitenshop sorgen für die Stärkung zwischendurch.
Tägl. 9.30–16 Uhr. Eintritt 19,50 $. Am Oxley Highway, nahe Wauchope, ✆ 65861940, www.timbertown.com.au.

Baden & Strände

Town Beach: Der beliebteste Strand, nur einen kurzen Fußmarsch vom Zentrum entfernt. Eignet sich gut zum Schwimmen und Surfen. Es sind Lifeguards im Einsatz, außerdem gibt's Toiletten, Picknickplätze, einen Surfclub und einen Kiosk. Nur etwas südlich davon befindet sich der **Oxley's Beach**.

Flynns Beach: Schöner Strand, ebenfalls von Rettungsschwimmern patrouilliert. Kleines Café mit Terrasse und schattige Grünfläche. Es gibt elektrische BBQs, den Surf-Club und öffentliche Toiletten.

Miners Beach: Der (inoffizielle) FKK-Strand in Port Macquarie. Am nördlichen Ende befindet sich ein kleines Areal mit Regenwaldvegetation, im Süden kann man bis zum Leuchtturm wandern. Keine Lifeguards.

Lighthouse Beach: Ein langer Strand, der sich für lange Spaziergänge eignet und auch bei Surfern beliebt ist. Von hier starten die Kamelritte (s. o.) und am nördlichen Ende steht der Leuchtturm.

Nambucca Heads

ca. 6000 Einw.

Wirklich viel zu sehen gibt es nicht in Nambucca Heads, aber im Gegensatz zu den umliegenden Touristenhochburgen geht es hier geruhsamer zu. Die ersten Weißen, die sich um 1840 in der Gegend niederließen, waren Holzfäller. Und weil es hier jede Menge des Rohstoffes gab, entwickelte sich eine rege Schiffsindustrie. Die Zufahrt in das Mündungssystem forderte allerdings ihren Tribut und so mancher Segler der frühen Tage fiel der berüchtigten Sandbank zum Opfer. Urlauber finden direkt an der bunt bemalten Mole einen der schönsten Campingplätze des Staates, von dem es außerdem nur ein Katzensprung bis zum nächsten Strand ist. Natürlich ist das Gesamtangebot nicht so umfangreich wie etwa in Coffs Harbour oder Port Macquarie, aber es gibt alles, was man für einige schöne Tage braucht, und man kann sich wunderbar unter die Einheimischen mischen.

GPS: S30°38.778' E153°00.832'
Ortsvorwahl: 02

Anreise Pkw: *Nambucca Heads* liegt 120 km nördlich von *Port Macquarie* bzw. 55 km südlich von *Coffs Harbour*. Die Anreise erfolgt über den Pacific Highway, von dem man auf den Riverside Drive bzw. die Pioneer Street abzweigt.

Bus: *Greyhound Australia* (✆ 1300473946, www.greyhound.com.au) fährt nach *Coffs Harbour* (35 $, 40 Min.) oder *Port Macquarie* (40 $, 1:30 Std.). *Premier Motor Service* (✆ 133410, www.premierms.com.au) ist günstiger, hat aber weniger Verbindungen.

Touristinfo Visitor Information Centre, Information und Buchung. Tägl. 9–17 Uhr. Pacific Highway/Ecke Riverside Drive, ✆ 65686954, nambuccatourism@nambucca.nsw.gov.au.

Nambucca Heads im Internet Infos unter www.nambuccatourism.com.au.

Festivals Volkswagen Spectacular, jeden August wird hier das deutsche Kultgefährt gefeiert. Dann cruisen alte Käfer und Bullis die Küste rauf und runter.

Internet Bookshop Cafe, Ridge Street/Ecke Bowra Street, ✆ 65685855, bookshop@hot.net.au.

Sehenswertes Captain Cook Lookout, toller Ausblick auf Lagune, Fluss und Strand. Erreichbar über die *Ridge Street* (gut beschildert).

V-Wall (Mole), am Ende des Wellington Drive. Auch hier sind die Steinbrocken bunt bemalt und mit lustigen Botschaften versehen. Bei Anglern beliebter Standort.

Mosaic Sculpture, gegenüber der Polizeistation befindet sich ein Mosaik, das eine Unterwasserlandschaft mit Fischen, Delfinen und Wellen darstellt.

Gordon Park Rainforest & Nature Walk, mitten im Wohngebiet eingebettet, befindet sich die winzige grüne Oase mit einigen schönen Spazierwegen.

Strände Shelly Beach, keine Wellen, bei Ebbe kann man von der Mole an der Lagune vorbei über den Wellington Rock zu diesem Strand spazieren.

Main Beach, hier gibt es gute Wellen zum Surfen, außerdem ist hier der Lifesaving-Club stationiert.

Supermarkt Woolworths, Mo–Sa 7–22 Uhr, So 7.30–20 Uhr. Fraser Street/Ecke Back Street.

Übernachten Oceanview Numbucca Heads, wohnliche Apartments, voll ausgestattet mit Küche, Geschirrspüler, Waschmaschine und Trockner. Mit einem Schlafzimmer ab 195 $, mit 2 Schlafzimmern ab 235 $. Motelzimmer ab 100 $. 2 Fraser Street, ✆ 0402278424 (mobil), www.ocean viewatnambucca.com.

Riverview Lodge, geschichtsträchtiges Gebäude aus dem Jahr 1887 und mit ganz besonderem Charme. Es gibt 8 Zimmer, jeweils mit Bad, Kühlschrank, AC und TV wie auch Balkon mit Ausblick. Übernachtung je nach Saison 139–205 $. 4 Wellington Drive, ✆ 65686386, www.riverviewlodgenambucca.com.au.

White Albatross, perfekte Lage direkt an der Lagune und mit der V-Wall Tavern gleich nebenan. Camping ab 40 $, die günstigste Cabin (mit Bad) ab 90 $. Viele Varianten toller Cabins (gute Alternativen zum Hotel) für bis zu 6 Pers. (115–290 $). Wellington Drive, ✆ 65686468, www.whitealbatross.com.au.

Weitere Camping-Alternativen sind der **Nambucca Beach BIG4**, Swimming Creek Road, ✆ 65686120, www.nambuccabeach.com.au, oder der **Foreshore Caravan Park**, 25 Riverside Drive, ✆ 65686014, www.foreshorecaravanpark.com.au.

Hausboote Nambucca River Houseboats, mit TV, DVD-Player und voll ausgestatteter Küche mit Gefrierschrank. Boote ab 550 $/Wochenende (Fr–Mo 9 Uhr früh). In der Hochsaison etwa 700 $, an Feiertagen bis zu 1000 $. ✆ 65694055, 0427689313 (mobil), www.nambuccariverhouseboats.com.

Essen & Trinken V-Wall Tavern & Brasserie, Speise- und Gastraum im Inneren, aber auch eine riesige Terrasse mit Blick aufs Wasser. Steaks, gegrillter Fisch oder Burger. Hauptgerichte ab 20 $. Super zum Biertrinken und Sportschauen. Tägl. Mittag- und Abendessen, am Wochenende Brunch. 52 Wellington Drive, ✆ 65686344.

Nambucca Boatshed & Café, hier gibt es guten Kaffee und klassisches Frühstück von Müsli bis Bacon & Eggs. Mittags z. B. den gegrillten Fishburger (17 $). Mo–Sa ab 7.30 Uhr, So ab 8 Uhr. Riverside Drive, ✆ 65686511, www.nambuccaboatshed.com.au.

Lom Talay Thai, gute Asia-Küche, klassische Reis- oder Nudelgerichte mit Gemüse, Fleisch oder Fisch kosten 15–20 $, das rote Entencurry 24 $. Di–Sa 17.30–20.30 Uhr. 58 Ridge Street, ✆ 65688877.

RSL Club, Bistro und Café in guter Lage am Fluss. Kaffee, Kuchen, Burger, Steaks, Garnelen usw. zu Club-Preisen. Großer Parkplatz direkt vor der Tür. Tägl. ab 10 Uhr. Nelson Street, ✆ 65686288.

The Pub With No Beer

Die Horrorvorstellung eines Pubs ohne Bier hat einst Country-Legende *Slim Dusty* besungen und eindrucksvoll das blanke Entsetzen der Gäste geschildert, als der Wirt den Satz von sich gab: „the pub got no beer". Hier im **Taylors Arms Hotel** soll sich dieser Vorfall tatsächlich so zugetragen haben, der zunächst in Gedichtform niedergeschrieben wurde und letztlich als Lied zu einem Nummer-1-Hit avancierte. Allerdings ist nicht ganz unumstritten, wo genau sich diese Geschichte zugetragen hat, denn auch das **Lees Hotel** in der Ortschaft **Inverell** in Nordqueensland beansprucht die Begebenheit für sich. Das sollte man hier aber tunlichst nicht erwähnen, sondern sich stattdessen lieber zu den Gästen an den Tresen gesellen und sich darüber freuen, dass man so ein Unglück nicht selbst erleben muss.

Tägl. ab 11 Uhr. Auch Unterkünfte. Taylors Arm Road, Taylors Arm (Macksville), ✆ 65642100, www.pubwithnobeer.com.au.

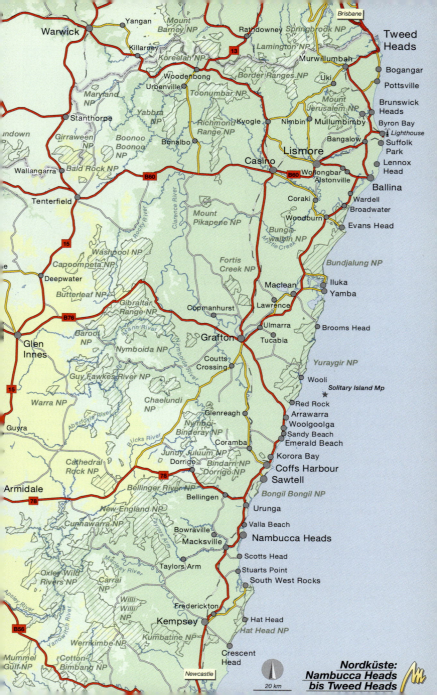

Superkitschig: die „Big Banana" in Coffs Harbour

Coffs Harbour

ca. 26.000 Einw.

Die superkitschige „Big Banana" ist Wahrzeichen der Stadt und zieht Touristen geradezu magisch an. Aber da die gelben Früchte eng mit der Entwicklung der Stadt verbunden sind, hat sie durchaus ihre Existenzberechtigung.

Der Ort und auch der Name gehen auf Kapitän *John Korff* zurück, der 1847 erstmals die Region erkundete – bereits im Jahr 1861 wurde der offizielle Name *Coffs Harbour* verzeichnet. Schon damals erfreute sich der Hafen äußerster Betriebsamkeit, über 400 Schiffe pro Jahr legten hier an. Holz war in den frühen Jahren die Haupteinnahmequelle, Anfang des 20. Jh. entwickelte sich der Bananenanbau, der in den 60er-Jahren seinen Höhepunkt erreichte (Auftritt der Big Banana). Neben einer beachtlichen Fangflotte im Hafen gibt es auch heute noch einige Plantagen, aber mittlerweile ist es größtenteils der Tourismus, der die Dollars in die Kasse spült. Das Zentrum der aufstrebenden Kleinstadt verbreitet kosmopolitisches Flair, im Hafenbereich findet man um den *Jetty Strip* historische Gebäude, ausgezeichnete Restaurants und entspannte Straßencafés.

Basis-Infos → Karte S. 363

GPS: S30°18.31' E153°06.89'
Ortsvorwahl: 02

Anreise Pkw: Der Pacific Highway führt direkt durch *Coffs Harbour*. Nach *Port Macquarie* sind es etwa 165 km, nach *Armidale* knapp 200 km, nach *Byron Bay* 250 km und nach *Brisbane* um die 400 km.

Bus: *Greyhound Australia* (✆ 1300473946, www.greyhound.com.au) oder *Premier Motor Service* (✆ 133410, www.premierms.com.au) halten hier. *Sydney* (ab 65 $, 9 Std.), *Port Macquarie* (45 $, 2:45 Std.), *Byron Bay* (50 $, 5 Std.).

Die New England Coaches (📞 67321051, www.newenglandcoaches) operieren zwischen Tamworth und Coffs Harbour und halten auch in Uralla und Armidale.

Bahn: Die Züge von *NSW TrainLink* (📞 132232, www.nswtrainlink.info) verbinden die Stadt mit *Sydney* (69 $, 9 Std.) und *Brisbane* (60 $, 5:30 Std.).

Flugzeug: Flüge mit *Tiger Air* (📞 80733421, www.tigerair.com), *VirginAustralia* (📞 136789, www.virginaustralia.com.au) und *Qantas* (📞 131313, www.qantas.com.au), z. B. nach *Sydney* ab 99 $ oder *Brisbane* ab 175 $.

Touristinfo Visitor Information Centre, kompetente Beratung zur ganzen Region. Tägl. 9–17 Uhr. 351 Pacific Highway (an der Big Banana), 📞 66484990 oder 1300369070, tourism@coffscoast.com.au.

Coffs Harbour im Internet Informationen unter www.coffscoast.com.au oder www.visitcoffsharbour.com.

Festival & Events Coffs Harbour Buskers, Ende Sept./Anfang Okt. Tolles Festival mit Musikdarbietungen, Straßenkünstlern und Comedians. www.coffsharbourbuskers.com.

Internet Coffs Harbour Library **7**, kostenloser Zugang an Terminals und per WLAN. Mo–Fr 9.30–18 Uhr, Sa 9.30–14 Uhr, Coff Street/Ecke Duke Street, 📞 66484900.

Markt Coffs Jetty Markets, jeden So 8–14 Uhr. Über 100 Stände in der Tiefgarage des Jetty Village Shopping Centre. www.coffsjettymarkets.com.au.

Supermarkt Aldi **3**, Mo–Fr 8.30–20 Uhr (Do bis 21 Uhr), Sa 8–18 Uhr, So 9–18 Uhr, Park Beach Plaza, Pacific Highway.

Übernachten/Essen & Trinken/Nachtleben → Karte S. 363

Übernachten Santa Fe **1**, richtig heimeliges B&B mit hochwertig eingerichteten Zimmern, alle mit eigenem Bad, separaten Eingängen und kleiner Terrasse. In der Anlage Pool und großer Grill, auf Wunsch wird alles für ein BBQ besorgt. 195–250 $/Nacht. Etwas außerhalb, 235 The Mountain Way (ab Gaudrons Road), Sapphire Beach, 📞 66537700, www.santafe.net.au.

Park Beach Resort Motel 4, saubere Zimmer mit bequemen Betten und einer kleinen Kitchenette. Kostenloses WLAN, Minigolf inkl. Salzwasserpool. Im DZ ab 120 $. 111 Park Beach Road, 📞 66524511, www.parkbeachresort.com.

Ibis Budget 8, die supergünstige Hotelkette hat auch einen Ableger in Coffs Harbour. Minimalistisch eingerichtete Zimmer schon ab 60 $. 1A McLean Street (Ecke Pacific Highway), 📞 66509101.

Coffs Harbour YHA 13, klassisches Hostel in der Nähe der Marina und des Piers. Surfbretter, Bodyboards und Fahrräder zu mieten. Im 6er-Zimmer ab 27 $, im DZ/Twin mit eigenem Bad ab 72 $. 51 Collingwood Street, 📞 66526462, www.yha.com.au.

Camping Park Beach Holiday Park **5**, großer Park in Strandnähe, komplett mit Shop, Internetzugang, TV-Raum, Tennisplatz und kostenlosen BBQs. Stellplatz ab 30 $ (ab 40 $ mit Strom), Cabins und Villas 90–300 $, Aufschlag in der Hauptsaison.

Ocean Parade, 📞 66484888, www.parkbeachholidaypark.com.au.

BIG4 Emerald Beach Holiday Park **2**, toller Campingplatz mit sauberen Sanitärblocks, zwei großen Campküchen und Swimmingpool. Kostenloses WLAN. Camping ab 35 $, Cabins 110–200 $. 73 Fisherman's Drive, 📞 66561521, www.ebhp.com.au.

Restaurants & Cafés Taste of North India **17**, Lamb Vindaloo, Rogan Josh oder Hähnchen Masala gibt es hier für rund 18–20 $. Viele vegetarische Gerichte (etwas billiger). Di–So ab 17 Uhr. 396a Harbour Drive, 📞 66511668, www.tasteofnorthindia.com.au.

Edelweiß 11, wer sich selbst im Urlaub nach einem heimischen Bier sehnt, der kann hier für 22 $ eine Maß Erdinger Weißbier bestellen. Dazu ein Schnitzel oder eine Currywurst (um 20 $). So–Do 17–21 Uhr, Fr/Sa 17–22 Uhr. 168 Pacific Highway, 📞 66389333, www.edelweißrestaurant.com.au.

Happy Frog 10, aus lokal erzeugten Bioprodukten werden hier vegetarische und vegane Gerichte gezaubert, z. B. Frittatas, Salate, Currys und Süßspeisen (auch vegane Kuchen). Mo–Fr 7.30–18 Uhr, Sa 8–15.30 Uhr. 16 Park Avenue, 📞 66516518, www.thehappyfrog.com.au.

Shearwater 19, nettes Lokal mit Blick auf den Coffs Creek. Zum Lunch die Pasta des Tages für 18 $, das gegrillte Chicken-Sandwich für 15 $ und ein Steak für 32 $.

Auf der Abendkarte Hauptgerichte 30–40 $. Tägl. ab 8 Uhr. 321 Harbour Drive, ℅ 66516053, www.shearwaterrestaurant.com.au.

Urban Espresso Lounge 18, etliche Kaffeevarianten, frisch gepresste Säfte und Frühstück, aber auch eine Mittagskarte mit Steaksandwiches (18 $) oder Thai-Beef-Salat (17 $). Tägl. ab 7 Uhr. 384a Harbour Drive, ℅ 66511989, www.urbanespressolounge.com.au.

Im Hafen Yacht Club 14, Biertrinken mit den „Yachties" auf der großen Terrasse mit Blick auf Pier und Hafen. Lunch and Dinner (20–40 $) clubüblich, z. B. Surf&Turf-Combo. Tägl. geöffnet. 30 Marine Drive, ℅ 66511741, www.coffsyachtie.com.au.

Fisherman's Co-Op 15, superfrische Produkte aus dem Meer, im Fischladen roh oder zubereitet erhältlich, z. B. als Fish& Chips (ab 10 $). Tägl. 9 Uhr bis zum frühen Abend. 69 Marina Drive, ℅ 66522811, www.coffsfishcoop.com.au.

Pubs, Steaks & Live-Musik The Plantation Hotel 6, tolles Pub mit mehreren Bar-Bereichen, einer Live-Bühne und gutem Pub-Grub. Jeden Tag ein 10 $-Menü (z. B. Steak, Lasagne, Fish&Chips), zwei Gerichte für 15 $. Fr/Sa ist nachts Party angesagt, DJs legen auf. Pacific Highway, ℅ 66523855, www.plantationhotel.com.au.

The Coast Hotel 9, neu umgebaut und in eine trendige Location verwandelt. Klassischer Tresen-Bereich, gutes und günstiges Bistro und eine Lounge-Bar. Schöne Terrasse. Am Wochenende legen DJs auf und es wird gefeiert. 2 Moonee Street, ℅ 66523007, www.coasthotel.com.au.

Touren & Aktivitäten

Rundflüge Precision Helicopters, Helikopterflüge zum einsamen Leuchtturm auf South Solitary Island. Das Lighthouse und die dazugehörigen Gebäude wurden bereits 1880 erbaut. Ab 250 $/Pers. Hangar 77, Aviation Drive, ℅ 66529988, www.precisionhelicopters.com.au.

Surfen Lee Winkler Surf School, Lee war über 10 Jahre auf der *Pro-Tour* unterwegs. Kurs 55 $ (ca 100 Min.), 3 Einheiten 150 $, 5 Einheiten 220 $, Privatstunde 75 $ (inkl. Material). Treffpunkt ist meist am *Coffs Harbour Surf Lifesaving Club* am Park Beach. ℅ 66500050, www.surfschoolcoffsharbour.com.au.

Tauchen & Whalewatching Jetty Dive 16, Schnuppertauchen (Pool) kann man hier schon für 75 $, mit 2 Tauchgängen 249 $. Open-Water-Kurse ab 495 $. Getaucht wird an den Solitary Islands. Auch Ausfahrten zum Whalewatching. 398 Harbour Drive, The Jetty Strip, ℅ 66511611, www.jettydive.com.au.

Pacific Explorer 12, in der Saison Mai–Nov. zum Whalewatching. Tägl. 8.30 Uhr, in den Ferien und am Wochenende evtl. Zusatztermine. Marina, Marina Drive, ℅ 0422210338, www.pacificexplorer.com.au.

Fallschirmspringen Coffs Skydivers 20, Tandemsprung aus 6.000 ft (ca. 1800 m) Höhe 229 $, aus 15.000 ft (ca. 4550 m) mit Landung am Strand 399 $. DVD-Pack ab 129 $. Drop-Zone ist am Aviation Drive, ℅ 66511167 oder 0400916600 (mobil), www.coffsskydivers.com.au.

Fischen Cougar Cat 12, Angeltouren von 6–13 Uhr, 150 $/Pers. Boot liegt am First Finger, Pier 1, Coffs Harbour Marina, ℅ 0412652003 (mobil), www.cougarcat12.com.au.

Sehenswertes

Einen kleinen Rundgang durch das Hafenviertel sollte man auf jeden Fall unternehmen. Dort liegt die beachtliche Fischfangflotte und am **Pier** nebenan kann man gut baden. Über die Marina erreicht man **Muttonbird Island,** die südliche Grenze des Solitary-Islands-Marine-Parks. Vom Hafen aus führt ein durchgehend geteerter Weg über die Insel. Die Aussichtsplattform eignet sich hervorragend, um während der Saison (Juni–September) Wale zu beobachten.

Big Banana: Ihr gebührt der zweifelhafte Ruf, der erste Vertreter von Australiens „Big Things" zu sein. 1964 wurde das Ungetüm gebaut und hat sich mittlerweile

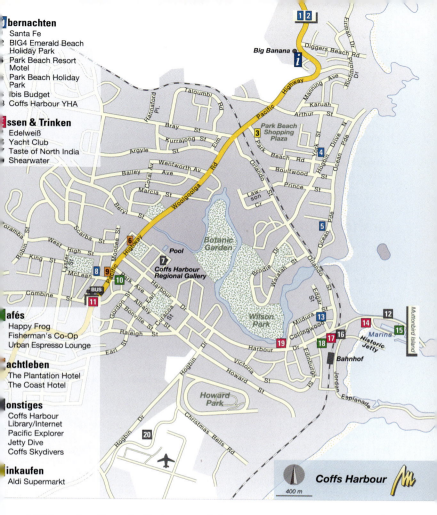

wirklich zu einer Ikone der Region entwickelt, sogar auf einer australischen Briefmarke ist die Big Banana abgebildet. Immerhin kann man durch die riesige Banane hindurchspazieren, die Plantage besichtigen und sich im Souvenirshop nebenan gelbe, gebogene Kugelschreiber kaufen. Wer mit dem ganzen Kitsch nichts anzufangen weiß, kann zumindest den Hügel hinaufmarschieren, von wo man einen tollen Blick über die ganze Küste hat.

Tägl. 9–17 Uhr. Verschiedene Kombitickets (16–57 $), die verschiedene Aktivitäten wie Sommerrodeln, Schlittschuhlaufen (!!!) in der Halle und einen Besuch der „World of Bananas"-Vorführung beinhalten. ✆ 66524355, www.bigbanana.com, www.candykitchen.com.au.

Botanical Garden: Etwa 5 km Splitwege und Holzstege durchziehen den *North Coast Regional Botanical Garden* am Ufer des Coffs Creek. Einige Sektionen be-

stehen aus penibel angelegten Beeten und Gartenlandschaften, während man in anderen die natürliche Waldvegetation belassen hat. Es gibt Bereiche mit Mangroven, gefährdeten Spezies und Nutzpflanzen der Aborigines. Ideal zum Herumschlendern und Entspannen.
Tägl. 9–17 Uhr, Infozentrum 11–15 Uhr. Eintritt frei. Hardacre Street, ☏ 66484188, www.ncrbg.com.au.

Coffs Harbour Regional Gallery: Die Galerie, die seit 2001 existiert, ist mit gut drei Dutzend weiterer regionaler Galerien in New South Wales vernetzt – dies ermöglicht wechselnde Ausstellungen im 4- bis 6-Wochen-Rhythmus. Darüber hinaus werden natürlich auch Werke lokaler und regionaler Künstler präsentiert. An Sonntagen gibt es immer wieder verschiedene Veranstaltungen (nach Ankündigung).
Di–Sa 10–16 Uhr. Eintritt frei. Rigby House, Coff Street/Ecke Duke Street, ☏ 66484863, www.coffsharbour.nsw.gov.au.

Grafton und Umgebung

ca. 17.000 Einw.

Das Städtchen mit den breiten Straßen und der schmalen Brücke wird vom Clarence River geteilt, der sich wie eine Lebensader durch die fruchtbare Region zieht. Den wohlklingenden Beinamen „Jacaranda City" erhielt das Städtchen aufgrund der Vielzahl an gleichnamigen Bäumen, die die Straßen der Stadt säumen und zu Zeiten der Blüte ihre Umgebung verzaubern. Bekannt ist Grafton v. a. wegen der zweistöckigen Auto- bzw. Eisenbahnbrücke aus dem Jahr 1932, die über den Clarence River führt, aber auch den Poeten *Henry Kendall* (1839–1882) erwähnt man hier gerne, auch wenn der nur kurze Zeit in Grafton lebte.

GPS: S29°411.938' E152°55.263'
Ortsvorwahl: 02

Anreise Pkw: Über den Gwydir Highway sind es 160 km nach *Glen Innes*. Auf dem Pacific Highway fährt man 85 km nach *Coffs Harbour* bzw. 140 km nach *Ballina*.

Bus: *Greyhound Australia* (☏ 1300473946, www.greyhound.com.au) fährt nach *Coffs Harbour* (ab 20 $, ca. 1:30 Std.), *Byron Bay* (ab 38 $, ca. 3 Std.) oder *Brisbane* (ab 61 $, ca. 6 Std.). Auch mit *Premier Motor Service* (☏ 133410, www.premierms.com.au).

Bahn: Direkte Anbindung mit den Zügen von *NSW TrainLink* (☏ 132232, www.nswtrainlink.info). *Brisbane* (ab 40 $, ca. 3:30 Std.) oder *Coffs Harbour* (ab 12 $, ca. 1:10 Std.).

Touristinfo Clarence River Visitor Centre, großes Infozentrum mit umfangreichem Material und netter Beratung. Tägl. 9–17 Uhr. Pacific Highway/Ecke Spring Street, ☏ 66424677, contactus@clarencetourism.com.

Grafton im Internet Informationen unter www.clarencetourism.com.au.

Festivals Grafton Cup, im Juli. Eines der höchstdotierten Pferderennen im ländlichen Australien.

Jacaranda Festival, im Oktober. Australiens ältestes Blumenfestival findet statt, wenn im ganzen Ort die Jacarandas in ihrer Blüte stehen. www.jacarandafestival.org.au.

Internet Kostenlos via WLAN in der Touristeninformation.

Sehenswertes Grafton Regional Gallery, tolle Galerie mit wechselnden Ausstellungen. Seit 1988 wird hier alle 2 Jahre der *Jacaranda Acquisitive Drawing Award* vergeben. Di–So 10–16 Uhr. 158 Fitzroy Street, ☏ 66423177, www.graftongallery.nsw.gov.au.

Supermarkt Aldi, Mo–Fr 8.30–20 Uhr, Sa 8–18 Uhr, So 9–18 Uhr, Prince Street/Ecke Oliver Street.

Übernachten/Essen Gateway Village Holiday Park, toller Park, schön gestaltet und penibel gepflegt. Stellplätze für WoMos um 36 $, Motel-Unit mit Küche und Bad ab 140 $. Einfachere Studio-Units für 2 Pers. ab 120 $. 598 Summerland Way, ☏ 66424225, www.thegatewayvillage.com.au.

Fitzroy Motor Inn, ordentliche Zimmer mit kleiner Kitchenette, WLAN (4 Std. inkl.) und bequemen Betten. Im Garten ein Pool und ein BBQ-Platz, außerdem eine Waschküche im Haus. DZ ab 120 $. 27 Fitzroy Street, ℡ 66424477, www.fitzroymotel.com.au.

Riverside Brasserie, im *Crown Hotel*. Kein außergewöhnliches, aber solides Essen zu vernünftigen Preisen, außerdem mit super Blick auf den Clarence River. Di–Fr ab 7 Uhr, So ab 7.30 Uhr, Lunch ab 12 Uhr, Dinner (nicht am So) ab 18 Uhr. 1 Prince Street, ℡ 66424000, www.crownhotelmotel.com.

Austin & Co Waterside Dining, schön am Flussufer gelegen, mit richtig guter Küche. Zwei Gänge 48 $, drei Gänge 58 $, günstige Mittagsgerichte um 15 $. Di–Sa ab 9 Uhr, Lunch 12–15 Uhr, Sa ab 8 Uhr, Mi–Sa Abendessen ab 18 Uhr. 1 Duke Street, ℡ 66431010, www.austinandco.com.au.

Georgies Café, in der *Regional Gallery*. Ausgezeichnete Lammburger (15 $), Lachs auf Fenchelgemüse (25 $) oder Hühnerbrust in Prosciutto gewickelt (27 $). Di–So ab 9 Uhr, Mi–Sa Dinner ab 18 Uhr. 158 Fitzroy Street, ℡ 66426996.

Alchemy Café, Biokaffee, frisch gepresste Säfte und gute Küche. Internetterminal und kostenloses WLAN. Mo–Fr 7–17 Uhr, Sa 7.30–14.30 Uhr. 31 Skinner Street, ℡ 66433525.

Nationalparkcamping Mulligans Camping Area, im Gibraltar Range National Park. Vom Gwydir Highway auf den Mulligans Drive abzweigen. 7 $ Nationalparkgebühr und 10 $/Pers. und Nacht.

Yamba und Umgebung ca. 6500 Einw.

Die Breaks um *Yamba* und das südlich gelegene *Angourie* machten die Gegend für Surfer bereits in den 60er-Jahren zum beliebten Ziel und das hat sich bis heute nicht geändert. Aber auch wenn der Tourismus eine Rolle spielt, so ist es doch noch verhältnismäßig ruhig. Im Hafen liegt eine der größten Fangflotten von New South Wales – etwa ein Fünftel des gesamten Verbrauchs an Fisch und Meeresfrüchten des Bundesstaates wird von den hiesigen Trawlern eingebracht. Da muss man nicht lange überlegen, was auf den Teller kommt – v. a. die berühmten „Yamba Prawns" sollte man unbedingt probiert haben. In Angourie kann man vorzüglich in den **Blue Water Pools** schwimmen, die natürlichen Süßwasserpools sind leicht zu erreichen und äußerst erfrischend.

GPS: S29°25.701' E153°22.255'
Ortsvorwahl: 02

Anreise Pkw: Über den Pacific Highway und die Yamba Road. Nach Süden sind es 65 km nach *Grafton*, in nördlicher Richtung 100 km nach *Ballina* bzw. 138 km nach *Byron Bay*.

Bus: *Greyhound Australia* (℡ 1300473946, www.greyhound.com.au) fährt direkt zum YHA, z. B. ab Ballina (ca. 20 $, 1:30 Std.), *Premier Motor Service* (℡ 133410, www.premierms.com.au) steuert *MacLean* an. Von dort weiter mit Zubringern von *Busways* (℡ 66458941).

Yamba im Internet Informationen unter www.clarencetourism.com.

Internet YamCom Internet Café, im Shop 1/16 Coldstream Street, ℡ 66468912.

Sehenswertes Yamba Museum, kleines Museum mit wechselnden Ausstellungen. Eintritt 5 $. Di–Do 10–16.30 Uhr, Sa/So 14–16.30 Uhr. River Street, ℡ 66461399, www.pyhsmuseum.org.au.

Übernachten/Essen In Yamba und Umgebung gibt es jede Menge Ferienwohnungen, -häuser und Apartments zu mieten, allerdings wird meist ein Mindestaufenthalt von einer Woche verlangt. Eine Auswahl unter www.visityamba.com.au.

Angourie Rainforest Resort, großzügige Apartments mit Bad (einige mit Doppelspa), Küche, großem Balkon und geräumigem Wohnraum. Außerdem ähnlich eingerichtete freistehende Villen mit 2 Schlafzimmern. Übernachtung im Special ab 149 $ inkl. Frühstück, Preise regulär bis etwa 345 $. 166 Angourie Road, ℡ 66468600, www.angourieresort.com.au.

Yamba Beach Motel, gut ausgestattete Zimmer mit Bad, Balkon, Zimmerservice und Internetzugang. Standardzimmer ab 139 $, Weihnachten und Ostern bis 110 $ mehr. 30 Clarence Street, ℡ 66469411, www.yambabeachmotel.com.au.

Yamba YHA, nettes Hostel mit Internetzugang, super Café und Pool. Übernachtung im 8-Bett-Zimmer ab 27 $. 26 Coldstream Street, ℡ 66463997, www.yha.com.au.

Yamba Waters Holiday Park, BIG4-Park. Absolut eine Alternative zum Hotel. Camping ab 28–45 $, edel und komplett eingerichtete freistehende Garten-Villen mit 2 Schlafzimmern, Küche und Lounge ab 130 $/2 Pers. Golding Street, ℡ 66462930, www.yambawaters.com.au.

》》Mein Tipp: Beachwood Café, richtig gutes Lokal der Kochbuchautorin Sevtap Yüce. Türkisch inspirierte Küche, ideal für Frühstück und Lunch. Beim Einkauf wird Wert auf in der Region erzeugte bzw. Bioprodukte gelegt. Di–So 7–15 Uhr. 22 High Street, ℡ 66469781, www.beachwoodcafe.com.au. 《《

Yamba Shores Tavern, vorderste Waterfront, Bistro, Restaurant, Bar, Kneipe, Live-Bühne, große Terrasse und sogar noch ein Fahrservice, der die Gäste von der Unterkunft abholt und wieder zurückbringt. Im Bistro Hauptgerichte unter 25 $, 400g-T-Bone unter 30 $. 64 The Mainbrace, ℡ 66461888, www.yambashorestavern.com.au.

Ballina

ca. 17.000 Einw.

Ballina liegt im Mündungsgebiet des Richmond River, ist z. T. aber nur durch etwas größere Wassergräben vom Festland getrennt. Der Name leitet sich von dem Begriff „bullenah" der Aborigines ab und bedeutet so viel wie „Ort, an dem es viele Austern gibt". Und das stimmt noch immer und so stehen auch auf den Speisekarten der lokalen Restaurants Meeresfrüchte ganz oben. In den letzten Jahren hat man die Ortschaft immer mehr für die Besucher herausgeputzt und ein entsprechendes Angebot geschaffen, v. a. die Strandpromenade um den Fawcett Park herum fällt dabei auf. Die verzweigten Wasserwege in der Flussmündung sind bei Anglern sehr beliebt, östlich der Stadt findet man einige wunderbare Sandstrände zum Baden, Sonnen und Surfen. Seit 2013 kann man auch das Wahrzeichen der Ortschaft, die 9 Meter hohe und 35 Tonnen schwere „Big Prawn" wieder besichtigen.

GPS: S28°52.170' E153°35.078'
Ortsvorwahl: 02

Anreise Pkw: *Ballina* liegt am Pacific Highway. Nach *Grafton* sind's 140 km, nach *Byron Bay* 40 km, nach *Brisbane* 200 km. Nach *Lismore* 35 km gen Westen auf dem Bruxner Highway.

Bus: *Greyhound Australia* (℡ 1300473946, www.greyhound.com.au) und *Premier Motor Service* (℡ 133410, www.premierms.com.au) binden *Ballina* entlang dem Pacific Highway an. Vom *Gold Coast Airport* oder *Brisbane Airport* fährt ein Shuttle (www.byronbayshuttle.com.au).

Flugzeug: Der Ballina Airport ist nur 3 km vom Ortszentrum entfernt und wird von *Virgin Australia* (℡ 136789, www.virginaustralia.com.au), *Regional Express* (www.rex.com.au) und *Jetstar* (℡ 96455999, www.jetstar.com) von *Sydney* und *Melbourne* aus angesteuert.

Touristinfo Ballina Visitor Information Centre, tägl. 9–17 Uhr. River Street/Ecke Las Balsas Plaza, ℡ 66863484 oder 1300777666, balinfo@ballina.nsw.gov.au.

Ballina im Internet Informationen unter www.discoverballina.com.

Attraktionen Maritime Museum, gute Displays, mit Schiffsmodellen, Uniformen, Fotografien und zahlreichen anderen Ausstellungsstücken. Eintritt frei, Spenden erwünscht. Tägl. 9–16 Uhr. Regatta Ave, ℡ 66811002, www.ballinamaritimemuseum.org.au.

Bootstouren und -miete Richmond River Cruises, die Fahrten auf der MV River Princess dauern 2 Std. und kosten 30 $ (Kinder die Hälfte). Keine festen Ablegezeiten, Boot fährt nur bei genügend Buchungen. Regatta Avenue, ℡ 0427699317 (mobil), www.rrcruises.com.au.

Ballina Boat Hire, Vermietung von Tinnies (max 4 Pers., ab 60 $, 4 Std.) und BBQ-Booten (max 8 Pers., ab 120 $, 4 Std. plus Sprit). Kein Schein nötig. Am Wasser, gegenüber der 268 River Street, ℡ 0402028767 (mobil), www.ballinaboathire.com.au.

Kajaks Kayak Ballina, hier werden verschiedenen Touren in den verzweigten

Wasserwegen angeboten. Dauer etwa 3:30 Std., 70 $ pro Pers. River Street/Ecke Quays Drive (gegenüber der „Big Prawn"), ✆ 66814000, www.kayakballina.com.

Rundflüge & Touren Air T&G, kurzer, etwa 20-minütiger Helikopterrundflug für 2 Pers. 280 $, 35 Min. entsprechend 385 $. 210 Southern Cross Drive, Ballina Byron Gateway Airport, ✆ 66814915, www.airtg.com.au.

Supermarkt Aldi, Mo–Fr 8.30–20 Uhr (Do bis 21 Uhr), Sa 8–18 Uhr, So 9–18 Uhr. North Creek Road/Ecke Pacific Highway.

Taxi Ballina Taxi unter ✆ 66869999.

Übernachten Ballina Manor, tolles 2-stöckiges Haus, in den 1920ern als Mädcheninternat gebaut. 12 edle Gästezimmer mit Bad, TV und Deckenventilatoren. Übernachtung ab 165 $. 25 Norton Street, ✆ 66815888, www.ballinamanor.com.au.

Ballina Island Motor Inn, Zimmer unterschiedlicher Kategorien und z. T. auch mit Zwischentür verbindbar für Familien. Pool, WLAN, Restaurant. DZ online ab 100 $, regulär um 140 $. Ronan Place/ Ecke River Street, ✆ 66868866, www.ballinaislandmotorinn.com.au.

Travellers Lodge, sauber und gemütlich. Swimmingpool, voll ausgestattete Gemeinschaftsküche, BBQ und WLAN. DZ regulär 115 $, das Super-saver-Angebot 75 $. 36 Tamar Street, ✆ 66866737.

Ballina Lakeside Holiday Park, BIG4-Platz am See. Gute Einrichtungen mit Pool und Minigolf. Camping 36–74 $, Cabin ab 100 $, schöne Waterfront-Villen ab 180 $, in den Ferien das Doppelte. Fenwick Drive, ✆ 66863953, www.ballinalakeside.com.au.

Essen & Trinken The Boardwalk Brasserie, im *RSL-Club*. Über dem gängigen Club-Standard. Wagyu-Beef-Burger 13,90 $, Chicken-Curry 18 $ und 350g-T-Bone-Steak 23,90 $. Frühstück gibt es ab 8 Uhr im dazugehörigen River Café. Tägl. 12–14 und 18–20.30 Uhr. Im RSL-Club auch Barbetrieb mit Konzerten und Sportübertragungen. 240 River Street, ✆ 66862544, www.ballinarsl.com.au.

Ballina Gallery Café, wunderbar zum draußen sitzen. Mediterraner Vorspeisenteller mit Oliven, Auberginen und Käse (16 $), Spinat-Ricotta-Tarte (15 $) oder Fettucine mit Spanner-Crab (26 $). Frühstück und Lunch Mi–So ab 7.30 Uhr. 46 Cherry Street, ✆ 66813888, www.ballinagallerycafe.com.au.

Rakuu, japanisches Restaurant mit günstigen Preisen. Reis- oder Nudelgerichte mit Fleisch, Tofu oder Gemüse 12–15 $. Di–Sa 12–19 Uhr. 208 River Street, ✆ 66868621.

A Fish Shop called Dory's, guter Fish& Chips Shop, in dem man auch gegrillte statt frittierte Varianten bestellen kann. Auch als Take-away. Mi–So ab 11 Uhr. 173 River Street, ✆ 66866828.

Just Funkin Music, eigentlich ein Musikgeschäft, aber man bekommt direkt am Gehweg einen guten Coffee-to-go. Mo–Fr 7.30–17 Uhr, Sa 8–14 Uhr. 124 River Street, ✆ 66862440.

Entlang der River Street gibt es etliche günstige Asia-Take-away-Läden.

Lennox Head

ca. 2000 Einw.

Eine letzte Bastion der Ruhe, bevor es ins wesentlich intensiver vermarktete Byron Bay geht – in Lennox Head ticken die Uhren noch etwas langsamer. Man kennt sich, man grüßt sich, man genießt das Leben. Urlauber lassen den Ort meist links liegen oder trinken nur schnell einen Kaffee. Wenn überhaupt, dann bleiben sie der Wellen wegen, denn die Breaks an den lokalen Stränden sind wirklich gut. So gut, dass hier jedes Jahr zahlreiche Wettbewerbe ausgetragen werden. Wer sich ganz entspannt unter die Einheimischen mischen will, der ist hier gut aufgehoben. Am leichtesten knüpft man Kontakte in einem der schönen Straßencafés.

GPS: S28°46.75' E153°35.65'
Ortsvorwahl: 02

Anreise Über die kleinen Landstraßen von Ballina (12 km) oder Byron Bay (20 km).

Lennox Head im Internet Informationen unter www.discoverballina.com.au.

Aktivitäten Byron Bay Kitesurfing, Kiteboarding-Einsteigerkurse kosten ab 250 $ (2:30 Std.) und werden u. a. auch in Lennox Head abgehalten. ✆ 0419686188 (mobil), www.byronbaykitesurfing.com.

Übernachten/Essen Lennox Holiday Apartments, alles was man braucht: Küche, Bad, Waschmaschine, TV, Internet, Balkon und Meeresblick. Hochwertig eingerichtet, ab 175 $. 20–21 Pacific Parade, ✆ 66875900, www.lennoxholidayapartments.com.

Lake Ainsworth Caravan Park, sehr gute Lage, nur einige Meter vom Seven Mile Beach entfernt und gleich am namengebenden See. Camping ab 35 $, Cabins ab 95 $. Pacific Parade, ✆ 66877249, www.lakeainsworth.com.au.

YHA Lennox Head Beach House, familiäres Hostel, Fahrräder und Surfbretter zu mieten. 2014 als bestes YHA Australiens ausgezeichnet. Übernachtung im 4er- oder 6er-Dorm ab 31 $, DZ knapp 80 $. 3 Ross Street, ✆ 66877636, www.lennoxhostel.com.au.

Lennox Point Hotel, Spitzenpub mit Bar und Café im EG und Restaurant im 1. Stock. Gut für ein kühles Blondes mit Ausblick, aber auch für Muscheln mit Chorizo (28 $) oder einen Chickenburger (20 $). Restaurant tägl. Lunch und Dinner. Byron Street/Ecke Pacific Parade, ✆ 66877312, www.thelennox.com.au.

Mi Thai, im Thai-Restaurant kommen unglaublich leckere Currys mit Fleisch, Seafood oder vegetarisch (18–25 $) auf den Teller. Geöffnet für Dinner. 2/76 Ballina Street, ✆ 66875820, www.mithai.com.au.

Quattro, italienische Küche. Hauptgerichte kosten 24–40 $. Man sollte aber die Pizzen wählen (um 20 $), die preisgekrönte Pizza Marinara gibt's für 24 $. Gute Weinkarte. Mo–Fr ab 9 Uhr, Sa/So ab 8 Uhr. 90–92 Ballina Street, ✆ 66876950, www.quattrorestaurant.com.

Café Marius, beliebter Laden, cool eingerichtet mit Fahrrädern als Deko an den Wänden. Es gibt Tapas, Tacos und Burritos, aber auch gute Frühstücksvariationen, z. B. die „Freestyle Huevos". Alles unter 20 $. Geöffnet ab 7 Uhr früh. 90–92 Ballina Street, ✆ 66875897, www.cafemarius.com.au.

Byron Bay

ca. 6000 Einw.

Lukrativer Tourismus ohne McDonalds und Hotelburgen? In Byron Bay ganz bestimmt! Dafür sorgen die Einheimischen, die standhaft alle Anfragen der großen Fastfoodketten abschmettern und per Verordnung die Höhe der Gebäude auf maximal drei Stockwerke limitieren.

Die Verantwortlichen haben den Versuchungen des schnellen Geldes widerstanden und sich geweigert, den Ort in den Schlund des Massentourismus zu werfen. Stattdessen haben die Bewohner nach Wegen gesucht, eine alternative Lebensart mit Gewinn an den Urlauber zu bringen, ohne sich dabei zu verkaufen. Das hat man ganz erfolgreich geschafft mit dem Resultat, dass sich der Ort seine dörflichen Strukturen auch trotz der Heerscharen von Besuchern bewahren konnte. Viele brotlose Künstler und Hippies, die in den 70er-Jahren nach Byron kamen, entdeckten ihre Möglichkeiten im Tourismus und nutzten sie. Heute besticht der Ort durch gemütliche Cafés, interessante Shops, ausgezeichnete Restaurants und zahlreiche Unterkünfte in allen Kategorien. Die einstige Arbeiterstadt, in der man sich in Fabriken, Viehzucht und kurzzeitig auch im Walfang verdingte, hat sich zu einem Touristenmekka par excellence gemausert. Als Sammelbecken für verschiedenste Weltanschauungen und Lebensweisen und mit einer bunten Mischung an Lebenskünstlern, Esoterikern, New-Age-Anhängern, Ökofreaks, Soul-Surfern, Yogafanatikern und Weltverbesserern gewinnt der Ort obendrein an Lebendigkeit, was ihn unglaublich interessant macht und Leute aus allen Schichten der Gesellschaft anlockt. Die Strategie der Tourismusmacher scheint aufzugehen – Byron Bay ist beliebt wie eh und je. Zugegeben, der Ort droht zur Hauptsaison aus allen Nähten zu platzen, was das Gesamtbild ein wenig trübt, aber man kann trotzdem nur hoffen, dass alles so bleibt wie es ist.

Byron Bay 369

Basis-Infos

→ Karte S. 371

GPS: S28°28.60' E153°36.60'
Ortsvorwahl: 02

Anreise Pkw: Ab dem Pacific Highway fährt man auf die Bangalow Road bzw. die Ewingsdale Road. Von *Coffs Harbour* sind es 250 km, von *Surfers Paradise* 90 km, von *Brisbane* 170 km.

Bus: *Greyhound Australia* (℡ 1300473946, www.greyhound.com.au) und *Premier Motor Service* (℡ 133410, www.premierms.com.au) steuern *Byron Bay* an. Zum Beispiel ab *Brisbane* (40 $, 2:45 Std.) oder *Coffs Harbour* (50 $, 4 Std.).

Bahn: Mit *NSW TrainLink* (℡ 132232, www.nswtrainlink.info) nach *Casino*, dann weiter mit dem Coach-Service.

Flugzeug: Zum Ballina/Byron Airport mit *VirginAustralia* (℡ 136789, www.virginaustralia.com.au), *Regional Express* (www.rex.com.au) und *Jetstar* (℡ 96455999, www.jetstar.com) von *Sydney* und *Melbourne* aus.

Transfers (20 $) mit *Xcede Airport Transfers* (℡ 66209200, www.xcede.com.au).

Touristinfo Byron Visitor Centre 22, umfangreiche Infos. Tägl. geöffnet. Old Station Master's Cottage, 80 Jonson Street, ℡ 66808558, info@visitbyronbay.com.

Byron Bay im Internet Informationen unter www.visitbyronbay.com.

Buchungsbüros & Internet Internetzugang z. B. in den Hostels, aber auch in den hier gelisteten Buchungsbüros entlang der Jonson Street.

Peterpans Adventure Travel 24, Buchung von Aktivitäten wie Fallschirmspringen, aber auch ganzen Packages mit mehrtägigen Touren, z. B. ins Outback. 93 Jonson Street, ℡ 66808926 oder 1800669424, www.peterpans.com.au.

Wicked Travel 24, es gibt Aktivitäten in Byron und anderen Hotspots, z. B. den Whitsundays oder auf Fraser Island zu buchen. Internetterminals. Tägl. geöffnet. 89 Jonson Street, ℡ 1800555339, www.wickedtravel.com.au.

Autovermietung Hertz Byron Bay, Mo–Sa 8.30–17 Uhr, So 9–12 und 14–17 Uhr. 5 Marvell Street, ℡ 66807925.

Fahrradmiete Byron Bay Surf & Bike Hire 14, Cruiser Bikes ab 15 $ (4 Std.) bzw.

Sonnenuntergang in Byron Bay

20 $ (24 Std.), Rennräder ab 50 $/Tag. Surfbretter für die entspr. Zeiträume ab 18 $ bzw. 25 $. Tägl. 9–17 Uhr. Shop 1, 31 Lawson Street, ☎ 66807066, www.byronbaysurfandbikehire.com.au.

Festivals Byron Blues & Roots Festival, an 5 Tagen über das lange Osterwochenende. Eines *der* Musikfestivals des Landes und ein absolutes Muss für Fans der coolen Töne. www.bluesfest.com.au.

Byron Writers Festival, immer im Juli oder August. Fast ausschließlich australische Schriftsteller. www.byronbaywritersfestival.com.au.

Lebensmittel Woolworths **26**, tägl. 7–22 Uhr, Jonson Street.

Markt Byron Bay Markets, Kunsthandwerk, Ökoprodukte und allerlei Krimskrams. Jeden 1. So des Monats in der Butler Street. www.byronmarkets.com.au.

Surfstyle-Shops Hawaiian Pro Designs **5**, jede Menge Surfbretter in den unterschiedlichsten Formen und Designs. Mo–Fr 10–16 Uhr. 1/29 Acacia Street, ☎ 66856896, www.hawaiianprodesigns.com.au.

Ho'okupu **11**, Surfer-Lifestyle in allen Formen, von der blumenbedruckten Ukulele über tolle Surfbilder bis hin zum kultigen Modell-Bulli. 2/9 Lawson Street, ☎ 66858861, www.hookupusurf.com.

Übernachten

Byron Bay ist das ganze Jahr über ein beliebtes Ziel bei Urlaubern, Touristen aus Übersee und Wochenendausflüglern aus Brisbane. Kostengünstige und dennoch empfehlenswerte Unterkünfte – von Häusern mit Hostelstandard einmal abgesehen – gibt es kaum. Wer mindestens 1 Woche bleibt und dann auch noch mit mehreren Personen ein Apartment oder Haus mietet, bekommt das beste Preis-Leistungs-Verhältnis.

Übernachten Beach Hotel **1**, tolle Lage am Strand, beliebtes Pub mit Brasserie, gute Zimmer. Verschiedene Kategorien bis hin zum exklusiven Ocean-View-Loft über 2 Etagen, mit Blubberbad und großem Flatscreen-TV. Kostenloses WLAN. DZ ab 260 $. Bay Lane, ☎ 66856402, www.beachhotel.com.au.

》》Mein Tipp: Atlantic Byron Bay 25, sehr stylish und wirklich cool. Alle Gästezimmer (mit eigenem Bad) sind hochwertig und individuell eingerichtet, man kann sogar in einem alten Airstream-Wohnwagen übernachten. Große Küche, Garten und Pool. Kostenloses WLAN. Für 2 Pers. ab 160 $. 13 Marvell Street, ☎ 66855118, www.atlanticbyronbay.com.au. **《《**

Bay Beach Motel 17, gutes Motel mit blitzblanken Zimmern jenseits des üblichen Motelstandards. Übernachtung im DZ ab 140 $. 32 Lawson Street, ☎ 66856090, www.baybeachmotel.com.au.

Oasis Resort 32, mit Tennisplatz, Palmenanlage, Pool, Sauna und Spa. Die Apartments haben 2 Schlafzimmer, Küche, Bad, Waschmaschine und Trockner. Parkgarage. Ab 200 $/Nacht (4 Pers.). Außerdem „Treetop Houses" mit und ohne beheizter Spa-Wanne auf dem Deck ab 270 $/Nacht. Mindestaufenthalt jeweils 2 Nächte. 24 Scott Street, ☎ 66657390, www.byronoasis.com.au.

Cavvanbah Beach House B&B **4**, tolle, hell gestaltete Zimmer, alle mit kostenlosem WLAN, TV, Wanne bzw. Spa und eigenem Eingang. Schöner Garten mit Pool. Übernachtung 170–320 $, Rabatt ab 3 Nächten. 28 Cavvanbah Street, ☎ 66856625, www.cavvanbahbyronbay.com.au.

Apartments & Ferienhäuser Es gibt unglaublich viele **Apartments** in und um Byron Bay zu mieten. In der Touristinfo ist man gerne behilflich, hat Bilder zur Voransicht und kennt aktuelle Angebote. Rentiert sich v. a. für mehrere Leute, die einige Tage bleiben wollen.

Budget & Camping Byron Bay Holiday Village **31**, richtig gutes Hostel mit sauberen Zimmern und Einrichtungen. Travel Desk, Gepäckaufbewahrung, kostenloser Fahrrad- und Surfboardverleih. Im Mehrbettzimmer ab 23 $, DZ ab 60 $, DZ mit Bad ab 80 $. 116 Jonson Street, ☎ 66858888, www.byronbaybackpackers.com.au.

Byron Bay YHA **27**, gemütliches Hostel mit beheiztem Pool, Gepäckaufbewahrung und kostenlosen Fahrrädern. Surfbrettmiete. Übernachtung im 9er-Zimmer ab 24 $, im 4er-Zimmer ab 25 $. 7 Carlyle Street, ☎ 66858853, www.yha.com.au.

Cape Byron Headland und Lighthouse

Der Leuchtturm von Byron Bay ist wohl einer der bekanntesten in ganz Australien. 1899 für 10.000 Pfund erbaut, hat er sich mittlerweile zu einer wahren Touristenattraktion entwickelt. Er thront nur einige Minuten entfernt vom östlichsten Punkt des australischen Festlandes auf einer 100 m hohen Klippe, von wo aus man zur entsprechenden Jahreszeit einen guten Blick auf die vorbeiziehenden Wale hat. Die Sonnenaufgänge locken hingegen das ganze Jahr über und sind es durchaus wert, den Wecker etwas früher zu stellen – viele Einheimische beginnen ihren Tag mit einem kleinen Dauerlauf zum Lighthouse hinauf. Gehfaule können aber auch mit dem Auto direkt bis vor die Tür fahren. An der Zufahrt befindet sich übrigens eine Startrampe für Drachenflieger, die sich von hier aus mit den Aufwinden in die Höhe schrauben. Die Landzunge selbst kann man mittels eines Netzes an Wanderwegen erkunden, das knapp 5 km umfasst.

Es gibt am Lighthouse nur gebührenpflichtige Parkplätze (7 $), außerdem eine Schranke, die vor Sonnenuntergang geschlossen wird – spätestens bis dahin muss man mit dem Auto draußen sein. Bei Zufahrt auf die genauen Schließzeiten achten (sind angeschrieben). Einen kostenlosen Platz für etwa fünf Autos gibt es außerdem vor der Schranke, da kann man auch länger stehen bleiben. Mit dem Auto via Lawson Street und Lighthouse Road. Zu Fuß auch über den Strand und den Cape Byron Walking Track.

>>> **Mein Tipp: Clarkes Beach Holiday Park** 16, die Terrasse vor der Campküche hat den „Million Dollar View" aufs Meer hinaus. Direkter Strandzugang, etwa auf halber Strecke zwischen Ortskern und Leuchtturm gelegen. Stellplatz ab 45 $, mit Strom ab 50 $. Unbedingt vorab reservieren. 1 Lighthouse Road, ℅ 66856496, www.clarkesbeach.com.au. <<<

First Sun Holiday Park 6, die Lage ist perfekt: direkt am Strand, direkt im Ort, in nur zwei Minuten ist man mitten im Geschehen. Allerdings recht beengt und nicht ganz billig, Stellplätze 45–72 $, mit Strom 48–81 $. Lawson Street, ℅ 66856544, www.firstsunholidaypark.com.au.

Essen & Trinken/Nachtleben → Karte S. 371

Essen & Trinken >>> **Mein Tipp: Byron Beach Café** 12, mehr Strandcafé geht kaum. Unter den Sonnenschirmen auf der Terrasse ist das der beste Platz für Bacon& Eggs, Kaffee und Morgenzeitung. Tägl. 7.30–16 Uhr, im Sommer länger. Clarkes Beach, Lawson Street, ℅ 66858400, www.byronbeachcafe.com.au. <<<

Dip 18, super Frühstück von herzhaft (Bacon&Eggs) über süß (Pfannkuchen mit Sirup) bis supergesund (Müsli mit Obst). Das Big Breakfast (20 $) gibt es mit Speck und Würstchen, aber auch vegetarisch mit Pilzen, Kürbis und Spinat. Tägl. 7–15 Uhr. Shop1/21-25 Fletcher Street, ℅ 66855141.

Orgasmic 8, hier gibt es wirklich ausgezeichnete Falafeln, entweder in der Brottasche oder mit Beilagen auf dem Teller. Kein Alkoholausschank, aber BYO. Tägl. 11–21 Uhr. 11 Bay Lane, ℅ 66807778.

BayGer 9, Burger, Burger und nochmal Burger! Egal ob mit Rind, Lamm, Hühnchen, Fisch oder vegetarisch – hier ist für jeden etwas im Angebot. 10–15 $ muss man investieren, nicht ganz billig, aber das Preis-Leistungs-Verhältnis ist noch in Ordnung. So–Do 11–21 Uhr, Fr/Sa 11–22 Uhr. 1/8 Jonson Street, ℅ 66857157, www.bayger.com.au.

Byronian Café 21, eine echte Institution. Schon seit mehr als 30 Jahren gibt es hier Kaffee, Frühstück und Lunch. Zentral gelegen, freundlich, günstig. Tägl. ab Frühstück geöffnet. 111 Jonston Street, ℅ 66856754.

Italian at the Pacific 3, weit mehr als die gewöhnliche Pizzeria, hier stehen „Pollo con

Byron Bay

Lenticchie" oder „Filetto di Lutianorosso" auf der Karte. Hauptgerichte ca. 35 $, gute Cocktails an der Bar. Tägl. ab 18 Uhr. Bay Street (neben dem Beach Hotel), ☏ 66807055, www.italianatthepacific.com.au.

Asia Joe's [7], richtig gutes Asia Lokal, hier werden Currys, Stir-Frys, Salate und Laksa aufgetischt. Alles mit viel frischem Gemüse und Kräutern. Einige Gerichte auch als vegane Option. Tägl. 12–15 und ab 17.30 Uhr. 4 Bay Lane, ☏ 66808787, www.asiajoes.com.

Earth 'n' Sea [19], solider Laden mit guter Auswahl an Pizza und Pasta. Kleine Pizzen ab 16,50 $, Riesenpizzen bis 30 $. Tägl. 12–14.30 und ab 17 Uhr. 11 Lawson Street, ☏ 66856029, www.earthnsea.com.au.

Bars & Nachtleben **Beach Hotel** [1], perfekte Lage am Strand, Tag und Nacht eine gute Wahl. Wird trotz der Größe bombenvoll. Alt und Jung verdrücken Steaks, trinken Bier und tanzen zur Live-Musik. Fantastischer Freiluftbereich. Bay Lane, ☏ 66856402, www.beachhotel.com.au.

Balcony [10], durchgestyltes Bar-Restaurant in historischem Gebäude. Gäste sitzen auf dem großen Balkon, schlürfen Drinks und beobachten das geschäftige Treiben unten auf der Straße. Suite 3/7 Lawson Street, ☏ 66809666, www.balcony.com.au.

Woody's Surf Shack [28], superlässig im Surfer-Style! Hier wird getrunken, gefeiert und getanzt, für die gute Musik sorgen regelmäßig DJs. Freiluftbereich und Billardtische. Mo–Sa 20–3 Uhr. Shop 9–10 The Plaza, 90–96 Jonson Street, ☏ 66807677, www.woodysbyronbay.com.

Cheeky Monkeys [30], das Balzrevier der jungen Backpacker. Billiges Essen, billiges Bier und leichte Unterhaltung. Zu später Stunde wird wild getanzt und geknutscht. Jede Nacht außer Sonntag. 115 Jonson Street, ☏ 66855886, www.cheekymonkeys.com.au.

Touren & Aktivitäten → Karte S. 371

Surfen Black Dog Surfing [29], tägl. Kurse mit max. 5 Teilnehmern (60 $, 3:30 Std.), 2 Tage (je 3:30 Std.) 105 $. Privatstunde (150 Min.) 120 $, mit 2 Pers. 180 $, inkl. Material. Surfbrettverleih 35 $/Tag, Stand-up-Paddle-Board 50 $/Tag. Shop 4/5, 11 Byron Street, ☏ 66809828, www.blackdogsurfing.com.

Rusty Miller Surfing, bei dem US-Surfchampion von 1965 – mittlerweile ist er über 70 Jahre alt – gibt es nur Privatstunden. Hier trainieren auch schon mal Promis, Termine auf Anfrage. ☏ 66847390, www.rustymillersurf.com.

Mojo Surf, bietet Halbtageskurse (69 $), mehrtägige Surf-Camps (z. B. 7 Tage inkl. Transport, Unterkunft und Verpflegung 1000 $) und sogar eine Surf Academy, in der man die Ausbildung zum Surflehrer machen kann (3 Monate all-incl. 8900 $). ☏ 66395100 oder 1800113044, www.mojosurf.com.

Surfaris, Surftrips entlang der Küste in beiden Richtungen zwischen Sydney und Byron Bay. Gesurft wird in Crescent Heads. Ausrüstung, Unterricht, Transport, Unterkunft in der Lodge und Verpflegung sind inkl., 130 $ pro Tag. ☏ 65660009, www.surfaris.com.

Kiteboarding Kurse in Lennox Head, → S. 367.

Stand Up Paddle Byron Stand Up Paddle, Touren entlang der Flussläufe in der Region, stets mit Einweisung zu Beginn. 3-Stunden Tour mit Transfers ab 70 $, Materialleihe inkl. Anlieferung 55 $ für den halben Tag, 70 $ für 24 Std.. ☏ 0434250830, www.byronstanduppaddle.com.au.

Kajaktouren Cape Byron Kayaks [15], Halbtagestouren (3 Std.) für 69 $. Im Sommer 2-mal tägl., im Winter auf Anfrage. Treffpunkt und Abfahrt am großen Parkplatz in der Lawson Street, direkt am Strand. ☏ 66809555, www.capebyronkayaks.com.

Go Sea Kayak [13], Halbtagestour 69 $, tägl. 9.30 und 14 Uhr (Hauptsaison). Mai–Nov. auch Whalewatching. Gegenüber 56 Lawson Street, ☏ 1800732529 oder 0416222344 (mobil), www.goseakayakbyronbay.com.au.

Wellness Kiva Spa [2], Entspannung im Bathhouse, Massagen (ab 75 $/Std.) und verschiedene Anwendungen, z. B. *Full Body Scrub* für 145 $. Etwa 20 km nördl. von Byron Bay. 1 McGougans Rd, Mullumbimby, ☏ 66844811, www.thekivaspa.com.

Tauchen Byron Bay Dive Centre [23], Einführungskurs 160 $ (5 Std.), Open-Water-Kurs ab 550 $. Kurse im Apnoe/Freediving 495 $. 9 Marvel Street, ☏ 66858333 oder 1800243483, www.byronbaydivecentre.com.au.

Sundive 20, Schnupperkurs 160 $ (halber Tag), 4-Tage-Open-Water-Kurs 550 $, wobei in der 2. Hälfte des Kurses 4 Tauchgänge im Meer vorgesehen sind. Schnorcheltrips 65 $. Shop 8, 9–11 Byron Street, ✆ 66857755, www.sundive.com.au.

Mountainbiken Mountain Bike Tours, Tagestouren im Hinterland ab 125 $ (inkl. Transfer und Materialmiete). ✆ 0429122504 (mobil), www.mountainbiketours.com.au.

Fallschrimspringen Skydive Byron Bay, ganze 14.000 ft (über 4000 m) Sprunghöhe ermöglichen 60 Sekunden freien Fall! Professionelle Fotos bzw. DVD möglich (ab 130 $). Kostenlose Transfers von Byron Bay (knapp 10 Min.). Sprünge je nach Höhe 249–339 $. Taygara Airport, ✆ 66841323 oder 1800800840 (kostenlos), www.skydivebyronbay.com.

Drachenfliegen Byron Airwaves, atemberaubend, in unmittelbarer Nähe des Leuchtturms tragen die Aufwinde die Drachenflieger in die Höhe. Gelandet wird am Strand. Tandemflug ab 145 $. ✆ 0427615950 (mobil) www.byronair.com.

Kochen Bangalow Cooking School, die Kurse beschäftigen sich jeweils mit einem anderen Stil: z. B. japanisch, traditionell italienisch oder moderne Thai-Küche. Kurse (inkl. Zutaten) ab 140 $. ✆ 66872799, www.bangalowcookingschool.com.

Byron Bay Tour Vision Walks, in der Region um Byron Bay. Regenwaldwanderungen bei Tag und bei Nacht und spezielle Touren für Tierbeobachtungen. Ab 99 $ für 4–7 Std. an verschiedenen Orten. Man wird in Byron Bay in der Unterkunft abgeholt. Die 3-stündige „Byron Tour" kostet 50 $. ✆ 0405275743 (mobil), www.visionwalks.com.

Das Byron Bay Lighthouse ist ein echter Touristenmagnet.

Baden & Strände

Main Beach: Direkt am Ortszentrum und entsprechend stark frequentiert. Hier liegen oft ganze Horden von Backpackern in großen Gruppen beieinander. Im Sommer wird der Strand von Rettungsschwimmern patrouilliert.

Belongil Beach: Weiter westlich und mit FKK-Möglichkeit.

Östlich des Main Beach gelangt man zum **Clarkes Beach** und dann zu **The Pass**, wo sich die Wellenreiter tummeln und von wo aus auch Tauchboote starten.

Watego's und **Little Watego's Beach**: Beide mit guten Bedingungen zum Surfen. Letzterer ist zum Picknicken beliebt (elektrische BBQs vorhanden).

Etwas weiter südlich erstreckt sich **Cosy Corner**, ein wunderbar geschützter Strand, wenn die starken „Northerlies" wehen. Allerdings ist es gefährlich, hier zu schwimmen, darüber hinaus muss man 7 $ Nationalparkgebühr bezahlen.

Tweed Heads

ca. 45.000 Einw.

Tweed Heads ist der nördlichste Ort von New South Wales, wobei die Grenze zu Coolangatta, bereits auf dem Territorium des Bundesstaats Queensland gelegen, im Laufe der Entwicklung der sogenannten „Gold Coast" (→ Gold Coast) mehr und mehr verschwamm, sodass man für die beiden Städte heute den schönen Terminus „Twin Town" benutzt. Geprägt sind beide Orte durch den fischreichen *Tweed River*, die ausgezeichneten Surfstrände und natürlich durch die Touristenmassen, die am nahen *Gold Coast Airport* landen.

GPS: S28°10.60' E153°32.30'
Ortsvorwahl: 02

Anreise Pkw: Tweed Heads liegt 65 km nördlich von *Bayron Bay*, erreichbar über den Pacific Highway. Jenseits der Grenze, in Queensland, fährt man auf dem Gold Coast Highway knapp 30 km nach *Surfers Paradise* oder auf dem Pacific Motorway 100 km nach *Brisbane*.

Bus: Die Busse von *NSW TrainLink* (www.nswtrainlink.info) steuern Tweed Heads z. B. von *Byron Bay* aus an.

Touristinfo Tweed Heads Visitor Information Centre, viele Broschüren zur Region und zur Gold Coast wie auch Buchungen. Mo–Sa 9–16.30 Uhr, So 9.30–16 Uhr. Bay Street/Ecke Wharf Street, ✆ 55366737, info@tweedtourism.com.au.

Tweed im Internet Informationen unter www.destinationtweed.com.au.

Sehenswertes Am **Point Danger** stand einst der einzige Laser-Leuchtturm der Welt. Allerdings ist das Vergangenheit, über die Experimentierphase ist man nicht hinausgekommen, der gute Blick auf die Küste ist jedoch geblieben.

Supermarkt Coles, Mo–Sa 7–22 Uhr, So 7–21 Uhr. Pacific Highway/Ecke Frances Street.

Übernachten/Essen Blue Pelican Motel, Standard-Motelzimmer mit TV und AC ab 110 $. 115 Wharf Street, ✆ 55361777, www.bluepelicanmotel.com.au.

Tweed Holiday Park, richtig schöner, gut ausgestatteter Big4-Park, aber auch etwas teuer. Camping ab 43 $, Cabins 89–320 $. Holden Street, ✆ 55242444 oder 1800650405, www.tweedbillabong.com.au.

Berger Houseboats, kleine Versionen für 2 Pers. (Fr–Mo 9 Uhr ab 500 $) bis hin zum luxuriösen Maxiboot für 12 Pers. (ab 2200 $), während der Hochsaison gut 20–30 % teurer. 15 Holden Street, ✆ 55243222, www.bergerhouseboats.com.au.

Ivory Hotel, Pub mit tollem Blick auf den Fluss. Für den Hunger gibt's z. B. Fish& Chips (18 $), ein Riesenschnitzel (400 g/28 $) oder ein Rib-Eye on the Bone (500 g/36 $). 156 Wharf Street, ✆ 55069988, www.ivorytavern.com.

Café dbar, ganz oben am Point Danger, gegenüber vom Leuchtturm. Frühstück bis 11 Uhr, Lunchgerichte wie Teriyaki-Thunfisch (28 $) oder Calamares (15 $). Tägl. ab 7 Uhr. 275 Boundary Street, Coolangatta, ✆ 55992500, www.cafedbar.com.au.

Rainbow Bay Lifesaving Club, im 1. Stock ein umlaufender Balkon mit dem perfekten Blick auf Strand und Wellen. Tägl. 11.30–14 und 17.30–20 Uhr, Sa/So ab 8 Uhr. 2 Snapper Rock Road, ✆ (07)55366390, www.rainbowbayslsc.com.

Hinterland und Grenzregion

Lismore

ca. 30.000 Einw.

Lismore ist die größte Stadt in der Region der Northern Rivers und versorgt die zahlreichen Dörfer in den Hügeln des Umlandes. Kunst und Kultur spielen eine große Rolle, wobei die Universitätsstadt eine junge, kreative Szene hervorgebracht hat. Die Stadt mit ihren exzellenten Cafés und Galerien eignet sich hervorragend als Basis für Tagesausflüge in die kleinen Dörfer des Hinterlands, z. B. nach Nimbin (s. u.). Erste Hinweise auf die europäische Besiedlung stammen aus dem Jahr 1840, als ein gewisser John Brown das Gebiet der *Bundjalung People* durchquerte. Als sein Ochsenkarren kaputtging, entschied er sich zu bleiben – entsprechend lautete der ursprüngliche Name auch „Browns Waterhole". Geld wurde zunächst v. a. in der Holz- und später in der Milchwirtschaft verdient, heute spielen Tourismus und Handel die erste Geige. Der Spaziergang durch Lismore gestaltet sich interessant, viele der historischen Gebäude sind liebevoll restauriert und es gibt sogar ein 6 ha großes Regenwaldareal mitten im Ort.

GPS: S28°48.750' E153°16.384'
Ortsvorwahl: 02

Anreise Pkw: *Lismore* liegt am Bruxner Highway, nach *Tenterfield* im Westen sind es 165 km, nach *Ballina* an der Küste 35 km. *Nimbin* ist 32 km entfernt.

Bus: *Northern Rivers Buslines* (✆ 66261499, www.nrbuslines.com.au) fährt nach Ballina, Lennox Head und Grafton. *Premier Buslines* (✆ 133410, www.premierms.com.au) fährt via Byron Bay und Surfers Paradise nach Brisbane.

Bahn: Mit *NSW TrainLink* (✆ 132232, www.nswtrainlink.info) nach *Casino*, dann weiter mit dem Coach-Service.

Flugzeug: *Regional Express* (✆ 131713, www.rex.com.au) steuert den Lismore Airport an, mehrmals tägl. von *Sydney*.

Touristinfo Lismore Visitor Information Centre, Buchungen, Karten und Beratungen. Tägl. 9.30–16 Uhr. Ballina Street/Ecke Molesworth Street, ✆ 1300369795, tourism@lismore.nsw.gov.au.

Lismore im Internet Tourismusbüro unter www.visitlismore.com.au.

Festivitäten & Termine Lismore Farmers Market, jeden Samstagmorgen am Lismore Showground. Superfrische Produkte direkt vom Bauernhof.

Lismore Lantern Parade, im Juni. Höhepunkt des Festes ist die Parade mit den riesigen, kunstvoll gebastelten Laternen. www.lanternparade.com.

Gemfest, 3. Wochenende im Mai. Eines der größten Edelsteinfestivals in Australien mit über 100 Ausstellern.

Internet Lismore City Library, Internetterminals nach Buchung. Mo–Fr 9.30–17 Uhr, Do bis19 Uhr, Sa 9–13 Uhr, So 13–16 Uhr. 110 Magellan Street, ✆ 66212464.

Sehenswertes Lismore Arts Trail, Karte mit Wegen und verschiedenen Stopps in der Touristinfo erhältlich (s. o.).

Lismore Regional Gallery, gute permanente und wechselnde Ausstellungen. Neben dem Hauptbereich gibt's eine Sektion für moderne Kunst und einen Projektionsraum. Di–Fr 10–16 Uhr (Do bis 18 Uhr), Sa/So 10–14 Uhr. Eintritt frei. 131 Molesworth Street, ✆ 66222209, www.lismoregallery.org.

Supermarkt Aldi, Mo–Fr 8.30–19 Uhr (Do bis 21 Uhr), Sa 8–18 Uhr, So 9–18 Uhr, 44 Ballina Street.

Übernachten Elindale B&B, elegante Zimmer mit massiven Holzbetten, Bad und eigenem Zugang über die Veranda. Frühstück in der Gemeinschaftslounge. DZ 150 $. 34 Second Ave, ✆ 66222533, www.elindale.com.au.

Dawson Motor Inn, saubere Zimmer mit Standardausstattung und freundlichem Personal. In der Anlage ein Pool, BBQ-Platz, kostenlos nutzbare Waschmaschine und freies WLAN. 25 Dawson Street, ✆ 66218100, www.dawsonmotorinn.com.au.

Lismore Palms Caravan Park, schöner Campingplatz in der Nähe des Wilsons River. Stellplatz ab 24 $ (mit Strom ab 30 $), Cabin ab 75 $. 42–58 Brunswick Street, ✆ 66217067, www.lismorepalms.com.au.

Für die schnelle Übernachtung gibt es eine ganze Reihe günstiger **Motels** im Ort.

Essen & Trinken La Baracca Espresso Bar & Trattoria, frische Zutaten, tolle Gerichte, z. B. Pilz-Mascarpone-Risotto (26 $) oder langsam geschmorte Lammschulter mit Kirschtomaten-Spargel-Salat (32 $). Mo–Do 7.30–17 Uhr, Fr 7.30 Uhr bis spät, Sa 8 Uhr bis spät. 29 Keen Street, ✆ 66227980, www.labaracca.com.au.

Fire in the Belly, fantastische Pizzen aus dem Holzofen für 15–25 $, aber auch Pasta und Risotto. Tägl. ab 17.30 Uhr, Sa auch 12–14 Uhr. 109 Dawson Street, ✆ 66214899, www.fireinthebelly.com.au.

Richmond Hotel & Miss Lizzies Restaurant, großes Pub-Hotel mit Bar und Restaurant, hier kann man gut essen, aber auch Live-Musik hören und Cocktails trinken. Lunch für unter 20 $, Abendgerichte 25–30 $. 36 Woodlark Street, ✆ 66219098, www.richmondhotel.com.au.

Mary G's, großes Irish Pub mit Live-Musik, gutem Bistro und Nachtclub (Sa 22–3.30 Uhr, Eintritt 10 $). Woodlark Street/Ecke Keen Street, ✆ 66222924, www.marygs.com.au.

Nimbin und Umgebung

ca. 1000 Einw.

Ursprünglich war das kleine Dorf in den Hügeln um Lismore ein Holzfällercamp, bis man dazu überging, intensiv Milchwirtschaft zu betreiben, 1973 schließlich kamen die Hippies – und sind bis heute geblieben. „Alternative Lebensweise" ist hier das große Schlagwort: Zahlreiche Bioprodukte werden angebaut, man verdient Geld im Ökotourismus und die ortsansässige *Rainbow Power Company* entwickelt Solar- und Windkraftanlagen. Aber auch für Hippieromantik ist Platz und man macht keinen Hehl aus dem lockeren Umgang mit rauchbaren Kräutern. So findet man hinter den bunt bemalten Fassaden verschiedene Läden mit eindeutigen Namen wie „Happy High Herbs" oder „Bringabong". Doch auch wenn einige Hanf-Freunde den Ort mit dem unbeugsamen gallischen Dorf aus den Asterix-Heften vergleichen, sollte man sich über eines im Klaren sein: Der Arm des Gesetzes reicht auch bis nach Nimbin. Der Besitz und Konsum von Drogen jeglicher Art ist auch hier illegal und wird strafrechtlich verfolgt.

GPS: S28°35.685′ E153°13.339′
Ortsvorwahl: 02

Anreise Pkw: Anreise von *Lismore* (32 km) auf der Nimbin Road, von *Byron Bay* sind es 77 km via Lismore.

Bus: Es gibt diverse Touranbieter und Shuttles ab/nach Byron Bay, in der Touristinfo (s. u.) erfährt man, welcher Anbieter an welchem Tag und zu welcher Uhrzeit fährt. Der *Byron-Nimbin-Shuttle* fährt tägl. und kostet 15 $ einfach (✆ 0413217153).

Touristinfo Nimbin Visitor Centre, Infos rund um Nimbin. Tägl. 10–16 Uhr. Shop3/46 Cullen Street, ✆ 66891388, nimbin@lismore.nsw.gov.au.

Nimbin im Internet Informationen unter www.visitnimbin.com.au.

Border-Ranges-Nationalpark

Der 31.600 ha große Park liegt direkt an der Grenze zu Queensland und etwa 70 km nordwestlich von Lismore. Eine gute Tourenroute ist der 90 km lange **Tweed Range Scenic Drive**, der an Aussichtspunkten, Picknickplätzen und Campingarealen vorbeiführt. Die Straße ist größtenteils unasphaltiert, aber gut befahrbar, lediglich nach anhaltenden Regenfällen kann es Probleme geben. An der *Sheepstation Creek Camping Area* und an der *Forest Tops Camping Area* kann man für 5 $ pro Nase übernachten. Von dem Scenic-Drive zweigen auch immer wieder kleinere Wandertracks ab. Das Park-Infozentrum befindet sich in Kyogle, dort erhält man auch aktuelle Informationen zu Sperrungen.

Parkgebühr 7 $/Pkw (Automaten). Camping buchen beim Park Office in Kyogle (136 Summerland Way), Mo–Fr 8.30–16.30 Uhr. ✆ 66320000, kyogle.area@environment.nsw.gov.au.

Blick vom War Memorial die ANZAC Avenue hinab zum Parliament House

Australian Capital Territory (ACT)

Tausende Jahre vor Ankunft der ersten Weißen zogen die Ureinwohner des *Ngunnawal*-Volkes in kleinen Familienverbänden durch die urwüchsige Landschaft der Region. Sie führten ein friedliches Leben als Jäger und Sammler, ernährten sich von dem, was das Land hergab, und folgten ihren Riten und Gebräuchen, bis sie ab den 1830er-Jahren von europäischen Siedlern zunehmend zurückgedrängt und ihrer natürlichen Umgebung beraubt wurden. Die erste Farm wurde bereits im Jahr 1823 gebaut – auch hier erwies sich das Handeln der weißen Einwanderer als massiver Eingriff, zu allem Übel störten die mitgebrachten Huftiere das empfindliche ökologische Gleichgewicht. Viele Aborigines fielen darüber hinaus tragischerweise den von den Weißen eingeschleppten Krankheiten und Seuchen zum Opfer.

In den Jahren nach der Föderation wurde eifrig nach einem geeigneten Ort für die neue Hauptstadt des *Commonwealth of Australia* gesucht. Sie sollte weit genug von den Erzrivalen Sydney und Melbourne entfernt sein, trotzdem aber von beiden Städten aus gut erreichbar. Nach zahlreichen hitzigen Diskussionen einigte man sich schließlich: New South Wales stellte ein 2356 km² großes Areal rund 280 km südwestlich von Sydney zur Verfügung wie auch ein kleines Gebiet an der Jervis Bay, sodass die Hauptstadt über einen eigenen Seehafen verfügen konnte. Im Jahr 1911 wurde offiziell das *Australian Capital Territory* (ACT) gegründet, in den folgenden Jahren entstand die Hauptstadt *Canberra,* die mit ihren um den Stadtkern angeordneten kleinen Satellitensiedlungen im äußersten Nordosten des Territoriums liegt.

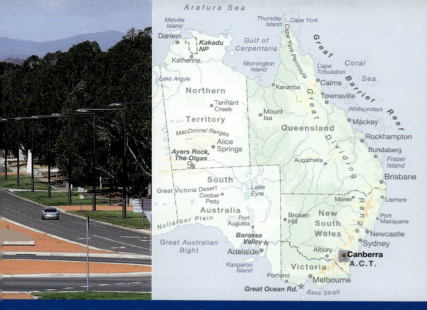

Australian Capital Territory

Das Australian Capital Territory ist keinesfalls nur ein Konstrukt, das sich um die Hauptstadt Canberra herum konzentriert – mehr als 50 % der Fläche des Territoriums werden von Naturreservaten und Parks eingenommen. Im Süden breiten sich beispielsweise das **Tidbindilla Nature Reserve** und der **Namadgi-Nationalpark** aus. Etwa 70 % des Buschlandes und der Wälder wurden zwar bei den verheerenden Bränden von 2003 zerstört, die Natur erholte sich jedoch rasch und so lohnt es sich auf jeden Fall, vor den Toren der Stadt auf Erkundungstour zu gehen.

Canberra
ca. 358.000 Einw.

Auch wenn man in Australien immer wieder auf Leute trifft, die behaupten, man könne Canberra an einem Tag „abhaken", sollte man sich dadurch auf keinen Fall beirren lassen, denn Australiens Hauptstadt hat viel zu bieten. Neben einem beachtlichen kulturellen Angebot punktet Canberra auch in Bezug auf die Lebensqualität – sogar die verwöhnten Sydneysider lassen sich damit zum Urlauben in die Stadt locken.

Canberra ist als australische Hauptstadt und Sitz der australischen Regierung auf dem Reißbrett entworfen worden. Bei der Planung hat man nichts dem Zufall überlassen und eine funktionelle, aber dennoch schöne Stadt mit idealer Lage entworfen. Strategisch günstig zwischen Sydney und Melbourne gelegen, ist Canberra gut mit dem Auto zu erreichen, außerdem binden jede Woche Hunderte von Flügen die Hauptstadt an die großen Metropolen des Landes an. Nur zwei Stunden sind es in südlicher Richtung bis zu den Skipisten der Snowy Mountains, nur zwei Stunden in östlicher Richtung bis zu den weißen Stränden der Südküste von New South Wales. Melbourne liegt rund 670 km weiter südlich.

Herzstück und Oase der Stadt ist der künstlich angelegte **Lake Burley Griffin**, an dessen südlichen Ufern der Parlamentsdistrikt angrenzt, während sich im Norden der Geschäftsbezirk anschließt. Die Planungen wurden so gestaltet, dass die Stadt auch in ihrer zukünftigen Entwicklung und Expansion ihren ganz eigenen Charakter nicht verlieren würde. So ist das neue, erst 1988 eröffnete Parlamentsgebäude so harmonisch in seine Umgebung integriert, dass es den Anschein erweckt, als wäre es schon immer Teil des Stadtbildes gewesen.

Die Stadt bietet einen hohen Lebensstandard, im landesweiten Vergleich stellt die Arbeitslosigkeit ein geringes Problem dar, während das Pro-Kopf-Einkommen hoch ist. Die Metropole präsentiert sich mit hervorragender Infrastruktur und ausgezeichneter Lebensqualität: Exzellente Restaurants, ein pulsierendes Nachtleben wie auch moderne Boutiquen und Geschäfte machen die Lebendigkeit der Stadt aus, Verkehrsstaus und Smog sind weitgehend unbekannt. Auch die vielseitige Kulturlandschaft hat mit zahlreichen der interessantesten Museen, Galerien und Archiven des ganzen Landes einige Höhepunkte zu bieten, besonders hervorzuheben sind hier die **Nationalgalerie** und das **Nationalmuseum**. Für Touristen ein absolutes Muss ist natürlich die Besichtigung der politisch relevanten Stätten. Das neue **Parliament House** begeistert mit modernem Design und extravaganten Kunstgegenständen, während man im **Old Parliament House** das Flair aus rund 60 Jahren hitziger Diskussionen und wichtiger politischer Entscheidungen spüren kann. In Canberra sind außerdem rund 90 diplomatische Vertretungen von Ländern aus aller Welt ansässig.

Geschichte

Als man Anfang des 20. Jh. das Areal für die zukünftige Hauptstadt auswählte, dominierten einfaches Weide- und Buschland die Region. Es gab einige Farmen, jede Menge Vieh und sonst nichts. Eines der wenigen Überbleibsel aus dieser Zeit ist das *Blundells Cottage*, ein kleines Steinhäuschen aus den 1860er-Jahren, das als Arbeiterunterkunft des *Duntroon*-Anwesens fungierte und noch heute am Nordufer des *Lake Burly Griffin* zu besichtigen ist.

Nachdem im Jahr 1913 die Stadt Canberra gegründet war, reichten knapp 130 Architekten aus aller Welt Entwürfe für die Gestaltung der neuen Hauptstadt ein. Im Jahr 1912 schließlich entschied man sich für die Pläne des Chicagoer Architekten *Walter Burley Griffin*. Der Name „Canberra" wurde ab 1913 ganz offiziell für die Hauptstadt verwendet, nachdem er sowieso seit rund 70 Jahren für die Region geläufig war. Dem Namen soll ein Ausdruck der Aborigines für „Treffpunkt" zugrunde liegen – ein Name, der den Stadtplanern ohnehin geeignet für eine Hauptstadt erschien.

1927 konnte das Parlament von Melbourne nach Canberra umziehen und erstmals im Parlamentsgebäude tagen. Die Wirtschaftskrise der 1930er-Jahre und der

Zweite Weltkrieg verhinderten zunächst ein schnelles Wachstum der Stadt, ab den 1950er-Jahren jedoch entwickelte sich die Metropole in rasantem Tempo, kleine Satellitensiedlungen entstanden um den Stadtkern. In den 60er-Jahren wurden zahlreiche Bauwerke errichtet, die bis heute das Stadtbild prägen, darunter etwa die *ACT Law Courts*, die *Royal Australian Mint* und die *Nationalbibliothek*.

Schon bald zeichnete sich ab, dass die Räumlichkeiten des heute als *Old Parliament House* bekannten Parlamentsgebäudes nicht mehr ausreichend sein würden. Rechtzeitig zu den 200-Jahr-Feierlichkeiten der Besiedlung Australiens wurde im Jahr 1988 das riesige und supermoderne *Parliament House* am Capital Hill offiziell eröffnet.

Klima

In Canberra gibt es vier ausgeprägte Jahreszeiten. Die Sommer sind warm, die Winter nicht unbedingt mild, aber unter den Gefrierpunkt sinkt das Quecksilber selten. Und auch wenn es in den Wintermonaten etwas kälter ist, so scheint tagsüber oft die Sonne, sodass die Stadtspaziergänge trotzdem nicht unangenehm werden. Eine besonders empfehlenswerte Reisezeit gibt es demnach nicht, man ist hier das ganze Jahr über gut aufgehoben und jede Jahreszeit hat ihren besonderen Reiz.

\multicolumn{4}{c|}{**Klimawerte Canberra**}			
Monat	Temp.-Max. in °C	Temp.-Min. in °C	durchschnittliche Niederschlagsmengen in mm
Januar	28	13	60
Februar	27	13	56
März	25	11	51
April	20	7	46
Mai	16	3	45
Juni	12	1	41
Juli	11	0	41
August	13	1	46
September	16	3	52
Oktober	19	6	62
November	23	9	65
Dezember	26	11	53
Quelle: Australian Government, Bureau of Meteorology			

Praktische Informationen

Orientierung & Stadtteile

Der *Lake Burley Griffin* teilt Canberra in zwei Bereiche, die über zwei Brücken miteinander verbunden sind. Im Norden des Sees befindet sich das Stadtzentrum, im Süden der *Capital Hill* mit dem Parlamentsdistrikt.

Stadtzentrum Das Stadtzentrum, auch „Civic" genannt, ist geprägt von Einkaufsstraßen, Boutiquen, einer Fußgängerzone, zahlreichen Unterkünften und Gastronomiebetrieben. Direkt am *London Circuit* liegt das *Canberra Museum & Gallery*.

Westlich des Zentrums Unmittelbar westlich des Zentrums befindet sich das weitläufige Gelände der *Australian National University*. Nur einen Katzensprung weiter liegen die *Australian National Botanic Gardens* und die Zufahrt zum *Black Mountain Tower*. Auf einer kleinen Halbinsel im Ortsteil Acton befindet sich das *National Museum* an exponierter Stelle.

Östlich des Zentrums Hier schließt der Ortsteil Reid an, wo die beeindruckende *Anzac Parade* und das große *Australian War Memorial* zu finden sind. Fährt man weiter, gelangt man zum Flughafen.

Nördlich des Zentrums Die Northbourne Avenue führt vom Zentrum zu den nördlichen Vororten wie Braddon, Ainslie und Dickson. Entlang der breiten Straße liegen zahlreiche Hotels und Motels sowie die Touristinfo (s. u.). Dickson gilt als Canberras asiatisches Viertel.

Capital Hill Auf dem Capital Hill, südlich des Lake Burley Griffin, thront das supermoderne Parlamentsgebäude. Es stellt die Spitze eines Dreiecks dar, dessen zwei Seiten die Kings Avenue und die Commonwealth Avenue nachzeichnen und dessen Basis das Ufer des Sees bildet. In diesem sogenannten „Parliamentary Triangle" befinden sich zahlreiche Sehenswürdigkeiten wie etwa das *Old Government House*, die *National Gallery of Australia* oder das Wissenschafts- und Technologiemuseum *Questacon*.

Westlich des Capital Hill Hier liegt der Ortsteil Yarralumla, in dem ein Großteil der in Canberra ansässigen Botschaften zu finden ist.

Südöstlich des Capital Hill Etwas südöstlich des Capital Hill breiten sich die Ortsteile Kingston und Manuka aus, beide sind für ihre guten Restaurants bekannt. Hier geht's noch etwas entspannter zu als im Rest der Stadt und die Atmosphäre erinnert eher an eine kleine Ortschaft als an eine große Metropole.

Information

GPS: S35°18.429' E149°07.541'
Vorwahl: 02

Touristinformation Canberra and Region Visitors Centre, die große Touristinformation hält jede Menge Broschüren bereit, mehrere Mitarbeiter stehen für Fragen zur Verfügung. Direkt am Parkplatz befindet sich eine Tafel mit Anbietern verschiedener Übernachtungsmöglichkeiten, die man per Schnellwahl kostenlos anrufen kann. Mo–Fr 9–17 Uhr, Sa/So 9–16 Uhr. 330 Northbourne Ave, Dickson, ✆ 62050044 oder 1300554114, www.visitcanberra.com.au.

Canberra im Internet Das offizielle Tourismusportal ist www.visitcanberra.com.au, die Seite der Regierung findet man unter www.nationalcapital.gov.au. Tipps zum Ausgehen gibt es unter www.outincanberra.com.au, und einen Auftritt bei Facebook gibt es auch: www.facebook.com/VisitCanberra.

Anreise

Flugzeug Der **Canberra International Airport** (CBR, www.canberraairport.com.au) wird von *Fly Pelican* (✆ 49650111), *Qantas Airways* (✆ 131313), und *Virgin Australia*

(℡ 136789) bedient. Der Flughafen liegt gerade mal 10 Min. vom Stadtzentrum entfernt.

Flughafentransfer Airport Express Shuttle Bus, Tickets 12 $ bzw. 20 $ für Hin- und Rückfahrt. 10- bis 12-mal tägl. etwa im Stundentakt. Genauer Fahrplan im Netz. Vorabbuchungen unter ℡ 1300368897, www.royalecoach.com.au.

Pkw, einfach zu finden, das Stadtzentrum liegt 8 km westlich des Flughafens und ist gut ausgeschildert.

Taxi, eine Fahrt vom Flughafen ins Zentrum kostet um 25 $. Mit *Canberra Elite* (℡ 132227) oder *Cabexpress*, (02)62606011.

Mietwagen, die Anlaufstellen folgender Firmen befinden sich direkt im Terminalbereich:

Avis, ℡ 62193033, www.avis.com.au; *Budget*, ℡ 62193040, www.budget.com.au; *Europcar*, ℡ 62130300, www.europcar.com.au; *Hertz*, ℡ 62496211, www.hertz.com.au; *Thrifty*, ℡ 62489081, www.thrifty.com.au.

Pkw Von **Sydney** (280 km) kommend via Hume Highway, bei **Goulburn** zweigt man auf den Federal Highway ab.

Von **Melbourne** (670 km) via Hume Highway bis **Yass**, dann auf dem Barton Highway Richtung Canberra.

Cooma, in den Snowy Mountains, liegt 120 km entfernt, erreichbar über den Monaro Highway. Nach **Batemans Bay**, an der Südküste von NSW, fährt man rund 150 km auf dem Kings Highway.

Bus Verschiedene Anbieter fahren die Stadt aus allen Himmelsrichtungen an. Busstation ist im „Jolimont Centre" im Zentrum.

Greyhound Australia (✆ 131499, www.greyhound.com.au) steuert die Metropolen des Landes an, z. B. Sydney (25–45 $, 3:30 Std.) oder Melbourne (55–90 $, 8:30 Std.).

Murray's Australia (✆ 132251, www.murrays.com.au) fährt von/nach Wollongong, aber auch an die Südküste nach Batemans Bay, Moruya und Narooma.

Qcity Transit, operiert auf einigen Routen im Stadtbereich, nach Queanbeyan, Jerrabomberra und Bungendore. ✆ 62993722, www.qcitytransit.com.au.

Transborder Express, gehört zur Qcity Transit und bietet täglichen Service von/nach Yass. ✆ 62993722, www.transborder.com.au.

Snoexpress, während der Skisaison jeden Freitag und Sonntag. Von Canberra nach Perisher (160 $ return), Thredbo (130 $ return) und Jindabyne (120 $ return). www.snoexpress.com.au.

Bahn Mit *NSW TrainLink* (✆ 132232, www.nswtrainlink.info) 3-mal tägl. von Sydney (ab 48 $, 4:30 Std.) via Goulburn und Moss Vale. Ab Moss Vale Busverbindung nach Wollongong. Ab Melbourne fährt man mit dem Zug nach Yass bzw. Cootamundra, dann geht es mit dem Bus weiter (ab 75 $, 9:15 Std.).

Mit *V/Line* (✆ 136196, www.vline.com.au) tägl. Bus/Bahn-Verbindung von/nach **Melbourne** (ab 55 $, 8:15 Std.) via Albury.

Stadtverkehr & öffentliche Verkehrsmittel

Pkw Im Vergleich zu anderen Großstädten Australiens ist es in Canberra problemlos, mit dem Auto unterwegs zu sein. Es gibt riesige Kreisverkehre, von denen die großen Avenues sternförmig abgehen. Die Sehenswürdigkeiten sind gut beschildert, bei den Straßennamen hapert es ab und zu. Die Straßen sind für viele Autos ausgelegt, und wenn man nicht gerade zu absoluten Stoßzeiten unterwegs ist, fährt es sich relativ entspannt.

Stadtbusse ACTION (ACTInternalOmnibusNetwork), die Routen der giftgrün/weiß lackierten Stadtbusse decken alle wesentlichen Sehenswürdigkeiten und Bereiche der Stadt ab. Barbezahlung im Bus: Einfache Fahrt 4,60 $, Tagesticket 8,80 $. Fahrten günstiger mit der *MyWay Card*. Fahrpläne gibt es im Zeitungskiosk oder im Internet. ✆ 132281 oder 62075111, www.action.act.gov.au.

Taxi Canberra Cabs, erreichbar unter ✆ 132227 oder man winkt sie einfach heran.

Fahrrad Canberra lässt sich gut mit dem Drahtesel erkunden, da man auf den zahlreichen Radwegen die wesentlichen Sehenswürdigkeiten passiert. Einige Touren führen durch Busch- und Parkland und auch das Ufer des Sees lädt zum Radeln ein. Fahrräder kann man bequem ausleihen (→ Fahrradmiete).

MyWay Card, mit der Karte verbilligt sich der Tarif pro Fahrt auf 2,31 $ bzw. 2,91 $ zu Stoßzeiten. Sie kostet allerdings 5 $ und ist beim Erstkauf mit mindestens 20 $ aufzuladen. Wichtig: Man muss beim Ein- und Aussteigen „stempeln", sonst wird der reguläre Tarif von 4,60 $ abgerechnet. Bei 8,80 $/Tag ist automatisch Schluss, alle Mehrfahrten sind dann kostenlos. Die Karten gibt es in *MyWay*-Centern und ausgewählten Zeitungskiosken.

Parken In Canberra gibt es bei vielen Sehenswürdigkeiten kostenlose Parkmöglichkeiten, meist kann man bis zu 3 Stunden stehen bleiben. Die regulären Parkmöglichkeiten im Zentrum sind kostenpflichtig und funktionieren entweder per Parkuhr oder Ticketautomat. Eine Stunde kostet je nach Lage um 2–3 $, der ganze Tag entsprechend um 10–14 $, die Parkdauer ist jedoch vielerorts beschränkt. Ab Samstag 12 Uhr kann man meist kostenlos parken. Kostenlose Parkplätze gibt es außerdem an der Constitution Avenue ab Höhe der *ANZAC Parade*.

Adressen & Anlaufstellen

Apotheken Capital Chemist (Canberra After Hours Pharmacy), tägl. 9–23 Uhr. 9 Sargood Street (O'Connor Shopping Centre), O'Connor, ✆ 62487050.

Dickson Pharmacy, Mo–Sa 8.30–19 Uhr, So 9–19 Uhr. Dickson Shopping Centre, Dickson, ✆ 62487684.

Autovermietung Neben den Anlaufstellen am Flughafen gibt es auch Büros in der Stadt:

Avis, Mo–Fr 8–18 Uhr, Sa 8–12 Uhr. 17 Lonsdale Street, Braddon, ✆ 62193000, www.avis.com.

Budget, Mo–Fr 8–17 Uhr, Sa 8–13.30 Uhr, So 9–12.30 Uhr. 17 Lonsdale Street, Braddon, ✆ 62572200, www.budget.com.au.

Europcar, Mo–Fr 8–18 Uhr, Sa 8–13 Uhr. 1C-74 Northbourne Avenue, Civic, ✆ 62845170, www.europcar.com.au.

Hertz, Mo–Do 8–17 Uhr, Fr 8–18 Uhr, Sa/So 8–12 Uhr. 32 Mort Street, Braddon, ✆ 62574877, www.hertz.com.au.

Thrifty, Mo–Fr 8–17.30 Uhr, Sa/So 8–13 Uhr. 33 Mort Street, Braddon, ✆ 62477422, www.thrifty.com.au.

Banken Westpac, Mo–Do 9.30–16 Uhr, Fr 9.30–17 Uhr. City Walk/Ecke Petrie Plaza, ✆ 62755111.

National, Mo–Do 9.30–16 Uhr, Fr 9.30–17 Uhr. Civic Square, London Circuit/Ecke Ainslie Ave, ✆ 132265.

Commonwealth, Mo–Do 9.30–16 Uhr, Fr 9.30–17 Uhr. 33 Northbourne Ave, ✆ 132221.

ANZ, Mo–Fr 9.30–17 Uhr, Sa 10–13 Uhr. 148 Bunda Street, Canberra Centre, ✆ 131314.

Botschaften Deutsche Botschaft, Mo/Di 10–13 Uhr, Mi–Fr 9.30–12.30 Uhr. 119 Empire Circuit, Yarralumla, ACT 2600, ✆ 62701911, www.germanembassy.org.au.

Österreichische Botschaft, Mo–Fr 9–12 Uhr. 12 Talbot Street, Forrest, ACT 2603, ✆ 62951533, www.austria.org.au.

Schweizer Botschaft, Mo–Do 9–12 und 14–16 Uhr, Fr 9–11.30 Uhr. 7 Melbourne Ave, Forrest, ACT 2603, ✆ 61628400, www.eda.admin.ch/australia.

Fahrradmiete Mr Spokes Bike Hire, direkt am See. Mountainbikes, Tandems und „Tretmobile" für 3 Pers. Preise MTB: 20 $/Std., 25 $/4 Std., 40 $/Tag, Miete für längere Zeiträume auf Anfrage. Barrine Drive, ✆ 62571188, www.mrspokes.com.au.

Row'n'Ride, Fahrrad mit Zubehör (Helm, Schloss, Karten) ab 45 $ für einen ganzen Tag, Tandems 90 $. Die Räder werden angeliefert. Mobiler Reparaturservice für Plattfüße. Auch Kajakverleih. ✆ 0410547838, www.realfun.com.au.

Geldwechsel & Reiseschecks American Express Foreign Exchange, in der Westpac-Filiale. Mo–Fr 9–16.45 Uhr. City Walk/Ecke Petrie Plaza, ✆ 1300139060.

Internet Kostenlosen Zugang an Terminals (möglichst vorab reservieren) oder per WLAN in allen **Stadtbibliotheken**, Öffnungszeiten und Adressen unter www.library.act.gov.au.

Civic Library, Mo–Fr 10–17.30 Uhr, Sa 10–16 Uhr. Civic Square, London Circuit.

The Barracks, viele LAN-Spieler und Zocker, aber zentral gelegen und unschlagbare Öffnungszeiten. 3 $/30 Min. Tägl. 11–24 Uhr, Fr rund um die Uhr. 36 Northbourne Ave.

Medien Die Tageszeitung von Canberra ist die **Canberra Times**, außerdem gibt es das kostenlose Magazin **Canberra City News**.

Med. Versorgung & Krankenhäuser The Travel Doctor (TMVC), die Spezialisten für Reisemedizin und Impfungen. Mo u. Do/Fr 8.30–17 Uhr, Di/Mi 8.30–19.30 Uhr. Suite 14/1 Childers Lane, ✆ 62222300, www.traveldoctor.com.au.

Canberra Hospital, 24-Std.-Notaufnahme. Yamba Drive, Garran, ✆ 62442222 (24 Std.), www.canberrahospital.act.gov.au.

Dickson Health Centre, Mo–Fr 8.30–12 und 14–17 Uhr, Sa 8.30–10 Uhr. 111 Dickson Palace, Dickson, ✆ 62486677.

Notrufnummern Polizei, Feuerwehr, Krankenwagen: ✆ 000.

Alcohol and Drug Informationservice, Drogenberatungsstelle (24 Std.), ✆ 62079977.

Rape Crisis Centre (24 Std.), Notfalltelefon für Vergewaltigungsopfer, ✆ 62472525.

Post Canberra GPO Post Shop, Mo–Fr 8.30–17.30 Uhr, Sa 9.30–13 Uhr. King George Terrace, ✆ 131318.

Schwimmbad Canberra Olympic Pool, olympisches 50-m-Becken. Eintritt 5,70 $.

Übernachten

- 2 Ibis Budget Canberra
- 3 Canberra Carotel
- 4 Exhibition Park
- 15 Miranda Lodge B&B
- 18 Dickson Backpackers
- 22 One of a Kind Apartments
- 23 Canberra City YHA
- 24 Alivio
- 25 Premier Hotel & Apartments
- 26 Aria Hotel
- 27 Clifton Suites
- 31 Burgman College und John XXIII College
- 32 Crowne Plaza
- 33 Peppers Gallery Hotel
- 36 Hyatt Hotel
- 39 Hotel Kurrajong
- 40 Annies@Yarralumla

Nachtleben

- 1 Tongue & Groove Restaurant & Bar
- 6 Academy
- 7 Hippo Co
- 8 King O'Malleys
- 9 Wig & Pen
- 11 North Bar
- 12 Muddle Bar
- 13 Phoenix
- 14 Cube Nightclub
- 19 Sub Urban
- 29 Knightsbridge Penthouse
- 30 ANU Union Bar

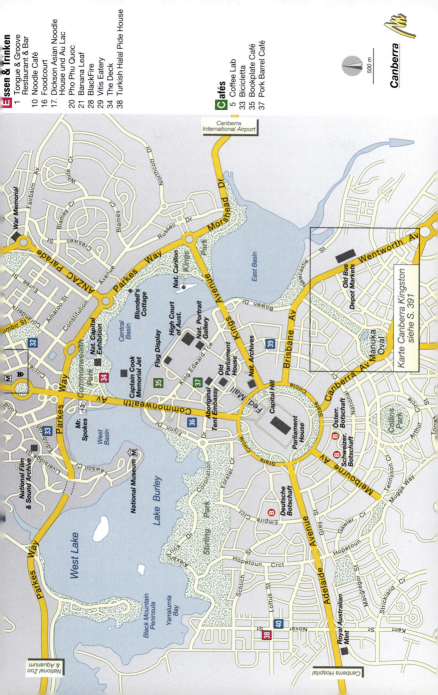

Mo–Do 6–20.30 Uhr, Fr 6–19.50 Uhr, Sa 7–17.50 Uhr, So 8–17.50 Uhr. ℡ 62486799, www.canberraolympicpool.com.au.

Manuka Pool, der Eintritt in das schöne Freibad kostet 5,50 $, parken kann man kostenlos direkt an der Straße. Mo–Fr 6–19 Uhr, Sa/So 8–19 Uhr. Manuka Circle, www.manukapool.com.au.

In **Dickson** gibt es ebenfalls einen Pool.

Übernachten → Karten S. 386/387 und S. 391

Canberra ist gespickt mit Übernachtungsmöglichkeiten aller Kategorien. Gute Unterkünfte gibt es entlang der *Northbourne Avenue* und südlich des *Lake Burley Griffin* in den Stadtteilen Kingston und Manuka. In Canberra sollte man stets bedenken, dass aufgrund politischer Veranstaltungen auch außerhalb der Ferien und der Hauptsaison alles ausgebucht bzw. überteuert sein kann. Der kontinuierliche Strom an Geschäftsreisenden, die gezwungen sind, in der Stadt zu übernachten, sorgt bisweilen leider für kleine Nachlässigkeiten in der Pflege der Hotelzimmer. An den Wochenenden bezahlt man meist weniger als unter der Woche.

Civic & Umgebung Aria Hotel 26, ganz modern und stylish und nur 2 km vom Ortszentrum entfernt. 128 Zimmer verschiedener Kategorien, allesamt hochwertig eingerichtet. Dank Doppelverglasung helle und doch ruhige Zimmer, superbequeme Betten, Balkone, WLAN. DZ ab 140 $, Spa-Suite oder Apartment mit Küche ab 180 $. 45 Dooring Street, Dickson, ℡ 62797000, www.ariahotel.com.au, www.breakfree.com.au.

Peppers Gallery Hotel 33, edle Unterkunft am Lake Burley Griffin. Helle und schlichte Zimmer, aber edel eingerichtet, mit superbequemen Betten. Plasma-TV, WLAN und Zimmersafe. Ab 180 $ im DZ. 15 Edinburgh Ave, ℡ 56654426, www.peppers.com.au/gallery.

Crowne Plaza 32, Großhotel mit 295 Zimmern. Gute Lage, saubere und gemütliche Zimmer, angemessene Preise. Mit Sauna, Pool und Kasino. DZ 195–400 $. 1 Binara Street, ℡ 62478999, www.crowneplaza.com.

Clifton Suites 27, 153 Suiten, allesamt mit Küche, Waschmaschine, Dusche & Bad, WLAN und Balkon. Topmodern und sehr stylish eingerichtet. Je mit Esstisch und einem Wohnbereich mit Sofa. Waschmaschine und Trockner ebenfalls vorhanden. Nutzung des 25-m-Pools. Tiefgarage. Ab 179 $. 100 Northbourne Ave, ℡ 62626266 oder 1800828000, www.cliftonsuites.com.au.

Miranda Lodge B&B 15, hübsche Zimmer mit Bad, Fernseher, Zentralheizung und AC. Solide Unterkunft ohne großartige Besonderheiten. DZ inkl. eines guten Frühstücks ab 120 $. 534 Northbourne Avenue, Downer, ℡ 62498038, www.mirandalodge.com.au.

Dickson One of a Kind Apartments 22, „eco-friendly" und eine gute Wahl, wenn man viel Platz braucht und etwas länger bleiben will. Voll ausgestattet mit Küche, Balkon/Terrasse, Waschmaschine und WLAN. Günstigstes Apartment 200 $/Nacht, ab 3 Nächten gibt es Rabatt, ab 1 Woche wird es noch günstiger. 43 Stockdale Street, Dickson, ℡ 0401756551 (mobil), www.oneofakindapartments.com.au.

Capital Hill & Umgebung Hyatt Hotel 36, schon die einfachste Suite ist 41 m² groß, verfügt über ein King-size-Bett, ein Bad mit schwarzem Marmor und großer Badewanne; außerdem Flatscreen-TV, Safe und schnelles LAN/WLAN-Internet. Günstigstes DZ regulär ab etwa 300 $. 120 Commonwealth Ave, Yarralumla, ℡ 62701234, www.hyatt.com.

Hotel Kurrajong 39, vor rund 90 Jahren eröffnet, mit reicher Historie, aber trotzdem modern und gemütlich eingerichtet und mit picobello sauberen Zimmern. Gutes Restaurant. DZ im Netz ab 150 $ buchbar. 8 National Circuit, Barton, ℡ 62344444, www.hotelkurrajong.com.au.

Annies@Yarralumla 40, heimeliges Zuhause mit Schlafzimmer, Bad und Lounge. Übernachtung (2 Pers.) ab 210 $. 27 Mueller Street, Yarralumla, ℡ 0408669631 (mobil), www.annies.com.au.

Hotel Realm 42, modernes Hotel, eigentlich auf Geschäftsreisende zugeschnitten. Hoher Standard mit High-Speed-Internet, Schreibtisch, LCD-TV und 24-Std.-Zimmerservice. Im DZ ab 200 $. 18 National Circuit, Barton, ℡ 61631800, www.hotelrealm.com.

Kingston, Manuka, Griffith Diplomat Hotel 50, Zimmer mit LCD-TV, WLAN und schönem Bad. Außerdem Fitnessraum,

Gepflegte Cabins auf einem von Canberras günstig gelegenen Caravan Parks

Sauna und Pool. DZ ab 160 $. 2 Hely Street, ✆ 62952277, www.diplomathotel.com.au.

East Hotel 46, toll eingerichtet, blitzsauber und mit etlichen geräumigen (ab 30 m²) Wohnvarianten in verschiedenen Preisklassen. Für die morgendliche Koffeindosis steht in jeder Wohneinheit eine Nespresso-Maschine bereit. Studios mit Kitchenette, Apartments mit separatem Wohn- und Schlafzimmer, Küche und Waschmaschine. Studio ab 160 $, Apartment ab 220 $, mit 2 Schlafzimmern ab 350 $. 69 Canberra Avenue, Kingston, ✆ 62956925, www.easthotel.com.au.

Belconnen Premier Hotel & Apartments 25, gute Wahl für Familien oder wenn man nicht unbedingt zentral wohnen muss. Sehr helles Hotel mit großen Glasfassaden, in der Nähe zahlreicher Geschäfte. DZ ab 165 $, Apartments mit 2 Schlafzimmern, Küche und Lounge ab 280 $. Nordwestlich des Zentrums. 110 Benjamin Way, Belconnen, ✆ 62533633 oder 1800672076, www.premierhotelcbr.com.au.

Backpacker & Budget Ibis Budget Canberra 2, im Norden, direkt am Highway (von Sydney kommend). Nichts Besonderes, aber sauber und günstig. 75 Budget-DZ mit Bad, AC und TV. DZ ab 70 $. Federal Highway/Ecke Antill Street, Watson, ✆ 62539020, www.ibis.com.

Canberra City YHA 23, superzentral, üblicher YHA-Hostel-Standard. Indoor-Pool, Spa, Sauna, Gemeinschaftsküche, BBQ auf dem Dach und natürlich eigene Bar. Internetcafé mit WLAN auch für Nichtbewohner. Im Mehrbett-Zimmer ab 31 $, DZ ab 100 $. 7 Akuna Street, ✆ 62489155, www.yha.com.au.

Dickson Backpackers 18, günstige Unterkunft nördl. des Zentrums. Supermarkt und Geschäfte in unmittelbarer Nähe. Übernachtung im Mehrbettzimmer 35 $. 4/14 Woolley Street, Dickson, ✆ 62629922, www.dickson-central.com.au.

Halls of Residence Burgman College 31, auf dem Campus der *Australian National University*. Zwischen Nov. und Febr. kann man je nach Verfügbarkeit für 65–75 $/Nacht Studentenbuden anmieten. Building 52, Darley Road, Acton, ✆ 61256100, casual.accommodation@burgmann.anu.edu.au.

John XXIII College 31, ebenfalls zwischen Nov. und Febr. für 75–95 $/ Nacht. Building 51, Daly Road, Acton, ✆ 61256900, www.johnxxiii.anu.edu.au.

Camping Canberra Carotel 3, netter Park mit schöner Campingwiese und großen, schattigen Bäumen. Pool, BBQs und Shop mit Alkohollizenz. Duschen und Toiletten sind gerade noch okay. Camping ab 28 $, Caravanstellplätze mit Strom ab 34 $, ein festes Dach über dem Kopf ab

99 $. Federal Highway, ☏ 62411377, www.carotel.com.au.

Alivio 24, etwa 4 km außerhalb der City. Mit Pool, Tennisplatz, BBQs und Waschküche, WLAN-Internet im Park. Sehr hochwertige Cabins mit bis zu 3 Schlafzimmern (bis 400 $). Stellplatz mit Strom ab 40 $. 20 Kunzea Street, O'Connor, ☏ 62475466, www.aliviogroup.com.au.

Budget- & Freecamping Exhibition Park 4, mit Toiletten, Duschen und Waschmaschinen, aber ohne Küche, Aufenthaltsraum oder Shop. Es empfiehlt sich, vorher anzurufen, weil nicht durchgehend geöffnet ist. Stellplatz ab 28 $, mit Strom- und Wasseranschluss 33 $. Etwa 5 km nördlich der Stadt. Flemington Rd., ☏ 62054976, www.exhibitionparkincanberra.com.

Cotter Campground 51, Toiletten und fließend Wasser vorhanden. 12 $/Nacht und Nase. Geld kann man vor Ort in eine Bezahlbox stecken. Bushcamp am Tourist Drive 5, Richtung Canberra Deep Space Complex.

Essen & Trinken → Karten S. 386/387 und S. 391

Civic & Umgebung Noodle Café 10, asiatische Suppen für rund 7 $, Pho mit Rindfleisch 13 $, Pad Thai Noodles mit Hühnchen 15 $, Laksa 17 $. Alle Hauptgerichte unter 20 $. Mo–Sa 12–15 und 17.30–21 Uhr. 5 Garema Place, ☏ 62488177, www.noodlecafe.com.au.

Coffee Lab 5, perfekt für einen guten Kaffee oder eine kleine Stärkung. Mo–Fr 7.30–16.30 Uhr, Sa 9–14.30 Uhr. 26 Narellan Place, www.thecoffeelab.com.au.

Banana Leaf 21, am City Walk. Die Küche ist von den exotischen Gewürzen Sri Lankas geprägt. Dem Namen entsprechend werden einige Gerichte in Bananenblättern eingewickelt und gegart. Außenbereich in der Fußgängerzone. Hauptgerichte 20–30 $, günstige Lunchgerichte 15–20 $, z. B. Chicken Biriyani. Küche Mo–Sa 11.30–15 und ab 17.30 Uhr, So 17.30–21 Uhr. ☏ 62485522, www.bananaleafrestaurant.com.au.

Vitis Eatery 29, stylisher Laden und derzeit recht angesagt. Nicht umsonst, denn es kommen wirklich interessante Gerichte auf den Teller, z. B. Kingfish-Salat mit Fenchel und Blutorange oder doppelt gegarte Lammrippchen mit Körnersalat und Knoblauchjoghurt. Das Konzept ist so angelegt, dass man verschiedene Gerichte (15–30 $) bestellen und teilen kann. Di 19–21 Uhr, Mi/Do 11.30–21 Uhr, Fr/Sa 11.30 Uhr bis spät, So 11.30–21 Uhr. Unit 1/9, Lonsdale Street, Braddon, ☏ 62497078, www.vitiseatery.com.au.

Black Fire 28, hier werden Fleisch und Fisch über offenem Feuer gegrillt bzw. langsam im Holzofen zubereitet. 30–40 $ muss man investieren, dafür gibt es edle Stücke vom Black Angus bzw. Wagyu-Rind oder Portionen von rund 10 Std. gegarten Bio-Lamm bzw. Spanferkel. Beilagen kosten 9 $ extra. Vorspeisen um 15 $. Mo–So ab 7.30 Uhr. 45/38 Mort Street, ☏ 62305921, www.blackfirerestaurant.com.au.

The Deck 34, die große Sonnenterrasse mit Blick auf den See macht das Lokal gleich doppelt interessant: Bircher Müsli für 9 $, Omelette mit Chorizo für 19 $, Quiche 18 $ und ein offenes Steaksandwich für 26 $. Frühstück bis 11.30 Uhr, ab dann gutes Lunch. Tägl. 9–17 Uhr. Barrine Drive, Regatta Point, ☏ 62307234, www.thedeckatregattapoint.com.au.

Bicicletta 33, italienisches Bistro mit bunt gemischtem Publikum. Auf den Teller kommen Tagliatelle mit Lammragout (27 $), Tomatensalat mit Büffelmozzarella (16 $) oder gegrillter Fisch mit mediterranem Gemüse (Tagespreis um 32 $). Gute Pizzen (20–25 $). Tägl. 7–11 und 17–22 Uhr, Pizzen Mo–Fr 12–15 Uhr. 1/15 Edinburgh Ave, Acton, ☏ 62628683, www.bicicletta.com.au.

Foodcourt 16, im Untergeschoss des *Canberra-Centre*-Einkaufszentrums gibt es eine ganze Reihe Verkaufsstände, von asiatisch über türkisch bis hin zum Hähnchenbrater. Für 10 $ gibt es hier ein warmes Essen.

Parkes & Parlamentsdistrikt Bookplate Café 35, in der *National Library*. Es gibt einige Mittagsgerichte auf der Tafel, Sandwiches sowie Kaffee & Kuchen. Der tropische Käsekuchen (mit Mango) ist ein Gedicht. Mo–Do 8.30–18 Uhr, Fr 8.30–16 Uhr, Sa/So 11–15 Uhr, ☏ 62621154, www.bookplate.com.au.

»» Mein Tipp: Pork Barrel Café 37, wunderbar am Rosengarten vor dem *Old Parliament House* gelegen. Freiluftcafé mit Pizzen und wechselnder Wochenkarte, z. B.

Tortilla mit Chorizo und getrockneten Tomaten (22 $) oder Hummus mit Oliven und Brot (12 $). Tägl. 8–15 Uhr, Fr Dinner ab 17 Uhr. ℡ 62731455, www.porkbarrel.com.au. «

Yarralumla Turkish Halal Pide House 38, etwas ab von den Touristenpfaden, aber eine gute und günstige Alternative satt zu werden. Pide mit Lammfleisch (19 $), Kebab im Brot (10 $) und Baklava. Tägl. 9–20.30 Uhr. 45 Nova Street, ℡ 62811991, www.turkishhalalpidehouse.com.au.

Griffith & Manuka Rubicon Restaurant 52, hier kann man richtig schlemmen – muss aber auch etwas tiefer in die Tasche greifen. Aus der Küche kommen mediterraner BBQ-Oktopus (Vorspeise 19,90 $) oder Hühnerbrust mit gebratenen Jakobsmuscheln und Macadamia-Soße (Hauptgericht 35,90 $). Lokale und internationale Weine ab 30 $/Flasche. Mo–Fr 12–14 Uhr, Mo–Sa ab 18 Uhr. 6a Barker Street, Griffith, ℡ 62959919, www.rubiconrestaurant.com.au.

Urban Pantry 48, lässige Wohlfühlatmosphäre und Küchenklassiker in aufgepeppten Versionen. Mittags verputzen die Gäste Wagyu-Burger (19 $), zum Abendessen stehen Seafood-Spaghettini (29 $) oder Kalbsmedaillons mit Polenta und Zitronen-Kräutersoße (35 $) auf der Karte. Mo–Fr 7–18 Uhr, Sa ab 7.30 Uhr, So 7.30–16 Uhr. 5 Bougainville Street, Griffith, ℡ 61623556, www.urban-pantry.com.au.

Ona on The Lawns 49, super Kaffee und Frühstück, aber auch gutes Lunch, wechselnde Gerichte, z. B. gegrillter Lachs auf Salat oder Burger. Mo–Fr 7–16.30 Uhr, Sa/So 8–15 Uhr. Shop 4, The Lawns, Manuka, ℡ 62950057, www.onacoffee.com.au.

Timmy's Kitchen 45, wahrlich keine Schönheit, aber das Essen (Asia-Style) ist gut und reichlich und die Preise stimmen auch. Fast alle Hauptgerichte 12–20 $. Di–So 11.30–14.30 und tägl. 17–22 Uhr. Manuka Village, Furneaux Street, Manuka, ℅ 62956537.

Kingston Brodburger 41, den Standardburger mit 1/2 Pfund Rindfleisch, Tomate, Salat und Zwiebel kostet 13,50 $, verschiedene Varianten bis 20 $. Di–Sa Lunch 11.30–15 Uhr, Dinner 17.30 Uhr bis spät. 11 Wentworth Ave, Kingston, ℅ 61620793, www.brodburger.com.au.

≫ Mein Tipp: Idelic Café 44, absolut fantastisches Essen, alles frisch zubereitet. Kreative Baguettes und Panini, saftige Quiche, bissfeste Pasta. 8–12 $. Mo–Sa 7–15 Uhr. 62 Giles Street, Kingston, ℅ 62394142, www.idelic.com.au. ≪

La Rustica by the Lake 43, hier zaubert der Koch aus Kalabrien mediterrane Schmankerln. Pasta um 22 $, Hauptgerichte um 30 $, Pizzen in 3 Größen ab 17 $. Mo–Fr 12–14 Uhr, tägl. 18–22 Uhr. Eastlake Parade, Kingston, ℅ 62950152, www.larusticabtl.com.

Kingston Hotel 47, klassisches Pub, in dem das Bier fließt, in dem man auch selber den Grillmeister spielen kann. Das große T-Bone-Steak gibt's für 23 $. Nette Terrasse zum Draußensitzen. Tägl. ab 11 Uhr. 73 Canberra Ave, ℅ 62950123, www.kingstonhotel.com.au.

Dickson Was Kingston für die Italiener ist, ist Dickson für die asiatische Küche. Hier kann man auch mit kleinem Geldbeutel gut speisen.

Pho Phu Quoc 20, sehr umfangreiche Karte mit vietnamesischen Suppen und Stir-Frys. Alle Hauptgerichte (mit Fleisch, Fisch oder vegetarisch) 12–20 $. Auch Take-away oder Lieferservice. Mo–Fr 11–15 und 17–22 Uhr, Sa/So 11–22 Uhr. 4/6 Cape Street, Dickson, ℅ 62496662.

Au Lac 17, 100 % vegetarische Küche. Auch für echte „Fleischfresser" einen Versuch wert, das Essen hier ist wirklich ausgezeichnet – auch wenn die „roast soy duck" nicht wie echte Ente schmeckt. Hauptgerichte 10–14 $. Di–So 11.30–14.30 Uhr, tägl. 17.30–22.30 Uhr. 4/35–39 Woolley Street, Dickson, ℅ 62628922.

Dickson Asian Noodle House 17, kleines Asia-Restaurant mit günstigen Köstlichkeiten. Vorspeisen etwa 7 $, alle Hauptspeisen um 15 $. BYO, Corkage 3 $/Flasche. Di–So 11–21.30 Uhr. 29 Woolley Street, Dickson, ℅ 62476380.

Kneipen, Bars & Nachtleben → Karten S. 386/387 und S. 391

Pubs Wig & Pen 9, schon die grüne Fassade verspricht ein traditionelles Pub. In gemütlich-düsterer Atmosphäre kann man hier den Gerstensaft aus der eigenen Mikrobrauerei genießen. Zu Essen gibt's den üblichen Pub-Grub. Tägl. geöffnet. Canberra House Arcade, Alinga Street, ℅ 62480171, www.wigandpen.com.au.

King O'Malleys 8, richtige Trinkhöhle mit großem Areal im Freien und einem Innenraum, für den man einen Kompass braucht. Do–Sa Live-Musik. Im gemütlichen kleinen Hinterzimmer (schräg oberhalb der Bar) kann man sich zurückziehen. Mo–Sa ab 11 Uhr, So ab 12 Uhr; es kann spät werden. 131 City Walk, ℅ 62570111, www.kingomalleys.com.au.

Phoenix 13, oft hört man, es sei das beste Pub der Stadt. Ideal, um bei Live-Musik gemütlich einige Biere zu trinken. Bei den Locals sehr beliebt und superzentral gelegen. Mo–Mi 12–1 Uhr, Do–Sa 12–3 Uhr, So 13–23 Uhr. 23–27 East Row, Civic, ℅ 61695092, www.lovethephoenix.com.

Tongue & Groove Restaurant and Bar 1, interessante Mischung aus stylisher Location, Speiselokal, Bar und Club. Man kann gut essen, aber danach auch ordentlich feiern. Canberra Centre, 1 Genge Street, ℅ 6230445, www.tandg.com.au.

Bars & Clubs Hippo Co 7, Cocktail- und Weinbar mit trendiger Einrichtung. Mittwochs Live-Jazz (Eintritt ab 10 $), bei entspannten Tönen kann man sich dann genüsslich einige Drinks genehmigen. Geöffnet Mi–Fr ab 17 Uhr, Sa ab 19 Uhr. 1/17 Garema Place, ℅ 62477555, www.hippobar.com.au.

North Bar 11, schicke Bar mit entsprechend schicken Leuten. Fantastische Cocktails (13–19 $), z. B. „Red Stiletto" (mit frischen Erdbeeren) oder „Rhubarb Mule" mit Wodka und Rhabarberlikör. Di–Fr ab 16 Uhr, Sa ab 18 Uhr. 46 Northbourne Avenue, ℅ 62480102, www.northbar.com.au.

Sub Urban 19, tolle Bar in einem Art-déco-Gebäude. Man kann auch an einigen Tischen im Freien sitzen. Ein italienisches Restaurant gehört auch zum Haus. Cape Street/Ecke Wooley Street, Dickson, ✆ 62577788, www.sub-urban.com.au.

Cube Nightclub 14, beliebter LGBT-Treff. Party-Betrieb und Veranstaltungen. Do–So 22–5 Uhr. 33 Petrie Plaza, ✆ 62571110, www.cubenightclub.com.au.

Knightsbridge Penthouse 29, extrem cool eingerichtet, entspannte Musik und bequeme Sofas zum Chillen. An der Bar werden richtig gute Drinks gezaubert und auch die Weinkarte kann sich sehen lassen. Di/Mi 17–24 Uhr, Do 16–1 Uhr, Fr/Sa 16–3 Uhr. 34 Mort Street, Braddon, ✆ 62626221.

Muddle Bar 12, eine der In-Bars. Hier trinkt man Cocktails (um 16 $) mit wohlklingenden Namen wie „Forbidden Passion", „Femme Fatal" oder „Swedish Summer". Di–Sa ab 16 Uhr. West Row, Civic, ✆ 62627898, www.muddlebar.com.

Academy 6, Nachtclub und Tanzhöhle, in der man zu lauten Beats tanzen kann. Eintritt um 10 $. Do–Sa 21–5 Uhr. 50 Bunda Street, ✆ 62532091, www.academyclub.com.au.

ANU Union Bar 30, über 1500 Leute können hier bei großen Konzerten dabei sein. Tickets je nach Künstler 15–50 $. Building 20, Union Court, ✆ 61253660, www.anuunion.com.au.

Kulturelles Leben

Theater Canberra Theatre Centre, das Haus für darstellende Künste wie Theater, Ballett oder Operette. Es gibt das *Theatre* mit rund 1200 Plätzen, das *Playhouse* mit 622 Plätzen und das kleine *Courtyard Studio*. Civic Square, London Court, ✆ 62435711, www.canberratheatre.com.au.

The Street Theatre, auf zwei Bühnen (247 bzw. 110 Plätze) gibt's interessante und bisweilen innovative Darbietungen kleinerer Theatergruppen. Childers Street/Ecke University Ave, ✆ 62471519, www.thestreet.org.au.

Kasino Casino Canberra, Spielbank, Konzertbühne, Bars und Restaurant – die ganze Bandbreite an Unterhaltung ist geboten. 21 Binara Street, ✆ 62577074, www.casinocanberra.com.au.

Kino Dendy Cinema, hier werden ausgezeichnete Arthaus-Filme gezeigt. Level 2, North Quarter, 148 Bunda Street, ✆ 62218900, www.dendy.com.au.

Dendy Cinema Premium Lounge

Nicht ganz billig, aber dafür außergewöhnlich. Filmgenuss auf elektrisch verstellbaren Liegesesseln, Getränke (Bier, Wein, Cocktails …) und Speisen (Bruschetta, Antipasti, Pizza …) werden direkt an den Platz gebracht. Je nach Vorstellung kostet der Eintritt alleine 30–40 $.

Einkaufen

Märkte Old Bus Depot Markets, nicht verpassen! An über 200 Verkaufsständen wird von der selbst gemachten Seife bis zum Holzbilderrahmen alles Mögliche und Unmögliche verkauft. Das Ganze in einem alten Busdepot. Kostenlose Parkplätze sind ausgeschildert. Jeden So 10–16 Uhr. 21 Wentworth Avenue, Kingston, ✆ 62395306, www.obdm.com.au.

Capital Region Farmers Markets, hier gibt es Lebensmittel direkt vom Erzeuger: Obst, Gemüse, Brot, Wein, Fleisch, Käse und vieles mehr. Alles frisch und in bester Qualität. Jeden Samstag 7.30–11.30 Uhr. Exhibition Park, Flemington Road, Mitchell, www.capitalregionfarmersmarket.com.au.

Hall Markets, einer der größten Märkte dieser Art, zu kaufen gibt's allerlei selbst Gemachtes und selbst Angebautes, z. B. Schmuck, Honig, Früchte, Kleidung, Getöpfertes etc. Jeden 1. So im Monat (außer Jan.) von 10–15 Uhr. Etwa 15 km außerhalb in der Ortschaft Hall. ✆ 62824411.

Geschäfte Smiths Alternative Bookshop, seit 1976 werden hier Bücher verkauft, in den Regalen steht eine gute Mischung an Titeln und Themen. Auch Musikveranstaltungen. Melbourne Building, 76 Alinga Street, ✆ 62474459.

R.M. Williams, die klassischen Kleidungsstücke des „Busch-Ausstatters" sind natürlich auch in der Hauptstadt erhältlich. Klassiker sind die edlen Stiefel mit dem elastischen Einsatz. Mo–Do 9–17.30 Uhr, Fr 9–21 Uhr, Sa 9–17 Uhr, So 10–16 Uhr. DF27 Canberra Centre, Bunda Street, ✆ 62576668.

Kathmandu, Outdoor-Ausstatter am unteren Ende der Fußgängerzone. Rucksäcke, Wanderstiefel, Schlafsäcke und jede Menge Zubehör. Mo–Do 9.30–17.30 Uhr, Fr 9.30–20 Uhr, Sa 10–17 Uhr, So 11–16 Uhr. 20 Allara Street, ✆ 62575926.

Einkaufspassagen & -zentren Canberra Centre, hier gibt's eigentlich alles. Riesige Shopping-Mall mit unzähligen kleinen Geschäften sowie großen Namen wie *David Jones*, *Myer*, *Target* oder *Big-W*. Hauptöffnungszeiten (die der einzelnen Geschäfte können variieren) Mo–Do 9–17.30, Fr 9–21 Uhr, Sa 9–17 Uhr, So 10–16 Uhr. Bunda Street, ✆ 62475611.

Dickson, wird oft als das China-Town Canberras bezeichnet. Mit etlichen asiatischen Lebensmittelgeschäften, außerdem verschiedene Fachgeschäfte und Supermärkte.

Festivals & Veranstaltungen

Summernats Car Festival, Tuning-Show und Autofestival Anfang Jan., bei dem tolle Liebhaberstücke ausgestellt werden. Mit wilden Partys und Burnout-Vorführungen. www.summernats.com.au.

National Multicultural Festival, findet an 10 Tagen im Febr. statt. Mit Musik, Tanz, Ausstellungen und Workshops. www.multiculturalfestival.com.au.

Canberra Food & Wine Expo, 3 Tage im Febr., berühmte Köche, edle Küchenutensilien und kostenlose Verkostungen. 20 $ Eintritt.

National Folk Festival, 5 Tage zu Ostern. Mit Konzerten, Tanz, Lesungen und Essensständen. Tagestickets ab 79 $, Festivaltickets im Vorverkauf ab etwa 200 $. www.folkfestival.org.au.

Floriade, 4 Wochen im Sept. und Okt., seit über 20 Jahren eines der größten Blumenfeste in ganz Australien. www.floriadeaustralia.com.

24h MTB Championship, 2 actionbepackte Tage im Okt. Austragungsort ist der *Stromlo Forest Park*. www.corc24hour.com.au.

Stonefest, Ende Okt. auf dem Unigelände, seit über 40 Jahren gibt es das Musikfest. www.stonefest.com.au.

Stadien & Sportclubs

Stadien GIO Stadium Canberra, mit einer Kapazität von rund 25.000 Zuschauern das größte Stadion der Stadt. Gespielt wird hier hauptsächlich *Rugby League* und *Rugby Union*. Außerdem finden Open-Air-Konzerte statt. Battye Street, Bruce, ✆ 62566700, www.giostadiumcanberra.com.

Manuka Oval, das Stadion fasst rund 15.000 Zuschauer, gespielt wird Australian Rules Football und Kricket. Jedes Jahr findet hier das *Prime Minister's XI* statt, ein Kricket-Match, bei dem eine vom Premierminister gewählte australische Mannschaft gegen ein internationales Team spielt. Manuka Circle, Manuka, ✆ 62280300, www.manukaoval.com.au.

Clubs & Codes Rugby League – Canberra Raiders, das einzige Profiteam der Hauptstadt in der *National Rugby League*. Erfolgreichste Zeit der Vereinsgeschichte war von Ende der 80er- bis Anfang der 90er-Jahre, in der die Mannschaft 3 *Premiership*-Titel gewinnen konnte. Heimstadion ist das *GIO Stadium Canberra* (s. o.). www.raiders.com.au.

Rugby Union – ACT Brumbies, die Brumbies spielen Super-14-Rugby, Heimstadion ist ebenfalls das *GIO Stadium Canberra* (s. o.). www.brumbies.com.au.

Aktivitäten & organisierte Touren

Busrundfahrten Explorer Bus, 5-mal/Tag fährt der Bus ab Haltestelle 11 an der 59 Northbound Ave (9.30, 11, 12.30, 14 und 15.30 Uhr) eine Runde durch die Stadt. Man kann an verschiedenen Sehenswürdigkeiten aus- und wieder zusteigen oder bei der Rundfahrt den Kommentaren des Fahrers lauschen. Den genauen Fahrplan findet man im Internet. Die Tickets (30 $) können beim Busfahrer gekauft werden. Bushaltestelle 11, Melbourne Buildig, 59 Northbourne Ave, ✆ 0418455099 (mobil), www.canberradaytours.com.au.

Bootsrundfahrten Canberra Southern Cross Cruises, einstündige Rundfahrten auf dem malerischen Lake Burley Griffin gibt es ab 15 $/Pers. Genaue Termine finden sich auf der Webseite. ✆ 62731784, www.cscc.com.au.

Canberra Lake Cruises, einstündige Rundfahrten 3-mal/Tag (10.30, 13.30 und 14.30 Uhr), 16 $/Pers. Abfahrt am Parkes Place (vor dem Questacon). ✆ 0407074371 (mobil), www.canberracruises.net.

Bootsmiete Lake Burley Griffin Boat Hire, Tretboote ab 30 $/Std., Kajaks ab 15 $/Std. und 3er-Kanus ab 40 $/Std. Sept.–Mai. Acton Ferry Terminal, Barrine Drive, Acton, ✆ 62496861, www.actboathire.com.

Rundflüge Canberra Helicopters, der 10-minütige Rundflug über die Hauptstadt kostet ab 100 $ pro Passagier, für 45 Min. sind 365 $ pro Pers. fällig. ✆ 0448128254 (mobil), www.canberraheli.com.au.

Ballonfahrten Balloon Aloft, stille Ballonfahrten über der Hauptstadt ab 290 $, mit Frühstück ab 330 $, an Wochenenden 340 $ bzw. 380 $. Das Büro befindet sich in der Kallaroo Road, Pialligo, ✆ 62498660, www.canberraballoons.com.au.

Sehenswertes

Es gibt unglaublich viel zu sehen in Canberra, und wer nur wenige Tage in der Stadt zur Verfügung hat, der wird sich einige Highlights herauspicken müssen. Viele der Sehenswürdigkeiten kann man bequem mit dem Auto erreichen, meist kann man auch kostenlos vor Ort parken. Wer kein Auto hat, kann die regulären *ACTION*-Stadtbusse nutzen, idealer – aber auch teurer – sind die *Explorer-Sightseeing*-Busse (s. o.). Für das innere Stadtgebiet ist der Drahtesel als Fortbewegungsmittel durchaus eine gute Alternative, gut unterwegs ist man allerdings auch zu Fuß. Es gibt einige schöne Spaziergänge, die landschaftliche Höhepunkte mit etlichen Sehenswürdigkeiten verbinden. Kindern kann man für rund 3 $ den *National Capital Passport*

Das Canberra Museum befindet sich im Zentrum der Stadt

kaufen (erhältlich bei jeder Sehenswürdigkeit) und diesen dann an jeder Station abstempeln lassen.

Civic und östlich des Zentrums

Die klassischen Sehenswürdigkeiten sind im Stadtzentrum um den **London Circle** eher spärlich gesät – hier merkt man einmal mehr, dass die Stadt nicht nach normalen Gesichtspunkten entstanden ist. Dafür kann man gemütlich durch die kleine Fußgängerzone schlendern, in der sich auch das **historische Karussell** von 1914 befindet – die handgeschnitzten Pferde und Elefanten wurden eigens aus Deutschland importiert. Nach Canberra kam das Fahrgeschäft Mitte der 70er-Jahre, wo es restauriert wurde. Heute kann man für 3 $ eine Runde drehen. Am **Garema Place** gibt es nette Cafés und eine große Kinoleinwand, auf der im Sommer Filme gezeigt werden. Östlich des Zentrums befinden sich die **ANZAC-Parade** und das **Kriegerdenkmal**.

Canberra Museum & Gallery: In der permanenten Ausstellung *Reflecting Canberra* widmet sich das Museum ausgiebig der Hauptstadt und ihrer Geschichte, so werden z. B. die verheerenden Buschfeuer von 2003 auf anschauliche Weise in Szene gesetzt. Daneben gibt es wechselnde Ausstellungen unterschiedlichster Themen und Präsentationsformen, von der Handtaschensammlung bis zum Hologrammdisplay. In den Räumlichkeiten befindet sich auch die tolle *Nolan Collection* mit ausgewählten Werken des berühmten Malers. Ursprünglich waren die Bilder in einer eigens erbauten Galerie auf dem Gelände des *Lanyon Homestead* (gut 35 km südlich der Stadt) untergebracht.
Sept.–Mai: Mo–Fr 10–17 Uhr, Sa/So 12–17 Uhr. Juni–Aug.: Mo–Fr 10–17 Uhr, Sa/So 12–16 Uhr. Eintritt frei. London Circuit/Ecke Civic Square, ✆ 62073968, www.museumsandgalleries.act.gov.au.

ANZAC Parade: Die große Paradestraße führt von der Constitution Avenue am Lake Burley Griffin zum *War Memorial* empor. Zu beiden Seiten befinden sich Kriegerdenkmäler, die verschiedenen Kriegen, den Waffengattungen oder auch dem Zivilpersonal wie Krankenschwestern gewidmet sind. Zwischen den Fahrbahnen zieht sich ein breiter mit rotem Kies aufgeschütteter Mittelstreifen entlang, der einen wunderbaren Kontrast zu den mit üppigem Grün bepflanzten Seiten darstellt. Lässt man den Blick entlang der *ANZAC*-Parade und über den See schweifen, so entdeckt man, dass sich das *Parliament House* exakt in der Verlängerung befindet.

Australian War Memorial: Am oberen Ende der *ANZAC*-Parade, am Fuße des *Mount Ainslie*, befindet sich ein Kriegerdenkmal mit außergewöhnlichen Dimensionen. Hier wird der rund 102.000 Australier gedacht, die in diversen Kriegen ihr Leben ließen – sämtliche Namen der gefallenen Soldaten sind in die Wände eingraviert. Im Museumsbereich werden innerhalb interessanter Ausstellungen Fundstücke von den Schlachtfeldern, Kunstwerke und Fotografien gezeigt. Zu den Exponaten gehören z. B. eine amerikanische *Kitty Hawk* aus dem Zweiten Weltkrieg, einer der berühmten *Lancaster-Bomber*, die Missionen über Berlin geflogen haben, und eines der japanischen Mini-U-Boote, mit denen seinerzeit Angriffe auf Sydney gestartet wurden. Außerdem gibt's ein original Landungsboot zu sehen, das die *ANZAC*-Truppen am 25.04.1915 bei Gallipoli abgesetzt hat. In der *ANZAC*-Halle werden verschiedene audiovisuelle Shows präsentiert, in „Striking by Night" wird eine Bombardierung Deutschlands mit den berühmten *Lancaster*-Bombern nachgestellt.
Tägl. 10–17 Uhr. Eintritt frei. Treloar Crescent, Campbell, ✆ 62434211, www.awm.gov.au.

Im War Memorial wird 102.000 toter Soldaten gedacht

Westlich des Zentrums

Im Ortsteil Acton, der direkt an den Civic angrenzt, liegt der Campus der **Australian National Univerity**. Weiter westlich davon sind die Erhebung des *Black Mountain* und der *Black Mountain Tower* (ehem. *Telstra Tower*) zu sehen. Dieses Areal ist Teil des **Canberra Nature Park**, in dem auch der *Botanische Garten* zu finden ist.

National Film & Sound Archive: Das Gebäude befindet sich gerade mal einen Steinwurf vom Zentrum entfernt. Im Inneren kann man sich auf eine spannende Zeitreise begeben – im Archiv werden australische Film- und Tonaufnahmen gesammelt und konserviert. An den Wochenenden gibt es kostenlose Vorführungen, die einen guten Einstieg in die Materie bieten. In der permanenten Ausstellung „Sights and Sounds of a Nation" wird ein Zeitraum von rund 100 Jahren dokumentiert, das Material reicht von ganz frühen Audioaufzeichnungen bis hin zu Film- und Fernsehaufnahmen. Das hauseigene *Arc Cinema* zeigt richtig interessante Filme, die es anderswo wohl kaum zu sehen gibt. Im Café kann man sich stärken und im Shop CDs oder DVDs erwerben.

Mo–Fr 9–17 Uhr. Eintritt frei. McCoy Circuit, Acton, ☎ 62482000 oder 1800067274, www.nfsa.gov.au.

Australian National Botanic Gardens: Am Fuße des *Black Mountain* kann man eine außergewöhnliche Ansammlung australischer Flora bestaunen. Von den etwa 20.000 verschiedenen Pflanzenarten, die auf dem Kontinent heimisch sind, gedeihen knapp 7000 in diesen schönen Gärten. Zu den naturgetreu nachgebildeten Lebensräumen gehören eine Regenwaldschlucht, ein Steingarten und ein Eukalyptusrasen. Im Fokus der Einrichtung steht aber auch die Erforschung und Kultivierung der heimischen Pflanzenwelt – im Herbarium befindet sich Australiens größte Sammlung an getrockneten und gepressten Spezies. Gute Erklärungen erhält man während der kostenlosen Führungen, die täglich angeboten werden. Eine

Pause kann man im Café einlegen, im Buchladen kann man sich mit einschlägiger Literatur eindecken.

Tägl. 8.30–17 Uhr (bis 20 Uhr Sa/So im Jan.). Eintritt frei, Parken 3 $/Std. bzw. 11 $/Tag. Kostenlose Führungen tägl. 11 und 14 Uhr ab Infozentrum. Cluines Ross Street, Acton, Canberra (nahe der Abzweigung zum Telstra Tower). Besucherzentrum: tägl. 9–16.30 Uhr, ☏ 62509588, www.anbg.gov.au/gardens.

National Zoo & Aquarium: Am westlichen Ende des *Lake Burley Griffin* findet man Australiens einzige Zoo-Aquarium-Kombination. Vor allem Freunde von Großkatzen kommen hier auf ihre Kosten, neben Löwen und Pumas gibt's auch seltene und bedrohte Arten wie Schneeleoparden oder Sumatratiger zu sehen. Ganz Mutige können Extratouren buchen und bei der Gelegenheit die Raubtiere mit der Hand füttern oder auf Tuchfühlung mit einem Geparden gehen. Zu den übrigen Zoobewohnern gehören einige Primatenarten sowie zahlreiche Reptilien. Im Aquarium ziehen in einem 200.000-Liter-Salzwasserbecken Haie ihre Runden.

Tägl. 10–17 Uhr. Eintritt 40 $, Fütterung 120 $ (145 $ am Wochenende), Geparden-Abenteuer 175 $. Scrivener Dam, Lady Denman Drive, Yarralumla, ☏ 62878400, www.nationalzoo.com.au.

Black Mountain Tower (ehemals *Telstra Tower*): Der Turm erhebt sich auf dem *Black Mountain* und ist bei der Anreise mit dem Auto schon von Weitem zu sehen. Von hier oben bietet sich die beste Aussicht auf die Stadt und das umliegende Buschland. Der 1980 eröffnete Turm ist 195 m hoch, wovon alleine 62,9 m auf die Stahlantenne auf der Spitze entfallen. Für den kleinen Snack oder einen Kaffee gibt es eine Cafeteria.

Turm, tägl. 9–22 Uhr, Eintritt 7,50 $. Black Mountain Drive, Acton, ☏ 1800806718 oder 62486162 (Cafeteria).

Rund um den Lake Burley Griffin

Der künstlich angelegte See trennt den CBD vom Parlamentsdistrikt. Vom Parliament Hill führt die Commonwealth Avenue über eine Brücke schnurgerade ins Zentrum, die Kings Avenue führt ebenso gerade über eine Brücke in den Ortsteil Russel. Das so entstehende Dreieck wird als **Parlamentary Triangle** bezeichnet. Im nordöstlichen Bereich liegen der *Commonwealth Park* und der *Kings Park,* zu den Sehenswürdigkeiten dort gehört das historische **Blundells Cottage**, das bereits in den 1860er-Jahren gebaut wurde, lange bevor es Canberra oder das ACT gab. Auf dem kleinen Aspen Island ragt das **National Carillon** in den Himmel. Der 50 m hohe Turm, in dessen luftigen Höhen sich ein Spiel aus 55 Glocken befindet, wurde 1970 eingeweiht und ist über eine kleine Brücke erreichbar.

National Museum of Australia: Ein absoluter Höhepunkt – ein Museum, das begeistert und überrascht. Geschichte und Geschichten über den australischen Kontinent stehen hier im Vordergrund, es wird praktisch alles beleuchtet, was Land, Leute und Nation betrifft. Das ist immer informativ, bisweilen kurios und oft genug auch richtig amüsant. Da wird z. B. das konservierte Herz des berühmten Rennpferdes *Phar Lap* ausgestellt oder ein „buffalo catcher", ein umgebauter Jeep, mit dem im Northern Territory einst Wasserbüffel gejagt wurden. Und auch uraustralische Ikonen wie *Vegemite* oder die *Hills Hoist* (Wäschespinne) werden natürlich gewürdigt. Ernstere Themen kommen ebenfalls nicht zu kurz, so wird mittels elektronischer Schautafeln beispielsweise die Ausbreitung eingeschleppter Arten im Verlauf der Jahre illustriert. Umfangreiche und interessante Ausstellungsräume mit zahlreichen Exponaten gibt es darüber hinaus zu Leben und Kultur der australi-

Das National Museum – unglaublich informativ und vielleicht das beste Museum in ganz Australien

schen *Aborigines* und *Torres Strait Islanders*. Im Innenhof ist der „Garden of Australian Dreams" untergebracht, in dem man auf bunten Linien durch die Gegend navigieren kann und in dem sich das Wort „home" in 100 Sprachen wiederholt.
Im Jahr 2001 eröffnet, befindet sich das Museum in traumhafter Lage an der Spitze der Acton-Halbinsel. Die Gebäude bestechen durch modernes, kreatives Design, dazu gehört auch der bunte, weithin sichtbare Looping vor dem Eingang. Um sich in dem großen und vielseitigen Museum zurechtzufinden, empfiehlt es sich, eine der kostenlosen Führungen mitzumachen. Zur Not kann man aber auch mit der gut gestalteten Broschüre alleine auf Exkursion gehen. Für dieses Museum sollte man sich wirklich viel Zeit nehmen, stärken kann man sich im Restaurant oder Café. Reichhaltiges Informationsmaterial ist im Museumsshop erhältlich.

Tägl. 9–17 Uhr. Eintritt frei (Sonderausstellungen kosten evtl. Eintritt). Einstündige Führungen mit verschiedenen Themenschwerpunkten, 10 $/Pers. Die „Highlights Tour" findet tägl. um 10 und 15 Uhr statt, Termine für andere Führungen im Netz. Lawson Crescent, Acton Peninsula, Acton, ✆ 62085000 oder 1800026132, www.nma.gov.au.

National Capital Exhibition: Hier dreht sich alles um Australiens Hauptstadt. Dazu gehören Geschichten über die Ureinwohner, speziell über den *Ngunnawal*-Stamm, über die ersten weißen Farmer und natürlich über die Entstehung Canberras. Der Besucher erfährt einiges über das Auswahlverfahren im Rennen um den Hauptstadtstatus, warum man ausgerechnet hier ein komplett neues „National Capital" entstehen ließ und über Canberras Funktion als Symbol der Föderation. Es wird der Kurzfilm „The Story of Canberra" gezeigt, der einen guten Einblick in die Geschichte und deren wichtigste Ereignisse gewährt.
Mo–Fr 9–17 Uhr, Sa/So 10–16 Uhr. Eintritt frei. Regatta Point, Commonwealth Park, ✆ 62722902, www.nationalcapital.gov.au.

Captain Cook Memorial: Das Memorial wurde 1970 zum Gedenken an Captain Cooks Landung in Australien errichtet und besteht im Wesentlichen aus zwei Teilen: Inmitten des Sees speit der *Captain Cook Memorial Water Jet* eine spektakuläre, bis zu 147 m hohe Wasserfontäne in den Himmel, am *Regatta Point* steht ein Metallglobus, auf dem die Routen von Cooks Entdeckungsfahrten verzeichnet sind.
Regulär sprüht die Fontäne tägl. 14–16 Uhr. An der Commonwealth Avenue Bridge.

Am Südwestufer des *Central Basin* befindet sich der Ortsteil Parkes; um den *Commonwealth Place* gibt es eine ganze Reihe an Sehenswürdigkeiten. Ins Auge sticht dabei das **Flag Display**, hier wehen 80 Nationalflaggen von Ländern, die durch eine Botschaft in Canberra vertreten sind. Außerdem hier zu sehen: die **Nationalgalerie**, die **Nationalbibliothek** und der **High Court of Australia**.

National Gallery of Australia: Eine beeindruckende Kunstgalerie, in deren Sammlung über 100.000 Schätze schlummern. Die Ausstellungen gliedern sich in vier thematische Einheiten: australische Kunst im Allgemeinen, die Kunst der Aborigines und Torres Strait Islanders im Speziellen, asiatische und internationale Kunst. Zu bestaunen sind Werke lokaler Künstler wie *Frederick McCubbin*, *Arthus Boyd* oder *Sydney Nolan* – die Bilder seiner Ned-Kelly-Serie gehören zu den berühmtesten australischen Kunstwerken. In der Europa/Amerika-Abteilung hängen Exponate namhafter Meister wie *Cézanne*, *Miró*, *Monet*, *Warhol*, *Lichtenstein* oder *Pollock*. Zur Galerie gehören außerdem eine umfangreiche Ausstellung indischer Kunst, Fotogalerien und ein Skulpturengarten.
Tägl. 9–17 Uhr. Der Eintritt zu den permanenten Ausstellungen ist frei. Besucher parken für 3 Std. kostenlos. Parkes Place, Parkes, ✆ 62406411 oder 62406501 (Bandansage), www.nga.gov.au.

National Portrait Gallery: Nachdem sie knapp zehn Jahre im Old Parliament House untergebracht war, hat die National Portrait Gallery Ende 2008 ein hypermodernes Gebäude ganz in der Nähe der National Gallery of Australia bezogen. Die Dauerausstellung präsentiert ca. 450 Porträts jeglicher Art, es gibt lediglich zwei Auswahlkriterien: die porträtierte Person muss entweder eine bedeutende Persönlichkeit oder australischer Herkunft sein. Flankiert wird das Programm der Galerie von zahlreichen Wechselausstellungen.
Täglich 10–17 Uhr. Der Eintritt zur Dauerausstellung ist frei. King Edward Terrace, Parkes, ✆ 61027000, www.portrait.gov.au.

Questacon: Das Wissenschafts- und Technologie-Zentrum ist hauptsächlich auf Kinder und Schüler zugeschnitten. Die oft so trockene wissenschaftliche Materie wird an interaktiven Stationen kindgerecht dargestellt. Es werden Blitze erzeugt, es gibt einen Tornado- und einen Erdbebensimulator und eine Rutsche mit mehreren Metern Freifall. Ein richtiges Abenteuer für die Kleinen und vielleicht auch für den einen oder anderen Großen.
Tägli. 9–17 Uhr. Eintritt 23 $. King Edward Terrace, Parkes, ✆ 62702800, www.questacon.edu.au.

National Library of Australia: Die Staatsbibliothek von Canberra wurde 1901 ins Leben gerufen und ist heute die größte Handbibliothek des Landes. Wer sich registriert, kann auf die über 6 Mio. Artikel zugreifen und die Computer wie auch den kostenlosen Internetzugang nutzen. In den Galerien werden außerdem regelmäßig wechselnde Ausstellungen präsentiert. Interessant für Touristen sind die Führungen, speziell die „Keepsakes"-Tour und die „Treasures Gallery"-Tour (Termine im Netz).
Mo–Do 10–20 Uhr, Fr/Sa 10–17 Uhr, So 13.30–17 Uhr. Eintritt frei, die Führungen sind kostenlos. Parkes Place, Parkes, ✆ 62621111, www.nla.gov.au.

Der Parlamentsdistrikt

Das unverkennbare **Parliament House** thront in exponierter Lage auf dem *Parliament Hill*. Das alte und das neue Parlamentsgebäude sind über die **Federation Mall**, eine baumgesäumte Flanierstraße, verbunden. Das Old Parliament House ist umgeben von einigen schön angelegten Gärten – ganz wie es sich für ein prunkvolles Regierungsgebäude gehört. Westlich des großen *State Circle* liegt der Ortsteil Yarralumla, in dem sich der Großteil der Botschaften und Vertretungen befinden.

Museum of Australian Democracy – Old Parliament House: Hier wurde über ein halbes Jahrhundert lang australische Politik gemacht. Entworfen wurde das Gebäude von dem Architekten John Smith Murdoch, von 1927 bis 1988 beherbergte es das australische Parlament. Bereits von Anfang an war es lediglich als vorübergehende Lösung gedacht, wobei die „Amtszeit" des Gebäudes auf 50 Jahre festgelegt war. Unter den vielen interessanten Dingen, die man hier besichtigen kann, muss man eine Ausstellung besonders hervorheben: Vom oberen der drei Stockwerke berichtete einst die Presse über das politische Geschehen – heute ist dort eine Ausstellung mit dem treffenden Namen „Leaks, Scoops & Scandals: the press gallery 1927–1988" („Undichte Stellen, Sensationsnachrichten & Skandale") untergebracht.

Mehrmals täglich kann man an kostenlosen Führungen teilnehmen oder mit dem ausgezeichneten Infomaterial bewaffnet auf eigene Faust losziehen. Außerdem gibt's einen Shop und ein Café.

Tägl. 9–17 Uhr. Eintritt 2 $, die kostenlosen Führungen dauern etwa 45 Min. (6-mal/Tag), kostenlose Parkmöglichkeiten vor Ort. 18 King Edward Terrace, Parkes, ✆ 62708222, www.oph.gov.au.

Das Old Parliament House war bis 1988 Sitz des australischen Parlaments

Parliament House

Nachdem das alte Parlamentsgebäude schon beinahe aus allen Nähten zu platzen drohte, wurde nur einige Hundert Meter weiter ein neues gebaut. Und was für eins! Über eine Milliarde Dollar teuer und zum Zeitpunkt der Entstehung eines der größten Gebäude auf der gesamten Südhalbkugel. Die Entwürfe stammen von dem Architekturbüro *Mitchell/Giurogla & Thorp*, das sich in einer Ausschreibung gegen 328 Mitbewerber durchsetzen konnte. Die Bauarbeiten wurden 1988 abgeschlossen, die feierliche Eröffnung des Gebäudes fand am 9. März desselben Jahres im Beisein von Königin Elizabeth II. statt.

Das Bauwerk wurde so raffiniert in den Hügel integriert, dass es sich trotz seiner enormen Dimensionen verhältnismäßig gut in die Landschaft einfügt. Auch das Äußere präsentiert sich als wirklich außergewöhnlich: Die Seitenschrägen und das Dach sind mit weitläufigen Grasflächen versehen, deren Betreten sogar erlaubt ist. Weithin sichtbar ist der 81 m hohe Edelstahlmast, an dem die riesige Natio nalflagge weht. Besucher können mit dem Aufzug bis aufs Dach fahren, unter die Konstruktion spazieren und die penibel geplante Aussicht genießen. Der Blick schweift schnurgerade über das *Old Parliament House* hinweg, über den See und dann exakt in einer Linie mit der *ANZAC Parade* zum *Australian War Memorial*. Natürlich hat ein solch bedeutsames Gebäude auch zahlreiche künstlerische Besonderheiten zu bieten. Vor dem Haupteingang findet man das *Forecourt Mosaic*, 90.000 handgefertigte Teilchen wurden hier verlegt und dabei ein Bild des Aborigine-Malers *Michael Nelson Tjakamarra* kopiert. Im prunkvollen Foyer befinden sich zwei Marmor-Treppenaufgänge sowie 48 Säulen, deren Farbgebung dem Licht- und Schattenspiel eines Eukalyptuswaldes sind.

Der Fahnenmast des Parlaments ist 81 m hoch

Der Bau ist aber nicht nur ein Augenschmaus, er erfüllt natürlich auch eine Funktion: Er beherbergt beide Kammern des Parlaments, das „House of Representatives" und den „Senate". Hier wird große Politik gemacht, es werden Regierungen gebildet, Gesetze erlassen und selbstverständlich wird heftigst debattiert – die australischen Politiker sind dafür bekannt, in ihren Diskussionen häufig über die Stränge zu schlagen. Wer zu entsprechenden Zeiten vor Ort ist, sollte unbedingt eine Sitzung besuchen (die Termine kann man auf der Webseite abrufen). Allerdings sollte man wirklich rechtzeitig erscheinen und dabei einplanen, dass die umfangreichen Sicherheitskontrollen am Eingang einige Zeit in Anspruch nehmen können.

Tägl. 9–17 Uhr. Eintritt frei, kostenlose Touren (tägl. 9.30, 11, 13, 14 und 15.30 Uhr), Privattouren (15–25 $/Pers.) tägl. 10, 12 15 Uhr. Parkgarage für Besucher. Capital Hill, ✆ 62775399, Buchungen für die *Question Time* unter ✆ 62774889, www.aph.gov.au.

Canberra Parliament House: House of Representatives

Aboriginal Tent Embassy: Angefangen hat alles 1972, als sich hier Aktivisten für die Landrechte der Aborigines einsetzten. Das bisweilen etwas unaufgeräumte Camp fügt sich so gar nicht in das ansonsten glatte Bild aus schneeweiß getünchten Hauswänden und Rosensträuchern, und der Protest der Ureinwohner kollidiert mit dem heilen Weltbild einiger Australier. In der Geschichte gab es so manchen Brandanschlag auf die Einrichtung, doch vertreiben ließ man sich dadurch nicht. Für viele Touristen mag die Zeltbotschaft nur für ein weiteres kurioses Foto gut sein, aber immerhin zieht sie doch einige Aufmerksamkeit auf sich und dient den Aborigines als Plattform für ihre Interessen in der Hauptstadt.
Die Tent Embassy befindet sich gegenüber dem Old Parliament House.

National Archives of Australia: In der „Federation Gallery" befinden sich einige der wichtigsten Dokumente des Landes, so z. B. Australiens *Constitution Act* (Verfassung) von 1900 und das Erweiterungsdokument von 1967, das die verfassungsmäßige Diskriminierung der Aborigines beendete. In der „Memory of a Nation"-Galerie sind die Exponate nicht ganz so bedeutend, aber dennoch interessant. Zu sehen sind beispielsweise der Antrag auf eine Pilotenlizenz des Luftfahrtpioniers Charles Kingsford Smith. Und dem Internet sei Dank kann man ganz bequem vom PC aus online in einigen Bildarchiven spazieren gehen, z. B. im Archiv „Faces of Australia" mit Fotografien der letzten 100 Jahre.
Tägl. 9–17 Uhr, Di bis 19 Uhr. Eintritt frei. Queen Victoria Terrace, Parkes, ✆ 62123600, www.naa.gov.au.

Die Münze und das Australian Institute of Sports

Royal Australian Mint: Von hier stammen die australischen Dollarmünzen. Jede der 13 Pressen spuckt bis zu 750 Exemplare pro Minute aus, wobei die Kapazitäten eine Produktion von etwa 2 Mio. Stück pro Tag bzw. 600 Mio. Stück pro Jahr erlauben. Die Münzprägeanstalt wurde 1965 eröffnet, um die neuen Dezimalmünzen

herzustellen. Seitdem haben über 14 Milliarden Münzen für den regulären Zahlungsverkehr die Hallen verlassen. Aber nicht nur Zahlungsmittel werden hier gefertigt – auch die Medaillen der Olympischen Sommerspiele von 2000 wurden in der Royal Australian Mint gepresst.
Mo–Fr 8.30–17 Uhr, Sa/So 10–16 Uhr. Führungen Mo–Fr 10 und 14 Uhr, Sa/So 11, 13 und 14 Uhr. Eintritt und Führungen frei, kostenlose Parkplätze. Denison Street, Denison, ✆ 62026999, www.ramint.gov.au.

Australian Institute of Sports: Schon fast ein Muss für Sportfans. Hier trainieren viele der sportlichen Hoffnungsträger Australiens vor ihren Wettkämpfen. Bei einem Blick hinter die Kulissen beantwortet ein kompetenter Guide, selbst einer der Athleten, alle Fragen. Besonders amüsant ist *Sportex*, eine interaktive Ausstellung, in der man verschiedene Sportarten wie Rudern, Klettern oder Radfahren rein virtuell ausüben kann. Außerdem huldigt man den ganz Großen ihrer Zunft wie etwa *Sir Donald Bradman* (Kricket) oder *Rod Laver* (Tennis) mit verschiedenen Exponaten. Darüber hinaus gibt's noch einen Souvenirshop und ein Café.
90-minütige Führungen tägl. um 10, 11.30, 13 und 14.30 Uhr. Eintritt 18 $. Sports Visitor Centre, Leverrier Street, Bruce, ✆ 62141010, www.ausport.gov.au/visit/tours.

Außerhalb von Canberra

Gold Creek Village

Das Gold Creek Village ist eigentlich kein echtes Dorf, sondern vielmehr eine kleine Touristenmeile im Ortsteil Nicholls. Es gibt einige mehr oder weniger interessante Sehenswürdigkeiten, darunter ein **Dinosauriermuseum**, einen **Reptilienpark** und die **„Cockington Green Gardens"-Miniaturwelt**, dazu einige Galerien und kleine Shops mit viel Kitsch, Kleinkram und Souvenirs. Vor allem Familien kommen gerne hierher. Wer Lust auf ein Guinness und eine kleine Stärkung hat, der ist im Hof des *George Harcourt Inn* gut aufgehoben.

Anreise Im Ortsteil Nicholls, etwa 14 km nordwestlich des Stadtzentrums von Canberra.

Gold Creek Village im Internet Informationen unter www.goldcreek.com.au.

Sehenswertes Australian Reptile Centre, hier kann man Reptilien aus den verschiedenen Klimaregionen des Landes – den Feuchttropen, dem ariden Zentrum und den gemäßigten Zonen – bestaunen. Tägl. 10–17 Uhr. Eintritt 11 $. O'Hanlon Place, Nicholls, ✆ 62538533, www.reptilesinc.com.au.

National Dinosaur Museum, ausgestellt sind Skelette und Fossilien von Dinosauriern und anderen frühzeitlichen Kreaturen. Tägl. 10–17 Uhr. Eintritt 15 $. Gold Creek Road/Ecke Barton Highway, Nicholls, ✆ 62302655, www.natinaldinosaurmuseum.com.au.

Cockington Green Gardens, eine Miniaturwelt mit detailgetreuen Nachbildungen von Gebäuden und Landschaften, repräsentiert sind bislang 21 Nationen. Nettes Familienprogramm für einen sonnigen Nachmittag. Tägl. 9.30–17 Uhr. Eintritt 19,50 $. 11 Gold Creek Road, Nicholls, ✆ 62302273, www.cockingtongreen.com.au.

Übernachten/Essen Gold Creek Tourist Resort, Speisen kann man à la carte oder am Büfett im dazugehörigen **Lassiter Restaurant**. DZ ab 165 $, mit Spa 189 $. O'Hanlon Place, ✆ 62413000, www.gctr.com.au.

The George Harcourt Inn, schönes Dorf-Pub. Hier kann man ein oder zwei Guinness trinken, zum Essen gibt's Klassiker wie Fish&Chips (21 $) oder Steaks (25–32 $). Wunderbarer Außenbereich in der Sonne. So–Mi 10–22 Uhr, Do–Sa 11–24 Uhr. Gold 3 Creek Road, Nicholls, ✆ 62302484, www.georeharcourt.com.

Canberra Deep Space

Das Canberra Deep Space ist eine von nur drei NASA-Stationen weltweit, die für den Funkverkehr mit unbemannten Flugobjekten im Weltall zuständig sind. Hier gibt es nicht nur die größten Satellitenschüsseln Australiens (mit bis zu 70 m Durchmesser), sondern auch viele Ausstellungsstücke zum Thema „Weltraum". Dazu gehören Modelle und Repliken, aber auch Originalteile wie Raumanzüge oder Raketentriebwerke – und als besonderes Highlight ein 3,8 Milliarden Jahre alter Gesteinsbrocken vom Mond. Der Komplex ist mit eigener Strom- und Wasserversorgung komplett autark, 125 Mitarbeiter sind für den reibungslosen Ablauf der Station zuständig. Innerhalb des Besichtigungsprogramms werden verschiedene Filme gezeigt, außerdem gibt's ein Café (www.moonrockcafe.com.au) und einen Souvenirshop.

Tägl. 9–17 Uhr. Eintritt frei. Tourist Drive 5, Discovery Drive, Tidbinbilla, ☏ 62017880, www.cdscc.nasa.gov.

Lanyon Homestead

Das historische Gehöft liegt gut 35 km südlich von Canberra in Tharwa. Die Gebäude auf dem 80 ha großen Areal wurden zwischen den 1830er- und den 1970er-Jahren errichtet und fügen sich wunderbar in die Buschlandschaft der Region ein. Die Räumlichkeiten können besichtigt werden – man erhält dabei einen guten Eindruck davon, wie die Leute im 19. und 20. Jh. hier gelebt haben. Der berühmte Maler *Sidney Nolan* war von Lanyon so angetan, dass er sich dazu entschloss, hier 24 seiner Bilder auszustellen, die ab 1974 im Homestead zu sehen waren. 1980 schließlich wurde nur einige Hundert Meter entfernt eine eigene Galerie gebaut, mittlerweile sind die Werke im *Canberra Museum & Gallery* (→ Sehenswertes) zu besichtigen.

Di–So 10–16 Uhr. Eintritt 7 $. Tharwa Drive, Tharwa, ☏ 62355677.

Die Schüsseln der Canberra-Deep-Space-Anlage

Nächtliche Skyline in Melbourne

Victoria (VIC)

Victoria besticht durch seine abwechslungsreiche Landschaft, die immer wieder von Gegensätzen geprägt ist: Dichte Wälder mit majestätischen Baumriesen wechseln mit schroffen Felsküsten und weißen Sandstränden ab – im Winter lassen die schneebedeckten Gipfel die Herzen der Skibegeisterten höherschlagen. Im Westen, an der Grenze zu Südaustralien, beginnen die schier endlosen trockenen Gebiete des australischen Outback, während im Norden der mächtige Murray River ausgedehnte Felder und Obstplantagen mit Wasser versorgt und einen Großteil der natürlichen Grenze zu New South Wales bildet. Und dazwischen immer wieder wunderschöne Ortschaften und Städte, die die Reisenden mal mit historischen Prunkbauten, mal mit ländlich entspanntem Flair in ihren Bann ziehen.

Mit einer Fläche von 227.600 km^2 ist Victoria der Zwerg unter den australischen Bundesstaaten. Rund ein Drittel kleiner als Deutschland, nimmt er gerade mal 3 % der Fläche Australiens ein. Trotzdem ist Victoria Heimat für etwa ein Viertel der australischen Bevölkerung und mit 5,8 Mio. Einwohnern der am dichtesten besiedelte Bundesstaat des Kontinents. Über 4 Mio. Menschen leben allein in Melbourne, die zweitgrößte Stadt ist Geelong mit etwa 200.000 Einwohnern.

Für Urlauber sind die für australische Verhältnisse kurzen Distanzen von Vorteil, wobei von der Supermetropole Melbourne aus fast jeder Winkel des Bundesstaates

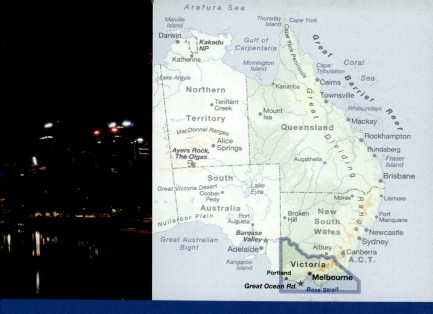

Victoria

innerhalb einer bequemen Tagesreise zu erreichen ist. Die klassischen Reiseziele Victorias liegen aber viel näher. Direkt vor den Toren der Stadt liegt das *Yarra Valley*, eine der berühmtesten Weinregionen Australiens, in der bereits 1838 die ersten Reben gepflanzt wurden. Gut 100 km **südwestlich von Melbourne** ist der Startpunkt der wohl spektakulärsten und auch legendärsten Automobil-Touring-Route des Landes, der *Great Ocean Road*, die sich entlang der Küste mit den Regenwäldern des *Great-Otway-Nationalparks* und den Felsformationen des *Twelve Apostels Marine Park* gen Westen schlängelt.

Im **Landesinneren** und kaum zwei Autostunden nordwestlich von Melbourne liegen die ehemaligen Goldfelder um die Städte Bendigo und Ballarat. Mitte des 19. Jh. wurden hier unvorstellbare Reichtümer aus dem Boden gegraben, die prächtigen Gebäude der Ortschaften zeugen noch heute von den goldenen Zeiten. Die Nachricht von den reichen Funden lockte einst Glücksritter aus aller Welt an, v. a. die hier ansässigen chinesischen Kommunen können diesbezüglich auf eine lange und kontinuierliche Geschichte zurückblicken.

Bei einer Fahrt durch den **Südosten** des Bundesstaates durchquert man grüne Weidelandschaft, die immer wieder von kleinen Flecken dichter Regenwälder unterbrochen wird. Direkt an der Küste liegt der *Wilsons-Promontory-Nationalpark* mit seiner Ursprünglichkeit und Vielfalt an Bergen, Flüssen und Stränden. Im **Nordosten** Victorias breitet sich das Hochland aus, dessen höchste Gipfel bis zu 1986 m in den Himmel ragen und im Winter den Brettartisten reichlich Möglichkeit bieten, ihr Können unter Beweis zu stellen. Die wild-romantische Berglandschaft ist die Wiege zahlreicher Legenden und diente schon so manches Mal als Filmkulisse.

Mit Sicherheit einer der Höhepunkte ist ein Besuch des *Grampians-Nationalparks* westlich von Melbourne, der in etwa vier Autostunden erreichbar ist. Der Nationalpark bietet neben einer atemberaubenden Naturkulisse rund 80 % aller bekannten historischen Felsmalereien des Bundesstaates. Die Wanderungen durch die unberührte Natur gehören zu den schönsten des ganzen Landes.

Geschichte

Die ersten Versuche der Europäer, auf dem Gebiet Victorias Fuß zu fassen, fanden im Jahr 1803 statt, als man an der Port Phillip Bay, etwa in der Gegend des heutigen Sorrento, ein Sträflingscamp errichtete. Das Lager wurde zwar schon bald wieder aufgegeben, war aber immerhin Ausgangspunkt für eine der beachtlichsten Fluchtgeschichten in der australischen Geschichte. Nachdem der Gefangene William Buckley den Wächtern entkommen war, lebte er 33 Jahre bei den Aborigines, bevor er wieder einen Weißen zu Gesicht bekam.

Die erste permanente Siedlung bildete sich nicht etwa in der Gegend des heutigen Melbourne, sondern knapp 400 km weiter westlich. Schon seit 1829 hatte es dort eine Walfangstation gegeben, 1834 schließlich entstand die Ortschaft Portland. Melbourne wurde erst ein Jahr später gegründet, als ein Erkundungstrupp um den Farmer John Batman auf der Suche nach fruchtbarem Land die *Bass Strait* von Tasmanien zum australischen Festland überquerte und die Gegend am Port Phillip als geeignet erachtete (→ Melbourne/Geschichte). Wiederum nur ein Jahr später, im Jahr 1836, ließen sich die ersten Siedler in der Gegend von Geelong nieder, das in den Folgejahren zum größten Wollexporthafen des ganzen Landes avancieren sollte.

Das Jahr 1851 brachte bedeutende Ereignisse mit sich. Victoria sagte sich von New South Wales los und wurde zu einer eigenständigen Kolonie. Man feierte die neu gewonnene Unabhängigkeit ausgelassen – und wäre wohl noch übermütiger gewesen, hätte man bereits gewusst, wie viel Reichtum der bevorstehende Goldrausch Victoria bescheren würde. Erste Funde des kostbaren Edelmetalls gab es 1851 und schon bald darauf war abzusehen, dass die Goldfelder um Bendigo und Ballarat zu den ergiebigsten Lagerstätten des ganzen Landes gehörten. Auf der Suche nach dem goldenen Glück strömten in den folgenden Jahren Hunderttausende aus aller Welt nach Australien und ließen die Bevölkerungszahlen schier explodieren.

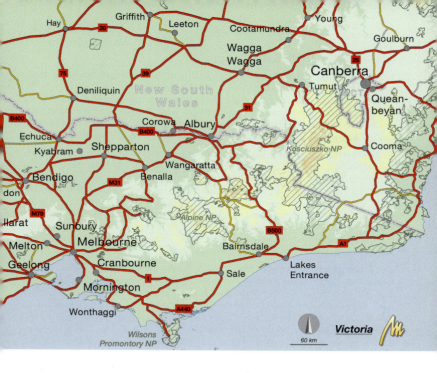

Aber der Goldrausch sorgte nicht nur für finanzielle Höhenflüge, sondern stärkte auch den Einfluss des jungen Bundesstaates innerhalb der Kolonien. In der zweiten Hälfte des 19. Jh. entwickelte sich Melbourne zum Finanzzentrum Australiens, in zahlreichen Wirtschaftsbereichen konnte man sich langsam, aber sicher die Vormachtstellung sichern.

In Zeiten, als in Australien entlegene Ortschaften und Farmen nur mittels zeitintensiver Überlandtrecks per Pferd und Kutsche erreichbar waren, diente der Murray River als wichtige Verkehrsader, über den enorme Mengen an Gütern innerhalb relativ kurzer Zeit verfrachtet werden konnten. Ab 1853 tuckerten Schaufelraddampfer den Fluss hinauf und versorgten die abgelegenen Siedlungen an den Ufern. Auf ihrer Rückreise hatten die Schiffe Wollballen geladen, die an der Küste auf Überseeschiffe verladen wurden, um in die alte Welt transportiert zu werden. Die Zeit der Flussschifffahrt fand in den 1870er-Jahren mit dem raschen Ausbau des Eisenbahnnetzes allerdings ein jähes Ende.

Mit der Föderation im Jahr 1901 wurde Melbourne Regierungssitz und blieb es bis 1927, als man nach Canberra umzog. Die zweite Hälfte des 20. Jh. war in Victoria – wie auch im übrigen Australien – von der Nachkriegseinwanderung geprägt, die sich hauptsächlich in Melbourne bemerkbar machte und in der Metropole für jenen kulturellen Reichtum sorgte, der die Stadt bis heute so lebendig wirken lässt. Gleichzeitig musste man allerdings machtlos mit ansehen, wie New South Wales mit seiner Glamourstadt Sydney immer mehr an Bedeutung gewann und schließlich auch die wirtschaftliche Vormachtstellung im Land übernahm.

Geografie und Klima

Obwohl Victoria verhältnismäßig klein ist, ist es entsprechend der Naturräume und morphologischen Gegebenheiten von einer ausgesprochenen klimatischen Variabilität geprägt. Während der Nordwesten von semiariden Gebieten mit jährlich weniger als 300 mm Niederschlag dominiert wird, erhält das Hochland nordöstlich von Melbourne durchschnittlich mehr als 1800 mm Regen pro Jahr. Insgesamt betrachtet, ist Victoria nach Tasmanien allerdings der niederschlagsreichste Bundesstaat.

In den westlichen Regionen des Murray River herrscht ein Klima, das oft als mediterran beschrieben wird. Selbst im Winter kann man sich hier über durchschnittlich sechs Stunden Sonnenschein pro Tag freuen, im Sommer sind es gar neun Stunden. Dann steigen die durchschnittlichen Tageshöchstwerte auch auf über 30 °C. Am kältesten wird es natürlich in den Bergen, die sich knapp 2000 m erheben und in den Wintermonaten reichlich mit Schnee gesegnet sind. Statistiken vermerken Rekordminuswerte von 12 °C unter Null. Wenn in den Sommermonaten die Städte von Hitzewellen heimgesucht werden, bilden die Berge mit ihren milden Temperaturen den richtigen Ort zum Entspannen.

Die Küstenregionen Victorias sind bekannt für ihr unbeständiges Wetter. Das ist besonders in Melbourne spürbar, was Experten der Lage zwischen der Port Phillip Bay und den bis zu 633 m hohen Dandenong-Ranges zuschreiben. Die Sommer sind angenehm warm, bisweilen gibt es regelrechte Hitzewellen mit Temperaturen um die 40 °C. Im Winter hingegen kann es mit Temperaturen im einstelligen Bereich und mit Nieselregen vereinzelt wirklich unangenehm werden. Die Wetterumschwünge, die charakteristisch für die Küstenregion sind, hängen v. a. mit den südlichen Winden zusammen: Innerhalb von Stunden können kalte Luftströme zu regelrechten Temperaturstürzen führen.

Flora und Fauna

Die unterschiedlichen Klimaregionen sorgen in der Tier- und Pflanzenwelt für eine ausgesprochene Artenvielfalt. Allein der Grampians-Nationalpark, etwa 260 km westlich von Melbourne, beherbergt gut 25 % der Flora Victorias, wobei auch ein großer Teil der rund 2000 Wildblumenarten, die es im Staat gibt, dazuzurechnen sind.

Im Otway-Nationalpark, etwa 220 km westlich von Melbourne, gedeihen uralte Regenwälder mit weit ausladenden Farnen und bis zu 90 m hohen Rieseneukalypten. Eine Besonderheit sind die mehrstämmigen und an die kargen Bedingungen angepassten *Mallee-Eukalypten*, die in dem gleichnamigen Gebiet im Nordwesten des Staates vorkommen. Die Mallee-Region ist auch der Lebensraum für das *Thermometerhuhn*, das seine Eier nicht durch Körperwärme, sondern durch die Fäulniswärme eines speziell angelegten Bruthügels ausbrütet. In den Bergen des Hochlandes dominieren *Schneeeukalypten* die alpine Vegetation.

Ebenso faszinierend wie die Pflanzenwelt präsentiert sich die Tierwelt. Rund 130 Säugetierarten, 80 Echsenarten, 30 Schlangenarten und 140 Schmetterlingsarten sind bekannt. Dazu gesellt sich eine vielfältige Vogelwelt, deren Vertreter von den majestätischen Emus bis hin zu den exotischen Prachtleierschwänzen reichen.

Einige Besonderheiten bieten die Gewässer vor der Küste. Die Gegend um Portland wird regelmäßig von *Walen* aufgesucht, auf Phillip Island, gerade mal 100 km südlich von Melbourne, gibt es eine riesige Kolonie *Zwergpinguine,* die man dort täglich bei ihrem Landgang beobachten kann. Sogar vereinzelte Exemplare des südlichen *Seeelefanten* – mit bis zu dreieinhalb Tonnen Lebendgewicht eine der größten Robbenart der Welt und eigentlich in antarktischen Gewässern heimisch – wurden schon vor der Küste gesichtet.

Wirtschaft

Die **Landwirtschaft** spielt nach wie vor eine große Rolle in Victoria. Obst- und Gemüseplantagen hat man in den künstlich bewässerten Gebieten entlang des Murray River angelegt, während in Gippsland intensiv Milchwirtschaft betrieben wird – knapp zwei Drittel der in Australien produzierten Milch kommen derzeit aus Victoria. Die Haltung von Schafen und Rindern zur Produktion von Wolle und Fleisch hat sich schon in den Gründerjahren bewährt und wird auch heute noch praktiziert – über 12 Mio. Schafe und 2 Mio. Rinder sollen sich angeblich auf den Weiden Victorias tummeln. Teilweise im großen Stil wird in den westlicheren Regionen des Staates Getreide angebaut, in einigen kleineren Regionen hat sich die Produktion von Wein als ergiebiger Wirtschaftszweig etabliert.

Melbourne und Geelong sind die industriellen Zentren des Bundesstaates. Zu den großen hier vertretenen Sektoren des Produktionsgewerbes zählen v. a. die **Automobil-** und die **Nahrungsmittelindustrie,** wobei die Produkte aus der Lebensmittelindustrie mit über 20 % den größten Anteil an Victorias Exportgütern darstellen. An **Schwerindustrie** befindet sich in Portland die *Alcoa*-Aluminiumhütte, in Geelong und Altona gibt es Ölraffinerien.

Was die Ausbeutung von **Bodenschätzen** betrifft, so legte man in Victoria einen Raketenstart hin. Die enormen Goldvorkommen in

Moderne Architektur am Federation Square

der Region um Bendigo und Ballarat spülten in der zweiten Hälfte des 19. Jh. enorm viel Geld in die Kassen. Mittlerweile hat man begonnen, mit modernster Technik auch noch die verbleibenden Lagerstätten abzubauen. In der *Bass Strait,* vor der Küste Gippslands, werden Öl und Erdgas gefördert, in Gippslands *Latrobe Valley* gibt es eines der größten und ergiebigsten Braunkohlevorkommen der Erde. In unmittelbarer Nähe zu den Bergwerken hat man Kohlekraftwerke errichtet, die heute rund 85 % des gesamten Energiebedarfs des Bundesstaates decken.

Der **Tourismus** ist in Victoria auf dem Vormarsch und trägt mittlerweile rund 20 Milliarden Dollar zum gesamten Wirtschaftsaufkommen bei. Durch geschicktes Marketing konnte man sich in den letzten Jahren gut verkaufen, wobei es Melbourne 2008 erstmals geschafft hat, den Erzrivalen Sydney in puncto Einnahmen durch nationale Urlauber zu überholen.

Melbourne aus der Vogelperspektive

Melbourne
ca. 4 Mio. Einw.

In Melbourne pulsiert das Leben an 365 Tagen im Jahr. Die Stadt am Yarra River ist weithin bekannt für ausgezeichnete Restaurants, gemütliche Weinlokale, coole Bars und eine Live-Musik-Szene, die im ganzen Land ihresgleichen sucht. Höhepunkt ist sicherlich die Festival-Saison in den Sommermonaten, wenn die Menschen in die Grünanlagen der Stadt strömen, um sich unter freiem Himmel an Kleinkunst und kulinarischen Genüssen zu erfreuen.

Dabei ist Melbourne keine Glamour-Queen wie Sydney – es gibt keinen atemberaubenden Naturhafen, keine weltberühmten Wahrzeichen und keine Bilderbuchstrände vor der Haustür. Aber dennoch hat Melbourne Flair und Charakter. Die Schätze der Stadt liegen oft genug etwas versteckt in unscheinbaren Seitenstraßen, hinter blanken Stahltüren oder oberhalb schmaler Treppenhäuser. Da entdeckt man sie dann, die flippigen Boutiquen, die angesagten Kneipen und die exzellenten Speiselokale, von denen die Einheimischen immer schwärmen. Außerdem zelebrieren die Melbournians – so nennen sich die Bewohner der Stadt – eine ungemein entspannte Café-Kultur, selbst in der engsten Gasse findet sich noch Platz für einen Minitisch und ein Paar kleine Hocker. Und dass der Kaffee sowieso der beste des Landes ist, wird man Ihnen gerne jederzeit versichern.

Die Kulturlandschaft und das Veranstaltungsprogramm in Melbourne sind außergewöhnlich. Im **Arts Centre** gibt es hochkarätige Musik- und Theaterdarbietungen, die **Nationalgalerie** gehört zu den bedeutendsten Galerien des Landes und in der **Staatsbibliothek** befindet sich eine der umfangreichsten Büchersammlungen Australiens. Neben Galerien und Museen sind es v. a. die zahlreichen Veranstaltungen, die in Melbourne Aufsehen erregen. Mit dem *Australian-Open-Tennisturnier* und dem *Formel-1-Grand-Prix* stehen zwei internationale Großevents auf dem Kalender, und wenn beim *Melbourne Cup* die Rennpferde um die Bahn spurten, dann hält zumindest ganz Australien den Atem an.

Man sollte aber keinesfalls dem Irrglauben erliegen, Melbourne könne sich nur auf seine „inneren Werte" verlassen, weil es optisch nichts zu bieten hat. Im Zuge des Goldrausches entstanden in der zweiten Hälfte des 19. Jh. jede Menge prunkvoller Gebäude und diese Zeugen der viktorianischen Ära sind heute noch so beeindruckend wie damals. Grüne Parkanlagen und der Botanische Garten laden zum Spazieren und Entspannen ein. Im Kontrast dazu stehen supermoderne Baukonzepte, die den Yarra River als Lebensader der Stadt meist in die Gestaltung integrieren. Am Südufer des Yarra River wurde mit dem **Southgate Precinct** eine beliebte Flaniermeile mit Restaurants und Cafés geschaffen, am **Federation Square** entstand ein zentraler Treffpunkt und in den westlich ans Zentrum angrenzenden Docklands – den alten Hafenanlagen – wurde ein ganzes Stadtviertel neu gestaltet. Derartige Projekte werden zwar nicht von allen Einheimischen mit Freude begrüßt, aber sie treffen den Nerv der Zeit und bereichern die Stadt. Und das Gesamtkonzept der Stadt scheint sich auszuzahlen: Im Jahr 2008 ließen die Urlauber erstmals mehr Geld in Melbourne als beim ewigen Rivalen Sydney.

Geschichte

Die Gründung Melbournes wurde nicht, wie bei anderen australischen Hauptstädten der Fall, durch die Regierung initiiert, sondern ist dem Streben privater Siedler zu verdanken. Der Anlass bot sich in den 1830er-Jahren, als in Tasmanien, dem damaligen Van-Diemen's-Land, alles fruchtbare Land verteilt war und deshalb eine Gruppe Farmer um John Batman auf der Suche nach neuen Weidegründen die *Bass Strait* durchquerte und auf das australische Festland übersetzte. Die Gemeinschaft landete 1835 in der Port Phillip Bay, die Batman als „geeignet für ein Dorf" erachtete. Er luchste den ansässigen Aborigines für einige Decken, Kleidung und Werkzeuge rund 240.000 ha Land ab und machte sich mit seinen Leuten daran, erste Behausungen zu errichten. Die Regierung erklärte den Handel später für ungültig, weil es ihrer Meinung nach um Land der Krone und nicht der Aborigines ging, zahlte aber immerhin Entschädigungen.

Die Entwicklung ging zunächst nur langsam voran, im Jahr 1841 beherbergte Melbourne noch nicht einmal 4500 Einwohner. Die Siedlung stellte in den Anfangsjahren nichts anderes dar als einfach nur eine Provinz von New South Wales und erhielt erst 1842 offiziell den Status einer „town", also einer Kleinstadt. Dass Queen Victoria der Kleinstadt nur fünf Jahre später den Status einer echten Stadt verlieh, verdankt Melbourne der Kirche – die *Church of England* plante hier die Etablierung eines Bischofssitzes, was allerdings nur in einer „city" möglich war. Als 1850 die schon seit langer Zeit geplante Brücke über den Yarra River endlich eröffnet wurde, machte man sich noch Sorgen über die erhöhten Baukosten, allerdings relativierte der 1851 einsetzende Goldrausch in der Region um die Städtchen Benidgo und Ballarat die Befürchtungen rasch (→ Victoria/Geschichte). Die reichen Goldvorkommen bescherten der Stadt in den Folgejahren einen kometenhaften Aufstieg. Ganze Schiffsladungen an Glücksrittern aus aller Welt kamen im Port Phillip an, die Einwohnerzahl explodierte förmlich. Lebten 1851 rund 20.000 Menschen in Melbourne, waren es 1854 bereits 80.000 und 1861 über 140.000. Ende der 1860er-Jahre hatte Melbourne Sydney als bevölkerungsreichste Stadt des Kontinents überholt. Neben dem rasanten Bevölkerungswachstum brachte der Goldrausch der Stadt unvorstellbaren Reichtum.

Victoria hatte sich Anfang 1851 von New South Wales losgesagt und war nun eine eigenständige Kolonie mit Melbourne als Hauptstadt. Mit einer gehörigen Portion Stolz und einer noch größeren Menge Geld begann man mit dem Bau prunkvoller Gebäude, auf die der Rest der Welt mit Neid blicken sollte. Melbourne avancierte zum Wirtschafts- und Finanzzentrum Australiens und zu einer der größten und reichsten Städte des gesamten britischen Imperiums. Erst Ende des 19. Jh. wurde der schier unaufhaltsame Vormarsch gebremst, als Melbourne und Victoria in eine Finanzkrise schlitterten.

Mit dem Zusammenschluss der australischen Kolonien zum *Commonwealth of Australia* wurde Melbourne provisorische Hauptstadt, bis im Jahr 1927 das eigens zu diesem Zweck gegründete Canberra erste Stadt des Landes wurde. Das australische Parlament traf sich im Mai 1901 erstmals im *Exhibition Building* in den Carlton Gardens und bezog dann die Räumlichkeiten des *Parliament House*, in dem schon seit 1856 das Parlament Victorias zusammentrat.

Nach dem Zweiten Weltkrieg erreichten erneut zahlreiche Einwanderer Melbourne, wobei Italiener und Griechen die größte Immigrantengruppe darstellten. In den 1950er-Jahren setzte eine intensive Bauphase ein, im Zentrum entstanden erste Wolkenkratzer und große Sportstadien. Als Austragungsort der Olympischen Sommerspiele von 1956 zog Melbourne die Aufmerksamkeit der Welt auf sich. Wirtschaftliche Entwicklungen, die v. a. mit einer wachsenden Orientierung hin zum asiatischen Markt einhergingen, konnte man allerdings in Sydney besser nutzen, sodass ab den 1970er-Jahren die Hauptstadt von New South Wales wieder die Vormachtsstellung im Land übernahm.

Im neuen Millennium kann sich Melbourne über ein konstantes Wirtschaftswachstum freuen, das mit einer hohen Zuwanderungsrate an Arbeitskräften verbunden ist. Die Stadt expandiert beständig und verändert laufend ihr Gesicht, große Bauvorhaben wie die Rundumerneuerung des alten Hafenviertels sollen der Stadt zu neuem Glanz verhelfen. Mit groß angelegten Kampagnen hat man sich auch für den Tourismus wieder attraktiver gemacht, sodass als Folge die Besucherzahlen wieder ansteigen.

Klima

Melbourne ist bekannt für seine Wetterkapriolen, für die v. a. die geografische Lage an der Port Phillip Bay verantwortlich gemacht wird. Im Vergleich zu Sydney und insbesondere auch zu Brisbane ist es in Melbourne deutlich kühler: In den Wintermonaten liegen die Temperaturen beständig im einstelligen Bereich und im Sommer klettert das Quecksilber nicht gar so hoch wie in den Metropolen weiter nördlich. Die durchschnittlichen Höchstwerte liegen bei maximal 26 °C, allerdings kann es auch kurze Hitzewellen mit Tageshöchsttemperaturen jenseits der 40 °C geben. Die jährlichen Niederschlagsmengen liegen bei etwa 600 mm und damit nur etwa bei der Hälfte des Durchschnittswertes von Sydney. Insgesamt betrachtet und v. a. im Vergleich zu deutschen Städten kann man das Klima durchaus noch als mild bezeichnen.

Geografie

Melbourne liegt im Norden der großen *Port Phillip Bay*, unmittelbar im Osten erheben sich die *Dandenong Ranges*. Der *Yarra River,* einst eines der ausschlagge-

Klimawerte Melbourne

Monat	Temp.-Max. in °C	Temp.-Min. in °C	durchschnittliche Niederschlagsmengen in mm
Januar	26	14	43
Februar	26	14	43
März	24	13	36
April	20	10	45
Mai	17	8	41
Juni	14	6	38
Juli	13	5	36
August	14	6	46
September	17	7	47
Oktober	19	8	55
November	22	10	60
Dezember	24	12	47

Quelle: Australian Government, Bureau of Meteorology

benden Kriterien für die Besiedlung, teilt die Stadt in eine nördliche und eine südliche Hälfte. Die zentrale Lage innerhalb des Staates Victoria sorgt dafür, dass die Stadt als exzellente Basis für die Erkundung sämtlicher interessanter Reiseziele dient, die sich im weiteren Umkreis befinden. Praktisch jeder noch so entlegene Ort ist von hier aus innerhalb einer Tagesreise mit dem Auto erreichbar.

Melbourne selbst ist eine stark in die Breite gewachsene Stadt. Das ursprüngliche Zentrum war einst nur ein kleiner Punkt im Norden der Port Phillip Bay, mittlerweile „umarmen" die Stadtteile und Vororte bereits weite Teile der Bucht. Besonders stark dehnt sich Melbourne nach Südwesten auf die Mornington-Halbinsel aus.

Praktische Informationen

Orientierung & Stadtteile

Melbourne befindet sich am nördlichsten Punkt der großen Port Phillip Bay. Der Yarra River schlängelt sich von Ost nach West durch die Stadt, bis er schließlich ins Hafenbecken mündet. Das Stadtzentrum mit dem historischen Stadtkern breitet sich am Nordufer des Flusses aus und ist durch mehrere Brücken mit der Southbank am südlichen Ufer verbunden, vom CBD aus sind es etwa 5 km bis ans Ufer der Bucht. Die Stadt ist in den letzten Jahrzehnten so stark in die Breite gewachsen, dass die einzelnen Vororte mittlerweile zusammengewachsen sind.

Stadtzentrum Den streng rasterförmigen Straßenverlauf des *Central Business District (CBD)*, der sich nördlich des Yarra River ausbreitet, legte 1837 *Robert Hoddle* fest – nach ihm ist der „Hoddle Grid" auch benannt.

Der Stadtteil zeigt sich vielseitig, von den entspannten Straßencafés der *Hardware Lane* bis zu den exotischen Restaurants von *Chinatown* im östlichen Bereich der *Little Bourke Street*. Hauptader ist die *Swanston Street*, an der einige grandiose

Gebäude zu sehen sind. In den letzten Jahren hat das Zentrum im Konkurrenzkampf mit angrenzenden In-Vierteln aufgeholt und ist auch in puncto Nachtleben ziemlich angesagt.

Nördlich des Zentrums In *Carlton* ist die italienische Gemeinde der Stadt zu Hause. Entlang der Lygon Street reihen sich Ristorantes aneinander, in denen gut gelaunte Menschen vino rosso trinken. *Fitzroy* gilt als eines der coolsten und angesagtesten Viertel Melbournes, hier treffen viele Kulturen aufeinander. Die Brunswick Street mit den zahlreichen Geschäften, Bars und Cafés ist das Herzstück von Fitzroy.

Südlich des Zentrums *Southbank* befindet sich in Top-Lage südlich des Yarra River mit Blick auf die Innenstadt. Hier gibt es den *Southgate Precinct* mit Restaurants, Shops und Bars, außerdem den riesigen Crown Entertainment Complex mit Kasino. An der Sturt Street bzw. St. Kilda Road befinden sich einige der bedeutendsten Kulturstätten der Stadt.

Westlich des Zentrums Hier erstrecken sich die *Docklands*. Man hat die alten Docks komplett neu gestaltet und wunderbare Promenaden am Wasser angelegt. In den Gebäuden sind Lokale, Geschäfte, Büros und Hotels untergebracht. Im Jahr 2015 soll der Umbau abgeschlossen sein.

Port Phillip Im *Port Melbourne* machten einst die großen Frachter fest, heute legt hier die Fähre nach Tasmanien ab. Der Sandstrand ist der nächste zum Stadtzentrum. Im angrenzenden *Albert Park* befindet sich die Formel-1-Rennstrecke.

Südöstlich des Zentrums Hier befinden sich die exklusiveren Gegenden Melbournes. Wer es sich leisten kann, bezieht ein Domizil in *Toorak*. Die Chapel Street im benachbarten *South Yarra* ist für ihre edlen Boutiquen bekannt. In *Prahran* hat sich eine große Homosexuellen-Szene entwickelt, einschlägige Clubs und Lokale gibt es in der Commercial Road.

St. Kilda Klassischer Strandvorort, der sich im Südosten befindet. Man geht im Meer baden, trinkt einen Kaffee in einem der zahlreichen Cafés oder nimmt einen Drink in einer der entspannten Bars. Die wildesten Zeiten hat St. Kilda mittlerweile hinter sich, in den letzten Jahren haben sich auch zunehmend junge Familien hier angesiedelt und die Immobilienpreise sind stark angestiegen.

Williamstown Der Vorort liegt im Südwesten, jenseits der Flussmündung, und war in den frühen Jahren der Kolonie ein wichtiger Hafen. Der Vorort ist mit historischen Gebäuden gespickt und ein beliebtes Ausflugsziel.

Bayside City Die Ortsteile Hampton, Sandringham und Black Rock – südlich von St. Kilada gelegen – werden als „Bayside" bezeichnet. Hier kann man wunderbar baden und vom Großstadtstress abschalten. An den Sommerwochenenden wird es hier richtig voll. www.gobayside.com.au.

Information

GPS: S37°48.816′ E144°57.783′
Ortsvorwahl: 03

Touristinfo Visitor Information Service. Hier funktioniert alles nach Nummernsystem. Also Nummer ziehen und warten, bis man aufgerufen wird. Aber Achtung: Es gibt 2 verschiedene Bereiche, einmal den für allgemeine Informationen und dann den Buchungsservice für Touren oder Unterkünfte, also entsprechend am richtigen Automaten das Ticket entnehmen. Tägl. 9–18 Uhr. Federation Square, 2 Swanston Street (Ecke Flinders Street), ✆ 96589658, touristinformation@melbourne.vic.gov.au.

Einen Infokiosk (tägl. 9–17 Uhr) mit Broschüren und Beratung gibt es auch in der Bourke Street Mall.

Die **City Ambassadors** sind eine ausgezeichnete Erfindung. In rote Jacken bzw. T-Shirts gekleidet, marschieren sie durch die Stadt und stehen für Fragen aller Art zur Verfügung. Unterwegs sind die Helferlein Mo–Sa 10–16 Uhr, So 12–15 Uhr.

Melbourne im Internet Es existieren zahlreiche Adressen im Netz, darunter z. B. www.thatsmelbourne.com.au oder auch www.visitmelbourne.com.

Anreise

Flugzeug Der **Melbourne Airport** (MEL) liegt rund 25 km nordöstlich des Stadtzentrums. Es gibt 4 Terminals, internationale Flüge der großen Fluglinien werden im Terminal 2 abgefertigt. *Qantas, Virgin Australia, Tigerair* und *Jetstar* fliegen innerhalb Australiens. ✆ 92971600.

Der **Avalon Airport** etwa 40 Min. südwestlich von Melbourne kann u. U. die günstigere Alternative für inneraustralische Flüge sein. Details → S. 469.

Flughafentransfer (MEL) Skybus Shuttle, Verbindung zwischen Flughafen und der *Southern Cross Station* in der Spencer Street (CBD). Tägl. rund um die Uhr, tagsüber im 10-Min.-Takt, nachts im 15- bis 30-Min.-Takt. Einfache Fahrt (ca. 20 Min.) 18 $. ✆ 96001711, www.skybus.com.au.

Mit dem **Auto** fährt man am besten über den *Western Link/Tullamarine Freeway*. Den nötigen *Tulla Pass* gibt es für 5,70 $ (✆ 132629, www.citylink.com.au). Abholer können kostenlos 20 Min. bzw. für 4 $ bis zu 60 Min. halten. Kurzzeitparken ab 15 $/4 Std. oder Langzeitparken ab 7 $/Tag.

Taxis stehen direkt am Terminal bereit, eine einfache Fahrt zwischen Innenstadt und Flughafen kostet etwa 55 $.

Mietwagen, die großen Firmen haben Büros am Kurzzeit-Parkplatz und Infostände in den Domestic-Terminals.

Avis, ✆ 136333 oder (03)93381800 (int.), www.avis.com.au;

Budget, ✆ 1300362848 oder (03)92416366 (int.), www.budget.com.au;

Europcar, ✆ 1300131390 oder (03)92416800 (int.), www.europcar.com.au;

Hertz, ✆ 133039 oder (03)93384044 (int.), www.hertz.com.au;

Thrifty, ✆ 1300367227 oder (03)92416100 (int.), www.thrifty.com.au;

Redspot, ✆ 1300668810 oder (03)93345455, www.redspotcars.com.au.

Pkw Der *Hume Freeway/Highway* führt über Wangaratta (260 km) direkt nach Sydney (900 km). Via *Western Freeway* ist Ballarat (120 km) angebunden, über den *Princess Freeway* (West) gelangt man nach Geelong (80 km). Aus den östlichen Gebieten des Bundesstaates reist man über den *Princess Freeway* (Ost) bzw. den *Monash Freeway* an.

Bus Der Terminal für die Überlandbusse ist an der *Southern Cross Station*.

Greyhound Australia, Verbindungen nach Sydney (ab 120 $, 12 Std.) oder Canberra (ab 60 $, 8 Std.). ✆ 1300473946, www.greyhound.com.au.

Firefly Express Coaches, verkehren mit zahlreichen Stopps zwischen Melbourne und Sydney (ab 65 $, 12:15 Std.) sowie zwischen Melbourne und Adelaide (ab 55 $, 10 Std.). Hält an Ortschaften unterwegs. ✆ 1300730740, www.fireflyexpress.com.au.

Bahn NSW TrainLink, die Expresszüge (✆ 132232, www.nswtrainlink.info) verkehren 2-mal tägl. zwischen Sydney und Melbourne (ab 90 $, 11 Std.).

Züge von **V/Line** (✆ 136196 www.vline.com.au) binden regionale Zentren wie Geelong oder Ballarat an, von dort gibt es Anschlussbusse in fast jeden Winkel des Staates.

Der „Overland"-Zug der **Great Southern Railway** (✆ 132147, www.gsr.com.au) verkehrt zwischen Melbourne und Adelaide. Günstigster Sitzplatz regulär ab 119 $, als „Ready Rail" ab 79 $. In der bequemeren „Premium"-Version mit mehr Beinfreiheit ab 189 $.

Schiff Spirit of Tasmania, Dauer der Überfahrt 9–10:30 Std., einfach ab ca. 125 $/Pers. Wer über Nacht eine Kabine möchte, zahlt je nach Kategorie 150–580 $/Pers. Normaler Pkw unter 5,30 m Länge und 2 m Breite ab 83 $, alle Fahrzeuge mit Übergröße (unbedingt so früh wie möglich reservieren) kosten entsprechend mehr, z. B. 8 m langes Wohnmobil ab 200 $. Die Fähre verkehrt zwischen Melbourne und Devonport auf Tasmanien. ✆ 1800634906, www.spiritoftasmania.com.au.

Außerdem wird der Port Melbourne von **Kreuzfahrtschiffen** angesteuert.

Stadtverkehr & öffentliche Verkehrsmittel

Pkw CityLink (✆ 132629, www.citylink.com.au), gebührenpflichtiges Freeway-Netz mit einem *Western Link* und einem *Southern Link*. Wer länger bleibt, kann wie die

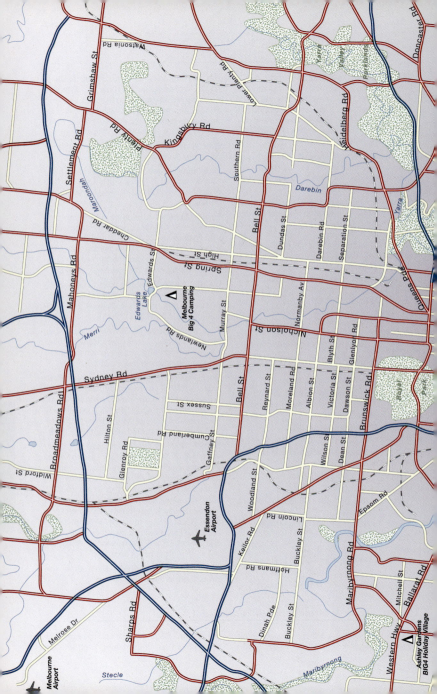

Melbournes „Hookturn"

Eine sehr gewöhnungsbedürftige Art des Abbiegens findet man an speziell ausgewiesenen Kreuzungen. Wer an einer Kreuzung rechts abbiegen will (man beachte den Linksverkehr in Australien!), blinkt rechts, ordnet sich aber **links** ein und stellt sich vor die wartenden Autos auf der quer verlaufenden Fahrbahn, in die man einbiegen möchte. So können Trambahnen und andere Pkws ungehindert an einem vorbei weiter geradeaus fahren. Erst wenn die Ampeln umschalten, darf man den Abbiegevorgang beenden. Im Internet findet man Animationen für das bessere Verständnis z. B. unter http://archive.bigben.id.au/victoria/melb/hook_turn.html.

Einheimischen ein *e-Tag*, einen elektronischen Aufkleber, nutzen, jede Durchfahrt wird elektronisch erfasst und über Kreditkarte oder Konto abgerechnet (je Strecke 2–8 $). Maximal 12-mal/Jahr kann man aber auch einen Tagespass (15,95 $, 24 Std.), einen Wochenendpass (15,95 $, Fr 12 Uhr bis So 24 Uhr) oder den *Tulla Pass* zum Flughafen (5,70 $, 24 Std.) kaufen. Zu erwerben im Internet, im CityLink-Centre oder in Coles-Express-Filialen. Mauthäuschen gibt es nicht mehr, wer bei Durchfahrt keinen Pass hat, der kann bis 2 Tage nachträglich bezahlen (auch online oder telefonisch; Nummernschild wird erfasst), ansonsten drohen hohe Strafen.

Parken in der City

Man sollte die Innenstadt möglichst meiden, besonders mit Wohnmobilen. Es gibt am Straßenrand Münzparkuhren, pro Stunde bezahlt man etwa 5,50 $. Im Stadtbereich gibt es etliche Parkhäuser, z. B.:

City Square Car Park, Preise: 8 $/Std., gestaffelt bis max. 55 $/Tag, über Nacht (18–6 Uhr) 10 $, Wochenende Tagesflatrate (2+ Std.) 12 $. 24 Std. geöffnet. 202 Flinders Lane.

Council House Carpark, Preise: 8 $/Std., gestaffelt bis 55 $/Tag, Wochenende Tagesflatrate (2+ Std.) 12 $. Mo–Do 7–24 Uhr, Fr 7–3 Uhr, Sa 8.30–3 Uhr, So 9–22 Uhr. 200 Little Collins Street.

MetLink Der Verkehrsverbund von Melbournes Bahn-, Tram- und Busservice läuft unter dem Namen **Public Transport Victoria** (☎ 1800800007, www.ptv.vic.gov.au). Es gibt 2 Tarifzonen. Abgerechnet wird über die Myki Card, z. B. als 2-Std.-Ticket (ab 3,76 $) oder Tagesticket (ab 7,50 $ bzw. 6 $ Sa/So).

Im Zentrum City Circle Tram, kostenlos (!). Fährt die Route um den CBD (Flinders Street, Spring Street, La Trobe Street, Harbour Esplanade) in beide Richtungen. Die Haltestellen sind mit roten Schildern gekennzeichnet. Tägl. etwa 9–21 Uhr alle 12 Min. www.yarratrams.com.au.

Melbourne City Tourist Shuttle Bus, → Sehenswertes.

Myki Card, um die öffentlichen Verkehrsmittel zu nutzen, muss man sich vorab diese Karte besorgen und mit einem Guthaben aufladen. In Bus oder Tram beim Einsteigen UND Aussteigen einfach an den Automaten halten, es wird automatisch der korrekte Betrag abgebucht. Die Karte gibt es z. B. in 7-Eleven-Geschäften oder der Touristeninformation für 6 $ (Guthaben extra).

Nachtservice NightRider Bus, Fr–So verkehren Nachtbusse auf verschiedenen Routen, auch in einige Vororte. Sa bis 3.30 Uhr und So bis 4.30 Uhr. ☎ 1800800007, Fahrplan im Netz unter www.ptv.vic.gov.au.

Boot & Fähre Williamstown Ferry, verkehrt zwischen Southgate und Williamstown mit Stopps z. B. am Aquarium, dem Crown Casino und der South Wharf. Buchungen unter ☎ 96829555, www.williamstownferries.com.au.

Watertaxi, täglich tagsüber und nachts. ☎ 0416068655, www.melbournewatertaxis.com.au.

Taxi 13 Cabs, ☎ 132227; Arrow, ☎ 132211; Embassy Taxis, ☎ 131755; Silver Top Taxis, ☎ 131008.

Adressen & Anlaufstellen

Apotheken Im gesamten Stadtbereich, z. B.:
My Chemist, Mo–Fr 8–19 Uhr, Sa/So 9–13 Uhr. 128–132 Elizabeth Street, ✆ 96636704.

Autokauf Bei einem längeren Aufenthalt lohnt sich u. U. die Anschaffung eines eigenen Autos.

Travellers Autobarn, Backpackerautos mit Rückkaufgarantie. 55 King Street, Airport West, ✆ 1800674374, www.travellersautobarn.com.

www.drive.com.au, gute Adresse im Internet, auch viele Händler und private Verkäufer in Melbourne. Über eine Suchmaske (Preis, Typ, Marke, Ort usw.) kann man unter Tausenden von Autos wählen.

Autovermietung Hertz, 97 Franklin Street, ✆ 133039 (Callcenter), 96636244 (lokal), www.hertz.com.au.

Europcar, 89 Franklin Street, ✆ 1300131390 (Callcenter), 86330000 (lokal), www.europcar.com.au.

Thrifty, 390 Elizabeth Street, ✆ 1300367227 (Callcenter), 86616000 (lokal), www.thrifty.com.au.

Avis, 8 Franklin Street, ✆ 136333 (Callcenter), 92043933 (lokal), www.avis.com.

Budget, Shop 3, 8 Franklin Street, ✆ 132727 (Callcenter), 92034844 (lokal), www.budget.com.au.

Banken Westpac, Mo–Do 9–17 Uhr, Fr 9.30–17 Uhr. 142 Elizabeth Street, ✆ 86603966 oder 132032, www.westpac.com.au.

Commonwealth Bank, Mo–Do 9.30–16 Uhr, Fr 9.30–17 Uhr. 21 Swanston Street, ✆ 132221, www.commbank.com.au.

ANZ, Mo–Fr 9.30–17 Uhr. 380 Collins Street, ✆ 1313141, www.anz.com.

National, Mo–Fr 9.30–17 Uhr. 330 Little Collins Street, ✆ 132265, www.nab.com.au.

HSBC, Mo–Do 9.30–16 Uhr, Fr 9.30–17 Uhr. 188 Swanston Street, ✆ 1300308008, www.hsbc.com.au.

Bücherei State Library of Victoria, man kann die Lesesäle nutzen und schmökern. Mo–Do 10–21 Uhr, Fr–So 10–18 Uhr. 328 Swanston Street, ✆ 86647000, www.slv.vic.gov.au.

Einwanderungsbehörde Department of Immigration and Citizenship, um Scherereien zu vermeiden, empfiehlt es sich, vor dem Besuch anzurufen. Mo–Fr 9–16 Uhr (Mi nur bis 13.30 Uhr). EG, Casselden Place, 2 Lonsdale Street, ✆ 131881, www.immi.gov.au.

Fahrradverleih Rent a Bike, einfache Mountainbikes für 15 $/Std., Folgestunde 5 $, 24 Std. für 40 $; inkl. Helm und Fahrradschloss. Tägl. 9–17 Uhr. Federation Square, ✆ 0417339203 (mobil), www.rentabike.net.au.

Melbourne Bike Share

Wie auch in einigen deutschen Großstädten gibt es in Melbourne verschiedene Stationen (51 Stück), an denen man die blauen Räder ausleihen kann. Bezahlt wird mit Visa- oder Mastercard direkt an der Dockingstation. Die Tagesmitgliedschaft kostet 2,90 $, die Woche 8 $, Fahrten unter 30 Min. sind inklusive, eine Stunde kostet 2 $. Außerdem wird die Karte mit 50 $ als Kaution belastet. Bei Rückgabe sollte man genau darauf achten, dass das Rad sicher an der Station steht (grünes Licht). Kleiner Haken: In Australien herrscht für Radler Helmpflicht! In IGA- oder 7-Eleven-Shops kann man Helme für 5 $ kaufen. www.melbournebikeshare.com.au.

Geldwechsel American Express Foreign Exchange, Reiseschecks und mehr. Mo–Fr 9–17 Uhr, Sa 10–13 Uhr. 233–239 Collins Street, ✆ 1300139060.

Internet Mittlerweile gibt es in fast allen Unterkünften WLAN bzw. Internet-Terminals, auch in Cafés und Kneipen gibt es oft einen Wireless-Zugang. In den Backpackerhostels (→ S. 428) können meist auch Nichtgäste die Terminals nutzen. Klassische Internetcafés gibt es in der ganzen Stadt, aber einzelne Internetshops schließen ebenso schnell, wie sie anderswo wieder eröffnen.

McDonalds, kostenloses WLAN, hier muss man sich anmelden. 9–11 Swanston Street.

Federation Square, es gibt einen kostenlos nutzbaren Hotspot, der den gesamten

Square versorgt. Nur zum Surfen, dafür keine Anmeldung.

Cydus, perfekt für E-Mail-Notfälle, tägl. rund um die Uhr göffnet. 292 Victoria Street, ✆ 93263069, www.cydus.com.au.

Konsulate **Deutsches Generalkonsulat Melbourne**, Termin-Vereinbarung auf der Webseite oder telefonisch. Mo–Fr 8–12 Uhr. 118 Queen Street, ✆ 96428088, melbourne@hk-diplo.de.

Österr. Honorargeneralkonsulat, Di/Mi 11–14 Uhr. 180 Williams Street, Carlton, ✆ 92258750.

Schweizer Konsulat, Mo–Fr nach vorheriger Vereinbarung. 697 Toorak Road, Kooyong, ✆ 98247527, www.eda.admin.ch/australia.

Krankenhäuser/medizinische Versorgung **St. Vincents Hospital**, großes Krankenhaus mit 24-Std.-Notaufnahme. 41 Victoria Parade, Fitzroy, ✆ 92882211, www.svhm.org.au.

Alfred Hospital, seit 1871 an dieser Stelle. Mit Notaufnahme. Commercial Road, Prahran, ✆ 90762000, www.alfred.org.au.

The Royal Melbourne Hospital, mit einer Notaufnahme im Gebäude 1B. 300 Grattan Street, Parkville, ✆ 93427000, www.mh.org.au.

The Travel Doctor (TMVC), die Spezialisten für Reisemedizin und Impfungen. Mo/Mi/Fr 9–17 Uhr, Di/Do 9–20.30 Uhr, Sa 9–13 Uhr. 2. Stock, 393 Little Bourke Street, ✆ 99358100, www.traveldoctor.com.au.

Melbourne Sexual Health Centre, Spezialisten für Geschlechtskrankheiten. Mo–Do 8.30–17 Uhr, Fr 12.30–17 Uhr. 580 Swanston Street, ✆ 93416200, www.mshc.org.au.

Medien Die beiden wichtigsten Zeitungen sind **The Age** und der **Herald Sun**. Im Radio läuft **Triple JJJ** auf Frequenz 107.5 oder **Fox FM** auf 101.9. **Joy 94.9** mit extra Programm speziell für Schwule und Lesben.

Notruf Notrufnummer **Polizei, Feuerwehr** und **Krankenwagen**: ✆ 000

Post Melbourne GPO, Mo–Fr 8.30–17.30 Uhr, Sa 9–17 Uhr, So 10–16 Uhr. 250 Elizabeth Street, ✆ 131318.

Reise- & Buchungsbüros YHA Travel, günstige Touren in Australien und Buchungen für Überseetrips. Mo–Fr 9–17.30 Uhr. 562 Flinders Street, ✆ 96212523, www.yha.com.au.

Peterpan's Adventure Travel, Backpackertouren und -abenteuer (Bungee-Springen, Surfen etc.) Tägl. 10–18 Uhr. 451 Elizabeth Street, ✆ 93299221, 1800669424 (kostenlos), www.peterpans.com.au.

STA Travel, günstige Flüge, Touren u. v. m. Mo–Fr 10–18 Uhr, Sa 11–17 Uhr, So 12–16 Uhr. 208 Swanston Street, ✆ 96390599, www.statravel.com.au.

Die Ponyfish Island Bar mitten im Fluss

Schwimmbäder Melbourne City Baths, seit 1860 gibt es hier ein Bad, heute befinden sich in dem grandiosen Gebäude ein modernes Schwimmbad wie auch ein Fitness- und Kardio-Studio. Eintritt 5,50 $. Mo–Do 6–22 Uhr, Fr 6–20 Uhr, Sa/So 8–18 Uhr. 420 Swanston Street, ✆ 96635888, www.melbournecitybaths.com.au.

Melbourne Sports & Aquatic Centre, 50-m-Becken, Wellenbad und Wasserrutschen. Eintritt Schwimmbad 8 $, inkl. Spa und Dampfbad 10,60 $. Mo–Fr 5.30–22 Uhr, Wochenende 7–20 Uhr. Albert Park, ✆ 99261555, www.msac.com.au.

Wohnmobile Britz Australia & Maui Rentals, Büro und Fahrzeug-Abholung. Tägl. 8–16.30 Uhr (Winter 10–16 Uhr). Central West Business Park, Building 1/9, Ashley Street, Braybrook, ✆ 83798855, www.britz.com.au.

Apollo Campers, nahe dem Flughafen. Tägl. 8–16.30 Uhr. Airport Drive, Tullamarine, ✆ 1800777779, www.apollocamper.com.

Kea Campers, Filiale in Melbourne geschlossen.

Wicked Campers, die günstigen Backpackermobile. Mo–Fr 9–16 Uhr, Sa 9–12 Uhr, So geschlossen. 195–199 Kensington Road, West Melbourne, ✆ 1800246869, www.wickedcampers.com.au.

Übernachten

In Melbourne kann man für 50 $, aber auch für 5000 $ pro Nacht sein Haupt auf die Kissen betten. Die exklusiven Hotels mit dem „Million Dollar View" findet man v. a. an den Ufern der Southbank und in den Toplagen des Zentrums. Aber man kann auch für wenig Geld in relativ günstiger Lage übernachten, es gibt eine ganze Reihe netter Hotels und Pensionen, die nur einen Katzensprung von den Shopping- und Restaurantmeilen der Stadt entfernt sind. Bei Backpackern ist besonders der Strandvorort St. Kilda beliebt.

> Die Legendenpunkte **1** bis **74** finden Sie auf der Karte „Melbourne/City, Docklands" (→ S. 424/425), **84** bis **87** auf der Karte „Fitzroy" (→ S. 427), **92** bis **95** auf der Karte „South Yarra/Prahran" (→ S. 431) und die Punkte **99** bis **108** auf der Karte „St. Kilda" (→ S. 434).

Stadtzentrum Citadines on Bourke **33**, Aparthotel mit verschiedenen Optionen, vom kleinen Studio mit Kitchenette bis hin zum Apartment mit 2 Schlafzimmern, 2 Bädern und voll ausgestatteter Küche. Übernachtung ab 195 $. 131–135 Bourke Street, ✆ 90398888, www.citadines.com.

Adelphi 42, sehr stylishes Hotel. Die geräumigen Zimmer haben mindestens 35 m², sind hochwertig eingerichtet und äußerst gemütlich. Richtig cooles Pool-Deck auf dem Dach. Mindestens 300 $ pro Nacht. 187 Flinders Lane, ✆ 80808888, www.adelphi.com.au.

The Westin Melbourne 41, moderner 5-Sterne-Luxus im Herzen der Stadt. Schon die elegante Lobby gibt einen Vorgeschmack auf die Zimmer. Im Haus ein Wellness-Centre, Bars und Restaurants. Übernachtung ab 420 $ (DZ) bis etwa 1350 $ (Suite). 205 Collins Street, ✆ 96352222, www.westin.com.au/melbourne.

Hotel Windsor 21, in dem prunkvollen Gebäude von 1883 hat man viele Optionen, vom Traditional Room bis zur 120-m²-Suite. Modernes Hotel mit Alte-Welt-Charme und „Kissenmenü". Einfache DZ ab 250 $, Suiten 350–1500 $. 111 Spring Street, ✆ 96336000, www.thewindsor.com.au.

Hotel Lindrum 39, kleines Hotel mit 59 Zimmern. Warme Farben, viel Holz und schlichtes Understatement geben den Zimmern einen edlen, aber gemütlichen Touch. Mit LCD-TV und Breitbandinternet. DZ im Internet ab 250 $. 26 Flinders Street, ✆ 96681111, www.hotellindrum.com.au.

Mercure Crossley Hotel 8, schickes Boutique-Hotel in Chinatown, ideal in der Nähe vieler Restaurants gelegen. Wohnliche Zimmer in dezenten Farben, die Bäder mit Wanne. WLAN-Internet. DZ ab 150 $. 51 Little Bourke Street, ✆ 96391639, www.crossleyhotel.com.au.

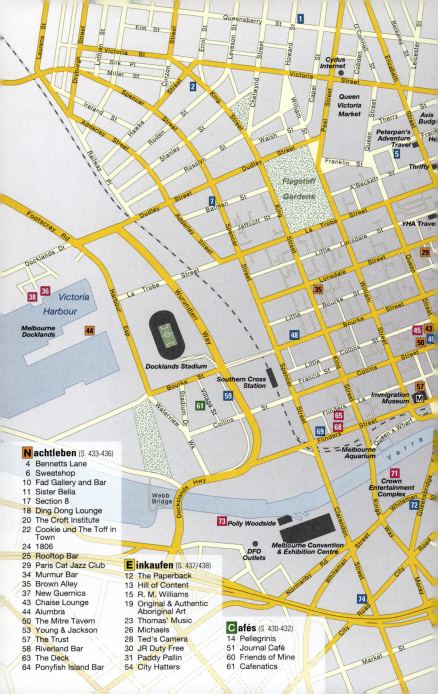

Nachtleben (S. 433-436)
- 4 Bennetts Lane
- 6 Sweatshop
- 10 Fad Gallery and Bar
- 11 Sister Bella
- 17 Section 8
- 18 Ding Dong Lounge
- 20 The Croft Institute
- 22 Cookie und The Toff in Town
- 24 1806
- 25 Rooftop Bar
- 29 Paris Cat Jazz Club
- 34 Murmur Bar
- 35 Brown Alley
- 37 New Guernica
- 43 Chaise Lounge
- 44 Alumbra
- 50 The Mitre Tavern
- 53 Young & Jackson
- 57 The Trust
- 58 Riverland Bar
- 63 The Deck
- 64 Ponyfish Island Bar

Einkaufen (S. 437/438)
- 12 The Paperback
- 13 Hill of Content
- 15 R. M. Williams
- 19 Original & Authentic Aboriginal Art
- 23 Thomas' Music
- 26 Michaels
- 28 Ted's Camera
- 30 JR Duty Free
- 31 Paddy Pallin
- 54 City Hatters

Cafés (S. 430-432)
- 14 Pellegrinis
- 51 Journal Café
- 60 Friends of Mine
- 61 Cafenatics

Punt Hill Apartments 52, hübsche Studios und Apartments, funktionell eingerichtet, eine gute Wahl für Leute, die sich selbst verpflegen wollen. High-Speed-Internetzugang. Übernachtung ab 170 $. 267 Flinders Lane, ☏ 1300731299, www.punthill.com.au.

Alto Hotel on Bourke 48, nahe der Southern Cross Station, mit viel Platz für Familien. Zimmer und Apartments mit 1–3 Schlafzimmern und bis zu 3 Bädern. LTD-TVs, WLAN, Safes. Kleines DZ ab 150 $, Apartment ab 250 $. 636 Bourke Street, ☏ 86085500, www.altohotel.com.au.

Ibis Budget Melbourne CBD 49, sehr gut gelegenes und günstiges Hotel, einen Steinwurf von der Fußgängerzone entfernt. Hier bekommt man was für sein Geld! DZ ab ca. 90 $. 97–103 Elizabeth Street, ☏ 96420064, www.ibis.com.

North u. West Melbourne Miami Hotel 2, am nördl. Ende des Zentrums. Günstig, sauber, mit hell gefliesten Bädern, kleinem Kühlschrank und TV. Es gibt auch Raucherzimmer (Nichtraucher Achtung!). DZ ab 95 $. 13 Hawke Street, ☏ 93212444, www.themiami.com.

Robinsons in the City 7, top! Richtig schickes und gemütliches B&B. Zimmer mit eigenen Bädern und modernen Features wie LCD-TVs und kostenlosem WLAN. DZ online ab 135 $, Rabatt bei mehreren Übernachtungen. 405 Spencer Street, ☏ 93292552, www.robinsonsinthecity.com.au.

Southbank Die Unterkünfte an der Southbank liegen direkt am Yarra River, bieten einen atemberaubenden Blick über die Stadt und sind dementsprechend exklusiv und teuer.

The Langham 67, top! Eine der edelsten Adressen der Stadt, richtig elegant und prunkvoll. Schon das kleinste Zimmer misst 35 m^2 und verfügt über ein luxuriöses Marmorbad. 520–6000 $. Internet-„Schnäppchen" ab 400 $. 1 Southgate Avenue, ☏ 86968888, http://melbourne.langhamhotels.com.au.

Crown Promenade 72, hell, modern, stylish und mit großen Panoramafenstern. Nicht gerade billig, aber für das Gebotene durchaus im Rahmen. 465 Zimmer. DZ online schon ab 300 $, Suiten ab 500 $. 8 Whiteman Street, ☏ 92926688, www.crownpromenade.com.au.

Travelodge Southbank 70, in jedem der 275 Zimmer gibt es Kopfkissen für Allergiker und Decken aus 100 % Merino-Wolle. Für die Lage günstig: DZ regulär ab 169 $. 9 Riverside Quay, ☏ 86969600, www.travelodge.com.au.

Fitzroy Brooklyn Arts Hotel 87, nur 7 Zimmer gibt es in dem herrlich hergerichteten historischen Häuschen. Frühstücksraum und WLAN. Zimmer 155–245 $, teils mit eigenem Bad, teils teilt man sich ein Bad mit einem weiteren Zimmer. 48–50 George Street, ☏ 94199328, www.brooklynartshotel.com.au.

Metropole Hotel Apartments 85, die Unterkunft ist einfach, aber zweckmäßig eingerichtet und sauber. Einige Apartments sind mit Küche und/oder Spa ausgestattet. Kostenloses WLAN. Übernachtung ab 180 $. 44 Brunswick Street, ☏ 94118100, www.metropole.org.

Nunnery 84, Unterkunft mit Flair. Die Gästezimmer in dem historischen Gebäude sind klein, aber extrem gemütlich. Die Badezimmer teilt man mit den anderen Gästen, außerdem gibt es eine Gemeinschafts-Lounge und -Küche. Budget-DZ ab 120 $, Mehrbettzimmer ab 32 $, DZ im Guesthouse ab 140 $, Rabatt ab 4 Nächten. 112–116 Nicholson Street, ☏ 94198637 oder 1800032635, www.nunnery.com.au.

South Yarra, Prahran The Cullen 95, eines der Art-Series-Hotels. Hochwertig eingerichtet, geräumig und gemütlich. Mit dem Gramercy Bistro und der HuTong Dumpling Bar zwei äußerst gute Lokale im Haus. DZ ab 300 $, Suite ab 360 $, Junior Penthouse ab 500 $, Penthouse 1000 $. 164 Commercial Road, Prahran, ☏ 90981555, www.artserieshotels.com.au/cullen.

Art Series Hotels

Insgesamt vier Hotels hat die Kette in Melbourne: in Prahran („The Cullen"), in South Yarra („The Olsen"), in der St. Kilda Road („The Blackman") und in Parkville („The Larwill"). Einrichtung und Design sind entsprechend von den australischen Künstlern Adam Cullen, John Olsen, Charles Blackman und Adam Larwill inspiriert, teilweise hat man Originalwerke aufgehängt. Ein einfaches Zimmer gibt es ab etwa 220 $, eine Penthouse-Suite kann bis 2000 $ kosten.

The Olsen 92, mitten in Melbournes Edel-Shopping-Meile. Top Design, wunderbar eingerichtet. Studio ab 300 $, verschiedene Optionen über die Deluxe Spa Suite (550 $) bis hin zum 2000-$-Penthouse – das lässt wirklich keine Wünsche mehr offen. 637–641 Chapel Street, South Yarra, ✆ 90401222, www.artserieshotels.com.au/olsen.

Docklands Travelodge Docklands 59, gute Wahl als Übernachtungsmöglichkeit im Bereich der Docklands, am westlichen Ende des Stadtzentrums (nahe Southern Cross Station). Das Haus erfüllt den guten Standard der Travelodge-Hotelkette, neben der Standardausstattung haben alle Zimmer eine kleine Kitchenette. DZ ab

Melbourne/Carlton

Essen & Trinken (S. 432)
88 La Spaghettata
89 Pasta Rustica Ristorante
90 Mercadante

150 $. 66 Aurora Lane, ✆ 86151000, www.tfehotels.com.

Toorak Toorak Manor 94, charmantes Boutique-Hotel in einem viktorianischen Gebäude aus dem 19. Jh. Die hübschen Zimmer sind individuell gestaltet, vereinzelt etwas schnörkelig, aber richtig gemütlich. DZ 135–210 $. 220 Williams Street, ✆ 98272689, www.toorakmanor.net.

St. Kilda Cosmopolitan Hotel 107, bequeme Betten, blitzblanke Bäder, Flatscreen-TV. Die günstigeren Zimmer sind ziemlich klein – werden offiziell als „shoebox" angepriesen –, dafür punktet die gute Lage. Ab 139 $. 2–8 Carlisle Street, ✆ 95340781, www.cosmopolitanhotel.com.au.

28 Mary Street 99, top! Kommodes B&B mit 7 individuell eingerichteten Gästezimmern (je mit Bad). Das Interieur des Hauses ist modern, aber an die Bauzeit von 1880 angelehnt. DZ 180–250 $. 28 Mary Street, www.bandbmelbourne.com.au.

Tolarno Hotel 100, flippiges Hotel mit farbigen Wänden, an denen wilde, bunte Bilder hängen. Die günstigeren Zimmer sind ziemlich minimalistisch eingerichtet, die Suiten mit Kitchenette und Lounge. DZ ab 165 $. 42 Fitzroy Street, ✆ 95370200, www.hoteltolarno.com.au.

The Prince 102, das Boutique-Hotel ist durchgestylt bis ins i-Tüpfelchen, die Zimmer schlicht, aber hochwertig eingerichtet. Den Gute-Nacht-Drink gönnt man sich in der lässigen Wodka-Bar. Das günstigste DZ ab 180 $. 2 Acland Street, ✆ 95361111, www.theprince.com.au.

Backpackers Es gibt jede Menge Hostels in Melbourne. Die Konkurrenz belebt das Geschäft und viele Häuser locken die Backpacker mit wöchentlichen Grillpartys, kostenlosem Internet und Flughafentransfers. Detaillierte Infos auf den jeweiligen Webseiten.

Greenhouse Backpackers 46, zentral im CBD gelegenes, schönes Hostel. Die Ausstattung lässt nichts zu wünschen übrig. Übernachtung im Dorm 29–35 $, im DZ 70–90 $. Level 6, Flinders Lane, ✆ 96396400 oder 1800249207, www.greenhousebackpacker.com.au. ■

Habitat HQ 106, lässiges Hostel mit überdurchschnittlichem Standard. Die sonnige Terrasse ist der perfekte Start für den Abend. Im Mehrbettzimmer ab 34 $, im DZ mit Bad ab 119 $. 333 St. Kilda Road, St. Kilda, ℡ 95373777, www.thehabithathq.com.au.

Hotel Discovery 5, großes Hostel mit Kinoraum, Dachterrasse, Bar und Café. Mädels können die „girls-only"-Zimmer beziehen. Im 16er-Dorm ab 25 $, im einfachen DZ ab 90 $, DZ mit Bad ab 119 $. 167 Franklin Street, ℡ 93297525, www.hotelbakpak.com.au.

Melbourne Metro YHA 1, tolles Hostel mit atemberaubendem Blick von der Dachterrasse. Außerdem Travel-Desk, Bar/Café und Radlmiete. Ab 28 $, DZ ab 80 $. 78 Howard Street, ℡ 93298599, www.yha.com.au.

Melbourne Central YHA 69, sehr zentral gelegen, ganz in der Nähe zur Southern Cross Station und dem Federation Square. Ab 32 $/Nacht im Dorm, DZ ab 100 $. 562 Flinders Street, ℡ 96212523, www.yha.com.au.

Urban Central 74, lässige Backpacker-Unterkunft mit cooler Bar, in der wild gefeiert wird. Im 4-Bett-Zimmer mit Bad 35 $ (ohne Bad 33 $), DZ ab 115 $. 334 City Road, Southbank, ℡ 96933700, www.urbancentral.com.au.

BASE Backpackers 108, mit leuchtend rot gestrichener Front, die hauseigene Tränke heißt entsprechend „RedEye Bar". Hell, modern, mit allem, was man braucht. Im 10-Bett-Zimmer mit Bad ab 24 $, DZ ab 80 $. 17 Carlisle Street, St. Kilda, ℡ 85986200, www.basebackpackers.com.

Camping Melbourne BIG4, penibel gepflegter Park, einfache Stellplätze bis hin zu geräumigen Familien-Cabins. Solarbeheizter Pool, Internet-Zugang, Tourdesk. Bushaltestelle direkt vor der Tür, Trambahn in kurzer Fußmarschweite. Stellplatz ab 45 $, Cabin 10–240 $. 265 Elizabeth Street, Coburg, ℡ 93538222, www.melbournebig4.com.au.

Ashley Gardens Big4 Holiday Village, schöner Caravanplatz mit großer Auswahl an Cabins (mit 1–3 Schlafzimmern). Pool, Tennisplatz, das Einkaufszentrum ist gleich nebenan. Stellplatz ab 45 $, ein festes Dach 110–240 $. 129 Ashley Street, Baybrook, ℡ 93186866, www.aspenparks.com.au.

Essen & Trinken

Melbournes Restaurant- und Cafészene ist als eine der Besten in ganz Australien bekannt. In den ethnisch unterschiedlich geprägten Vierteln wird jeweils authentische Küche aus der alten Heimat serviert, besonders verbreitet sind asiatische, italienische und griechische Spezialitätenrestaurants. Bei gutem Wetter sind die Restaurants und Cafés an den Ufern des Yarra River brechend voll und die Melbournians genießen mediterranes Lebensgefühl bei frischem Seafood und einem Gläschen edlen Weins. Ein guter Tipp für exotische Gerichte und unkomplizierte „eateries" ist das Stadtviertel Fitzroy. Schleckermäuler sollten unbedingt nach St. Kilda fahren – die Konditoreien und Schoko-Shops entlang der Acland Street sorgen nicht nur bei Kindern für leuchtende Augen.

> Die Legendenpunkte 3 bis 73 finden Sie auf der Karte „Melbourne City/Docklands" (→ S. 424/425), 75 bis 82 auf der Karte „Fitzroy" (→ S. 427), 83 bis 90 auf der Karte „Carlton" (→ S. 428), 91 bis 97 auf der Karte „South Yarra/Prahran" (→ S. 431) und die Punkte 98 bis 111 auf der Karte „St. Kilda" (→ S. 434).

Federation Square Taxi Kitchen 56, ausgezeichnete Küche in moderner Kulisse. Sushi-Probierteller 21 $, raffinierte Hauptgerichte um 30–40 $, z. B. Kräuterhähnchen mit Wildpilzen und Madeira-Jus. Edle Tropfen aus aller Welt (Flasche ab 50 $). Tägl. 12–23 Uhr. 1. Stock, Transport Hotel, ℡ 96548808, www.transporthotel.com.au.

Burger Bar 55, im Beer DeLuxe. Was passt besser zusammen als Hamburger und Bier? Als Spezialangebot (bei Recherche immer Do ab 18 Uhr) gibt es beides zusammen schon für 15 $. Burger einzeln 12–20 $. Swanston Street/Ecke Flinders Street, www.beerdeluxe.com.au.

Victoria / Melbourne

CBD **Delhi Streets** 65, hier gibt es indisches Street-Food für wenig Geld. Das Vegetarian Thali für 10 $ oder ein Chicken Biryani für 12 $. Mo–Fr 11.30–14.30 Uhr und Mo–Sa ab 17.30 Uhr. 22 Katherine Pl, ℡ 96292620, www.delhistreets.com.au.

Journal Café 51, Frühstück, ein paar mediterrane Snacks für tagsüber und einen gute Kaffee – das ideale Programm für einen kurzen Zwischenstopp beim Sightseeing. Mo–Fr 7–20 Uhr, Sa/So 7–18 Uhr. 253 Flinders Lane, ℡ 96504399, www.journalcafe.com.au.

MoVida 47, hier darf man sich nicht von der Lage in der düsteren Gasse abschrecken lassen – das MoVida ist eine wirklich ausgezeichnete Tapas-Bar mit spanischen Köstlichkeiten. Tapas um 5 $, Raciones 12–22 $. Tägl. ab 12 Uhr. 1 Hosier Ln., ℡ 96633038, www.movida.com.au.

Café Keyif 68, ganz simpel eingerichtet, aber mit guter Küche: es gibt Penne mit Sucuk, Falafel-Salat oder anatolischen Lamm-Eintopf, aber auch Klassiker wie Burger oder Steaks. Hauptgerichte 15–25 $. 1/550 Flinders Street, ℡ 96203050, www.cafekeyif.com.au.

Grossi Florentino Cellar Bar 16, herrlich ungezwungenes Lokal, in dem grundsolide italienische Gerichte wie Spaghetti Bolognese (18 $) oder Parmaschinken mit Parmesanraspeln und Feigen (26 $) serviert werden. Nicht zu verwechseln mit dem ausgezeichneten Edelrestaurant im 1. Stock. Mo–Sa 7.30 Uhr bis spät. 80 Bourke Street, ℡ 96621811, www.grossiflorentino.com.

Curry Vault 45, spitzenmäßige indische Küche. Hier sollte man unbedingt das „Hot Beef Chili" (22 $) probieren! Für Vegetarier bietet die Karte über ein Dutzend fleischlose Gerichte (um 16 $). Di–Fr Lunch, Mo–Sa Dinner. 18–20 Bank Place, ℡ 96000144, www.curryvault.com.au.

Bar Lourinha 27, portugiesische Bar mit schmackhaften Köstlichkeiten (18–26 $) wie gebratener Chorizo in Cider oder grillte Kalbsleber. Mo–Do 12–23 Uhr, Fr 12–1 Uhr, Sa 16–1 Uhr. 37 Little Collins Street, ℡ 96637890, www.barlourinha.com.au.

Pellegrinis 14, fertig für eine kleine Zeitreise? Diese Espressobar ist Kult! Einfacher und seit Ewigkeiten unveränderter Familienbetrieb mit dem besten Kaffee der Stadt und einer Handvoll Gerichte. Tägl. 8–23 Uhrr. 66 Bourke Street, ℡ 96621885.

Chinatown (Little Bourke Street)
Brother Baba Budan 32, hier hängen die Stühle an der Decke – als Deko. Sicherlich eine der besten Adressen der Stadt, um einen guten Kaffee zu bekommen. Und Stühle zum Sitzen gibt es natürlich auch. Mo–Sa 7–17 Uhr, So 9–17 Uhr. 359 Little Bourke Street, ℡ 96060449.

Little Ramen Bar 31, hier gibt es authentische japanische Ramen (Nudeln), z. B. die klassische Nudelsuppe mit hartgekochtem Ei und gegrilltem Schweinefleisch. Günstige und sehr schmackhafte Sattmacher. Mo–Sa 11.30–14.30 und 17.30–21 Uhr. 346 Little Bourke Street, ℡ 96705558, www.littleramenbar.com.au.

Rice Papr Scrs 9, super asiatische Gerichte (überschaubare Karte) zu vertretbaren Preisen, als „Nachspeise" gibt es rund ein Dutzend ordentliche Cocktails, z. B. den Full Moon Panda (17 $). Tägl. 12–15 und 17.30–22.30 Uhr. 19 Liverpool Street, ℡ 96639890, www.ricepaperscissors.com.au.

》》》 Mein Tipp: Hutong Dumpling Bar 18, beim Testessen absolute Begeisterung: unglaublich gute Dumplings in unterschiedlichsten Varianten, z. B. mit Garnelen, Fleisch oder Brühe gefüllt (Portion je um 10 $). Reguläre Hauptgerichte um 25 $. Tägl. 11.30–15 Uhr, So–Do auch 17.30–22.30 Uhr, Fr/Sa auch 17.30–23 Uhr. 14–16 Market Lane, ℡ 96508128, www.hutong.com.au. 《《《

Southbank & South Wharf
Rock Pool Bar & Grill 71, hier ist das Beste gerade gut genug, die Preise sind entsprechend astronomisch. Beste Wahl sind die exzellenten Steaks (50–120 $). Andere Hauptspeisen 45–55 $, passende Weine 70–2000 $/Flasche. Tägl. außer Sa 12–15 Uhr, tägl. 18–23 Uhr. Crown Complex, ℡ 86481900, www.rockpoolmelbourne.com.

Bear Brass 66, ganz lässig, ganz ungezwungen, direkt am Fluss. Hier trinkt man kaltes Bier und isst Pizzen (15–20 $), Lamb-Shanks (28 $) oder gefüllte Calamares mit Allioli (13 $). Tägl. ab 8 Uhr. Shop 3a, River Level, Southgate, ℡ 96823799, www.bearbrass.com.au.

Meat Market South Wharf 73, nomen est omen: hier gibt es gute Steaks, die allerdings nicht ganz billig sind, 30–60 $ muss man investieren. Tolle Lage am Fluss. Mo–Sa ab 11 Uhr. 53 South Wharf Promenade, ℡ 90088953, www.meatmarketsouthwharf.com.au.

Docklands
Bopha Devi 38, günstiges Kambodscha-Restaurant ohne die übliche Trödel- und Folkloredekoration. Hauptge-

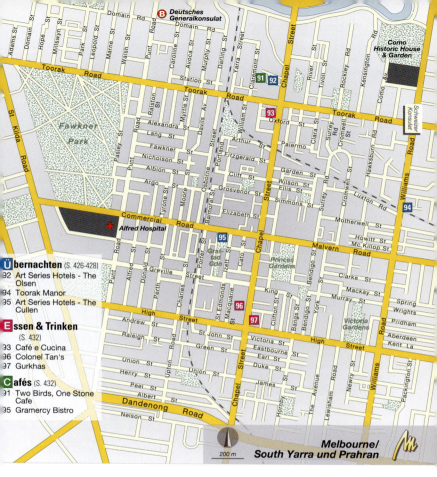

Melbourne/South Yarra und Prahran

Übernachten (S. 426–428)
92 Art Series Hotels - The Olsen
94 Toorak Manor
95 Art Series Hotels - The Cullen

Essen & Trinken (S. 432)
93 Café e Cucina
96 Colonel Tan's
97 Gurkhas

Cafés (S. 432)
91 Two Birds, One Stone Cafe
95 Gramercy Bistro

richte 18–30 $. Do–So Lunch ab 12 Uhr, Di–So 18–22 Uhr. 27 Rakala Way, ✆ 96001887, www.bophadevi.com.

Bhoj 36, die Currys hier sind ausgezeichnet, mein Favorit: „Konkan Fish Curry" (21,50 $). Menüs mit Vor-, Haupt-, und Nachspeise ab 35 $/Pers. Tägl. 12–15 und 17.30–22.30 Uhr. 54 Promenade, New Quay, ✆ 96000884, www.bhoj.com.au.

Cafenatics 61, der Kaffee ist super und das wissen auch die Angestellten aus den umliegenden Büros. Sehr beliebt. Mo–Fr 6.30–17 Uhr. 737 Bourke Street, ✆ 96421551, www.cafenatics.com.au.

Fitzroy Brunswick Street Alimentari 81, gute Adresse für die Mittagspause, es gibt verschiedene Wraps und Panini für je rund 10 $, auf der Tafel stehen Tagesgerichte. Tägl. 8–18 Uhr. 251 Brunswick Street, ✆ 94162001, www.alimentari.com.au.

Little Creatures Dining Hall 82, deftige Küche mit Pizzen (13–23 $), Lammschulter mit Beilagen (29 $) oder Chili-Muscheln (19 $). Tägl. 11 Uhr bis spät. 222 Brunswick Street, ✆ 94175500, www.littlecreatures.com.au.

Naked for Satan 79, der Name mag erst etwas abschrecken, aber hier gibt es Pintxos (baskische Tapaschnitten) ab 1 $/Stück (Lunch: Mo–Fr 12–16 Uhr, Dinner: Mo–Mi ab 16 Uhr) bzw. ab 2 $/Stück (alle anderen Zeiten). So–Di 12–24 Uhr, Mi–Sa 12–1 Uhr.

285 Brunswick Street, ℡ 94162238, www.nakedforsatan.com.au.

Yong Green Food 75, ausgezeichnete vegetarische Küche, allerdings keine Schanklizenz. Hauptspeisen 15–20 $, z. B. Kichererbsen-Korma mit braunem Reis und Mango-Chutney. Di, Do–So Mittagessen, Di–So Abendessen. 421 Brunswick Street, ℡ 94173338, www.yonggreenfood.com.au.

Mario's Café 78, extrem beliebt und fast schon mit Kultstatus. Das ausgezeichnete Frühstück gibt es hier den ganzen Tag und so trudeln von früh bis spät Gäste ein. Tägl. 7–23 Uhr (So ab 8 Uhr). 303 Brunswick Street, ℡ 94173343, www.marioscafe.com.au.

Bimbo Deluxe 77, nicht vom äußeren Anschein abschrecken lassen. Einfache, aber extrem leckere Pizzen für 5–12 $. (→ Pubs & Bars in der Umgebung). Geöffnet bis 3 Uhr früh. Brunswick Street/Ecke Rose Street, ℡ 94198600.

Carlton, Collingwood Im italienischen Viertel der Stadt gibt's natürlich ausgezeichnete Restaurants und Trattorien.

Mercadante 90, die Wandgemälde sind nicht jedermanns Sache, aber die Holzofenpizzen (15–20 $) sind fast schon legendär. Auch Pasta, Fleisch- und Fischgerichte (bis 30 $). Mi–So 11–22 Uhr. 123 Lygon Street, ℡ 93476974, www.mercadante.com.au.

Pasta Rustica Ristorante 89, klassisch italienische Küche mit Spaghetti (18 $), Saltimbocca (35 $) und Panna cotta (12 $). Rustikales Ambiente mit unverputzten Wänden und schlichten Holzmöbeln. Mo–Sa 12–3 Uhr, So 12–23 Uhr. 148–150 Lygon Street, Carlton, ℡ 96638125, www.pastarustica.com.au.

La Spaghettata 88, traditioneller Italiener im Stil einer Trattoria. Leckere Pastavariationen (ab 15 $), Hauptgerichte um 27 $. Tägl. Mittag- und Abendessen. 238 Lygon Street, Carlton, ℡ 96636102, www.laspaghettata.com.au.

Richmond Super Bowl Melbourne 3, asiatische Suppen in verschiedensten Variationen mit Schweine-, Rind- oder Hühnerfleisch, aber auch vegetarisch (9–12 $). Als Riesenschüssel („Super Bowl") 21 $. Tägl. 9–22 Uhr, 252 Victoria Street, ℡ 90437458, www.superbowlmelbourne.com.au.

Friends of Mine 60, die Freunde aus dem Namen liefern Eier von glücklichen Hühnern, das Selbstgeräucherte oder das Biolammfleisch. Bei so guten Zutaten schmecken auch die Gerichte, und die sind mit maximal 25 $ auch preislich absolut im Rahmen. Mo–Fr 8–16 Uhr, Sa/So 8.30–16 Uhr. 506 Swan Street, ℡ 94287516, www.friendsofmine.com.au.

Agapi Greek 62, griechische Küche mit Moussaka, in Tomatensoße geschmortem Lamm, Hähnchensouvlaki und gegrillten Sardinen. Preislich 20–30 $. Tägl. ab Mittag geöffnet. 262 Swan Street, ℡ 94288337, www.agapirestaurant.com.au.

Vlados Steak House 40, seit über 40 Jahren kommen hier wunderbar marmorierte Steaks auf den Holzkohlegrill. Ausgezeichnetes (und natürlich sehr fleischlastiges) 4-Gänge-Menü für 99 $. Mo–Fr 12–15 Uhr und Mo–Sa 18–23 Uhr. 61 Bridge Street, ℡ 94285833, www.vlados.com.au.

South Yarra, Prahran Café e Cucina 93, einer *der* Italiener der Stadt. Cotechino e Lenticchie 23 $, Osso Buco 34,50 $, Tiramisu 16,50 $. Dazu ausgezeichnete Weine. Tägl. 12–23 Uhr. 581 Chapel Street, South Yarra, ℡ 98274139, www.caffeecucina.com.au.

Colonel Tan's 96, im Revolver Upstairs. Günstige und gute Thai-Küche mit Gerichten wie Kürbis-Garnelen-Kokossuppe oder Hähnchen-Stir-Fry mit roten Schoten und Ginkgonüssen (Hauptgerichte um 17 $). Di–Sa 17–23 Uhr. 229 Chapel Street, ℡ 95215985, www.coloneltans.com.

Two Birds, One Stone Café 91, super Kaffee, ausgezeichnete Frühstücksauswahl und ein paar Snacks für tagsüber, z. B. Steaksandwich oder Krabbenburger mit Bok Choy. Mo–Fr 7–16 Uhr, Sa/So 8–16 Uhr. Claremont Street, ℡ 98271228, www.twobirdsonestonecafe.com.au.

Gramercy Bistro 95, auf den Teller kommen Pulled-Pork-Sandwiches, Risotto mit Wildpilzen oder geschmorte Rinderrippen mit Gnocchi – alle Hauptgerichte 20–35 $. Tägl. ab 7 Uhr. 162–164 Commercial Road, ℡ 90981155.

Gurkhas 97, nepalesische Küche. Günstige Gerichte (um 15 $), vegetarisch oder mit Fleisch, mit Seafood bis 20 $. Ganz traditionell kann man auch an einem niedrigen Tischchen auf dem Fußboden Platz nehmen. Tägl. 17–23 Uhr. 190 Chapek Street, Prahran, ℡ 95103325, www.gurkhas.com.au.

St. Kilda Milk the Cow 98, hier dreht sich alles um Käse. Teuren Käse! Es gibt verschiedene Probiermenüs (ab 30 $), entwe-

Kneipen, Bars & Nachtleben

der mit passenden Weinen oder Bieren. Tägl. ab 12 Uhr. u1/157 Fitzroy Street, ℡ 95372225, www.milkthecow.com.au.

The Vineyard 110, im Stil eines Cafés, roter Plüschsofabereich mit Leuchter und großer Außenbereich. Ausgeflippte Gestalten, einfaches, aber gutes Essen, entspannte Atmosphäre (und bisweilen Partystimmung). Tägl. ab 8 Uhr. 71a Acland Street, ℡ 95341942.

Kyma 101, griechische Küche mit Klassikern wie Bifteki, Moussaka und gegrillter Fisch (Hauptgerichte 25–35 $), eine gemischte Platte für 2 Pers. kostet 100 $. Mo–Mi 17–22.30 Uhr, Do–So 12–23 Uhr. 1/12 Fotzroy Street, ℡ 85989083, www.kyma.com.au.

Donovans 111, näher am Strand geht kaum, das Essen ist gut und entsprechend hoch sind auch die Preise. Eine Flasche Wein gibt es ab etwa 70 $, Pasta-Vorspeise ab 25 $, Hauptgericht mit Fleisch oder Fisch um 45 $. Täglich Mittag- und Abendessen. 40 Jacka Boulevard, ℡ 95348221, www.donovanshouse.com.au.

Beachcomber Café 105, schickes, freundliches Café mit großer Terrasse am St. Kilda Beach. Ideal für einen Kaffee oder einen kleinen Sundowner. Tägl. ab 7 Uhr. Sea Baths (10–18 Jacka Boulevard), ℡ 95938233, www.beachcombercafe.com.au.

St. Kilda Pier Kiosk 104, nach einem Brandschaden toll rekonstruiert, natürlich immer noch in perfekter Lage. Im Bistro gute Speisen für 15–28 $. Tägl. Lunch, Do–Sa bis 24 Uhr. St. Kilda Pier, Pier Rd., ℡ 95255545, www.stkildapierkiosk.com.au.

Kneipen, Bars & Nachtleben

Nirgends in Australien kann man besser ausgehen als in Melbourne. Das Nachtleben der Stadt ist legendär, immer in Bewegung und immer für Überraschungen gut. Oft genug verbirgt sich hinter einer unscheinbaren Tür am Ende einer finsteren, ganz und gar nicht einladenden Gasse – einer „Laneway" – eine unglaublich angesagte Bar, ein hipper Nachtclub oder eine lässige Lounge. Manchmal könnte man fast glauben, dass die Szenegänger die besten Bars vor den Uneingeweihten verstecken wollen. Aber man ist überall willkommen und keiner der Insider versäumt es zu erwähnen, dass man hier bei Weitem nicht so versnobt ist wie in Sydney. Schrieben vor noch nicht allzu langer Zeit die Partykolumnisten der einschlägigen Blätter geringschätzig über Melbournes winzige „hole-in-the-wall-bars", so dürften sie mittlerweile eines Besseren belehrt worden sein: In Umfragen des australischen Tourismusverbands liegt Melbourne in der Kategorie „Nachtleben" an erster Stelle.

> Die Legendenpunkte **4** bis **64** finden Sie auf der Karte „Melbourne City/Docklands" (→ S. 424/425), die Punkte **76** und **77** auf der Karte „Fitzroy" (→ S. 427) und die Punkte **102** bis **109** auf der Karte „St. Kilda" (→ S. 434).

Pubs & Bars im Zentrum The Toff in Town 22, im 2. Stock des Curtin House. Mischung aus Bar, Lounge und Musikclub, auch das Choo Choo's Restaurant gehört dazu. Mo–Do, Sa ab 17 Uhr, Fr ab 15 Uhr, So ab 16 Uhr. 252 Swanston Street, ℡ 6398770.

»› Mein Tipp: Riverland Bar 58, direkt an Federation Square und Yarra River und mit tollen Plätzen zum Draußensitzen. Perfekt für den Start in den Abend. Täglich ab 7 Uhr bis spät abends. Vaults 1–9, Federation Wharf, ℡ 96621771, www.riverlandbar.com. ‹‹‹

Young & Jackson 53, ein Klassiker am Topspot der Stadt. Auf mehreren Ebenen gibt es Bar, Drinks und Speisen. Auf jeden Fall das „Naked Ale" probieren. Tägl. ab 10 Uhr. 1 Swanston Street, ℡ 96503884, www.youngandjackson.com.au.

»› Mein Tipp: Rooftop Bar 25, eine besondere Location auf der Dachterrasse des Curtin House und dabei ganz ungezwungen. Gut für ein gemütliches Bier mit Blick über die Stadt. Hier finden auch Open-Air-Kino-

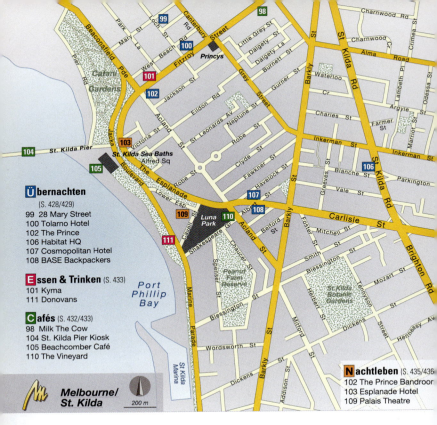

vorführungen statt. 252 Swanston Street, ☎ 96545394, www.rooftopcinema.com.au. ‹‹‹

Cookie 22, mitten in der Stadt und irgendwo zwischen Thai-Restaurant und funkiger Lounge-Bar anzusiedeln. Das bunt gemischte Publikum macht es noch angenehmer. Tägl. 12–3 Uhr. 252 Swanston Street, ☎ 96637660, www.cookie.net.au.

Sister Bella 11, etwas versteckte und etwas düstere, aber wirklich coole Bar, hier trifft sich eher junges Publikum unter 30. Mo–Sa bis 1 Uhr früh geöffnet. Eingang via Sniders Lane.

New Guernica 37, einer von Melbournes beliebtesten Nachtclubs. Mi 17–3 Uhr, Do 17–5 Uhr, Fr 16–5 Uhr, Sa 21–5 Uhr. Level 2/318 Little Collins Street, ☎ 96504494, www.newguernica.com.au.

Murmur Bar 34, hier sind die Flaschen nicht nur im Regal, sondern sogar auf den Balken aufgereiht. Urige Lounge mit bequemen Sofas und entspannter Atmosphäre. Mo–Fr 16.30 Uhr bis spät, Sa ab 17 Uhr. 17 Warburton Lane, ☎ 96400395, www.murmur.com.au.

The Deck 63, lässige Rooftop-Bar und ideal für einen Sundowner an einem warmen Sommerabend. Do/Fr ab 12 Uhr, Sa ab 18 Uhr. 508 Flinders Street, ☎ 96291350, www.deckmercantileplace.com.au.

Ponyfish Island Bar 64, mitten im (nicht besonders sauberen) Yarra River auf einem Ponton unter der Southbank Fußgängerbrücke. Es gibt Getränke und kleine Snacks, es ist aber zweifellos die besondere Lage, die Gäste anlockt. Tägl. geöffnet. www.ponyfish.com.au.

The Trust 57, gigantisch! In dem historischen Gebäude staunt man über hohe Decken, Säulen und Stuck. Der 42 m lange Tresen ist der längste in ganz Australien und der ideale Ort, um mit der hippen After-Work-Meute einen zu trinken. Mo–Fr ab Mittag, Sa ab 17 Uhr. 405 Flinders Lane, ✆ 96299300, www.thetrust.com.au.

The Mitre Tavern 50, das kleine Häuschen aus den 1850ern scheint beinahe von den umliegenden Hochhausgiganten erdrückt zu werden. Rustikales Pub mit großem Außenbereich mitten im CBD. Mo–Fr 11 Uhr bis spät. 5 Bank Place, ✆ 96705644, www.mitretavern.com.au.

Section 8 17, unter freiem Himmel. Man sitzt auf alten Holzbänken oder ausrangierten Paletten, die Bar selbst ist in einem Baucontainer untergebracht. Musik vom DJ. Sehr entspannt mit alternativem, recht jungem Publikum. Öffnet mittags, schließt So–Mi um 23 Uhr, Do–Sa um 1 Uhr. 27–29 Tatersalls Lane, ✆ 0430291588, www.section8.com.au.

Pubs & Bars in der Umgebung Bimbo Deluxe 77, wirkt etwas heruntergekommen, ist aber sehr angesagt. Gute Pizzen für Nachtschwärmer. Tägl. 12–3 Uhr. Brunswick Street/Ecke Rose Street, Fitzroy, ✆ 94198600, www.bimbodeluxe.com.au.

Polly 76, roter Samt und goldene Bilderrahmen und trotzdem beim jungen Publikum beliebt. Am besten bei einem Cocktail auf sich wirken lassen. Di–Do ab 17 Uhr, Fr ab 16 Uhr, Sa/So ab 14 Uhr. 401 Brunswick Street, Fitzroy, ✆ 94170880, www.pollybar.com.au.

Bars & Nachtclubs Sweatshop 6, simples, cooles Interieur, gute Musik und tolle Drinks – diese Mischung begeistert die Melbournians und ist somit auch für Touristen eine gute Wahl. Do/Fr 17–1 Uhr, Sa 19–1 Uhr. 113 Londsdale Street, ✆ 96629286, www.sweatshopbar.com.au.

The Croft Institute 20, einem alten Forschungslabor nachempfunden mit jeder Menge Reagenzgläsern und Apparaten. Auf 3 Ebenen wird getrunken, getanzt und gechillt. Wirkt auf manche etwas gruselig, macht aber richtig Spaß. Mo–Do 17–1 Uhr, Fr 17–3 Uhr, Sa 20–3 Uhr. 21–25 Croft Alley, ✆ 96714399.

Chaise Lounge 43, Disco, Glitzer und Kitsch. Von allem etwas und gerade genug für den 80er-Fan. Gemütlich mit altersmäßig gemischtem Publikum. Fr 16–3 Uhr, Sa 21–3 Uhr. Im Keller, 105 Queen Street, ✆ 96706120, www.chaiselounge.com.au.

Brown Alley 35, in 4 separaten Räumlichkeiten finden gut 1100 Pers. Platz. DJs legen Elektro-/Dance-Musik auf, außerdem gibt's einen super Chill-Out-Bereich. Internationale Gast-DJs, ab 20 $. Tägl. geöffnet. King Str./Ecke Lonsdale Str., ✆ 96708599, www.brownalley.com.

1806 24, schummriges Licht und dunkle Ledersofas. Eher gediegene Bar mit hochwertigen Spirituosen und ausgezeichneten Cocktails. Tägl. ab 17 Uhr. 169 Exhibition Street, ✆ 96637722, www.1806.com.au.

Alumbra 44, der orientalische Touch ist wohldosiert, wirkt nicht erdrückend und verleiht dem Nachtclub etwas Besonderes. Fr/Sa 16–3 Uhr, So 16–1 Uhr. Shed 9, Central Pier (161 Harbour Esplanade), Docklands, ✆ 86239666, www.alumbra.com.au.

Kulturelles Leben

Das kulturelle Angebot Melbournes ist einfach fantastisch. Vom Sinfoniekonzert übers Freilufttheater bis hin zum handfesten Rock – es ist für jeden Geschmack etwas dabei. Melbourne rühmt sich mit einer kreativen Band-Szene, und nicht wenige nationale und internationale Stars haben in den Clubs der Stadt erste Bühnenerfahrungen gesammelt. Vor allem Fans von alternativen und harten Tönen werden hier glücklich werden.

> Die Legendenpunkte 4 bis 64 finden Sie, ebenfalls unter „Nachtleben", auf der Karte „Melbourne City/Docklands" (→ S. 424/425), die Punkte 80 und 83 auf der Karte „Fitzroy" (→ S. 427) und 102 bis 109 auf der Karte „St. Kilda" (→ S. 434).

Rock & Pop Informationen zu Konzerten z. B. unter www.liveguide.com.au.

Esplanade Hotel 103, *die* Bandhöhle in St. Kilda. Das „Espy" ist Rock'n'Roll pur. Dunkel, wild, laut und oft brechend voll. Meist spielen mehrere Bands pro Abend. So–Mi bis 1 Uhr, Do–Sa bis 3 Uhr. 11 Esplanade, St. Kilda, ✆ 95340211, www.espy.com.au.

Ding Dong Lounge 18, „echter" Ableger des legendären Rockclubs in New York City. Hier spielten auch schon die *Foo Fighters*, *The Killers* oder die *White Stripes*. Publikum mit Bier und Gitarrenriffs im Blut. Mi–Sa ab 19 Uhr, Fr/Sa bis 4 Uhr früh. 18 Market Lane, ✆ 96621020, www.dingdonglounge.com.au.

The Prince Bandroom 102, Bands aus dem Indie-und Underground-Sektor. Aufgetreten sind auch Größen wie *Lenny Kravitz* oder *Jack Johnson*. Einfach vorbeischauen, das Programm ist auf einer riesigen Tafel am Eingang ausgehängt. Konzerte i. d. R. 20–50 $. 29 Fitzroy Street, St. Kilda, ✆ 95361168, www.princebandroom.com.au.

The Toff in Town 22, einerseits eine spitzen Bar, andererseits eine tolle Konzertlocation. Ausgezeichnetes Essen. Gute Newcomer oder lokale Bands, Eintritt ab 10 $. Mo–Do, Sa ab 17 Uhr, Fr ab 15 Uhr, So ab 16 Uhr. 2. Stock, 252 Swanston Street, ✆ 96398770, www.thetoffintown.com.

Tote Hotel 80, im „Tote" wird jeden Tag gerockt, und das schon seit über drei Jahrzehnten – ein Dinosaurier der Szene. Mi–So 16 Uhr bis spät. 71 Johnston Street, Collingwood, ✆ 94195320, www.thetotehotel.com.

Palais Theatre 109, richtige Konzerthalle mit Platz für knapp 3000 Leute. Hier treten auch bekanntere Bands auf. Esplanade, St. Kilda, ✆ 95253240, www.palaistheatre.net.au, Karten unter www.ticketmaster.com.au.

Jazz **Bennetts Lane** 4, wahrscheinlich einer der besten Jazz-Clubs in Australien, in dem verschiedenste Stilrichtungen zelebriert werden. Konzerte meist 10–30 $, aber auch darüber. Tägl. ab 20.30 Uhr. 25 Bennetts Lane, ✆ 96632856, www.bennettslane.com.

》》 Mein Tipp: Paris Cat Jazz Club 29, richtig cooler, schummriger Jazz-Club in einer düsteren Gasse. Australische und internationale Künstler. Tickets 20–40 $. 6 Goldie Place, ✆ 96422711, www.pariscat.com.au. 《《

Uptown Jazz Café 83, heimelige Jazz-Bar mit schummrigem Licht, guten Drinks und ausgezeichneter Musik. Mi–Sa geöffnet. Upstairs, 177 Brunswick Street, Fitzroy, ✆ 94164546, www.uptownjazzcafe.com.

Fad Gallery 10, wirklich netter Veranstaltungsort mit Live-Musik, Galerie und Barbetrieb. Di–Sa 14–1 Uhr. 14 Corrs Lane, ✆ 96392700, www.fadgallery.com.au.

Theater & Klassik The Arts Centre, großer Veranstaltungskomplex mit zahlreichen Räumlichkeiten, in denen von Ballett und Theater über Klassik und Jazz bis hin zu Stand-Up-Comedy alles aufgeführt wird. (→ Sehenswertes S. 451). 100 St. Kilda Road, ✆ 92818000, Buchungen unter 1300182183, www.artscentremelbourne.com.au.

Her Majesty's Theatre, vom Vokalisten über japanische Trommelkünstler bis hin zur aufwendigen Musical-Produktion. 219 Exhibition Street, ✆ 86433300, www.hmt.com.au.

Das glamouröse **Regent Theatre** (119 Collins Street) ist *der* Ort für Orgelkonzerte, das **Princess Theatre** (163 Spring Street) befindet sich in einem wundeschönen Gebäude aus dem Jahr 1886. Info und Programm für beide Veranstaltungsorte unter ✆ 92999800, www.marrinergroup.com.au.

Freiluftveranstaltungen (in den Sommermonaten) Sidney Myer Music Bowl, Open-Air-Veranstaltungsort für 13.000 Personen. In der Kings Domain. Gehört zum Arts Centre. ✆ 9288000, www.artscentremelbourne.com.au.

Moonlight Cinema, immer Nov.–März; Filmauswahl querbeet. Am besten reservieren, weil sehr beliebt und oft schnell ausge-

---

Crown Plaza

„The World of Entertainment" wirbt man ganz unbescheiden – aber auch nicht ganz zu Unrecht. In dem gigantischen Unterhaltungskomplex sind 27 Restaurants, 17 Bars, 35 Geschäfte und Boutiquen, 14 Kinos, Bowlingbahnen und das größte Kasino der südlichen Hemisphäre untergebracht. Auf Rolltreppen lässt sich bequem von Etage zu Etage gleiten, um die Nonstop-Bespaßung voll auszukosten. Das reichhaltige Angebot wird von vielen Einheimischen und Besuchern genutzt, speziell in kalten, verregneten Winternächten punktet das „Alles-unter-einem-Dach"-Konzept.
8 Whitman Street, Southbank, www.crownmelbourne.com.au.

bucht. Eintritt 19 $. Im Botanischen Garten. www.moonlight.com.au.

Rooftop Cinema, auf der Dachterrasse des Curtin House finden pro Vorstellung nur 160 Leute Platz, also rechtzeitig reservieren. Tickets ab 20 $. 252 Swanston Street, ✆ 96545394, www.rooftopcinema.com.au.

Infos zu weiteren Freiluftveranstaltungen, z. B. **Shakespeare in the Park**, erhält man in der Touristinfo (→ Information) bzw. entnimmt man der Tagespresse.

Kino The Astor Theatre, tägl. coole Klassiker wie *Scarface*, *Clockwork Orange* oder *Full Metal Jacket*. Double-Feature 16 $. Chapel Street/Ecke Dandenong Road, St. Kilda, ✆ 95101414, www.astor-theatre.com.

Cinema Nova, vom neuesten Standardstreifen bis hin zu richtig guten, aber weitgehend unbekannten Werken. Eintritt 18 $. 380 Lygon Street, Carlton, ✆ 93475331, www.cinemanova.com.au.

Lunar Drive In, gut 40 km außerhalb der Stadt, aber das größte Autokino der südlichen Halbkugel. Eintritt 13 $. 115 South Gippsland Highway, Dandenong, ✆ 97069988, www.lunardrive-in.com.au.

Einkaufen

Die Legendenpunkte **12** bis **54** finden Sie auf der Karte „Melbourne City/Docklands" (→ S. 424/425), **86** auf der Karte „Fitzroy" (→ S. 427).

Bücher, Musik, Landkarten Hill of Content **13**, seit 1922. Kult-Buchladen mit großer Auswahl, freundlicher Beratung und interessanten Titeln. Mo–Do 9–18 Uhr, Fr 9–20 Uhr, Sa 10–18 Uhr, So 11–17 Uhr. 86 Bourke Street, ✆ 96629472, www.hillofcontentbookshop.com.

The Paperback 12, gute Auswahl an australischen (und internationalen) Titeln und bequeme Öffnungszeiten. Mo–Do 9.30–22 Uhr, Fr 9.30–23.30 Uhr, Sa 11–23.30 Uhr, So 12–19 Uhr. 60 Bourke Street, ✆ 96621396, www.paperbackbooks.com.au.

Thomas' Music 23, der Spezialist für klassische Musik. Mo–Sa 9–18 Uhr (Fr bis 21 Uhr). 31 Bourke Street, ✆ 96509111, www.thomasmusic.com.au.

Northside Records 103, funkiger Musikladen mit Auswahl an Jazz, Hip-Hop, Funk und Soul. Mo–Mi 11–18 Uhr, Do/Fr 11–19 Uhr, Sa 11–17 Uhr, So 13–17 Uhr. 236 Gertrude Street, Fitzroy, ✆ 94177557, www.northsiderecords.com.au.

Duty-free-Shop JR Duty Free **30**, vom Parfüm über Kameras und edle Uhren bis zu guten Whiskys. 185 Swanston Street, ✆ 96630533, www.jrdutyfree.com.au.

Kunsthandwerk & Souvenirs Original & Authentic Aboriginal Art **19**, wunderbare Gemälde von Aborigines. Preise von 700 $ bis 45.000 $(!), ein 60x60-cm-Bild kann schnell 2000 $ kosten. Mo–Sa 10–18 Uhr, So 11–17 Uhr. 90 Bourke Street, ✆ 96635133, http://originalandauthenticaboriginalart.com.

Outback Aboriginal Art, kleine Bilder (30x30 cm) gibt es ab etwa 150 $, Bilder der bekannten Künstlerin Minnie Pwerle werden im fünfstelligen Bereich gehandelt. Tägl. 11–16.30 Uhr. 3 Neave Street, Hawthorn East, ✆ 98827696, www.outbackaboriginal-art.com.

Spezialgeschäfte City Hatters **54**, vom einfachen Schlapp- über den rustikalen Akubra- bis hin zum edlen Panamahut. Mo–Fr 9.30–18 Uhr, Sa 9–17 Uhr, So 10–16 Uhr. 211 Flinders Street, ✆ 96143294, www.cityhatters.com.au.

R. M. Williams 15, die Kultkleidung der australischen Cowboys. Hier gibt es auch die coolen Boots mit dem Gummieinsatz am Knöchel. Tägl. 10–18 Uhr, Fr bis 21 Uhr, So bis 17 Uhr. Shop 229, 300 Lonsdale Street, ✆ 96637126, www.rmwilliams.com.au.

Camping- & Outdoorbedarf Ein ganzer Haufen an Outdoor-Läden ist in der Little Bourke Street zwischen Queen Street und Elizabeth Street zu finden.

Paddy Pallin 31, gute Auswahl an Funktionskleidung, Schuhen und Trekkingausrüstung. Mo–Do 9–18 Uhr, Fr 9–21 Uhr, Sa 9–17 Uhr, So 10–17 Uhr. 360 Little Bourke Street, ✆ 96704845, www.paddypallin.com.au.

Bogong, solide Wander-, Berg- und Kletterausrüstung. Rucksäcke und leichtes Equipment für die Reise. Mo–Do 9–18 Uhr,

Das Crown Casino bietet Unterhaltung nicht nur für Zocker

Fr 9–21 Uhr, Sa 9–17 Uhr, So 11–17 Uhr. 374 Little Bourke Street, ℅ 96000599, www.bogong.com.au.

Kaufhäuser & Einkaufszentren GPO, ehemals Postgebäude, heute sind auf 3 Etagen edle Boutiquen untergebracht. Mo–Do/Sa 10–18 Uhr, Fr 10–20 Uhr, So 11–17 Uhr. Elizabeth Str./Ecke Bourke Str., CBD, ℅ 96630066, www.melbournesgpo.com.

DFO, steht für „Direct Factory Outlets". Über 100 bekannte Marken zu reduzierten Preisen. Tägl. 10–18 Uhr (Fr bis 21 Uhr). 20 Convention Centre Place, South Wharf, ℅ 90991111, www.dfo.com.au.

QV, Mode, Lifestyle-Produkte, Elektronik und Cafés. Riesiges Einkaufszentrum mit zahlreichen Läden. Mo–Mi/Sa 10–18 Uhr, Do 10–19 Uhr, Fr 10–21 Uhr, So 10–17 Uhr. Swanston Street/Ecke Lonsdale Street, ℅ 92079200, www.qv.com.au.

Melbourne Central, 300 Ladengeschäfte und ein Foodcourt. Tägl. 10–19 Uhr, Do/Fr 10–21 Uhr. Swanston Street/Ecke Latrobe Street, ℅ 99221100, www.melbournecentral.com.au.

Mode-Meilen Melbournes Fashion-Strip ist die **Chapel Street** in *South Yarra* und *Prahran*. Hier gibt's weltbekannte Edelmarken und ausgeflippte Mode von jungen Designern. In der **Brunswick Street** in *Fitzroy* kann man gut alternative Retro-Mode oder Secondhand-Kleidung kaufen. Die **Bridge Road** im Stadtviertel *Richmond* ist bekannt für die vielen großen Factory-Outlets. An der **Southbank** oder im **Crown Complex** haben die Luxusmarken ihre Läden. Im Stadtzentrum hebt sich v. a. der östliche Teil der **Collins Street** durch einzigartige Geschäfte ab.

Foto & Elektronik Michaels 26, ausgezeichnetes Fotogeschäft mit hervorragender Beratung. Riesige Auswahl bis ins Profisegment, z. B. digitale Spiegelreflexkameras und Objektive. Mo–Do/Sa 9–18 Uhr, Fr 9–21 Uhr, So 11–17 Uhr. Lonsdale Street/Ecke Elizabeth Street, ℅ 96722222, www.michaels.com.au.

Ted's Camera 28, ebenfalls gute Auswahl an digitalen Spiegelreflex- und Kompaktkameras wie auch Zubehör. Mo–Do 9–18 Uhr, Fr 9–20 Uhr, Sa 9–17 Uhr, So 11–17 Uhr. 235 Elizabeth Street, ℅ 96023733, www.teds.com.au.

Märkte Fed Square Book Market, Sa 11–17 Uhr. Mehr als 5000 neue wie auch Secondhand-Bücher stehen hier zum Verkauf. Ideal zum Schmökern und um billige Literatur für die nächste Busfahrt zu kaufen. Atrium am Federation Square, www.fedsquare.com.

》》 Mein Tipp: Queen Victoria Market, Di/Do 6–14 Uhr, Fr 6–17 Uhr, Sa 6–15 Uhr, So 9–16 Uhr. Frische Produkte, von Fisch und Fleisch bis hin zu Gemüse und Obst. Ausgezeichnete Essens-Stände. 513 Elizabeth Street, www.qvm.com.au. **《《**

Rose Street Artists Market, Sa (teils auch So) 11–17 Uhr. Junge aufstrebende Künstler und Designer verkaufen hier moderne, flippige Kreationen. 60 Rose Street, Fitzroy, www.rosestmarket.com.au.

Esplanade Market St. Kilda, So 10–17 Uhr. Großer Kunstmarkt an der Promenade, super zum Bummeln und Einkaufen. www.esplanademarket.com.

Festivals, Veranstaltungen & Termine

In Melbourne gibt es eine schier unüberschaubare Anzahl an Festivals, irgendetwas ist immer los. Vor allem in den Sommermonaten finden in der ganzen Stadt Veranstaltungen statt, Live-Bands sorgen dann für Stimmung, während man an Essensständen internationale Köstlichkeiten schlemmen oder Weine verkosten kann.

Festivals Melbourne Fringe Festival, über 3 Wochen im Sept. und Okt. Geboten wird jegliche Art von darstellender Kunst wie auch viel Musik und Film. Auf Freiluftbühnen und in Clubs bzw. Lokalen der ganzen Stadt. Kostenlose und kostenpflichtige Events. www.melbournefringe.com.au.

Royal Melbourne Show, Jeden Sept. in den Showgrounds. Landwirtschaftsausstellung und Volksfest. Neben Tierschauen gehören auch Moto-Cross-Shows oder Feuerwerke zum Unterhaltungsprogramm. www.royalshow.com.au.

Melbourne International Film Festival (MIFF), großes Filmfest, das jedes Jahr über 2 Wochen im Juli bzw. Aug. stattfindet. www.miff.com.au.

Moomba Festival, 4 Tage von Freitag bis zum 2. Montag im März. Seit 1955 wird das Stadtfest gefeiert. Es gibt Paraden sowie allerlei Veranstaltungen und Konzerte. www.moombafestival.com.au.

Melbourne Fashion Festival, Anfang März dreht sich eine Woche lang alles um Mode und Beauty. www.vamff.com.au.

Jazz Festival, über eine Woche Ende Mai/Anfang Juni. Internationale und nationale Größen der Szene geben sich die Ehre und spielen in düsteren Clubs und prunkvollen Konzerthallen der Stadt. Viele Gigs sind kostenlos. www.melbournejazz.com.

Melbourne International Arts Festival, 17 Tage im Okt. Ein Höhepunkt im Veranstal-

Musiktruppe bei einem Festival

tungskalender der Stadt. Geboten wird darstellende und visuelle Kunst höchster Güte. www.melbournefestival.com.au.

Melbourne Food & Wine Festival, 16 Tage lang im März kann man schlemmen, bis die Hose platzt. Viele Veranstaltungen. www.melbournefoodandwine.com.au.

Stadien, Sportveranstaltungen & Clubs

In puncto Sportveranstaltungen ist Melbourne die Nummer eins in Australien, mit dem **Formel-1-Grand-Prix** und den **Melbourne-Open** finden jedes Jahr zwei internationale Großevents statt.

Victoria / Melbourne

Stadien Melbourne Cricket Ground (MCG), eines der bekanntesten Stadien in ganz Australien. Kricket wird hier seit 1853 gespielt, heute finden auch Spiele der AFL, Rugbymatches und Großkonzerte statt. Je nach Event passen bis zu 100.000 Zuschauer auf die Ränge. Wenn keine Veranstaltungen stattfinden, kann man an einstündigen Touren teilnehmen (22 $). Brunton Avenue, Richmond, ☏ 96578879, www.mcg.org.au.

Etihad Stadium (auch Docklands Stadium; ehemals Telstra Stadium), Mehrzweckarena mit maximaler Kapazität für 74.000 Pers., wurde 2000 in den Docklands eröffnet. Je nach Wetterlage kann das Dach in nur 8 Min. geöffnet bzw. geschlossen werden. Tour 15 $/Pers. 740 Bourke Street, ☏ 86257700, www.etihadstadium.com.au.

Rod Laver Arena, Tennisarena mit 16.000 Sitzplätzen und einem Dach, das sich öffnen bzw. schließen lässt. Für die Schwimmweltmeisterschaften 2007 wurde temporär ein 50-m-Wettkampfbecken eingebaut. www.rodlaverarena.com.au.

AAMI Park, Heimarena der *Melbourne Storm* (Rugby) und *Melbourne Victory* (Fußball). Außerdem werden hier Konzerte veranstaltet. www.aamipark.com.au.

Albert Park Circuit, ein 5303 m langer Rennkurs um den Albert-Park-Lake. Im März findet hier der australische Formel-1-Grand-Prix statt. Der Albert Park liegt südlich der Southbank und ist z. B. über die St. Kilda Road erreichbar.

Melbourne Sports & Aquatic Centre, neben der Rennstrecke. Großer Sporthallenkomplex, in dem auch internationale Wettkämpfe ausgetragen werden. Die Schwimmhalle bietet Platz für 2000 Pers.

→ Schwimmbäder S. 432. www.melbourne sportshub.com.au.

Flemington Racecourse, eine der ältesten Pferderennbahnen des Staates, seit 1840 finden hier durchgehend Rennen statt. Wichtigste Veranstaltung ist der Melbourne Cup. 448 Epsom Road, Flemington, ☏ 83780747, www.flemington.com.au.

Sportveranstaltungen Formel 1, das Auftaktrennen der Formel-1-Saison findet Ende März in Melbourne statt. Tickets für den Rennsonntag kosten ab 99 $ im Vorverkauf. www.grandprix.com.au.

Boxing Day Test Match, Kricket-Match am 26. Dez. im MCG. Australien spielt dann gegen wechselnde Nationalteams.

Australian Open, eines der 4 Tennis-Grand-Slam-Turniere (neben Wimbledon, French-Open und US-Open). Im Januar im Melbourne Park. www.australianopen.com.

AFL Grand Final, traditionell am letzten Samstag im Sept. Das Finalspiel der AFL wir jedes Jahr im *Melbourne Cricket Ground* ausgetragen. Die Zuschauerzahlen liegen jenseits der 90.000.

Teams & Codes AFL, Australien Rules Football ist das Spiel Nummer eins in Melbourne, im Stadtbereich gibt es insgesamt 9 Profiteams. Mit je 16 Meisterschaftssiegen sind *Carlton* und *Essendon* die Spitzenreiter der Liga.

Rugby League, eigentlich spielt Rugby im vergleich mit der AFL nur eine untergeordnete Rolle, trotzdem ist das lokale Team in der Liga vorne mit dabei. Die *Melbourne Storm* gewannen 2007 und 2009 die Meisterschaft und wurden zum Team des Jahrzehnts gewählt. Aber: Da aufgedeckt wurde, dass

Melbourne Cup

Der Melbourne Cup ist Höhepunkt des *Spring Racing Carnival*, der von Mitte September bis Mitte Oktober stattfindet. Über 6 Mio. Dollar Preisgeld stehen auf dem Spiel – die australische Welt hört für einige Minuten auf, sich zu drehen, wenn einige der besten Pferde der Welt über die 3200 m lange Strecke preschen. Der Melbourne Cup ist ein sogenanntes „Handicap Race" – um Chancengleichheit zu gewährleisten, werden die Pferde mit einer individuell bestimmten Menge an Zusatzgewicht beladen. In die Berechnung fließen u. a. das Gewicht des Jockeys, das Alter des Pferdes sowie die Karriereleistungen und Erfolge des Tieres ein. Der Rekord liegt derzeit bei 3 Minuten und 16,3 Sekunden und stammt aus dem Jahr 1990.
Tickets ab 60 $. Immer am ersten Dienstag im November. www.melbourne cup.com.

der Club über viele Jahre gegen die Gehaltsobergrenze für seine Spieler verstoßen hatte, wurden die Titel wieder aberkannt. 2012 konnte der Titel erneut geholt werden.

Fußball, ist in ganz Australien auf dem Vormarsch und so kommen auch immer mehr Zuschauer zu den Spielen der *Melbourne Victory*.

Sport & Action

Bootsfahrten City River Cruises, 1- oder 2-stündige Fahrten entweder flussabwärts nach *Port Melbourne* oder stromaufwärts durch den *Sports Precinct* und die *River Gardens*. Je 23 $/Pers. Tägl. 10.30, 11.30, 13 und 14.30 Uhr. Am Princess Walk, Federation Square, ✆ 96502214, www.cityrivercruises.com.au.

Melbourne River Cruises, Touren flussauf- oder abwärts 23 $, Kombifahrt 29 $. Außerdem Fährservice nach Williamstown. Tägl. 10–16 Uhr. Abfahrt an der Southgate Promenade, ✆ 96549599, www.melbcruises.com.au.

Kajaktouren Kayak Melbourne, eine Großstadt mit dem Kajak zu erkunden, ist kurios, aber interessant. Es gibt verschiedene Touren, z. B. die „City Sights Tour" (90 Min., 78 $) oder die „River to the Sky Tour" (118 $) mit Besuch auf dem Eureka Sky Deck. ✆ 0418106427 (mobil), www.kayakmelbourne.com.au.

Kitesurfen Kite Republic, 60 Min. Schnupperkurs ab 59 $, 3 Unterrichtseinheiten (insg. 5 Std) ab 255 $, Preise bei 3 Kursteilnehmern, inkl. Material. St. Kilda West Beach, Beaconsfiel Parade, St. Kilda, ✆ 0418583233 (mobil), www.kiterepublic.com.au.

Rundflüge Melbourne Seaplanes, 15-minütiger Rundflug über der Stadt 150 $/Pers., 25-minütige Flüge entlang der Küste 185 $. Ab Williamstown, ✆ 0418688388 (mobil), www.seaplane.com.au.

Mustang Joyflights, etwa 30 km westlich der Stadt (am Wasser) liegt die RAAF-Williams-Point-Cook-Base. Von hier aus kann man Rundflüge in einer historischen *WWII Mustang*-Maschine unternehmen. ✆ 93720780, www.mustangjoyflights.com.au.

Ballonfahrten Global Ballooning, Fahrt bei Sonnenaufgang inkl. Champagnerfrühstück 440 $/Pers. Treffpunkt am „Hilton in The Park" in East Melbourne. Büro: 173–175 Swan Street, Richmond, ✆ 94285703, www.globalballooning.com.au.

Fischen Melbourne Fishing Charters, ab St. Kilda Pier. Einfach und schnell mit der Trambahn vom CBD aus erreichbar. Angeltrip ab 99 $ (5 Std.) bis 140 $ (6 Std.), inkl. Brotzeit. Ab St. Kilda Pier, ✆ 98822061, www.melbournefishing.com.au.

Sehenswertes

Melbourne kann wirklich mit außergewöhnlichen Sehenswürdigkeiten aufwarten. Neben zahlreichen historischen, mit den Reichtümern des Goldrausches finanzierten Gebäuden findet man ausgezeichnete Museen und Galerien, prunkvolle Kirchen und wunderbar angelegte Gärten. Im Stadtkern gestalten sich sogar die Wege zwischen den einzelnen Highlights interessant: Breite Boulevards, schmale Straßen und enge Gassen wechseln sich ab und haben immer wieder eine kleine Überraschung parat. Für den Blick aus luftigen Höhen kann man mit dem Lift zur Aussichtsplattform des **Eureka Tower** fahren. Bei einer Bootsfahrt auf dem Yarra River kann man die Stadt ganz bequem vom Wasser aus erkunden. Wer Melbourne richtig kennenlernen will, der sollte sich eine Woche Zeit nehmen.

Geführte Touren

Federation Square Guided Tours, kostenlose 1-stündige Touren mit viel Information. Mo–Sa 11 Uhr. Die *Urban Koori Tour* kostet 40 $ und beschäftigt sich mit den hier ansässigen Aborigines. Fr 10–11.30 Uhr. Ab Visitor Centre, Federation Square (Swanston

Street/Ecke Flinders Street, → Information), ✆ 96651900, www.fedsquare.com.

Melbourne By Foot, vom Federation Square geht es rund 3 Std. lang zu Fuß durch Melbourne. Auf dem Plan stehen historische Gebäude, düstere Laneways – interessante Geschichten dazu gibt's vom Guide. 40 $. Tägl. ab 13 Uhr. www.melbournebyfoot.com.

Melbourne Golden Mile Guided Walk, interessante Tour (etwa 2 Std.) durch die kleinen Gassen und Arkaden der Stadt. Der Guide informiert über die Entstehung der Stadt und die Architektur und beschreibt die Folgen des Goldrausches. Ab 29 $/Pers. Tägl. 10 Uhr ab Federation Square (Touristeninfo). ✆ 96633358.

Melbourne Sports Tours, auf dem Programm stehen je nach Option der *Flemington Racecourse*, das *MCG*, die *Rod Laver Arena*, das *Telstra Stadium*, die *Formel-1-Rennstrecke* und die Stadien der Olympischen Spiele bzw. Commonwealth Games. Halbtages- und Tagestouren 110–145 $. Mo–Fr je ab 8.30 Uhr. Abfahrt am Federation Square, ✆ 88024547, www.melbournesportstours.com.au.

National Trust Heritage Walks, mit kompetenten Guides des National Trust geht es zu einigen der schönsten und bedeutendsten Gebäuden der Stadt. Auf Anfrage. ✆ 96569804, www.nattrust.com.au.

Melbourne Photo Tours

Mit Greg Currier geht es für drei Stunden auf Fotosafari durch die Stadt. Zu emtdecken gibt's die besten Fotolocations, und der Profi hat natürlich jede Menge technische Tipps parat. Die Tagestour kostet 165 $, die Nachttour 275 $. ✆ 90232394, www.melbournephototours.com.

Walk-To-Art Tours, fast schon ein Muss für Kunstliebhaber. Die nette Tour mit fachkundigem Guide ist ein guter Einstieg für einschlägige Erkundungen auf eigene Faust. 108 $/Pers. (3 Std. plus 1 Std. Weinverkostung). Sa ab Mittag, Mo kürzere Expresstour. ✆ 0412005901, www.walktoart.com.au.

Real Melbourne Bike Tours, tägl. ab der Rent-A-Bike-Station am Federation Square. Kleingruppen von max. 8 Pers. Lunch und Kaffee inkl. Tägl. 10–14 Uhr, 110 $/Pers., inkl. E-Bike 130 $. ✆ 0417339203, www.rentabike.net.au.

Rundfahrten auf eigene Faust

Melbourne Visitor Shuttle, Hop-on-hop-off-Service in den grau-roten Bussen. Der Rundkurs führt in eine Richtung, nach 1 Std. ist man wieder am Ausgangspunkt. Zu den strategisch günstigen Stopps gehören *Federation Square*, *Melbourne Museum*, *Southbank* und *Queen Victoria Market*. Stopps sind mit runden Schildern markiert. Der Shuttle deckt die wesentlichen Sehenswürdigkeiten ab, leider ist er gerade mal 7 Std./Tag im Einsatz: Tägl. 9.30–16.30 Uhr alle 15–20 Min. Tickets 5 $/Tag. ✆ 96589658, www.thatsmelbourne.com.au.

Im Zentrum kann man außerdem die kostenlose **City Circle Tram** nutzen (fährt einige Stunden länger), ansonsten ist man mit den regulären öffentlichen Verkehrsmitteln des **MetLink**-Verbundes gut bedient (→ Stadtverkehr & öffentliche Verkehrsmittel).

Das Stadtzentrum

Das rasterförmig angelegte Stadtzentrum breitet sich nördlich des Yarra River aus. Mit einer Größe von ca. 2x1 km besitzt es Dimensionen, die man noch gut zu Fuß abmarschieren kann, alternativ fährt die kostenlose **City Circle Tram** (→ Stadtverkehr & öffentliche Verkehrsmittel) im Rechteck um das Zentrum herum. Der CBD zeigt sich vielseitig, historische Gebäude aus dem 19. Jh. kauern zu Füßen moderner Bürotürme, es gibt ein kleines Chinatown, ein griechisches Viertel und diverse Einkaufsstraßen. Der Reiz der Melbourner Innenstadt liegt aber v. a. in den kleinen Gassen, die von den großen Promenaden abgehen und in denen man wunderbar auf

Entdeckungstour gehen kann – und dabei sicherlich ein persönliches Highlight findet,
sei es nun ein hübsches Gebäude, eine hippe Boutique oder eine versteckte Bar.

Melbournes Arkaden und Laneways

Melbourne ist bekannt für seine schönen Einkaufsarkaden und Laneways.
Idealerweise geht man in den Blocks westlich der Swanston Street, zwischen Flinders Street und Bourke Street Mall, auf Erkundungstour. Dort findet man auch den unangefochtenen Spitzenreiter, die prunkvolle **Block Arcade** (1891–1893) mit ihrem filigranen Mosaikfußboden, einer Glaskuppel und kunstvoll gearbeitetem Schmiedeeisen. Hinter den verzierten Ladenfronten befinden sich edle und nicht gerade billige Boutiquen. Auf der anderen Seite der Little Collins Street befindet sich die **Royal Arcade**, die bereits 1870 fertiggestellt und somit eine der ältesten Einkaufsarkaden in ganz Australien ist. Sie überrascht mit einigen

Die Melbournians lieben ihre Laneways

wunderbaren Details, so z. B. mit dem Schachbrettfußboden, der großen Uhr an der Stirnseite und den beiden Figuren „Gog" und „Magog".

In den engen Gassen der Stadt – den *Laneways* – hat sich eine rege Kultur entwickelt. Abseits von Straßenverkehr und Hektik stehen winzige Café-Tischchen im Freien, warten abgefahrene Boutiquen oder, ganz versteckt, die wirklich coolen Bars der Stadt auf Kundschaft. Derartige Lanes gibt es in der gesamten Innenstadt und jede hat etwas ganz Besonderes zu bieten, die **Bennetts Lane** z. B. ist ein Mekka für Jazz-Fans, der **Hardware Lane** stattet man einen Besuch ab, um gute mediterrane Küche zu genießen.

Federation Square und unmittelbare Umgebung

Der „**Fed Square**" ist der ideale Ausgangspunkt für jede Stadttour, hier befindet sich die Touristinformation (→ Information), außerdem sind einige der wichtigsten Attraktionen in Reichweite. Vor einigen Jahren wurde der Platz komplett umgestaltet und ist heute ein beliebter Treffpunkt für Melbournians und Touristen. Man kann in der Sonne sitzen, in die Cafés und Restaurants einkehren oder das umfangreiche Kulturangebot nutzen. An der großen Kreuzung von Flinders Street und Swanston Street befinden sich außerdem die **Flinders Street Station**, die **St. Pauls Cathedral** von 1891 und das bekannte **Young and Jackson's Hotel**. Zu den Hauptattraktionen am Federation Square gehören:

The Ian Potter Centre (NGV Australia): Mit über 20.000 Exponaten zählt die Sammlung australischer Kunst zu den größten und bedeutendsten des Landes. Zu den zahlreichen Höhepunkten gehören Werke bekannter Künstler wie *Sydney*

Nolan, Tom Roberts, Frederick MacCubbin oder *Arthur Boyd*. Im Erdgeschoss ist eine ausgezeichnete Ausstellung mit Kunstwerken australischer Ureinwohner und der Torres-Strait-Insulaner untergebracht. Die regelmäßigen Sonderausstellungen sind ebenfalls hochkarätig. Im Shop kann man günstige Posterdrucke einiger berühmter Gemälde erstehen. Es werden kostenlose Touren mit verschiedenen Schwerpunkten angeboten, detaillierte Informationen und Zeiten dazu findet man im Internet.

Di–So 10–17 Uhr. Eintritt frei, Sonderausstellungen kosten meist Eintritt. Info: ✆ 86621543, Touren: ✆ 86621555, Federation Square, www.ngv.vic.gov.au.

Australian Centre for the Moving Image: Wie der Name schon sagt, dreht sich hier alles um die bewegten Bilder, von den frühen Anfängen des Kinos übers Fernsehen bis hin zu Computerspielen und modernsten Multimediadarstellungen. In dem speziell dafür entworfenen Gebäude gibt es zwei große Kinosäle, eine 1500 m² große Bildschirmgalerie, diverse Ausstellungen und Räumlichkeiten, in denen z. B. Filmstudenten ihre Werke zeigen können. Regelmäßig gibt es Vorführungen und Veranstaltungen. In der ACMI-Lounge kann man sich stärken, im hauseigenen Shop gibt es themenspezifische Produkte wie Bücher, CDs und DVDs zu kaufen. Das Haus ist mit bis zu 1,3 Mio. Besuchern pro Jahr eines der beliebtesten Museen der Stadt.

Tägl. 10–17 Uhr, Kinovorführungen auch später. Eintritt frei, Vorführungen und spezielle Veranstaltungen kosten ggf. Eintritt. Federation Square, ✆ 86632200, www.acmi.net.au.

Birrarung Marr: Östlich des Federation Square schließt direkt die erst 2002 eröffnete Parkanlage an. Bei der Gestaltung hat man Wert auf Funktionalität gelegt, die einzelnen Grünflächen sind so angeordnet, dass hier große Festivals mit vielen Zuschauern veranstaltet werden können. Entlang der Uferpromenade kann man mit Blick auf die Bootshäuser am gegenüberliegenden Ufer wunderbar spazieren. Sehenswert sind auf jeden Fall die *Federation Bells*, ein Kunstwerk aus 39 auf dem Kopf stehenden montierten Glocken. Es gibt sogar Ausschreibungen (www.federationbells.com.au), bei denen man eigene Kompositionen einreichen kann, die Siegermelodie wird dann gespielt. Familien steuern gerne das *ArtPlay* an, eine Art Kreativ-Spielplatz für Kinder. Zuletzt noch zur Namensgebung des Areals: „Birrarung" heißt so viel wie „nebliger Fluss" und „Marr" bedeutet „Seite".

Entlang der Swanston Street

Die **Swanston Street** durchzieht das Zentrum in Nord-Süd-Richtung, vom Yarra River bis zu den Gebäuden der **RMIT University**. Da sie für den regulären Verkehr seit 2012 komplett gesperrt ist, ist neben den Trambahnen und Fahrrädern auch noch viel Platz für Pferdefuhrwerke, die unter den Bäumen auf Kundschaft warten. Tagsüber kann man entspannt die Straße entlangschlendern und die vielen Sehenswürdigkeiten bestaunen. Die Metallskulpturen der **Three Businessmen** an der Ecke zur Bourke Street sind kaum zu übersehen, um **Larry Latrobe** zu finden, muss man schon etwas genauer hinschauen. Die künstlerische Interpretation eines Dingos wacht an der Ecke Collins Street. Die unten aufgeführten Stationen folgen einem Spaziergang vom Federation Square aus:

Melbourne Town Hall: Die Town Hall ist eines der wichtigsten Gebäude der Stadt und befindet sich in prominenter Lage. Hier wurden einschneidende Entscheidungen getroffen und es ist noch gar nicht so lange her, dass sie der bedeutendste Veranstaltungsort für kulturelle Ereignisse aller Art war. Die berühmte Sängerin *Dame Nellie Melba* gastierte hier 1884, *Queen Elizabeth II* war 1954 zugegen und

Das Stadtzentrum

Am Eingang zur Staatsbibliothek

Paul McCartney soll 1964 bei einem Besuch der Beatles auf dem Town-Hall-Klavier Chopin zum Besten gegeben haben. Entstanden ist das Gebäude zwischen 1867 und 1870 nach den Plänen des renommierten Architekten *Joseph Reed*, der Portikus zur Swanston Street hin kam 1887 dazu. Die große Orgel von 1929 wurde in den 1990er-Jahren mit Millionenaufwand restauriert und 2001 aus Anlass der 100-Jahr-Feier der Föderation eingeweiht. Mit knapp 10.000 Pfeifen ist sie die größte ihrer Art in ganz Australien. Es werden kostenlose Führungen angeboten.
Führungen Mo–Fr 11 und 13 Uhr. Eintritt frei. Swanston Str./Ecke Collins Str., ✆ 96589658, townhalltour@melbourne.vic.gov.au.

State Library of Victoria: Die Bibliothek wurde im Jahr 1856 eröffnet, gerade mal 20 Jahre nach Gründung der Siedlung. Was damals mit 3846 Büchern begann, ist heute eine der bedeutendsten Bibliotheken des Landes. Im Laufe des enormen Wachstums wurden die Originalgebäude mehrfach erweitert und umgebaut, spektakulärster Raum ist dabei der *LaTrobe Reading Room*, ein großer Lesesaal in Form eines Oktogons mit riesiger Kuppel. In der *Cowen Gallery* sind über 100 Exponate der Gemäldesammlung ausgestellt. Insgesamt gibt es 19 öffentlich zugängliche Bereiche, die man entweder innerhalb kostenloser Führungen oder alleine erkunden kann. Ein kultureller Höhepunkt in einem wirklich außergewöhnlichen Gebäude!
Mo–Do 10–21 Uhr, Fr–So 10–18 Uhr. Eintritt frei. Kostenlose Hotspots in öffentlichen Bereichen. 328 Swanston Street (Swanston Str./Ecke LaTrobe Str.), ✆ 86647000, www.slv.vic.gov.au.

RMIT Gallery: Die wechselnden Ausstellungen bedienen alle Interessen, man kann Gemälde und Skulpturen ebenso bestaunen wie Beispiele aus Mode- und Schmuck-Design. Man kann Vorträge zu den jeweiligen Künstlern und ihren Werken besuchen und Diskussionsrunden beiwohnen, außerdem werden Broschüren bzw. Kataloge angeboten. Wirklich interessante Galerie, die auf jeden Fall einen Besuch wert ist.
Mo–Fr 11–17 Uhr (Do bis 19 Uhr), Sa 12–17 Uhr. Eintritt i. d. R. frei. 344 Swanston Street, ✆ 99251717, www.rmit.edu.au/rmitgallery.

City Baths: Mit der Hygiene war es in den Gründerjahren der Stadt nicht so weit her, viele der Bewohner konnten sich nur im Yarra River waschen. Mit zunehmender Verschmutzung des Flusses und aus Anlass einer Typhus-Epidemie plante man den Bau einer Badeanstalt, die im Januar 1860 eröffnet wurde. In dem Gebäude mit der grandiosen Fassade kann man heute wesentlich mehr als nur schwimmen, es gibt ein Fitnessstudio, eine Wellnessanlage, Sauna und Dampfbad. Gemischtes Baden ist übrigens seit 1947 erlaubt.

Mo–Do 6–22 Uhr, Fr 6–20 Uhr, Sa/So 8–18 Uhr. Eintritt Schwimmen 6,20 $, das Kompletttticket mit Fitness und Sauna kostet 21 $. 420 Swanston Street, ✆ 96635888, www.melbourne citybaths.com.au.

Östliches Zentrum

Mit „östlichem Zentrum" ist der Bereich zwischen Swanston Street und Spring Street gemeint, die daran angrenzenden Gärten mit eingeschlossen. Die Bourke Street ist dabei der Hauptboulevard, der direkt zu den Stufen des **Parliament House** führt. Parallel dazu, in der Little Bourke Street, befindet sich Melbournes **Chinatown** mit seinen zahlreichen Asia-Läden und Restaurants. Der Zugang ist nicht zu übersehen, an beiden Enden des Straßenabschnitts weist ein roter, reich verzierter Torbogen den Weg. In der Spring Street befinden sich einige der prachtvollsten Gebäude der Stadt, darunter das **Princess Theatre**, das **Windsor Hotel** und das **Old Treasury Building**. Entlang der östlichen Flinders Lane reihen sich einige kleine, aber interessante Kunstgalerien.

Old Melbourne Gaol: Angst und bange könnte einem werden, wenn man sich vorstellt, wie es hier einst zugegangen ist. In den düsteren, kalten Steinzellen hinter den niedrigen Türen schmorten zwischen 1842 und 1929 die gefährlichsten Gangster des Staates. Auch der berüchtigte Bushranger *Ned Kelly* saß hier ein, bis er 1880 am Anstaltsgalgen aufgeknüpft wurde – ein Schicksal, das er mit insgesamt 135 weiteren Häftlingen teilte. Heute untersteht das historische Gefängnis dem National Trust und ist ein wunderbares Zeugnis vergangener Tage. Zu den ausgestellten Stücken gehören eine Totenmaske und der Revolver von Ned Kelly. Es werden Nachttouren angeboten.

Tägl. 9.30–17 Uhr. Eintritt tagsüber 25 $, Nachttouren müssen vorab gebucht werden und kosten 38 $. 377 Russel Street, ✆ 96637228, www.oldmelbournegaol.com.au.

Parliament House: In besonders exponierter Lage, in der Verlängerung der Bourke Street. Die ersten Bauabschnitte waren zwar 1856 abgeschlossen, Umbauten und Erweiterungen fanden aber bis ins 20. Jh. hinein statt. Schon von außen beeindruckt das Gebäude mit seiner Fassade, den prächtigen Säulen und einem prägnanten Treppenaufgang. Auf dem sitzen zuweilen fußmüde Touristen gerne in der Sonne und lassen das Treiben auf der Straße an sich vorüberziehen. Im Inneren geht es nicht minder prunkvoll zu, innerhalb kostenloser Führungen kann man die Räumlichkeiten besichtigen und sich über Hintergründe informieren.

Kostenlose Führungen Mo–Fr mehrmals tägl. (wenn das Parlament nicht tagt). Buchungen für Gruppen mit mehr als 6 Pers. unter ✆ 96518568 oder tours@parliament.voc.giv.au. Spring Street, ✆ 96518911, www.parliament.vic. gov.au.

Old Treasury Building und City Museum: Ein gerade mal 19 Jahre alter Architekt namens *J. J. Clark* entwarf das Gebäude im Stil des Renaissance-Revival, 1862 waren die Bauarbeiten beendet. Der großzügig dimensionierte Bau ist rund 60 m breit, 22 m hoch und zeugt von dem immensen Reichtum, den der Goldrausch Mitte des 19. Jh. mit sich gebracht hatte. In den meterdick gemauerten Kellern wurden große Mengen des edlen Metalls mit einem Wert in Millionenhöhe gebunkert, während sich in den oberen Etagen Regierungsbüros befanden. Zwischen 1992 und 1994 fanden aufwendige Renovierungsarbeiten statt, im Jahr 2005 eröffnete das City-Museum seine Pforten in den historischen Räumlichkeiten. Es gibt

Das Stadtzentrum 447

mehrere permanente Ausstellungen zu Entstehung und Aufstieg der Stadt. Verschiedene Führungen durch das Gebäude bieten einen guten Überblick über dessen Geschichte.

So–Fr 10–16 Uhr, Sa geschlossen. Eintritt frei. Old Treasury Building, 20 Spring Street (Stirnseite der Collins Street), ✆ 96512233, www.citymuseummelbourne.org.

St. Patricks Cathedral: Nur einige hundert Meter östlich des Parlamentsgebäudes erhebt sich ein wirklich herausragendes Beispiel des Kirchenbaus in Australien. Die Kathedrale der römisch-katholischen Diözese Melbourne wurde im neogotischen Stil aus massiven Basalt-Steinquadern errichtet, mit ganz klassisch in Ost-West-Richtung orientiertem Kirchenschiff und einem 105 m hohen Hauptturm. Für die damals verhältnismäßig kleine katholische Gemeinde war der Bau eines derartigen Prunkstücks ein enormes Unterfangen. Der Grundstein wurde 1858 gelegt, geweiht wurde das Gebäude erst 1897 und selbst zu diesem Zeitpunkt war es noch nicht komplett fertiggestellt. Man kann die Kathedrale besichtigen, es finden regelmäßig Konzerte statt und im kleinen Kirchenshop gibt es Andenken zu kaufen.

Öffnet mindestens 30 Min. vor der ersten Messe. Shop, Mo–Fr 9.30–16.30 Uhr, So 8.30–13 Uhr, Sa geschlossen. Gisborne Street/Ecke Cathedral Place, ✆ 96622233, www.cam.org.au/cathedral.

Treasury Gardens, Fitzroy Gardens und Historic Cooks Cottage: Südlich des Old Treasury Buildings schließen die *Treasury Gardens* an, wo das *John F. Kennedy Memorial* und eine Bronzestatue des Poeten *Robert Burns* zu finden sind. Östlich davon liegen die *Fitzroy Gardens*. Bereits in den 1840er-Jahren wurde das Areal durch *Gouverneur LaTrobe* als Erholungsgebiet der Öffentlichkeit zugänglich gemacht – bemerkenswerte Sehenswürdigkeit dort ist das *Cooks Cottage*. Es wurde 1755 in Yorkshire erbaut und war einst das Heim der Eltern von *Captain James Cook*. In Einzelteilen wurde die Behausung nach Melbourne transportiert, fein säuberlich wieder aufgebaut und 1934 bei den Feierlichkeiten zum 100-jährigen Bestehen Victorias eröffnet.

Cooks Cottage, tägl. 9–17 Uhr. Eintritt 6 $. Erreichbar mit der City-Circle-Tram (→ Stadtverkehr & öffentliche Verkehrsmittel). ✆ 96589658, www.cookscottage.com.au.

Westliches Zentrum

Das westliche Zentrum erstreckt sich vom Einkaufsbereich um die Swanston Street und die Elizabeth Street bis zur Spencer Street, in der sich auch die **Southern Cross Station** befindet. In diesem Bereich der Stadt thronen zahlreiche Bürotürme über den Straßen und die kleinen Cafés und Bars füllen sich in der Mittagspause mit den Angestellten der großen Firmen. Auch in diesem vermeintlich weniger interessanten Abschnitt gibt es einige nette Details zu entdecken, die Attraktionen sind allerdings nicht mehr so komprimiert wie anderswo. Grüne Oase im Hochhausdschungel sind die **Flagstaff Gardens** nördlich der Latrobe Street, im Westen grenzen die Docklands ans Zentrum an.

Michaels Camera Museum: Hier sind alle großen Namen der Zunft vertreten: *Leica*, *Rollei*, *Voigtländer*, *Canon*, *Nikon* und noch viele mehr. Gut 8000 Exponate umfasst die Sammlung – etwa 2000 sind ausgestellt –, die ältesten stammen aus dem ausgehenden 19. Jh. Mit ihrem Einsatz beispielsweise in der Kriegsberichterstattung haben einige Ausstellungsstücke eine durchaus bewegte Geschichte hinter sich. Für Foto-Freaks!

Mo–Do 9–18 Uhr, Fr 9–21 Uhr, Sa 9–17 Uhr, So 11–17 Uhr. Eintritt frei. Elizabeth Street/Ecke Lonsdale Street, 1. Stock, ✆ 96722222, www.michaels.com.au.

Melbourne Aquarium: Natürlich kann man auch in Melbourne die wunderbare Unterwasserwelt bestaunen. Vom Seepferdchen bis zum Hai, von der gefährlichen Moräne bis zum perfekt getarnten „kleinen Fetzenfisch" (engl. „weedy seadragon") ist hier alles vertreten. Zu den Attraktionen gehören ein Ozeanarium, ein Billabong und ein Korallenriff. Wagemutige können in den Becken mit Haien auf Tuchfühlung gehen, alternativ kann man sich im Shop einen Stoffhai zum Kuscheln kaufen.
Tägl. 9.30–18 Uhr. Eintritt 38 $, Shark-Dives ab 299 $ (beides online günstiger). Flinders Street/Ecke Kings Street, ✆ 99235925, www.melbourneaquarium.com.au.

Immigration Museum: Nichts liegt näher, als in einem Einwanderungsland wie Australien den vielen Immigranten ein Museum zu widmen. Es ist schon interessant, welche Schwierigkeiten so mancher bereit war, auf sich zu nehmen, um in Australien eine neue Heimat zu finden. In den permanenten Ausstellungen werden zahlreiche Einzelschicksale dokumentiert, schier unglaubliche Geschichten von Glück und Unglück erzählt und auch die Funktion des Port Melbourne als wichtiger Anlaufpunkt für die Schiffe mit den Neubürgern wird beleuchtet. Das Museum gewährt einen wunderbaren Einblick in die Geschichte und die Entstehung der Bevölkerungsvielfalt des Landes.
Tägl. 10–17 Uhr. Eintritt 12 $. Old Customs House, 400 Flinders Street, ✆ 99272700, www.museumvictoria.com.au/immigrationmuseum.

Nördlich des Zentrums

An der in Ost-West-Richtung verlaufenden Victoria Street machen die vom Zentrum kommenden Straßen einen leichten Knick, um dann ein ähnlich penibel gerastertes Schema fortzuführen. Die benachbarten Vororte **Carlton** und **Fitzroy** gehören zu den betriebsamsten und interessantesten der Stadt. Ersterer besticht durch seine wunderschönen klassischen Terrassenhäusern mit kunstvoll verschnörkelten Schmiedeeisengeländern und der Lygon Street mit ihren zahlreichen italienischen Lokalen. Direkt an der nordöstlichen Ecke des Stadtzentrums, an der Ecke La Trobe Street und Spring Street, liegen die **Carlton Gardens**, wo sich auch das IMAX-Kino, das Melbourne-Museum und das Royal Exhibition Building befinden. Fitzroy grenzt im Osten an und ist ein waschechtes Szeneviertel mit coolen Bars und Boutiquen. Hier futtern bärtige Hipster ihr veganes Mittagessen und trinken nachher einen Kaffee aus der benachbarten Mikro-Rösterei. Es gibt jede Menge gute Lokale – auch ganz klassisch bodenständige Pubs – und außerdem etliche interessante Geschäfte.

Queen Victoria Market: Ein wirklich toller Markt, auf dem es fast alles gibt; die meisten Besucher kommen allerdings wegen der ausgezeichneten Lebensmittel. Frischer Fisch, wunderbare Steaks, knackiges Gemüse, duftende Gewürze oder hausgemachte Nudeln: Was immer das Herz begehrt, ist hier zu finden. Wer da schon vom bloßen Anblick Hunger bekommt, kann natürlich auch zubereitete Speisen kaufen. Vor über 130 Jahren eröffnet, ist der Queen Victoria Market beliebt wie eh und je. Einmal durchschlendern und die Atmosphäre aufsaugen – das gehört einfach zu jedem Melbourne-Besuch.
Di/Do 6–14 Uhr, Fr 6–17 Uhr, Sa 6–15 Uhr, So 9–16 Uhr. Elizabeth Street/Ecke Victoria Street, ✆ 93205822, www.qvm.com.au.

Melbourne Museum: Wer hier seinen Wissensdrang nicht stillen kann, dem ist nicht mehr zu helfen. Die Ausstellungen sind äußerst vielseitig gestaltet, in dem Bereich „Koori Voices" etwa wird detailliert auf Geschichte, Kultur und Überlebenskampf der australischen Ureinwohner eingegangen. Pferdenarren pilgern zu

Phar Lap. Nach seinem mysteriösen Ableben im Jahr 1932 wurde Australiens Wunderpferd präpariert – nun kann es in einem Glaskasten bewundert werden. Natürlich gibt's auch Exponate aus Australiens Tier- und Pflanzenwelt zu sehen, in der „Southern Diversity Gallery" erfährt man diesbezüglich allerlei Kurioses. Beim Anblick von *CSIRAC*, Australiens erstem Computer, kann man im Zeitalter von Smartphones allerdings nur schmunzeln. Eine ganz außergewöhnliche Idee ist „Melbournes Biggest Family Album": Zahlreiche Melbournians haben für dieses Projekt ihre privaten Familienfotos zur Verfügung gestellt, über 1000 Bilder sind auf der Webseite abrufbar, wobei einige der schönsten Exemplare in der Ausstellung zu sehen sind. Auf diese Weise ist ein wunderbares Zeitdokument entstanden – die ältesten Fotografien stammen immerhin aus dem 19. Jh. Ein fantastisches Museum und ein absolutes Muss!

Tägl. 10–17 Uhr. Eintritt 12 $. 11 Nicholson Street, Carlton, ✆ 131102, www.melbourne.museum.vic.gov.au.

Royal Exhibition Building: 1880 wurde das prachtvolle Gebäude gerade rechtzeitig zur Weltausstellung fertiggestellt. Wichtigstes Datum in der Geschichte des Bauwerks ist allerdings der 9. Mai 1901, als hier die allererste Sitzung eines Commonwealth-Parlaments stattfand. In puncto Ausstellungen hat das Messegelände an der Southbank mittlerweile die Nase vorn, aber das Royal Exhibition Building besticht nicht nur durch seine Schönheit, sondern ist aus gutem Grund das bedeutendste Gebäude Melbournes: Als erstes Bauwerk des Landes erhielt es im Jahr 2004 den Status als Welterbe der UNESCO – eine Auszeichnung, die in Australien bis zu diesem Zeitpunkt lediglich Naturdenkmälern wie dem Great Barrier Reef oder dem Ayers Rock zuteilgeworden war. Das Gebäude ist ausschließlich innerhalb geführter Touren zu besichtigen, zu denen man sich vorab anmelden sollte.

Touren kosten 10 $ und starten tägl. um 14 Uhr. 9 Nicholson Street, Carlton Gardens, ✆ 131102, www.museumvictoria.com.au/reb.

Melbourne Zoo: Bereits 1862 eröffnete der Melbourne Zoo seine Pforten, was ihn zum ältesten Zoo ganz Australiens macht. Wo heute über 300 Spezies aus aller Welt zum reinen Vergnügen bestaunt werden können, lag der Fokus in den Anfangsjahren eher auf Untersuchungen, mit deren Hilfe herausgefunden werden sollte, inwieweit eingeführte Arten in der Kolonie von finanziellem Nutzen sein könnten. Von artgerechter Haltung konnte damals freilich nicht die Rede sein – eine der längst ausgemusterten Tierbehausungen vermittelt eine ungefähre Vorstellung von den enormen Fortschritten in der Tierhaltung. Heute ist man selbstverständlich darauf bedacht, den natürlichen Lebensraum der Tiere so gut es geht nachzuempfinden. Absolute Zoo-Fans können an verschiedenen Spezialaktivitäten teilnehmen, außerdem gibt es von Januar bis März auch Konzerte.

Tägl. 9–17 Uhr. Eintritt 30,80 $. Elliott Avenue, Parkville, ✆ 92859300, www.zoo.org.au/melbournezoo.

Southbank und Arts Precinct

Die **Southbank** ist gewissermaßen die Flaniermeile der Stadt. Die Lage am Südufer des Yarra River gibt den Blick auf die Skyline der Innenstadt frei, an lauen Sommerabenden sind die Terrassen der zahlreichen Bars und Restaurants fast immer proppenvoll. Hier kann man die Seele baumeln lassen, beim Bummel über die Promenade die Skulpturen und Kunstwerke auf sich wirken lassen oder die Straßenmaler, die ihre Kreationen auf die Spazierwege pinseln, bei der Arbeit beobachten. Die Einkaufsmöglichkeiten gehören zu den besten der Stadt, allerdings sollte der Geldbeutel hier schon etwas besser gefüllt sein. Östlich des **Southgate**-Komplexes, entlang der St. Kilda Road, befindet sich der **Arts Precinct** mit einigen der hochkarätigsten Museen und Konzerthallen Melbournes. Der Bereich der **South Wharf** ganz im Westen wurde in den vergangenen Jahren einem 1,4 Milliarden Dollar teuren Facelifting unterzogen, es entstanden u. a. ein Hilton-Hotel, ein Tagungszentrum und Tausende Quadratmeter an Laden- und Lokalfläche. Mit der Webb Bridge und der Seafarers Bridge gibt es zwei Fußgängerübergänge und somit eine gute Anbindung an die Docklands. Die unten aufgeführten Stationen an der Southbank folgen in West-Ost-Richtung:

Polly Woodside: Die 3-Mast-Bark untersteht dem National Trust und liegt in einem historischen Holzdock an der Southbank. 1885 in Belfast gebaut, umrundete sie in den Folgejahren 16-mal das berüchtigte Kap Hoorn und wurde nach ihrer Karriere als Frachtensegler in den 1970ern detailgetreu restauriert. Auf große Fahrt gehen sollte sie aber nicht mehr, seit Abschluss der Arbeiten dient sie nur noch als Museumsschiff.
Sa/So 10–16 Uhr. Eintritt 16 $. 2A Clarendon Street, South Wharf, ✆ 96999760, www.pollywoodside.com.au.

Melbourne Convention & Exhibition Centre: Im Exhibition Centre finden auf einer Fläche von 30.000 m² die großen Messen wie etwa die „Melbourne International Motor Show" statt. Der futuristische Bau wurde 1996 eröffnet und fällt v. a. durch die parallel zum Fluss verlaufende, nach vorne geneigte Glasfront auf. Gleich daneben befindet sich das neue, supermoderne Convention Centre, das erst 2009 seine Pforten öffnete.
2 Clarendon Street, Southbank, ✆ 92358000, www.mcec.com.au.

Crown Entertainment Complex: Wer nicht aufpasst, kann sich hier tatsächlich verlaufen. In dem riesigen Gebäudekomplex befinden sich auf rund 500.000 m² Fläche ein Spielkasino, ein Hotel, Bars, Nachtclubs, Restaurants, Kinos und Geschäfte – alles unter einem Dach und bequem über Rolltreppen erreichbar. Man kann hier ganz banal Kegeln gehen und im Foodcourt einen Burger essen, aber auch richtig mit Geld um sich werfen – in einigen Genuss-Tempeln sind die Preise genauso saftig wie die Steaks und über den Boutiquen leuchten Namen weltbekannter Edelmarken wie *Prada, Louis Vuitton* oder *Versace*.
Soutbank/Ecke Spencer Street, ✆ 92928888, www.crowncasino.com.au.

Alles modern an der Southbank, vom Hochhaus bis zur Freiluftkunst

Gas Brigades: Wenn es dunkel wird, speien die 10 m hohen Säulen Feuerbälle mit bis zu 7 m Durchmesser in den Himmel. Die Attraktion gehört zum *Crown Casino Complex* am westlichen Ende der Southbank. Je nach Jahreszeit variieren die Zeiten der Vorführung, bei entsprechenden Witterungsbedingungen (z. B. bei zu viel Wind) können sie ganz entfallen.

Ab 1. Okt. ab 20 Uhr, ab 1. Dez. ab 21 Uhr, ab 1. März ab 20 Uhr, ab 1. April ab 18 Uhr. Immer zur vollen Stunde, So–Do bis Mitternacht, Fr/Sa bis 1 Uhr früh.

Eureka Skydeck: Mit 285 m der höchste Aussichtspunkt in Melbourne. Gerade mal 40 Sek. dauert die Fahrt mit dem Aufzug in den 88. Stock, von wo aus man den Blick in alle Himmelsrichtungen schweifen lassen kann. Der besondere Kick wartet in „The Edge", einem Glaswürfel, der etwa 3 m über die Wand hinausragt und unter den Füßen den Blick in die Tiefe erlaubt. Außerdem gibt es eine kleine Freiluftterrasse, einen Shop und einen Kiosk.

Tägl. 10–22 Uhr. 19,50 $/Pers., „The Edge"-Würfel 12 $ extra. Eureka Tower, Riverside Quay, Southbank, ℡ 96938888, www.eurekalookout.com.au.

The Arts Centre: Melbournes Nummer eins in puncto Musik und darstellende Künste und dabei äußerst vielseitig. Die *Hammer Hall*, eine klassische Konzerthalle mit 2600 Plätzen, befindet sich direkt am Fluss, die Theaterbühnen sind in einem separaten Gebäude untergebracht. Im *State Theatre* (2000 Plätze) finden Ballettaufführungen statt, im *Playhouse* (880 Plätze) kann man sich z. B. an Shakespeare erfreuen, in dem kleineren *Fairfax Studio* (376 Plätze) wird ebenfalls Theater gespielt. Die *Sydney Myer Music Bowl* ist eine Freiluftbühne. Über dem Theaterbau prunkt das Wahrzeichen des Arts Centre 162 m in den Himmel empor, eine Metallspitze, die in ihrem verwobenen Design an das Tutu einer Ballerina erinnern soll. Nachts wird die Konstruktion beleuchtet. Wer sich keine Eintrittskarte zu einer Aufführung gönnen will, kann zumindest zwei Galerien mit kostenlosen Ausstellungen besuchen.

Tickets zu den Vorführungen kosten ab 15 $, geführte Touren 20 $ (Mo–Sa 11 Uhr), Backstage-Touren 20 $ (So 11 Uhr, nicht für Kinder unter 12 Jahren geeignet). 100 St. Kilda Road, ℡ 92818014 oder 1300182183, www.artscentremelbourne.com.au.

National Gallery of Victoria *(NGV International):* Gleich neben dem Arts Centre befinden sich die Schätze aus der internationalen Kollektion der National Gallery of Victoria. Zur Sammlung zählen Werke großer Meister wie Rembrandt, Dürer, Monet oder Rubens. Zusätzlich gibt es wechselnde Ausstellungen, die meist von (kostenpflichtigen) Einführungsveranstaltungen begleitet werden. Außerdem finden regelmäßig Workshops, Konzerte oder Lesungen statt. Einfache Führungen sind meist kostenlos.

Tägl. außer Di 10–17 Uhr. Der Zutritt zu den permanenten Ausstellungen ist kostenlos, Sonderausstellungen evtl. mit Eintritt. 180 St. Kilda Road, ℡ 86202222, www.ngv.vic. gov.au/ngv international/.

Südöstlich des Zentrums

Folgt man dem Yarra River ab dem Federation Square stromaufwärts, wird's erst mal grün. Zunächst passiert man die markanten Bootsschuppen, dann reihen sich einige der schönsten Parks in Melbourne am Fluss entlang, darunter die *Alexandra Gardens*, die *Kings Domain* und der *Botanische Garten*. Das Ostufer des Yarra ist ganz in der Hand des Sports, schon von Weitem sieht man die Dächer der großen Stadien in der Sonne glitzern.

Melbourne Sports and Entertainment Precinct: Abgesehen vom *Etihad Stadium* in den Docklands, befinden sich hier die bedeutendsten Arenen der Stadt. Die einzelnen

Stadien sind heute in drei Areale unterteilt, den **Olympic Park**, den **Melbourne Park** und den **Yarra Park**. Auch das *Olympiastadion* der Spiele von 1956 war hier, wurde aber 2012 abgerissen und durch das *AAMI Park Stadion* ersetzt. Interessant für Sportfans sind sicherlich auch die nach der australischen Tennislegende Rod Laver benannte *Rod-Laver-Arena* und natürlich der *Melbourne Cricket Ground* (MCG). Das „G", wie Letzterer kurz genannt wird, ist eine wahre Pilgerstätte für Sportfans und wird gerne in einem Atemzug mit *Wembley* oder dem *Yankee Stadium* genannt. Zu den Höhepunkten seiner Stadiongeschichte gehören das erste Test-Kricket-Match überhaupt, ein Kricket-Worldcup und jede Menge AFL-Finalspiele. Beim Endspiel 1970 zwischen Carlton und Collingwood wurde mit 121.000 Zuschauern ein Rekord aufgestellt, heute liegt die Kapazität bei immer noch beeindruckenden 100.000 Plätzen. Wenn man hier ein ausverkauftes Spiel erleben kann, ist Gänsehaut garantiert.

Rod-Laver-Arena, Touren 18 $. 92861600, www.rodlaverarena.com.au. **MCG**, 22 $/Tour, Kombiticket mit Sportmuseum 30 $. 96578879, www.mcg.org.au.

Kings Domain: In den 1850er-Jahren campierten hier die Immigranten, während der großen Depression ließ die Regierung den Park sozusagen als Arbeitsbeschaffungsmaßnahme anlegen. Zu den sehenswerten Bauwerken der Anlage gehören der *Sydney Myer Music Bowl*, eine Freiluftbühne mit Platz für 13.000 Zuschauer, und das historische *La Trobes Cottage*, von 1840–1852 Behausung des ersten Gouverneurs. Der *Shrine of Rememberance* wurde zwischen 1928 und 1934 zu Ehren der rund 19.000 Australier erbaut, die im ersten Weltkrieg ihr Leben ließen. Das enorme Denkmal ist im südlichen Bereich der Anlage nahe der St. Kilda Road zu finden.

Government House: Ein schöneres Büro hat wohl keiner in Melbourne. In dem schneeweißen Bau residiert der Gouverneur, ganz exponiert auf einem Hügel neben dem Botanischen Garten. Erbaut wurde das Government House zwischen 1872 und 1876, und wenn man bedenkt, dass der Regierungssitz 25 Jahre vorher noch in dem bescheidenen *La Trobes Cottage* untergebracht war, kann man durchaus von einem Meilenstein sprechen. Zu den markanten Merkmalen gehören das kleine Türmchen, auf dem die Flagge des Gouverneurs von Victoria weht, und der prachtvolle Ballsaal. Um das Gebäude befinden sich penibel gepflegte Gärten.

Besichtigungen nur nach Voranmeldung, Infos zu aktuellen Terminen in der Touristeninfo oder unter 96569800, www.governor.vic.gov.au.

Royal Botanic Gardens: Einer der bedeutendsten Gärten des Landes mit einer ungeheuren Artenvielfalt. Verschiedenste Ökosysteme sind hier vertreten, es gibt u. a. einen „Australian Forest Walk" mit heimischer Waldflora, aber auch einen Kaktusgarten oder Pflanzungen mit Zierblumen. Interessant ist auch der mit praktischem Hintergedanken angelegte „Water Conservation Garden". Im Vergleich zu herkömmlichen Gärten benötigt er nur 50 % der Bewässerung und stellt damit eine Alternative zu konventionellen Grünanlagen im vom Wasserknappheit geplagten Australien dar – grün und schön anzuschauen ist er trotzdem. Die Einheimischen kommen gerne zum Entspannen und Faulenzen her.

Tägl. 7.30 Uhr bis etwa Sonnenuntergang (Sommer bis 20.30 Uhr, sonst bis 17.30 bzw. 18 Uhr). Birdwood Avenue, South Yarra, Verwaltung: 92522300, www.rbg.vic.gov.au.

Como Historic House and Garden: Weiter flussaufwärts, in South Yarra, befindet sich das atemberaubend schöne Herrenhaus, das ein ausgezeichnetes Beispiel für die feudale Lebensweise der reichen Oberschicht im frühen Melbourne ist. Erbaut im Jahr 1847, wechselte das Gebäude mehrfach den Besitzer und wurde dabei immer weiter ausgebaut, die prächtigen Gärten entstanden in den 1850er-Jahren.

1864 erstand Charles Armytage das Anwesen, seine Nachkommen lebten dort bis 1959. Seitdem kümmert sich der National Trust um die Pflege und Erhaltung.
Gärten tägl. 10–17 Uhr, Besichtigung des Hauses nur im Zuge geführter Touren (nur jedes 2. und 4. Wochenende im Monat). Eintritt 15 $. Williams Road/Ecke Lechlade Avenue, South Yarra, ✆ 0407873967, www.comohouse.com.au.

Docklands

Einst waren die Docks wichtiger Industrie- und Verladehafen, bis sie letztendlich den Anforderungen immer größer werdender Schiffe und Transportmengen nicht mehr gewachsen waren. In den 1970er-Jahren verfielen die Anlagen zunehmend und erst in den 90ern wurden konkrete Pläne zur Wiederbelebung gefasst. Der Wandel ist mittlerweile vollzogen, das **Docklands Stadium** (derzeit Etihad Stadium) öffnete im Jahr 2000 seine Pforten, in den Folgejahren wurden die ersten Apartments bezogen, Restaurants eröffnet und Bürogebäude vermietet.

Für Touristen gibt es neben den gastronomischen Angeboten auch einige Sehenswürdigkeiten zu entdecken. Die Skulptur **Cow Up A Tree** gegenüber dem Stadion sieht witzig aus, hat aber einen ernsten Hintergrund: Sie bezieht sich auf die verheerenden Fluten in Gippsland, bei denen sogar ausgewachsene Kühe in die Baumwipfel gespült wurden. Die **Entertainers of the Century Statues** zeigen fünf Größen des australischen Showbiz, porträtiert sind *Nellie Melba*, *Graham Kennedy*, *Edna Everage*, *John Farnham* und *Kylie Minogue*. Eine wunderbare Mischung aus Funktionalität und Kunst stellt die **Webb Bridge** dar – die Fußgängerbrücke ähnelt im Design den traditionellen Fischreusen der Aborigines –, sie führt ans südliche Ufer des Yarra River. Am nördlichen Ende der Docklands befindet sich das **Merlbourne Star Observation Wheel**. In der Touristinformation gibt es eine ausführliche Broschüre zu den verschiedenen Attraktionen des Areals.

Die kunstvoll gestaltete Webb Bridge in Melbourne

Melbourne Star: Die Fahrt mit dem 120 m hohen Riesenrad ist klassisches Touristenprogramm, aber eine wirklich schöne Möglichkeit, die Stadt von oben zu sehen. Aus den großen, rundum verglasten Kabinen – übrigens ganz komfortabel mit Klimaanlage – hat man einen wunderbaren Rundumblick. Am Eingang gibt es Kartenmaterial zur Identifizierung der umliegenden Gebäude und Parks.

Tägl. 10–22 Uhr. Eine Runde kostet 34 $, das Doppelticket für eine Fahrt bei Tag und eine Fahrt bei Nacht kostet 45 $. Tickets für die letzte Fahrt des Abends müssen vor 21.15 Uhr gekauft werden. Ground Floor, 101 Waterfront Way, Docklands, ✆ 86889688, www.melbournestar.com.

St. Kilda

Mit seiner wunderbaren Lage an der Bucht wurde der Stadtteil St. Kilda schon Ende des 19. Jh. von den reichen Melbournians als Spielwiese entdeckt. Abseits der lauten, hektischen Stadt konnte man sich unbeschwert vergnügen und erholen – so mancher nutzte die Gunst der Stunde und gönnte sich hier einen prächtigen Wohnsitz. Mit der Depression in den 1930er-Jahren begann allerdings der traurige Abstieg. Mitte des 20. Jh. war St. Kilda weit von seinem früheren Glanz entfernt und weniger berühmt als berüchtigt für seine zwielichtigen Gestalten aus dem Drogen- und Prostitutionsmilieu. Dennoch war es offenbar eine Umgebung, in der sich auch die Boheme aus Malern, Schriftstellern und Künstlern wohlzufühlen schien, denn so manch bekannter Name tauchte hier auf. Der große Wandel vollzog sich in den 90er-Jahren, als die alternative Kultur massentauglich gemacht wurde und St. Kilda plötzlich wieder „in" war. Die Veränderungen ließen nicht lange auf sich warten, die Grundstückspreise schnellten in die Höhe wie auch die Touristenzahlen. Mittlerweile verwöhnt St. Kilda seine Besucher mit einem außergewöhnlichen Mix aus modernem Lifestyle und Strandkultur. Dass die verruchten Seiten nicht ganz verschwunden sind, merkt man höchstens noch, wenn man frühmorgens in der Bäckerei auf eine der leicht bekleideten Damen trifft, die hier nach Schichtende einen Kaffee trinkt.

Eingang zum Luna Park in St. Kilda

Zu den festen Institutionen in St. Kilda gehört das **Esplanade Hotel**. Mittlerweile etwas in die Jahre gekommen, ist das „Espy" immer noch eine von Melbournes besten Adressen für Live-Musik.

In der **Acland Street** scharen sich ganze Horden von Touristen vor den **Cake-Shops**, in deren Schaufenstern Schoko-Kalorienbomben der allerfeinsten Art ausgestellt sind. Seebäder gab es in St. Kilda schon seit den 1860er-Jahren, eine Tradition, die noch heute fortgesetzt wird. Die **St. Kilda Sea Baths** sind ein moderner

Komplex mit Schwimmbad, Cafés, Restaurant, Dachterrassen und Fitnessstudio. Und am Strand liegen oder im Meer baden kann man natürlich auch.

St. Kilda Pier & Kiosk: Das Aushängeschild ist die historische Mole mit dem hölzernen Pavillon. Erbaut wurde der Komplex in den 1850er-Jahren und danach mehrfach erweitert. Eine Anlegestelle für Frachtschiffe war der St.-Kilda-Pier aber nie, es waren hauptsächlich Ausflugsdampfer aus Melbourne, die hier festmachten, heute dient er ausschließlich zum Schlendern und Spazieren. Der Pavillon wurde 1904 erbaut, im Jahr 2003 allerdings leider durch ein Feuer zerstört. Die Bevölkerung setzte sich für den Wiederaufbau ein und so konnte das gute Stück nach den Originalplänen wieder aufgebaut werden.
St. Kilda Pier, Pier Road, St. Kilda, www.stkildapierkiosk.com.au.

Luna Park: Den Vergnügungspark gibt es seit 1912 – aus dem Straßenbild von St. Kilda ist er nicht mehr wegzudenken. Was damals ganze Menschenmassen anlockte, mag heute etwas überholt wirken, aber die alte Holzachterbahn, das Riesenrad und die Karusselle besitzen durchaus noch Charme. Neben aller Nostalgie gibt es aber auch einige modernere Fahrgeschäfte.

Die Öffnungszeiten sind etwas konfus, die genauen Termine im Internet nachzulesen. Zur Orientierung: Im Winter nur an Wochenenden, über Weihnachten und im Januar täglich, im Sommer meist Do–So. Einzelfahrten 11 $, Kinder bis 12 Jahre 9 $. Tagesticket für beliebig viele Fahrten 47 $, Kinder bis 12 Jahre 37 $. 18 Lower Esplanade, St. Kilda, ✆ 95255033, www.lunapark.com.au.

Williamstown und Heide Museum of Modern Art

Williamstown: Die Siedlung liegt auf einer kleinen Landzunge im westlichen Mündungsbereich des Yarra River. In der geschützten Bucht legten bereits Ende der 1830er-Jahre die ersten Frachtschiffe an – es dauerte nicht lange, bis ein betriebsamer Hafen entstand, der bis Ende des 19. Jh. der wichtigste im Großraum Melbourne sein sollte. Durch die frühe Erschließung und die enorme wirtschaftliche Bedeutung konnte eine beeindruckende Siedlung entstehen. Heute ist Williamstown ein beliebtes Ausflugsziel, das von Melbourne sogar mit der Fähre angesteuert werden kann. Speziell rund um den Nelson Place und die Dockanlagen wird historisches Flair verströmt, hier laden auch zahlreiche Restaurants und Cafés zum Verweilen ein.
Anreise mit der Fähre ab Southgate, 29 $ (inkl. Rückfahrt), mehrmals tägl. ✆ 86202600, www.melbcruises.com.au.

Heide Museum of Modern Art: *John* und *Sunday Reed* erstanden das Haus (Heide I) 1934 und bauten es nach ihren Vorstellungen um. Beide waren brennende Kunstliebhaber und unterstützten junge aufstrebende Künstler in jeglicher Hinsicht. Viele bekannte Persönlichkeiten waren in ihrem Haus zu Gast, darunter auch *Arthur Boyd*, *Albert Tucker* und *Sydney Nolan*. Letzterer malte die ersten 26 seiner berühmten Ned-Kelly-Bilder im Esszimmer der Reeds. Auf dem Gelände befinden sich außerdem ein weiteres Wohnhaus aus dem Jahr 1963 (Heide II) und ein Museumsgebäude aus dem Jahr 1993 (Heide III). Sowohl die permanenten als auch die wechselnden Ausstellungen sind ausgezeichnet und werden nicht nur Freunde moderner Kunst begeistern. Im dazugehörigen Skulpturenpark sind einige fantastische Stücke zu sehen.
Di–So 10–17 Uhr. Eintritt 16 $. Es gibt Touren (im Eintritt inkl.) tägl. 14 Uhr, die verschiedenen Themenbereiche sind auf der Webseite nachzulesen. 7 Templestowe Road, Bulleen, ✆ 98501500, www.heide.com.au.

Aus dem Yarra Valley kommen exzellente Weine

Die Umgebung von Melbourne und Port Phillip

Dandenong Ranges

Man kann sich gut vorstellen, warum sich wohlhabende Melbournians bereits im 19. Jh. vor der Hitze der Stadt hierher zur Sommerfrische zurückgezogen haben. Und das tun sie auch heute noch – zumindest für Tagesausflüge.

Gerade mal eine Stunde Fahrt östlich der Stadt protzt die Natur mit 100 m hohen Rieseneukalypten, weit ausladenden Farnen und bunter Blumenpracht in sanfter Mittelgebirgslandschaft. In den Frühlingsmonaten erblühen die Gärten und Parks in sämtlichen Farben. Höchster Punkt der Ranges ist mit 633 m der **Mount Dandenong**, von dem man an klaren Tagen den Blick bis zur nahen Metropole schweifen lassen kann. Neben der frühen Bedeutung als Urlaubsdestination war die Region v. a. für die Holzgewinnung interessant, der „Mast Gully" etwa wurde so benannt, weil hier einst die riesigen Masten für die Segelschiffe geschlagen wurden. Zentraler Ort ist **Olinda**, ab **Belgrave** fährt die „Puffing-Billy"-Dampfeisenbahn. Außerdem gibt es eine ganze Reihe entspannter Wanderrouten und lauschiger Picknickplätze.

Anreise Pkw: Über die M1 (Monash Freeway) Richtung Osten aus Melbourne herausfahren, dann über *Ferntree Gully* z. B. nach *Olinda* (50 km).

Bahn & Bus: Von Melbourne aus kann man mit den *Metro*-Zügen (www.ptv.vic.gov.au) nach *Belgrave* fahren. Führt über *Upper Ferntree Gully*, von wo Busse nach *Olinda* fahren.

Touristinfo Dandenong Ranges Tourism Visitor Information Centre, tägl. 9–17 Uhr. 1211 Burwood Highway, Upper Ferntree Gully, ✆ 97587522 info@experiencethedandenongs.com.au.

Dandenongs im Internet Informationen unter www.visitvictoria.com und www.dandenongrangestourism.com.au.

Attraktionen Puffing Billy, stressfreie Erkundungsfahrten in der historischen Dampfeisenbahn. Ab Belgrave, Fahrten je nach Route 50–70 $ (return). 1 Old Monbulk Road, Belgrave, ✆ 97570700, www.puffingbilly.com.au.

Sonstiges In Ferntree Gully gibt's eine Bank, eine Post und eine Tankstelle.

Übernachten/Essen Bonza View, 2 helle Apartments mit Küche. Durch die großen Glasfronten kann man den grandiosen Ausblick bis nach Melbourne genießen. Ab 235 $/Paar. 26 Bonza View, Kalorma, Mount Dandenong, ✆ 97288887, www.bonzaview.com.au.

Como Cottages, Brett und Melinda bieten ihren Gästen einige Auswahlmöglichkeiten, angefangen von der schnuckeligen Holzhütte für 2 Pers. bis hin zum familientauglichen Ferienhaus. Teilweise mit offenem Kamin, Spa-Badewanne, Küche/Kochgelegenheit. Ab 195 $/Paar. 1465 Mt Dandenong Tourist Road, Olinda, ✆ 97512264 oder 0419599505 (mobil), www.comocottages.com.

SkyHigh Mount Dandenong, klassisches Ausflugsziel am höchsten Punkt der Ranges. Mit Restaurant, großer Terrasse und englischem Garten. Toller Ausblick. Mo–Fr 10–22 Uhr, Sa/So 8–22 Uhr. 26 Observatory Road, Mount Dandenong, ✆ 97510443, www.skyhighmtdandenong.com.au.

Wild Oak Café, sehr lecker, hier wird mit frischen Zutaten gekocht. Die Karte ist überschaubar, Vorspeisen um 15 $, Hauptgerichte um 35 $, z. B. Känguruhfilet mit Ratatouille. Kurse in der hauseigenen Kochschule kosten 125 $. Mi–So Mittag- und Abendessen. 232 Ridge Road, ✆ 97512033, www.wildoak.com.au.

Micawber Tavern, urige Taverne, wochentags gibt's mittags günstige Counter Meals. Tägl. Lunch & Dinner. 61 Monbulk Road, Belgrave, ✆ 97548660, www.micawbertavern.com.au.

Im Pie in the Sky gibt's einen exzellenten Beef & Burgundy-Pie für die schnelle Stärkung. Mo–Fr 10–16.30 Uhr, Sa 10–17 Uhr, So 9.30–17 Uhr. 43 Olinda Road, Olinda-Monbulk Road, Olinda, ✆ 97512128, www.pieinthesky.net.au.

Yarra Valley

Grüne Hügel, schier endlose Reihen an Rebstöcken und Heißluftballons, die wie bunte Farbtupfer am Himmel leuchten – das ist der erste Eindruck, der sich dem Besucher bietet. Das Yarra Valley ist die berühmteste und älteste Weinregion Victorias, in der es heute rund 70 Weingüter gibt.

Aus dem Tal etwa 60 km nordöstlich von Melbourne kommen einige der besten Tropfen des Landes, v. a. der *Pinot Noir* genießt einen ausgezeichneten Ruf. Bereits 1838 wurden hier die ersten Weinstöcke gepflanzt, allerdings mussten diese rund 100 Jahre später aufgrund mangelnden Profits komplett der Weidewirtschaft weichen. In den 1960er-Jahren startete man erneut einen Versuch, den Rebensaft lukrativ zu vermarkten und machte damit die Gegend zum Branchenprimus des Bundesstaates. Heute bringt die Nähe zu Melbourne viele Besucher, auf die man sich optimal eingestellt hat – die Region kann mit zahlreichen Unterkünften, exzellenten Restaurants und modernen Wellness-Angeboten aufwarten. Das alles hat natürlich seinen Preis und der ist nicht immer günstig – einige Châteaus bieten absoluten Rundum-Luxus für zahlungskräftige Besucher.

Yarra Valley im Internet Informationen unter www.visityarravalley.com.au.

Ballonfahrten Global Ballooning, Fahrten ab 365 $, mit Champagnerfrühstück ab 395 $. Treffpunkt ist die **Rochford Winery**, Yarra Glen, ✆ 94285703, www.globalballooning.com.au.

Festivals & Veranstaltungen Rochford Summer Concert Series, aufs ganze Jahr verteilt werden hier Konzerte veranstaltet, auf denen auch schon internationale Größen wie Joe Cocker, Lionel Richie oder Ronan Keating auftraten. www.rochfordwines.com.au.

Weintouren Grape Escape Tours, diverse Optionen, die Touren beinhalten z. B. den Besuch mehrerer Weingüter, eine Weinprobe sowie Kaffee und Kuchen, 125–345 $. 7 Crown Point Ridge, Chirnside Park, ✆ 97351333 oder 0409846908 (mobil), www.grapeescapetours.com.au.

Yarra Valley Winery Tours, Touren ab Yarra Valley ab 105 $/Pers., ab Merlbourne 140 $. Besuch von Weingütern inkl. Mittagessen. ✆ 59662035, www.yarravalleywinerytours.com.au.

Weingüter → Karte S. 460

Yering Station Vineyards 10, schon seit 1838. Edles Restaurant, Shop und rustikale „Tasting-Bar". Mo–Fr 10–17 Uhr, Sa/So 10–18 Uhr. 38 Melba Highway, Yarra Glen, ✆ 97300100, www.yering.com.

Tarra Warra 7, bekannt für seinen *Chardonnay* und *Pinot Noir*. Weinverkauf Di–So 11–17 Uhr. 311 Healesville-Yarra Glen Road, Yarra Glen, ✆ 59623311, www.tarrawarra.com.au.

River Stone Estate 12, in wunderbarer Lage auf einem Hügel inmitten der Weinberge (über eine gute Schotterpiste erreichbar). Verkauf, Verkostung und gutes Restaurant. Tägl. 10–18 Uhr, Fr/Sa Dinner. 105 Skye Road, Coldstream, ✆ 59623947, www.riverstonewine.com.au.

Boat O'Craigo 2, kleines Weingut kurz außerhalb der Stadt. Im Angebot sind z. B. *Pinot Noir*, *Shiraz* oder *Sauvignon Blanc*. Fr–Mo 10.30–17.30 Uhr. 458 Maroondah Highway, Healesville, ✆ 59626899, www.boatocraigo.com.au.

Allinda Winery 1, kleines Gut mit nur 8 Acres, im Angebot sind *Riesling*, *Chardonnay* und *Pinot Noir*. Sa/So 11–17 Uhr. 119 Lorimers Lane, Dixons Creek, ✆ 59652450, www.allindawinery.com.au.

Melbourne Umgebung & Port Phillip

Healesville

ca. 7000 Einw.

Healesville ist ein charmantes Städtchen im Zentrum der Weinregion. In unmittelbarer Nähe liegen einige der schönsten Güter des Tals und so eignet sich die Ortschaft ideal als Basis für Ausflüge ins Umland.

Man sollte es aber dennoch auf keinen Fall verpassen, vor Ort in den Cafés und Restaurants die ausgezeichneten lokalen Erzeugnisse zu probieren. Bekannt ist die Ortschaft außerdem für das **Healesville Sanctuary**, einen Tierpark, der über 200 australische Tierarten beherbergt. Im benachbarten Yarra Glen ist das **Grand Hotel** ein beliebtes Fotomotiv.

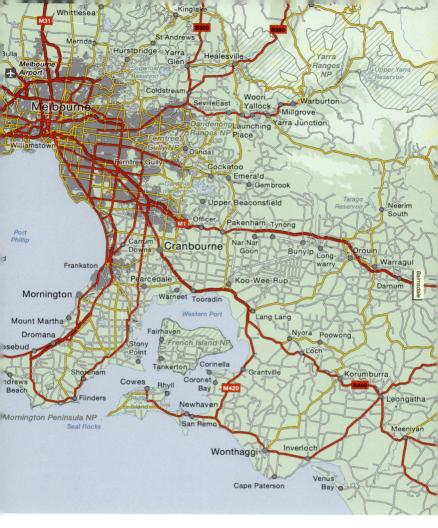

GPS: S37°39.26' E145°30.90'
Ortsvorwahl: 03

Anreise Pkw: Von *Melbourne* aus fährt man knapp 70 km, der Maroondah Highway führt weiter nach *Alexandra* (70 km) und Richtung *Lake Eildon* (80 km).

Bahn & Bus: Mit den *Metro*-Zügen (✆ 1800800007, www.ptv.vic.gov.au) von Melbourne nach *Lilydale*. Von dort fahren Regionalbusse nach *Healesville* und *Yarra Glen*.

Touristinfo Yarra Valley Visitor Information Centre, Info & Buchung von Unterkünften und Touren. Tägl. 9–17 Uhr (So bis 16 Uhr). The Old Court House, 42 Harker Street, ✆ 59622600, info@visityarravalley.com.au.

Healesville im Internet Informationen unter www.visityarravalley.com.au.

Supermarkt Coles 3, tägl. 6–23 Uhr, 251 Maroondah Highway.

Übernachten Tuck Inn 8, 5 nett eingerichtete Gästezimmer, jedes mit eigenem Bad. Schlicht, aber picobello sauber und richtig gemütlich. DZ 160–225 $. 2 Church Street, ✆ 59623600 oder 0431162980 (mobil), www.tuckinn.com.au.

Yarra Glen Grand Hotel 5, das beeindruckende Hotelgebäude bietet den Gästen elegante Zimmer und Suiten mit historischem Charme. DZ mit Bad ab 160 $. 19 Bell Street, Yarra Glen, ✆ 97301230, www.yarraglengrand.com.au.

Yarra Valley Motel 13, ordentliche Motelunterkunft mit sauberen Zimmern und bequemen Betten. Pool, BBQ-Platz, kostenloses WLAN. DZ ab 135 $. 418–420 Main Street/Maroondah Highway, Lilydale, ✆ 97353000, www.yarravalleymotel.com.au.

Camping Healesville Tourist Park 9, gepflegt, freundlich und gut ausgestattet. Camping mit Stom 40 $, Budget-Cabin ab 100 $, die Deluxe-Version ab 135 $. 322 Don Road, ✆ 59624398, www.healesvilletouristpark.com.au.

Essen & Trinken Healesville Hotel 11, toll restauriertes Hotel mit Bar, Bistro (für Pub-Grub) und Café. Auf der Karte stehen geräucherte Rote Bete mit Fetakäse (14 $) oder geschmorte Rinderrippen mit Süßkartoffeln (32 $). Bistro 12–21 Uhr, Dinner tägl. Nette Zimmer. 256 Maroondah Highway, ✆ 59624002, www.healesvillehotel.com.au.

Giant Steps/Innocent Bystander 6, im Bistro des Weingutes (im Ort gelegen) kann man nicht nur guten Wein trinken, sondern man bekommt auch leckere Pizzen (20–25 $) und ein paar gute Hauptgerichte. Tägl. 10–22 Uhr. 336 Maroondah Hwy, ✆ 59626111, www.innocentbystander.com.au.

Church and Main **4**, gegrilltes Steak oder Kängurufilet 29 $, Burger oder Pasta 20 $. Gutes Frühstück. Di–So ab 9 Uhr, So nur bis 15.30 Uhr. 177 Maroondah Highway, ✆ 59623327, www.churchandmain.com.au.

Mornington Peninsula

Wenn der Sydneysider am Wochenende an die Northern Beaches fährt, bricht der Melbournian in Richtung Mornington Peninsula auf. Eine ganze Reihe charmanter „Seaside Villages" gibt es hier und im Sommer pilgern die Großstädter in Scharen an die Badestrände.

Die charakteristischen bunten Strandhäuschen, die sich hier entlang der Port Phillip Bay reihen, werden als typisches Motiv immer wieder gerne fotografiert. Wem das einfache Plantschen oder Sonnenbaden zu langweilig ist, der geht zum Angeln oder Segeln oder vergnügt sich auf einem der rund 20 Golfplätze. Der Großstädter, der es sich leisten kann, gönnt sich hier ein Feriendomizil oder den Alterswohnsitz am Wasser, v. a. das südlich gelegene Portsea tut sich diesbezüglich hervor und kann mit exklusiven Wohnhäusern aufwarten. Aber auch im nördlichen Bereich der Halbinsel können Urlauber das Strandleben an der Port Phillip Bay genießen – und profitieren außerdem von sämtlichen Einrichtungen der großen Ortschaften. Auf Höhe von Dromana liegt der **Arthurs Seat**, ein rund 300 m hoher Hügel, von dem man den besten Blick über die ganze Port Phillip Bay hat.

Anreise Pkw: Distanzen ab Melbourne: *Frankston* 40 km, *Mornington* 55 km, *Dromana* 70 km, *Sorrento* 93 km, *Portsea* 97 km.

Bahn & Bus: Mit der *Metro* (✆ 1800800007, www.ptv.vic.gov.au) von *Melbourne* nach *Frankston*, von dort steuern Regionalbusse (✆ 97714300, www.venturabus.com.au) die Ortschaften der Halbinsel an.

Fähre: → Sorrento und Portsea.

Touristinfo Peninsula Visitor Information Centre, tägl. 9–17 Uhr. 359 Point Nepean Road, Dromana, ✆ 59873078 oder 1800804009, info@tourism.mornpen.vic.gov.au.

Mornington Peninsula im Internet Infos unter www.visitmorningtonpeninsula.org.

Supermarkt Aldi, Mo–Fr 8.30–20 Uhr, Sa/So 8.30–19 Uhr, Mornington Village Shopping Centre, 241 Main Street, Mornington.

Foreshore Camping Die perfekten Stellplätze für den Camper gibt es in Rosebud, Rye und Sorrento. Direkt am Strand gelegen, sind sie sehr beliebt und nicht ganz billig (26–48 $/Nacht). Im Sommer unbedingt vorab reservieren. ✆ 59851011, mpfc@mornpen.vic.gov.au.

Übernachten/Essen The Bay Motel, gutes Motel nur ein paar Gehminuten vom Strand, nicht ganz billig, aber absolut in Ordnung. Das Standard-DZ kann man online ab etwa 120 $ buchen. 21 Nepean Hwy, Safety Beach, ✆ 59872311, www.thebaymotel.com.au.

Royal Hotel, hübsche Pub-Zimmer und richtig gute Küche. Probieren Sie die Lammschulter mit Kardamom-Joghurt (29 $). DZ ab 150 $. 770 Esplanade, Mornington, ✆ 59758555, www.theroyal.com.au.

Kangerong Holiday Park, tadelloser BIG4-Park mit jeglichen Einrichtungen. Campen 40–70 $, Cabin mit einem Schlafzimmer ab 120 $, Spa-Suiten ab 185 $. 105 Point Nepean Road, Dromana, ✆ 59872080, www.kangerong.com.au.

The Bay Hotel, für 20–30 $ gibt es hier gutes Pub-Food, Steaks kosten etwas mehr. Am Wochenende Live-Musik und Disco. Bistro tägl. 12–15 und 18–21 Uhr. 58–62 Main Street, Mornington, ✆ 59762222, www.bayhotel.com.au.

D.O.C Mornington, hier gibt es Prosciutto, Mozzarella di Bufala und jede Menge anderer Köstlichkeiten. Tagsüber ein italienisches Lebensmittelgeschäft und Deli und abends eine Pizzeria. Einen superleckeren Espresso bekommt man immer. Mi–Mo 10.30–22.30 Uhr. 22 Main Street, Mornington, ✆ 59770988.

Lilo Café, direkt an der Strandpromenade und mit supergutem Essen: Kürbis-Gorgonzola-Tarte mit Walnüssen (16,50 $) oder knuspriges Brot mit Lachs und Avocadodip (17 $) sind die perfekte Stärkung. Und guten Kaffee bekommt man auch. Tägl. 8–16 Uhr (Küche bis 15 Uhr), Fr/Sa auch Abendessen. 1/725 Esplanade, Mornington, ✆ 59750165, www.lilocafe.com.au.

Sorrento und Portsea

ca. 1500 Einw.

Sorrento ist das betriebsame Urlaubszentrum im äußersten Süden der Halbinsel. Hier ziehen aus den Lokalen die Düfte mediterran angehauchter Köstlichkeiten, während die Passanten entspannt durch die Straßen flanieren. In den kleinen Shops wird alles verkauft, was man für einen Strandbesuch braucht.

Die Mornington Peninsula ist hier nur noch knappe 2 km breit, sodass man je nach Lust und Laune zwischen den ruhigen Badearealen in der Bucht und den wilderen Surfsträndern am offenen Meer wählen kann. Der **Portsea Surf Beach** ist bei den Könnern der Szene angesagt, aber auch nicht ganz ungefährlich. Harmloser ist es da schon, sich ins legendäre **Portsea Hotel** zu setzen, auf der Sonnenterrasse ein Bier zu trinken und aufs Wasser zu blicken – eine sehr beliebte Beschäftigung. Von Sorrento aus fährt die Fähre an der Zufahrt zur Port Phillip Bay vorbei zur Bellarine Peninsula und nach Queenscliff.

Bunt bemalte „bathing boxes" an den Stränden der Mornington Peninsula

GPS: S38°20.40' E144°44.25'
Ortsvorwahl: 03

Anreise Pkw/Bahn & Bus: → Mornington Peninsula.

Fähre: Mit der Autofähre (*Searoad Ferries*, ☎ 52583244, www.searoad.com.au) von *Sorrento* aus. Pkw oder kleines Wohnmobil (Länge bis 5 m, Breite bis 2 m) 62 $ inkl. Fahrer plus 7,50 $/zusätzl. Pers. Fahrzeuge länger als 5,5 m kosten 11 $/Meter. Tägl. 7–18 Uhr im Stundentakt. Überfahrt ca. 40 Min.

Touristinfo Es gibt einen kleinen **Informationskiosk** an der Ocean Beach Road im Ortskern. Einige Broschüren und nette Beratung.

Sorrento im Internet Informationen unter www.virtualsorrento.com.au.

Bootsfahrten **Moonraker Charters & Dolphin Swims**, hier kann man mit wilden Delfinen schwimmen. Die Erfolgsquote ist hoch, aber es gibt keine Garantie. Ab 135 $ ab Sorrento Pier, 199 $ ab Melbourne. ☎ 59844211, www.moonrakercharters.com.au.

Supermarkt Aldi, in Rosebud, tägl. 8.30–20 Uhr, 1313–1335 Point Nepean Road, Rosebud.

Übernachten in Sorrento Hotel Sorrento, edle Adresse am Wasser. In dem schönen Gebäude gibt es ein Pub und ein Restaurant (Hauptgerichte 20–35 $), außerdem wohnliche Unterkünfte. Suiten ab 230 $. 5–15 Hotham Road, ☎ 59848000, www.hotelsorrento.com.au.

Sorrento Beach Motel, von außen bunt wie die kleinen Strandhütten, innen mit Motelkomfort und WLAN. DZ 150 $ (Standard) bis 255 $ (mit Spa). 780 Melbourne Road, ☎ 59841356, www.sorrentobeachmotel.com.au.

Sorrento Foreshore Reserve, → S. 461

Essen & Trinken in Sorrento The Baths, tolle Lage direkt am Main Beach. Im Restaurant gibt es ausgezeichnete Linguine mit Garnelen und Chili (27 $). Tägl. 11.30–21 Uhr. 3278 Point Nepean Road, ☎ 59841500, www.thebaths.com.au.

Three Palms, bei Kingfish-Curry mit Mango oder Scaloppine mit gegrillten Pilzen lässt es sich hier gut aushalten. Hauptgerichte 20–35 $. Mi–So Lunch ab 12 Uhr, Dinner ab 18 Uhr. 154 Ocean Beach Road, ☎ 59841057, www.threepalms.com.au.

Itali.co Sorrento, gute italienische Küche, für Pasta sind 20–30 $ fällig, für Salate um 15 $, für ordentliche Pizzen um 25 $. Tägl. ab 12 Uhr. 1 The Esplanade, ☎ 59844004, www.italicosorrento.com.

Übernachten/Essen in Portsea Portsea Hotel, nicht die modernsten Zimmer, aber sauber und in grandioser Lage. Mit Bar und Bistro. Einfaches DZ ohne Bad ab 160 $, mit Bad ab 210 $. 3746 Point Nepean Road, ☎ 59842213, www.portseahotel.com.au.

Point-Nepean-Nationalpark

Die exponierte Lage an der Zufahrt zum Port Phillip ist mit einer der Gründe für die geschichtliche Entwicklung des Areals. Einerseits wurde hier bereits 1852 eine Quarantänestation eingerichtet, andererseits gab die strategisch günstige Lage den Impuls zur Errichtung von Befestigungsanlagen, die zwischen den 1880er-Jahren und den Weltkriegen entstanden und natürlich Verteidigungszwecken dienten. Besucher können die historischen Anlagen besichtigen, zum Fort Pearce gelangt man bequem mit dem (Miet-)Fahrrad, zum Fort Nepean muss man einen weiteren Kilometer zu Fuß zurücklegen. Alternativ fährt ein Shuttle im ersten Abschnitt. Das Schwimmen ist übrigens an allen Stränden des Nationalparks verboten und das nicht zu Unrecht: Die Gewässer sind äußerst gefährlich – prominentestes Opfer ist der ehemalige Premierminister *Harold Holt*, der 1967 beim Baden am Cheviot Beach spurlos verschwand.

Park und Visitor Centre 10–17 Uhr, mit dem Auto kann man von 8 bis 17 Uhr in den Park fahren. Transportshuttle im Park 10 $. Fahrradmiete 29 $/Tag. ✆ 59846014.

French Island
ca. 70 Einw.

French Island ist ausschließlich per Fähre erreichbar und konnte sich auf diese Weise einen Gutteil seiner Ursprünglichkeit bewahren. Gerade mal 70 Einwohner zählt das 12 mal 18 km große Eiland heute.

Außerdem leben hier die wohl glücklichsten Koalas in ganz Australien – da es hier keine Füchse oder andere natürliche Fressfeinde gibt, konnte sich die im 19. Jh. angesiedelte Population ungehindert vermehren.

Bis 1975 waren in der *McLeod Prison Farm* Sträflinge weggesperrt, mittlerweile ist aus ihr die **McLeod Eco Farm** geworden, die nach ökologischen Gesichtspunkten geleitet wird und rund 150 Gäste beherbergen kann. Auf eigene Faust kann man die Insel nur per pedes oder mit dem Drahtesel erkunden, Touristen müssen ihre Autos auf dem Festland zurücklassen.

GPS: S38°21.10' E145°17.75'
Ortsvorwahl: 03

Anreise Pkw: Der *Stony-Point*-Fährterminal ist 82 km von Melbourne entfernt und über den Monash Freeway und den Western Port Highway zu erreichen.

Fähre: *Inter Island Ferries* (✆ 95855730, www.interislandferries.com.au) fährt von *Stony Point* nach *Tankerton* (13 $ einfach, 15 Min.) und verkehrt außerdem zwischen Tankerton und Cowes auf Phillip Island (13 $ einfach, 30 Min.). Tägl. morgens und abends.

Fahrräder Verleih im General Store; wenn man reserviert (✆ 59801209), stehen sie bei Ankunft an der Fähre bereit.

Sonstiges Es gibt einen kleinen General Store (✆ 59801209), in dem man das Nötigste kaufen kann.

Touren auf der Insel French Island Tours, Halbtagestouren ab 25 $/Pers., Tagestouren inkl. Lunch 49 $. Termine auf Anfrage. Lot 4 Bayview Road, ✆ 59801241 oder 0412671241 (mobil), www.frenchislandtours.com.au.

Übernachten McLeod Eco Farm, Mehrbettzimmer, gemütliche DZ, Lounge und Gemeinschaftsküche. Im Gästehaus kann man für 98 $/Pers. und Nacht ein DZ oder Twin-Zimmer beziehen, inkl. Abendessen. McLeod Road, ✆ 59801224, www.mcleodecofarm.com.

Tortoise Head Guest House, frei stehendes, grün gestrichenes Holzhaus mit großer Veranda. DZ 180 $ (mit eigenem Bad). 10 Tankerton Road, 300 m von der Landungsbrücke entfernt, ✆ 59801234, www.tortoisehead.net.

Fairhaven Campground, Toiletten sind vorhanden, sonst ganz rudimentär. Feuer zu jeder Zeit verboten. An der Westküste, nördlich der Landungsbrücke. Buchungen unter ✆ 59869100.

Übernachten
1 Cowes Caravan Park
2 Seahorse Motel
6 Rhyll Haven
8 Phillip Island Caravan Park

Nachtleben
7 Rusty Water Brewery Restaurant & Bar

Essen & Trinken
3 The Goat in the Boat
7 Rusty Water Brewery Restaurant & Bar

Einkaufen
5 Coles Supermarkt

Cafés
4 Madcowes Café

Phillip Island

ca. 8000 Einw.

Im Gegensatz zum benachbarten French Island ist Phillip Island über eine Brücke mit dem Festland verbunden und mit mehreren Ortschaften entsprechend intensiv erschlossen – auf dem Phillip Island Circuit wird sogar ein Motorrad-Grand-Prix veranstaltet.

Hauptattraktion ist aber zweifellos die alltägliche Pinguinparade, die jährlich rund eine halbe Million Besucher in ihren Bann zieht. Am Seal Rock gibt es außerdem eine der größten Seebärenkolonien des Landes, die bis zu 16.000 Tiere zählt. Entdeckt wurde die Insel bereits 1798, es folgten die Walfänger, die Seehundjäger und letztendlich die Schafherden. Der Tourismus entwickelte sich ab den 1920er-Jahren, als man den Zugang zur Penguin Parade erleichterte. Die „Inselhauptstadt" Cowes liegt an der Nordküste, an der Südküste gibt es einige gute Surfstrände.

GPS: S38°28.80' E145°14.44'
Ortsvorwahl: 03

Anreise Pkw: Auf dem Landweg fährt man von *Melbourne* aus gut 145 km, der Fährterminal am *Stony Point* ist nur 82 km von Melbourne entfernt und über den Monash Freeway und den Western Port Highway zu erreichen; von dort fahren die Inter Island Ferries.

Fähre: *Inter Island Ferries* (☎ 95855730, www.interislandferries.com.au) fährt von Stony Point nach Cowes (13 $ einfach, 30 Min.) und verkehrt außerdem zwischen Cowes und Tankerton auf French Island (13 $ einfach, 30 Min.). Tägl. morgens und abends.

Information Phillip Island Visitor Centre, gleich an der Zufahrtstraße. Tägl. 9–17 Uhr. 895 Phillip Island Tourist Road, Newhaven, ☏ 1300366422, piinfo@basscoast.vic.gov.au.

Phillip Island im Internet Informationen unter www.visitphillipisland.com.

> ### Three Parks Ticket
>
> Mit dem Kombiticket erhält man Zutritt zur **Penguin Parade**, zum **Koala Conservation Centre** und zu **Churchill Island**. Für den Besuch der Pinguine muss man den Termin festlegen, für die beiden anderen Sehenswürdigkeiten hat man dann 6 Monate Zeit. Erwachsene rund 42 $, Kinder (4–15 Jahre) ca. 21 $, Familien (2 Erw., 2 Kinder) 104 $. Auch mit verschiedenen Upgrades bei der Penguin Parade möglich. Im Sommer sollte man vorbuchen. ☏ 59512800, www.penguins.org.au.

Aktivitäten Island Surf School, eine Unterrichtseinheit (2 Std.) in der Gruppe 65 $, Privatstunde 150 $, für 2 Pers. 200 $, inkl. Material. 225 Smiths Beach Road, Smiths Beach, ☏ 59523443, www.islandsurfboards.com.au.

Cowes Boat Hire & Kayak Tours, ein Sit-on-Top-Kajak ab 15 $/Std., ein Tretboot ab 30 $/Std., ein 3,5-m-Boot mit Außenborder 40 $/Std., Kajaktouren ab 60 $. 48–50 Ventor Road, Cowes, ☏ 59525402, www.phillipislandhire.com.au.

Events Australian Motorcycle Grand Prix, Anfang Okt. auf dem Phillip Island Circuit.

Fahrradmiete Island E-Bike Hire, die 1. Stunde 20 $, 2. Stunde 10 $, jede weitere Stunde 5 $. 24 Std. 60 $, ab dann gestaffelt, eine Woche kostet 200 $. 142 Thompson Ave, Cowes, ☏ 0457382965, www.islandebikehire.com.au.

Internet Waterfront Computers, 15 Min. für 2 $. Mo–Fr 9–17 Uhr, Sa 10–13 Uhr. 1/130 Thompson Ave, Cowes, ☏ 59523312, www.waterfront.net.au.

Organisierte Touren Wildlifecoast Cruises, Fahrten zu einer von Australiens größten Seehundkolonien (2 Std. ab 79 $), in der Saison auch zum Whalewatching (4 Std. ab 120 $). ☏ 1300763739, www.wildlifecoastcruises.com.au.

Rundflüge Phillip Island Helicopters, Miniflüge ab 80 $/Nase, 1-mal um die Insel ab 225 $/Pers. Ab Newhaven, ☏ 59567316, www.phillipislandhelicopters.com.

Supermarkt Coles **5**, tägl. 7–22 Uhr, 68–80 Thompson Ave, Cowes.

Übernachten Rhyll Haven **6**, lässt keine Wünsche offen. Moderne Suiten in edlem Schick mit Bad und Küche/Kitchenette. Verschiedene Optionen, 240–360 $. 33A Rhyll-Newhaven Road, Rhyll, ☏ 59569463, www.rhyllhavenapartments.com.au.

Seahorse Motel **2**, ansprechendes Motel mit verschiedensten Optionen. Je nach Saison und Kategorie DZ 105–225 $. 29–31 Chapel Street, Cowes, ☏ 59522003, www.seahorsemotel.com.au.

Camping & Cabins Phillip Island Caravan Park **8**, moderner BIG4-Platz mit blitzblanken Sanitäranlagen und großer Gemeinschaftsküche mit elektrischen Grillstationen. Stellplätze ab 35 $, die einfachsten Cabins (mit Stockbetten) gibt es ab 69 $, in der gehobenen Version mit Doppelbett, Küche und Bad ab 110 $. 24 Old Bridge Drive, Newhaven Phillip Island, ☏ 59567227, www.phillipislandcpk.com.au.

Cowes Caravan Park **1**, großer Park direkt am Strand. Stellplatz 37–55 $, Standard-Cabin ab 90 $, geräumige Beachfront-Cabin ab 140 $. 164 Church Street, Cowes, ☏ 59522211, www.cowescaravanpark.com.au.

Essen & Trinken The Goat in the Boat **3**, mediterrane Küche mit gebratenen Snapper, grillten Lammkoteletts oder Garnelensalat. Alle Hauptgerichte um 32 $. Do–Mo Abendessen. 69 Thompson Ave, Cowes, ☏ 59523939, www.thegoatintheboat.com.au.

Madcowes Café **4**, ideal fürs Frühstück – ganz egal, ob gesund oder herzhaft. Auch verschiedene Lunch-Gerichte, z. B. Salate oder Burger. Guter Kaffee. Tägl. 7–16 Uhr. Shop 3/4, 17 The Esplanade, Cowes, ☏ 59522560, www.madcowescafe.com.au.

Rusty Water Brewery Restaurant & Bar **7**, selbst gebrautes Bier, Pizzen (20 $) und gutes Pub-Food für unter 30 $, Steaks bis 40 $. Küche Mi–So 12–15 und 17.30–20.30 Uhr. 1821 Phillip Island Road, Cowes, ☏ 59521666, www.rustywaterbrewery.com.au.

Sehenswertes

Penguins Parade: Ganze Scharen an Besuchern pilgern nach Phillip Island, (fast) nur um die ca. 30 cm kleinen Zwergpinguine *(Eudyptula Minor)* an Land watscheln zu sehen. Ein zuverlässiges Schauspiel, das jeden Abend aufs Neue stattfindet. Zuschauer können auf einfachen Rängen Platz nehmen, auf speziell angelegten Stegen stehen oder das Ereignis von der exklusiven *Sky-Box* aus beobachten. Auch werden Touren in Kleingruppen angeboten. Achtung: Man darf weder filmen noch fotografieren!
Jeden Abend zur Dämmerung. Tickets 24,50–85 $ (→ Kasten „Three Parks Pass"). 1019 Ventnor Road, Ventnor, ✆ 59512800, www.penguins.org.au.

Seal Colony und **Nobbies Centre**: Am äußersten westlichen Zipfel der Insel liegen die *Seal Rocks*, die die Heimat der größten Seebärenkolonie Australiens sind. Auf hölzernen Stegen kann man die Küste entlangmarschieren und die Tiere von den Aussichtsplattformen aus beobachten. Im Nobbies Centre gibt es neben informativen Displays als besondere Attraktion einige Bildschirme, auf die die Bilder einer vor dem Seal Rock installierten Unterwasserkamera übertragen werden.
Im Frühjahr 10–16 Uhr, im Sommer 10–20 Uhr, im Herbst 10–17 Uhr, im Winter 11–16 Uhr. Kein Eintritt. www.penguins.org.au.

Koala Conservation Centre: Im Eingangsbereich gibt es zunächst einige interaktive Stationen mit allerlei Informationen über Koalas und ihren Lebensraum – und natürlich einen kleinen Shop und ein Café. Im Außenbereich kann man dann auf mehreren Routen durch die Buschlandschaft marschieren und neben Koalas auch andere australische Wildtiere wie Kängurus und Vögel beobachten. Um die Koalas besonders gut zu sehen, hat man zwei Baumwipfelpfade angelegt.
Täglich 10–17 Uhr. Eintritt 12,25 $ (→ Kasten „Three Parks Ticket"). www.penguins.org.au.

Churchill Island Heritage Farm: Die gesamte Insel – rund 57 ha groß – ist ein einziges Freilichtmuseum mit historischen Wohnhäusern, alten Stallungen, riesigen Bäumen und wunderbar angelegten Gärten. Hier wurde einst Viehzucht betrieben, und noch heute grasen robuste Hochlandrinder auf den grünen Wiesen. Es gibt regelmäßig Vorführungen – z. B. im Peitschenknallen –, einen Souvenirshop und ein Café.
Per Brücke mit dem Pkw erreichbar. Tägl. 10–17 Uhr. Eintritt 12,25 $ (→ Kasten „Three Parks Ticket"). www.penguins.org.au.

Phillip Island Circuit: Auf dem 4445 m langen Rundkurs finden die Rennen der Klassen *V8 Supercars*, *MotoGP* und *Superbike* statt. Angelegt wurde die Strecke in den 1950er-Jahren. Es gibt geführte Touren, im Museum kann man sich über die Historie des Rennsports informieren. Wer etwas Adrenalin spüren will, der kann sich von einem Rennfahrer im *Audi R8* chauffieren lassen.
Touren tägl. 14 Uhr, 22 $; Rennsport-Ausstellung 15 $. Rennrunden mit erfahrenem Pilot 330 $. Back Beach Road, Phillip Island, ✆ 59522710, www.phillipislandcircuit.com.au.

Hanging Rock und Werribee-Park

Hanging Rock: Die Felsformationen sind vulkanischen Ursprungs und rund 6 Mio. Jahre alt – im 19. Jh. dienten sie zahlreichen Bushrangern als Versteck und Zuflucht. Der Hanging Rock ist übrigens Schauplatz für *Joan Lindsays* berühmten Roman „Picnic at Hanging Rock" („Picknick am Valentinstag", 1975 verfilmt von Peter Weir, → S. 95), der im Jahr 1900 spielt – schon damals war das Areal ein beliebtes Ausflugsziel. Heute gibt es im *Hanging Rock Reserve* etliche Wanderwege, ein Café am Fuß des Berges und eine Pferderennbahn.

Tägl. 9–17 Uhr (je nach Jahreszeit variierend). Eintritt in den Park 10 $/Pkw. 80 km nordwestlich von **Melbourne**, erreichbar über den Calder Freeway. Visitor Information in der South Rock Road, Woodend, ✆ 54272033.

Werribee Park: Sicherlich eines der prunkvollsten Anwesen in ganz Australien ist die feudale *Werribee Mansion*, ein Herrenhaus mit 60 Zimmern inmitten wunderbar angelegter Gärten. Die aus Schottland stammenden Chirnsides schufen hier Mitte des 19. Jh. ein enormes Viehzucht-Imperium und ließen sich in den Jahren 1874 bis 1877 einen standesgemäßen Wohnsitz errichten. Mittlerweile sind Gebäude und Gelände Eigentum der Regierung und täglich für Besucher geöffnet, wobei hochkarätige kulturelle Veranstaltungen fester Bestandteil des Jahreskalenders sind. Gleich nebenan befindet sich der *Werribee Open Range Zoo*, ein Safaripark mit Löwen, Giraffen, Zebras und Flusspferden.

Herrenhaus 10–17 Uhr (im Winter 10–16 Uhr), Zoo 9–17 Uhr. Eintritt Herrenhaus 9,30 $, Führung zusätzlich 9,30 $. Zoo 30,80 $. K. Road, Werribee, ✆ 131963 (Herrenhaus), ✆ 1300966784 (Zoo), www.werribeepark.com.au. Shuttleservice ab/nach Melbourne 25 $, ✆ 97485094, www.werribeeparkshuttle.com.au.

Bellarine Peninsula

Die Bellarine Peninsula, die südwestlich von Melbourne markant in den Port Phillip hineinragt, wird im Süden durch die Wasser der Bass Strait begrenzt. An der **Corio Bay** liegt Geelong, die größte Ortschaft der Halbinsel; daneben gibt es auch etliche bekannte und bei Urlaubern sehr beliebte Küstendörfer wie etwa Queenscliff. Im Inneren der Halbinsel wird viel Wein angebaut, die Ortschaften an der zum Meer gewandten Küste ziehen v. a. Surfer und Hochseeangler an. Aufgrund der Lage südwestlich von Melbourne und der Fährverbindung von der **Mornington Peninsula** aus ist die Region stark frequentiert, viele Reisende machen hier Halt auf dem Weg zur *Great Ocean Road*.

Geelong

ca. 200.000 Einw.

Geelong wird selten die Aufmerksamkeit zuteil, die es eigentlich verdient hätte. Zwischen Melbourne und der Great Ocean Road gelegen, wird Victorias zweitgrößte Stadt von internationalen Touristen viel zu oft vernachlässigt – dabei muss man nur ein paar Schritte entlang der wunderbar gestalteten Uferpromenade spazieren, um begeistert zu sein.

Es ist die Mischung aus Geschichte, kosmopolitischer Betriebsamkeit und entspannter Strandgemütlichkeit, die den Besucher in den Bann zieht. Es gibt wunderbare Cafés, ein riesiges Art-déco-Meerbad aus den 1930er-Jahren und, wie es sich für eine Universitätsstadt gehört, ein vielfältiges Nachtleben. Im 19. Jh. war Geelong der größte Wollexporthafen des Landes – die vielen restaurierten Speichergebäude verleihen der Stadt auch heute noch einen ganz besonderen Charme.

Ursprünglich war das Gebiet von den *Wathaurong People* bewohnt. In diesem Zusammenhang gibt es eine außergewöhnliche Geschichte des Zusammenlebens zwischen einem Europäer und den Ureinwohnern: Der Sträfling *William Buckley*, der 1803 aus dem Lager in Sorrento floh, verbrachte die folgenden 33 Jahre mit den Aborigines. Das Buch, das von John Morgan über diese Erlebnisse geschrieben wurde, gilt noch heute als eine der bemerkenswertesten Darstellungen der Kultur der Ureinwohner.

Geelong 469

Die „Baywalk Bollards" sind entlang der Strandpromenade aufgestellt

Basis-Infos

Anreise Pkw: Von **Melbourne** fährt man rund 75 km, von **Ballarat** sind es 90 km auf dem Midland Highway. Von **Torquay** (Great Ocean Road) fährt man noch 24 km, von der Fähre in **Queenscliff** sind es 32 km.

Bahn & Bus: Busse und Züge (✆ 1800800007, www.ptv.vic.gov.au) fahren ab **Melbourne** (60 Min.) und **Ballarat** (90 Min.). Für Anbindungen an die Ortschaften der Great Ocean Road → S. 493.

Flugzeug: Der Avalon Airport knapp 20 km nördlich von **Geelong** wird von *Jetstar* angesteuert. Transfers mit dem *Avalon Airport Shuttle* (✆ 52788788, www.avalonairportshuttle.com.au) ab etwa 25 $.

GPS: S38°08.92' E144°21.67'
Ortsvorwahl: 03

Touristinfo Geelong & Great Ocean Road Information Centre, außerhalb am Highway von/nach Melbourne. Tägl. 9–17 Uhr. Princess Highway, Little River, ✆ 52831735.

National Wool Museum, ganz zentral im Gebäude des Woll-Museums. Parkplätze sind knapp und kostenpflichtig. Tägl. 9–17 Uhr. 26 Moorabool Str./Ecke Brougham Str., ✆ 52222900.

Geelong im Internet Informationen unter www.visitgeelongbellarine.com.au.

Festivitäten Festival of Sails, Ende Januar. Australiens größtes und ältestes Segelevent. Offiziell ausgetragen seit 1859, inoffiziell seit 1844. www.festivalofsails.com.au.

Avalon Airshow, zivile und militärische Flugschau, alle 2 Jahre im Febr./März, nächster Termin 2017. www.airshow.net.au.

Internet guf, Internetzugang, drucken und faxen. Tägl. ab 11 Uhr, meist bis spät in die Nacht. 28 Malop Street, ✆ 52228441, www.guf.com.au.

Sportstadion Simonds Stadium, das lokale Aussie Rules Team sind die *Cats*. Kardinia Park, La Trobe Terrace, ✆ 52249111.

Supermarkt Beide im Ortsteil Belmont, nahe den Campingplätzen.

Victoria / Umgebung von Melbourne

Aldi **12**, Mo–Fr 8.30–20 Uhr, Sa/So 8.30–19 Uhr, 149–151 High Street.

Coles **11**, tägl. 6–24 Uhr, 65 High Street.

Taxi Geelong Radio Cabs, Taxiruf ℡ 131008 oder einfach heranwinken.

Touren Geelong Walking Tours, die zweistündigen Touren mit Guide kosten 12 $ inkl. Morning Tea. Buchung ist erforderlich. ℡ 52447102.

More Than a Tour, Tagestouren ab Geelong, z. B. nach Phillip Island oder zur Great Ocean Road. ℡ 0428522951, www.morethanatour.com.au.

Winery Tours, es werden auch verschiedenen Touren zu den Weingütern der Bellarine Halbinsel angeboten. Da es überall Mindestteilnehmerzahlen gibt, erkundigt man sich am besten in der Touristeninformation.

Übernachten/Essen & Trinken/Nachtleben

Übernachten Novotel Geelong **3**, zentrale Lage, nur einen Steinwurf vom Wasser entfernt. Großhotel mit Rundumversorgung, es gibt eine Bar, ein Restaurant und ein Salzwasser-Hallenbad. Die Zimmer entsprechen 4-Sterne-Standard. Das DZ mit Balkon gibt es ab 175 $. 10–14 Eastern Beach Road, ℡ 52231377, www.novotelgeelong.com.au.

Vue Apartments & Day Spa **5**, Studios und Apartments in versch. Kategorien und Größen – entweder mit Kitchenette oder Küche. Von einigen Balkons Meerblick. WLAN kostenlos. Für 2 Pers. ab 150 $/Nacht. 6 Bellerine Street, ℡ 52021061, www.vueapartments.com.au.

Rose Garden Motel **13**, Hübsches, schlichtes Motel mit sauberen Zimmern und freundlichem Service. DZ ab 130 $. 14–16 Settlement Road, ℡ 52419441, www.rosegardenmotel.com.au.

Geelong Riverview Tourist Park **10**, BIG4-Park am Fluss. Hübscher Park mit guter Ausstattung. Camping ab 36 $, mit Strom ab 42 $, einfachste Cabin ab 100 $. 59 Barrabool Rd., Belmont, ℡ 52436225 oder 1800336225, www.geelongriverview.com.au.

Weitere Campingplätze in derselben Straße.

Restaurant & Cafés Bistrot St. Jean **9**, liegt nicht direkt an den klassischen Sightseeing-Spazierrouten, ist aber die 10 Min. Umweg allemal wert. Französisch inspirierte Küche in lockerer Atmosphäre, es gibt Käsesoufflé mit Walnüssen, Hähnchenleber-Parfait oder Entenconfit. Preis-Leistungs-Verhältnis passt, Hauptgerichte 25–35 $, Vorspeisen um 18 $. Mo–Sa ab 11 Uhr. 239 Moorabool Street, ℡ 52982408, www.bsj.com.au.

》》 Mein Tipp: **A Rani** **7**, günstiges Thai-Restaurant. Solide Currys und Stir-Frys 10–15 $. Vorspeisen, z. B. Fishcakes, um die 7 $. Auch Take-away. Mo–Fr Lunch 11–14 Uhr, Dinner 17–21.30 Uhr, Sa 12–15 und 17–21.30 Uhr, So 17–21.30 Uhr. 136 Malop Street, ℡ 52221737. 《《

Café Go **8**, kleines und richtig gemütliches Café mit günstigen Frühstücks- und Lunchgerichten – mit 17 $ ist das Steaksandwich am teuersten. Mo–Fr 7–16 Uhr, Sa 8–16 Uhr. 37 Bellerine Street, ℡ 52294752, www.cafego.com.au.

Waterfront Kitchen **2**, im Gebäude der Deakin Universität, aber nicht nur für Studenten. Direkt gegenüber dem Cunningham Pier, mit Plätzen im Freien. Super für einen Kaffee und einen kleinen Snack. Mo–Do 7–17 Uhr, Fr 7–19 Uhr, Sa/So 8–15 Uhr. ℡ 52278641.

》》 Mein Tipp: **Mussel Boat** **1**, direkt im Hafen am Wasser gelegen. Hier werden frische Muscheln und zubereitete Muschelgerichte als Take-away direkt vom Boot verkauft. Rund 7 $ pro Box. 《《

Pubs & Bars Edge **3**, Lokal mit großem Außenbereich an der Strandstraße. Kleine, aber gute Speisekarte – auch schon zum Frühstück. Abends wird hier am Wochenende gefeiert. Mo–Fr ab 9 Uhr, Sa/So ab 8 Uhr, Fr/Sa bis 1 Uhr. 6–8 Eastern Beach Road, ℡ 552222666, www.edgegeelong.com.au.

Beav's Bar **6**, kleine Retro-Bar mit wild zusammengewürfelter Einrichtung und gemütlichen Lounge-Sofas. Do/Fr Live-Musik. Mi–Sa 16 Uhr bis spät. 77 Little Malop Street, ℡ 52223086, www.beavsbar.com.au.

Home House **4**, der beste Club der Stadt. Hier tanzt man zu R'n'B, House oder Dancemusic. Je nach Veranstaltung Eintritt ab 10 $. Do–So 22–7 Uhr. 40–42 Moolabool Street, ℡ 52227333, www.homehouse.com.au.

Sehenswertes

Zu den sehenswerten Ecken der Stadt gehören auf jeden Fall das historische Zentrum und die Waterfront. Marschiert man von der Touristinformation Richtung Corio Bay, so steht man nach wenigen Minuten am **Steampacket Quay**. Zur Linken erstreckt sich die schneeweiße **Cunningham Pier** bis weit aufs Wasser hinaus, zu Rechten erhebt sich ein futuristischer Glaspavillon, in dem sich ein historisches Dampfkarussell aus dem Jahr 1892 befindet. Entlang der Western Beach Road reihen sich liebevoll restaurierte Wollspeicher, die heute den **Waterfront Campus** der Deakin-Universität bilden. In entgegengesetzter Richtung, entlang der Eastern Beach Road, gelangt man zum Yachthafen und zum Badestrand. Am **Eastern Beach** befindet sich auch das prächtige Meerbad mit der halbrunden Einfassung. In den Parkanlagen an der Küste finden regelmäßig Veranstaltungen statt. Hier schließt auch direkt der **Eastern Park** an, in dem der **Botanische Garten** und ein Golfplatz untergebracht sind.

Baywalk Bollards

Die Werke von *Jan Mitchel* erzählen von der Geschichte Geelongs und entlocken dem Betrachter bisweilen ein Schmunzeln. Aus den Holzpfeilern einer demolierten Pier hat die Künstlerin 104 Figuren geschaffen und in der Stadt aufgestellt. Auf aufwendige Schnitzereien wurde verzichtet, der Eindruck menschlicher Gestalten entsteht fast ausschließlich durch die bunte Bemalung. Porträtiert wurden u. a. eine Militärband, Seemänner, Lifeguards, Badenixen und eine *Koori*-Familie. Zu den bekannten Persönlichkeiten gehören Matthew Flinders oder der Landvermesser Ian Mitchell.

National Wool Museum: Die Geschichte Australiens ist untrennbar mit der Wollindustrie verbunden und dieses Museum widmet sich ganz dem kostbaren Naturprodukt. In zwei Galerien erhält man Einblicke in Gewinnung und Weiterverarbeitung zu Wollprodukten. Man kann sogar zuschauen, wie in einer Strickmaschine Socken entstehen.
Mo–Fr 9.30–17 Uhr, Sa/So 10–17 Uhr. Eintritt 8,25 $. 26 Moorabool Street, ✆ 52724701, www.geelongaustralia.com.au/nwm.

Geelong Art Gallery: Eine ausgezeichnete und hochgelobte Kunstgalerie. Hier hängt das Ölgemälde „View of Geelong" von Eugene von Guerard (1856) – mit einem Wert von 3,8 Mio. Dollar eines der teuersten australischen Kunstwerke überhaupt. Auch die Ausstellungen moderner Kunst sind äußerst interessant. Sehr gut bestückter Museumsshop.
Tägl. 10–17 Uhr. Eintritt frei, jeden Sa um 14 Uhr kostenl. Führungen. Little Malop Street, ✆ 52293645, www.geelonggallery.org.au.

Queenscliff   ca. 3500 Einw.

Die Ortschaft ist ein wunderbarer Zeitzeuge der viktorianischen Ära. Schon im 19. Jh. urlaubte hier die reiche Oberschicht, entsprechend entstanden damals prunkvolle Hotels und feudale Residenzen.

Viele davon reihen sich entlang der Hesse Street, es lohnt sich aber, auf Erkundungstour zu gehen. Ursprünglich war Queenscliff v. a. als strategischer und militärischer Stützpunkt von Bedeutung: Boote und Leuchttürme lotsten Transportschiffe durch das „Rip", die berüchtigte Passage, die in den Port Phillip führt. Außerdem galt es natürlich, die bedeutende Hafeneinfahrt gegen mögliche Angriffe zu schützen. Die Fortanlagen stammen aus den 1880er-Jahren und gehören zu den eindrucksvollsten des Landes. Es gibt eine Fähre nach Sorrento auf der Mornington Peninsula.

GPS: E144°39.64'
Ortsvorwahl: 03

Anreise Pkw: Von *Melbourne* fährt man 110 km, von *Geelong* 32 km, von *Torquay* (zum Ausgangspunkt der *Great Ocean Road*) sind es 45 km.

Bahn & Bus: Busse von *McHarry's* (℡ 52232111, www.mcharrys.com.au) fahren von/nach *Geelong*. Von dort Zugverbindung nach *Melbourne*.

Fähre: Mit der Autofähre (*Searoad Ferries*, ℡ 52583244, www.searoad.com.au) von *Sorrento* aus. Pkw oder kleines Wohnmobil (Länge <5 m, Breite <2 m) 62 $ inkl. Fahrer plus 7,50 $/zusätzl. Pers. Fahrzeuge >5,5 m Länge kosten 11 $/Meter. Tägl. 7–18 Uhr im Stundentakt. Überfahrt ca. 40 Min.

Touristinfo Queenscliffe Visitor Information Centre, mitten im Ort. Tägl. 9–17 Uhr. 55 Hesse Street, ℡ 52584843, info.centre@queenscliffe.vic.gov.au.

Queenscliff im Internet Informationen unter www.queenscliff.com.

Fahrradmiete Im Big4 Beacon Resort kann man Mountainbikes ab 10 $/Std. und 30 $/Tag mieten. Kaution 50 $/Rad, inkl. Helme. 78 Bellarine Highway, ℡ 52581133, www.beaconresort.com.au.

Festival Queenscliff Music Festival, über 3 Tage im November, auf mehreren Bühnen. www.qmf.net.au.

Ausflüge Dolphin Swims, Touren zu den Delfinen und Seehunden in der Bucht. Flossen, Schnorchel und Masken werden gestellt. 140 $/Pers., Begleitpersonen können zum Zuschauen für 75 $ mit aufs Boot. Saison ist Okt.–April. ℡ 52583889, www.dolphinswims.com.au.

Internet Im Info-Centre (s. o.) und in der Bibliothek (gleich nebenan), Mo/Di 13.30–17 Uhr, Mi–Fr 10–17 Uhr, Sa 9.30–12 Uhr. 55 Hesse Street, ℡ 52582017.

Übernachten Vue Grand Queenscliff, in dem wunderschönen historischen Gebäude gibt es moderne, wirklich edle Zimmer mit Bad und Flatscreen-TV. Suiten mit Doppelwanne und Fußbodenheizung im Bad. Verschiedenste Pakete mit Unterkunft und Verpflegung ab 270 $. 46 Hesse Street, ℡ 52581544, www.vuegrand.com.au.

Seaview House, gemütliches Gästehaus mit 14 Zimmern (je mit Bad) und 2 Lounges. Standard-DZ ab 130 $. 86 Hesse Street, ℡ 52581763, www.seaviewhouse.com.au.

Beacon Resort, x-fach ausgezeichnet und wirklich einer der besten Campingplätze in Victoria. Alles penibel gepflegt, die Sanitäranlagen sind blitzblank und sogar Fahrradmiete und einen Wäscheservice gibt es. Das kostet leider auch: ab 44 $/Stellplatz, Zimmer bzw. Cabins ab 130 $. 78 Bellarine Highway, ℡ 52581133, www.beaconresort.com.au.

Essen & Trinken Athelstane House, schlicht, aber mit Flair und gutem Essen. Ricotta-Parmesan-Gnocchi (28 $) oder Risotto mit Wildpilzen und geräucherter Ente (30 $). Umfangreiche Weinkarte. Tägl. ab 8.30 Uhr, Dinner nur Sa/So. 4 Hobson Street, ℡ 52581024, www.athelstane.com.au.

Rolling Pin, hier gibt's richtig gute Pies und es wird so voll, dass man Nummern ziehen muss, damit sich keiner vordrängelt. Tägl. 8–16 Uhr. 40 Hesse Street, ℡ 52581533, www.rollingpin.com.au.

Sehenswertes

The Blues Train: Das ist Groove pur! In den Waggons einer Dampfeisenbahn spielen australische Blues-Größen und machen auf diese Weise die Rundfahrt zu einer echten Party. An den Haltestellen sorgen mobile Bars für das leibliche Wohl, und man kann hier die Waggons wechseln, um die nächste Band zu erleben.
Hier muss man die Tickets (rund 100 $ plus 3 $ Buchungsgebühr) im Voraus buchen. Kein BYO-Alkohol. Dauer: Von 18.30 Uhr bis etwa 23.30 Uhr. www.bluestrain.com.au.

Fort Queenscliff Museum & Black Lighthouse: Das Fort stammt aus der Zeit um 1882 und war einst Teil eines ausgeklügelten Verteidigungssystems, das die Einfahrt in den Port Phillip schützen sollte. Die Befestigungsanlage ist die größte und am besten erhaltene in ganz Australien, kennenlernen kann man sie innerhalb geführter Touren. Auf dem Gelände steht übrigens ein ganz besonderer Leuchtturm: Er ist komplett aus schwarzen Steinen gemauert.

Führungen an Wochenenden und Feiertagen um 13 und 15 Uhr, 12 $/Pers. King Street, ✆ 52581488, www.fortqueenscliff.com.au.

Queenscliff Maritime Museum: Die Ortschaft kann mit einer reichen Geschichte in puncto Fischerei und Seefahrt aufwarten – ein Besuch des Museums ist also recht interessant. Zu den Favoriten gehört das letzte Rettungsboot, das hier von 1969 bis 1976 seinen Dienst tat, oder ein hydrografisches Modell des „Rip", der gefährlichen Passage zwischen offenem Meer und Port Phillip.

Mo–Fr 10.30–16.30, Wochenende 13.30–16.30 Uhr. Eintritt 7 $. 2 Wharf Street, ✆ 52583440, www.maritimequeenscliffe.org.au.

Die Cunningham Pier: Von hier aus kann man zu einem Rundflug starten

Ocean Grove

ca. 12.000 Einw.

Ocean Grove ist nach Geelong die größte Ortschaft auf der Halbinsel und ein beliebtes Urlaubsziel an der Küste. Im Sommer strömen die Badeurlauber in den Ort und genießen Sonne, Sand und Wellen.

Der lange Hauptstrand eignet sich hervorragend zum Schwimmen oder Surfen und wird während der Saison von Lifeguards bewacht. Bereits 1962 wurde auf Initiative der Einheimischen das **Nature Grove Nature Reserve** eingerichtet. Daneben fungiert der Ort als kommerzielles Zentrum der Gegend, es gibt eine kleine Geschäftsmeile mit Einkaufscenter, kleinen Shops, Cafés und Restaurants.

GPS: S38°15.89' E144°31.03'
Ortsvorwahl: 03

Anreise Pkw: Reisedistanzen: *Melbourne* 100 km, *Geelong* 25 km, *Torquay* (zum Ausgangspunkt der Great Ocean Road) 30 km.

Bahn & Bus: Busse von *McHarry's* (✆ 52232111, www.mcharrys.com.au) fahren von/nach *Geelong*. Von dort Zugverbindung nach *Melbourne*.

Supermarkt Coles, tägl. 6–22 Uhr, 77 The Terrace.

Übernachten/Essen Ti-Tree Village, in rustikal-australischen Stil mit viel Holz und Wellblech. Hochwertig eingerichtete Cottages, alle mit Bad, Küche und offener Feuerstelle. Sehr gutes BBQ-Restaurant. Übernachtung ab 180 $, am Wochenende etwa 25 % Aufschlag. 34 Orton Street, ✆ 52554433, www.ti-treevillage.com.au.

Ocean Grove Studio Suites and Holiday Units, moderne, helle und saubere Studios mit kleinen Terrassen, außerdem Unterkünfte mit 2 Schlafzimmern. Pool im Innenhof. Für 2 Pers. ab 129 $. 64–78 Wallington Rd., ✆ 52562555, www.Riversideoceangrove.com.au.

Riverview Family Caravan Park, komplett ausgestattete Cabin mit Bad und Küche je nach Saison ab 110 $, Stellplatz ab 30 $. Barwon Heads Rd., ✆ 52561600, www.barwoncoast.com.au.

🍃 **Piping Hot Chicken and Burger Grill**, eine etwas außergewöhnliche Location: Mischung aus Kneipe, Café, Take-away und Live-Bühne – und das auch noch auf kleinem Raum. Aber der Laden hat was, es wird Fair-Trade-Biokaffee ausgeschenkt, die verarbeiteten Hühner schmecken und die Konzerte sind super. 6/63 The Terrace, ✆ 52551566, www.pipinghotchickenshop.com.au. ■

Driftwood Café, leckerer Kaffee, ordentliches Frühstück und angenehme Atmosphäre. Gute Wahl auch für einen Mittagssnack. So–Do 7–16.30 Uhr, Fr/Sa 7–21.30 Uhr. 64D The Terrace, Ocean Grove, ✆ 52551832.

The Dunes, das Beach-Café direkt am Strand. Komplett von der Decke bis zum Boden verglaste Front mit Blick aufs Meer. Perfekt für ein entspanntes Frühstück. Tägl. ab 6.30 Uhr. Surf Beach Road, ✆ 52561944, www.dunescafe.com.au.

Zebra Bar, nette Pub-Bar mit großem Deck. Hier kann man gemütlich einen trinken gehen. Tägl. Abendessen, Fr–So auch Lunch. 1. Stock, The Terrace/Ecke Hodgson Street, ✆ 52553961, www.zebrabar.com.au.

Barwon Heads
ca. 3000 Einw.

In dem ehemaligen Fischerdorf an der Flussmündung des Barwon River geht es noch wesentlich entspannter zu als im benachbarten Ocean Grove. Die kleine Ortschaft kann mit hübschen Lokalen aufwarten und ist ideal für einige erholsame Tage.

Der Tourismus entwickelte sich ab 1927 mit Öffnung der *Barwon Heads Bridge*, die im Laufe der Jahre zum Markenzeichen des Ortes wurde. Doch die wunderbare Holzbrücke konnte dem hohen Gewicht moderner Fahrzeuge und dem steigenden Verkehrsaufkommen nicht mehr standhalten, und so wurde 2009 der Auftrag zum Bau einer neuen Brücke vergeben. Eine nicht unumstrittene Entscheidung, die für viel Ärger in der kleinen Gemeinde sorgte. Gebaut wurde trotz zahlreicher Proteste, allerdings wurde das Design der alten Brücke übernommen – sogar einige originale Holzteile der alten Brücke wurden verbaut. Zur verbesserten Sicherheit von Spaziergängern, Radfahrern und Anglern, die von der Brücke gerne ihre Köder auswerfen, wurde etwa 10 m stromabwärts eine separate Fußgängerbrücke konstruiert. Mit verantwortlich für den hohen Bekanntheitsgrad des Ortes war sicherlich auch die Fernsehserie *Sea Change*, die zwischen 1998 und 2001 hier gedreht wurde.

GPS: S38°17.20 E144°29.65'
Ortsvorwahl: 03

Anreise Pkw: Reisedistanzen: *Melbourne* 100 km, *Geelong* 25 km, *Torquay* (zum Ausgangspunkt der Great Ocean Road) 25 km. Von *Melbourne* über den Princess Freeway nach *Geelong*, von dort weiter auf der Barwon Heads Road. *Torquay* erreicht man über den Surf Coast Highway.

Bahn & Bus: Busse von *McHarry's* (✆ 52232111, www.mcharrys.com.au) fahren in die umliegenden Ortschaften und von/nach *Geelong*. Von dort Zugverbindung nach *Melbourne*.

Lebensmittel Coles, tägl. 6–22 Uhr, 77 The Terrace.

Touristinfo Gute Info und freundliche Beratung im Büro des Caravan-Parks (s. u.).

Übernachten/Essen Barwon Heads Hotel, Pub-Hotel mit Unterkunft und Bistro direkt am Wasser. Es kann wegen der Bar am Wochenende etwas lauter werden. Schöne Zimmer mit Bad 110–130 $. 1 Bridge Road, ✆ 52542201, www.barwonheadshotel.com.au.

Barwon Heads Caravan Park, großer Park mit Hunderten von Stellplätzen (trotzdem reservieren!). Saubere Sanitärblöcke und BBQ-Plätze. Cabin/Beach-House 105–270 $, Stellplatz ab 34 $. Ewing Elyth Drive, ✆ 52541115, www.barwoncoast.com.au.

Beach House, im alten Feuerwehrhaus und für alle Mahlzeiten gut. Preislich in Ordnung zum Lunch (15–20 $), Dinnergerichte mit 25–40 $ doch etwas teuer. Weine ab etwa 35 $/Flasche. Mo–Fr 10 Uhr bis spät, Wochenende 8 Uhr bis spät. 48 Hitchcock Ave, ✆ 52543376, www.beachhousebarwonheads.com.au.

Barwon Orange, Frühstück, Lunch (ca. 17 $), Pizzen (15–25 $) und einige Hauptgerichtklassiker (ca. 35 $, ab 17.30 Uhr). Günstige Lunchangebote. 60 Hitchcock Ave, ✆ 52541090, www.barwonorange.com.au.

In Ballarat war der Goldrausch Mitte des 19. Jahrhunderts besonders heftig

Die Goldfelder Victorias

Die Goldfunde in Zentralvictoria gehören zu den größten des Landes und bescherten einigen vorher gänzlich unbedeutenden Dörfern schier unermesslichen Reichtum. Das Geld wurde mit Vorliebe in beeindruckende Bauten und Parks investiert, sodass die Ortschaften heute zu den schönsten in ganz Australien zählen.

Als 1851 nahe Ballarat Gold gefunden wurde, begann eine explosionsartige Entwicklung, wie sie der Kontinent noch nicht gesehen hatte. Die Kunde von den enormen Vorkommen machte schnell die Runde, zahlreiche Geschichten von Gold, das man einfach vom Boden auflesen könne, lockten Menschen aus aller Welt. Gut 100.000 Glücksritter sollen innerhalb der ersten Jahre in die Region gekommen sein, Zeltstädte schossen wie Pilze aus dem Boden. Die Zustände grenzten dabei an Anarchie – Gewalt, Ausschweifungen und Selbstjustiz waren an der Tagesordnung. Spannungen gab es auch mit der Obrigkeit, mit der *Eureka Stockade* ereignete sich 1854 Australiens einziger bewaffneter Aufstand (s. u.).

Die Fahrt durch die geschichtsträchtige Region gestaltet sich kurzweilig und interessant. In den Städten **Ballarat** und **Bendigo** dominieren breite, mit Bäumen gesäumte Boulevards, weitläufige Gartenanlagen und prunkvolle Architektur. Früh investierte man auch in Kunst – die lokalen Galerien beherbergen beeindruckende Sammlungen. Zahlreiche kleinere Ortschaften schmiegen sich in die Landschaft und stellen hervorragende Reiseziele abseits des Trubels dar. Die Region um **Avoca** ist bekannt für ihre Weine, die mineralreichen Quellen von **Daylesford** und **Hepburn Springs** werden für ein umfangreiches Angebot an Spa- und Wellnessmöglichkeiten genutzt.

Die Goldfelder Victorias

In den Besucherzentren sind Straßenkarten für die **Goldfields Tourist Route** erhältlich, eine Rundfahrt von ca. 350 km Länge, bei der alle wichtigen Ortschaften auf dem Weg liegen.

Ballarat
ca. 98.000 Einw.

Ballarat ist einfach beeindruckend. Fährt man die Sturt Street entlang, den mehrspurigen Boulevard im Stadtzentrum, dann passiert man ausladende Bäume, penibel angelegte Blumenbeete und prächtige Gebäude. Am östlichen Ende gibt es sogar einen 100 Jahre alten Musik-Pavillon.

Die 60 m breite Sturt Street folgte einst in ihrem Verlauf der Straßenbahnlinie, die allerdings seit den 70er-Jahren nicht mehr in Betrieb ist. Jedenfalls besteht nicht der geringste Zweifel daran, dass der Goldrausch auch in Ballarat schon früh für volle Kassen sorgte. Einen besonderen Platz in den australischen Geschichtsbüchern hat die Stadt aufgrund der *Eureka Stockade* im Jahr 1854 eingenommen, einer bewaffneten Auseinandersetzung zwischen Minenarbeitern und der Polizei (→ Kasten, S. 482). Als Name für die Ansiedlung wurde ein Begriff der Ureinwohner übernommen, „Balla-Arat" bedeutet in deren Sprache so viel wie „Rastplatz". Mindestens 25 verschiedene Aborigines-Stämme, die regelmäßig um den Lake Wendooree ihre Lager aufschlugen, soll es in der Region gegeben haben.

Besucher kommen v. a. wegen der Sehenswürdigkeiten, allen voran das **Museum of Australian Democracy at Eureka** und das **Sovereign Hill**. Die Universitätsstadt punktet aber auch mit ausgezeichneten Restaurants, trendigen Cafés und einer kreativen Kunstszene. Aushängeschild ist die ausgezeichnete **Ballarat Fine Art Gallery**. Am besten erkundet man die Stadt zu Fuß, in der Touristinformation gibt es Infos zu den **Ballarat Heritage Walks**.

Das Rathaus von Ballarat

Basis-Infos

GPS: S37°33.69' E143°51.17'
441 m ü. M.
Ortsvorwahl: 03

Anreise Pkw: Von *Melbourne* aus sind es 120 km auf dem Western Freeway/A8, der gen Osten Richtung *Ararat* (95 km) und *Stawell* (125 km) weiterführt. *Geelong* ist 90 km entfernt, *Daylesford* 45 km.

Bahn & Bus: Züge und Busse (✆ 1800800007, www.ptv.vic.gov.au) fahren von/nach Melbourne (1:30 Std.). Busse fahren weiter in die umliegenden Ortschaften, z. B. nach Bendigo (2 Std.), Castlemaine (80 Min.) oder Maryborough (1 Std.).

Flugzeug: Zum Melbourne Airport, → S. 417. Von dort mit dem *Airport Shuttle Bus* (✆ 53334181, www.airportshuttlebus.com.au). 35 $ einfach, 65 $ retour. Verkehrt mehrmals täglich.

Die Goldfelder Victorias

Touristinfo Ballarat Visitor Information Centre, Informationen, Buchung von Unterkünften, Broschüren und Internetzugang. Tägl. 9–17 Uhr. 43 Lydiard Street North, ✆ 1800446633 (kostenlos), visitballarat@brt.org.au.

Ballarat im Internet Informationen unter www.visitballarat.com.au.

Autovermietung Avis, 1263C Howitt Street, ✆ 53394555.

Budget, 1263C Howitt Street, ✆ 53381883.

Einkaufen Mining Exchange Gold Shop, An- und Verkauf von Gold und Schmuck. Mo–Sa 10–17 Uhr. 8a Lydiard Street North, ✆ 53334242, www.thegoldshop.com.au.

Collins Book Sellers, Buchladen mit riesiger Auswahl. Tägl. geöffnet. 222 Sturt Street, ✆ 53317411.

Bridge Mall Shopping Centre, große Einkaufspassage am östlichen Ende der Sturt Street. www.bridgemall.com.au.

Festivitäten & Märkte Begonia Festival, immer im März im Botanischen Garten.

Organs in the Ballarat Goldfields, 10 Tage klassische Musik im Januar.

Town Hall Fresh Produce Market, jeden ersten Samstag im Monat 9–13 Uhr.

Internet Guf **14**, Internetzugang, tägl. ab 11 Uhr. 36 Mair Str. East, ✆ 53318987, www.guf.com.au.

Öffentliche Verkehrsmittel Den Busfahrplan gibt es in der Touristinfo. Es werden alle wichtigen Sehenswürdigkeiten angesteuert. Infos auch unter ✆ 53317777.

Supermarkt Aldi **1**, Mo–Fr 8.30–20 Uhr, Sa/So 8.30–19 Uhr, 102–114 Creswick Road.

Taxi Ballarat Taxis, ✆ 131008.

Übernachten/Essen & Trinken/Feiern

Übernachten Sovereign Park Motor Inn **10**, sehr gutes Motel mit verschiedensten Optionen, angefangen vom einfachen DZ (ab 160 $) bis hin zu geräumigen Apartments mit Küche bzw. Kitchenette für Selbstversorger (ab 200 $). 223 Main Road, ✆ 53313955, www.sovpark.com.

Comfort Inn & Suites City Views **6**, schlichte, hochwertig eingerichtete Zimmer nahe der Bridge Street Mall. DZ ab 180 $. 101 Curtis Street, ✆ 53292777, www.cityviewsballarat.com.au.

Oscars **9**, 13 blitzsaubere, moderne Zimmer, einige mit Massagedusche oder Spa-Wanne. Breitbandinternet (WLAN) und gute Café-Bar. DZ 150–225 $. 18 Doveton Street South, ✆ 53311451, www.oscarshotel.com.au.

Eureka Lodge Motel **11**, günstiges Motel mit passablen Zimmern. DZ ab 90 $. 119 Stawell Street South, ✆ 53311900, www.eurekalodge.com.au.

Sovereign Hill Lodge YHA **12**, direkt am Goldgräberstädtchen. Kostenlos WLAN. Im Mehrbettzimmer ab 30 $/Pers., DZ ab 75 $, jeweils mit Gemeinschaftsbad. Magpie Street, ✆ 53371159, www.yha.com.au.

Camping Ballarat Goldfields Holiday Park **15**, schöner, aber teurer. Stellplatz 39–55 $, moderne und gut ausgestattete Cabins 80–220 $. 108 Clayton Street, ✆ 53308000, www.ballaratgoldfields.com.au.

Eureka Stockade Holiday Park **13**, hier kann man das beheizte 50m-Becken des Freibades nebenan kostenlos nutzen. Stellplatz ab 34 $. 104 Stawell Street, ✆ 53312281, www.eurekacaravanpark.com.au.

Restaurants & Cafés Chat for Tea **2**, die erste Wahl für Vegetarier. Richtig gute Asia-Gerichte mit viel Gemüse, aber auch „mock pork" oder „mock duck" – also „falsches Schweinefleisch" bzw. „falsche Ente" stehen auf der Karte. Hauptgerichte um 15 $. Mi–Sa 11.30–15 und 17.30–21 Uhr. 25 Armstrong Street North, ✆ 53313898.

Harry Limes **4**, die Karte ist überschaubar, deckt aber trotzdem viele Geschmäcker ab: es gibt gegrillten Barramundi, einen Seafood Hotpot, geschmorte Rinderrippen und gebratene Entenbrust. Hauptgerichte 30–35 $, eine Mittagskarte mit allen Gerichten unter 15 $. Di–Sa ab 11 Uhr, Abendessen tägl. ab 18 Uhr. ✆ 53312044, www.harrylimes.com.au.

Golden City Hotel **7**, sehr schönes, klassisches Hotel mit Eisenveranda. Die Karte ist umfangreich, vom Frühstücksei über Tofu-Stirfry (20 $) bis zum Porterhouse-Steak (30 $). Auch gut für ein Bier oder zwei. Tägl. ab 8 Uhr. 427 Sturt Street, ✆ 53316211, www.goldencityhotel.com.au.

》》》 **Mein Tipp:** L'Espresso **8**, wunderbares Café und Restaurant mit italienischer Küche.

In den Räumlichkeiten ist ein CD-Laden mit viel Blues- und Jazz-Titeln in den Regalen untergebracht. Frühstück tägl. 8–18 Uhr, Fr Dinner bis 23 Uhr. 417 Sturt Street, ✆ 53331789, www.ballarat.net.au/lespresso. ⋘

Bars, Live-Musik Haida **5**, absolut coole Bar mit äußerst schmackhaften Cocktails (um 15 $) und kleiner Tapas-Karte. Di–So ab 17 Uhr. 12 Camp Street, ✆ 53315346, www.haidabar.com.au.

Karova Lounge 3, richtig gute Live-Musik abseits des Mainstreams. Tickets schon ab 5 $. Mi–Sa ab 21 Uhr. Fields Street/Ecke Camp Street, ✆ 53329122, www.karovalounge.com.

Sehenswertes

Sturt Street Sculpture Walk: Entlang der Sturt Street sind 27 Statuen aufgestellt, die meisten davon zwischen der Lyons Street und der Albert Street. Der kurze Spaziergang führt auch an etlichen historischen Bauwerken vorbei, die an die „goldenen Zeiten" der Stadt erinnern. Unterwegs gibt es schöne Cafés zum Einkehren.
Die Broschüre „Ballarat Tracks & Trails" ist in der Touristinfo erhältlich (s. o.).

M.A.D.E. – Museum of Australian Democracy at Eureka (ehem. The Eureka Centre): An dieser Stelle fand einst die Eureka Stockade statt. Im Gebäude werden die wegweisenden Ereignisse von 1854 dokumentiert und die Folgen für die Entwicklung der Demokratie in Australien erläutert. Wichtigstes Ausstellungsstück ist die originale Eureka-Flagge. Vor dem Gebäude steht das Stahlkunstwerk *Eureka Circle*. Außerdem gibt es einen Museums-Shop und ein Café.
Tägl. 10–17 Uhr. Eintritt 12 $. 102 Stawell Street South, ✆ 1800287113, www.made.org.

Sovereign Hill: Die bekannteste Attraktion in Ballarat, rund eine halbe Million Besucher kommen jährlich in das 14 ha große Freilichtmuseum. Detailgetreu ist eine Siedlung aus der Zeit des großen Goldrausches Mitte des 19. Jh. nachgebaut. Das Personal ist in historische Kostüme gewandet – vom Schmied bis zum Schulkind ist die Bevölkerung komplett vertreten. Die Mediashow „Blood on the Southern Cross" (kostet extra) beleuchtet die Ereignisse um die Schlacht von Eureka.

Tägl. 10–17 Uhr. Eintritt 52,50 $. Multimediashow „Blood on the Southern Cross" 59 $, Buchungen unbedingt nötig, telefonisch unter ✆ 53371199 oder im Web unter enquiries@sovereignhill.com.au. Allgemeine Informationen unter ✆ 53371100, www.sovereignhill.com.au.

Ballarat Gold Museum: Gold, wohin das Auge schweift. Zur umfangreichen Ausstellung gehören v. a. Nuggets und Münzen, aber auch historische Dokumente und Artefakte. Besucher lassen sich immer wieder von der Geschichte um den „Goldasaurus" begeistern, einen 4,4 kg schweren Goldklumpen, der in den 1990er-Jahren von einem Hobby-Goldsucher ausgebuddelt wurde.

Tägl. 9.30–17.20 Uhr. Eintritt 12,50 $ (im Eintritt zu Sovereign Hill inbegriffen). ✆ 53371107, www.sovereignhill.com.au.

Die Eureka Stockade (Eureka-Rebellion)

Die Ereignisse vom 3. Dezember 1854 sollten als einziger bewaffneter Aufstand in Australien Geschichte schreiben. Ausgangspunkt waren enorme Unstimmigkeiten zwischen den Goldsuchern und der Regierung. Die „Digger" fühlten sich bei den zu entrichtenden Schürfgebühren von 30 Schilling pro Monat übervorteilt, ab September 1854 ließ Gouverneur Hotham die teuren Lizenzen gar 2-mal pro Woche kontrollieren. In zunehmendem Maße sah man sich der Willkür der Beamten ausgesetzt, einer der traurigen Höhepunkte in diesem Zusammenhang ereignete sich, als im Oktober 1854 ein Arbeiter von dem Kneipenbesitzer James Bentley erschlagen wurde; weil dieser gute Beziehungen zur Obrigkeit hatte, wurde er jedoch nicht schuldig gesprochen.

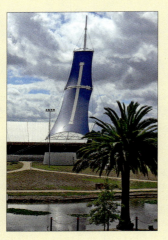

Rund 800 Goldgräber setzten ein Zeichen, als sie am 29. November 1854 ihre Lizenzscheine verbrannten und sich nahe der Stadtgrenzen verschanzten. Die Regierung schickte prompt ihre Truppen, und als diese am darauf folgenden Sonntag angriffen, trafen sie auf 150 überraschte Arbeiter. Der Kampf währte nur 20 Minuten, die Soldaten waren zahlenmäßig und mit ihrer Bewaffnung den Diggern weit überlegen und fügten diesen eine empfindliche Niederlage zu. Fünf Soldaten und rund 30 Minenarbeiter fanden den Tod.

Trotzdem war die Eureka-Rebellion erfolgreich. Schon im nachfolgenden Jahr wurden die überteuerten Lizenzen abgeschafft und man konnte zu einem fairen Preis von 1 £ Schürfrechte erwerben und seinen Claim abstecken. Daran gekoppelt war außerdem das Wahlrecht, allerdings nur für Männer. Die Flagge der Digger mit dem „Southern Cross" auf blauem Hintergrund gilt seither als Symbol des Widerstands und der Freiheit. Die originale Eureka-Flagge ist im *M.A.D.E* zu sehen.

Art Gallery of Ballarat: Die älteste regionale Galerie in Australien wurde bereits 1884 gegründet, die Ausstellungsräume sind in verschiedenen Gebäuden unterge-

bracht. Zu den Exponaten gehören Werke berühmter Künstler wie *Sidney Nolan* oder *Norman Lindsay*. Sehr gute Galerie.
Tägl. 9–17 Uhr. Eintritt zur permanenten Sammlung frei, Sonderausstellungen können Eintritt kosten. 40 Lydiard Street Nth., ✆ 53205858, www.artgalleryofballarat.com.au.

Lake Wendouree und **Ballarat Botanical Gardens**: Es gibt einen schönen Spazier- bzw. Radweg um den knapp 240 ha großen Lake Wendouree, außerdem Cafés in der Nähe zum Einkehren. Der Botanische Garten befindet sich direkt am Westufer des Sees. Dort kann man entlang der Prime Ministers' Avenue die Büsten aller 25 australischen Premierminister anschauen oder im *Robert Clarke Conservatory* die berühmten Begonien bestaunen.
The Robert Clark Centre, Wendouree Parade, Lake Wendouree. Tägl. 9–17 Uhr. ✆ 53205135, www.ballarat.com/botanicgardens/gardens.

Es gibt außerdem den **Ballarat Wildlife Park** (York Str./Ecke Fussell Str., Eintritt 29,50 $, ✆ 53335933, www.wildlifepark.com.au), die **Ballarat Bird World** (408 Eddy Ave, Mt. Helen, ✆ 53413843, www.ballaratbirdworld.com.au), das pseudomittelalterliche Schloss **Kryal Castle** (Eintritt 31 $, nur Sa/So 10–16 Uhr, ✆ 53347388, www.kryalcastle.com.au) und ein **Trambahn-Museum** (✆ 53341580, www.btm.org.au).

Spa Town: Daylesford und Hepburn Springs

ca. 3500 Einw.

Schon Ende des 19. Jh. kamen die Menschen zu einem Kuraufenthalt hierher. Während der Goldrausch verebbte, sprudelten die mineralreichen Quellen der Region munter weiter – im Zuge des Wellness- und Beauty-Booms liegt Victorias Spa-Country heute absolut im Trend.

Über 70 dieser „Jungbrunnen" soll es geben, die bekanntesten davon in der kleinen Ortschaft Hepburn Springs. Die Nähe zu Melbourne ist fürs Geschäft sicherlich ein Pluspunkt, denn die gestressten Großstädter lassen es sich einiges kosten, um hier in entsprechendem Ambiente zu entspannen. Die dörfliche Beschaulichkeit trägt ihren Teil zum Erholfaktor bei, den Rest übernehmen luxuriöse Unterkünfte, ausgezeichnete Restaurants und ein fast unüberschaubares Verwöhnangebot. Für eine ländliche Region gibt es eine verhältnismäßig große homosexuelle Szene.

GPS: S37°20.53' E144°08.53'
Ortsvorwahl: 03

Anreise Pkw: *Daylesford* liegt am Midland Highway, 45 km nordöstlich von *Ballarat*. Nach *Castlemaine* sind es 40 km, nach *Bendigo* 78 km.
Bahn & Bus: Busse (✆ 1800800007, www.ptv.vic.gov.au) fahren von/nach *Ballarat* oder *Bendigo*.
Touristinfo Daylesford Regional Visitor Information Centre, Info und Buchungen. Tägl. 9–17 Uhr. 98 Vincent Street, Daylesford, ✆ 53216123 oder 1800454891 (kostenlos), visitorinfo@hepburn.vic.gov.au.

Daylesford im Internet Informationen unter www.visitdaylesford.com.au.
Internet Im Visitor Centre (s. o.).
Sehenswertes Convent Gallery, eine ausgezeichnete Galerie im ehemaligen Kloster. Eintritt 5 $. 10–16 Uhr. Hill Street/Ecke Daly Street, Daylesford, ✆ 53483211, www.theconvent.com.au.
Supermarkt Coles, tägl. 7–22 Uhr, Albert Street/Ecke Bridport Street.
Wellness Massagen, Maniküre, Body-Wraps oder ein Vanillemilch-Bad. Adressen für das Wohlfühlprogramm:
Hepburn Spa Resort, das Urgestein, seit 1895 im Dienst. 20 Mineral Springs Crescent, Hepburn Springs, ✆ 53488888, www.hepburnspa.com.au.

484 Die Goldfelder Victorias

Acqua Viva Day Spa, Seetang-Gesichtsmasken und Mineralbäder. 5 Tenth Street, Hepburn Springs, ✆ 53482111, www.dayspa.com.au.

Daylesford Day Spa, umfangreiches Beautyprogramm und Verwöhnpakete. 25 Albert Street, Daylesford, ✆ 53482331, www.daylesforddayspa.com.au.

Übernachten 65 Main, 5 Zimmer mit bequemen Queensize-Betten, TV und eigenen Bädern (2 mit Spa). Sehr gemütlich. DZ/Twin ab 200 $, am Wochenende mind. 2 Nächte. 65 Main Street, Hepburn Springs, ✆ 53481826, www.65main.com.

Hepburn Springs Motor Inn, klassische Motelzimmer mit Teppichboden und unverputzten Ziegelwänden. Auch als Familienzimmer und barrierefreies Zimmer für Rollstuhlfahrer. DZ ab 115 $. 105 Main Road, Hepburn Springs, ✆ 53483234, www.hepburnmotorinn.com.au.

Royal Daylesford Hotel, wunderschönes historisches Hotel von 1856. Saubere Zimmer im Motel-Stil mit eigenen Bädern. Sämtliche Einrichtungen eines Pub-Hotels. DZ ab 125 $, Wochenende ab 170 $. 27 Vincent Street, Daylesford, ✆ 53482205, www.daylesfordroyalhotel.com.

Camping Jubilee Lake Holiday Park, grüner Campingplatz mit eigenem Seezugang. Kanumiete 15 $/Std., Campen 18–38 $, Cabin mit Bad 105–170 $. 151 Lake Road, Daylesford, ✆ 53482186, www.jubileelake.com.au.

Freecamping Hepburn Regional Park, Kurzzeitcampen am Mount Franklin, auch für Wohnmobile und Wohnwagen. Es gibt Feuerstellen und Toiletten. Nördlich von Hepburn Springs, erreichbar via Midland Highway.

Essen & Trinken Mercato, ausgezeichneter Italiener, der größtenteils lokale Produkte verarbeitet. Emu-Carpaccio 17 $, Stubenküken in Pancetta und Limonen-Jus 39 $. Do–Di ab 18 Uhr, Fr–So Lunch 12–15 Uhr. 32 Raglan Street, Daylesford, ✆ 53484488, www.mercatorestaurant.com.au.

Cliffy's Emporium, in warmen Farben und mit viel Holz eingerichtet. Hier kann man nicht nur Kaffee trinken und gut essen (tägl. wechselndes Karte), sondern auch lokal erzeugte und größtenteils auch Bioprodukte wie Marmeladen, Käse, eingelegtes Gemüse etc. kaufen. Tägl. 9–17 Uhr. 30 Raglan Street, Daylesford, ✆ 53483279, www.cliffys.com.au. ■

Farmers Arms Hotel, richtig gemütliches Dorf-Pub mit richtig gutem Essen, es gibt z. B. gebratenes Huhn mit Polenta oder Kaninchenterrine (Gerichte ca. 30 $). Tägl. Mittag- und Abendessen. 1 Easy Street, Daylesford, ✆ 53482091, www.farmersarmsdaylesford.com.au.

Red Star Café, hübsches, kleines Café. Minimalistische Karte – dafür schmecken Tagliatelle, Currys und Kürbis-Feta-Tarte richtig gut (alles um 20 $). Tägl. 8–16 Uhr. 115 Main Road, Hepburn Springs, ✆ 53482297.

Castlemaine
ca. 7000 Einw.

Um das schmucke Städtchen gab es einst die größten alluvialen Goldvorkommen des ganzen Staates. Nur einige Meter unter der Erde war das Edelmetall zu finden, was besonders schnell zu großem Reichtum führte. Zehntausende strömten zu den „Castlemaine Diggings".

Bereits 1857 existierten zahlreiche prunkvolle Gebäude, der Botanische Garten wurde 1860 fertiggestellt, ab 1864 verkehrten Züge von Melbourne aus hierher. Der Boom war allerdings auch schnell wieder vorbei, weil tiefer unter Tage keine Funde gemacht wurden und sich somit keine Minenindustrie ansiedelte. Also besann man sich auf die Ursprünge und setzte wieder auf Viehwirtschaft, die auch heute noch eine große Rolle spielt. Mittlerweile genießt die Stadt außerdem einen herausragenden Ruf in der Kunstszene – alle zwei Jahre findet mit dem *Castlemaine State Festival* ein Höhepunkt in Victorias Veranstaltungskalender statt. Ein Besuch des **Theatre Royal**, des ältesten Kinos Australiens, gehört zumindest für Filmfans zu jedem Besuch.

Castlemaine

GPS: S37°03.90' E144°13.01'
310 m ü. M.
Ortsvorwahl: 03

Anreise Pkw: Die kürzeste Verbindung nach *Melbourne* beträgt 125 km auf dem Calder Freeway. Von/nach *Ballarat* 80 km, von/nach *Bendigo* 40 km.

Bahn & Bus: Züge (✆ 1800800007, www.ptv.vic.gov.au) fahren direkt von/nach *Melbourne* (100 Min.). Züge und Busse binden die Stadt an *Ballarat* und *Bendigo* an.

Touristinfo Castlemaine Visitor Information Centre, Buchungen und Broschüren. Market Building, 44 Mostyn Street, ✆ 54711795, visitors@mountalexander.vic.gov.au.

Castlemaine im Internet Informationen unter www.maldoncastlemaine.com.au.

Festivitäten & Märkte Castlemaine State Festival, alle 2 Jahre über 10 Tage Ende März (nächster Termin: 2017). Theater, Tanz, Live-Musik, Lesungen u. v. m. www.castlemainefestival.com.au.

Castlemaine Farmers' Market, jeden 1. Sonntag im Monat von 9 bis 13 Uhr. Castlemaine Market Building, Mostyn Street, www.castlemainefarmersmarket.org.

Kino Theatre Royal, neben üblichen Kinovorführungen auch „Wine & Dine" vor der Leinwand. 30 Hargraves Street, ✆ 54721196.

Übernachten The Empyre Boutique Hotel, 6 opulent eingerichtete Suiten mit massiven Holzbetten, LCD-TV und Mosaikfliesen in den Bädern. Günstigste Version ab 225 $, die Empyre-Suite mit Balkon ab 350 $. 68 Mostyn Street, ✆ 54725166, www.empyre.com.au.

Campbell Street Motor Lodge, ordentliche Motelzimmer mit bequemen Betten und sauberen Bädern. DZ ab 99 $. 31–33 Campbell Street, ✆ 54723477, www.campbellstlodge.com.au.

Castlemaine Gardens Caravan Park, gepflegter Park, am Lake Joanna gelegen. Camping ab 33 $, Cabin ab 85 $. Doran Avenue, ✆ 54721125, www.cgcp.com.au.

Freecamping Vaughan Springs Reserve, im Castlemaine Diggings National Heritage Park. Toiletten, BBQs und Picknicktische. Etwa 15 km südlich von Castlemaine, erreichbar über die Vaughan Springs Road. Buchungen nötig!

Essen & Trinken Railway Hotel, nettes Dorf-Pub für ein Bier, ordentliche Bistroküche mit überschaubarer Karte, aber den üblichen Wirtshausklassikern wie Steaks, Burgern und einigen Salaten. Mo–Fr ab 15 Uhr, Sa/So ab 12 Uhr. 65 Gingell Street, ✆ 54721250, www.railwayhotelcastlemaine.com.au.

The Good Table, beinahe tägl. wechselnde Karte, z. B. Osso Bucco (30 $), knackiger Biosalat (10 $) oder Räucheraal-Terrine (18 $). Do–So 12–24 Uhr. 233 Barker Street, ✆ 54724400, www.thegoodtable.com.au.

Coffee Basics, mit eigener Rösterei. Der beste Kaffee in Castlemaine, die hausgemachten Kuchen schmecken (fast) wie bei Muttern. Mo–Fr 6–17 Uhr, Sa/So 8–16 Uhr. 9 Walker Street, ✆ 54706270, www.coffeebasics.com.

Das historische Imperial Hotel steht leider leer

Sehenswertes

Castlemaine Art Gallery und Historical Museum: Gegründet 1913. Man hat sich auf australische Malerei des späten 19. Jh. spezialisiert, es gibt aber auch weit jüngere Werke zu sehen. Die Ausstellung „Camp to City" vermittelt einen guten Eindruck von der Entwicklung der Stadt, angefangen bei den frühen Goldgräberzeiten bis heute. Kleiner Shop mit einschlägiger Literatur.
Mo, Mi–Fr 10–17 Uhr, Sa/So 12–17 Uhr. Eintritt 4 $. 14 Lyttleton Street, ✆ 54722292, www.castlemainegallery.com.

Buda Historic Home und Garten: Ein wunderschönes Häuschen, eingebettet in Gartenlandschaft. Erbaut zwischen 1861 und 1863, war es 118 Jahre lang Heim des Silberschmieds *Ernest Leviny*, seiner Familie und seiner Nachkommen. Das Haus ist komplett mit Möbeln und Kunstwerken eingerichtet.
Mi–Sa 12–17 Uhr, So und Feiertage 10–17 Uhr. Eintritt 12 $. 42 Hunter Street, ✆ 54721032, www.budacastlemaine.org.

Victorian Goldfields Railway: Unterwegs auf der alten Gleisanlage zwischen Castlemaine und Maldon – die Waggons werden ganz traditionell von Dampfloks gezogen. Bei der Steam Driver Experience erhält man eine Einweisung und darf dann unter Aufsicht selber eine Dampflok mit Güterwaggons fahren – für satte 1750 $ pro Person.
Rundfahrt ab 30–45 $, erster Klasse 40–65 $. Bahnhof Castlemaine, ✆ 54706658, www.vgr.com.au.

Maldon

ca. 1600 Einw.

Maldon verströmt noch das Flair alter Goldgräbertage. Bereits 1966 wurde der Ortschaft durch den National Trust die Auszeichnung „Notable Town" verliehen, 2006 folgte eine weitere für die gut erhaltenen und wunderbar in Szene gesetzten historischen Straßenzüge.

Hinter den in die Jahre gekommenen Fassaden aus Stein, Wellblech und Holz befinden sich heute gemütliche Cafés, hübsche Läden und interessante Galerien. Es ist kein Problem, hier einen ganzen Tag zu vertrödeln, und wohl deshalb ist die kleine Ortschaft auch so beliebt bei Ausflüglern aus Melbourne. Entsprechend betriebsam ist es an den Wochenenden, am Montag fällt Maldon dann wieder in eine Art Dornröschenschlaf, aus dem es erst gegen Mitte der Woche wieder langsam erwacht.

GPS: S36°59.79' E144°04.11'
320 m ü. M.
Ortsvorwahl: 03

Anreise Pkw: Von *Castlemaine* kommend, erreicht man Maldon nach etwa 18 km auf der Maldon–Castlemaine Road, von/nach *Bendigo* sind es 40 km auf der Bendigo–Maldon Road.

Bahn & Bus: Busse (✆ 1800800007, www.ptv.vic.gov.au) fahren von/nach *Ballarat*, *Bendigo* und *Castlemaine*.

Touristinfo Maldon Visitor Information Centre, Info und Buchungen. Shire Gardens, 93 High Street, ✆ 54752569, maldonvic@mountalexander.vic.gov.au.

Maldon im Internet Informationen unter www.maldoncastlemaine.com.au.

Übernachten/Essen Maldon s Eaglehawk, hübsches Motel, die gemütlichen Zimmer (mit Bad und Wanne) erinnern eher an ein kleines B&B. Pool und Garten. DZ ab 100 $. 35 Reef Street, ✆ 54752750, www.maldoneaglehawk.com.

Maldon Caravan Park, kleiner, freundlicher Campingplatz. Zelten ab 25 $, Stellplatz mit Strom ab 30 $, Cabin ab 90 $. Hospital Street, ✆ 54752344.

Maldon Hotel, das lokale Pub, direkt an der Hauptstraße. Tägl. Lunch und Dinner. Mo–

Sa ab 10 Uhr, So ab 11 Uhr. Main Street, ✆ 54752231.

The Spotted Cow, hier gibt es Pasta, Pizza, Salate und Steaks. Hauptgerichte 15–25 $, die Steaks um 30 $. Mi–So ab 17.30 Uhr, Sa/So auch Mittagessen. 24 High Street, ✆ 54752220, www.thespottedcowmaldon.com.

Beliebt für einen Kaffee und eine kleine Stärkung ist auch das **Café Maldon** in der 52 Main Street, ✆ 54752022.

Bendigo

ca. 100.000 Einw.

Bendigo ist eine moderne, pulsierende Stadt und wahrscheinlich die schönste in Zentralvictoria. Hier wurde Gold im Wert von 9 Milliarden Dollar aus den Minen gefördert, weshalb man beim Städtebau in geradezu verschwenderischer Art und Weise mit Geld um sich werfen konnte.

Deshalb sind die Gebäude prunkvoller und die Gärten prächtiger als anderswo. Selbst wenn man die anderen Städte der Goldfelder gesehen hat, bleibt einem gar nichts anderes übrig, als beeindruckt zu sein. Ganz ambitioniert hat man die Hauptstraße dann auch nach Londons berühmter *Pall Mall* benannt. Beispiele für die herausragende Architektur sind das historische *Post Office*, die *Law Courts* oder das *Shamrock Hotel*. Auf jeden Fall sollte man sich die Zeit für einen Spaziergang durch den wunderbaren **Rosalind Park** nehmen. Zu den kulturellen Höhepunkten gehören der Besuch der ausgezeichneten **Art Gallery** und des **Performing Arts Centre**.

Zur Blütezeit des Goldrausches ging es in der Stadt richtig rund, über 100 Pubs soll es gegeben haben, und internationale Stars wie *Nellie Melba* oder *Lola Montez* bereicherten das schillernde Programm mit Gastspielen. Außerdem wurde die Stadt schon früh durch die zahlreichen chinesischen Zuwanderer geprägt und erhielt sogar, als eine von weltweit nur zwei Städten außerhalb Chinas, einen chinesischen Namen: *Dai Gun Sun* („großer Goldberg") – ein treffender Name, denn es sollen noch immer rund 340 t Gold tief unter der Erde lagern. Genau deshalb ging vor einigen Jahren der Goldrausch in die zweite Runde – große Bergbauunternehmen sind heute in der Lage, mit modernster Technik auch da wieder Gewinne zu erzielen, wo der Abbau über viele Jahre als unrentabel galt.

(Basis-Infos

GPS: S36°45.54' E144°16.74'
223 m ü. M.
Ortsvorwahl: 03

Anreise Pkw: Von/nach *Melbourne* sind es rund 155 km auf dem Calder Freeway/Highway. 120 km fährt man von/nach *Ballarat*, nach *Echuca-Moama* am Murray River fährt man 95 km.

Bahn & Bus: Züge und Busse (✆ 1800800007, www.ptv.vic.gov.au) fahren von/nach Melbourne (2 Std.), Ballarat (2 Std.) und in die Murray-Region nach Echuca (80 Min.). Anbindung an die Ortschaften im Umland.

Flugzeug: Zum Melbourne Airport. Von dort mit dem *Bendigo Airport Service*, 42 $ einfach, 78 $ retour (✆ 54443939, www.bendigoairportservice.com.au).

Touristinfo Bendigo Visitor Centre, im wunderschönen ehemaligen Post-Office. Umfangreiche Informationen, Bücher und Broschüren. Tägl. 9–17 Uhr. 51–67 Pall Mall, ✆ 54346060 oder 1800813153, tourism@bendigo.vic.gov.au.

Bendigo im Internet Informationen unter www.bendigotourism.com.

Festivitäten & Märkte Prince of Wales Showground Markets, immer sonntags 8.30–15 Uhr. Landwirtschaftliche Erzeugnisse, Kunsthandwerk, Trödel.

Bendigo Community Farmers Market, jeden 2. Samstag im Monat. Sidney Myer Place, www.bcfm.org.au.

Internet Bendigo Library 🔟, Mo–Fr 9–19 Uhr, Sa 10–13 Uhr. 259 Hargreaves Street, ✆ 54492700.

Rundfahrten Bendigo Tramways, Stadtrundfahrten in einer historischen Trambahn. 17,50 $/Std., Kombitickets mit Minentour erhältlich. 1 Tramways Avenue, ✆ 54422821, www.bendigotramways.com.

Supermarkt Coles 🔢, tägl. 6–24 Uhr, Williamson Street/Ecke Myer Street.

Taxi Bendigo Taxis, ✆ 131008.

Unterhaltung The Capital – Performing Arts Centre, Bendigos erste Adresse für Theater, Musik und darstellende Künste. Hier gastiert auch schon mal das Sydney Symphony Orchestra. 50 View Street, ✆ 54346100, www.thecapital.com.au.

> **Bendigo Explorer Pass**
> Das Kombiticket beinhaltet den Eintritt ins *Golden Dragon Museum*, einen Schnupperkurs in der *Bendigo Pottery*, eine Fahrt in der historischen Trambahn und eine Tour in der *Deborah Gold Mine*. 128,50 $/Pers., Kinder 88 $, die Tickets erhält man in der Touristeninformation.

Übernachten/Essen & Trinken

Motel, B&B, Apartments Art Series – The Schaller Studio 2️⃣, sehr speziell, sehr cool, sehr außergewöhnlich! Die Einrichtung ist vom Atelier des Künstlers Mark Schaller inspiriert. Viele bunte Bilder in den wohnlichen Zimmern und den Gemeinschaftsräumen. Kostenloses WLAN. Ab etwa 160 $ bis rund 250 $. Bayne Street/Ecke Lucan Street, ✆ 44336100, www.arthotels.com.au/schaller.

Hotel Shamrock Bendigo 9️⃣, ein architektonischer Höhepunkt der Stadt. Geräumige Zimmer, alle mit Bad und Flatscreen-TV. DZ ab 140 $, Suite mit separater Lounge ab 245 $. Pall Mall Str./Ecke Williamson Str., ✆ 54430333, www.shamrockbendigo.com.au.

Julie-Anna Motel 3️⃣, 4-Sterne-Motel der Oberklasse. Tolle Zimmer mit bequemen Betten, Sofas und WLAN (kostet extra). Restaurant und Pool. Standard-DZ ab 148 $. 268 Napier Street, ✆ 54425855, www.julieanna.com.au.

Oval Motel Bendigo 5️⃣, einfache Unterkunft, okay, wenn man nur für eine Nacht schnell ein Dach über dem Kopf braucht. DZ ab 100 $. 194 Barnard Street, ✆ 54437211, www.ovalmotel.com.au.

Camping Central City Caravan Park 🔢, netter Park, mit dem Auto nur einige Minuten vom Zentrum entfernt. Campen 30–42 $, Cabin 89–189 $. 362 High Street, ✆ 54436937, www.centralcitycaravanpark.com.au.

Ascot Holiday Park 1️⃣, BIG4-Park, etwas weiter außerhalb. Stellplatz mit Strom ab 37 $, Cabins in verschiedenen Ausführungen ab rund 100 $. 15 Heinz Street, ✆ 1800062340, www.big4bendigo.com.au.

Essen & Trinken The Bridge 4️⃣, hierher kommt man zum Essen, Trinken, Feiern und Quatschen und um in der Sonne zu sitzen. Umfangreiche Mittags- und Abendkarte mit Klassikern wie Steaks, Lammbra-

Das Post Office in Bendigo

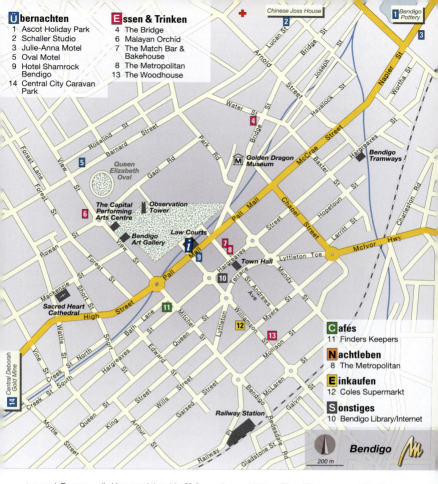

ten und Barramundi. Hauptgerichte bis 30 $. Tägl. ab 8.30 Uhr. 49 Bridge Street, ℡ 54437811, www.thebridgebendigo.com.au.

»› Mein Tipp: The Woodhouse **13**, super Steakhouse und auch die Holzofenpizzen sind extravagant und ausgezeichnet, z. B. mit Wagyu-Fleischbällchen und Büffelmozzarella (24 $). Steaks 30–59 $, die Waguy-Probierplatte für 60 $. Di–Fr 12–14.30 Uhr und Mo–Sa ab 17.30 Uhr. 101 Williamson Street, ℡ 54438671, www.thewoodhouse.com.au. **‹‹**

The Match Bar & Bakehouse 7, gutes Essen in ungezwungener Atmosphäre. Ideale Kombination: knusprige Holzofenpizza mit einem kühlen Bier (Riesenauswahl!). Gerichte 15–30 $. Tägl. 11 Uhr bis spät. 58 Bull Street, ℡ 54414403, www.thematch.com.au.

Malayan Orchid 6, verschiedene Variationen von Rind, Schwein und Huhn (um 23 $), außerdem Seafood (30 $) und Vegetarisches (um 20 $). Mo–Fr 12–14 Uhr, Mo–Sa 17–22 Uhr, So geschlossen. 155 View Street, ℡ 54424411, www.malayanorchid.com.au.

Finders Keepers 11, schöne Räumlichkeiten, kleiner Außenbereich und auch noch gutes Essen. Mittagsgerichte 10–20 $, gute Weine im Programm. Mo–Fr 7–17 Uhr, Sa/So 8–16 Uhr. 20 Mitchell Street, ℡ 54435126, www.finderskeepersbendigo.com.au.

The Metropolitan 8, einladendes Pub zum Essen, Trinken und Feiern. Im Sommer ist die Bar im kleinen Innenhof geöffnet. Mo–Fr Lunch-Angebote für 17 $. 224 Hargreaves Str./Ecke Bull Str., ✆ 54434916, www.metrobendigo.com au.

Sehenswertes

Gebäude und Architektur: In Bendigo gibt es eine ganze Reihe außergewöhnlicher Bauten zu sehen, allesamt Zeitzeugen des enormen Goldbooms. Zu den herausragendsten Beispielen gehören die *Town Hall* (1885), die *Law Courts* (1896) oder das *Shamrock Hotel* (1897). Die grandiose *Sacred Heart Cathedral* entstand in Etappen ab 1896 und ist eine der größten Sandsteinkirchen des Landes. Das *Chinese Joss House* wurde in den 1860ern von chinesischen Goldgräbern erbaut und ist noch heute als Gebetshaus in Betrieb.

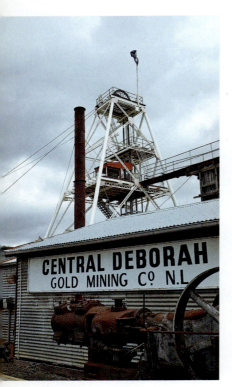

Bendigo Art Gallery: Eine exzellente Kunstgalerie mit Schwerpunkt auf der europäischen Malerei des 19. Jh. sowie auf australischer Kunst von 1850 bis heute. Neben den permanenten Sammlungen gibt es hochkarätige Wechselausstellungen, die ansonsten meist nur in den großen Metropolen zu sehen sind. Ein wunderbarer Shop und ein Café mit guter Speisekarte runden den Besuch ab.
Di–So 10–17 Uhr. Kostenlose Führung Mi/Sa 12 Uhr. Eintritt frei, freiwillige Spende erwünscht, Sonderausstellungen mit Eintritt. 42 View Street, ✆ 54346088, www.bendigoartgallery.com.au.

Central Deborah Gold Mine: In ordentlicher Bergmannmontur geht es bis zu 85 m unter Tage, wo mann selbst Hand an den Pressluftbohrer legen kann. Zwischen 1939 und 1954 wurden hier noch rund 950 kg Gold aus dem Boden geholt, bevor auch die Central Deborah als letzte Mine geschlossen wurde. Seit 1986 werden verschiedene Führungen angeboten, die sich in Länge und Inhalt unterscheiden.
Mine Experience Tour (30 $, 1:15 Std.), mehrmals tägl. 9.30–15.30 Uhr, **Underground Adventure Tour** (85 $, 2:30 Std.), tägl. 11 und 14 Uhr, **Nine Levels of Darkness Tour** (199 $, 4 Std.), Mo–Sa 10.30 Uhr. 76 Violet Street, ✆ 54438322, www.central-deborah.com.

Golden Dragon Museum: Die zahlreichen Chinesen, die während des Goldrausches nach Bendigo kamen, brachten natürlich ihre Bräuche und ihre Kultur mit. Besonders imposant sind die bunten, reich verzierten Drachenfiguren, die für Prozessionen verwendet werden: Der originale *Loong* („Drachen") von 1892 ist der

älteste noch existierende auf der Welt, sein Nachfolger *Sun Loong* („neuer Drachen") wurde 1970 in Dienst gestellt und ist mit 100 m der längste der Welt.
Tägl. 9.30–17 Uhr. Eintritt 11 $. 1–11 Bridge Street, ℡ 54415044, www.goldendragonmuseum.org.

Bendigo Pottery: In Australiens ältester Töpferei kann man sich über den traditionsreichen Beruf informieren, im Shop entsprechende Produkte kaufen oder sich unter Anleitung selbst an die Töpferscheibe setzen.
Tägl. 9–17 Uhr. Eintritt 8 $, Töpferkurse 30 $/Std., für 18 $ wird die eigene Kreation glasiert und gebrannt. 146 Midland Highway, Epsom, ℡ 54484404, www.bendigopottery.com.au.

Maryborough

ca. 7500 Einw.

Zentral im Gebiet der Goldfelder liegt das hübsche Städtchen Maryborough. Die ersten Siedler waren Viehzüchter, aber natürlich veränderte auch hier der Goldrausch schlagartig das Leben der Einwohner und das Bild der Ortschaft.

Das *Bull and Mouth Hotel* ist ein echter Hingucker, ebenso wie das alte Feuerwehrhaus, in dem heute die **Art Gallery** zu finden ist. Unangefochtener Star ist aber die **Maryborough Railway Station** von 1890, die so riesig und prunkvoll ist, dass der Schriftsteller *Mark Twain* einst befand, Maryborough sei „ein Bahnhof mit einer Ortschaft als Anhängsel" („a railway station with a town attached"). Im Jahr 2006 wurde das Gebäude kostspielig hergerichtet und erstrahlt seitdem innen wie außen in neuem Glanz, wobei der Uhrturm besonders markant hervorsticht. Der Bahnsteig ist, nebenbei bemerkt, der längste in ganz Victoria, auch wenn er bedauerlicherweise nicht mehr seinem ursprünglichen Zweck dient.

GPS: S37°02.86′ E143°44.20′
Ortsvorwahl: 03

Anreise Pkw: 70 km von *Ballarat* und knapp 28 km von *Avoca* entfernt, 50 km westlich von *Castlemaine* gelegen. Maryborough erreicht man von *Castlemaine* und *Avoca* auf dem Pyrenees Highway, von *Ballarat* aus via Ballarat–Maryborough Road.
Bahn & Bus: Busse (℡ 1800800007, www.ptv.vic.gov.au) fahren von/nach *Ballarat* (1 Std.), *Castlemaine* und *Avoca*.
Touristinfo Central Goldfields Information Centre, tägl. 9–17 Uhr, Alma Street/Ecke Nolan Street, ℡ 54604511, www.visitmaryborough.com.au.
Maryborough im Internet Informationen unter www.visitmaryborough.com.au.
Attraktionen & Feste Central Goldfields Art Gallery, im alten Feuerwehrhaus von 1860. Wechselnde Ausstellungen. Do–So 10–16 Uhr. Old Fire Station, Neil Street, ℡ 54604588, cgsc.art@cgoldshire.vic.gov.au.
Highland Gathering, jedes Jahr Anfang Januar. Mit Paraden, Bands, Baumstammwerfen, Konzert und Feuerwerk. Termine und Programm unter www.maryborough highlandsociety.com.
Internet Maryborough Library, im gleichen Gebäude wie die Touristeninformation. Mo–Fr 10–17 Uhr, Sa 9.30–12 Uhr. Alma Street/Ecke Nolan Street, ℡ 54611950.
Supermarkt Aldi, tägl. 8.30–19 Uhr (Do bis 20 Uhr), 111 Burke Street.
Übernachten/Essen Bristol Hill Motor Inn, 17 Zimmer in unterschiedlicher Größe und Ausstattung. Alle mit AC und TV, einige mit Spa-Bad. DZ ab 130 $. 1 High Street, ℡ 54613833, www.bristolhill.com.au.
Golden Country Motel & Caravan Park, mit beheiztem Pool, Waschmaschinenraum und BBQs. Stellplatz mit Strom 35 $, Cabin ab 85 $, einfache Motel-DZ ab 100 $. 134 Park Road, ℡ 54617700, www.goldencountry.com.au.
Maryborough Caravan Park, am Ufer des Lake Victoria gelegen. Campen kann man hier schon ab 24 $. 7–9 Holyrood Street, ℡ 54604848, www.maryboroughcaravanpark.com.au.
Red House Bakery, guter Kaffee, ordentliches Frühstück und eine kleine Stärkung fürs Mittagessen. Kuchen und Gebäck. Mo–Sa ab 7 Uhr. 184 High Street, ℡ 54611113.

Avoca und Pyrenees

ca. 1000 Einw.

Die grünen Hügel sollen die ersten Siedler an die Berge im Baskenland erinnert haben, weshalb sie der Region westlich von Avoca kurzerhand den Namen „Pyrenees" gaben. Für die Europäer besonders interessant: Das Klima in den australischen Pyrenäen eignet sich gut für den Weinanbau.

Nachdem die Goldsucher abgezogen waren, stellte man fest, dass sich der Boden bestens für die Kultivierung von Weinstöcken eignet. Erste Versuche der kommerziellen Etablierung des Weinanbaus in größerem Stil scheiterten allerdings an der mangelnden Nachfrage – in Australien waren zu dieser Zeit andere Alkohol-Sorten gefragt. In der zweiten Hälfte des 20. Jh. begannen jedoch erste Weingüter langsam, aber sicher, erfolgreich ihren Rebensaft zu vermarkten – heute kommen einige der besten Tropfen des Landes aus der Region. Besucher wissen v. a. das entspannte ländliche Flair zu schätzen, das hier bestimmend für das Leben ist. Wichtigste Ortschaft ist **Avoca**, wo es einige ansehnliche Gebäude gibt, z. B. das *Avoca Hotel* oder die *Avoca Primary School*, in der schon im Jahr 1878 die Kinder die Schulbank drückten.

GPS: S37°05.28' E143°28.42'
Ortsvorwahl: 03

Anreise Pkw: Von *Ballarat* fährt man 73 km auf dem Sunraysia Highway. In die Grampians nach *Halls Gap* sind es rund 115 km via *Ararat*.

Bahn & Bus: Busse (✆ 1800800007, www.ptv.vic.gov.au) fahren von/nach *Maryborough* und von dort Richtung *Ballarat* und *Melbourne*.

Touristinfo Avoca Visitor Information Centre, Buchung und Information. Tägl. 9–17 Uhr. 122 High Street, ✆ 54651000 oder 1800206622.

Avoca im Internet Informationen unter www.pyreneestourism.com.au.

Veranstaltungen Avoca Cup, Pferderennen im Oktober. www.acocaraceclub.com.

Weingüter Blue Pyrenees Estate, schönes, kleines Weingut vor den Toren der Stadt. Verkostung tägl. 10–16.30 Uhr, Wochenende kleine Lunch-Essen. Vinoca Road, ✆ 54651111, www.bluepyrenees.com.au.

Übernachten/Essen Eco Luxe, top! Absolute Ruhe hat man in den 3 stylish eingerichteten, separat stehenden Lodges. Vom Bett kann man durch die große Glasfront ins Grüne schauen. 390 $/Nacht, 2 Nächte 590 $. Moates Lane, ✆ 54653282, www.ecoluxe.com.au.

Avoca Motel, 12 klassische EG-Zimmer mit Standardausstattung oder als Deluxe-Spa-Version, DZ 80–130 $. 159 High Street, ✆ 54653464, www.avocamotel.com.au.

Avoca Caravan Park, schattige Stellplätze ab 28 $, Cabin ab 75 $. Lieb'g Street, ✆ 54653073, www.avocacaravanpark.com.au.

The Avoca Hotel, im lokalen Pub kann man wunderbar trinken, feiern und essen. Tägl. geöffnet. 115 High Street, ✆ 54653018, www.theavocahotel.com.au.

Auf der Staubpiste durch die grünen Hügel der australischen Pyrenees

Die steilen Wände der „Loch Ard Gorge"

Great Ocean Road

Die Great Ocean Road ist zweifellos eine der schönsten Strecken Australiens. Zwischen grünen Nationalparks und den besten Surfbreaks Victorias führt die Straße von Torquay rund 250 km gen Westen, wo sie kurz vor Warrnambool auf den Princess Highway trifft. Die Szenerie ist gigantisch – entlang der Strecke befinden sich mit den **Twelve Apostels** oder der **London Arch** einige der beachtenswertesten Naturdenkmäler des Staates.

Die Idee für den Bau einer Straße spukte schon seit den 1890er-Jahren in einigen Köpfen herum, aber erst mit Gründung des *Great Ocean Road Trust* im Jahr 1918 nahm das Vorhaben konkrete Formen an. Am 26. November 1932 fand nach insgesamt 13 Jahren Bauzeit die feierliche Eröffnung im Grand Pacific Hotel in Lorne statt. An den Bauarbeiten waren rund 3000 Männer beteiligt gewesen, die meisten davon Rückkehrer von den Kriegsfronten des ersten Weltkriegs.

Der Küstenabschnitt westlich des **Cape Otway** trägt den schauerlichen Namen *Shipwreck Coast* und das nicht ohne Grund: Über 200 Schiffswracks hat man bisher entdeckt, über 700 Schiffsunglücke sind verzeichnet. Eines dieser Unglücke bescherte den Küstenbewohnern eine Abwechslung der besonderen Art. 1924 lief der Dampfer *The Casino* nahe des Cape Patton auf Grund. Um vom Riff freizukommen, wurde ein Großteil der Ladung an den Strand gebracht. In den zurückgelassenen Kisten fanden die Männer so viel Schnaps und Bier, dass sie zwei Wochen nicht zur Arbeit erscheinen konnten.

Die Great Ocean Road ist eine Cruising-Route erster Güte – auf die Idee, hier entlangzurasen, wird also eh niemand kommen. Trotzdem sollte man den Tacho nicht aus den Augen lassen, v. a. an den Ortseinfahrten versteckt sich die Polizei gerne und nutzt die kleinen Unachtsamkeiten der Urlauber aus. Schon bei geringen Geschwindigkeitsüberschreitungen sind empfindliche Strafen fällig.

Great Ocean Road ohne Auto

Mit dem Flugzeug kann man Melbourne und Geelong ansteuern. Mit den Zügen von *V/Line* (✆ 136196, www.vline.com.au) kann man mehrmals tägl. von **Melbourne** nach **Geelong** fahren, von dort per Bus via **Torquay** und **Lorne** bis nach **Apollo Bay**. Etwa 3-mal pro Woche gibt es Anschlussbusse nach **Port Campbell** und **Warrnambool**. Von dort tägl. Züge zurück nach Geelong und Melbourne.

Infozentren Umfangreiche Informationen erhält man bereits in **Melbourne** oder **Geelong**. Entlang der Great Ocean Road gibt es Infozentren in **Torquay**, **Lorne**, **Apollo Bay** oder **Port Campbell**.

Great Ocean Road im Internet Infos unter www.visitgreatoceanroad.org.au.

Rundflüge ab Port Campbell 12 Apostels Helicopter, geflogen wird tägl., günstigster Flug über die Apostels ab 145 $/Pers. (15 Min.). ✆ 55988283, www.12ah.com.

... ab Apollo Bay Tiger Moth World, Apollo Bay Air Field oder Torquay. Rundflug zu den Aposteln ab 375 $/Pers. (90 Min.). ✆ 52615100, www.tigermothworld.com.au.

Apollo Bay Aviation, 45-minütiger Rundflug (in einer Cessna) über die Apostels und die Shipwreck Coast für 2–3 Fluggäste, 280 $/Pers. 3 Telford Street, Apollo Bay, ✆ 52377600, www.apollobayaviation.com.au.

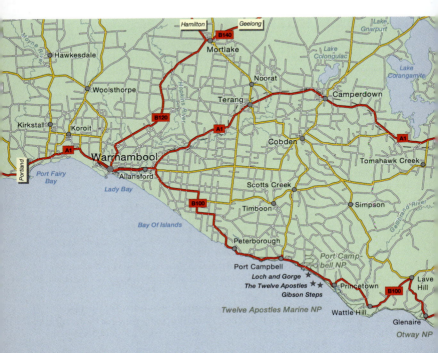

Torquay

ca. 8000 Einw.

Eine gute Autostunde außerhalb von Melbourne liegt das Surfmekka Victorias. Die Bedingungen an der Küste sind ausgezeichnet – am Bells Beach trifft sich alljährlich die Weltelite für die Austragung eines der prestigeträchtigsten Surfwettbewerbe. Sogar ein Museum hat man der Kunst des Wellenreitens gewidmet.

Der Boardrider-Lifestyle ist in Torquay allgegenwärtig, internationale Marken wie *Rip Curl* und *Quicksilver* haben hier ihren Ursprung. In riesigen Outlet-Stores werden Surfbretter, Neoprenanzüge und coole Klamotten verkauft. Aber auch all jene, die dem Ritt auf den Wellen nicht viel abgewinnen können, werden vom Urlaubsflair des Ortes begeistert sein. Es gibt wunderbare Sandstrände, baumgesäumte Promenaden und eine ganze Reihe entspannter Cafés und Bars.

Die Nähe zur Millionenmetropole Melbourne macht Torquay zu einem beliebten Ziel für Wochenendausflügler und das schon seit über hundert Jahren – bereits Ende des 19. Jh. verbrachten hier die Städter ihren Urlaub. Neben der omnipräsenten Surfkultur ist der Ort außerdem als offizieller Startpunkt der *Great Ocean Road* bekannt – der *Torquay Golf Club* hat die prestigeträchtige Adresse „Number 1, Great Ocean Road".

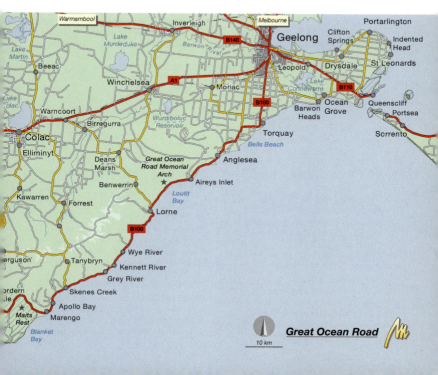

Victoria / Great Ocean Road

GPS: S38°19.58' E144°19.00'
Ortsvorwahl: 03

Anreise **Pkw:** Von *Melbourne* (95 km) aus auf dem Princess Highway (M1) Richtung *Geelong* (23 km), dann weiter auf der B100 nach *Torquay*. Nach *Queenscliff* (Autofähre nach Portsea/Mornington Peninsula) sind es gut 50 km.

Bahn & Bus: Mit Bussen/Zügen (✆ 1800800007, www.ptv.vic.gov.au) tägl. von/nach *Melbourne* oder *Geelong*. Außerdem Anbindung Richtung *Apollo Bay*.

Touristinfo **Torquay Visitor Centre**, Broschüren, Buchung von Unterkünften, Internet. Tägl. 9–17 Uhr. Beach Road (an der Surf Coast Plaza), ✆ 52614219, torquayvic@surfcoast.vic.gov.au.

Torquay im Internet Informationen unter www.visitgreatoceanroad.org.au.

Einkaufen Ganze Busladungen an Touristen werden hierher gekarrt. Die riesigen **Outlet-Stores** der bekannten Marken dominieren das Stadtbild fast wie Tempel. Die Auswahl ist riesig, die Preise sind aber nicht unbedingt günstig.

Fallschirmspringen Skydiving, hier kann man über dem berühmten Bells Beach aus dem Flieger hüpfen. Ab 400 $. Fotos bzw. eine DVD kosten extra. Australian Skydive, ✆ 1800557101, www.australianskydive.com.au.

Internet Terminals im **Torquay Visitor Centre** (s. o.).

Sehenswertes Surfworld Australia, ein ganzes Museum, das sich ausschließlich der Kunst des Wellenreitens widmet. Eintritt 12 $. Tägl. 9–17 Uhr. Surf City Plaza, Beach Road, ✆ 52614606, www.surfworld.org.au.

Supermarkt Woolworths, tägl. 7–22 Uhr, Bristol Street/Ecke Walker Street.

Surfen Die Strände von **Torquay** und **Jan Juc** bieten gute Bedingungen für Anfänger. Für **Bells** und das benachbarte **Winki Pop** (ein Strand weiter östlich) sollte man schon wirklich gut surfen können.

Surfen, Kajak & Bike Southern Exposure, Surfkurse 75 $ (2 Std.) oder 350 $ (5 Tage), inkl. Material. Außerdem Mountainbiking und Seekajaking entlang der Surf Coast. 55b Surfcoast Highway, ✆ 52619170 oder 0425784643, www.southernexposure.com.au.

Torquay Surf School, Einzelstunde 180 $, in der Kleingruppe bis 8 Pers. 60 $. Jeweils volle 2 Std. inkl. Material. 2/32 Bell Street, ✆ 52612002, www.torquaysurf.com.au.

Go Ride A Wave, gibt's in Torquay, Ocean Grove, Anglesa und Lorne. 2 Std. Gruppenunterricht ab 65 $, 260 $ für 5-mal 2 Std., Einzelstunde 150 $. Nur Materialmiete ab 25 $. 15 Bell Street, ✆ 1300132441, www.gorideawave.com.au.

Übernachten Whitesbeach Torquay, Top-Unterkunft. Suiten mit superbequemen Kingsize-Betten, Flatscreen-TV und WLAN. Bäder z. T. mit Spa-Wanne. Lounge, Snooker-Tisch und Pool. 2 Pers. ab 250 $. 1335 Horseshoe Bend Road, ✆ 52648875, www.whitesbeach.com.au.

The Woolshed, urige Unterkunft, ganz klassisch mit Wellblech und dicken Holzbalken. 2 modern eingerichtete Suiten mit Bad. Für 275 $ können hier bis zu 6 Pers. übernachten. 75 Aquarius Street, ✆ 0408333433 (mobil), www.thewoolshed.info.

The Pole House

Das ganze Haus steht auf einem riesigen Pfeiler und ist nur über einen Steg zu erreichen. Der Blick aufs Meer ist atemberaubend, der Preis von 3500–5000 $/Woche (immerhin für bis zu 4 Pers.) nicht gerade günstig. Mo–Do auf Anfrage auch einzelne Nächte möglich. 60 Banool Road, in Fairhaven, etwa 30 km südwestlich von Torquay. Buchungen unter ✆ 52894233, www.greatoceanroadholidays.com.au.

Camping & Cabins Torquay Foreshore Caravan Park, großer Park am Torquay Surf Beach. Schöne Cabins ab 99 $, Stellplatz ab 35 $. 35 Bell Street, ✆ 52612496, www.torquaycaravanpark.com.au.

Essen & Trinken Fisho's, super! Hier gibt es ausgezeichneten Fisch, je nachdem, was es auf dem Markt gibt. Die Tagesangebote stehen auf der Kreidetafel. Gerichte 15–30 $. Tägl. 12–15 und ab 17.30 Uhr. 36 The Esplanade, ✆ 0407534124.

Scorched Café Restaurant, exzellente und umfangreiche Weinkarte (25–500 $/Flasche). Vorspeisen um 20 $ (Garnelen-Baklava), Hauptgerichte um 34 $ (Fisch auf Fenchelgemüse). Mi/Do ab 17 Uhr, Fr–So ab 10.30 Uhr. 17 The Esplanade, ✆ 52616142, www.scorched.com.au.

Front Beach Café, ideal fürs Frühstück an der Strandpromenade, bei schönem Wetter auf der großen Terrasse. Frühstück um 15 $, Hauptgerichte um 25 $. Tägl. ab 9 Uhr. 16 The Esplanade, ✆ 52619752, www.frontbeachcafe.com.au.

Torquay Hotel, Pub mit ausgezeichnetem Bistro, z. B. Thai-Beef Salad (19 $) oder BBQ-Ribs (33 $). Dinner und tagsüber kleine Bar-Essen. Tägl. geöffnet. 36 Bell Street, ✆ 52612001, www.torquayhotel.com.au.

Bells Beach

Bells Beach ist *der* Surfstrand in ganz Victoria, wenn nicht in ganz Australien. Hier wird alljährlich an Ostern der *Rip-Curl-Pro*-Surfwettbewerb ausgetragen. Der Strand war schon früh bei den lokalen Surfern beliebt, allerdings nur bei den hartgesottenen. Und das nicht nur wegen der Wellen, sondern auch wegen des äußerst mühsamen Wegs zum Strand, der heute allerdings wesentlich leichter zu bewältigen ist als in früheren Zeiten, als die Bretter 5 m lange Holzplanken mit einem Gewicht von 50 kg waren. Der erste Wettbewerb am Bells Beach fand 1962 statt, Gewinner war „Ming" Smith, der für seinen Sieg 1 £ (etwa 2 $) erhielt. Bells Beach war übrigens der erste Strand der Welt, der als *Surfing Reserve* deklariert wurde (1971).

Anglesea und Aireys Inlet

ca. 2300 Einw.

Die beiden verschlafenen Ortschaften liegen direkt an der Great Ocean Road zwischen Torquay und Lorne. Mit langen Sandstränden auf der einen und dichten Eukalyptuswäldern auf der anderen Seite bietet die Region ideale Bedingungen für ein paar erholsame Tage abseits des Trubels. Man sollte auf jeden Fall das markante **Split Point Lighthouse** von 1891 besuchen, das bei Aireys Inlet 34 m hoch über den Klippen thront. Es gibt gute Unterkünfte und einige fantastische Gastrobetriebe.

Lorne

ca. 1200 Einw.

Die hübsche Ortschaft an der Louttit Bay ist ein äußerst beliebter Zwischenstopp auf der Tour entlang der Great Ocean Road. Selbst Rudyard Kipling war einst so angetan, dass Lorne und die nahen Erskine Falls in sein Gedicht „The Flowers" Eingang fanden.

Mitte des 19. Jh. kamen zunächst Holzfäller und Siedler in die Gegend, ab den 1880er-Jahren die ersten Touristen. Das Pacific Hotel öffnete 1879 seine Pforten, dort fanden 1932 auch die offiziellen Feierlichkeiten zur Eröffnung der Great Ocean Road statt. Seitdem hat sich Lorne zu einer führenden Touristendestination in Victoria entwickelt. Berühmteste Person des Ortes ist wohl die Schwimmerin *Lillian Beaurepaire* – sie vertrat Australien im Jahr 1920 bei den Olympischen Spielen in Antwerpen und zog so manchen ermüdeten Badegast aus den heimatlichen Fluten. Heute ist die Ortschaft eng mit den Rettungsschwimmern verbunden, 2006 fanden hier die *Lifesaving Championships* statt. Beim *Pub to Pier Swim* nehmen alljährlich bis zu 4000 Schwimmer teil. Den besten Blick auf den Küstenabschnitt hat man vom **Teddy's Lookout**.

Victoria / Great Ocean Road

Anglesea & Aireys Inlet:
GPS: S38°24.65' E144°11.23'
Ortsvorwahl: 03

Lorne:
GPS: S38°32.190' E143°58.454'
Ortsvorwahl: 03

Anreise Pkw: Über die Great Ocean Road 47 km von *Torquay* im Osten und 45 km von *Apollo Bay* im Westen entfernt.

Bahn & Bus: Mit Bussen/Zügen (✆ 1800800007, www.ptv.vic.gov.au) tägl. von/nach *Melbourne* via *Geelong*. Außerdem Anbindung Richtung *Apollo Bay*.

Touristinfo Lorne Visitor Information Centre, Infos und Buchungen. Tägl. 9–17 Uhr. 15 Mountjoy Parade, ✆ 52891152, lornevic@surfcoast.vic.gov.au.

Lorne im Internet Informationen unter www.visitsurfcoast.com.

Internet Im Visitor Information Centre (s. o.).

Supermarkt Foodworks, tägl. geöffnet, 1/3 Great Ocean Road.

Surfen Southern Exposure, Surfkurse 75 $ (2 Std.) bzw. 350 $ (5 Tage), inkl. Material. Privatstunde ab 150 $. Termine auf Anfrage unter ✆ 52619170, www.southernexposure.com.au.

Lorne Surf Shop, Shop und Surfbrettverleih. Mo–Fr 9.30–17 Uhr, Sa/So verkürzt. 130 Mountjoy Parade, ✆ 52891600, www.lornesurf.com.au.

Übernachten Cumberland Lorne Resort, verschiedene Apartments mit Schlafzimmer und Wohn-/Essbereich. Moderne Bäder, z. T. mit Spa-Eckbadewanne. Sehr gutes Restaurant im EG. Unterkunft ab 180 $, Penthouse mit Meerblick ab 330 $. 150 Mountjoy Pde., ✆ 52894444, www.cumberland.com.au.

Anchorage Motel, Studios und Apartments (voll ausgestattete Küche) mit Bad und Waschmaschinen. Einige davon mit Spa. 2 Pers. 110–210 $. 32 Mountjoy Pde., ✆ 52891891, www.anchoragemotel.com.au.

Great Ocean Road Cottages, tolle Holzhäuschen in grüner Naturkulisse. Jedes mit Wohnraum (inkl. Ausziehsofa), Küche, Bad und bequemem Doppelbett auf der Galerie. 130–170 $ (2–5 Gäste). 10 Erskine Avenue, ✆ 52891070, www.greatoceanroadcottages.com.

Camping Lorne Foreshore Caravan Parks, 5 Areale, die zentral verwaltet werden. Cabin 90–190 $, Stellplatz ab 32 $. 2 Great Ocean Road, ✆ 52891382, www.lornecaravanpark.com.au.

Einige der bunten Strandhäuser sind auch für Touristen zu mieten

Nationalparkcamping Big Hill Campground, etwa 10 km nördlich von Lorne, erreichbar über die Deans Marsh Road. Toiletten vor Ort. Parks Victoria, ✆ 131963.

Essen & Trinken The Bottle of Milk, hier gibt es leckere Burger, darunter sogar 4 vegetarische Varianten mit Linsen-, Tofu- oder Pilzgrundlage. Mo–Do 8–17 Uhr, Fr/Sa 8–20 Uhr. 52 Mountjoy Parade, ✆ 52892005, www.thebottleofmilk.com.

Lorne Hotel, große Wirtschaft mit super Terrasse. Hier oben kann man gut essen (z. B. gegrillten Snapper) oder einfach bei einem kühlen Bier den Blick auf Strand und Meer genießen. Bistro tägl. 12–21 Uhr. Mountjoy Parade, ✆ 52891409, www.lornehotel.com.au.

Kafé Kaos, trendiges Café mit Retro-Touch. Richtig gutes Essen, die Pancakes mit Früchten und Eis könnte man jeden Tag verdrücken. Tägl. 8–15 Uhr. 52A Mountjoy Parade, ✆ 52892639, www.kafekaos.com.au.

Chopstix Noodle, hier gibt es ganz klassische Wokgerichte zu moderaten Preisen, auch zum Mitnehmen. Kostenloses WLAN für Gäste. Tägl. 12–22 Uhr. 96 Mountjoy Parade, ✆ 52891205, www.chopstix.com.au.

Apollo Bay

ca. 1500 Einw.

Apollo Bay befindet sich am östlichen Ende des Cape Otway und eignet sich hervorragend als Basis für Erkundungen im gesamten Gebiet des Nationalparks. Außerdem startet hier der **Great Ocean Walk**. Für Besucher ist gut gesorgt, es existiert eine ganze Reihe an touristischen Einrichtungen. Schon ab 1840 gab es in der Nähe eine Walfangstation, ab 1850 wurden vermehrt Holzfällercamps angelegt und Sägewerke gebaut. Der Ort hatte im Lauf der Zeit mehrere Namen (u. a. auch „Paradise"), bis 1898 der Schoner „Apollo" in der Bucht Schutz vor einem Sturm suchte und der Siedlung ihren heutigen Namen gab. Ab 1900 entwickelten sich Landwirtschaft und Fischerei zu wichtigen Wirtschaftszweigen. Vom **Mariners Lookout**, einem Aussichtspunkt am östlichen Ortsende, hat man einen tollen Blick auf Apollo Bay und die Küste. Um dorthin zu gelangen, fährt man auf einer extrem steilen Bergstraße bis zu einem kleinen Parkplatz. Von dort folgt man einem Schotterweg zunächst durch ein Gartentor und dann etwa 15 Min. bis zum Aussichtspunkt auf einer Weide.

Anreise Pkw: Über die Great Ocean Road rund 100 km nach *Port Campbell*, 45 km nach Lorne, 90 km nach *Torquay*.

Bahn & Bus: Busse (✆ 1800800007, www.ptv.vic.gov.au) tägl. von/nach *Melbourne* via *Geelong*. 3-mal/Woche (Mo, Mi, Fr) Direktanbindung Richtung *Warrnambool*.

GPS: S38°45.27' E143°40.15'
Ortsvorwahl: 03

Touristinfo Great Ocean Road Visitor Information Centre, Informationen und Buchungen. Tägl. 9–17 Uhr. 100 Great Ocean Road, ✆ 52376529, gorvic@colacotway.vic.gov.au

Apollo Bay im Internet Informationen unter www.visitapollobay.com.

Aktivitäten Apollo Bay Surf & Kajak, Surfkurse (65 $ für 90 Min.) inkl. Material, Kajaktouren (ab 65 $). ✆ 0405495909, www.apollobaysurfkayak.com.au.

Apollo Bay Fishing & Adventure Tours, Angeltouren, aber auch Fahrten zum Beobachten der Seehunde. 2 Std. Küstenangeln ab 55 $, 4 Std. ab 110 $, 6 Std. Haiangeln ab 220 $ (Preise jeweils pro Pers., inkl. Ausrüstung). Wer keinen gültigen Angelschein hat, zahlt 6 $ extra. ✆ 52377888 oder 0418121784 (mobil), www.apollobayfishing.com.au.

Festivitäten Apollo Bay Music Festival, jedes Jahr über ein Wochenende im März oder April. www.apollobaymusicfestival.com.

Internet Apollo Bay Library, Mi 11–13 und 13.30–18 Uhr, Fr 10–13 und 13.30–17 Uhr, Sa 10–12 Uhr. 6 Pengilley Ave, ✆ 52371013.

Supermarkt Foodworks, tägl. geöffnet, 4 Hardy Street.

Übernachten Point of View, exklusive und romantische Unterkunft nur für Paare.

Blick auf Apollo Bay vom Mariners Lookout

Hier bleiben keine Wünsche offen. Große Kingsize-Betten, Kaminfeuer, Spa-Bad und Sonnendeck mit atemberaubendem Blick. 2 Nächte ab 600 $. 165 Tuxion Road, ✆ 0427376377 (mobil), www.pointofview.com.au.

Waterfront Motor Inn, verschiedene Optionen vom einfachen Doppelzimmer bis zum Apartment mit zwei Schlafzimmern und Meerblick. DZ ab 100 $, Apt. um 200 $. 173 Great Ocean Road, ✆ 52377333, www.apollobaywaterfront.com.au.

Apollo Bay Guest House, wunderbares, aber auch nicht gerade günstiges B&B, das kaum Wünsche offen lässt. Penibel gepflegtes Anwesen. Pro Paar und Nacht um 250 $. 4 Great Ocean Road, ✆ 0403378520, www.apollobayguesthouse.com.au.

Apollo Bay Eco Beach YHA, wirklich tolles, modernes Hostel, 200 m von der Bushaltestelle entfernt. Internetzugang. Übernachtung im Dorm ab 30 $, im DZ ab 75 $. 5 Pascoe Street, ✆ 52377899, www.yha.com.au. ■

Campen Marengo Holiday Park, wunderbarer Beachfront-Park. Geräumige Cabins (110–240 $), in der Nebensaison ein Schnäppchen. Stellplatz ab 30 $. Great Ocean Road, ✆ 52376162, www.marengopark.com.au.

Nationalpark Camping → Great-Otway-Nationalpark, S. 502.

Essen & Trinken La Bimba B'stro, schönes Bistro im 1. Stock, an der Hauptstraße. Frisches Seafood und super BBQ-Rippchen, Hauptgerichte um 35 $, Vorspeisen um 20 $, gute Weine. Tägl. 8–15.30 und 18–22 Uhr. 125 Great Ocean Road, ✆ 52377411.

Apollo Bay Hotel, schönes Pub-Hotel, von der Terrasse Blick auf den Main Beach. Überdurchschnittlich guter Bistro-Grub mit Steaks, Fish&Chips und Burgern. Tägl. geöffnet. 95 Great Ocean Road, ✆ 52376250, www.apollobayhotel.com.au.

Georges Food Court, mit Pizza, Burger und Co. Unspektakulär, aber günstig. Tägl. tagsüber geöffnet. 111 Great Ocean Road.

Great Ocean Walk

Ab Apollo Bay verläuft die Great Ocean Road nicht mehr entlang der Küste, sondern weiter im Landesinneren. Wer trotzdem nicht auf die spektakuläre Szenerie mit den hohen, schroffen Klippen verzichten will, kann seine Tour zu Fuß fortsetzen. Der Great Ocean Walk ist eine gut 91 km lange Wanderstrecke, die von Apollo Bay bis nach Glenample, etwa 12 km vor Port Campbell, führt. Es gibt viele Möglichkeiten, den Walk kennenzulernen, entweder nimmt man sich die gesamte Strecke vor oder pickt sich einige Teiletappen heraus, zumindest aber kann man einige kleine Spaziergänge unternehmen. Zu empfehlen sind sicherlich der leichte **Gables Lookout Walk** oder ein kurzer Abstecher zum **Cape Otway Lighthouse** (beide → Cape Otway und Great-Otway-Nationalpark). Wer sich die Organisation leicht machen will, kann die Hilfe eines Tour-Veranstalters in Anspruch nehmen und z. B. die komplette Tour inklusive der Übernachtungen im Voraus buchen. Bei einigen Veranstaltern ist der Materialtransport von Unterkunft zu Unterkunft im Service inbegriffen – gut für all jene, die ihren Rucksack nicht selber schleppen wollen. Zahlreich sind auch die Übernachtungsmöglichkeiten auf der Strecke: Vom einfachen Bushcamp bis zum Luxushotel ist praktisch jede Art von Herberge vertreten. Wer auf eigene Faust auf Tour geht, sollte sich gut vorbereiten, unterwegs ist man auf sich alleine gestellt.

Allgemeine Information Umfangreiche Informationen, eine Online-Karte und Kontaktadressen erhält man unter www.great oceanwalk.com.au. Außerdem stellen die Informationszentren entlang der Great Ocean Road Informations- und Kartenmaterial zur Verfügung.

Camping Wer auf eigene Faust unterwegs ist und die Wanderer-Bushcamps von *Parks Victoria* nutzen möchte, *muss* die Tour in Ost-West-Richtung marschieren und gut 2 Wochen im Voraus buchen, wobei eine einmalige Bearbeitungsgebühr von 5 $ fällig ist. Ein Zeltstellplatz kostet dann 27–31 $/Nacht. Unter www.greatocean walk.com.au kann man sich ein Antragsformular herunterladen, *Parks Victoria* kontaktiert man unter www.parkweb.vic.gov.au oder unter ✆ 131963.

Veranstalter Walk 91, Planung, Materialtransport, Transfers. Verschiedene Optionen je mit oder ohne Guide für 1500–1500 $/Pers. ✆ 52371189, www.walk91.com.au.

Auswalk Walking Holidays, verschiedene Optionen für 5–8 Tage, inkl. Rücktransport nach Apollo Bay und Gepäcktransport von Unterkunft zu Unterkunft. Mit oder ohne Guide möglich. Je nach Jahreszeit und Paket um 2500 $/Pers. ✆ 95308800, www.aus walk.com.au.

Otway Eco Tours, die kürzeste Tour dauert 3 Tage/2 Nächte. Inkl. Unterkunft, Verpflegung und Transfers ab Melbourne 1250 $, der gesamte Great Walk mit 6 Übernachtungen kostet 2500 $. ✆ 0419670985 (mobil), www.platypustours.net.au.

Cape Otway und Great-Otway-Nationalpark

Als wahres Naturparadies mit einer unglaublichen landschaftlichen Vielfalt offenbart sich das Cape Otway dem Besucher. Felsige Küstenlandschaft wird von feinen Sandstränden abgelöst, sanfte Hügel wechseln mit schroffen Klippen ab. Donnernde Wasserfälle stürzen sich im tiefgrünen Regenwald über Felswände in die Tiefe, während scheue Beutelgleiter durchs Gebüsch huschen und das Gekreische der Papageien die Luft erfüllt. Besonders beeindruckend sind die Bestände des Rieseneukalyptus, der als höchster Laubbaum der Welt eine stattliche Höhe von rund 90 m erreichen kann

Im Zuge des Goldrausches Mitte des 19. Jh. wurden hier zahlreiche Holzfällercamps und Sägemühlen errichtet, um für die wachsende Kolonie die Versorgung mit Baumaterial sicherzustellen.

Der Nationalpark bietet sich geradezu an für ausgedehnte Wanderungen – ein Abstecher zum Leuchtturm (s. u.) darf dabei auf keinen Fall ausgelassen werden. Die

Strände sollte man allerdings nur zum Spazierengehen aufsuchen, die Gewässer um das Kap sind extrem gefährlich und unberechenbar, schwimmen sollte man hier also auf keinen Fall!

Anreise Pkw: Der Otway-Nationalpark ist nicht mit öffentlichen Verkehrsmitteln erreichbar. Er befindet sich etwa auf halber Strecke der Great Ocean Road, die nächste Ortschaft ist *Apollo Bay*, etwa 20 km östlich. Das Cape Otway ist ab der Great Ocean Road über die 12 km lange Otway Lighthouse Road zu erreichen.

Touristinfo Kartenmaterial und Auskünfte in den Touristinformationen entlang der *Great Ocean Road*. Parkverwaltung unter ✆ 131963 und www.parkweb.vic.gov.au.

Otways im Internet Informationen unter www.visitotways.com.

Übernachten Lighthousekeepers Inn, Unterkunft in den Räumlichkeiten am historischen Leuchtturm. Sehr exponierte Lage. 2 Pers. im Haus für Selbstversorger 450 $, im B&B ab 225 $. Cape Otway Lightstation, ✆ 52379240, www.lightstation.com.

Bimbi Park, im Nationalpark. Einfacher Stellplatz ab 20 $, mit Strom ab 25 $. Cabin ab 60 $, im Mehrbettzimmer ab 20 $/Nacht. 90 Manna Gum Drive, Cape Otway, ✆ 52379246, www.bimbipark.com.au.

Bushcamping Aire River East Campground, erreichbar über die nicht asphaltierte Hordern Vale Road. Fährt man über die Brücke (5 t Limit), erreicht man den für Caravans geeigneten **Aire River West Campground**.

Zusätzliche Optionen unter ✆ 131963 oder www.parkweb.vic.gov.au.

Kurzwanderungen

Maits Rest Rainforest Walk: Kurzer Rundweg durch den Regenwald, etwa 1 km lang und in 30 Min. locker zu bewältigen. Die weit ausladenden Farne und uralten Baumriesen, die sich mit ihrem enormen Wurzelwerk in den dicht mit Moosen bedeckten Boden krallen, sorgen für eine ganz eigene Atmosphäre. Ausgangspunkt ist der Maits-Rest-Parkplatz direkt an der Great Ocean Road.

Triplet Falls: Relativ leichter Rundgang auf neu angelegten Wegen und Stegen, etwa 2 km lang, gut eine Stunde sollte man einplanen. Die Tour führt durch dichten Regenwald zu den *Triplet Falls*, einem der schönsten Wasserfälle der Region. Unterwegs geben exponierte Aussichtsplattformen immer wieder den Blick auf den tiefgrünen Wald und die Wasserfälle frei. Anfang des 20. Jh. wurden hier im *Knott's-No-1*-Sägewerk die edlen Hölzer der Region geschnitten. Nach dessen Schließung konnte sich die Natur das Areal allerdings schnell zurückerobern, geblieben sind nur wenige Überreste. Sehr beliebte Tour und aufgrund derselben Anreise gut mit dem *Otway Fly Tree Top Walk* (→ S. 503) zu kombinieren.

Anreise: Von der Great Ocean Road bei Laver Hill auf die Colac Lavers Hill Road abzweigen und dann auf den Phillips Track. Nach dem Otway Fly sind es noch 3 km bis zum Parkplatz. Die letzten Kilometer der Strecke sind nicht asphaltiert.

Cape Otway Lighthouse: Von der Turmspitze des ältesten Leuchtturms auf Australiens Festland, der aus dem Jahr 1848 stammt, hat man einen herrlichen Rundumblick. Die Gegend lässt sich u. a. mit geführten Touren erkunden, in der historischen Leuchtturmstation sind Übernachtungen möglich (s. o., Übernachten/Lighthousekeepers Inn). Für das leibliche Wohl sorgt ein Café. Neben dem Leuchtturm gibt es einen historischen Friedhof und eine alte Telegrafenstation, wo auch die geführten Touren starten.

Tägl. 9–16.45 Uhr. Eintritt 19,50 $/Pers. Die geführten Touren dauern ca. 45 Min., finden regelmäßig statt und kosten nichts extra. Die Otway Lighthouse Rd. zweigt von der Great Ocean Rd. ab und führt direkt zum Leuchtturm. ✆ 52379240, www.lightstation.com.

Die exponierten Felssäulen vor der Küste hat man „Twelve Apostels" getauft

Gable Lookout Walk: Ein kurzer Marsch von etwa 25 Min. hin und zurück, der zu einer hohen Klippe führt. Hier befindet sich eine Aussichtsplattform, die einen atemberaubenden Blick über die Bucht bietet. Ausgangspunkt für den Walk ist der Parkplatz am Ende der Moonlight Head Road, die bei Wattle Hill von der Great Ocean Road abzweigt.

Otway Fly Tree Top Walk und Café: In schwindelnden Höhen marschiert man einen 600 m langen Steg entlang, der sich zwischen den Wipfeln der Baumriesen hindurchschlängelt. Höhepunkt der Anlage – und das auch im wörtlichen Sinn – ist der 45 m hohe Aussichtsturm, den man über eine Wendeltreppe erklimmen kann und von dem man den herrlichen Blick über die Kronen der Bäume genießen kann. Adrenalin ist bei der ZipLine-Tour garantiert, bei der man sich mit Rollen und Karabinern an gespannten Drahtseilen einklinkt und so durch das Blätterdach rauschen kann. Der Park liegt zwischen Lavers Hill und Colac. Zur Stärkung gibt es vor Ort ein Café.
Tägl. 9–17 Uhr, letzter Einlass 16 Uhr. Eintritt 25 $, Kinder 15 $. ZipLine Tours (3:30 Std.) 120 $. 360 Phillips Track, etwa 22 km östlich von Lavers Hill über die Colac Lavers Hill Road. ✆ 52359200, www.otwayfly.com.

Port-Campbell-Nationalpark und Küste

Etwa bei Princetown endet der **Great-Otway-Nationalpark**, um in den **Port-Campbell-Nationalpark** überzugehen. Entlang der Küste und der Great Ocean Road bei Port Campbell gibt es die meistbesuchten und spektakulärsten Sehenswürdigkeiten zu entdecken. Die unten beschriebenen Highlights folgen einer Ost-West-Richtung:

Twelve Apostels: Ursprünglich nannte man die Kalksteinformationen „Sow and Piglets" („Sau und Ferkel"), Mitte des 20. Jh. allerdings entschied man sich dann doch für die biblische Bezeichnung. Mittlerweile sind einige Säulen ab- oder ein-

Die Verbindung zum Festland stürzte ein und aus der „London Bridge" wurde die „London Arch"

gebrochen, ein paar Überreste sind noch von der Aussichtsplattform aus zu sehen. Die Gewässer im Bereich um die Twelve Apostels sind übrigens als *Marine-Nationalpark* ausgewiesen. Es gibt eine ordentliche Motelanlage, die natürlich aufgrund ihrer Lage punktet. Wer die Apostel bei Sonnenaufgang erleben will, hat von hier aus den kürzesten Weg: Gleich beim großen Parkplatz am Infozentrum rechts abbiegen.

Twelve Apostles Motel & Country Retreat, etwa 3 km vom Parkplatz bei den Apostels entfernt. DZ ab 110 $. ✆ 1800351233 oder 55988277, www.twelveapostles.com.au.

Die Ship-Wreck-Coast

Von ungefähr 700 Schiffsunglücken an der Küste Victorias weiß man, etwa 200 Wracks wurden bisher entdeckt. Der Küstenabschnitt zwischen Moonlight Head, westlich des Cape Otway, und Port Fairy heißt nicht umsonst **Ship Wreck Coast** – hier ereignete sich der größte Teil der Havarien. Speziell zwischen 1850 und 1900, zur Zeit des ersten Goldrausches, war die Gegend durch besonders regen Schiffsverkehr geprägt, sodass auch entsprechend viele Wracks aus dieser Zeit stammen. Verantwortlich für die Vielzahl an Unglücken waren v. a. die unberechenbaren Wetterbedingungen – insbesondere die berüchtigten „Southerly Gales" setzten Material und Mannschaft zu.

Loch Ard Gorge: Der Klipper „Loch Ard" lief in der stockdunklen Nacht des 1. Juni 1878 auf ein Riff auf und sank. Von den 54 Passagieren kamen lediglich zwei mit dem Leben davon und die wurden hier an Land gespült. Die Tragödie bot Stoff für mancherlei romantische Geschichte, da es sich bei den Überlebenden um einen 18-jährigen Matrosen und ein Mädchen gleichen Alters – Tochter aus reichem Hause – handelte. Nach ihrer Rettung kam es aber leider doch nicht zum Happy End, das

Mädchen hatte bei dem Unglück seine Eltern verloren und reiste nun zu Verwandten nach England zurück. Es gibt einige Infotafeln, über Treppen gelangt man von den Klippen hinunter zum Strand.

London Bridge/London Arch: Die Felsformation an der Küste bestand ursprünglich aus einem Doppelbogen – ähnlich dem einer Brücke –, wobei jener Bogen, welcher die Verbindung zur Küste herstellte, 1990 auf Grund von Erosionsprozessen einbrach. Zwei schockierte Personen, die sich just zum Zeitpunkt dieses Naturschauspiels auf dem meerseitigen und nunmehr vom Festland abgeschnittenen Felsen befanden, mussten mit dem Helikopter gerettet werden. Heute gibt es eine wunderbare Aussichtsplattform.

Port Campbell
ca. 200 Einw.

Port Campbell ist ein kleines verschlafenes Nest an einer geschützten Bucht. Interessant ist die Ortschaft v. a. als Basis für Ausflüge zu den berühmten Felsformationen entlang der Küste (s. o.). Wer also den Sonnenauf- oder -untergang an den Twelve Apostels sehen will, der kann hier Station machen. Es gibt einen kleinen und schönen Badestrand, einige Motels, Cafés und Bars. Auf eine lange Geschichte kann Port Campbell nicht zurückblicken – bis zum Ende des 19. Jh. war ein Versorgungsschiff der einzige Kontakt mit Melbourne und erst Anfang des 20. Jh. kamen die ersten Touristen in den Ort.

GPS: S38°37.20' E142°59.67'
Ortsvorwahl: 03

Anreise Pkw: Über die Great Ocean Road 190 km von *Torquay* entfernt. Nach *Warrnambool* sind es 68 km, nach *Apollo Bay* 100 km, nach *Geelong* rund 210 km.

Bahn & Bus: Busse (℡ 1800800007, www.ptv.vic.gov.au) Richtung *Warrnambool* oder in entgegengesetzter Richtung nach *Apollo Bay*.

Touristinfo Port Campbell Visitor Information Centre, Broschüren, Beratung und einige aus Schiffswracks stammende Ausstellungsstücke. Tägl. 9–17 Uhr. 26 Morris Street, ℡ 1300137255, pcvic@coranga mite.vic.gov.au.

Port Campbell im Internet Informationen unter www.visit12apostles.com.au.

Bootstouren Port Campbell Boat Charters, Buchungen von Bootsfahrten zu den 12 Aposteln. ℡ 55986366 oder 0428986366 (mobil), www.portcampbellboatcharters.com.au.

Schwimmen Der Strand im Ort ist nur wenige Minuten von den meisten Unterkünften entfernt, wird patrouilliert und ist aufgrund seiner Lage in der Bucht gut geschützt.

Übernachten Southern Ocean Villas, top eingerichtet und komplett ausgestattet mit Küche und Bad. 2–3 Schlafzimmer für bis zu 6 Pers. Übernachtung für 2 Pers. ab 225 $, je Extraperson 25 $. 2 McCue Street, ℡ 55984200, www.southernoceanvillas.com.

Port Campbell Hostel, gutes Hostel am Rande des Ortszentrums. Im Mehrbettzimmer ab 30 $, DZ (ohne Bad) ab 90 $. Tregea Street, ℡ 55986305, www.portcampbell hostel.com.au.

Port Campbell Holiday Park, großer und guter Park mit schöner Gemeinschaftsküche, aber nicht ganz billig. Stellplatz 32–62 $, Cabins 90–210 $. 1 Morris Street, ℡ 55986492, www.pchp.com.au.

Essen & Trinken Karoa, nettes Lokal mit gutem Essen und freundlichem Service. Kleine Karte mit Fisch, Fleisch und auch vegetarischer Option. Hauptgerichte kosten 22–30 $, zum Lunch günstigere Alternativen unter 20 $. 28 Lord Street, ℡ 55986550.

12 Rocks Café, Frühaufsteher bekommen hier tägl. ab 6 Uhr ihren Kaffee und für Spätfrühstücker gibt es All-Day-Breakfast. Tägl. ab 6 Uhr. 34 Lord Street, ℡ 55986123.

Port Campbell Hotel & Craypot Bistro, Pub mit Bistro und üblichem Grub. Tägl. geöffnet. 40 Lord Street, ℡ 55986320.

Flagstaff Hill: nachgebaute Geschichte in Warrnambool

Entlang der Küste nach South Australia

Genau genommen endet die Great Ocean Road einige Kilometer vor Warrnambool oder, besser gesagt, sie trifft auf den Princess Highway. Der führt dann weiter an der Küste entlang, wenn auch nicht so spektakulär wie zuvor. Aber es lohnt sich allemal, den westlichen Teil der Shipwreck Coast bis nach Portland weiterzufahren. Vor allem das Cape Bridgewater, etwas westlich von Portland, ist mit einer großen Seehund-Kolonie und der Möglichkeit für schöne Wanderungen besuchenswert. Die Ortschaften können mit einer weit zurückreichenden Geschichte aufwarten, denn bereits Anfang des 19. Jh. wurde hier Walfang betrieben und zur Weiterverarbeitung der Meeressäuger eine entsprechende Industrie aufgebaut. Zahlreiche historische Gebäude aus den Pionierzeiten sind erhalten, etliche davon datieren aus der Mitte des 19. Jh.

Warrnambool
ca. 30.000 Einw.

Warrnambool ist der größte Ort an der Küstenroute gen Westen. Die Pläne für eine Siedlung wurden einst in Melbourne auf dem Reißbrett entworfen, an exakt ausgesuchten Stellen wurden dann ab 1847 die ersten Grundstücke verkauft. Die Ortschaft entwickelte sich rasant, im Jahr 1855 zählte man bereits 1500 Einwohner. Wie in vielen Küstenorten Australiens spielte auch hier im 19. Jh. der Walfang zunächst die erste Geige. Allerdings verschob sich auch hier der Fokus bald auf die Land- und Viehwirtschaft, nachdem die Fanggründe ausgebeutet und die großen Meeressäuger nahezu ausgerottet waren. Der rasante Ausbau des Hafens verhalf der Stadt zu wirtschaftlichem Aufschwung – in den 1880er-Jahren wurden hier mehr Waren verschifft als in Melbourne. Mittlerweile ist Warrnambool Universitätsstadt und eignet sich gut als Einkaufsstopp auf der Route gen Westen. Für die Wale sind die Gewässer vor der Küste inzwischen sicheres Terrain, während der Saison kann man sie sogar vom Strand aus beobachten.

Basis-Infos → Karte S. 509

GPS: S38°23.06' E142°28.99'
Ortsvorwahl: 03

Anreise Pkw: Am westlichen Ende der Great Ocean Road, ca. 275 km von *Geelong* entfernt. Auf der kürzeren Inlandsroute sind es nur 190 km. Rund 180 km fährt man nach *Ballarat*.

Bahn & Bus: Busse fahren 3-mal/Woche (Mo, Mi, Fr) Richtung *Apollo Bay*. Mo–Fr Busse von/nach *Ballarat*. Tägl. V/Line-Züge nach *Geelong* und *Melbourne*. Außerdem Busse nach *Port Fairy* sowie 3-mal/Woche (Di, Fr, So) Richtung Grampians nach *Hamilton*. Anbindung nach *Halls Gap* und *Ararat*. Infos unter www.ptv.vic.gov.au.

Touristinfo Visitor Information Centre, Buchungen, Informationen, Broschüren und Internetzugang. Tägl. 9–20 Uhr, im Sommer 9–22 Uhr. Flagstaff Hill, 89 Merri Street, ✆ 1800637725, vic@warrnambool.vic.gov.au.

Warrnambool im Internet Informationen unter www.visitwarrnambool.com.au.

Internet Bücherei **6**, kostenlos, man darf allerdings keine Speichermedien verwenden. Mo/Di 9.30–17 Uhr, Mi–Fr 9.30–18 Uhr, Sa 10–12 Uhr. 25 Liebig Street, ✆ 55594990.

Rundflüge & Schiffsfahrten Air Warrnambool Scenic Flights, einfache Rundflüge oder Whalewatching aus der Luft ab 200 $ (je nach Gewicht 2–3 Passagiere). Warrnambool Airport, Mailors Flat, ✆ 55659139, www.airwarrnambool.com.au.

Warrnambool River Cruises 9, 60 Min. Flussfahrt 16 $/Pers. ✆ 55627788, www.wblrivercruises.com.au.

Supermarkt Aldi **1**, tägl. 8.30–19 Uhr (Do bis 20 Uhr) , 251 Lava Street.

Übernachten/Essen & Trinken → Karte S. 509

Übernachten Saltmarsh Boutique Accommodation **11**, wunderbar gelegen, etwas abseits vom Trubel. Tolle Unterkunft, sehr stylish und mit Galerie-Ebene. 245 $/Nacht (bis zu 4 Pers. inkl.), 2 Nächte Minimum. Thunder Point, 48 MacDonald Street, ✆ 0437023268, www.saltmarsh.com.au.

Banyan Place 7, Apartments mit 1 oder 2 Schlafzimmern. Absolut gemütlich und individuell ausgestattet, mit WLAN, Flatscreen-TV und Küche. Übernachtung online ab 125 $. 4–6 Banyan Street, ✆ 0418261969 (mobil), http://banyanplace.com.au.

Olde Maritime Motor Inn 7, schlichte Zimmer mit gehobenem Standard. Restaurant im Haus. DZ je nach Kategorie ab 120 $. Banyan Street/Ecke Merri Street, ✆ 55611415, www.oldemaritime.com.au.

Warrnambool Beach Backpackers 15, nettes Hostel mit hauseigener Bar. Gäste können Fahrräder und Surfboards leihen. Im Dorm ab 26 $, DZ ab 80 $. 17 Stanley Street, ✆ 55624874, www.beachbackpackers.com.au.

Camping Discovery Holiday Park Warrnambool **14**, für Camper eine offene Küche, TV-Raum, WLAN. Hochklassiger Holiday-Park mit etlichen Cabins und Studios (95–200 $) unterschiedlicher Kategorien, Stellplätze ab 38 $. 25 Pertrobe Road, ✆ 55611514, www.discoveryholidayparks.com.au.

Surfside Holiday Park 10, großer Park mit eigenen Strandzugängen. Cabin ab 120 $, Stellplatz 31–50 $. 120 Pertrobe Road, ✆ 55594700, www.surfsidepark.com.au.

Essen & Trinken Pippies by the Bay **8**, hier gibt es einen Extrapunkt für den super Blick über die Bucht. Tagsüber Cafébetrieb und Lunch, abends À-la-carte-Dinner (Hauptgerichte 25–35 $). Tägl. 10–24 Uhr. Flagstaff Hill, Merri Street, ✆ 55612188, pippiesbythebay@bigpond.com.

Brightbird Espresso 2, super Kaffee und auch Frühstück sowie kleinere Snacks, z. B.

türkisches Omelette mit Tomaten, Paprika und Koriander (16 $). Mo–Fr 7.30–15 Uhr, Sa 8.30–14 Uhr. 157 Liebig Street, ☎ 55625749, www.brightbird.com.au.

Images Restaurant 5, spezielle Lunch-Karte, gut ein Dutzend Gerichte für unter 15 $. Zum Dinner z. B. Frühlingsrollen auf Thai-Salat (11 $) oder Lachsfilet mit Kräuterkruste (29 $). Tägl. 12–14 und ab 17.30 Uhr. 60 Liebig Street, ☎ 43134412, www.imagesrestaurant.com.au.

Bojangles Pizzeria 4, ausgezeichnete Pizzen, je nach Größe und Belag 14–25 $. Auch glutenfreie Optionen. Tägl. 17–22.30 Uhr. 61 Liebig Street, ☎ 55620666, www.bojanglespizza.com.au.

Main Beach Kiosk 12, guter Kaffee, gute Snacks, direkt an der Promenade gelegen. Etwa 8–18 Uhr. 72 Pertrobe Road, ☎ 55611968.

Hotel Warrnambool 3, gemütliches Pubhotel in wunderschönem Eckgebäude. Gutes Bistro-Essen, am Wochenende Live-Musik. Koroit Str./Ecke Keppler Str., ☎ 55622377, www.hotelwarrnambool.com.au.

》》》 **Mein Tipp:** An lauen Sommerabenden ist die Terrasse des **Surf Life Saving Clubs** 13 die erste Adresse für ein kühles Bier. 《《

Sehenswertes

Flagstaff Hill: Nachbau eines historischen Fischerdorfes, wie es gegen Ende des 19. Jh. ausgesehen haben mag. Interaktive Displays, Präsentationen und Fundstücke aus den Wracks vor der Küste illustrieren das Leben der Küstenbewohner wie auch die Ereignisse der damaligen Zeit. Einen kleinen Höhepunkt stellt sicherlich der *Loch Ard Peacock* dar, ein wertvoller Porzellan-Pfau, der unversehrt aus dem Wrack des gleichnamigen gesunkenen Klippers geborgen werden konnte. Der Besuch im Shop und ein Essen im ausgezeichneten Restaurant „Pippies by the Bay" runden den Besuch ab. Darüber hinaus gibt es eine Touristinformation, die zahlreiche Broschüren und Informationen über die Gegend bereithält.
Tägl. 9–17 Uhr. Eintritt 16 $, Kinder 6,50 $. Flagstaff Hill, Merri Street, ☎ 55594600 oder 1800556111, www.flagstaffhill.com.

Shipwrecked Multimedia Show: Atemberaubende Sound- und Lasershow, die die Ereignisse, die zum Untergang der *Loch Ard* führten, auf einem rund 9 m hohen Aquascreen aus Wassernebel nachzeichnet. Am Flagstaff Hill.
In der Dämmerung, je nach Jahreszeit zwischen 18 und 21 Uhr. Eintritt 26 $, Kinder 13,95 $. Dinner & Show-Kombi ab 49 $. Flagstaff Hill, Merri Street, ☎ 55594600 oder 1800556111, www.flagstaffhill.com.

Whalewatching: Vor allem die *Southern Right Wales* (Südkaper) kommen in der Saison von Juni bis September in die Gewässer vor Warrnambool. Bekannteste Besucherin ist die Walkuh Wilma, die seit über 20 Jahren regelmäßig in der Bucht erscheint.
Eine speziell konstruierte Beobachtungsplattform befindet sich am Ende der Logans Beach Road.

Port Fairy

ca. 2600 Einw.

Schon im frühen 19. Jh. wurden Wale in die natürliche Bucht getrieben und harpuniert. Im Laufe der Zeit entwickelte sich dort eine Siedlung, das heutige Port Fairy, wo es zu Spitzenzeiten des Walfangs über 35 Kneipen gegeben haben soll. Derartige Betriebsamkeit gibt es heute nur noch jedes Jahr im März, wenn rund 40.000 Besucher zum *Port Fairy Folk Festival* strömen. Für den Rest des Jahres kehrt dann wieder Ruhe ein. Es gibt zahlreiche historische und wirklich sehenswerte Gebäude vor Ort, in der Touristeninformation ist eine Karte für den *Historic Walk* erhältlich.

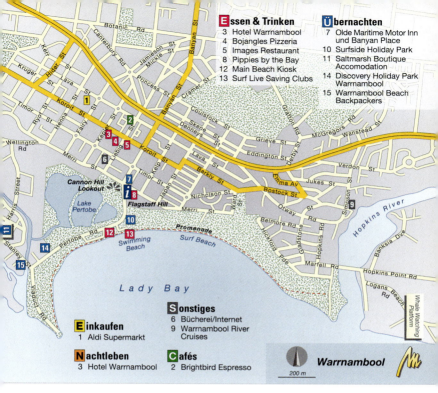

GPS: S38°22.98' E142°13.99'
Ortsvorwahl: 03

Anreise Pkw: Am Princess Highway gelegen, nur 30 km westlich von *Warrnambool*, bzw. 70 km östlich von *Portland*. In die *Grampians* gelangt man über *Hamilton* und die Hamilton Port Fairy Road. Nach *Halls Gap* sind es 160 km.

Bahn & Bus: Busse binden mehrmals tägl. Warrnambool an. 3-mal/Woche (Di, Fr, So) fahren Regionalbusse Richtung Grampians nach *Hamilton*, *Halls Gap* und *Ararat*. Außerdem Pendelverkehr zwischen Port Fairy und *Portland*. Infos unter www.ptv.vic.gov.au.

Touristinfo Port Fairy & Region Visitor Centre, Broschüren für Port Fairy und Umgebung. Beratung und Buchungen. Tägl. 9–17 Uhr. Railway Place, Bank Street, ☏ 55682682, vic@moyne.vic.gov.au.

Port Fairy im Internet Informationen unter www.visitportfairy-moyneshire.com.au.

Baden und Schwimmen Gut schwimmen kann man am **East Beach** und an der **Pea Soup Cove**. Am East Beach gibt es im Sommer in der Hochsaison auch Lifeguards.

Bootscharter Port Fairy Boat Charter, zum Angeln, für Partys oder für Wal-, Delfin- oder Seehund-Safaris (je nach Saison). Kontakt: Lyn und Russel Williams, ☏ 55681480 oder 0409807054 (mobil), www.pfboatcharter.com.au.

Festivals Port Faily Folk Festival, Musikfestival über 3 Tage im März. www.portfairyfolkfestival.com.

Internet Port Fairy Library, Mo, Mi u. Fr 10–13 und 13.30–16.30 Uhr, Sa 10–12 Uhr. Sackville Street, ☏ 55682248.

Supermarkt SUPA IGA, tägl. 8–20 Uhr, 34 Sackville Street.

Übernachten Merrijig Inn, wunderschönes historisches Gebäude mit tollem Früh-

stücksraum. Die Zimmer sind nicht gerade geräumig, aber dafür super-gemütlich und picobello sauber. Im Mini-DZ ab 120 $, normales DZ 160–240 $. 1 Campbell Street, ✆ 55682324, www.merrijiginn.com.

Central Motel, freundliches Motel in zentraler Lage. Zimmer mit Standardausstattung. DZ ab 140 $. 56 Sackville Street, ✆ 55681800, www.portfairymotel.com.au.

Port Fairy Youth Hostel, YHA-Hostel, Fahrrad- und Kajakverleih. Im Mehrbettzimmer ab 26 $, DZ oder Twin ab 75 $. 8 Cox Street, ✆ 55682468, www.portfairyhostel.com.au.

BIG4 Port Fairy, Camping mit Strom ab 40 $, gute Cabins für bis zu 6 Pers. 105–230 $. 115 Princess Highway, ✆ 55681145, www.big4portfairy.com.au.

Budgetcamping Killarney Beach Camping Reserve, etwa 10 km östlich von Port Fairy bzw. 20 km westlich von Warrnambool. 70 Stellplätze (20 mit Strom), Spielplatz und BBQ-Hütte. Camping ab 20 $, mit Strom ab 25 $. Am Princess Highway in Killarney, ✆ 0428314823.

Essen & Trinken Coffin Sally Pizza Bar, hier gibt es Pizzen, die ihr Geld wert sind (alle 10–20 $), außerdem auch ganz nett für einen kleinen Drink. Entspannte Atmosphäre. Tägl. abends. 33 Sackville Street, ✆ 55682618, www.coffinsally.com.au.

The Victoria Hotel, ordentlicher Grub mit Steaks, Pasta und Fisch, Hauptgerichte bis 30 $. Gute Bar mit Live-Musik. Tägl. 10 Uhr bis spät. Lunch 12–14 Uhr, Dinner ab 18 Uhr. 42 Bank Street, ✆ 55682891, www.thevichotelportfairy.com.au.

Lemongrass Thai, hier gibt es Stir-Frys und Currys zu akzeptablen Preisen. Mi–Mo 17–21.30 Uhr. 55 Bank Street, ✆ 55683388.

Rebeccas Café & Ice Creamery super Kaffee, Snacks und selbst gemachtes Eis. Tägl. 7–18 Uhr. 70–72 Sackville Street, ✆ 55682533.

Portland

ca. 10.000 Einw.

Auf den ersten Blick kann man kaum glauben, welch enorme Bedeutung das hübsche Städtchen einst für die Entwicklung des Bundesstaates hatte. Bereits 1829 wurde hier eine Walfangstation errichtet, 1834 gründete Howard Henty eine permanente Siedlung – die erste in ganz Victoria.

Und die wuchs so schnell, dass sie bis in die 1850er-Jahre mit Melbourne konkurrieren konnte. Allerdings wurde der Walfang allzu intensiv betrieben – bereits 1840 waren die Jagdgründe derartig ausgebeutet, dass eine rentable Industrie nicht mehr möglich war. Als gute Alternative erwies sich die Viehzucht,

Portland

mit deren Hilfe die Ortschaft weiter gedeihen konnte. Immerhin mehr als 200 historische Gebäude existieren aus dieser Zeit, viele davon sind mittlerweile liebevoll restauriert. Als einziger Tiefwasserhafen zwischen Adelaide und Port Phillip (Melbourne) spielt der *Port of Portland* noch immer eine wesentliche Rolle. Verschifft werden v. a. Vieh, landwirtschaftliche Produkte und Aluminium – die Produktion des Leichtmetalls spült seit den 1980er-Jahren Geld in die Kassen. Die Aluminiumhütte wurde 1987 in Betrieb genommen und ist mit einer Produktionskapazität von jährlich mehr als 350.000 t das drittgrößte Unternehmen dieser Art in ganz Australien. Die Anlagen können regelmäßig innerhalb kostenloser Führungen besichtigt werden (Termine im Portland Visitor Information Centre, s. u.). Und besonders schön für Bewohner wie auch Touristen: Die Wale kommen wieder regelmäßig vor die Küste – beim Whalewatching kann man sich an den großen Meeressäugern erfreuen.

GPS: S38°20.75′ E141°36.43′
Ortsvorwahl: 03

Anreise Pkw: Portland liegt am Princess Highway, 100 km westlich von *Warrnambool* bzw. 70 km westlich von *Port Fairy*. Zur Grenze nach South Australia sind es gut 70 km. Nach *Hamilton* fährt man etwa 85 km über den Henty Highway, nach *Halls Gap* 184 km.

Bahn & Bus: Busse fahren via *Port Fairy* nach *Warrnambool* und nach *Mount Gambier* in South Australia. Infos unter www.ptv.vic.gov.au.

Touristinfo Portland Visitor Information Centre, direkt am Wasser. Tägl. 9–17 Uhr. Lee Breakwater Rd., ✆ 55222135, portlandvic@glenelg.vic.gov.au.

Portland im Internet Informationen unter www.visitportland.com.au.

Fahrräder & Mietwagen Mieträder, eine kleine Auswahl an einfachen MTBs gibt's an der Touristinfo. **Hertz**, 176 Percy Street, ✆ 55217211. **Thrifty**, 135A Percy Street, ✆ 55236515.

Internet Im Visitor Information Centre gibt es einige Terminals (s. o.).

Schwimmen & Surfen Bridgewater Bay, ideal zum Schwimmen, Dez. bis Ostern Lifeguards vor Ort (einziger Strand in der Gegend). Gute Surfbedingungen für Anfänger, mit kleinen Wellen und sandigem Untergrund. Kiosk und Toiletten vorhanden.

Blacks Beach, westl. von Bridgewater, empfehlenswert nur für gute Surfer, weil es mitunter sehr starken Brandungsrückstrom (Rips) gibt. Direkt in Portland gibt es einfachere Bedingungen für Surfer am Wasserturm. Am Nuns Beach kann man baden und schwimmen.

Supermarkt Aldi, Mo–Mi/Fr 9–19 Uhr, Do 9–20 Uhr, Sa/So 9–19 Uhr, 29 Henty Street.

Übernachten Annesley House, eine Reihe wirklich interessanter Unterkünfte, rustikal und mit Flair. Mit Küche, Bad, Internetzugang und TV. Für 2 Pers. ab etwa 150 $/Nacht (mind. 2 Nächte). 60 Julia Street, ✆ 0429552235 (mobil), www.annesleyhouse.com.au.

Clifftop Accommodation, alle Zimmer mit Bad, Breitband-Internet und Balkon mit atemberaubendem Meerblick, 2 Zimmer mit Küche. Übernachtung für 2 Pers. ab 140 $. 13 Clifton Court, ✆ 55231126, www.portlandaccommodation.com.au.

Victoria Lodge Motor Inn, geräumige, moderne Motelzimmer und Apartments mit WLAN-Internetzugang. DZ ab 135 $. 155 Percy Street, ✆ 55235966, www.victorialodge.com.au.

Portland Bay Holiday Park, perfekt gelegen, direkt an der Cable-Tram (s. u.). Die Sanitärblocks sind etwas klein. Stellplatz mit Strom ab 32 $. 184 Bentinck Street, ✆ 55231487, www.portlandbayhp.com.au.

Henty Bay Beachfront Holiday Park, weiter außerhalb, dafür mit etwas höherem Standard und verschiedenen Cabins (80–240 $). Stellplatz mit Strom ab 30 $. 342 Dutton Way, ✆ 55233716, www.hentybay.com.au.

Freecamping Sawpit Campground, östlich von Portland im Mount Clay State Forest. Es gibt Toiletten, BBQs, Feuerstellen und Picknicktische. Auch für Zelte geeignet. Zufahrt über die Boyers Road.

Essen & Trinken **Edward's Waterfront Café**, frische Produkte aus der Region werden hier zu leckeren Gerichten verarbeitet. Ungezwungene Atmosphäre, gerade noch moderate Preise und einige Tische im Freien. Tägl. ab 7 Uhr morgens. 101 Bentinck Street, ℘ 55231032.

The Lido Larder, richtig schönes, kleines Café. Hier bekommt man einen guten Kaffee und mit dem Frühstück – z. B. pochierten Eiern mit Avocado und Fetakäse – kann man gut in den Tag starten. Mo–Fr 7.30–17 Uhr, Sa 9–12 Uhr. ℘ 55211741.

Lemongrass Thai Cuisine, verschiedene Asia-Gerichte mit Fleisch oder Seafood, auch Vegetarisches. Hauptgerichte bis etwa 20 $ (z. B. Stir-Fry mit Garnelen und Zitronengras). Tägl. 17–22 Uhr und Mi–Fr 12–14 Uhr. 31 Henty Street, ℘ 55235571, www.lemongrassthaiportland.com.

Gordon Hotel, einfaches Pub an der Strandstraße. Im Bistro gibt es typischen Pub-Grub mit Steaks und Burgern. Tägl. geöffnet. 63 Bentinck Street, ℘ 55231121.

Sehenswertes

Sehenswert sind die zahlreichen historischen Gebäude der Stadt, viele davon stammen noch aus dem 19. Jh. In der Touristinformation erhält man eine Karte zum **Historic Buildings Walk**, der an 48 herausragenden Gebäuden vorbeiführt. Dabei passiert man u. a. die grandiosen Regierungsgebäude wie etwa das *Customs House* von 1849, das *Court House* von 1845 oder die *Town Hall* von 1863 (alle in der Cliff Street), aber auch schmucke kleine Wohnhäuschen aus Holz, von denen die ältesten in den 1850er-Jahren erbaut wurden. Etwa 6 km südlich der Ortschaft findet man den **Point Danger**. Dort brüten Tausende von Tölpelpaaren – damit stellen die Klippen die einzige Kolonie auf dem australischen Festland dar. Marschiert man vom Nuns Beach in Portland nach Norden (Richtung Leuchtturm, von den Hafenanlagen weg), gelangt man zu einem kleinen Weg, der zu den **Andersons Steps** führt. Mit einem großartigen Blick wird man belohnt, wenn man die Stufen zum oberen Rand der Klippen erklimmt.

Portland Cable Trams: Liebevoll restaurierte historische Trambahn aus dem Jahr 1886. Sie bietet eine gute Möglichkeit, das Städtchen mit seinen Highlights kennenzulernen. Die Station wie auch der Ticketverkauf befinden sich im Henty-Park. Die Strecke ist 8 km lang, die Fahrt dauert rund eine Stunde.
Tägl. zwischen 10 und 15 Uhr im 90-Min.-Takt. Im Winter letzte Fahrt um 13.45 Uhr. Erw. 15 $, Kinder 6 $. ℘ 55232831, www.portlandcabletrams.com.au.

Portland Maritime Discovery Centre: Beeindruckend ist das ausgestellte Skelett eines Pottwals, aber auch das Modell eines 6 m langen und 2 t schweren Weißhais kann sich sehen lassen. Vorbild war ein lebendiger Kollege, der in den 1980er-Jahren vor der Küste gefangen wurde. Besonders interessant sind die Dokumentationen der Schiffsunglücke und Wracks vor der Küste.
Tägl. 9–17 Uhr. Lee Breakwater Rd., Portland, ℘ 55232671 oder 1800035567, portlandvic@glenelg.vic.gov.au.

Cape Bridgewater

Eine 20-minütige Fahrt von Portland aus Richtung Westen bringt einen zum Cape Bridgewater. Die windige Felsküste und die grünen Wiesen am Kap laden geradezu zum Wandern ein. Eine schöne Tour ist der **Seal Walk** zu einer Holzplattform, von der man einen wunderbaren Blick auf eine Seehundkolonie hat. Die Wanderung entlang der Klippen dauert etwa 70 Minuten (einfach) und führt dann direkt weiter

Cape Bridgewater

Das grüne, wellenumtoste Cape Bridgewater

bis an die Spitze des Kaps. Der Weg ist zwar gut, aber streckenweise sehr steil und somit etwas anstrengend. Der Strand eignet sich zum Baden und Surfen, im Sommer sind Rettungsschwimmer vor Ort. Eine kurze Fahrt zum **Blowhole Point** an der Westküste des Kaps sollte man auf jeden Fall unternehmen – bei guten Bedingungen spucken hier die **Blowholes** Wasserfontänen in den Himmel, man kann aber auch dem **versteinerten Wald** einen Besuch abstatten. Mittlerweile gibt es hier eine ganze Reihe Windkrafträder.

Anreise Mit dem Auto ab **Portland** knapp 20 km gen Westen auf der *Bridgewater Road*.

Bootstouren Seals by the Sea, Bootstouren zur Seehundkolonie. Mit dem Auto bis zum großen Parkplatz an der Bridgewater Road fahren und dann 15 Min. in Richtung Seehundkolonie (beschildert) bis zum Steg und zu einer kleinen Wellblechhütte marschieren. Ab 40 $/Pers. Buchung unter ✆ 55267247, www.sealsbyseatours.com.au.

Übernachten/Essen Abalone Beach House, lichtdurchflutetes Haus mit Küche, Lounge und super Blick aufs Meer und über die Bucht. 4 Schlafzimmer für max. 8 Pers., 2 Bäder. Mo–Fr ab 210 $/Nacht, Sa/So ab 240 $, während der Hochsaison ab 340 $.

✆ 0408808346 (mobil), www.abalonehouse.com.au.

Sea View Lodge, von Portland kommend am Ortseingang gelegen, gleich gegenüber dem Strand. Toller Blick aufs Meer, geräumige Zimmer mit Bad. Gemeinschaftsraum mit offener Feuerstelle. DZ 140–235 $. ✆ 55267276, www.hotkey.net.au/~seaviewlodge.

»› Mein Tipp: Bridgewater Bay Beach Café, der Topspot direkt am Strand mit fantastischem Ausblick. Guter Kaffee und einige Frühstücks- und Lunchvariationen (z. B. Bacon & Eggs). Tägl. ab 9 Uhr. Bridgewater Road, ✆ 55267155, www.bridgewaterbay.com.au. ‹‹‹

Der Sand am Squeaky Beach ist so fein, dass er beim Gehen quietscht

Gippsland

Gippsland erstreckt sich von der Mornington Peninsula bis in den östlichsten Winkel des Bundesstaates und besticht v. a. durch seine atemberaubende Natur: Dichte Wälder wechseln mit fruchtbaren Ebenen ab, einsame Strände verlocken zum Baden und Relaxen. Außerdem breitet sich in der Region um Lakes Entrance mit rund 600 km² das größte zusammenhängende Seensystem des gesamten Kontinents aus.

Ab Melbourne führt die A1 (Princess Freeway/Princess Highway) gut 510 km durch Gippsland Richtung Osten bis an die Grenze zu New South Wales. Im Süden bilden die *Bass Strait* und die Tasmanische See eine natürliche Grenze, im Norden breitet sich das Hochland Victorias aus. Die Region ist geprägt von Land- und Forstwirtschaft, aber auch bekannt für ihre enormen Braunkohlevorkommen und eine äußerst profitable Energiewirtschaft. Für den Individualreisenden ist Gippsland ein wunderbares Ziel, um Land und Leute hautnah kennenzulernen – vorausgesetzt, man ist bereit, auf klassische Touristenunterhaltung zu verzichten. Keine Stadt zählt mehr als 30.000 Einwohner, in den Ortschaften geht es eher beschaulich zu. Die Nationalparks gehören zu den schönsten Victorias, Naturfreunde kommen hier voll und ganz auf ihre Kosten. So kann man beispielsweise ausgezeichnete Wandertouren unternehmen – das Touristenbüro gibt eine Broschüre mit Wandertipps heraus. Der gebürtige Pole *Paul Strzelecki* erkundete die Region um 1840 und gab ihr zu Ehren des Gouverneurs von New South Wales den Namen „Gippsland".

South Gippsland und Wilsons-Promontory-Nationalpark

Das Areal erstreckt sich im Wesentlichen von Phillip Island im Westen, entlang der Küste zum Wilsons-Promontory-Nationalpark und dann dem South-Gippsland-Highway folgend bis nach East Gippsland. Unangefochtener „Star" ist dabei der **Wilsons-Promontory-Nationalpark** – die Region wird deshalb auch oft „Prom Country" genannt. Die umliegenden Ortschaften dienen meist „nur" als Basis für Ausflüge in den Nationalpark und stellen mit ihrer Infrastruktur die Versorgung sicher.

Korumburra ca. 4500 Einw.

Wer von Melbourne Richtung Wilsons Promontory fährt, erhält in Korumburra einen ersten Eindruck von Südgippsland. Ein kleines, freundliches Städtchen inmitten fruchtbarer Landschaft, die geprägt ist von üppiger Vegetation. Noch Ende des 19. Jh. spielte der Bergbau eine große Rolle, die Minen sind jedoch seit Langem geschlossen. Heute gehören Land- und Milchwirtschaft zu den Haupteinnahmequellen, wobei die lokalen Erzeugnisse von ausgezeichneter Qualität sind. Darüber hinaus findet man einige Weingüter in unmittelbarer Nähe.

GPS: S38°26.46' E145°49.79'
Ortsvorwahl: 03

Anreise Pkw: Am South Gippsland Highway, rund 120 km südöstlich von *Melbourne*. Nach *Tidal River* im Wilsons Promontory sind es weitere 110 km.

Bahn & Bus: Busse (✆ 1800800007, www.ptv.vic.gov.au) fahren von/nach *Melbourne* (2 Std.) oder nach *Foster* (1 Std.).

Touristinfo Prom Country Information Centre Korumburra, am Ortsende. Tägl. 9–17 Uhr. Im Coal Creek Complex, South Gippsland Highway, ✆ 1800630704, infocentre@southgippsland.vic.gov.au.

Korumburra und Region im Internet Infos unter www.visitpromcountry.com.au.

Sehenswertes Coal Creek Heritage Village (✆ 56551811, www.coalcreekvillage.com.au), Nachbau einer historischen Siedlung. Die **South Gippsland Tourist Railway** (✆ 56581111, www.sgr.org.au) unternimmt kleinere Rundfahrten, Tickets ab 18 $.

Supermarkt SUPA IGA, 1 South Railway Crescent.

Übernachten/Essen Budget Coal Creek Motel, freundliches Motel mit einfachen, aber dem Preis absolut angemessenen Zimmern, Restaurant im Haus. Internetzugang. DZ oder Twin ab 95 $. 8444 South Gippsland Highway, ✆ 56552285, www.coalcreekmotel.budgetmotelchain.com.au.

Queens Cottage, historische, umfangreich restaurierte Cottages mit Spa und Kaminfeuer. Ab 170 $/2 Pers. (evtl. Mindestaufenthalt). 11 Queen Street, ✆ 56572268, www.benaway.com.au.

Divas Tandoori Indian Restaurant, indische Küche zu günstigen Preisen, mittags gibt es günstige Currys für unter 15 $ (auch zum Mitnehmen). Mo–So Mittagessen ab 11 Uhr, Di–So Abendessen ab 17 Uhr. 27 Bridge Street, ✆ 56581444.

Korumburra Middle Hotel, gutes Pub mit typischem Grub und schöner, sonniger Terrasse. 81 Commercial Street, ✆ 56551024, www.korumburrahotel.com.au.

》》》 Mein Tipp: Lucy May's Café, leckeres Frühstück und Lunch – z.B. Falafelsalat oder Wrap mit Lamm-Kofta –, aber auch gute Kuchen zum Kaffee. Tägl. 8–16 Uhr. 29 Bridge Street, ✆ 0488227855, www.lucymayscafe.com.au. 《《《

Djinta Djinta Winery, saisonal inspirierte Karte und Weinverkauf an der Kellertür. Restaurant Sa 12–16 und ab 18.30 Uhr, sowie So 12–16 Uhr. Verkauf tägl. 10–17 Uhr. 10 Stevens Road, Kardella South, ✆ 56581163, www.djintadjinta.com.au.

Foster 517

Inverloch, Wonthaggi und Cape Paterson

Diese drei Ortschaften sind v. a. für diejenigen interessant, die sich auf dem Weg entlang der Küste von/nach **Phillip Island** (45 km) befinden. **Wonthaggi** liegt am Bass Highway 135 km östlich von Melbourne, **Inverloch** gerade mal 13 km weiter. Direkt ans Wasser, nach **Cape Paterson**, fährt man ab dem Highway weitere 12 km. Die Ortschaften eignen sich gut als Zwischenstopp, es gibt einige nette Strände und wer übernachten will, findet Caravan-Parks und Motels. Touristinformationen findet man in Wonthaggi (✆ 56712444) und Inverloch (✆ 56712233), dort erhält man Auskünfte zur Gegend und kann Buchungen vornehmen. In den lokalen Pubs kann man sich gut unter die Einheimischen und meist australischen Urlauber mischen.

Foster

Foster wird oft als das Tor zum Wilsons Promontory bezeichnet. Günstig am South Gippsland Highway gelegen, machen viele Urlauber die freundliche Ortschaft zur Basis für Ausflüge in den Nationalpark.

Wer sich für einen Aufenthalt in Foster entscheidet, kann aus verschiedenen Übernachtungsmöglichkeiten wählen und profitiert von dem Angebot vor Ort: Es gibt etliche Geschäfte, Restaurants und nette Cafés. Aber auch all jene, die direkt im Nationalpark übernachten wollen, sollten hier noch einen letzten Zwischenstopp einlegen. Zwar gibt es in **Tidal River** (Campingareal im Nationalpark) einen kleinen Shop, aber die Preise dort sind mehr als gesalzen: Also besser in Foster noch mal die Vorräte auffüllen.

Anreise Pkw: Von *Melbourne* fährt man rund 175 km auf dem South Gippsland Highway. Nach *Tidal River* im Wilsons-Promontory-Nationalpark sind es 60 km.

Bahn & Bus: Busse (📞 1800800007, www.ptv.vic.gov.au) fahren von/nach *Melbourne* (2:45 Std.) via *Korumburra* (1 Std.).

> **Inverloch:**
> GPS : S38°37.93′ E145°43.79′
> Ortsvorwahl: 03
>
> **Foster:**
> GPS: S38°39.14′ E146°12.05′–
> Ortsvorwahl: 03

Supermarkt SUPA IGA, Mo-Sa 7–20 Uhr, So 8–19 Uhr, 58 Main Street.

Touristinfo Prom Country Visitor Information Centre, bietet auch Internetzugang. Tägl. 9–17 Uhr. McDonald Street/Ecke Main Street, 📞 1800630704, infocentre@southgippsland.vic.gov.au.

Übernachten/Essen Litchfield Lodge, B&B in ruhiger Umgebung. In dem Haus aus den 1930ern gibt es 3 Zimmer, eine Gäste-Lounge mit TV und einen Frühstücksraum. DZ 100–140 $. 12 Hoddle Road, 📞 56821760, www.promaccom.com.au/litchfieldlodge.

Comfort Inn Foster, 29 klassische Motelzimmer. Es gibt einen Pool und im Gebäude befindet sich das „Café Olé Restaurant". DZ ab 135 $. 3800 South Gippsland Highway, 📞 56822022, www.choicehotels.com.

Prom Coast Backpackers, Doppel- und Twinzimmer für je 70 $, Einzelzimmer 35 $. Unterbringung im Mehrbettzimmer evtl. auf Anfrage möglich. Der (kostenpflichtige) Transport in den Nationalpark kann arrangiert werden. 40 Station Road, 📞 0427875735, www.promcoastyha.com.au.

Prom Central Caravan Park, gut ausgestatteter Campingplatz mit Kochgelegenheit und Waschküche. Stellplatz 25–40 $, Cabin 95–125 $. 38 Nelson Street, 📞 56822440, www.promcentralcaravanpark.com.au.

Bromleys on Main, nettes Café mit guten Snacks, Sandwiches und Kaffee. Tische im Freien. Tägl. 7–19 Uhr. 30 Main Street, 📞 56822587, rsbrom@bigpond.com.

Exchange Hotel, das lokale Pub. Neben flüssiger Verpflegung gibt es klassisches Bistro-Essen wie Fish&Chips, Steaks und Burger. Bistro 12–14 und 17.30–20.30 Uhr. 43 Main Street, 📞 56822377, www.fosterhotel.com.au.

Wilsons-Promontory-Nationalpark und Tidal River

Der 50.000 ha große Nationalpark ist ein wahres Juwel und bis auf eine kleine Landbrücke komplett von Wasser umgeben. Entsprechend findet man nicht nur dichtes Buschland, sondern auch wunderbare einsame Strände. Bei keiner Reiseplanung sollte dabei ein Besuch des **Squeaky Beach** fehlen, der seinen Namen erhielt, weil der feine Quarzsand unter den Füßen „quietscht". Zahlreiche Wanderwege durchziehen den Park, eine anstrengende, aber äußerst lohnenswerte Tour (1 Std. einfach) führt auf den **Mount Oberon**, von dem aus man den besten Blick auf die Küstenlandschaft hat. Mehrtägige Exkursionen haben z. B. die **Sealers Cove** an der Ostküste zum Ziel oder das **Lighthouse** am südlichsten Punkt des australischen Festlandes. An der Westküste der Halbinsel liegt das Tidal-River-Camping-Areal, dort findet man einen Shop und die Touristinformation. Generell sollte man sich vorab immer nach den aktuellen Geländebedingungen erkundigen – die Region um **Tidal River** ist sehr anfällig für Überschwemmungen.

> GPS: S39°01.83′ E146°19.33′
> Ortsvorwahl: 03

Anreise Pkw: *Tidal River* ist von *Melbourne* 230 km entfernt, Anreise via South Gippsland Highway. Von *Korumburra* 110 km, von *Foster* 60 km.

Bahn & Bus: Jeden Freitag fährt morgens ein Bus ab *Foster* nach *Tidal River*, Rückfahrt sonntagnachmittags. Info und Buchungen in der Touristeninformation.

Touristinfo Tidal River Visitor Centre, aktuelle Information und Buchung von Unterkünften. Tägl. 8.30–16.30 Uhr. 📞 56809555, wprom@parks.vic.gov.au.

Wilsons Prom im Internet Informationen unter www.parkweb.vic.gov.au.

Bootsfahrten Wildlife Coast Cruises, ab Port Welshpool, knapp 30 km östlich von

Foster. Fahrten im Corner-Inlet, entlang der Nordküste. 245 $/Tag. Nicht regelmäßig, Termine erfragen bzw. online abrufen. ✆ 1300763739, www.wildlifecoastcruises.com.au.

Einkaufen Tidal River Shop, ziemlich teuer, aber gut für die morgendliche Frühstücksmilch und für alles, was man unbedingt braucht. Tägl. 9–17 Uhr.

Camping Tidal River, das einzige Campingareal im Nationalpark, das mit dem Auto erreichbar ist. 484 Stellplätze (ab 50 $), davon nur 20 mit Strom für rund 60 $ (je 8 Pers. und 1 Fahrzeug inkl.). Cabins und Hütten (max. 6 Pers.) 100–230 $ (bei Belegung mit 2 Pers.). Unbedingt vorab buchen! ✆ 131963, info@parks.vic.gov.au.

Buschcamping, insgesamt 11 Areale im gesamten Nationalpark, die allerdings nur zu Fuß erreichbar sind. Man benötigt eine Genehmigung für die Touren, Infos an den Informationsstellen und ✆ 131963, info@parks.vic.gov.au.

Safari-Zelte Wilderness Retreats, aus Baumwolle, aber auf Stelzen gebaut, mit Holzfußböden, massiven Betten, eigener Dusche und Toilette. Für 2 Pers. ab 300 $/Nacht, 2 Nächte Minimum. 32nd Avenue, Tidal River, ✆ 131963, www.wildernessretreats.com.au.

Yarram
ca. 2000 Einw.

Die Ortschaft war ursprünglich als *Yarram Yarram* bekannt, was in der Sprache der lokalen Aborigines „viel Wasser" bedeutet, und erst 1924 wurde der Ortsname gekürzt. Die ersten weißen Siedler erkannten bereits in den 1840er-Jahren das Potenzial der fruchtbaren Region und ließen sich hier nieder. In der Folge entwickelte sich eine florierende Milch- und Holzwirtschaft, sodass sich die bescheidene Siedlung bald zu einer stattlichen Ortschaft wandelte. Bedeutung hat Yarram heute v. a. als Station für diejenigen, die sich auf dem Weg zum Tarra-Bulga-Nationalpark befinden oder eine Tour entlang der Grand Ridge Road planen (→ Kasten S. 520). Yarram kann mit einigen schönen Gebäuden aufwarten, z. B. mit dem *Historic Courthouse*, in dem die Touristinformation untergebracht ist.

GPS: S38°34.11' E146°40.49'
Ortsvorwahl: 03

Anreise Pkw: Yarram liegt am South Gippsland Highway, 50 km östlich von *Foster* und 72 km westlich von *Sale*. Gen Norden sind es 60 km nach *Tararalgon*.

Bahn & Bus: Busse (✆ 1800800007, www.ptv.vic.gov.au) fahren Richtung *Melbourne* (4 Std.) mit Stopps in *Foster* und *Korumburra*.

Touristinfo Visitor Information Centre, Do–Di 10–16 Uhr. Im Historic Yarram Courthouse, Commercial Road, ✆ 51826553, info@yarraminfo.com.au.

Yarram im Internet Informationen unter www.yarram.org oder auch unter www.tourismwellington.com.au.

Internet In der Touristinformation (s. o.).

Übernachten/Essen Tarra Motel, freundliches Motel mit sauberen Zimmern; ganz klassisch mit Parkplatz vor der Tür. DZ ab 100 $. 387 Commercial Road, ✆ 51825444, www.tarramotel.com.

Rosebank Tourist Park, grüner Zeltplatz, Camping 24–36 $, aber auch Cabins ab 75 $. 375 Commercial Rd., ✆ 51825063, www.yarramrosebanktouristpark.com.au.

Yarram Bakery Café, große Bäckerei von „Paul the Pieman", mehrfach prämierte Produkte, die ausgezeichnet schmecken. Guter Kaffee. Tägl. ab Frühstück geöffnet. 222 Commercial Rd., ✆ 51826488.

Yarram Club Hotel, für Drinks und Pub-Grub. 287 Commercial Road, ✆ 51825027, www.yarramclubhotel.com.au.

Tarra Valley und Tarra-Bulga-Nationalpark

Inmitten der Strzelecki Ranges liegen das Tarra Valley und der Tarra-Bulga-Nationalpark. „Bulga" bedeutet in der Sprache der Ureinwohner nichts anderes als

„Berg", der Aborigine *Charlie Tarra* war der ortskundige Führer des Entdeckers *Paul Strzelecki*, der 1840 die Region erkundete. Der Nationalpark ist mit 2000 ha Fläche relativ klein, aber trotzdem einen Besuch wert. Neben den majestätischen Riesen-Eukalyptusbäumen findet man gut drei Dutzend Farnarten, einige davon mit einer imposanten Höhe von bis zu 10 m. In den Wäldern lebt übrigens u. a. der Prachtleierschwanz (engl. *Lyrebird*) – leider bekommt man den Vogel nur selten zu Gesicht. Für einen kurzen Besuch empfiehlt sich der **Fern Gully Walk**, ein 700 m kurzer Rundweg durch dichten Wald, der mit etlichen Informationstafeln bestückt ist. Von der Corrigans Suspension Bridge hat man einen guten Blick auf die Riesenfarne.

Anreise Pkw: Nicht mit öffentlichen Verkehrsmitteln erreichbar. Von *Zentralgippsland*, also vom Princess Highway kommend, biegt man bei Traralgon auf die Traralgon-Balook Road, der man etwa weitere 35 km folgen muss. Von *Südgippsland* aus (z. B. Wilsons-Promontory-Nationalpark) fährt man auf dem South Gippsland Highway nach Yarram, von dort sind es auf der Tarra Valley Road noch 30 km.

Information & Rangerstation Tarra Bulga National Park Visitor Centre, Toiletten und Picknicktische. Nur unregelmäßig geöffnet. Bei Balook, an der Grand Ridge Road, ℡ 131963.

Tarra Bulga im Internet Informationen unter www.parkweb.vic.gov.au.

Übernachten Tarra Valley Rainforest Retreat, Unterkunft im „Schweizer Stil". Zimmer mit eigenen Bädern und z. T. Zugang zum großen Balkon. DZ ab 180 $ (2 Nächte Minimum). 1788 Tarra Valley Road (18 km von Yarram entfernt), Tarra Valley, ℡ 51861313, www.tarravalleyrainforestretreat.com.

Tarra Bulga Guest House, gemütliches Gästehaus in gepflegter Gartenlandschaft und mit kleinem Café. Nur Unterkunft oder in Kombination mit Frühstück und Dinner. DZ ab 95 $. 1885 Grand Ridge Road, Balook, ℡ 51966141, www.tarra-bulga.com.

Tarra Valley Caravan Park, schön in die Landschaft eingebettet. Camping 28–45 $, einfache und rustikale Cabin ab 95 $. Tarra Valley Road (19 km von Yarram entfernt), Tarra Valley, ℡ 51861283, www.tarra-valley.com.

Grand Ridge Road

Die Grand Ridge Road führt mitten durch die Wildnis der *Strzelecki Ranges*. Einige Abschnitte sind wunderbar asphaltiert, oft fährt man allerdings über Kies- und Schotterpisten, auf denen mitunter handballgroße Steinbrocken herumliegen. Man kann die Tour mit einem normalen Pkw unternehmen, der allerdings auch das eine oder andere Schlagloch verkraften sollte. Diverse Schilder warnen vor Holztransportern – wenn eines dieser enormen Gefährte um die Kurve prescht, dann weiß man auch, warum. Die 132 km lange Straße verläuft zwischen **Carrajung** im Osten und **Seaview** im Westen, auf dem Weg kommt man am Tarra-Bulga-Nationalpark vorbei. Einzige größere Ortschaft ist **Mirboo North** mit knapp 2600 Einwohnern, dort kann man die lokale Brauerei besuchen und sich mit einem kühlen Bier den Staub aus den Zähnen spülen.

Auf dem Princess Free- bzw. Highway

Der Princess Freeway/Highway durchquert Gippsland als Hauptader und schnelle West-Ost-Verbindung. Von Melbourne aus fährt man auf dem Princess Freeway/Highway via **Yarragon, Moe** und **Traralgon** bis nach **Sale**, von wo aus es auf dem Princess Highway weiter durch Ostgippsland bis in den äußersten Winkel des Bundesstaates und zur Grenze zu New South Wales geht. Abstecher gen Norden führen zum **Mount-Baw-Baw-Skiresort** oder zur historischen Goldgräberstadt **Walhalla**. Größte Ortschaft und wirtschaftliches Zentrum der Region ist Traralgon mit über 20.000 Einwohnern, ansonsten findet man in der Gegend eher kleinere, aber durchaus attraktive Dörfer. Eine große Rolle spielt die Milchwirtschaft, grüne saftige Weiden überziehen die runden Hügel. Enorme Braunkohlevorkommen gibt es um Moe und Morwell wie auch das Braunkohlekraftwerk *Energy Brix Power Station*.

Yarragon
ca. 1000 Einw.

Das wunderschöne kleine Dorf liegt 120 km östlich von Melbourne direkt am Princess Highway. Der Ort gilt als Zentrum des „Gippsland Gourmet Country" und das durchaus zu Recht. So ist Yarragon ein guter Ort, um eine kleine Pause einzulegen und in einem der zahlreichen Deli-Cafés eine Stärkung zu sich zu nehmen. Am besten deckt man sich gleich noch mit einem kleinen Vorrat an Käse, Marmelade, Honig oder einem Fläschchen guten Weins ein – alles ausgezeichnete lokale Erzeugnisse.
Infos unter www.yarragon.com.

Traralgon
ca. 30.000 Einw.

Traralgon ist eine attraktive, moderne Stadt mit guten Einkaufsmöglichkeiten und hervorragenden Restaurants. Die größte Siedlung des Latrobe Valley ist kommerzielles Zentrum der Region und betört Besucher mit ihrem entspannten Flair.

Als die ersten weißen Siedler in den 1840er-Jahren kamen, mussten sie nicht lange warten, bis die fruchtbare Erde für eine ertragreiche Land- und Milchwirtschaft sorgte. Im 20. Jh. trat ein neuer Wirtschaftszweig in den Vordergrund – die enormen Braunkohlevorkommen der Region wurden vermehrt abgebaut und Kraftwerke in Betrieb genommen. Heute kommt ein großer Teil von Victorias Strom aus dem Latrobe Valley. Bewohner und Besucher profitieren von der gut ausgebauten Infrastruktur der Stadt, deren günstige Lage macht sie darüber hinaus zu einer idealen Basis für Erkundungstouren ins Umland. Zu den Sehenswürdigkeiten gehört auf jeden Fall das Post Office Building aus dem Jahr 1887.

Yarragon:
GPS: S38°11.08′ E146°05.08′
Ortsvorwahl: 03

Traralgon:
GPS: S38°11.60′ E146°32.33′
Ortsvorwahl: 03

Anreise Pkw: Auf der A1/Princess Highway sind es 170 km nach *Melbourne* und 160 km nach *Lakes Entrance* via *Sale*. Nach *Tidal River*/Wilsons Promontory fährt man 155 km.

Bahn & Bus: Züge (✆ 1800800007, www.ptv.vic.gov.au) fahren ab *Melbourne* (2:15 Std.) und weiter Richtung Osten nach *Sale* und *Bairnsdale*.

Touristinfo Latrobe Visitor Information Centre, in einer alten Holzkirche. Tägl. 9–17 Uhr. „The Old Church", Princess Highway, ✆ 1800621409, visitorcentre@latrobe.vic.gov.au.

Traralgon im Internet Informationen unter www.visitlatrobevalley.com.

Internet Es gibt 2 Terminals im Visitor Centre (s. o.).

Supermarkt Aldi, tägl. 8.30–19 Uhr (Do/Fr bis 20 Uhr), 33–37 Post Office Place.

Weingut Narkoojee Winery, unter den Erzeugnissen ist ein preisgekrönter Chardonnay. 170 Francis Road, Glengarry, ✆ 51924257, www.narkoojee.com.

Übernachten Montfort Manor, edle Unterkunft, Zimmer von historischer Eleganz bis hin zu modernem Schick. Einige mit Kitchenette, Doppeldusche, Spa-Wanne und Plasma-TV. DZ 160–340 $. 35 Hoven Drive, ✆ 51748211 oder 0428748211 (mobil), www.monfortmanor.com.au.

Connell's Motel, ordentliches Motel, direkt an der Hauptstraße. Das DZ ab 110 $, ein Apartment mit großem Bad und voll ausgestatteter Küche ab 160 $. 144 Princess Highway, ✆ 51745221, www.connellsmotel.com.au.

522 Victoria / Gippsland

Park Lane Holiday Park, super Campingplatz mit WLAN, richtiger Campküche und blitzblanken Sanitärblocks. Cabins und toll ausgestattete Lodges 100–200 $, Stellplatz ab 37 $. 5353 Princess Highway, ℡ 51746749 oder 1800440000, www.parklaneholidayparks.com.au.

Essen & Trinken Neilsons, ausgezeichnetes Restaurant mit edlem Interieur. Auf der Karte stehen Ochsenbäckchen in Erdnussglasur oder Ente in Mango-Curry-Soße (je um 40 $). Gute Weine (40–250 $/Flasche). Di–Sa Lunch ab 12 Uhr, Abendessen ab 18 Uhr. 13 Seymour Street, ℡ 51750100, www.neilsons.com.au.

Café Evviva, Küche mit italienischen und australischen Einflüssen. Antipasti, Pizzen, Seafood und Steaks. Hauptgerichte um 25 $. Tägl. ab Frühstück geöffnet, So–Di abends zu. Shop 5, Stockland Shopping Centre, 166 Franklin Street, ℡ 51749455.

Royal Exchange Hotel, mit Irish-Bar, Bistro und Bottleshop. Tägl. geöffnet, Bistro tägl. 12–15 und 17.30–21 Uhr. 64 Princess Highway, ℡ 51741281, www.royalexchange traralgon.com.au.

Mt. Baw Baw Alpine Resort

Das kleine Resort profitiert v. a. von seiner Nähe zu Melbourne, das man in weniger als drei Stunden erreicht. Die Erstbesteigung des 1564 m hohen Mt. Baw Baw fand im Jahr 1860 statt, aber im Gegensatz zu anderen Regionen der Umgebung wurde hier kein Gold gefunden und so blieb der Berg lange vor größeren Eingriffen verschont. Anfang des 20. Jh. entwickelte sich ein reger Tourismus, die erste Berghütte errichtete man 1945, der erste Lift folgte 1955. Heute gibt es sieben Lifte auf dem 35 ha großen Areal. Die Pisten eignen sich gut für Anfänger, Ski-Asse fühlen sich auf den Abfahrten sicherlich unterfordert. Im Sommer ist das Gebiet meist wie ausgestorben.

GPS: S37°50.45' E146°15.99'
1564 m ü. M.
Ortsvorwahl: 03

Anreise Pkw: Von Melbourne (160 km) über die M1, bei *Warragul* Richtung Norden, alternativ kann man ab *Moe* in die Berge fahren.

Bahn & Bus: Züge (℡ 1800800007, www.ptv.vic.gov.au) von Melbourne nach *Moe*, von dort verkehrt der *Baw Baw Transport Service* (50 $ einfach, 100 $ inkl. Rückfahrt, 24 Std. vorher buchen unter ℡ 51346876). So nur Abreise.

Information & Buchungen Mt. Baw Baw Alpine Resort Management Board, Buchungen und Informationen. Während der Schneesaison tägl. 8.30–17 Uhr, sonst Mo–Sa 9–17 Uhr. Am Village Square im Zentrum gelegen, ℡ 51651136, info@mountbawbaw.com.au.

Mount Baw Baw im Internet Aktuelles, Infos zu Leihmaterial, Schneereport und Pisten-Cam unter www.mountbawbaw.com.au.

Resorteintritt & Skipass Der Eintritt in das Resort beträgt 35–55 $/Pkw, im Bus 16 $/Pers. Tagespass für die **Lifte** 50–75 $. In der Schneesaison müssen alle Fahrzeuge Schneeketten mit sich führen.

Materialmiete Baw Baw Ski Hire, Skier, Stöcke und Schuhe ab 55 $, Snowboards und Boots ab 60 $/Tag. Skihose und Jacke etwa 40 $/Tag. Handschuhe werden nicht verliehen. Alpine Resort, Mt. Baw Baw, ℡ 51651120, www.bawbawskihire.com.au.

Übernachten/Essen Kelly's Lodge, Skilodge mit rustikalem Holzfußboden und Kamin. Zimmer für 4 Pers. im Sommer ab 120 $, im Winter 300–550 $/Nacht, ab 2 Nächten Rabatt. 11 Frosti Lane, Alpine Resort, Mount Baw Baw, ℡ 51651129, www.kellyslodge.com.au.

Kelly's Café, in der o. g. Lodge. Tagsüber kleine Stärkungen, z. B. Burger für 10 $, abends Dinner, z. B. Lammkoteletts mit Beilagen oder Falafelsalat mit Joghurt-Dip (Hauptgerichte 20–30 $).

Alpine Hotel, zentral gelegenes Hotel. Im DZ je nach Saison ab 120–195 $, im spartanischen, aber sauberen Dorm ab 55 $. Zentrale Buchung über das Resort-Management.

Im Alpine Hotel gibt es Möglichkeiten für die obligatorischen Après-Ski-Drinks.

Walhalla

11 Einw.

Zu Zeiten des Goldrausches war Walhalla eine der betriebsamsten Siedlungen in ganz Gippsland, noch Ende des 19. Jh. lebten hier rund 3000 Menschen und es gab immerhin zehn Pub-Hotels. Heute verirren sich nur noch Touristen, die in vergangene Zeiten eintauchen wollen, in die kleine Ortschaft, die versteckt in den dichten Wäldern der zerklüfteten Berglandschaft liegt. Ein Streifzug entlang der Hauptstraße lässt erahnen, dass hier das Leben einst alles andere als gewöhnlich war. Kuriosum ist sicherlich der Kricketplatz. Weil man seinerzeit keine ausreichend große und ebene Fläche dafür fand, trugen die Pioniere kurzerhand eine ganze Bergkuppe ab – mit Pickel und Schaufel wohlgemerkt! Sehenswert sind z. B. die **Fire Station** und das Gebäude, in dem einst der Walhalla Cronicle untergebracht war. Außerdem kann man sich innerhalb geführter Touren durch die **Long Tunnel Gold Mine** für etwa 45 Min. hautnah in die Vergangenheit entführen lassen. Und um das Programm zu komplettieren, unternimmt man am besten noch eine schöne Rundfahrt mit der **Walhalla Goldfields Railway** – die alte Bahnlinie wurde Stück für Stück restauriert (Erw. 20 $, ✆ 51656280, www.walhallarail.com).

GPS: S37°56.29' E146°27.04'
Ortsvorwahl: 03

Anreise Auf dem Princess Highway nach **Moe** bzw. **Traralgon**, dann jeweils knapp 50 km nach **Walhalla**.

Touristinfo Corner Store & Museum, gut für Infos, Anekdoten und zum Souvenirstöbern. Tägl. geöffnet. Main Road, ✆ 51656250, info@visitwalhalla.com.

Walhalla im Internet Informationen unter www.visitwalhalla.com.

Sehenswertes Long Tunnel Goldmine, 45-minütige Touren täglich, wochentags um 13.30 Uhr, am Wochenende 12, 13.30 und 15 Uhr. Eintritt 19,50 $. ✆ 51656259.

Walhalla Ghost Tour, (fast) jeden Samstag (25 $), die genauen Termine kann man dem Online-Buchungsformular entnehmen. www.walhallaghosttour.info.

Sonstiges Kleiner General Store und eine Post. Es gibt keine Tankstelle!

Die Feuerwache im historischen Bergbaudorf Walhalla

Übernachten/Essen **Windsor House B&B**, das Haus gibt es seit 1878. Auch nach der vollständigen Renovierung ist der historische Charakter noch zu spüren. Es gibt eine Gästelounge und eine Bar. DZ ab 167 $. Walhalla Road, ✆ 51656237, www.windsorhouse.com.au.

Star Hotel, die historische Fassade wurde 1999 komplett wiederhergestellt. Übernachtung im DZ 189–229 $. Main Road, ✆ 51656262, www.starhotel.com.au.

Grey Horse Café, gehört zum Star Hotel (s. o.). Kaffee, Kuchen, Lunch und Snacks. Im Sommer 10.30–15 Uhr, sonst 11–14 Uhr. Main Road.

Walhalla Lodge Hotel „Wally Pub", das lokale Pub serviert klassischen Grub und ist gut für den Plausch bei einem Bier. Main Road, ✆ 51656226.

Freecamping Es gibt verschiedene Areale, auf denen man kostenlos campen kann, z. B. am **North Gardens Camping Ground**. Nicht erlaubt ist das Campen im Stringer's Park. Zu beachten ist generell, dass man beim Campen einen Mindestabstand von 50 m zum Stringers Creek einhält.

East Gippsland und Gippsland Lakes

Vor allem Naturliebhaber kommen in dieser weitläufigen Region auf ihre Kosten. Die riesige Seenlandschaft zwischen Sale und Lakes Entrance ist ein beliebter Spielplatz für Bootsfahrer, Angler und Wassersportler, die Nationalparks um den Snowy River und im äußersten Osten des Bundesstaates bestechen durch weitgehend unberührte Wildnis. Einzige Touristenhochburg ist Lakes Entrance, ansonsten ist Ost-Gippsland eher durch kleine Ortschaften geprägt.

Sale
ca. 13.000 Einw.

Sale ist eine der größeren Ortschaften in Gippsland und nur 30 km vom 90-Mile-Beach entfernt. Urlauber finden eine ganze Reihe an Restaurants, Cafés, Geschäften und Galerien. Die Stadt spielt kommerziell eine große Rolle in der Region, speziell bei der Versorgung der umliegenden Dörfer. Die Besonderheit in industrieller Hinsicht ist die enge Verbindung zu den Ölfeldern in der *Bass Strait*, deren Entdeckung zu einem wahren Wirtschaftsboom in der Region geführt hat.

GPS: S38°05.964' E147°04.078'
Ortsvorwahl: 03

Anreise Pkw: Am Princess Highway, 215 km von *Melbourne* entfernt. Nach *Lakes Entrance* sind es 110 km.

Bahn & Bus: Züge (✆ 1800800007, www.ptv.vic.gov.au) fahren ab *Melbourne* (2:45 Std.) und weiter nach *Bairnsdale* (50 Min.).

Touristinfo Wellington Visitor Information Centre – Sale, Infos und Buchungen. Tägl. 9–17 Uhr. Princess Highway, 8 Foster Street, ✆ 51441108 oder 1800677520, admin@tourismwellington.com.au.

Sale im Internet Informationen unter www.tourismwellington.com.au.

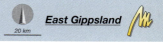

Supermarkt Aldi, tägl. 8.30–19 Uhr (Do/Fr bis 20 Uhr), 396–420 Raymond Street.

Übernachten/Essen Frog Gully, 2 fantastische Cottages im Grünen, voll ausgestattet mit je 2 Schlafzimmern, Bad, Waschmaschine und Küche. Etwa 8 km südl. der Stadt. 190 $/2 Pers., 220 $/4 Pers. Lot 2419 Rosedale Road, Longford, ✆ 51497242, www.froggully.com.au.

Best Western Aspen Motor Inn, gutes 3,5-Sterne-Motel mit verschiedenen Optionen bis zum Apartment mit 3 Schlafzimmern. Internet per Terminal und WLAN. DZ ab 135 $. 342 York Street, ✆ 51443888, www.aspen.bestwestern.com.au.

Sale Motor Village, schöner Caravan-Park mit Wiese zum Zelten. Kleine Campküche und 2 Sanitärblocks. Campsite für 2 Pers. ab 34 $, Cabins ab 105 $. 2–6 Foster Street, ✆ 51441366, www.salemotorvillage.com.au.

Criterion Hotel, hier kann man essen, trinken und auch übernachten – ein echter Allrounder also. Für ein Hauptgericht, z. B. geschmorte Lammschulter mit Kichererbsenragout, muss man etwa 25–35 $ auf den Tisch legen. 90 Macalister Street, ✆ 51433320, www.crihotel.com.au.

Centre Bakery, in einem Kirchengebäude aus dem Jahr 1886. Ausgezeichneter Kaffee und Kuchen. Auf Bestellung frisch zubereitete

90-Mile-Beach

Der Strand beginnt östlich von St. Margaret Island und erstreckt sich über rund 145 km bis nach Lakes Entrance. Gute Zufahrten zum Strand findet man bei Woodside Beach, Seaspray und Golden Beach. Aufgrund starker Brandungsrückströme (Rips) ist das Schwimmen sehr gefährlich, in den Sommermonaten tun vereinzelt Rettungsschwimmer Dienst. Brandungsangeln hingegen kann man hier ausgezeichnet und es finden sogar Wettbewerbe statt. Eine der Attraktionen ist das Wrack der 1879 gesunkenen „Trinculo" – auch wenn inzwischen nicht viel mehr als das Skelett übrig geblieben ist und am Strand nur noch ein paar verrostete Stahlstreben aus dem Sand ragen.
Für Camping → Sale S. 526

Sandwichvariationen. Mo–Fr 6–17 Uhr, Sa 7–15 Uhr, So 8–14 Uhr. 103 Cunninghame Street, ✆ 51441202.

Star Hotel, Drinks, Pub-Grub, Bistro-Essen. Bistro tägl. 12–14 und 17.30–20.30 Uhr. 173 Raymond Street, ✆ 51442024, www.starhotelsale.com.au.

Freecamping 90 Mile Beach Camping, gleich mehrere kostenlose Campingareale gibt es am 90 Mile Beach. Am Shoreline Drive zwischen Seaspray und Golden Beach. Nicht alle Plätze haben Toilette; Duschen in Golden Beach. ✆ 51463188.

Bairnsdale
ca. 11.000 Einw.

Bairnsdale ist eine attraktive Kleinstadt, die stark durch Landwirtschaft geprägt ist. Heute wird in großem Stil Gemüse angebaut, das in ganz Australien auf den Teller kommt. Aus dem ausgehenden 19. Jh. stammen zahlreiche ansehnliche Gebäude – im Visitor Centre ist eine Broschüre erhältlich, die ausführliche Informationen zum **Heritage Walk** enthält. Das **Krowathunkooloong-Museum** widmet sich der Kultur der Ureinwohner, die bereits seit 30.000 Jahren in der Region leben (Mo–Fr 9–12 und 13–17 Uhr. Eintritt 6 $. 37–53 Dalmahoy Street, Bairnsdale, ✆ 51521891).

GPS: S37°49.58′ E147°37.66′
Ortsvorwahl: 03

Anreise Pkw: Am Princess Highway zwischen *Sale* (70 km) und *Lakes Entrance* (40 km). Gen Norden führt die Great Alpine Road ins Hochland von Victoria.
Bahn & Bus: Züge (✆ 1800800007, www.ptv.vic.gov.au) fahren von/nach *Melbourne* (3:45 Std.). Busse von *V/Line* binden *Lakes Entrance* an (6,30 $, 45 Min.).
Touristinfo Visitor Information Centre, Broschüren und Auskünfte. Tägl. 9–17 Uhr. 240 Main Street, ✆ 51523444 oder 1800637060, bairnsdalevic@egipps.vic.gov.au.
Bairnsdale im Internet Informationen unter www.discovereastgippsland.com.au.
Internet In der **Touristinfo** (s. o.) und der Bücherei (22 Service Street, ✆ 51524225).
Supermarkt Aldi, tägl. 8.30–19 Uhr (Do bis 20 Uhr), 132 Nicholson Street.
Übernachten/Essen Riversleigh Hotel, 20 moderne, individuell eingerichtete Gästezimmer hinter historischer Fassade. DZ 135–215 $. 1 Nicholson Street, ✆ 51526966, www.riversleigh.info.
Bayview Boathouse, etwas außerhalb, dafür direkt am Wasser der Gippsland Lakes. Cottage mit 2 Schlafzimmern, Küche und Waschmaschine. 175 $/2 Pers., Extrapers. 25 $ (mind. 2 Nächte). Morrison Lane, ✆ 51530476, www.bayviewboathouse.com.au.
Bairnsdale Holiday Park, gepflegter BIG4-Park. Stellplatz 28–35 $, Cabin 95–130 $. 139 Princess Highway, ✆ 51524066, www.bairnsdaleholidaypark.com.
Paper Chase, schönes Café mit guter Karte – überschaubar, aber für jeden Geschmack etwas dabei. Alle Gerichte unter 15 $, nur das Bug Brekky kostet 20 $. Tägl. ab 8 Uhr. 168 Main Street, ✆ 51525181, www.paperchaseatcollins.com.au.
Grand Terminus Hotel, ausgezeichnete Speisen, z. B. Gemüselinguine (18 $) oder Mix-Grill (27 $). Tägl. 11.30–21 Uhr (So bis 20 Uhr). 98 Macleod Street, ✆ 51524040, www.grandterminus.com.au.

Lakes Entrance
ca. 4000 Einw.

Die Seen der Region bilden mit rund 600 km² Fläche das größte Inland-Wassersystem Australiens; einzige Verbindung zum offenen Meer ist der „Lakes Entrance", eine künstlich angelegte Wasserstraße. Damit der Schiffsverkehr reibungslos funktionieren kann, müssen Pumpschiffe regelmäßig den angeschwemmten Sand aus der Fahrrinne absaugen. Die gleichnamige Siedlung hat sich aufgrund der speziellen Lage zu einer beliebten Urlaubsdestination entwickelt. Das Angebot ist auf Massentourismus zugeschnitten – was wohl nicht jedermanns Sache ist – und bisweilen so kitschig, dass es beinahe schon wehtut. Aber neben ausgezeichneten

Lakes Entrance

Abendstimmung in Lakes Entrance

Restaurants gibt es immerhin doch noch einige wunderschöne Plätze, um zu entspannen. Die ideale Erkundungstour findet zu Wasser statt, mit dem (Miet-) Boot kann man sich wunderbar die verzweigten Wasserwege entlangtreiben lassen. Im **Sea-Shell-Museum** sind über 90.000 Muscheln aus aller Welt ausgestellt, im Shop gibt es allerlei daraus gefertigte Produkte zu kaufen (125 Esplanade, Lakes Entrance, ✆ 51551538).

GPS: S37°52.67' E147.59.59'
Ortsvorwahl: 03

Anreise Pkw: Direkt am Princess Highway, 325 km von *Melbourne* und 110 km von *Sale* entfernt. Gen Osten fährt man rund 200 km zur Grenze zu NSW, nach *Eden* 245 km.

Bahn & Bus: Busse (✆ 1800800007, www.ptv.vic.gov.au) fahren von/nach *Bairnsdale* (6,30 $, 45 Min.), von dort Zugverbindung nach *Melbourne*. Außerdem Anbindung an die Südküste von NSW, z. B. *Eden*.

Touristinfo Lakes Entrance Visitor Information Centre, Buchung von Unterkünften und Aktivitäten. Tägl. 9–17 Uhr. Marine Parade/Ecke Princess Highway, ✆ 51551966 oder 1800637060, lakesvic@egipps.vic.gov.au.

Lakes Entrance im Internet Informationen unter www.discovereastgippsland.com.au.

Angeltouren Mako Fishing Charters, 35ft-Katamaran mit Toilette an Bord. 5 Std. Fischen auf dem offenen Meer für 150 $/Pers., 3:30 Std. Fischen in den Seen für 60 $/Pers. (inkl. Ausrüstung). ✆ 51552219 oder 0428397849 (mobil), www.makofishingcharters.com.

Bootsfahrten Lonsdale Cruises, Passagierfähre zwischen Sorrento und Queenscliff, Fischerboot, Waffen- und Haschischtransporter auf der Route nach Ost-Timor – die „Lonsdale" hatte viele Einsatzbereiche ... Heute dient sie unter neuen Eignern als Ausflugsboot (Fahrt um 50 $). ✆ 51552889,.

Peel's Tourist & Ferry Service, veranstaltet Touren innerhalb der Seenlandschaft. 2-stündige Tour ab 40 $. Lunch-Cruise nach Metung, wo im Metung-Hotel gespeist wird (4 Std., ab 70 $ inkl. Essen). ✆ 51551246 oder 0409946292 (mobil).

Bootsmiete Am sogenannten „North Arm" (hinter der Esplanade) gibt es einige

Gippsland → Karten S. 516/517 u. S. 524/525

Verleiher, die kleine Boote mit Außenborder vermieten.

Fahrradverleih Hire a Bike, möglichst vorher anrufen. 66 Marine Parade, North Arm, ✆ 51552255.

Fahrräder und auch Angelausrüstung kann man im Riviera Backpackers-YHA-Hostel (s. o.) leihen.

Internet Magnum Movies, Internetcafé mit moderner Ausstattung. Tägl. 10–21.30 Uhr. 27 Myer Street.

Rundflüge Gippsland Helicopters, Rundflüge über das Seensystem gibt es ab 260 $/2 Pers., 1 Std. als Komplettcharter 700 $. Ab Great Lakes Airport, Hoggs Lane, ✆ 0409179652 (mobil), www.gippslandhelicopters.com.au.

Schwimmen Bestens geeignet zum Schwimmen ist der auf Höhe der Holzbrücke von Rettungsschwimmern patrouillierte Strandabschnitt des 90 Mile Beach.

Supermarkt Food Works **6**, tägl. geöffnet, 30–34 Myer Street.

Übernachten The Lakes Apartments **5**, stylishe Apartments mit 1–3 Schlafzimmern. Komplettausstattung mit Küche, Bad, Breitband-Internet und Waschmaschine. Je nach Saison 200–450 $, schon ab 2 Nächten gibt's Rabatt. 35 Church Street, ✆ 51556100, www.thelakesapartments.com.au.

Lakes Waterfront Motel **1**, hier gibt es klassische Motelzimmer, aber auch Units mit 1–2 Schlafzimmern, Küche und Esstisch. Für 2 Pers. ab etwa 100 $. 10 Princess Highway, ✆ 51552841, www.lakeswaterfrontmotel.com.

Sand Bar Motel **3**, nettes Motel mit Pool, schattigen Sitzplätzen im Freien und auch ordentlichen Zimmern – alle mit klassischer Motelausstattung. DZ ab 100 $. 637 Esplanade, ✆ 51552567.

Riviera Backpackers **2**, YHA-Hostel. Ausstattung mit Gemeinschaftsküche und Aufenthaltsraum. Im Dorm ab 25 $, DZ ab 50 $ (mit Bad ab 70 $). 669 Esplanade, ✆ 51552444.

Silver Sands Tourist Park **4**, hübscher kleiner Campingplatz, mitten im Ort gelegen und mit sehr freundlichen Betreibern. Zelten ab 25 $, Stellplatz mit Strom 32–58 $, Cabins ab 85 $. 33 Myer Street, ✆ 51552343, www.ssands.com.au.

Essen & Trinken Ferryman's Seafood Café **9**, auf einem Ponton im 1. Stock über einem Fischladen. Hervorragende und superfrische Produkte aus dem Meer. Tägl. ab 10 Uhr, Mittagessen ab 12 Uhr, Abendessen ab 18 Uhr. Middle Boat Harbour, The Esplanade, ✆ 51553000, www.ferrymans.com.au.

Vibez Café **7**, Frühstück den ganzen Tag, ab 12 Uhr kleine Mittagsgerichte, z. B. Linsenburger oder Wraps mit Lammfleisch und Minz-Joghurt-Soße (14 $). Im Sommer tägl. 7–16 Uhr, sonst Di geschlossen. 575 Esplanade, ✆ 51551411, www.vibezcafe.com.au.

Miriam's **8**, hier kann man sich wohlfühlen, und das Essen schmeckt auch noch.

Schweinebraten mit Knoblauch-Mandel-Soße (32 $) oder sizilianischer Seafood-Eintopf (38 $). Täglich zum Abendessen. 1. Stock, Esplanade/Ecke Bulmer Street, ✆ 51553999, www.miriamsrestaurant.com.au.

Floating Dragon 10, asiatische Küche direkt am Wasser. Verschiedene Vorspeisen kosten um 14 $, Hauptgerichte kosten 30–40 $, z. B. ein ganzer Fisch mit Chili, Knoblauch und Frühlingszwiebeln frittiert. So/Mo 18–20.30 Uhr, Di–Sa 18–21 Uhr. 160 The Esplanade, ✆ 51551400, www.floatingdragon.com.au.

Surf Beach Kiosk 11, direkt am Hauptbadestrand. Es gibt Kaffee, Bier und Snacks. Öffnungszeiten wetterabhängig.

Metung

ca. 1000 Einw.

Metung ist ein wunderschönes Küstendorf und mit einer Entfernung von lediglich knapp 25 km von Lakes Entrance ein beliebtes Ziel für Tagesausflügler. Die exklusiven Häuser zeugen davon, dass hier nicht unbedingt Armut herrscht, auch der

große Yachthafen verbreitet einen Hauch von Luxus. Das Angebot für Besucher ist überschaubar, aber es gibt einige nette Unterkünfte und Cafés. Zur Ferienzeit wird es auch hier voll, aber es bleibt selbst dann noch erholsam, wenn sich die Touristen in Lakes Entrance bereits auf die Füße treten. Wer hier keine Urlaubsgefühle bekommt, dem ist wirklich nicht mehr zu helfen.

GPS: S37°53.58 E147°51.20
Ortsvorwahl: 03

Anreise Pkw: Metung liegt 30 km östlich von *Bairnsdale* bzw. 25 km westlich von *Lakes Entrance*. Die Anreise erfolgt über den Princess Highway, wobei man bei *Swan Reach* auf die Metung Road abbiegt, auf der man dann die letzten 9 km zurücklegt.

Metung im Internet Informationen unter www.metungtourism.com.au.

Übernachten/Essen The Moorings, edle, voll ausgestattete Apartments mit 1–3 Schlafzimmern. Mit Pools, Tennisplatz, BBQs und Privatmarina. Motelzimmer ab 155 $/ 2 Pers., Apartment ab 180 $. Bancroft Bay, 44 Metung Road, ✆ 51562750, www.the moorings.com.au.

McMillans Resort, in gepflegter grüner Gartenlandschaft. Freistehende Cottages und 2-geschossige Villen mit 1–4 Schlafzimmern. Je nach Größe und Ausstattung ab 155 $, in der Hochsaison bis 400 $. 155–167 Metung Road, ✆ 51562283, www.mcmillan sofmetung.com.au.

Metung Galley, mitten im Ort und eine gute Wahl für jede Mahlzeit. Lunch 15–25 $, abends Hauptgerichte für 25–35 $ und Tapas, z. B. Baby Octopus 10 $. Tägl. geöffnet. 50 Metung Road, ✆ 51562330, www.the metunggalley.com.au.

Metung Hotel, richtig gutes Pub-Essen für 15–30 $, Steaks etwas mehr. Perfekte Lage am Wasser, die riesige Terrasse mit Blick auf die Marina ist der Hit! Kurnai Ave, ✆ 51562206, www.metunghotel.com.au.

Metung Bakery, Frühaufsteher bekommen hier den ersten Kaffee des Tages ab 6 Uhr.

Snowy-River-Nationalpark

Wo der Snowy River tiefe Schluchten in die Landschaft geschnitten hat, eröffnet sich dem Betrachter eine spektakuläre Szenerie. Der knapp 99.000 ha große Nationalpark wird dominiert von dichten Pinienwäldern, die man auf zahlreichen Wanderwegen erkunden kann. Besonders beliebt sind Kanufahrten auf dem Fluss, manche Veranstalter bieten auch mehrtägige Raftingtouren an. Zu den beliebtesten Zielen im Nationalpark gehört die **MacKillops Bridge**, nicht nur eine schöne, elegante Brücke, sondern auch einer der wenigen Orte im Park, wo der Snowy River mit dem Auto erreichbar ist. Ebenfalls gerne angesteuert wird die etwas weiter westlich der Brücke und ebenfalls an der MacKillops Road gelegene **Little River Gorge**. Hier verlässt man für knapp einen Kilometer die Hauptstraße und erreicht anschließend nach weiteren 400 m Fußmarsch einen Aussichtspunkt am oberen Rand der Schlucht – der Blick in die Tiefe ist atemberaubend!

Die Hauptstraßen im Park sind in trockenem Zustand auch mit normalen Pkws zu meistern, aber oft nicht asphaltiert und meist nur einspurig. Erkundigen Sie sich vor der Abfahrt im Park-Office (s. u.) nach dem aktuellen Straßenzustand. Generell rät die Parkverwaltung davon ab, derartige Strecken mit großen Wohnmobilen oder Wohnanhängern zu befahren – das Teilstück zwischen dem Little River und der MacKillops Bridge ist steil, eng und kurvig.

Anreise Pkw: Etwa 450 km von *Melbourne* entfernt und etwa 135 km nordöstlich von *Lakes Entrance*. Anreise über den Princess Highway, von wo man entweder bei *Nowa Nowa* (westl. Seite des Parks) oder *Orbost* (östl. Seite des Parks) Richtung Norden abbiegt und nach 90 km auf die MacKillops Road einbiegt. Entlang dieser Strecke befinden sich die oben beschriebenen Sehenswürdigkeiten. Nach rund 90 km ungeteerter Piste erreicht man *Bonang*, von wo man entweder in die Snowy Mountains nach New South Wales oder zurück zum Princess Highway fahren kann.

Information Parks Victoria, ☎ 131963, www.parkweb.vic.gov.au.

Bushcamping Es gibt etliche rudimentäre Campingareale, zu den beliebteren gehört der **MacKillops Bridge Campground**, direkt an der MacKillops Bridge gelegen und kostenlos.

Übernachten/Touren Karoonda Park, Übernachtung in Cabins und in Mehrbett-Zimmern. Außerdem werden verschiedene Abenteuertouren vom kurzen Ausritt (ab 50 $) bis hin zum mehrtägigen Raftingtrip (150–950 $) angeboten. Gelantipy Road, Gelantipy, ☎ 51550220, www.karoondapark.com.

Cann River
ca. 320 Einw.

Die Ortschaft ist Knotenpunkt und Zwischenstopp für viele Reisende, da hier der Monaro Highway, von den Snowy Mountains kommend, und der Princess Highway aufeinandertreffen. Zu sehen gibt's nicht wirklich viel und für die meisten Urlauber ist der Besuch nach einmal Volltanken und einem kleinen Snack auch beendet. Es gibt einige Motels und einen Campingplatz, das lokale Pub serviert Bier und Grub.

GPS: S37°33.91' E149°09.20'
Ortsvorwahl: 03

Übernachten Cann Valley Motel, 10 Zimmer (DZ um 100 $) mit Queensize-Betten und AC. 18 Princess Highway, ☎ 51586300, www.arrahotels.com.au.

Campingplatz, um 25 $/Stellplatz, zu zahlen in der Kneipe im Ort. Die Sanitäranlagen waren zum Zeitpunkt der letzten Recherche in schlechtem Zustand.

Mallacoota und Croajingolong-Nationalpark

Der 87.500 ha große **Croajingolong-Nationalpark** ist Heimat einer unglaublich vielfältigen Flora und Fauna. Der Park befindet sich im östlichsten Winkel des Bundesstaates und wurde von der UNESCO zum Biosphärenreservat erklärt. Besonders interessant ist der Park wegen der rund 100 km Küstenlinie, v. a. um die Flussmündungen und Inlets. Zu den Höhepunkten gehört sicherlich die Wanderung zu den **Thurra River Sanddunes**, einem bis zu 150 m hohen Dünensystem, oder auch der Leuchtturm am Point Hicks. Hier erblickte James Cook auf seiner Expedition von 1770 erstmals australischen Boden.

Mit **Mallacoota** gibt es eine ausgewachsene Ortschaft direkt an der Küste. Rund 1200 Menschen leben hier, der Urlauber findet an Infrastruktur alles, was er braucht. Man kann von hier aus ideal den Nationalpark erkunden – in der Feriensaison wird es dann auch bombenvoll und man sollte sogar die Bushcampingareale im Voraus buchen.

Parks Victoria, ☎ 131963; Mallacoota, www.visitmallacoota.com.au.

Mallacoota Foreshore Holiday Park, direkt am Wasser. Stellplätze schon ab 15,90 $ (ohne Strom), in der Hauptsaison bis 51 $ (Waterfront mit Strom). Kostenloses WLAN. Mallacoota, ☎ 51580300, www.mallacootaholidaypark.com.au.

Nach Buschfeuern sind weit und breit nur kahle Stämme zu sehen

Das Hochland Victorias

Das Hochland von Victoria mit seinen dichten Wäldern ist Schauplatz zahlreicher Legenden. Und es könnte auch gar keine bessere Kulisse für die wilden Geschichten über Bushranger und Cowboys geben – wenn der Hochnebel die fransigen Stämme der Eukalyptusbäume umspielt, entstehen in der mystischen Stimmung die Geschichten fast wie von selbst.

Kein Wunder also, dass man 1982 ausgerechnet hier den Film zu *Banjo Patersons* heroischem Gedicht „The Man from Snowy River" drehte. Für die Dreharbeiten baute man in die grandiose Naturkulisse sogar eine traditionelle Bergblockhütte, die *Craig's Hut*. Leider wurde das beliebte Touristenziel während der Buschfeuer im Jahr 2006 zerstört und musste durch einen Nachbau, der u. a. aus Brandschutzgründen nicht mehr ganz dem Original entspricht, ersetzt werden.

Jenseits der schillernd-amüsanten Geschichten präsentiert sich die Region als ausgezeichnetes Urlaubsziel. Die vier ausgeprägten Jahreszeiten sorgen für ständig wechselnde Naturschauspiele wie auch für eine große Bandbreite an möglichen Freizeitaktivitäten. Je nach Saison kann man die Angelrute schwingen, wandern, mountainbiken, paragliden oder ausreiten. Der Lake Eildon ist ein beliebtes Ziel für Wassersportler und ein wahres Mekka für Hausbootfans. Richtig voll wird es im Winter, wenn die brettlbegeisterten Melbournians zu den Pisten pilgern und die Skiresorts für einige Monate zum Leben erwachen. Der **Mount Bogong** ist der höchste Gipfel des Bundesstaates, bleibt aber mit seinen 1986 m Höhe hinter den Zweitausendern des Nachbarstaates New South Wales zurück.

Skifahren in Victoria

Mit Höhen bis knapp unter 2000 m bieten die Berge in den Monaten Juni bis September gute Bedingungen für Skifahrer, Snowboarder und Langläufer. Um möglichst perfekte Abfahrtsbedingungen zu schaffen, wird fast überall mit Schneekanonen nachgeholfen. Die Infrastruktur der Resorts lässt keine Wünsche offen – in den ausgezeichneten Unterkünften kann man wunderbar relaxen, Komplettpakete stellen eine Rundumversorgung sicher, die auf Wunsch vom Bett bis zum Skianorak alles beinhalten. Die Nähe zu Melbourne sorgt für eine unkomplizierte Anreise und so strömen auch viele Wochenendausflügler in die Berge. **Mount Buller** liegt im Südwesten des Hochlandes, entlang der Great Alpine Road liegen die Resorts **Mount Hotham**, **Dinner Plain** und **Falls Creek**.

Der Südwesten des Hochlandes

Eildon
ca. 650 Einw.

Eildon ist ein beliebtes Ausflugs- und Urlaubsziel gut zwei Stunden nordöstlich von Melbourne. Entstanden ist die Ortschaft im Zuge des Dammbaus Anfang der 1950er-Jahre, heute profitiert sie v. a. von der unmittelbaren Nähe zum Lake Eildon. Der Tourismus hat sich zu einer wichtigen Einnahmequelle entwickelt, wenngleich es in der kleinen Gemeinde trotzdem verhältnismäßig ruhig geblieben und die touristische Infrastruktur nicht sonderlich stark ausgeprägt ist. Das liegt mitunter daran, dass viele Bootsfahrer herkommen, die sich i. d. R. komplett selbst versorgen. Der Lake-Eildon-Nationalpark breitet sich über eine Gesamtfläche von ca. 27.500 ha aus und lockt mit zahlreichen Wandermöglichkeiten.

Lake Eildon

Der Stausee entstand ab 1915 in mehreren Ausbaustufen. Zuletzt wurde die Kapazität in den 1950er-Jahren auf enorme 3,4 Mio. Megaliter erweitert – das entspricht in etwa dem sechsfachen Volumen des *Sydney Harbour*. Die Uferlinie erstreckt sich bei maximalem Pegelstand über rund 520 km. Vor allem Angler und Wassersportler zieht es zum See, außerdem sind hier an die 750 Hausboote gemeldet.

Anreise Pkw: Ab *Melbourne* rund 145 km via Maroondah Highway. Nach *Mansfield* sind es 60 km, zum *Mount Buller* etwa 110 km.

GPS: S37°13.98' E145°54.57'
Ortsvorwahl: 03

Bahn & Bus: Regionalbusse (℡ 1800800007, www.ptv.vic.gov.au) fahren ab *Melbourne* (3 Std.) und binden Eildon an umliegende Ortschaften an.

Touristinfo **Eildon Visitor Centre**, direkt gegenüber dem Einkaufszentrum. Tägl. 10–14 Uhr. Main Street, ℡ 57742909, eildoninfo@lakeeildon.com.

Eildon im Internet Informationen unter www.lakeeildon.com.

Internet Im **Eildon Visitor Centre** (s. o.) gibt es 2 Terminals.

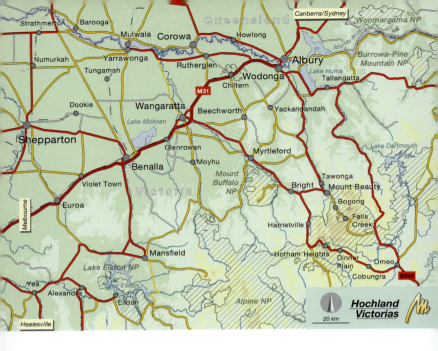

Supermarkt Foodworks, 18 Main Street.

Übernachten/Essen Eildon Parkview Motor Inn, zentral gelegenes Motel unter freundlicher Familienleitung. Zimmer einfach, aber sauber und standardmäßig ausgestattet. DZ ab 100 $. Hillside Avenue, ☎ 57742165, www.eildonparkview.com.au.

Blue Gums Riverside Park, etwa 4 km außerhalb des Ortes, direkt am Goulburn River. Lagerfeuer erlaubt (trotzdem vorher fragen). 4-Sterne-Cabin ab 159 $, einfachere Version ab 119 $, Stellplatz mit Strom ab 36 $. Back Road, ☎ 57742567, www.bluegumsriverside.com.au.

Golden Trout Hotel, gut für einige Biere und einfachen Pub-Grub wie Burger, Steaks oder Pasta. Moderate Preise, hier wird man für unter 20 $ satt. Tägl. geöffnet. 1 Riverside, ☎ 57742508, www.goldentrout.com.au.

Im Einkaufskomplex an der Main Street (gegenüber der Touristeninformation) gibt es ein kleines **Café**, einen **Take-away**-Imbiss und eine **Bäckerei**.

Hausboote Lake Eildon Marina & Houseboat Hire, große Boote mit 10–12 Schlafplätzen. Standardversion ab 1500 $ (3 Nächte Fr–Mo oder 4 Nächte Mo–Fr), in der Hauptsaison knapp das Doppelte. Kaution 1000–2000 $. 190 Sugarloaf Road, ☎ 57742107, www.houseboatholidays.com.au.

Mansfield

ca. 3000 Einw.

Breite Straßen, historische Gebäude und eine bewegte Geschichte – das ist Mansfield. Touristen schätzen die Ortschaft in erster Linie als Basisstation für Ausflüge zum Mount Buller und zum Mount Sterling.

Während der Skisaison stellen die Unterkünfte in Mansfield eine gute Alternative zu den Resorts in den Bergen dar, die Busanbindung zum Mount Buller ist ausgezeichnet. Im Ort befindet sich das **Troopers Monument** zu Ehren der drei Polizis-

Mansfield

ten, die einst vom legendären Bushranger *Ned Kelly* erschossen wurden und auf dem lokalen Friedhof beerdigt sind. Die umliegenden Berge mit ihrer atemberaubende Szenerie dienten bereits als Kulisse für zahlreiche Filme, die hier gedreht wurden, so auch „The Man from Snowy River". Als echtes Abenteuer kann man zu Pferde einige der Originalschauplätze besuchen. Die berühmte **Craig's Hut** am Mount Stirling war lange Jahre ein Besuchermagnet, fiel allerdings im Dezember 2006 den Buschfeuern zum Opfer. Die Hütte wurde mittlerweile ersetzt – die neue, aufgrund von Brandschutzbestimmungen leicht veränderte Version sorgte allerdings nicht überall für Begeisterung.

GPS: S37°03.06' E146°04.99'
Ortsvorwahl: 03

Anreise Pkw: Von *Melbourne* rund 215 km via Hume Freeway und Goulburn Valley Highway. Nach *Wangaratta* 100 km, zum *Mount Buller* 50 km.

Bahn & Bus: Überlandbusse (✆ 1800800007, www.ptv.vic.gov.au) fahren ab/nach Melbourne (3 Std.). Von *Mansfield–Mt. Buller Bus Lines* (✆ 57752606, www.mmbl.com.au) gibt es einen Skibus zum *Mount Buller*.

Ned Kelly und die Stätten seines Wirkens

Es mag mitunter schwer zu verstehen sein, aber Ned Kelly ist tatsächlich ein Volksheld in Australien. 1855 als Sohn irischer Eltern in Victoria geboren, dauerte es nicht lange, bis er durch erste Straftaten auffiel – schon als Jugendlicher musste er immer wieder ins Gefängnis. Vom Kleinkriminellen avancierte er zum Viehdieb, Bankräuber und Polizistenmörder. Lange Zeit war er der meistgesuchte Verbrecher Australiens. Legendär war seine Festnahme im Juni 1880, als er sich mit einer aus Pflugscharen selbst gebauten Rüstung vor den Kugeln der Verfolger zu schützen suchte. Vergeblich – die Polizisten schossen ihm kurzerhand in die Beine. Die Begebenheit ist in zahlreichen Kunstwerken festgehalten, berühmtester Vertreter ist dabei das Gemälde „The Trial" von *Sydney Nolan*. Kelly wurde jedenfalls zum Tode verurteilt und gehenkt.

In den Touristinformationen der Region gibt es eine Karte zum „Ned Kelly Trail", der zu diversen Schauplätzen führt, u. a. zum überlebensgroßen *Big Ned Kelly* in Glenrowan. Im März 2008 wurde ein Massengrab in einem verlassenen Gefängnis entdeckt, wo Wissenschaftler auch die Gebeine von Kelly vermuten. Informationen unter www.thenedkellytrail.com.au.

Überlebensgroßer Ned Kelly

536 Das Hochland Victorias

Touristinfo & Reservierung Mansfield Visitor Information Centre, tägl. 10–16 Uhr. 167 Maroondah Highway, ✆ 57757000 oder 1800039049, reservations@mansfield-mt buller.com.au.

Mansfield im Internet Informationen unter www.mansfieldmtbuller.com.au.

Horse-Riding Watsons Trail Rides, verschiedene Touren und Termine, vom 1-stündigen Ausritt (40 $/Pers.) bis zur 5-Tage-Tour für 2500 $/Pers. (Mindestbeteiligung 2 Pers.). ✆ 57773552, www.watsonstrailrides.com.au.

Internet Café Connect, Internet, drucken und Fax-Service. Di–Fr nachmittags. 62 High Street, ✆ 57791082.

Rundflüge Alpine Helicopter Charter, Flüge ins Hochland, zum Lake Eildon, zu verschiedenen Weingütern, auch Jagdtrips. 2 Pers. ab 400 $/Std. ✆ 0428376619 (mobil), www.alpineheli.com.au.

Skimiete Pullins Ski Hire, Komplettausrüstung ab etwa 100 $/Tag. Mo–Fr ab 6.30 Uhr, Sa/So ab 6 Uhr. 125 Mt. Buller Road, ✆ 57752380, www.pullins.com.au.

Supermarkt FoodWorks, 119 High Street.

Übernachten Alzburg Resort, großes Resort mit Pool, Spa und Sauna. Im Winter auch Skimiete möglich. Standardzimmer mit Kitchenette ab 145 $, Apartments mit 2 Schlafzimmern ab 250 $. 39 Malcolm Street, ✆ 57752367 oder 1300885448, www.alzburg.com.au.

Mansfield Valley Motor Inn, helle, saubere Zimmer mit der üblichen Motelausstattung, einige mit Spa-Wanne. DZ ab 135 $. 2 Elvins Street, ✆ 57751300, www.mansfieldvalley.com.au.

High Country Holiday Park, gut gelegen und mit Pool, BBQs, Campküche und sogar einem Tennisplatz. Stellplätze ab 32 $, Cabins ab 120 $. 1 Ultimo Street, ✆ 57752705, www.highcountryholidaypark.com.au.

Essen & Trinken The Produce Store, sehr schöner Laden mit Café. Zum Kaffee gibt es hier leckere Kuchen, außerdem auch kleinere Lunch-Gerichte. Zusätzlich stehen lokal erzeugte Lebensmittel zum Verkauf. Di–So 11–17 Uhr. 68 High Street, 57791404, www.theproducestore.com.au.

》》 Mein Tipp: The Deck on High, der perfekte Ort zum Essen, Trinken und um Leute kennenzulernen. Toll eingerichtet und schöner Außenbereich. Hauptgerichte 25–30 $, Steaks bis 40 $. Mi–Mo ab 11 Uhr. 13–15 High Street, ✆ 57751144, www.thedeckonhigh.com.au. **《《**

Delatite Hotel, das Bistro bietet solides Essen, außerdem Bar und Biergarten. Ganztägig geöffnet, Happy Hour Mo–Fr 16–18 Uhr, Bistro 17.30–20.30 Uhr. High Street/Ecke Highett Street, ✆ 57752004, www.hoteldelatite.com.au.

Mount Buller

ca. 50 Einw.

Die Buschfeuer des Jahres 2006 kamen den Gebäuden bedrohlich nahe – nur durch eine gehörige Portion Glück blieben sämtliche Einrichtungen unversehrt. In dem 300 ha großen Skigebiet ist das volle Programm geboten, neben regulären Abfahrten gibt es einen Funpark und eine Halfpipe. Die schönsten Loipen sind am benachbarten Mount Stirling gespurt, dort werden auch Schneeschuhtouren oder Schneecampen angeboten. Die Pisten sind die nächstgelegenen zur Millionenstadt Melbourne und im Winter sind die rund 7000 Gästebetten fast immer ausgebucht. Der Sessellift ist vereinzelt auch im Sommer in Betrieb, viele Unterkünfte und Lokale sind dann aber geschlossen.

GPS: S37°08.74 E146°27.00'
1614 m ü. M.
Ortsvorwahl: 03

Anreise Pkw: Ab Mansfield 50 km. Im Winter fallen Gebühren an (→ Resorteintritt & Liftpass). Vom Sammelparkplatz etwa 1,5 km vor der Ortschaft kann man entweder den kostenlosen Shuttlebus oder ein 4WD-Taxi (22,50 $/Pers.) zur Unterkunft nehmen. Tagesgäste können den kostenlosen Shuttleservice zum Lift nutzen (kein Gepäck erlaubt). Im Winter Schneekettenpflicht!

Bus: Die *Mansfield–Mt. Buller Bus Lines* (✆ 57752606, www.mmbl.com.au) fahren von/nach Mansfield (63 $ retour). Der *Ski Express* (www.mmbl.com.au) fährt im Winter 3-mal/Woche ab Melbourne (195 $ retour).

Touristinfo & Buchungen Mt. Buller Resort Management und Info-Center, allgemeine Touristinformation für Fragen und Auskünfte aller Art. In der Summit Road, ✆ 57776077, info@mtbuller.com.au.

High Country Reservations, Buchung und Anfragen: reservations@mtbuller.com.au.

Mount Buller im Internet Schneereport, Pisten-Cam und aktuelle Informationen unter www.mtbuller.com.au.

Einrichtungen im Resort Geldautomaten, Supermarkt, Internet, Medical-Centre und Post. Außerdem gibt es ein Kino und sogar ein kleines Museum.

Equipment-Miete Georges Ski Hire, Ski- oder Snowboardausrüstung ab 55 $, Skikleidung ab 40 $/Tag. In der exklusivsten Variante kann man für 90 $ die aktuellsten Rennskier testen. 8 Summit Rd., ✆ 57776088, www.georgesskihire.com.au.

Resorteintritt & Liftpass Der **Eintritt** beträgt 42–45 $/Pkw, Parken über Nacht 13,50 $ (So–Do) bzw. 25,50 $ (Fr/Sa). Buspassagiere zahlen 16 $ Eintritt.

Tagespass, für die Lifte 116 $, 3 Tage 335 $, 1 Woche 540 $. Es gibt verschiedenste Optionen mit Materialausleihe oder Unterrichtsstunden.

Shuttlebus & Taxi Kostenloser **Shuttlebus**, 8–18 Uhr (Sa bis 24 Uhr) mit Stopps an markierten Haltestellen.

Übernachten am Berg Mt. Buller Chalet, zur edlen Unterkunft gehört ein Sportzentrum mit Schwimmbad, Squash-Plätzen, Fitnessraum und Sauna. Günstigstes DZ (2 Erw. und 2 Kinder unter 15 Jahren) im Sommer ab etwa 220 $, im Winter 530–670 $. Teuerste Suite 2000 $. Summit Road, ✆ 57776566 oder 1800810200 (kostenlos), www.mtbullerchalet.com.au.

Arlberg Hotel, in perfekter Lage nahe den Pisten. Materialmiete möglich. Zweckmäßige Zimmer für 260–500 $, mit Spa oder Kitchenette bis 700 $. 189 Summit Road, ✆ 1800032380, www.arlberg.com.au.

Buller Backpackers, nur in den Wintermonaten geöffnet. Selbst für rund 55 $/Nacht und Nase (im Dorm) sind die Zimmer immer schnell ausgebucht, also rechtzeitig reservieren! ✆ 1800810200, bookings@bullerholidays.com.au.

Essen & Trinken Kaptans, in der Pension *Grimus*, rustikal gehalten. Deftige Gerichte, z. B. Kassler, Käsespätzle und Schnitzel. Hauptspeisen um 40 $. Tägl. ab 18 Uhr, Sa/So auch mittags 12–14 Uhr. 224 Breathtaker Road, ✆ 57776396, www.pensiongrimus.com.au.

Uncle Pat's, guter Allrounder, hier gibt's Pizzen, Knoblauchgarnelen, asiatische Nudelgerichte und Steaks (Hauptgerichte um 35 $). Village Square, ✆ 57776494.

Koflers Hütte, wenn es auf der Piste schweinekalt ist, dann sind die hausgemachten Suppen hier der absolute Hit. Direkt am Berg. Zum Mittagessen geöffnet. ✆ 57776241.

Entlang der Great Alpine Road

Wangaratta
ca. 18.000 Einw.

Wangaratta liegt am nördlichsten Punkt der Great Alpine Road, an der Stelle, wo der Ovens-River in den King-River mündet. Die frühen Pioniere nannten den Ort „Ovens Crossing", erst später wurde die Bezeichnung der lokalen Ureinwohner übernommen, der übersetzt in etwa „Rastplatz der Kormorane" bedeutet.

Die Kunde von fruchtbarer Erde und mildem Klima lockte schnell Siedler an – noch heute ist die Region für ihre ausgezeichneten landwirtschaftlichen Produkte bekannt. Aber „Wang" ist nicht nur das kommerzielle Zentrum des Verwaltungsbezirks, sondern auch eine kulturelle Oase. Höhepunkt des Jahres ist zweifellos das **Wangaratta Jazz Festival**, das weit über die regionalen Grenzen hinaus bekannt ist. Die Stadt selbst besticht durch ihre grünen Parks und Flussufer. Wer sich für historische Gebäude interessiert, erhält in der Touristinformation eine Karte zum **Historic Buildings Walk**.

Das Hochland Victorias

GPS: S36°21.27' E146°19.67'
Ortsvorwahl: 03

Anreise Pkw: Von *Melbourne* aus rund 255 km auf dem Hume Freeway, in der Gegenrichtung 70 km von *Albury*. Die Great Alpine Road führt von hier via *Bright* (80 km) und *Mount Hotham* (135 km) nach *Bairnsdale* (308 km).

Bahn & Bus: Züge (℡ 1800800007, www.ptv.vic.gov.au) fahren ab *Melbourne*, (3 Std.) bzw. ab *Albury* (1 Std.). Außerdem Busverbindung entlang der Great Alpine Road. Bahnhof in der Norton Street.

Touristinfo Wangaratta Visitor Information Centre, mit kleinem Ausstellungsraum. Tägl. 9–17 Uhr. 100–104 Murphy Street, ℡ 57215711 oder 1800801065, tourism@wangaratta.vic.gov.au.

Wangaratta im Internet Informationen unter www.visitwangaratta.com.au.

Galerien Wangaratta Art Gallery, ständig wechselnde Ausstellungen, Aktuelles erfährt man auf www.wangaratta.vic. gov.au. Mo/Di 12–17 Uhr, Mi–Fr 10–17 Uhr, Sa/So 12–15 Uhr. 56 Ovens Street, ℡ 57220865, gallery@wangaratta.vic.gov.au.

Internet Wangaratta Library, Mo/Di u. Do/Fr 9.30–18 Uhr, Mi 9.30–20 Uhr, Sa 9.30–13 Uhr. 21 Docker Street Street, ℡ 57212366.

Festivitäten Wangaratta Jazz Festival, ein Festival erster Klasse, das sich über die Jahre einen ausgezeichneten Ruf erworben hat. Ende Okt. www.wangarattajazz.com.

Supermarkt Coles, tägl. 7–23 Uhr, Ryley Street/Ecke Greta Road.

Übernachten Quality Hotel Wangaratta Gateway, gute Unterkunft mit hohem Standard. Zimmer schlicht, aber edel eingerichtet. Kostenloses WLAN und gutes Restaurant. DZ ab 175 $. 29–37 Ryley Street, ℡ 57218399, www.wangarattagateway.com.au.

Hermitage Motor Inn, 18 gemütliche Zimmer auf 2 Etagen. DZ ab 125 $. Mackay Street/Ecke Cusack Street, ℡ 57217444 oder 1800066679, www.hermitagemotorinn.com.au.

Painters Island Caravan Park, nur knapp 5 Min. vom Zentrum entfernt. Schöne Lage am Ovens River. Camping 30–40 $, Cabin 75–180 $. Pinkerton Crescent, ℡ 57213380, www.paintersislandcaravanpark.com.au.

Essen & Trinken Rinaldos, italienisch inspirierte Küche in rustikalem Ambiente. Auf den Teller kommen frische Pasta, gegrillter Fisch oder knusprig gebratenes Huhn. Hauptgerichte 25–35 $. Mi–Sa Lunch und Abendessen. 8–10 Tone Road, ℡ 57218800, www.rinaldos.com.au.

Café Dérailleur, hübsches, gemütliches Café nahe dem Bahnhof. Super Kaffee, alle Gerichte unter 15 $. Mo–Mi 7–16 Uhr, Do 7–22 Uhr, Fr/Sa 7–23 Uhr. 38 Norton Street, ℡ 57229589, www.cafederailleur.com.au.

The Vine Hotel, in den Kellern soll sich einst Ned Kelly das eine oder andere Bier genehmigt haben. Pub und Bistro. 27 Detour Road, ℡ 57212605, www.thevinehotel.net.au.

Buffalo Brewery, in der ältesten Brauerei des Staates wird seit über 100 Jahren Gerstensaft hergestellt. Weizenbier, Lager und Ale. Boorhaman Road, Boorhaman, ℡ 57269215, www.buffalobrewery.com.au.

Great Alpine Road

Die Great Alpine Road ist eine äußerst reizvolle Touring-Route, die auf einer Distanz von 308 km das Hochland zwischen **Wangaratta** im Norden und **Bairnsdale** im Süden durchzieht. Die reine Fahrzeit für die komplette Strecke beträgt etwa fünf Stunden, wobei das erste Teilstück bis **Bright** eine leicht zu bewältigende Fahrt von etwa einer Stunde ist. Die Weiterfahrt nach **Omeo** (via **Mt. Hotham**) führt über steile Serpentinen in die Berge, sodass man mitunter nur langsam vorwärtskommt. Lohnende Abstecher führen zum **Mt. Buffalo** (etwa 55 km, ab Porepunkah) und nach **Falls Creek**. Mit einem 4WD-Fahrzeug kann man ab Falls Creek eine Alternativroute nach Omeo wählen. Von Omeo aus gelangt man nach **Bairnsdale** in Süd-Gippsland.
Informationen unter www.greatalpineroad.info.

Murray to the Mountains Rail Trail: Der knapp 100 km lange Radelweg führt entlang alter Bahntrassen von Wangaratta via Myrtleford nach Bright. Die Fahrt mit dem Drahtesel eignet sich hervorragend, um die atemberaubende Landschaft zu genießen und in den kleinen Bergdörfern Landluft zu schnuppern. Der Weg ist gut beschildert, leicht zu fahren und stellt keine großen Anforderungen an die Fitness. Unterwegs gibt es zahlreiche Übernachtungsmöglichkeiten, sodass man die Tour gut in mehrere Etappen aufteilen kann.

Weiterführende Informationen, so auch einige Anbieter, die organisierte Touren im Programm haben, finden Sie unter www.murraytomountains.com.au.

Bright

ca. 5000 Einw.

Bright ist gewissermaßen das Juwel des Hochlandes. Der Ovens River fließt durch die wunderschöne Ortschaft, die weitläufigen Straßen sind von großen Bäumen gesäumt, deren Blätter jeden Herbst in den buntesten Farben leuchten.

Die Entdecker *Hume* und *Howell* waren die ersten Europäer, die die Gegend erkundeten, und in der Folge kam es zu einer raschen Besiedlung. Die heimischen Aborigines vertrieb man dabei rücksichtslos, viele von ihnen mussten gar ihr Leben lassen. Das Land wurde von den neuen Siedlern gerodet, um Viehzucht und Landwirtschaft betreiben zu können. Heute ist in wirtschaftlicher Hinsicht der Tourismus die Nummer eins – Bright präsentiert sich auch außerhalb der Skisaison als idealer Standort für Ausflüge in die umliegenden Bergregionen. Man kann wunderbar wandern oder Rad fahren, aber auch Abenteuersport wie Paragliding oder Klettern wird hier intensiv betrieben.

GPS: S36°43.60' E146°57.67'
310 m ü. M.
Ortsvorwahl: 03

Anreise Pkw: Über die Great Alpine Road liegt Wangaratta 80 km nördlich, Mount Hotham 55 km und Bairnsdale 228 km südlich.

Bahn & Bus: Busse (℡ 1800800007, www.ptv.vic.gov.au) fahren nach Wangaratta (90 Min.), von dort gibt es Zugverbindungen nach Melbourne.

Touristinfo Bright Escapes and Bright Visitor Centre, Touristinformation, Buchungen aller Art. Mo–Fr. 9–17 Uhr, Sa 10–15 Uhr, So 11–15 Uhr. 5/6 Anderson Street, ℡ 1300551117, info@brightescapes.com.au.

Alpine Visitor Information Centre, 119 Gavan Street, ℡ 1800111885, alpinevic@alpineshire.vic. gov.au.

Bright im Internet Informationen unter www.brightescapes.com.au und unter www.brightvictoria.com.au.

Fahrradverleih CyclePath, Mountainbike ab 32 $/Std., 48 $/Tag. Tandem 45 $ bzw. 68 $. 74 Gavan Street, ℡ 57501442, www.cyclepath.com.au.

Festivitäten Bright Autumn Festival, 2 Wochen im April/Mai. Tolles Herbstfest mit verschiedenen Veranstaltungen sowie Ausstellungen, Märkten und Musikkapellen. www.brightautumnfestival.org.au

Internet Internetzugang in der Touristinformation (s. o.).

Paragliding Alpine Paragliding, Tandemflüge von Mystic Hill aus ab 130 $. ℡ 0428352048 (mobil), www.alpineparagliding.com.

Active Flight, ähnliches Angebot, Tandemflüge 150–250 $. ℡ 0428854455 (mobil), www.activeflight.com.au.

Supermarkt SUPA IGA, tägl. 8–21 Uhr, 16 Ireland Street.

Übernachten Ovens Valley Motor Inn, sauber, ordentlich, preisgünstig. Eine gute Wahl, wenn auch knapp 2 km außerhalb. DZ ab 139 $, Familienzimmer mit bis zu 6 Betten ab 169 $. Great Alpine Rd./Ecke Ashwood Ave, ℡ 57552022, www.ovensvalleymotorinn.com.

Bright BIG4, schöner Park in Fußmarschdistanz zu Restaurants und Geschäften.

Tolle Cabins, Tourdesk und überdachte Grillplätze. Stellplatz mit Strom ab 32 $, Cabins ab etwa 130 $, mit mehreren Schlafzimmern bis 400 $. 1 Mountbatten Ave., ✆ 1800033188, www.big4bright.com.au.

»> Mein Tipp: La Petite Barn, die „kleine Scheune" ist das Gästehaus der „großen Scheune". In ruhiger Lage, mit offener Feuerstelle, Spa und Waschmaschine. Ab 215 $/Nacht, bei nur einer Übernachtung 20 $ Reinigungszuschlag. 16a Prices Rd., ✆ 0412062079 (mobil), www.brightbarnretreat.com.au. «<

Bright Riverside Holiday Park, tolle Lage direkt am Fluss und trotzdem in der Nähe des Ortszentrums. Es gibt sogar offene Feuerstellen mit Grillrost, dafür könnte der Duschtrakt besser sein. Stellplatz 36–62 $. 4–10 Toorak Road, ✆ 57551118, www.riversideholidaypark.com.au.

Nationalparkcamping Lake Catani Campground, im Mount Buffalo Nationalpark, etwa 28 km westlich von Porepunkah. Mai–Okt. geschlossen. Zufahrt teilweise nicht asphaltiert. Immer vorab anrufen und buchen unter ✆ 131963.

Essen & Trinken Simone's Restaurant, leichte mediterrane Küche, z. B. gefüllte Baby-Calamares (25 $) oder Ente mit Caponata und Ziegen-Salsiccia (40 $). Das historische Gebäude verleiht dem Gaumenvergnügen noch zusätzlichen Charme. Di–Sa ab 18.30 Uhr. 98 Gavan Street, ✆ 57552266, www.simonesrestaurant.com.au.

Thirteen Steps, gutes Essen, gute Atmosphäre, guter Wein – was will man mehr! Gerichte 15–30 $, z. B. Fenchelsalat mit Rote Bete, Ziegenkäse und Walnüssen oder Asia-Ente mit Thai-Basilikum und Papaya. Do–Mo 18–23 Uhr. 14 Barnard Street, ✆ 57501313, www.thirteensteps.com.au.

Grape & Grain, eine gute Adresse für regionale Biere und Weine. Als Grundlage gibt es etwa ein Dutzend Gerichte. Mit einigen Plätzen im Freien. Mi–Sa ab 16 Uhr. 2C Anderson Street, ✆ 57501112, www.grapeandgrain.com.au.

Bäckerei Edelweiß, ausgezeichneter Kaffee und große Auswahl an Backwaren, Pies und Sandwiches. Ideal, um in der Morgensonne zu frühstücken. Tägl. 7–16.30 Uhr. 5 Ireland Street, ✆ 57551428.

Mount Hotham
ca. 20 Einw.

Mount Hotham ist eines der beliebtesten Skiresorts des Landes, auch weil sich die Anreise besonders bequem gestaltet: Von Melbourne und Sydney aus kann man direkt mit *Qantas* einfliegen. Das Resort liegt am höchsten Punkt der Great Alpine Road und ist das höchstgelegene Skigebiet Victorias. Im selbst ernannten „Powder Capital" bringen Skilifte die Brettartisten auf eine maximale Höhe von 1845 m, die längste Abfahrt ist 2,5 km lang. Bei gutem Wetter hat man einen ausgezeichneten Ausblick auf die umliegenden Gipfel wie den Mt. Buffalo oder den Mt. Feathertop.

GPS: S36°58.98' E147°08.56'
1700 m ü. M.
Ortsvorwahl: 03

Anreise Pkw: Auf der Great Alpine Road 55 km von *Bright* bzw. 135 km von *Wangaratta*, von Süden kommend 173 km von *Bairnsdale* entfernt. Im Winter Schneekettenpflicht.

Bus: Mit dem *Snowball Express* (✆ 1300656546, www.snowballexpress.com.au) von/nach *Melbourne*, Southern Cross Station (120–170 $ retour), bzw. nach *Bright* (55 $ retour).

Flugzeug: *Hotham Airport* liegt 20 km vom Resort entfernt und wird in der Skisaison von *Qantas* (✆ 131313, www.qantas.com.au) angesteuert. Flugplan auf www.mthotham.com.au

Touristinfo & Buchungsservice Mount Hotham Alpine Resort Management Office, allgemeine Informationen und Anfragen. Während der Skisaison tägl. geöffnet. Great Alpine Road, ✆ 57593550, mhar@mthotham.com.au.

Mount Hotham Accommodation Service, von der Unterkunft bis zum Komplettpaket mit Skipass, Transport und Materialleihe. ✆ 1800657547 (kostenlos), www.mthothamaccommodation.com.au.

Materialmiete Hoys, in Harrietville, Mt. Hotham und Dinner Plain. Schneeketten 35 $/Tag, müssen (!) bereits in Harrietville gemietet werden. Skiausrüstung ab 65 $/Tag. Kleidung 48 $, Skibrille je 12 $/Tag. ✆ 57593221, 1800467669 (zentral), neben dem Resort-Management gelegen, www.hoysskis.com.au.

Mount Hotham im Internet Schneereport, Pisten-Cam und aktuelle Informationen unter www.mthotham.com.au.

Resortgebühr & Liftpass 46 $/Tag und Pkw, wer per Bus anreist, zahlt 17 $/Tag und Pers. **2-Tage-Pass** für die Lifte 195–220 $, **3-Tage-Pass** 310 $, **Wochenpass** 640 $.

Transport Village Bus, kostenlos und tägl. 6.45–3 Uhr früh. Die Stationen werden etwa im 10-Min.-Takt angesteuert.

Sonstiges Geldautomaten, Sportgeschäfte, Supermarkt mit Bottleshop und Medical-Centre. Es gibt keine Tankstelle!

Übernachten Zirky's Apartments, edle Herberge in unmittelbarer Nähe zum Sessellift. Preise für 2 Nächte Mindestaufenthalt: Lodge-DZ ab 400 $ im Winter, 200 $ im Sommer. Apartment (bis 4 Pers.) 800 $ im Winter, 360 $ im Sommer. Je bei 2 Nächten Mindestaufenthalt. ✆ 57593518, www.zirkys.com.au.

Arlberg Hotham, zentral gelegene Großanlage. 2 Nächte im Winter: Studios ab 420 $, Apartment für 4 Pers. ab 620 $. Pakete inkl. Mietausrüstung möglich. ✆ 57593618, www.arlberghotham.com.au.

Brush Ski Lodge, 40 Schlafplätze, auf 8 Zimmer verteilt. Gemeinschaftsküche. Eigene Bettwäsche mitbringen. Wochenende im Sommer ab 215 $/Pers., im Winter etwa 400 $. ✆ 57593576, www.brushskiclub.com.au.

Players, Unterkunft im Lodge-Stil, je nach Saison und Wochentag DZ 120–160 $/Nacht. ✆ 94314866, www.skiplayers.com.au.

Essen & Trinken Zirky's, im Café gibt's Frühstück, das Bistro serviert Pasta und von 16 bis 20 Uhr Tapas (8–15 $). Im Restaurant bezahlt man für Vorspeisen etwa 20 $, für Hauptgerichte (z. B. gegrillte Lammkeule mit Zaziki) 35–45 $. Ab 8 Uhr. Great Alpine Road (Ortseingang), Reservierungen unter ✆ 57593518.

The General, das „Genny" ist die örtliche Kneipe und versorgt seine Gäste mit klassischem Pub-Grub und Bier. Auch im Sommer geöffnet. Tägl. zum Frühstück, Mittag- und Abendessen geöffnet, in der Skisaison wird abends lange gefeiert. ✆ 57593523, www.thegerneral.com.au.

Dinner Plain

ca. 90 Einw.

Nur einen Katzensprung von Mt. Hotham entfernt, und doch präsentiert sich die kleine Ortschaft ganz anders als der Nachbar: Die großen Chalets fehlen, vielmehr ist der Ort geprägt von kleinen Unterkünften, etliche davon sind private Ferienwohnungen. Eigentlich könnte es ganz gemütlich sein, doch leider dominiert eine Art alpiner Einheitslook, auch wenn einzelne Gebäude ganz ansehnlich sind. Wenn

Im Sommer sehen die Skiresorts – wie hier am Mount Hotham – etwas trostlos aus

im Winter alles unter einer weißen Decke verschwindet, kann man allerdings ganz gut damit leben. In Dinner Plain findet übrigens Australiens einziges Hundeschlittenrennen statt, das tatsächlich im Schnee ausgetragen wird.

GPS: S37°01.35' E147°14.41'
1608 m ü. M.
Ortsvorwahl: 03

Anreise Pkw: Auf der Great Alpine Road 13 km von *Mount Hotham* entfernt.

Bus: Mit dem *Snowball Express* nach *Mount Hotham* (→ S. 540), von dort gibt es einen Shuttle-Bus (15 $).

Flugzeug: *Hotham Airport* liegt 10 km vom Resort entfernt und wird in der Skisaison von Qantas (✆ 131313, www.qantas.com.au) angesteuert.

Touristinfo & Reservierung Dinner Plain Central Reservations, Touristinformation, die eine Liste aller verfügbaren Unterkünfte bereithält. 572 Big Muster Drive (am Ortseingang), ✆ 51596451, oder 1300734365, info@dinnerplain.com.

Dinner Plain im Internet Informationen unter www.dinnerplain.com oder unter www.visitdinnerplain.com.

Ausrüstungsverleih Hoys Ski Shop, Schneeketten 35 $/Tag, müssen (!) bereits in Harrietville gemietet werden. Achtung: Bei einigen Mietwagenfirmen dürfen laut Vertrag keine Ketten aufgezogen werden! Komplette Skiausrüstung um 100 $/Tag. ✆ 51596339, Big Muster Drive, am *Dinner Plain Hotel*, www.hoysskis.com.au.

Internet Internet und Fax-Service im **Brandy Creek Cafe** und der **Touristinformation** (s. o.).

Skipass Tagespass (abhängig vom Wochentag) 39–49 $, mit Ausrüstung 94–104 $, dazu noch Unterricht 129–144 $.

Sonstiges Es gibt KEINE Tankstelle im Ort! Supermarkt und Postservice im *Brandy Creek Café*. Medizinische Versorgung vor Ort nur im Winter.

Übernachten/Essen Peppers Rundells Alpine Lodge, ganzjährig geöffnet. Neben Unterkünften gibt es noch ein ganz gutes À-la-carte-Restaurant (tägl. ab Frühstück geöffnet), Spa und Sauna. Gästeparkplatz. DZ ab 360 $ im Sommer, bis 1000 $ in der Hauptsaison. Lot 18, Big Muster Drive, ✆ 51596422, www.rundells.com.au.

Currawong Lodge, rustikale Berglodge mit viel Holz und grobem Stein. Hier gibt es alles, was das Herz begehrt: Wohnzimmer mit großer Feuerstelle, voll ausgestattete Küche und großes Spa für 10 Pers. DZ ab 160 $ (Sommer), Winter ab 350 $. Big Muster Drive, ✆ 51596452, www.currawonglodge.com.au.

Dinner Plain Hotel, Koloss aus massiven Steinen und dicken Holzbalken. Verschiedene Pizzen (um 22 $), Linguine mit Meeresfrüchten oder ein Hühner-Thai-Curry (je 28 $), Steaks um 34 $. Tägl. Mittag- und Abendessen. Big Muster Drive, direkt am Ortseingang, ✆ 51596462, www.dinnerplainhotel.com.au.

Mountain Kitchen, Café & Deli. Die Speisekarte wechselt häufig, je nach Verfügbarkeit der Grundzutaten, außerdem immer Tagesgerichte. Man kann sich mit Honig, Olivenöl und sogar frischen Forellen aus einer benachbarten Zucht eindecken. Shop 1, Big Muster Drive, ✆ 51596560, www.mountainkitchen.com.au.

Mount Beauty und Umgebung

ca. 3000 Einw.

Mount Beauty liegt am Rand des Alpine-Nationalparks, am Fuße des 1986 m hohen **Mount Bogong**, der Victorias höchster Gipfel ist. Auf einer kleinen Rundfahrt stechen sofort die gemütlichen Wohnhäuser mit den penibel gepflegten Gärten ins Auge, im Zentrum gibt es eine kleine Einkaufsstraße mit Geschäften und einigen Cafés. Aufgrund der Nähe zum Nationalpark und den Skigebieten ist der Ort eine beliebte Basis für Ausflüge, viele Urlauber stocken hier ihre Vorräte auf, bevor es in die Berge geht.

Anreise Pkw: Von *Albury* 90 km über den Kiewa Valley Highway, 30 km von *Bright* entfernt.

Bus: Überlandbusse (✆ 1800800007, www.ptv.vic.gov.au) fahren von *Albury* bzw. von *Wangaratta* via *Bright* nach *Mount Beauty*.

GPS: S36°44.61' E147°10.23'
350 m ü. M.
Ortsvorwahl: 03

Touristinfo Alpine Discovery Centre, Infos zur Region. Tägl. 9–17 Uhr. 31 Bogong High Plains Road, Mount Beauty, ✆ 57550514 oder 1800111885, mtbeautyvic@alpineshire.vic.gov.au.

Mount Beauty im Internet Informationen unter www.visitmtbeauty.com.au.

Ausritte Bogong Horseback Adventures, Ausritte in die Berge ab 90 $ (2 Std.), mehrtägige Ausritte 550 $ (2 Tage) bis 2500 $ (7 Tage). Termine auf Anfrage oder im Netz. ✆ 57544849, www.bogonghorse.com.au.

Übernachten/Essen Bogong Village, Anlage mit 26 gemütlichen Hütten verschiedener Kategorien. Übernachtung je nach Ausstattung und Saison 120–480 $, Mindestaufenthalt 2 Nächte. Bogong High Plain Rd., Bogong, ✆ 57541131, www.bogongvillage.com.

Mountain Creek Motel, nettes Motel mit sauberen Zimmern sowie Pool, Sauna und Spa. DZ ab 100 $. In Towonga nahe Roi's und dem Bogong Hotel. 6 Mountain Creek Road, Towonga, ✆ 57544247, www.mountaincreekmotel.com.au.

Mt. Beauty Holiday Centre, für Camper und Wohnmobile. Überdachte Campküche vorhanden. Stellplatz 27–43 $/Nacht, Cabins ab 95 $. 222 Kiewa Valley Highway, ✆ 57544396, www.holidaycentre.com.au.

Roi's Restaurant, klassische italienische Gerichte: Scaloppine, Saltimbocca und Pasta. Vorspeisen 18 $, Hauptgerichte 30–35 $, Pasta-Special 18 $. Do–So ab 18.30 Uhr. 177 Kiewa Valley Highway, Towonga, ✆ 57544495, roi@roisdiner.com.au.

Die **Bäckerei** im Ort ist die zuverlässigste Quelle für den kleinen Snack. Tägl. 7–18.30 Uhr, ✆ 57544870.

Falls Creek

Mit 450 ha ist Falls Creek das flächenmäßig größte Skigebiet in Victoria. Die ersten Lifte wurden bereits in den 1950er-Jahren gebaut – mittlerweile ist eine Siedlung mit ausgezeichneter Infrastruktur entstanden. Zahlreiche Unterkünfte und gut zwei Dutzend Restaurants und Cafés sorgen für das Wohl der Urlauber. Skifahrer und Snowboarder finden etliche Trick-Parks, bunte Pistenraupen bringen Freerider auf Gipfel, die mit keinem Lift zu erreichen sind. Die rund 65 km Loipen gehören zu den schönsten des Landes, etliche Routen sind im Sommer als Wandertouren ausgewiesen.

GPS: S36°51.88' E147°16.76'
1593 m ü. M.
Ortsvorwahl: 03

Anreise Pkw: Ab *Bright* 55 km, ab *Mount Beauty* 30 km. Im Sommer – und auch dann nur mit einem 4WD-Fahrzeug – kann man auf einer Schotterpiste nach *Omeo* fahren. In den Wintermonaten Schneekettenpflicht.

Bahn & Bus: Im Winter Verbindungen ab *Melbourne Albury* und *Mt. Beauty*.

Touristinfo & Buchungen Falls Creek Resort Management, ✆ 57581200, fcrm@fallscreek.com.au oder **Falls Creek Central Reservations**, ✆ 1800033079, www.fallscreekreservations.com.au.

Falls Creek im Internet Informationen unter www.fallscreek.com.au.

Materialmiete Komplette Ausrüstungen inkl. Kleidung (ohne Handschuhe) gibt es ab etwa 120 $ pro Tag bei **Central Snowsports** (Slalom Street/Ecke Falls Creek Road, ✆ 57583500, www.centralsnowsports.com.au), bei **Falls Creek Sports** (Village Bowl, Falls Creek Road, ✆ 57581030, www.fallscreek.com.au) oder **Gebis Ski Hire** (Bogong High Plains Road, ✆ 57581038, www.gebisfallscreek.com.au).

Resortgebühr & Liftpass Resortgebühr: 48 $/Pkw und Tag, wer im Bus anreist, zahlt 17 $. **Liftpass**: 114 $/Tag, 3-Tage-Ticket 308 $, 640 $/Woche.

Sonstiges Lebensmittelgeschäfte, Post, Internet und Medical-Centre. Keine Tankstelle vor Ort!

Transport Oversnow Taxi, transportiert Skifahrer und Hotelgäste von den Großparkplätzen zur Unterkunft oder zur Liftstation. 25 $ einfach bzw. 40 $ inkl. Rücktransport. ☎ 577581203.

Village Shuttle, von morgens bis abends, kostenlos, allerdings kann man kein Gepäck (außer Ski) mitnehmen.

Übernachten/Essen **Falls Creek Hotel**, Unterkunft mit tollem Blick vom Balkon. 4-Gänge-Abendessen und Frühstück inkl. Auch Materialmiete. Im DZ ab 190–290 $/Pers. 23 Falls Creek Road, ☎ 57583282, www.fallscreekhotel.com.au.

Karelia Lodge, fast so, als würde man in einer Kuckucksuhr wohnen – „old traditional romantic tyrolian alpine style" wird das hier genannt … Im Mehrbettzimmer ab 90 $/Pers., DZ je nach Saison 200–520 $. Karelia Alpine Lodge, 9 Parallel Street, ☎ 57583278, www.fallscreekkarelia.com.au.

Astra Lodge Restaurant & Vodka Bar, mit ausgezeichnetem Ruf, auf der Karte stehen z. B. karamellisiertes Stubenküken mit Gnocchi. An der Bar im 1. Stock stehen über 70 Sorten Wodka im Regal. Dinner nur im Winter. 5 Sitzmark Street, ☎ 57583496, www.astralodge.com.au.

Elk at Falls, gute Unterkunft mit gutem Restaurant in rustikalem Ambiente und mit wärmender Feuerstelle. In der Skisaison täglich ab Frühstück geöffnet. 18 Slalom Street, ☎ 57583673, www.elkatfalls.com.au.

Café Milch & GLO Bar, leichte Speisen und moderne Küche in gestyltem Ambiente. Auch vegetarische und vegane Gerichte. Im Winter beliebt für Après-Ski. Mo–Sa 8–23 Uhr, So bis 22 Uhr. Schuss Street, ☎ 57583407.

Zum Feiern geht man ins „**Friars**" (auch bekannt als *Frying Pan Inn*), Village Bowl, Falls Creek, ☎ 57583390, oder ins **Cock'n Bull**, Christie Street, ☎ 57583210.

Omeo
ca. 500 Einw.

Omeo liegt malerisch in den südlichen Ausläufern des Alpine-Nationalparks, umgeben von Weideland und mit dem untrüglichen Flair einer ehemaligen Goldgräberstadt. Zu Zeiten des Goldrausches soll es hier besonders heiß hergegangen sein, weil die Polizei über etliche Jahre nur Stippvisiten machte und dem Treiben ansonsten freien Lauf ließ. Rund 600 Mann versuchten hier zu Spitzenzeiten ihr Glück, gegen Ende des 19. Jh. war das leicht auszubeutende Gold nahe der Erdoberfläche weitgehend verschwunden und die Glücksritter verschwanden ebenso schnell, wie sie gekommen waren.

Viele der historischen Gebäude fielen den Buschfeuern von 1939 zum Opfer. Dennoch gibt es einige besondere Exemplare zu sehen, darunter ein aus Baumstämmen gefertigtes Gefängnis aus dem Jahr 1858. Die Ortschaft ist heute ein beliebter Stopp auf der Route entlang der Great Alpine Road. Wer sich zu einem etwas längeren Aufenthalt entschließt, kann sich die Zeit beim Forellenangeln, Goldschürfen oder bei einem Besuch des Kuckucksuhrenladens vertreiben.

GPS: S37°05.99' E147°35.58',
685 m ü. M.
Ortsvorwahl: 03

Anreise **Pkw**: Omeo liegt an der Great Alpine Road, etwa 40 km östlich von *Dinner Plain*. *Bairnsdale* befindet sich rund 125 km weiter südlich. Via Omeo Highway gelangt man ins 190 km nördlich gelegene *Albury*.

Supermarkt FoodWorks, 147 Day Avenue.

Übernachten/Essen **Omeo Colonial Motel**, 4 nette Wohneinheiten mit Bad und kleiner Kitchenette. Übernachtung für 2 Pers. ab 99 $. 159 Day Ave, ☎ 51591388, www.omeocolonial.com.au.

Omeo Caravan Park, schöner Campingplatz mit Schatten spendenden Bäumen. Stellplätze ab etwa 30 $ (mit Strom 35 $). 111 Old Omeo Highway, ☎ 51591351, www.omeocaravanpark.com.au.

Golden Age Hotel, das Gebäude sticht ins Auge, man kann hier übernachten, im Bistro gut essen und in der Bar ein Bier trinken. Tägl. 12–14.30 und 18–20.30 Uhr. 189 Day Avenue, ☎ 51591344, www.goldenageomeo.com.au.

Lake Mulwala: Gespenstisch ragen die toten Bäume aus dem Stausee

Murray River

Von seiner Quelle in den Snowy Mountains fließt der „Mighty Murry" („der mächtige Murray") gen Westen bis zu seiner rund 2600 km entfernten Mündung in Goolwa, South Australia. Dabei bildet der Fluss die natürliche Grenze zwischen den Bundesstaaten New South Wales und Victoria. Der Murray ist auf eine Länge von knapp 2000 km durchgehend befahrbar, was ihn zu einem der längsten schiffbaren Flüsse der Welt macht.

Die ersten Siedlungen erblühten bereits Mitte des 19. Jh. – ab 1853 schnauften Schaufelraddampfer stromaufwärts und versorgten die abgelegenen Ortschaften, die auf dem Landweg nur innerhalb von Wochen und Monaten erreichbar waren. Im Gegenzug transportierten die Schiffe Hunderttausende von Wollballen von den Ortschaften zurück an die Küste und kurbelten damit die Wirtschaft der Region an. Die Blütezeit der Flussschifffahrt fand jedoch mit dem Ausbau des Eisenbahnnetzes gut 20 Jahre später ein jähes Ende.

Aber auch heute noch ist der Murray River erheblich für den Wohlstand der Region verantwortlich. Ein ausgeklügeltes Bewässerungssystem ermöglicht zu beiden Seiten des Flusses eine äußerst lukrative Landwirtschaft, etwa ein Dutzend Stauwehre gewährleistet mittlerweile die geregelte Versorgung mit dem kostbaren Nass. Und natürlich spielt der Fluss auch für den Tourismus eine wesentliche Rolle. Urlauber schippern auf historischen Schaufelraddampfern und modernen Hausbooten umher, Petrijünger werfen mit Vorliebe – und mittlerweile immer häufiger vergeblich – ihre Köder nach der berühmten *Murray Cod* aus (dieser endemische Dorschbarsch ist übrigens Australiens größter Süßwasserfisch – der Räuber wird bis zu 1,8 m lang und 100 kg schwer). Die überdurchschnittlich vielen Sonnentage tun ihr Übriges und sorgen für reiche Ernten und glückliche Menschen.

Eine Tour entlang des Murray River, dessen Ufer von majestätischen Bäumen gesäumt sind, gehört sicherlich zu den lohnendsten Aktivitäten im Land. Die Reise

führt an Feldern, Weinbergen und Obstplantagen vorbei durch wirklich malerische Landschaft. Ob kleine Bauerndörfer, Urlaubsresorts oder pulsierende Städte – zahlreiche wunderbare Ortschaften liegen auf dem Weg, sodass die Route für jeden Geschmack den geeigneten Zwischenstopp bereithält.

Im Folgenden wird eine Reise den Murray entlang von *Albury-Wodonga* im Osten bis *Mildura* im Westen beschrieben. Bei einigen Ortschaften handelt es sich um sogenannte „Twin-Towns", deren eine Hälfte administrativ zu New South Wales, die andere zu Victoria gehört.

Albury-Wodonga

ca. 45.000 Einw.

Albury-Wodonga ist eine betriebsame Twin-Town mit „doppelter Staatsangehörigkeit": Albury liegt nördlich des Murray und gehört zu New South Wales, das südlich des Flusses gelegene Wodonga zu Victoria. Die strategisch günstige Lage zwischen Sydney und Melbourne macht die Doppelstadt zu einer beliebten Touristendestination.

Albury ist dabei mit einem erfrischenden Mix aus historischen Gebäuden, ruhiger Flusslandschaft und geschäftigem Treiben zweifellos der interessantere Teil der

Doppelstadt. In den Außenbezirken hat sich verstärkt Industrie angesiedelt, ein kometenhafter Aufstieg, wie in den 1970er-Jahren vorhergesagt, blieb allerdings aus. Zum Glück vielleicht, denn so verströmt die Stadt auch heute noch ländliches Flair und stellt eine exzellente Basis für Exkursionen zwischen Australischen Alpen, Riverina und Murray River dar. In der Gegend um das heutige Albury sollen die Entdecker *Hume* und *Howell* im Jahr 1824 als erste Europäer auf den Murray River gestoßen sein.

Basis-Infos

GPS: S36°04.88' E146°55.19'
Vorwahl für beide Orte: 02

Anreise Pkw: Den Murray River entlang sind es rund 650 km nach *Mildura*. *Wangaratta* in Victoria ist 75 km entfernt, *Wagga Wagga* in New South Wales rund 150 km. Etwa 340 km sind es je nach Route nach *Melbourne*.

Bahn & Bus: Busse oder Züge (☎ 1800800007, www.ptv.vic.gov.au) verkehren den Murray River entlang bis nach *Mildura* (10 Std.). *Greyhound Australia* (☎ 1300473946, www.greyhound.com.au) hält auf der Route von *Sydney* (90 $, 11 Std.) nach Melbourne (55 $, 4:30 Std.) in *Albury-Wodonga*.

Flugzeug: Mit *QuantasLink*, *Regional Express* und *Virgin Blue Australia* täglich Verbindungen nach Canberra, Melbourne oder Sydney.

Touristinfo Wodonga Visitor Information Centre, tägl. 9–17 Uhr. 69–73 Hovell Street, Wodonga, ℅ 1300796222, tourism@wodonga.vic.gov.au.

Albury Visitor Information Centre, tägl. 9–17 Uhr. Railway Place, Albury, ℅ 1300252879, info@visitalburywodonga.com.au.

Albury-Wodonga im Internet Infos unter www.visitalburywodonga.com und www.alburywodongaaustralia.com.au.

Backofen »» **Mein Tipp:** Community Wood Fired Oven, ein klassischer gemauerter Backofen. Jeden 2. Sonntag kann hier jeder Brot, Pizza und Kuchen backen – oder auch einen Schweinebraten zubereiten. Im Sommer abends, im Winter über Mittag, genaue Termine auf www.alburycity.nsw.gov.au. ««

Internet Library, Mo, Mi, Do 10–19 Uhr, Di/Fr 10–17 Uhr, Sa 10–16 Uhr, So 12–16 Uhr. 553 Kiewa Street, ℅ 60238333.

Kanumiete Canoe the Murray, Kanumiete und Touren im Angebot, allerdings nur in den Sommermonaten. ℅ 0487422663, www.canoethemurray.com.au.

Supermarkt Aldi **3**, Mo–Fr 8.30–20 Uhr, Sa/So 8.30–19 Uhr, 617–621 Young Street.

Übernachten Hotel on Olive **4**, geräumige Zimmer mit edler Einrichtung und blitzblanken Bädern. Auch einige Suiten mit Loungebereich und Spa-Wanne. Kostenlos WLAN. DZ ab 170 $. 579 Olive Street, Albury, ℅ 60216100, www.hotelonolive.com.au.

Hovell Tree Inn **9**, eines der besten Häuser in der Stadt und in toller Lage, nur einen Steinwurf vom Hovell Tree Park und dem Murray River entfernt. Kostenloses WLAN. DZ ab 150 $, Apartment ab 200 $. 596–614 Hovell Street, ℅ 60423900 und 1800759950, www.bestwestern.com.au.

Albury Classic Motor Inn **2**, bodenständiges Motel, hübsch hergerichtet, mit sauberen Zimmern. Kostenlos WLAN und Pool. DZ ab 105 $. Etwa 5 km nördlich des Zentrums. 404 Wagga Road, Lavington, ℅ 60257177, www.alburyclassicmotorinn.com.au.

All Seasons Holiday Park **1**, freundlicher, ruhiger Park. Camping ab 32–36 $, Cabins ab 105 $. 481 Wagga Road, Albury, ℅ 60251619, www.alburyallseasons.com.au.

Essen & Trinken/Feiern Green Zebra **7**, hippes Café. Einfach spitze ist der „Pastabaukasten": hausgemachte Nudeln wählen (z. B. Chili-Linguine), Soße wählen (z. B. Calabrese), fertig! Kostet ab 15 $. Tägl. ab 7.30 Uhr, abends geschlossen. 484 Dean Street, Albury, ℅ 60231100, www.greenzebra.com.au.

The Lounge Café **8**, entspannte Atmosphäre. Interessantes Tapas-Menü (10–15 $), Lammschulter (30 $) oder Rib-Eye-Steak (35 $). Außerdem etwa ein Dutzend Cocktails (um 13 $). Di–Do 16 Uhr bis spät, Fr ab 12 Uhr, Sa/So ab 9 Uhr. 2/453 Dean Street, Albury, ℅ 60215880, www.theloungecafe.com.au.

Mr. Benedict **5**, gute Wahl für Frühstück, Kaffee oder Mittagessen. Probieren Sie die Spaghetti mit Fleischbällchen und frischen Kräutern (18 $). Mi–So 7–15 Uhr. 664 Dean Street, ℅ 60411840, www.mrbenedict.com.au.

River Deck Café **10**, tolle Lage, ideal für ein kleines Lunch mit gegrilltem Gemüse, Gnocchi oder einem Salat (15–20 $). Gute Steaks vom Grill (um 30 $). Mi–Fr 9–16 Uhr, Sa/So 8–16 Uhr, Fr/Sa auch 17.30–21 Uhr. 48 Noreuil Street, ℅ 60235980, www.riverdeckcafe.com.au.

Zed Bar **6**, tolles Lokal mit Bar-Lounge. Der perfekte Ort für einige Drinks, aber auch mit gutem Essen (15–30 $). Unter der Woche das „quick business lunch" für 12 $. Tägl. ab Mittag. 586 Dean Street, Albury, ℅ 60212622, www.zedbar.com.au.

Myer Centrepoint, im Einkaufszentrum gibt es einen Food Court mit günstigen Essensständen. Tagsüber geöffnet. David Street (zwischen Dean Street und Swift Street).

Sehenswertes

Entlang der Dean Street gelangt man zu den **Botanical Gardens**, einer grünen Oase in unmittelbarer Nähe zum Stadtzentrum. Im **Noreuil Park**, etwas weiter südlich, liegt die *P. S. Cumberoona* – der von vielen Einheimischen heiß geliebte Schaufelraddampfer war als Ausflugsschiff leider nie profitabel, und so ist die Zukunft des Dampfers derzeit ungewiss. Die **Wonga Wetlands** befinden sich einige Minuten stromabwärts – die künstlich angelegten Lagunen und Wasserlöcher werden aber

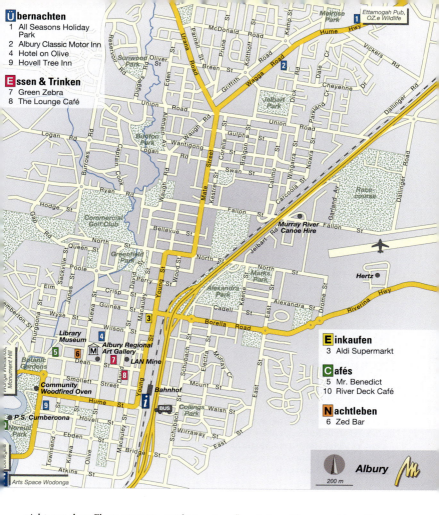

nicht aus dem Fluss versorgt, sondern mit aufbereitetem Abwasser. Vom **Monument Hill** aus hat man einen wunderbaren Blick über die Stadt.

MAMA Murray Art Museum Albury: Ursprünglich die *Albury Regional Art Gallery*, nach rund 10 Mio. Dollar teurer Renovierung mit neuem Namen. Bekannte Galerie, v. a. wegen der Werke des australischen Malers und Fotografen *Russell Drysdale* (1912–1981), der selbst zeitweise in Albury lebte. Die Sammlung umfasst außerdem Fotografien, Drucke und Gemälde sowie Exponate aus Asien und dem Pazifikraum. Zum Zeitpunkt der Recherche geschlossen, Wiedereröffnung für Okt. 2015 angekündigt.
✆ 60238154, www.mamalbury.com.au.

LibraryMuseum: Modernes Gebäude, in dem es regelmäßig wechselnde Ausstellungen zu sehen gibt, außerdem die Dauerausstellung „Crossing Place – a story of

Albury", in der die Geschichte der Stadt porträtiert wird, angefangen vom ersten Kontakt der Europäer mit den Wiradjuri-Ureinwohnern bis hin zum mordnen Albury des 21. Jh.
Mo u. Mi/Do 10–19 Uhr, Di/Fr 10–17 Uhr, Sa 10–16 Uhr, So 12–16 Uhr. Eintritt frei. Kiewa Street/Ecke Swift Street, ℡ 60238333.

Arts Space Wodonga: Große Galerie, in der es neben wechselnden Ausstellungen auch Workshops, Diskussionsrunden oder Vorführungen zu besuchen gibt. Der Fokus liegt auf zeitgenössischer Kunst. Außerdem bekommen Künstler aus der Region Nordost-Victoria hier regelmäßig eine Plattform, um sich mit ihren Werken zu präsentieren.
Mo–Fr 9.30–18 Uhr (Do bis 20 Uhr), Sa 9.30–12.30 Uhr. Eintritt je nach Ausstellung. Lawrence Street/Ecke Hovell Street, Wodonga, ℡ 60229600.

Ettamogah Pub: Originalgetreuer Nachbau des Pubs aus den (zumindest in Australien) berühmten Comics von *Ken Maynard*. Erinnert optisch an Playmobil und wirkt eher lustig. Drinnen kann man gemütlich ein Bierchen trinken oder eine kleine Stärkung zu sich nehmen.
Pub tägl. 11–19 Uhr, Fr/Sa bis 22 Uhr. Am Hume Highway, etwa 10 Min. nördlich von Albury. 561 Burma Road, Table Top, ℡ 60601604, www.ettamogah.com.

Bonegilla: Für viele Australier ein wichtiges geschichtliches Monument. Das *Bonegilla Migrant Camp* war das erste, größte und am längsten in Betrieb befindliche Einwanderungscamp des Landes. Von 1947 bis 1971 startete hier für Hunderttausende von Immigranten das Leben in der neuen Heimat. Der „Block 19" ist das letzte Überbleibsel der Station und kann besichtigt werden.
Tägl. 10–16 Uhr. Östlich von Wodonga am Lake Hume, ℡ 60206912, www.bonegilla.org.au.

Rutherglen

ca. 2500 Einw.

Folgt man der Beschilderung in Richtung Touristinformation, so landet man bei einem mit Reben bewachsenen Gebäude, auf dem „Rutherglen Wine Experience" geschrieben steht. Dort erhält man neben den üblichen Reisetipps auch ausführliche Informationen über Weine und Winzer aus dem unmittelbaren Umkreis. Überhaupt stehen in Rutherglen der Genuss und das leibliche Wohl ganz hoch im Kurs – der Ort bietet einige gute Möglichkeiten zum Einkehren. Das historische Victoria Hotel ist mit der großen Veranda und dem gusseisernen Geländer eines der schönsten Gebäude in Rutherglen.

GPS: S36°03.33' E146°27.76'
Ortsvorwahl: 03

Anreise Pkw: Rutherglen liegt am Murray Valley Highway. *Albury* befindet sich 50 km östlich des Ortes.

Bahn & Bus: Busse (℡ 1800800007, www.ptv.vic.gov.au) binden Rutherglen via *Albury* (40 Min.) und *Yarrawonga* (45 Min.) an.

Touristinfo Rutherglen Wine Experience, allgemeine Informationen und speziell zum Thema Wein. Tägl. 9–17 Uhr. 57 Main Street, ℡ 1800622871, info@rutherglenvic.com.

Rutherglen im Internet Informationen unter www.rutherglenvic.com.

Internet Rutherglen Library, Di–Fr 9–12.30 und 13–16.30 Uhr, Sa 9–12 Uhr. 153 High Street, ℡ 60328206.

Supermarkt IGA, Mo–Mi u. Sa 7.30–19 Uhr, Do/Fr 7.30–19.30 Uhr, So 8.30–18 Uhr. 95 Main Street.

Weintouren Verschiedene Optionen, zu buchen in der Touristeninformation, hier weiß man Bescheid, wann welche Tour stattfindet (überall Mindestteilnehmerzahl erforderlich).

Übernachten/Essen Tuileries Rutherglen, edel mit farbigen Akzenten. Bequeme

Betten und viel Licht schaffen Wohlfühlatmosphäre. DZ ab 199 $ inkl. Frühstück. 13–35 Drummond Street, ℡ 60329033, www.tuileriesrutherglen.com.au.

Wine Village Motor Inn, der Golden-Chain-Kette angeschlossen. Wohnliche Zimmer mit Bad, großen LCD-Fernsehern und WLAN. DZ ab 110 $. 217 Main Street, ℡ 1800028356, www.winevillagemotorinn.com.au.

Rutherglen Caravan & Tourist Park, Camping 27–42 $, Cabin je nach Kategorie 115–145 $. 72 Murray Street, ℡ 60328577, www.rutherglencaravanandtouristpark.com.au.

Tulieries Restaurant, helles Restaurant mit viel Glas und Blick auf den Innenhof. Lunch 12 $, zum Abendessen Hauptgerichte um 33 $, z. B. Entenbrust asiatischer Art. Mehrere vegetarische Gerichte. Die Nachspeisen (13,50 $) auf keinen Fall auslassen! Tägl. ab 18 Uhr. 13–35 Drummond Street, ℡ 60329033, www.tuleriesrutherglen.com.au.

Victoria Hotel, historisches Pub mit schmiedeeisernem Balkongeländer. Tägl. Mittag- und Abendessen. Supersaftige Steaks für 30 $. Bistro 12–14 und 18–20.30 Uhr. 90 Main Street, ℡ 60328610, www.victoriahotelrutherglen.com.au.

Parker Pies, Klassiker und exotische Variationen mit Büffel oder Krokodil. Die besten Pies in ganz Victoria! Mo–Fr 8–16.30 Uhr, Sa/So 9–16 Uhr. 86–88 Main Street, ℡ 60329605, www.parkerpies.com.au.

Lake Mulwala

Fast schon gespenstisch wirken die toten Bäume, die stellenweise aus dem Stausee ragen. Schuld an dieser Szenerie ist der Bau des Yarrawonga Weir, des größten Wehrs entlang des Murray Rivers. Der auf diese Weise entstandene Lake Mulwala erstreckt sich über eine Fläche von rund 5000 ha.

Der See ist aber nicht nur als Wasserreservoir essenziell für die Bewässerung der Felder, sondern zeichnet sich auch als wahrer Touristenmagnet aus. Speziell Badeurlauber, Angler und Wassersportler zieht es hierher, auch die regelmäßig stattfindenden hochkarätigen Wasserski-Events locken Besucher an. Die beiden Ortschaften **Yarrawonga** und **Mulwala** am Ufer des Sees sind durch eine kleine Brücke miteinander verbunden und haben sich mittlerweile zu regelrechten Urlaubsresorts entwickelt, speziell entlang der breiten Hauptstraße von Yarrawonga reihen sich Shops, Cafés und Restaurants aneinander. Interessant ist ein Besuch im *Byramine Homestead*, einem historischen Haus aus dem Jahr 1842 (Do–Mo 10–16 Uhr, Eintritt 5 $. Murray Valley Highway, Yarrawonga, ℡ 57484321).

GPS: S36°00.49' E146°00.26'
Ortsvorwahl: 03

Anreise Pkw: Der See und die Ortschaften sind über den Murray Valley Highway erreichbar. Von *Albury* aus fährt man etwa 100 km, *Echuca* liegt 150 km westlich.

Bahn & Bus: Busse (℡ 1800800007, www.ptv.vic.gov.au) binden den Ort an *Albury* (1:30 Std.) und *Echuca* (3:30 Std.) an.

Touristinfo Yarrawonga Mulwala Visitor Information Centre, Auskünfte, Shop und Broschüren. Tägl. 9–17 Uhr. Irvin Parade (am Ende der Hauptstraße, direkt am Wasser), Yarrawonga, ℡ 57441989 oder 1800062260, tourism@yarrawongamulwala.com.au.

Yarrawonga & Mulwala im Internet Infos unter www.yarrawongamulwala.com.au.

Internetzugang In der **Touristinformation** (s. o.), auch WLAN.

Kajak, Fahrrad und Wasserski Yarrawonga Outdoors, Kajak- und Fahrradmiete, außerdem werden Kajaktouren (auch über Nacht; ab 150 $) angeboten. 21 Belmore Street, Yarrawonga, ℡ 57443522, www.actionbikeski.com.au.

Mulwala Waterski Club, Wakeboard- und Wasserskikurse auf Anfrage. Melbourne Street, Mulwala, ℡ 57441888, www.mulwalawaterski.com.au.

Markt Yarrawonga Farmers' Market, jeden 4. So im Monat 8.30–12.30 Uhr. Piper Street, www.yarrawongafarmersmarket.com.au. ∎

Supermarkt Woolworths, tägl. 7–22 Uhr, Belmore Street/Ecke Mcnally Street.

Übernachten/Essen Yarrawonga Lakeside Apartments, direkt am See. Die Apartments allesamt mit Blick auf den See, Küche, Spa-Wanne und Waschmaschine. Mit 1 Schlafzimmer ab 175 $. 2 Cypress Drive, Mulwala, ✆ 57431433, www.yarrawongalakesideapartments.com.au.

Central Yarrawonga Motor Inn, ordentliche Zimmer mit bequemen Betten. Schön angelegter Außenbereich mit hölzernen Sitzgruppen und Pool. DZ 105–140 $. 111 Belmore Street, Yarrawonga, ✆ 57443817, www.yarrawongamotel.com.au.

Lakeside Holiday Park, gut ausgestatteter Park. Stellplatz mit Strom ab 38 $, Cabin (4–8 Pers.) je nach Kategorie und Saison 115–240 $. 102 Corowa Road, Mulwala, ✆ 57432888, www.lakesidecaravanpark.com.

Criterion Hotel, tolle Lage und mit großem Freiluft-Deck für den Sundowner oder einfach eine Tasse Kaffee. Ordentliches Bistro-Essen. Tägl. geöffnet. 1 Belmore Street, 57443839, www.criterionyarrawonga.com.au.

Yarrawonga Bakery, Frühaufsteher futtern hier Meat-Pies und trinken Kaffee. Tägl. ab 5.30 Uhr früh. 128 Belmore Street, Yarrawonga, ✆ 57442584.

Freecamping Cobram Regional Park, verschiedene Campingareale entlang des Flusses (Richtung Westen), teilweise bei Nässe schlecht zu befahren, Toiletten gibt es am Scotts Beach. In Cobram gibt es außerdem einen Dump Point. www.parkweb.vic.gov.au.

Shepparton

ca. 45.000 Einw.

Shepparton befindet sich noch im Umbruch – die betriebsame Stadt am Goulburn River vollzieht langsam, aber sicher den Wandel vom rein funktionalen landwirtschaftlichen Zentrum zur einladenden Touristendestination.

Ins Auge stechen bei einem Stadtbummel sofort die lebensgroßen Fiberglaskühe, die innerhalb des Kunstprojekts „Moooving Art" von lokalen Künstlern bemalt und in der ganzen Stadt aufgestellt wurden. Aber nicht nur in optischer Hinsicht, sondern auch, was Unterhaltung und Gastronomie betrifft, ist Shepparton durchaus für Touristen attraktiv. Dennoch ist die Agrarwirtschaft nach wie vor omnipräsent, die Landschaft ist durchzogen von Bewässerungskanälen, die die zahlreichen Plantagen mit dem kostbaren Nass versorgen. Zahlreiche verarbeitende Konzerne haben sich in der Region angesiedelt, so auch *SPC Ardmona*, Australiens größter Hersteller von Dosenfrüchten. Junge Backpacker finden hier gute Möglichkeiten, sich beim *fruit-picking* einige Dollars zu verdienen.

GPS: S36°23.49' E145°23.80'
Ortsvorwahl: 03

Anreise Pkw: Von *Bendigo* aus 125 km entfernt und über den Midland Highway erreichbar, von *Melbourne* aus rund 200 km nördlich gelegen und über den Goulburn Valley Highway und den Hume Freeway erreichbar. Die Distanz nach *Wangaratta* beträgt 105 km.

Bahn & Bus: Züge und Busse (✆ 1800800007, www.ptv.vic.gov.au) fahren von/nach *Benigo* oder *Wangaratta*. Dort gibt es Anschlussverbindungen.

Touristinfo Greater Shepparton Visitor Information Centre, Tägl. 9–17 Uhr. 33 Nixon Street, ✆ 58329330 oder 1800808839, info@discovershepparton.com.au.

Shepparton im Internet Informationen unter www.greatershepparton.com.au.

Festival SheppARTon Festival, über 10 Tage im März. Musik, Theater und vieles mehr. www.sheppartonfestival.net.au.

Galerie Shepparton Art Museum, permanente und wechselnde Ausstellungen, teilweise auch Veranstaltungen im Eastbank Café. Tägl. 10–16 Uhr. Eastbank Centre, Welsford Street, ✆ 58329861, www.sheppartonartgallery.com.au.

Internet guf Shepparton, tägl. 10–23 Uhr. 135 Maude Street, ✆ 58224880.

Supermarkt Aldi, tägl. 8.30–19 Uhr (Do bis 20 Uhr). 428 Wyndham Street.

„Moooving Art" in Shepparton

Weine & Winzer Murchison Wines & Vazzoler Cheese, Wein und Käse, für Verkostung aufeinander abgestimmt. Sa/So 10–17 Uhr. 105 Old Weir Road, Murchison, ✆ 58262294, www.murchisonwines.com.au.

Übernachten Best Western Wyndhamere Motel, gute Zimmer mit üblicher Motelausstattung in einer schönen Anlage mit Pool und sehr beliebtem Restaurant. DZ ab 140 $. 65 Wyndham Street, ✆ 58213666, www.wyndhamere.com.au.

Big Valley Motor Inn, in ruhiger Lage. Günstige Zimmer mit Standardausstattung, Pool und ein BBQ-Platz. DZ ab 90 $. 564 Wyndham Street, ✆ 58213666, www.bigvalley.com.au.

Victoria Lake Holiday Park, wunderbar am See gelegen. Camping 27–42 $, Cabin je nach Saison 85–160 $. 536 Wyndham Street, ✆ 58215431, www.viclakeholidaypark.com.au.

Essen & Trinken Spaghetti Hollow, hier bestellt man Pasta-Variationen, z. B. Seafood-Spaghetti, Ravioli oder Fettucini Carbonara (alle um 22 $), und Wein. Di–Sa ab 18 Uhr. 247 Wyndham Street, ✆ 58210771, www.spaghollow.com.

🌿 The Last Straw, hier ist alles ökologisch, das Gebäude ist ein Passiv-Energiehaus aus Strohballen, es wird Biokaffee ausgeschenkt, und auch in der Küche legt man großen Wert auf hochwertige Produkte – dafür gibt es nur 4–5 wechselnde Gerichte zur Auswahl. Mo–Fr 10–16 Uhr, Sa 10–14 Uhr. 24–26 Keppel Street, ✆ 58224990, www.thelaststraw.com.au. ■

Hotel Australia, entspannte Atmosphäre, kaltes Bier und typische Pub-Verköstigung. 73 Fryers Street, ✆ 58214011, www.aussiehotel.net.au.

Echuca

ca. 12.000 Einw.

Wie kaum eine andere Siedlung von der Flussschifffahrt geprägt, ist Echuca für manche die schönste Ortschaft am Murray River. Die historischen Gebäude hat man liebevoll restauriert und eine wundervoll entspannte Atmosphäre geschaffen.

Zu Spitzenzeiten war Echuca der größte Inlandshafen in ganz Australien. Die Schaufelraddampfer wurden an den 1,2 km langen Kaianlagen abgefertigt, die, um Schwankungen im Wasserpegel problemlos ausgleichen zu können, über drei

Stockwerke hoch gebaut waren. Mit der Zugverbindung nach Melbourne wurde allerdings schließlich der Untergang der kommerziellen Dampfschifffahrt eingeläutet und der Anleger verfiel zunehmend. Die Wende kam 1973, als man die beeindruckende Pieranlage mit den massiven *Redgum*-Balken komplett restaurierte. Auf diese Weise konnte das Hafenviertel wiederbelebt werden, die Gebäude wurden liebevoll hergerichtet, Restaurants und Kneipen eröffnet. Heute ist das Viertel ein beliebtes Ziel bei Touristen – man sollte es auf keinen Fall verpassen, am Fluss entlangzuschlendern und eine Fahrt auf einem der historischen Schaufelraddampfer zu unternehmen.

Gegründet wurde Echuca übrigens 1853 von dem Ex-Sträfling *Henry Hopwood*, der sich als exzellenter Geschäftsmann erwies und die rasche Entwicklung der Siedlung vorantrieb. Der Name „Echuca" bedeutet so viel wie „Treffpunkt der Wasser", was sich auf den Zusammenfluss der drei Ströme Goulburn, Murray und Campaspe bezieht. Echuca liegt südlich des Murray in Victoria, das weniger interessante Moama auf der anderen Seite in New South Wales.

GPS: S36°06.58' E144°45.20'
Vorwahl für beide Orte: 03

Anreise Pkw: Von *Albury* im Osten liegt Echuca 250 km über den Murray Valley Highway entfernt, fährt man auf diesem Highway weiter gen Westen, ist man nach 160 km in *Swan Hill*. *Bendigo* ist 100 km entfernt und über den Northern Highway erreichbar, 80 km weiter nördlich über den Cobb Highway liegt *Deniliquin* (NSW).
Bahn & Bus: Busse und Züge (℡ 1800800007, www.ptv.vic.gov.au) fahren nach *Swan Hill* (3 Std.), nach *Bendigo* (1:15 Std.), nach *Deniliquin* (1 Std.) oder nach *Albury* (3:30 Std.).
Touristinfo Echuca-Moama Visitor Information Centre, tägl. 9–17 Uhr. 2 Heygarth Street, ℡ 54807555 oder 1800804446 (kostenlos), info@echucamoama.com.
Echuca im Internet Infos auch über Maoma unter www.echucamoama.com.
Bootsverleih Echuca Boat & Canoe Hire, Kanus/Kajaks (20 $/Std.), Aluboote mit 6-PS-Außenborder (40 $/Std.) und auch BBQ-Boote für bis zu 10 Pers. (ab 150 $/2 Std.). ℡ 0419756225, www.echucaboatcanoehire.com.
Supermarkt Aldi, tägl. 8.30–19 Uhr (Do bis 20 Uhr), 218-222 Anstruther Street.
Veranstaltungen Southern 80, am 2. So im Febr. Wasserskirennen über 80 km, an dem bis zu 400 Fahrer aus aller Welt teilnehmen. www.southern80.com.au.
Übernachten Buena Villa B&B, die Zimmer tragen Namen wie Luxor, Serengeti oder Romantique und sind im entsprechenden Stil eingerichtet, jeweils mit Spa-Wanne für 2 Pers. Ideal für Paare, leider keine Kinder erlaubt. DZ ab 160 $. 222 Ogilvie Avenue, ℡ 54800599, www.buenavilla.com.au.
Adelphi Apartments, hochwertig eingerichtete Apartments mit verschiedenen Ausstattungen – teils mit freistehenden Badewannen –, das kleinste Studio ab 175 $ zu haben, das Apartment mit 2 Schlafzimmern für insgesamt 4 Pers. kostet 360 $. 25 Campaspe Street, ℡ 54825575, www.adelphiapartments.com.au.
Pevensey Motor Lodge, Motel mit dreieinhalb Sternen, die 20 Zimmer sind wohnlich und auch als Variante mit Spa-Wanne oder als große Familiensuite erhältlich. Standard-DZ ab 115 $. 365 High Street, ℡ 54825166, www.pevenseymotorlodge.com.au.
Camping Echuca Caravan Park, picobello saubere Sanitärblocks, kostenlos WLAN. Direkt am Fluss und in bequemer Fußmarsch-Distanz zu Ortskern und Hafen. Stellplatz 27–54 $. 52 Crofton Street, ℡ 54822157, www.echucacaravanpark.com.au.
Freecamping Christies Beach Campground, direkt am Fluss, etwa 5 Min. östlich von Echuca. Zufahrt nicht asphaltiert.
Hausboote Rich River Houseboats, große Flotte mit Booten für 6–12 Pers. Ausstattung variabel, aber Dusche, WC und Kochgelegenheit sind immer an Bord. Eine Woche ab 2500 $, in der Luxusversion mit Whirlpool an Deck (12 Pers.) bis 7000 $, auch kürzere Zeiträume möglich. ℡ 54802444, www.richriverhouseboats.com.au.
Essen & Trinken Antonio's on the Port, hier steigen mediterrane Gewürze in die Nase. Probieren Sie die „Spaghetti Pol-

pette" mit Fleischbällchen und Weißweinsoße (19,90 $). Holzofenpizzen um 21 $. Lunch Sa/So, tägl. Dinner. 527 High Street, ✆ 54826117, www.antoniosechuca.com.au.

Star Hotel, im Allrounder gibt's Frühstück (bis 11 Uhr), Mittag- und Abendessen, bei gutem Wetter kann man wunderbar im Freien sitzen. Direkt an der historischen Wharf. 45 Murray Esplanade, ✆ 54801181, www.starhotelechuca.com.au.

Echuca Coffee Roasters, hier ist der Name Programm, der Kaffee wird im Haus selbst geröstet, und den gibt es dann an rustikalen Holztischen. Mo–Sa 8.30–16 Uhr, So 10–16 Uhr. 574–576 High Street, ✆ 54803085.

Beechworth Bakery, hier bekommt man ein wirklich frühes Frühstück. Tägl. 6–18 Uhr. 513 High Street, ✆ 1300233784.

Sehenswertes

Port of Echuca: Der Verladehafen und die Schaufelraddampfer spielten einst eine erhebliche wirtschaftliche Rolle, als sämtliche Güter ausschließlich auf dem Fluss transportiert wurden. Im *Port of Echuca* kann man in diese längst vergangenen Zeiten eintauchen, es sind alte Gerätschaften ausgestellt und historische Schiffe zu besichtigen. In den letzten Jahren wurde für mehrere Millionen Dollar restauriert und umgebaut, die Anlage soll mit neuen Aussichtsplattformen und Räumlichkeiten für Museen und Galerien künftig noch attraktiver für Besucher werden.
Tägl. 9–17 Uhr. Wharf Walk 14 $, das Heritage Package (50 $) beinhaltet zusätzlich eine Dampferfahrt, den Besuch der Beer Shed und zwei kleinere Museen. 52 Murray Esplanade, ✆ 54824248, www.portofechuca.org.au.

Schaufelraddampfer: Gleich mehrere Schaufelraddampfer tun hier auf dem Murray ihren Dienst. Eine einstündige Fahrt kostet etwa 28 $ pro Person. Außerdem gibt es Lunch- und Dinnercruises und sogar Übernachtungsfahrten mit Unterbringung an Bord (bis zu drei Nächte), dafür bezahlt man dann rund 300 $ pro Person und Nacht in der Doppelkabine.
Buchbar über die Touristeninformation oder 57 Murry Esplanade, ✆ 54825244, www.murrayriverpaddlesteamers.com.au.

Hausboote in Echuca – der Murray River hat hier extremes Niedrigwasser

The Great Aussie Beer Shed: Neil Thomas ist wirklich ein Bierfanatiker – über die Jahrzehnte hat er eine riesige Sammlung an Utensilien, die irgendwie mit dem Gerstensaft in Verbindung stehen, zusammengetragen. Allein 16.000 Bierdosen gehören zu seiner Sammlung, dazu alles, was im Entferntesten mit dem Thema „Bier" zu tun hat, angefangen bei Zapfhähnen über Gläser und Untersetzer bis hin zu blechernen Werbeschildern.

Meist nur an den Wochenenden 9.30–17 Uhr geöffnet, für genaue Öffnungszeiten empfiehlt es sich, vor dem Besuch anzurufen. Eintritt 12 $. 377 Mary Ann Road, ✆ 54806904, www.epak.com.au/beershed.

Swan Hill

ca. 10.000 Einw.

Swan Hill bietet sich v. a. als günstiger Zwischenstopp auf der Route entlang des Murray an. Bereits 1836 schlug der Entdecker Thomas Mitchell sein Nachtlager hier auf, und weil ihm die Schwäne mit ihrem Radau die Nachtruhe stahlen, gab er dem Ort seinen wohlklingenden Namen.

Touristisch ist die Ortschaft bei Weitem nicht so professionell erschlossen wie ihre Nachbarn Mildura oder Echuca, aber dennoch gibt es einige Dinge zu entdecken. Beeindruckend ist beispielsweise der enorme *Moreton Bay Fig Tree*, der sogar das größte Exemplar seiner Art auf der gesamten südlichen Hemisphäre sein soll. Sehenswert ist auch die abenteuerliche Holz-Stahl-Brücke über den Murray. Schlagzeilen machte Swan Hill im Januar 2008, als eine ganze Armada an Freiwilligen einen 5,7 t schweren Weltrekord-Obstsalat schnibbelte ...

GPS: S35°20.44' E143°33.67'
Ortsvorwahl: 03

Anreise Pkw: Swan Hill liegt am Murray Valley Highway zwischen *Echuca* im Osten (160 km) und *Mildura* im Westen (220 km).

Bahn & Bus: Züge (✆ 1800800007, www.ptv. vic.gov.au) fahren direkt nach *Melbourne* (4:30 Std.) oder *Bendigo* (2:10 Std.). Busse entlang des Murray nach *Mildura* (2:50 Std.) und *Echuca* (2:30 Std.).

Touristinfo Swan Hill Regional Information Centre, tägl. 9–17 Uhr. McCrae Street/Ecke Curlewis Street, ✆ 50323033 oder 1800625373, tourism@swanhill.vic.gov.au.

Swan Hill im Internet Informationen unter www.swanhillonline.com.

Internet Bibliothek, Mo–Fr 10–17.30 Uhr, Sa 10–12 Uhr. 53 Campbell Street, ✆ 50362480, und im **Visitor Centre** (s. o.).

Supermarkt Coles **5**, tägl. 6–24 Uhr, Beveridge Street/Ecke McCrae Street.

Übernachten Murray Downs Resort **3**, in toller Umgebung neben dem Golfplatz. Wohnliche, geräumige Unterkünfte vom einfachen Studio bis zur Super-Deluxe-Suite. Ab 145 $. Murray Downs Drive, ✆ 50331966, www.murraydownsresort.com.au.

Murray River Motel 8, bodenständiges Motel mit sauberen Zimmern, etwa 1,5 km vom Zentrum entfernt. In der Anlage Pool und BBQ-Pavillon. DZ ab 98 $. 481 Campbell Street, ✆ 50322217, www.murrayrivmotel.com.au.

BIG4 Riverside Swan Hill 7, freundlicher Campingplatz mit gepflegten Stellplätzen (ab 35 $) und Cabins (ab 119 $). 1 Monash Drive, ✆ 50321494, www.big4riversideswan hill.com.au.

Essen & Trinken Java Spice **1**, ausgezeichnete Küche und tolle Plätze im Freien in exotischem Ambiente. Currys kosten um 22 $, Menüs mit mehreren Gerichten 40–60 $. Di–So Dinner, Mo–Fr u. So 12–14.30 Uhr. 17 Beveridge Street, ✆ 50330511, www.javaspice.com.au.

Quo Vadis 6, Restaurant und Pizzeria. Extrem gute Pastavariationen (bis 25 $), italienisch angehauchte Hauptgerichte (30–40 $). Pizzeria ab 17 Uhr, Restaurant ab 18 Uhr. 255–259 Campbell Street, ✆ 50324408, www.quovadisrestaurant.com.au.

Café Allure 4, Café und Wein-Bar. Schmackhafte Kleinigkeiten wie Wraps,

Pasta oder Sandwiches in gemütlicher Umgebung. Mo–Fr 8.30–17.30 Uhr, Sa 9–14 Uhr. 147–149 Campbell Street, ☏ 50324422, www.cafeallure.com.

Federal Hotel ▇, historisches Pub von 1889. Kaltes Bier und guter Grub. Bistro 12–14.30 und 18–20.30 Uhr. Moulamein Road, ☏ 50321238, www.federalhotel.net.au.

Sehenswertes

Pioneer-Settlement-Museum: Rund 50 Gebäude wurden auf dem Gelände des Freilichtmuseums originalgetreu nachgebaut, wobei in etwa die Zeitspanne zwischen 1830 und 1930 porträtiert wird. Entsprechend kann man auch wählen, ob man mit einer historischen Kutsche oder einem alten Pkw durch die Siedlung tourt. Die Shows sollte man vorab buchen.
Di–So 9.30–16 Uhr, in den Schulferien auch Mo. Eintritt 29 $. Kombiticket mit Sound- und Lightshow sowie einer Flussfahrt 70 $. Monash Drive, ☏ 50362410, www.pioneer settlement.com.au.

Swan Hill Regional Art Gallery: Die Galerie, die in einem eigens für diesen Zweck errichteten Gebäude untergebracht ist, wurde 1987 eröffnet. Die Sammlung ist mit 300 Exponaten relativ klein, aber man findet bekannte Namen wie *Sam Byrne* oder *Pro Hart*. Hauptsächlich Zeichnungen, Ducke und Gemälde. Regelmäßige Gastausstellungen.
Di–Fr 10–17 Uhr, Sa/So 10–16 Uhr. Eintritt gegen freiwillige Spende. Horseshoe Bend, ☏ 50362430, http://gallery.swanhill.vic.gov.au.

Lake-Boga-Flying-Boat-Museum: Das sehenswerteste Exponat des Museums ist ein *Catalina-A24-30*-Flugboot, von denen es lediglich drei weitere Exemplare in ganz Australien gibt. Am Lake Boga befand sich während des Zeiten Weltkriegs Australiens größte Wartungsstation für Wasserflugzeuge. Das Museum liegt etwa 14 km außerhalb der Stadt in Richtung Süden.
Tägl. 9–16 Uhr. Eintritt 12 $. Willakool Drive, Lake Boga, ☏ 50372850, flyboat@iinet.net.au.

Mildura
ca. 30.000 Einw.

Mildura ist das Herzstück der „Sunraysia-Region" und tatsächlich mit entsprechend viel Sonnenschein gesegnet. Nicht zu Unrecht rühmt man sich des strahlend blauen Himmels, des mediterranen Klimas und des entspannten Lifestyles – kein Wunder also, dass die Stadt am Murray, die doch eigentlich für ihre florierende Landwirtschaft bekannt ist, immer mehr Touristen anlockt.

Es ist geradezu ein Wunder, dass Agrarwirtschaft in der Region überhaupt möglich ist, denn das Klima mit seinen statistisch 283 regenfreien Tagen im Jahr erfreut zwar die Urlauber, ist der landwirtschaftlichen Nutzung aber nur wenig zuträglich. Das Problem wurde jedoch bereits im Jahr 1880 gelöst, als die Gebrüder *Chaffey* Bewässerungssysteme anlegten und die Siedlung damit zum Vorreiter in ganz Australien machten. Im Laufe der Jahre profitierte die Region vom Knowhow zahlreicher Einwanderer, die ihre Kultivierungstechniken aus der alten Heimat mitbrachten und der Region auf diese Weise zu einer Entwicklung hin zu Australiens größtem Erzeuger von Wein, Zitrusfrüchten und Trauben verhalfen. Eine pulsierende Stadt mit palmengesäumten Straßen, blühenden Gärten und modernen Einrichtungen entstand im Laufe der Zeit – heute zählen einige der Restaurants zu den besten des Staates. Zu den Sehenswürdigkeiten gehört sicherlich das historische **Rio-Vista-Haus**, die feudale Residenz des Stadtgründers *George Chaffey*. Mildura ist außerdem der ideale Ort, um den Aufenthalt vom Land aufs Wasser zu verlegen – zahlreiche Anbieter haben Hausboote zu vermieten.

Mildura

Basis-Infos
→ Karte S. 561

GPS: S34°11.14' E142°09.70'
Ortsvorwahl: 03

Anreise Pkw: Mildura ist ein Knotenpunkt zwischen drei Staaten. Der Sturt Highway führt nach *Adelaide* (400 km) in South Australia. Auf dem Silver City Highway fährt man gut 300 km nach *Broken Hill* in New South Wales. In Victoria liegen *Swan Hill* (220 km) und *Horsham* (320 km).

Bahn & Bus: Busse (✆ 1800800007, www.ptv.vic.gov.au) fahren von/nach *Swan Hill* (2:50 Std.), von dort Zugverbindungen z. B. nach *Bendigo* oder *Melbourne*. Mit *Greyhound Australia* (✆ 1300473946, www.greyhound.com.au) tägl. von/nach *Adelaide* (70 $, 5:30 Std.).

Flugzeug: Mit *Qantas* (✆ 131313, www.qantas.com.au) von/nach *Melbourne*, mit *REX* (✆ 131713, www.rex.com.au) von/nach *Melbourne*, *Broken Hill* und *Sydney*.

Touristinfo Mildura Visitor Information Centre, großes Infozentrum mit Ausstellungstafeln, Shop und Café. Direkt am Schwimmbad. Mo–Fr 9–17.30 Uhr, Sa/So 9–17 Uhr. 12th Street/Ecke Deakin Ave, ✆ 50188380 oder 1800039043.

Mildura im Internet Informationen unter www.visitmildura.com.au.

Autovermietung Am Flughafen gibt es Thrifty (✆ 50232989).

Festivals Country Music Festival, 10 Tage Ende Sept. Großes Festival mit lokalen Newcomern und nationalen Stars. www.milduracountrymusic.com.au.

Arts Mildura, veranstaltet Festivals das ganze Jahr über, z. B. das „Jazz, Food & Wine Festival". Termine unter www.artsmildura.com.au.

Internet Mildura Library **8**, So/Mo 13–17 Uhr, Di–Fr 10–19 Uhr, Sa 10–14 Uhr. 180–190 Deakin Avenue, ✆ 50188350.

Supermarkt Coles **2**, tägl. 6–24 Uhr. 149 Eighth Street.

Übernachten
→ Karte S. 561

Mildura Grand Hotel 3, vom einfachen Standard-DZ bis hin zur edlen Suite. WLAN-Internet, Room-Service, Pool, Fitnessraum. Große Auswahl an Restaurants, Bars und Lounges direkt im Gebäudekomplex. DZ ab 130 $, Suite ab 200 $, inkl. Frühstück. Seventh Street, ✆ 50230511, www.qualityhotelmilduragrand.com.au.

Mercure Hotel Mildura 6, optisch schlicht gehaltene, aber gemütliche Standardzimmer und voll ausgestattete Apartments mit 2 Schlafzimmern und Küche. Ausgezeichnetes Restaurant im Haus. DZ ab 145 $. 120 Eighth Street, ✆ 50512500, www.accorhotels.com.

Deakin Palms Motor Inn 12, Motelunterkunft mit gehobenem Standard. Bequeme Betten, LCD-TVs und WLAN. Gutes Restaurant im Haus. DZ 120–220 $. 413 Deakin Ave, ✆ 50230218, www.deakinpalms.com.au.

Mildura International Backpackers 9, günstige Unterkunft, gleich um die Ecke von der Touristeninformation und dem Schwimmbad. WLAN-Zugang. Im Mehrbettzimmer ab 30 $. 5 Cedar Avenue, ✆ 0408210132 (mobil), www.milduraback packers.com.au.

Camping All Seasons Holiday Park **13**, penibel gepflegter Platz mit Tischtennisplatte, Basketballkorb und Putting-Green. Auch Hausboote. Stellplatz ab 32 $, Cabin ab 85 $, in Top-Ausstattung ab 120 $. 818 Calder Highway, ✆ 50233375, www.allseasonsholidaypark.com.au.

Als ausgezeichnete Alternativen liegen an der Deakin Avenue noch der **Big4 Mildura Deakin Holiday Park 11** (✆ 50230486) und der **BIG4 Mildura Crossroads Holiday Park 10** (✆ 50233239).

Hausboote Rund ein Dutzend Vermieter von Hausbooten gibt es in Mildura, von der ganz einfachen Version bis hin zum Luxusboot mit Edelküche, Holzfußböden und Jacuzzi an Deck. Bei der Buchung ist man in der Touristeninformation gerne behilflich. Günstige Variante für 10 Pers. ab 1000 $/3 Nächte. Luxusversion für 12 Pers. um 3000 $/3 Nächte. Buchbar z. B. bei **Mildura Houseboats**, ✆ 1800800842, www.milduhouseboats.com.au.

Murray River → Karte S. 546/547

Victoria / Murray River

Essen & Trinken

The New Spanish Bar & Grill 1, fantastisches Steakhouse, 450g-T-Bone für 39 $, 300 g Rump für 30 $, Kängurusteak 32 $. Tägl. ab 18 Uhr. Langtree Ave/Ecke Seventh Street, ✆ 50212377, www.spanishgrill.com.au.

Mildura Brewery Pub 6, lokal gebraute Köstlichkeiten wie „Mallee Bull", „Sun Light" oder „Storm" in guter Atmosphäre. Tägl. ab 12 Uhr, Lunch 12–14.30 Uhr, Dinner 18–21 Uhr. 20 Langtree Ave, ✆ 50222988, www.mildurabrewery.com.au.

Clove Organic Café 7, hier wird viel Wert auf lokal erzeugte Bioprodukte gelegt – und die werden nicht nur im Café verarbeitet, man kann sie im dazugehörigen Shop auch kaufen. Sehr kleine Speisekarte, die sich den saisonalen Produkten anpasst. Mo–Fr 8–18 Uhr, Sa 8–12 Uhr. 121a Eighth Street, ✆ 50212230, www.cloveorganics.org. ■

Ziggy's 5, gesundes Müsli zum Frühstück (7 $), leckerer Lammburger als Mittagsstärkung (17 $). Einige Tische im Freien unter großem Vordach. Mo–Fr 8–16.30 Uhr, Sa 8–14 Uhr, So 9–14 Uhr. 145 Eighth Street, ✆ 50232626, www.ziggyscafe.com.au.

Pizza Café 4, etwa 20 verschiedene Holzofenpizzen in 2 Größen (15–22 $), außerdem Focaccias und Pasta. Mo–Sa ab 11 Uhr, So ab 11.30 Uhr. 18 Langtree Ave, ✆ 50222223, www.pizzacafe.com.au.

Touren & Aktivitäten

Boat Hire Mildura Houseboats, Vermietung von Tinnies und Angelausrüstung. Für einige Optionen kein Führerschein notwendig. Ab 70 $/4 Std. ✆ 1800800842, www.mildurahouseboats.com.au.

Kajaktouren Moontongue Eco Adventures, Paddeltouren auf dem Murray. Kleine Tour (1:30 Std.) für 25 $, längere Tour (4 Std.) für 65 $, Schwimmwesten inkl. ✆ 0427898317 (mobil), www.moontongue.com.au.

Schaufelraddampfer Verschiedene Touren auf der *Melbourne*, der *Rothbury* oder der *Mundoo*. Einfache Fahrten (2 Std.) für 30 $, Dinner-Cruise oder Winery-Tour ab 60 $. ✆ 50232200, www.paddlesteamers.com.au.

Touren Mildura Discovery Tours, verschiedene Tagestouren zu je 150 $. Beinhaltet z. B. eine Fahrt auf einem Schaufelraddampfer, den Besuch eines Weingutes und ein Mittagessen im Restaurant. ✆ 50247448 oder 0419127995 (mobil), www.milduratours.com.au.

Harry Nanya Tours, Firmeninhaber und Tourführer sind Aborigines. Eine Tagesbzw. Sunset-Tour (nach Jahreszeit) in den Mungo-Nationalpark kostet 180 $/Pers., Abfahrt in Mildura. ✆ 50272076, www.harrynanyatours.com.au.

Sehenswertes

Mildura Art Deco Walking Tour: In Mildura gibt es eine ganze Reihe an gut erhaltenen bzw. liebevoll hergerichteten Art-déco-Gebäuden. In der Touristeninformation gibt es eine kostenlose Broschüre, die einen kleinen Rundgang mit zwölf Stationen erläutert.

Mildura Arts Centre: Bestehend aus einer regionalen Kunstgalerie, dem historischen und äußerst prunkvollen *Rio-Vista*-Haus, einem Skulpturengarten und einem Theater. In der Galerie sind u. a. Werke von *Sir William Orpen* (1878–1931) und *Sir Frank Brangwyn* (1867–1956) ausgestellt und sogar einen *Degas* (1834–1917) gibt es zu sehen.
Tägl. 10–17 Uhr. Eintritt frei. 199 Cureton Ave, ✆ 50188330, www.milduraartscentre.com.au.

Mildura Botanic Gardens: Die Flora spiegelt die ganz eigenen klimatischen Verhältnisse der Region wider, entsprechend findet man viele Vertreter, die in semiaridem

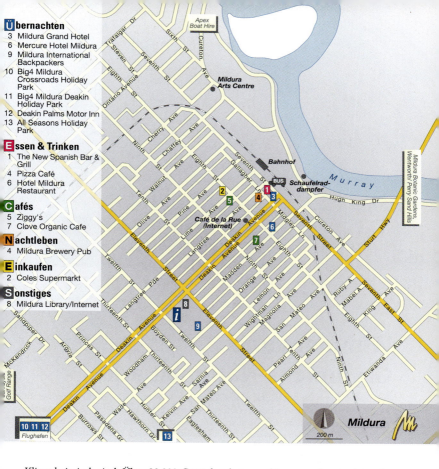

Klima heimisch sind. Über 20.000 Gewächse hat man hier angepflanzt, einige der uralten *Mallee-Eukalypten* sollen jedoch schon seit über 2200 Jahren hier stehen. Am Wochenende gibt es im historischen *Garnpang Homestead* kleine Stärkungen und Souvenirs.

Mo–Fr 8–16.30 Uhr, Sa/So 10–16.30 Uhr. Eintritt frei. Etwa 7 km nördlich von Mildura, auf der NSW-Seite des Murray River gelegen. Bei Buronga auf die River Road einbiegen.

Auch wenn die Reiseroute nicht nach New South Wales führt, so sollte man dennoch einen Abstecher ins rund 30 km entfernte **Wentworth** (NSW) unternehmen. Dort treffen der *Darling River* und der *Murray River* aufeinander und man kann die 40.000 Jahre alten *Perry Sand Hills* erklimmen (→ S. 310).

Auch in kleinen Dörfern findet man ansehnliche Gebäude, wie hier die Shire Hall in Ararat

Wimmera und Grampians-Nationalpark

Eine Fahrt durch die weitläufige Landschaft der Wimmera-Region führt vorbei an Weideland und schier endlosen Getreidefeldern. Etwa ein Viertel der gesamten Weizen- und Gerstenproduktion des Bundesstaates Victoria stammt von hier, aber auch Oliven und Weinreben werden vermehrt angebaut. Die Weiterfahrt führt schließlich zu den Millionen Jahre alten Bergen des **Grampians Nationalpark**, die sich majestätisch aus der Ebene erheben und eines der beliebtesten Ausflugsziele des Staates darstellen. Um den Park gruppieren sich auch die wichtigsten Ortschaften und landwirtschaftlichen Zentren. Der Western Highway (A 8) durchzieht die Region als Verkehrsader zwischen Melbourne und Adelaide in South Australia.

Ararat
ca. 7000 Einw.

Ararat liegt zwischen zwei kleinen Bergketten in einer fruchtbaren Ebene. Schon vor 5000 Jahren lebten hier die „Tjapwurong People", im 19. Jh. schließlich kamen erst die Viehherden, dann die Goldsucher.

Heute ist die Stadt das Versorgungszentrum der Region, die Reisenden machen hier Station auf dem Weg zwischen den Goldfeldern und dem **Grampians Nationalpark**. Der Ort kann einige nette Lokale vorweisen und sorgt mit einem kleinen kulturellen Angebot für Kurzweil. Schönstes Gebäude ist sicherlich die wunderbar restaurierte **Town Hall**. Ein kleiner Spaziergang durch den **Alexandra Park** sollte auf keinen Fall versäumt werden, den besten Überblick hat man vom **One Tree Hill Look-**

out, der etwas westlich der Stadt gelegen ist. Ararat ist außerdem Vorreiter in puncto erneuerbare Energien: In der Region wird eine der größten Windkraftanlagen Australiens gebaut, die mit ihren 75 Generatoren Strom für rund 123.000 Haushalte liefern soll.

GPS: S37°16.96′ E142°56.19′
Ortsvorwahl: 03

Anreise Pkw: Auf dem Western Highway (A 8) rund 100 km von *Ballarat* und rund 210 km von *Melbourne* entfernt. Nach *Halls Gap* sind es 50 km.
Bahn & Bus: Busse (☎ 1800800007, www.ptv.vic.gov.au) fahren via *Stawell* (25 Min.) nach *Halls Gap* (60 Min.). Außerdem Verbindungen nach *Ballarat* (55 Min.) und *Melbourne* (2:30 Std.).

Touristinfo Ararat and Grampians Visitor Information Centre, tägl. 9–17 Uhr. 91 High Street, ☎ 1800657158, tourinfo@ararat.vic.gov.au.

Ararat im Internet Informationen unter www.ararat.vic.gov.au.

Festivitäten Jailhouse Rock Festival, im März. Rock'n'Roll-Festival mit 50er-Jahre-Klamotten und Haartollen. www.jailhouserockfestival.com.au.

Internet Im **Visitors Centre** steht ein Terminal (s. o.). Außerdem in der **Bibliothek**, Mo–Do 10–17.30 Uhr, Fr 10–17 Uhr, Sa 9–12 Uhr. ☎ 53521722.

Supermarkt Aldi, tägl. 8.30–19 Uhr (Do bis 20 Uhr), 41–47 Moore Street.

Übernachten Links Retreat, ideal für bis zu 3 Paare. Große Lounge, voll ausgestattete Küche, Waschmaschine und Trockner. Im Hauptbad eine Spa-Wanne. Für 2 Pers. 165 $, je Extraperson 40 $. 139 Golf Links Road, ☎ 0419438948 (mobil), www.linksretreat.com.au.

Ararat Southern Cross Motor Inn, freundliches Motel, alle Zimmer mit Kitchenette und blitzblanken Bädern. DZ ab 140 $. 96 High Street, ☎ 53521341, www.ascmi.com.au.

Acacia Caravan Park, gepflegter Park mit BBQ-Areal und Campküche. Stellplatz 26–32 $, Cabin mit Bad und Küche 85–130 $. 6 Acacia Avenue, ☎ 53522994, www.acaciatouristpark.com.

Essen & Trinken Vines Café & Bar, sehr schön gelegen, aufmerksame Bedienung, dazu leckeres Essen und gute Weine. Hauptgerichte 20–30 $. Do–Di 9–17 Uhr. 74 Barkly Street, ☎ 53521744.

Sicilians, klassisch italienische Gerichte wie Pizza und Pasta (12–20 $), aber auch Lammspieße (22 $) oder ordentliche Steaks (30 $). Zum Lunch gute Pita-Wraps (16 $). Mo–Sa 11–15 und ab 18 Uhr. 102 Barkly Street, ☎ 53522627, www.sicilians.com.au.

Waacks Bakery, Bäckerei mit Café und entsprechender Verköstigung. Mo–Fr 7–17 Uhr, Sa 7–14.30 Uhr, So 8–14.30 Uhr. 52 Barkly Street, ☎ 53522248, www.waacksbakery.com.au.

Sehenswertes

J-Ward Museum: Diese Mauern haben viel Leid gesehen. 1859 wurde das Gefängnis eröffnet und so mancher Schwerverbrecher tat im Laufe der Zeit seinen letzten Atemzug am Anstaltsgalgen. Ab den 1880er-Jahren wurden dort kriminelle Geisteskranke unter furchtbarsten Bedingungen weggesperrt. Einige von ihnen sollen mehr als 50 Jahre in den berüchtigten Hochsicherheitszellen vor sich hin vegetiert haben.
Touren mehrmals täglich, Mo–Sa 10–14 Uhr, So 10–15 Uhr. Eintritt 16 $. Gridlestone Street, ☎ 53523357, www.jward.org.au.

Ararat Regional Art Gallery: Die Räumlichkeiten der imposanten Town Hall bieten die perfekte Kulisse für die Exponate. Ein Hauptaugenmerk gilt den Textil- und Gewebsstoffen, u. a. werden Objekte der *Victoria State Craft Collection* gezeigt.
Mo, Mi–Fr 10–16.30 Uhr, Sa/So 12–16 Uhr, Di geschlossen. Eintritt frei. Town Hall, ☎ 53522836, gallery@ararat.vic.gov.au.

Gum San Chinese Heritage Centre: Der Goldrausch brachte Tausende chinesischer Einwanderer, vornehmlich aus den südlichen Provinzen des Landes, in die Region.

Ararats Town Hall

In interessanten Ausstellungen werden Kultur und Leben dieser Glücksritter beleuchtet. Im Shop gibt es entsprechende Souvenirs zu kaufen.
Tägl. 11–16 Uhr. Eintritt 10 $. 31–33 Lambert Street (Western Highway), ✆ 53521078, www.gumsan.com.au.

Stawell

ca. 7000 Einw.

Zur Blütezeit des Goldrauschs lebten hier rund 20.000 Menschen – so viele sieht die Kleinstadt heute nur noch an den Osterwochenenden, wenn das Sportereignis des Jahres Tausende von Besuchern anlockt.

Seit 1878 wird alljährlich das *Stawell Gift*, ein 120m-Lauf, ausgetragen – lediglich während des Zweiten Weltkriegs fiel der Wettbewerb aus. Als Preisgeld waren im ersten Jahr beachtliche 110 Pfund ausgesetzt, 2008 waren es noch beachtlichere 60.000 $, wovon alleine 40.000 $ dem Sieger winkten. Als Besonderheit verfügt die Rennbahn über einen Grasuntergrund, die einzelnen Bahnen sind kurioserweise nicht durch aufgemalte Linien, sondern durch Seile voneinander abgetrennt.

Etwa 11 km außerhalb der Ortschaft liegt der **Bunjil's Sherlter**, eine der bedeutendsten Kulturstätten der Aborigines in Victoria. In einer kleinen Höhle verbergen sich Felsmalereien, welche die Schöpferkreatur Bunjil mit ihren zwei Dingos zeigen – es handelt sich dabei um die einzig bekannten Felsmalereien, die dieses Motiv zum Thema haben. Zu erreichen ist die Höhle über einen 200 m langen ausgeschilderten Fußweg, der von der Stawell Pomonal Road abzweigt. Aufgrund der Lage eignet sich Stawell gut als Zwischenstopp auf dem Weg in den Grampians-Nationalpark.

GPS: S37°03.53' E142°47.19'
Ortsvorwahl: 03

Anreise Pkw: Über den Western Highway (A 8) 68 km nach *Horsham* oder 35 km nach *Stawell*. Nach *Halls Gap* sind es 30 km Landstraße.

Bahn & Bus: Busse (📞 1800800007, www.ptv.vic.gov.au) fahren nach *Halls Gap* (35 Min.), *Ararat* (25 Min.) oder *Ballarat* (100 Min.).

Touristinfo Stawell and Grampians Visitor Information Centre, tägl. 9–17 Uhr. 6 Main Street, 📞 53582314.

Stawell im Internet Informationen unter www.grampianstravel.com.au.

Internet Highway Milkbar, tagsüber geöffnet. Western Highway (gegenüber dem Visitor Information Center, s. o.).

Supermarkt SUPA IGA, Mo–Fr 7–22 Uhr, Sa/So 8–22 Uhr, 126-130 Main Street.

Übernachten/Essen Magdala Motor Lodge, das beste Motel im Ort. Gemütliche Zimmer mit AC, TV und Kühlschrank. In der Executive-Version mit Spa-Wanne. DZ 100–150 $. 30 Western Highway, 📞 53583877, www.magdalamotorlodge.com.au.

Stawell Park Caravan Park, hübscher Park, durch den sogar ein kleiner Bach fließt. Stellplätze ab 25 $, Cabins 75–170 $. 2 Monaghan Road, 📞 53582709, www.stawellcaravanpark.com.au.

Neilly's Café, hübsches Café, hier kann man gut mit einer Tasse Kaffee in den Tag starten. Frühstück Mo–Sa, Mittag Mo–Fr. 100–102 Main Street, ℡ 53584400.

Town Hall Hotel, im Ortszentrum. Schönes Pub mit guter Atmosphäre und ebenso gutem Grub. Tägl. geöffnet, Bistro 12–14 und 18–20.30 Uhr. 62–68 Main Street, ℡ 53581059.

Grampians-Nationalpark

Die Grampians sind eines der beliebtesten Ausflugsziele Victorias. Die zerklüftete Berglandschaft, die vor rund 100 Mio. Jahren entstand, begeistert mit dichten Wäldern, einsamen Wasserfällen und lauschigen Bilderbuchseen. Outdoor- und Naturfreunde kommen hier voll und ganz auf ihre Kosten, rund 160 km Wanderwege durchziehen den 168.000 ha großen Nationalpark. Ein guter Ausgangspunkt ist das **Brambuk-Kulturzentrum**, wo man viel über die lokalen Aborigines und „Gariwerd", wie die Region in deren Sprache genannt wird, erfahren kann. Als Zeugen Jahrtausende währender Präsenz gibt es noch heute ca. 4000 Felsmalereien an rund 60 verschiedenen Orten zu bewundern.

Am 20. Januar 2006 wurde etwa 15 km südlich von Halls Gap durch einen Blitzschlag ein Buschfeuer ausgelöst. Ganze 130.000 ha Land fielen den Flammen zum Opfer, darunter auch 47 % des Nationalparks. Die Katastrophe setzte aber auch urtypische Mechanismen in Gang – für das Ökosystem stellt das Feuer einen entscheidenden Faktor in der Aufrechterhaltung des natürlichen Gleichgewichts dar, viele Pflanzenarten sind daran angepasst und in ihrem Vermehrungszyklus sogar darauf angewiesen. Entsprechend konnte sich nach der Feuersbrunst eine ungeheure Pracht entfalten – einmal mehr konnte man auf diese Weise die erneuernde Kraft der Natur bestaunen.

Nationalpark-Information Brambuk National Park & Cultural Centre, Info- und Kulturzentrum. Im Café wird guter Bush-Tucker serviert. Verschiedene Touren (140–280 $) im Angebot, kleinere Aktivitäten, z. B. der Didgeridoo-Workshop, kosten um 6 $ Teilnahmegebühr. Tägl. 9–17 Uhr. 277 Grampians Road, Halls Gap, ℡ 53614000, www.brambuk.com.au.

Nationalparkcamping Permits gibt es im Brambuk Centre oder online unter www.parkweb.vic.gov.au.

In den hier gelisteten Campgrounds gibt es Toiletten, Wasser, Feuerstellen und Picknicktische. Alle 3 sind auch für Zelte geeignet. Südlich von Halls Gap liegen der **Borough Huts Campground** und der **Jimmys Creek Campground**. Nordwestlich, von der Scenic Route (Mt. Victory Road) aus zu erreichen, liegt der **Smiths Mill Campground**.

Touren und Veranstalter Grampians Personalised Tours and Adventures, 4-WD-Touren, Klettern oder Bushwalking für 79 $ (halber Tag) bzw. 149 $ (ganzer Tag). ℡ 53564654 oder 0429954686 (mobil), www.grampianstours.com.

The Grampians Horse Riding Centre, im Wartook Valley, etwa 50 Min. von Halls Gap entfernt. 2:30-Std.-Ausritt 100 $. ℡ 53839255, www.grampianshorseriding.com.au.

Absolute Outdoors, klettern und abseilen für Einsteiger und Fortgeschrittene. Halber Tag etwa 70 $, ganzer Tag 130 $. Shop 4 Stony Creek Stores, Halls Gap, ℡ 53564556, www.absoluteoutdoors.com.au.

Wandern & Erkunden

Die Grampians sind durchzogen von einem rund 160 km umfassenden Netz aus Wanderwegen. Das *Brambuk National Park & Cultural Centre* (s. o.) hält Kartenmaterial (drei exzellente Wanderkarten zu verschiedenen Gebieten im Nationalpark sind für rund 5 $ erhältlich) und aktuelle Informationen zur Beschaffenheit der Wege und zu etwaigen Sperrungen bereit.

Blick auf Halls Gap und Lake Bellsfield

The Pinnacle: Als eine der Hauptsehenswürdigkeiten ziert er das Cover zahlreicher Broschüren. Von dem schmalen Felsvorsprung, der mit Metallzäunen gut gesichert ist, bietet sich ein atemberaubender Blick auf den Nationalpark, Halls Gap und den Lake Bellfield. Ausgangspunkt für die Wanderung dorthin ist der Wonderland Car Park, der über die Mt. Victoria Road etwa zehn Autominuten von Halls Gap entfernt liegt. Die Strecke ist einfach zwar lediglich ca. 2,5 bis 3 km lang, man sollte hin und zurück jedoch schon etwa zwei bis zweieinhalb Stunden Wanderzeit einplanen. Prinzipiell ist die Tour für jeden geeignet, der eine gewisse Grundfitness mitbringt – im *Brambuk National Park & Cultural Centre* (s. o.) erhält man diesbezüglich ausführliche Informationen. Auf keinen Fall sollte man die Kamera vergessen!

Mt. William: Mit 1167 m der höchste Gipfel im Grampians-Nationalpark und relativ leicht zu erklimmen. Um eine Tour auf den Gipfel zu unternehmen, fährt man ab Halls Gap auf der *Grampians Tourist Road* nach Süden und biegt schließlich auf die Mount William Road ab, die einen bis auf etwa 2 km Entfernung an den Gipfel heranbringt. Vom Parkplatz führt eine breite geteerte (aber für regulären Straßenverkehr gesperrte) Straße bis zur Sendestation auf dem Gipfel. Auf dem ersten Teilstück ist der Weg sehr steil, insgesamt müssen knapp 250 Höhenmeter überwunden werden, hin und zurück muss man 3,6 km bewältigen. Oben angelangt, wird man mit einem perfekten 360°-Panoramablick über die Grampians belohnt. Vorsicht ist auf jeden Fall bei der Anfahrt geboten, da speziell in der Dämmerung die Kängurus kreuz und quer über die Straßen hüpfen. Darüber hinaus sollte man unbedingt warme Kleidung im Gepäck haben, weil es oben gewaltig wehen kann!

Mit dem Auto entlang der Mt. Victory Road: Die Route bietet viel Sehenswertes auf kurzen Distanzen. Der Weg führt ab Halls Gap durch dicht bewaldete Landschaft gen Nordwesten, wobei sich unterwegs zahlreiche Gelegenheiten bieten, gut ausgeschilderten Abzweigungen zu diversen Aussichtspunkten zu folgen. Der Park-

Der MacKenzie-Wasserfall im Grampians-Nationalpark

platz des *Boroka Lookout* liegt 5 km von der Mt. Victory Road entfernt (rechts abbiegen), von dort ist es nur noch ein leichter 300 m-Spaziergang zum Aussichtspunkt. Zurück auf der Mt. Victory Road sind es nur einige Kilometer zum *Reed Lookout* (zum Parkplatz links abbiegen). Von hier führt ein leicht zu bewältigender Weg zum *Balconies Lookout* (hin und zurück ca. 2 km bzw. 40 Min.). Auf keinen Fall verpassen sollte man die *MacKenzie Falls*, die Abzweigung zum Parkplatz ist beschildert. Einer der beiden möglichen Wege führt zu einer Aussichtplattform, von der man einen sensationellen Blick auf die Wasserfälle hat (hin und zurück ca. 2 km bzw. 40 Min.). Ein weiterer, gut beschilderter Track führt an die Basis der Fälle heran (hin und zurück ca. 2 km bzw. 80 Min.), wobei es hier steil und etwas anstrengend wird. Schwimmen ist hier leider verboten.

Halls Gap

ca. 300 Einw.

Die kleine Ansiedlung an der Hauptstraße bildet das Zentrum des Grampians-Nationalpark. Hier gibt es einen Shop, einige Café-Restaurants und jede Menge Unterkünfte – Halls Gap stellt damit die ideale Basis für viele Aktivitäten im Nationalpark dar.

Bereits 1841 entdeckte *Charles Browning Hall* den „gap" in der Bergkette, der den Zugang zum Tal ermöglichte und dem Ort schließlich den Namen gab. Im frühen 20. Jh. pilgerten die ersten Naturfreunde zur Erholung in die Region, bis heute ist der Touristenstrom ungebrochen. Die Ortschaft liegt idyllisch am Fuße der Berge, wunderbar eingebettet in die Wildnis und ist trotz enormer Übernachtungskapazitäten mitunter richtig überlaufen, v. a. während der Ferienzeiten.

GPS: S37°08.45' E142°31.05'
Ortsvorwahl: 03

Anreise Pkw: *Halls Gap* liegt 50 km von *Ararat* und 30 km von *Stawell* entfernt. Nach Norden sind es 78 km nach *Horsham*, 100 km gen Süden liegt *Hamilton*.

Bahn & Bus: Busse (✆ 1800800007, www.ptv.vic.gov.au) binden den Ort via *Stawell* (35 Min.) und *Ararat* (1 Std.) an. Von dort gibt es Anschlusszüge und -busse.

Touristinfo Halls Gap Visitor Information Centre, tägl. 9–17 Uhr. 115 Grampians Road, ✆ 53614444 oder 1800065599, halls gap.info@ngshire.vic.gov.au.

Halls Gap im Internet Informationen unter www.visithallsgap.com.au oder www.grampianstravel.com.au.

Internet Im Brambuk National Park & Cultural Centre (→ Grampians-Nationalpark).

Supermarkt Es gibt einen kleinen Laden, aber die Preise sind gesalzen.

Übernachten A-Frame Chalet, freistehende Unterkunft, etwas extravagant, aber toll eingerichtet mit Küche und Bad. Ein DZ mit Spa, ein weiteres Schlafzimmer mit Doppel- und 2 Einzelbetten. 2 Pers. ab 150 $, Extraperson zusätzlich 15 $. 217 Grampians Road, ✆ 53564321 oder 0417590716 (mobil), www.theaframe.com.au.

Pinnacle Holiday Lodge, große Auswahl an Unterkünften, je nach Variante mit Spa-Wanne, Kitchenette und Kaminfeuer. Units (1–2 Schlafzimmer) und Motelzimmer. Beheizter Hallenpool. DZ ab 99 $ bzw. 115 $ (Fr/Sa). 21–45 Heath Street, ✆ 53564249, www.pinnacleholiday.com.au.

Tims Place, lustige Herberge mit sauberen Zimmern. Mit WLAN und Mountainbike-Verleih. Im Mehrbettzimmer ab 30 $, DZ 70–80 $, 3-Bett-Zimmer ab 90 $. WLAN. 44 Grampians Road, ✆ 53564288, www.timsplace.com.au.

Grampians YHA Eco-Hostel, modernes Hostel. 2 Lounges mit Feuerstelle, TV-Raum, Internetzugang. Im Mehrbettzimmer ab 30 $, DZ ab 80 $. Buckler Street/Ecke Grampians Road, ✆ 53564544, www.yha.com.au. ■

Camping Halls Gap Caravan Park, groß, zentral im Ort gelegen, gegenüber den Shops. Gute Ausstattung. Stellplatz 30–38 $, an Feiertagen und in den Ferien bis 49 $, Cabin 89–185 $. Dunkeld Road, ✆ 53564251, www.hallsgapcaravanpark.com.au.

Nationalparkcamping → S. 566.

Essen & Trinken The Kookaburra Bistro, gut, alteingesessen mit klassischer Küche. Auf der Karte stehen Rib-Eye-Steak (35 $), Känguru-Filet (32 $) und Barramundi (33 $), als Vorspeise Calamares-Salat (19 $) oder Chili-Prawns (20 $). Reservierungen erbeten. Mittags So 12–15 Uhr, Abendessen Di–So ab 18 Uhr. 125 Grampians Road, ✆ 53564222, www.kookaburrahotel.com.au.

Livefast Café, hübsches Café, hier kann man zum Frühstück schön in der Morgensonne sitzen. Mittags gibt es Quiche, Salate oder Focaccias. Kostenloses WLAN für Gäste. Tägl. ab 7 Uhr. Shop 5, Stony Creek Stores, ✆ 53564400, www.livefast.com.au

Halls Gap Hotel, etwas außerhalb des Ortes an der Straße nach Stawell gelegen. Klassische Tränke und warme Mahlzeiten. Bistro tägl. 12–14 und 18–20 Uhr. Stawell Road, ✆ 53564566.

Hamilton und Umgebung

ca. 10.000 Einw.

Hamilton ist wirtschaftliches Zentrum des Distrikts, in dem ausgiebig Viehwirtschaft betrieben wird. Auf 17.000 Menschen kommen rund sechs Millionen Schafe und so bewirbt man sich stolz als „wool-capital".

Die Ortschaft liegt südlich des Grampians-Nationalparks und dient Reisenden u. a. als Zwischenstopp auf dem Weg an die Küste, z. B. nach Portland, Warrnambool oder die Great Ocean Road. Aber darüber hinaus hat das Städtchen auch ein paar Highlights zu bieten. In der Touristinformation ist eine ausgezeichnete Farbbroschüre erhältlich, die einen Stadtrundgang beschreibt und ausgiebige Informationen zu den zahlreichen historischen Regierungs- und Wohngebäuden liefert. Zugpferd der Kunstgalerie ist der englische Landschaftsmaler *Paul Sandby*, dessen Werk in Form einer umfangreichen Sammlung vertreten ist. Nur rund 20 km südlich von Hamilton erhebt sich der **Mount Napier**, ein Vulkan, dessen Eruptionen vor rund 7300 Jahren die bislang letzten in Victoria waren.

GPS: S37°44.51' E142°01.29'
Ortsvorwahl: 03

Anreise Pkw: Nach *Halls Gap* fährt man rund 100 km gen Norden, *Ballarat* ist 180 km über den Glenelg Highway entfernt, an die Küste nach *Portland* sind es 88 km.

Bahn & Bus: Regionalbusse (✆ 1800800007, www.ptv.vic.gov.au) fahren via Dunkeld nach *Halls Gap* (90 Min.) und an die Küste nach *Warrnambool* (120 Min.).

Touristinfo Hamilton Visitor Centre, tägl. 9–17 Uhr, Lonsdale Street, ✆ 1800087056, tourism@sthgrampians.vic.gov.au.

Hamilton im Internet Informationen unter www.visitgreaterhamilton.com.au.

Internet Bücherei, Mo–Fr 10–17.30 Uhr, Sa 9.30–12.30 Uhr.

Supermarkt Coles, tägl. 7–22 Uhr, 179–193 Gray Street.

Veranstaltungen Sheepvention, große Landwirtschaftsschau Anfang August.

Sehenswertes Hamilton Art Gallery, 6 Ausstellungsräume mit über 7000 Exponaten. Die Werke des berühmten englischen Landschaftsmalers und Mitbegründers der „Royal Academy" Paul Sandby sind großartig – die Sammlung soll sich sogar mit der von Windsor Castle messen können. Mo–Fr 10–17 Uhr, Sa 10–12 und 14–17 Uhr, So 14–17 Uhr. Eintritt frei, Spende jedoch erwünscht. 107 Brown Street, ✆ 55730460, www.hamiltongallery.org.

Übernachten/Essen Ashwick House B&B, traditionelles B&B mit 2 netten DZ (je mit Bad) und Gemeinschaftsraum. In ruhigem, schönem Garten. Im DZ 180 $. 88 Ballarat Road, ✆ 55725929 oder 0408528228 (mobil), www.ashwick.com.au.

Aquila Eco Lodges, nahe Dunkeld (6 km). Absolut ruhige Unterkunft in natürlichem Buschland. Sehr wohnlich, modern und komplett für Selbstversorger eingerichtet. Ökofreundlich mit Solarenergie und Regenwasseraufbereitung. Ab 300 $/Nacht, schon ab 2 Übernachtungen gibt es Rabatt. Diverse Angebote, z. B. 4 Nächte zum Preis von 3. ✆ 55772582, www.ecolodges.com.au. ■

Lake Hamilton Caravan Park, Kostenlos WLAN. Cabin mit Wohn-/Kochbereich, separatem Schlafzimmer und Bad ab 115 $, Stellplatz mit Strom ab 33 $. 10 Ballarat Street, ✆ 55723855, www.lakehamilton.com.au.

Royal Mail Hotel, in Dunkeld. Kulinarisch das Beste der Region, allein die Weinliste ist 60 Seiten lang. 8-Gänge-Dinner im Restaurant 160 $, Hauptgerichte im Restaurant um 45 $, im Bistro 20–30 $. Auch Übernachtungen. Restaurant für Dinner Mi–So geöffnet, Bistro tägl. 12–14.30 und 18–21 Uhr. 98 Parker Street, Dunkeld, ✆ 55772241, www.royalmail.com.au.

Tosca Browns, hier ist man für Kaffee und Gebäck goldrichtig. Mo–Fr 7.30–16.30 Uhr, Sa/So 8.30–15.30 Uhr. 211 Gray Street, www.toscabrowns.com.

Horsham

ca. 14.000 Einw.

Horsham ist ein klassisches ländliches Zentrum mit zahlreichen Einkaufsmöglichkeiten. Für Besucher gibt es nicht wirklich viel zu sehen oder zu unternehmen, aber immerhin kann man es sich hier gut gehen lassen.

Die Region im Norden des Grampians-Nationalparks ist berühmt für ihre endlosen Schafweiden und Getreidefelder. Hauptbeschäftigung für Urlauber ist Golf, es gibt einige ausgezeichnete Plätze in der Umgebung. Außerdem ist die Stadt eine gute Basis für Ausflüge in den **Little-Desert-Nationalpark**, der etwa 40 km nordwestlich der Ortschaft liegt. Fährt man ab Horsham direkt nach Norden, durchreist man die einsamen Weiten des *Mallee Country* und erreicht – je nach Reiseroute – nach rund 320 km Mildura und den Murray River.

GPS: S36°43.24' E142°12.09'
Ortsvorwahl: 03

Anreise Pkw: Von *Halls Gap* 78 km, von *Stawell* 68 km, von *Bendigo* 220 km. Zum Murray River nach *Mildura* fährt man 320 km Richtung Norden.

Bahn & Bus: Busse (☎ 1800800007, www.ptv.vic.gov.au) fahren nach *Ballarat* (2:40 Std.), *Ararat* (80 Min.) und *Stawell* (50 Min.).

Touristinfo Horsham Visitor Information Centre, tägl. 9–17 Uhr. 20 O'Callaghan Parade, ☎ 53821832 oder 1800633218, tourism@hrcc.vic.gov.au.

Horsham im Internet Informationen unter www.visithorsham.com.au.

Internet Im Visitor Centre (s. o.).

Supermarkt Coles, tägl. 6–24 Uhr. Darlot Street/Ecke Roberts Avenue.

Übernachten/Essen May Park Executive Apartments, komplett ausgestattet mit Küche/Kochzeile, Waschmaschine und Trockner, Bad und Internetzugang. Hochwertige, bequeme Betten. Studio ab 190 $, Apartment mit 1–2 Schlafzimmern 260–295 $. 1 Darlot Street, ☎ 53811966, www.maypark.com.au.

Darlot Motor Inn, günstige Zimmer, ideal für den Stopover in Horsham. Pool, BBQ-Bereich und WLAN. DZ schon ab 85 $. 47 Stawell Road, ☎ 53811222, www.darlotmotorinn.com.au.

Wimmera Lakes Caravan Resort, moderner Campingplatz mit Poollandschaft, Tennis-Court und WLAN auf dem gesamten Areal. Stellplatz 26–50 $, geräumige Cabins mit Kochzeile und Bad 100–230 $. 9161 Western Highway, ☎ 53824481, www.wimmeralakes.com.

Café Jas, sehr beliebtes, freundliches Café. Pasta, Steakburger und Lunchgerichte für 10–25 $. Einige Plätze im Freien. Mo–Fr 8–17 Uhr, Sa/So 8.30–16.30 Uhr. 37 Roberts Place, ☎ 53823911.

Royal Hotel, in imposantem Eckgebäude. Gutes Bistro-Essen, gute Gesellschaft und am Wochenende wird gefeiert. 132 Firebrace Street, ☎ 53821255.

Little-Desert-Nationalpark

Der Name ist etwas irreführend, denn eine Wüste im eigentlichen Sinne findet man hier nicht – immerhin bewegen sich die Niederschlagsmengen zwischen 400 und 600 mm pro Jahr. Und die lassen eine vielfältige Flora gedeihen, rund 670 Pflanzenarten sind im Park heimisch. Zu den tierischen Bewohnern gehören neben den Kängurus und verschiedenen Echsen auch über 200 Vogelarten. Berühmtester Vertreter Letzterer ist das Thermometerhuhn (engl. *Malee Fowl*; lat. *Leipoa ocellata*), das seine Eier nicht durch Körperwärme, sondern durch die Fäulniswärme eines eigens errichteten Bruthügels ausbrütet. Zum Schutz dieser besonderen Tiere wurde im Jahr 1955 das erste Reservat gegründet, das in drei zeitlich aufeinanderfolgenden Phasen auf seine heutigen 132.000 ha erweitert wurde, sodass sich der Park mittlerweile von Horsham im Osten bis an die Grenze zu South Australia im Westen erstreckt.

Im östlichen Bereich des Nationalparks fließt der *Wimmera River*, dessen Ufer von prächtigen Eukalyptusbäumen gesäumt sind. Dort befindet sich der **Horseshoe Bend**, ein beliebtes Bushcamping- (Picknicktische und Toiletten vorhanden) und Picknick-Areal, das von Dimboola aus gut zu erreichen ist. Insgesamt durchziehen etwa 600 km Tracks den Park, wovon der größte Teil allerdings nur für 4WD-Fahrzeuge geeignet ist. Es gibt aber auch zwei asphaltierte Straßen, die vom Western Highway im Norden zum Wimmera Highway im Süden führen. Informationen dazu erhält man im *Horsham Visitor Information Centre* (→ Horsham).

Informationen sind bei *Parks Victoria* erhältlich, ☎ 131963, www.parkweb.vic.gov.au, außerdem unter www.grampianslittledesert.com.au. Die geringen Campinggebühren kann man entweder in der Touristinformation in Horsham begleichen oder vor Ort in einen kleinen Kasten werfen.

Baden in den Champagne Pools auf Fraser Island

Queensland (QLD)

Mit der kargen Schönheit des schier endlosen, feuerroten Outback im Westen, den schneeweißen, palmengesäumten Sandstränden im Osten und der farbenfrohen Unterwasserpracht des Great Barrier Reef vor der Küste erfüllt Australiens zweitgrößter Bundesstaat alle gängigen Postkartenklischees. Exotische Tiere wie Helmkasuare, riesige Krokodile und Meeresschildkröten bevölkern die schillernden Naturräume, während man es in der Wohlfühlmetropole Brisbane versteht, das hektische Großstadtleben mit subtropischer Gelassenheit zu nehmen.

Gerade mal rund 4,7 Mio. Menschen leben in Queensland, das mit einer Ausdehnung von 1.722.000 km² knapp 5-mal so groß ist wie Deutschland und etwa 22,5 % der Gesamtfläche des Kontinents einnimmt. Die Bevölkerung konzentriert sich stark auf den Südosten, wo auch Brisbane liegt, mit rund 2 Mio. Einwohnern die größte Stadt des Bundesstaates. Ausnahmen sind die Touristenhochburgen Townsville und Cairns im Norden, deren Einwohnerzahlen sich jeweils um die 150.000 bewegen.

Es gibt viel zu sehen in Queensland, aber die Distanzen sind groß. Zwischen *Brisbane* im Süden und dem bekannten Urlaubsort *Port Douglas* im Norden des Staates liegen rund 1750 km. Bis an die Spitze der *Cape-York-Halbinsel* – den nördlichsten Punkt auf dem australischen Festland – sind es noch weitere 1000 km. Die Berg-

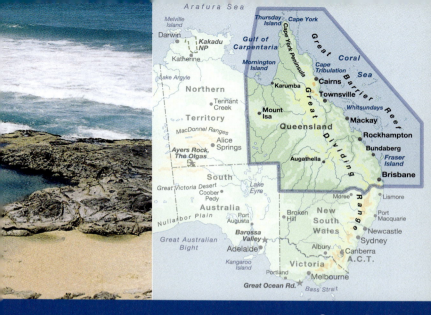

Queensland

baustadt *Mount Isa*, die letzte Bastion auf dem Weg ins Northern Territory, liegt immerhin 950 km von der Küste entfernt. Und wohlgemerkt: Das alles bei einer erlaubten Höchstgeschwindigkeit von 100 km/h ...

Unmittelbar südlich von Brisbane stößt man auf die *Gold Coast City*, eine gleichermaßen geliebte wie verhasste Mischung aus Las Vegas und Disneyland, die mit Themenparks und ausschweifendem Nachtleben jährlich rund zehn Mio. Besucher anlockt. Nördlich von Brisbane breitet sich die *Sunshine Coast* mit den ersten von schier unzähligen wunderbaren Stränden auf dem Weg gen Norden aus. Ein wirkliches Juwel an der Küste ist *Fraser Island*, die größte Sandinsel der Welt.

Nicht mal 250 km nördlich von Fraser Island befinden sich die südlichen Ausläufer des größten Korallenriffs unserer Erde. Über sage und schreibe 2000 km in Richtung Norden erstreckt sich von hier aus das *Great Barrier Reef*, dessen Unterwasserwelt mit einem unbeschreiblichen Artenreichtum gesegnet ist. Damit ist das Riff ein absolutes Paradies für Taucher und Schnorchler; Surfer gehen allerdings leer aus, denn das Riff hält die Wellen von der Küste fern.

Je weiter man in den tropischen Norden Queenslands vordringt, desto exotischer wird die Landschaft. Auf dem Weg vorbei an weiten Zuckerrohrfeldern passiert man immer wieder Mango- oder Bananenplantagen. Im Hinterland von *Cairns* erstreckt sich das Hochplateau der *Atherton Tablelands* mit dichten Regenwäldern, Wasserfällen und Kaffeeplantagen. Rund 100 km nördlich von Cairns schlängelt sich der *Daintree River* durch tropische Wälder und bietet eine gute Gelegenheit, bei Bootstouren die mächtigen Leistenkrokodile zu beobachten.

Im scharfen Gegensatz zu den üppig-paradiesischen Zuständen an der Küste präsentiert sich das karge Outback Queenslands. Extrem heiß und extrem trocken kann es hier werden – in der Ortschaft *Cloncurry* wurde im Jahr 1889 mit 53,1 °C die höchste jemals in Australien gemessene Temperatur registriert, im südwestlichen *Channel Country* liegen die durchschnittlichen Jahresniederschläge unter 250 mm. In vielen Gegenden stellen die einzig zuverlässigen Wasserquellen jene Brunnen dar, die die Farmer dank des Großen Artesischen Beckens – ein riesiges Wasserreservoir, das unter weiten Teilen der australischen Erdoberfläche schlummert – bohren konnten.

Aber auch in der scheinbaren Einöde finden sich interessante Sehenswürdigkeiten. Außergewöhnlich sind auf jeden Fall die Dinosaurierspuren am *Lake Quarry*, wo versteinerte Fußabdrücke eine wilde Verfolgungsjagd dokumentieren. In den Edelsteinfeldern um die Ortschaften *Emerald* und *Sapphire* kann man selbst auf die Suche nach den kostbaren Saphiren gehen oder die edlen Steine in den dortigen Geschäften erwerben. Eine regelrechte Oase ist die Bergbaustadt *Mount Isa*, in der man mitten im Outback in den Genuss sämtlicher Vorzüge einer Kleinstadt kommt.

Eine der abgelegensten Regionen des Landes ist die *Cape-York-Halbinsel*. Sie ist dem Rhythmus von Trocken- und Regenzeiten unterworfen und wenn die monsunartigen Regenfälle einsetzen, bleiben viele der unbefestigten Pisten für Monate unpassierbar. Generell bietet Cape York Abenteuer pur und ist eine echte Herausforderung für Allradenthusiasten.

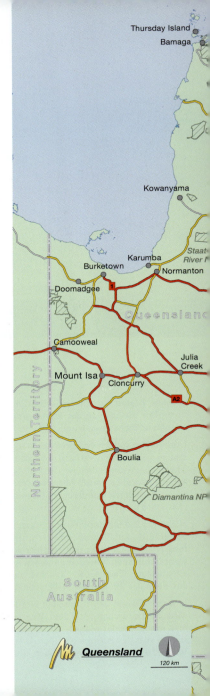

Geschichte

Die Urbevölkerung betreffend, muss man in Queensland genau unterscheiden zwischen den Aborigines und den Torres-Strait-Insulanern. Letztere leben auf den Inseln jener Passage zwischen dem australischen Kontinent und Neuguinea, die nach dem spanischen Seemann *Luis Váez de Torres* benannt ist. Die beiden Volksgruppen sind nicht miteinander verwandt und unterscheiden sich grundlegend in ihren Sprachen wie auch in ihren traditionellen Lebensweisen. Im Jahr 1879 wurden die Inseln ein Teil von Queensland.

Man vermutet, dass erste Aborigines schon vor etwa 30.000 Jahren in Queensland gelebt haben, vor Ankunft der europäischen Siedler soll es zahlreiche Stämme mit über 90 eigenständigen Sprachen gegeben haben. Die Begegnungen mit den weißen Neuankömmlingen verliefen in diesem Teil des Kontinents anders als im Rest des Landes. Die Aborigines ließen sich hier nicht so ohne Weiteres vertreiben, es kam zu Massakern und empfindlichen Verlusten auf beiden Seiten, wobei geschätzt wird, dass rund 5-mal mehr Aborigines als Weiße ihr Leben verloren.

Im Jahr 1606 landete der Holländer *Willem Jansz* im äußersten Norden Queenslands an der Cape-York-Halbinsel. Der Besuch war nur kurz, aber er ist der erste belegte Kontakt eines Europäers mit dem australischen Kontinent. *James Cook* erkundete 1770 die gesamte östliche Küstenlinie und nahm das Land für die britische Krone in Besitz. Eine erste permanente Siedlung auf dem Territorium des heutigen Queensland gab es aber erst im Jahr 1824, als an der Moreton Bay ein Sträflingslager errichtet wurde. Nach anfänglichen Schwierigkeiten – auch mit den ansässigen Aborigines – verlagerte man die Siedlung 1825 etwas weiter flussaufwärts und legte damit den Grundstein für die Entstehung Brisbanes.

Den für den Bau der Stadt notwendigen Kalkstein fand man weiter landeinwärts, wo bereits 1827 eine Siedlung entstand, die später unter dem Namen *Ipswich* bekannt wurde. Die ersten freien Siedler kamen in den 1840er-Jahren und ließen sich zunehmend auch in der fruchtbaren Region der *Darling Downs* jenseits der Great Dividing Range nieder. Die Landwirtschaft entwickelte sich zu einem wichtigen Wirtschaftsfaktor, Brisbane wandelte sich zu einer bedeutenden Hafenstadt und einem einflussreichen kommerziellen Zentrum an der Küste.

Mitte des 19. Jh. wurden erste Stimmen nach Unabhängigkeit laut. Queensland war noch immer Teil der Kolonie New South Wales, mit zunehmender Bevölkerungszahl und wachsender wirtschaftlicher Bedeutung wollte man sich allerdings nicht mehr von dem weit entfernten Sydney regieren lassen. Mit Zustimmung von Queen Victoria wurde Queensland im Jahr 1859 eine eigenständige Kolonie. Beflügelt von der neuen Freiheit, entwickelten sich die Siedlungen in Queensland rasch, Anfang der 1860er-Jahre wuchsen Ipswich, Rockhampton und Maryborough zu Kleinstädten heran.

Bereits 1857 war in Queensland erstmals Gold gefunden worden, aber der erste und für die Kolonie wohl wichtigste Goldrausch ereignete sich 1871 bei *Charters Towers*, was die kleine Ortschaft quasi über Nacht zu einem der wichtigsten Finanz- und Wirtschaftszentren Queenslands machte. In den folgenden Jahren entdeckte man immer wieder Goldvorkommen, aber auch die kommerzielle Ausbeutung anderer Bodenschätze nahm beständig zu. Zwischen 1873 und 1906 war man so erfolgreich, dass die Gold- und Metallexporte die Wollexporte überstiegen.

Mit der Wolle im weitesten Sinn hat ein für das ganze Land prägendes Ereignis zu tun. Um gegen ihre schlechten Arbeitsbedingungen zu protestieren, traten 1891 die Schafscherer auf der Darling-Downs-Station in *Barcaldine* in den Streik. Einen derartigen Zusammenschluss von Arbeitern hatte es bis zu diesem Zeitpunkt noch nicht gegeben – die Geschehnisse von 1891 gelten heute als die Geburtsstunde der australischen Labor-Partei.

Mit der Föderation wurde aus Queensland 1901 ein Bundesstaat des *Commonwealth of Australia*, im Jahr darauf erhielt Brisbane den Status einer Stadt. Insgesamt gesehen, war das 20. Jh. auch in Queensland geprägt von wegweisenden Ereignissen wie der Gründung der Fluglinie *Qantas* im Jahr 1920 und des *Royal Flying Doctors Service* im Jahr 1928. Ebenfalls als bedeutungsvoll, wenn auch im negativen Sinne, erwies sich die Einführung der Aga-Kröte im Jahr 1935. Ursprünglich zur natürlichen Bekämpfung von Schädlingen auf den Zuckerrohrfeldern eingesetzt, haben sich die giftigen Tiere mittlerweile zur Plage entwickelt. Als erfreulicheres Er-

Krokodilshow im Australia Zoo

eignis in der Geschichte des Bundesstaates erhielten auch die Ureinwohner Queenslands 1965 das Wahlrecht. 1988 fand mit der Weltausstellung in Brisbane eines der Großevents in der zweiten Hälfte des 20. Jh. statt.

Im neuen Millennium präsentiert sich Queensland als wirtschaftlich starker Bundesstaat mit einer der höchsten Wachstumsraten des ganzen Landes.

Geografie und Klima

Queensland bezeichnet sich als „Sunshine State", macht diesem Namen aber auch alle Ehre. Je nach Region kann man im Sommer mit acht bis neun Stunden Sonnenscheindauer täglich rechnen, im Winter sind es mit sieben bis acht Stunden nicht viel weniger. Was die Regenmenge betrifft, so könnten die einzelnen Regionen des Staates nicht unterschiedlicher mit dem kostbaren Nass gesegnet sein. Der äußerste **Südwesten** ist mit jährlichen Niederschlagsmengen von weniger als 250 mm extrem trocken. Je weiter man nach **Nordosten** kommt, desto höher fallen die Regenmengen aus, an der nördlichen Ostküste gibt es einige Gebiete, in denen durchschnittlich 3000 mm Niederschläge pro Jahr fallen. In der subtropischen Küstenregion zwischen Brisbane und Townsville im **Südosten** fallen pro Jahr zwischen 1000 und 1600 mm. Regenmengen von 1600 mm werden ebenfalls im äußersten **Norden** des Staates gemessen, diese sind dort allerdings hauptsächlich auf die Regenzeit zwischen November und April beschränkt und gehen dann in Form monsunartiger Schauer nieder. Die ausgiebigen Niederschläge während der Monsunzeit füllen die ausgetrockneten Flussbetten, deren Wasser eine rund 2000 km lange Reise gen Süden antritt, wo es alljährlich als kurzes Intermezzo Hunderte und Tausende Quadratkilometer trockenen Outbacks überschwemmt.

In den letzten Jahren mussten die Queenslander eine ganze Reihe schwerer Naturkatastrophen überstehen. Die Zyklone Larry (März 2006) und Yasi (Februar 2011) wüteten in den nördlichen Regionen um Innisfail und richteten Milliardenschäden an. Während der Überschwemmungen in den Monaten Dezember 2010 und Januar 2011 mussten Tausende Menschen evakuiert werden, in Brisbane erreichte die Flut einen Stand von über 4 m. 35 Menschen verloren ihr Leben, direkte Schäden wurden mit etwa einer Milliarde Dollar beziffert, der Schaden für die australische Wirtschaft auf rund 30 Milliarden Dollar geschätzt.

Im Sommer herrschen im Channel Country an der südwestlichsten Spitze des Staates Temperaturen mit Höchstwerten von über 38 °C, an der Küste in Brisbane sind es rund zehn Grad weniger. Im Norden, wo zu dieser Zeit Regenzeit herrscht, bewegen sich die Temperaturen jenseits der 30 °C, was für ein schwüles Klima mit extrem hoher Luftfeuchtigkeit sorgt. Der Winter, die Trockenzeit des Nordens, ist durch ein klassisches Nord–Süd-Gefälle der Temperatur charakterisiert: Während sich an der nördlichsten Spitze, der Cape-York-Halbinsel, die durchschnittlichen Minimalwerte immer noch jenseits der 20-°C-Marke bewegen, herrschen an den Küstenstreifen und auch um die Stadt Brisbane Temperaturen von 10–12 °C.

Flora und Fauna

Queenslands Flora und Fauna sind wirklich außergewöhnlich, v. a. die tropischen Regionen im Nordosten des Landes beeindrucken mit einer ungeheuren Artenvielfalt. Hier blühen über 200 Orchideenarten, blau schimmernde Ulysses-Schmetterlinge flattern durch den Regenwald und die Luft ist erfüllt vom Gekreische einer bunten Vogelschar. Immer wieder kommt es vor, dass inmitten dieser unübersehbaren Mannigfaltigkeit neue Tier- und Pflanzenarten entdeckt werden. So sorgte beispielsweise Anfang 2008 die Nachricht von der Entdeckung einer neuen Art fleischfressender Pflanzen auf der Cape-York-Halbinsel für Schlagzeilen. Mit einer stattlichen Höhe von bis zu einem Meter ist die *Nepenthes tenax* in der Lage, sogar kleine Ratten zu verspeisen. Ein ganz außergewöhnlicher Bewohner der tropischen Gefilde ist außerdem der *Helmkasuar*, ein bis zu 70 kg schwerer Laufvogel. In der Mangrovenvegetation des Nordens fühlen sich die großen *Leistenkrokodile* besonders wohl, die Urzeitechsen sind aber auch in südlicheren Gefilden Queenslands anzutreffen. Ein lebendes Fossil ist der *Lungenfisch*, der in den südlichen Flusssystemen des Staates heimisch ist. Neben seinen Kiemen verfügt der Fisch über eine primitive, aber durchaus funktionsfähige Lunge. Mit einem einmaligen Ökosystem gesegnet, stellt die Sandinsel *Fraser Island* eines der letzten Refugien für reinrassige Dingos dar. Die Nordspitze der Insel bietet außerdem die besten Möglichkeiten, um die Buckelwale auf ihrer jährlichen Wanderung zwischen den Futtergründen in der Antarktis und den warmen Gewässern Nordqueenslands, wo sie ihre Jungen zur Welt bringen, zu beobachten. Seltene Meeresschildkröten legen ihre Eier an einigen wenigen Stellen an der Küste und den vorgelagerten Inseln ab.

Insgesamt sind in Queensland etwa 40 % der gesamten australischen Flora beheimatet, rund 200 Säugetierarten leben hier, darunter Kängurus, Wombats oder Koalas, über 600 Vogelarten bevölkern die Lüfte. Rund 120 Schlangenarten sind in den mannigfaltigen Naturräumen Queenslands vertreten, darunter der als giftigste Schlange der Welt geltende *Inlandtaipan*, der im äußersten Südwesten des Landes anzutreffen ist. Die größte Artenvielfalt beherbergt aber zweifellos das sich über eine Distanz von 2000 km erstreckende *Great Barrier Reef*. In dem Riffsystem, das sich aus rund 3000 Einzelriffen zusammensetzt, tummeln sich über 1500 Fischarten und rund 4000 Arten an Weichtieren, daneben Wale, Dugongs, Meeresschildkröten und natürlich auch Vögel.

Wirtschaft

Queenslands Wirtschaft ist stark. Einen regelrechten Boom erlebt das Geschäft mit den **Bodenschätzen** des Bundesstaates. Bereits seit den 1930er-Jahren werden die großen Zink-, Blei- und Silbervorkommen in den entlegenen Minen von *Mount Isa* ausgebeutet. Ebenfalls im Outback, in der Nähe von *Cloncurry*, wird im großen Stil Kupfer gewonnen. In *Weipa*, auf der wilden Cape-York-Halbinsel, gibt es die größte Bauxitmine der Welt; der dort gewonnene Rohstoff wird in den Industrieanlagen von Gladstone zu Aluminium verarbeitet. Im *Bowen Basin*, im zentralen Queensland, ruhen die größten Steinkohlevorkommen des Landes. Derzeit werden jährlich rund 180 Mio. Tonnen abgebaut, wobei Schätzungen zufolge noch weitere 30 Milliarden Tonnen bereitliegen.

Die **Landwirtschaft** ist nach wie vor ein wesentlicher Wirtschaftsfaktor. Riesige Rinderherden grasen auf den ausgedehnten Ebenen, die Viehmärkte Queenslands gehören zu den größten Umschlagplätzen des Landes. In den niederschlagsreichen Regionen des Nordostens wird Zuckerrohr angebaut, es gibt Mango-, Ananas- und Bananenplantagen, im Hochland um die Ortschaft Mareeba bieten sich beste Voraussetzungen für die Kultivierung exzellenten Kaffees. Auch die in den letzten Jahren immer beliebteren Macadamianüsse gedeihen in Queensland hervorragend.

Riesenrad an der Southbank in Brisbane

Beständig im Aufwärtstrend ist der **Tourismus**. Queensland hat mit dem *Great Barrier Reef* und *Fraser Island* zwei mächtige Zugpferde im Geschäft mit dem Fremdenverkehr – kaum ein Australienurlauber würde diese Attraktionen auf seinem Reiseplan auslassen. Eine feste Größe auf der Liste der touristischen Höhepunkte sind, obwohl nur saisonal, außerdem die Wale, die alljährlich auf ihren Wanderungen an den Ufern Queenslands vorbeikommen. Kaum irgendwo an den Küsten Australiens bekommt man die Tiere häufiger zu sehen und so floriert das Geschäft mit den Whalewatching-Touren, bei denen ganze Horden von Urlaubern zu den Ozeanriesen aufs offene Meer geshuttelt werden. Nicht zu unterschätzen sind die Einnahmen durch einheimische Urlauber. Die Australier – meist Rentner – aus den kühleren Gefilden des Südens nutzen das milde Klima der Wintermonate gerne zum Überwintern.

Blick von der Southbank in Richtung Innenstadt

Brisbane
ca. 1,85 Mio. Einw.

Die dritte Stadt im Gespann der drei „Großen" in Australien. Lange wurde die Hauptstadt von Queensland von den weit größeren Metropolen in New South Wales und Victoria als etwas rückständig belächelt, doch während Sydney und Melbourne um den Platz der Nummer eins wetteiferten, mauserte sich Brisbane zur Großstadt mit Erholungsfaktor.

Als Geschäftszentrum hatte die Stadt für Queensland schon immer Bedeutung, doch der große Durchbruch kam erst in den 80er-Jahren. Als Austragungsort der *Commonwealth Games 1982* und Veranstaltungsort der *World Expo 1988* zog Brisbane die Augen der Welt auf sich und präsentierte sich auf dem internationalen Parkett souverän. Ganz bescheiden erwartete man für die Weltausstellung etwa siebeneinhalb Mio. Besucher – eine Zahl, die schließlich mehr als verdoppelt wurde. Gut 18 Mio. Menschen aus allen Ecken des Globus pilgerten in die Stadt am Brisbane River, die Boomstadt Brisbane war geboren. Von den Spitzenzeiten der 80er-Jahre profitierte die Stadt auch im folgenden Jahrzehnt, als sich Australien in einer Wirtschaftskrise befand. Währenddessen wurde in Brisbane investiert und gebaut, neue Geschäfte schossen wie Pilze aus dem Boden. Das Arbeitsplatzangebot zog Menschen aus weiten Bereichen des Landes an, Brisbane wuchs unaufhaltsam.

Doch die wirtschaftliche Komponente ist es nicht allein, die Brisbane so attraktiv macht. Die Stadt scheint vom Wettergott geküsst und wartet neben kosmopolitischem Flair auch mit milden Temperaturen und gut 300 Sonnentagen im Jahr auf. Das wohlgestimmte Wetter begünstigt eine Freiluftkultur, von der andere Metropolen des Landes nur träumen können. Praktisch das ganze Jahr über kann man auf den Terrassen der Cafés oder Restaurants sitzen und sich die Sonne ins Gesicht scheinen lassen. Einzig der Fashionista sieht sich in der Bredouille, denn Brisbane bietet kaum Gelegenheit, die neueste Wintermode auszuführen – doch kann man mitunter skurrile Szenen beobachten, wenn meist junge Damen bei zweistelligen Plustemperaturen mit Handschuh, Schal und Wintermantel die Promenaden entlangstolzieren.

Brisbane schafft den Spagat zwischen florierendem Wirtschaftsstandort, vielseitigem Kulturangebot und einer entspannten Atmosphäre. Im Zeitalter der „Work-Life-Balance" zahlt sich das aus, denn speziell für junge Arbeitnehmer ist die Karriere längst nichts mehr wert, wenn im Gegenzug der Freizeitwert nicht stimmt. Brisbane zählt auch deshalb zu den Lieblingszielen gut ausgebildeter Kräfte. Zwischen modernen Bürotürmen zeugen historische Gebäude von der bewegten Vergangenheit der Stadt, und immer wieder findet man kleine Refugien mit herrlicher subtropischer Vegetation, die eher an ein Urlaubsresort erinnern als an eine Millionenstadt. Die Zeiten, in denen man hier „für'n Appel und 'n Ei" seinen Lebensunterhalt bestreiten konnte, sind zwar lange vorbei, aber im Vergleich zu Sydney und Melbourne lässt sich's in Brisbane immer noch relativ günstig leben. Auch wenn sich die Schere langsam schließt.

Geschichte

Ursprünglich bewohnten zwei große Clans von Ureinwohnern die Region um das heutige Brisbane. Wie genau die Territorien verteilt waren, ist fraglich, man vermutet aber, dass der Stamm der *Jagera* im Süden und der Stamm der *Turrbal* im Norden des Brisbane River lebten. Der Fluss war für die Ureinwohner eine wichtige Lebensgrundlage, er versorgte sie mit Nahrung. Auf mehrere Tausend soll sich ihre Zahl vor Ankunft der Europäer belaufen haben.

Wie so viele Ortschaften des Kontinents war Brisbane ursprünglich eine Sträflingskolonie. 1824 wurden erste Häftlinge an die Ufer der Moreton Bay verfrachtet, bereits ein Jahr später wurden sie zu den fruchtbareren Böden, etwa 30 km flussaufwärts, verlegt. Die dort neu entstandene Siedlung wurde nach *Thomas Brisbane* benannt, Gouverneur in New South Wales von 1821 bis 1825. Weit weg von der langsam, aber sicher funktionierenden Kolonie in New South Wales kämpften hier kriminelle Härtefälle und Wiederholungstäter buchstäblich ums Überleben. Wie in anderen Regionen hatte man hier anfangs mit Missernten zu kämpfen, dazu machten die schwül-heißen Wetterbedingungen den hart arbeitenden Häftlingen zu schaffen. Aber Lagerkommandant Patrick Logan war ehrgeizig und ein Mann der Tat, innerhalb kürzester Zeit war die Kolonie weitgehend unabhängig, was Getreideanbau und Viehzucht betraf. Bei allem Geschäftssinn war er nicht gerade zimperlich und erklärte seinen Gefangenen seine Spielregeln am liebsten mit der Peitsche. Als ihr verhasster Kommandant 1830 von Aborigines ermordet wurde, sollen die Sträflinge die Nachricht mit großer Freude aufgenommen haben – von „lauten Freudengesängen" ist in entsprechenden Berichten zu lesen. Besonders groß war das hiesige Sträflingskontingent allerdings nie. Etwa 70 Personen waren es in den ersten Jahren, etwas über 1000 Mann um 1830.

Mit dem Ende der Sträflingstransporte wurde die Region für Siedler freigegeben, die ersten kamen 1842. Ihr Ziel war allerdings weniger Brisbane als die saftigen Weidegründe in den westlich gelegenen Darling Downs. Der Schotte Patrick Leslie gilt als der Erste, der sich dort niederließ und eine florierende Schafzucht aufbaute. Auch die Kohle- und Kalksteinvorkommen in der Nähe von Ipswich verlagerten den Aufschwung in die Region weiter westlich – als prosperierender Wirtschaftsstandort begann Ipswich mit Brisbane um den Hauptstadtstatus zu konkurrieren. Doch mit der Unabhängigkeit Queenslands im Jahr 1859 bekam Brisbane den Zuschlag. Es folgte der Goldrausch, der wie in anderen Teilen des Landes zu chaotischen Zuständen und einer regelrechten Bevölkerungsexplosion führte. In der zweiten Hälfte des 19. Jh. strömten Glücksritter aus aller Herren Länder in die Stadt, die Zahl der Bewohner schnellte von unter 10.000 auf über 100.000. Anfang des 20. Jh. war Queensland die am schnellsten wachsende Region in ganz Australien, und Brisbane profilierte sich als wirtschaftliches Zentrum.

Die Depression der 1930er-Jahre brachte Arbeitslosigkeit und Hunger, doch die Regierung steuerte erfolgreich gegen – vermehrt wurden Projekte begonnen, die zumindest Teilen der Bevölkerung die Existenz sicherte. So entstanden in diesen Jahren einige der prägnantesten Bauwerke der Stadt, beispielsweise die *City Hall* und die *Story Bridge*.

Auch wenn es zu keinen größeren Kampfhandlungen auf australischem Boden kam, war das Land doch in den Krieg involviert. Neben den australischen Soldaten, die Dienst taten, waren v. a. US-amerikanische Verbände in Australien stationiert. Brisbane spielte dabei eine zentrale Rolle. *General MacArthur* richtete sein Hauptquartier im Stadtzentrum ein und dirigierte von hier aus seine Truppen. In den Trockendocks von Brisbane wurden die Kriegsschiffe gewartet, die Stadt war Anlaufstelle für Hunderttausende von Soldaten, die von hier in die Kampfgebiete des Pazifik und Neuguineas geschickt wurden. Brisbane brachte das zwar viel Geld ein, doch die negativen Folgen ließen nicht auf sich warten. Der größte Vorfall dabei war zweifellos die „Schlacht von Brisbane" im Jahr 1942.

The Battle of Brisbane

Noch immer wird heftig über die Vorkommnisse des 26. November 1942 diskutiert, bis heute kursieren verschiedene Theorien über Auslöser und den exakten Hergang der Unruhen. Eine der verbreitetsten Thesen basiert auf den Forschungen des Historikers Ralph Barry, der die Ereignisse so beschreibt:

Die Auseinandersetzungen sollen begonnen haben, als drei australische Soldaten ihren Trinkkumpan aus der US-Army gegen einen Militärpolizisten verteidigen wollten. Der MP hatte den Amerikaner nach seinem Ausgehschein gefragt und war, nachdem der den Schein nicht gleich vorzeigen konnte, ziemlich ungehalten. Es folgten Schimpfereien von beiden Seiten, bald flogen die Fäuste – die Situation eskalierte in Windeseile. Berichten zufolge wurden nur 15 Minuten nach dem Vorfall 100 australische Soldaten gesichtet, als sie versuchten, den Einkaufsladen des amerikanischen Militärs zu stürmen. Etwa eine Stunde später sollen bereits 2500 bis 5000 Personen in die Auseinandersetzungen verwickelt gewesen sein. Augenzeugen schilderten die Ereignisse als „Zustände wie im Bürgerkrieg". Gegen 10 Uhr, knapp drei Stunden nach der verhängnisvollen Personenkontrolle, beruhigte sich die Situation. Die Bilanz: Ein toter Australier (sein Gewehr war losgegangen, als jemand versuchte, ihn zu entwaffnen), etwa ein Dutzend Schwerverletzte und Hunderte Beteiligte mit kleineren Blessuren.

Stadtbild

Auch das ist in Brisbane ein besonderes Kapitel. Während anderorts mit britischer Gründlichkeit geplant, gerastert und strukturiert wurde, baute man in Brisbane, wie es gerade passte. Ein Gebäude hier, eines dort und einen Verbindungsweg dazwischen. Erste Pläne und Karten gab es auf Anregung von Gouverneur Gipps erst ab 1840. Zu diesem Zeitpunkt musste man sich allerdings mit den bereits vorhandenen Bauten abfinden – besonders hervorzuheben sind hier die Sträflingsbaracken, die den Stadtplan von Brisbane bis heute prägen. Als Gefängnisse konzipiert, waren die Baracken entsprechend solide gebaut und aufgrund ihrer Größe so dominant, dass man gezwungen war, den Verlauf der Hauptstraße, der Queen Street, an der Front dieser Gebäude zu orientieren. Abgesehen davon war die Stadtentwicklung an die natürlichen Gegebenheiten wie den Brisbane River gebunden.

Klima

Brisbane ist zweifellos die Schönwetter-Metropole des Landes. Die Winter sind mild und trocken, die Durchschnittstemperaturen liegen bei 21 °C. Im Sommer schießt das Quecksilber in die Höhe, knapp 30 °C zeigt dann das Thermometer im Durchschnitt. Extremtemperaturen von 0 °C und 42,3 °C wurden auch schon gemessen, sie sind allerdings äußerst selten. Die Regenfälle liegen bei über 1000 mm pro Jahr und damit weit unter den Werten der nördlicheren Regionen des Staates (z. B. Cairns mit jährlich etwa 2000 mm).

Monat	Klimawerte Brisbane		
	Temp.-Max. in °C	Temp.-Min. in °C	durchschnittliche Niederschlagsmengen in mm
Januar	29	21	158
Februar	29	21	174
März	28	19	139
April	26	16	90
Mai	24	13	99
Juni	21	10	71
Juli	20	9	63
August	22	10	43
September	24	13	35
Oktober	26	16	94
November	27	18	97
Dezember	29	20	129
Quelle: Australian Government, Bureau of Meteorology			

Geografie

Brisbane liegt im äußersten Südosten Queenslands, knapp 1000 km nördlich von Sydney und weniger als 100 km nördlich der Grenze zu New South Wales. Die Stadt wurde an den Ufern des Brisbane River erbaut, etwa 25 km flussaufwärts von Moreton Bay, eben dort, wo sich bis heute das Stadtzentrum befindet. Mittlerweile ist Brisbane aber so stark gewachsen, dass sich die östlichen Vororte bis zur Bucht erstrecken. Der Fluss, ein wichtiger Transportweg, schlängelt sich mit zahlreichen Windungen durch die Stadt, die entsprechend langen Uferlinien bescheren den Bewohnern wunderbare Promenaden zum Flanieren.

Im Rücken der Stadt erhebt sich die *Great Dividing Range*, auf deren Kamm das 125 km entfernte Toowoomba liegt. Einige hügelige Ausläufer gibt es schon vor den Toren Brisbanes, die immerhin mit einer Höhe von fast 300 m ü. M. aufwarten – allen voran Brisbanes „Hausberg", der *Mount Coot-tha* (287 m). Einen entscheidenden Nachteil hat die Lage der Metropole aber doch, denn die Ebene ist anfällig für Überschwemmungen. Zwei der schlimmsten Fluten seit der europäischen Besiedlung ereigneten sich in den Jahren 1893 und 1974, als ganze Stadtteile unter Wasser standen. Die Flut im Januar 2011 setzte ebenfalls weite Teile der Innenstadt unter Wasser, Teile des *Riverwalk* wurden einfach von den in den Fluss eingelassenen Pfeilern gerissen – selbst ein halbes Jahr später konnte man noch vereinzelt die Folgen der Katastrophe sehen.

Praktische Informationen

Orientierung und Stadtteile

Der Brisbane River schlängelt sich als Lebensader durch die Stadt. Bei der Planung und Entstehung der Stadt war er nicht nur Transportweg, sondern gab auch die natürlichen Grenzen vor. Die Innenstadt liegt etwa 20 km landeinwärts, aber die Vororte und Bezirke haben die Lücke zum Ozean längst geschlossen. Nach Osten schließlich durch den Ozean begrenzt, dehnt sich Brisbane noch immer nach Nord, Süd und ins Landesinnere aus. So liegt der Ortsteil *Lake Manchester* 30 km westlich des Zentrums, um nach *Larapinta* im Süden oder *Brighton* im Norden zu fahren, sind es immer noch 17 km bzw. 20 km. Insgesamt setzt sich Brisbane aus 189 Stadtteilen zusammen.

Stadtzentrum Der eigentliche Stadtkern ist der Bereich um die *Queen Street Mall*. Spricht man vom Zentrum, ist aber meist der durch die Windungen des Brisbane River begrenzte Bereich gemeint. Gen Norden bildet die Ann Street die Grenze zu den benachbarten Stadtteilen. Im südlichen Bereich dieser Landzunge liegt der *Botanische Garten* mit dem *Parliament House* und dem *Old Government House*.

South Bank Die *South Bank Parklands* sind ein beliebtes Ausflugsziel. Auf den Grünflächen liegen Touristen und Studenten gleichermaßen, und in den bisweilen chicen Cafés tummelt sich auch der eine oder andere Schlipsträger zur Mittagspause. Mit der Badelagune hat man sich den Strand mitten in die Stadt gebaut. Auch kulturell ist hier einiges geboten, hier befinden sich unter anderem die *Gallery of Modern Art*, das *Performing Arts Centre* und die *Staatsbibliothek*.

Fortitude Valley Im „Valley" gibt es hippe Boutiquen, hier sind die Bars am lässigsten und das Nachtleben am wildesten. Entsprechend kann man zwischen erstklassigen Restaurants, Galerien und Live-Bands das Leben in vollen Zügen genießen. Belebtes Zentrum dieses Viertels ist die *Brunswick Street Mall*.

Chinatown Eigentlich ein Teil des Valley, liegt die *Chinatown Mall* gerade einen Block entfernt und parallel zur *Brunswick Street Mall*. Weitere Ausläufer ziehen sich entlang der Wickham Street Richtung Innenstadt. Hierhin strömen die Hungrigen, um sich für kleines Geld den Bauch mit leckerer Asia-Kost vollzuschlagen.

New Farm Fast schon eine ruhige Oase mit Kleinstadtflair. Je weiter man sich vom angrenzenden Fortitude Valley entfernt, desto mehr fühlt man sich in eine andere Stadt versetzt. Sehr beliebt als Wohngegend, weil man doch in kürzester Zeit mitten im Geschehen ist.

West End Die *Boundary Street* ist die Hauptader durch das kulturell vielseitige Viertel. Einst teilte die Straße Schwarz und Weiß und war ein Stadtteil mit strenger Rassentrennung. Junge Bewohner, tolle Lokale und gutes Shopping.

Kangaroo Point Auch hier formt der Brisbane River eine Landzunge, allerdings wesentlich kleiner als die des Zentrums, und bildet eine Halbinsel. In den letzten Jahren als Wohngegend sehr beliebt.

Milton Den meisten Touristen ein Begriff, weil es hier die bekannte XXXX-Brauerei und das Lang Park-Sportstadion gibt. Die Park Road ist die Einkaufs- und Cafémeile

Information

GPS: S27°28.14′ E153°00.20′
Ortsvorwahl: 07

Touristinfo Visitor Information Centre, im unteren Teil der Queen Street Mall, das größte Infozentrum Brisbanes. An der Außenwand finden sich Touch Screens, auf denen man rund um die Uhr Informationen abrufen kann. Mo–Do 9–17.30 Uhr, Fr 9–19 Uhr, Sa 9–17 Uhr, So/Feiertage 9.30–16.30 Uhr. ✆ 30066290, visit@brisbanemarketing.com.au.

South Bank Visitor Centre, gute Informationen zu Sehenswürdigkeiten und Veranstaltungen an der South Bank. Tägl. 9–17 Uhr. Stanley Street Plaza, South Bank. ✆ 31566366.

Nationalparkbehörde, Infos zu Nationalparks, Campinggebühren, Genehmigungen und 4WD-Permits für die jeweiligen Parks. Zahlungen auch online möglich. Mo–Fr 8.30–16.30 Uhr. Level 3, 400 George Street, ✆ 137468, www.nprsr.qld.gov.au.

Brisbane im Internet Die offizielle Seite der Stadtverwaltung ist www.brisbane.qld.gov.au. Touristische Informationen und Auskünfte unter www.visitbrisbane.com.au.

Anreise

Flugzeug Brisbane wird von allen nationalen und den großen internationalen Gesellschaften angesteuert. Der **Brisbane Airport** (BNE) liegt etwa 15 km westlich der Stadt, nahe der Mündung des Brisbane River. Zwischen den beiden Terminals verkehrt ein Airtrain (5 $).

Flughafentransfer Für die Fahrt in die Stadt stehen Taxi, Mietwagen, Zug, Bus und Airport-Shuttle zur Wahl.

Airtrain, die gelbe Linie der City Trains – die schnellste Alternative. Die Fahrt zum Stadtzentrum dauert gut 20 Min. und kostet 17 $/Pers. ✆ 32163308, www.airtrain.com.au.

Busse von *Coachtrans Australia* fahren im 30 Min.-Takt in die Stadt. Ab 20 $/Pers. Transfers an die Gold Coast ab 50 $. Infos und Buchung: ✆ 55569888, www.coachtransonline.com.au.

Sunair-Busse fahren zwischen 5.50 Uhr und 20.50 Uhr im Stundentakt an die Sunshine Coast. Infos zum Fahrplan, möglichen Stopps und Preisen unter www.sunair.com.au. Buchung: online oder ✆ 54770888.

Airport-Shuttle, verschiedene Anbieter bringen Passagiere direkt ans Hotel – z. B. mit *Con-x-ion* in die Innenstadt oder an die Sunshine Coast, www.con-x-ion.com.au.

Taxi, Taxistände zentral vor dem Domestic Terminal bzw. am International Terminal bei Ankunft Level 2. Fahrt ins Zentrum ab ca. 40–50 $.

Autovermietung, alle großen Mietwagenfirmen sind am internationalen wie am nationalen Terminal vertreten.

Pkw Von **Süden** kommend, führt der Pacific Motorway (*M1/M3*) direkt in die Stadt.

Queensland / Brisbane

Wer von **Norden** anreist, erreicht Brisbane auf dem *Bruce Highway*. Wer nicht ins Zentrum will, kann die Stadt in beiden Fällen auf dem *Gateway Motorway* umfahren, die Abzweigungen sind beschildert und befinden sich etwa auf Höhe von Springwood (Süden) bzw. Mango Hill (Norden). Die Umgehungsstraße führt auch zum Flughafen.

Die Zufahrt von **Westen** erfolgt auf dem *Warrego Highway*, ab Ipswich auf dem *Ipswich Highway*; der führt zum *Pacific Motorway*; besser ist, vorher auf den *Centenary Highway* abzubiegen und via Toowong und Milton ins Zentrum zu steuern.

Bus Zentrales Busterminal für Überlandbusse ist das „Roma Street Transit Centre" (www.brisbanetransitcentre.com.au) in der Roma Street. Die Busse von **Greyhound Australia** (℡ 1300473946, www.greyhound.com.au) und **Premier Motor Service** (℡ 133410, www.premierms.com.au) kommen hier an bzw. starten hier.

Je nach Route gibt es Unterschiede bezüglich Abfahrts- und Ankunftszeit, Fahrtdauer und Preis, wobei Greyhound meist etwas teurer ist, dafür aber mehr Verbindungen bietet.

Beispiele für Einzelfahrten ab/nach Brisbane: Sydney (16–17 Std.), Townsville (24 Std.), Cairns (30 Std.), Melbourne (25–36 Std., je nach Zwischenstopp), Mount Isa (26:30 Std.), Mission Beach (27 Std.), Noosa (2:30 Std.), Hervey Bay (7 Std.).

Bahn Der Bahnhof, das „Roma Street Transit Centre", liegt in der Roma Street. Hier gibt es aktuelle Informationen, Beratung und Unterstützung bei der Buchung. Queensland Rail, ℡ 131617, www.queenslandrail.com.au.

Spirit of Queensland, fährt mit diversen Stopps nach Norden, z. B. Mackay (17 Std.), Townsville (24 Std.), Cairns (31 Std.). Gegen Aufpreis im Schlafwagen, 1.-Klasse-Schlafabteil oder in der luxuriösen Queenslander-Klasse.

Tilt Train, fährt ebenfalls von Brisbane nach Cairns, ist aber schneller und entsprechend etwas teurer. Ab Rockhampton nur Business-Seats möglich.

Spirit of the Outback, fährt via Rockhampton nach Westen ins Outback bis nach Longreach, z. B. Emerald (15 Std.), Longreach (24 Std.). Gegen Aufpreis im Schlafwagen bzw. 1.-Klasse-Schlafabteil.

Westlander, über die Great Dividing Range ins Landesinnere, z. B. nach Toowoomba, Roma oder Charleville (17 Std.). Gegen Aufpreis im Schlafwagen bzw. 1. Klasse im Schlafabteil.

Nach Sydney fahren Züge von **NSW Train-Link** (www.nswtrainlink.info).

Travel Passes

Queensland Explorer Pass, uneingeschränkt gültig für Reisen im Netzwerk von Queensland Rail, gibt es als Version mit einem Monat Gültigkeit (299 $) und zwei Monaten Gültigkeit (389 $).

Queensland Coastal Pass, zwischen Brisbane und Cairns in eine Richtung gültig für Reisen im Netzwerk von Queensland Rail, gibt es als Version mit einem Monat Gültigkeit (209 $) und zwei Monaten Gültigkeit (289 $). Nähere Infos unter www.queenslandrail.com.au.

Stadtverkehr & öffentliche Verkehrsmittel

Die öffentlichen Verkehrsmittel in Brisbane sind gut organisiert, das Zusammenspiel von Zug, Bus und Fähre sorgt für flottes Vorankommen. Mit dem Pkw ist das nicht unbedingt möglich. Eigentlich würde das System aus Hauptverkehrsadern und Einbahnstraßen gut funktionieren, doch speziell die Innenstadt gleicht seit Jahren einer Dauerbaustelle, was sich nicht nur auf Ampelschaltungen, Straßenführung und Fahrbahnbreite auswirkt, sondern auch die eh schon spärlichen Parkplätze blockiert.

Fähre Die Fähren verkürzen je nach Strecke die Fahrzeiten enorm. Die schnellen Catamaran-Fähren von **City Cat** verkehren im Halbstundentakt zwischen Bretts Wharf und der University of Queensland. Erste Fahrt gegen 6 Uhr früh, letzte Fahrt um 23.30 Uhr. Die langsameren **Cross River Ferries** verkehren zudem im zentralen Be-

Parken

Nicht ganz unkompliziert in Brisbane, wichtig ist es v. a., die Hinweisschilder genau zu studieren, denn zu Stoßzeiten müssen an einigen Stellen die Parkplätze am Straßenrand geräumt werden, um mehr Sicherheit für die Verkehrsteilnehmer zu gewährleisten. Auch die Gebühren sind sehr unübersichtlich nach Zonen, maximaler Parkdauer und Uhrzeit gestaffelt. Bis zu 4,40 $/Std. muss man zahlen – genaue Infos dazu im Netz unter www.brisbane.qld.gov.au.

Es gibt etliche Parkgaragen im Zentrum und im Fortitude Valley, die, wie üblich, mit einem „P" gekennzeichnet sind. Die Kosten sind nach Stunden gestaffelt und betragen ca. 35 $/Tag. An Wochenenden gibt es bei einigen eine Flatrate von etwa 12 $, egal ob man 30 Min. oder den ganzen Tag parkt.

Von der Stadt betriebene Parkgaragen gibt es am King George Square und an der Wickham Terrace. Zusätzlich einige private Anbieter; Öffnungszeiten und Adressen z. B. unter www.secureparking.com.au.

reich um Kangaroo Point, Eagle Street Pier, South Bank und Kasino.

Bus Busse des **City Loop** (in beide Richtungen) und des **Spring Hill Loop** (nur eine Richtung) sind kostenlos.

Bahn Fast alle Linien verkehren gebündelt im Stadtkern zwischen Fortitude Valley, Stadtkern und South Bank. Zudem binden sie die äußeren Vororte und eignen sich damit gut für Ausflüge, z. B. an die Küste an der Moreton Bay oder ins Hinterland der Sunshine Coast.

Taxi Maximale Belegung sind 4 Passagiere, 5-Sitzer oder 11-Sitzer müssen vorab bestellt werden. **Black & White Cabs**, ✆ 133222, www.blackandwhitecabs.com.au, oder **Yellow Cabs**, ✆ 131924, www.yellowcab.com.au.

Nachtservice Freitag und Samstag Nacht gibt es spezielle Services für Partygänger. Immer zur vollen Stunde verkehren **Nachtbusse** (von *NightLink*) zwischen Fortitude Valley, CBD und South Bank, letzter Bus etwa 5 Uhr früh. Eine gelungene Idee ist auch das **Flat Fare Taxi**. An gekennzeichneten Haltestellen um die Hotspots im Valley und dem CBD organisieren so genannte Marshalls Gruppen, die in die gleiche Richtung fahren wollen. Wer also kein Problem hat, mit fremden Leuten ein Taxi zu teilen (und evtl. etwas zu warten), kann so günstig heimfahren. Genaue Routen unter www.translink.com.au (einfach „NightLink" in die Suchmaske eingeben).

Tickets & Information

Um die Züge, Busse und Fähren im Stadtbereich zu nutzen, braucht man nur *ein* Ticket. Das gesamte Gebiet ist in Zonen unterteilt, entsprechend ist der Fahrpreis zu entrichten. Einzelfahrt ab 4,80 $, nutzbar ab Entwertung für 2 Std. Preis für eine Zone, was in etwa der Innenstadt inkl. der Southbank entspricht. **Einzel-** und **Tagestickets** kann man an Automaten, Stationen sowie direkt in Bus bzw. Fähre kaufen. Wesentlich günstiger wird es mit der **go card** – die elektronische Zahlkarte muss man an einer Verkaufsstelle (oder online) erwerben und dort mit einem Guthaben aufladen. Beim Einsteigen einfach an den Entwerter halten. Information: TransLink, www.translink.com.au.

Adressen & Anlaufstellen

Apotheken Post Office Square Pharmacy, Mo–Fr 7–17.30 Uhr. Post Office Square, 280 Queen Street, ✆ 32299696.

Queen Street Mall Day and Night Pharmacy, der Name irritiert – nicht rund um die Uhr geöffnet, aber immerhin Mo–Sa bis 21 Uhr. 141 Queen Street Mall, ✆ 32214585.

Queensland / Brisbane

Autokauf Angebote ganz klassisch in den Tageszeitungen, z. B. im **Courier Mail**, oder online: **www.drive.com.au**, gute Adresse, viele Händler und private Verkäufer in Brisbane sind gelistet.

Autovermietung Avis, Mo–Fr 8–17 Uhr, Sa 8–12 Uhr, So 8.30–12 Uhr. Mehrere Büros in der Stadt, z. B. 53 Albert Street, ✆ 136333, www.avis.com.au.

Budget, Mo–Fr 8–17 Uhr, Sa 8–12 Uhr, So 8.30–12 Uhr. Fahrzeugabholung: 53 Albert Street, ✆ 1300362848, www.budget.com.au.

Europcar, Mo–Fr 7.30–17.30 Uhr, Sa 7.30–15 Uhr, So 7.30–13 Uhr. Büro: 576 Queen Street, ✆ 30067440, www.europcar.com.au.

Hertz, Mo–Fr 7.30–17 Uhr, Sa/So 7.30–13 Uhr. Büro: 55 Charlotte Street, ✆ 32216166 oder 133039, www.hertz.com.au.

Thrifty, Mo–Fr 7.30–17 Uhr, Sa/So 7.30–15.30 Uhr. 49 Barry Parade, Fortitude Valley, ✆ 1300367227, www.thrifty.com.au.

East Coast Rentals, tägl. 8–17 Uhr. 82 Wickham Street, Fortitude Valley, ✆ 38399222, www.eastcoastcarrentals.com.au.

Banken Westpac, Mo–Do 8.30–16 Uhr, Fr 9.30–17 Uhr. 260 Queen Street.

Commonwealth Bank, Mo–Fr 8.30–17.30 Uhr. 240 Queen Street.

National, Mo–Do 9.30–16 Uhr, Fr 9.30–17 Uhr. 180 Queen Street.

HSBC, Mo–Do 9.30–16 Uhr, Fr 9.30–17 Uhr. 300 Queen Street.

St. George, Mo–Fr 9.30–17 Uhr, Do 9–17 Uhr. Queen Street/Ecke Edward Street.

Einwanderungsbehörde Bitte vor dem persönlichen Besuch telefonisch Vorinformationen darüber einholen, was man an Unterlagen und Dokumenten mitzubringen hat. Mo–Fr 9–16 Uhr. 299 Adelaide Street, ✆ 131881, ✉ 31367473.

Fahrradverleih City Cycle, rund um die Uhr sind 2000 Bikes an 150 Stationen abholbar, bezahlt wird per Kreditkarte. Die Tagesmitgliedschaft kostet 2 $, dann sind die ersten 30 Min. kostenlos, ab dann gestaffelte Preise. Infos unter www.citycycle.com.au.

Bike Hire Brisbane City, die ersten 2 Std. 25 $, danach 5 $/Std., bis max. 50 $/Tag. 4 Tage 100 $. Mo–Fr 8–17.30 Uhr, Sa 9–16 Uhr. 133 Mary Street, ✆ 0404117911, www.bikeobsession.com.au.

River Life Cycling → S. 603.

Geldwechsel & Reiseschecks American Express Foreign Exchange, Mo–Do 9–16 Uhr, Fr 8.30–17 Uhr. Im Gebäude der Westpac Bank, 260 Queen Street, ✆ 1300139060.

Travelex Worldwide Money Branches, Mo–Do 9–16.30 Uhr, Fr 9–17 Uhr, Sa 9–13.30 Uhr. In der Filiale der Suncorp Bank, 130 Queen Street, ✆ 31144414.

Statt eines echten Strands gibt es in Brisbane eine künstlich angelegte Badelagune

Adressen & Anlaufstellen

Internet Queensland State Library, kostenloser Internetzugang an Terminals und via WLAN. Mo–Do 10–20 Uhr, Fr–So 10–17 Uhr. Cultural Centre, Stanley Place, South Bank, ✆ 38407666.

Guf Brisbane 42 (→ Karte S. 593), tägl. 9–23 Uhr. 1. Stock, 281 Brunswick St Mall, Fortitude Valley, ✆ 31623135, www.facebook.com/elysiuminternetcafe.

Außerdem auch Terminals in den **Backpackerunterkünften** (→ S. 594).

Konsulate Deutsches Honorarkonsulat, Mo–Fr 9–12 Uhr. 10 Eagle Street, 32. Stock, AMP Place, ✆ 32217819, brisbane@hk-diplo.de.

Österr. Honorargeneralkonsulat, Termine nach Vereinbarung. 71 Eagle Street, ✆ 0487144185, consulgeneral@austriaqld.com.au.

Schweizer Konsulat, Mo–Fr 9–16.30 Uhr, trotzdem unbedingt vorher Termin vereinbaren. Level 11, 30 Makerston Street, ✆ 32361445, brisbane@honrep.ch.

Krankenhäuser Royal Brisbane Hospital, großes Krankenhaus mit knapp 1000 Betten. Spezialisten verschiedener Fachbereiche wie Chirurgie, Psychiatrie, Gynäkologie und Orthopädie. Notaufnahme. Die Telefonzentrale ist ständig rund um die Uhr besetzt. Butterfly/Ecke Bowen Street, Herston, ✆ 36388111.

St. Andrews Hospital, Privatkrankenhaus mit knapp 300 Betten. Moderne Einrichtung und zahlreiche Spezialisten, z. B. HNO, Kardiologie, allgemeine Chirurgie. 24 Std. Notaufnahme an 365 Tagen. 457 Wickham Terrace, ✆ 38344444.

Travellers Medical Service, unter Umständen wichtig für Leute, die in Risikogebiete reisen wollen oder nach Besuch dieser Gebiete Beschwerden haben. Auch medizinische Zertifikate für Tauchkurse. Mo–Do 8–19 Uhr, Sa 8.30–17 Uhr, So 9.30–17 Uhr. 1. Stock, 245 Albert Street (schräg gegenüber der City Hall), ✆ 32113611.

Notruf Polizei, Feuerwehr, Krankenwagen: ✆ 000.

Hotline für Opfer sexueller Übergriffe, täglich rund um die Uhr: ✆ 1800010120.

Polizei Roma Street Station, große Polizeistation schräg gegenüber der Transit Station, 24 Std. geöffnet. 200 Roma Street, ✆ 33646464.

Post Brisbane GPO, das Hauptpostamt. Post und Shop am Post Office Square. Mo–Fr 7–18 Uhr, Sa 10–13.30 Uhr, So geschlossen. 261 Queen Street, ✆ 131318.

Reise- und Buchungsbüros STA Travel, etliche Filialen in der Stadt, zentral im Queen Adelaide Building. Günstige Flüge innerhalb Australiens und ins Ausland. Shop 11G, 59 Adelaide Street, ✆ 32292499, www.statravel.com.

Student Flights, günstige Flüge, nicht nur für Studenten. Shop 5, 126 Adelaide Street, ✆ 1300837981, www.studentflights.com.au.

Schwimmbäder Valley Pool, beheiztes 50-m-Becken im Freien. Das Publikum ist gemischt, hier trainieren auch ambitionierte Schwimmer. Eintritt 5,10 $. Mo–Sa ab 5.30 Uhr, So ab 7.30 Uhr. Zeiten können variieren. 432 Wickham Terrace, Fortitude Valley.

Centenary Pool, 1959 zur 100-Jahrfeier der Eigenständigkeit Queenslands gebaut. Beheiztes 50-m-Becken sowie Sprungbecken; leider keine Grasflächen zum Hinflätzen. Eintritt 5,10 $. Mo–Fr ab 5 Uhr, Sa/So ab 7 Uhr. 400 Gregory Terrace, Spring Hill, ✆ 1300733053.

Spring Hill Baths, die älteste Badeanstalt Australiens wurde 1886 gebaut; heute natürlich den Vorschriften entsprechend auf modernen Standards gebracht, aber die Historie ist noch zu spüren. Ein Indoor-Pool mit solarbeheiztem 25-m-Becken. Eintritt 5,20 $. Mo–Fr ab 6.30 Uhr, Sa ab 8 Uhr, So ab 9 Uhr. Änderungen kommen vor, wer auf Nummer sicher gehen will, sollte anrufen. 14 Torrington Street, Spring Hill, ✆ 38317881.

Strände Einen echten Strand gibt es nicht in Brisbane, ein kleines Manko, das man mit dem City Beach auszugleichen versucht. Richtiges Strandgefühl kommt hier zwar nicht auf, aber man kann sich in den Sand legen und unter den Augen der Life Guards sicher baden. An der South Bank (→ Sehenswertes).

Surfen Da es in Brisbane weder Strand noch Meer gibt, ist nicht besonders viel mit Surfen. Gute Breaks findet man z. B. auf North Stradbroke Island. Die lokale Surfschule ist Straddie Adventures, ✆ 34098414, www.straddieadventures.com.au.

Wohnmobilvermietung Britz Australia & Maui Rentals, 7,5 km nordöstlich des Zentrums. Tägl. 10–16 Uhr. 21 Industry Court, Eagle Farm, ✆ 38681248, www.britz.com.au.

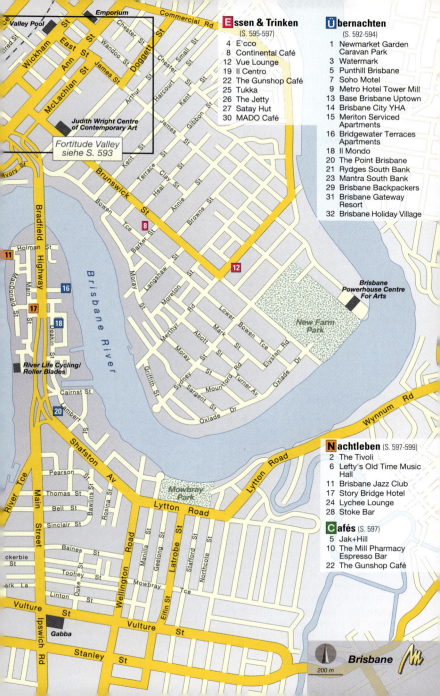

Queensland / Brisbane

Apollo Campers, 12 km nordöstlich des Zentrums. Tägl. 8–16.30 Uhr (im Winter So zu). 733A Nudgee Road, Northgate, ℡ 1800777779, www.apollocamper.com.

Kea Campers, 8,5 km nordöstlich des Zentrums. Mo–Sa 7.30–16 Uhr. 21 Industry Court, Eagle Farm, ℡ 1800705174, www.keacampers.com.au.

Zeitungen Die große Tageszeitung in Brisbane nennt sich **Courier Mail** (www.couriermail.com.au), Sonntagsausgabe ist die **Sunday Mail**.

Übernachten

> Die Legendenpunkte **1** bis **32** finden Sie auf der Karte „Brisbane" (→ S. 590/591), die Punkte **35** bis **51** auf der Karte „Brisbane Fortitude Valley" (→ S. 593) und die Punkte **53** bis **65** auf der Karte „Brisbane Zentrum" (→ S. 595).

Zentrum Meriton Serviced Apartments **15**, super Apartments, voll ausgestattet und preislich absolut in Ordnung. In den unteren Stockwerken gelegene Standard Suite mit Kitchenette ab 130 $, eine 90 m² große 2-Schlafzimmer-Suite im 65. Stock kostet ab 350 $. 43 Herschel Street, ℡ 39998000, www.meritonapartments.com.au.

Adina Apartment Hotel 55, gegenüber der Central Station und nur einige Gehminuten von der Fußgängerzone entfernt. Die Zimmer verfügen über eine kleine Kitchenette und eine Waschmaschine. WLAN inkl. DZ ab etwa 200 $. 255 Ann Street, ℡ 30019888, www.tfehotels.com.

Royal Albert Hotel 65, die einfachsten Zimmer sind hier 50 m² groß und mit kleiner Kitchenette, Minibar und Essbereich ausgestattet. Vorgesehen für 2 Pers., 2 weitere können gegen Aufpreis auf dem Ausziehsofa schlafen. Zudem Suiten mit getrenntem Wohn- und Schlafbereich, Flaggschiff ist die 120 m² große Penthouse-Suite. 2 Pers. ab etwa 210 $. 167 Albert Street/Ecke Elizabeth Street, ℡ 32918888 oder 1800655054 (kostenlos), www.royalalbert.com.au.

Hotel George Williams 53, ordentliche Zimmer mit Bad, TV, Minikühlschrank, Internetanschluss und AC. Zum Hotel gehören Tourdesk, Fitnessstudio und kostenlose Parkplätze (beschränktes Angebot). Einige Zimmer haben Terrasse. DZ ab 105 $. 317–325 George Street, ℡ 33080700 oder 1800064858, www.georgewilliamshotel.com.au.

Spring Hill & Wickham Park Hotel Watermark **3**, schlicht, aber hochwertig eingerichtet. Alle Zimmer haben Balkon, wenn möglich, mit Blick auf die Roma Street Parklands buchen. Zu den Annehmlichkeiten gehören Pool, Spa und die „Five Fifty One Bistro/Bar" mit guter À-la-carte-Karte. WLAN ist verfügbar. DZ ab 149 $. 551 Wickham Terrace, ℡ 30589333, www.watermarkhotelbrisbane.com.au.

Punthill Brisbane 5, in Fußmarschdistanz zum Zentrum. Stylishes Hotel mit wohnlichen Zimmern, allesamt mit eigenem Balkon, Küche und kleinem Arbeitsplatz. Auf Wunsch auch mit Parkplatz (sofern Stellplätze frei). Studio ab 160 $. 40 Astor Terrace, Spring Hill, ℡ 1300731299, www.punthill.com.au.

Metro Hotel Tower Mill 9, ein runder Turm gegenüber der historischen Windmühle. Fast alle Zimmer haben Balkon, je nach Wunsch und Verfügbarkeit ist aufgrund der Bauform ein Panoramablick in jede Richtung möglich. WLAN. DZ ab 120 $. 239 Wickham Terrace, ℡ 38321421, towermill@metrohg.com.

Soho Motel 7, Standard Motelzimmer der 3-Sterne-Kategorie. 50 Units mit Balkon, TV, Movie-Kanal und kleinem Schreibplatz. Es gibt ein Tourdesk, Internetterminals, nach Absprache kann man 24 Std. einchecken. DZ ab 110 $. 333 Wickham Terrace, ℡ 38317722, www.sohobrisbane.com.au.

South Bank Mantra South Bank **23**, 160 Zimmer, Studios bzw. Apartments wahlweise mit einem oder 2 Schlafzimmern. Zur Ausstattung gehören LCD-Fernseher, Kitchenette (Studios) bzw. voll ausgestattete Küche (Apartments), in den Apartments auch Balkon sowie Waschmaschine und Trockner. Pool und Restaurant. DZ ab 210 $, Studio ab 230 $, Apartments ab 280 $. 161 Grey Street, ℡ 33052500, southbankbris.res@mantra.com.au.

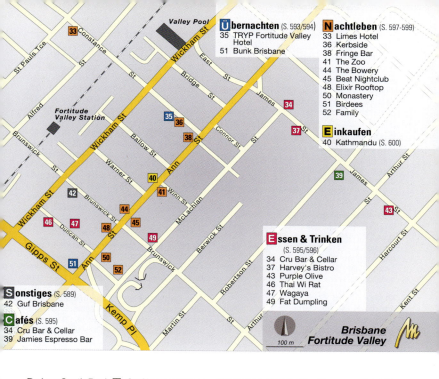

Rydges South Bank 21, Großhotel mit über 300 Zimmern. Edel in Erdtönen eingerichtet, die Betten sind superbequem. Teils mit tollem Blick vom Balkon. Im Haus gibt es Spa, Sauna und Fitnessanlage, man kann sogar Fahrräder mieten. DZ ab rund 200 $. 9 Glenelg Street, ☎ 33640800, www.rydges.com.

Fortitude Valley & New Farm Next Hotel 60, edles Haus mit 300 Zimmern mitten im Stadtzentrum. Hier kann man es sich richtig gut gehen lassen, die Zimmer sind komfortabel, und es gibt sogar einen Pool und eine Bar auf dem Dach. Wer rechtzeitig bucht, kann ab etwa 250 $ einchecken. 72 Queen Street, ☎ 32223222, www.nexthotels.com/brisbane.

»» Mein Tipp: TRYP Fortitude Valley Hotel 35, Boutique-Hotel mit viel Kunst, viel Style und toller Rooftop-Bar. Individuell eingerichtete Zimmer in verschiedenen Kategorien, einige mit Spa-Wanne im Bad oder auf dem Balkon, immer mit bequemen Betten. Kostenloses WLAN. DZ ab 169 $. 14/20 Constance Street, ☎ 33197888, www.trypbrisbane.com. ««

Kangaroo Point Der Kangaroo Point ist eine gute Wahl als Standort in Brisbane. Jenseits der Story Bridge liegt schon das In-Viertel Fortitude Valley, und mit den RiverCat-Fähren ist man schnell an South Bank, Zentrum oder New Farm.

The Point Brisbane 20, Hotelturm mit Apartments, Suiten und Studios. Schlicht, sauber, mit umfangreicher Ausstattung: WLAN in allen Zimmern, kostenlose Parkplätze, beheizter Pool, 24-Std.-Zimmerservice, nette Café-Bar. Und aus den oberen Stockwerken ein gigantischer Blick. Studios ab 190 $, Suite mit Balkon ab 500 $. 21 Lambert Street, ☎ 32400888, www.thepointbrisbane.com.au.

Bridgewater Terraces Apartments 16, nur einen Block von der Story Bridge. Gut ausgestattete Apartments mit 1–3 Schlafzimmern, dazu eine voll ausgestattete Küche, Bad (bzw. 2 Bäder) sowie Waschmaschine & Trockner. In der Anlage gibt es Sauna, Spa, Fitnessstudio und Außenpool. 2 Pers. ab 170 $. 56 Wharf Street, ☎ 34355216, www.bridgewaterterraces.com.

Il Mondo 18, Boutique-Hotel, alle Zimmer mit Balkon und Internetzugang, die Apartments zusätzlich mit Küche. Es gibt ein Restaurant und kostenlose Parkplätze. In der einfachsten Variante ab 120 $, das 4-Sterne-Zimmer ab 170 $, im Apartment kann man ab 229 $ einchecken. 25–35 Rotherham Street, ✆ 33920111, www.ilmondo.com.au.

Backpacker Brisbane City YHA 14, mit Pool auf der Dachterrasse, von der man einen Blick auf City und Brisbane River hat. Kleine Café-Bar, Internetzugang und Tourdesk. Im 6er-Zimmer ab 31 $, DZ mit Bad ab 110 $. 392 Upper Roma Street, ✆ 32361004, www.yha.com.

Base Brisbane Uptown 13, alle Zimmer mit Bad und AC. Schlüsselkarte für den Zugang zum Gebäude und den Zimmern. Global Gossip Internetzugang und tolle Bar. Übernachtung im 10er-Dorm ab 22 $, DZ und Twins ab 90 $. 466 George Street, ✆ 32385888), www.stayatbase.com.

》》Mein Tipp: Bunk Brisbane 51, gleich um die Ecke vom Fortitude Valley. Große Gemeinschaftsküche, Travel- und Jobdesk. Zugang zu Gebäude und Zimmern per Schlüsselkarte. Für 140 $ gibt es ein Loft-Apartment mit eigener Küche (max. 3 Pers.). Kostenloses. WLAN und die lässige „Birdees"-Bar. Im 20-Bett-Zimmer ab 24 $, DZ ab 89 $. Ann Street/Ecke Gipps Street, ✆ 32573644, www.bunkbrisbane.com.au. 《《

Brisbane Backpackers 29, klassisches Backpacker mit Metall-Stockbetten. Zutritt per Security-Card. Gemeinschaftsküche, Wäscheraum, Tourdesk, Pool und Bar. Ein kostenloser Shuttlebus des Hostels verkehrt im Stundentakt von 7–22 Uhr. Internetterminals. Im Mehrbettzimmer ab 20 $, DZ ab 120 $. 110 Vulture Street, ✆ 38449956 oder 1800626452 (kostenlos), www.brisbanebackpackers.com.au.

Camping Brisbane Gateway Resort 31, schön gestalteter Camping-Park im Süden von Brisbane, sogar einen Tennisplatz mit Flutlicht gibt es. Stellplatz für Wohnmobile ab 45 $ (mit Strom), eine der blitzsauberen Cabins ab 150 $. 200 School Road, Rochedale (via South East Freeway; exakte Anfahrtsskizze im Netz). ✆ 33416333 oder 1800442444 (kostenlos), www.brisbanegateway.com.au.

》》 Mein Tipp: Newmarket Garden Caravan Park 1, wunderschöner Campingplatz, hier hat man vor dem Wohnmobil keine triste Betonplatte, sondern einen gefliesten Vorbereich. Stellplatz mit Strom 43 $, geräumige Cabins 135 $. Supermarkt und Bushaltestelle nur ein paar Gehminuten entfernt. 199 Ashgrove Avenue, Ashgrove, ✆ 33561458, www.newmarketgarden.com.au. 《《

Brisbane Holiday Village 32, knapp 15 Min. Fahrt vom Stadtzentrum entfernt. Stellplatz mit Strom ab 52 $. Gut eingerichtete Cabins kann man ab etwa 170 $ beziehen. Mindestaufenthalt je nach Saison. 10 Holmead Road, Eight Mile Plains (via South East Freeway), ✆ 33416133, www.brisbaneholiday.com.au.

Essen & Trinken

Die Legendenpunkte 4 bis 30 finden Sie auf der Karte „Brisbane" (→ S. 590/591), die Punkte 34 bis 49 auf der Karte „Brisbane Fortitude Valley" (→ S. 593) und die Punkte 59 bis 72 auf der Karte „Brisbane Zentrum" (→ S. 595).

Zentrum AJ Vietnamese Noodle House 69, authentische, günstige und gute Küche, z. B. knuspriges Hühnerfleisch auf Reis und Gemüse; fast alle Gerichte unter 15 $. Keine Schanklizenz, aber BYO. Der Gastraum ist winzig, speziell zur Mittagszeit muss man gehörig zusammenrutschen. Mo–Sa 11–21 Uhr. 70 Charlotte Street, ✆ 33292128.

Survey Company 59, interessante Speisekarte, hier kommen Lammrippchen mit Gemüse oder Ochsenschwanz mit Süßkartoffelpüree auf den Teller (Hauptgerichte 25–35 $). Man kann aber auch eine Lammschulter (100 $) oder eine ganze Ente (90 $) bestellen. Leckeres Essen und tolles Lokal. Mo–Fr ab 12 Uhr, Sa ab 14 Uhr. 32 Burnett Lane, ✆ 30128725, www.surveyco.com.au.

Miel Container 71, in der Optik eines Übersee-Frachtcontainers. Hier gibt es einfach nur richtig gute Burger, die man sich nach

Übernachten (S. 592/593)	**Einkaufen** (S. 600)	**Essen & Trinken** (S. 594-596)	71 Miel Container
53 Hotel George Williams	57 World Wide Maps	59 Survey Company	72 Il Centro
55 Adina Apartment Hotel	58 Aboriginal Fine Art	61 Hanaichi	
60 Next Hotel	62 Dymocks	64 Groove Train	**Nachtleben** (S. 597/598)
65 Royal Albert Hotel	67 Globe Trekker	66 Govindas	54 Grand Central Hotel
	68 Archives Fine Books	69 AJ Vietnamese Noodle House	56 Down Under Bar
		70 Cha Cha Char	63 Irish Murphy's

Baukastensystem selber zusammenstellen kann! Je nach Menge und Art der Komponenten kommt man auf 11–16 $, hausgemachte Pommes kosten 4 $ extra. Mo–Sa 11–22 Uhr. 96 Albert Street, ☎ 0423466503.

Govindas 66, hier gibt es rein vegetarische Küche (auch vegane Optionen) mit einem günstigen All-you-can-eat-Angebot für 13 $. Tägl. 11–15 Uhr, Mo–Do/Sa auch 17–19.30 Uhr, Fr auch 15–20.30 Uhr. 1. Stock, 99 Elizabeth Street, ☎ 32100255, www.brisbane govindas.com.au.

Hanaichi 61, neben Sushi stehen hier auch japanische Gerichte wie Tempura-Lachs, frittierte Krabben oder in Sojasoße geschmortes Schweinefleisch auf der Karte. Sushitellerchen 3,50–5,50 $, Gerichte 15–20 $. Tägl. 11.30–15 und ab 17.30 Uhr. 171 Queen Street, ☎ 32100032, www. hanaichisushibar.com.au.

Fortitude Valley Fat Dumpling 49, hier gibt es leckere Dumplings mit verschiedensten Füllungen. Die Portion kostet 6 $, ideal, um mehrere zu bestellen und zu teilen. Di–Fr 11.30–15 und 17.30–21 Uhr, Sa/So 12–15.30 und 17.30–21 Uhr (Fr/Sa bis 22 Uhr). 368 Brundwick Street, ☎ 31951040, www.fat dumplingbar.com.

» **Mein Tipp:** Jamies Espresso Bar 39, winziges Café, das sich allein durch die treue Fangemeinde an Stammgästen schnell füllt. Der Kaffee ist spitze, die Atmosphäre auch. Mo–Fr ab 6.30 Uhr, Sa ab 7 Uhr. 49 James Street, ☎ 32571010, www. jamies.com.au. «

Harvey's Bistro 37, tolles Lokal. Hier gibt es super Frühstück mit Buttermilchpfannkuchen und karamellisierten Bananen, zum Mittag- oder Abendessen z. B. asiatischen Hähnchensalat (21 $) oder gegrillten Lachs mit Rote-Bete-Fenchel-Salat (38 $). Mo–Fr ab 7 Uhr, Sa/So ab 7.30 Uhr. Abendessen nur Di–Sa. Shop 7/31 James Street, ☎ 38523700, www.harveys.net.au.

Cru Bar & Cellar 34, besonders punktet die Weinkarte, auf der einige hundert Tropfen aus aller Welt zu finden sind. Tapas-Teller mit gegrillter Chorizo (20 $), frittierten Tintenfisch (18 $) oder ganz klassisch Baguette mit Dips (11 $). Tägl. ab 11 Uhr. 1/22 James Street, ☎ 32522400, www.crubar.com.

New Farm Vue Lounge 12, super Burger (17 $) und Sandwiches, z. B. mit Corned Beef (8 $), als Hauptgericht z. B. eine Lammschulter mit Kürbispüree und scharfem Joghurt (26 $). So–Do 7–18 Uhr, Fr/Sa

7–21 Uhr. 83 Merthyr Road (im Coles), ✆ 33586511, www.vuelounge.com.au.

》》 **Mein Tipp:** Continental Café **8**, tolles Café/Restaurant, in dem man sich sofort wohlfühlt. Auf der Karte stehen z. B. Coq au vin, gebratenes Kaninchen oder geschmorte Rinderbacken. Hauptgerichte 25–35 $. Man sollte aber Platz für die süßen Nachspeisen lassen (etwa 12 $). Tägl. 11.30–23.30 Uhr, So ab 8 Uhr. 21 Baker Street, ✆ 32540377, www.continentalcafe.com.au. 《《

Purple Olive **43**, schönes Cafe mit unverputzten Wänden, ohne irgendwelchen Schnickschnack. Besonders gut sind die Pasta-Kreationen, z. B. mit Chorizo, Speck, Knoblauch und Chilli (als Hauptgericht um 22 $). Di–So 17.30–21.30 Uhr. 79 James Street, ✆ 32540097, www.thepurpleolive.com.au.

Chinatown Wagaya **47**, japanisches Restaurant mit typischer Speisekarte. Es gibt verschiedenste Salate, Suppen, Fleisch-, Fisch- und Nudelgerichte. Preislich etwa 8–14 $ pro Portion. So–Do 12–22 Uhr, Fr/Sa 12–22.30 Uhr. 315 Brunswick Street, ✆ 32528888, www.wagaya.com.au.

Thai Wi Rat **46**, hier gibt es authentische Gerichte aus Thailand und Laos; fast alle Hauptgerichte unter 17 $. Tägl. 10.30–21 Uhr, 48 Duncan Street, ✆ 32570884.

Eagle Street Pier Cha Cha Char **70**, vielleicht das beste Steakhaus der Stadt, entsprechend sollte man hier auch bestellen, z. B. das 500g-T-Bone (47 $) oder das 350g Wagyu Rib Fillet (68 $). Aber auch ausgezeichnete A-la-carte-Hauptgerichte (um 40 $). Umfangreiche Weinliste, die Flasche ab 60 $. Mo–Fr ab 12 Uhr, Sa/So ab 18 Uhr. Plaza Level, ✆ 32119944, www.chachachar.com.au.

Il Centro **72**, feine Adresse; auf den Teller kommen Rindercarpaccio (25 $), Barramundi mit Spargel und Balsamico-Jus (39 $), das Dutzend Austern ab 40 $. So–Fr Lunch ab 12 Uhr, tägl. Dinner ab 17.30 Uhr. 1 Eagle Street, ✆ 32216090, www.il-centro.com.au.

Groove Train **64**, die günstigste Alternative am Eagle Street Pier, aber keineswegs schlecht. Holzofen-Pizzen, Burger, Club-Sandwich oder Currys 20–28 $. Gute Auswahl an Bieren. Tägl. den ganzen Tag geöffnet. 123 Eagle Street, ✆ 32200429, www.groovetrain.com.au.

Petrie Bight E'cco **4**, oft als die Top-Adresse in Brisbane gehandelt. Die Küche ist fein, im Detail bisweilen etwas ausgefallen, bleibt aber klassischen Prinzipien treu; z. B. Lamm mit Aubergine und frittiertem Salbei oder glasierte Entenbrust mit Broccolini und Oliven. Alle Vorspeisen um 22 $, alle Hauptgerichte um 40 $. Di–Fr 12–14.30 Uhr und Di–Sa 18 Uhr bis spät. 100 Boundary Street, ✆ 38318344, www.eccobistro.com.

Southbank MADO Café **30**, türkisches Restaurant mit Fleisch und Fisch vom Holzkohlegrill, aber auch ordentlichen vegetarischen Optionen (Hauptgerichte 25–30 $). Fr/Sa ab 20.30 Uhr Bauchtanz. Tägl. ab 11.30 Uhr. 15 Tribune Street, South Brisbane, ✆ 38447111, www.madorestaurant.com.au.

The Jetty **26**, gutes Essen aus frischen und edlen Zutaten, angenehme Atmosphäre und ein toller Blick über den Fluss auf

Brisbanes Chinatown

Downtown Brisbane. Vorspeisen knapp 20 $, Hauptgerichte 22–40 $. Tägl. 11.30–15 und ab 17.30 Uhr. River Quay, Sidon Street, ℡ 38448838, www.thejettysouthbank.com.au.

Satay Hut 27, gute Auswahl vom milden Hähnchen-Cashew-Stir-Fry bis hin zum superscharfen Thai Jungle Curry. Gerichte mit Fleisch um 20 $, mit Meeresfrüchten um 24 $. Tägl. geöffnet. Shop 3, Little Stanley Street, ℡ 38466600, www.satayhut.com.au.

Spring Hill Jak + Hill 5, um 20 $ muss man hier investieren, dafür gibt es dann einen Thai-Rindfleisch-Salat, ein Pulled-Pork Sandwich oder vegetarische Papardelle mit gebratenem Kürbis und Basilikumpesto. Mo–Fr ab 7 Uhr, Sa/So ab 8 Uhr. 40 Astor Terrace, ℡ 30555788, www.jakandhill.com.au.

The Mill Pharmacy Espresso Bar 10, gegenüber der Windmühle, direkt an der entsprechenden Bushaltestelle. Gut für eine Stärkung mit Kaffee und Banana Bread. Kein Innenraum, nur ein paar Sitzplätze im Freien. Mo–Fr 6.30–17 Uhr, 225 Wickham Terrace, ℡ 38390053.

West End Tukka 25, echtes Gaumen-Abenteurer, aber nicht billig; auch Emu, Krokodil, Opossum und Wallaby stehen auf der Karte. Als Vorspeise z. B. eine Platte mit verschiedenen Wildsorten sowie heimischen Beeren, Früchten und Nüssen (22 $/Pers.). Hauptgerichte um 30 $. Di–So ab 18 Uhr, letzte Bestellung 21.30 Uhr, Sa/So auch 9–14.30 Uhr. 145 Boundary Street, ℡ 38466333, www.tukkarestaurant.com.au.

The Gunshop Café 22, lässig, ungezwungen und den ganzen Tag geöffnet; für ein gemütliches Frühstück gern besucht, aber auch für den Mittagssnack oder das Abendessen zu empfehlen. Die Karte ist klein, aber fein, es gibt z. B. Ziegenkäse-Gnocchi mit Spinat und Knoblauch (24 $) oder Huhn im Prosciuttomantel mit gegrilltem Kürbis (33 $). Mo/Di 7–14 Uhr, Mi–So 7 Uhr bis spät. 53 Mollison Street, ℡ 38442241, www.thegunshopcafe.com.

Kneipen, Bars & Nachtleben

Die Legendenpunkte 2 bis 28 finden Sie auf der Karte „Brisbane" (→ S. 590/591), die Punkte 33 bis 52 auf der Karte „Brisbane Fortitude Valley" (→ S. 593) und die Punkte 54 bis 63 auf der Karte „Brisbane Zentrum" (→ S. 595).

Pubs & Bars Grand Central Hotel 54, richtig schönes Pub, in dem man wunderbar einige Biere trinken kann. Gutes Bistro-Essen (Steak, Burger, Sandwiches). Wenige Plätze zum draußen Sitzen. Beliebt bei den Schlipsträgern aus den umliegenden Bürotürmen für ein Feierabendbier. Tägl. ab 11.30 Uhr. 270 Ann Street (Zentrum), ℡ 32202061, www.grandcentralhotel.com.au.

》》 Mein Tipp: Stoke Bar 28, mit einer Terrasse direkt am Fluss, von der man einen tollen Blick auf die Innenstadt hat, deshalb super für einen Feierabenddrink geeignet. Wunderbar mit einem Spaziergang kombinierbar. Tägl. ab Mittag. Sidon Street, South Bank, ℡ 30200600, www.stokehouse brisbane.com.au. 《《

Elixir Rooftop 48, vielleicht der perfekte Ort für eine laue Sommernacht: einfach einen Cocktail bestellen und das lässige Ambiente auf der Dachterrasse genießen. Mi–Fr ab 16 Uhr, Sa/So ab 13 Uhr. 646 Ann Street, ℡ 33635599, www.elixirrooftop.com.au.

Irish Murphy's 63, tolles Eckpub, vom Balkon im 1. Stock kann man beim Guinness das Geschehen auf den Straßen beobachten. Kleine Bistro-Essen gegen den Hunger. Tägl. ab Mittag. 175 George Street (Zentrum), ℡ 32214377, www.irishmurphys.com.au.

Story Bridge Hotel 17, klassisches Queenslander-Hotel von 1886 – und eines der schönsten in Brisbane, wenn nicht gar in ganz Queensland. Tägl. ab 10 Uhr, Sa/So sogar ab 8 Uhr früh. 200 Main Street, Kangaroo Point, ℡ 33912266, www.storybridge hotel.com.au.

Limes Hotel 33, auf der Dachterrasse gibt es Veranstaltungen, und man kann wunderbar einen Sundowner trinken. 142 Constance Street, Fortitude Valley, ℡ 38529000, www.limeshotel.com.au.

》》 Mein Tipp: Kerbside 36, in einer ehemaligen Lagerhalle mit Stahlträgern und hohen Decken, die Einrichtung ist bunt zusammengewürfelt wie vom Trödelmarkt, der Laden ist aber trotzdem (oder gerade deshalb?) sehr angesagt. Gute Cocktails. Mi–Mo ab 16 Uhr. Constance Street, Fortitude Valley, ℡ 32529833, www.kerbside.com.au. ⋘

Lychee Lounge 24, trendig und gemütlich mit schummriger Beleuchtung. Einrichtung mit asiatischem Touch, vielen Kissen und Wandbehängen. Tägl. 15–24 Uhr, Fr/Sa bis 1 Uhr. 2/94 Boundary Street, West End, ℡ 38460544, www.lycheelounge.com.au.

Fringe Bar 38, große Bar mit Nachtclubbetrieb. Die Beschallung am Wochenende erfolgt durch DJs bei wechselnden Musikrichtungen (House, Electro …). Mi–Fr 11.30–24 Uhr, Sa 16–5 Uhr. Ann Street/Ecke Constance Street, Fortitude Valley, ℡ 32529833, www.fringebar.net.

Backpackerbars Down Under Bar 56, fast schon legendär; die Einrichtung mit den ausgetretenen Holzdielen und dem Wellblech erinnert eher an eine Biker-Kneipe oder einen Saloon. Hier wird wild gefeiert, es gibt wechselnde Happy Hours und Bistro-Essen. Viele junge Backpacker. Tägl. ab 18 Uhr bis spät. Edward Street/Ecke Ann Street, ℡ 32112466.

Birdees 51, hier zeigt sich das junge Publikum, nachmittags fläzt man sich an den Pool, abends steigt der Alkoholpegel und es wird heftig gefeiert. Am Wochenende heizen DJs den Tanzwütigen ein. Tägl. 15–3 Uhr, Do, Fr, Sa bis 5 Uhr. 608 Ann Street, Fortitude Valley, ℡ 32573644, www.birdees.com.

Nachtclubs Family 52, mit einer Kapazität von über 2000 Gästen der größte Nachtclub in Queensland. Lasershows, GoGoGirls und fette Beats. Hauptsächlich bekommt man Funk, House und Soul zu hören. Regulärer Eintritt um 10–20 $. Fr–So 21–5 Uhr. 8 Lachlan Street, Fortitude Valley, ℡ 38525000, www.thefamily.com.au.

Beat Nightclub 45, laut Eigenwerbung der größte und beste Gay-Nightclub in Brisbane. Regelmäßig auch Drag-Shows. Tägl. geöffnet. 667 Ann Street, ℡ 38522661, www.thebeatmegaclub.com.au.

Monastery 50, das Design der Lokalität ist, dem Namen entsprechend, einem Kloster nachempfunden. Eine ganze Armada von DJs heizt dem Publikum entsprechend ein. Auf dem Dach gibt es eine Terrasse. Eintritt ab 10 $. Do–Sa 21–5 Uhr. 621 Ann Street, Fortitude Valley, ℡ 32577081, www.monastery.com.au.

Auch in Brisbane trinkt man sein Feierabendbier gerne in klassischen Pubs

Kulturelles Leben

Die Legendenpunkte **2** bis **28** finden Sie, ebenfalls unter „Nachtleben", auf der Karte „Brisbane" (→ S. 590/591), die Punkte **36** bis **52** auf der Karte „Brisbane Fortitude Valley" (→ S. 593) und **54** bis **63** auf der Karte „Brisbane Zentrum" (→ S. 595).

Konzert & Live-Musik The Bowery **56**, extrem angesagte Bar, nach dem New Yorker Stadtteil benannt. Das hippe Publikum schlürft Cocktails („Southside" oder „Hedonism New Fashioned") und wippt zu Live-Jazz oder am Wochenende zu den Beats der DJs. Di–So 17–3 Uhr. 676 Ann Street, Fortitude Valley, ℅ 32520202, www.thebowery.com.au.

>>> Mein Tipp: Brisbane Jazz Club **12**, super Lokalität in einem freistehenden Holzhaus, direkt am Brisbane River. Regulärer Eintritt ab 15 $. Bands spielen i. d. R. ab 18 bzw. 19 Uhr, am Sa/So gelegentlich auch nachmittags. 1 Annie Street, Kangaroo Point, ℅ 33912006, www.brisbanejazzclub.com.au. **<<<**

Lefty's Old Time Music Hall **6**, schummrige, extrem coole Location für Live-Musik. Unter den Kronleuchtern geht es richtig rund. Mi–Sa 17–3Uhr. 15 Caxton Street, Petrie Terrace, www.leftysmusichall.com.

The Tivoli **2**, bekannter und beliebter Veranstaltungsort. Hier spielen auch berühmte Bands und Künstler wie Ben Lee oder Nick Cave, entsprechend ist Eintritt zu bezahlen – das Ticket kann da schon 40–80 $ kosten. 52 Costin Street, Fortitude Valley, ℅ 38521711, www.thetivoli.net.au.

The Zoo **41**, sehr beliebte Lokalität mit Live-Musik und Nachtclub-Betrieb. Hier wird das alternative Musikspektrum bedient, auf dem Programm stehen Indie, Reggae, Rock oder HipHop. Tickets kosten je nach Künstler rund 40–60 $. Do–Sa. 711 Ann Street, Fortitude Valley, ℅ 38541381, www.thezoo.com.au.

Theater & Klassik Queensland Performing Arts Centre (QPAC), Veranstaltungsort erster Güte, mit mehreren Bühnen für Veranstaltungen in verschiedenen Größenordnungen. Das Lyric Theatre ist mit einer Kapazität von 2000 Zuschauern die größte Lokalität, gleich gefolgt von der Konzerthalle mit 1600 Plätzen. Im QPAC werden Opern aufgeführt, klassische Musik und Theater gespielt. Auch moderne Aufführungen, Festivals und Pop-Events. Aktuelles Programm im Internet. Grey Street/Ecke Melbourne Street, South Bank, ℅ 38407444, www.qpac.com.au.

Judith Wright Centre of Contemporary Art, nach der Dichterin, Schriftstellerin und Umweltaktivistin Judith Wright benannt. 2001 eröffnet, hat man sich hier der modernen Kunst verschrieben, und so wird Theater gespielt, getanzt, musiziert und oft genug versucht, Grenzen neu zu definieren. Zudem Ausstellungen und visuelle Kunst. 420 Brunswick Street, Fortitude Valley, New Farm, ℅ 38729000, www.judithwrightcentre.com.

Brisbane Powerhouse Centre For Arts, im New Farm Park, ideal mit der Fähre zu erreichen. Im Jahr 2000 wurde das ausrangierte Elektrizitätswerk in ein Zentrum für Kunst und Kultur verwandelt. Aufgeführt wird alles Kreative, von Comedy über Theater bis hin zu Konzerten und modernem Tanz. 119 Lamington Street, New Farm, ℅ 33588600, www.brisbanepowerhouse.org.

La Boite Theatre, eines der ältesten Theater in Australien; der Aufführungsraum wird in puncto Bestuhlung und Bühne ideal dem jeweiligen Stück oder Künstler angepasst. Im *Roundhouse Theatre* ist Platz für maximal 400 Zuschauer. 6–8 Musk Ave, Kelvin Grove, ℅ 30078600, www.laboite.com.au.

Freiluftkino Moonlight Cinema, in den Sommermonaten zeigt das Freiluftkino am Brisbane Powerhouse neue Blockbuster und alte Klassiker. Im New Farm Park, www.moonlight.com.au.

Limes Hotel, auf der Dachterrasse gibt es im Sommer regelmäßig das „Rooftop-Cinema". 142 Constance Street, Fortitude Valley, ℅ 38529000, www.limeshotel.com.au.

Einkaufen

Den Legendenpunkt **40** finden Sie auf der Karte „Brisbane Fortitude Valley" (→ S. 593) und die Punkte **57** bis **68** auf der Karte „Brisbane Zentrum" (→ S. 595).

Bücher, Karten World Wide Maps **57**, große Auswahl an Straßenkarten, Autoatlanten, Übersichts- und Wanderkarten, zudem Reisezubehör. Mo–Do 8.30–17 Uhr, Fr 8.30–19 Uhr, Sa 10–15 Uhr. Shop 30, Anzac Square Arcade, 267 Edward Street, ✆ 32214330.

››› Mein Tipp: Archives Fine Books **68**, der Himmel für Leseratten und Buchwürmer: Über eine Million gebrauchter Bücher warten hier auf Käufer. Auch Büchertausch möglich. Mo–Do 9–18 Uhr, Fr 9–19 Uhr, Sa 9–17 Uhr. 40 Charlotte Street, ✆ 32210491, www.archivesfinebooks.com.au. ‹‹‹

Dymocks **62**, riesige Auswahl an Büchern. Mo–Do 9–19 Uhr, Fr 9–21 Uhr, Sa 9–18 Uhr, So 10–17 Uhr. 177 Albert Street, ✆ 30072800.

Kunsthandwerk & Souvenirs Aboriginal Fine Art **58**, hier gibt es hauptsächlich Bilder aus den Regionen Zentralaustraliens und den Kimberleys. Alles Originale und mit entsprechenden Preisschildern versehen – bei etwa 500 $ fängt es an, der Großteil der Bilder bewegt sich preislich zwischen 1500 $ und 5000 $, man kann aber auch schon mal 35.000 $ für ein einzelnes Werk ausgeben. Sa–Do 10–18 Uhr, Fr 10–20 Uhr. 79 Adelaide Street, ✆ 30127550, www.aboriginal-fineart.com.au.

Red Sand Art, hier gibt es Bilder und Schnitzereien, aber auch Didgeridoos, bedruckte T-Shirts, Bumerangs, Postkarten und mehr. Online-Bestellungen möglich. Mi–Sa 11–16 Uhr. 27 Campbell Street, Paddington, ✆ 32364629, www.redsandart.com.au.

Klassische **Souvenirläden** mit den üblichen Mitbringseln wie Kalendern, Postkarten, Hüten und sonstigem Krimskrams gibt es z. B. in der Fußgängerzone (Queen Street).

Mode & Fashion Mode- und trendbewusste Shopper sind im Fortitude Valley genau richtig. Vor allem das Gebiet um die **James Street**, **Brunswick Street** und **Ann Street** eignet sich hervorragend zum Bummeln und Stöbern. Zu finden ist hier alles, von der edlen Boutique über den 50er-Jahre-Shop mit Rockabilly-Outfits bis zum extrem abgefahrenen Laden mit superlässiger Streetwear.

Outdoor- & Reisebedarf Kathmandu **40**, Reise- und Trekkingprodukte der gleichnamigen Marke. Mo–Do 9–17.30 Uhr, Fr 9–19 Uhr, Sa 9–16 Uhr, So 10–16 Uhr. 728 Ann Street, Fortitude Valley, ✆ 32528054, www.kathmandu.com.au.

Globe Trekker **57**, Funktionsbekleidung, Bergstiefel, Rucksäcke, Trekkingsandalen, Schlafsäcke, Zelte und Zubehör von verschiedenen Firmen. Mo–Fr 9–17.30 Uhr, Sa 9–17 Uhr, So 10.30–16.30 Uhr. 292 Montague Road, West End, ✆ 32214476, www.globetrekker.com.au.

Spezialisten R. M. Williams, hier gibt es die berühmten Boots mit dem Gummiband am Knöchel sowie praktische und moderne Mode im Cowboy-Style. Mo–Do 9–17.30 Uhr, Fr 9–21 Uhr, Sa 9–17 Uhr, So 10–16 Uhr. Shop 105A, Wintergarden Shopping Centre Queen Street Mall, ✆ 32293354, www.rmwilliams.com.au.

The Hat Box, für den Herrn den klassischen Akubra-Outbackhut, für die Dame eine der verwegenen Hutkreationen, die bei Pferderennen keinesfalls fehlen darf. Die extravaganten Kopfbedeckungen für mutige Frauen kosten ab etwa 300 $. Mo–Fr 9.30–17 Uhr. In der Brisbane Arcade, ✆ 32102455, www.thehatbox.com.au.

Arkaden & Einkaufszentren Hunderte von Shops sind auf die großen Einkaufspassagen im Zentrum bzw. im Fortitude Valley verteilt. Wichtigste Vertreter:

Queens Plaza, internationale Top-Marken wie Louis Vuitton oder Max Mara haben hier neben unbekannten Durchstartern ihre Geschäfte. 226 Queen Street, www.queensplazashopping.com.au.

Brisbane Arcade, die wunderschöne, historische Einkaufspassage von 1923 beherbergt einige von Brisbanes beliebtesten Boutiquen. Zwischen Queen Street Mall und Adelaide Street, www.brisbanearcade.com.au.

Emporium, im Fortitude Valley. Coole Shops wie *Eye Candy* (Sonnenbrillen) oder *Lotus 76* (Fashion), außerdem einige gute Restaurants. 1000 Ann Street, www.emporium.com.au.

Wintergarden, Komplex in der Queen Street Mall, von 2010 bis 2012 komplett umgebaut und neu gestaltet. Kleidung, Beautyprodukte, Schmuck und Restaurants. 171–209 Queen Street, www.wgarden.com.au.

Märkte **Southbank Collective Markets**, besonders schön schlendert man am Freitag Abend zwischen den Ständen umher. Im Angebot: Kleidung, Schmuck, Kunsthandwerk, allerlei Nippes und auch kulinarische Köstlichkeiten, darunter immer mehr ökologische Produkte. Fr 17–22 Uhr, Sa 10–17 Uhr, So 9–16 Uhr. Stanley Street Plaza, South Bank, ✆ 38442440, www.southbankmarket.com.au.

Young Designers' Market, junge, aufstrebende Designer bieten hier ihre Produkte an: Flippiges und bisweilen Kurioses aus den Bereichen Kleidung, Schmuck, Accessoires und auch Inneneinrichtung. Am ersten Sonntag im Monat 10–16 Uhr. Stanley Street Plaza, South Bank, www.youngdesignersmarket.com.au.

Riverside Markets, umfangreiches Angebot vom Ledergeldbeutel über bunte Sarongs bis zur Obstschale aus Wurzelholz. Besonders schöne Lokalität am Fluss. Zu Fuß gut vom Zentrum erreichbar, am schönsten per Fähre. Jeden So 7–15 Uhr um den Eagle Street Pier und das Riverside Centre.

Green Flea Community Markets, mit leichtem Hippie-Touch: landwirtschaftliche Produkte, Blumen, exotische Gewürze, viele Ökoprodukte, dazwischen sorgen Straßenmusiker für Unterhaltung. Sa 6–14 Uhr. Davies Park (Montague Road/Ecke Jane Street), West End, ✆ 38702807.

The Valley Markets, im coolen Valley gibt es die Märkte in der China Town Mall und der Brunswick Street Mall. Das Angebot reicht von Lebensmitteln bis zu Schmuck. Sa/So 9–16 Uhr. Fortitude Valley, www.fortitudevalleymarkets.com.au.

Festivals, Veranstaltungen & Termine

EKKA, die Landwirtschaftsschau ist mit über einer halben Mio. Besuchern jedes Jahr das größte Event in Brisbane. Jede Menge Vorführungen, Ausstellungen und Unterhaltung. Immer im August an 10 Tagen. Brisbane Exhibition Ground, www.ekka.com.au.

Brisbane Festival, großes Festival im Aug./Sept. Über 10 Tage Feuerwerk, Musik, Kunst, Theater und sonstige Events am

Die Story Bridge in Brisbane

Queensland / Brisbane

Brisbane River sowie in der ganzen Stadt. Erstmals fand das Spektakel 1998 als Nachfolger des „Down by the River Festival" statt. ✆ 38335400, www.brisbanefestival.com.au.

Cockroach Races, am Australia Day (26. Januar) ab 11 Uhr; seit über einem Vierteljahrhundert gibt es die lustigen Kakerlakenrennen. Wetten im eigentlichen Sinn kann man nicht, aber für 5 $ seine eigene Kakerlake kaufen, mit der man gegen weitere 5 $ Startgebühr selbst am Rennen teilnehmen kann. Einnahmen werden gespendet. Story Bridge Hotel, 200 Main Street, Kangaroo Point, ✆ 33912266, www.cockroachraces.com.au.

Brisbane Asia Pacific Film Festival, im Nov.; vom Thriller bis zur Dokumentation werden hier Filme aus dem Asien-Pazifik-Raum gezeigt. Tickets ab etwa 20 $/Vorstellung, ab 30 $ für die Eröffnungsnacht. Mehrfachtickets günstiger. www.bapff.com.au.

Brisbane International Jazz Festival, über 5 Tage im Juni, lokale und internationale Jazz-Formationen. Das komplette Programm mit Veranstaltungsorten, Bands und Auftrittszeiten kann man im Web herunterladen. www.bijf.com.au.

Valley Fiesta, ein Wochenende im Aug. oder Sept., Konzerte Fr ab 17 Uhr, Sa/So ab 10 Uhr; Partytime in Brisbanes Fortitude Valley. Drei zentrale Außenbühnen, anschließend Veranstaltungen in Dutzenden von Bars. www.valleyfiesta.com.au.

Brisbane Writers Festival, 5 Tage im Sept.; großartige Veranstaltung für Autoren, Leseratten und Literaturfans. Buchpräsentationen, Lesungen, Workshops. Seminare 60–200 $. New State Library, ✆ 32550254, www.bwf.org.au.

Stadien & Sportclubs

Vor allem Queenslands State-of-Origin-Rugby-Team ist eine Art Heiligtum, stellt es doch die Recken, die gegen den Erzfeind New South Wales in die Schlacht ziehen. Neuestes Projekt war ein 82 Mio. Dollar teures Tennisstadion mit 5500 Sitzplätzen. Das erste Turnier in der nach dem australischen US-Open-Sieger Pat Rafter benannten nagelneuen Arena wurde im Januar 2009 ausgetragen.

Stadien Suncorp Stadium, ehemals Lang Park. Wo heute das Stadion steht, war vor über 120 Jahren ein Friedhof. In den Jahren 2001–2003 wurden umfangreiche Modernisierungs- und Umbauarbeiten vorgenommen. Das neue Stadion fasst 52.000 Besucher und ist Heimat der Brisbane Broncos (NRL) und Brisbane Roar (A-Liga). Touren gibt es jeden Do um 10.30 Uhr, 16 $ (1 Std.). Castlemaine Street, Milton, ✆ 33315000, www.suncorpstadium.com.au.

Gabba, eigentlich „Brisbane Cricket Ground", aber das sagt hier niemand. Der Name Gabba leitet sich vom Stadtteil Woolloongabba ab, in dem sich das Stadion befindet. Schon 1895 wurde hier ein Kricket-Platz angelegt, im ersten Spiel, das hier stattfand, trat eine Auswahl von Parlamentsmitgliedern gegen Pressevertreter an. Das Stadion ist Heimat der Brisbane Lions (AFL) und der Queensland Bulls (Cricket), aber die gut 100 Veranstaltungen pro Jahr beinhalten auch Leichtathletik, Konzerte, Baseball oder Fußball. Touren 16 $. Vulture Street, Woolloongabba, ✆ 1300843422, www.thegabba.org.au.

Eagle Farm, die Pferderennbahn befindet sich etwa 6,5 km vom Stadtzentrum. Die Großveranstaltung ist der *Winter Racing Carnival* im Ende Mai/Anfang Juni. Es gibt ein kleines Museum, das an Samstagen und Feiertagen (nur wenn Rennen stattfinden) zwischen 11–16 Uhr geöffnet ist. Eintritt ins Museum frei. 230 Lancaster Road, Ascot, ✆ 38699777, www.queenslandracing.com.au.

Die Teams der Stadt Brisbane Broncos, das NRL (National Rugby League)-Team der Stadt. Im Vereinslogo prangt dem Namen entsprechend der Kopf eines Wildpferdes. Gegründet 1988, hat die Mannschaft bis heute sechs Titel eingespielt.

Brisbane Lions, Brisbanes Vertreter in der AFL (Australian Football League). Das Team gewann die Meisterschaft von 2001–2003 dreimal in Folge, 2004 wurde es erst im Finale von Port Adelaide bezwungen.

Brisbane Roar, Fußball-Club aus der relativ neuen A-Liga, der Verein selbst wurde erst im März 2005 gegründet und wurde in der Saison 2010/2011 australischer Meister. Heimstadion ist das *Suncorp Stadium*.

Geführte Touren

Sport & Action

Brückentour Story Bridge Climb, das Pendant zum Harbour Bridge Climb in Sydney, allerdings erst seit Oktober 2005 möglich. Von oben hat man einen 360°-Blick über die Stadt und den Brisbane River. Die Touren dauern 2 Std. und kosten 119–139 $. Treffpunkt: Büro in der Main Street. (Wharf Street/Ecke Main Street), Kangaroo Point, ✆ 1300254627, www.storybridgeadventureclimb.com.au.

Sportliche Aktivitäten River Life, bietet jede Menge Möglichkeiten von Klettern (auch bei Nacht) und Abseilen über Kajakfahren und Stand-Up-Paddeln bis hin zu Segway-Touren und Fahrradmiete. Viele Optionen, Termine und Preise (meist um 50 $) auf der Webseite. In den Naval Barracks am Kangaroo Point, ✆ 38915766, www.riverlife.com.au.

Sky Diving Ripcord Skydivers, Tandemsprünge aus 3500 ft Höhe. Ab etwa 330 $/Pers. Etwa 50 Min. westlich von Brisbane. Airstrip in der 2 Curtain Road, Glenmore Grove, ✆ 33993552, www.ripcord-skydivers.com.au.

Jump the beach Brisbane, Tandemsprünge aus bis zu 14.000 ft Höhe kosten hier inkl. Bustransfers ab Brisbane 379 $. Dropzone in Redcliffe. ✆ 1300800840, www.jumpthebeachbrisbane.com.au.

Ballonfahren Brisbane Hot Air Ballooning, mit Blick bis zu den Glasshouse Mountains und den Inseln der Moreton Bay. Fahrten dauern etwa 1 Std. Maximalgewicht für Passagiere ist 115 kg. Mo–Fr kosten die Fahrten ab 299 $. 5-Sterne-Frühstück nach der Fahrt ist inklusive. Auf Wunsch Abholung vom Hotel. 160 Rochedale Road, Rochedale, ✆ 34230400, www.brisbanehotairballooning.com.au.

Gondelfahren Golden Gondola, romantische Fahrten in einer venezianischen Gondel – ganz billig ist das Vergnügen aber nicht: 30 Min. einfache Fahrt 98 $/Paar, inkl. Dinner 330 $ (1:30 Std.). Etwas günstiger sind die Fahrten mit Frühstück (250 $) oder zum Lunch (290 $). Alkohol nur als BYO. ✆ 0419400944 (mobil), www.gondola.com.au.

Sehenswertes

Sightseeing gestaltet sich in Brisbane einfach, die Sehenswürdigkeiten liegen recht nahe beieinander. Zu den absoluten Höhepunkten gehören die Museen und Galerien des **Queensland Cultural Centre**, die zu den besten nicht nur Queenslands, sondern ganz Australiens gehören. Das subtropische Klima dominiert die Stadt in vielerlei Hinsicht und spiegelt sich in der Architektur und der Landschaftsgestaltung entsprechend wieder. Vor allem der Botanische Garten gibt hier einen umfangreichen Einblick. Zudem ist die Stadt mit einer reichen Historie gesegnet, von der zahlreiche prachtvolle Regierungsbauten zeugen.

Geführte Touren

Brisbane Lights Tours, eine Nachttour bzw. im Sommer eher eine Abendtour. Krönung ist der Besuch des *Mount Coot-tha*-Aussichtspunkts. 74 $ inkl. Kaffee, 89 $ inkl. Dinner. Tägl. 18.30–21.30 Uhr. Pickup in der Innenstadt, ✆ 38226028, www.brisbanelightstours.com.

Brisbane Day Tours, verschiedene Optionen – z. T. mit Lone Pine Koala Sanctuary und/oder River Cruise – für einen halben Tag oder eine Ganztagestour kosten 100–140 $, gegen kleinen Zuschlag auch mit Transfers ab Gold Coast möglich. ✆ 56301602, www.daytours.com.au.

》》 Mein Tipp: Free Walking Tours, mit einem Tourguide geht es zur City Hall, dem Treasury Casino, dem Old Government House und zu vielen anderen Stationen. Und das auch noch kostenlos, man muss sich nur vorab in der Touristeninformation (Queen Street) anmelden, von dort geht es dann auch los. Mo–Fr 12 Uhr. ✆ 30066290. **《《**

Ghost Tours, es werden verschiedene Alternativen angeboten, z. B. die *Bloody Brisbane CBD Crime Tour* (20 $/Pers.), die einige Schauplätze von grausamen Verbrechen im Stadtbereich aufsucht. Als Bustour 55 $/Pers. Termine und Treffpunkte beim Veranstalter. ℡ 33447265 oder 0411666441 (mobil), www.ghost-tours.com.au.

Brisbane Whalewatching, in der Moreton Bay. Saison ist etwa Juni–Nov. Optimale Sicht von 6 Beobachtungsdecks, kleines Lunchbüfett inklusive. Tour 135 $, mit Hoteltransfer von/nach Brisbane 165 $. Juni–Nov. tägl. 10–15 Uhr (ohne Anreise). Abfahrt an der Redcliffe Jetty, Redcliffe Parade, Redcliffe (40 km nordöstlich des Zentrums), ℡ 38800477, www.brisbanewhalewatching.com.au.

River Walk

Brisbane lässt sich gut zu Fuß erkunden, v. a. in Kombination mit den Fähren auf dem Brisbane River. Die River-Walk-Tour sollte man im Stadtzentrum beginnen und über die *Queen Street Mall* zum *Casino* gehen. Von dort über die *Victoria Bridge* zum *Cultural Centre* an der *South Bank*. Folgt man der Southbank nach Süden, erreicht man am Maritime Museum die *Goodwill Bridge*, eine Fußgängerbrücke, die über den Fluss zum *Botanischen Garten* führt. Dort kann man den *Old Government House*, das *Parliament House* oder die Einrichtungen des *QUT Campus* (Queensland University of Technology) besuchen.

Vom Botanischen Garten führt ein Weg am Flussufer entlang zum *Eagle Street Pier* mit seinen edlen Restaurants und von dort weiter Richtung *Story Bridge*. Im ersten Abschnitt dieser Etappe hat man einen herrlichen Blick auf die Klippen am gegenüberliegenden *Kangaroo Point*. Die Strecke führt unter der Story Bridge hindurch, und auf dem River Walk gelangt man schließlich in den Ortsteil *New Farm*, wo das *Powerhouse Centre* angesteuert werden kann. Von hier kann man entweder ins nahe *Fortitude Valley* marschieren oder mit der Fähre zurück ins Zentrum fahren.

Das Besondere an dieser Tour: Da man immer dem Fluss folgt, kann man praktisch jederzeit abbrechen und von einer der Haltestellen aus mit der nächsten Fähre zurückfahren. Für den ganzen Weg sollte man einen Tag einplanen – es gibt viel zu sehen und zu entdecken.

Bei der extremen Flut im Januar 2011 wurden einige der schwimmenden Pontons des Riverwalk zerstört bzw. weggespült. Im November 2011 wurde die Erneuerung der Teilstücke angekündigt, die sich bis Ende 2014 hinzog.

Rundfahrten auf eigene Faust

Busse Brisbane Explorer, klassische „Hop-on-hop-off"-Busse, man kann an 15 Stopps ein- oder aussteigen. Fahren zwischen 9 und 18.45 Uhr. Tagesticket 35 $, 48-Std.-Ticket 60 $. www.theaustralianexplorer.com.au.

Flussfahrten River City Cruises, angenehme Fahrten auf einem 75-Fuß-Holzcruiser. Man kann ein leichtes Lunch oder Kaffee und Kuchen kaufen. Toiletten an Bord. 29 $. Tägl. 10.30 Uhr und 12.30 Uhr. Abfahrt an den Southbank Parklands, Jetty A., ℡ 0428278473, www.rivercitycruises.com.au.

Kookaburra Queen, seit 1988 tun die beiden Schaufelraddampfer auf dem Brisbane River Dienst. Touren wahlweise zum Lunch (Do/Fr 49 $, Sa/So 59 $) oder zum Dinner (69–89 $), es gibt jeweils ein Büfett. Abfahrt am Eagle Street Pier, 1 Eagle Street, ℡ 32211300, www.kookaburrariverqueens.com.

Mirimar Cruises, einfache Fahrt zum Lone Pine Koala Sanctuary 28 $, Hin- & Rückfahrt inkl. Eintritt in das Sanctuary 72 $. Tägl. Hinfahrt 10 Uhr, Rückfahrt 13.45 Uhr, Dauer je Strecke 1:30 Std. ℡ 0412749426 (mobil), www.mirimar.com.

Schöne Fahrten kann man natürlich auch mit den regulären Fähren unternehmen, → **City Cats** S. 586.

In der Badelagune wird auch allerhand Wassersport betrieben

Stadtzentrum

Brisbanes Zentrum wird dominiert von großen Einkaufsarkaden und Bürogebäuden. Der Stadtkern ist nicht besonders groß und bietet schon lange nicht mehr genug Platz für die Betriebsamkeit der Millionenstadt. Immerhin, was sich scheinbar im Würgegriff des Einzelhandels befindet, hat durchaus seine ansehnlichen Seiten. Es gibt eine ganze Reihe historischer Gebäude, die z. T. noch aus den frühen Zeiten der Stadt stammen.

Das Zentrum ist klar nach Schachbrettmuster gegliedert und folgt einer einfachen Systematik: Die nach den königlichen Damen benannten Straßen verlaufen in Nord-Ost-Richtung, die Straßen in Nord-West-Richtung tragen die Namen der royalen Herren.

City Hall: Aufgrund der zentralen Lage ein guter Startplatz für jede Sightseeing-Tour. Der 92 m hohe Uhrturm war einst das höchste Bauwerk der Stadt, das besonders nachts gut zur Geltung kommt, wenn die Fassade beleuchtet ist. Aber nicht nur die Fassade mit dem Säulengang und dem Turm beeindrucken, auch im Inneren des Gebäudes geht es edel zu. Diverse Säle stehen für Galaveranstaltungen zur Verfügung, zudem gibt es ein großes Auditorium mit Kuppeldach, Galerie und fest installierter Bühne. Hier werden oft kostenlose Aufführungen, z. B. Konzerte oder Theateraufführungen veranstaltet. Während der Bürgermeister der Stadt sein Büro immer noch in der City Hall hat, wurden seit den 70er-Jahren viele Bereiche der Stadtverwaltung in umliegende Gebäude ausgelagert. In der City Hall befinden sich auch die Räumlichkeiten des *Museum of Brisbane*. Von 2010 bis April 2013 wurde die City Hall umfangreichen Renovierungs- und Umbauarbeiten unterzogen.

Mo–Fr 8–17 Uhr, Sa/So 9–17 Uhr. Täglich kostenlose Touren 10.30, 11.30, 13.30, 14.30 und 15.30 Uhr. Am King George Square, zwischen Adelaide Street & Ann Street, www.brisbane.qld.gov.au.

Museum of Brisbane: Vielleicht findet man hier nicht überall die ganz großen Namen, aber trotzdem sehr interessant. In fünf Räumen werden wechselnde Ausstellungen gezeigt, zentrale Themen sind Kultur, Tradition und Geschichte der Stadt. Auch lokale Künstler zeigen hier ihre Werke, darunter Bilder, Zeichnungen, Fotografien, Multimedia-Präsentationen und Kunsthandwerk. Im Museumsladen gibt es einschlägige Literatur, Musik, Designstücke und natürlich auch entsprechende Merchandise-Produkte.
Tägl. 10–17 Uhr. Eintritt frei. In der City Hall, King George Square, ✆ 33390800, www.museumofbrisbane.com.au.

ANZAC Square: Der Platz mitten im Zentrum ist eine grüne Oase mit schattigen Bäumen, kleinen Grasflächen und Bänken, auf denen man sich ausruhen kann – wenn sie in der Mittagspause nicht gerade von Angestellten und Arbeitern belegt sind. An der Stirnseite des Parks, zur Ann Street hin, steht der in Säulen gefasste *Shrine of Rememberance* mit dem „ewigen Feuer", das die Soldaten des Ersten Weltkriegs ehren soll. Steigt man hier die Treppen hinauf, gelangt man direkt zur Central Station, wo es ein ausgezeichnetes Pub gibt.
Zwischen Ann und Adelaide Street, auf Höhe der Central Station.

„Grasendes" Metallkänguru in Brisbanes Innenstadt

Queen Street Mall: Gut 700 Geschäfte findet man in der Mall. Absolut sehenswert ist die historische *Brisbane Arcade*, eine dreistöckige Einkaufsarkade aus dem Jahr 1923. Die Fußgängerzone ist ein beliebter Treffpunkt für Touristen und Einheimische. Die Café-Bars sind natürlich keine Geheimtipps, doch fast immer trifft man auf gut gelaunte Leute, die Bier trinken und Sport schauen. In den Food Courts der angrenzenden, großen Einkaufszentren kann man für kleines Geld den Hunger stillen.

St. Johns Cathedral: Das neugotische Design mit den Sandsteinsäulen und -bögen stammt aus dem Jahr 1888, der Grundstein für die Kathedrale wurde 1901 gelegt, 1910 war die erste Baustufe vollendet. In den 60er-Jahren wurde das Gotteshaus erweitert, eine weitere Bauphase ist seit 1989 im Gange. Neben dem beeindruckenden schmalen, hohen Kirchenschiff sind es v. a. die Details, die begeistern. Die wunderschönen Bleiglasfenster sind ein echter Hingucker, ebenso die filigranen Schnitzereien an Kanzel und Bänken. Besonderes Detail sind die 400 Sitzkissen, die von Studenten des Queensland College of Art bestickt wurden. Neben der Kathedrale steht die 1850 erbaute **Deanery**, eines der ältesten Gebäude der Stadt – hier residierte einst Queenslands erster Gouverneur, Sir George Bowen.
Tägl. 9.30–16.30 Uhr, kostenlose Führungen. Shop Mo–Sa 9.30–14.30 Uhr. Am nördlichen Rand des Stadtzentrums, 373 Ann Street, ✆ 38352222, www.stjohnscathedral.com.au.

Cathedral of St. Stephen: In den Anfangsjahren Brisbanes Mitte des 19. Jh. war die winzige Kapelle, die bis heute neben Kathedrale steht, für die überschaubare katholische Gemeinde groß genug. In der *St. Stephen's Chapel* wurde 1850 erstmals eine Messe abgehalten, was sie zur ältesten Kirche des Staates Queensland macht. Als Brisbane eine eigenständige Diözese wurde, brauchte man allerdings eine standesgemäße Räumlichkeit, 1863 wurde der Grundstein der Kathedrale gelegt. Die Wirtschaftsdepression der 1860er-Jahre verhinderte allerdings die Umsetzung der ursprünglichen Pläne, man war gezwungen, kleinere Brötchen zu backen. Trotzdem konnte 1874 die (noch unfertige) Kathedrale eingeweiht werden. Im 20. Jh. wurde beständig erweitert und umgebaut, in den 1980er-Jahren wurde unter Erzbischof Francis Rush das gesamte Gotteshaus nochmals umfassend restauriert.

Führungen Mo–Sa 10.30 Uhr, So nur auf Anfrage. Eintritt frei. 249 Elizabeth Street, 33243030, www.cathedralofststephen.org.au.

Commissariat Store: Sicherlich eines der bedeutendsten Bauwerke der Stadt und mit Baujahr 1829 eines der ältesten. Auch das ungeschulte Auge erkennt, dass man bei der Aufstockung im Jahr 1913 noch nicht um ein einheitliches Erscheinungsbild bemüht war. Später wurden die verschiedenen Entstehungsphasen in mühevoller Kleinarbeit rekonstruiert und die historische Bausubstanz freigelegt. Ursprünglich diente das Gebäude als Tor zur Kolonie, Sträflinge und andere Ankömmlinge wurden hier registriert, bevor sie ihre Ziele in der Kolonie ansteuern konnten. Heute befinden sich hier die Räumlichkeiten und das Museum der *Royal Historical Society of Queensland*. Verschiedene Ausstellungsstücke erinnern an die harten Zeiten als Strafkolonie.

Di–Fr 10–16 Uhr. Eintritt 6 $. Regelmäßig Führungen. 115 William Street, 32214198, www.commissariatstore.org.au.

Conrad Treasury Brisbane (ehemals **Treasury Building**): Zweifellos eines der schönsten Gebäude der Stadt, in einer der besten Lagen von Brisbane. Erbaut wurde es in mehreren Stufen ab 1885, wobei die einzelnen Bauabschnitte angrenzenden Straßen nacheinander in Angriff genommen wurden. Als Erstes war 1889 der Trakt zur William Street bezugsfertig, das Pendant in der Elizabeth Street folgte 1893, und erst gut 30 Jahre später machte man sich an die Bauten in der Queen und George Street. Seinen politischen Höhepunkt erlebte das Gebäude 1901, als

Platzmangel: Brisbanes Straßen sind z. T. abenteuerlich auf Stelzen in den Fluss hineingebaut

Baron Lamington, Premierminister von Queensland, von einem der Balkone die Proklamation der Federation des australischen Commonwealth verlas. In den 1980er-Jahren zogen immer mehr Regierungsstellen in modernere Bauten um, das Gebäude wurde schließlich verkauft und beherbergt seit 1995 das Conrad Treasury Casino, Bars, Restaurants und ein Hotel.

Eintritt frei, Zutritt in das Spielkasino nur für Personen über 18. Top of the Queen Street Mall, ✆ 33068888, www.treasury brisbane.com.au.

Customs House: Optisch beeindruckt die koloniale Architektur aus dem Jahr 1889 noch immer, auch wenn umliegende Bausünden mittlerweile Schatten auf das Gebäude werfen. Ins Auge stechen v. a. die korinthischen Säulen im Eingangsbereich und die Kuppel auf dem Dach. Knapp 100 Jahre war das Zollgebäude in Betrieb, mit steigendem Warenverkehr wurden die Hafenaktivitäten aber peu a peu Richtung Flussmündung verlagert. 1988 schloss das Customs House seine Pforten endgültig, 1991 wurde es von der University of Queensland übernommen. Nach 7,5 Mio. Dollar teuren Restaurierungsarbeiten ist das Gebäude wieder das Juwel in der von modernen Hochhäusern geprägten Gegend. Im Inneren gibt es eine *Kunstgalerie* und ein Restaurant, es werden Konzerte veranstaltet, und von der Terrasse hat man einen tollen Blick auf den Brisbane River und die Story Bridge.

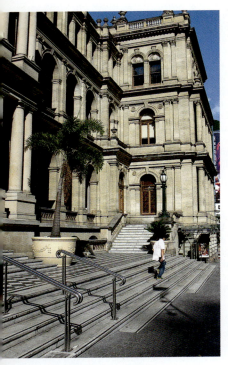

Das Old Treasury Building

Tägl. untertags geöffnet, bisweilen auch kostenlose Konzerte, Termine dafür im Netz. 399 Queen Street, ✆ 33658999, www.customshouse.com.au.

Gardens Point und Waterfront

Hier lässt es sich nicht nur schön durch die grüne Parklandschaft des Botanischen Gartens schlendern. Auf dem Campus der *Queensland University of Technology* sind auch kulturelle Unternehmungen möglich, im angrenzenden **Gardens Theatre** (www.gardenstheatre.qut.edu.au) finden regelmäßig kleinere Aufführungen statt. Große Acts sind auf der **Brisbane River Stage** zu sehen, die im Botanischen Garten auf einem zwei Hektar großen Areal zu finden ist. In lauen Sommernächten breiten bis zu 9000 Besucher ihre Decken auf dem Grashügel aus und verfolgen die Aufführungen.

Die Uferpromenade zieht die Großstädter magisch an, es wird geradelt, flaniert oder der Hund Gassi geführt. Marschiert man flussabwärts am Ufer entlang, er-

Gardens Point und Waterfront

reicht man die **Eagle Street Pier**, wo sich Bars, Cafés und edle Restaurants reihen. Etliche Fähr-Anlegestellen machen die Waterfront einfach und schnell erreichbar.

Parliament House: Als 1860 das Parlament des gerade neu gegründeten Staates Queensland zum ersten Mal tagte, fand das noch in den alten Sträflingsbaracken satt. Doch es dauerte nicht lange, bis die werten Herren ein angemessenes Gebäude für sich beanspruchten. Erster Spatenstich war 1864, der vier Tonnen schwere Grundstein wurde im Juli des darauf folgenden Jahres gelegt. Fragt man vor Ort, wo denn der Grundstein zu finden sei, wird meist verschämt darauf hingewiesen, dass man das nicht mehr so genau wisse. Vermuteter Ort: unter dem Foyer im Flügel der George Street.

Die ersten Parlamentssitzungen fanden hier 1868 statt, doch erst 1889 waren die Bauarbeiten abgeschlossen. Bei der optischen Gestaltung ließ sich Architekt Charles Tiffin von Pariser Gebäuden, wie etwa dem Louvre inspirieren. Die massiven Sandsteinwände sind heute in Würde gealtert, der schönste Anblick bietet sich im Oktober, wenn die Jacaranda-Bäume voll in Blüte stehen. Im 1. Stock befinden sich die beiden Parlaments-Kammern, im 2. Stock die Galerie für die Besucher. Wer will, kann hier die oft hitzigen Debatten mit verfolgen.

Mo–Fr 9–16.45 Uhr, Sitzungsdaten im Internet. George Street/Ecke Alice Street, Brisbane, am Rand des Botanischen Gartens. Erreichbar mit dem kostenlosen City-Bus. ✆ 34067111 oder 1800197809, www.parliament.qld.gov.au.

City Botanic Gardens: Die Lage des Botanischen Gartens ist einfach fantastisch. Am Ufer des Brisbane River gelegen, ist er gleichermaßen beliebt bei Spaziergängern, Radlern und Rollerbladern. Von hier hat man einen atemberaubenden Blick auf die Klippen des gegenüberliegenden *Kangoroo Point*. Auf den verzweigten Pfaden spenden riesige Moreton-Bay-Feigenbäume Schatten, und auf den akkurat gemähten Grünflächen kann man wunderbar in der Sonne liegen und faulenzen. Wer nicht alleine auf Erkundungstour gehen will, kann an einer kostenlosen geführten Tour teilnehmen. Wegkarten bzw. Start der Führungen an dem kleinen Pavillon, der direkt am Hauptweg liegt. Mit etwas Glück findet gerade eine Veranstaltung auf der River-Stage-Bühne statt, die jährlich etwa 100.000 Zuschauer anzieht.

Tägl. 24 Std. geöffnet. Kostenlose Führungen Mo–Sa 11 und 13 Uhr, ab Pavillon (Ecke Central Path/Palm Avenue). Eintritt frei. Südlich des Stadtzentrums gelegen. ✆ 34038888.

Old Government House: Das Sandsteingebäude wurde 1860 eigens für Sir George Bowen, den ersten Gouverneur Queenslands, erbaut. Der Direktor des Botanischen Gartens suchte den Bauplatz aus, die Architektur stammt, wie beim Parliament House, von Charles Tiffin. Bowen zog 1862 ein, und bis ins folgende Jahrhundert residierten hier die Gouverneure des Landes. 1910 wurde der Bau an die Queensland University übergeben, der Gouverneur zog in das Herrenhaus „Fernberg" im Ortsteil Paddington. Ursprünglich nur als provisorische Lösung gedacht, befindet sich der Regierungssitz bis heute dort. Bis 2007 wurde das Old Government House für Veranstaltungen genutzt und war am Ende dann doch etwas heruntergekommen. Um die einst so feudale Residenz wieder auf Hochglanz zu bringen, wurde das Gebäude ab 2007 umfangreich restauriert, Wiedereröffnung war 2009, pünktlich zum 150-jährigen Jubiläum der Eigenständigkeit Queenslands.

So–Fr 10–16 Uhr, Sa geschlossen. Infos zu Touren in der Touristeninfo (Anmeldung nötig). George Street, ✆ 31388005, www.ogh.qut.edu.au.

QUT Art Museum: interessantes Museum auf dem Campus der Queensland University of Technology, das auch die Kunstsammlung der Universität beherbergt. In den Ausstellungsräumen findet man amüsante, aber auch kritische moderne Werke von vornehmlich australischen Künstlern, viele Exponate stammen von Studenten. Die Sammlung – darunter Gemälde, Keramiken und Skulpturen – hat ihre Ursprünge im Jahr 1945 und ist mit etwa 2000 Stücken verhältnismäßig klein, der Schwerpunkt liegt dabei auf dem 20. Jahrhundert. Eine der wenigen internationalen Abteilungen zeigt Kunstdrucke, vornehmlich amerikanischer und japanischer Künstler. Seit den 1990er-Jahren sind auch die Arbeiten von Aborigines stärker vertreten.

Di–Fr 10–17 Uhr, Sa/So 12–16 Uhr, Mo/Feiertage geschlossen. Eintritt frei. 2 George Street, am Botanischen Garten, neben dem Old Government House, ✆ 31385370, www.artmuseum.qut.com.

South Bank

Hier fand 1988 die Welt-Expo statt, im Anschluss wurde das Areal in eine wunderbare Naherholungsoase verwandelt. Die South Bank ist dabei nicht nur für ihren Badestrand bekannt, sondern auch für ihr großes kulturelles Angebot: Das **Queensland Cultural Centre**, direkt an der Victoria Bridge gelegen, beherbergt einige der wichtigsten kulturellen Stätten der Stadt und des Staates Queensland (die Galerien und Museen werden im Folgenden aufgeführt). Die Promenade, immer mit Blick auf Fluss und Skyline, ist die wohl beliebteste Flaniermeile der Stadt. An lauen Sommerabenden werden die öffentlichen BBQs befeuert, hier trifft man sich zum Essen, Quatschen und Trinken; aber auch einige nette Cafés und Restaurants finden sich hier, in denen man gut einkehren kann. Das Bauwerk, das am meisten aus der Reihe fällt, ist sicherlich die **Nepalesische Pagode** direkt an der Promenade. Einige offene Flächen bieten die Möglichkeit für Veranstaltungen, regelmäßig gibt es z. B. Open-Air-Kino, Märkte oder Ausstellungen. Und da sich hier auch ein Campus der **Griffith-Universität** befindet, sind viele Studenten unterwegs, die in den Mittagspausen auf den Grünflächen liegen oder die eine oder andere Partie Frisbee oder Fußball spielen.

Queensland Art Gallery: Die hochkarätigste und vielseitigste Kunstgalerie in Queensland und sicher auf Augenhöhe mit den großen Vertretern in Sydney oder Melbourne. Die Galerie wurde 1895 als *Queensland National Art Gallery* gegründet, hatte aber nie ein dauerhaftes Zuhause – bis 1982 das sehr eigenwillige Gebäude an der South Bank gebaut wurde. Gut 13.000 Stücke gehören zur Sammlung, von klassischen Gemälden und Skulpturen über moderne Installationskunst und Fotografien bis hin zu Keramiken und Drucken. Die zeitgenössischen Werke sind seit 2006 in das nur 150 m entfernte Gebäude der dazugehörigen **Gallery of Modern Art** (s. u.) ausgegliedert.

Zu den Abteilungen der Galerie gehört z. B. *Queensland Heritage*, in dem ausschließlich Werke von Künstlern aus Queensland ausgestellt sind und natürlich auch Aboriginal-Art im Allgemeinen zu sehen ist. In den 1990er-Jahren begann man, die Sammlung historischer asiatischer Kunstgegenstände kontinuierlich auszubauen. Bemerkenswerte Stücke der Abteilung *Asian Art* sind verzierte Tongefäße, von denen einige aus der spätneolithischen Majiayao-Kultur stammen und über 4000 Jahre alt sind.

Im Bereich *International Art* findet man natürlich Werke von europäischen Größen, etwa die „La Belle Holandaise" von Pablo Picasso oder „Trois danseuses à la classe de danse" von Edgar Degas. Ältere Stücke stammen von Künstlern des 16. Jh., etwa von Jacopo Tintoretto oder Giambologna.

Etwas Besonderes – man ist ja schließlich in Australien – sind die Räumlichkeiten, in denen die australische Kunst bis 1975 präsentiert wird. Einige der bedeutendsten Künstler des Kontinents waren Anfang und Mitte des 20. Jahrhunderts tätig, und so kann man hier Werke von großen Namen wie Sydney Nolan, Russell Drysdale oder William Dobell bestaunen.

Wer auf den Geschmack gekommen ist, kann sich im galerieeigenen Shop mit einschlägiger Literatur eindecken, vom Bildband über Künstlerbiografien bis zu kunstgeschichtlichen Abhandlungen. Für die kleine Stärkung gibt es ein Café.

Tägl. 10–17 Uhr. Eintritt frei, Sonderausstellungen kosten evtl. Eintritt. Kostenlose Führungen. Stanley Place, ✆ 38407303, www.qagoma.qld.gov.au.

Gallery of Modern Art: Die Dependance der Queensland Art Gallery zeigt brandaktuelle Werke, darunter auch Film- und Multimediakunst. Das ultramoderne Gebäude beherbergt auf fünf Etagen Ausstellungsräume für Wanderausstellungen, eine umfangreiche Dauerausstellung, eine Cinemathek und Räumlichkeiten für Workshops oder Tagungen. Die erst Ende 2006 eröffnete Galerie befindet sich nur gut 150 m vom „Mutterschiff" entfernt und stellt – wie der Name sagt – zeitgenössische Kunst aus. Dabei liegt der Schwerpunkt auf Australien und dem asiatisch-pazifischen Raum, aber auch Künstler aus anderen Teilen der Erde sind vertreten, z. B. der deutsche Maler Georg Baselitz,

Relaxen an der Southbank

die britische Installationskünstlerin Rachel Whiteread oder der mexikanische Maler und Bildhauer Gabriel Orozco. Im Bereich *Contemporary Indigenous Art* sind außergewöhnliche Werke von Aborigines ausgestellt, darunter Landschaftsmalereien der berühmten Hermannsburger Schule, oder Werke im Stil der Punktmalerei.

Wichtigste Veranstaltung ist das *Asia Pacific Triennial of Contemporary Art*, die weltweit einzige Ausstellung dieser Größenordnung, die sich ausschließlich mit Kunst aus Asien und dem Pazifikraum (inkl. Australien) beschäftigt. Findet alle drei Jahre statt, das nächste Mal von November 2015 bis April 2016. Café und Shop vorhanden.

Tägl. 10–17 Uhr. Eintritt frei; einige Programme in der Cinemathek sind eintrittspflichtig. Stanley Place, ✆ 38407303, www.qagoma.qld.gov.au.

Queensland Museum: Für das interessante, große Museum sollte man sich zumindest einen halben Tag Zeit nehmen. Auf vier Ebenen sind zahlreiche Ausstellungen zu naturwissenschaftlichen und kulturellen Themen zu sehen. Zu den beliebtesten Anlaufstellen gehören die Modelle und Skelette von Walen und Dinosauriern. Weitere Abteilungen informieren über bedrohte Tierarten, Fossilien, verschiedenste Exponate aus der Region und dem Rest der Welt bis hin zu einem deutschen Wehrmachts-Panzer aus dem Ersten Weltkrieg.

Die sehr informative *Dandiiri Maiwar*-Abteilung befasst sich mit der Geschichte und dem Leben der australischen Ureinwohner: den Aborigines und den Torres-

Strait-Insulanern. Sechs separate, ringförmige Ausstellungsbereiche, die man einzeln betreten kann, widmen sich verschiedenen Themen, z. B. den Perspektiven der Aborigines im modernen Australien. In den Vitrinen sind über 1000 Exponate zu sehen, die dem Besucher das Leben und die Kultur der Ureinwohner nahe bringen. Für viele Kinder die Nummer eins im *Science Centre* des Museums ist die Station „Biking with Boney" – solange man selbst radelt, tritt neben einem auch ein Menschenskelett in die Pedale und man kann dabei die Bewegungsabläufe der Gelenke mitverfolgen.

Tägl. 9.30–17 Uhr. Eintritt frei. Science Centre 14,50 $, Kinder 11,50 $. Grey Str./Ecke Melbourne Str., ✆ 38407555, www.qm.qld.gov.au.

Maritime Museum: Das Marinemuseum am südlichen Ende der South Bank, direkt an der Goodwill Bridge, wurde 1971 gegründet; seine Verbindung mit der Seefahrt reicht aber viel weiter zurück. Bereits 1876 wurde ein Trockendock mit 95 m Länge und 18 m Breite gebaut, das 1887 auf eine Länge von 131 m erweitert wurde. Im Zweiten Weltkrieg wurden in diesem Dock australische und amerikanische Schiffe gewartet. Heute liegt die 1945 gebaute australische Fregatte *Diamantina* dauerhaft im Dock, ein Stahl gewordener Traum jedes Seebären. Ein weiteres Großschiff des Museums ist ein Dampfschlepper von 1925, außerdem sind historische Segel- und Ruderboote ausgestellt. Zu weiteren Exponaten gehören Schiffsmodelle, Navigationsinstrumente, Fotografien, Kartenmaterial und maritime Gerätschaften aus den vergangenen zwei Jahrhunderten.

Tägl. 9.30–16.30 Uhr, letzter Einlass 15.30 Uhr. Eintritt 16 $. Südliches Ende der South Bank Parklands. ✆ 38445361, www.maritimemuseum.com.au.

State Library of Queensland: Die älteste Sammlung Queenslands ist in der modernsten Bücherei des Staates zu sehen; ihre Ursprünge liegen im Jahr 1896, 1902 wurde die Bibliothek der Öffentlichkeit zugänglich gemacht. Im Jahr 2000 wurde das „Millenium Library Project" beschlossen, 2006 wurde das umgebaute und topmoderne Gebäude eröffnet – mit 28.000 m² Ausstellungsfläche auf fünf Stockwerken ist es jetzt doppelt so groß und mit neuester Technologie ausgestattet. Die Begeisterung über die extravagante Optik der Bücherei war so groß, dass der Bau 2007 zu Australiens „Building of the Year" gewählt wurde. Zur großen Sammlung gehören literarische Werke aus aller Welt, Bilder und Fotografien, aber auch historische Dokumente, wie etwa das erste Logbuch der australischen Fluglinie Qantas. Im Shop ist eine gute Auswahl an Büchern erhältlich, v. a. Geschichtsbücher, die anderswo oft schwer zu bekommen sind. Die State Library liegt zwischen der Queensland Art Gallery und der Gallery of Modern Art.

Fr–So 10–17 Uhr, Mo–Do bis 20 Uhr. Shop Mo–Fr 8–18 Uhr, Sa/So 9.30–17 Uhr. Eintritt frei. Cultural Centre, Stanley Place, ✆ 38407666, www.slq.qld.gov.au.

Streets Beach: Eine Badeoase mit Sandstrand, Schwimmbecken und Planschbecken für die Kleinen – und das mitten in der Stadt und rund 30 km von der Küste entfernt. Wunderbar eingebettet in die Parklandschaft der South Bank mit BBQs, Cafés oder Restaurants in unmittelbarer Nähe. An heißen Sommertagen bis in die späten Abendstunden stark frequentiert. Nicht zu übersehen, direkt an der South Bank.

Roma Street Parklands und Umgebung

Roma Street Parkland: eine Perle im Herzen von Brisbane und der größte subtropische Stadtpark der Welt. Diverse Spazierwege durchziehen den Park, verschiedene

Bereiche sind anschaulich mit Schildern markiert. Zum Beispiel der *Spectacle Garden*, eine penibel angelegte Gartenlandschaft, in der farbenfrohe Blüten das Auge und duftende Kräuter die Nase erfreuen – natürlich saisonal variierend. Ebenfalls wunderbar anzuschauen sind der Farnhain oder der Palmengarten. Auch die Kultur kommt nicht zu kurz: Im *Amphitheater* gibt es regelmäßig Aufführungen, und im ganzen Park sind unter freiem Himmel Kunstwerke von 16 ausgewählten Künstlern installiert. Wer nicht alleine auf Erkundungstour gehen will, kann sich einer geführten Tour anschließen. Café und öffentliche Toiletten im südlichen Bereich des Parks.

Tägl. 24 Std. geöffnet. Eintritt/Führung kostenlos. Führungen tägl. 11 und 13 Uhr. Broschüren am „The Hub"-Infostand in der Mitte des Gartens. www.romastreetparkland.com.

The Old Windmill: Die Windmühle ist das älteste und noch von Strafgefangenen errichtete Bauwerk in Brisbane und gilt als ein wichtiges Kulturerbe der Stadt. 1828 wurde die Mühle erbaut, um in der neuen Kolonie Getreide zu Mehl zu mahlen, doch schon 1861 wurde die Mühle zweckentfremdet und diente von da an als Signal- und Beobachtungsturm. Der Fernsehpionier Val McDonald nutzte 1934 die exponierte Lage des Turms, um von dort erste Fernsehübertragungen zu senden.

An der Wickham Terrace, einen kurzen Fußmarsch vom Zentrum entfernt. Schönster Zugang durch den Wickham Park über die Treppen am oberen Ende der Edward Street.

Mr. Fourex

Er trägt einen schwarzen Anzug und Krawatte, hält lächelnd ein Glas Bier in der Hand, und auf seiner „Kreissäge" (dem Hut) prangt in großen Lettern „XXXX". Seit 1924 ist die Cartoonfigur das Maskottchen der gleichnamigen Brauerei und nach über 80 Jahren Dienst natürlich unzertrennlich mit dem Gerstensaft verbunden. Zwei Geschichten kursieren über die Geburt des Werbeträgers. Die eine besagt, dass er auf den Unternehmer Paddy Fitzgerald zurückgeht, eine der treibenden Kräfte während des kometenhaften Aufstiegs der Brauerei, andere sehen die Vorlage in einem kleinwüchsigen Zeitungsverkäufer, der einst im Fortitude Valley tätig war. Auch wenn die Vergangenheit von Mr. Fourex letztendlich im Dunkeln bleibt, wollen die Werbemanager auch in Zukunft verstärkt auf die Wirksamkeit ihres Aushängeschilds setzen.

XXXX Brewery: Das Gebäude mit der riesigen Reklametafel auf dem Dach ist kaum zu übersehen. Hier auf dem Gelände im Stadtteil Milton wurde 1878 in der Castlemain-Brauerei erstmals Bier gebraut. Damals reichte es allerdings noch nicht für das vierte X, auf den Etiketten stand *Sparkling Ale XXX*. In den 1920ern wurde der deutsche Brauexperte Alois William Leitner in Dienst genommen, der die Brautechnik weiter vorantrieb. 1924 prangten dann mit Einführung des *Bitter Ale* erstmals vier „X" auf einer Flasche, und auch Mr. Fourex (→ Kastentext) hatte seinen ersten Auftritt. 1999 lief die fünfmilliardste Flasche vom Band, größere Umbauten der Produktionsstätte wurden vorgenommen.

3–4 Führungen Mo–Sa 11–16 Uhr. Führung 32 $ inkl. Verkostung, Kinder (ohne Bier) 18 $. Black Str./Ecke Paten Str., Milton. Erreichbar per Bahn oder zu Fuß (20 Min. vom Transit Centre). ✆ 33617597, www.xxxx.com.au.

Mt. Coot-tha

Mount Coot-tha Park und **Lookout**: Zweifellos den besten Blick auf die Stadt hat man vom 287 m hohen Mount Coot-tha, bei guter Sicht kann man bis zu den Inseln der Moreton Bay schauen. Ganz im Stil eines klassischen Ausflugsorts gibt es ein Café und ein Restaurant, die Preise sind nicht ganz niedrig, aber einen Kaffee oder ein Bier kann man sich leisten. Souvenirs gibt es im Shop vor Ort.
Eintritt frei. Busse der Linie 471 fahren von der Adelaide-Street-Haltestelle (34) direkt zum Lookout; gut ausgeschildert.

Mount Coot-tha Botanic Gardens: Für den Botanischen Garten im Zentrum von Brisbane gibt es keinerlei Möglichkeit zur Erweiterung, also wurde 1976 kurzer Hand ein zweiter Garten am Fuße des Mount Coot-tha angelegt. Ganze 52 Hektar Platz hat man jetzt, gut die Hälfte davon ist Australiens heimischer Pflanzenwelt gewidmet. Ein weiterer Vorteil: Das Areal ist, im Gegensatz zu seinem Pendant in der Stadt, vor Überflutungen sicher. In den thematisch geordneten Abteilungen gibt es z. B. einen Kaktushaus, einen Kräutergarten und ein Bonsai-Haus. Nicht zu übersehen ist der gläserne *Tropical Dome*, in dem tropische Pflanzen ideale klimatische Bedingungen vorfinden.
Tägl. 8–17 Uhr, Tropical Dome 9.30–16 Uhr. Eintritt frei. Kostenlose Führungen Mo–Sa 11 und 13 Uhr ab Infokiosk. Kostenlose Parkplätze. Mt. Coot-tha Road, Toowong, ✆ 34032535.

Sir Thomas Brisbane Planetarium: Das 1978 eröffnete Planetarium trägt den Namen des ehemaligen Gouverneurs von New South Wales. Immerhin war Sir Thomas für die Verzeichnung und Benennung von 7385 Sternen verantwortlich. Die Shows führen durch ferne Galaxien, die Texte dazu werden von berühmten Zeitgenossen wie Tom Hanks oder Harrison Ford gesprochen. Im Observatorium kann man zusammen mit einem Astronomen in den nächtlichen Himmel über Brisbane blicken (Anruf vorher ist sinnvoll).
Di–Fr 10–16 Uhr, Sa 11–20.15 Uhr, So 11–16 Uhr. Vorführungen 15–34 $. In den Mount Coot-tha Botanic Gardens, Mt. Coot-tha Road, Toowong. Anreise → Mount Coot-tha Botanic Gardens. ✆ 34032578.

Außerhalb

Lone Pine Koala Sanctuary: Schon seit 1927 kümmert man sich hier um die putzigen Fellknäuel, so lange wie nirgends sonst. Etwa 130 Tiere haben hier ein Zuhause gefunden und so steht immer ein Exemplar zum Kuscheln, Knuddeln und Fotografieren bereit (professionelle Fotos mit Koala auf dem Arm können gekauft werden), zudem sind Kängurus, Wombats, Echidnas und Krokodile zu sehen. Auf keinen Fall entgehen lassen sollte man sich eine Vorführung der Schäfer mit ihren schlauen Hunden (3-mal täglich). In der Anlage gibt es ein Restaurant, ein Café und einen Kiosk. Am schönsten ist die Anfahrt mit der Fähre, die Fahrzeiten lassen aber nur wenig Zeit (knapp 2 Std.) für den Besuch.

Tägl. 9–17 Uhr. Eintritt 35 $, Familienticket (2 Erw., 3 Kinder) 85 $. www.koala.net.

Fähre: Abfahrt am Cultural Centre/Southbank 10 Uhr, Rückfahrt 13.45 Uhr. Fahrzeit jeweils 1:30 Std., 72 $ inkl. Eintritt, Familien 200 $ (www.mirimar.com).

Pkw: Etwa 15 km südwestlich des Stadtzentrums. Erreichbar über Milton Road/Western Freeway, dann in die Fig Tree Pocket Road einbiegen.

Bus: Linie 445 (ab 40 Adelaide Street) und 430 (ab Queen Street Bus Station). Detaillierter Busfahrplan im Web. Ticket one-way 6,70 $. Jesmond Road, Fig Tree Pocket, ✆ 131230.

Surfen vor der Skyline von Surfers Paradise

Brisbane: Umgebung und Hinterland

Die Moreton Bay und ihre Inseln

Moreton Island

Die Fahrt nach Moreton Island ist der klassische Insel-Tagesausflug von Brisbane aus. Ohne asphaltierte Straßen ist der Abenteuer-Faktor zwar entsprechend hoch, man braucht allerdings auch einen Geländewagen, um die Insel auf eigene Faust zu erkunden. Zu den Höhepunkten gehören ein Bad in der **Blue Lagoon**, eine Tour zum **Cape Moreton Lighthouse** und die Wanderung auf den **Mt. Tempest**. Viele Urlauber steuern auch nur das **Tangalooma Resort** an, um dort auf Tuchfühlung mit den wild lebenden Delfinen zu gehen.

Mit 19.000 ha Fläche ist Moreton Island eine der größten Sandinseln der Welt. Funde von Muschelresten, die eine Besiedlung durch Aborigines belegen, wurden auf ein Alter von über 1500 Jahren geschätzt. Die Ortschaft **Cowan Cowan** hat ihre Ursprünge in einem Militärcamp aus dem Zweiten Weltkrieg, als hier Flugabwehrgeschütze stationiert waren. Von 1953 bis 1962 gab es an der Westseite der Insel (dort, wo sich heute das Tangalooma-Resort befindet) eine Walfangstation; eine ganze Reihe von Wracks der früheren Fangflotte ragt heute wie auf einer Perlenschnur aufgereiht aus dem seichten Wasser.

Moreton Island

Anreise mit Fähre Tangalooma Launch, 3- bis 4-mal tägl.; für Übernachtungsgäste des Tangalooma Resorts kostet die Hin- & Rückfahrt 80 $. Bustransfer von/nach Brisbane gegen Aufpreis. Verschiedene Optionen für Tagesausflügler (→ Touren). Büro: Kingsford Smith Drive/Ecke Harvey Street, Eagle Farm. Abfahrt der Fähren ab Holt Street, Pinkenba. ✆ 36372000 oder 1300652250, www.tangalooma.com.

MICat, für einen Geländewagen inkl. 2 Passagieren sind je nach Saison mind. 200 $ fällig (hin/zurück). 14 Howard Smith Drive, Port of Brisbane, ✆ 39093333, www.moretonislandadventures.com.au.

Amity Trader hin/zurück 270 $/Geländewagen. Tickets vorher telefonisch buchen: ✆ 38206557, www.amitytrader.com.

Auf Anfrage sind auch Helikoptertransfers möglich, z. B. mit **ABC Helis**, ✆ 1300359222, www.abcheli.com.au.

Moreton Island im Internet Aktuelle Informationen und Angebote unter www.visitmoretonisland.com.

4WD-Permits Man benötigt eine Erlaubnis (VAP), um auf der Insel fahren zu dürfen. Die Tickets (47 $) sind einen Monat gültig. Rechtzeitig zu kaufen, *bevor* man übersetzt, ganz einfach online unter www.nprsr.qld.gov.au.

4WD-Vermietung Etliche Anbieter auf dem Festland, hier kann man sich an den Touristeninformationen schlau machen. Resortgäste können Geländewagen auch vor Ort mieten, das kostet etwas mehr als auf dem Festland, aber man spart sich die Gebühren für den Autotransfer per Fähre.

Auf der Insel In Bulwer gibt es einen kleinen General Store. Wer sicher gehen will, kann einen Tag zuvor bestellen (✆ 34082202); die Preise sind gesalzen. In Koorigal gibt es ebenfalls einen Shop – aber keine Bank!

Es gibt *keinen Sprit* auf der Insel!

Touren & Aktivitäten Sunrover Tours, auf dem Programm stehen die Blue Lagoon, Sandboarden sowie ein Besuch des Cape Moreton Lighthouse. Bei mehrtägigen Touren wird gecampt (Ausrüstung wird gestellt), sämtliche Mahlzeiten sind inklusive. Tagestour ab 145 $, 2 Tage 235 $, 3 Tage 550 $ (eine Nacht im Resort-Hotel). Ab Brisbane. 1 Eversleigh Road, Scarborough, Redcliffe City, ✆ 1800353717 (kostenlos), www.sunrover.com.au.

Moreton Bay Escapes, ähnliches Programm. Tagestrips ab Brisbane gibt es ab 189 $, mit Übernachtung im Doppelzelt ab 259 $. ✆ 1300559355, bequem im Netz zu buchen unter www.moretonbayescapes.com.au.

Tangalooma Tagestouren, der Klassiker ist die Tour zur Delfin-Fütterung (95 $), die Komplettversion mit zusätzlicher Safari-Tour auf der Insel kostet 175 $. Buchungen über Tangalooma-Resort, ✆ 36372000 oder 1300652250, www.tangalooma.com.

Übernachten/Essen Es gibt jede Menge wunderbarer **Ferienhäuser** auf der Insel, von rustikal bis edel ist für jeden Geschmack etwas dabei. Buchungen über Moreton Island Real Estate, ✆ 34080099 oder 0417635221 (mobil), www.moretonislandrealestate.com.au.

Tangalooma Dolphin Resort, im Resort gibt es einige Bars, Restaurants, Bistros und Cafés für die Versorgung der Gäste. Klassisches Hotelzimmer ab 300 $, Suite mit Kitchenette ab 360 $, 2-stöckige Villa mit Küche ab 420 $. Unterkünfte für bis zu 8 Pers. An der Westseite der Insel. ✆ 36372000 oder 1300652250, www.tangalooma.com.au.

Weitere Ferienhäuser unter www.moretonisland.com.au.

Camping Es gibt 5 ausgewiesene Campingareale mit Toiletten und Kaltwasserduschen auf der Insel (sowie weitere Beach Camp Sites ohne jegliche Einrichtungen), die vom **Queensland Parks & Wildlife Service** verwaltet werden. 5,95 $/Pers. und Nacht, bezahlbar bequem übers Internet oder bei den Betreibern der Fähren. Infos und Reservierung unter ✆ 137468, www.nprsr.qld.gov.au.

North Stradbroke Island

Die Insel besticht trotz ausgezeichneter Infrastruktur durch eine atemberaubende Naturkulisse. Lange, einsame Sandstrände, felsige Klippen und ein wahres Juwel im Landesinneren: ein ausgedehntes Feuchtbiotop – Heimat einer vielfältigen Tierwelt, die bis heute noch nicht vollständig erforscht ist. „Straddie" ist 37 km lang und 11 km breit – seit 1895, um genau zu sein, denn Nord- und Südinsel waren ursprünglich miteinander verbunden, erst ein heftiger Sturm teilte das Eiland. Heute ist die Passage zwischen Nord- und Südinsel v. a. bei Anglern ein (Geheim-)Tipp. Die Breaks an der Ostküste von North Stradbroke Island sind gut, und mit dem „Straddie Assault"-Surfturnier findet jährlich im Oktober ein Hauptevent der Szene statt. Einige Einheimische sehen mittlerweile das ökologische Gleichgewicht zunehmend gefährdet: Über 50 Jahre Sandabbau haben speziell im Inselinneren ihre Spuren hinterlassen, zwischenzeitlich gab es sogar Gespräche, die Frischwasserreserven der Insel anzuzapfen, um die chronische Wasserknappheit in Brisbane zu bekämpfen.

Anreise mit Fähre Die **Fähren** – die einzige Möglichkeit der Anreise – fahren ab Cleveland (Terminal am Ende der Middle Street). Transport eines Pkw inkl. Passagieren etwa 140 $ (mit Rückfahrt). ✆ 34885300, www.stradbrokeferries.com.au.

Ankunft ist am Fährterminal in **Dunwich**. Die zwei weiteren Ortschaften **Amity** und **Point Lookout** liegen ganz im Norden der Insel und sind etwa 13 km voneinander entfernt. Von Dunwich sind es jeweils etwa 18 km auf asphaltierten Straßen. In den südlichen Bereich der Insel gelangt man nur per 4WD über den Main Beach.

Stradbroke im Internet Infos unter www.stradbrokeholidays.com.au.

Strände & Baden **Main Beach**, der 32 km lange Strand erstreckt sich entlang der Ostseite der Insel. Die Strecke vom Point Lookout im Norden bis zur südlichen Spitze der Insel ist komplett mit dem 4WD befahrbar. Der Strand ist gut zum Surfen geeignet, hat aber seine Tücken. Schwimmen sollte man nur dort, wo Rettungsschwimmer Dienst tun.

Blue Lake, einer der Süßwasserseen im Inselinneren – herrlich zum Baden, Entspannen und Picknicken. Im Blue-Lake-Nationalpark gelegen und von Dunwich aus über die Mining Company Road zu erreichen.

Übernachten/Essen **Stradbroke Island Beach Hotel**, die Pub-Ikone der Insel wurde 2007 nach langem Hickhack mit einigen Anwohnern neu aufgebaut. Herrliche Architektur mit großen Terrassen und lichtdurchfluteten Räumlichkeiten. Tägl. ab 8 Uhr geöffnet. Hier kann man gut essen oder feiern und nach dem feucht-fröhlichen Abend in den Hotelzimmern und Apartments übernachten (ab 180 $/2 Pers.). East Coast Road, Point Lookout, ✆ 34098188, www.stradbroke islandbeachhotel.com.au.

Unter **www.straddiecamping.com.au** kann man verschiedenste (Bush-)Campingareale einsehen und auch gleich buchen. Bei einigen Plätzen ist die Zufahrt nur im 4WD möglich.

Bribie Island
ca. 16.000 Einw.

Einer der größten Pluspunkte der Insel ist Segen und Fluch zugleich: Bribie Island ist bequem mit dem Auto über eine Brücke zu erreichen. Von speziellem Insel-Flair kann also nicht die Rede sein. Knapp 16.000 Bewohner leben hier, und für viele Großstädter ist Bribie v. a. als Alterssitz interessant. Als nördlichste Insel der Moreton Bay hatte Bribie schon früh militärstrategische Bedeutung, Überreste von Kanonenstellungen sind noch heute an der nördlichen Spitze der Ostküste – etwa 25 km nördlich von Woorim – zu sehen. Erreichbar sind die allerdings nur per Allradfahrzeug. Zwischen Festland und Insel liegt die *Pumicestone Passage*, benannt nach den hier vorkommenden kleinen Bimssteinen (pumice stone). Vielfältige Flora und Fauna findet man hier im Überfluss: Die Mangroven am Ufer sind Nistplatz und Lebensraum für über 350 Vogelarten, im Wasser fühlen sich Dugongs, Delfine und Meeresschildkröten offensichtlich pudelwohl – man bekommt sie immer wieder zu sehen.

GPS: S27°03.942' E153°09.102'
Ortsvorwahl: 07

Anreise mit Pkw Abfahrt vom Bruce Highway bei Caboolture, Bribie Island ist hier bereits ausgeschildert. Eine Holzbrücke führt über die Pumicestone Passage auf die Insel. Von Brisbane nach Bellara sind es etwa 65 km, nach Woorim an die Ostküste weitere 7 km.

Touristinfo Bribie Island Visitor Information Centre, direkt an der Zufahrtsstraße. Tägl. 9–16 Uhr. Benabrow Avenue, Bellara, ✆ 34089026, bribie.tourism@moretonbay.qld.gov.au.

Bribie Island im Internet Infos unter www.tourismbribie.com.au oder www.moretonbay.qld.gov.au.

4WD Permits Wer abseits der asphaltierten Straßen (in der Bribie Island Recreation Area oder am Strand) fahren will, braucht eine Genehmigung; erhältlich für 45 $/Fahrzeug und Woche online unter www.nprsr.qld.gov.au.

Strände Woorim Beach, auf der Ostseite der Insel. Toller Strand, der von Rettungsschwimmern überwacht wird. Gut zum Surfen und, in entsprechend markierten Sektionen, auch zum Schwimmen.

Bongaree Beach, auf der geschützten Innenseite der Insel, entsprechend sicherer zum Schwimmen; schattige Grünflächen, Picknickplätze und öffentliche Toiletten.

Supermarkt Woolworths, Mo–Fr 8–21 Uhr, Sa 8–17 Uhr, So 9–18 Uhr. Goodwin Frive/Ecke Hornsby Road.

Surfen Bribie Island Surf School, in Woorim. Verschiedene Kursoptionen für alle Könnerstufen ab 70 $. Termine nach Vereinbarung. ✆ 0404073873 (mobil), info@scsurfschools.com.au.

Wandern Es gibt etliche schöne **Wandertracks** in der Recreation Area. Karten und Information in der Touristinfo (s. o.).

Übernachten Bribie Waterways Motel, in Bongaree. Einfaches Motel, mit ordentlichen Zimmern, Selbstversorger können Units mit Kitchenette mieten. Von den Balkons weiter Blick über die Pumicesone Passage bis hin zu den Glasshouse Mountains. DZ ab 110 $. 155 Welsby Parade, Bongaree, ✆ 34083000, www.bribiewaterways.com.au.

Bribie Island Caravan Park, in Woorim. Schöner Park mit großer Campküche. Rechtzeitig buchen, weil hier viele Kurzurlauber aus dem nahen Brisbane entspannen. Stellplatz je nach Saison 35–42 $. Jacana Avenue, Woorim, ✆ 34082853 oder 1800649831 (kostenlos), www.bribieislandcaravanpark.com.au.

Essen & Trinken Blue Pacific Hotel, tägl. ab 10 Uhr geöffnet, Bistro tägl. 12–14.30 Uhr und 17.30–20.30 Uhr. 2 North Street, Woorim, ✆ 34081004, www.thebluepacific.com.au.

Hinterland und Darling Downs

Ipswich
ca. 155.000 Einw.

Queenslands älteste Inlandstadt ist ein Ort mit reicher Geschichte und einer vielversprechenden Zukunft. In den 1850er-Jahren im Rennen um den Hauptstadtstatus knapp von Brisbane geschlagen, wurde Ipswich 2007 von einem internationalen Komitee zur weltweit lebenswertesten Stadt mittlerer Größe gewählt.

Schlendert man durch die Straßen von Ipswich, fallen unweigerlich die zahlreichen historischen Bauten ins Auge, darunter Behördengebäude, Kirchen und wahre Herrenhäuser. Die Anfänge der Stadt gehen auf das Jahr 1827 zurück. Um Kalkstein für den Bau neuer Häuser in Brisbane abzubauen, wurde am Bremer River ein Sträflingscamp errichtet. Die blühende Stadt profitierte über all die Jahre von ihrer Nähe zu Brisbane und dem dortigen Seehafen. Bereits 1828 wurde die Passage über die Great Dividing Range in die fruchtbaren Gegenden der Darling Downs entdeckt, Ipswich entwickelte sich zu einem wichtigen Verkehrsknotenpunkt. 1846 legte als erstes Schiff der Schaufelraddampfer mit dem treffenden Namen „Experiment" die Strecke Brisbane–Ipswich zurück, und schon 1875 gab es eine gut funktionierende Zuganbindung. Bis heute ist die Region um Ipswich ein beliebter Industriestandort. Ein weiterer großer Wirtschaftszweig ist militärischer Art: Im Ortsteil Amberley hat sich Australiens größte Basis der *Royal Australian Air Force (RAAF)* niedergelassen.

Von den Überschwemmungen Anfang 2011 war Ipswich so stark betroffen, dass über 1000 Bewohner evakuiert werden mussten und rund 30.000 Haushalte ohne Strom waren.

GPS: S27°35.060' E152°46.718'
Ortsvorwahl: 07

Anreise Pkw: Von Brisbane aus über den Ipswich Motorway etwa 40 km. Von Toowoomba auf dem Warrego Highway (A2) 90 km.

Bus: Die Busse von *Greyhound* (✆ 1300473946, www.greyhound.com.au) fahren Ipswich mehrmals täglich an. Einfache Fahrt ab Brisbane Transit Centre ab 12 $, Fahrzeit 45 Min.

Bahn: Günstige Anbindung an Brisbane per Zug, (✆ 131617, www.queenslandrail.com.au). Das Ticket für die einfache Fahrt kostet nur 10,50 $.

Touristinfo Ipswich Visitor Information Centre, Mo–Fr 9–17 Uhr, Sa/So 9–16 Uhr. 14 Queen Victoria Parade, ✆ 32810555, info@discoveripswich.com.au.

Ipswich im Internet Informationen unter www.discoveripswich.com.au.

Internet Zugang im **Visitor Information Centre** zu den o. g. Öffnungszeiten.

Kunst **Ipswich Art Gallery**, eine interessante Galerie, die Werke sind hier gut in Szene gesetzt. Zu sehen ist traditionelle Aborigine-Kunst, aber auch moderne Werke, z. B. geschweißte Metallskulpturen. In der „City of Ipswich Collection" wird die Geschichte der Stadt portraitiert, zudem ständig wechselnde Ausstellungen. Eintritt frei. Tägl. 10–17 Uhr. d'Arcy Doyle Place, Nicholas Street, ✆ 38107222, www.ipswichartgallery.qld.gov.au.

Supermarkt **Coles**, Mo–Fr 7–21 Uhr, Sa 7–19 Uhr, So 9–18 Uhr. Brisbane Street/Ecke Gordon Street.

Veranstaltungen **Queensland Raceway Ipswich**, auf dem 3,12 km langen Rundkurs finden Wettbewerbe verschiedenster Motorklassen statt, am beliebtesten sind die Rennen der V8-Supercars. Man kann Fahrkurse buchen: für 99 $ im eigenen Pkw, für rund 500 $ im Rennwagen. Termine nach Vereinbarung. Am Ende des Championsway, Willowbank, ℅ 54619100, www.qldraceways.com.au.

Übernachten Quest Serviced Apartments, gut gelegen, etwa 1 km vom Zentrum und ideal für Selbstversorger – in allen Einheiten gibt es eine Kitchenette oder Küche. Swimmingpool und Grillplätze in der Anlage. Ab 145 $/2 Pers. 57–63 Warwick Road, ℅ 38136000, www.questapartments.com.au.

Central Motel Ipswich, günstiges Standard-Motel mit einfachen, aber sauberen Zimmern. Für die Gäste stehen überdachte Parkplätze zur Verfügung, zudem gibt es die Möglichkeit, Wäsche zu waschen. DZ ab 110 $. Limestone Street/Ecke Thorn Street, ℅ 32812100, www.centralmotelipswich.com.

Ipswich Caravan Village, etwa 4 km vom Zentrum entfernt, Busverbindung in den Ort, Bus hält direkt vor der Haustür. Stellplatz ab 29,50 $, mit Strom ab 31 $, Cabin ab 110 $. 95 Mt. Crosby Road, Tivoli (Ipswich), ℅ 32817951, www.ipswichcaravanvillage.com.

Essen & Trinken Queens Park Café, hübsches Café im Grünen, mit großer Terrasse. Ideal für Frühstück oder eine Stärkung zwischendurch. Mo–Sa 9–17 Uhr, So 8–17 Uhr. Merle Finimore Avenue, ℅ 32815167, www.queensparkcafe.com.au.

Pumpyard Bar and Brewery, richtig gute Biere und kleine Bistro-Karte mit Pizzen (interessante Varianten, z. B. mit Schweinebauch und Minzjoghurt), Burger und Chicken Wings. Mi/Do 12–22 Uhr, Fr/Sa 12–23 Uhr, So 12–18 Uhr (Küche schließt um 15 Uhr). 88 Limestone Street, www.4heartsbrewing.com.

Seed Coffee, hier bekommt man richtig gute Sandwiches, Waffeln mit Früchten und natürlich auch ein ordentliches Frühstück. Tägl. ab 7 Uhr. 17 Limestone Street, ℅ 0401680195.

In der Region ist zudem das ausgezeichnete **Spring Lake Hotel** eine echte Alternative. In Springfield Lakes, ℅ 34362100, www.springlakehotel.com.au.

Ipswich Heritage Trail

Zu den herausragenden Beispielen kolonialer Architektur gehören die *Ipswich Grammar School* in der Brisbane Street oder die *St Mary's Church* in der Mary Street. Das *Old Court House* von 1859 (Court Street) ist eines der ganz frühen Gebäude der Stadt und wurde noch von der Regierung von New South Wales erbaut, bevor Queensland im selben Jahr als eigenständige Kolonie etabliert wurde. In der Touristinfo gibt es verschiedene Broschüren mit zahlreichen Informationen. Ein Großteil der Gebäude ist in Privatbesitz und deshalb nur von außen zu besichtigen.

Toowoomba

ca. 100.000 Einw.

Nicht selten verlässt man Brisbane bei strahlendem Sonnenschein, nur um in Toowoomba eine schier undurchdringliche Nebelsuppe vorzufinden. Doch wenn die sich lichtet, ist die wunderbare Lage der Stadt am Kamm der Great Dividing Range ein Genuss.

Schon die steile Anfahrt offenbart, dass sich Toowoomba auf einem Berg befindet – in der Touristinfo ist eine atemberaubende Luftaufnahme zu sehen, die die exponierte Lage am Rande des Hangs zeigt. Toowoomba ist die größte Stadt und das Geschäftszentrum der *Darling Downs*, jenes fruchtbaren Landstrichs in den westlichen Ausläufern der Great Dividing Range – vom Mähdrescher bis zur Gucci-Handtasche ist hier alles zu haben. Besuchern verspricht man das „Beste aus zwei Welten" und hat sich für Toowoomba zudem den Beinamen „Garden City" ausgedacht – nicht ganz zu Unrecht. Immerhin gibt es gut 150 Parks in der Stadt, und viele der breiten Straßen sind von violett blühenden Jacarandas und immergrünen

Kampferbäumen gesäumt. Die Parks, allen voran der große *Queens Park*, sind immer wieder Schauplatz für diverse Veranstaltungen, vom Konzert bis hin zum Zirkus. Toowoomba erwischte es besonders hart bei den Fluten Anfang 2011: Wie ein reißender Fluss tobten die Wassermassen mitten durch den Ort, mehrere Menschen kamen zu Tode, die Verwüstungen waren erheblich.

GPS: S27°33.942' E151°57.325'
700 m ü. M.
Ortsvorwahl: 07

Anreise Pkw: Von Brisbane über den Ipswich Motorway und den Warrego Highway (A2) etwa 125 km; man fährt nicht direkt durch Ipswich, sondern auf der Umgehungsstraße daran vorbei. Fahrzeit etwa 2 Std.
Bus: Der *Airport Flyer* (✆ 1300304350, www.theairportflyer.com.au) fährt direkt vom/zum Brisbane Airport. Einfache Fahrt 89 $, hin/zurück 161 $. *Greyhound* (✆ 1300473946, www.greyhound.com.au) fährt ab Brisbane Coach Terminal für 20 $ zum Busterminal in der Neil Street.
Bahn: Der *Westlander* (✆ 1300131722, www.queenslandrail.com.au) fährt ab Brisbane nach Charleville und hält auch in Toowoomba.
Touristinfo Toowoomba Visitor Information Centre, Auskünfte, Beratung und Buchungen. 86 James Street (Warrego Highway). Tägl. 9–17 Uhr. ✆ 1800331155 (kostenlos), info@toowoombarc.qld.gov.au.
Toowoomba im Internet Infos unter www.southernqueenslandcountry.com.au.
Feste Easterfest, Musikfestival an Ostern. Auf verschiedenen Bühnen im Stadtbereich. www.easterfest.com.au.
Carnival of Flowers, jährlich Mitte September. Über eine Woche kann man farbenprächtige Blumenausstellungen in den Parks und Gärten der Stadt bewundern, zudem Live-Musik und prunkvolle Umzüge durch die Stadt. www.tcof.com.au.
Internet Bibliothek, Internetcafé. Mo–Fr 9.30–18 Uhr (Mi/Do bis 20 Uhr), Sa 9.30–16 Uhr, So 12–16 Uhr. 618 Ruthven Street.
Stadtverkehr Toowoomba ist großzügig geplant, so gibt es relativ viele Parkmöglichkeiten. Der **City Bus** verkehrt je nach Route zwischen 7 und 18 Uhr im gesamten Stadtbereich. Infos zu den Fahrplänen unter ✆ 46331177, www.busqld.com.au.
Supermarkt Coles, Mo–Fr 8–21 Uhr, Sa 8–17 Uhr, So 9–18 Uhr. Margaret Street/Ecke Clifford Street.

Übernachten Blue Ridge Manor B&B, gemütliches B&B, etwa 10 km nördl. von Toowoomba. Komplett eingerichtet mit Küche und Spa-Wanne im Bad, Frühstück gibt's bei gutem Wetter auf der ruhigen Terrasse. Ab 200 $/Nacht, schon bei der 2. Nacht gibt es Rabatt. Lot 8, Vayro Road, Blue Mountain Hights, ✆ 0401155751 (mobil), www.blueridgemanor.com.au.
Best Western Tuscany on Tor, im klassischen Motel-Stil und 2011 komplett renoviert. Das Standard-Zimmer mit Doppelbett und einem Einzelbett, zudem AC, TV und Kühlschrank. Alternativ Apartments mit separaten Schlafzimmern und voll ausgestatteter Küche. Kostenloser WLAN-Internetzugang. DZ ab 180 $. 412 Tor Street/Ecke Lendrum Street, ✆ 46590000, www.tuscanyontor.com.au.
Übernachten außerhalb ››› Mein Tipp: Cloudlake Retreat, in Ravensbourne, knapp 40 km nördlich von Toowoomba, nahe des Ravensbourne-Nationalparks. Übernachtungsmöglichkeit im „Boathouse", einem Pfahlbau direkt am See, und im „Mother of Ducks", eine 100 Jahre alte Hütte, die ursprünglich in Ipswich stand. Umfassende Ausstattung. Ab 200 $/Nacht, Mindestaufenthalt 2 Nächte. 37 Tessman Road, Ravensbourne, ✆ 46978266, www.cloudlake.com. ‹‹‹

ecoRidge Hideaway, etwa 15 km südl. der Stadt, erreichbar via New England Highway und Preston Road. 3 voll ausgestattete Hütten, wunderbar auf Stelzen an den Hang gebaut und mit grandiosem Blick ins Grüne. Eigener Grill und Sitzgarnitur im Garten. Ab 145 $/Nacht. 712 Rockmount Road, Preston, ✆ 46309636, www.ecoridgehideaway.com.au. ∎

Camping Garden City CP, Park der BIG4-Kette. Caravanplätze, Zeltstellplätze und Cabins. Zur Anlage gehören ein Internetkiosk, BBQs und ein solarbeheizter Pool. Campen kann man für 39–49 $, Cabin 80–180 $. 34A Eiser Street, ✆ 46531747 oder 1800333667 (kostenlos), www.big4toowoombagchp.com.au.

Essen & Trinken Veraison, gehobene Küche in ungezwungener Atmosphäre; die Antipasti-Platte 20 $, Vorspeisen um 18 $, Hauptgerichte 28–38 $, z. B. Lammkarree mit Gnocchi und Tomatenrelish. 5-Gänge-Degustationsmenü 75 $, inkl. Wein 115 $/Pers. Gute Weinkarte. Di–Sa ab 17.30 Uhr. 205 Margaret Street, ℡ 46385909, www.veraison.com.au.

Bon Amici, schönes Café mit Wohnzimmer-Atmosphäre – einfach zum Wohlfühlen! Jeden So Live-Jazz. Ein paar Minitische in der Arkade vor dem Café. Mo–Sa 8 Uhr bis spät, So 8.30 Uhr bis spät. Chronicle Arcade, 191 Margaret Street, ℡ 46324533, www.bonamici.com.au.

Royal Indian Tandoori Cuisine, Tandoori & Curry House; authentische indische Küche. Vegetarische Gerichte 16 $, Gerichte mit Fleisch (Huhn, Lamm, Rind) etwa 18 $. Tägl. 12–15 und ab 17 Uhr. 335 Ruthven Street, ℡ 46380822, www.royalindiantoowoomba.com.au.

Southern Hotel, gutes Pub mit klassischem Bistro-Essen. Mo–Sa ab 12 Uhr, ab 18 Uhr Dinner. 839 Ruthven Street, ℡ 46533311, www.southernhotel.com.au.

Sehenswertes

Bei der flächenmäßigen Ausdehnung der Stadt empfiehlt es sich, mit dem Auto auf Erkundungstour zu gehen – es wurde eigens eine Beschilderung angebracht, die an den Sehenswürdigkeiten vorbeilotst; zudem gibt es entsprechend markierte Stadtkarten in der Touristinfo. Die Rundfahrt führt vorbei an der **City Hall** (Ruthven Street/Ecke Harries Street) mit ihrem charakteristischen Uhrturm, dem **Old Courthouse** (Neil Street/Ecke Margaret Street) und dem **Post Office** (Margaret Street). Und wenn sich die Stadt schon „Garden City" nennt, gehören natürlich auch einige der gerühmten Parks zu einem Besuch. Explizit zu nennen sind der große **Queenspark** (Lindsay Street/Ecke Campell Street) und der **Webb Park** (Dudley Street) mit dem *Broken-Column-Denkmal* zu Ehren des Dichters George Essex Evans.

Japanese Garden: Der größte japanische Garten ganz Australiens trägt den treffenden Namen *Ju Raku En* – übersetzt etwa: „Ein Ort, den die Gemeinschaft lange Zeit genießen kann". Schöner könnte man es nicht sagen, denn in dem traditionell angelegten Park kann man wunderbar flanieren und die Komposition aus Flora, Fauna, Wasser und japanischen Bauwerken auf sich wirken lassen. Eröffnet wurde der Garten vom Generalkonsul Japans im Jahr 1989.
Tägl. 7–19 Uhr. Eintritt frei. Der Garten gehört zur „University of Southern Queensland", Zugang über die University Ring Road.

Cobb & Co. Museum: Die „National Carriage Collection" präsentiert 28 historische Pferdefuhrwerke, vom Arbeitswagen mit Ladefläche bis zum noblen Ausflugsgefährt der Oberschicht – spannender Einblick in eine Zeit, als das Reisen noch beschwerlich war und man mit ein bis vier PS über holprige Pisten voranzukommen versuchte. Prunkstück der Sammlung ist ein eleganter Landauer.
Tägl. 10–16 Uhr. Eintritt 12,50 $. 27 Lindsay Street, ℡ 46594900, www.cobbandco.qm.qld.gov.au.

Regional Art Gallery: Die Kunstgalerie wurde bereits 1938 eröffnet, sie ist somit die älteste im ländlichen Queensland. 1994 zog die Sammlung in ein neues, eigens für diesen Zweck geplantes Gebäude um. Die Dauerausstellung zeigt hauptsächlich Gemälde und Skulpturen des 20. Jahrhunderts, dazu gehört auch die *Lionel Lindsay Art Gallery & Library*, in der Werke bekannter australischer Künstler wie McKubbin zu sehen sind. Einige der Schriftstücke stammen von berühmten Männern wie dem Poeten Henry Lawson oder dem Entdecker Ludwig Leichhardt. Neben zahlreichen wechselnden Ausstellungen von europäischen und australischen Künstlern sind auch Lesungen, Diskussionsrunden mit Künstlern, Sonderführungen oder Workshops im Programm.
Di–Sa 10–16 Uhr, So 13–16 Uhr. Eintritt frei. 531 Ruthven Street, ℡ 46886652, artgallery@toowoomba.qld.gov.au.

Die Hochhaustürme der Gold Coast wurden unmittelbar am Strand gebaut

Gold Coast und Hinterland

Die Gold Coast steht für endlose Sandstrände, nackte Haut und ausschweifende Partynächte. Über 10 Mio. Besucher pilgern jedes Jahr zu den glitzernden Lichtern der Goldküste – und finden eine perfekt organisierte Tourismusmaschinerie, die kaum Wünsche offenlässt.

Subtropisches Klima, 35 Strände, 287 Sonnenscheintage pro Jahr – die Voraussetzungen für einen gelungenen Urlaub könnten besser nicht sein. Dabei waren die frühen Anfänge dieser Küste ganz und gar nicht goldig, denn bis Anfang des 20. Jh. zählten Strand und Wellen noch herzlich wenig, und für eine gewinnbringende Landwirtschaft war die Bodenbeschaffenheit zu schlecht.

1925 wurde die befestigte Zufahrtsstraße fertig gestellt, und der geschäftstüchtige Jim Cavill eröffnete sein *Surfers Paradise Hotel* im bis dato unbedeutenden Örtchen Eston. Der Ort entwickelte sich rasch und wurde 1933, auf Drängen von Cavill, in **Surfers Paradise** umbenannt. Die Entwicklung war nicht mehr aufzuhalten. Während des Zweiten Weltkriegs entspannten australische und amerikanische Soldaten an den Stränden, in den 50er- und 60er-Jahren entwickelte sich ein regelrechter Bauboom. Unterkünfte schossen wie Pilze aus dem Boden. 1959 ragte das erste Hochhaus der Region in den Himmel, und mittlerweile ist die Skyline aus Wolkenkratzern schon von Weitem zu sehen. Bis heute zählt die Gold Coast zu den am schnellsten wachsenden Regionen Australiens.

Der Name *Gold Coast* tauchte übrigens gegen Ende der 1940er-Jahre erstmals auf. Geprägt wurde er von einigen Journalisten aus Brisbane, die darauf anspielten, dass sich hier die Grundstücksspekulanten regelrecht goldene Nasen verdienten. Heute ist **Gold Coast City** die Heimat von 510.000 Menschen und erstreckt sich über eine Fläche von 1400 km². Die Küstenlinie ist gut 60 km lang und zieht sich von South Stradbroke Island im Norden bis an die Grenze zu New South Wales im Süden.

Über die Jahre hat sich die Gold Coast zu einem wahren Touristenmekka entwickelt. Billig-Airlines steuern *Gold Coast Airport* zu Spottpreisen an. Hoteltürme prägen das Stadtbild, und während der „Schoolies Week", den australischen Frühlingsferien und Party-Pendant zum amerikanischen „Spring Break", platzt die Region sowieso aus allen Nähten. Eine Entwicklung, die zwar für volle Kassen sorgt, die allerdings nicht jeder mit Begeisterung verfolgt – immer öfter hört man von Saufgelagen und Ausschreitungen.

Themenparks

Bekannt ist die Gold Coast auch für die verschiedenen Vergnügungsparks, die v. a. Familien anlocken. Dazu gehören die **Warner Brothers Movie World** (www.movieworld.com.au), die **Sea World** (www.seaworld.com.au), die **Wet'n'Wild Water World** (www.wetnwild.com.au) und das **Outback Spectacular** (www.outbackspectacular.com.au). Die Eintrittspreise sind gesalzen, es gibt aber auch verschiedene Kombi-Pässe – wer mehr als einen dieser Parks besuchen möchte, kann sich in der Touristeninformation in Surfers Paradise das jeweilige Ticket besorgen. Rund 100 $ sind dann fällig. Es gibt einen Shuttle-Bus, der die Parks ansteuert und Gäste vom Hotel abholt (zu buchen am Abend vorher, Kosten für Hin- und Rückfahrt um 20 $). ✆ 1300655655.

Surfers Paradise, Broad Beach

ca. 25.000 Einw.

Hier ragt der Q1-Wolkenkratzer in den Himmel – bei Fertigstellung 2005 das höchste Wohngebäude der Welt –, hier wird gefeiert, bis sich die Balken biegen, und in der Fußgängerzone posieren spärlich bekleidete Bikinischönheiten mit Urlaubern für Fotos. Surfers Paradise ist wild, laut und selbstverliebt – und trifft dabei offensichtlich den Geschmack der Touristen.

Und die stehen alle irgendwann unter dem metallenen Bogen, der den Zugang zum Strand markiert und auf dem der magische Schriftzug prangt: *Surfer's Paradise*. Vom Meer bis zur Amüsiermeile sind es keine 50 Meter, und wenn am frühen Nachmittag die Hochhäuser ihre Schatten auf den Strand werfen, beginnt der Pilgerzug zu den Zapfhähnen der Stadt. Der oft gewählte Vergleich „Las Vegas Australiens" ist zwar etwas weit hergeholt, aber es ist nicht zu bestreiten, dass auch „Surfers" in erster Linie ein Ort ist, um zu feiern, Spaß zu haben und über die Stränge zu schlagen. Der einmalige Mix aus schicken Hotels, edlen Restaurants, hemmungslosen Partys und trendigen Bars zieht einen dann doch in den Bann. Und weil es vielen Urlaubern ebenso ergeht, steht einigen wilden Tagen und Nächten nichts im Weg. Außer der Geldbeutel vielleicht, denn kaum hat man das klassische Backpackerambiente verlassen, muss man schon recht tief in die Tasche greifen. Doch die eigene Kondition funktioniert hier als natürlicher Schutzmechanismus, und die meisten Touristen machen sich nach einigen Tagen wieder auf den Weg in ruhigere Gefilde.

Meter Maids

Die Geschichte passt einfach wie die Faust aufs Auge, und wo sonst würde man solche Aktionen erwarten, wenn nicht im glitzernden Surfers Paradise. Dabei fing alles recht harmlos an ...

Es war in den 60er-Jahren, als entlang der Touristenmeile plötzlich Parkuhren eingeführt wurden. Die Geschäftsleute fürchteten um Geschäft und Ruf und schickten einige junge Mädchen mit jeder Menge Kleingeld bewaffnet los, um abgelaufene Parkuhren zu füttern. Medienwirksam patrouillierten die Damen in goldfarbenen Bikinis und bewahrten unachtsame Parker vor Strafzetteln. Heute sind es nicht mehr kleine Geschäftsleute, die diesen Service mit Beiträgen finanzieren, es sind große Sponsoren, die den werbewirksamen Auftritt suchen. Und so posieren die Meter Maids auch mit den aufdringlichsten Touristen für ein Erinnerungsfoto, bringen Werbeflyer unters Volk – und ersparen auch heute noch dem ein oder anderen Motoristen einen Bußgeldbescheid. Aber Vorsicht: Die Mädels können nicht überall sein, und wer keinen Strafzettel will, sollte lieber selbst ein Parkticket kaufen.

Anreise → Karte S. 631

Pkw Von **Brisbane** aus fährt man knapp 80 km auf dem Pacific Motorway. Von NSW kommend erreicht man **Surfers Paradise** über den Pacific Highway. Die Staatengrenze bei **Tweed Heads** ist 27 km entfernt, nach **Byron Bay** sind es 90 km.

Bus *Greyhound* (℡ 1300473946, www.greyhound.com.au) und *Premier* (℡ 133410, www.premierms.com.au) steuern Surfers Paradise an.

Das **Transit Centre** 31, befindet sich in der Beach Road.

Bahn Der nächste Bahnhof, der von *Queensland Rail* angesteuert wird, ist in **Nerang** (Bahnhof in der Warrener Street), von dort gibt es Busverbindungen nach Surfers Paradise.

Flugzeug Gold Coast Airport, bei Coolangatta, etwa 20 km südlich von Surfers Paradise, wird mehrmals täglich von diversen Fluglinien angesteuert (der Flug ab *Sydney* dauert gerade einmal 80 Min.). Vom/zum Flughafen gibt es Bus- und Shuttletransfers (Infos unter www.goldcoastairport.com.au und ℡ 1300655655, www.gcshuttle.com.au).

Information & Adressen → Karte S. 631

GPS: S28°00.051′ E153°25.860′
Ortsvorwahl: 07

Information Surfers Paradise Tourist Info 28, kostenlose Infomagazine mit Dutzenden Gutscheinen bzw. Rabattscheinen darin. Mo-Fr 8.30–17 Uhr, Sa 9–18 Uhr, So 9–16 Uhr. Cavill Mall, ℡ 1300309440, infosurfers@gctourism.com.

Surfers Paradise im Internet Informationen unter www.visitgoldcoast.com oder www.surfersparadise.com.

Internet In den Hostels, etlichen Cafés und an einigen Terminals in den Buchungsbüros der Fußgängerzone.

Autovermietung East Coast Car Rentals 8, 80 Ferny Avenue, Surfers Paradise, ℡ 55920444 oder 1800028881 (kostenlos), www.eastcoastcarrentals.com.au.

Red Back Car Rentals 31, ℡ 55921655 oder 1800811268, www.redbackrentals.com.au.

Am **Goldcoast Airport** haben alle großen Vermieter ein Büro: Hertz, Avis, Thrifty, Budget, Europcar und Redspot.

Taxi Einfach heranwinken oder **Gold Coast Cabs** bestellen: ℡ 131008.

An den Stränden von Surfers Paradise sorgen Rettungsschwimmer für Sicherheit

Arzt & Apotheke Day & Night Medical Centre 9, tägl. 7–23 Uhr. 3221 Surfers Paradise Boulevard, Surfers Paradise, ✆ 55922299.

Day & Night Pharmacy 9, gleich neben dem Medical Centre. Tägl. 7–24 Uhr. ✆ 55921321.

Einkaufen City Beach Surf 26, großer Surfladen mit Mode, Surfbrettern, Boogie Boards und Zubehör. Mo–Mi 9–21.30 Uhr, Do–So 9–22 Uhr. Shop 13 Cavill Ave, Surfers Paradise, ✆ 55839710.

Chevron Renaissance Centre 18, Einkaufszentrum mit Modeläden, Lebensmittelgeschäften und einigen netten Open-Air-Cafés. 3240 Surfers Paradise Boulevard, Surfers Paradise, www.chevronrenaissancecentre.com.

Outlet Shopping Centre 1, rund 120 Shops. Ecke Gold Coast Highway/Oxley Drive, Biggera Waters, Gold Coast, ✆ 55291734, www.harbourtown.com.au.

Markt Beachfront Night Markets 29 umfangreiches Angebot an Kunsthandwerk. Jeden Mittwoch-, Freitag- und Samstagabend. The Esplanade, Surfers Paradise.

Festivals & Events Quicksilver & Roxy Pro, hier messen sich die besten Surfer der Welt. Männer- und Frauenwettbewerbe. Im März. www.quicksilverpro.com.au.

Surfers Paradise Festival, Live-Musik, Theater, verschiedenste Events u. v. m. Über 3 Wochen im Mai und Juni. www.surfersparadisefestival.com.

Gold Coast Schoolies Week, die australische Variante des berüchtigten Spring Break in den USA, findet Mitte bis Ende Nov. statt. Ganze Horden von Teenagern treffen sich zum Saufen, Grölen und Balzen.

Supermarkt Coles 2, in Southport und nicht weit vom Campingplatz entfernt. Mo–Sa 7–22 Uhr, So 8–22 Uhr. 223–225 Scarborough Street.

Übernachten → Karte S. 631

Surfers Paradise ist auf einen regelrechten Touristenansturm eingestellt. Entsprechend viele Unterkünfte in sämtlichen Kategorien sind im Angebot, von der einfachen Jugendherberge bis hin zum Luxusapartment. Viele der Apartmenthotels erwarten einen Mindestaufenthalt, der in der Hochsaison auch schon mal eine ganze Woche sein kann. Hier gilt: frech sein, einfach hingehen und fragen, ob man da was machen kann. Und noch ein Tipp: In Surfers Paradise wird eigentlich immer irgendwo gebaut, bei der Buchung sollte man sicherstellen, dass man nicht in unmittelbarer Nähe zu einer Großbaustelle übernachten muss.

Hotels Marrakesh 15 großes Apartmentgebäude mit 144 Unterkünften. Die Apartments sind bestens eingerichtet, die Küche ist hoch-wertig und voll ausgestattet, auch Wasch-maschine und Trockner sind mit an Bord. Die Balkons klein, aber mit Markise,

Queensland / Gold Coast

sodass man auch in der Mittagshitze im Schatten sitzen kann. Zur Anlage gehören eine Dachterrasse, Pools und Spas. Die Außenanlage ist zudem schön begrünt. Übernachtung ab 149 $, 3 Tage Mindestaufenthalt. 198 Surfers Parade, Surfers Paradise, ☎ 55847000, www.marrakesh.com.au.

»» Mein Tipp: QT Gold Coast **5**, großes Designerhotel, von der Lobby bis unters Dach durchgestylt. Helle Zimmer in verschiedenen Größen, recht gemütlich eingerichtet. Im Haus ein Pool, ein Restaurant, eine coole Lounge und WLAN. DZ ab 179 $, King Suite mit Meerblick ab 265 $. 7 Staghorn Avenue, Surfers Paradise, ☎ 55841200, www.qtgoldcoast.com.au. ««

Breakers Apartments **16**, gemütlich eingerichtet, die zahlreichen Unterkunftsvarianten bieten für jeden etwas, vom kleinen Apartment bis zum Penthouse mit 4 Schlafzimmern. Zur Grundausstattung gehören Küche mit Geschirrspüler, Balkon, geräumiger Wohnbereich und High-Speed-Internetzugang. In der Anlage Pool, Sonnenwiese und direkter Zugang zum Strand. Übernachtung für 2 Pers. 240–400 $, evtl. mit Mindestaufenthalt. 60 Old Burleigh Road, Surfers Paradise, ☎ 55385311, www.thebreakers.com.au.

Focus Apartments **6**, runder Hotelturm mit wohnlichen Apartments auf 32 Stockwerken. Zur Ausstattung gehören Küche, Geschirrspüler, separate Waschküche und Balkon. Pools, Fitnessraum, Spa und eigene Parkgarage. Kleinstes Apartment hat zwei Schlafzimmer und kostet ab 189 $/Nacht. Mindestaufenthalt 3 Nächte. 114 The Esplanade, Surfers Paradise, ☎ 55385999, www.focusapartments.com.au.

Watermark Hotel & Spa **11**, 385 Zimmer und Suiten mit Blick auf Meer bzw. Fluss. Die 4,5-Sterne-Wertung ist absolut gerechtfertigt. Erkundigen Sie sich nach B&B- oder Verwöhnangeboten, z. B. mit Wellness-Anwendungen ab 250 $ für 2 Pers. Die günstigste Übernachtung gibt es ab 140 $, in den oberen Stockwerken das Doppelte. 3032 Surfers Paradise Boulevard, Surfers Paradise, ☎ 55888833, www.watermarkhotelgoldcoast.com.au.

Beachfront Viscount **17**, wer mindestens drei Nächte einplant, der ist hier richtig, denn dann werden die komplett ausgestatteten Apartments mit etwa 220 $/Nacht verhältnismäßig günstig. Mit Pool, Spa, Tourdesk, BBQ-Platz und Sonnendeck. 1–3 First Ave, ☎ 55387222, www.beachfrontviscount.com.au.

Queensland / Gold Coast und Hinterland

Vibe Hotel 19, an einer der vielen Wasserstraßen von Surfers Paradise gelegen; farbig-bunte Akzente bei der Inneneinrichtung. Auf den Zimmern Internet-Anschluss und kleiner Safe, im Bad Dusche und Wanne. In den oberen Stockwerken guter Blick vom Balkon. Die Parkgarage ist gebührenpflichtig. Standardzimmer online schon ab 100 $. 42 Ferny Ave, Surfers Paradise, ☎ 55390444, www.vibehotels.com.au.

Backpackers Surfers Paradise Backpacker Resort 14, alle Zimmer haben eigenes Bad, es gibt abschließbare Boxen für Wertsachen, kostenlose Waschmaschinenbenutzung. Pool zum Planschen. Im Mehrbettzimmer 26–37 $. DZ oder Twin ab 75 $. 2837 Gold Coast Highway, Surfers Paradise, ☎ 1800282800, www.surfersparadisebackpackers.com.au.

Sleeping Inn 10, das Haus ist sauber, die Atmosphäre familiär, und auch wenn man schon jenseits der 30 ist, kann man sich hier wohl fühlen. Mit Gemeinschaftsküche und Aufenthaltsräumen. Im 8er-Zimmer ab 28 $, das DZ mit Bad kostet ab 80 $. 26 Peninsular Drive, Surfers Paradise, ☎ 55924455 oder 1800817832 (kostenlos), www.sleepinginn.com.au.

Camping Main Beach Tourist Park 4, nahe des Zentrums, direkt gegenüber vom Strand. Schöne Lage, freundliches Personal und saubere Anlagen, nur nicht ganz billig. Nicht immer ruhig, weil hier natürlich auch junges Partyvolk zelten geht. Stellplatz mit Strom und Wasser ab 39 $. Main Beach Parade, Main Beach, ☎ 56672720, www.gctp.com.au/main.

Essen & Trinken/Nachtleben

Die Mischung macht es hier – in Surfers Paradise findet sich für jeden Geschmack und Geldbeutel etwas. Im Zentrum um die Cavill Mall buhlen diverse Anbieter mit günstigem „Bacon & Egg"-Frühstück um junge Backpacker, entlang der Esplanade finden sich nette Cafés und Restaurants. Die Konkurrenz ist groß, wer seinen Gästen nichts bietet ist schnell aus dem Rennen, und so bekommt man gutes Essen für sein Geld. Wer einen besonderen Anlass zu feiern hat oder sich einfach etwas gönnen will, findet ausgezeichnete Restaurants im mittleren und oberen Preissegment. Das Nachtleben in Surfers ist berüchtigt. Der Party-Strip zieht sich die Orchid Avenue entlang, wo sich Bars und Clubs aneinanderreihen. Wo so exzessiv gefeiert wird, wird in Australien auch streng kontrolliert, also auf keinen Fall den Personalausweis vergessen – hier muss sich auch schon mal ein 25-Jähriger ausweisen. Eintritt zu den Nachtclubs und Discos meist ab 10 $, doch die eigentliche Eintrittskarte ist das Outfit: cool, lässig, ordentlich.

Restaurants & Cafés Boom Boom Burgers 7, ein Burger geht immer und die hier sind auch noch bio und wirklich gut! Zwischen die selbstgebackenen Brioche-Buns kommen Lamm-, Rind-, Hähnchen- oder Schweinefleisch, etwa 15 $ muss man investieren. Vegetarische Variante mit Haloumi und Kürbis. Tägl. 10–22 Uhr. 9 Burra Street, ☎ 55383718, www.boomboomburgers.com.au.

Black Coffee Lyrics 23, schönes Lokal, in dem man einen ordentlichen Kaffee, aber auch gutes Essen und Cocktails bekommt. Ungezwungene Atmosphäre. Mo–Fr 12–14.30 und 17–23.30 Uhr, Sa/So 8–24 Uhr. 3131 Surfers Paradise Boulevard, ☎ 0402189437, www.blackcoffeelyrics.com.au.

Longboards Laidback Eatery & Bar 13, hier gibt es Klassiker wie BBQ-Rippchen, gegrillten Fisch oder Steaks. Außerdem ausgezeichnete Burger mit Wagyu-Beef. Sehr gute Qualität. Tägl. ab 10 Uhr bis spät abends. Hamilton Ave/Ecke Northcliffe Terrace, ☎ 55382559, www.longboardsbar.com.au.

Greek Street Grill 25, perfekt für den schnellen Snack zwischendurch, aber nicht nur. Super Gyros im Pitabrot auf die Hand, wer sich mehr Zeit nehmen will, der bestellt Souvlaki, mediterrane Salate oder gleich einen Grillteller mit etwas von allem. Sa–Do 10.30–21.30 Uhr, Fr/Sa 10.30–23 Uhr. Shop T105, 4 The Esplanade, ☎ 55046476, www.greekstreet.com.au.

Hakataya Ramen 28, sehr lecker. Hier gibt es nur ein paar Variationen der japanischen Nudelsuppe (mit Schweinefleisch), wenn die für den Tag vorbereitete Suppe verkauft ist, wird der Laden einfach zugemacht. Portion 10–15 $. Tägl. 9–21 Uhr. Shop 26 Centre Arcade, 3131 Surfers Paradise Blvd, ☎ 55267055, www.hakatayaramen.com.

Übernachten
- 4 Main Beach Tourist Park
- 5 QT Gold Coast
- 6 Focus Apartments
- 10 Sleeping Inn
- 11 Watermark Hotel & Spa
- 14 Surfers Paradise Backpacker Resort
- 15 Marrakesh
- 16 Breakers Apartments
- 17 Beachfront Viscount
- 19 Vibe Hotel

Essen & Trinken
- 3 Southport Yacht Club
- 7 Boom Boom Burgers
- 13 Longbord Laidback Eatery & Bar
- 23 Black Coffee Lyrics und Hakataya Ramen
- 25 Greek Street Grill
- 32 Surfers Paradise Life Saving Club

Sehenswürdigkeiten
- 12 Observation Deck (Q1-Tower)

Cafés
- 20 Baritalia
- 22 Zanette's Gelato

Nachtleben
- 5 Stingray Bar
- 13 Longbord Laidback Eatery & Bar
- 24 Cocktails Nightclub
- 27 Melbas

Einkaufen
- 1 Outlet Shopping Centre
- 2 Coles Supermarkt
- 18 Chevron Renaissance Centre
- 26 City Beach Surf
- 29 Beachfront Night Markets

Sonstiges
- 8 East Coast Car Rentals
- 9 Day & Night Medical Centre und Day & Night Pharmacy
- 21 Jetboat Extreme
- 28 Tourist Info
- 30 Go Ride A Wave
- 31 Transit Centre und Red Back Car Rentals

Surfers Paradise

Der Zugang zum Strand

Surfers Paradise Surf Life Saving Club [32], in Toplage am Strand. Gute Auswahl an Lunch-Gerichten unter 10 $, zum Abendessen australische Klassiker wie gegrillten Barramundi (20 $) oder Steaks (20–25 $). Tägl. 6.30–23.30 Uhr. Hanlan Street/Ecke The Esplanade, ℅ 55315966, www.surfers paradiseslc.com.au.

»» Mein Tipp: **Baritalia** [20], italienisches Flair und der Großteil der Plätze im Freien – eine gute Wahl zum Frühstücken. Der Kaffee ist ausgezeichnet. Zum Mittag- und Abendessen gibt es dann richtig tolle mediterrane Gerichte, z. B. Antipasti-Teller, „Scaloppine con Funghi" oder Spaghetti mit Meeresfrüchten. Hauptspeisen 25–35 $. Tägl. 8–21 Uhr. Surfers Paradise Blvd/Ecke Elkhorn Ave, ℅ 55924700, www.baritaliagold coast.com.au. «««

Zanette's Gelato [22], richtig gutes, italienisches Gelato in vielen Geschmacksrichtungen. Shop 55, Chevron Renaissance, ℅ 55316131.

Southport Yacht Club [3], am Eingang in die Besucherkartei einschreiben, dann kann man Austern, Steak und Bier auf der großen Terrasse genießen. Alles zu annehmbaren Preisen (Hauptgerichte 20–30 $), mit Blick auf luxuriöse Yachten. Tägl. Lunch und Dinner. MacArthur Parade, Main Beach, ℅ 55913500, www.southportyacht club.com.au.

Bars & Clubs Cocktails Nightclub [24], hier wird wild gefeiert, die Drinks fließen in Strömen, und es wird getanzt, was das Zeug hält. Gespielt wird alles, was sich zum Zappeln eignet. Do–So 21–5 Uhr. 3-15 Orchid Avenue, Surfers Paradise, ℅ 55921955, www.facebook.com/cocktails.surfers.

Stingray Bar & Lounge [5], gut zum Feiern, Tanzen und Trinken, allerdings sollte man sich auch etwas aufbrezeln. Gute Drinks und nicht ganz so junges Publikum. Tägl. geöffnet. 7 Staghorn Avenue, ℅ 55841200.

Melbas [27], Restaurants, Bar, Nachtclub unter einem Dach – also ideal für ein Abendessen und die Party danach. Unbedingt die schicken Klamotten auspacken. DJs heizen den Besuchern mit wuchtigen Beats ein. 46 Cavill Ave, Surfers Paradise, ℅ 55387411, www.melbas.com.au.

Live-Musik Der Gold Coast City Jazz Club organisiert regelmäßig Konzerte, die dann z. B. im Southport Yacht Club stattfinden. Tickets ab 10 $. Bar ab 18 Uhr, Musik ab 19.30 Uhr. Aktuelle Termine auf der Webseite. www.gccityjazzclub.com.

Rundfahrten & Aktivitäten

→ Karte S. 631

Rundfahrten Aquaduck, die Ente auf vier Rädern ist ein Amphibienfahrzeug, wie es auch vom Militär benutzt wird, nur etwas freundlicher bemalt. Die Gefährte touren durch den Ort und fahren durch die Kanäle. 35 $, Kinder 5–16 Jahre 26 $. 7-mal tägl. Abfahrt an der Centre Arcade in Surfers Paradise. Buchungsbüro: 7A Orchid Avenue, ℡ 55390222, www.aquaduck.com.

Touren & Rundflüge Gold Coast Helitours, bietet zahlreiche Rundflugvarianten. Den 5-minütigen Miniflug gibt es ab 65 $/Pers., 30 Min. kosten 285 $. Charter und Ausflüge auf Anfrage. Mirage Heliport, D Arm, Marina Mirage, Seaworld Drive, ℡ 55918457, www.goldcoasthelitours.com.au.

Tiger Moth Joyrides, ausgestattet mit typischer Leder-Pilotenhaube und Fliegerbrille sitzt man in den offenen Doppeldeckern, die schon vor 70 Jahren ihre Runden zogen. Ein 10-Min.-Rundflug kostet 150 $, für 30 Min. sind 295 $ fällig. Stationiert etwa 35 Min. nördlich von Surfers Paradise, Abfahrt vom Highway auf die Yawalpah Road, dann via Kerkin Road in die Green Meadows Road, Pimpana, ℡ 0418787475 (mobil), www.tigermothjoyrides.com.au.

Surfschulen & Materialmiete Go Ride A Wave **30**, große Surfschule. Unterrichtseinheit zu 120 Min. ab 65 $, 3 Einheiten 180 $, 5 Einheiten 260 $ (bei Vorkasse). SUP-Kurse kosten etwas mehr. Materialmiete bis 4 Std. 35 $, 45 $/Tag. Shop 189 Cavill Ave, Surfers Paradise, ℡ 1300132441, www.gorideawave.com.au.

Brad Holmes Surf Coaching; Brad ist speziell geschult, um auch Menschen mit Behinderung zu unterrichten. Zudem SUP-Kurse 90-minütige Unterrichtseinheit je nach Teilnehmerzahl 35–95 $. Buchung ℡ 55394068, 0418757539 (mobil), www.bradholmessurfcoaching.com.

BSS Broad Beach Surf School, 2 Pers. und Gruppenunterricht (90 Min.) ab 65 $/Pers., mehrtägige Kurse ab 180 $. Materialmiete möglich. Shop 1/16 Chelsea Avenue, Broadbeach, ℡ 55384174, www.broadbeachsurfschool.com.au.

Kajaks Verleih über Go Ride A Wave (→ Surfschulen). „Sit on Top" für 40 $/halber Tag, 80 $/Tag. Die 2-stündige Einführung ist für 70 $ zu haben.

Kiteboarding Sky High Kitesurfing, Unterrichtsstunden finden je nach Windverhältnissen an einem der Strände der Goldcoast statt. 90 Min. Schnupperkurs 150 $, 3 volle Std. Einzelunterricht inkl. Ausrüstung 240 $, 2 Pers. 380 $. ℡ 0402329106 (mobil), www.skyhighkitesurfing.com.au.

Skydiving Gold Coast Sky Dive, Tandemsprünge aus 12.000 ft Höhe kosten 365 $, inkl. DVD und Digitalfotos 530 $. 1/78 Musgrave Street, Kirra, ℡ 55991920, www.goldcoastskydive.com.au.

Fischen Fish The Deep, Hochseeangeln & Gamefishing auf 10-Meter-Katamaran. Halbtagestouren (6–11.30 bzw. 12–17.30 Uhr) 135 $, Ganztagestouren (6–15.30 Uhr) 195 $/Pers. Ausrüstung und Verpflegung sind inklusive. Alkohol BYO. Kostenlose Transfers

Statue am Strand

Queensland / Gold Coast und Hinterland

möglich. Harley Park Pontoon, Marine Parade, Labrador, ✆ 55289578, 0416224412 (mobil), www.fishthedeep.com.au.

Jet-Boating Jetboat Extreme 21, der Adrenalinrausch in den roten Flitzern kostet ab 65 $, Fahrzeit knapp 1 Std. Abfahrt am Kanal gegenüber vom Chevron Renaissance Hotel. Tägl. Zwischen 10 und 16 Uhr. 30–34 Ferry Ave, Surfers Paradise, ✆ 55388890 oder 0404099981 (mobil), www.jetboatextreme.com.

Paradise Jetboating, ähnliches Angebot. Kostenloser Transferservice ab den Hotels in Surfers Paradise. ✆ 1300538262, www.paradisejetboating.com.au.

Whalewatching Whales in Paradise, von Mai bis November. Auf dem schnellen Katamaran gibt es drei Beobachtungsdecks – bei maximal 42 Fahrgästen hat jeder eine gute Position für das Erinnerungsfoto. Als kleine Verpflegung sind Tee, Kaffee und Gebäck inklusive. Mit Sichtungsgarantie; sollten also tatsächlich einmal keine Wale zu sehen sein, kann man kostenlos eine weitere Fahrt mitmachen. 99 $/Pers. Tägl. 9 und 14 Uhr, Dauer je 3:30 Std. Boarding eine halbe Stunde vorher. Abfahrt 42 Ferny Ave, Surfers Paradise (Nerang River, hinter dem Vibe Hotel), ✆ 55382111, www.whalesinparadise.com.au.

Pferderennen Hier wird gezockt, bis der Arzt kommt. Der **Gold Coast Turf Club** ist Australiens Rennbahn mit den meisten Rennen pro Jahr. Jeden Samstag fliegen hier die Hufe, auch während der Woche finden regelmäßig Rennen statt. Der größte Event des Clubs ist der *BMW Magic Millions Carnival*, der sich im Januar über 19 Tage zieht. Racecourse Drive, Surfers Paradise. ✆ 55381599, www.gctc.com.au.

Sehenswertes

Gold Coast City Art Gallery: Eine der besten Galerien Queenslands mit zwei Ausstellungsbereichen. Es gibt eine ganze Reihe an sehenswerten Werken von bekannten und weniger bekannten australischen Künstlern. Vor der Tür lädt der *Evandale Sculpture Walk*, eine Freilichtausstellung mit Skulpturen aus Holz, Metall und Sandstein, zum „Kulturspaziergang" ein.
Mo–Fr 10–17 Uhr, Sa/So 11–17 Uhr. Eintritt frei. 135 Bundall Road, Surfers Paradise, ✆ 55816567, www.theartscentregc.com.au/gallery.

SkyPoint Observation Deck 12: Von der Aussichtsplattform auf dem Q1-Wolkenkratzer gibt es einen atemberaubenden Blick über Surfers Paradise, die Gold Coast entlang und weit ins Hinterland. Der Q1-Tower war bei Fertigstellung mit 322,5 m das höchste Wohngebäude der Welt. Mit den modernen Expressaufzügen dauert die Fahrt nach oben gerade mal 43 Sekunden, der Aufstieg über die 1821 Stufen sicherlich etwas länger. Oben angekommen, kann man in der Skybar bei einem Kaffee gemütlich die Aussicht genießen. Das Deck liegt auf 235 m Höhe im 77. Stock, höher hinaus geht es an der Gold Coast nur noch beim SkyPoint Climb, bei dem man bestens gesichert in die Dachstruktur des Gebäudes steigen kann.
Tägl. ab 10 Uhr. Eintritt 22 $, SkyPoint Climb 89 $. 9 Hamilton Avenue, Surfers Paradise, ✆ 56304700, www.skypoint.com.au.

Die Gold Coast abseits des Trubels

Surfers Paradise ist Zentrum des Geschehens und die unangefochtene Glamour- und Partykönigin der Gold Coast. Wem das zu viel des Guten ist, der muss nicht weit fahren, um zu erfahren, dass es auch leiser geht.

Von Surfers Paradise ziehen sich die Strände der Gold Coast etwa 25 km nach Süden, bis zur Staatsgrenze nach Tweed Heads. Auch wenn diese Region touristisch stark frequentiert ist, findet man immer ein ruhiges Fleckchen. Hier geht es wesentlich entspannter zu, und blickt man nach Norden, wo in der Ferne die massive Surfers-Skyline zu erkennen ist, erscheint sie einem fast unwirklich. Zu den bekannten Namen der Region gehören **Burleigh Heads**, **Kirra** und **Coolangatta**. Es gibt eine ganze Reihe an Unterkünften, vom einfachen Hostel bis hin zum Luxusapartment, und für einen Tisch in einem der lokalen Top-Restaurants reisen Gäste auch aus der Stadt an.

Information im Internet Infos zu den Ortschaften und der Region unter www.visitgoldcoast.com und unter www.burleightourism.com.au.

Verbindung Surfside Buslines, ist im ganzen Bereich der Gold Coast von Tweed Heads im Süden bis zu den Themenparks nördlich von Surfers Paradise im Einsatz. Detaillierte Fahrpläne im Internet. ✆ 131230, www.surfside.com.au.

Gold Coast Tourist Parks In allen drei Parks Stellplätze mit Strom ab 35 $ (je Saison) und z. T. wirklich schöne Cabins mit kleinem Privatdeck. Je nach Kategorie und Saison 100–220 $/Tag (maximal 4 Pers.). www.gctp.com.au.

Kirra Beach TP, mit 220 Stellplätzen der größte der Campingplätze. Charlotte Street, Kirra, ✆ 56672740.

Der Beachfront Market in Surfers Paradise

Surfbretter warten auf ihren Einsatz

Burleigh Beach TP, einfacher Platz mit 100 Stellplätzen, BBQs und Wäscheraum. Goodwin Terrace, Burleigh Heads, ✆ 56672750.

Ocean Beach TP, 70 Stellplätze; klein, allerdings auch mit modernen Cabins in erster Strandreihe. 22 Hythe Street, Miami Beach, ✆ 56672710.

Markt Burleigh Beachfront Markets, immer am letzten Sonntag des Monats an der Esplanade. Sehr umfangreiches Angebot an über 200 Ständen. Kunstgegenstände, Souvenirs, Handwerk.

Supermarkt Coles, Mo–Sa 6–22 Uhr, So 6–21 Uhr, Pacific Highway/Ecke Frances Street, Tweed Heads.

Übernachten/Essen Le Beach, zweistöckige Anlage mit zentralem Außenbereich mit Pool und Spa. Die Apartments haben einen großen Wohnbereich, zwei Schlafzimmer, zwei Bäder, voll ausgestattete Küche sowie Waschmaschine und Trockner. Parkgarage vorhanden. Möglichkeit, Touren zu buchen. In Strandnähe. Zwei Übernachtungen Mindestaufenthalt ab 375 $. In den Schulferien nur wochenweise. 136 The Esplanade, Burleigh Heads, ✆ 55763777, www.lebeach.com.au.

Oceanside Cove Holiday Apartments, wohnlich eingerichtete Apartments, in denen schöne Akzente gesetzt wurden, z. B. durch eine farbige Wand oder bunte Sofakissen. Apartment mit einem Schlafzimmer ab 150 $, mit zwei Schlafzimmern ab 165 $. Mindestaufenthalt ab drei Nächte. Nach Paketangeboten fragen. 7 First Avenue, Burleigh Heads, ✆ 55200040, www.oceansidecove.com.

Coolangatta YHA, die Anlaufstelle für junge Surfer, die in der Nähe der guten Breaks eine billige Bleibe brauchen. Die Sanitäranlagen sind sauber, in Stoßzeiten kann es allerdings zu kleineren Wartezeiten kommen. 4-mal tägl. kostenloser Shuttlebus zu den besten Surfspots, Surfbretter kann man auch im Hostel leihen. Im Mehrbettzimmer ab 26 $, DZ ab 70 $. 230 Coolangatta Road, Bilinga, ✆ 55367644, www.coolangattayha.com.

Die Gold Coast abseits des Trubels

Oskars, einfache Tische und Stühle im Innenraum und auf der Terrasse, zudem Bar- & Loungebereich. Die ausgezeichnete Küche serviert z. B. Kängurusteak auf hausgemachten Spätzle, Jakobsmuscheln mit Chorizo und Polenta oder Krabbensoufflee mit Tomatenkompott. Vorspeisen um 25 $, Hauptgerichte um 40 $. Gute Wein-Auswahl. Tägl. zum Lunch und Dinner geöffnet. Beachfront, 43 Goodwin Terrace, Burleigh Heads, ✆ 55763722, www.oskars.com.au.

The Black Sheep Espresso Baa, ideal für die tägliche Koffeindosis und gute Snacks, den Strandblick bekommt man obendrein. Tägl. ab 7 Uhr. 72–80 Mariners Parade, ✆ 55369947.

Coolangatta Hotel, in der „Main Bar" sind mehrmals pro Woche kostenlos Live-Bands zu sehen, größere Konzerte finden im „Balcony Nightclub" statt. Zudem gibt es eine Lounge mit Billardtisch und das Crave Bistro. Tägl. ab 9 Uhr geöffnet. Warner & Marine Parade, Coolangatta, ✆ 55896888, www.thecoolyhotel.com.au.

Surfen & Baden

Baden und Schwimmen: Die Gold Coast ist voll auf Touristen eingestellt, und die wollen natürlich auch im Meer baden. An fast allen Strandabschnitten sieht man Rettungsschwimmerhäuschen, entsprechend sind auch Flaggen platziert. Man kann also sicher ins Wasser gehen, bisweilen kann der Wellengang allerdings heftig werden, dann wir es für Schwimmer etwas unangenehmer.

Surfspots: Entlang der gesamten Gold Coast gibt es etliche gute Spots, irgendwo findet man fast immer die passenden Wellen. Stimmen die Bedingungen, kann man gleich an mehreren Breaks gute Barrels reiten. **D-Bah**, so die Kurzform für den Break am *Duranbah Beach*, ist ein schneller Beachbreak mit idealen Bedingungen bei Südost-Swell – aber nichts für Anfänger. **Rainbow Bay** ist ideal für Einsteiger und Neulinge – hier geht es auf dem Wasser entspannt zu. **Little Mali** ist besonders bei Longboardern beliebt. **Kirra Point** heißt der massive Break, an dem der legendäre Michel Peterson in den 70ern die Barrels ritt. Es wird schnell voll, wenn die Bedingungen gut sind. **Burleigh Heads** ist schwierig, aber Könner werden mit guten Rides belohnt. **Nobby's** und **Miami** sind meist weniger voll, warten mit ähnlichen Bedingungen wie **Surfers Paradise** auf, dort trifft man auch viele Einsteiger.

Sehenswertes & Touren

Currumbin Wildlife Sanctuary: Über 1400 Tiere haben ihre Heimat im Currumbin Sanctuary. Im Jahr 1947 von dem Imker Alex Griffith aus der Not heraus geboren, denn ganze Schwärme von Lories (eine Art von Papageienvögeln) fielen über seine gehegten Blüten her. Also fing er kurzerhand an, die Vögel zu füttern.

Entsprechend nannte er die Einrichtung *Currumbin Bird Sanctuary*, erst 1995, nachdem auch zahlreiche andere Tiere aufgenommen wurden, wechselte man auch den Namen. Zu sehen gibt es Dingos, Krokodile, Vögel und Schlangen. Mit Café, Burgershop und Souvenirladen.
Tägl. 8–17 Uhr. Eintritt 49 $, verschiedene Führungen und Kurse kosten extra (z. B. zweitägiger Reptilienkurs für 299 $). Anreise per Bus mit *Surfside Buslines* (131230, www.surfside.com.au). 28 Tomewin Street, Currumbin, 55341266, www.cws.org.au.

Catch a Crab Tours: Am Tweed River. Frischer geht es wirklich nicht. Man ist direkt dabei, wenn die Fangkörbe aus dem Wasser gezogen werden – die Tiere werden direkt an Bord zubereitet. Auch Angelausrüstung wird zur Verfügung gestellt. Ebenfalls zur Tour gehört ein Besuch der *Birds Bay Oyster Farm*, wo man ausgezeichnete Austern probieren (kostet extra) sowie Perlen und Schmuck kaufen kann.
Halbtagestouren 55 $; inkl. frischem Krebs und Austern zum Lunch 130 $. Tägl. 9 Uhr. An der Birds Bay Oyster Farm, West Tweed Heads (Anfahrt über den Kennedy Drive, detaillierte Anfahrtsskizze im Netz). 55999972, www.catchacrab.com.au.

Lamington-Nationalpark

Das Areal des Nationalparks ist 20.590 ha groß, liegt etwa 70 km südwestlich von Surfers Paradise und steigt entlang der McPherson Range bis auf 1100 m auf. Von einigen Aussichtspunkten hat man einen wunderbaren Blick auf die Gold Coast. Der Park ist in die *Binna-Burra-Sektion* und die *Green-Mountain-Sektion* unterteilt. Es gibt zahlreiche Wanderungen, für viele braucht man schon eine überdurchschnittliche Kondition, bei einigen muss man an den steilen Klippen besonders vorsichtig sein. Ein einfaches QPWS-Campingareal (Bushcamping) findet sich in der Green-Mountain-Sektion, einige hundert Meter von der Park-Information entfernt. Die Anfahrt erfolgt via Canungra, von dort geht es weiter auf einer engen Straße, die nicht für Caravans geeignet ist.

Lodges Binna Burra Mountain Lodge, in der Binna-Burra-Sektion des Parks. Rustikale Lodges. DZ 180–280 $, Camping ab 28 $. Binna Burra Road, Beechworth, 55333622, www.binnaburralodge.com.au. ■

Camping Green Mountains Camping Area, Zelt- und Wohnmobil-Stellplätze, es gibt Toiletten, Duschen, Wasser. Auf asphaltierten Straßen via Canungra erreichbar. 5,95 $/Pers. und Nacht. 137468, www.nprsr.qld.gov.au.

Springbrook-Nationalpark

Dieser Nationalpark ist für seine atemberaubenden Wasserfälle und seine Glühwürmchen bekannt. Insgesamt 3425 ha groß, ist der Park in drei Sektionen unterteilt, das *Springbrook Plateau*, *Mount Cougal* und *Natural Bridge*. Der Settlement Camp Ground liegt auf dem Plateau, es gibt Toiletten und BBQs, aber keine Duschen. Im Park Office gibt es Wanderkarten zu allen Bereichen des Parks. Die Touren führen an steilen Klippen entlang, bisweilen sind die Wege schlecht befestigt. Besondere Vorsicht bei Touren mit Kindern. Entfernung ab Surfers Paradise etwa 40 km.

Touren Bushwacker Ecotours, Rainforest-Touren, eintägige Wanderungen 129 $. Ab Surfers Paradise oder Brisbane, 1300559355, www.bushwacker-ecotours.com.au.

Camping Nationalparkcamping, am Settlement Campground, 5,95 $/Pers. 137468, www.nprsr.qld.gov.au.

Aussicht auf einen Stand der Sunshine Coast

Sunshine Coast

Knapp eine Autostunde nördlich von Brisbane beginnt das Strandleben. Im Unterschied zur Gold Coast setzt man hier etwas weniger auf Glitzer und Glamour, sondern lockt v. a. diejenigen, die einfach die Seele baumeln lassen wollen.

Schon die optischen Unterschiede sind offensichtlich. Dominiert an der Gold Coast die Skyline aus riesigen Wolkenkratzern, so prägen an der Sunshine Coast die majestätischen Formationen der weithin zu sehenden **Glasshouse Mountains** das Bild. Trotzdem, stetig steigende Besucherzahlen fordern auch hier ihren Tribut, und so sind aus verschlafenen Küstendörfern moderne Urlaubsorte geworden, in denen es natürlich auch Großhotels und Hochhäuser gibt. Von einer Verbauung wie etwa in *Surfers Paradise* ist man trotzdem noch ein gutes Stück entfernt.

Die ersten Weißen, die es in die Region verschlug, waren entflohen Sträflinge aus den Lagern der Moreton Bay. Es ist bekannt, dass bereits um 1820 eine ganze Reihe von ihnen mit den lokalen Aborigines z. B. des *Gubbi-Gubbi*-Stammes zusammenlebten. Ab 1860 durchstreiften Holzfäller das Hinterland, später spielte der Anbau tropischer Früchte eine große Rolle. Mit dem Bau der Bahnstrecke von Brisbane nach Nambour Anfang des 20. Jahrhunderts wurde die Küste als Erholungsgebiet entdeckt. Über ein halbes Jahrhundert blieb es noch verhältnismäßig ruhig, bevor in den 1970er-Jahren der Bauboom einsetzte.

Anreise zu den Küstenorten Pkw: *Caloundra* liegt etwa 1 Std. nördlich von Brisbane und ist mit dem Auto über den *Bruce Highway* einfach zu erreichen. Entlang der Küstenstraße sind es dann gut 55 km bis nach *Noosa Heads* am nördlichen Ende der Sunshine Coast.

Queensland / Sunshine Coast

Bus: *Greyhound Australia* (www.greyhound.com.au, ☏ 1300473946) steuert die Ortschaften der Sunshine Coast an.

Die Busse von *Sunbus* (www.sunbus.com.au, ☏ 54507888) verkehren zwischen Caloundra und Noosa.

Bahn: Züge von *Queensland Rail* (www.qr.com.au) steuern ab Brisbane einige Ortschaften im Hinterland an. Von dort geht es mit den Anschlussbussen weiter.

Flugzeug: Der *Sunshine Coast Airport* (zentrale Lage an dem Küstenabschnitt, 30 km nördlich von Caloundra bzw. 30 km südlich von Noosa Heads) wird von *Jetstar* (www.jetstar.com) und *Virgin Australia* (www.virginaustralia.com.au) angesteuert. Die Shuttlebusse von *Sunair* (www.sunair.com.au, ☏ 1800804340) liefern Ankömmlinge an ihrer Unterkunft ab. Es gibt auch einen Shuttleservice ab Brisbane Airport.

Glasshouse Mountains
ca. 900 Einw.

Die Glasshouse Mountains sind eine Gruppe von 16 Erhebungen, die aus dem flachen Hinterland der Sunshine Coast markant emporragen. Die Formationen sind vulkanischen Ursprungs und über 25 Mio. Jahre alt, mit 556 Metern höchster Berg ist der **Mount Beerwah**. Die Region ist von Wanderwegen durchzogen, man kann auch auf einige der Gipfel steigen. Zwei wunderbare, aber auch schwierige Touren führen auf den Mount Tibrogargan und den Mount Beerwah, in beiden Fällen muss man streckenweise frei klettern, entsprechend sollte man etwas Bergerfahrung mitbringen: Immer wieder kommt es vor, dass unachtsame Wanderer weder vor noch zurück können und gerettet werden müssen. Man sollte sich in jedem Fall vorher in einer Touristinfo schlau machen.

Ein lohnenswerter Abstecher führt zum **Glasshouse Mountains Lookout** in der Woodford Road. Man kann direkt mit dem Auto hinfahren, von dort hat man einen tollen Blick auf die Berge. James Cook benannte die Formation 1770, als er an der Küste vorbeisegelte, in den Legenden der Aboriginies verkörpern die Berge eine Familie aus Vater, Mutter und Kindern. Ein beliebtes Ausflugsziel in der Region ist der **Australia Zoo** nahe der Ortschaft Beerwah.

GPS: S26°53.71′ E152°57.52′
Ortsvorwahl: 07

Anreise Pkw: Die Ortschaft liegt 90 km nördlich von Brisbane, zu erreichen über den Bruce Highway; bei Caboolture verlässt man den Highway und folgt der Beerburrum Road und der Glasshouse Mountains Road.

Bahn: Züge und Busse (☏ 131230, www.translink.com.au) verkehren von Brisbane aus und halten in den Ortschaften der Glass House Mountains. Bahnhof in der gleichnamigen Ortschaft in der Reed Street. Wer in den Australia-Zoo will, fährt bis Beerwah, von dort kostenlose Shuttle-Busse (anfordern unter ☏ 54362000) zum Zoo.

Touristinfo Glasshouse Mountains Visitor Information Centre, Infos und Broschü-

Manche Gipfel der Glasshouse Mountains kann man besteigen

ren, hier sollte man sich auch nach dem Zustand der Wege für die Bergtouren erkundigen. Tägl. 9–16 Uhr. Reed Street/Ecke Bruce Parade, ℅ 54588848, visit@scdl.com.au.

Glass House Mountains im Internet Informationen unter www.visitsunshinecoast.com.au.

Zoo Der **Australia Zoo** wurde berühmt durch den leider bereits verstorbenen „Crocodile Hunter" Steve Irwin, dessen TV-Tierdokumentationen Kultstatus erreichten. Viele bekannte Vertreter der australischen Fauna sind hier zu sehen sowie auch einige Tiere aus anderen Regionen der Welt. Täglich Vorführungen z. B. mit Krokodilen, Tigern oder Greifvögeln. Eintritt 59 $/Pers. Tägl. 9–17 Uhr. Steve Irwin Way, Beerwah, ℅ 54362000, www.australiazoo.com.

Übernachten/Essen Crookneck Retreat, moderne, schicke Cabins mit einem super bequemem Doppelbett, Flatscreen-TV und BBQ auf der Holzterrasse. Übernachtung für 2 Pers. ab 225 $/Nacht (meist 2 Nächte Minimum). 2194 Old Gympie Road, ℅ 54387578, www.crookneckretreat.com.

Glasshouse Mountains Eco-Lodge, nur 400 m vom Fuß des Mount Tibrogargan entfernt. Die Unterkünfte befinden sich neben der alten Holzkirche, die Küche in einem umgebauten Zugwaggon. DZ mit Dusche und Toilette ab 120 $, toller Bungalow ab 200 $. 198 Barrs Road, ℅ 54930008, www.glasshouseecolodge.com.

Budgetcamping Glasshouse Mountains Campground, es gibt Toiletten, heiße Duschen, und eine Feuerstelle. Stellplätze mit und ohne Strom. Ab 10 $/Nacht und Pers., Kinder 6 $. 2001 Old Gympie Road, ℅ 54969588, www.ghmc.com.au.

Essen & Trinken Glass on Glasshouse Café, kleine Snacks, guter Kaffee, guter Kuchen – und ein wunderbarer Blick ins Grüne. Tägl. 9–15 Uhr. 182 Woodford Road (etwa 500 m vor dem Lookout), ℅ 0498417232, www.glassonglasshouse.com.au.

Glass House Mountains Tavern, schönes Pub mit angegliedertem Restaurant. Täglich Mittag- und Abendessen. Hauptgerichte ab 15 $, Pizzen um 15 $, Steaks 19–29 $. 10 Reed Street, ℅ 54930933, www.glasshousemountainstavern.com.au.

Caloundra

ca. 90.000 Einw.

Caloundra ist größte Küstenstadt der Region und das südliche Tor zur Sunshine Coast. Ideal positioniert mit goldenen Stränden vor der Nase und den markanten Formationen der Glasshouse Mountains im Rücken, bietet sich Urlaubern eine Vielfalt an Betätigungsmöglichkeiten.

Die Stadt profitiert dabei auch von ihrer Nähe zu Brisbane, die nicht nur jede Menge Tagesurlauber bringt, sondern auch zahlreichen Pendlern erlaubt, trotz Job in der Landeshauptstadt den entspannten Lifestyle eines Küstenortes zu leben. Zu den beliebtesten Zielen in unmittelbarer Nähe gehören die **Glasshouse Mountains**, der **Australia Zoo** und das **Ettamogah Pub**. Von den südlichen Ausläufern der Stadt hat man direkten Zugang zur **Pumicestone-Passage**, die Bribie Island vom Festland

Queensland / Sunshine Coast

trennt. Die fischreichen Gewässer sind natürlich bei Anglern sehr beliebt, eignen sich aber auch gut für Ausflüge mit dem Kajak. Wer der Historie zugetan ist, kann den Leuchtturm von 1898, das älteste Gebäude der Stadt, besuchen.

Basis-Infos

GPS: S26°48.197′ E153°08.481′
Ortsvorwahl: 07

Anreise Anreisemöglichkeiten mit Bus, Bahn und Flugzeug (→ Sunshine Coast). Mit dem Auto sind es 92 km nach Brisbane, 55 km nach Noosa Heads entlang der Küstenstraße und 225 km nach Hervey Bay über den Bruce Highway.

Calondra im Internet Informationen unter www.visitsunshinecoast.com.au.

Supermarkt Coles, Mo–Fr 8–21 Uhr, Sa 8–17.30 Uhr, So 9–18 Uhr. 47 Bowman Road.

Übernachten Aspect Caloundra, moderne Anlage mit 12 Stockwerken. Die Apartments sind edel eingerichtet, haben Flatscreen-TV, Küche mit Geschirrspüler und Bad. Es gibt einen 25-m-Pool, Sauna, Fitnessraum und ein Restaurant. Apartment mit einem Schlafzimmer ab 240 $/Nacht (u. U. Mindestaufenthalt), Meerblick kostet extra. 80 Lower Gay Terrace, ✆ 54132000, www.aspectcaloundra.com.au.

Portobello, kommode Apartments mit 1–3 Schlafzimmern. Komplett mit Küche eingerichtet, einige auch mit Balkon oder Spa. Gute Lage nahe Dicky Beach, beheizter Pool für kältere Tage. Ab 160 $ pro Nacht, Mindestaufenthalt zwei Nächte. 6 Beerburrum Street, Dicky Beach, ✆ 54919038, www.portobellobythesea.com.au.

Dicky Beach Family Holiday Park, ein absoluter Top-Park mit BBQs, Campküche, Waschraum, Tennisplatz und Aufenthaltsraum. WLAN kostenlos. Stellplatz ab 40 $, Strandstellplatz 50 $, Cabins ab 100 $. 1 Beerburrum Street, ✆ 54913342, www.sunshinecoastholidayparks.com.au.

Essen & Trinken Mooo Char & Bar, die Karte ist umfangreich, aber hier sollte nur eines auf den Teller: Steak! Ob Rib Eye, T-Bone oder Rump, das Fleisch ist gut abgehangen und schmeckt hervorragend. Dass man dafür 30–45 $ hinlegen muss, ist angemessen. Tägl. ab 12 Uhr. Otranto Avenue/Ecke Esplanade, ✆ 54928155, www.alfies.net.au.

SandBar, super Lage am Bulcock Beach. Am Kiosk gibt es Fish&Chips (ab 8 $) oder Burger (um 10 $), im Café z. B. einen Thai-Rindfleisch-Salat (24 $) oder Seafood-Linguine (26 $). Täglich Frühstück und Lunch, Di–So auch Abendessen. 26 The Esplanade, Bulcock Beach, ✆ 54910800, www.sandbarcafekiosk.com.au.

Kings Beach Tavern, einfach hingehen und vom riesigen Deck den Sonnenuntergang anschauen. Dazu ein kaltes Bier, und nichts kann mehr schiefgehen. Klassisches Bistro-Essen. Tägl. geöffnet für Lunch und Dinner. Direkt gegenüber vom Kings Beach. 43 Burgess Street, ✆ 54911366, www.kingsbeachtavern.com.au.

Aktivitäten & Attraktionen Kite Thrills, Kitesurf-Kurse kosten inkl. Materialverleih 270 $ (3 Std.) bzw. 540 $ (6 Std.), wobei maximal zwei Schüler auf einen Lehrer kommen. 1 Watson Street, Currimundi, ✆ 54388118, www.kitethrills.com.

Blue Water Kajak Tours, die Kosten für Kajaktouren beginnen bei 55 $/Pers., Tagestour (mind. 4 Pers.) 150 $/Pers. Camerough Parade, ✆ 54947789, mail@bluewaterkajaktours.com.au.

Sunshine Coast Skydivers, Tandemsprünge gibt es in Staffelungen von 279 $ (6000 ft) bis 429 $ (15.000 ft). Gelandet wird am Strand. Gewichtsmaximum 100 kg. 1 Pathfinder Drive, ✆ 54370211, www.sunshinecoastskydivers.com.au.

Tauchschulen, im benachbarten → Mooloolaba.

Strände Der Kings Beach befindet sich direkt östlich des Stadtzentrums und ist ein beliebter Surf-Strand, Lifeguards sind täglich im Dienst. Es gibt Toiletten, BBQs und Picknicktische, Spielplatz und einige Cafés im Umkreis.

Nachtleben & Kultur Das nächtliche Treiben im Ort spielt sich in der *Bulcock Street* ab. Hier gibt es etliche Anlaufstellen für den Abend, z. B. **The Office Bar** (66 Bulcock Street) oder das **cbx** (12 Bulcock Street).

Der lokale **RSL Club** (19 West Terrace, ℡ 54385800) wurde in den letzten Jahren mit Auszeichnungen überhäuft, es gibt drei Bars und regelmäßig Live-Bands. Im **Caloundra Events Centre** gibt es Theater, Musik und Ausstellungen. 20 Minchinton Street, ℡ 54914240, www.theeventscentre.com.au.

Nördlich des Kings Beach Shelly Beach und Moffat Beach – beide haben ebenfalls ihre Reize, sind aber nicht von Rettungsschwimmern bewacht.

Dicky Beach, benannt nach der S. S. Dicky, die hier auf Grund lief. Ideal für die Camper des nahen Caravan Parks. Der Strand ist bewacht, es gibt Toiletten, BBQs und Tische.

Südlich des Kings Beach Bulcock Beach, nur ein kurzer Fußmarsch vom Zentrum entfernt und beliebter Treffpunkt der Windsurfer.

Golden Beach, geschützt durch die nördliche Spitze von Bribie Island, eignet sich der Strand gut zum Schwimmen; auch hier tun Rettungsschwimmer Dienst. Toilette, Cafés, BBQs, Tische.

Mooloolaba
ca. 7500 Einw.

Mooloolaba ist einer dieser Strandorte, an dem man gerne auch etwas länger bleibt. Weißer Sand, tiefblauer Ozean und eine ganze Reihe guter Freiluftcafés an der Uferpromenade. Hier herrscht Urlaubsgefühl pur und entspannte Atmosphäre.

Offiziell gehört Mooloolaba zum Bezirk **Maroochy**, ebenso wie das benachbarte Alexandra Headland und Maroochydore. Auch der Fluss im südlichen Bereich des Ortes trägt diesen Namen und formt mit seiner breiten und gut geschützten Mündung zudem einen der besten Häfen der Küste. Der ist nicht nur Liegeplatz einer großen Fangflotte, sondern auch bei Yachtkapitänen äußerst beliebt. Mooloolaba ist Zielhafen einiger renommierter Regatten, entsprechend hoch ist der Standard der Marina-Einrichtungen.

Der Ort hat sich seit den 1970er-Jahren vom verschlafenen Nest zu einer beliebten Touristendestination entwickelt. Herzstück ist die liebevoll gestaltete und bepflanzte Uferpromenade. Zahlreiche Restaurants und Cafés stehen zur Wahl, die allesamt mit wunderbar sonnigen Sitzplätzen auf den Terrassen locken. Um den Aufenthalt für die Gäste noch angenehmer und sicherer zu gestalten, wurde der Autoverkehr auf der Promenade durch Kopfsteinpflaster und Verkehrsinseln stark eingeschränkt. Pkw fahren hier kaum schneller als Schritttempo, und Ortskundige versuchen den Bereich zu umfahren, wann immer möglich. Außerdem: Die Wege in Mooloolaba sind kurz, viele Unterkünfte sind nur wenige Minuten vom Strand und den Lokalen entfernt, so kann man das Auto getrost stehen lassen.

GPS: S26°40.648′ E153°06.978′
Ortsvorwahl: 07

Anreise Der Ort liegt knapp 20 km nördlich von Caloundra, 35 km sind es bis Noosa Heads. Distanzen: nach Brisbane sind es etwa 100 km, Hervey Bay ist 215 km entfernt. Anreisemöglichkeiten mit Bus, Bahn und Flieger (→ Sunshine Coast).

Touristinfo Maroochy Tourism Mooloolaba, kleiner Infokiosk. Tägl. 9–17 Uhr. First Avenue/Ecke Brisbane Road, ℡ 54588844 oder 1300847481 (kostenlos), visit@scdl.com.au.

Mooloolaba im Internet Informationen unter www.mooloolabatourism.com.au.

Ozeanium Under Water World, das größte Ozeanium in Queensland. Vom Seepferdchen bis zum Hai kann man hier verschiedenste Riffbewohner unter die Lupe nehmen. Zudem sind verschiedene Shows, z. B. mit Seehunden, oder geführte Touren im Programm. Eintritt 39 $, Kinder 26 $, Onlinebuchung günstiger. Tägl. 9–17 Uhr,

Der Strand von Mooloolaba

letzter Einlass 16 Uhr. Parkyn Parade (im Yachthafen), ✆ 54586280, www.underwaterworld.com.au.

Supermarkt Coles, Mo–Fr 8–21 Uhr, Sa 8–17.30 Uhr, So 9–18 Uhr. Venning Street/Ecke Walan Street.

Tauchen Scuba World, für Einsteiger gibt es einen einstündigen Schnupperkurs; die 90 $-Gebühr wird voll angerechnet, sobald man einen weiteren Kurs belegt. Der Anfängerkurs kostet 695 $, beinhaltet aber intensives Training im Tauchbecken sowie vier Tauchgänge vom Boot aus. 2 Tauchgänge 190 $, Tauchgänge bei der HMAS Brisbane gibt es ab 240 $ – nur für Taucher mit Schein und unter Einhaltung bestimmter Vorschriften (→ Kasten „Tauchen zur HMAS Brisbane", S. 646). Shop tägl. 9.30–17 Uhr. The Wharf, Parkyn Parade (im Yachthafen), ✆ 54448595, www.scubaworld.com.au.

Übernachten Oceans, die Suiten sind schick und edel eingerichtet und lassen nichts zu wünschen übrig. Das einzige 5-Sterne-Resort der Gegend bietet entsprechenden Luxus und verfügt über Apartments in verschiedenen Varianten; ab 450 $/Nacht zu haben, verschiedene Optionen bis hin zur Penthouse-Suite mit 4 Schlafzimmern ab 1700 $/Nacht. In der Hochsaison Mindestaufenthalt von bis zu 7 Tagen. 101–105 Mooloolaba Esplanade, ✆ 54445777, www.oceansmooloolaba.com.au.

Beachside, 29 Apartments mit Waschmaschine, Trockner, Balkon und Kochgelegenheit – alles um einen schön gestalteten Innenhof gruppiert. Parkgarage, Salzwasserpool und BBQ-Plätze. Die Übernachtung ab 199 $, bereits ab 2 Nächten wird es günstiger. 35 Brisbane Road, ✆ 54783911, www.beachsidemooloolaba.com.au.

Mooloolaba Motel, günstiges Motel, etwa 5 Gehminuten vom Strand entfernt. Es gibt einen Pool und einen Außenbereich mit Sonnensegel. Moteleigener Parkplatz. Die Zimmer sind gemütlich und ab 115 $ (DZ/Twin) zu haben. 46 Brisbane Rd., ✆ 54442988, www.mooloolabamotel.com.au.

Mooloolaba Beach Backpackers, die Mehrbettzimmer sind mit maximal vier Personen belegt und haben z. T. ein eigenes Bad. Neben der üblichen Ausstattung kann man hier kostenlos Fahrräder leihen. Gute Lage, nur einige hundert Meter vom Geschehen. Mehrbettzimmer ab 30 $, DZ mit Bad und TV ab 75 $. 75 Brisbane Rd., ✆ 54443399, www.mooloolababackpackers.com.

Mooloolaba Beach Caravan Park, Campingplatz in der Parkyn Parade, 34 Strandstellplätze für Wohnmobile abseits des Geländes. Anmeldung im Büro. Mit rund 50 $/Nacht (2 Pers.) teuer, aber das Geld wert. Zelte nur am Hauptplatz. Parkyn Parade (gegenüber von den Yachthafenanlagen), ✆ 54441201, www.sunshinecoastholidayparks.com.au.

Essen & Trinken

Augello's, die Pizzen sind der absolute Hit – je nach Größe 18–22 bzw. 28–35 $ –, außerdem Bruschetta, Antipasti und Pasta. Dazu einen italienischen Roten und einen knackigen Espresso hinterher. Tolle Lage mit Blick auf Strand und Esplanade (speziell vom 1. Stock). Espressobar tägl. ab 8 Uhr, Restaurant ab 12 Uhr. 13 Mooloolaba Esplanade, ✆ 54783199, www.augellos.com.au.

Spice Bar, nicht ganz günstiges, aber dafür auch sehr gutes Asia-Restaurant. Die Teriyaki-Ente mit Wassermelone und Spinat kostet 35 $, die Menüs mit 5–10 Gängen 55–90 $. Küche Mi–So ab 12 Uhr und Di–So ab 18 Uhr. ✆ 54442022, www.spicebar.com.au.

Hot Pipis, guter Laden, bei Frühaufstehern sehr beliebt. Der „Sicilian Sunrise" mit Fleischbällchen, pochierten Eiern und gegrillter Polentaschnitte ist der perfekte Start in den Tag. Die Dinnerkarte bietet z. B. gebratenen Barramundi oder Thai-Chicken (um 30 $). Tägl. ab 6 Uhr früh. 3/11 The Esplanade, ✆ 54444441, www.hotpipis.com.au.

》》》 Mein Tipp: The Surf Club, direkt am Strand mit großer Meerblick-Terrasse. Das Bistro-Essen ist gut: Steaks (25–45 $), Seafood Linguine (25 $) oder Fish&Chips (18,50 $). Abends wird hier getrunken und gefeiert. Tägl. geöffnet, Mittagessen 12–14 Uhr, Abendessen ab 17.30 Uhr. The Esplanade/Ecke River Esplanade, ✆ 54441300, www.thesurfclub.com.au. 《《《

Tauchen zur HMAS Brisbane

Die HMAS Brisbane tat von 1967 bis 2001 Dienst in der australischen Marine. Der 133 m lange Zerstörer der Adams-Klasse kam 1969 und 1971 im Vietnamkrieg zum Einsatz, war außerdem Teil der *Battle Force Zulu* im ersten Golfkrieg. Nach der Ausmusterung entschloss man sich, das Schiff zu versenken und so in der Region eine neue Attraktion zu schaffen. 2005 wurde die Brisbane durch gezielt platzierte Sprengladungen auf den Grund befördert, nach nur gut zwei Minuten war das Schiff in 27 m Tiefe an seinem letzten Ruheplatz angekommen. Innerhalb kürzester Zeit nahm die Natur das Wrack in Beschlag, am Rumpf setzten sich Seepocken, Schwämme und Korallen fest, und zahllose Fischen und Krebstiere siedelten sich an dem neu entstandenen künstlichen Riff an. Um diesen Lebensraum zu bewahren, wurde das Areal zum Schutzgebiet erklärt und hat sich mittlerweile zu einem der beliebtesten Tauchplätze in ganz Queensland entwickelt. Es gibt strenge Regulierungen und Sicherheitsmaßnahmen am Wrack. Wer weniger als 20 registrierte Tauchgänge nachweisen kann, darf nicht in das Schiff hineintauchen. Mit bis zu 50 Tauchgängen auf dem Buckel darf man mit einem Guide ausgewählte Bereiche betauchen, und für uneingeschränkte Erkundungstouren muss man einen speziellen Wrack- oder Höhlenschein vorlegen.

2 Tauchgänge inklusive Material und Marineparkgebühr kosten etwa 240 $. Infos unter www.scubaworld.com.au (→ Mooloolaba/Tauchen).

Sunshine Beach und Sunrise Beach

Zwischen Mooloolaba und Noosa, nur wenige Kilometer vor Noosa, liegen einige Strände, die sich je nach Bedingungen zum Schwimmen, Surfen, Strandangeln und Sonnenbaden eignen. Hier verlaufen sich die Besucher und man hat wirklich viel Platz. Am **Sunrise Beach** gibt es ein kleines Café im Beach Chalet Shop sowie einen kleinen Pavillon, von dem aus man in der Saison gut Wale beobachten kann. Am **Sunshine Beach** gibt es einen Surfclub mit Café und Kiosk. An einigen Stellen gibt es öffentliche Toiletten, dort trifft man gelegentlich auf junge Backpacker, die in ihren Campingmobilen „wild" übernachten (was allerdings nicht erlaubt ist).

Noosa

ca. 50.000 Einw.

Noosa ist cool, Noosa ist angesagt, Noosa ist Kult. Jeder liebt Noosa. Wie könnte man auch nicht, wenn Sonne, Strand und kristallklares Wasser auf jene Lässigkeit treffen, die hier gemeinhin als „Noosa Style" bezeichnet wird.

Schaut man sich die Menschen auf den Straßen an, könnte man fast glauben, dass hier für große Kinder jeden Tag Sonntag ist. Leicht angegraute Herren im Hawaiihemd sitzen nach dem morgendlichen Wellenritt barfuß in einem der Straßencafés und schlürfen einen Soja-Macchiato. Noosa ist beliebter Wohnsitz für all jene, die es, wie man so schön sagt, „geschafft haben". An den Kanälen seitlich des Noosa River reiht sich eine Luxusvilla an die andere, nicht selten liegt ein chices Boot am hauseigenen Steg vor Anker. Schon in den 70er-Jahren wurden wahre Schlachten mit Grundstücksspekulanten und Investoren ausgetragen, die, im Zuge des steigenden Tourismus, den Ort mit Großhotels verbauen wollten. Geschafft hat es bis heute keiner und wird es auch keiner mehr, denn in ganz Noosa darf kein Haus gebaut werden, das höher als die umliegenden Bäume ist. Trotzdem ist der Tourismus die Einnahmequelle Nummer eins und es gibt edle Unterkünfte und ausgezeichnete Gastronomie. Und irgendwie hat Noosa es geschafft, allen Ansprüchen gerecht zu werden, denn Luxusurlauber, Familien und Backpacker amüsieren sich hier im selben Revier. Ganz gemäß des Noosa Style.

Zur Orientierung: Was gemeinhin als Noosa bezeichnet wird, ist ein weit auseinander gezogenes Gebiet entlang des Noosa River, durchzogen von Kanälen und gesäumt von kleinen Flecken Nationalpark. Zu **Noosa Heads** zählt man den Noosa Nationalpark und die Gegend um den Hauptstrand mit der Flaniermeile **Hastings Street**. Der Ortsteil **Noosaville** liegt stromaufwärts, wo an der **Gympie Terrace**

Oft ist das Paddelboot die beste Möglichkeit, um auf Erkundungstour zu gehen

Übernachten
- 2 Tingirana
- 10 Mantra French Quarter Resort
- 12 Halse Lodge YHA
- 13 Noosa River Caravan Park
- 15 Noosa Heads Motel
- 21 Islander Resort
- 23 Noosa Flashpackers
- 25 Big4 Noosa Bougainvillia Holiday Park
- 27 Terrapin Apartments
- 29 Anchor Motel Noosa
- 30 Noosa Caravan Park

Essen & Trinken
- 3 Bistro C
- 5 Berardo's Bistro
- 7 Miss Moneypenny's
- 9 Café Le Monde
- 18 Gusto Noosa
- 24 Magic of India und Burger Bar

Cafés
- 8 Hard Coffee Café
- 20 Moondoggy's Café & Bar
- 32 Little Cove Coffee

Sonstiges
- 4 Noosa Longboards
- 6 Noosa Information Centre
- 11 Noosa Scooter Hire
- 14 T Boat Hire
- 16 Noosa Jetski Hire
- 17 Kayak Noosa
- 19 Adventure Sports
- 22 Busterminal
- 26 Noosa Library/Internet
- 28 Aussie Biker

Einkaufen
- 1 Okanui
- 4 Noosa Longboards
- 31 Aldi

entlang des Ufers zahlreiche Restaurants, Bars und Unterkünfte liegen. An der **Noosa Junction**, den Berg hinauf, liegt der weniger glamouröse Teil der Stadt, hier gibt es Supermärkte, Banken, eine Post und seit 2011 auch den neuen Busterminal.

Basis-Infos

GPS: S26°23.305' E153°05.455'
Ortsvorwahl: 07

Anreise Pkw: Noosa liegt 160 km nördlich von Brisbane und ist einfach über die M 1/Bruce Highway zu erreichen. Abfahrt ist **Eumundi** bzw. **Cooroy**. Südlich von Noosa führt eine schönere, aber langsamere Route bis **Caloundra** an der Küste entlang.

Flugzeug: Es gibt zwei Alternativen, via Brisbane Airport und via Sunshine Coast Airport.

Ab Brisbane Airport fährt Sunair (www.sunair.com.au, ℡ 54770888) mit Shuttlebussen bis **Noosa Bus Terminal** 22.

Ab Sunshine Coast Airport fährt **Henry's Bus Service** (www.henrys.com.au) für 30 $ (Surfboards plus 7 $) bis vor die Tür der Unterkünfte.

Touristinfo Noosa Information Centre 6, tägl. 9–17 Uhr. In Noosa Heads, am großen

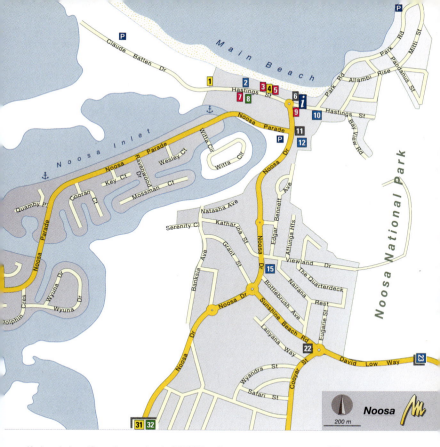

Kreisverkehr (Strandzugang). ☏ 54305000 oder 1800002624, info@visitnoosa.com.au.

Noosa im Internet Informationen unter www.visitnoosa.com.au.

Einkaufen **Noosa Longboards** 4, den „echten" Style gibt es nur auf dem Longboard, so die Philosophie bei vielen Surfern. Im Shop gibt es die langen Bretter und das passende Outfit gleich dazu. Auch Unterricht und Materialmiete (→ Aktivitäten). Shop 2, 55 Hastings Street, ☏ 54474776, www.noosalongboards.com.

Okanui 1, Gründer Dick Ash surft auf der Retro-Welle. Kein Wunder, schließlich ist er seit den 50er-Jahren dabei. Im Shop gibt es coole Board Shorts und Hemden (auch online bestellbar). 1 Hastings Street, ☏ 54748822, www.okanui.com.au.

Internet Noosa Library 26, Mo–Fr 9.30–17.30 Uhr, Sa 9.30–15 Uhr. 7 Wallace Drive, Noosaville, ☏ 53296555.

Märkte Farmers Market, frische Erzeugnisse direkt vom Bauern: Jeden Sonntag 7–12 Uhr im Australia Rules Football Club in der Weyba Road, Noosaville, www.noosa farmersmarket.com.au.

Noosa Harbour Markets, in schöner Lage auf dem Deck der Marina. Feilgeboten werden lokale Erzeugnisse, Kunsthandwerk und vieles mehr. Man kann wunderbar in den Cafés einkehren, eine Kleinigkeit essen oder einen Drink nehmen. Jeden Sonntag 8–14 Uhr. www.noosamarina.com.au.

Supermarkt Aldi 31, Mo–Fr 8.30–20 Uhr (Do bis 21 Uhr), Sa 8–17.30 Uhr, So 9–18 Uhr. 201 Weyba Road, Noosaville.

Taxi Noosa Taxis, ☏ 131008.

Unterwegs in Noosa In der Hauptsaison gibt es einen **kostenlosen Stadtbus**, der die Leute dazu bewegen soll, ihre Autos vom oft hoffnungslos überfüllten Ortskern fernzuhalten.

Wer auf den Pkw nicht verzichten will, findet **Parkplätze** gegenüber vom alten Busterminal und in der Verlängerung der Hastings Street (z. T. gebührenpflichtig).

Zwischen Noosa Heads und Tewantin verkehrt eine **Personenfähre** (www.noosaferry.com, ☏ 54498442) mit Stopps in Noosaville. Tagesticket 22,50 $.

Veranstaltungen Noosa Festival of Surfing, immer Anfang März, eine Woche lang. Extrem cooles Event, in der Longboarder und Tandemsurfer ihren Style zelebrieren. Abends wird gefeiert. www.noosafestivalofsurfing.com.

Jazz Festival, über vier Tage Anfang September. Über 90 Jam-Sessions und Konzerte an verschiedenen Außenbühnen sowie in ausgewählten Restaurants und Bars. Tickets ab 20 $, für bekannte Bands wie *The Cat Empire* auch schon mal 60 $.

Noosa Triathlon, immer Anfang November; ein Großevent der australischen Triathlonszene mit über 8500 Teilnehmern und 30.000 Besuchern.

Übernachten → Karte S. 648/649

Hastings Street Tingirana **2**, Top-Lage und Top-Liga. Die Apartments sind entsprechend ihres 5-Sterne-Standards luxuriös mit Spas, separaten Duschen, TV in jedem Zimmer und kompletten Küchen ausgestattet. Von den Balkonen blickt man über den Pool direkt auf Strand und Meer. Studios zur Straße ab 200 $, Beachfront-Apartments mit 1–2 Schlafzimmern ab 550 $. 25 Hastings Street, Noosa Heads, ☏ 54747400, www.tingirana.com.au.

Mantra French Quarter Resort 10, die Fassade aus ockerfarbenen Wänden und farbig gestrichenem Holz sieht schon einladend aus, und die Zimmer erfüllen die Erwartungen. Unterkünfte gibt es mit ein oder zwei Schlafzimmern, alle Bäder haben eine Spa-Wanne, zudem eine kleine Kitchenette und einen Balkon. Ab 240 $ für 2 Pers. 62 Hastings Street, ☏ 54307100, www.mantrafrenchquarter.com.au.

Noosa Heads Motel 15, Helle, moderne Zimmer sorgen für Wohnlichkeit, die Ausstattung ist ohne Schnickschnack, alles, was man braucht, ist da, auch WLAN. DZ ab 125 $. 71 Noosa Drive, Noosa Heads, ☏ 54404550, www.noosaheadsmotel.com.au.

Halse Lodge YHA 12, wirklich klasse: Wie ein Herrenhaus thront der weiße Holzbau von 1880 auf dem Hügel. Voll restauriert mit insgesamt 92 Betten und einer Bistro-Bar. Dazu liegt das Haus auch in der Nähe von Main Beach, Touristeninfo und Nationalpark. Im Dorm ab 30 $, DZ oder Twin ab 79 $. 2 Halse Lane, Noosa Heads, ☏ 54473377 oder 1800242567 (kostenlos).

Noosa Flashpackers **23**, gutes Hostel mit moderner Gemeinschaftsküche, Pool und Aqua Lounge. Auch Zimmer (3-Bett) nur für Frauen. Im 6er-Zimmer 30–35 $, 4-Bett-Zimmer mit Bad 35–40 $, DZ mit Bad ab 100 $. 102 Pacific Avenue, ☏ 53158018, www.flashpackersnoosa.com.

Noosaville & Noosa Sound Islander Resort **21**, ideal gelegen an der Restaurantmeile in Noosaville. Die voll ausgestatteten Villas gibt es mit 2–3 Schlafzimmern, die um das große Poolareal gruppiert sind. Im Resort Saunen, Spa und zwei Tennisplätze. Mit zwei Schlafzimmern 230–345 $, für etwas mehr als das Doppelte schon drei Nächte. 187 Gympie Terrace, Noosaville, ☏ 54409200 oder 1300656888, www.islandernoosa.com.au.

Terrapin Apartments 27, superwohnliche Apartments mit jeweils zwei Schlafzimmern (im 1. Stock) und zwei Bädern. Die Böden sind gefliest, die Einrichtung ist ansprechend und gemütlich. Voll ausgestattete Küchen mit Geschirrspüler, Waschmaschine, Trockner. Um 200 $ für 2 Pers., aber auch oft Angebote, z. B. 770 $/Woche. Einfach anrufen und fragen. 15 The Cockleshell, Noosaville, ☏ 54498770, www.terrapin.com.au.

Anchor Motel Noosa 29, gutes Motel mit 19 einfachen, aber sauberen Wohneinheiten für jeweils maximal 5 Personen. Sehr wohnlich mit marineblauen Bezügen und großen Bullaugenfenstern. Pool und ein beheiztes Spa im Haus. Nicht gerade zentral, aber günstig. DZ ab 115 $. Weyba Road, Noosaville, ☏ 54498055, www.anchormotelnoosa.com.au.

Camping Noosa River Caravan Park **13**, direkt am Fluss und ideal zwischen Noosa Heads und Noosaville gelegen, alles ist zu Fuß erreichbar. Die offene Campküche ist spartanisch (nur BBQ und Kocher), hat aber wunderbare Morgensonne und ist nur ein paar Meter vom Wasser entfernt. Unbedingt vorab buchen, wird immer schnell voll! Stellplatz ab etwa 35 $. Russel Street, Noosaville, ✆ 54497050.

BIG4 Noosa Bougainvillia Holiday Park 25, etwas außerhalb gelegen, aber mit sehr guter Ausstattung. Stellplätze ab 43 $. 141 Cooroy-Noosa Road, Tewantin, ✆ 54471712 oder 1800001444, www.big4noosa.com.au.

Noosa Caravan Park **30**, in Tewantin gelegen, schöner Park mit vielen Palmen und großem Pool. Stellplätze mit Strom ab 40 $, Cabins ab 115 $. 143 Moorindil Street, Tewantin, ✆ 54498060, www.noosacaravanpark.com.au.

Hausboote Noosa Leisuretime Houseboats, die modernen Hausboote haben Platz für bis zu 12 Pers. (Doppelbetten, Einzelbetten, Ausziehsofa). Umfangreiche Ausstattung mit Küche, BBQ, Bad, Unterhaltungselektronik. Für 3 Nächte 1190–1690 $, über Feiertage mehr. Mietbedingungen im Netz oder unter ✆ 1300853787, www.noosaleisuretimehouseboats.com.au.

Essen & Trinken/Nachtleben → Karte S. 648/649

Alleine in der Hastings Street reihen sich über 30 Restaurants, in ganz Noosa sollen es über 170 sein. Ganz billig ist es in Noosa freilich nicht, aber man bekommt etwas für's Geld. Beliebt bei jungen Backpackern ist der Foodcourt in der Hastings Street Bay Village. Gefeiert wird in Noosa gerne in den Café-Bars, wo man nach dem Abendessen auch leckere Cocktails bestellen kann.

Noosa Heads/Hastings Street Bistro C **3**, edles Lokal in 1a-Lage mit Zugang über die Strandpromenade. Zum Dinner gibt es z. B. karamellisierten Schweinebauch (34 $), als Nachspeise kann man Creme Brulée (15 $) schlemmen oder gleich zum Mango Daiquiri (16 $) übergehen. Tägl. ab Frühstückszeit geöffnet. 49 Hastings Street, ✆ 54472855, www.bistroc.com.au.

Café Le Monde 9, ein alter Klassiker in Noosa, schräg gegenüber vom Strand. Der „Coffee Le Monde" (mit Cointreau) ist fantastisch. Die Frühstückskarte ist australisch, zum Lunch gibt es leichte Gerichte, abends bezahlt man 25–35 $ für ein Hauptgericht. Tägl. ab 6.30 Uhr bis spät. 52 Hastings Street, ✆ 54492366, www.cafelemonde.com.au.

>>> Mein Tipp: Berardo's Bistro **5**, direkt am Strand. Hell und funktionell eingerichtet, hat der kleine Ableger des gleichnamigen Edelrestaurants mehr zu bieten als den tollen Ausblick. Auf der Karte stehen gebackener Snapper mit Pommes und Aioli (30 $) oder die Edelversion von Linguine mit Meeresfrüchten (35 $). Tägl. ab Frühstückszeit geöffnet. Strand, 52 Hastings Street, Noosa Heads, ✆ 54480888, www.berardos.com.au. **<<<**

Hard Coffee Café 8, überraschend gutes Café im Bay Village Shopping Centre in der Hastings Street. Hier bekommt man wirklich leckeres Essen für sein Geld. Und natürlich auch ordentlichen Kaffee. Tägl. 7–17 Uhr. ✆ 0410673377.

Miss Moneypenny's 7, schon zum Frühstück gut besucht und sicherlich auch eine Option fürs Abendessen: Lammsteak, gegrillter Lachs oder gebratene Entenbrust kosten je mit Beilagen 35–45 $. Mo–Fr 11.30–24 Uhr, Sa/So 8–24 Uhr. 6 Hastings Street, ✆ 54749999, www.missmoneypennys.com.

Noosaville Little Cove Coffee **32**, hier gibt es wirklich ausgezeichneten Kaffee, die Bohnen abgepackt zum Mitnehmen, aber auch frisch zubereitet. Natürlich auch kleine Snacks. Tägl. 7–14 Uhr. 4/205 Weyba Road, Noosaville, ✆ 54405422, www.littlecovecoffee.com.au.

Burger Bar **24**, richtig gute Burger (12–15 $) mit Rind-, Hühner- oder Lammfleisch, aber auch zwei vegetarische Optionen stehen auf der Karte. Mo–Fr 11–15 und 17–20.30 Uhr, Sa/So 11–20.30 Uhr. Shop 4, Thomas Street, ✆ 54744189, www.theburgerbar.com.au.

Gusto Noosa **18**, sehr gutes Essen, die Besitzer haben unter gleichem Namen sogar ein Kochbuch herausgegeben. Mediterran angehauchte Speisen, Hauptgerichte um 35 $, leichte Mittagsküche um 25–35 $. Tägl. geöffnet. 257 Gympie Terrace, ✆ 54497144, www.gustonoosa.com.au.

652 Queensland / Sunshine Coast

Moondoggy's Café & Bar 20, entspanntes Café, klassisch, gut und günstig. Serviert werden Frühstück, Sandwiches, leckere Frucht-Smoothies und frisch gepresste Säfte. Geöffnet ab 7 Uhr bis Sonnenuntergang. 187 Gympie Terrace, ☎ 54499659, www.moondoggys.com.au.

Magic of India 24, wer scharfes Essen liebt, dem wünschen wir viel Spaß mit dem Chicken Vindaloo (18,50 $) – lecker, aber *wirklich* scharf – natürlich gibt es auch mildere Varianten. Alkohol nur als BYO. Auch Take-away. Tägl. ab 17.30 Uhr. Thomas Street (am Kreisverkehr Mary Street), ☎ 54497788, www.magicofindia.com.au.

Touren & Aktivitäten → Karte S. 648/649

Motorrad & Roller Aussie Biker 28, für erfahrene Biker über 25 Jahre mit gültigem Motorradführerschein. Eine *Suzuki DL650* gibt es für 190 $, die *BMW R1200 GS* für 230 $ und eine *Harley Davidson FLHT Electra Glide* für 240 $. Preise für 6 Std. inkl. Versicherung (versch. Konditionen) und inkl. 200 Freikilometer. Per Kreditkarte sind 2000 $ Kaution zu hinterlegen. 4/15 Venture Drive, Noosaville, ☎ 54741050, www.aussiebiker.com.au.

Noosa Scooter Hire 11, für die 50 ccm braucht man nur einen Autoführerschein, es gibt aber auch Maschinen mit 125 ccm und 300 ccm. Miete ab 59 $. 500 $ Kaution. 13 Noosa Drive, Noosa Heads, ☎ 54554096, www.noosascooterhire.com.au.

Fahrräder & Radtouren Bike On, MTBs, Cruiser, Kinder- und Rennräder. Die Preise beginnen bei 19 $ (2 Std.), ein Tag kostet ab 25 $. Verschiedene Leihstationen in Noosa, für 35 $ werden die Räder zur Unterkunft geliefert/abgeholt. Verschiedene Bike-Touren im Hinterland, z. B. Noosa Trails Day Tour ab 95 $/Pers. Infos unter ☎ 54743322, www.bikeon.com.au.

Bootstouren Noosa Ferry Cruise, hier ist keine Buchung nötig, die Boote fahren zwischen der Noosa Marina in Teewantin und Noosa Heads via Noosaville. Einfache Fahrt 15,50 $, Tagespass 22,50 $. ☎ 54498442, www.noosaferry.com.

Noosa Everglades Discovery, Bootsfahrt entlang des Noosa River in die Everglades. Tour inkl. BBQ-Lunch 105 $/Pers., die Nachmittagstour ohne Verpflegung 79 $. Buchung notwendig, verschiedene Zustiegsmöglichkeiten. ☎ 54490393, www.noosaevergladesdiscovery.com.au. ∎

Gondolas of Noosa, eine romantische Gondelfahrt im venezianischen Stil kostet ab 150 $/Std. (60 Min., 2–6 Pers.), inklusive mediterranem Dinner 300 $ (90 Min., 2 Pers.). Getränke (Wein, Schampus etc.) muss man selbst mitbringen. Buchung unter ☎ 0412929369 (mobil), www.gondolasofnoosa.com.

Boots- und Jetskimiete Noosa Jetski Hire 16, Miete für 30 Min. auf dem Noosa River 80 $, 45 Min. auf dem Meer 140 $. Preise pro Jetski (bis 2 Pers.), Mindestalter auf dem Fluss 14 Jahre, auf dem Ozean 16 Jahre. 256 Gympie Terrace, Noosaville, ☎ 54497740, www.noosajetskihire.com.au.

T Boat Hire 14, es gibt BBQ-Pontoons und verschiedene Runabouts. 4–12 Personen haben je nach Variante Platz. Die 1. Stunde kostet ab 55 $, Folgestunden ab 27 $, der ganze Tag ab 250 $. Zudem kann man Jetskis und Kajaks mieten. Ecke Gympie Terrace/Weyba Road, Noosaville, ☎ 54497182, www.tboathire.com.

Angeln Noosa Bluewater Charters, Riff- und Hochseefischen. Das gesamte Equipment wird gestellt, inklusive Köder. Gefischt wird z. B. auf Schnapper oder Sägebarsche, in den wärmeren Monaten auch auf Tunfisch und Makrele. Halbtagestour 150 $/Pers., Tagestrip (9 Std.) 220 $/Pers. The Jetty, 184 Gympie Terrace, Noosaville, ☎ 54499355, www.noosabluefishing.com.au.

Surfen & Kitesurfen Noosa Longboards 4, Shop und Miete. Longboards, Stand-up-Boards, Mini-Mals und Shortboards ab 40 $ (4 Std.). 2/55 Hastings Street, Noosa Heads, ☎ 54474776, www.noosalongboards.com.

Learn to Surf, 2-stündiger Kurs inkl. Ausrüstung 60 $, Privatkurs mit dem Ex-Weltmeister Merrick Davies 250 $. Auch Kurse nur für Mädels. ☎ 0418787577 (mobil), www.learntosurf.com.au.

Stand up Paddle Surfing, blutige Anfänger lernen die Basics im ruhigen Wasser des Noosa River; wenn die Bedingungen passen, geht es anschließend in die Wellen. Täglich Gruppenkurse für 50 $/Pers. Materialmiete 35 $/Std. bzw. 50 $/Tag. Buchen und Treffpunkt vereinbaren. ✆ 0412175217, www.standuppaddlesurf.com.au.

Adventure Sports 19, Kajakmiete ab 35 $ (halber Tag), MTBs 25 $/Tag. Gruppenunterricht im Kite-Surfen ab 175 $/Doppelstunde, 6 Std. Privatunterricht 550 $. 136 Eumindi Road, Noosaville, ✆ 54556677, www.kitesurf australia.com.au.

Kajak Kayak Noosa 17, Kajakmiete ab 30 $ (2 Std.), Paddeltour zum Sonnenuntergang inkl. Sekt 60 $. 194 Gympie Terrace, Noosaville, ✆ 54555651, www.kayaknoosa.com.

Noosa Kayak Tours, im Angebot sind geführte Ozeantouren entlang der Küstenlinie des Nationalparks sowie Flusstouren den Noosa River hinauf (66 $/2 Std.). Ein Einerkajak 55 $/Tag, Doppelkajak 66 $/Tag. Am westlichen Ende des Main Beach, ✆ 0418787577 (mobil), www.noosakayaktours.com.

Baden & Schwimmen Noosas **Main Beach** (direkt hinter der Touristinfo) ist gut geschützt und eignet sich daher gut zum Schwimmen und Baden. Ebenfalls von Lifeguards bewacht ist der **Sunshine Beach** (südlich des Orts), hier können die Bedingungen allerdings auch richtig rau werden.

Surfspots Anfänger üben die ersten Schritte an den sanften Breaks des **Main Beach**. Beliebte Spots bei den Cracks sind **Granite Bay** an der nördlichsten Spitze des Nationalparks und **Sunshine Beach**.

Noosa-Nationalpark

Der kleine Nationalpark am **Noosa Headland** ist perfekt gelegen für erholsame Spaziergänge und Wanderungen. Nur einige hundert Meter vom Ortszentrum entfernt beginnt der Park, man muss nur der Hastings Street nach Osten folgen und kann dann entlang eines Uferweges bis zum Informationsstand gehen. Dort gibt es zwar auch einige Parkplätze, aber das Angebot ist klein, und so sollte man das Auto möglichst an der Unterkunft lassen. Gehfaule können zur Not einen Shuttle-Bus nehmen.

Majestätische Kauri-Pinien dominieren die Szenerie, vereinzelt gibt es Palmen, und im Winter kann man Wildblumen bestaunen. Überall kreischen bunte Vögel aus den Bäumen, mit etwas Glück kann man sogar Koalas entdecken. Entlang der schroffen Felsküste finden sich immer wieder versteckte Sandstrände, vereinzelt gibt es starke Strömungen, dort sollte man besser nicht schwimmen.

Der **Laguna Lookout** im westlichen Bereich des Parks ist vom Noosa Drive sogar mit dem Auto erreichbar. Im Gegensatz zu anderen Nationalparks in Queensland ist das Campen überall verboten. Der Queensland Parks und Wildlife Service warnt auf seiner Webseite und berichtet von schweren Angriffen auf Wanderer („serious assaults"); deshalb sollte man sich nur bei Tageslicht im Park aufhalten und möglichst nur in der Gruppe.

Noosa National Park Information Centre, tägl. 9.15–16.45 Uhr, zur Mittagspause geschlossen. ✆ 54473522, Auskünfte zu den Wanderungen sowie Karten vom Park gibt es auch in der Touristinfo in Noosa. Park Road, Noosa Heads.

Die Pelikane wissen, dass sie von den Anglern ein paar Fischreste bekommen

Dünenhüpfen auf Fraser Island

Fraser Coast

Fraser Island

Die größte Sandinsel der Welt begeistert mit einer einzigartigen Flora, ist Heimat der letzten reinrassigen Dingos und zudem ein wahrer Abenteuerspielplatz für Allradenthusiasten und jene, die es werden wollen. Aber am Anfang steht fast immer das große Staunen.

Denn wer sich bei Fraser Island einen großen Sandhaufen vorgestellt hat, wird schnell eines Besseren belehrt. Die Vegetation hat sich auf den losen Untergrund perfekt eingestellt, und so wächst und gedeiht ein üppiger, grüner Regenwald. An die 100 Süßwasserseen gibt es, bis zu 240 m hohe Sanddünen und massive Baumriesen. Über 350 Vogelarten verzeichnen Ornithologen auf der Insel, und mit dem Dingo ist hier auch eines der Aushängeschilder des Kontinents heimisch. Doch die Natur brauchte auch entsprechend Zeit: Über 800.000 Jahre hat es gedauert, bis genügend Sand angespült war, um diese enorme Insel zu formen.

Fraser Island ist 184.000 ha groß und gut 123 km lang. Man nimmt an, dass sich die ersten Aborigines vor etwa 5000 Jahren auf der Insel ansiedelten, die letzten Ureinwohner des *Butchulla Tribe* verließen Fraser Island 1904. Schon ab den 1860er-Jahren entwickelte sich eine rege Holzindustrie, ab 1950 wurden auch Genehmigungen zum Sandabbau erteilt – beides wurde aufgrund ökologischer Bedenken mittlerweile eingestellt. Heute steht die Insel ganz im Zeichen des Tourismus.

Ihren Namen verdankt Fraser Island ausnahmsweise nicht Captain Cook. Der erkannte nämlich nicht einmal, dass es sich um eine Insel handelte und benannte lediglich die Bucht (Hervey Bay). Doch 1836 strandete eine Gruppe Überlebender der gesunkenen „Sterling Castle" auf dem Eiland, darunter auch Eliza Fraser, die Frau des Kapitäns, nach der die Insel letztendlich benannt wurde.

Anreise

Fähren Das **River Heads** Fährterminal liegt etwa 12 km außerhalb von Hervey Bay und ist über die Booral Road und die River Heads Road zu erreichen. Die ersten beiden der nachfolgend genannten Optionen sind auf einem Ticket kombinierbar.

Kingfisher Bay Ferry, fährt zwischen *River Heads und der Kingfisher Bay*. Die Überfahrt (hin und zurück) kostet ab 165 $ für ein Fahrzeug inkl. 4 Insassen, jede Extraperson 12 $. Passagiere ohne Auto zahlen 55 $. Abfahrt zur Insel täglich 6.45, 9, 12.30, 15.30, 18.45 und in der Hauptsaison auch 21.30 Uhr. Zurück aufs Festland 7.50, 10.30, 14, 17, 20.30 und zur Hauptsaison 23 Uhr. Die Überfahrt dauert ca. 50 Min. ℡ 41949300 oder 1800227437, www.fraserislandferry.com.au.

Fraser Venture fährt zwischen *River Heads* und *Wanggoolba Creek* (Eurong Beach Resort). Die Überfahrt (hin und zurück) kostet ab 165 $ für ein Fahrzeug inkl. 4 Insassen, jede Extraperson 12 $. Passagiere ohne Auto zahlen 55 $. Zur Insel 8.30, 10.15, 16 Uhr. Zurück aufs Festland 9, 15, 17 Uhr. Überfahrt 30 Min. ℡ 41949300 oder 1800227437, www.fraserislandferry.com.au.

Manta Ray, fährt ab *Inskip Point* am Rainbow Beach. Der Return-Trip kostet 120 $/Fahrzeug. Nur 2 Überfahrten/Tag, Termine erfragen. Überfahrt 15 Min. Wer hier ankommt, kann nur bei Ebbe am Strand gen Norden fahren, bei Flut muss man die Straße im Landesinneren nehmen. ℡ 54863935 oder 0418872599 (mobil), www.mantarayfraserislandbarge.com.au.

Information & Adressen

Parkranger & Information Es gibt verschiedene **Ranger-Stationen** auf der Insel, z. B. an der *Central Station* oder in *Eurong*.

Allgemeine Informationen online unter www.nprsr.qld.gov.au.

Genehmigungen und Tickets Man benötigt eine Genehmigung (Gebühr 47 $), um mit dem 4WD auf der Insel fahren zu dürfen. Zudem ist für Camper ein Betrag von 5,95 $/Pers. zu entrichten. Alles *vorab* zu erwerben – z. B. online bei *NPRSR* (www.nprsr.qld.gov.au), in der Touristeninformation Hervey Bay oder bei einigen 4WD-Vermietern.

Übernachten/Essen **Fraser Island Beach Houses**, solide Einrichtung, hell und mit viel Holz. Zur Ausstattung gehören Küche, Waschmaschine und Trockner. Studio ab 150 $, Apartment mit 2 Schlafzimmern ab 275 $, mit Meerblick ab 300 $. Je nach Saison 2–5 Nächte Mindestaufenthalt, in der Hauptsaison nur Apartments und dann sind mind. 350 $/Nacht fällig. Eliza Street, Eurong Second Valley, ℡ 41279205 oder 1800626230 (kostenlos), www.fraserislandbeachhouses.com.au.

Kingfisher Bay Resort, großes, mehrfach ausgezeichnetes Resort mit super wohnlichen Zimmern und Apartments. Im Resort gibt es zwei edle Restaurants, die entspannte Sand Bar & Bistro und einen kleinen General Store. DZ ab 190 $/Nacht, in der Hauptsaison bis 260 $/Nacht bei Mindestaufenthalt von drei Nächten. Villen und Strandhäuser in diversen Größen und mit verschiedenen Ausstattungen kosten je nach Saison 250–900 $ und sind für Selbstversorger mit Küche und Waschmaschine ausgestattet. Evtl. Mindestaufenthalte. Kingfisher Bay, ℡ 41949300 oder 1800072555 (kostenlos), www.kingfisherbay.com.

Eurong Beach Resort, Resortkomplex an der Ostküste, eine kostengünstige Übernachtungsmöglichkeit. Es gibt Shops, Restaurants, eine Bäckerei und auch die Möglichkeit zu Tanken. Einfache, aber saubere Motel-DZ ab 120 $, Apartments 199–270 $, in der Hauptsaison sind 3 Nächte Minimum. Nur einen Katzensprung vom 75 Miles Beach, im südlichen Abschnitt der Insel, ℡ 41201600 oder 1800111808, www.eurong.com.

Camping **Frasers at Cathedral Beach**, eingezäunter Campingplatz mit kleinem Store, Bottleshop und Zapfsäule. Zeltstellplatz 29–45 $, die einfachste Cabin (max. 4 Pers.) je nach Saison ab 160 $. Etwa 400 m vom Strand, etwa 10 km nördlich des Eli Creek und somit auf halbem Weg zwischen Eurong Beach und dem Indian Head, ℡ 041279177 (mobil) oder 41279234.

7 größere Campingareale gibt es auf Fraser Island. Gut ausgestattet mit Toiletten und Münzduschen (Vorrat an 1 $- und 50-Cent-Stücken nicht vergessen) sind die Plätze an der *Central Station*, *Dundubarra* und *Waddy Point*. Am *Lake McKenzie* gibt es ein Bushcamp für Wanderer, das mit 4WD aber nicht erreichbar ist. Pro Person und Nacht ist im Voraus eine Gebühr von 5,95 $ beim NPRSR zu entrichten.

An der Ostküste existieren einige ausgewiesene kleine **Beach-Camping-Areale**, direkt hinter den ersten Dünen. Man darf hier sein Zelt aufschlagen, Toiletten oder Duschen gibt es aber nicht, die Gebühr von 5,95 $ ist trotzdem fällig.

> Familien mit Kindern unter 14 Jahren wird aufgrund der – bisweilen aggressiven – **Dingos** empfohlen, in einem der eingezäunten Campingareale (*Lake Boomanjin*, *Central Station*, *Dundubara*, *Waddy Point Top*) zu übernachten.

Auf der Insel Auf der Insel gibt es etliche Shops und Tankstellen, z. B. an der Kingfisher Bay, in Eurong, oder am Orchid Beach. Die Preise sind gesalzen, man sollte deshalb möglichst alles auf die Insel mitbringen.

Gar nicht scheu: Dingo auf Fraser Island

Organisierte Touren

Es gibt zahlreiche organisierte Touren, auf denen man Fraser Island erkunden kann. Je nachdem, welche Teile der Insel man sehen will, wählt man den Anbieter bzw. die Option, mit dabei sind aber fast immer Kombinationen aus den Seen im Inselinneren (z. B. Lake MacKenzie), dem Schiffswrack der Maheno, den Champagne-Pools-Felsbecken oder dem Indian Head. Buchbar sind alle Touren in den Büros von Hervey Bay, in der Touristinfo sowie an den Schaltern vieler Hotels oder Campingplätze. Oder ganz einfach online.

Fraser Experience Tours, Tagestour im Hummer-Geländewagen 260 $. ✆ 41244244 oder 1800833433, www.fraserexperience.com.

Fraser Explorer Tours, ab Hervey Bay. Gäste werden im klimatisierten Allradbus über die Insel gefahren. Tagestour 170–215 $, 2-Tage-Tour je nach Zimmerbelegung 320–400 $. Verpflegung, Transfer und Budget-Übernachtung im Eurong Beach Resort inklusive. ✆ 41949222 oder 1800678431, www.fraserexplorertours.com.au.

Kingfisher Tours, bei der „Beauty Spots Tour" geht es zum Lake McKenzie, der Central Station, dem Wrack der Maheno und zum Eli Creek. Tagestour 165 $/Pers. ✆ 1800072555, Extension 3, www.kingfisherbay.com.

CoolDingo Tour, die 3-Tage-Tour auf Fraser Island beinhaltet so ziemlich alles, was man sehen und unternehmen kann. Mahlzeiten, Transfers, Übernachtungen, Fährtransfers inklusive. Im DZ 500 $/Pers., im 4-Bett-Zimmer ab 440 $. Junges Publikum unter 35. Übernachtet wird in Lodges. ✆ 41203333 oder 1800072555 (kostenlos), Extension 3, www.coolingotour.com.

Fraser Island Adventure Tours, hier kann man sich sogar an den Ortschaften der Sunshine Coast abholen lassen, das ist kostenlos, allerdings ist die Abfahrt sehr früh, in Caloundra z. B. um 5.25 Uhr! Auch hier wird zum Lake MacKenzie gefahren, allerdings ist das der nördlichste Punkt der Tour, und man sieht das Maheno-Wrack nicht. Ab 175 $/Pers., inkl. Barbecue und Getränke (auch Bier/Wein). ✆ 54446957, www.fraserislandadventuretours.com.au.

Air Fraser Island, der Rundflug mit Landung am Strand ist schon ab 150 $/Pers. zu haben; gegen Aufpreis auch Aktivitäten auf der Insel buchbar. Mindestteilnehmerzahl. Ab Hervey Bay Airport. ✆ 41253600, www.airfraserisland.com.au.

Selbstfahrer & Allrad-Vermietung

Auch hier gibt es zahlreiche Anbieter, es lohnt, in der Touristinfo oder den Buchungsbüros Angebote zu vergleichen. Die Vermieter sind gern bei der Organisation behilflich. Oft kann man Pakete buchen, die auch den Fährtransfer und Gebühren für den Nationalpark beinhalten. Bei Anmietung der Fahrzeuge ist je nach Modell eine Kaution (per Kreditkartenlastschrift) zu hinterlegen; auf jeden Fall sollte man sich genau über den im Preis beinhalteten Versicherungsschutz informieren. Wer ein Paket mit Campingausrüstung bucht, sollte bedenken, dass hier meist nur ganz einfache und sehr dünne Isomatten enthalten sind. Wer auf etwas mehr Komfort aus ist, sollte eine entsprechende Schlafunterlage (und evtl. ein eigenes Kopfkissen) selbst mitbringen.

Aussie Trax, mit Fährtransfers, Inselpermit und Standardversicherung (gegen Aufpreis erweiterbar). *Suzuki Jimny* für max. 2 Pers. etwa 500 $/Tag bzw. 800 $/3 Tage. Der große Landcruiser mit Platz für bis zu 8 Pers. ist für ca. 570 $/Tag bzw. 1500 $/3 Tage zu

Verhaltensregeln auf Fraser Island

Die Briefings der Veranstalter von Selbstfahrer-Touren sind ausführlich, scheinen dem einen oder anderen vielleicht übertrieben, sind aber letztendlich nötig. Vor allem junge Backpacker mit keiner bzw. wenig Offroad-Erfahrung unterschätzen oft die Gefahren.

Geschwindigkeitsbegrenzungen sind auch auf der Insel penibel einzuhalten, im Inselinneren 35 km/h (vereinzelt 20 km/h), am Strand 80 km/h (einige Vermieter legen hier für ihre Fahrzeuge noch niedrigere Grenzen fest). Die Polizei kontrolliert und kassiert (oft genug auch den Führerschein). In der Vergangenheit kam es immer wieder zu Unfällen mit teilweise tödlichem Ausgang, und so ist eine Senkung der erlaubten Höchstgeschwindigkeit auf 60 km/h im Gespräch. Erkundigen Sie sich unbedingt nach dem aktuellen Stand. Autounfälle ereignen sich meist am 75 Mile Beach. Man sollte keinesfalls mit dem Geländewagen ins Meer fahren – auch nicht ein bisschen. Die kleinen Wasserläufe, die sich über den Strand ins Meer ergießen, sind meist nur wenige Zentimeter tief, können aber manchmal auch 30 cm tief werden. Hört sich nicht nach viel an, doch wer da mit 80 km/h hineinfährt, kann einen Totalschaden kaum vermeiden.

Fahrten am Strand sind immer auch von den Gezeiten abhängig, man sollte sich vorher genau informieren (beim 4WD-Vermieter oder in der Touristinfo), wann man wo sicher fahren kann. Vermieter von Allradfahrzeugen verbieten meist Strandfahrten im Zeitraum von zwei Stunden vor bis zwei Stunden nach Gezeitenhöchststand (auch wenn die Einheimischen da trotzdem fahren), sprich: Man muss u. U. vier Stunden am selben Ort bleiben. Wer hier ganz penibel planen will, sollte auch das berücksichtigen.

Schwimmen: Im Meer schwimmen sollte man auf keinen Fall. Die Strömungen sind tückisch, und Haie werden auch immer wieder in unmittelbarer Strandnähe gesichtet.

Dingos können für Kleinkinder eine Gefahr sein. In den vergangenen Jahren wurden zahlreiche Zwischenfälle berichtet, etwa dass Tiere nach Kindern geschnappt haben. Das Füttern der Tiere wird mit Strafen ab 250 $ geahndet – eine ortsansässige Tierfotografin wurde 2011 wegen wiederholter Vergehen zu einer Zahlung von 40.000 (!!!) Dollar verurteilt.

haben. Auch Pakete mit Übernachtung bzw. Campingausrüstung. 56 Boat Harbour Drive, Hervey Bay, ℅ 41244433 oder 1800062275 (kostenlos), www.fraserisland4wd.com.au.

Safari 4WD Hire, ähnliches Angebot, ähnliche Preise. 102 Boat Harbour Drive, Pialba, ℅ 41244244, www.safari4wdhire.com.au.

Außerdem auch bei **Palace Backpackers**, → unten.

Backpackertouren

Die kostengünstigste Möglichkeit, selbst am Steuer zu sitzen, bieten die speziell auf Backpacker zugeschnittenen Touren. Die Anbieter würfeln Gruppen von bis zu 8 Personen pro Fahrzeug (Toyota Troop Carrier) zusammen, was die Kosten enorm drückt. Allerdings muss man sich dann auch nach der Gruppe richten. Lebensmittel und Benzin nicht inklusive. Noch günstiger wird es, wenn man ein Kombipaket z. B. mit Segeltörn an den Whitsunday Islands bucht. Angebote an den Tourdesks der Hostels. Vor einigen Jahren konnte man noch ganz frei umherfahren, jetzt wird meist im Pulk mit mehreren Geländewagen gereist, ein Guide im Begleitfahrzeug ist dann zur Sicherheit dabei.

Palace Backpackers, reine Fahrzeugmiete „Freedom Hire" für 385 $/Tag, ab 2 Tage 355 $/Tag. Fährtransfers und Inselpermits inkl. Backpacker buchen gerne die „Self Drive Guided Tours" – 3 Tage/2 Nächte in der Gruppe kosten 495 $/Pers. 10 Bideford Street, ℅ 41245331 oder 1800063168, www.palaceadventures.com.au.

A1 Fraser Roving, auch hier gibt es die „Tag along Tours" mit Begleitfahrzeug: 3 Tage und 2 Nächte 389 $ (inkl. 2 Übernachtungen im Hostel). 412 The Esplanade, ℅ 41256386 oder 1800989811, www.fraserroving.com.au.

Sehenswertes auf der Insel

75 Mile Beach: Der lange Strand an der Ostseite der Insel ist Auto- und Landebahn der Insel. Als Verkehrsader ist er von erheblicher Bedeutung, weil Verbindung von Süd nach Nord. Die offizielle Geschwindigkeitsbegrenzung liegt bei 80 km/h (Inland 35 km/h bzw. 20km/h), da es aber in der Vergangen-

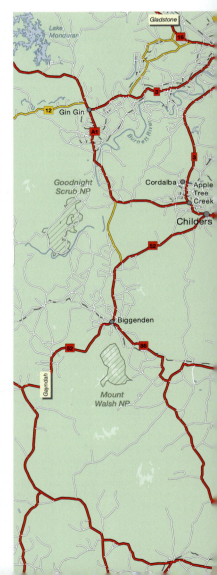

heit immer wieder zu tödlichen Unfällen kam, ist eine Senkung der erlaubten Höchstgeschwindigkeit im Gespräch. Erkundigen Sie sich unbedingt vorab nach dem aktuellen Stand. Außerdem variieren die Fahrbedingungen je nach Gezeitenstand und Witterung stark, Vorsicht ist geboten. Auf der ganzen Insel gilt australisches Straßenrecht, und das wird auch kontrolliert. Beliebt ist der Strand bei Anglern, die hier ihre Köder auswerfen.

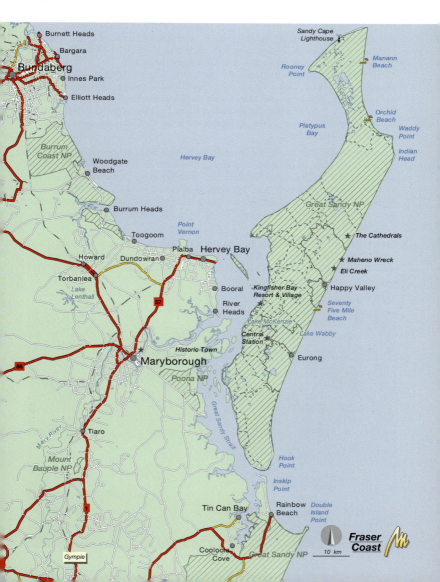

Indian Head: Der Fels am oberen Ende des *75 Mile Beach* ist beliebter Aussichtspunkt und markantes Wahrzeichen der Insel. Mit etwas Glück kann man unten im Wasser Mantas, Schildkröten oder Haie beobachten. Für die Entstehung der Insel war der Indian Head mit maßgebend. Der Sandablagerungen „hingen" sich gewissermaßen an die Felsnase an und formten so das Eiland. Seinen Namen erhielt der Indian Head von James Cook, der beim Vorbeisegeln einige Eingeborene auf der exponierten Stelle sichtete.

Dingos: Hier leben die letzten ihrer Art. Auf dem Festland haben sich die Dingos im Lauf der Zeit mit Haushunden gekreuzt, reinrassige Exemplare findet man nur noch auf Fraser Island. Leider zeigt sich auch hier, dass menschliche Dummheit und Unbedachtheit die Natur aus dem Gleichgewicht bringt: Touristen haben die Tiere über viele Jahre angefüttert, die sonst eher scheuen Dingos haben sich an Menschen gewöhnt, und so kam es in den letzten Jahren immer wieder zu Zwischenfällen, bei denen die Tiere in die Camps eindrangen. In jedem Fall sollte man deshalb z. B. Lebensmittel gut verstauen und kein benutztes Geschirr herumstehen lassen. Das Füttern oder Anlocken wird von den Rangern mit empfindlichen Geldbußen geahndet.

Lake MacKenzie: Der weiße Sandstrand, das türkisfarbene Wasser, das mit zunehmender Tiefe dunkelblau wird, und der grüne Wald kreieren ein Farbschauspiel, das den Lake MacKenzie zum beliebtesten See der Insel macht. Er ist bis zu 5 m tief und liegt etwa 100 m über dem Meeresspiegel auf einer Sanddüne. Wanderwege führen am Ufer entlang, doch es wird dringend abgeraten, auf die andere Seite zu schwimmen. Der etwa 150 ha große See wird immer wieder von Schwimmern unterschätzt.

Central Station: Die ehemalige Holzfällerstation liegt im Zentrum der Insel, etwas nördlich des Lake Birrabeen. Wer mit der Fähre am Wanggoolba Creek angekommen ist, fährt auf der direkten Verbindung an die Ostküste hier vorbei. Es gibt etli-

Lake MacKenzie

Das Wrack der Maheno gehört zu den Sehenswürdigkeiten auf Fraser Island

che Informationstafeln über die Insel sowie Wege und Tracks. Die Central Station ist als Basis für Wanderungen im Regenwald beliebt, etliche Touren von einer bis zu neun Stunden beginnen hier. Vor Ort befindet sich ein einfacher Campingplatz für 4WD-Fahrer.

Maheno-Schiffswrack: Viel ist nicht zu sehen, denn etwa drei Viertel des Schiffs sind unter dem Sand begraben, nur die verrosteten Reste des oberen Decks ragen aus dem Strand heraus. Seit über 70 Jahren liegt die *Maheno* nun schon an der Küste Fraser Islands. Der ehemalige Liner war 1935 unter Schlepp auf dem Weg nach Japan, um dort verschrottet zu werden. Als ein Zyklon losbrach, verlor der Schlepper die Kontrolle über das Schiff und die steuerlose Maheno lief vor dem *75 Mile Beach* auf Grund. Befreiungsversuche scheiterten, sodass nichts anderes übrig blieb, als das Wrack der Natur zu überlassen. Gelegentlich wurde das Schiff von der australischen Luftwaffe auf Testziel benutzt, heute dient es nur noch Touristen als Fotokulisse.

Champagne Pools: Wenn die Wellen über den Rand der natürlich geformten Becken brechen, blubbert das Wasser wie in einem Champagnerglas. Die Pools liegen nördlich des *Indian Head* an der Ostküste der Insel und werden deshalb nicht bei allen organisierten Touren angesteuert. Das natürliche Jacuzzi funktioniert nur bei entsprechendem Wellengang und Gezeitenstand, doch wenn die Bedingungen passen, kann man sich hier wunderbar abkühlen.

Eli Creek: Der Bach mündet direkt am *75 Mile Beach* ins Meer, fast immer parkt dort eine Reihe Autos. Das glasklare, kalte Wasser bietet eine willkommene Abkühlung, was nach einigen Stunden im Auto gern angenommen wird. Durch dichten Regenwald kann man den Bach stromaufwärts waten und sich, falls der Wasserstand hoch genug ist, mit der Strömung wieder zum Ausgangspunkt zurück treiben lassen. Einige Holzstege wurden angelegt, auf denen man einen kleinen Rundweg abmarschieren kann.

Rainbow Beach

ca. 1000 Einw.

Bis Mitte der 70er-Jahre, als der Ort noch unter dem Namen Back Beach bekannt war, wurde hier im großen Stil Sand abgebaut. Mit der wachsenden touristischen Bedeutung übernahm die Ortschaft den wohlklingenden Namen des Strandes. Der wiederum ist nach den farbigen Sandklippen benannt, ganze 72 Farbnuancen haben Wissenschaftler nachgewiesen. Neben dem Strandbesuch lohnt v. a. der kleine Spaziergang auf den **Carlo Sandblow**. Die gut 120 m hohe Sanddüne ist bequem vom Parkplatz aus über einen 600 m langen Fußweg zu erreichen und bietet den idealen 360°-Blick. Zudem ist hier Startplatz für wagemutige Paraglider, wer mag, kann im Tandemflug selbst in die Lüfte steigen.

Rainbow Beach bietet einen alternativen Zugang zu Fraser Island: Wer nicht die übliche Anreise via Hervey Bay unternehmen will, kann mit den Autofähren vom *Inskip Point* zum *Hook Point* am südlichsten Zipfel der Insel übersetzen.

PS: S25°54.099' E153°05.530'
Ortsvorwahl: 07

Anreise Pkw: Die Tin Can Bay Road zweigt bei **Gympie** vom Bruce Highway ab. Von da sind es noch etwa 75 km nach Rainbow Beach. Der südlichste Punkt von Fraser Island liegt gerade einmal 700 m von der nördlichsten Spitze des Rainbow Beach entfernt. Die **Tin Can Bay** ist nur einen 9 km-Abstecher von der Zubringerstraße entfernt.

Bus: Die Busse von *Greyhound Australia* (✆ 1300473946, www.greyhound.com.au) steuern auch Rainbow Beach an.

Touristinfo Rainbow Beach Tourist Centre, Shop und Infocenter. Tägl. 7–17 Uhr. Shop 1, 8 Rainbow Beach Road, ✆ 54863227, sam.rainbow8@bigpond.com.

Rainbow Beach im Internet Informationen unter www.rainbowbeachinfo.com.au.

Aktivitäten Paragliding Rainbow, wenn die Aufwinde stimmen, dann kann man sich lange in die Lüfte schrauben. Tandemflüge 180 $ (20–30 Min.). Die Startposition am Carlo Sandblow ist leicht zu erreichen. 76 Cooloola Drive, ✆ 54863048 oder 0418754157 (mobil), www.paraglidingrainbow.com.

Skydive Rainbow Beach, für alle, die noch höher hinaus wollen. Den Tandemsprung gibt es hier je nach Absprunghöhe von 329 $ (8000 ft) bis 429 $ (15.000 ft). Das DVD- &-Foto-Pack kostet 150 $ extra. Buchung und Infos zu Startplätzen oder Treffpunkten unter ✆ 0418218358 (mobil), www.skydiverainbowbeach.com.

Wolf Rock Dive Centre, benannt nach dem beliebten Tauchrevier vor Double Point Island. Tauchgänge für zertifizierte Taucher gibt's im Doppelpack für 175 $ bzw. 230 $ inkl. Komplettausrüstung. Karoonda Road/ Ecke Goondi Street, ✆ 54868004 oder 0438740811 (mobil), www.wolfrockdive.com.au.

Surf and Sand Safaris, die 4WD-Touren entlang des Rainbow Beach beinhalten auch einen Besuch des Leuchtturms. Touren können etwas variieren. Halbtagestouren ab 75 $/Pers. Buchung in Büros oder Touristinfos der Fraser Coast oder direkt unter ✆ 54863131, www.surfandsandsafaris.com.

Internet Beispielsweise im Dingo's Backpackers.

Supermarkt Foodworks, 4 Rainbow Beach Road.

Übernachten Rainbow Ocean Palms Resort, super eingerichtete Apartments, das Wohnzimmer wird durch die zum Balkon hin komplett aufschiebbare Glasfront zur Freiluftlounge. Mit Spa-Wanne und Küche. 2 Pers. ab 210 $/Nacht (evtl. Mindestaufenthalt). 103–105 Cooloola Drive, ✆ 54863211, www.rainbowoceanpalmsresort.com.au.

Rainbow Getaway, voll ausgestattete, helle Apartments mit 1–3 Schlafzimmern, separatem Wohn-/Essbereich und Küche. Zur Anlage gehören Pool, BBQs und Picknickplätze. Übernachtung für 2 Pers. ab 125 $ (evtl. Mindestaufenthalt). 4 Double Island Drive, ✆ 54863500, www.rainbowgetaway.com.au.

Dingo's Backpacker, Herberge mit eigener Bar, Swimmingpool, Internetzugang, Gemeinschaftsküche und -lounge. Auch Fraser-Island-Touren können hier gebucht werden. 24 $ im Dorm. 20 Spectrum Street, ☏ 54868222 oder 1800111126 (kostenlos), www.dingosresort.com.

Pippies Beachhouse Backpackers, freundliches Hostel mit Garten, BBQs, Küche und Pool. Im Mehrbettzimmer ab 24 $, DZ ab 80 $, WLAN und Frühstück inkl. 22 Spectrum Street, ☏ 54868503 oder 1800425356, www.pippiesbeachhouse.com.au.

Rainbow Beach Holiday Village, gute Alternative für Camper auf über 2 ha Grund. Zudem ein 20-m-Pool, kleiner Laden und BBQs. Es gibt drei verschiedene Kategorien an Cabins (alle mit Küche), 110–180 $. Stellplatz 34–50 $. 13 Rainbow Beach Road, ☏ 54863222 oder 1300366596, www.rainbowbeachholidayvillage.com.

Essen & Trinken Waterview Bistro, gutes Restaurant in atemberaubender Lage. Die Küche serviert z. B. Surf & Turf (35 $) und gegrillten Lachs (28 $). Cocktail- und Weinkarte. Lunch Mi–So ab 12 Uhr, Dinner ab 17 Uhr. 103 Cooloola Drive, ☏ 54868344, www.waterviewbistro.com.

Rainbow Beach Hotel, das Pub im Ort mit kaltem Bier. Für den Hunger gibt es Hähnchenschnitzel (22 $) oder Steaks (30–35 $). Tägl. ab 10 Uhr, Essen 12–14 und 18–20 Uhr. 1 Rainbow Beach Rd., ☏ 54869090, www.rainbowhotel.com.au.

Surfclub, direkt am Strand mit toller Terrasse. Bistro-Essen mit Burgern, Steaks und Fish&Chips. Tägl. ab 10 Uhr, Lunch 12–14 Uhr, Abendessen 18–20.30 Uhr. The Esplanade, Rainbow Beach, www.rainbowbeachsurf.com.

Maryborough

ca. 26.000 Einw.

Umgeben von touristischen Schwergewichten wie Fraser Island, Hervey Bay und den Stränden der Sunshine Coast, kommt die Kleinstadt mit den vielen historischen Gebäuden bei manchen Reisenden oft zu kurz. Zu Unrecht, denn die Stadt ist eine der ältesten und schönsten in Queensland.

Die Gegend wurde bereits 1847 besiedelt, knapp 10 Jahre später wurde die Siedlung an ihre heutige Stelle verlegt. Die koloniale Architektur ist allgegenwärtig und prägt das Stadtbild wie kaum anderswo. Neben den eindrucksvollen Regierungsgebäuden sind es in erster Linie die alten, meist aufwendig restaurierten Wohnhäuser, die begeistern. Dabei handelt es sich nicht um leer stehende Museumsobjekte, fast alle Häuser sind in Privatbesitz und dienen ganz regulär als Familienheim. Und sie strahlen so viel Wohnlichkeit aus, dass man am liebsten sofort selbst einziehen würde. Wer nicht unbedingt am Strand wohnen will, findet in Maryborough eine gute und zentral gelegene Basis, um die gesamte Region zu erkunden.

PS: S25°32.243' E152°42.081'
Ortsvorwahl: 07

Anreise Pkw: Maryborough ist mit dem Auto über den Bruce Highway leicht zu erreichen. Von *Brisbane* etwa 265 km, nach *Bundaberg* sind es knapp 120 km.

Auf der Landstraße fährt man rund 40 km an die Küste nach *Hervey Bay*.

Bus: Mit *Greyhound Australia* (☏ 1300473946, www.greyhound.com.au) ab *Bundaberg*, von der Sunshine Coast z. B. ab *Noosa Heads*. Busbahnhof in der Lennox Street.

Bahn: Züge (☏ 1800872467, www.queenslandrailtravel.com.au) ab *Brisbane* etwa 3:30 Std., nach *Rockhampton* etwa 4 Std. Bahnhof in Maryborough West, von dort Busse ins Zentrum.

Touristinfo Maryborough Visitor Information Centre, vielseitige Information zum Ort und der Region. Infos zu Touren nach Fraser Island. Mo–Fr 9–17 Uhr, Sa/So 9–13 Uhr. City Hall, Kent Street, ☏ 1800214789 (kostenlos).

Maryborough im Internet Informationen unter www.visitmaryborough.info.

Geführte Touren & Rundfahrten Guided Walking Tour, ein freiwilliger *City Ambassador* führt Interessierte auf dieser gut einstündigen Tour und erzählt von Maryboroughs bewegter Vergangenheit. Kostenlos. Start an der City Hall, Termine in der

Touristinfo erfragen. Entfällt, wenn das Wetter wirklich miserabel ist.

Ghostly Tours and Tales of Maryborough, hier gibt es gruselige Geschichten aus den frühen Jahren der Stadt zu hören, von Opiumhöhlen, Bordellen und grausamen Morden. Einige Erzählungen sind wahr, viele wohl eher nicht, unterhaltsam sind sie allemal. 75 $/Pers. inkl. Abendessen. Immer Samstagnacht am letzten Wochenende im Monat. Buchung notwendig, entweder in der Touristinfo oder telefonisch: ✆ 41905722 oder 1800214789.

Unterhaltung & Einkaufen
Heritage Markets, großer Markt im Freien, von Obst und Gemüse über Kleidung und Schmuck bis zu diversen Kunsthandwerksprodukten. Im Stadtzentrum werden dafür Adelaide und Ellena Streets gesperrt. Jeden Do 8–13.30 Uhr.

Supermarkt Bi-Lo, Mo–Fr 8–21 Uhr, Sa 8–17.30 Uhr, So 9–18 Uhr . Alice Street/Ecke Lennox Street.

Übernachten
Cara Motel, nicht unbedingt modern, aber saubere Zimmer mit Standardausstattung, als DZ bzw. Twin buchbar. Kleiner Pool in der Anlage. DZ ab 105 $. 196 Walker Street, ✆ 40827148, www.caramotel.com.au.

Flora Alba Cottage, kleines, weißes Holzhäuschen, ideal für ein Paar. Schön gelegen in einem ruhigen Garten. Schlafzimmer, Wohnbereich und eine Veranda. Ab 120 $/Nacht. 306 Pallas Street, ✆ 41223361 oder 0427629188 (mobil), www.floraalba.com.au.

Huntsville Caravan Park, schöner Park am Ufer des Mary River. Zeltplätze schon ab 25 $/Nacht; Caravanstellplatz 30 $, eine einfache Cabin ab 65 $. 23 Gympie Road, ✆ 41214075, www.huntsvillecaravanpark.com.au.

Budgetcamping Wongi State Forest, 25 km nordwestlich von Maryborough, erreichbar via Bruce Highway, nach 12 km am Schild links abbiegen und auf der nicht asphaltierten Straße weiterfahren. Toiletten, kalte Duschen und Picknickplätze. Für Zelte und Wohnmobile 5,95 $/Pers., zu buchen unter www.nprsr.qld.gov.au.

Essen & Trinken
Muddy Waters Café, tolle Lage am Fluss auf einer 150 Jahre alten Holz-Wharf – eine gute Wahl vom Frühstück bis zum Abendessen. Bei schönem Wetter füllen sich die Tische im Freien schnell. Di–Sa Lunch, Do–Sa auch Abendessen. 133 Wharf Street, ✆ 41215011, www.muddywaterscafe.com.au.

Janet's Art Books, schöne Mischung aus Galerie, Buchladen und Café. Der Kaffee ist ausgezeichnet, auch gibt es leckere hausgemachte Suppen. Jeden 1. Samstag im Monat ist „Lunchtime Jazz". Mo–Fr 9–16 Uhr, Sa 9–15 Uhr. 264 Kent Street, ✆ 41231117, www.janetsartbooks.com.au.

Post Office Hotel, in der Wharf Street. Erstrahlt nach aufwendigen Renovierungsarbeiten wieder in kolonialem Glanz. Gut zum Trinken, Essen und Feiern. ✆ 41213289.

Sehenswertes

City Walk & Drive: Am besten, man geht in Maryborough selbst auf Erkundungstour, entsprechende Karten erhält man in der Touristinfo. Die Tour zu Fuß führt an gut 35 historischen Gebäuden und markanten Punkten vorbei; fährt man einige Etappen mit dem Auto, kommen zehn weitere Stopps hinzu. Ältestes Gebäude der Stadt ist das *Rosehill Homestead* von 1856/59 etwa 7 km westlich des Stadtzentrums. Das Haus wird von einer 5-köpfigen Familie bewohnt. Weitere sehenswerte Gebäude sind z. B. die *City Hall* mit dem markanten Uhrturm und das *Post Office* von 1866. Eine lebensgroße Bronzestatue von *Mary Poppins* steht an der Kent Street/Ecke Richmont Street.

Portside: Ende des 19. Jh. ein bedeutender Warenumschlagplatz, wurden in jüngster Vergangenheit Millionen von Dollars investiert, um der historischen Meile um die Wharf Street wieder zu altem Glanz zu verhelfen. Das 5000 m² große und wunderschön angelegte Areal am Mary River ist eine richtige Oase in der Stadt geworden. Hier trifft man sich, genießt die Sonnenstrahlen an der Wharf, unterhält sich, trinkt und lacht. In den historischen Gebäuden des Areals gibt es Pubs, Restaurants und Cafés. Aber nicht nur der Amüsierfaktor stimmt, auch kulturell ist einiges geboten. So findet man hier die *Old Warehouse Gallery* (Eintritt frei, Mo–Sa 10–14 Uhr), das *Maryborough Military & Colonial Museum* (Eintritt 5 $, tägl. 9–15 Uhr, Sa/So bis 12.30 Uhr) und das *Maryborough Heritage Centre* (Eintritt frei, Mo–Do 9–13 Uhr).

P. L. Travers und Mary Poppins

Die Autorin Pamela Lyndon Travers wurde 1899 in Maryborough geboren und wanderte 1924 nach England aus. Dort spielt auch die Geschichte der Mary Poppins, einem Kindermädchen mit magischen Kräften, das den vier Sprösslingen der Banks-Familie wunderbare Abenteuer beschert. Die erste Ausgabe erschien 1934, sieben weitere Bücher folgten, das letzte der Serie im Jahr 1988. Travers' Geschichten wurden in zahlreiche Sprachen übersetzt, die deutsche Version ist seit 1952 im Handel; 1964 verfilmte Disney das Material. 1996 starb die Autorin in London. In Maryborough würdigt man ihre weltberühmte Mary Poppins mit einer Bronzestatue, und beim *Mary-Poppins-Festival* (meist Anfang Juli) kleiden sich die Fans sogar im Stil ihrer Kultfigur.

Old Maryborough Site: Die ursprüngliche Siedlung von 1847 liegt etwa 4 km vom heutigen Stadtzentrum entfernt in schöner Lage direkt am Fluss. Das *Wide Bay Village*, wie der Ort früher genannt wurde, war ein betriebsamer Hafen, wurde aber bereits Mitte der 1850er-Jahre verlassen, weil das tiefere Wasser weiter stromabwärts auch den Einsatz größerer Schiffe erlaubte. Viel hat der Gang der Zeit nicht übrig gelassen, einige Schilder und Tafeln informieren den Besucher; es gibt einige nette Spazierwege sowie BBQ Plätze und Picknicktische.

Hervey Bay
ca. 50.000 Einw.

Während viele Orte über ihre kreativen Grenzen hinauswachsen müssen, um sich im umkämpften Tourismusmarkt zu platzieren, wurde Hervey Bay von Mutter Natur mit gleich zwei Attraktionen bedacht: Fraser Island und den Walen.

... und die wollen alle sehen, deshalb trifft man hier auf einen bunten Mix an Touristen, vom älteren Ehepaar im Luxuscamper bis zum Backpacker in der Rostlaube. Die Ortschaft profitiert davon, und der Aufenthalt gestaltet sich äußerst angenehm. Von anonymer Massenabfertigung ist zum Glück nicht viel zu sehen, Hervey Bay hat sich seinen ländlichen Charme bewahrt. Allerdings kann es durchaus passieren, dass der Ort während der Hauptsaison aus allen Nähten platzt.

Die ersten Europäer siedelten hier in den 1850er-Jahren. Mit der Zuganbindung im Jahr 1896 wurde die Küstenregion für die Städter aus Maryborough interessant, und wer es sich leisten konnte, verbrachte hier die Ferien. Der Ort *Hervey Bay* entstand offiziell erst 1977 durch einen Zusammenschluss etlicher bis dahin selbstständiger lokaler Siedlungen, z. B. Torquay, Urangan oder Pialba. Diese Namen werden bis heute für die entsprechenden Strandabschnitte verwendet

Anreise/Information & Adressen

PS: S25°17.431' E152°51.020'
Ortsvorwahl: 07

Anreise Pkw: Bei *Maryborough* fährt man vom Bruce Highway ab, auf dem Zubringer sind es dann noch knapp 40 km nach *Hervey Bay*. Von Norden kommend, kann man alternativ bei *Torbanlea* vom Highway abfahren und auf einer kleinen Landstraße

Übernachten
1. Beachfront Parks
2. Five 3 Five
3. Hervey Bay Colonial Lodge
10. White Crest
11. A1 Fraser Roving
13. Aussie Woolshed Backpackers
14. Flashpackers
15. Fraser Lodge Holiday Park

Einkaufen
17. Woolworths Supermarkt

Essen & Trinken
5. Coast Hervey Bay und Tandoori Taste

Nachtleben
7. Beach House Hotel
9. Hoolihans
12. Torquay Hotel

Cafés
4. Enzo's on the Beach
6. Aquavue
8. Bayaroma

Sonstiges
16. Fahrrad- und Rollerverleih

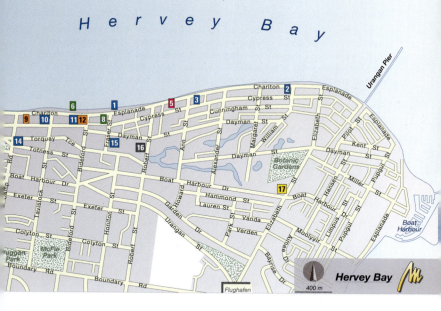

weiterfahren, die dann auf den Zubringer trifft.

Bus: Busverbindungen mit *Greyhound* (℡ 1300473946, www.greyhound.com.au) oder *Premier Motor Service* (℡ 133410, www.premierms.com.au): von/nach *Noosa* (4 Std.), *Bundaberg* (2:15 Std.), *Brisbane* (5:30 Std.) oder *Rockhampton* (5:45 Std.).

Busse stoppen alle am Hervey Bay Transit Centre, 6 Central Ave, Pialba.

Bahn: Die Anreise per Zug geht nur über *Maryborough* (→ S. 663), von dort gibt es einen Bus nach Hervey Bay, der an mehreren Stationen im Ort hält. Fahrplan unter www.widebaytransit.com.au.

Flugzeug: Flüge mit *Virgin Australia* (✆ 136789, www.virginaustralia.com.au) oder mit *Qantas* (✆ 131313, www.qantas.com.au) von/nach *Sydney* oder *Brisbane*.

Der *Hervey Bay Airport* (www.frasercoast airport.com.au) liegt im Ortsteil Urangan. Es gibt Shuttlebusse und Taxis vor Ort.

Touristinfo & Buchungen Visitor Information Centre, das große Infozentrum liegt ein gutes Stück außerhalb des Ortes. Tägl. 9–17 Uhr. 227 Maryborough Hervey Road, ✆ 1800811728, tourismhb@frasercoast opportunities.com.au.

Hervey Bay im Internet Informationen unter www.visitherveybay.info.

Einkaufen Im Industriegebiet, entlang des *Boat Harbour Drive*, finden sich gute Einkaufsmöglichkeiten, darunter auch etliche Campingausrüster.

Fahrräder & Roller Am **Palms Caravan Park** 16, kann man Fahrräder (20 $/Tag) und Motorroller (ab 35 $/Tag) mieten. 67 Turo Street, Torquay, ✆ 41251704, www.palms herveybay.com.au.

Internet Es gibt etliche Internetkiosks entlang der Esplanade sowie z. B. im **Koala Resort**, 408 Esplanade, Torquay, ✆ 41253601.

Stadtbusse Wide Bay Transit, die Linie *Urangan Loop* deckt die wichtigsten Gebiete ab. ✆ 41213719, www.widebaytransit.com.au.

Supermarkt Woolworths 17, Mo–Fr 8–21 Uhr, Sa 8–17.30 Uhr, So 9–18 Uhr. Elizabeth Street/Ecke Hoat Harbour Drive, Urangan.

Der Pier von Urangan

Das Arbeitstier von einst dient schon lange nur noch dem Vergnügen. Im Jahr 1913 wurde die Eisenbahntrasse bis in den Ortsteil Urangan verlängert, 1917 wurde der Urangan-Pier fertig gestellt. Über einen Kilometer weit ragte der Verladesteg aufs Meer hinaus – die neuen Möglichkeiten machten Urangan zu einem wichtigen Hafen, v. a. für die Zuckerindustrie. In den 60er-Jahren fand der Betrieb ein jähes Ende. Heute schleppen Angler ihre Utensilien die knapp 1000 m – der Pier wurde etwas gekürzt – bis ans äußerste Ende, um dort ihre Köder auszuwerfen. Ein Aufenthalt in Hervey Bay ist nicht komplett, wenn man nicht auf dem Pier entlangspaziert ist.

Hervey Bay

Übernachten

→ Karte S. 666/667

Apartments & Motels Five 3 Five **2**, Apartments in diversen Größen und mit verschiedenen Ausstattungen. Gut ausgestattet mit großer Küche für Selbstversorger und in guter Lage direkt am Strand in Urangan. Für 2 Pers. ab 120 $. 535 Esplanade, ✆ 046799985, www.five3five.com.au.

White Crest 10, 5-stöckiges Gebäude in erster Reihe zum Strand. Die Apartments sind mit kompletter Küche ausgestattet und haben WLAN-Empfang. Version mit einem Schlafzimmer ab 140 $, mit 2 Schlafzimmern ab 170 $. 397 The Esplanade, Torquay, ✆ 41976800, www.whitecrest.net.

Hervey Bay Colonial Lodge 3, kleine Anlage mit acht Wohneinheiten in Erdgeschosslage. Zur Ausstattung gehören AC, TV und eine zweckmäßige Küchenzeile. Swimmingpool, Waschküche und BBQ-Plätze. DZ ab 100 $. 94 Cypress Street, ✆ 41251073, www.herveybaycoloniallodge.com.au.

Backpacker Flashpackers **14**, modernes Hostel mit Freiluft-Lounge, Grillplatz, richtig schönem Pool und Fahrradvermietung. Zimmer sauber und mit Bad. Im 8-Bett-Zimmer ab 27 $, DZ ab 80 $. 195 Torquay Terrace, ✆ 41241366, www.flashpackersherveybay.com.

Aussie Woolshed Backpackers 13, neben Unterkünften werden auch verschiedene Touren angeboten. Backpacker-Mehrbettzimmer ab 23 $, das Viererzimmer mit normalen Betten (keine Stockbetten) ab 26 $, DZ ab 60 $, mit Bad ab 75 $. 181 Torquay Road, ✆ 41240677, www.woolshedbackpackers.com.au.

A1 Fraser Roving 11, gutes und beliebtes Hostel direkt an der Esplanade. Gut ausgestattet, auch Pool und Parkplätze. Im Dorm mit max. 6 Pers. kostet die Nacht ab 28 $, wer sparen will, kann für 25 $ in ein 12er-Zimmer ziehen. Im Angebot auch Fraser-Island-Touren (→ S. 656). 412 Esplanade, ✆ 41256386 oder 1800989811 (kostenlos), www.fraserroving.com.au.

Camping Fraser Lodge Holiday Park **15**, sehr schöner und großer Park mit Tennisplatz, BBQs, 2 Pools und sogar einem kleinen See. Eigenes Tourdesk, Internetterminals und WLAN. Stellplatz je nach Saison ab 40 $/Nacht. Cabins in verschiedenen Kategorien ab 120 $, in den Monaten der Walwanderung deutliche Aufschläge. 20 Fraser Street, Torquay, ✆ 41249999, www.fraserlodge.com.au.

Beachfront Parks 1, an jedem der Strandabschnitte gibt es einfache Stellplätze für Caravans, Wohnmobile und Zelt. Je nach Saison ab 32 $/Nacht, Beachfront mit Strom 47 $. In Scarness: ✆ 41281274; in Torquay: ✆ 41281578; in Pialba: ✆ 41281399, www.beachfronttouristparks.com.au.

Essen & Trinken

→ Karte S. 666/667

Restaurants & Cafés Bayaroma **8**, das Big Bayaroma Brekky ist der Hit! Später am Tag gibt es z. B. Fettucine, Steaks, Burger und Wraps. Tägl. zum Frühstück und Lunch geöffnet. 428 Esplanade, Torquay, ✆ 41251515, www.bayaroma.com.au.

Coast Hervey Bay 5, leichte Küche mit viel gegrilltem Fisch, Obst und Salaten. Auch große Platten für mehrere Personen. Etwa 25 $ für ein Gericht. Do–So ab 11.30 Uhr, Di/Mi ab 17 Uhr. 469 Esplanade, ✆ 41255454, www.coastherveybay.com.au.

》》》 Mein Tipp: Aquavue **6**, super Lage am Strand und mit schöner Terrasse. Auf der Karte stehen Burger (um 15 $), Seafood-Salat (18 $) und verschiedene Wraps (15 $). Tägl. 7–17 Uhr. 415 The Esplanade, Torquay Beach, ✆ 41255528, www.aquavue.com.au. 《《《

Tandoori Taste 5, große vegetarische Auswahl (je 15 $), Gerichte mit Fleisch oder Fisch um 18 $, z. B. *Beef Biryani* oder *Prawn Vindaloo*. Auch Take-away möglich. Tägl. 17–22.45 Uhr. 465 The Esplanade, ✆ 41255338, www.tandooritaste.com.au.

Enzo's on the Beach 4, Beachfront-Café mit direktem Strandzugang, ideal für Frühstück bzw. einen Kaffee oder Snack in der Sonne. Gerichte um 15 $. Strandliegen und Kajaks werden vermietet. Geöffnet für Frühstück und Lunch. 351a Esplanade, Scarness, ✆ 41246375, www.enzosonthebeach.com.au.

Pubs & Bars Zwei der klassischen australischen „Watering Holes" sind das **Torquay Hotel 12** (421 Esplanade, ✆ 41252266) und das **Beach House Hotel 7** (344 Esplanade,

☎ 41969366). Beide sind tägl. geöffnet, haben einen großen Außenbereich und ein gutes Bistro-Essen. Das **Hoolihans** 9 (382 Esplanade, ☎ 41940099) ist ein Irish Pub und natürlich gut für das eine oder andere Pint.

Aktivitäten & Rundflüge

Rundflüge Compass Helicopters, Rundflüge von 15 bis 60 Min. Einfachste Variante für 2 Pers. kostet 350 $. Hangar 1, Don Adams Drive, Hervey Bay Airport, ☎ 0497350429, www.compasshelicopters.com.au.

Aktiv & Sport Skydive Hervey Bay, der Sprung aus 12.000 ft Höhe kostet ab 325 $, mit Transfer zum Flughafen 30 $ extra. DVD und Fotos vom Sprung 120 $ extra. 1 Don Adams Drive, ☎ 0458064703, www.skydiveherveybay.com.au.

Aquavue Watersports, hier kann man allerlei Sportgeräte mieten, z. B. Kajaks (ab 20 $/Std.), Segelkatamarane (ab 50 $/Std.) oder Jetskis (ab 50 $/15 Min.). Jetskitouren nach Fraser Island (ab 220 $/90 Min.). 415a The Esplanade, Torquay, ☎ 41255528, www.aquavue.com.au.

Whalewatching

Hervey Bay ist zweifellos einer der besten Orte in Australien, um Wale zu beobachten. Während der Saison von August bis November sind die Chancen dafür ausgesprochen gut, die meisten Anbieter geben in dieser Zeit sogar eine Sichtungsgarantie. Verantwortlich für diese fast idealen Bedingungen ist die Lage von Fraser Island, das zusammen mit dem Festland eine nach Norden geöffnete Bucht bildet. Auf dem Rückweg von ihren Brutstätten schwimmen die Tiere in Küstennähe gen Süden – und finden sich zwangsläufig in dem großen „Trichter" wieder. Die seichte Wasserstraße zwischen Fraser Island und dem Festland können die Tiere nicht passieren, sie müssen also wieder Richtung Norden aus der Bucht schwimmen. So warten die Schiffe einfach an der nördlichen Spitze von Fraser Island, die die Meeressäuger zwangsläufig passieren müssen. Tipp: So früh wie möglich Plätze reservieren, die Touren sind blitzschnell ausgebucht. Außerhalb der Saison veranstalten die Anbieter Angeltouren.

Quick Cat II, hier ist man in kleineren Gruppen auf dem Schiff – einem schnellen Katamaran. Während der Saison je eine Vormittags- und Nachmittagstour (um 115 $). ☎ 1800671977, www.herveybaywhalewatch.com.au.

Spirit of Hervey Bay, fährt Ende Juli bis Anfang November. Hier kann man die Säugetierriesen sogar durch Unterwasserfenster beobachten. Touren ab 110 $, Brotzeit und Transfers inklusive. Vormittags 8.30–12.30 Uhr, nachmittags 13.30–17.30 Uhr. Whale Bay Marina, Buccaneer Drive, Urangan, ☎ 41255131 oder 1800642544 (kostenlos), www.spiritofherveybay.com.

Tasman Venture ist Ende Juli bis Anfang Nov. auf See. Schneller und komfortabler Hochseekatamaran mit Unterwasserfenstern. Halbtagestouren ab 115 $, inkl. Transfers und Brotzeit. Touren 8.30–12.30 und 13.30–17.30 Uhr. Great Sandy Straits Marina, ☎ 1800620322 (kostenlos), www.tasmanventure.com.au.

Bundaberg

ca. 50.000 Einw.

„Bundy" ist in aller Munde. Und das ist durchaus wörtlich zu nehmen, denn das Kürzel steht nicht nur für die Stadt am Burnett River, sondern auch für ihr berühmtestes Kind: den Bundaberg-Rum.

Am Anfang weiß man nicht so recht, was man von der Stadt halten soll. Bundaberg bezaubert mit wunderbar restaurierten Gebäuden, breiten Straßen und palmenbepflanzten Verkehrsinseln, aber richtige Urlaubsgefühle kommen nicht auf. Wichtigster Wirtschaftszweig ist die Landwirtschaft, und neben dem Zuckerrohr spielen eine Anzahl weiterer Agrarprodukte eine wichtige Rolle. Während der Saison hausen Unmengen an Erntehelfern in den Billigabsteigen der Stadt, auch viele junge Backpacker kommen zum *Fruit Picking* nach Bundaberg. Am Ende bleibt einem nicht viel anderes übrig, als die Stadt zu mögen. Voller Historie, ehrlich und im Gegensatz zu vielen anderen kommerziellen Zentren dieser Größe noch mit dem gewissen Flair der frühen Jahre.

Kanakas

Im 19. Jahrhundert wurde die harte Arbeit auf den Feldern fast ausschließlich von *Kanakas* erledigt. Die jungen Südseeinsulaner wurden von „Anwerbern" von ihren Inseln entführt, um sie unter der Sonne Queenslands schuften zu lassen. Anfang des 20. Jh. wurde ihre Arbeitskraft überflüssig, und im Zuge des neu ausgerufenen Commonwealth begann man ab 1901 mit der Deportation. Die meisten Kanakas kehrten so in die Heimat zurück, es gab aber einige Ausnahmeregelungen, in deren Folge rund 2500 in Queensland blieben. Heute leben gut 15.000 Nachfahren dieser Arbeiter in Australien.

Anreise Pkw: Bundaberg liegt 360 km nördlich von *Brisbane* und ist über den Bruce Highway einfach zu erreichen, Abfahrt ist bei Childers. Nach *Rockhampton* im Norden sind es etwa 300 km, ebenfalls über den Bruce Highway, die kürzeste Option führt via *Gin Gin*.

Bus: Mit *Greyhound Australia* (℡ 1300473946, www.greyhound.com.au) oder *Premier Motor Service* (℡ 133410, www.premierms.com.au). Das Stewarts Coach-Terminal befindet sich in der 66 Targo Street.

Bahn: Die Züge von *Queensland Rail* (℡ 131617, www.queenslandrail.com.au) steuern die Stadt auf ihrer Route entlang der Küste an, z. B. von Brisbane (ca. 4:30 Std) oder Rockhampton (ca. 3 Std.). Bahnhof an der Ecke Maclean Street/ Woongarra Street, Bundaberg.

Flugzeug: Der *Bundaberg Airport* liegt 8 km südwestlich des Zentrums. Flüge ab Brisbane z. B. mit *Qantas* (www.qantas.com.au) dauern rund 60 Min. Mit dem Taxi ins Zentrum 30 $, mit dem Shuttlebus 15 $.

PS: S24°51.903' E152°21.118'
Ortsvorwahl: 07

Touristinfo Bundaberg West, Broschüren, Buchungen und Infos. Tägl. 9–17 Uhr. 271 Bourbong Street, ℡ 41538888 oder 1300722099, info@bundabergregion.org.

Bundaberg im Internet Informationen unter www.bundabergregion.org.

Internet Library, kostenloses WLAN. Mo–Do 9.30–18 Uhr, Fr 9.30–17 Uhr, Sa 9–13 Uhr. 49 Woondooma Street, ℡ 41304140.

Supermarkt Coles, Mo–Fr 8–21 Uhr, Sa 8–17 Uhr, So 9–18 Uhr. George Street/Ecke Maryborough Street.

Fraser Coast → Karte S. 658/659

Übernachten **Burnett Riverside Motel**, am besten ein Zimmer mit Blick auf den Burnett River nehmen. Die 43 Apartments und Suites haben allesamt Balkon, WLAN und Kabel-TV, z. T. auch Spa und/oder Kitchenette. DZ ab 160 $. 7 Quay Street, ✆ 41558777, www.burnettriversidemotel.com.au.

Inglebrae B&B, der historische Queensländer mit der umlaufenden Veranda verströmt alten Charme, die Zimmer sind der Zeit entsprechend elegant und edel eingerichtet und mit bequemen Queen-Betten und eigenem Bad ausgestattet. Übernachtung im DZ ab 150 $. 17 Branyan Street, ✆ 41544003, www.inglebrae.com.au.

Econo Lodge Park Lane, günstiges Motel mit 27 Wohneinheiten. Die Zimmer haben bequeme Doppelbetten, TV, Internet und WLAN. Das Restaurant serviert Frühstück und Abendessen. DZ ab 120 $. 247 Bourbong Street, ✆ 41512341, www.parklanemotel.com.au.

Camping **Cane Village Holiday Park**, Park der BIG4-Gruppe. Schöne Stellplätze ab 35 $, Pool und kleiner Kiosk. Nahe am Flughafen. 94 Twyford Street, ✆ 1800242387, www.cane-village-holiday-park.qld.big4.com.au.

Bundaberg East Cabin & Tourist Park, gehört zu den Family Parks. Pool, Spielplatz und Tourdesk. Stellplätze ab 34 $, Cabins 70–120 $. 83 Princess Street, ✆ 41528899, www.bundabergtouristpark.com.au.

Essen & Trinken **Metropolitan Hotel**, ideal, um ein Bier zu trinken, abzuhängen, Sport zu schauen oder abends Live-Musik zu genießen. Und auch um den Hunger der Gäste kümmert man sich gut. Es gibt Steaks, Burger und auch herzhafte australische Küche (Gerichte 16–30 $). Tägl. ab mittags geöffnet. 166 Bourbong Street, ✆ 41513154.

Oodies Café, sehr hübsches Café mit gutem Essen und nettem Platz zum Draußensitzen. Sandwiches, Salate und Burger um 12–15 $, Frühstück 8–18 $. Mo–Fr 7–17 Uhr, Sa 7–16 Uhr, So 7–14 Uhr. 103 Gavin Street, ✆ 41535340.

Montezumas Bundaberg, Mexikaner mit dem üblichen Mix aus Enchiladas, Tamales und Burritos. Ordentliche Portionen für 15–20 $. Tägl. 11.30–14 und ab 17.30 Uhr. 48A Woongarra Street, ✆ 41541555, www.montezumasbundaberg.com.

Indulge Café, einfaches kleines Café mit guter Bohne und tollen Fotos an der Wand. Hier gehen die Locals gern hin, hier frühstückt man ausgezeichnet. Gerichte max. 18–28 $. Mo–Fr 8.30–16.30 Uhr, Sa 7.30–12.30 Uhr. 80 Bourbong Street, ✆ 41452344, www.indulgecafe.com.au.

Sehenswertes

Botanischer Garten: Eine gute Möglichkeit, etwas in die bewegte Geschichte der Stadt einzutauchen. Auf dem 27 ha großen Gelände stehen etliche historische Gebäude, z. B. das beeindruckende *Fairymead House* von 1890, das klassisch im Queenslander-Stil mit großen Holzveranden und einem herrschaftlichen Treppenaufgang auftrumpft. Im Inneren befindet sich ein kleines Zuckermuseum (täglich 10–16 Uhr). Ein ganz anderer Stil ist das schmucke *Bert Hinkler House*, das 1925 in England gebaut wurde, wo es viele Jahre Wohnsitz des Luftfahrtpioniers Bert Hinkler war. 1983 wurde das Ziegelhaus Stein für Stein abgetragen und in Hinklers Heimatort Bundaberg überführt, wo es wieder in voller Pracht aufgebaut wurde. Gleich daneben befindet sich die *Hinkler Hall of Aviation* (s. u.).
Der Garten wurde in den letzten 20 Jahren umfassend saniert, mehr als 10.000 Bäume und Sträucher wurden gepflanzt. Wer es bequem haben will, kann hier eine kleine Besichtigungsfahrt mit der *Australian Sugarcane Railway* (So 10–16 Uhr, ✆ 41526609) unternehmen. Die historischen Dampfloks fahren auf Schmalspur und transportieren heute Touristen statt Zuckerrohr. Nur einen Katzensprung vom Botanischen Garten entfernt kann man die *Old Railway Station* (Wilmot Street/Ecke Station Street, North Bundaberg) von 1881 begutachten.
Sept.–April tägl. 5.30–18.45 Uhr, den Rest des Jahres 6.30–18 Uhr. Der Botanische Garten liegt in Bundaberg North.

In Bundaberg wird der beliebte gleichnamige Rum hergestellt

The Hinkler Hall of Aviation: In der Ausstellungshalle, die zu Ehren des Luftfahrtpioniers Bert Hinkler im Botanischen Garten errichtet wurde, sind beispielsweise frühe Fluggeräte sowie Multimedia-Präsentationen zu sehen. Das 7 Mio. Dollar teure Projekt wurde im Dezember 2008 eröffnet.
Tägl. 9–16 Uhr. Eintritt 18 $. Mount Perry Road/Ecke Young Street, Bundaberg North, ✆ 41304400, www.hinklerhallofaviation.com.

Bunderberg Rum & Distillery: Die Anlagen sehen nicht gerade einladend aus, und auch der „Duft" in der Luft ist gewöhnungsbedürftig. Aber die Brennerei ist ein Markenzeichen der Stadt, die Bundaberg über die Grenzen hinaus bekannt gemacht hat. Seit 1888 wird hier Hochprozentiges hergestellt. Ein großer Wurf in puncto Produktmarketing gelang 1961 mit Einführung der klassischen Vierkantflasche und des Eisbären als Maskottchen. 1985 wurde Rum-Cola in Dosen eingeführt, die sich zum absoluten Verkaufsschlager entwickelten. Auch wenn die Firma mittlerweile strenge Auflagen bezüglich Werbung erfüllen muss – Stichwort Jugendschutz – laufen die Geschäfte blendend.
Mo–Fr 10–15 Uhr, Sa/So 10–14 Uhr. Eintritt 13,50 $, geführte Touren immer zur vollen Stunde (22,50 $). Whittred Street, ✆ 41312989, www.bundabergrum.com.au.

The Bundaberg Barrel: Unter den Produkten ist auch das in ganz Australien bekannte *Ginger Beer*. Das Gebräu aus der Ingwer-Wurzel enthält keinen Alkohol und ist bei Jung und Alt beliebt. Der Besucherbereich der Produktionsstätte sieht aus wie ein halb vergrabenes Fass. Im Inneren kann man verschiedenste Getränkevarianten verkosten, den Produktionsprozess auf interaktiven Displays verfolgen und nach Herzenslust in den Regalen des Merchandise Shop stöbern.
Mo–Sa 9–16.30 Uhr, So 10–15 Uhr. Eintritt frei. 147 Bargara Road, ✆ 41545480, www.bundaberg-brew.com.au.

Bundaberg Arts Centre: Im großen Ausstellungsraum im Erdgeschoss sind wechselnde Wanderausstellungen zu bestaunen, gut 30 sind es etwa pro Jahr. Im 1. Stock ist ein Raum für aufstrebende lokale Künstler reserviert. Das Gebäude stammt von 1902, war ursprünglich das Customs House, später Bankgebäude und Bücherei. Nach kostspieligen Renovierungs- und Umbauarbeiten wurde hier 1996 das Bundaberg Arts Centre eröffnet – zentral im Ort gelegen und mit seiner türkisblauen Fassade nicht zu übersehen.
Mo–Fr 10–17 Uhr, Sa/So 11–15 Uhr. Eintritt frei. Barolin Street/Ecke Quay Street, ✆ 41304750, www.brag-brc.org.au.

Die Schildkröten von Mon Repos

In Australien gibt es zahlreiche Plätze, an denen Meeresschildkröten ihre Eier ablegen, aber kaum einer ist so leicht erreichbar wie die *Turtle Rookery* von Mon Repos. Auch deshalb gleicht der Strand in der Saison einer Pilgerstätte, der Zugang muss zum Schutz der Tiere deshalb stark reglementiert werden. Zu den vertretenen Arten zählen Lederschildkröten, Suppenschildkröten und Karettschildkröten.

Mit erstaunlichem Orientierungssinn steuern die Tiere ihren Geburtsstrand an. Dort buddeln sie ein Loch, legen die Eier ab und verscharren anschließend das Gelege. In Mon Repos wird den frisch geschlüpften Tierchen der erste beschwerliche Weg ins Wasser abgenommen. Direkt nach dem Schlüpfen werden sie eingesammelt und dann gemeinsam ins Meer gesetzt – das nicht nur zum Schutz vor natürlichen Feinden, sondern auch, damit sie nicht unter die Füße der zahlreichen Zuschauer kommen. Trotz aller Bemühungen: Die Überlebensquote ist gering, nur eines von tausend Tieren wird alt genug, um sich zu paaren.
Nov.–März tägl. ab 19 Uhr. Mon Repos liegt 5 Min. nördl. von Bargara (via Potters Road). Tickets für Führungen sind mit 11,60 $/Pers. bzw. 27,80 $/Familie wirklich erschwinglich, die Erlöse werden in den Schutz der Tiere investiert. Buchung unbedingt im Voraus in der Touristeninformation in Bundaberg. ✆ 41538888.

Bargara

ca. 5500 Einw.

Bargara profitiert in erster Linie von seiner traumhaften Lage am Meer, wo sich pechschwarze Felsküste mit weißen Sandstränden abwechselt. Die unmittelbare Nähe zu Bundaberg tut ihr Übriges, denn so mancher Tourist will die dortigen Sehenswürdigkeiten zwar nicht verpassen, aber dann doch lieber abseits der Stadthektik übernachten. Während der Schildkrötensaison, wenn im nahen *Mon Repos* die Meerestiere bei der Eiablage zu beobachten sind, zieht es auch viele Tier- und Naturfreunde in den Ort. Es gibt aber auch geschichtlich Interessantes zu entdecken. Ende des 19. Jh. schufteten *Kanakas* (→ Bundaberg S. 671) auf den Zuckerrohrplantagen, rund um Bargara gibt es einige der wenigen noch vorhandenen Zeugnisse ihrer harten Arbeit: Die alten Steinmauern am westlichen Ende der Ortschaft und das **Basin**, der geschützte Badebereich am südlichen Ende der Esplanade, wurden noch von den Kanakas gebaut.

Bargara

PS: S24°48.568' E152°27.511'
Ortsvorwahl: 07

Anreise Bargara ist etwa 13 km von Bundaberg entfernt und auf einer kurzen Fahrt, vorbei an Zuckerrohrfeldern, erreichbar. Um die Ecke Bauer Street und Esplanade erstreckt sich das Ortszentrum mit Pub, Cafés, Restaurants und einigen Geschäften.

Bargara im Internet Aktuelle Infos unter www.bargara.com.

Übernachten Manta Bargara, 5-Sterne-Luxus an der Strandpromenade. Apartments mit 1–3 Schlafzimmern und Penthouses mit 2 oder 3 Schlafzimmern. Die Ausstattung lässt keine Wünsche offen, und die Preise sind zumindest in der Nebensaison angemessen: Apartment für 2 Pers. ab 250 $/Nacht, für 4 Pers. ab 285 $/Nacht. Hauptsaison mind. 5 Nächte zu je 295 $. 95–97 The Esplanade, ✆ 41592266, www.mantabargara.com.au.

Bargara Beach Motel, eine gute Wahl in Top-Lage. Zum Haus gehört das tolle Kacy's Restaurant. Einige Zimmer mit Balkon und Meerblick. Auf Anfrage auch Apartments. DZ ab 145 $. The Esplanade/Ecke Bauer Street, ✆ 41301100, www.bargaramotel.com.au.

Caravan Park, großer 4-Sterne-Park. Superschön am Strand gelegen, gleich gegenüber vom Surf-Club. Zur Ausstattung gehören 2 Tennisplätze, Basketballplatz und BBQs. Stellplatz 29–42 $, Cabin 99–145 $. Nielson Park, The Esplanade, ✆ 41592228, www.bargarabeach.com.au.

Essen & Trinken Kacy's, gemütlich eingerichtetes Restaurant/Café mit zwei Terrassen und einer begehbaren Galerie, in der das Weinlager des Hauses untergebracht ist. Auf der Karte stehen regelmäßig wechselnde Gerichte aus frischen Zutaten. Hauptgerichte um 30 $, Meeresfrüchte nach Marktpreis. Bauer Street/Ecke Esplanade, ✆ 41301100, www.bargaramotel.com.au.

Salt@Bargara, nur einen Katzensprung vom Strand entfernt. Pfannkuchen mit Vanilleeis zum Frühstück, tagsüber leichte Gerichte (Garnelen-Avocado-Salat 19 $), abends zahlt man etwa 30 $ für Lammkoteletts, Steaks und Lachs. So–Do 7–16 Uhr, Fr/Sa 7–22 Uhr. Bauer Street/Ecke Esplanade, ✆ 42590022, www.saltrestaurantbargara.com.au.

Bargara Beach Hotel, neben Kacy's Restaurant. Schönes Pub mit gutem Bistro-Essen (18–20 Uhr). Die richtige Adresse für den Sundowner. Bauer Street, ✆ 41592232.

Abendstimmung auf dem Segelboot

Bucht nahe der Town of 1770

Capricorn Coast und Hinterland

Town of 1770 und Agnes Water
ca. 200 Einw.

Ihren Namen verdankt die kleine Siedlung der Tatsache, dass Captain James Cook hier im Mai 1770 in der Bustard Bay vor Anker und anschließend an Land ging. Richtig berühmt wurde der Ort trotzdem nicht. Genau genommen ist Town of 1770 nicht einmal eine richtige Ortschaft, denn außer einer Marina gibt es nur ein paar Dutzend Wohnhäuser. Dafür ist Town of 1770 idyllisch geblieben, und die bunt gemischte Urlaubergemeinde trifft sich abends am Strand, um bei einem kühlen Drink den Sonnenuntergang zu genießen. Im 5 km entfernten Agnes Water kommen die Überlandbusse an. Dort gibt es auch einige Geschäfte, ein Pub, ein kleines Museum sowie eine etwas größere Auswahl an Übernachtungsmöglichkeiten. Als „Tor" zum Great Barrier Reef ist hier die letzte Gelegenheit, um noch einmal Surfen zu gehen, bevor das Riff den Swell nicht mehr an die Küste lässt.

PS: S24°12.71' E151°54.23'
Ortsvorwahl: 07

Anreise Pkw: Direkt von Bundaberg auf der Landstraße erreichbar, Distanz etwa 125 km. Wer von Norden oder Süden auf dem Bruce Highway kommt, fährt bei **Miriam Vale** auf die Fingerboard Road ab; von dort sind es noch 55 km. Distanz von **Hervey Bay** etwa 285 km, von **Rockhampton** etwa 235 km.

Bus: Mit *Greyhound Australia* (✆ 1300473946, www.greyhound.com.au). Es gibt tägl. eine Direktverbindung nach **Bundaberg** (1:30 Std.) sowie diverse Verbindungen zu den größeren Ortschaften entlang des Bruce Highway, z. B. nach **Brisbane** (10 Std.) oder **Cairns** (22 Std.) Haltestelle in Agnes Water in der Spring Road.

Touristinfo Agnes Water Information Centre, sehr freundliche Beratung und eine ganze Reihe Broschüren. Mo–Fr 9–17 Uhr, Sa 10–16 Uhr, So 10–14 Uhr. 71 Spring Road, Agnes Water, direkt im Ort am großen Kreisel, ℡ 49021533, agneswatervic@gapdl.com.au.

Town of 1770 & Agnes Water im Internet Gute Infos zu beiden Ortschaften unter www.gladstoneregion.info oder www.townof1770-agneswater.com.au.

Sehenswertes Agnes Waters Museum, auf dem Schild steht *Miriam Vale Shire Museum*. Zu sehen gibt es ein Display mit Wissenswertem über Captain Cook, Artefakte von frühen Aborigines der Region und eine Fotoausstellung. Eintritt 3 $. Mo, Mi–Sa 13–16 Uhr, So 10–16 Uhr, Di geschlossen. Springs Road, Agnes Water.

Strand Der **Strand** von Town of 1770 liegt an einer schmalen Bucht, eignet sich gut zum Angeln und v. a., um den tollen Sonnenuntergang zu genießen. Zum Schwimmen und Surfen muss man nach Agnes Water ausweichen.

Tauchen Das Revier ist super, und es gibt neben zahlreichen Tauchtrips auch Optionen, einen Open-Water-Kurs zu absolvieren – auch mit der Möglichkeit, bei Lady Musgrave Island zu tauchen. Detaillierte Infos, wann welche Kurse stattfinden, in der Touristeninformation.

Touren Larc Tours, unterwegs in Amphibienfahrzeugen in Schweinchenrosa; 1-stündige *Afternoon Tour* 38 $. Abhängig von Mindestteilnehmerzahl, Abfahrt variiert je nach Jahreszeit. Ganztägige *Paradise Tour* für 150 $. Captain Cook Drive, an der Marina in Town of 1770, ℡ 49749422, www.1770larctours.com.au.

Scooter Roo Tours, echte Chopper mit 50-ccm-Motoren, aber stylish mit Airbrush auf dem Tank und den charakteristisch hohen Lenkern. Die Ausfahrten in der Gruppe sind ein richtiger Spaß und kosten 75 $ für 3 Std. 21 Bicentennial Drive, Agnes Water, ℡ 49747697, www.scooterootours.com.

Surfen Kitesurf 1770, die Schnupperstunde (120 Min.) für 130 $, der 4-stündige Kurs für 230 $, 2:30 Std. Privatunterricht für 230 $. 3 Grahame Colyer Drive, Agnes Water, ℡ 49620210, www.kitesurf1770.com.

Reef 2 Beach, Surfshop, aber auch Boardmiete und Surfkurse. Geöffnet tägl. 9–17 Uhr. Neben der Tankstelle, Agnes Water, ℡ 49749072, www.reef2beachsurf.com.

Lazy Lizard Surf School, Gruppen- und Einzelunterricht, Details auf Anfrage. ℡ 0488 177000 (mobil), www.lazylizardsurfschool.com.au.

Liquid Adventures, Kayakmiete ab 20 $/Std., außerdem verschiedene Touren im Angebot. ℡ 0428956630 (mobil), www.1770liquidadventures.com.au.

Veranstaltungen Reef 2 Beach Longboard Classic, Surfturnier jedes Jahr im März.

Übernachten Sandcastles 1770, großer, moderner Urlaubskomplex mit Motelzimmern, Studios und Apartments. Zur Ausstattung gehört immer eine Kitchenette bzw. eine komplette Küche. Zur Anlage gehört auch das Kahuna's Bar & Grill und das Beans Café. Übernachtung im DZ ab 125 $. 40 Captain Cook Drive, Agnes Water, ℡ 49749428, www.sandcastles1770.com.au.

The Beach Shacks, im balinesischen Stil, schräg gegenüber vom Strand. Bei der Einrichtung dominieren Holz und Bambus, die großen Himmelbetten haben umlaufende Moskitonetze. Kühlschrank & Küche, Bad, TV und DVD-Player gehören zur Ausstattung. 2 Pers. ab etwa 200 $/Nacht. 578 Captain Cook Drive, Town of 1770, ℡ 49749463, www.1770beachshacks.com.

Camping 1770 Camping Grounds, der beste Campingplatz in der Gegend, auch weil er einen direkten und kurzen Zugang zum Strand hat. Allerdings wird es auch extrem schnell voll hier. Stellplatz 35–49 $. Captain Cook Drive, Town of 1770, ℡ 49749286, www.1770campingground.com.au.

Budgetcamping »» Mein Tipp: Workman's Beach Camping, Plumpsklo, kalte Duschen, BBQs. 200 m zum Strand. Keine großen Mobile oder Wohnanhänger möglich. 5,95 $/Pers. und Nacht. Buchungen nicht möglich. Ab Agnes Water via Spring Road erreichbar. **«**

Essen & Trinken Agnes Water Tavern, hier treffen sich die Locals, trinken Bier, füttern die Juke Box und spielen Billard. Guter Pub-Grub und Bottleshop. Tägl. mittags und abends geöffnet. 1 Tavern Road, Agnes Water, ℡ 49749469, www.agnestavern.com.au.

The Tree Bar & Restaurant, direkt gegenüber vom Strand in 1770 und vom Campingplatz zu Fuß gut zu erreichen. Ideal für ein Bier am Open-Air-Tresen oder eine Stärkung mit Burger, Fish&Chips oder Steak (Hauptgerichte 25–35 $). 576 Captain Cook Drive, Seventeen Seventy, ℡ 49747446, www.restaurant1770.com.au.

Unterwasserwelt vor Lady Musgrave Island

Lady Musgrave Island

Die 14 ha große Koralleninsel ist von einem 1200 ha großen Riff umgeben, das eine herrliche, türkisblaue Lagune formt. Über 1000 Fisch- und rund 200 Korallenarten tummeln sich hier, was die Insel zu einem beliebten Ziel für Taucher und Schnorchler macht. Und auch außerhalb des Wassers wird das Eiland seinem Ruf als Naturparadies gerecht. Schildkröten legen im Sommer ihre Eier an den Stränden ab, verschiedenste Vogelarten zwitschern aus den Bäumen, und die satt-grüne Vegetation grenzt sich kontrastreich von den Blautönen des Meeres ab. Schon vor Jahrzehnten hat man erkannt, dass es ein derartiges Kleinod zu schützen gilt – bereits 1938 wurde die erste Hälfte der Insel zum Nationalpark erklärt, 1967 wurde der Status auf das ganze Eiland ausgeweitet. Lady Musgrave Island liegt 32 Seemeilen vor der Küste und ist nur per Fähre zu erreichen.

Tagesausflug mit der Fähre Mit der *Spirit of 1770* dauert die Überfahrt etwa 90 Min. Tägl. (abhängig vom Wetter) um 8 Uhr ab Marina, gegen 17 Uhr ist man wieder zurück. Tagesausflug inkl. Lunch 190 $/Pers., man hat 6 Std. Zeit auf der Insel, die man mit Schnorcheln, Tauchen (kostet extra) oder Angeln verbringen kann. Auch eine geführte Tour über die Insel ist Teil des Programms. Man kann auch auf der Insel übernachten. Buchung im Discovery Centre, Agnes Water, ✆ 1800631770 (kostenlos), www.1770reefcruises.com.

Tauchen Mit der *Spirit of 1770* sind Tauchgänge möglich, für zertifizierte Taucher ab 60 $, der Schnuppertauchgang kostet 95 $.

Camping Unter Beachtung strenger Regeln ist es erlaubt, auf der Insel zu zelten; so muss man sogar das Trinkwasser mitbringen (Kanister kann man an der Marina mieten). Wenn das Wetter umschlägt, fährt die Fähre nicht, so kann es passieren, dass man einige Tage auf der Insel festsitzt. Campgebühr pro Nacht 5,95 $/Pers., Infos zur Bezahlung im Nationalparkcenter in Gladstone oder bequem online unter www.nprsr.qld.gov.au.

Lady Elliot Island

Es gibt 14 ausgezeichnete Tauchplätze auf Lady Elliot Island, das Revier ist berühmt für sein klares Wasser, und man kann sich kaum vorstellen, den Tauchschein an einem besseren Ort zu machen – wäre da nicht die Kostenfrage: Wer einen einwöchigen Tauchkurs bucht, muss mindestens sechsmal übernachten. Und egal, wie man es dreht und wendet, man kann sich des Eindrucks nicht erwehren, dass die Betreiber des *Eco Resort* ihre Monopolstellung schamlos ausnutzen. Trotzdem, das Revier zählt zu den Top-SCUBA-Destinationen in ganz Australien.

Anreise mit dem Flugzeug Die Propellermaschinen von *Seair* fliegen z. B. ab Bundaberg oder Hervey Bay, der Flug dauert etwa 40 Min. (285 $ hin und zurück). Am besten bucht man gleich in Verbindung mit der Unterkunft über das *Eco Resort*. www.ladyelliot.com.au.

Tagestrip Die Tagesausflüge zur Insel sind nicht gerade billig. Ab 345 $ kostet der Trip ab Bundaberg bzw. Hervey Bay. Zum Programm gehören ein Spaziergang auf dem Riff, eine Fahrt im Glasbodenboot, Schnorchelausrüstung sowie ein kleines Lunch. Zu buchen ebenfalls über *Eco Resort*.

Tauchen Dive Centre, Schnupperkurse 165 $ (4 Std.), der Open-Water-Kurs zieht sich über 7 Tage und beinhaltet 8 Theoriestunden, 8 Std. im Pool und 4 Std. im Meer (550 $). Der einfache Tauchgang für Leute mit Schein kostet 65 $. Info und Kontakt über das Eco Resort (s. u.).

Übernachten Eco Resort, über die Preise mag man sich ärgern, aber als einzige Übernachtungsmöglichkeit auf der Insel ist fast jeder Preis durchsetzbar. Billigstes Bett 150 $/Pers. (bei 4er-Belegung), Island Suite mit separater Lounge und kleiner Kitchenette um 700 $/Nacht. ✆ 55363644 oder 180007 2200 (kostenlos), www.ladyelliot.com.au.

Gladstone

ca. 27.500 Einw.

Gladstone ist ein Industriestandort, wie er im Buche steht. Das Erscheinungsbild der Stadt ist geprägt von in den Himmel ragenden Schornsteinen, einem weit verzweigten Netz an Förderbändern und gigantischen Cargo-Schiffen, die im Hafenbecken ein- und ausfahren.

Dabei war bis in die 60er-Jahre nicht viel los in Gladstone, doch mit der Ansiedlung von Chemie- und Metallindustrie erlebte die Stadt einen raketenhaften Aufstieg. Begünstigend für diese Entwicklung war v. a. der natürliche Tiefwasserhafen, auf den der Entdecker *Matthew Flinders* bereits 1802 aufmerksam wurde. Heute werden hier jährlich 60 Mio. Tonnen Güter abgefertigt, einige der kleinen Firmen spielen in der obersten Liga. *Queensland Aluminia Limited (QAL)* etwa produziert jährlich 3,9 Mio. Tonnen Aluminiumoxid, was QAL zum weltweiten Marktführer macht. Mittlerweile setzt die Stadt auch auf den Tourismus, und man hat entsprechende Strukturen geschaffen. Es gibt etliche schöne Parks, einen modernen Yachthafen sowie herrliche Badestrände nur wenige Minuten außerhalb der Stadt.

GPS: S23°50.066' E151°14.798'
Ortsvorwahl: 07

Anreise Pkw: Gladstone ist von *Rockhampton* 110 km entfernt und über den Bruce Highway erreichbar. Nach Süden führt ebenfalls der Bruce Highway. Wer ins 125 km entfernte *Town of 1770* oder ins 190 km entfernte *Bundaberg* will, muss bei Miriam Vale auf die Landstraße abfahren.

Bus: Gladstone wird von *Greyhound Australia* (✆ 1300473946, www.greyhound.com.au) angesteuert. Busbahnhof an der City Centre Mobil, Dawson Road, Gladstone.

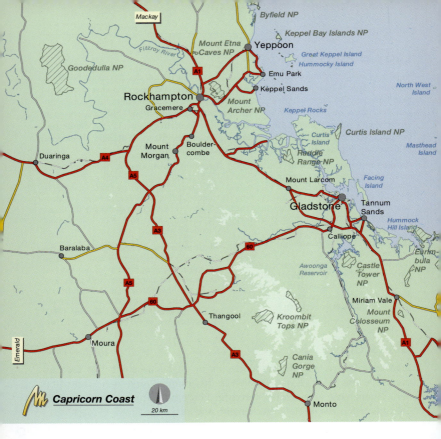

Bahn: *Queensland Rail* (✆ 131617, www.queenslandrail.com.au) fährt nach Rockhampton oder nach Bundaberg. Züge fahren weiter bis nach Brisbane bzw. Cairns. Bahnhof Tank Street/Ecke Toolooa Street, Gladstone.

Flugzeug: Flughafen 8 km außerhalb der Stadt. Flüge von/nach Brisbane mehrmals tägl. mit *Qantaslink* (✆ 131313, www.qantas.com.au); Flugzeit etwa 1 Std.

Touristinfo Gladstone Information Centre, in der Marina. Mo–Fr 9–16.30 Uhr, Sa/So 9–13 Uhr. Marina Ferry Terminal, Bryan Jordan Drive, ✆ 49729000, gladstonevic@gapdl.com.au.

Gladstone im Internet Informationen unter www.gladstoneregion.info.

Attraktionen Guided Industry Tours, eine tolle Gelegenheit, sich einige der riesigen Produktionsanlagen anzuschauen. Die Touren sind kostenlos und finden i. d. R. an Wochentagen statt (Dauer 1–3 Std., Buchung in der Touristinfo).

Wer einfach nur entspannen will, kann dies bei einem Besuch des **Botanischen Gartens** (Glenlyon Road, ✆ 49714443) oder beim Stöbern im der **Regional Art Gallery & Museum** (Ecke Goondoon/Bramston Street, ✆ 49766766).

Supermarkt Woolworths, Mo–Fr 8–21 Uhr, Sa 8–17 Uhr, So 9–18 Uhr. Goondoon Street/Ecke Herbert Street.

Übernachten/Essen Oaks Grand Gladstone, modernes Hotel mit 4,5-Sterne-Standard. Die 144 Zimmer verfügen alle über eine kleine Küche und einen Essbereich, einige haben einen Balkon mit Blick über Stadt bzw. Hafen. Restaurant und Café im Haus.

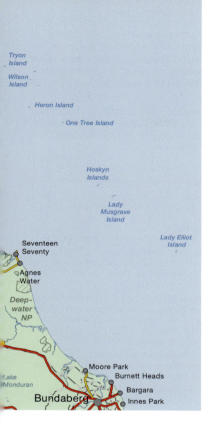

166 Auckland Street, ✆ 49722022, www.xenia.net.au.

Gladstone Backpackers, frei stehendes Haus, in dem es Doppelzimmer, Twins und Mehrbettzimmer gibt. Ab 25 $/Nacht inkl. Transfers zu Bahnhof oder Busterminal. 12 Rollo Street, ✆ 49725744, www.gladstonebackpackers.com.au.

Discovery Holiday Park, etwa 25 km südlich von Gladstone gelegen. Toller Park mit großem Pool, überdachter Campküche und Feuerstellen. Stellplatz ab 31 $, mit Strom ab 40 $, Cabins ab 92 $, Deluxe-Villa ab 160 $. Millenium Esplanade, Tannum Sands, ✆ 1800684003, www.discoveryholidayparks.com.au.

Rocksalt Bar & Restaurant, ausgezeichnetes Lokal, auf den Teller kommen u. a. asiatische Ente, gebratener Schweinebauch oder geschmorte Rinderbacken. Vorspeisen um 15 $, Hauptgerichte um 35 $. Lunch-Spezial 1–3 Gänge für 18–38 $. So/Mo 11.30–20.30 Uhr, Di–Sa 11.30–21 Uhr. 22–24 Roseberry Street, ✆ 49729884, www.rocksaltgladstone.com.au.

Chattin Cafe, gutes Frühstück, mittags das „Curry of the day" (um 20 $) oder ein Steaksandwich (18 $). Mo–Fr 7–15 Uhr, Sa 8–15 Uhr. Shop 5/100 Goondoon Street, ✆ 49724912, www.chattincafe.com.au.

Yacht Club, Lasagne (25 $), Hähnchen-Kokos-Curry (25 $) oder Steaks (um 35 $). Tägl. Mittag- und Abendessen. 1 Goondoon Street, ✆ 49722294, www.gyc.com.au.

Für das leibliche Wohl kann man das **Grand Hotel** (79 Goondoon Street, ✆ 49722422) ansteuern, ein historisches Pub, das kürzlich renoviert wurde.

Freecamping Boyne River Rest Area, etwa 25 km südl. von Gladstone. Toiletten, kalte Duschen, Tische, Bänke. Am Fluss gelegen, die Abzweigung vom Bruce Highway bei Benaraby nehmen.

Für 2 Pers. ab 150 $. 79 Goondoon Street, ✆ 49722022, www.oakshotelsresorts.com.

Xenia Central Studio Accommodation, wohnliche Unterkunft und im teuren Gladstone noch einigermaßen günstig. Kleine Kitchenette, WLAN-Zugang, einige Zimmer für Rollstuhlfahrer geeignet. DZ ab 130 $.

Rockhampton

ca. 60.000 Einw.

Schon vor den Toren der Stadt stehen detailgetreue Skulpturen von Zuchtbullen am Straßenrand. Für den Außenstehenden wirkt diese Huldigung des Rindviehs etwas befremdlich, doch für Rockhampton ist das Geschäft mit den Wiederkäuern sehr lukrativ.

Und zwar in sämtlichen Sektoren – von Zucht und Haltung über den Verkauf bis hin zur verarbeitenden Industrie. Das prägt natürlich auch den Lifestyle entsprechend, und verbeulte Utes mit Bundaberg-Rum-Aufklebern sind oft gesehene

Statussymbole. Die Rinderbarone der Region setzten zwar schon vorher enorm viel Geld um, aber auch in Rockhampton war es der Goldrausch Ende des 19. Jh., der das Geld in die Kassen spülte und für einen ersten Bauboom sorgte. Alleine in der Quay Street findet man 20 wunderschöne Gebäude aus dieser Zeit, und spätestens bei ihrem Anblick wird klar, dass es auch ein „Rocky" jenseits der Cowboy- und Kuhmistklischees gibt.

Queenslands größter Strom, der *Fitzroy River*, fließt mitten durch die Stadt. Aber Achtung, es sind nicht nur die Menschen die sich an den Ufern wohl fühlen. Regelmäßig werden Krokodile gesichtet, die sich im Stadtgebiet auf den Sandbänken in die Sonne legen, einige Exemplare bis zu vier Meter lang ...

Basis-Infos

GPS: S23°22.756' E150°30.600'
Ortsvorwahl: 07

Anreise Pkw: Von Norden oder Süden kommend, ist die Stadt an den Bruce Highway angebunden. Nach *Mackay* sind es etwa 340 km, nach *Bundaberg* 290 km, *Brisbane* liegt gut 600 km südlich. Der Capricorn Highway führt von *Rockhampton* aus knapp 700 km gen Westen ins Outback von Queensland.

Bus: *Greyhound Australia* (www.greyhound.com.au, ✆ 1300473946) fährt mehrmals täglich z. B. nach Bundaberg (ca. 3:30 Std.) oder Airlie Beach (ca. 6:30 Std.). *Premier Motor Service* (www.premierms.com.au, ✆ 133410) deckt die Route ebenfalls ab, bietet weniger Verbindungen, ist dafür aber meist etwas günstiger. Den Capricorn Highway befährt *Greyhound* tägl. bis Emerald, bis Longreach 2-mal die Woche. Busbahnhof in der 91 George Street.

Bahn: Züge von *Queensland Rail* (✆ 131617, www.queenslandrail.com.au) verkehren regelmäßig entlang der Küste und binden auch *Rockhampton* an. Bahnhof in der George Street, einige Blocks südlich des Zentrums.

Flugzeug: Verbindungen mit *Qantas* und *Virgin Australia*. Der Flughafen liegt rund 6 km westlich der Stadt; Taxi (✆ 131008) ins Stadtzentrum rund 20 $.

Touristinfo Tropic of Capricorn Information Centre, ein gutes Stück außerhalb des Zentrums. Tägl. 9–17 Uhr. „The Spire", Gladstone Road, ✆ 49212311 oder 1800676701, info@capricorntourism.com.au.

Rockhampton im Internet Infos für Touristen gibt es unter www.capricornholidays.com.au.

Supermarkt Coles, Mo–Fr 8–21 Uhr, Sa 8–17 Uhr, So 9–18 Uhr. Fitzroy Street/Ecke Bolsover Street.

Veranstaltungen & Festivals Beef Expo, alle 3 Jahre, das nächste Mal 2015. Man kann erstklassiges Rindfleisch probieren oder sich gleich ein ausgezeichnetes Steak genehmigen. www.beefaustralia.com.au.

Übernachten/Essen & Trinken

Übernachten Coffee House Motel, eine der besten Unterkünfte in der Stadt, zentral im CBD gelegen. Die Zimmer sind schlicht, aber hochwertig eingerichtet, die Apartments verfügen zusätzlich über eigene Küche, Waschmaschine und Trockner. Gutes Restaurant im Haus. DZ ab 140 $, Apartment ab 175 $. 51 William Street, ✆ 49275722, www.coffeehouse.com.au.

Econo Lodge, gute, zentral gelegene Unterkunft mit schlicht eingerichteten, sauberen Zimmern (3,5 und 4 Sterne). Man kann Wäsche waschen, es gibt kostenlosen Internetzugang via WLAN und Terminal. Einige Parkplätze auf dem Grundstück. DZ ab 129 $. 129 William Street, ✆ 49226009, www.econolodgecitywalk.com.au.

Travelodge, solide Unterkunft mit gut ausgestatteten Zimmern. Preise schwanken stark, für ein reguläres DZ zahlt man bei Onlinebuchung ab 135 $. Möglichst vorab online buchen. 86 Victoria Parade, ℡ 49945000, www.travelodge.com.au.

YHA Rockhampton, ein Sprung vom Ortszentrum entfernt. Klassische Backpackerunterkunft mit Stockbetten und Gemeinschaftsküche. Im 6er-Zimmer 22 $, das DZ 60 $. 60 MacFarlane Street, ℡ 49275288, rockhampton@yha.com.au.

Camping Southside Holidy Village, guter Park etwa 4 km südl. des Stadtzentrums. Mit Internetterminals und WLAN, Pool und Fernsehraum. Stellplatz ab 30 $, mit Strom ab 38 $, Cabins (auch mit 2 Schlafzimmern) 75–136 $. 283 Lower Dawson Road, ℡ 49273013, www.southsidevillage.com.au.

Die **Campingplätze an der Küste** sind knapp 50 km entfernt, → Yeppoon S. 685.

Farm Stay Myella Farm, ganze 120 km westlich von Rockhampton, mitten im „Cattle Country". Wer kein Auto hat, kann den Abholservice nutzen. Der Aufenthalt ist als Erlebnisurlaub konzipiert, man kann z. B. Kühe melken, Reiten, Zäune bauen, oder Motorradfahren – muss man aber nicht. Die Zimmer sind einfach, aber sauber, sämtliche Mahlzeiten sind im Preis inklusive. 1 Tag und 2 Nächte 240 $/Pers. In Baralaba, ℡ 49981290, www.myella.com.

Essen & Trinken Café Bliss, gutes und sehr beliebtes Café mit Frühstück, herzhaftem Lunch – z. B. Risotto mit Garnelen – und kleinen Stärkungen für zwischendurch. Tägl. ab 7 Uhr. 64 Bolsover Street, ℡ 49204900.

Gardens Tearooms, schöne Lage im Botanischen Garten und mit mächtigen Bäumen neben der Terrasse. Kleine Frühstücksauswahl, außerdem Burger, Wraps und Co (ab 10 $). Auf jeden Fall gut für einen Kaffee. Tägl. 8–17 Uhr, Spencer Street, ℡ 49224347, www.gardenstearooms.com.au.

Thai Tanee, netter Thai-Laden, für alle, die sich nicht dauernd mit Steaks ernähren wollen. Klassische Gerichte wie Currys oder Satays 18–25 $. Tägl. ab 18 Uhr. Bolsover/Ecke William Street, ℡ 49221255, www.thaitanee.com.au.

Rocky Pub-Hotels Criterion Hotel, eines der schönsten Gebäude der Stadt, 1889 direkt am Fitzroy River erbaut. Unterschiedlichste Zimmerstandards, von der Budget-Unterkunft für 70 $ bis zur Spa-Suite für 170 $. Im dazugehörigen **Bush Inn Bar & Grill** gibt es super Steaks, ein 250g-Rumpsteak kostet 25 $, ein 300g-Rib-Fillet 37 $ und das 1kg-Rump 40 $. Das Bier fließt in Strömen, regelmäßig treten Live-Bands auf. Quay Street/Ecke Fitzroy Street, ℡ 49221225, www.thecriterion.com.au.

》》 Mein Tipp: Great Western Hotel, auf über 4000 m² gibt es vier Bars, Gaming Saloon, Steakhouse, eine Konzerthalle für 2000 Personen und eine überdachte Rodeo-Arena. Die Steaks sind ausgezeichnet, das Bier kalt und die Stimmung ausgelassen. Freitagabend kann man kostenlos beim Training der Bullenreiter zuschauen. Das seit über 130 Jahren existierende Hotel ist eine echte Ikone. Stanley Street/Ecke Denison Street, ℡ 49223888, www.greatwesternhotel.com.au. 《《

Historisches Hotel in Rockhampton

Sehenswertes

Rockhampton eilt der Ruf als „Cattle Capital" voraus. Auch daran mag es wohl liegen, dass man eher mit rustikaler Funktionalität als mit architektonischen Hochgenüssen rechnet. Tatsächlich aber beeindruckt die Stadt mit zahlreichen historischen und teilweise atemberaubend schönen Gebäuden. Gleich etliche Vertreter reihen sich an der Uferpromenade entlang. Zu den herausragenden Beispielen gehört das **Criterion Hotel** von 1889, das **Cattle House** von 1886 oder das **Customs House** von 1898. Was die Stilrichtungen angeht, so entdeckt man neoklassische Fassaden ebenso wie typische Kolonialarchitektur. In der Touristeninfo gibt es Informationsblätter mit detaillierten Beschreibungen und einem Lageplan.

Bullenstatue am Ortseingang

Rockhampton Art Gallery: Die Kunstgalerie in Rockhampton leistet einen wesentlichen Beitrag zur Kulturlandschaft in Queensland und gehört zu den besten des Staates. Wandelt man über die polierten Parkettböden, kann man v. a. die Gemälde australischer Künstler betrachten, zeitlich sind die meisten Werke zwischen 1950 und 1970 angesiedelt. An Wochenenden gibt es meist diverse Veranstaltungen, von kleinen Konzerten über Lesungen bis hin zu Vorführungen von Arthaus-Filmen.

Tägl. 10–16 Uhr. Eintritt frei. 62 Victoria Parade, ✆ 49368248, www.rockhamptonartgallery.com.au.

Dreamtime Cultural Centre: In dem 1988 eröffneten Zentrum kann man sich über die Traditionen und Gebräuche der Aborigines und im Speziellen auch der *Torres Strait Islanders* informieren. Ganz klassisch gibt es Vorführungen im Bumerang-Werfen oder Digeridoo-Spielen, auch eine Tanztruppe gehört zum Programm. Im dazugehörigen „Bimbi Artefacts Shop" kann man Kunsthandwerk und Souvenirs erstehen, und am Kiosk können sich Besucher mit kleinen Snacks stärken.

Mo–Fr 9–15.30 Uhr, Touren ab 10.30 Uhr. Eintritt 15 $. Am Bruce Highway, etwa 6 km nördlich von Rockhampton. Zufahrt direkt gegenüber der Abzweigung nach Yeppoon. ✆ 49361655, www.dreamtimecentre.com.au.

Nähere Umgebung

Mount Archer: Im Nordosten der Stadt gelegen und mit 604 m der höchste Berg in dem 4200 ha großen Nationalpark. Von dort oben kann man den Panoramablick auf die ganze Stadt genießen, entsprechend beliebt ist die Location bei Touristen und Einheimischen. Oben auf dem Gipfel gibt es Barbecue-Plätze, Picknickbänke und Toiletten. Der Gipfel ist über den Ortsteil Frenchville mit dem Auto erreichbar.

Gracemere: Bereits 1853 wurde die Gegend um Gracemere von Tom und Charles Archer entdeckt und besiedelt, das prächtige Wohnhaus befindet sich bis heute in Familienbesitz. Gracemere ist v. a. für seinen Viehmarkt bekannt, den größten der gesamten südlichen Hemisphäre. Mehrere Tausend Tiere, hauptsächlich Rinder und Pferde, wechseln hier jede Woche den Besitzer – ein wirklich sehenswertes Schauspiel. Zuschauer sind willkommen.

Gracemere liegt am Capricorn Highway, 9 km westlich von Rockhampton. Die Sale Yards (Viehmarkt) sind erreichbar unter ✆ 49317300, www.cqlx.com.au.

Koorana Crocodile Farm: Hier werden Salzwasserkrokodile gezüchtet, alle Tiere sind in Gefangenschaft geboren. Es gibt die Möglichkeit, eines der kleineren und weniger gefährlichen Exemplare in die Hand zu nehmen und ihre einzigartige Haut zu fühlen. Im dazugehörigen Restaurant steht natürlich Krokodil auf der Karte.

Tägl. 10–15 Uhr, letzter Eintritt 14 Uhr. Touren 10.30–12 und 13–14.30 Uhr. Eintritt 28 $. 65 Savages Road, Coowonga, ✆ 49344749, www.koorana.com.au.

Capricorn Caves: Das weit verzweigte Höhlensystem gut 23 km westlich von Rockhampton bietet für jeden etwas. Wer es gemütlich will, der kann bei der einstündigen „Cathedral Tour" zehn zusammenhängende Höhlen auf festen Holzstegen erkunden, Abenteurer können mit einer Stirnlampe bewaffnet in finstere Ecken

kriechen oder sich 20 Meter tief in dunkle Löcher abseilen. Entdeckt wurden die Höhlen im Jahr 1882 von dem Norweger John Olsen.
Tägl. 9–16 Uhr, Touren zur vollen Stunde. Die „Cathedral Tour" kostet 30 $ (1 Std.), die längeren und abenteuerlicheren Varianten ab 75 $. 30 Olsens Caves Road, The Caves, ✆ 49342883, www.capricorncaves.com.au.

Yeppoon, Rosslyn Bay

ca. 10.000 Einw.

Nur 30 Minuten von Rockhampton entfernt und doch eine andere Welt. Yeppoon gilt als Tor zur *Capricorn Coast* – statt Kühen und Cowboys dominiert hier Strandgefühl satt. Verzichten muss man dabei auf kaum etwas, es gibt Geschäfte, Restaurants und gute Übernachtungsmöglichkeiten. Die schönen Strände locken freilich nicht nur Touristen, sondern auch die Städter aus Rockhampton, die sich am liebsten bei einem kühlen Bier im Sailing Club treffen.

GPS: S23°08.699' E150°45.487'
Ortsvorwahl: 07

Anreise Pkw: Von *Rockhampton* auf dem Bruce Highway nach Norden, links auf die Yeppoon Road abzweigen und der Straße bis nach Yeppoon folgen (gut ausgeschildert). Insgesamt 40 km.
Bus: *Youngs Bus Service* fährt von *Rockhampton* nach *Yeppoon*; auch die Marina in der Rosslyn Bay ist angebunden. Tägl. zwischen 5.30 und 18.30 Uhr, zurück nach Rockhampton evtl. auch später. Busbahnhof in der Hill Street, Yeppoon. www.youngsbusservice.com.au.
Touristinfo Visitor Information, Infos auch zu Great Keppel Island und Emu-Park. Tägl. 9–17 Uhr. Ross Creek Roundabout, Scenic Highway, ✆ 49394888 oder 1800675785, www.capricornholidays.com.au.
Internet Yeppoon Library, Mo–Fr 9–17 Uhr (Mi bis 20 Uhr), Sa 9–14 Uhr. John Street, ✆ 49133850.
Keppel Bay Marina Fährservice, nach Great Keppel Island Mo/Di 10.30 Uhr, Mi–So 9.15 Uhr. Rückfahrt von der Insel Di 14.30 Uhr, Mo u. Mi–So 15.45 Uhr (Fr 13 Uhr). Ab 55 $. ✆ 49336888, www.freedomfastcats.com.au.
Strände Der **Main Beach**, in Yeppoon ist gut zum Schwimmen geeignet, der **Farnborough Beach**, etwas nördlich von Yeppoon gelegen, ist Teil des „The Big Dune Surfing Reserve". Hier gibt es gute Wellen und einmal im Jahr das Surf-Festival.
Supermarkt Coles, Mo–Fr 8–21 Uhr, Sa 8–17.30 Uhr, So 10.30–17.30 Uhr. 64–79 James Street.

Übernachten/Essen Coral Inn Yeppoon, sehr angenehme Unterkunft mit zahlreichen Optionen: Im Mehrbettzimmer ab 30 $, das kleinste DZ mit Bad ist ab 95 $ zu haben. Außerdem noch geräumigere Varianten ab 115 $ und Familienzimmer für bis zu 7 Pers. 14 Maple Street, ✆ 49392446, www.coralinn.com.au.

BIG4 Capricorn Palms, riesiger Platz mit jeglicher Ausstattung – es gibt sogar ein relativ großes Freiluftkino mit abendlichen Vorführungen. Poollandschaft und BBQ-Plätze. Bei der Recherche kam sogar ein Emu direkt an den Camper. Stellplatz ab 35 $, mit Strom ab 40 $. Wildin Way, ✆ 49336144, www.big4capricornpalms.com.au.

Poinciana Tourist Park, netter Caravanpark mit einigen Lebensmittelgeschäften in unmittelbarer Nähe. Für Camper gibt es einige Unisex-Sanitärblocks, jede Kabine wie ein kleines Bad mit Dusche, WC und Waschbecken. Stellplatz ab 31 $. 9 Scenic Highway, ✆ 49391601, www.poincianatouristpark.com.au.

Eine ganze Reihe weiterer Caravanparks gibt's entlang der Küste zwischen Yeppoon und Emu Park.

Waterpark Creek Campground, im Byfield State Forest. Toiletten, Picknicktische und BBQs. Auch für kleine Wohnmobile geeignet, und Zeltstellplätze gibt es auch. 5,95 $/ Pers. und Nacht. Nördl. von Yeppoon, über die Byfield Road erreichbar.

Flour Café, sehr hübsches Café, in dem man wunderbar unter dem Sonnenschirm sitzen und mit einem Kaffee und Eggs Benedict (mit Lachs 17 $) in den Tag starten kann. Mo–Sa ab 7.15 Uhr inkl. Lunch. 9–11 Normanby Street, ✆ 49250725.

Keppel Bay Sailing Club, direkt am Main Beach. Super Terrasse mit Meerblick und ordentliches Essen, die Speisekarte bietet Pizzen (20–25 $), dicke Steaks (450g-Rib-Eye 36 $) oder Hähnchenburger (18 $). Tägl. ab 12 Uhr. The Clubhouse, 6–9 Anzac Parade, ✆ 49399537, www.kbsc.com.au.

Great Keppel Island

Ende des 20. Jh. war Great Keppel Island v. a. für wilde Saufgelage bekannt. Das Ballermann-Image hat die Insel mittlerweile abgelegt und sich als anspruchsvoller Erholungsort etabliert, in Zukunft will man verstärkt auf Öko-Tourismus setzen. Great Keppel ist mit seinen knapp 15 Quadratkilometern die größte der insgesamt 18 Inseln der Keppel Bay. Noch in den 1940er-Jahren fand man hauptsächlich Schafe auf der Insel, das erste Resort wurde 1967 gebaut. Das kleine Paradies mit farbenfrohen Korallen, 18 wunderbaren Sandstränden und üppigem Buschland ist nur 15 km vom Festland entfernt.

Anreise Fährservice, nach Great Keppel Island Mo/Di 10.30 Uhr, Mi–So 9.15 Uhr. Rückfahrt von der Insel Di 14.30 Uhr, Mo u. Mi–So 15.45 Uhr (Fr 13 Uhr). Ab 55 $. ✆ 49336888, www.freedomfastcats.com.au.

Security Car Park, bewachter Parkplatz, ab 15 $/Tag, inklusive Transfer zur Fähre. 422 Scenic Highway, Yeppoon, ✆ 49336670.

Flugzeug: Flüge von *Rockhampton Airport* nach Great Keppel Island kann man über das Great Keppel Resort buchen. Für den Transfer mit den Kleinmaschinen sind mind. 2 Personen nötig.

Aktivitäten Outrigger Canoe, mit Ausleger und Motor, so kann man die Umgebung bequem aus dem 20-Fuß-Boot heraus bestaunen. Zu buchen im Great Keppel Island Holiday Village (s. o.), ✆ 49398655, www.gkiholidayvillage.com.au.

Kajaks kann man bei fast allen Unterkünften mieten, z. B. im Great Keppel Holiday Village. ✆ 49398655, www.gkiholidayvillage.com.au.

Bootstour Freedom Coral Cruise, ab Keppel Bay Marina (vom Festland) direkt ans Riff, vom Glasbodenboot hat man den perfekten Blick auf die Korallen. Verschiedene Optionen ab 90 $/Pers. ✆ 49336888, www.freedomfastcats.com.au.

Strände Fisherman's Beach ist der Hauptstrand. Hier kann man gut im geschützten Wasser schwimmen. Hier befindet sich das Great Peppel Resort, auch zahlreiche Wassersportaktivitäten starten von hier.

Putney Beach, gleich neben dem Fisherman's Beach und Standort der Tauchschule (www.keppeldive.com).

The Shelving, am südlichen Ende des Fisherman's Beach, sowie der daneben liegende Monkey's Beach sind gut zum Schnorcheln.

Übernachten/Essen Keppel Lodge, die 4 großen Zimmer, jedes mit eigenem Bad, sind um einen gemeinsamen Wohn- und Küchenbereich angeordnet. DZ ab 130 $; das Haus kann auch komplett gemietet werden (ab 520 $/8 Pers.). ✆ 49394251, www.keppellodge.com.au.

Great Keppel Island Holiday Village, im Dorm ab 35 $/Nacht, Safarizelt (mit Holzfußboden und Doppelbett) ab 90 $, Cabin ab 150 $. Evtl. Mindestaufenthalt von 2 Nächten. ✆ 49398655 oder 1800537735 (kostenlos), www.gkiholidayvillage.com.au.

Island Pizza, sehr beliebt, weil man hier in lockerer Strandatmosphäre richtig gute Pizza serviert; mit Preisen von 20 $ aufwärts allerdings auch nicht gerade günstig. ✆ 49394699.

Mit dem Paddelboot auf Erkundungstour

In der Mitte des Heart Reef kann man sogar heiraten

Whitsunday Coast

Mackay
ca. 70.000 Einw.

Mackay ist eine richtige Wohlfühlstadt. Trotz der Größe verbreiten palmengesäumte Straßen und traumhafte Art-déco-Gebäude entspanntes Kleinstadtflair und bieten eine herrliche Kulisse, um unter subtropischer Sonne ein paar schöne Tage zu verbringen.

1860 verschlug es Captain John Mackay erstmals in die Region. Schon 1865 wurden die ersten Zuckerrohr-Plantagen angelegt, innerhalb von nur 10 Jahren stieg Mackay zum wichtigsten Produzenten des Landes auf. Zucker ist auch heute noch die Trumpfkarte, etwa ein Drittel der gesamten australischen Produktion kommt aus der Region. Im Hafen von Mackay gibt es das größte Zucker-Verladeterminal der Welt, in dem an guten Tagen auch schon 50.000 Tonnen der weißen Kostbarkeit verschifft werden. Zudem liegt im nahen **Bowen Basin** Australiens ertragreichstes Kohleflöz, und südlich der Stadt befinden sich große Cargoterminals mit enormem Transportvolumen. Als drittes Standbein der Stadt kristallisiert sich immer mehr der Tourismus heraus. Mit dem neuen Marina-Komplex wurde nur einige Kilometer nördlich der Stadt eine viele Millionen Dollar teure Anlage geschaffen, in der sich neben dem Yachtclub und einem Luxushotel auch jede Menge toller Restaurants und Bars befinden. Aktivtouristen finden in Mackay eine gute Basis für Unternehmungen im Umland.

Basis-Infos

GPS: S21°92.227' E149°09.845'
Ortsvorwahl: 07

Anreise Pkw: Mackay ist über den Bruce Highway zu erreichen. Entfernung nach *Rockhampton* 340 km, nach *Airlie Beach* 150 km, nach *Townsville* knapp 400 km. Vom *Emerald* 400 km entfernt und am Capricorn

Queensland / Whitsunday Coast

Highway gelegen, fährt man auf dem Gregory Highway und dem Peak Downs Highway an.

Bus: Busterminal direkt im CBD, an der Macalister/Ecke Victoria Street. Alle Anbieter für Überlandbusse halten hier, z. B. *Greyhound Australia* (✆ 1300473946, www.greyhound.com.au) oder *Premier Motor* Service (✆ 133410, www.premierms.com.au).

Bahn: Die Züge von *Queensland Rail* (✆ 131617, www.queenslandrail.com.au) steuern Mackay an.

Bahnhof in der Hamlet Street, etwa 5 km südlich des Stadtzentrums.

Flugzeug: Der *Mackay Airport*, etwa 5 km südlich des Stadtzentrums, wird von *Jetstar*, *Qantas* und *Virgin Australia* angesteuert. Ab Brisbane etwa ab 100 $. www.mackayairport.com.

Die großen Autovermieter (*Budget*, *Hertz*, *Avis* ...) haben Büros am Terminal.

Touristinfo Mackay Visitor Information Centre, ein gutes Stück außerhalb des Stadtzentrums. Tägl. 9–17 Uhr. The Mill, 320 Nebo Road, ✆ 1300130001, bookings@mackayregion.com.

Mackay im Internet Webseite des Tourismusbüros: www.mackayregion.com.

Festival Mackay Festival of Arts, hat sich in den letzten 20 Jahren von einer kleinen lokalen Veranstaltung zu einem überregionalen Event entwickelt. Im Juli über 2 Wochen.

Internet Terminals im Info Centre in der Nebo Road.

Strände Harbour Beach, großer Strand, der das ganze Jahr über von Rettungsschwimmern überwacht wird. Gleich neben dem neuen Marina-Komplex, man hat also eine große Auswahl an Restaurants und Cafés.

Town Beach, beliebt bei Spaziergängern, die hier schon zum Sonnenaufgang anzutreffen sind. Am Parkplatz gibt es BBQs, Picknicktische und einen Spielplatz. Nur 5 Min. vom Zentrum entfernt.

Illawong Beach, das Revier der Windsurfer. Wie am Town Beach kann man auch hier gut die enormen Tiden beobachten, bei Ebbe läuft das Wasser einige Meilen weit hinaus.

Supermarkt Coles, Mo–Fr 8–12 Uhr, Sa 8–17.30 Uhr, So 9–18 Uhr. 78 Sydney Street.

Unterwegs in Mackay Mackay Transit Busse, die Busse mit der großen Aufschrift „MTC", verkehren zwischen den verschiedenen Ortsteilen und binden auch die Strandvororte Eimeo, Bucasia oder Blacks Beach an. ✆ 49573330, www.mackaytransit.com.au.

Mackay Explorer Bus bietet jeden Sonntag einen kostenlosen Busservice, der die Sehenswürdigkeiten der Stadt abfährt. Zwischen 9.30 und 16.30 Uhr im Stundentakt ab dem Visitors Centre; Zu- und Aussteigen auch unterwegs möglich.

Taxis buchbar unter ✆ 131008 oder an den Taxiständen im Ortskern und am Flughafen.

Übernachten/Essen & Trinken/Nachtleben

Übernachten Clarion Hotel Mackay Marina, oberste Klasse in Mackay. Mit viel Glas, sodass man in jedem Fall den Blick auf den Hafen und die Marina genießen kann. Die Suiten sind zwischen 30 m² und 50 m² groß, hell und nobel eingerichtet. Zur Ausstattung gehören Küche und bis auf Ausnahmen auch Waschmaschine und Trockner. DZ online schon ab 150 $, Spa-Suite ab 250 $. Mulherin Drive, Mackay Harbour, ✆ 49559400 oder 1800386386, www.mackaymarinahotel.com.

Coral Cay Motor Inn, große Motelanlage mit ausgezeichneten Einheiten in verschiedenen Varianten mit bis zu 3 Schlafzimmern. Auch Pool, Sauna und ein Fitnessraum. Das Quarterdeck-Restaurant bietet À-la-carte-Gerichte für Lunch und Dinner. DZ online ab 150 $. 14–18 Nebo Road, ✆ 49577677, www.coralcayresort.com.au.

White Lace Motor Inn, das im Queenslander Stil gehaltene Motel liegt knapp außerhalb des Zentrums. Umlaufende Terrassen mit weißen, schmiedeeisernen Geländern verströmen klassischen Charme. Die Zimmer haben 4-Sterne-Standard, Suiten gibt es mit Spa-Bad. DZ ab 130 $. 73 Nebo Road, ✆ 49514466 oder 1800075107 (kostenlos), www.whitelace.com.au.

Gecko's Rest, superfreundliches Hostel in zentraler Lage, mit toller Dachterrasse. Internetterminals. 4-Bett-Zimmer (ab 28 $) und DZ (ab 65 $). 34 Sydney Street, ✆ 49441230, www.geckosrest.com.au.

Bucasia Beachfront Caravan Resort, wunderschöner Platz, etwa 16 km nördl. der Stadt und direkt am Strand. Stellplätze gibt es ab 30 $, in erster Reihe am Strand ab 40 $. Für eine Beachfront-Villa mit Küche und Lounge muss man 160 $ hinlegen. Bucasia Esplanade, Bucasia Beach, ☏ 49546375, www.bucasiabeach.com.au.

Nationalparkcamping Smalleys Beach Camping Area, im Cape Hillsborough National Park. Es gibt Toiletten und Picknicktische. Auch Zeltstellplätze. 5,95 $/Pers. und Nacht. Rund 50 km nördl. von Mackay. 25 km ab dem Bruce Highway via Cape Hillborough Road. Teilweise nicht asphaltiert.

Essen & Trinken/Nachtleben George's Thai, Thai-Klassiker wie Crying Tiger (29 $) oder scharfe Currys (32 $). Wem das alles zu wenig ist, der kann Kochstunden nehmen, Kostenpunkt 100 $ inkl. Zutaten. Tägl. 12–14.30 sowie ab 18 Uhr. An der Hafenpromenade, ☏ 49555778, www.georgesthaimackay.com.au.

Woodman's Axe, schlichtes Café, in dem richtig guter Bio-Kaffee in die Tasse kommt. Dazu süßes Gebäck oder herzhafte Snacks. Mo–Fr 6–14 Uhr, Sa 7–13 Uhr. 41 Sydney Street, ☏ 37773776, www.woodmansaxe.com.

Lagoons Café, wie ein großer Pavillon, frei stehend im Botanischen Garten gelegen. Schönes Deck. Der Gemüsewrap kostet 8,50 $, Lammburger 17 $. Ideal auch fürs Frühstück. Mi–Fr 10–15 Uhr, Sa/So 9–16 Uhr, Mo/Di geschlossen. Botanical Gardens, ✆ 49526930.

Austral Hotel, gutes Pub, in dem man ein Feierabendbier trinken, aber auch ganz ordenlich essen kann: Beef-Pie (19 $), Wagyu-Beef-Lasagne (20 $) und Lamb-Shanks (25 $) kommen auf den Teller. Tägl. Mittag- und Abendessen. 189 Victoria Street, ✆ 49513288, www.theaustralhotel.com.au.

Mackay Entertainment Centre, der Aufführungsort für kulturelle Veranstaltungen aller Art. Hier gibt es Theater, Klassik und Tanz, aber auch große Rockbands geben sich hier die Ehre. Civic Precinct, Gordon Street, ✆ 49571777, www.mackayecc.com.au.

Außerhalb **Eimeo Pacific Hotel**, an den Northern Beaches in Eimeo. Fabelhaft auf einer Klippe gelegen und ideal für einen Kaffee bei tollem Ausblick. Als klassisches Pub bietet es natürlich auch etliche Varianten aus dem Zapfhahn. 10–22 Uhr. 1 Mango Avenue, Eimeo, ✆ 49546106, www.eimeohotel.com.au.

Sehenswertes

Heritage Walk: Eine ganze Reihe wunderschöner Art-déco-Gebäude sind noch erhalten, einige davon hat der National Trust unter Denkmalschutz gestellt. Etliche dieser Bauten wurden in der Vergangenheit durch Zyklone bzw. darauf folgende Feuer zerstört, doch bis heute kann man die reiche Vergangenheit des Ortes spüren. Ein etwa 90-minütiger Rundgang führt an 20 Gebäuden vorbei, darunter das Gerichtsgebäude, die alte Polizeistation oder die Fassade der Commonwealth Bank. Eine Broschüre und Wegkarte für den Rundgang gibt es in den beiden Touristinfos.

Botanical Gardens: Der Botanische Garten in Mackay wurde erst 2003 eröffnet und ist somit noch ein Jungspund unter Queenslands Gärten. Der Focus liegt auf Pflanzen der Bioregion um Mackay, mit Exemplaren aus dem *Eungella-Hochland* und den *Whitsunday Islands*. Die verschiedenen Areale des Gartens sind entlang großer Lagunen angeordnet, die zusätzlich auch einer Vielfalt von Vögeln Lebensraum bieten. Die Gärten sind auch Örtlichkeit für kulturelle Veranstaltungen. Das dazugehörige Lagoons Café ist zu empfehlen (→ Essen & Trinken)
Tägl. 9–17 Uhr, Eintritt frei. 9 Lagoon Street. Transit-Busse der Route 2 fahren am Sa/So. ✆ 49527300, www.mackayregionalbotanicgardens.com.au.

Zucker und Zuckerrohr

Zwei bis vier Meter werden die Pflanzen hoch, ihre einzelnen Stämme werden rund drei bis vier Zentimeter dick. Geerntet wird von Juni bis Dezember, dann ist das Gewächs am saftigsten und der Zuckergehalt am höchsten. In Australien kommen dabei moderne Maschinen zum Einsatz, die innerhalb eines Tages ganze Landstriche abarbeiten können.

Zuckerrohr braucht viel Sonne, warme Temperaturen und regelmäßige Regenfälle von mindestens 1500 mm pro Jahr. Die Bedingungen an der Küste Queenslands sind somit ideal: 94 % der australischen Produktion stammt aus dem Bundesstaat. Aus ein Hektar Zuckerrohr lassen sich hier etwa 12 Tonnen Rohzucker gewinnen. Weltweit findet man Australien am unteren Ende der Top 10 der Zuckerrohrproduzenten. Ganz oben ist Brasilien, das mit 450 Mio. Tonnen im Jahr mehr als das Zehnfache der australischen Menge von den Feldern holt.

Luxus in der neuen Mackay Marina

Artspace Mackay: In den großen Räumlichkeiten lässt es sich wunderbar durch die wechselnden Ausstellungen schlendern und die gut in Szene gesetzten Stücke betrachten. Zu den Exponaten gehören Drucke, Skulpturen und Bilder von regionalen und internationalen Künstlern. Besonders stolz ist man auf die *Artists' Book Collection*, eine Sammlung von gut 400 Künstlerbüchern. Zusätzlich finden regelmäßig Musikaufführungen und Workshops statt. Im Shop gibt es die üblichen Souvenirs, gute Bücher sowie lokales Kunsthandwerk. Für physische Stärkung sorgt das Foodspace Café (→ Essen & Trinken).
Di–Fr 10–17 Uhr, Sa/So 10–15 Uhr. Eintritt frei. Civic Centre Precinct, Gordon Street/Ecke Macalister Street, ✆ 49571772, www.artspacemackay.com.au.

Sarina Sugar Shed: Zucker ist einer der großen Wirtschaftszweige in der Region. In der Sarina Sugar Shed erfährt man, wie aus den geernteten Stauden die weißen Kristalle werden, die uns das Leben versüßen. Der Produktionsprozess hat sich in den letzten 100 Jahren kaum verändert. Anhand einer Miniaturanlage werden die diversen Arbeitsschritte erklärt, zudem gibt es Multimedia-Displays. Der Shop verkauft Süßigkeiten, Marmeladen und Souvenirs, kleine Stärkungen kann man im Café zu sich nehmen.
Mo–Sa 9–16 Uhr, Führungen 9.30, 11, 12.30, 14 Uhr (15 Min. vorher da sein). Eintritt 22 $. Field of Dreams Parkland, Railway Square, Sarina. Knapp 40 km südlich von Mackay. ✆ 49432801, www.sarinasugarshed.com.au.

Pioneer Valley und Eungella-Nationalpark

„Land der Wolken" bedeutet „Eungella" in der Sprache der lokalen Aborigines. „Land des Nebels" würde auch passen, denn speziell in den frühen Stunden hängen oft genug dichte Schwaden um die Kronen der Bäume.

Das sorgt zwar für eine mystische Stimmung, die gut zu den uralten Wäldern passt, doch wer frühmorgens aus dem Schlafsack kriecht, der würde dann doch lieber darauf verzichten. Meist lichtet sich der Nebel aber im Lauf des Tages, und spätestens wenn der traumhafte Blick in das Pioneer Valley hinab frei wird, schlägt das Herz wieder höher. Der knapp 52.000 ha große **Eungella-Nationalpark** ist ein echtes Juwel. Isoliert auf einem Hochplateau gelegen, konnte in den letzten 30.000 Jahren ein Ökosystem entstehen, das Heimat einer einzigartigen und skurrilen Flora und Fauna ist. Zu den tierischen Besonderheiten gehören der *Eungella Honeyeater*, ein Singvogel der Honigfresser-Familie, oder der *Eungella Gastric Brooding Frog*, der so genannte Magenbrüterfrosch. Bei dieser als ausgestorben geltenden Gattung entwickelt sich der Nachwuchs im Magen der Mutter vom Ei zum Jungtier und wird dann einfach ausgespuckt. Doch die *Schnabeltiere* (engl. Platypus) sind es, die für den konstanten Besucherstrom sorgen: **Broken River** wirbt für sich als *die* Platypus-Hochburg der Welt, die Population ist stabil und die Chancen einige dieser fantastischen Tiere zu sehen, stehen gar nicht schlecht.

GPS: S21°07.959' E148°29.492'
689 m ü. M.
Ortsvorwahl: 07

Anreise Anreise von **Mackay** aus auf der Mackay-Eungella Road via **Mirani**. Die Straße ist im letzten Abschnitt sehr steil, die Kurven sehr eng, deshalb wird abgeraten, die Strecke mit Wohnanhängern zu befahren. Bis nach Eungella sind es etwa 80 km, von dort führt eine Asphaltstraße weitere 6 km nach **Broken River**. Dort beginnen etliche Wanderwege, und auch die Plattform zum Beobachten der Schnabeltiere ist dort zu finden.

Touristinfo **Melba House**, Touristinfo und Ausstellung zum Leben der berühmten Sopranistin Nellie Melba. Zwischen Eungella und Mackay. Tägl. 9–15 Uhr. ✆ 49544299, pvtda@qld.chariot.net.au.com.

Pionier Valley im Internet Informationen unter www.mackayregion.com.

Aktivitäten Platypus, die Beobachtungsplattform für die Schnabeltiere ist nur 5 Gehminuten vom Parkplatz in Broken River entfernt und gut ausgeschildert. Sichtung in der Dämmerung am wahrscheinlichsten.

Auch wer gerne wandert, ist hier richtig. Es gibt einige der schönsten **Wanderwege** in Queensland.

In der **Finch Hatton Gorge** gibt es neben tollen Tracks auch noch Wasserfälle und Naturpools zum Baden. Abenteuerlustige können sich hier mit „Forest Flying" durch das Blätterdach schwingen (60 $/Pers., Maximalgewicht 120 kg). Tägl. geöffnet, wetterbedingt. *Anfahrt*: Via Mackay Eungella Road; bei der Ortschaft Finch Hatton (20 km vor Eungella) abbiegen und den Schildern folgen. ✆ 49583359, www.forestflying.com.

Vor Ort Es gibt nur einen kleinen General Store, also vorher tanken, Bargeld mitnehmen und Brotzeit einpacken.

Übernachten/Essen **Eungella Chalet**, das Haus selbst hat seine besten Tage gesehen, doch die Lage ist einmalig. Wo man schon eine Startrampe für Drachenflieger vor dem Schlafzimmer? Von der Pub-Terrasse kann man das ganze Tal überblicken. Beliebt für den Nachmittagskaffee. Günstigste DZ ab 90 $. Chelmer Street, Eungella, ✆ 49584509, www.eungellachalet.com.au.

Broken River Mountain Resort, Lodges mit 1–2 Schlafzimmern. Nett eingerichtet, je nach Größe mit Dusche oder Badewanne, Kitchenette oder kompletter Küche. Mit Holzdecks und Gartenmöbeln. Bettwäsche und Handtücher werden gestellt. Je nach Größe 140–280 $/Nacht. Eungella Dam Road, ✆ 49584000, www.brokenrivermr.com.au.

Clarke Range Track

Nur einer der Wanderwege, die man wählen kann. Start ist an der *Broken River Picnic Area*, hier auch Parkmöglichkeit. Der Weg führt über den Broken River, an der Clarke Range entlang und endet einige hundert Meter von der *Sky Window Picnic Area* entfernt an der Teerstraße, zwischen Broken River und Eungella.

Die Tour hat einige wunderschöne Abschnitte mit tollem Ausblick, z. B. am *Surprise Lookout*. Einfache Strecke etwa 8 km. Rückweg auf der Asphaltstraße, im Idealfall stellt man ein zweites Auto am Endpunkt ab. Kartenmaterial in der Touristinfo.

Possum's Table, im Broken River Mountain Resort. Die Küche serviert z. B. Osso Buco (30 $), Hähnchenschnitzel mit Beilagen (28 $) und einen tollen Apple Crumble (12 $). Abendessen ab 18.30 Uhr.

Finch Hatton Gorge Cabins, schön abgelegen im Regenwald. Die Cabins eignen sich für bis zu 5 Personen, haben AC und können in den kalten Monaten beheizt werden. Küche und Utensilien sind vorhanden. Ab 155 $ (bis 5 Pers.), George Road, Finch Hatton. Via Eungella Road, ab Finch Hatton gut ausgeschildert. ℅ 49583281, www.finchhattongorgecabins.com.au.

Nationalparkcamping Fern Flat Campground, etwa 600 m von der Broken River Picknick Area entfernt. Erreichbar nur zu Fuß, entsprechend nur für Zelte geeignet. Info in der Nationalparkverwaltung. Gebühr von 5,95 $/Pers., zu buchen online unter www.nprsr.qld.gov.au.

Nellie Melba (1861–1931)

Angesichts der atemberaubenden Natur und der außergewöhnlichen Tierwelt des Eungella-Nationalparks wird eine Berühmtheit oft vergessen: die Sopranistin Nellie Melba. Vom Publikum wegen ihrer außergewöhnlichen Stimme vergöttert, von Veranstaltern wegen ihrer Starallüren gefürchtet, war die Melba zweifellos das, was man heute als einen Superstar bezeichnen würde. Sie reiste um die ganze Welt und gastierte unter anderem auf den großen Bühnen von New York, Brüssel, Mailand und London.

Im **Melba House** – hier wohnte die Künstlerin von 1882 bis 1884 mit ihrem Ehemann – ist heute die Touristinfo untergebracht. Mit der Abgeschiedenheit des Pioneer Valley konnte die junge, ambitionierte Frau damals allerdings nicht viel anfangen, und so kehrte sie 1884 in ihre Geburtsstadt Melbourne zurück, um dort ihrer Passion zu folgen und professionell zu singen. Eine gute Entscheidung, wie wir heute wissen. 1931 starb die Dame im Alter von 70 Jahren. Ihr Konterfei ziert die australische 100-Dollar-Banknote.

Im einstigen Wohnhaus der Operndiva Nellie Melba ist die Touristeninformation untergebracht

Airlie Beach

ca. 3000 Einw.

Airlie Beach ist in Backpackerkreisen ein absoluter Klassiker. Entlang der kurzen Hauptstraße reihen sich die Hostels, und schon nachmittags locken die Bars mit Bier zu Dumpingpreisen. Wer seine Partyjahre schon hinter sich hat oder einfach mehr Komfort wünscht, findet hier auch ausgezeichnete Angebote weit jenseits von Stockbett und Gemeinschaftsdusche.

Eine ganze Reihe von Hotels und Apartmentanlagen ermöglicht all den Urlaubern einen komfortablen Aufenthalt, die mit dem Trubel nicht so viel anfangen können. Zudem wartet Airlie Beach mit hervorragenden Speiselokalen auf, und für den Cocktail zu später Stunde gibt es einige lässige Lounges. In den Clubs geht bis in den frühen Morgen die Post ab; zur täglichen Routine gehört es dann auch, an der Badelagune seinen Kater auszukurieren. Nicht selten trifft man hier auf die gleichen Gesichter wie abends in der Kneipe.

Die meisten Besucher sind aber wegen der Inseln hier. Die Wasserwege um die Whitsundays gelten als eines der besten Segelreviere Australiens, und das lockt Enthusiasten und Anfänger gleichermaßen. Der nahe *Shute Harbour* ist das zweitgrößte Fährterminal Australiens, nur der Circular Quay in Sydney befördert mehr Passagiere. Das Angebot in Airlie Beach ist dann auch ganz klassisch auf diese Urlauber eingestellt: neben Hotel- und Gastrogewerbe gibt es Surf- und Souvenirshops, Internetcafés, ein Tattoo-Studio und einige Fotogeschäfte.

Anreise

Airlie Beach ist zusammen mit anderen Ortsteilen wie *Shute Harbour*, *Cannonvale* und *Mandalay* Teil des „Town of Whitsunday". In Cannonvale befinden sich viele Einkaufsmöglichkeiten, am Shute Harbour fahren zahlreiche Boote in Richtung der Inseln, in Airlie Beach befinden sich Unterkünfte und Lokale.

Pkw Anfahrt über den Bruce Highway. Nördlich von **Proserpine** biegt man auf die Proserpine/Shute Harbour Road, auf der es noch knapp 25 km bis nach Airlie Beach sind. Entfernung von **Mackay** etwa 150 km, von **Townsville** 280 km.

Die Badelagune in Airlie Beach

Airlie Beach

Bus Verbindungen mit *Greyhound Australia* (✆ 1300473946, www.greyhound.com.au) oder *Premier Motor Service* (✆ 133410, www.premierms.com.au), Premier ist günstiger, Greyhound hat mehr Verbindungen. Busbahnhof an der Esplanade im Ort.

Flugzeug Es gibt zwei Flughäfen in der Nähe. Der **Proserpine Airport** liegt 35 km von Airlie Beach entfernt (10 km südlich der Stadt Proserpine) und wird z. B. von *Qantas*, *Virgin Australia* und *JetStar* angesteuert. Transfer mit Bussen von *Whitsunday Transit* (20 $ einfach, ✆ 49461800, www.whitsundaytransit.com.au).

Der **Hamilton Island Airport** ist der Inselflughafen der Whitsunday Islands. Transfer aufs Festland per Fähre (Details → Whitsunday Islands).

Information & Adressen → Karte S. 697

GPS: S20°16.07' E140°43.00'
Ortsvorwahl: 07

Touristinfo & Buchungen Central Reservations Centre **1**, freundliche Beratung. Tägl. 8–18.30 Uhr. 259 Shute Harbour Road, ✆ 49465299, info@airliebeach.com.

Whitsunday Bookings 4, Tourbuchungen, Unterkünfte, Segeln, Tauchen. Tägl. 9–18 Uhr. Shop 5, 263 Shute Harbour Road, ✆ 49482201, info@whitsundaybookings.com.au.

Airlie Beach im Internet Informationen unter www.tourismwhitsundays.com.au oder www.whitsundaybookings.com.au.

Internet Terminals im **Whitsunday Central Reservation Centre**.

Unterwegs in der Region Whitsunday Transit bedient Proserpine, Cannonvale, Airlie Beach und Shute Harbour. Abgerechnet wird nach Tarifzonen, das Tagesticket kostet ab 5,60 $, die Einzelfahrt ab 2,80 $. Busse fahre ca. 6–22.30 Uhr. www.whitsundaytransit.com.au.

Autovermietung Einige Vermieter befinden sich entlang der Shute Harbour Road, z. B. **Avis** (366 Shute Harbour Rd., ✆ 49677188), **Europcar** (398 Shute Harbour Rd., ✆ 49464133) oder **Airlie Beach Budget Auto** (285 Shute Harbour Rd., ✆ 49480300).

Roller, Fahrrad, Spaßmobil Fun Rentals, hier gibt es lustige Mokes (ab 55 $/4 Std.), Smart Cabrios (80 $/24 Std.) und offene Jeep Wranglers (100 $/24 Std.). Drahtesel schon ab 10 $ (2 Std.). Für die 50-ccm-Mopeds reicht der Autoführerschein. Innerhalb von Airlie Beach werden die Gefährte zum Hotel geliefert. 342 Shute Harbour Road, ✆ 49480489, www.funrentals.com.au.

Strände, Baden, Schwimmen Gebadet wird in Airlie Beach in der großen und toll angelegten **Lagune**. Der Strand der **Airlie Bay** (an der Airlie Esplanade) eignet sich nicht besonders zum Baden, hat aber herrliche Abendsonne und ist auch sonst gut zum Dösen und Entspannen. Im 2,5 km entfernten **Cannonvale** gibt es einen Strand mit eingezäuntem Schwimmbereich.

Supermarkt Coles **16**, Mo–Fr 8–21 Uhr, Sa 8–17.30 Uhr, So 9–18 Uhr. Shute Harbour Road/Ecke Island Drive, Cannonvale.

Taxi Whitsunday Taxi, rund um die Uhr im Einsatz. Auch Flughafentransfers zum Proserpine Airport, ✆ 131008.

Übernachten → Karte S. 697

Hotel Airlie Beach Hotel **9**, direkt am Strand beherbergt der enorme Bau 20 Motelzimmer, 60 4-Sterne-Units und drei Restaurants. Wohneinheiten je nach Kategorie mit Badewanne, Balkon und Schreibtisch. Die Suiten mit Küche. Motel-DZ ab 145 $, Hotel-DZ ab 189 $, mit Meerblick ab 219 $. Esplanade/Ecke Coconut Grove, ✆ 49641999 oder 1800466233, www.airliebeachhotel.com.au.

Water's Edge Resort 12, edle Apartments mit 1–3 Schlafzimmern. Akzente in warmen Farben, kombiniert mit kühlem Fliesenboden. Alle Units haben 4,5-Sterne-Standard mit Bädern, Satelliten-TV, großen Balkons und Einbauküchen. Dazu WLAN, Internet. Wohlfühllandschaft mit 3 Pools, BBQs, schattige Sitzgelegenheiten und ein Restaurant. DZ ab 225 $. Je nach Saison Mindestaufenthalte möglich. 4 Golden Orchid

Drive, ℅ 49482655, www.watersedgewhitsundays.com.au.

Martinique Whitsundays 13, in farbenfrohkaribischem Stil gehalten, mit einigen überraschenden Details (vom Lift aus überquert man auf einem Steg den Pool). Die Apartments verfügen über 1–3 Schlafzimmer, sind geräumig und komplett eingerichtet. Auf den Balkonen stehen Sitzgruppen, der Blick kann aufs Meer hinaus schweifen. Online schon ab 180 $/2 Pers. (evtl. Mindestaufenthalt). 18 Golden Orchid Drive, ℅ 49480401, www.martiniquewhitsunday.com.au.

Airlie Beach Motor Lodge 8, klassisches Motel. Die Zimmer sind einfach, aber sauber und haben allesamt eigene Balkons. DZ 130–180 $. 6 Lamont Street, ℅ 49466418 oder 1800810925 (kostenlos), www.airliebeachmotorlodge.com.au.

Whitsunday Heritage Canecutters Cottage 15, traditionell, edel und mit historischem Charme. Das kleine Holzhäuschen wurde liebevoll restauriert, hat ein Schlafzimmer, Küche, Bad, Wohnzimmer und ist komplett ausgestattet. Das Highlight aber ist die Veranda mit dem weißen Holzgeländer. Übernachtung für 2 Pers. ab 150 $, Mindestaufenthalt 2 Nächte. 5 Autominuten westl. des Ortskerns in Cannonvale. Braithwaite Court, ℅ 49461373 oder 0419768195 (mobil), www.whitsundaycottage.com.au.

Backpacker Magnums 7, großes Hostel mit riesigem, überdachtem Deck. Die Wohngebäude sind schön in eine Gartenlandschaft mit verwinkelten Wegen eingebettet. 10er-Dorm mit Bad ab 22 $ oder kleine Cabins (bis zu 8 Pers.) ab 24 $/Pers., DZ ab 60 $. 366 Shute Harbour Road, ℅ 49641199, www.magnums.com.au.

Beaches 6, auch hier ist das Erste, was man sieht, die große Bar. Es gibt Dorms und DZ, alle Unterkünfte haben ein eigenes Bad, TV, kleinen Kühlschrank und Balkon. Kleiner Pool. Für diese Ausstattung zahlt man auch etwas mehr, ab etwa 28 $ muss man für ein Bett im Dorm hinlegen. DZ ab 85 $. 356 Shute Harbour Road, ℅ 49466244, www.beaches.com.au.

YHA 11, ebenfalls sehr zentral gelegen. Die Zimmer sind nach Jungs und Mädels getrennt und haben Balkons bzw. Veranden. Zudem Pool, Küche und TV-Raum. Übernachtung ab 26 $, DZ ab 75 $. 394 Shute Harbour Road, ℅ 49466312, airliebeach@yha.com.au.

Camping BIG4 Adventure Whitsunday Resort 14, super Campingresort mit jeglicher Ausstattung. Die Empfangshalle erinnert eher an ein gutes Hotel. Riesige Poollandschaft, mehrere blitzsaubere Sanitärblocks, etliche Grillstationen. Stellplatz mit Strom ab 42 $, ab 115 $ gibt's ein festes Dach. 25–29 Shute Harbour Road, ℅ 49485400, www.adventurewhitsunday.com.au.

Airlie Cove 17, Caravanpark der BIG4-Kette; großes Tourdesk, Swimmingpool und Tennisplatz. Supermarkt 5 Gehminuten entfernt. Etwas teurer, aber sein Geld wert. Stellplatz mit Strom ab 36 $. Etwa 2 km östlich des Orts, es gibt eine gute Busverbindung. Zwischen Airlie Beach und Shute Harbour, ℅ 49466727, www.airliecove.com.au.

Strandverkauf in Airlie Beach

Essen & Trinken/Nachtleben

Restaurants & Cafés Capers 9, im Airlie Beach Hotel. Gutes Restaurant, direkt an der Promenade. Ideal, um im Freien zu dinieren. Hauptgerichte etwa 25–35 $. Gute Wein- und Spirituosenkarte, exzellente Cocktails. Zu später Stunde wird gefeiert.

Cafés
7 Airlie Village Café

Nachtleben
3 Mama Africa
4 Down Under Bar
5 Boom Nightclub

Einkaufen
16 Coles Supermarkt

Sonstiges
1 Central Reservations Centre
4 Whitsunday Bookings

Essen & Trinken
2 Little Vegas Burger
3 Mr. Bones
9 Capers Restaurant
10 Get That India

Übernachten
6 Beaches
7 Magnums
8 Airlie Beach Motor Lodge
9 Airlie Beach Hotel
11 YHA Hostel
12 Water's Edge Resort
13 Martinique Whitsundays
14 BIG4 Adventure Whitsunday Resort
15 Whitsunday Heritage Canecutters Cottage
17 Airlie Cove Van Park

Tägl. zum Frühstück, Mittagessen, Dinner geöffnet. 16 Airlie Esplanade, ☏ 49641777.

»» Mein Tipp: Mr. Bones 3, vom Birchermüsli über gegrillte Chorizo bis hin zur klassischen Pizza (ab 15 $) mit Büffelmozzarella und Basilikum – hier kann man nicht viel falsch machen. Bei einem Gläschen Vino kann man den Blick von der Terrasse genießen. Di–Sa 9–21 Uhr. 263 Shute Harbour Road, ☏ 0416011615, www.mrbones.com.au. ««

Little Vegas Burger & Bar 2, interessante Burgervarianten – auch mit Fisch oder vegetarisch – kosten mit Pommes 15–20 $. Kinder-Burger 9 $. Mi–Mo 12–22 Uhr. 3/259 Shute Harbour Road, ☏ 49481089, www.littlevegasburgerbar.com.au.

Get That India 10, indische Küche; serviert werden landestypische Gerichte in verschiedenen Variationen, z. B. Rogan Josh, Vindaloo oder Korma (Lunch ab 15 $, Dinner ab 20 $). Zum Abendessen gibt es außerdem Menüs für 2 bzw. 4 Pers. (ab 50 $). Alle Gerichte auch zum Mitnehmen oder als Lieferservice. Tägl. ab 11.30 Uhr. Shop 9, Beach Plaza, The Esplanade, ☏ 49481879.

Airlie Village Café 7, eine Oase inmitten des tagtäglichen Backpackerwahnsinns – schönes, kleines Café in einer Sackgasse gegenüber der Post. Freundliche Bedienung, gutes Essen (Frühstück, Sandwiches, kleine Gerichte, z. B. Lasagne oder Calamari). Ab dem Frühstück geöffnet. 366 Shute Harbour Road, ☏ 49465745, www.villagecafe.com.au.

Clubs, Bars, Pubs Mama Africa 3, das Motto hier ist nicht schwer zu erraten, schon am Eingang begrüßt einen entsprechende Deko. Hier wird bis in die Puppen getanzt, getrunken und abgehangen. Eintritt frei. Geöffnet bis zum frühen Morgen. 263 Shute Harbour Road, ☏ 49480438.

Boom Nightclub 5, im ersten Stock wird in den Nachtstunden ordentlich gefeiert. 352 Shute Harbour Road, ☏ 0404386744 (mobil).

Sowohl das Hostel **Magnums** 7 als auch das **Beaches** 6 haben entsprechende Bars, in denen es die jungen Backpacker sofort wieder krachen lassen, sobald der Kater vom Vorabend einigermaßen auskuriert ist. Sehr beliebt ist die **Down Under Bar** 4 im Base Backpackers.

Typisch Whitsundays: türkises Wasser, grüne Hügel und weiße Boote

Whitsunday Islands

Wo man hinschaut, gibt es wahr gewordene Urlaubsfantasien. Tiefgrüne Vegetation, versteckte Buchten, schneeweiße Sandstrände und Wasser in sämtlichen Blau- und Türkistönen. Da wundert es nicht, dass die „Whitties" ein Lieblingsziel für Touristen aus aller Herren Länder sind.

Ursprünglich war das Gebiet eine hügelige Küstenlandschaft mit zahlreichen Gipfeln und Tälern. Mit dem Anstieg des Meeresspiegels nach der letzten Eiszeit wurden die niedrig gelegenen Bereiche geflutet, bis schließlich nur noch die Bergspitzen aus dem Wasser schauten. Von den 74 Inseln sind heute acht bewohnt. Auf denen gibt es Resorts, die bis in den Luxusbereich keine Wünsche offen lassen (außer den nach einer billigen Unterkunft). Viele Backpacker umschiffen das Problem im wahrsten Sinne des Wortes – sie buchen einfach mehrtägige Segeltörns, bei denen in den Buchten vor Anker gegangen und auf dem Boot geschlafen wird. Am schönsten aus der Luft zu sehen ist das **Heart Reef**, ein natürlich gewachsenes Herz aus Korallen, in das man sogar zur Unterwasserhochzeit abtauchen kann. Doch um die farbenfrohe Unterwasserwelt zu erkunden, muss man nicht bis ans Riff fahren. Direkt um die Inseln haben sich bunte Korallen angesiedelt, und etliche Anbieter von Tagesfahrten oder Segeltörns machen an den besonders schönen Plätzen halt, damit die Gäste Schnorcheln oder Tauchen können.

Benannt hat die Inseln Kapitän James Cook höchstpersönlich – und dabei einen Fehler gemacht. Er glaubte, am Pfingstsonntag, also dem „Whit Sunday", die Inseln passiert zu haben. Ein Irrtum, wie man heute weiß. Der geniale Navigator hatte bei seinen Berechnungen die internationale Datumsgrenze außer Acht gelassen und lag deshalb einen Tag daneben.

Whitsunday Islands

Basis-Infos

Hamilton Island Airport Der Inselflughafen wird von regulären Linienmaschinen angesteuert. *Jetstar*, *Virgin Australia* und *Qantas* binden die Insel an Sydney, Brisbane, Adelaide und Melbourne an.

Information Queensland Parks and Wildlife Service, hier gibt es Infos zum Buschcamping sowie die nötigen Genehmigungen. Mo–Fr 9–16.30 Uhr. Shute Harbour Road/Ecke Mandalay Road, Airlie Beach, ✆ 137468, www.nprsr.qld.gov.au.

Buchung von Überfahrten, Unterkünften, Aktivitäten usw. in den **Informationsbüros** in Airlie Beach (→ S. 695). Hier kann man sich beraten lassen und sich seine Touren zusammenstellen.

Die Inseln im Internet Informationen unter www.tourismwhitsundays.com.au.

Veranstaltungen Hamo Race Week, Australiens größte Offshore-Regatta findet jährlich im August statt – nicht nur bei Seglern und Bootsbesitzern beliebt, die Festivitäten sind hier mindestens so wichtig wie die Wettbewerbe. Infos unter www.hamiltonislandraceweek.com.au.

Campen auf den Inseln Es gibt die Möglichkeit des Bushcampings: Der **Queensland Parks Service** (QPWS) hat etliche Areale eingerichtet, die aber meist über keinerlei Einrichtungen verfügen. Man muss alles vom Festland mitbringen, vom Trinkwasser bis zum Gaskocher. Außerdem ist die Anreise nur per Boot (oder Wasserflugzeug) möglich. Die Kapazitäten der Plätze liegen zwischen 10 und 40 Personen, also etwas im Voraus buchen. Campen kann man z. B. auf **Lindeman Island**, **Hook Island** oder auf **Whitsunday Island** – der dortige Platz am Whitehaven Beach ist sehr beliebt. Kosten 5,95 $/Pers. und Nacht, zu zahlen bei QPWS, wo man auch genaue Informationen erhält.

Mit dem Wasserflugzeug geht es zu entlegenen Traumstränden

Rundflüge/Touren/Transfers

Whitsunday Airport Der kleine Flughafen liegt zwischen Airlie Beach und dem Shute Harbour. Von der Piste starten Helikopter, Cessnas und Wasserflugzeuge zu ihren Flügen ans Riff und zu den Inseln.

Fährtransfer & Wassertaxi Cruise Whitsundays, Transfers zwischen Hamilton Island Airport, Long Island Resort, Daydream Island und Port of Airlie. Kombitickets inkl. Bustransfer von/nach Proserpine Airport (ab 80 $). ✆ 48467000, www.cruisewhitsundays.com.au.

Rundflüge & Lufttransfer Air Whitsunday, die Flugzeuge können sowohl auf dem Wasser als auch auf einer Piste landen – das ermöglicht auch Landungen an den Stränden. Die Panorama-Tour mit Badestopp am Whitehaven Beach gibt's für 565 $/Pers. (4:30 Std., Flugzeit 1:30 Std.), einfacher 60-Min.-Rundflug 330 $. ✆ 49469111, www.airwhitsunday.com.au.

GSL Aviation, Transfers nach Hamilton Island und verschiedene Rundflüge (25–60 Min., 99–199 $) über Inseln und Riff. ✆ 1300475247, www.whitsundayscenicflights.com.au.

Heli Reef Whitsundays, Helikoptertransfers auf die Inseln und Rundflüge mit verschiedenen Optionen (10–60 Min.; 125–699 $). Preise pro Person bei 2 Passagieren. ✆ 49469102, www.helireef.com.au.

Tagesausflüge Reefworld, die größte schwimmende Plattform am Riff. Mit den Fähren von Whitsunday Cruises kostet der Ausflug 240 $/Pers., inkl. Lunch, Brotzeit, Schnorchelausrüstung und Stinger Suits, die vor Quallen schützen. Tauchgänge extra. Man kann außerdem Übernachtungen auf der Plattform dazubuchen. ℡ 48467000 oder 1800426403 (kostenlos), www.cruisewhitsundays.com.au.

Whitehaven Beach Cruise, die Tagesfahrt zum berühmten Strand und dem Hill Inlet kostet ab Shute Harbour 195 $/Pers. und wird ebenfalls von Cruise Whitsundays angeboten.

Segeln im Gebiet der Whitsundays

Segeln ist *das* Business im Gebiet der Whitsundays – die Bedingungen dafür sind ideal: Das äußere Riff schützt das Areal vor größerem Swell, es gibt viele Inseln zu erkunden, dazu Sonne satt. Das Angebot an Yachten und Anbietern ist fast unüberschaubar, es gibt superschnelle, aber entsprechend spartanische Maxi-Yachten, luxuriöse Cruiser mit Edelholzeinrichtung, historische Schiffe und riesige Katamarane. Je nach Schiff sind etwa 10–40 Personen an Bord, dazu ein Skipper und zwei bis vier Crewmitglieder. Fahrten dauern i. d. R. ein bis drei Tage und folgen verschiedenen Routen. Am kostengünstigsten sind oft Kombiangebote z. B. mit Fraser Island Allradsafari, Fallschirmsprung etc. – ideal für Backpacker mit knapper Kasse. Im Folgenden sind Charterunternehmen aufgeführt sowie ein kleiner Überblick, woraus man wählen kann. Ob Partyboot oder entspannter Luxustörn ist dabei dem individuellen Geschmack und Geldbeutel überlassen. Wer nicht mit einer Horde junger Partymacher unterwegs sein will, sollte besonders bei Buchung auf den großen Maxiyachten und Katamaranen nochmal nachfragen.

Veranstalter & Charterunternehmen
Whitsunday Sailing Adventures, ℡ 49402000 oder 1300653100, www.whitsundaysailingadventures.com.au.

Sox Sail, ℡ 49466577 oder 1800675790 (kostenlos), www.soxsail.com.au.

Pro Sail, ℡ 49467533 oder 1800810116 (kostenlos), www.prosail.com.au.

Wer will, kann auf den Segelbooten mit Hand anlegen

Whitsunday Escape, der Spezialist für „bareboat charter", wenn also nur das Boot ohne Skipper und Crew gemietet wird. Je nach Bootsgröße und Saison 750–2200 $/Nacht. ℡ 49465222, www.whitsundayescape.com.

Maxi-Yachten Spank Me! und Matador, 2 echte Rennyachten, beide mit rund 24 m Länge. Inkl. Schnorchelausrüstung, Mahlzeiten und Bettwäsche. Fahrten dauern 2 Tage und 2 Nächte; ab 450 $/Pers. ℡ 49466877, www.ozsail.com.au.

Historische Yachten & Tallships Solway Lass, der 127 Fuß lange Zweimast-Schoner wurde 1902 gebaut. Maximal 25 Gäste an Bord sind in soliden Holzkojen untergebracht (5 Doppelbunks für Paare). Zudem an Bord 4 Bäder/Toiletten und ein großer Salon. Fahrtdauer 3 Tage und 3 Nächte, ab 589 $/Pers. ℡ 49465932, www.solwaylass.com.

Derwent Hunter, auf der 70-Fuß-Holzyacht sind maximal 18 Passagiere unterwegs. Auf dem geräumigen Holzdeck kann man sich bequem in die Sonne legen. Tagesfahrt ab 195 $ bzw. ab 525 $/Familie (2 Erw. + 3 Kinder). ℡ 49467124, www.tallshipadventures.com.au.

Katamaran & Trimaran Avatar, der Trimaran ist ein echtes Geschoss und hat Platz für bis zu 26 Gäste. Inkl. Verpflegung,

Schnorchelausrüstung und Bettzeug, Stingersuits kann man für 20 $ mieten. 2 Tage und 2 Nächte für 500 $/Pers. ✆ 49466877, www.ozsail.com.au.

Camira, bis zu 30 Knoten sind mit dem Katamaran möglich, allerdings nur bei kompletter Besetzung mit einer Profi-Crew. Inkl. BBQ. 195 $/Pers. Tagesfahrten täglich. ✆ 48467000, www.cruisewhitsundays.com.

Hamilton Island und Resort

„Hamo" ist zwar nicht die Größte, auf jeden Fall aber die betriebsamste der Inseln. Die Infrastruktur gleicht schon eher einem ausgewachsenen Urlaubsort als einem Resort. Es gibt Geschäfte und Boutiquen, zudem ein knappes Dutzend Restaurants, Pubs und Bars. Die diversen Übernachtungsmöglichkeiten reichen vom einfachen

Hotelzimmer im 3-Sterne-Standard über Suiten und Apartments für bis zu 6 Personen bis zum luxuriösen 5-Sterne-Zimmer in vorderster Strandreihe. Die große Marina wird gerne von Yachtkapitänen angesteuert, und sogar einen Flughafen gibt es, der für reguläre Linienmaschinen groß genug ist. Die Anreise gestaltet sich also einfach, man kann direkt von Sydney oder Melbourne anfliegen. Und: Viele der Einrichtungen können auch von Tagesgästen benutzt werden.

Einfache Übernachtung für 2 Pers. ab etwa 350 $, Suiten ab 700 $, ein Strandhaus mit 2 Schlafzimmern und eigenem Pool ab 3000 $. Hauptgang zum Abendessen je nach Restaurant 35–50 $. Kleiner Shop. ℡ 943304444 oder 137333, www.hamiltonisland.com.au.

Hayman Island und Resort

Hier gibt es Luxus pur für Stars, Promis und die, die es sich leisten können. Man übernachtet in exklusiven Unterkünften, das billigste Doppelzimmer kostet knapp 800 $, ein abseits gelegenes Strandhaus mit Butlerservice mehr als das Vierfache. Natürlich gibt es auch hier rund ein Dutzend Restaurants und Bars, in denen das Menü nicht unbedingt in Hinblick auf den Endpreis zusammengestellt wird. Das Resort liegt an der Südwestseite der 400 ha großen Insel, direkt an einem schneeweißen Sandstrand. Die Anreise erfolgt per Luxusfähre, viele Gäste reisen mit Helikopter an.

Das günstigste Zimmer ab etwa 800 $, Penthouse ab 2100 $ (ein Schlafzimmer), Strandhaus ab 3000 $. Die „Owners-Suite" mit drei Schlafzimmern ab 12.000 $. Alles natürlich pro Nacht. In den Restaurants kostet ein Abendessen für 2 Pers. schnell mehrere Hundert Dollar. ℡ 49401234 oder 1800075175 (kostenlos), www.hayman.com.au.

Whitsunday Island

Mit 109 km² Fläche ist Whitsunday Island die größte der Inseln, zudem die bekannteste und die am häufigsten besuchte. Dafür dürfte v. a. der *Whitehaven Beach* mit seinem superfeinen Quarzsand verantwortlich sein (→ Kasten). Am nördlichen Ende des Strandes kann man sich das Postkartenpanorama des *Hill Inlet* in Natura anschauen. Auf der gegenüberliegenden Seite des Inlet führt ein kurzer Wanderweg zu einem Aussichtspunkt, von dem sich der ganze Strand überblicken lässt. Es sind hauptsächlich Tagestouristen, die hierher kommen, Einrichtungen gibt es nicht. Wer das Abenteuer wagen will, kann Campen gehen, dann ist aber komplette

Das Hill Inlet auf Whitsunday Island

Selbstversorgung angesagt, es gibt nicht einmal Trinkwasser. Die Insel verfügt über einige ausgewiesene Campingareale; genauere Information → Camping S. 699.

Whitehaven Beach

Der Strand auf den Whitsundays und eigentlich ein Muss: In den Rankings der schönsten Strände ist der Strand immer ganz oben mit dabei. Schneeweißer Sand, blaues Wasser und grüne Palmen formen dieses kleine Paradies. Einziges (kleines) Manko: Nur mit dem Schiff oder dem Wasserflugzeug zu erreichen und somit nicht gerade ein billiger Tag am Strand. Trotzdem, wer das Geld nicht gerade vom Proviantbudget abzwacken muss, sollte den Ausflug auf jeden Fall machen. Der Strand ist mit seinen 7 km lang genug, sodass sich die Massen verlaufen und jeder sein Plätzchen findet. Am nördlichen Ende liegt das **Hill Inlet**, mit den weißen Sandbänken ein sehr beliebtes Postkartenmotiv, das allerdings am schönsten aus der Luft zu sehen ist.

Anreise: Erreichbar per Boot oder Flugzeug, es gibt zahlreiche Angebote in den lokalen Buchungsbüros. Tagesausflüge mit dem Boot kosten ab etwa 195 $/Pers., mit dem Wasserflugzeug ab etwa 520 $. Ein kurzer Badeaufenthalt am Strand ist auch in mehrtägigen Segeltörns meist eingeplant (Törns ab etwa 450 $/Pers. für 2 Tage und 2 Nächte; → S. 700).

Long Island

Die gerade einmal 2 km vom Festland entfernte Insel ist etwa 9 km lang und, wie der Name sagt, entsprechend schmal und lang gestreckt. Knapp 20 km Wanderwege durchziehen die dichte Vegetation, die hauptsächlich aus Eukalyptuswäldern und Kletterpflanzen besteht. Dazwischen sind immer wieder versteckte Strände und Buchten zu entdecken. Aufgrund der Nähe zum Festland ist Long Island sehr beliebt, das erste Resort eröffnete schon 1934, heute gibt es insgesamt drei davon.

Palm Bay Resort Whitsundays, gut ausgestattetes Resort mit gemütlichen und etwas exotischen Unterkünften. In der Anlage auch ein Tages-Spa. Ab rund 210 $/Nacht. ✆ 1300655126, www.palmbayresort.com.au.

Hook Island und Resort

Mit 58 km² Fläche ist Hook Island die zweitgrößte Insel der Whitsunday-Gruppe – und der richtige Zielhafen, wenn der Geldbeutel nicht prall gefüllt ist. Das Wilderness Resort ist einfach und alles andere als luxuriös, bietet aber solide Unterkunft und punktet mit einem guten Preis-Leistungs-Verhältnis. Verpflegt wird man im dazugehörigen Bistro, und in der Bar trinken auch Tagesausflügler gern ein Bier. Am umliegenden Riff gibt es einige exzellente Spots, um Schnorcheln oder Tauchen zu gehen.

Zum Redaktionsschluss konnte man gerade nicht auf der Insel übernachten. ✆ 49465255, www.hookislandresort.com.

Daydream Island und Resort

Wirklich nur einen Katzensprung von Shute Harbour entfernt und entsprechend beliebt bei Tagesausflüglern. Im Resort gibt es 300 Zimmer, ein halbes Dutzend Restaurants und Bars und sogar eine Hochzeitskapelle. Gäste können aus einer ganzen Reihe kostenloser (z. B. Kajak, Beachvolleyball, Open-air-Kino) und kostenpflichtiger (Wakeboarden, Jetski, Parasailing …) Aktivitäten wählen. Viele dieser Angebote stehen auch Tagesgästen offen, die allerdings für alles bezahlen müssen.

Zum Resort gehört auch das *Rejuvenation Spa*, wo man sich bei verschiedensten Anwendungen verwöhnen lassen kann.

Übernachtung im einfachsten DZ ab etwa 350 $ (2 Pers.), es gibt aber verschiedenste Angebote mit Übernachtungen, Massagen und Spa-Anwendungen. ✆ 32592350 oder 1800075040 (kostenlos), www.daydreamisland.com.

Lindeman Island

Etwa 20 km Wanderwege gibt es auf der 16 km² großen Insel. Im Jahr 2015 wurde angekündigt, dass das in die Jahre gekommene, direkt am schneeweißen Strand gelegene Resort mit rund 600 Mio. Dollar Aufwand in ein modernes 5-Sterne-Resort umgewandelt werden soll.

Bowen
ca. 10.000 Einw.

Lange Zeit ging es eher beschaulich zu in Bowen. Einige tolle Strände, Mangoplantagen und eine Atmosphäre zwischen ländlichem Idyll und kleinstädtischer Betriebsamkeit prägten das Bild. Bis Bowen 2007 zu „Bowenwood" wurde und plötzlich ganz Australien auf die Ortschaft im Norden der Whitsundays schaute.

Der Spitzname wurde der Stadt von einem findigen Journalisten verpasst und leitet sich vom amerikanischen Hollywood ab. Den Einheimischen schien das zu gefallen, denn bald prangte der Schriftzug in großen Lettern auf dem Bowen Hill, ganz in Anlehnung an das legendäre Schild in den Hügeln von Los Angeles. Der Grund für die ganze Aufregung war natürlich ein Film. Der australische Drehbuchautor und Regisseur Baz Luhrman hatte sich Bowen ausgesucht, um einige Szenen für sein 130 Mio. Dollar teures Epos „Australia" zu drehen. Mit im Gepäck zwei der großen australischen Schauspieler jener Zeit. Die männliche Hauptrolle war mit Film-Beau Hugh Jackman besetzt, den weiblichen Part übernahm Nicole Kidman, internationaler Superstar mit Gagen von damals rund 15 Mio. Dollar pro Film. Die Medien spielten verrückt und der Hype ging so weit, dass in der lokalen Bäckerei Gebäckteilchen nach den Stars benannt wurden. Die 30er-Jahre-Filmkulisse am Port Denison ist mittlerweile wieder abgerissen, die Crews sind lange abgereist und es ist auch wieder ruhiger geworden in Bowen, aber nach der massiven Publicity erhofft man sich einen langfristigen Anstieg der Besucherzahlen.

GPS: S20°02.726' E148°13.706'
Ortsvorwahl: 07

Anreise Pkw: Bowen ist über den Bruce Highway einfach zu erreichen, von der Ausfahrt sind es eben noch 3 km ins Ortszentrum. Entfernung von *Airlie Beach* 80 km, von *Mackay* 195 km, von *Townsville* rund 200 km.

Bus: *Greyhound* (✆ 1300473946, www.greyhound.com.au) steuert *Bowen* mehrmals täglich an, der *Premier Motor Service* (✆ 133410, www.premierms.com.au) bietet zwar nur eine Verbindung pro Tag, ist dafür etwas günstiger. Busbahnhof in der Williams Street.

Bahn: Die Züge von *Queensland Rail* (✆ 131617, www.queenslandrail.com.au) fahren nach Bowen. Bahnhof in der Bootaloo Road, 8 km südlich der Stadt. Wenn die Züge ankommen, warten Taxis, die einen kostenlos nach Bowen bringen (zur Taxizentrale in der Williams Street).

Touristinfo Bowen Visitor Information Centre, 4 km südlich von Bowen, 236 Bruce Highway. Mo–Fr 8.30–17 Uhr, Sa/So 9–15 Uhr. ✆ 47864222, info@tourismbowen.com.au.

Bowen im Internet Informationen unter www.tourismbowen.com.au.

Strände Queens Beach, nördlich des Zentrums gelegen, mit 5 km der längste Strand der Stadt und zudem Basis des *Bowen Surf Life Saving Club*. Großer Plus-

Bowen

punkt: im Sommer gibt es hier ein mit Netzen geschütztes Badeareal, das auch während der Quallensaison sicheres Planschen ermöglicht. Es gibt Toiletten, Duschen, BBQs und Tische. In der Nähe befinden sich auch Cafés, Restaurants und Unterkünfte.

Horseshoe Bay, östlich des Queens Beach. Empfehlenswerter Strand mit weißem Sand und von großen Felsbrocken eingerahmt. Gut zum Schwimmen geeignet, in den Sommermonaten von Rettungsschwimmern überwacht. Es gibt Toiletten, BBQs, ein Café und Grünflächen.

Coral Bay, direkt an der Horseshoe Bay, nur etwas kleiner und versteckter. Nicht direkt als FKK-Strand deklariert, wird er von offizieller Stelle als „dress optional" bezeichnet, was heißt, dass man sich zwar nackt hinlegen kann, aber eben nicht ausschließlich Gleichgesinnte vorfindet. Leider gibt es keinerlei Einrichtungen wie etwa WCs oder Duschen.

Kings Beach, großer Strand, gleich östlich des Ortskerns; eignet sich nicht zum Schwimmen, ist aber schön zum Spazieren gehen und auch bei Strandfischern beliebt.

Supermarkt Woolworths, Mo–Fr 8–21 Uhr, Sa 8–17 Uhr. Richmond Road/Ecke Old Soldier Road.

Übernachten Rose Bay Resort, 4½-Sterne-Resort in ruhiger Lage an der Rose Bay. Die Studios und Apartments sind geräumig, voll ausgestattet und haben private Balkons. In der Anlage gibt es einen Pool, Tourdesk, überdachte Parkplätze und BBQs. DZ ab 160 $, Penthouse-Suite etwa 300 $. 2 Pandanus Street, ✆ 47869000, www.rosebayresort.com.au.

Ocean View Motel, kleine Motelanlage direkt neben der Touristinfo. Die Zimmer sind ordentlich und mit Standardausstattung. Kostenloses WLAN. DZ ab 120 $. Gordon Beach, Bruce Highway South, ✆ 47861377 www.bowenoceanviewmotel.com.au.

Bowen Backpackers, nur einen Steinwurf vom Strand entfernt! Stark auf Saisonarbeiter ausgerichtet, die länger bleiben. Eine Nacht kostet 40 $(!), eine Woche 190 $ inkl. Transfer zur Arbeit. 4 Herbert Street, ✆ 47863433, www.bowenbackpackers.com.au.

Camping Es gibt ein halbes Dutzend Caravan-Parks in Bowen und in der unmittelbaren Umgebung, z. B. am Queens Beach, etwa 5 km nördlich des Zentrums.

Harbour Lights Caravan Park, direkt am Stadtzentrum, alles ist bequem zu Fuß erreichbar. Stellplätze 33–42 $, Cabins 75–150 $. 40 Santa Barbara Parade, ✆ 57861565, www.harbourlightscaravanpark.com.au.

Freecamping Guthalungra Rest Stop, 50 km westl. von Bowen in Richtung Townsville. Keine Toiletten, dafür Picknickbänke und Feuerstellen. Direkt am Highway.

Essen & Trinken Food Freaks, schönes Café mit richtig guter Küche. Hierher kommt man zum Frühstücken oder für eine kleine Mittagsstärkung – z. B. einen frischen Salat mit gegrilltem Huhn – oder den Nachmittagskaffee. Mi–So Frühstück und Lunch, Mi–Fr auch abends. 1 Starbord Drive, ✆ 47865133.

360 on Flagstaff Café, auf einem kleinen Hügel und mit perfektem 360°-Blick über Bowen und die Whitsundays. Ideal für einen Morgenkaffee oder eine kleine Stärkung. 1 Margaret Reynolds Drive, Flagstaff Hill.

Jochheims Pies, seit 1963 gibt es hier leckere Pies. Fast schon ein Muss. Mo–Fr 5.30–15.30 Uhr, Sa 6–12.30 Uhr. 49 George Street, ✆ 47861227.

Grand View Hotel, klassischer Queenslander-Pub – elegant, urig, richtig gemütlich und in super Ecklage. Es gibt Pub-Essen für den Hunger und einige Zapfstationen für den Durst. Ab Mittag geöffnet. 5 Herbert Street, ✆ 47864022, www.grandviewhotelbowen.com.

Die **Town Murals**, also die Wandgemälde, sind in der Region im unteren Bereich um die Herbert und Gregory Street zu finden. Die Idee brachte eine Bewohnerin von einer Kanadareise mit, und so wurde 1988 das erste Kunstwerk an der Wand der Bibliothek vollendet. Mittlerweile gibt es 24 Werke, die abgebildeten Szenen spiegeln allesamt die Geschichte des Ortes wider. Schön anzuschauen, eine Fotokopie des genauen Lageplans mit Erklärungen gibt es in der Touristinfo.

Nord-Queensland: von Townsville bis Cooktown

Der tropische Norden Queenslands ist zweifellos eine der beliebtesten Urlaubsregionen in ganz Australien – Regenwald, Zuckerrohrfelder und palmengesäumte Sandstrände bieten die Kulisse für eine entspannte Zeit und verbreiten Urlaubsstimmung. Vor der Küste liegt das Great Barrier Riff, das atemberaubende Naturwunder, das in kaum einer Reiseplanung fehlt. Speziell die Ortschaften in der nordöstlichen Ecke des Bundesstaates haben in den letzten Jahrzehnten einen gravierenden Wandel erfahren und sich von kleinen Fischerdörfern zu richtigen Urlaubsorten entwickelt. Man hat sich voll und ganz auf die vielen Besucher eingestellt, mancherorts hat der Tourismus sogar alteingesessene Wirtschaftszweige wie Viehwirtschaft oder Bergbau überholt. Die Statistiken verzeichnen Urlauber aus aller Herren Länder, doch das ganzjährig warme Klima lockt auch viele „Saisonpendler", meist Rentner, aus den kälteren Staaten im Süden des Landes. Die bleiben dann gleich einige Monate und überwintern unter tropischer Sonne.

Auto-Touren in Nord-Queensland

Great Green Way: Der Klassiker führt entlang der Küste direkt von *Townsville* nach *Cairns* und ist mit allen Schlenkern etwa 460 km lang. Stopps entlang der Tour sind *Ingham*, *Mission Beach* und *Innisfail*. Ideal mit dieser Variante sind der *Canecutters Way* und die *Waterfalls-Tour* kombinierbar. Die Fahrt führt an atemberaubenden Stränden vorbei und durch Zuckerrohrfelder, die sich mit dicht grünem Regenwald abwechseln. Sehr reizvolle Route, die einen guten Eindruck von Queenslands tropischem Norden vermittelt. www.greatgreenwaytourism.com.

Canecutters Way: Zweigt an der Murdering Point Road vom Great Green Way (Bruce Highway) ab und führt von dort gut 40 km weit durch kleine Ortschaften, vorbei an schier endlosen Zuckerrohrfeldern und durch tropischen Regenwald nach *Innisfail*, wo man wieder auf den Bruce Highway trifft. Am Straßenrand kann man leckere Früchte kaufen, die frisch vom Feld kommen. Highlight ist der Besuch im *Paronella-Park* (S. 725). www.canecutterway.com.au.

Waterfalls Drive: Insgesamt etwa 280 km lang. Ab *Innisfail* führt die Tour in die *Atherton Tablelands* nach *Yungaburra* und *Atherton*. Von da aus weiter via *Mareeba* und *Kuranda* an die Küste nach *Cairns*. Das Hochland hat seine besonderen Reize, mit zahlreichen Wasserfällen, Kaffeeplantagen und einem Klima, das auch dann noch angenehm ist, wenn es an der Küste heiß und tropisch schwül ist.

Great Tropical Drive: Die Variante für alle, die wirklich alles sehen wollen, ist über 2000 km lang. Der Rundkurs beginnt bei *Townsville*, folgt dem *Great Green Way* nach *Cairns*. Von dort weiter nach *Port Douglas* und via *Cape Tribulation* nach *Cooktown* (letzte Etappe nur für Allradfahrzeuge, für die anderen gibt es eine alternative Route). Auf der Asphaltstraße (die alternative Route) fährt man von *Cooktown* über *Mareeba* in die *Atherton Tablelands* und dort in einem großen Bogen nach *Charters Towers* und zurück nach *Townsville*. In der Praxis sparen sich viele die lange Fahrt durch das Inland und biegen ab den Tablelands wieder zurück an die Küste. Etwa 10–12 Tage sollte man sich für den „Great Tropical Way" schon Zeit zu lassen. www.greattropicaldrive.com.au.

Pier in Townsville – im Hintergrund: Magnetic Island

Townsville
ca. 150.000 Einw.

Die größte Stadt in Nord-Queensland wird oft als Tor zum tropischen Norden bezeichnet. Der Tourismus ist ein wichtiger Wirtschaftsfaktor, ist jedoch nicht ganz so ausgeprägt wie in den Ortschaften weiter nördlich. Ein Grund dafür ist vielleicht auch ihre Funktion als kommerzielles Zentrum in Nord-Queensland.

Grundlage für den florierenden Warenverkehr war in den frühen Jahren der Hafen, der 1864 in der Cleveland Bay angelegt und nach Robert Towns, dem Geldgeber für das Unternehmen, benannt wurde. Im Zweiten Weltkrieg gewann der Hafen massiv an militärischer Bedeutung, und noch heute ankern regelmäßig große Kriegsschiffe in Townsville, Scharen von Matrosen durchkämmen dann die Stadt beim Landgang.

Zu den städtischen Einnahmequellen gehören Bergbau, Zuckerindustrie und Viehwirtschaft. Und natürlich der Tourismus. Dabei hat Townsville viel zu bieten, neben einer guten Infrastruktur auch in optischer Hinsicht. Die roten Hänge des 304 m hohen **Castle Rock** bieten einen starken Kontrast zu grünen Palmen und blauem Meer. Zyklone haben die Stadt seit ihrer Gründung immer wieder verwüstet, doch zwischen modernen Bauten finden sich bis heute traditionelle Queenslander-Gebäude, die den Charme der alten Zeit verströmen. Von der wunderschön angelegten Strandpromenade blickt man direkt auf **Magnetic Island**, das von Townsville aus angesteuert werden kann. Das ausschweifende Nachtleben lockt v. a. junge Leute in die Bars der Stadt, und in den Hostels kursieren wilde Geschichten von noch wilderen Nächten.

Townsville

Anreise

Townsville ist die größte Stadt im tropischen Norden des Landes. Um die *Flinders Street Mall* gruppieren sich Restaurants, Cafés und Unterkünfte, entlang der *Flinders Street East* gibt es eine ganze Reihe Bars. Unweit davon erstreckt sich *The Strand*, die Flaniermeile entlang des Stadtstrandes. Auf der anderen Seite des Ross Creek, entlang der *Palmer Street* reihen sich einige gute und edle Restaurants sowie einige exklusivere Hotels.

Pkw Townsville ist über den Bruce Highway aus Norden bzw. Süden zu erreichen. Nach **Airlie Beach** sind es 285 km, nach **Mission Beach** etwa 240 km, nach **Cairns** gut 350 km. Über den Flinders Highway gelangt man ins Outback, nach **Charters Towers** sind es etwa 145 km, nach **Mount Isa** über 900 km.

Bus Mit *Greyhound Australia* (✆ 1300473946 www.greyhound.com.au) z. B. von **Cairns** (5:30 Std.), von **Airlie Beach** (4:30 Std.) oder **Mackay** (6:30 Std.). Zudem gibt es eine Verbindung ins Outback nach **Charters Towers** (1:40 Std.).

Der *Premier Motor* Service (✆ 133410, www.premierms.com.au) fährt ebenfalls an der Küste entlang.

Abfahrt und Ankunft im Townsville Transit Centre, 21 Plume Street, Townsville.

Bahn Die Züge von *Queensland Rail* (✆ 1300872467, www.queenslandrail.com.au) verkehren zwischen **Brisbane** und **Cairns**. Ab Brisbane reist man im *Sunlander-Zug* (24 Std.) oder im *Tilt Train* (19 Std.). Die Strecke von Townsville nach **Cairns** kostet ab etwa 70 $. Der *Inlander* fährt von Townsville nach **Mount Isa**.

Bahnhof in der Flinders Street, knapp 1 km südwestlich des Zentrums.

Flugzeug Townsville Airport, 8 km westlich des Stadtkerns gelegen, ist ein betriebsamer Flughafen, der von *Jetstar* (✆ 131538, www.jetstar.com.au), Qantas (✆ 131313, www.qantas.com.au) und *Virgin Australia* (✆ 136789, www.virginblue.com.au) angesteuert wird. Flüge nach **Sydney** oder **Brisbane** schon ab 99 $. Den Transfer in die Stadt erledigt ein Shuttle (vorab buchen: ✆ 47285078, ca. 15 $/Pers.), Taxi ab etwa 30 $.

Information & Adressen → Karte S. 712/713

GPS: S19°15.56' E146°49.09'
Ortsvorwahl: 07

Touristinfo Flinders Mall Information Centre, freundliche Beratung, Buchung von Unterkünften. Mo–Fr 9–17 Uhr, Sa/So 9–13 Uhr, 334A Flinders Street, ✆ 47213660 oder 1800801902.

Townsville im Internet Infos unter www.townsvillenorthqueensland.com.au.

Internet Internet on Flinders, schnelle Verbindung sowie WLAN. Tägl. 4.30–23 Uhr. Shop 1, 334 Flinders Street, ✆ 47215444, www.internetonflinders.com.au.

Unterwegs in Townsville Sun Bus, die Busse fahren im gesamten Stadtbereich. Fahrpläne in der Touristinfo und im Internet. ✆ 47719800, www.sunbus.com.au.

Autovermietung Avis, in der Stadt (81 Flinders Street, ✆ 136333) und am Flughafen (✆ 47627400), www.avis.com.au.

Europcar, Büro in der Stadt (etwas außerhalb, 305 Ingham Road, ✆ 47627050) sowie am Flughafen (✆ 47601380).

Hertz, am Flughafen (✆ 47754821), www.hertz.com.au.

Independent Rentals ist eine lokale Mietwagenfirma mit großer Flotte und günstigen Preisen. Liegt etwas außerhalb, liefert aber in die Stadt. 305 Ingahm Road, ✆ 47726850, www.independentrentals.com.au.

Festivals & Events Townsville Winter Racing Carnival, jährlich über 15 Tage im Juli – einer der Höhepunkte in Townsvilles Kalender. Pferderennen, Partys, Galas und Banquetts.

Märkte Cotters Market, jeden Sonntag 8.30–13 Uhr in der Flinders Mall. Kunstgegenstände, Handwerk, aber auch landwirtschaftliche Produkte wie Obst, Gemüse oder Blumen.

The Strand Night Market, toller Markt an der Strandpromenade am 1. Freitag des

Monats 17–21.30 Uhr (nur Mai–Dez.). Es gibt allerlei Kunst und Krempel, man kann wunderbar stöbern.

Medizinische Versorgung Townsville Hospital, im Ortsteil Douglas, etwa 13 km vom Zentrum entfernt. 100 Angus Smith Drive, Douglas, ✆ 47961111.

Supermarkt Woolworths 13, Mo–Fr 8–21 Uhr, Sa 8–17.30 Uhr, So 9–18 Uhr. Sturt Street/Ecke Stokes Street.

Taxi ✆ 131008.

Übernachten

Hotels & Motels Jupiters Townsville 5, großer Komplex in Townsvilles bester Lage: direkt an der Breakwater-Marina. Ideal für die Rundum-Versorgung. In der Anlage sind Hotel, Spielcasino, Restaurants und etliche Bars untergebracht. Zimmer mit King-Betten und Internet, einige auch Blick nach Magnetic Island. Günstigstes DZ online ab 130 $, mit Meerblick ab 200 $. Sir Leslie Thiess Drive, ✆ 47222333 oder 1800079210 (kostenlos), www.jupiterstownsville.com.au.

Holiday Inn 14, wie eine überdimensionale Küchenrolle thront das Hotel über der Flinders Mall. Von außen nicht berauschend, aber perfekt, um von drinnen den Blick über die Stadt zu genießen. Zimmer dezent in Weiß und warmen Erdtönen gehalten. Fitnessraum, Restaurant, Lounge und Außenpool. DZ online ab 130 $. 334 Flinders Mall, ✆ 47292000, www.holiday-inn.com.

Park Regis Anchorage 16, tolle Studios und Apartments mitten in der Restaurantmeile von Townsville. In dem dreistöckigen Gebäude gibt es zwar keinen Fernblick, aber von einigen Zimmern Blick auf die Marina. Studio ab 129 $, Apartments mit separatem Schlafzimmer ab 159 $. 51 Palmer Street, ✆ 47226200 oder 1800030722 (kostenlos), www.parkregis.com.au.

City Oasis 11, hier überrascht der grüne, Poolbereich, angelegt im Stil einer Lagune mit kleiner Brücke und viel Palmen und Bambus. Übernachten kann man in klassischen Motelzimmern oder in der Version mit Kitchenette. Zur Standardausstattung gehören Bad, AC, Kabel-TV und Kühlschrank. DZ ab 129 $. 143 Wills Street, ✆ 47716048, www.cityoasis.com.au.

Quest Townsville 15, in der Palmer Street, direkt an der Marina. Mehrfach in seiner Klasse ausgezeichnet. Die Studios (Dusche, Kitchenette) und Apartments (Spa, Küche, Essbereich) haben 4,5-Sterne-Standard und WLAN-Zugang. Zutaten für das Frühstück kann man sich aufs Zimmer liefern lassen. DZ ab 140 $. 30–34 Palmer Street, ✆ 47264444, www.questtownsville.com.au.

Hotel Ibis Townsville 17, die Zimmer sind nicht besonders groß, aber wohnlich, mit warmen Farben gestrichen. Im Erdgeschoss gibt es eine stylishe Bar mit gutem Essen. Übernachtung im DZ ab 129 $. 12/14 Palmer Street, ✆ 47532000, www.ibishotel.com.

Yongala Lodge 6, hier ist der Charme der alten Welt tatsächlich noch zu spüren. Über 100 Jahre hat das Holzhaus auf dem Buckel, eine wirklich tolle Unterkunft. DZ ab 109 $, mit Kitchenette ab 135 $. Frühstück jeweils inklusive. 11 Fryer Street, ✆ 47724633, www.historicyongala.com.au.

Hostel & Camping Rambutan 10, super stylishes Hostel, das auch außerhalb der Mehrbettzimmer gute Unterkünfte bereithält. Tolle Pool- und Loungelandschaft, richtig gutes Restaurant mit Bar. Im Dorm ab 30 $, das DZ 100–150 $. 113–119 Flinders Street, ✆ 47716915, www.rambutantownsville.com.au.

Reef Lodge 7, wer viel feiern will, ist hier richtig. Übernachtung im Dorm bereits ab 23 $, im Zimmer mit Klimaanlage ab 25 $. Das bunt bemalte Hostel residiert mitten in Townsvilles Amüsiermeile, an der Flinders Street East, 4 Wickham Street, ✆ 47211112, www.reeflodge.com.au.

Der Strand von Townsville

Townsville Woodlands Holiday Park [20], großer Holiday-Park, ein gutes Stück nördlich der Stadt, aber mit Supermarkt ganz in der Nähe. Saubere Einzelbäder (Toilette und Dusche in einer Kabine), mehrere BBQ-Plätze und Internetzugang. Stellplatz ab 35 $. 548 Bruce Highway, ✆ 47516955 oder 1800251485 (kostenlos), www.big4woodlands.com.au.

Nationalparkcamping Alligator Creek Camping Area, im Bowling Green Bay National Park. Die Schranke an der Zufahrt ist zwischen 18.30 Uhr und 6.30 Uhr gesperrt. Schöne Zeltstellplätze, nicht für große Wohnmobile (kleine Campervans haben Platz). Toiletten, kalte Duschen, Picknicktische. 5,95 $/Pers. und Nacht. Hier gibt es Krokodile!

Essen & Trinken/Nachtleben → Karte S. 712/713

Essen & Trinken The Brewery [12], das Gebäude der Brauerei sticht sofort ins Auge, das dazugehörige Pub & Restaurant ist sehr beliebt. Auf der Karte stehen saftige Steaks (35–40 $) und, unbedingt erwähnenswert, die „Brauhausspezialitäten", z. B. Lammhaxe mit gerösteten Kürbisspalten (30 $) oder über 12 Std. geschmorte Rinderrippen (45 $). Essen gibt es tägl. 12–14 und 18–22 Uhr. 252 Flinders Mall, ✆ 47242999, www.townsvillebrewery.com.au.

Seaview Hotel [4], allein die Lage an der Promenade ist schon toll; australisches Groß-Pub mit dazugehörigem Steakhaus, in dem es keine billigen, aber unglaublich schmackhafte Steaks gibt (30–40 $). Schöner Außenbereich zum Biertrinken und Seeluftschnuppern. Tägl. ab Mittagessen geöffnet. 56 The Strand, ✆ 47715005, www.seaviewhotel.com.au.

CBar [2], Strandcafé in super Lage. Zum Frühstück Müsli mit Obst, ab 11 Uhr gibt es Panini und Hauptgerichte, z. B. Rindsmedaillons oder eine Portion knusprige Ente mit Beilagen (um 30 $). Tägl. von 7 Uhr bis spät. The Strand, ✆ 47240333, info@cbar.com.au.

》》》 Mein Tipp: Longboard Bar & Grill [3], perfekte Lage direkt am Wasser, superlässige Atmosphäre, gute Drinks – der ideale Ort für das Sundowner-Bier. Und das Essen ist auch nicht zu verachten, es gibt Klassiker wie Steaks und Burger, aber auch Laksa und Pizzen. Hauptgerichte 22–25 $. Mo–Sa ab 11 Uhr. Gregory Street/Ecke The Strand, ✆ 47241234, www.longboardbarandgrill.com.au. 《《《

Jam Corner [19], große Auswahl, gute Qualität, und das den ganzen Tag. Super Frühstück, zum Abendessen bestellt man rotes Curry mit Wagyu-Rind (34 $), gegrillten Barramundi (30 $) oder geschmorte Rinderrippen mit Kartoffeln und Gemüse (35 $). Di–Fr

Übernachten
- 5 Jupiters Townsville
- 6 Yongala Lodge
- 7 Reef Lodge
- 10 Rambutan
- 11 City Oasis
- 14 Holiday Inn
- 15 Quest Townsville
- 16 Park Regis Anchorage
- 17 Hotel Ibis Townsville
- 20 Townsville Woodlands Holiday Park

Essen & Trinken
- 2 CBar
- 3 Longboard Bar & Grill
- 4 Seaview Hotel
- 12 The Brewery
- 19 Jam Corner

Cafés
- 2 CBar

Nachtleben
- 1 Watermark Hotel
- 3 Longboard Bar & Grill
- 8 Molly Malones
- 9 Flynn's Irish Bar
- 12 The Brewery/Level One

Sonstiges
- 13 Woolworths Supermarkt
- 18 Adrenalin Dive

6.30 Uhr bis spät, Sa/So 7 Uhr bis spät. 1 Palmer Street, ✆ 47214900, www.jam corner.com.au.

Nachtleben Das Nachtleben in Townsville ist legendär. Das wilde Partyvolk tummelt sich dabei gern in den Clubs und Bars der **Flinders Street East**. Hier ist alles nahe beieinander und macht den Wechsel von einer Kneipe in die nächste schnell und einfach. Am Wochenende geht es bis etwa 5 Uhr früh.

Watermark Hotel 1, supermodernes Pub-Hotel an der Strandpromenade mit großem Außenbereich. Man kann gemütlich einen Sundowner trinken. Etwas teurer, dafür auch für Leute, die das klassische Backpackeralter schon hinter sich haben. Tägl. ab 10 Uhr. 72–74 The Strand, ✆ 47244281, www.watermarktownsville.com.au.

The Brewery/Level One 12, im 1. Stock der Brewery geht es jeden Freitag/Samstag zur Sache. DJs versorgen das Publikum mit Dance und House-Musik, die Bar-Tender machen dasselbe mit Cocktails. Eintritt meist frei. Fr/Sa ab 21 Uhr. 252 Flinders Mall, ✆ 47242999.

Flynn's Irish Bar 9, gutes Pub mit der typischen (jungen) Klientel und bekannter Atmosphäre. Regelmäßig Live-Bands. Tägl. ab 17 Uhr, Fr/Sa bis 5 Uhr früh. 101 Flinders Street, ✆ 47211655, www.flynnsirishbar.com.

Molly Malones 8, irische Trinkhöhle in einem wunderschönen Queenslander. Tägl. Pub-Grub. Mo–Fr ab 11.30 Uhr, Sa ab 17 Uhr, Fr/Sa bis 5 Uhr. 95 Flinders Street, ✆ 47713428, www.mollymalonesirishpub.com.au.

S. S. Yongala

Das 109 m lange Dampfschiff lief 1903 im englischen Southampton vom Stapel und erreichte noch im selben Jahr Australien, wo es fortan Dienst tat. Am 23. März 1911, kaum 7 Jahre alt, war die Yongala auf einer Fahrt von Melbourne nach Cairns, als sie in einem Tropensturm mit Mann und Maus sank. Erst 1943 wurde das Wrack von einem Minensucher entdeckt, aber nicht identifiziert, das sollte bis 1958 dauern. Die 124 Menschen, die bei dem Untergang ihr Leben ließen, blieben für immer spurlos verschwunden. Das Wrack, etwa 45 Seemeilen südöstlich von Townsville in nur 30 m tiefem Wasser gelegen, hat sich zu einem der Top-Tauchspots in Queensland gemausert. Die unten genannten Veranstalter bieten allesamt Tauchtrips zu den Überresten der Yongala an, i. d. R. muss man einen gültigen Schein und etwa sechs Tauchgänge Erfahrung mitbringen. Die Schiffsglocke der Yongala ist im *Maritime Museum* in Townsville ausgestellt.

Touren & Aktivitäten → Karte S. 712/713

Tauchen Adrenalin Dive 18, der Open-Water-Kurs kostet ab 995 $, beinhaltet 2 Tage Theorie und 2 Tagestrips mit 4 Tauchgängen. Für 1200 $ geht es nach der Theorie für 3 Tage auf ein Tauchboot, und neben dem Kursprogramm sind noch 5 Tauchgänge am Riff und zur Yongala vorgesehen. Tagestrips zur Yongala kosten inkl. 2 Tauchgängen 250–295 $ (nur erfahrene Taucher). 252 Walker Street, ✆ 47240600 oder 1300664600, www.adrenalindive.com.au.

Rundflüge Red Baron Seaplanes, wenn der feuerrote Doppeldecker auf dem Wasser landet, sieht das schon spektakulär aus. Variante 1 dauert etwa 20 Min. und kostet ab 370 $ (2 Pers.), Variante 2 ist etwas länger, beinhaltet eine Umrundung von Magnetic Island und kostet ab 500 $. Ab Townsville das ganze Jahr über, zwischen Ostern und Dez. auch Flüge ab Magnetic Island. Start und Landung an der Strandpromenade. Shop 5, Breakwater Marina, ✆ 0412896770 (mobil), www.redbaronseaplanes.com.au.

Fallschirmspringen Skydive Townsville, Tandemsprünge direkt über dem „Strand" in Townsville. Je nach Ausstiegshöhe 395–

445 $. DVD und Fotos etwa 135 $ extra. Gewichtslimit 110 kg. Kostenloser Pickup-Service innerhalb des Stadtgebiets. ✆ 47214721, www.skydivetownsville.com.

Schwimmen & Baden Strand, der lange Stadtstrand in Townsville. In der Quallensaison gibt es einen großen, mit Quallennetzen gesicherten Badebereich direkt am Pier, eine kleinere Version weiter nördlich am Rockpool. Verschiedene Stellen werden von Rettungsschwimmern überwacht. Es gibt mehrere öffentliche Toiletten und entlang der Strandpromenade einige Cafés, Restaurants, ein Pub und diverse Imbissmöglichkeiten.

Rockpool, ganz am nördlichen Ende des Strandes – ein schöner Badepool mit umliegenden Grünflächen zum Sonnen. Es gibt Toiletten, ein gutes Fischrestaurant und ein Café.

Tobruk Pool, ein „echtes" Schwimmbad mit 50-m-Becken, am südlichen Ende des Strandes. Es gibt einen Kiosk, im Hochsommer auch einige Sonnensegel. Eintritt 5 $. The Strand, North ward, ✆ 47726550.

Sehenswertes

Townsville ist eine schöne, tropische Stadt mit angenehmem Klima und palmengesäumten Promenaden. Im ganzen Stadtgebiet sind wunderbare Gebäude zu finden, auch wenn die oft zwischen modernen Bausünden versteckt sind. In nur kurzer Entfernung tun sich die roten Hänge des **Mount Cootharinga**, von den Einheimischen einfach Castle Hill genannt, auf. Wer das Gebiet von etwas weiter oben begutachten will, kann zum dortigen **Lookout** fahren, von dem man bis nach Magnetic Island schauen kann.

Reef HQ: Das moderne Aquarium gibt einen umfangreichen Einblick in die vielfältige und faszinierende Unterwasserwelt des Great Barrier Reef. Mit 2,5 Mio. Litern Fassungsvermögen ist das Becken des *Coral Reef Exhibit* das größte seiner Art, zudem ist es offen gehalten, sodass die Lebewesen den natürlichen Wettereinflüssen ausgesetzt sind. Im Raubfischbecken sind Haie und Rochen zu sehen, die Szenerie dort ist dem Schiffswrack der Yongala nachempfunden. Insgesamt gibt es Tausende Kreaturen, die am Riff leben und die man hier bequem bestaunen kann, ohne selbst abtauchen zu müssen. Im Shop gibt es Souvenirs und sehr gute Literatur zum Great Barrier Reef.

Tägl. 9.30–17 Uhr, Café bis 16 Uhr. Eintritt 28 $, Kinder 14 $, Familien (2 Erw. + 3 Kinder) 70 $. Verschiedene Führungen und Vorführungen im Anderthalbstundentakt. Flinders Street East, ✆ 47500800, www.reefhq.com.au.

Museum of Tropical Queensland: Gutes Museum mit äußerst informativen und bisweilen amüsanten Ausstellungen. Am bekanntesten ist die Abteilung, die sich mit der *HMS Pandora* beschäftigt, jenem Schiff, das einst ausgeschickt wurde, um die legendären Meuterer der *Bounty* zu stellen. 14 der flüchtigen Männer konnten auf Tahiti verhaftet werden, bevor das Schiff am 29. August 1791 am Great Barrier Reef sank. Im Museum gibt es einen Nachbau sowie Originalfundstücke aus dem Wrack. Ansonsten finden sich allerlei Exponate, die sich mit dem tropischen Norden Queenslands beschäftigen. Dinosaurierskelette und Modelle von Urzeitwesen zeugen von lange vergangenen Zeiten, im *Rock Rangers Space Lab* kann man Queenslands geologische Besonderheiten aus der Weltraumperspektive analysieren. Ein Bereich widmet sich ganz dem Regenwald – besonders interessant, wenn man diesen Lebensraum schon in Natura erlebt hat oder noch erleben will.

Tägl. 9.30–17 Uhr. Eintritt 15 $. 70–102 Flinders Street, ✆ 47260600, www.mtq.qm.qld.gov.au.

Maritime Museum: Das letzte Großprojekt war das Patrouillenboot *HMAS Townsville*, das seit 2008 dauerhaft an der Curtain Bros. Wharf liegt. Am interessantesten aber ist zweifellos die Geschichte der *SS Yongala*, der man sich hier besonders intensiv widmet. Es gibt ein Modell des 1911 gesunkenen Dampfers sowie etliche

Fundstücke aus dem Wrack, darunter das Herzstück jedes Schiffs, die Schiffsglocke. Zudem ist ein originaler Leuchtturm zu entdecken, umfangreiche Fotodokumentationen und natürlich die üblichen Exponate wie historische Taucherhelme. Interessierte können an Modellbau-Workshops teilnehmen.

Mo–Fr 10–15 Uhr, Sa/So 12–16 Uhr. Eintritt 6 $. 42–68 Palmer Street, ℡ 47215251, www.townsvillemaritimemuseum.org.au.

Billabong Sanctuary: Über 100 Tierarten leben in dem 11 ha großen Tierpark. Zur zusätzlichen Unterhaltung gibt es den ganzen Tag über verschiedene Shows und Fütterungen, z. B. mit Krokodilen, Schlangen, Helmkasuaren, Dingos oder Wombats. Wer mit den Tieren auf Tuchfühlung gehen will, kann sich gegen Gebühr mit einem Koala im Arm oder einer Python um den Hals fotografieren lassen. Mit Kiosk und BBQ-Bereich.

Tägl. 9–17 Uhr. Eintritt 34 $, Kinder 21 $, Familien (2 Erw. + 3 Kinder) 97 $. Etwa 20 Min. südl. der Stadt, direkt am Bruce Highway. Parken kostenlos. ℡ 47788344, www.billabongsanctuary.com.au.

Magnetic Island

ca. 2200 Einw.

Magnetic Island liegt nicht mal 9 km vor der Küste Townsvilles und ist ein beliebtes Ausflugsziel für Urlauber und Einheimische gleichermaßen. Das gut 5 km² große Eiland besticht durch traumhafte Strände, versteckte Buchten und ein hügeliges, von Eukalyptus und Buschland geprägtes Inselinneres.

Auf Erkundungstour geht man idealerweise mit einem der über 100 offenen Miniflitzer – so genannten Mokes – die man überall mieten kann. So kann man problemlos zwischen den kleinen Ansiedlungen umherdüsen und sich dabei den Wind um die Nase wehen lassen. Touristen gibt es viele, und in Zukunft werden es wohl noch mehr sein. Schon seit einigen Jahren wird auf Magnetic Island wie wild gebaut,

Perfekt zum Relaxen: Hängematten an einem Strand auf Magnetic Island

Magnetic Island

allein um den neuen Fährhafen an der Nelly Bay entsteht derzeit eine komplett neue Ortschaft mit Resorts, Geschäften und Restaurants. Ihre Karriere als Touristenziel begann „Maggie" übrigens schon vor über hundert Jahren. Während des Goldrausches im 120 km entfernten Charters Towers erkannte ein findiger Geschäftsmann das Potenzial der Insel, baute das erste Hotel und startete einen regelmäßigen Fährservice. Etwa die Hälfte der Insel ist Heimat einer vielfältigen Tierwelt – hier gibt es eine große Population wild lebender Koalas – und heute ausgewiesener Nationalpark. Das Eiland eignet sich hervorragend für den entspannten Strandurlaub, doch wird bestimmt auch niemandem langweilig – das Freizeitangebot ist groß, man kann Jetski fahren, tauchen, ausreiten und natürlich wandern. Ein Netz aus gut angelegten Wanderwegen zieht sich über die ganze Insel und bietet nicht allzu lange, aber trotzdem schöne und interessante Touren. Magnetisch, wie der Name andeutet, ist die Insel im Übrigen nicht. Captain Cook vermerkte diesen Namen allerdings in seinem Logbuch, da der Schiffskompass in der Nähe des Eilands nicht richtig funktionierte.

Basis-Infos → Karte S. 719

Ortsvorwahl: 07

Orientierung In **Nellie Bay**, im Südwesten der Insel, liegt der Fährterminal, hier werden auch alle möglichen Gefährte vermietet. An der **Picnic Bay** (am südlichsten Zipfel der Insel) gibt es noch einige ruhigere Strandabschnitte. Bei **Arcadia**, an der Westküste, legten die Fähren vor Ausbau des Nelly-Bay-Terminals an, hier gibt es ein tolles Pub und etliche Unterkünfte. Die **Horseshoe Bay** an der Nordküste bietet Touristen am meisten Unterhaltung.

Fähre Die (Auto-)Fähren von **Fantasea** legen am Terminal in South Townsville (Ross Street) ab und sind ideal für die Überfahrt, denn auch wer sein Auto nicht mitnimmt, kann es auf dem bewachten Parkplatz abstellen (um 12 $/Nacht). Überfahrt (inkl. Rückfahrt) 25 $/Pers., Pkw 180 $ inkl. 6 Passagieren. Mo–Fr 8-mal tägl., Sa/So 7-mal tägl. ☎ 47969300, www.fantaseacruising magnetic.com.au.

Sealink, die Personenfähre verkehrt über 15-mal täglich in beide Richtungen. Die letzten Fähren Richtung Insel fahren um 22.30 Uhr (Fr/Sa 23.30 Uhr), zurück nach Townsville geht es um 23 Uhr (Fr/Sa 24 Uhr). Hin und zurück 32 $. Breakwater Terminal, ☎ 47260800, www.sealinkqld.com.au.

Touristinfo In der Touristeninformation in Townsville.

Magnetic Island im Internet Informationen unter www.visitmagneticisland.com.au.

Internet Webzugang z. B. im **Noodies Café** in der Horseshoe Bay oder an den Terminals im **Discovery Travel & Internet** am Nelly Bay Harbour.

Auf der Insel IGA-Supermarkt, Bottleshop, Bank und Post, diverse Geldautomaten, Apotheke und Tankstelle.

Nord-Queensland: von Townsville bis Cooktown

Auto, Roller, Fahrrad, Mokes (offene Buggys) Magnetic Island Car Hire, ein Kleinwagen ist ab knapp 50 $/Tag zu haben, ein „People Mover" mit 8 Sitzplätzen kostet 109 $/Tag. Buchungen unter ℅ 47785955, cars@bestofmagnetic.com.

MI Wheels 11, hier gibt es bunte Mokes und kleine Cabrios. Max. 4 Personen pro Gefährt, der Fahrer muss mindestens 21 Jahre alt sein und den Führerschein mindestens 2 Jahre haben. 138 Sooning Street, Nelly Bay, direkt am Fährterminal, ℅ 47581111, www.miwheels.com.au.

Road Runner Scooter Hire 10, zu mieten gibt es 50ccm-Roller und Motorräder (nur mit entsprechendem Führerschein). Mindestalter 18 Jahre. 3/64 Kelly Street, ℅ 47785222.

Busse Magnetic Island Bus Service, die Busse touren den ganzen Tag zwischen Picnic Bay und Horseshoe Bay via Nelly Bay, Fährterminal und Arcadia. Mo–Sa ab 6 Uhr früh, Fr/Sa bis 0.30 Uhr. ℅ 47785380, Fahrplan unter www.sunbus.com.au.

Veranstaltungen Great Tropical Jazz Festival, an 3 Tagen Ende Aug./Anfang Sept. Ganz entspannte Atmosphäre in tropischem Ambiente. Termine in der Touristinfo in Townsville oder unter www.magneticislandjazz.org.

Übernachten/Essen & Trinken

Übernachten Es gibt eine riesige Auswahl an Unterkünften auf Magnetic Island, speziell auch große, luxuriöse Ferienhäuser (6–8 Pers.) im oberen Preissegment. Wer sich mit ein paar Leuten zusammentut und mindestens 5 Tage bleibt, der kann u. U. ein ganz gutes Preis-Leistungs-Verhältnis erzielen.

Pure Magnetic 14, frei stehende Villas. Die Einrichtung ist am balinesischen Stil angelehnt und super-edel: Küche mit Edelstahl und Stein, Flatscreen-TV, 2 Schlafzimmer mit großen Betten, 2 Bäder (eines mit Spa). Auf der eigenen Veranda stehen Teakmöbel und BBQs. Übernachtung 195–295 $/4 Pers., meist aber ab etwa 270 $/4 Pers. bei 2 Nächten Mindestaufenthalt. 9 The Esplanade, Nelly Bay, ℅ 47785955, www.puremagnetic.com.au.

Grand Mercure Apartments 13, voll ausgestattete Apartments für Selbstversorger, nur einen Steinwurf von der Fährstation entfernt. In der Anlage 4 Pools, Sauna und Fitnessraum. 2 Pers. ab 300 $. 146 Sooning Street, Nelly Bay, ℅ 47582100, www.accorhotels.com.au.

Arcadia Beach Guest House 9, schönes Gästehaus mit geglückten kreativen Ansätzen. Ins Deck vor dem Haus ist ein alter Fishtrawler integriert, der nun als Bar fungiert. Gästeküche vorhanden. Safari-Zelte mit Holzfußboden und bequemen Doppelbetten 65 $/2 Pers. DZ ab 100 $, mit Bad ab 150 $. 27 Marine Parade, Arcadia, ℅ 47785668, www.arcadiabeachguesthouse.com.au.

Myra's Place 7, schönes B&B von Myra und Walter auf grün bewachsenem Grundstück. Man kann entweder in der kleinen Cabin wohnen (Kitchenette und eigenes Bad) oder in einem Zimmer im Haupthaus (eigenes Bad, voll eingerichtete Gemeinschaftsküche). DZ ab 100 $. 101 Swenson Street, Horseshoe Bay, ℅ 46581277, www.myrasplace.com.au.

Bungalow Bay 6, auf dem 2,6 Hektar großen Areal stehen kleine Holzhütten, wahlweise mit Doppelbett oder 2 Einzelbetten (jeweils rund 80 $). Gemeinschaftsbäder und -küche sowie Tourdesk und Salzwasserpool gehören zur Anlage. Für das leibliche Wohl sorgen ein Restaurant und eine Bar. Im Mehrbettzimmer ab 28 $, DZ mit Bad ab 99 $. 40 Horseshoe Bay Road, ℅ 47785577, www.bungalowbay.com.au.

Base Backpackers 15, das riesige Holzdeck, der Pool und der eigene Strandzugang würden auch einem teuren Resort gut stehen. Dafür ist das Hostel nicht mehr ganz taufrisch. Im Mehrbettzimmer ab 30 $, gute Hütten mit Doppelbett und Million-Dollar-View 100 $ ohne, 125 $ mit Bad. Auch Tauchkurse möglich. 1 Nelly Bay Road, ℅ 47785777, www.stayatbase.com.

Essen & Trinken Noodies 4, Café/Restaurant mit einigen Internet-Terminals. Am Wochenende auch zum Frühstück geöffnet, die Pfannkuchen mit Eiscreme und Beeren sind fantastisch. Fr–Mi ab 11.30 Uhr, Sa/So ab 8 Uhr, Do Ruhetag. 2/6 Pacific Drive, Horseshoe Bay, ℅ 47785786, www.noodiesonthebeach.com.

>>> **Mein Tipp: Barefoot** 3, gelungene Mischung aus Restaurant, Café und Galerie. Man sitzt an Teakholztischen und futtert mediterrane Antipasti (19,95 $), gegrillten Barramundi mit Macadamiakruste (29,95 $) oder Gemüsefrittata (16,95 $). 5 Pacific Drive, Horseshoe Bay, ✆ 47581170, www.barefootartfoodwine.com.au. <<<

Man Friday 12, mexikanische Spezialitäten mit Dschungelfeeling. Der Außenbereich ist wirklich toll, die Tische sind von viel Grün umgeben. Spezialitäten sind hier Steak und Meeresfrüchte. Tägl. ab 18 Uhr, Di Ruhetag. 37 Warboys Street, ✆ 47785658.

Für das kühle Bier nach dem „harten" Urlaubstag gibt es das **Marlin Bay** 2 (Horseshoe Bay, ✆ 47581588), in dem auch typisches Pub-Essen serviert wird.

Aktivitäten

Baden & Schwimmen Der beliebteste Badestrand ist wohl an der **Horseshoe Bay**. Während der Quallensaison schützt ein kleines Netz die Gäste. An der Strandpromenade gibt es Toiletten, schattige Picknickplätze sowie Cafés und ein Pub. Zudem großes Wassersportangebot.

Alma Bay ist ebenfalls ein sicherer Spot zum Schwimmen. In den Ferien und an Wochenenden patrouilliert der Arcadia Life Saving Club. Es gibt einige Picknicktische, Toiletten und BBQs.

Wandern Schöne Wandertouren führen auf rund 25 km über Magnetic Island, eine Karte mit eingezeichneten Tracks bekommt man in der Touristeninformation in Townsville, man kann aber auch eine Version im Internet (www.nprsr.qld.gov.au) herunterladen.

Die längste Tour verläuft von der **Picnic Bay** an der Küste entlang zum **West Point** (16 km, ca. 5 Std. hin/zurück) und ist leicht zu gehen.

Von **Nelly Bay** kann man in einem Bogen durchs Inselinnere nach **Arcadia** (5 km, ca. 2:30 Std. einfach) wandern, etwa 800 m vor dem Ende der Tour zweigt nach links ein 400 m kurzer Abstecher zum Sphynx-Lookout ab.

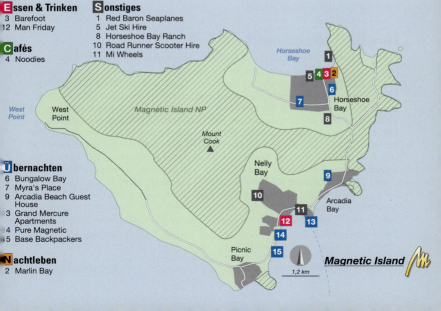

Essen & Trinken
3 Barefoot
12 Man Friday

Cafés
4 Noodies

Sonstiges
1 Red Baron Seaplanes
5 Jet Ski Hire
8 Horseshoe Bay Ranch
10 Road Runner Scooter Hire
11 Mi Wheels

Übernachten
6 Bungalow Bay
7 Myra's Place
9 Arcadia Beach Guest House
3 Grand Mercure Apartments
4 Pure Magnetic
5 Base Backpackers

Nachtleben
2 Marlin Bay

Beliebt ist auch der **Forts-Walk** (4 km, 90 Min. hin/zurück), der vom Parkplatz an der Horseshoe Bay Road zu den Befestigungsanlagen aus dem Zweiten Weltkrieg führt. Teilweise geht es steiler bergauf, dafür hat man am Ziel einen grandiosen Ausblick.

Vom Parkplatz an der Horshoe Bay Road kann man zur **Arthur Bay** (2 km, 30 Min.), **Florence Bay** (3,6 km, 1 Std.) und zur **Radical Bay** (6 km, 2 Std.) wandern. Die Angaben gelten für den Hin- und Rückweg.

Kajak Magnetic Island Sea Kayaks, die Morgentour startet um 8 Uhr früh und dauert etwa 4:30 Std. (85 $/Pers. im Doppelkajak, inkl. Frühstück), die kürzere Sunset-Tour kostet 60 $/Pers. inkl. eines kleinen „Sundowners". Kajaks werden auch tageweise vermietet (1er 75 $, 2er 150 $/Tag). ✆ 47785424, www.seakayak.com.au. ■

Inseltouren Tropicana Touren, Rundfahrten in offenen, verlängerten Jeep-Geländewagen. Lustige Angelegenheit, der Fahrer kommentiert und spielt ein wenig Alleinunterhalter. Die 3-stündige Tour startet tägl. um 11 Uhr (79 $), die 5-stündige Remote Area Adventure Tour tägl. um 14.30 Uhr (132 $). Abfahrt an der Nelly Bay. ✆ 47581800, www.tropicanatours.com.au.

Jet-Ski Jet Ski Hire **5**, an der Horseshoe Bay. 95 $ für 30 Min., 175 $ für die volle Stunde. Preise pro Jetski (max. 3 Pers.). Kein Führerschein nötig, aber man muss mind. 16 Jahre alt sein. Reservierung unter ✆ 47581100, www.jetskihiremi.com.au.

Rundflüge im Wasserflugzeug Red Baron Seaplanes **1**, im feuerroten Wasser-Doppeldecker. 2 Passagiere (zusammen max. 180 kg) plus Pilot haben in dem offenen Cockpit Platz. Die Rundflüge mit Start und Landung in der Horseshoe Bay dauern etwa 20 Min. und kosten ab etwa 400 $. Nur Ostern–Nov. ✆ 0412896770 (mobil), www.redbaronseaplanes.com.au.

Tauchen & Schnorcheln Pleasure Divers, den Open-Water-Diver kann man hier schon ab 349 $ machen. Für erfahrene Taucher gibt es diverse Tauchangebote (Tauchgang um 95 $). Materialmiete 70 $/Tag. 10 Marine Parade, Arcadia, ✆ 47785788 oder 1800797797 (kostenlos), www.pleasuredivers.com.au.

Pferde-Ausritte Horseshoe Bay Ranch **8**, tägl. Ausritte 9 und 15 Uhr. Die Touren dauern 2 Std. (110 $/Pers.). Zum Reiten sind lange Hosen und geschlossene Schuhe erforderlich. Badehose und Bikini mitnehmen, da am Ende der Tour mit den Pferden im Meer gebadet wird! Auch für Anfänger. Anmeldung nötig. 38 Gifford Street, Horseshoe Bay, ✆ 47785109, www.blueyshorseranch.com.

Hinchinbrook Island

Die Insel ist ein wahres Juwel. Weitgehend unberührter Regenwald, weiße Sandstrände und eine artenreiche Mangrovenvegetation im schmalen Kanal zwischen der Westküste und dem Festland prägen das Eiland. Mit 39.000 ha (37 km Länge, 10 km Breite) ist Hinchinbrook Island Australiens größter Insel-Nationalpark. Höchste Erhebung ist mit 1121 m der **Mount Bowen**. Die einzige Ansiedlung ist die **Hinchinbrook Wilderness Lodge**, eine ausgezeichnete Anlage mit jedem Komfort. Naturfreunde und begeisterte Wanderer finden ihr Erlebnis auf dem **Thorsborne Trail**. Die 32 km lange Tour führt entlang der Ostküste von der Ramsay Bay zum George Point. Mehrere Tage muss man einplanen, unterwegs gibt es keinerlei Einrichtungen. Der Zugang zum Track ist reglementiert, Informationen im Info Centre in Cardwell oder bei Hinchinbrook Wilderness Safaris (s. u.), die auch bei der Organisation der Transfers behilflich sind. Hinchinbrook Island selbst wie auch die Mangrovenvegetation und die Unterwasserwelt um die Insel waren stark von den Verwüstungen durch den Zyklon Yasi im Januar 2011 betroffen.

Cardwell Rainforest & Reef Visitor Information Centre, umfassende Infos, auch zu Wandertouren. Mo–Fr 8.30–17 Uhr, Sa/So 9–13 Uhr. Bruce Highway, Cardwell, ✆ 40668601, www.greatgreenwaytourism.com.

Hinchinbrook Island Cruises, die Tagesfahrt ist für 175 $ zu haben, der halbe Tag kostet 99 $. Außerdem übernimmt der Anbieter die Transfers für Wanderer auf dem Thorsborne Trail, Hin- und Rücktransport 190 $. ✆ 0499335383 (mobil), www.hinchinbrookislandcruises.com.au.

Hinchinbrook Island Wilderness Lodge, ursprünglich auch für Touristen, derzeit nur komplett für größere Gruppen oder für Veranstaltungen buchbar. Das kann sich aber auch schnell wieder ändern, und wer auf der Insel übernachten möchte, kann zumindest anfragen: ✆ 40662000, resort@porthinchinbrook.com.au.

QPWS Camping, es gibt etliche Plätze auf der Insel, eine Karte kann man sich aus dem Internet herunterladen. Auf ihr sind die Plätze sowie Toiletten und die Stellen, wo man sein Trinkwasser auffüllen kann, verzeichnet. Übernachtung 5,95 $/Pers. Buchung nötig. ✆ 137468, www.nprsr.qld.gov.au.

Thorsborne Trail
Für die mehrtägige Wanderung entlang der Ostküste der Insel benötigt man eine Genehmigung – auf diese Weise wird dafür gesorgt, dass nie mehr als 40 Personen auf der 32 km langen Route unterwegs sind. Man muss wirklich gut vorbereitet sein – auf der Insel gibt es bis auf ausgewiesene Bushcampingareale mit Plumpsklos keinerlei Einrichtungen. Transfers muss man in der Touristeninformation in Cardwell buchen. Die Tour ist nichts für Anfänger, teilweise ist der Weg nicht befestigt und bisweilen nicht leicht als solcher zu erkennen. Eine genaue Beschreibung der Tour findet sich auf der Webseite der Nationalparkverwaltung, da kann man auch gleich die nötigen Genehmigungen und Übernachtungen bezahlen. www.nprsr.qld.gov.au.

Mission Beach
ca. 1000 Einw.

Etwa auf halbem Weg zwischen Townsville und Cairns liegen die weißen Strände um Mission Beach. Eingezwängt zwischen dem Pazifik und dichtem Regenwald reihen sich die Häuser an der Hauptstraße entlang; die Ruhe der wenigen Einheimischen ist wirklich ansteckend.

Hektisch wird es allenfalls dann, wenn sich die Kunde von der Sichtung eines Helmkasuares verbreitet. Es kursieren jede Menge Tipps, wann und wo man die seltenen Tiere am besten antrifft, planbar ist eine Begegnung aber natürlich nicht. Und so suchen die einen mehrere Tage vergeblich, während die anderen ganz nebenbei Zeuge werden, wie eines dieser imposanten Tiere über den Campingplatz stolziert. Das Publikum vor Ort ist bunt gemischt, es gibt junge Backpacker und alternative Typen ebenso wie Paare und Familien. Die Mischung aus Kokospalmen, Yoga und Fruchtcocktails verspricht Erholung pur. Was gemeinhin immer als „Mission Beach" bezeichnet wird, setzt sich aus mehreren Strandabschnitten zusammen, darunter auch der **Wongaling Beach** und **South Mission Beach**. Der Name für Ort und Strand bezieht sich auf eine Missionsstation für Aborigines, die im 1914 errichtet wurde. Anfang 2011 richtete Tropensturm Yasi hier heftige Zerstörungen an, in South Mission Beach fielen in 24 Stunden mehr als 470 mm Regen.

Basis-Infos

Anreise Pkw: Die grobe Richtung gibt der Bruce Highway vor. Von Norden kommend, fährt man bei *El Arish* auf die El Arish Mission Beach Road, von dort führt eine Route direkt ans Ziel (15 km); eine Alternativroute entlang der Küste ist etwa 20 km lang.

Nord-Queensland: von Townsville bis Cooktown

Von Süden kommend, fährt man bei *Birkalla*, etwas nördlich von *Tully*, auf die Tully Mission Beach Road, von da sind es noch gut 25 km. Distanz von *Cairns* knapp 150 km, von *Townsville* etwa 240 km.

Bus: Mit *Greyhound Australia* (℡ 1300473946, www.greyhound.com.au) von/nach *Cairns* (2 Std.) oder *Townsville* (3:45 Std.).

Mit *Premier Motor Service* (℡ 133410, www.premierms.com.au) etwas günstiger.

Greyhound bietet 5 Verbindungen tägl., *Premier* eine Verbindung.

GPS: S17°51.994′ E146°06.454′
Ortsvorwahl: 07

Touristinfo & Buchungen Mission Beach Tourism, gutes Infozentrum mit freundlicher Beratung und vielen Broschüren zum Stöbern. Hauptsaison Mo–Fr 9–16.45 Uhr, Sa/So 10–16 Uhr. 53 Porter Promenade, ℡ 40687099, info@missionbeachtourism.com.

Mission Beach im Internet Infos unter www.missionbeachtourism.com.

Fahrrad & Roller Mission Beach Boat Hire, verschiedene Modelle mit 6, 18 oder 40 PS kosten für den halben Tag entsprechend 110, 165 oder 220 $. Nur 6-PS-Boote ohne Bootsführerschein. 122 Kennedy Esplanade (South Mission Beach), ℡ 0438689555 (mobil), www.missionbeachboathire.com.au.

Internet WLAN-Zugang in Campingplätzen, Unterkünften und einigen Cafés.

Kajakmiete & -touren/SUP Coral Sea Kayaking, Halbtagestrip (4 Std.) an der Küste entlang 79 $/Pers., eine Paddeltour nach *Dunk Island* (ganzer Tag) 136 $ inkl. Lunch. Mehrtägige Bootswanderungen ab 815 $ (3 Tage). Die einfache Miete beträgt 80 $/Tag für den 1er- bzw. 120 $ für einen 2er-Kajak. SUP für 40 $/2 Std. ℡ 40689154 oder 0419782453 (mobil), www.coralseakayaking.com.

Sonstige Aktivitäten Skydive Mission Beach, den Tandemsprung über den Stränden um Mission Beach gibt es je nach Sprunghöhe ab 334 $. Eine DVD vom Sprung 130 $, plus Fotos 155 $. Gelandet wird am Strand. ℡ 66841323 oder 1300800840 (kostenlos), www.skydivemissionbeach.com.au.

Whitewater Rafting, Tagestour am *Tully River* (189 $), Abfahrt am Mission Beach um 8 Uhr, Rückkehr 17 Uhr. Insgesamt etwa 5 Std. auf dem Wasser, kleiner Lunch inkl. ℡ 40307990, www.ragingthunder.com.au.

Supermarkt Woolworths, Mo–Fr 8–21 Uhr, Sa 8–17 Uhr, So geschlossen. 34–40 Dickinson Street.

Palmen säumen die Strände von Mission Beach

Übernachten/Essen & Trinken

Übernachten Eco Village Resort, einzelne Bungalows in den Regenwald eingebettet, allesamt mit AC und TV. In der Anlage gibt es einen großen Küchenbereich, Pool und Spa. Kostenloses WLAN und eine Bar. Übernachtung für 2 Pers. im Deluxe-Bungalow ab 160 $. Clump Point Road, ✆ 40687534, www.ecovillage.com.au.

Sanctuary Retreat, Cabins und Hütten wunderbar in den Regenwald eingebettet, in der Anlage ein Pool, ein Restaurant und eine Bar. Zugang zum eigenen Strand. Die günstigste Alternative (in der Mehrbett-Hütte) ab 35 $, eine Unterkunft mit Bad für 2 Pers. ab 100 $, die Luxusversion ab 150 $. 72 Holt Road, ✆ 40886064, www.sanctuaryretreat.com.au.

Scotty's Beach House, Backpacker-Hostel mit einfachen, aber sauberen Mehrbettzimmern. Zur Anlage gehören ein Pool sowie ein ganz gutes Restaurant/Bar. Übernachtung ab 25 $, im DZ ab 70 $. 167 Reid Road, ✆ 40688676, www.scottysbeachhouse.com.au.

Mission Beach Hideaway, BIG4-Park, direkt im Zentrum. Cabins ab 89 $, die exklusivsten Varianten mit 2 Schlafzimmern und Spabad 185 $. Kleine Campküche und offener Aufenthaltsraum mit großem Flachbild-TV. Stellplatz 29–45 $. 58–60 Porter Promenade, ✆ 40687104 oder 1800687104 (kostenlos), www.missionbeachhideaway.com.au.

Essen & Trinken Millers Beach Bar & Grill, kühles Bier und deftige Küche: Schweinebauch Asiastyle, geschmorte Rinderrippen oder gegrillter Lachs (um 30 $), wenn es günstiger sein soll: einen Black Angus Burger (17 $). Außerdem Pizzen. Di–Fr ab 15 Uhr, Sa/So ab 12 Uhr. 1 Banfield Parade, Wongaling Beach, ✆ 40688177, www.millersbeachbar.com.au.

Scotty's Bar & Grill, im gleichnamigen Hostel (s. o.). Hungrige Backpacker verputzen hier Steaks, Currys oder Pasta. Hauptgerichte 20–30 $. Am Wochenende Unterhaltung mit Live-Bands oder DJs. Tägl. ab 17 Uhr. Reid Road, Wongaling Beach, ✆ 40688870.

Nana Thai Café, in dem blauen Häuschen werden wunderbare Thai-Gerichte gezaubert, die man dann in angenehmer Atmosphäre genießen kann. Nur BYO. Di–Sa 18–20.30 Uhr. 165 Reid Road, Wongalin Beach, ✆ 40689101.

Shanti Café, hier gibt es guten Kaffee, aber auch das Essen kann man sich schmecken lassen. Es gibt Frühstück in verschiedensten Variationen und Currys, beides auch vegetarisch. Tägl. ab 7 Uhr. 47 Porters Promenade, ✆ 0439997154.

Helmkasuare fallen immer wieder dem Straßenverkehr zum Opfer

Innisfail

ca. 9000 Einw.

Die beachtliche Anzahl an wunderschönen Art-déco-Gebäuden „verdankt" Innisfail einem Zyklon, der im Jahr 1918 verheerende Schäden anrichtete. Beim Wiederaufbau dachte man modern, und Art déco war in dieser Zeit nun einmal topaktuell.

Anfang des 20. Jh. kamen zahlreiche italienische Immigranten, um hier auf den Zuckerrohrfeldern zu arbeiten, sogar eine lokale Mafia soll es kurzzeitig gegeben haben. Etwa 10 km südlich der Stadt liegt das **Australian Sugar Industry Museum**, etwa 5 km nordöstlich der Stadt der **Johnstone River Crocodile Park**. Die Namensgebung beruht auf einem kuriosen Zwischenfall: Ursprünglich hieß der Ort nämlich „Geraldton", bis im Jahr 1910 ein Frachtschiff seine Ladung nicht wie vorgesehen nach Geraldton, Queensland, sondern ins Tausende Kilometer entfernte Geraldton, West-Australien, transportierte. Man sah Handlungsbedarf, setzte sich zusammen und beschloss den Namenwechsel. Innisfail ist eine jener Ortschaften, die schon immer unter starken Zerstörungen durch Tropenstürme zu leiden hatte, so auch bei Zyklon Larry 2006 und Zyklon Yasi 2011.

GPS: S17°31.569' E146°01.641'
Ortsvorwahl: 07

Anreise Pkw: Innisfail iegt direkt am Bruce Highway zwischen *Mission Beach* (58 km) und **Cairns** (92 km). Von hier führt auch der Palmerston Highway in die *Atherton Tablelands*. Nach *Atherton* sind es etwa 100 km.

Bus: Mit *Greyhound Australia* (✆ 1300473946, www.greyhound.com.au) oder *Premier Motor Service* (✆ 133410, www.premierms.com.au) zu erreichen. *Premier* ist etwas günstiger, bietet aber nur eine Verbindung täglich.

Ständige Gefahr durch Zyklone

Am 2. Februar 2011 traf der Zyklon Yasi mit Geschwindigkeiten von bis zu 285 km/h auf die Küstenregion im Nordosten Australiens. Betroffen war ein etwa 400 km langer Bereich zwischen Cairns und Townsville. Die größten Zerstörungen gab es um die Ortschaften Tully und Cardwell, wo riesige Bäume wie Streichhölzer geknickt und durch die Gegend geschleudert wurden. South Mission Beach wurde von Rekordniederschlägen mit über 470 mm in 24 Stunden heimgesucht – so viel wie in anderen Regionen Australiens in zwei Jahren fallen. Yasi erwies sich als noch stärker und zerstörerischer als Larry, der fast genau fünf Jahre zuvor für starke Verwüstungen in der Region gesorgt hatte. Damals wurden rund 90 % der australischen Bananenstauden vernichtet, und da die strengen Quarantänevorschriften Australiens den Import von Bananen verbieten, trieb das knappe Angebot den Bananenpreis um 500 % in die Höhe.

Angesprochen auf die Katastrophe, stand den Einheimischen auch fünf Monate später der Schrecken noch immer ins Gesicht geschrieben. „Aber Hauptsache, wir leben noch", so ein Ladenbesitzer in Cardwell, „und die Schäden kann man reparieren". Die finanziellen Schäden durch Yasi beliefen sich auf mehr als drei Milliarden Dollar, die Wiederaufbauarbeiten dauerten fast ein Jahr, und die Natur wird rund zwei Jahre brauchen, um sich zu regenerieren. Doch das Schlimmste für die Bewohner der sonst so malerischen Küstenorte ist: Sie wissen, der nächste Zyklon kommt bestimmt.

Information Innisfail Visitor Information Centre, am ANZAC Memorial Park. ✆ 40632655, innisfailtourism@ccrc.qld.gov.au.

Innisfail im Internet Informationen unter www.tropicalcoasttourism.com.au.

Festivals Harvest Festival, Erntedankfest im Oktober.

Sehenswertes Australian Sugar Industry Museum, knapp 10 km südlich von Innisfail, am Bruce Highway. Das Museum dokumentiert die Bedeutung der Zuckerindustrie für die Entwicklung der Region. Historische Gerätschaften wie Traktoren, Erntemaschinen und eine schön restaurierte Lokomotive sind zu sehen. Cafeteria und Souvenirshop. Mo–Fr 9–17 Uhr, Sa/So 9–13.30 Uhr. Eintritt 12 $. ℅ 40632477, www.sugarmuseum.com.au.

Supermarkt Woolworths, Mo–Fr 8–21 Uhr, Sa 8–17 Uhr, So 9–18 Uhr. Mcgowan Drive/Ecke Rankin Street.

Übernachten/Essen Barrier Reef Motel, zentral gelegenes Motel mit 41 einfachen Standardzimmern und Restaurant. DZ ab 130 $. Bruce Highway, ℅ 40614988, www.barrierreefmotel.com.au.

Flying Fish Point Tourist Park, 8 km nordöstlich der Stadt, dafür aber toll am Flying Fish Point gelegen. Campküche, Waschmaschinen, Aufenthaltsraum. Zeltstellplatz ab 31 $, verschiedene Cabins 60 $, Deluxe-Villa 110 $. Flying Fish Point, ℅ 40613131, www.ffpvanpark.com.au.

Roscoes Piazza, italienische Gerichte, die man im klimatisierten Speiseraum oder auch an der frischen Luft verdrücken kann. Die Küche serviert Fisch, Meeresfrüchte, Pasta und Pizza. Große Pizzen für 16 $, Hauptgerichte 25–35 $, Vorspeisen um 16 $. 3b Ernest Street, ℅ 4061688, www.roscoes.com.au.

》》 Mein Tipp: Oliveri's Deli, Spezialitätenladen mit luftgetrocknetem Schinken, Salamis und verschiedenen Käsesorten. Auch fertig zubereitete Snacks. Mo–Fr 8.30–17 Uhr, Sa 8.30–12.30 Uhr. 41 Edith Street, ℅ 40613354, www.oliverisdeli.com.au. **《《**

Nationalparkcamping Henrietta Creek Camping Area, im Wooroonooran National Park. Knapp 40 km westl. von Innisfail, am Palmerston Highway. Es gibt Plumpsklos, Picknicktische und Gas-BBQs. Übernachtung 5,95 $/Pers. und Nacht. www.nprsr.qld.gov.au.

Freecamping Babinda Rest Area, 30 km nördl. von Innisfail, 60 km südl. von Cairns. Toiletten, kalte Duschen, BBQs und Entleerstelle für chemische Campingtoiletten.

Paronella-Park

Am Anfang stand der große Traum eines kleinen Immigranten. *José Paronella* kam 1913 aus dem fernen Katalonien nach Australien und verdingte sich als Arbeiter auf den Zuckerrohrfeldern. 1929 erstand er das 6 ha große Areal und fing an, zusammen mit seiner Frau einen Park anzulegen. Er errichtete ein Wohnhaus und machte sich dann an den Bau des „spanischen Schlösschens". Über 7000 Bäume wurden gepflanzt, Wasserfälle angelegt, Picknicktische aufgestellt. 1935 war Eröffnung, und die Besucher vergnügten sich beim Tanz im Ballsaal, dinierten in den Speiseräumen oder badeten im Fluss. José starb 1948. In den folgenden Jahrzehnten wurden die Gebäude und Parkanlagen immer wieder durch Feuer, Überschwemmungen oder Tropenstürme stark beschädigt. Erst 1993 machten sich die neuen Besitzer an den Wiederaufbau. Dabei wurde viel Wert darauf gelegt, die Historie und das urtümliche Flair der Gebäude zu erhalten – es gab keinen kompletten Neuaufbau, vielmehr wurde nur hier und dort saniert und ausgebessert. So sieht nichts aus wie aus dem Ei gepellt, die Betonflächen sind von Moosen und Flechten überzogen, und fast scheint es, als würde die Natur jeden Augenblick wieder das Regiment übernehmen.

Tägl. 9–19.30 Uhr, Eintritt 43 $. Es gibt verschiedene Führungen z. B. Dream-Tour, Bush-Tucker-Tour oder Vorführungen von Aboriginal-Tänzern. Nachttouren um 20 Uhr. Japoonvale Road (Old Bruce Highway), Mena Creek. Rund 25 km südlich von Innisfail, 120 km südlich von Cairns. ℅ 40650000, www.paronellapark.com.au.

Künstlich angelegte Badelagune in Cairns

Cairns
ca. 130.000 Einw.

So lange ist es noch gar nicht her, da war Cairns ein weitgehend beschauliches Städtchen unter tropischer Sonne. Doch mit dem Ausbau des Flughafens in den 80er-Jahren begann ein Tourismusboom, der so manch alteingesessenem Bewohner gar nicht mehr geheuer ist.

Der Ansturm der Urlauber hat die Stadt verändert. Noch Mitte des 20. Jh. stand hier der Anbau von Zuckerrohr und tropischen Früchten im Mittelpunkt, Touristen kamen höchstens, um zu fischen. Heute reihen sich Filialen bekannter Fastfood-Ketten neben Restaurants, die ihre mehrsprachigen Speisekarten mit Aufklebern der jeweiligen Landesflaggen markieren. Dazwischen zwängen sich Buchungsbüros für die Fahrt ans *Great Barrier Reef* und Tauchschulen, die wie Pilze aus dem Boden schießen. Cairns ist zweifellos ein Ort des Massentourismus geworden, und das versucht man gar nicht zu verstecken – es ginge ohnehin nicht. So pflegt man seine Position als Knotenpunkt im tropischen Norden: das Riff im Osten, den Regenwald im Westen, weiße Sandstrände im Norden und Süden. Und Cairns als komfortable Basis mittendrin, bequem mit dem Flugzeug zu erreichen, mit allen Annehmlichkeiten einer modernen Stadt und ausschweifendem Nachtleben. Speziell bei jungen Leuten trifft diese Mischung den Geschmack: Kaum irgendwo in Australien sieht man so viele verbeulte Backpacker-Campingbusse auf einem Fleck. Und wer etwas mehr Dollars im Geldbeutel hat, der kann sie in luxuriösen Unterkünften oder beim „waterfront-dining" in den Restaurants der Marina wieder ausgeben.

Cairns

Anreise

Pkw Von Süden zu erreichen über den Bruce Highway, von **Townsville** sind es gut 355 km. Nach Norden führt der Captain Cook Highway, nach **Port Douglas** sind es etwa 70 km, nach **Cape Tribulation** etwa 150 km. Nach **Kuranda** sind es 35 km auf einer steilen und kurvigen Straße.

Bus Mit *Greyhound Australia* (✆ 1300473946, www.greyhound.com.au) von **Townsville** (5:30 Std.) oder **Mission Beach** (2 Std.). Günstigere Verbindungen mit *Premier Motor Service* (✆ 133410, www.premierms.com.au), jedoch nur 1-mal/Tag. Richtung Norden fahren zusätzlich die Busse von *Sunbus* (✆ 40577411, www.sunbus.com.au) z. B. nach **Port Douglas** oder **Cape Tribulation**. In die Atherton Tablelands fahren die Busse von *TransNorth* (✆ 40958644, www.transnorthbus.com).

Bahn Die Züge von *Queensland Rail* (✆ 131617, www.queenslandrail.com.au) verkehren zwischen **Brisbane** und **Cairns**.

Flugzeug Cairns Airport wird von *Jetstar* (✆ 131538, www.jetstar.com.au), *Qantas* (✆ 131313, www.qantas.com.au) und *Virgin Australia* (✆ 136789, www.virginaustralia.com.au) angesteuert. Flüge z. B. nach **Brisbane**, **Sydney** oder **Melbourne**. *Skytrans* (✆ 1300759872, www.skytrans.com.au) steuert 9 kleinere Flughäfen auf der **Cape-York-Halbinsel** und den **Torres-Strait-Inseln** an.

Am Flughafen gibt es alle großen Autovermieter, mit dem Taxi (✆ 131008) kommt man für etwa 25 $ in die Stadt.

Die Busse von **Sun Bus** (✆ 40577411, www.sunbus.com.au) fahren mehrmals tägl. über die Northern Beaches z. B. nach **Port Douglas** oder **Cape Tribulation**.

Information & Adressen → Karte S. 728/729

GPS: S16°55.216′ E145°46.739′
Ortsvorwahl: 07

Touristinfo & Buchungen Cairns and Tropical North Visitor Information Centre, super Beratung und Hilfe bei Buchungen aller Art. Mo–Fr 8.30–18 Uhr, Sa/So 10–18 Uhr. 51 The Esplanade, ✆ 40513588, www.cairnsgreatbarrierreef.org.au.

QPWS Cairns Information Centre, das Infozentrum des Queensland Parks & Wildlife Service. Mo–Fr 8.30–17 Uhr. 5B Sheridan Street, ✆ 42225303, www.nprsr.qld.gov.au.

Im Ort gibt es jede Menge **Buchungsbüros**, z. B. an der Esplanade. Auch die Unterkünfte bieten die Buchung von Touren und Ausflügen an, und weil sie dafür Provision kassieren, ist man dort immer sehr hilfsbereit.

Cairns im Internet Informationen unter www.cairnsgreatbarrierreef.org.au oder www.visitcairns.com.au.

Auto- & Wohnmobil-Vermietung Avis, 135 Lake Street/Ecke Aplin Street, ✆ 40480522, www.avis.com.

Hertz, Shopp 1, Abbott Street/Ecke Shield Street, ✆ 40516399, www.hertz.com.au.

Europcar, 135 Abbot Street, ✆ 40334800, www.europcar.com.au.

Budget Car, 153 Lake Street, ✆ 40488166, www.budget.com.au.

Britz 🖾, Wohnmobile. 419 Sheridan Street, ✆ 1800331454, www.britz.com.au.

Fahrrad & Motorroller Scooters & Bikes 🖾, Roller ab 59 $/4 Std.; es gelten verschiedene Einschränkungen, wie weit man aus der Stadt hinausfahren darf. Fahrräder ab 35 $/Tag. 47 Shields Street, ✆ 40313444, www.cairnsbicyclehire.com.au.

Festivals & Events Festival Cairns, über drei Wochen von Ende Aug. bis Mitte Sept.: eines der interessantesten Festivals in Queensland. Es gibt Märkte, Pferderennen, Konzerte, Theater- und Artistikaufführungen, Feuerwerke und Sportveranstaltungen – für jeden etwas dabei.

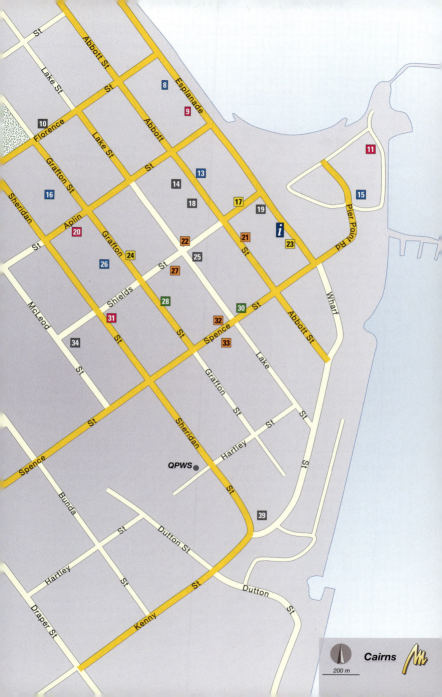

Nord-Queensland: von Townsville bis Cooktown

Internet In der Innenstadt gibt es immer wieder kleine Läden, die mit Schildern auf einen günstigen Internetzugang hinweisen. Die zuverlässigste Adresse ist die Bibliothek:

Cairns Library 14, Mo–Fr 10–18 Uhr, Sa/So 9–12 Uhr. 151 Abbott Street, www.cairns library.com.au.

Konsulat Deutsches Konsulat, Shop 11, The Conservatory, 12 Lake Street, ✆ 40415344.

Kunsthandwerk & Souvenirs Universal Joint 17, große Auswahl an Didgeridoos, entspannte Beratung und Anleitung. Regelmäßige Treffen zum gemeinsamen Üben. Täglich geöffnet. 2A Shields Street, ✆ 40521481.

Doongal Art 23, richtig tolle Bilder, aber leider auch entsprechend teuer – auf den Preisschildern stehen bisweilen fünfstellige Summen. Auch Didgeridoos, Bumerangs etc. Man kann auch online bestellen. Tägl. geöffnet. 49 The Esplanade, ✆ 40414249, www.doongal.com.au.

Märkte Night Markets 24, tägl. 16.30–23 Uhr – eine gute Gelegenheit, um Souvenirs, Kunsthandwerk, Schmuck oder Strandkleidung einzukaufen. 54/60 Abbott Street, www.nightmarkets.com.au.

Rusty's Market, frisches Obst, Gemüse, Blumen und Erzeugnisse aus der Region. Fr 5–18 Uhr, Sa 6–15 Uhr, So 6–14 Uhr. Sheridan Street (zwischen Shields Street und Spencer Street), www.rustysmarkets.com.au.

Medizinische Versorgung Cairns Base Hospital, Versorgung in allen Bereichen, 24-Std.-Notaufnahme. The Esplanade (Höhe Kerwin Street), ✆ 42260000.

Cairns 24 Hour Medical Service 10, Versorgung an 7 Tagen rund um die Uhr. Hier wird auch die Tauchuntersuchung durchgeführt. Florence Street/Ecke Grafton Street, ✆ 40521119.

Post Cairns Central Post Shop, Mo–Fr 9–17 Uhr, Sa 9–12.30 Uhr. Cairns Central Shopping Centre, Mcleod Street.

Unterwegs in Cairns Sunbus, im Stadtgebiet und Umgebung ist man gut per Bus unterwegs. Eine Zone 2,20 $/Einzelfahrt bzw. 4,40 $ fürs Tagesticket, damit ist man dann auch im CBD unterwegs. Fahrpläne in den Touristbüros und im Netz. ✆ 40577411, www.sunbus.com.au.

Taxi Black & White Taxis, heranwinken oder ordern unter ✆ 131008.

Reisebüro Peter Pan Travels 25, Buchung von Ausflügen, Aktivitäten wie Fallschirmspringen, aber auch von Flügen oder Bustickets. 90–92 Lake Street, ✆ 40510899, www.peterpans.com.

Flight Centre, günstige Flüge, auch online zu buchen. Central Shopping Court, 24 Spence Street, ✆ 1300358508, www.flight centre.com.au.

Supermarkt Coles 29, Mo–Sa 8–21 Uhr, So 9–21 Uhr. Mcleod Street/Ecke Aplin Street.

Übernachten → Karte S. 728/729

Unterkünfte im Stadtbereich Shangri-La 15, das Hotel in Bestlage, direkt an der Marlin Marina gelegen. Exzellentes Restaurant und eine Bar im Haus. DZ ab 190 $, mit Blick auf die Marina ab 240 $; die geräumigere Executive-Suite (50 m²) ab 350 $, für ein Apartment (60 m²) mit separatem Schlafzimmer legt man um 370 $ auf den Tisch. Pierpoint Road, ✆ 40311411, www.shangri-la.com.

Bay Village 5, nicht ganz im Zentrum, aber nahe der Esplanade. Die Zimmer sind in angenehmen Farben gehalten, der blanke Fliesenboden kühlt die tropische Hitze. Ausgezeichnetes Restaurant Bayleaf. DZ ab 150 $, Studio ab 165 $, Apartments mit 1–3 Schlafzimmern 170–330 $. Lake Street/Ecke Gatton Street, ✆ 40514622, www.bayvillage.com.au.

Il Palazzo 13, Boutique-Hotel in 1-a-Lage, nur einen Block von der Badelagune entfernt. Der ist Baustil mediterran geprägt, mit Terracotta-Fliesen und warmen Farben. Alle Suiten haben Schlafzimmer, Küche, Bad und Waschmaschine. Zur Anlage gehören ein Pool und ein Sonnendeck. DZ 195–250 $. 62 Abbott Street, ✆ 40412155 oder 1800813222 (kostenlos), www.ilpalazzo.com.au.

Comfort Inn & Suites City Terraces 12, gut ausgestattete Apartments für Selbstversorger, nur einen kleinen Spaziergang vom Zentrum und der Strandpromenade entfernt. Rund 220 $/Nacht, schon bei drei Nächten ordentliche Rabatte. 55–65 McLeod Street, ✆ 40518955, www.cityterraces.com.au.

Cairns

Reef Palms 4, ruhige Unterkunft etwas außerhalb der Stadt. Zimmeroptionen mit Bad, Kochgelegenheit, eigenem Balkon und Safe. Außerdem gibt es einen Pool und einen kostenlosen Shuttle-Service ins Stadtzentrum und zum Flughafen. Ab 145 $/ 2 Pers. 41–47 Digger Street, ✆ 40512599, www.reefpalms.com.au.

Villa Vaucluse 16, das Gebäude fällt schon von außen auf. Auch hier wohnt man in Apartments, mit Balkon und kleiner Küche, Wohnbereich mit Ausziehsofa und Esstisch. Übernachtung für 2 Pers. 150–200 $, ab 2 Nächten wird es billiger. 141 Grafton Street, ✆ 40518566, www.villavaucluse.com.au.

Discovery Resort 7, gerade mal 500 m vom Zentrum entfernt, kann man hier in schlichten und günstigen Zimmern wohnen. Zur Ausstattung gehören neben eigenem Bad und Fernseher auch Zimmersafe und kleiner Kühlschrank. Kostenpflichtiger Internetzugang. Zur Anlage gehören zwei Pools und ein italienisches Restaurant. DZ ab 129 $, ab drei Nächten Rabatt. 183–185 Lake Street, ✆ 40449777, www.discoveryresort.com.au.

Cairns Aquarius 8, wie häufig bei Hotelhochbauten punktet auch hier die Fernsicht vom eigenen Balkon – die Lage an der Esplanade eröffnet den Blick aufs Meer, den Hafen und die Flaniermeile. Die Apartments mit 2 Schlafzimmern sind nett eingerichtet, die voll ausgestattete Küche auch hier einen Geschirrspüler. Apartment je nach Saison 250–310 $/Nacht, Mindestaufenthalt 2 Nächte, ab 3 Nächten wird es günstiger. 107 The Esplanade, ✆ 40518444, www.cairnsaquarius.com.au.

Backpacker Hostels Travellers Oasis Backpackers 36, freundliches Hostel mit den üblichen Gemeinschaftseinrichtungen und eigenem Tourdesk. Im Mehrbettzimmer ab 27 $/Pers., im Einzelzimmer ab 49 $, im Twin bzw. DZ ab 66 $. 8 Scott Street, ✆ 40521377, www.travellersoasis.com.au.

»» Mein Tipp: Northern Greenhouse 26, in einem ehemaligen Apartmentkomplex, alle Dorms mit eigenem Bad. In der Anlage gibt es eine Bar, einen bewachten Parkplatz und die üblichen Annehmlichkeiten eines guten Hostels. Bett ab 28–30 $. 117 Grafton Street, ✆ 40477200 oder 1800000541 (kostenlos), www.friendlygroup.com.au. «««

Dreamtime Hostel 35, kleiner, gemütlicher Familienbetrieb mit sauberen Zimmern und freundlichem Service. Außerdem wird hier viel für „grüne Alternativen" getan, z. B. mit Solarpanels auf dem Dach oder sparsamen Toilettenspülungen. Im Mehrbettzimmer ab 26 $, das DZ ab rund 60 $. 26 189 Bunda Street, ✆ 40316753 oder 1800054440 (kostenlos), www.dreamtimehostel.com.

Camping Cairns Holiday Park 2, der am günstigsten gelegene Platz in Cairns. Bunt gemischtes Publikum von jungen Zeltbewohnern und einigen Wohnmobilisten. Toiletten und Duschen sind o. k., das Tourdesk an der Rezeption ist spitze. Viele Backpacker, entsprechend nicht immer ganz ruhig. Stellplatz ab etwa 30 $. 12–30 Little Street, ✆ 40511467 oder 1800259977 (kostenlos), www.cairnsholidaypark.com.au.

Cairns Coconut Resort 37, sehr großes 5-Sterne-Resort mit Cabins und Stellplätzen, zwei Swimmingpools, Minigolf, kleiner Basketballanlage, Restaurant, Spieleraum, Kiosk und sogar einer Leinwand fürs Freiluftkino. Top ausgestattet, deshalb einer der teuersten Plätze in Queensland: Camping ab 45 $/Nacht, Stellplatz mit eigenem Bad ab 66 $. Bruce Highway/Ecke Anderson Road, ✆ 40546644, www.coconut.com.au.

Außerhalb Green Island Resort, äußerst exklusiv, auch was die Lage betrifft. 45 Min. fährt man mit dem Boot nach Green Island, wo das Resort gut abseits von den Pfaden der Tagesausflügler liegt. Rundum-Versorgung mit Restaurant, Bar, Boutique und Tauchshop. Die 66 m^2 großen Reef Suites gehen über 2 Etagen (ab 600 $/Nacht), die kleineren Island Suites sind auf einem Level (ab 500 $/Nacht). Bootsüberfahrten tägl. 4-mal in jede Richtung, die Preise dafür sind inklusive (wird bei Buchung bestätigt). Green Island, ✆ 40313300, www.greenislandresort.com.au.

Essen & Trinken → Karte S. 728/729

The Ochre Restaurant 31, mehrfach ausgezeichnete Restaurantküche, die ungewöhnliche Zutaten verarbeitet. Auf den Teller kommt z. B. Wallaby in Buschtomatensoße oder Barramundi in Bananenblättern gedämpft (je um 40 $). Als Einstieg eignet sich die Vorspeisen-Probierplatte mit einem Happen von allem (Krokodil, Emu, Känguru …). Tägl. Abendessen, Mo–Fr auch Lunch. 43 Shields Street, ☏ 40510100, www.ochrerestaurant.com.au.

Salt House Restaurant 11, mit super Außenbereich. Zum Lunch bekommt man ein Steaksandwich (25 $) oder Tagliatelle mit Meeresfrüchten (38 $), zum Dinner kommen Spezialitäten vom Holzgrill auf den - Tisch, z. B. Lammfilets mit Auberginenpüree und Minzjoghurt (36 $) oder ein ganzer Fisch mit Chilisoße und Mangosalat (80 $ für 2 Pers.). Sa/So 7–11 Uhr, tägl. 12–15 und 18–22 Uhr. An der Marina, ☏ 40417733, www.salthouse.com.au.

Snoogies 6, vegetarisches Café für Fans gesunder und vor allem fleischloser Küche. Außerdem frisch gepresste Säfte. Mo–Fr 9–14 Uhr. Main Street Arcade, ☏ 0409340024 (mobil).

Bayleaf Restaurant 5, interessante Küche mit balinesischem Einschlag – ideal, um einige Kleinigkeiten zu bestellen und viele verschiedene Gerichte zu probieren. Zu den exotischen Angeboten gehört z. B. Krokodil-Satay. Gerichte etwa 15–30 $. Schöner Freiluftbereich. Mo–Fr 12–14 Uhr und tägl. ab 18 Uhr. Lake Street/Ecke Gatton Street, ☏ 40514622, www.bayvillage.com.au.

Caffiend 28, aktuell sehr angesagter Laden für Kaffee und kleine Speisen, wie etwa Salate oder Sandwiches. Auch Ausstellungen und Events. Mo–Sa 7.30–15 Uhr, So 8–14 Uhr. Shop 5, 78 Grafton Street, ☏ 40515522, www.caffiend.com.au.

Khin Khao 20, frische, authentische Thai-Küche, auch als Take-away. Vorspeisen ab etwa 8 $, Currys und Stir-Frys ab 16 $. Mo–Fr 11–14.30 Uhr, Dinner tägl. ab 16.30 Uhr. 21 Aplin Street, ☏ 40318581, http://khinkhao.com.au.

Raw Prawn 9, auch bei dem an der Esplanade gelegenen Restaurant ist die Küche asiatisch angehaucht. Große Auswahl, Hauptgerichte 25–40 $. Der Tipp ist das Mittagsmenü: 11.30–16 Uhr gibt es ein 2-Gänge-Menü inkl. 1 Glas Wein oder Bier für 24,50 $. Tägl. ab Mittag bis 22 Uhr. ☏ 40315400, www.rawprawnrestaurant.com.au.

Bang & Grind 30, hier gibt es nicht nur guten Espresso, sondern auch Kuchen, Sandwiches und kleine Gerichte. Mo–Sa 7–15 Uhr. Shop 8, The Bolands centre, 14 Spence Street, ☏ 40517770, www.bangespresso.com.au.

》》》 Mein Tipp Ganbaranba Noodle Colosseum 30, hier stimmt das Preis-Leistungs-Verhältnis, leckere Nudel- und Suppengerichte für etwa 9–12 $. 12 Spence Street, ☏ 40312522. **《《**

Unterhaltung & Nachtleben → Karte S. 728/729

Das Nachtleben in Cairns ist exzessiv, laut und wild. Vor allem die vielen Backpacker lassen es richtig krachen. Es gibt etwa ein halbes Dutzend guter, bequem im Zentrum gelegener Nachtclubs (Eintritt je nach Wochentag und Veranstaltung um 10 $, dafür darf man bis 5 Uhr früh feiern). Wer es nicht ganz so ausschweifend liebt, findet in vielen Restaurants auch Lounges, in denen man sich nach dem Essen einen Cocktail genehmigen kann. Und wer sein Bier am liebsten in rustikaler und unkomplizierter Umgebung trinkt, kann eines der zahlreichen Pubs/Hotels ansteuern.

Pubs **Courthouse Hotel** 21, Überraschung: Das Pub war einmal ein Gerichtsgebäude – in den letzten Jahren wieder zu altem (und neuem) Glanz aufpoliert. Von außen schon einladend, wenn man drinnen ist, will man nicht mehr weg. Einer der schönsten Plätze in Cairns, um ein Bier zu trinken. Tägl. ab 10 Uhr. 38 Abbott Street, ☏ 40817777, www.courthousehotelcairns.com.au.

P.J. O'Briens 27, eher eine Party-Bar als ein klassisches Irish Pub. Ob Junggesellenabschied, Weihnachtsfeier, oder „normale" Partynacht, hier geht es rund und das Guinness fließt in Strömen. Guter Pub-Grub. Tägl. bis spät geöffnet. 87 Lake Street, ☏ 40315333, www.pjobriens.com.au.

Bars & Clubs Woolshed 22, rustikale Party-Bar, in der vornehmlich junges Volk schnell zur Pärchenbildung übergeht. Zu vorgerückter Stunde tanzt man auf den Tischen, kippt Schnäpse ohne Zuhilfenahme der Hände und grölt sich die Lungen aus dem Leib. Sa/So bis 5 Uhr früh. 24

Cairns

Shields Street, ✆ 40316304, www.thewoolshed.com.au.

Rhino Bar 33, noch ein Hotspot im Nachtleben von Cairns. Tanzen, abrocken und trinken. Regelmäßig Mottoabende. Tägl. bis in die Puppen geöffnet. Fr/Sa 21–5 Uhr. Lake Street/Ecke Spence Street, ✆ 40315305.

The Heritage 32, im zweitältesten Gebäude der Stadt war einst die Bank of North Queensland untergebracht, heute findet man eine gelungene Mischung aus Pub, Bar und Club. Täglich schon tagsüber geöffnet. Spence Street/Ecke Lake Street, ✆ 40318070, www.theheritagecairns.com.

Sonstiges Tanks Arts Centre 1, wirklich außergewöhnlicher Kultur-Komplex, in dem Gebäude sind riesige Öltanks untergebracht, die in Veranstaltungsorte umgewandelt wurden. Es gibt Galerien, Theateraufführungen, Lesungen und Konzerte. 46 Collins Ave (etwa 4 km vom Ortszentrum entfernt), ✆ 4032660, www.tanksartscentre.com.

Cairns Convention Centre 39, große Konzerte und Sportveranstaltungen. Wharf Street/Ecke Sheridan Street, ✆ 40424200, www.cairnsconvention.com.au.

Tauchen

→ Karte S. 728/729

Tauchen ist ein großes Geschäft in Cairns. Es gibt zahlreiche Anbieter, die Kurse und mehrtägige Exkursionen anbieten. Je nach Dauer der Fahrten werden einige der besten Tauchspots am Great Barrier Riff angesteuert, z. B. das *Cod Hole*, das *Osprey Reef* oder das *Ribbons Reef*. Preisunterschiede bei Mehrtagestouren ergeben sich auch durch unterschiedliche Kategorien der Kabinen (Einzel- oder Außenkabine, Multi-Share). Bei mehreren Tagen an Bord ist die Verpflegung i. d. R. inklusive. Bei den Tauchschulen sind im Folgenden lediglich die Open-Water-Diver-Kurse genauer erläutert, doch die genannten Schulen bieten auch Kurse für Fortgeschrittene, z. B. „Advanced Open Water", „Rescue Diver" oder „Nitrox".

Tauchkurse Pro Dive 38, die Kurse starten alle mit 2 Tagen Theorie und Praxis im Trainingszentrum. Beim 4-Tage-Kurs (740 $) folgen 2 Tage auf einem Tauchschiff, dort werden 4 Trainingstauchgänge absolviert. Beim 5-Tage-Kurs (935 $, Di/Fr auch auf Deutsch) ist man 3 Tage und 2 Nächte auf dem Schiff – neben dem Kursprogramm

Mit modernen „Wavepiercern" transportiert man die Touristenmassen in Windeseile ans Riff

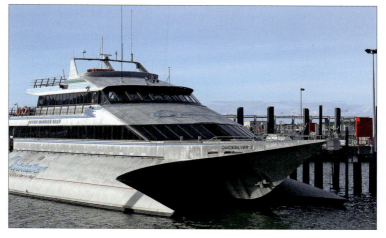

sind 5 weitere Tauchgänge inklusive. Kursbeginn tägl. außer Sonntag. 116 Spence Street, ✆ 40316681, www.prodive-cairns.com.au.

Tusa Dive 19, hier gibt es 4-Tage-Kurse für 720 $/Pers. Tag 1 und 2 paukt man Theorie und übt im Pool, dann geht es für 2 Tage (Übernachtung an Bord) zu den 4 Trainingstauchgängen auf das Boot. ✆ 40479100, www.tusadive.com.

Cairns Dive 18, Budget-Version für 555 $. 2 Tage im Pool, dann folgen 4 Tauchgänge im Meer, die auf 2 Tagestrips verteilt sind. Erweiterbar mit zusätzlichen Tauchgängen, Exkursionen mit Übernachtungen an Bord etc. 121 Abbott Street, ✆ 40510294, www.cairnsdive.com.au.

Divers Den, ähnliches Angebot wie Pro Dive, auch als 4- bzw. 5-Tage-Kurs und mit der Option die Tauchgänge auf Tagesfahrten zu machen (keine Übernachtung auf einem Schiff). ✆ 40467333, www.diversden.com.au.

Tauchexkursionen Spirit of Freedom, ein 37 m langes Stahlboot ist die komfortable Basis für die Tauchgänge. Maximal 26 Passagiere sind an Bord, zudem 10 Mann Besatzung. 3 Tage kosten 1650–2500 $, 4 Tage 2000–2850 $, 7 Tage 4000–5000 $. Materialmiete 120–245 $/Trip. ✆ 40479150, www.spiritoffreedom.com.au.

Reef Encounter, auf einem 35-m-Hochseekatamaran und in den Versionen 2 Nächte (ab 600 $), 3 Nächte (ab 800 $) und 4 Nächte (ab 1000 $). Alle Preise pro Person im Twin-Share-Zimmer. Verschiedene Tauchkurse gegen Aufpreis. Die *Reef Encounter* hat sogar einen Helipad auf dem Dach, so kann man direkt per Hubschrauber an- und abreisen (ab 720 $/Pers.). 100 Abbott Street, ✆ 40372700, www.reefencounter.com.au.

Mike Ball Dive Expeditions, bei Mike Ball liegen die Preise bei 1550–2300 $ für 3 Tage, bis hin zu 3500–5200 $ für 7 Tage. Umfangreiches Kursangebot an Bord. ✆ 40315484, www.mikeball.com.

Pro Dive, (→ Tauchkurse) bietet ebenfalls mehrtägige Exkursionen, von 3 Tagen (ab 750 $) bis maximal 7 Tage (3400–5000 $).

Touren & Aktivitäten

Tagestouren Eine ganze Armada steuert vom Reef Fleet Terminal zum **Great Barrier Riff** hinaus. Es gibt riesige Katamarane für Leute, die leicht seekrank werden, und schnelle Raketen für alle, denen es pressiert.

Reef Magic, die Tagestouren kosten 199 $, Schnorchelausrüstung, Kaffee & Kuchen sowie Lunch inklusive. Taucher mit Schein zahlen 265 $ inkl. 2 Tauchgängen. Anfänger können für 125 $ einen Schnuppertauchgang machen. ✆ 40311588, www.reefmagiccruises.com.

Sunlover Reef Cruises, Tagesfahrten zum *Moore Reef*: 199 $/Pers. inkl. Schnorchelausrüstung und Lunch. Wer sich mit den Apparaturen beim Tauchen schwer tut, kann mit „Unterwasserhelm" abtauchen, da kann man ganz normal durch Mund und Nase atmen (145 $ extra). ✆ 40501333 oder 1800810512 (kostenlos), www.sunlover.com.au.

Rundflüge GBR Helicopters, 10-minütiger Rundflug über Cairns 169 $/Pers., 20 Min. ins Hinterland 299 $, 30 Min. über dem Riff 399 $, das einstündige Kombipaket mit Riff und Regenwald 699 $. Viele weitere Optionen. Abflug ab Cairns, aber auch ab Port Douglas möglich. ✆ 40818888, www.gbrhelicopters.com.au.

Updraught Microlights, eine super Alternative, da weht einem der Flugwind um die Nase. 3 verschiedene Rundflüge in den Ultraleicht-Flugzeugen gibt es: nach Port Douglas (30 Min/175 $), zum Daintree River (1 Std., 260 $) und zum Cape Tribulation (1:30 Std., 390 $). Wer einige Wochen Zeit hat und mindestens 3600 $ mitbringt, kann hier eine entsprechende Fluglizenz erwerben. ✆ 0419773309 (mobil), www.updraught.com.au.

Baden & Schwimmen Cairns Lagoon, ein große und wunderschön gestaltete Badelagune und die beste Möglichkeit, um in Cairns zu baden. Direkt an der Esplanade, mit großen Grünflächen zum Hinlegen und Sonnen. Toiletten und Umkleiden vor Ort. Cafés, Restaurants, Shops und Bars nur einige Schritte entfernt an der Promenade und im Ortszentrum.

Fallschirmspringen Skydive Cairns, Adrenalinsüchtige können im Tandem aus dem Flieger hüpfen, der Sprung aus 14.000 ft Höhe mit 60 Sek. Freifall kostet rund 350 $. Für 155 $ extra gibt es eine DVD mit Film und Digitalfotos vom Sprung. Büro in der 82 Grafton Street, ✆ 40315466 oder 1300800840, www.skydivecairns.com.au.

Fischen Fishing the Tropics, verschiedene Optionen, den halben Tag Fischen an der Flussmündung gibt es schon ab 95 $, Tagestouren ab 180 $. Abfahrt von der Marlin Marina. ✆ 0414917778 (mobil), www.fishingthetropics.com.au.

Kitesurfen Kite Rite, nördlich von Cairns wird die Trendsportart unterrichtet. 79 $/Std., Kurs über 2 Tage mit insgesamt 10 Std. Unterricht 499 $, 3-Tage-Kurs mit 15 Std. 699 $. Varley Street, Yorkeys Knob, ✆ 40557918 oder 0409283322 (mobil), www.kiterite.com.au.

Rafting Raging Thunder, die Tagestour am *Tully River* kostet 199 $, Abfahrt 6.30 Uhr, Rückkehr 18 Uhr. Man ist etwa 5 Std. auf dem Wasser, inkl. Lunch. Die Halbtagestour (135 $) findet auf dem leichter zu befahrenden *Barron River* statt; dort ist man nur 2 Std. auf dem Wasser. Abfahrt in Cairns um 14 Uhr, Rückkehr um 18 Uhr. ✆ 40307900, www.ragingthunder.com.au.

Sehenswertes

Flecker Botanic Gardens: Der Garten ist Heimat des *Amorphophallus Titanum*, des Titanwurz – ein riesiges Gewächs, das gut 70 kg wiegt und dessen Blätter einige Meter im Durchmesser groß sind. Nur zwei dieser Exemplare gibt es in ganz Australien. Und auch sonst kann man auf dem 38 ha großen Areal über jede Menge exotische Pflanzen staunen. Die Ursprünge des Gartens liegen im Jahr 1886, so entsteht der Eindruck einer natürlich gewachsenen Umgebung. Besuchern wird empfohlen, sich vorher mit Mückenspray einzunebeln.

Tägl. 7.30–17.30 Uhr. Eintritt frei, kostenlose Führungen Mo–Fr 10 Uhr. Nordwestlich des Zentrums in der Collins Avenue, Edge Hill, ✆ 40326650, gardens@cairns.qld.gov.au.

Centre of Contemporary Arts: Hoch gelobtes Kunstzentrum, gerade einmal einen Block von der Esplanade entfernt. Das Gebäude aus den 70er-Jahren wurde nach einem 2,7 Mio. Dollar teuren Umbau 2004 neu eröffnet. Gleich vor dem Eingang ziehen die *Jelly Babies* von Sophie Cadman den Blick auf sich, lebensgroße Gummibärchen-Babies aus Fiberglas in verschiedenen Farben. In dem Komplex sind drei Gruppierungen aktiv, die sich mit verschiedenen Aspekten der Kunst befassen. *JUTE* ist eine moderne Theatergruppe, *KickArts* ist eine Vereinigung, die sich mit visueller Kunst beschäftigt, und für die neuesten Bilder ist der *End Credits Film Club* zuständig. Die auf zwei Ebenen angeordneten Ausstellungsräume präsentieren außergewöhnliche, moderne und wirklich coole Kunst. Zudem Restaurant und ein Shop.

Mo–Sa 10–17 Uhr. Eintritt frei. 96 Abbott Street, ✆ 40881010, www.centre-of-contemporary-arts-cairns.com.au.

Cairns Wildlife Dome: Die 20 m hohe Glaskuppel auf dem Dach des *Reef Hotel Casino* ist nicht zu übersehen. Seit 2003 residiert hier, mitten in der Stadt, ein kleiner Allwetterzoo, der Zuschauern etliche Kreaturen der Gegend, wie Kakadus, Papageien, Koalas und Wallabys, näher bringt. Sogar Schlangen und Krokodile sind zu bestaunen, eines davon ein stattliches „Saltie". Der Lebensraum der Tiere ist so gut es geht nachempfunden. Verschiedene Vorführungen und Fütterungen den ganzen Tag über.

Tägl. 9–18 Uhr. Eintritt 24 $, mit „Koala-Knuddelfoto" 40 $. 35–41 Wharf Street, ✆ 40317250, www.cairnsdome.com.au.

Cairns Regional Gallery: In einem historischen Gebäude, dessen weiße Säulen und blanke Holzfußböden ihm zusätzlichen Glanz verleihen. Doch in erster Linie interessieren die Ausstellungen, bis zu 30 sind es pro Jahr. Die Werke stammen von australischen und internationalen Künstlern, vorrangig aber von Schaffenden aus

dem tropischen Norden Queenslands. Darunter natürlich Werke von Aborigines – etliche der eindrucksvollen Gemälde schmücken die Wände. Die Dauerausstellung umfasst derzeit über 270 Stücke und wächst ständig. Im kleinen Shop kann man Schmuck, einschlägige Bücher und kleinere Kunstgegenstände erwerben.
Mo–Sa 10–17 Uhr, So 10–14 Uhr. Eintritt 5 $, Kinder unter 16 frei. 40 Abbott Street/Ecke Shields Street, ✆ 40464800, www.cairnsregionalgallery.com.au.

Reef Teach: Lustig geht es im „Riff-Unterricht" bisweilen zu, doch lernt der geneigte Schüler dabei auch eine Menge. Die Gefahren, Schönheiten und Kuriositäten des Great Barrier Reef scheinen wirklich unendlich. Man lernt von unguten Bekanntschaften mit dem Dornenkronenseestern oder von Fischen und Korallen, die ihre Farbe ändern. Aber auch der ökologische Aspekt wird nicht vergessen, die „Riff Etiquette" steht ebenfalls auf dem Programm und erklärt, wie man sich beim Tauchgang verhält, ohne Schaden anzurichten. Der Vortrag ist wirklich informativ, sogar einige Tauchschulen schicken ihre Schüler zur Vorbereitung hierher.
Di–Sa 18.30 Uhr. Eintritt 23 $. Der „Advanced Reef Teach" dauert den ganzen Tag (Mindestteilnehmerzahl; Preis auf Anfrage). 2. Stock, Mainstreet Arcade, 85 Lake Street, ✆ 40317794, www.reefteach.com.au.

Cairns Museum: Das Museum dokumentiert die Geschichte von Cairns und Umgebung auf nette Weise. Angefangen von den Aborigines der Region über die frühe Land- und Forstwirtschaft, den Bergbau bis hin zu den Einflüssen der chinesischen Zuwanderer. Besonders schön anzusehen ist auch das historische Gebäude selbst, ehemals das *School of the Arts Building*, in dem sich das Museum befindet – wirklich toll mit rot und weiß gestrichenem Balkon.
Bei Drucklegung noch wegen umfangreicher Renovierungsarbeiten geschlossen, Wiedereröffnung für 2016 geplant. Lake Street/Ecke Shields Street, www.cairnsmuseum.org.au.

Tjapukai: In dem tollen Kulturpark sind hervorragende Shows und Darbietungen von den Aborigines des seit jeher hier heimischen Tjapukai-Volkes zu sehen. Vorführungen in Speer- und Bumerangwerfen gehören ebenso zum Programm wie Vorträge über traditionelle Busch-Nahrung; in den Ausstellungsräumen kann man verschiedenste traditionelle Gebrauchsgegenstände der Aborigines begutachten. Ein Höhepunkt sind die Auftritte der Tanztruppe, die auch auf Reisen rund um den Globus ihre Botschaft verbreitet. Gemessen an ihrem heutigen Erfolg kann man kaum glauben, dass die Tänzer noch vor 20 Jahren ihren Proberaum in den Räumen eines ausrangierten Einkaufszentrums hatten. Ein besonderes Erlebnis sind die Nachtvorstellungen mit den Feuershows, die sind aber leider nicht ganz billig.
Tägl. 9–17 Uhr, Nachtshows tägl. ab 18.30 Uhr. Eintritt tagsüber und Tour 60 $, mit Transfers ab Cairns 85 $. Die Nachtvorstellungen mit Dinner kosten 120 $, mit Transfer ab Cairns 145 $. Der Park befindet sich etwa 15 km nördlich von Cairns in Smithfield. ✆ 40429900, www.tjapukai.com.au.

Cairns Northern Beaches

Weil es in Cairns selbst keinen Badestrand gibt, sind die **Northern Beaches** bei den nördlich gelegenen Vororten als Ausflugsziel sehr beliebt. Von Süd nach Nord sind dies *Machans, Holloways, Yorkey's Knob, Trinity* und *Palm Cove*. Optisch handelt es sich um klassische Strandorte an der Sonnenseite einer großen Stadt. Wer es sich leisten kann, zieht mit der Familie hierher, man trifft auf viele junge Muttis, die den Kinderwagen durch die Gegend schieben. Die südlichen Abschnitte, etwa 20 km von Cairns entfernt, sind hauptsächlich Wohngegenden, die nördlicheren Bereiche um Trinity Beach sind für Urlauber und Ausflügler eher geeignet. Dort findet man gute Unterkünfte, Restaurants und Geschäfte, abseits des Trubels der Stadt. Exklusive Hotels bieten Verwöhn- und Romantikpakete für Paare, in den Restaurants kann man ein entspanntes Dinner einnehmen, die Boutiquen haben die neuste Strandmode parat. Alles garniert mit Sonne, Sandstrand und Palmen. Es geht geruhsam zu, wer also die große Party sucht, der sollte lieber in Cairns bleiben.

Anreise Pkw: Von *Cairns* auf dem Captain Cook Highway etwa 30 km gen Norden. Achtung: hier wird gern geblitzt.

Bus: Die Busse von *Sunbus* (✆ 40577411, www.sunbus.com.au) fahren mehrmals tägl. über die Northern Beaches z. B. nach *Port Douglas* oder *Cape Tribulation*.

Aktivitäten Blazing Saddles Adventures, Ausritte in den Regenwald, auch für Anfänger geeignet. Lange Hosen und geschlossene Schuhe anziehen. Halbtagestour inkl. Transfers von/zur Unterkunft 120 $. Ausfahrten mit Quads 140 $. ✆ 40850197, www.blazingsaddles.com.au.

Port Douglas

ca. 3500 Einw.

Ein wunderbarer Palmenstrand, exotisch gestaltete Unterkünfte und ausgezeichnete Gastronomie, dazwischen lächelnde Gestalten in Flip-Flops und Shorts – Port Douglas ist der Prototyp des tropischen Refugiums und braucht in Queensland keine Konkurrenz zu fürchten.

Die Siedlung wurde 1877 als Hafenstadt für die Hodgkinson-River-Goldfelder angelegt, heute ist die Ortschaft eines der bekanntesten Touristenziele in Queensland. Das tropische Flair und der entspannte Lifestyle locken v. a. Urlauber, denen Cairns zu überlaufen und zu anonym ist. Viele Touristen gibt es in Port Douglas zwar auch, doch geht es viel familiärer zu. Die Leute grüßen sich auf der Straße, die Einheimischen kennen sich. Die ideale Zeit, um hier Urlaub zu machen, sind die Wintermonate von Mai bis November, die Temperaturen betragen dann etwa 25–29 °C. In den Sommermonaten ist in diesen Breiten die Regenzeit schon sehr deutlich zu spüren, es wird sehr schwül und nass. Das Publikum ist wild gemischt, sogar eine kleine Backpacker-Szene gibt es. Zwar ist nicht abzustreiten, dass man für viele der

Blaue Stunde am Dickson Inlet

edlen Restaurants, Bars und Unterkünfte ein paar Dollar mehr im Geldbeutel haben muss, aber auch mit kleinem Budget man kann einige schöne Tage verbringen. Und den palmengesäumten Sandstrand, das Bad im Meer oder den überwältigenden Ausblick vom **Flagstaff Hill** gibt es schließlich kostenlos. Absolut sehenswert ist **St. Mary's by the Sea**, eine kleine, weiß getünchte Holzkirche direkt im *ANZAC*-Park. Zudem fahren von Port Douglas Ausflugsboote ans äußere **Great Barrier Reef** und die **Lower Isles**.

Basis-Infos

Anreise Pkw: Auf dem Captain Cook Highway biegt man bei *Craiglie* rechts in die Port Douglas Road ab. Distanz von *Cairns* etwa 70 km.

Bus: *Sun Palm Transport* (℡ 40872900, www.sunpalmtransport.com) fährt mehrmals tägl. ab *Cairns City*, und ab *Cairns Flughafen* gibt es täglich ein gutes Dutzend Fahrten. Verbindung nach *Cape Tribulation* ca. 50 $ pro Strecke.

Coral Reef Coaches (℡ 40982800, www.coralreefcoaches.com.au) fährt täglich mehrmals zwischen Cairns und Port Douglas.

Eine weitere Alternative ist *Port Douglas Bus* (℡ 40995665, www.portdouglasbus.com.au).

Flugzeug: Nächster Flughafen ist Cairns.

GPS: S16°28.999′ E145°27.913′
Ortsvorwahl: 07

Touristinfo Port Douglas Tourist Information Centre, Infos und Buchungen von Unterkünften, Ausflügen, Unternehmungen. Tägl. 8.30–18 Uhr. 23 Macrossan Street, ℡ 40995599, info@infoportdouglas.com.au.

Port Douglas im Internet Informationen unter www.infoportdouglas.com.au oder www.tourismportdouglas.com.au.

Einkaufen The Reef Marina **12**, großer Einkaufskomplex mit kleinen Shops, z. B. für Mode, Accessoires und Schmuck. Wharf Street, ℡ 40995775, www.reefmarina.com.au.

Fahrrad- & Rollermiete Port Douglas Bike Hire **4**, einfache Mountainbikes 20 $/Tag. Tägl. 9–17 Uhr. Wharf Street/Ecke Warner Street, ℡ 40995799, www.portdouglasbikehire.com.

Port Douglas Motorbike & Scooter Hire **17**, den 50er-Föhn gibt es ab etwa 40 $ für 2 Std. bzw. 75 $/Tag. 300er-Roller (60 $/110 $) oder die 650-ccm-Motorräder (100 $/155 $) für Leute mit Schein. 37 Davidson Street, ℡ 40998100, info@plazaportdouglas.com.au.

Internet Wicked Icecream **10**, gut 20 Terminals. Tägl. tagsüber geöffnet. 48 Macrossan Street, ℡ 40996900.

Märkte Sunday Markets, Kunsthandwerk, Gemälde, aber auch Obst und andere Landwirtschaftliche Produkte. Sonntag 8–13.30 Uhr. Im Anzac Park.

Supermarkt Coles **5**, Mo–Fr 7–21 Uhr, Sa 7–17.30 Uhr, So 7–18 Uhr. 11–17 Macrossan Street.

Taxi Port Douglas Taxis, ℡ 131008.

Übernachten

Port Douglas ist ein beliebter Urlaubsort für betuchte Australier und bisweilen auch – wie den Medien immer wieder zu entnehmen ist – für den Jetset der Welt. Entsprechend groß ist das Angebot an Unterkünften im mittleren bis oberen Preissegment. Wer die Möglichkeit hat, sich mit jemandem zusammenzutun, kann eines der tollen Ferienhäuser mieten und sich zumindest für einige Tage so fühlen, als würde man wirklich hier wohnen.

Apartments und Hotels Mai Tai Resort **22**, tolle Unterkunft im asiatischen Style, aber auch rund 20 km außerhalb. Dafür aber auch wunderbar in die Natur eingebettet und sehr ruhig. Suiten ab etwa 300 $, Rabatt bei längeren Aufenthalten. Evtl. Onlineschnäppchen möglich. Lot 78, Mossman-Mt. Molloy Road, ℡ 40984956, www.maitai-resort.com.au.

Ausblick auf den von Palmen gesäumten Strand von Port Douglas

Port Douglas Motel 14, Motel mit 4-Sterne-Standard, großem Salzwasserpool und BBQ-Platz. Zu Fuß nur ein paar Minuten zum Strand. Die Zimmer sind blitzblank, haben eine kleine Kitchenette, großen Flatscreen und kostenlosen WLAN-Zugang. DZ ab 160 $. 9 Davidson Street. ✆ 40995248, www.portdouglasmotel.com.au.

Le Cher Du Monde 7, direkt im Ort. Türkisfarbener Bau mit 1-Zimmer-Apartments. Geeignet für 3 Personen, das Schlafzimmer ist komplett vom Wohnbereich abtrennbar. Gut ausgestattete Küche. 155–195 $/Nacht. 34 Macrossan Street, ✆ 40996400, www.lecherdumonde.com.au.

Peninsula Boutique Hotel 16, nur einige Schritte vom Strand. Die Suiten haben Küche (mit Geschirrspüler), Balkons und blitzblanke Bäder, z. T. mit Blick auf den Ozean. Gutes Restaurant/Café im Gebäude. DZ um 380 $. 9–13 Esplanade, ✆ 40999100 oder 1800676674 (kostenlos), www.peninsulahotel.com.au.

Port Douglas Meridian 15, Unterkünfte mit Kitchenette bzw. Küche, weißen Fliesenböden und dezenter Einrichtung. Für angenehmes Klima sorgen AC und Deckenventilatoren. Studio ab 210 $, Apartments ab 300 $. Verliebte können die Honeymoon-Suite mit eigenem Deck und Jacuzzi buchen (um 400 $). 15–17 Davidson Street, ✆ 40842400, www.portdouglasmeridian.com.

Villa San Michele 11, im mediterranen Stil, mit Terracotta, warmen Farben und schmiedeeisernen Geländern. Zur Ausstattung gehören Bad mit Wanne, Küche und Zimmersafe. Zwei Pools, ein BBQ-Areal und eine Parkgarage. Apartments je nach Saison ab 195 $. 39–41 Macrossan Street, ✆ 40994088 oder 1800944088 (kostenlos), www.villasanmichele.com.au.

Ferienhäuser Man kann in Port Douglas und Umgebung eine ganze Reihe wunderbarer Ferienhäuser mieten. Es gibt praktisch nichts, was man hier nicht haben könnte, vom perfekten Ausblick und Strandlage über eigenen Pool und Freiluftlounge bis hin zur Luxusküche. Auch Domizile für Gruppen oder Großfamilien mit 5 Schlafzimmern und 5 Bädern. Die Preise fangen bei etwa 200 $/Nacht an, die größten Häuser mit Platz für bis zu 12 Pers. kosten schnell auch mehr als 1000 $. Zentral zu buchen unter ✆ 40985222, www.portdouglasaccom.com.au.

Hostel & Camping Port O'Call Eco Lodge 19, auf die verschiedenen Bedürfnisse von Budget-Reisenden eingestellt. Die Bar serviert gutes Essen. Übernachtung im 4-Bett-Zimmer mit Bad ab 36 $/-Pers., DZ mit Bad ab 105 $. Port Street/Ecke Craven Close, ✆ 40995422.

Dougies Backpacker Resort 20, günstige Backpackerunterkunft mit Palmengarten und Hängematten am Pool. Große Gemeinschaftsküche und Aufenthaltsraum. Im Mehrbettzimmer ab 28 $, im Zelt 24 $, im DZ ab 70 $. 111 Davidson Street, ✆ 40996200, www.dougies.com.au.

Port Douglas

Glengarry Caravan Park 21, Caravan-Park der BIG4-Gruppe. Einfacher Zeltstellplatz ab 30 $, mit Stromanschluss ab 40 $. Wer ein festes Dach über dem Kopf will, zahlt 105–180 $ für eine anständige Cabin. 70 Mowbray River Road, ℡ 40985922, www.glengarrypark.com.au.

Essen & Trinken/Nachtleben → Karte S. 739

Fast ist man versucht, den Aufenthalt zu verlängern, nur um doch noch dieses eine kleine Café auszuprobieren, das man am Vortag gesehen hat. Oder dieses schmucke Restaurant oder die versteckte Bar. Die Wahl fällt schwer in Port Douglas, andererseits kann man kaum falsch liegen. Die folgende Liste mag für einen Ort dieser Größe lang erscheinen, ist aber nur eine kleine Auswahl.

Salsa Bar & Grill 2, sehr einladend, in einem traditionellen Queenslander mit weißen Fensterblenden. Hauptgerichte 30–35 $, z. B. Kängurufilets mit Polenta oder Gelbflossenthunfisch mit Gemüse und Himbeervinaigrette. Dazu Wein, Cocktails oder einfach ein kühles Bier. Spezielle Mittagskarte 18–25 $. Tägl. ab Mittag geöffnet. 26 Wharf Street, ℡ 40994922, www.salsaportdouglas.com.au.

Little Larder 8, perfekt für Frühstück und Kaffee, das Big Breakfast kostet 19 $, Eggs Benedict mit Lachs 15 $. Auch einige Plätze im Freien. Tägl. ab 7.30 Uhr. Shop 2, 40 Macrossan Street, ℡ 40996450.

Nautilus 3, überall Grün, Palmen und Bambus. Gegessen wird auf einer wunderbar in die Natur eingebetteten Terrasse, kaum zu glauben, dass etwas Derartiges mitten im Ort zu finden ist. Dafür preislich recht hoch, aber in ausgezeichneter Qualität. Hauptgerichte um 40–45 $, z. B. Barramundifilet mit Knusperkruste. Tägl. zum Dinner geöffnet, Reservierung erbeten. 17 Murphy Street, ℡ 40995330, www.nautilus-restaurant.com.au.

Bel Cibo 6, lässiges Lokal mit gutem Essen und annehmbaren Preisen. Zum Lunch Pasta (um 17 $) oder gerillter Octopus (14 $), Pizzen um 24 $. Abends umfangreichere Karte mit Hauptgerichten um 35 $. Tägl. geöffnet. 30 Macrossan Street, ℡ 40996330, www.belcibo.com.au.

Zinc 13, schlicht eingerichtetes Restaurant, direkt an der Macrossan Street. Als Vorspeise genießt man hier z. B. Thai-Salat mit Rindfleisch (22 $), als Hauptgang ein indisches Curry (27 $) oder ein Steak (ab 35 $). Über 70 Weine im Angebot, etwa 30 davon auch im Glas. Tolle Lounge-Bar. Tägl. ab 10 Uhr. Macrossan Street/Ecke Davidson Street, ℡ 40996260, www.zincportdouglas.com.

Watergate Lounge 9, ein wenig versteckt, aber den Besuch wert. Gut zum Essen (Hauptgerichte 30–38 $), noch besser aber, um abends gemütlich in der Lounge zu sitzen, lässige Musik zu hören und Drinks zu schlürfen. Tägl. ab 16 Uhr, Essen ab 17.30 Uhr. Shop 5, 31 Macrossan Street, ℡ 40995544, www.watergateportdouglas.com.au.

Courthouse Hotel 1, ein Traum im Kolonialbaustil, seit 1878 in Betrieb, ein beliebter Treffpunkt für Einheimische und Touristen aus aller Welt. Das Bistro-Essen ist günstig und sehr gut. Mehrmals pro Woche Live-Bands ab 19 Uhr. Tägl. 11–22 Uhr. Wharf Street/Ecke Macrossan Street, ℡ 40995181, www.courthouseportdouglas.com.

Hi Tide Café 16, im Peninsula Hotel, gleich gegenüber vom 4 Mile Beach (s. u.). Gut gefüllte Bar und somit ideal für die Sonnenbadpause. Lunch um 20 $, Dinner 20–35 $. Tägl. ab 7 Uhr, So–Fr Abendessen ab 18 Uhr. 9–13 Esplanade, ℡ 40999100, www.hitide.com.au.

Baden, Aktivitäten, Attraktionen → Karte S. 739

Baden & Sonnen 4 Mile Beach, ein toller, von grünen Palmen gesäumter Strand. Hier wird morgens gelaufen, mittags Yoga geübt, nachmittags gesonnt und abends geknutscht. Und baden kann man natürlich auch. Sonnenliegen sind zu mieten (etwa 20 $/Tag). Ins Kajak schwingen kann man sich ab 15 $/Std.

Fischen Norseman, in dem geräumigen 18-m-Boot kann man einzelne Plätze buchen oder auf Anfrage gleich das ganze Boot chartern. Tagestour um 240 $ inkl. Verpflegung und sämtlicher Ausrüstung. ℡ 0419015262 (mobil), www.mvnorseman.com.au.

Touren The Bama Way, ausgezeichnete Touren, man kann z. B. für 130 $ an einem Ausflug zu Felszeichnungen teilnehmen, oder für 75 $ am Cooya Beach in den Gezeitentümpeln zum Speerfischen gehen (natürlich unter fachkundiger Anleitung). Anschließend gibt es interessante Infos über die ansässigen Aboriginestämme. ☏ 40283376, www.bamaway.com.au.

Kiteboarding/SUP Windswell, verschiedenste Kurse im Kiteboarden und Stand-Up-Paddeln, die Schnupperstunde kostet 50 $. Kurse von einem Tag bis 10 Tage, komplettes Programm auf der Webseite. Je nach Windverhältnissen an verschiedenen Stränden. ☏ 0427498042 (mobil), www.windswell.com.au.

Segeln Port Douglas Yacht Club [18], hier hat man die Möglichkeit, kostenlos zu segeln. Einfach mittwochnachmittags hingehen und fragen. Garantie auf einen Platz an Bord gibt es natürlich nicht. www.portdouglasyachtclub.

Tauchen Tech Dive Academy [12], PADI-Open-Water-Kurs in 4 Tagen (mit eLearning 2,5 Tage), je 6 Tauchgänge inkl. Craiglee and QS Wharf, Meridian Marina, ☏ 30401699, www.tech-dive-academy.com.

Touren ans Riff und zu den Low Isles
Quicksilver Cat, die silbernen Wavepiercer steuern das *Agincourt Reef* an. An der schwimmenden Riffplattform kann man Schnorcheln, Tauchen oder Baden. Für 235 $/Pers. allerdings einer der teuersten Anbieter. Optional z. B. Schnuppertauchgang oder Tauchen im „Ocean Walker"-Unterwasserhelm (je 160 $). ☏ 40872100, www.quicksilver-cruises.com.

Sailaway Low Isles, großer Segelkatamaran mit toller Ausstattung. Der Tagestörn zum Baden und Schnorcheln ans Riff kostet ab 235 $. Transfer ab der Unterkunft in Port Douglas, Verpflegung und Ausrüstung inkl. Transfer ab Cairns auf Anfrage möglich. ☏ 40994200, www.sailawayportdouglas.com.

Reef Sprinter, im 500-PS-Speedboot in nur 15 Min. bis zum Riff an den Lower Isles. Hört sich wild an, ist aber ganz gut für Leute, die auf längeren Fahrten schnell seekrank werden. Nicht für Kinder unter 5 Jahren geeignet. 120 $/Pers., Schnorchelausrüstung inkl. ☏ 40996127 oder 0408870965 (mobil), www.reefsprinter.com.au.

Synergy, die Luxusvariante. Auf dem 62-Fuß-Segelkatamaran sind maximal 12 Gäste, die alle Annehmlichkeiten in Ruhe genießen können. Nach etwa 2 Std. Segeln verbringt man 3 Std. am Riff, bevor es wieder zurück nach Port Douglas geht. Ein exklusives Gourmet-BBQ mit Fisch, Fleisch und Garnelen wird frisch an Bord zubereitet. 300 $/Pers. Kurzfristige Anfragen nur per Telefon: ☏ 1300396187, www.synergyreef.com.au.

Voll im Trend – Fitnesstraining am Strand von Port Douglas

Rundflüge GBR Helicopters, 30-minütiger Rundflug über das Riff oder den Regenwald 399 $/Pers., Helitransfers zu Tauchplattformen am Riff auf Anfrage. Weitere Optionen, z. B. ab Cairns, im Internet. ✆ 40818888, www.gbrhelicopters.com.au.

Attraktionen Wildlife Habitat, schöner Wildpark mit *Wet Tropics Information Centre*. Zu bestaunen sind Helmkasuare, Schlangen, Krokodile, Koalas, Baumkängurus und eine Vielfalt an Vogelarten. Auch verletzte oder verstoßene Tiere werden hier wieder aufgepäppelt. Tägl. 8–17 Uhr, letzter Einlass 16 Uhr. Eintritt 33 $. Etwa 6 km vor Port Douglas, unmittelbar nach der Abfahrt vom Highway, ✆ 40993235, www.wildlifehabitat.com.au.

Mossman

ca. 2000 Einw.

Vor allem durch die gleichnamige Schlucht, die **Mossman Gorge**, ist der Ort bekannt. In Mossman selbst gibt es nicht wirklich etwas zu tun, und so bleibt es für die meisten Besucher beim Zwischenstopp. Mossman ist die letzte richtige Ortschaft, bevor es in den **Daintree Nationalpark**, nach **Cape Tribulation** oder nach **Cooktown** geht. Und man sollte das Angebot annehmen, noch einmal volltanken und die Vorräte auffüllen.

Haupteinnahmequelle der Einheimischen war ursprünglich die Landwirtschaft, speziell der Anbau von Zuckerrohr, mittlerweile aber spült der wachsende Tourismus immer mehr Geld in die Kasse. Ein verschlafenes Kaff ist Mossman trotzdem geblieben – gemütlich kann man unter den riesigen Bäumen wandeln, die einen regelrechten Tunnel über der Hauptstraße bilden.

GPS: S16°27.742' E145°22.402'
Ortsvorwahl: 07

Anreise Pkw: Von *Cairns* fährt man die 80 km bequem auf dem Captain Cook Highway. Von *Port Douglas* sind es etwa 22 km. Richtung Norden führt die Mossman-Daintree Road nach *Daintree Village* (38 km) und *Cape Tribulation* (68 km). Über die Mossman Mt. Molloy Road, im südlichen Bereich des Ortes, gelangt man zur Peninsula Development Road, die nach *Cooktown* (266 km nördlich) bzw. *Mareeba* (75 km südlich) führt.

Bus: Verschiedene Anbindungen, z. B. ab *Cairns* oder *Port Douglas* u. a. mit *Coral Reef Coaches* (www.coralreefcoaches.com.au) oder *Sun Palm Transport* (✆ 40872900, www.sunpalmtransport.com).

Supermarkt Woolworths, Mo–Fr 8–21 Uhr, Sa 8–17.30 Uhr, So 9–18 Uhr. 63 Front Street.

Touren Guided Rainforest Walks, kann man ab etwa 60 $ an der Mossman Gorge (→ S. 744) buchen.

Übernachten/Essen Silky Oaks, am Rande des Daintree-Nationalparks, etwa 7 km nordwestlich der Ortschaft, ab Mossman ist die Anfahrt beschildert. Die Zimmer haben blank polierte Holzfußböden, Spa-Badewannen und große Deckenventilatoren. Sämtliche Annehmlichkeiten in der Anlage, theoretisch muss man den Komplex nicht verlassen. Übernachtung für 2 Pers. ab etwa 400 $, Luxuspakete mit 5 Übernachtungen, Helikoptertouren, Transfers, Gourmetdinner usw. ab 5500 $/Paar. Finlayvale Road, ✆ 40981666, www.silkyoakslodge.com.au.

Treehouse Restaurant, auf der Karte stehen Köstlichkeiten wie Bombay-Curry mit Meersfrüchten (32 $) oder gegrillter Barramundi mit Pestokruste (40 $). Tägl. geöffnet, Frühstück 7–10 Uhr, Mittagstisch 12–14.30 Uhr, Abendessen 18–21 Uhr. In der Silky-Oaks-Anlage.

Newell Beach Caravan Park, schattiger Campingplatz mit Salzwasserpool und BBQ. Stellplatz mit Strom ab 36 $. ✆ 40981331, www.newellbeachcaravanpark.com.au.

Junction Café, freundliches Personal, gutes Essen und noch besserer Kaffee – auf jeden Fall eine gute Wahl für eine Pause in Mossman. Mo–Fr 7–15.30 Uhr, Sa 7–12 Uhr. 1/5 Front Street, ✆ 40983398.

Das **Pub** am Kreisverkehr im Ort bietet ein günstiges Nachtlager und eignet sich natürlich auch zum Einkehren.

Badestelle an der Mossman Gorge

Mossman Gorge

Die Schlucht ist Teil des Daintree-Nationalparks und Heimat des Volkes der *Yuku Yalanji*. Das landschaftlich wirklich reizvolle Areal lockt mit einem kühlen Bad im Fluss und zwei schönen Wanderwegen. Der gerade einmal 400 m lange *River Circuit Track* ist die Hauptader und führt teilweise am Fluss entlang, wo es auch einige Möglichkeiten gibt, um ins Wasser zu hüpfen. Markant in diesem Abschnitt sind die großen, rund geschliffenen Felsbrocken am und im Fluss.

Der 2,7 km lange *Forest Circuit Track* wird über die Rex-Creek-Hängebrücke vom River Circuit aus erreicht und führt auch wieder dorthin zurück.

Die Zufahrtsstraße zur Schlucht ist für den öffentlichen Verkehr gesperrt. Vom großen Besucherzentrum (tägl. 8–18 Uhr) mit den riesigen Parkflächen muss man die kostenpflichtigen Busse nehmen. Vor Ort gibt es Toiletten, Picknickplätze und Informationstafeln. Infos auch unter www.mossmangorge.com.au.

Daintree Village

ca. 70 Einw.

Die Pioniere und Siedler des späten 19. Jh. dürften über die gewaltigen Salzwasserkrokodile nicht so erfreut gewesen sein, heute dagegen verdankt der Ort den Reptilien einen Strom an zahlungskräftigen Touristen. Mehrere Touranbieter verlassen den kleinen Anlegesteg am westlichen Ortsrand im 30-Minuten-Takt, die Fahrten auf dem **Daintree River** sind sicher der Höhepunkt des Aufenthalts. Neben den Panzerechsen kann man eine vielfältige Vogelwelt und dichte Mangrovenvegetation bestaunen. Der Ort ist von dichtem Regenwald umgeben und besteht eigentlich nur aus 100 m Hauptstraße, zwei, drei Cafés und einigen Wohnhäusern. Hauptsächlich sind es Tagestouristen, die hierher kommen, wer übernachten will, für den gibt es einige Unterkünfte und einen Campingplatz.

GPS: S16°15.023' E145°19.115'
Ortsvorwahl: 07

Anreise Pkw: Die Mossman-Daintree Road führt von *Mossman* nach Daintree Village (38 km). *Cairns* ist knapp 120 km entfernt.

Touristinfo & Buchungen Daintree Tourist Information, kleiner Infostand in der Stewart Street.

Daintree im Internet Informationen unter www.destinationdaintree.com.

Flussfahrten & Croc Spotting Daintree River Cruise Centre, bis zu 9 Fahrten täglich, zu sehen gibt es Krokodile und jede Menge Vögel. 25 $/Pers., Tee und Kekse inkl. ✆ 40986115, www.daintreerivercruisecentre.com.au.

Bruce Belcher Tours, nicht direkt im Ort, sondern rechts an der Zufahrtstraße nach Daintree Village. Bruce hat über 20 Jahre Erfahrung als Guide auf dem Fluss. 7-mal tägl. zwischen 8.15 und 16 Uhr, 27 $/Pers. ✆ 40987717, www.daintreerivercruises.com.au.

Übernachten Red Mill House, nett eingerichtetes Haus mit einem riesigen, überdachten Deck. 2 Zimmer mit großen Doppelbetten, 2 Zimmer mit jeweils 2 Einzelbetten, eines davon auch für Rollstuhlfahrer geeignet. DZ 200 $, ab 2 Nächten 185 $. 11 Stewart Street, ✆ 40986233, www.redmillhouse.com.au.

🌿 Daintree Eco Lodge & Spa, wirklich sehr exklusiv. Auf Stelzen in den Regenwald hinein gebaute Villas mit kompletter Ausstattung inkl. WLAN. Die Balkons sind mit Moskitonetzen vor den kleinen Plagegeistern geschützt. Übernachtung ab 350 $/2 Pers. 20 Daintree Road, ✆ 40986100 oder 1800808010 (kostenlos), www.daintree-ecolodge.com.au. ■

Daintree River View Caravan Park, mit tollen Stellplätzen ganz nah am Fluss. Waschmaschinen, Trockner, kostenlose BBQs. Campen kann man schon ab 10 $/Pers. Wer Angst vor den Krokodilen hat, kann für 99 $ eine Cabin mieten. ✆ 0409627434 (mobil), www.daintreeriverview.com.

Essen & Trinken Julaymba Restaurant, in der Eco Lodge (s. o.) und ebenso edel wie diese. Die Köche zaubern eine Mischung aus traditionellem Bush Tucker und moderner australischer Cuisine, z. B. eine Schokolade-Wattleseed-Mousse oder Krokodil mit Lemon-Myrtle-Aioli. Hauptgerichte unter 30 $.

Big Barramundi BBQ Garden, hier gibt es natürlich den namengebenden Fisch, aber auch Krokodil und Känguru – alles zu leckeren Gerichten verarbeitet. Tägl. geöffnet. 12 Stewart Street, ✆ 40986186.

> Wer nicht gebucht hat und einfach nur mit irgendeinem Anbieter fahren will, kann am Anlegesteg einfach auf das nächste freie Boot springen.

Vom Daintree River zum „Cape Trib"

→ Karte S. 748

Hat man einmal mit der Autofähre den Daintree River überquert, ist es noch ein gutes Stück bis zum eigentlichen **Cape Tribulation**. Die Straße windet sich durch dichten Regenwald, die Fahrt selbst wird zum Erlebnis. Zahlreiche Unterkünfte sind hier im Regenwald versteckt, einige äußerst exklusiv, aber auch gute Alternativen für den Budget-Traveller. An der *Cape Tribulation Road* findet sich am *Rain Forest Village* die einzige Tankstelle der ganzen Region. Auf jeden Fall interessant ist das **Daintree Discovery Centre**. Schilder warnen vor der heimischen Tierwelt, das sollte man auch ernst nehmen – es gibt wirklich jede Menge Krokodile, gelegentlich taucht auch ein missgelaunter Helmkasuar auf.

Daintree-Fähre Die Fähre ist tägl. ca. 30-mal zwischen 6 Uhr und 23.45 Uhr unterwegs. 24 $/Pkw (inkl. Rückfahrt).

Sonstiges Daintree Coast Kayaks **11**, angeboten wird eine zweitägige Tour zum unbewohnten und unberührten *Snapper Island*. Für 299 $ ist alles inklusive, gecampt wird am Strand. Weniger zeitaufwendig sind die 4-stündigen Ausfahrten (89 $/Pers.). ✆ 40989166, info@daintreecrocodylus.com.au.

Alexandra Lookout, über riesige Farne und dichte Vegetation hinweg hat man einen atemberaubenden Blick auf die Daintree Coast und die Mündung des Daintree River. Direkt an der Straße zwischen der Fähre und dem Cape Tribulation.

Tankstelle & Shop, die einzige Tankstelle der Region findet sich im Rainforest Village, direkt an der Cape Tribulation Road, etwa 18 km nach dem Passieren der Fähre.

Daintree Discovery Centre 13, auf speziell angelegten Wegen, Stegen und Brücken geht es durch den Regenwald, es gibt sogar einen Turm mit einer Plattform auf Höhe der Baumwipfel. Unterwegs informieren Tafeln über die außergewöhnliche Flora und Fauna, zusätzlich kann man ein Audiogerät mit Erklärungen leihen (auch in Deutsch). Wer in Eile ist, schafft die Runde in einer Stunde, besser aber, man lässt sich 2–3 Stunden Zeit und sieht sich Natur und Displays genau an. Souvenirshop und Café. Tägl. 8.30–17 Uhr. Eintritt 32 $. Zufahrt ab Cape Tribulation Road, gut ausgeschildert. ✆ 40989171, www.daintree-rec.com.au. ■

Übernachten/Essen Cockatoo Hill Retreat 8, 4 offen gestaltete und mit Reet gedeckte Lodges im balinesischen Stil. Innen edel mit Korbmöbeln und Kingbett aus massivem Holz eingerichtet, selbstverständlich eigenes Bad, der große Balkon ist top. In der Bar kann man ein ausgezeichnetes Dinner einnehmen. Pool mit „wet edge" in Richtung Regenwald. 2 Pers. ab 400 $ inkl. Frühstück. 13 Cape Tribulation Road, ✆ 4098 9277, www.cockatoohillretreat.com.au.

Coral Sea Views 9, freistehende Holzhäuschen, von den Terrassen tut sich ein atemberaubender Blick auf. Mit eigenem Bad, Kühlschrank und Moskitonetzen über den Betten. Pool und BBQ-Platz. 2 Pers. 150–185 $ inkl. Frühstück. 11 Mahogany Road, ✆ 40989058, www.coralseaviews.com.au.

Cocodrylus Village 10, Gemeinschaftsküche, Aufenthaltsraum, Pool, Wäscheraum und Internetzugang. Das Restaurant ist täglich für 3 Mahlzeiten geöffnet, auch eine Bar ist vorhanden. Übernachten in der Mehrbetthütte (ab 25 $) oder in der privaten Hütte mit Bad (85 $/2 Pers.). 161 Buchanan Creek Road, Cow Bay, ✆ 40989166, www.crocodyluscapetrib.com.

Daintree Ice Cream Company 12, das aus allerlei exotischen Früchten hergestellte köstliche Speiseeis ist jede Sünde wert, z. B. „Mamey Sapote", „Wattleseed", „Prune" oder „Mango". Der Becher ab 6 $. Tägl. 12–17 Uhr. ✆ 40989114.

Lauerndes Leistenkrokodil

Cape Tribulation

Strände wie von der Postertapete, schier undurchdringlicher Regenwald und eine Artenvielfalt, die ihresgleichen sucht. Das Cape Tribulation ist zweifellos eines jener Paradiese, die wir Europäer in Australien unbedingt sehen wollen.

Paradiesisch fühlte sich James Cook sicher nicht, als sein Schiff 1770 vor der Küste auf das Riff lief. Das erklärt wohl auch die Namen *Cape Tribulation* („Kap Trübsal") und *Mount Sorrow* („Kummerberg"). Eineinhalb Jahrhunderte später, 1932, war Andrew Arthur Mason der erste Weiße, der sich am Cape Tribulation ansiedelte, seine Nachkommen leben bis heute dort und betreiben einen kleinen Shop.

Cape Tribulation

Die atemberaubende Naturkulisse des Kaps lockt mittlerweile Besucher aller Einkommensklassen – neben den Backpacker-Hostels hat inzwischen auch das exklusive Segment Einzug gehalten. In den Sommermonaten regnet es viel, die Luftfeuchtigkeit steigt dann auf über 80 %. Die durchschnittliche Niederschlagsmenge liegt jährlich bei knapp 4000 mm, 2006 wurden gar gigantische 5944 mm gemessen. 1996 gab es eine der heftigsten Fluten, nachdem in nur 36 Stunden ganze 1500 mm (!) gefallen waren – der Name „Feuchttropen" kommt nicht von ungefähr. Der 135 Mio. Jahre alte Regenwald ist Lebensraum für Pflanzen und Tiere, die man sonst nirgendwo auf der Welt findet, z. B. das *Bennett-Baumkänguru* oder der *Idiospermum Australiense*, eine Baumart, die eigentlich als längst ausgestorben galt. Reptilien, Vögel und Säugetiere, die anderorts selten geworden sind, kommen hier in unglaublicher Vielfalt vor. Um einen Raubbau durch Holzwirtschaft zu verhindern, wurde das Areal um die privaten Besitzungen zum Nationalpark erklärt und zählt seit 1988 zum Weltkulturerbe der UNESCO.

GPS: S16°05.223 E145°27.797'
Ortsvorwahl: 07

Anreise Pkw: Ab *Mossman* (65 km) über die Mossman Daintree Road, dann auf die Bailey Creek Road. Mit der Fähre über den Fluss, dann immer geradeaus auf der Cape Tribulation Road. Von *Cairns* etwa 145 km, von *Port Douglas* etwa 90 km. Für Allradfahrer gibt es einen 100-km-Track nach *Cooktown*.

Bus: Kein regulärer Linienbus, man kann aber z. B. ab Cairns einen Shuttleservice organisieren. Infos in den Touristeninformationen und bei den Unterkünften am Kap.

Information, Buchungen Mason's Store **7**, Shop, Information und Tourbuchung. Tägl. von morgens bis abends geöffnet. Direkt an der Straße. ✆ 40980070, www.masonstours.com.au.

In vielen Unterkünften, z. B. im PK's Jungle Village oder am Cape Tribulation Camping, kann man ebenfalls Touren buchen.

Baden Nicht ganz unproblematisch, die Mangroven und Flussläufe wimmeln nur so von Leistenkrokodilen, die sich auch ins Meer hinauswagen. Hinzu kommen giftige Quallen, die saisonbedingt eine tödliche

Palmenstrand am Cape Tribulation

Gefahr sein können. Eine sichere Alternative für den kühlenden Sprung ins Nass ist das **Swimming Hole** am Mason's Store (→ Information).

Internet In **PK's Jungle Village** (s. u.) und **Mason's Store** (s. o.).

Sonstiges Supermarkt, Apotheke und auch ein Geldautomat finden sich neben PK's Jungle Village. *Keine Tankstelle!*

Unternehmungen, Touren Jungle Adventures **3**, für 95 $ kann man an einem Stahlseil hängend durch das Blätterdach rauschen; Maximalgewicht 120 kg. 8-mal tägl. ab Mason's Store, möglicher Treffpunkt ist z. B. auch an der Apotheke gegenüber von PK's Jungle Village. Buchung unter ✆ 40980043 oder www.junglesurfing.com.au.

Mason's Tours 7, ideal um die Welt des Regenwaldes zu erkunden. Zur Wahl stehen verschiedene Kurzwanderungen (um 2 Std.), eine „Croc Spotting"-Nachttour und eine Halbtagestour. Es gibt Mindest- und Maximalteilnehmerzahlen, Preise auf Anfrage. Buchungen im Mason's Store (s. o.). ✆ 40980070, www.masonstours.com.au.

Paddle Trek 2, die Ausflüge im Seekajak dauern 3:30 Std. (85 $/Pers.). Die Sunset-Tour ist eine Stunde kürzer (75 $/Pers.). Buchung unter ✆ 40980062 oder online unter www.capetribpaddletrek.com.au.

Übernachten Cape Trib Beachhouse **1**, günstigste Unterkunft im 5er-Zimmer ab 29 $, doch die Cabins und Bungalows sind es wert, vorbeizuschauen. Wohnlich, sauber, mit großen, bequemen Betten und eigenem Bad. Kaum 20 m zum Strand. 90–180 $ (Belegung mit 2 Pers., 3. Pers. 30 $ extra). Einige Cabins für bis zu 8 Pers. ab 230 $. ✆ 40980030, www.capetribbeach.com.au.

PK's Jungle Village 4, das Dschungel-Dorf ist bei Backpackern beliebt – es bietet Pool, Bar und Restaurant, dazu Tourdesk und Internetterminals. Supermarkt und die Apotheke gleich gegenüber. Im Mehrbettzimmer ab 25 $, DZ-Cabin mit AC und Bad 125 $, Campingstellplätze alle ohne Strom 25 $. ✆ 40980040, www.pksjunglevillage.com.

Cape Tribulation Camping 6, uriger Campingplatz mit eigenem Strandzugang, offener Campküche, kleinem Toilettenblock und großer Feuerstelle. Wird schnell voll, möglichst früh vorab reservieren! Ab 20 $/Pers. ✆ 40980077, www.capetribcamping.com.au.

Essen & Trinken Whet Café & Bar **5**, hier kann man wunderbar auf der Terrasse sitzen, eine Kleinigkeit essen – z. B. einen frischen Salat mit gebratenen Garnelen oder gedämpftem Barramundi (je um 28 $) – und ein kühles Bier dazu trinken. Küche tägl. 11–16 und 18–20.30 Uhr. ✆ 40980007, www.whet.net.au.

Sand Bar & Bistro 1, im Cape Trib Beachhouse. Auf der Karte stehen Cajun Chicken (25 $) oder Neuseeland-Muscheln mit Knoblauch und Speck (19,50 $). Ab 7 Uhr zum Frühstück geöffnet, die Bar zapft ab 12 Uhr die ersten Drinks. ✆ 40980030.

Jungle Bar & Restaurant 4, im PK's (→ Übernachten). Die Bar (tägl. 12–24 Uhr) ist beliebter Treffpunkt und hat schon manche wilde Feier gesehen. Das Restaurant serviert täglich 3 Mahlzeiten. Ab 7 Uhr geöffnet. Cape Tribulation Road, ✆ 40980040.

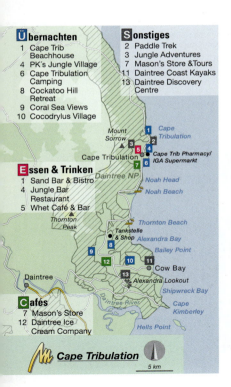

Übernachten
1 Cape Trib Beachhouse
4 PK's Jungle Village
6 Cape Tribulation Camping
8 Cockatoo Hill Retreat
9 Coral Sea Views
10 Cocodrylus Village

Sonstiges
2 Paddle Trek
3 Jungle Adventures
7 Mason's Store & Tours
11 Daintree Coast Kayaks
13 Daintree Discovery Centre

Essen & Trinken
1 Sand Bar & Bistro
4 Jungle Bar Restaurant
5 Whet Café & Bar

Cafés
7 Mason's Store
12 Daintree Ice Cream Company

Cape Tribulation
5 km

Mount Sorrow Walking Track

„Kummer" oder „Leid" – so lässt sich der Name des Berges übersetzen, und das fängt schon bei der Suche nach dem Einstieg zur Tour an. Das kleine grüne Holzschild ist vom Regenwald fast aufgefressen, zudem steht es auch noch in einem Graben, also nicht gerade auf Sichthöhe. Wie weit das Leid danach noch weitergeht, ist eine Frage der Fitness, klar ist aber: Die Tour ist anstrengend und im schwülen Tropensommer nicht zu empfehlen. Mindestens sieben Stunden sollte man einplanen und keinesfalls nach 10 Uhr morgens aufbrechen. Auch etwas Bergerfahrung sollte man mitbringen – neben überdurchschnittlicher Ausdauer. Der Weg ist gut markiert, trotzdem findet man im dichten Regenwald das nächste Wegzeichen nicht immer sofort. Stellenweise ist der Weg sehr steil und führt über ausgewaschenes Geröll. Gutes Schuhwerk ist also unverzichtbar. Auf dem Gipfel kann man sich bei tollem Blick auf Meer und Wald ausruhen, wenn einen nicht gerade – wie wir erleben mussten – Schwärme von riesigen Pferdebremsen attackieren. Achtung: *Auf keinen Fall an der Beschilderung vorbei weiter marschieren!*
Erkundigen Sie sich auf jeden Fall, bevor Sie die Wanderung in Angriff nehmen und melden Sie sich an der Unterkunft ab! Informationen im Mason's Store (s. o.).

Cooktown
ca. 1600 Einw.

Noch Anfang des neuen Jahrtausends war der Ort nur per Flieger, Schiff oder über eine Schotterpiste mit Geländewagen erreichbar. Inzwischen gibt es eine durchgehende Asphaltstraße, die zwar eine unkomplizierte Anreise ermöglicht, aber auch das Gesicht von Cooktown verändert hat.

Die vollbärtigen Charakterköpfe in ihren verbeulten 4WD-Utes gibt es zwar immer noch, doch mittlerweile kommen ganze Karawanen an Wohnmobilen und Caravans in der Ortschaft an. Sicherlich Fluch und Segen zugleich. Die steigenden Besucherzahlen bringen zwar Geld, aber eben auch ein wenig den Verlust des speziellen Wildnis-Flairs. Cooktown ist heute ein beliebter Ausgangspunkt für Überlandtouren ans Cape York, den nördlichsten Punkt des australischen Festlandes, und auch von Hochseefischern gern gewählte Basis für ihre Angelabenteuer.

Die Ursprünge Cooktowns gehen auf das Jahr 1770 zurück, als James Cook seine Endeavour hier reparierte, nachdem er auf das Great-Barrier-Riff gelaufen war. Richtig interessant wurde der Ort allerdings erst 100 Jahre später, als in der Gegend Gold gefunden wurde. Zu Zeiten des Goldrauschs war die Bevölkerungszahl mehr als zehnmal so hoch wie heute.

GPS: S15°27.459' E145°15.221
Ortsvorwahl: 07

Anreise Pkw: Ab *Mossman* etwa 260 km auf dem durchgehend geteerten Mulligans Highway. Die Alternative für Leute mit zuverlässigem Geländewagen heißt Bloomfield Track und führt ab *Cape Tribulation* etwa 100 km auf ungeteerter und bisweilen schlechter Piste nach Cooktown.

Bus: Mit *Trans North Bus* (www.transnorthbus.com, ✆ 40958644) Mi, Fr, So ab *Cairns* über Mareeba und Kuranda und am selben Tag zurück. Anreise auf der Küstenroute über Port Douglas und Cape Tribulation jeden Mo, Mi und Fr. Rückreise ab Cooktown immer Di, Do und Sa.

Nord-Queensland: von Townsville bis Cooktown

Flugzeug: Die Landebahn ist etwa 10 km außerhalb von Cooktown. *Hinterland Aviation* (✆ 40401333, www.hinterlandaviation.com.au) fliegt 2- bis 3-mal tägl. ab *Cairns*.

Touristinfo Visitor Information & Nature's Powerhouse, am Botanischen Garten. Tägl. 9.30–16.30 Uhr von Ostern bis Ende Aug., Rest des Jahres So zu und in den Sommermonaten auch verkürzte Öffnungszeiten. Finch Bay Road, ✆ 40696004, info@naturespowerhouse.com.au.

Cooktown im Internet Informationen unter www.cook.qld.gov.au, www.cooktownandcapeyork.com oder unter www.naturespowerhouse.com.au.

Internet In der **Bibliothek** in der Furneaux Street, außerdem Terminals im **BIG4-Park** oder in **Pam's Place Hostel**.

Autovermieter Cooktown Car Hire **8**, Vermietung von Geländewagen (*Nissan X-Trail* & *Suzuki Gran Vitara*). An der Milkwood Lodge, Annan Street, ✆ 31230998, www.cooktown-car-hire.com.

Der kleine Leuchtturm von Cooktown

Baden Cooktown Swimming Pool **7**, mit Abstand das sicherste „swimming hole" der Gegend. Eintritt 4 $/Pers. In der Charles Street, Cooktown.

Im Ort Tankstelle, Supermarkt, Metzgerei, Westpac-Filiale, Post, einige kleine Shops und ein Waschsalon an der Kaianlage. Auch medizinische Versorgung ist gewährleistet.

Touren Cooktown Cruises, bei Redaktionsschluss gerade kein Betrieb, fragen Sie in der Touristeninformation nach aktuellen Terminen. ✆ 40695712, www.cooktowncruises.com.au.

Guurrbi Tours, Willie, einer der Stammesältesten des Nugal-Warra-Clans, führt Touristen zu einigen Zeugnissen der uralten Kultur. Verschiedene Optionen ab etwa 100 $. Für Selbstfahrer mit eigenem 4WD günstiger. ✆ 40283376, www.guurrbitours.com.

Cooktown Tours, im Angebot ist eine Tour durch den Ort (2 Std., ab 9 Uhr, 55 $) sowie eine Fahrt zum *Black Mountain* mit anschließendem Besuch des *Lions Den Hotel* (4 Std., ab 9 Uhr, 110 $). ✆ 1300789550, www.cooktowntours.com.au.

Adventure North Australia, Tagestour nach Cooktown ab Cairns, und zwar im 4WD via Bloomfield Track. Komplett im Auto 270 $/Pers., wenn eine Strecke im Flugzeug zurückgelegt wird, ab 470 $. Auch als 2-Tage-Tour (ohne Flug) ab 460 $ inkl. Guurrbi-Tour buchbar. ✆ 40283376, www.adventurenorthaustralia.com.

Gone Fishing Cooktown, verschiedene Halbtages- und Tagestouren, es geht zum Angeln (Riff oder Fluss), zum Fangen von Mudcrabs, zum „Croc Spotting" oder einfach nur zum Sightseeing. Halber Tag ab 115 $, ganzer Tag ab 230 $ inkl. Verpflegung. ✆ 40695980 oder 0427695980, www.fishingcooktown.com.

Übernachten Sovereign Resort **2**, sehr gute Adresse mitten im Ort. Geboten wird 4-Sterne-Standard mit tropischen Sonnenblenden, Sofas, großen Doppelbetten, TV und eigenem Bad. Im Gebäude zudem eine Lounge, Tourdesk, Autovermietung und ein gutes Restaurant. DZ ab 180 $. Green Street/Ecke Charlotte Street, ✆ 40430500, www.sovereign-resort.com.au.

🌿 **Hill Top Farmstay 4**, außerhalb der Ortschaft, aber dafür auch etwas Besonderes.

Übernachten
2 Sovereign Resort
4 Hill Top Farmstay
5 Pam's Place
6 Cooktown Holiday Park

Essen & Trinken
2 Balcony Restaurant

Cafés
1 Gill'd & Gutt'd und 1770

Nachtleben
3 Cooktown Hotel
9 Lions Den Hotel

Sonstiges
7 Swimming Pool
8 Cooktown Car Hire

Cooktown
250 m

Auf dem Bio-Bauernhof kann man in Safari-Zelten, in Cabins oder im eigenen Camper übernachten. Von der Wasseraufbereitung über Solarstrom bis hin zum Waschmittel: hier ist alles „environmentally friendly". Stellplatz mit Strom ab 44 $. 2120 Endeavour Valley Road, ✆ 40695058. ■

Pam's Place 5, das Hostel in Cooktown. Es gibt einen Pool, Tourdesk und Internetterminals. Alle Zimmer, auch die Dorms haben AC. Im 3er-Zimmer ab 30 $, Motel-DZ mit eigenem Bad, Kühlschrank und TV ab 105 $. Boundary Street/Ecke Charlotte Street, ✆ 40695166, www.cooktownmotel.com.

Nord-Queensland: von Townsville bis Cooktown

Cooktown Holiday Park 6, riesige, offene, blitzblank geschrubbte Campküche mit weißen Fliesen und Edelstahlgrills. Motel-DZ 135 $, Cabins 145 $ (jeweils mit Kitchenette und eigenem Bad). Stellplatz für Zelt oder Wohnmobil 45 $. 35–41 Charlotte Street, ℡ 40695417, www.cooktownholidaypark.com.au.

Essen & Trinken **Balcony Restaurant** 2, **Cocktail Bar** und **Café Bar** gehören zum Sovereign Resort. Eine gute Wahl für ein feines Abendessen oder einen Drink. Zum Essen kann man auf dem Balkon mit dem weißen Geländer sitzen und das Treiben auf der Hauptstraße beobachten. Vorspeisen um 15 $, Hauptspeisen 22–32 $. Nur April–Okt. 128 Charlotte Street, ℡ 40430500, www.sovereignresort.com.au.

Cooktown Hotel 3, wilde Trinkhöhle, an der Wand hängen Fotos von feucht-fröhlichen Partys, und um den Billardtisch scharen sich auch tagsüber schon Bier trinkende Gestalten. Pub-Grub um 20 $. Küche zum Lunch und Abendessen geöffnet. 96 Charlotte Street, ℡ 40695308.

Veranda Cafe, im Info Centre. Tolle Terrasse im Botanischen Garten. Der Kaffee ist ausgezeichnet, es gibt eine kleine Lunch-/Brunch-Karte, die ständig wechselt, z. B. Sandwiches, Pasta oder Quiche (um 20 $). Öffnungszeiten variieren stark. Natures Powerhouse, Botanic Gardens, ℡ 40696004.

Lions Den Hotel 9, uriges Pub mit etlichen Zentnern Deko, vom Krokoschädel über Sporttrikots zu alten Blechschildern. Von der asphaltierten Cooktown Developmental Road zweigt die nicht asphaltierte Zubringerstraße ab (etwa 4 km bis zum Lions Den), die aber mit dem Pkw noch gut zu meistern ist. Camping neben dem Pub für 28 $. Shiptons Flat Road, Rossville, ℡ 40603911, www.lionsdenhotel.com.au.

An der Kaianlage das **Gill'd 'n Gutt'd** 1 (℡ 40695863), ein fantastischer Fish-&-Chips-Laden, sowie das **1770** 1 (℡ 40695440), ein Restaurant mit Schanklizenz direkt am Wasser, mit Blick auf die Fischerboote.

Sehenswertes

Der Ort an sich ist schnell zu erkunden. Sehenswert sind einige historische Gebäude, die noch aus den Zeiten des Goldrausches stammen, darunter, als herausragendes Beispiel im Viktorianischen Baustil, die **Old Bank** aus dem Jahr 1891 (Charlotte Street). Ein tolles Holzgebäude ist das **Old Hospital** von 1879, das heute Räumlichkeit der Zeugen Jehovas ist (May Street). Am Ufer des Endeavour River erinnert im **Bicentennial Park** eine Bronzestatue an Captain Cook. An der Webber Esplanade befindet sich die **kleine Kaianlage** des Orts und ein Stückchen weiter das historische **Schießpulverlager**. Die beste Rundumsicht hat man vom **Grassy Hill Lookout**, wo auch der Leuchtturm von 1885 steht. Man kann hinaufwandern oder mit dem Pkw hinauffahren.

Etwa 6 km außerhalb von Cooktown befindet sich die v. a. bei Anglern beliebte **Old Annan Bridge**, die von hier ihre Leinen ins Wasser hängen. Einen kleinen Ausflug wert ist auch das **Lions Den Hotel**, ein typisches Outback-Pub, das über eine kurze Schotterpiste an die Development Road angebunden ist. Hier endet der von Cape Tribulation kommende **Bloomfield Track**, und 4WD-Fahrer stoppen hier gern auf das erste Bier nach der staubigen Offroad-Fahrt.

Nature's Powerhouse: Auf dem Gelände des Botanischen Garten gelegen und die erste Adresse, wenn man etwas über die Flora und Fauna der Region erfahren will. Zu den Ausstellungen gehört die *Charles Tanner Gallery*, die dem verstorbenen Schlangen- und Reptilienforscher gewidmet ist. Der Mann war auf seinem Gebiet so erfolgreich, einige Spezies wurden nach ihm benannt. Eine zweite Abteilung beschäftigt sich mit der Flora der Cape-York-Region; benannt ist sie nach der ebenfalls bereits verstorbenen *Vera Scarth-Johnsen*, die die hier heimische Pflanzenwelt intensiv erforschte. Im Gebäude befindet sich ein ausgezeichneter Shop mit sehr guter Literatur zu Flora, Fauna und Geschichte der Region.
Tägl. 9–17 Uhr. Eintritt 3,50 $. Cooktown Botanical Gardens, ℡ 40696004, www.naturespowerhouse.com.au.

James-Cook-Museum: Das außergewöhnliche Gebäude beherbergte einst das *Convent of St. Mary*, eine Klosterschule (gebaut 1888–1889). Im Zweiten Weltkrieg richteten sich die Amerikaner hier ein, nach Kriegsende stand der Bau lange leer, bis er 1969 restauriert wurde und seit 1970 das James-Cook-Museum beherbergt; natürlich dreht sich hier alles um die aufregende Geschichte des Ortes und den berühmten Namensgeber. Zentrale Exponate sind die Kanonen und Anker von James Cooks berühmter *H. M. Bark Endeavour*. Auch die Geschichte der lokalen Ureinwohner wird dokumentiert, zu sehen sind beispielsweise Bilder und traditionelle Gebrauchsgegenstände der Aborigines. Tägl. 9.30–16 Uhr. Eintritt 10 $. Furneaux Street/Ecke Helen Street, ✆ 40695386, www.nationaltrust.org.au/qld.

Wandern

Es gibt einen Wanderweg auf den Gipfel des 431 m hohen *Mt. Cook*, der einige Kilometer südlich der Ortschaft liegt. Man fährt mit dem Auto über Schotterpisten bis an den Fuß des Berges und folgt von dort den Schildern. Am Start des Weges gibt eine Tafel genauere Informationen und Warnhinweise. Alternativ kann man vom Leuchtturm auf dem *Grassy Hill* einen atemberaubenden 360°-Blick genießen – eher ein

Kinder beim Rodeo in Cooktown

strengender Spaziergang als eine Wanderung, der Weg verläuft auf einer Straße, man kann also zur Not auch mit dem Pkw hinauffahren. Von diesem Weg führt ein beschilderter Track zur Küste und dort via Cherry Tree Bay zur *Finch Bay* bzw. zum Infozentrum im Botanischen Garten. **Vorsicht an Flüssen und Bächen**: Es gibt hier viele Krokodile!

Cape York Peninsula

Die Cape-York-Halbinsel gilt als eine der letzten echten Herausforderungen des Landes. Eine wilde, ungezähmte Natur, die Mensch und Material viel abverlangt und Geländefahrzeuge binnen Kurzem mit rotem Staub überzieht.

Größte Ortschaft ist **Weipa** am Golf von Carpentaria – die moderne Siedlung mit etwa 3000 Einwohnern, Resorts, Einkaufszentrum und Campingplatz ist Sitz der Firma *Rio Tinto Alcan*, die hier die größte Bauxitmine der Welt betreibt. Das Barramundi-Fischen am Cape ist legendär, und wer kein eigenes Boot dabeihat, kann hier eines mieten, auf Wunsch auch mit einem Angelguide an Bord. Die meisten

Queensland / Cape York Peninsula

Touristen zieht es an die Spitze der Halbinsel, die gleichzeitig der nördlichste Punkt des australischen Festlandes ist. Von hier sind es nur noch knapp 180 km Luftlinie nach Papua Neuguinea.

Nur etwa 30 km vor der Küste liegt **Thursday Island**, zu der es eine Fährverbindung ab Seisia gibt. Die Landschaft der Halbinsel ist unerwartet vielfältig, von knochentrockener Savanne im Landesinneren über grüne Wälder entlang der Flussläufe bis zu Sümpfen und Mangroven an der Küste des Golfs. Und es ist wirklich einsam. Eine Tour will daher gut geplant sein und ist nichts für Anfänger. Es gibt jedoch diverse Touranbieter, die einem die Vorbereitungen weitgehend abnehmen, sowie interessante Angebote, bei denen die Strecke in eine Richtung mit dem Allradfahrzeug zurückgelegt wird, zurück geht es per Frachtschiff oder Flieger.

Hier gibt es wirklich viele Krokodile, und zwar auch die ganz großen Burschen. Es gibt eine ganze Reihe von Dingen, die man beachten muss – erkundigen Sie sich in den Touristeninformationen, dort gibt es auch Cape-York-Broschüren, in denen genau beschrieben ist, was man darf und was man besser unterlässt.

Anreise Pkw: Erreichbar ist Weipa über die ungeteerte Peninsula Development Road (Mulligan Highway), an der auch die Ortschaft *Laura* liegt.

Flugzeug: *Qantas Link* fliegt von Cairns nach Weipa. Dauer 1:30 Std., ab etwa 180 $. ℡ 131313, www.qantas.com.au.

Information Kompetente Auskünfte in den Infozentren in Cooktown und Cairns.

QPWS Cairns Information Centre, das Infozentrum des *Queensland Parks & Wildlife Service*. Mo–Fr 8.30–17 Uhr. 5B Sheridan Street, Cairns, ℡ 42225303, www.nprsr.qld.gov.au.

Tag along Tours Tagalong Tours of Australia, verschiedenste Angebote was die Dauer betrifft, im Paket meist Rundumversorgung mit Mahlzeiten und Ausrüstung inklusive, man muss aber mit dem eigenen Geländewagen mitfahren. Der ortskundige Guide fährt mit seinem Geländewagen voraus. Pro Fahrzeug (inkl. 2 Pers.) sind dann z. B. für 12 Tage rund 3900 $ fällig. ℡ 40574096, www.tagalongtours.com.au.

Touren Cape York Tour, große Auswahl an Touren, entweder komplett im Allradbus oder in Kombination mit Flug- oder Schiffspassagen. Zwischen 5 und 16 Tagen ist man unterwegs, übernachtet wird in Zelten oder in Lodges, die Kosten belaufen sich je nach Option auf bis zu 4500 $. ℡ 40511120 oder 1800994620, www.capeyorktour.com.

Billy Tea Bush Safaris, die 9- bis 14-tägigen Touren ab Cairns kosten 3000–4500 $/Pers. Es werden verschiedene Kombinationen angeboten, z. B. nur im Allradwagen oder mit Flügen und Seepassagen für bestimmte Etappen. Bis zu 14 Pers./Tour (Spezialfahrzeuge), inkl. Verpflegung und Campingausrüstung. ℡ 40320077, www.billytea.com.au.

Oz Tours Safaris, die Touren im 4WD-Spezialfahrzeug dauern 7–16 Tage und kosten je nach Dauer, Art der Unterkunft (Camping, Lodges, Hotels) und Kombinationen mit Flug bzw. Seepassage 2000–4800 $/Pers., inkl. Campingausrüstung und Verpflegung. ℡ 40559535 oder 1800079006 (kostenlos), www.oztours.com.au.

Cape York Motorcycles, bietet All-inclusive-Touren, Motorräder (250er- oder 400er-Enduro) werden gestellt, ebenso Campingausrüstung und Schutzkleidung – inklusive aller Mahlzeiten, Parkgebühren und Benzin. Tagestour etwa 500 $, 8-Tage-Tour (Fahrt von Cairns an die Spitze des Kaps inkl. anschließender Rückflug) etwa 5550 $/Pers. ℡ 40550050 oder 0427590221 (mobil), www.capeyorkmotorcycles.com.au.

Farmstay Merluna Station, eine echte Cattle Station auf 160.000 ha Land. Bei der Familie MacLean kann man übernachten und am Farmeralltag teilnehmen. Im DZ 100 $, mit Bad 130 $. Camping 12,50 $/Pers. Etwa 120 km südöstlich von Weipa, 8 km abseits der Peninsula Development Road, ℡ 40703209, www.merlunastation.com.au.

Atherton Tablelands

Das Hochland im Nordosten Queenslands ist ein beliebtes Ausflugs- und Urlaubsziel. Wo an der Küste die Touristenhorden im Akkord abgefertigt werden, locken nur wenige Kilometer im Landesinneren malerische Ortschaften, kulinarische Genüsse und eine vielseitige Natur.

Wenn das schwüle Wetter auf Meereshöhe unerträglich wird, fliehen entnervte Küstenbewohner in die angenehmeren Gefilde auf dem Hochplateau. Das milde Klima und die fruchtbare Vulkanerde begünstigen eine ertragreiche Landwirtschaft. Der Regenwald gehört zu den ältesten der Erde und ist Heimat einer vielfältigen Tier- und Pflanzenwelt. Das löst bei Forschern wahre Glücksgefühle aus – Biologiestudenten aus aller Welt nehmen hier an verschiedenen Projekten teil, von der Bestandserfassung des Kurzkopfgleitbeutlers bis zur Suche nach bisher unentdeckten Waldbewohnern. Für Urlauber stehen aber eher der **Curtain Fig Tree**, die **Wasserfälle** und die **vulkanischen Seen** auf dem Programm. Ein fahrbarer Untersatz ist eigentlich unverzichtbar, um die Region ausgiebig zu erkunden, einzig die Sehenswürdigkeiten um **Kuranda**, ganz im Norden, sind gut mit öffentlichen Verkehrsmitteln angebunden.

Waterfall Circuit

Es handelt sich um einen kleinen Rundkurs, der zu drei der schönsten Wasserfälle der Region führt: den **Millaa Millaa Falls**, den **Zillie Falls** und den **Ellinjaa Falls**. Man kann mit dem Auto relativ weit an die Wasserfälle heran fahren, ist jeweils nur ein kurzes Stück zu Fuß zu gehen. Zur Basis der Ellinjaa Falls führt ein kurzer, aber steiler Weg mit vielen Stufen. Die Besichtigung aller drei Fälle ist in etwa eineinhalb bis zwei Stunden gemütlich zu schaffen. Die Entfernung von Atherton nach Millaa Millaa ist etwa 40 km.

Mareeba
ca. 7000 Einw.

Mareeba rühmt sich zweier Dinge: Kaffee und Heißluftballons. Für Ersteres sprechen die simplen Fakten, 90 % der australischen Bohnen kommen von hier. Letzteres zeigt sich bei guter Witterung ganz eindrucksvoll, wenn sich eine ganze Reihe bunter Ballons in den Himmel erhebt.

Mareeba war die erste Ortschaft der Tablelands. Bereits 1877 kamen die ersten Siedler, und die fruchtbaren Böden sorgten für Begeisterung rundum. Als bedeutender Wirtschaftsfaktor kristallisierte sich in den 1920er-Jahren die Tabakproduktion heraus, doch ganz allgemein lässt sich sagen, dass in Mareeba so ziemlich alles angebaut wurde, was irgendwie von Nutzen war. Auch heute noch wachsen Mangos, Bananen, Ananas, Lychees, Avocados, Trauben oder Macadamia-Nüsse auf den Plantagen. Und auch die Viehzucht ist ein wichtiger Wirtschaftszweig, wenn auch direkt vor Ort nur marginal betrieben. Mareeba ist Umschlagplatz für die ganze Golf- und Cape-York-Region – jede Woche karren riesige Roadtrains ganze Herden zu den Auktionshallen der Stadt. Das Gipfeltreffen der Cowboys findet im Juni statt, wenn beim **Mareeba Rodeo** die Besten in verschiedenen Kategorien wetteifern.

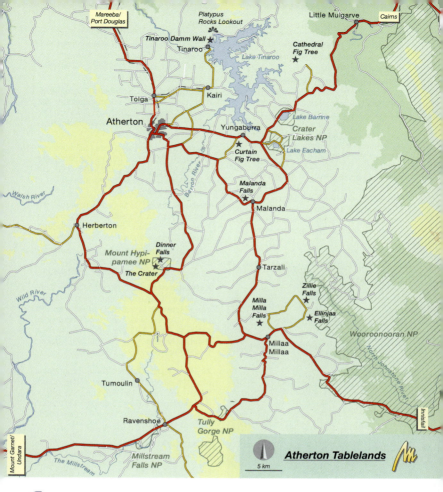

Basis-Infos

GPS: S17°00.668' E145°25.516'
450 m ü. M. Ortsvorwahl: 07

Anreise Pkw: Mareeba liegt im nördlichen Bereich des Atherton-Hochlands. Die Ortschaft ist 60 km von Cairns entfernt und via Kuranda auf dem Kennedy Highway zu erreichen. Nach Süden sind es 35 km bis nach Atherton, ebenfalls über den Kennedy Highway.

Bus: 1- bis 3-mal tägl. mit *Trans North Buses*. ✆ 40958644, www.transnorthbus.com.

Bahn: Der *Savannahlander* hält auf der Reise zwischen Cairns und Forsayth für einen kurzen Zwischenstopp in Mareeba. ✆ 40536848 oder 1800793848, www.savannahlander.com.au.

Touristinfo Mareeba Heritage Museum & Visitor Information Centre, ein kleines Museum und Infozentrum am Ortsausgang. Tägl. 9–17 Uhr. 345 Byrnes Street, Centenary Park, ✆ 40925674, info@mareebaheritagecentre.com.au.

Mareeba im Internet Informationen unter www.mareebaheritagecentre.com.au und www.tablelands.org.

Aktivitäten Mareeba Wetlands Reserve, das Feuchtbiotop ist Lebensraum für über 200 verschiedene Vogelarten. Tägl. 8.30–16.30 Uhr. In der Regenzeit Februar/März geschlossen, Wiedereröffnung je nach Witterung im April. Man kann Bootsfahrten unternehmen, Kanus mieten oder auf den 12 km an Wanderwegenetz auf Erkundungstour gehen. Eintritt 10 $, 2-stündige Safari mit Guide ab 60 $/Pers. ℡ 40932514, www.jabirusafarilodge.com.au. *Anfahrt:* Etwas außerhalb nahe Biboorah. 6,5 km nördlich von Mareeba auf die Pickford Road abbiegen, von da noch 7 km auf ungeteerter, für normale Pkw aber gut passierbarer Piste.

Cathedral Fig Tree

Hotair, Treffpunkt ist am Mareeba Heritage Centre, die Ballonfahrten dauern um 30 Min. und kosten ab 225 $. ℡ 40399900, www.hotair.com.au.

Raging Thunder Ballooning, alternativer Anbieter, der auch Komplettpakete inkl. Transfers ab/nach Cairns (um 240 $) im Programm hat. ℡ 40307990, www.ragingthunder.com.au.

Feste Wheelbarrow Race, Schubkarrenrennen zu Ehren der frühen Pioniere jedes Jahr im Mai – nur für ganz harte Kerle: Die schnellsten Teams schaffen die 140 km in weniger als 6:30 Std.

Mareeba Rodeo, alljährlich Mitte Juli, das größte Event in Mareeba und der Region. Tagespass Sa 30 $, So 17 $, Wochenend-Pass 40 $. www.mareebarodeo.com.au.

Internet Mareeba Library, Mo 14–17 Uhr, Di/Mi 10–17 Uhr, Do 10–18 Uhr, Fr 9.30–17 Uhr, Sa 9–12 Uhr. 221 Byrnes Street, ℡ 40864622.

Kaffeeplantagen Australian Coffee Centre, etwa 10 km nordwestl. des Orts. Bei den Führungen (3-mal tägl.) erhält man Einblick in Anbau, Trocknen und Rösten des Kaffees. Tägl. 9–16 Uhr geöffnet. Ivicecic Road (Anfahrt via Dimbulah Road), ℡ 40932194, www.skybury.com.au.

》》 Mein Tipp: Coffee Works Experience, hier gibt es ausgezeichneten Kaffee, super Essen und einen kleinen Shop. Eintritt in Ausstellung 19 $. Tägl. 9–16 Uhr. 136 Mason Street, ℡ 40924101, www.coffeeworks.com.au. 《《

Supermarkt Coles, Mo–Fr 8–21 Uhr, Sa 8–17 Uhr, So 9–18 Uhr. Byrnes Street.

Übernachten Jabiru Safari Camp, im Mareeba Wetlands Reserve. Geräumige Edel-Safarizelte, voll eingerichtet mit blanken Holzfußböden, Betten, Kühlschrank und Ventilatoren. Je mit eigenem Bad und Veranda mit BBQ. In der Regensaison im Febr./März ist die Lodge geschlossen. Wiedereröffnung je nach Wetter im April. DZ um 240 $ inkl. Frühstück. Pickford Road, Biboohra. Anfahrt: 6,5 km nördl. von Mareeba auf die Pickford Road abbiegen, von da noch 7 km auf ungeteerter, für normale Pkws aber gut passierbarer Piste, ℡ 40932514, www.jabirusafarilodge.com.au. ∎

Camping Schöner Campingplatz an der Granite Gorge (→ S. 759).

Imposante Steinkulisse in der Granite Gorge

Granite Gorge

Ein richtig guter Ausflug. Die „Granitschlucht" formt, wie der Name anklingen lässt, ein kleines Labyrinth aus Gesteinsbrocken, das man auf diversen Routen durchstreifen kann. Damit niemand verloren geht, sind die Wege mit weißer Farbe auf dem Boden markiert, auch eine Karte gibt es am Eingang. Die große Runde dauert etwa 90 Minuten und ist nicht besonders schwer, allerdings muss man gelegentlich über größere Felsbrocken klettern. Futter für die kleinen Rock-Wallabys gibt's käuflich zu erwerben, die zutraulichen Tiere lassen sich von Hand füttern. Trinkwasser und Hut nicht vergessen, umgeben von blanken Granitfelsen wirkt die Sonne doppelt! Zur Abkühlung kann man in Süßwasserpools baden.

Meist 8–17 Uhr geöffnet, aber keine geregelten Öffnungszeiten. Vorsichtshalber anrufen, da es witterungsbedingt zu Unregelmäßigkeiten und Sperrungen kommen kann. Eintritt ab 7,50 $, Kinder ab 2 $. Futter für Wallabys 1 $. Ab 14 $/Nase kann man vor Ort campen. 11 Harrigan Road, Mareeba. Die Anfahrt über Mareeba ist ausgeschildert. ℡ 40932259, www.granitegorge.com.au.

Atherton und Yungaburra

Die beiden Ortschaften könnten unterschiedlicher nicht sein. Yungaburra pflegt sein Image als verschlafenes Dorf, während Atherton sich als Geschäftszentrum der Atherton Tablelands etabliert hat. Als Duo sorgen sie für einige wunderbare Tage.

Mit der Zuganbindung im Jahr 1910 entdeckten die ersten Urlauber die Region, und schon in den 1920er-Jahren entwickelte sich ein reger Tourismus. Viele von Yungaburras historischen Gebäuden stammen noch aus der Gründerzeit, im lokalen Pub wurde schon vor fast 100 Jahren Bier ausgeschenkt, und einige der klassischen Queenslander wurden zu wunderbaren Bed-&-Breakfast-Unterkünften umfunktioniert. Profitiert Yungaburra v. a. von seinem „Alte-Welt-Charme", gibt es

Queensland / Atherton Tablelands

in Atherton die Einrichtungen, die nicht unbedingt schön anzuschauen, aber unentbehrlich sind: Banken, Supermärkte, Geschäfte und Krankenhaus. Die Bewohner können es verkraften, denn die Urlauber lassen natürlich auch hier ihre Dollars. Das Zusammenspiel der beiden Ortschaften sowie die Nähe zueinander machen sie zu einer ausgezeichneten Basis für Urlaub in den Tablelands.

> GPS: S17°16.10' E145°28.46'
> 805 m ü. M.
> Ortsvorwahl: 07

Anreise Pkw: Atherton und Yungaburra liegen 13 km auseinander. *Cairns* ist 75 km entfernt, die Verbindung zur Küste erfolgt über das 50 km entfernte *Gordonvale* auf der Gordonvale-Atheron Road.

Wer aus Süden anreist, kann ab *Innisfail* über den Palmerston Highway nach *Milla Milla* fahren, von dort kommt man über *Malanda* ans Ziel.

Bus: 1- bis 3-mal tägl. mit *Trans North Buses* ab Cairns via Kuranda und Mareeba nach Atherton (✆ 40958644, www.transnorthbus.com).

Touristinfo Atherton Tableland Information Centre, ausführliche Auskünfte zur Region, tägl. 9–17 Uhr. Main Street/Ecke Silo Rd., Atherton, ✆ 40914222, athinfocentre@trc.qld.gov.au.

Atherton & Yungaburra im Internet Infos zu beiden Ortschaften erhält man unter www.athertontablelands.com.au. Darüber hinaus hat Yungaburra eine eigene Webseite: www.yungaburra.com.

Museum Crystal Caves, zu sehen gibt es Edelsteine, Kristalle, Minerale und auch Fossilien, insgesamt sind es über 600 Ausstellungsstücke. Mo–Fr 8.30–17 Uhr, Sa/So 8.30–16 Uhr. Eintritt 22,50 $. 69 Main Street, Atherton, ✆ 40912365, www.crystalcaves.com.au.

Supermarkt Woolworths, Mo–Fr 8–21 Uhr, Sa 8–17 Uhr, So 9–18 Uhr. Cook Street.

Übernachten in Yungaburra Eden House Retreat & Spa, auf kleinen Wegen wandert man durch den tropischen Garten zu den einzelnen Unterkünften. Angeboten werden eher traditionell gehaltene Garden Cottages sowie 6 modern gestaltete Spa Villas. Übernachtung bei Belegung mit 2 Pers. ab 200 $, Wellness-Anwendungen ab 70 $. 20 Gilles Highway, ✆ 40897000, www.edenhouse.com.au.

Kookaburra Lodge, schönes Motel mit angenehmer Atmosphäre. Die Zimmer haben Standardausstattung, für 15 $ pro Pers. gibt es Frühstück. DZ oder Twin ab 95 $. 3 Echam Road, ✆ 40953222, www.kookaburralodge.com.

On the Wallaby, cooles Backpacker mit kleiner Grünfläche hinter dem Haus, auf der man auch mal ein Zelt aufschlagen kann. Auch Touren werden angeboten. Im Mehrbettzimmer ab 25 $/Pers., DZ ab 60 $. 34 Eacham Road, ✆ 40952031, www.onthewallaby.com.

Übernachten in der Region ›› Mein Tipp: The Canopy Rainforest Treehouses, Luxusunterkünfte auf massiven Pfählen in den Regenwald gebaut. Zur Ausstattung gehört Spa-Badewanne und gut eingerichtete Küche mit Geschirrspüler. 319–349 $ für 2 Pers. (Mindestaufenthalt 2 Nächte), ab der 3. Nacht Rabatt. Hogan Road, Tarzali (24 km südl. von Yungaburra, erreichbar via Malanda), ✆ 40965364, www.canopytreehouses.com.au. ‹‹

Crater Lakes Rainforest Cottages, kreativ und nach Themen eingerichtet, z. B. die Pioneer Cottage mit Elementen aus Wellblech, eine andere im balinesischen Stil. Zur Ausstattung gehört jeweils Holzofen, Spa-Wanne, Küche und Veranda. Ab 240 $/Nacht (Belegung mit 2 Pers., weitere Person 40 $). Lot 17, Echam Clos, Lake Echam, ✆ 40952322, www.craterlakes.com.au.

Camping Big4 Atherton Woodlands Tourist Park, super Platz mit großer Campingwiese neben einem kleinen Bach und verschiedenen Cabins. Stellplatz 30–38 $, festes Dach über dem Kopf 110–170 $. 141 Herberton Road, Atherton, ✆ 40911407, www.woodlandscp.com.au.

Camping im State Forest Downfall Creek Camping Area, nur eines von mehreren Arealen im Danbulla State Forest. Direkt am Lake Tinaroo, gut zum Zelten und auch für kleine Campervans geeignet. Es gibt Toiletten vor Ort, Anfahrt via Tinaroo, mehrere Kilometer nicht asphaltiert. 5,75 $/Pers. und Nacht.

Essen & Trinken Flynn's Restaurant, französisch und italienisch inspirierte Küche im mittleren Preissegment. Kleine Karte, Vorspeisen um 17 $, Hauptgerichte 30 $. Gute Weinkarte. Fr–Di 12–15 und ab 18 Uhr (Sonntagabend zu). 17 Echam Road, Yungaburra, ✆ 40952235, www.flynnsyungaburra.com.

🌿 **Mungalli Creek Dairy & Café**, die Bio-Milchprodukte sind frei von Gluten, Konservierungsmitteln und Farbstoffen – und haben dem Familienbetrieb schon etliche Auszeichnungen eingebracht. Die Produkte werden auch im Café frisch verarbeitet. Tägl. 10–16 Uhr, 254 Brooks Road, Millaa Millaa, ✆ 40972232, www.mungallicreekdairy.com.au. ■

Tea House, am Lake Barrine. Klassisches, schön am Seeufer gelegenes Ausflugslokal. Kaffee mit Kuchen auf der Terrasse ist allemal einen Zwischenstopp wert. Tägl. tagsüber geöffnet. Gordonvale Road, Lake Barrine, ✆ 40953847, www.lakebarrine.com.au.

Yungaburra Hotel, super Kneipe für ein kühles Bier, hier fühlt man sich einfach pudelwohl. Jeden Tag ab mittags geöffnet. 6–8 Keyhole Place, Yungaburra, ✆ 40953515, www.yungaburrahotel.com.au.

Rockwallaby und Junges

Sehenswertes

Zahlreiche **historische Gebäude** erfreuen in Yungaburra das Auge. Zwar sind es keine großartigen Regierungs- oder Kirchengebäude wie anderswo, dafür aber wunderschöne, alte Wohnhäuser im typischen Queenslander-Stil mit großen Veranden und Wellblechdächern. Die Ortschaft ist klein, und so braucht es nicht mehr als einen kurzen Spaziergang, um sich alles anzuschauen.

Dagegen braucht man bekanntlich etwas Geduld und Ruhe, um die scheuen **Schnabeltiere** zu Gesicht zu bekommen – an dem kleinen Bach am Ortsausgang wurde eine kleine Beobachtungsplattform angelegt, an der die Chancen nicht schlecht stehen. In der Dämmerung sind die Tiere übrigens am aktivsten.

Die Seen der Tablelands

Der **Lake Eacham**, 9 km östlich von Yungaburra, ist ein schöner, kleiner Kratersee mit tiefem Wasser, der sich zum Baden hervorragend eignet. Ein 4,5 km langer Spazierweg lädt zu einer kleinen Rundwanderung ein.

Der **Lake Barrine**, 9 km nordöstlich von Yungaburra, ist ein wenig größer als der Lake Eacham; man kann ihn auf einer Fahrt in einem kleinen Ausflugsboot erkunden. Der obligatorische Rundwanderweg misst etwa 6,5 km, nur einen kurzen Sprung vom Restaurant entfernt sind zwei 1100 Jahre alte Kauri-Pinien zu bestaunen.

Der **Lake Tinaroo** nördlich von Yungaburra ist ein Stausee, dessen Uferlinie und bei normalem Wasserstand rund 200 km lang ist. Hier vergnügen sich Wassersportler, Angler und Naturfreunde.

Kuranda

ca. 1500 Einw.

Auf den ersten Blick scheint es, als würde man in eine eigene, von dichtem Regenwald umgebene Welt eintreten. Die riesigen Bäume entlang der kurzen Hauptstraße erwecken beinahe den Eindruck, als würden sie auf den richtigen Moment warten, um den Ort zurückzuerobern und in kürzester Zeit alle Zeichen menschlicher Besiedlung unter einer grünen Decke verschwinden zu lassen.

Mitte des 19. Jh. verschlug es die ersten Pioniere in die Region, und mit der Zuganbindung zum Seehafen in Cairns verbesserten sich die wirtschaftlichen Chancen drastisch. Der Anbau von Kaffee schien auf einer Höhe von 380 m über dem Meer eine lukrative Einnahmequelle, doch starke Frosteinbrüche zerstörten um das Jahr 1900 den gesamten Bestand; aus Angst vor neuen Rückschlägen verzichtete man auf einen Neuanfang.

In den 60er-Jahren fanden die Hippies im Schoß der Natur ihr eigenes Paradies. Aus diesen Anfängen entwickelte sich zehn Jahre später eine alternative Kultur, die bis heute zu spüren ist – eine Mischung aus Batik und Botanik, die Besucher immer wieder in Entzücken versetzt. Man wandert durch die üppige Vegetation, nimmt in einem der Cafés ein supergesundes Öko-Frühstück zu sich und stöbert anschließend auf dem Markt nach Schnäppchen. Der Ort ist touristisch erschlossen wie kein zweiter: Ein Themenzoo reiht sich an den anderen, kitschige Souvenirläden trüben das Bild ein wenig und machen klar, dass hier eine beachtliche Tourismusmaschinerie aktiv ist. Tagsüber treten sich die Touristen fast auf die Füße, aber jeden Abend, wenn die letzten Tagesausflügler abgefahren sind, fällt der kleine Ort wieder in seinen Dornröschenschlaf.

Basis-Infos

GPS: S16°49.16' E145°38.15'
380 m ü. M.
Ortsvorwahl: 07

Anreise **Pkw**: Kuranda ist 30 km von *Cairns* entfernt, die Anreise erfolgt auf dem Captain Cook Highway, danach auf dem Kennedy Highway.

Skyrail: Anreise per Gondel. Die Talstation ist in Smithfield, Captain Cook Highway/Ecke Cairns Western Arterial Road. Einfache Fahrt 50 $, hin/zurück 75 $, mit Transfer von/nach Cairns 98 $. Auf der Internetseite finden sich zahlreiche Kombiangebote inkl. Sehenswürdigkeiten. Fahrten zwischen 8.15 Uhr und 17.15 Uhr alle 15 Min. Fahrzeit in der Gondel etwa 10 Min. ✆ 40385555, www.skyrail.com.au.

Kuranda Scenic Railway: Auf der historischen Eisenbahntrasse von 1891 schlängelt sich der Zug zwischen Felswand und Abgrund entlang, muss dabei zahlreiche Tunnels durchfahren und Brücken überqueren. Einfache Fahrt ab 50 $/Pers., Retourticket ab 76 $. Tägl. ab Cairns um 8.30 Uhr und 9.30 Uhr, Rückfahrt ab Kuranda tägl. 14 Uhr und 15.30 Uhr. Fahrtdauer 1:45 Std. ✆ 40369333, www.ksr.com.au.

Bus: mit *Trans North Bus* (✆ 40958644, www.transnorthbus.com) 1- bis 3-mal tägl. als Halt auf der Route zwischen Cairns und Atherton.

Touristinfo Kuranda Information Centre, Auskünfte über Kuranda und die nähere Umgebung. Tägl. 10–16 Uhr. Therwine Street, ✆ 40939311, info@kuranda.org.

Kuranda im Internet Informationen unter www.kuranda.org.

Einkaufen & Märkte Kuranda Heritage Market [10], Kunsthandwerk, Digeridoos, Bilder, Duftöle und vieles mehr. Tägl. 9.30–15.30 Uhr. Rob Veivers Drive, ✆ 40938060, www.kurandamarkets.com.au.

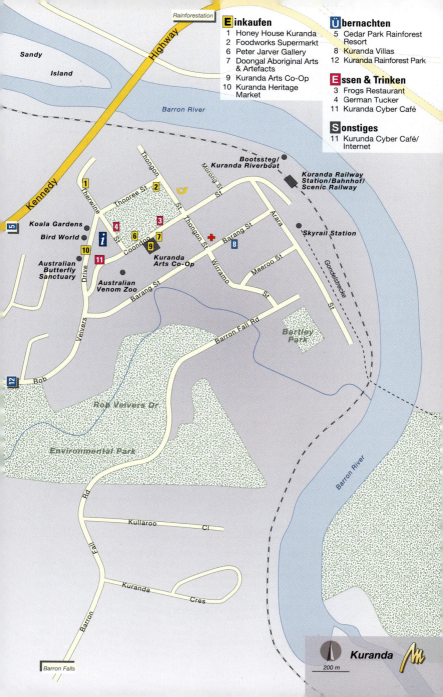

Kuranda Classic Experience

Wer sowohl *Skyrail* als auch *Scenic Railway* erleben will, kann das mit einem Kombipass. Man wird von der Unterkunft in Cairns abgeholt und zur Skyrail-Station in Smithfield gebracht. Nach der Ankunft hat man Zeit, Kuranda zu erkunden, bevor man per Scenic Railway die Rückfahrt antritt. Ankunft ist an der Cairns Station. Inklusiver aller Transfers kostet die Classic Experience 123 $/Pers. 24-Std.-Buchungsnummer ✆ 40369333. Das Büro befindet sich am Bahnhof in Cairns, Plattform 1, Mo–Fr 10–17 Uhr, Sa 10–12 Uhr. Buchen kann man aber auch in den Buchungsbüros der Stadt. Weitere Infos und Tourangebote im Internet: www.ksr.com.au.

Honey House Kuranda 1, der zu 100 % in Nord-Queensland gewonnene Honig schmeckt einfach super! Außerdem Bienenwachskerzen und Beauty-Produkte. Tägl. 9–15 Uhr. 7 Therwine Street, ✆ 40937261, www.honeyhousekuranda.com.

Im Ort Einige Geschäfte, Souvenirläden, Post, Geldautomaten sind vorhanden.

Internet Kuranda Cyber Café 11, tägl. ab 11 Uhr. 8/12 Rob Vievers Drive, ✆ 40937576.

Kunsthandwerk & Galerien Doongal Aboriginal Arts & Artefacts 7, in der Arche. Große Auswahl an Kunsthandwerk, vom Digeridoo über das bemalte Emu-Ei bis hin zu Bullroarern und Keramik. Keine industriell gefertigten Souvenirs, sondern Werke einzelner Künstler. Tägl. 9–16 Uhr. 22 (The Ark) Coondoo Street, ✆ 40939999, www.doongal.com.au.

Peter Jarver Gallery 6, ausgezeichnete Landschaftsfotografie mit australischen Motiven. Der Künstler verstarb 2003 mit nur 49 Jahren. Tägl. 10–15.30 Uhr. 3 Coondoo Street, ✆ 40938081, www.peterjarver.com.

Kuranda Arts Co-Op 9, ein Zusammenschluss von Künstlern, die hochwertige, nicht ganz billige Produkte anbieten. Tägl. 10–16 Uhr. 20 Coondoo Street, ✆ 40939026.

Supermarkt Foodworks 2, tägl. 7–19 Uhr. Thooree Street/Ecke Thongon Street.

Touren Kuranda Riverboat, der Bootssteg ist rund 5 Gehminuten vom Ortskern entfernt, etwas unterhalb der Bahnstation. Ideal, um Krokodile und Wasservögel aus den Nähe zu beobachten. Tickets an Bord 18 $ (45 Min.). Tägl. 10.45–14.30 Uhr, etwa alle 60 Min. ✆ 0412159212 (mobil), www.kurandariverboat.com.

The Billabong Adventure Tours, Ausfahrten in einem umgebauten Hummer-Geländewagen. Tag und Nacht gibt es Touren, in denen man sich durch das 165 ha große Regenwald-Areal kutschieren lassen kann. Die Zwischenstopps verbringt man z. B. mit Bumerangwerfen oder Lagerfeuerkochen. 186 Mt. Haren Road, ✆ 40937684, www.thebillabong.com.au.

Tropical Horizons Tours, eine ganze Auswahl an Touren, es werden je nach Option neben Kuranda auch andere Sehenswürdigkeiten der Tablelands angesteuert. Ab Cairns kostet die *Kuranda Village Tour* inkl. Transfers mit Bus und/oder Skyrail und/ oder Scenic Train ab 100 $. ✆ 40479049, www.tropicalhorizonstours.com.au.

Übernachten/Essen & Trinken → Karte S. 763

Übernachten Cedar Park Rainforest Resort 5, etwas außerhalb, zwischen Kuranda und Mareeba. Sechs individuell eingerichtete Zimmer, etwas extravagant aber doch sehr wohnlich. Eigenes Restaurant mit großem Deck (Hauptgerichte ab 30 $). DZ ab 170 $. 250 Cedar Park Road, ✆ 40937892, www.cedarparkresort.com.au.

Kuranda Villas 8, 2 komplett eingerichtete Unterkünfte mit 2 bzw. 3 Schlafzimmern. Voll ausgestattete Küche und BBQ-Grill für Selbstversorger. Ab 130 $, Rabatt bei einem Aufenthalt ab 1 Woche. 12 Barang Street, ✆ 0455628888 (mobil), www.kurandavillas.com.au.

Kuranda Rainforest Park 12, Campingplatz mit Restaurant. Campküche, Buchungsbüro, Feuerstelle und Salzwasserpool. Zeltplatz ab 28 $, Wohnmobil ab 32 $, DZ in der Backpacker-Lodge ab 65 $, Cabin ab 90 $. 88

Kuranda Heights Road, ☎ 40937316, www.kurandarainforestpark.com.au.

Essen & Trinken Kuranda Cyber Café **11**, regelmäßig wechselnde Tagesangebote und Speisekarte mit Klassikern wie Burger und Pizzen. Internetzugang. Tägl. ab 11 Uhr. 8/12 Rob Vievers Drive, ☎ 40937576.

》》》 Mein Tipp: **Frogs Restaurant 3**, auf dem luftigen Balkon sitzen, den Blick ins Grüne genießen und Mango-Crêpe mit Joghurt und Macadamia-Honig futtern – so macht das Leben Spaß. Auf der Karte stehen auch Steaks, Pizzen und gegrillter Fisch. Tägl. 10.30–15.30 Uhr. 2/4 Rob Veivers Drive, ☎ 40938952, www.frogsrestaurant.com.au. 《《《

German Tucker 4, knackige Grillwürste mit Sauerkraut oder Zwiebeln. Entweder im Restaurant oder am Straßenverkauf in der Semmel ab 6 $. Tägl. 10–14.30 Uhr. Schräg gegenüber der Touristinfo, 14/1-3 Coondoo Street, ☎ 40937398.

Sehenswertes

Kuranda ist ein Mekka für den klassischen Tagesausflügler. Klein, kompakt, fast alle Attraktionen sind leicht zu Fuß zu erreichen. Eine der Sehenswürdigkeiten, die man keinesfalls verpassen sollte, sind die **Barron Falls.** Je nach Saison donnert mehr oder weniger Wasser die Fälle hinab, schön anzuschauen sind sie in jedem Fall. Zu erreichen ist der Wasserfall mit einer kurzen Autofahrt bzw. einer kleinen Wanderung vom Ort aus – zudem hält die **Scenic Railway** in unmittelbarer Nähe.

Birdworld Kuranda: Hier wird es schrill, bunt und unter Umständen auch laut. Was will man auch erwarten, wenn etwa 500 frei fliegende Vögel unter einem Dach zusammen sind. Zu den Prachtexemplaren gehören schwarze Kakadus, Regenbogenpapageien, Zebrafinken und Helmkasuare. Insgesamt sind etwa 75 verschiedene Arten vertreten, von scheuen und seltenen Regenwaldbewohnern bis hin zu einigen in Australien allgegenwärtigen Vertretern.

Tägl. 9–16 Uhr. Eintritt 18 $. An den Heritage Markets am großen Kreisverkehr der Thooree Street, ☎ 40939188, www.birdworldkuranda.com.au.

Australian Butterfly Sanctuary: Rund 380 verschiedene Schmetterlingsarten leben in Australien, einige der schönsten, z. B. der blau schimmernde Ulysses, sind hier zu bewundern. Die Schmetterlinge flattern kreuz und quer und setzen sich auch gerne auf die Besucher. In geführten Touren wird die Welt dieser schönen Tiere erklärt. Neben den frei fliegenden Lebendexemplaren gibt es auch einen Raum mit aufgespießten Anschauungsobjekten.

Tägl. 10–16 Uhr. Eintritt 19 $. 8 Bob Veivers Drive, ☎ 40937575, www.australianbutterflies.com.

Kuranda Koala Gardens: Natürlich sind hier Koalas und die üblichen Verdächtigen, z. B. Wombats und Kängurus, zu sehen. Ein Novum ist das „Walk Through Snake House", ein Reptilienhaus, in dem die Schlangen nicht hinter Glas verstaut sind, sondern sich frei bewegen können. Das hört sich wilder an als es ist, natürlich steht die Sicherheit an erster Stelle und es gibt nur Exemplare, die dem Menschen nicht gefährlich werden können.

Tägl. 9–16 Uhr. Eintritt 18 $. In Kuranda, gleich neben der Birdworld. ☎ 40939953.

> ### Kuranda Wildlife Experience
> Wer mehr über die australische Tierwelt erfahren will, kann **Birdworld Kuranda** (www.birdworldkuranda.com.au), das **Australian Butterfly Sanctuary** (www.australianbutterflies.com) und die **Kuranda Koala Gardens** kombinieren. Einzeleintritte je um 18 $, das Kombiticket für alle drei Einrichtungen kostet 49 $.

Australian Venom Zoo: Spinnen, Schlangen, Skorpione, giftige Fischarten und Tausendfüßler tummeln sich hier. Hauptaufgabe der Einrichtung ist die Gewinnung der Gifte für Forschung und medizinische Zwecke. Man kann sogar dabei zusehen, wie die Tiere gemolken werden. Wer überraschend seine Liebe zu Spinnen entdeckt, kann sich eine australische Tarantel kaufen – ab 100 $ zu haben, ein Tier mit stattlichen 15 Zentimetern Durchmesser kostet 300 $. Als Mitbringsel für zu Hause allerdings nicht zu empfehlen, saftige Strafen beim Zoll sind absolut sicher.

Tägl. 10–16 Uhr, Giftmelken 13 Uhr (Zeit kann variieren). Eintritt 16 $. 8 Coondoo Street, ✆ 40938905, www.tarantulas.com.au.

Rainforestation: Ein privater, ca. 40 ha großer Naturpark. Zu den Attraktionen gehören Fahrten mit einem Amphibienfahrzeug, ein Koala-Park und v. a. die *Pamagirri Aboriginal Experience* mit Shows und interessanten Informationen bzw. Demonstrationen zu Kultur und Leben der Ureinwohner. In der tropischen Obstplantage gedeihen über 40 exotische Fruchtsorten.

Tägl. 9–16 Uhr. Shows und Fahrten zwischen 10 und 15 Uhr. Ticket für alle Attraktionen 46 $; einzeln: Army Duck (Amphibienfahrzeug) und Obstplantage 24 $, Aboriginal Experience 20 $, Koala-Park 16 $. Eine Tagestour ab Cairns inkl. aller Eintritte 79 $. Weitere Angebote mit zusätzlichen Attraktionen auf der Webseite. Am Kennedy Highway nahe Kuranda, ✆ 40939033, www.rainforest.com.au.

Kurzwanderungen

In der Touristinfo gibt es eine kleine Karte mit grob eingezeichneten Wegen, zur Not findet man sich aber auch ohne zurecht. Es gibt einen einfachen Rundweg, der Teile der Ortschaft, den **Jum Rum Creek**, den **Jungle Walk** und den **River Walk** mit einbezieht. Gehzeit für die knapp 3 km knapp eine Stunde. Wer mehr Zeit hat, kann die fast 3,5 km lange Strecke zum **Barron Falls Lookout** marschieren, die gesamte Tour inklusive Rückweg dauert etwa vier Stunden.

Im Rainforestation Park gibt es Demonstrationen im Speerwerfen

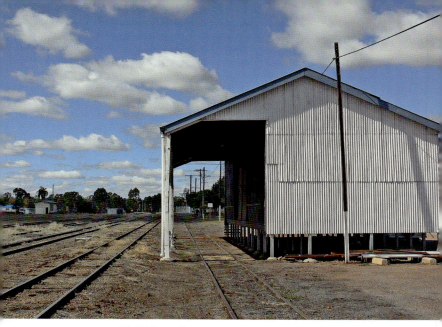

Weiß-blauer Outbackhimmel über einem stillgelegten Bahnhof

Das Outback von Queensland

Schier endlose Geradeausfahrten auf staubigen Highways und winzige Ortschaften, deren Einwohnerzahl den zweistelligen Bereich oft nicht übersteigt – das ist Queenslands Outback. Langweilig wird es trotzdem nicht, denn es lockt eine Vielzahl von Sehenswürdigkeiten. Angefangen von den Edelsteinfeldern um **Emerald**, über die Minen von **Mount Isa** bis hin zu den Dinosaurier Fossilien aus **Lake Quarry** oder **Hughenden**. Und schließlich: Bei einem echten Road-Trip zählt auch der Weg an sich. Also die Lieblingsmusik in den CD-Spieler und immer dem Sonnenuntergang entgegen – aber mit Vorsicht: In den Abendstunden werden die Kängurus aktiv, und die sind bei tief stehender Sonne sehr schlecht erkennbar. Aber im Idealfall steht man um diese Zeit eh schon längst mit einem kühlen Drink neben seinem Camp und lässt die Szene auf sich wirken.

Orientierung Die Distanzen sind enorm. Ab **Rockhampton** sind es gut 1500 km bis zur Staatsgrenze ins Northern Territory, ab **Townsville** immerhin noch gut 1100 km. Beliebt ist auch die Schleife ins Outback, von Rockhampton nach **Mount Isa** und zurück an die Küste nach Townsville. Diese Tour ist etwa 2250 km lang.

Gefahren wird dabei stets auf gut ausgebauten Highways, dem *Capricorn Highway*, dem *Landsborough Highway* und dem so genannten *Overlanders Way* (Flinders & Barkley Highways). Entlang der gesamten Strecke gibt es eine gute Anzahl an Road Houses und kleinen Ortschaften, doch kommt es auch vor, dass sich einige hundert Kilometer keine Tankstelle findet.

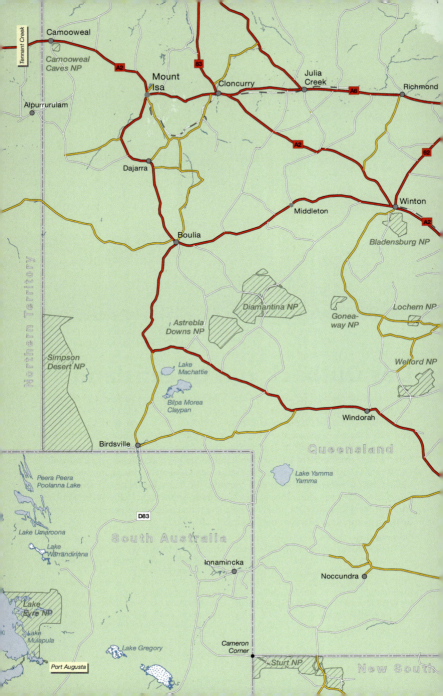

Capricorn Highway

Eine der schönsten Überlandfahrten des Staates beginnt in **Rockhampton** und endet im 590 km entfernten **Barcaldine**. Von der üppig grünen Küstenregion um Rockhampton fährt man durch Weideland und Felder immer weiter ins rote Outback. Mehrere Flüsse durchziehen die Ebenen und ermöglichen vielerorts gewinnbringende Landwirtschaft. Seinen Namen bekam der Highway, weil er dem Tropic of Capricorn (Wendekreis des Steinbockes) folgt, fast schnurgerade kann man der imaginären Linie 23.5° südlich des Äquators entlangfahren.

Die Strecke war schon im 19. Jh. eine wichtige Verbindung zu den Minen und Weidegründen im Outback, entsprechend mangelt es nicht an wilden Geschichten. Dazu gehören die beispiellosen Streiks der Schafscherer, die im Jahr 1891 für bessere Arbeitsbedingungen auf die Straße gingen. Aber auch skurrile Aktionen sind bekannt – wie die des Edelsteinschürfers *Robyn Pacey*, der 1971 aus dem Anakie-Pub (in Anakie) geworfen wurde und kurz darauf mit einigen Stangen Dynamit zurückkehrte, um die Kneipe dem Erdboden gleichzumachen. Es blieb beim Versuch. Ein größerer Umweg, dafür aber ein besonderer, ist der Abstecher zu den Felsmalereien der **Carnarvon Gorge**.

Im Outback kommt man mitunter auf skurrile Ideen

Emerald

ca. 11.000 Einw.

Emerald liegt in Mitten der Central Highlands und ist Geschäftszentrum der Region, deren Wirtschaftsstruktur durch Vielseitigkeit besticht. Es wird Viehzucht betrieben, Getreide und Obst angebaut, auch der Kohlebergbau spielt eine große Rolle. Kurz vor Erntezeit sind die weitläufigen Baumwoll- und Sonnenblumenfelder ein wunderschöner Anblick. Im künstlichen **Lake Maraboon**, knapp 20 km südlich der Stadt, kann man den äußerst schmackhaften *Red-claw Crayfish*, eine Flusskrebsart, fangen. Der Name Emerald soll übrigens nur indirekt mit Edelsteinen zu tun haben und sich mehr auf die smaragdgrünen Weideflächen beziehen.

GPS: S23°30.977' E148°09.326'
Ortsvorwahl: 07

Anreise Pkw: Ab *Rockhampton* etwa 270 km auf dem Capricorn Highway. Von *Barcaldine* kommend, ebenfalls auf dem Capricorn Highway, sind es 310 km.

Bus: *Greyhound Australia* (✆ 13004739850, www.greyhound.com.au) bietet tägl. eine Verbindung von/nach Rockhampton und fährt 2-mal/Woche von/nach Longreach.

Bahn: Der *Spirit of the Outback* (✆ 131617, www.queenslandrail.com.au) steuert die Stadt 2-mal/Woche an. Ab Rockhampton 75 $ (5 Std.), ab Longreach 105 $ (8:30 Std.).

Flugzeug: Es gibt einen eigenen Flughafen in Emerald, auf dem jährlich etwa 55.000 Passagiere abgefertigt werden. Flüge mit *Qantas* oder *Virgin Australia* ab Brisbane ab etwa 150 $ einfach.

Touristinfo Central Highlands Visitor Information Centre, in einer Gemeinschaftsaktion aus Strohballen gebaut. Mo–Fr 9–16.30 Uhr, Sa 10–16 Uhr, So 10–14 Uhr. Am Moreton Park, 3 Clermont Street, ✆ 49824142, emerald@chdc.com.au.

Emerald im Internet Informationen unter www.centralhighlands.com.au.

Feste Sunflower Festival, Sonnenblumenfest alljährlich an Ostern.

Sehenswertes The Big Easel, vor der Touristinfo steht die 25 m hohe und 17 Tonnen schwere Stahlstaffelei, auf der eine 7 mal 10 m große Kopie von Van Goghs Sonnenblumen ruht. Das Kunstwerk ist Teil eines internationalen Van-Gogh-Projekts, eine ähnliche Installation gibt es in Kanada und den USA.

Train Station, an der historischen Zugstation von 1900 kommt man mit dem „Spirit of the Outback" an. Der 1986 liebevoll restaurierte Bahnhof befindet sich in der Claremont Street.

Supermarkt Coles, Mo–Fr 8–21 Uhr, Sa 8–17 Uhr, So 9–18 Uhr. Claremont Street/Ecke Opal Street.

Übernachten/Essen Maraboon Motor Inn, modernes 4-Sterne-Motel mit 71 Wohneinheiten. WLAN-Internetzugang. Zimmerservice vom Rivers Bistro und dem Capricornian Restaurant möglich. DZ oder Twin ab 150 $. 5 Esmond Street, ✆ 49820777, www.emeraldmotel.com.au.

Emerald Cabin & Caravan Village, der größte Campingplatz der Gegend. Nach Möglichkeit vor Anreise buchen, weil der Platz trotz der Größe oft schnell ausgebucht ist. Stellplatz ab 30 $. 64 Opal Street, ✆ 49821300, www.emeraldcabinandcaravanvillage.com.au.

Für einen Kaffee und eine Stärkung zwischendurch eignet sich die **Blah Blah Sandwich Bar** (1/105 Egerton Street, ✆ 49820681) oder das **Theo's Café** (Anakie Street, ✆ 49823384). Für ein Abendessen oder ein Feierabendbier trifft man sich im Restaurant/Bistro des **Route 66 Motor Inn** (2 Opal Street, ✆ 49877755).

Freecamping Emerald Botanical Gardens, am Ortseingang unter der alten Eisenbahnbrücke. Nur für Wohnmobile und Vans, keine guten Stellplätze für Zelte. Toiletten und Feuerstellen.

Sapphire Gemfields

Um die Siedlungen **Anakie**, **Sapphire** und **Rubyvale** wurde schon manch kleiner Schatz aus dem Boden geholt – die Saphirfelder der Region gehören zu den ertragreichsten der Welt. Eine Urlauberin fand vor einigen Jahren beim Spaziergang einen Stein im Wert von 100.000 $, seitdem sieht man jede Menge Leute mit gesenktem Kopf durch die Gegend marschieren. Nach Regenfällen sollen die Chancen besonders gut sein, alternativ kann man sein Glück für einige Dollar an einer der Minen beim *Fossicking* (nicht unter Tage) versuchen.

GPS: S23°25.143' E147°41.867'
Ortsvorwahl: 07

Anreise Von **Emerald** aus fährt man auf dem Capricorn Highway knapp 45 km Richtung **Barcaldine**. Bei **Anakie** zweigt eine Straße rechts ab, die nach weiteren 9 km durch **Sapphire** bzw. nach 15 km nach **Rubyvale** führt.

Sonstiges Lebensmittel und Benzin gibt es am General Store vor dem *Blue Gem Caravan Park*. Eine Post befindet sich in Rubyvale.

Touren, Shops

Rubyvale Gem Gallery & Café, große Auswahl an edlen Steinen und Schmuckstücken. Auch exklusive Stücke im Angebot. 7 Keilambete Road, ✆ 499854388, www.rubyvalegemgallery.com.

Miners Heritage Walk in Mines, hier gibt es unter Tage auch einen Showroom und eine Ausstellung zum Schleifen der Edelsteine. Etwa halbstündige Touren ab 9.15 Uhr jede Stunde. Eintritt 20 $. 97 Heritage Road, Rubyvale, ✆ 49854444, www.minersheritage.com.au.

Übernachten/Essen

Sapphire Caravan Park, richtig guter Caravanpark auf knapp 2 ha Buschland. Gepflegt mit BBQ-Hütte und guten Sanitäranlagen. Stellplatz ab 26 $, mit Strom ab 30 $. Hütten ab 80 $, mit Küche und Bad ab 115 $. 57 Sunrise Road, Sapphire, ✆ 49854281, www.sapphirecaravanpark.com.au.

Rubyvale Hotel, aus massiven Steinbrocken und schweren Holzbalken gebaut. Hier kann man den Fund feiern oder sich nach erfolgloser Anstrengung den Frust von der Seele spülen. Bistro-Karte mit Burgern und Steaks. Keilambete Road, Rubyvale, ✆ 49854754.

Black Star of Queensland

Der wohl berühmteste Saphir, der hier je aus dem Erdboden geholt wurde, ist der „Black Star of Queensland". Sage und schreibe 1156 Karat (231,2 g) brachte der Stein im Rohzustand auf die Waage, im geschliffenen Zustand hat er immer noch 733 Karat (146,6 g) und die Dimensionen eines Hühnereis. In den 1930er-Jahren soll eine Frau bei einem Picknick über den halb im Erdboden steckenden Rohling gestolpert sein. Als Harry Spencer den Stein Ende der 30er in die Hände bekam, soll er sich ungemein über das „schwarze Kristall" gefreut und es über Jahre hinweg als Türstopper benutzt haben. 1947 fand der Saphir den Weg in die USA, wo Edelsteinexperte Harry Kazanjian nach eingehendem Studium Hand anlegte und beim Schliff den leuchtenden Stern freilegte. Bei einem derart besonderen Stück stehen natürlich einige Nullen mehr auf dem Preisschild: 2002 wurde der „Black Star" auf rund 100 Mio. australische Dollar geschätzt.

Urlauber beim „fossicking", dem Suchen nach Edelsteinen

Carnarvon-Nationalpark und Carnarvon-Schlucht

Man muss schon ein gutes Stück fahren, um zum Carnarvon Nationalpark zu gelangen. Der Park erstreckt sich über knapp 3000 km², große Teile davon sind weitgehend unberührt und schwer zugänglich. Der touristisch interessante Bereich ist das 160 Quadratkilometer große Areal um die spektakuläre Carnarvon-Schlucht. Im Schutz der flankierenden Wände gedeiht eine reiche Vegetation, die wiederum einer vielfältigen Tierwelt Lebensraum bietet. Die *Kaningbal-* und *Bidjara-Stämme* durchstreiften die Gegend schon vor 20.000 Jahren, wie zahlreiche Felsmalereien belegen. Die Kunstwerke sind sehr empfindlich, man sollte unbedingt auf den Holzstegen bleiben und wirklich nichts anfassen. Ein gutes Netz an Wanderwegen führt durch die Schlucht, ihre Nebenarme sowie zu einigen Aussichtspunkten an ihrem oberen Rand. Nach den Rekordfluten Anfang 2007 musste im Januar 2008 die komplette Schlucht aufgrund von Flutwarnungen und schlechten Wetterbedingungen gesperrt werden. Da es immer zu Sperrungen kommen kann, am besten *vor* der langen Anreise im Infozentrum anrufen.

GPS: S25°00.45' E148°04.70'
Ortsvorwahl: 07

Anreise Ab **Emerald** am Capricorn Highway sind es nach **Rolleston** etwa 140 km und von dort noch einmal gut 100 km bis zum Park. Etwa 21 km der Parkzufahrt sind ungeteerte Piste, die bei starken Regenfällen unpassierbar wird, aber auch bei trockenen Verhältnissen mit normalen Pkws gerade noch zu befahren ist. Von Süden kommend, Anreise via **Roma** (245 km) und **Injune** (150 km), auch hier z. T. über nicht asphaltierte Pisten. Informieren Sie sich vor Anreise über die Beschaffenheit der Wege.

Touristinfo Park Information Centre, aktuelle Infos zum Park und zur Beschaffenheit der Wanderwege. **Keine Buchungen für Camping möglich!** Tägl. 8–16 Uhr. Im Park, an der Zufahrtsstraße gelegen. ✆ 137468.

Sonstiges Vor Ort kann man sich im Takkaraka Bush Resort mit dem Nötigsten versorgen, z. B. Milch, Brot, Wurst etc. *Keine Tankstelle!*

Tankstellen Nächste Tankstelle im etwa 100 km entfernten **Rolleston**. Von Norden kommend, zudem Tankstellen in **Emerald** (ca. 205 km), Richtung Süden in **Roma** (ca. 220 km). Vor der Anreise noch mal richtig volltanken und Ersatzkanister mitnehmen – wenn man aufgrund von Sperrungen Umwege fahren muss, kann sonst der Sprit schnell ausgehen.

Wandern Besorgen Sie sich vor Antritt der Wanderungen aktuelle Informationen und Kartenmaterial, am besten schon vor der Anreise zum Park.

Der Hauptweg durch die Schlucht verläuft vom Infozentrum etwa 10 km zur **Big Bend Camping Area**. Kleinere Tracks zweigen zu den Seiten ab. Bei längeren Touren, speziell mit Übernachtung im Busch, sollte man sich im Registrierungsbuch eintragen *(und sich nach Rückkehr bitte auch wieder zurückmelden!).* Genaue Informationen zu den einzelnen Touren gibt es unter www.nprsr.qld.gov.au.

Boolimba Bluff, man kann zu dem Aussichtspunkt – rund 200 m über dem Boden der Schlucht – emporwandern. Einfach etwa 3,5 km vom Besucherparkplatz entfernt, teilweise sehr steil, mit vielen Stufen und vereinzelt kurzen Leitern.

Art Gallery Walk, an der „Art Gallery" sind die berühmten Felsgravuren, Schablonenbilder und Freihandmalereien zu sehen. Entlang der 62 m langen Wand soll es über 2000 Einzelwerke geben. Die Wanderung ist insgesamt gut 11 km lang, stellenweise auch steil.

Balloon Cave Aboriginal Cultural Trail, ein gerade einmal 1 km kurzer Spaziergang. Unterwegs geben einige Tafeln Informationen. auch Felsmalereien sind zu sehen. Dauer etwa 45 Min. Ganz einfach und direkt ab dem Baloon Car Park, etwa 2,5 km von der Main Visitor Area entfernt.

Übernachten Carnarvon Gorge Wilderness Lodge, es gibt 30 solide Safari-Cabins, allesamt mit eigener Veranda, Kühlschrank und Heizung/AC. Zudem ein kleiner Shop, eine Bar, ein Speiseraum und ein Pool. Mit Preisen ab 220 $/Nacht nicht eben billig, aber das Beste, was die Region bietet. ✆ 49844503 oder 1800644150, www.carnarvon-gorge.com.

Takarakka Bush Resort, Bettwäsche mitbringen! Campküche und Sanitärblocks. Kleiner Shop. „Canvas Cabins" (2 Pers. ab 100 $) mit Holzfußböden und ganz normalen Betten, Zelten ab 38 $/2 Pers., Caravanstellplatz mit Strom 45 $ inkl. 2 Pers., Cabin mit Bad ab 165 $. ✆ 49844535, www.takarakka.com.au.

Bushcamping Vorher telefonisch unter ✆ 137468 oder online (www.nprsr.qld.gov.au) buchen. 5,75 $/Pers. Das Infozentrum vor Ort nimmt **keine** Buchungen entgegen. Man muss alles selbst mitbringen, es gibt keine Einrichtungen.

Visitor Area, an der Zufahrtsstraße. Nur über Ostern und während der Winter- und Frühlingsferien geöffnet. Man kann zelten oder im Auto schlafen, für Wohnanhänger und Campingmobile ist das Areal nicht geeignet.

Big Bend Camping Area, knapp 10 km vom Infozentrum entfernt und nur zu Fuß zu erreichen (s. o.).

Barcaldine
ca. 1700 Einw.

In dem entlegenen Dorf wurden Weichen für die große Politik gestellt: Ein Streik der Schafscherer im Jahr 1891 führte hier zur Gründung der Labour-Partei. Unter einem schattigen Eukalyptusbaum schmiedete man Schlachtpläne und gab dem Baum den viel sagenden Beinamen „Tree of Knowledge". Der Immigrant Donald Charles Cameron siedelte sich 1863 als Erster in der Region an und nannte seinen Besitz „Barcaldine Downs", nach dem Familienschloss „Barcaldine Castle" in seiner schottischen Heimat. Mit dem Bau der Bahnlinie im Jahr 1886 begann ein rapider Aufstieg, und noch im selben Jahr wurde die erste Wasserbohrung in das *Great Artesian Basin* gesetzt.

Barcaldine ist eigentlich ganz schön und verbreitet eine ungemein entspannte Atmosphäre. Das große Windrad neben der Touristinfo wirft seinen Schatten auf die breite Durchgangsstraße, an der Wohnmobile und verbeulte Utes unter Bäumen parken. Allerdings spaltet das riesige, im Jahr 2009 neu eröffnete „Tree of Knowledge Memorial" die Gemüter – nicht wenige Besucher finden den überdimensionalen Klotz etwas fehl am Platz in der sonst eher beschaulichen Ortschaft.

GPS: S23°33.111' E145°17.308'
Ortsvorwahl: 07

Anreise Pkw: ab *Rockhampton* etwa 580 km auf dem Capricorn Highway. Von *Longreach*, ebenfalls auf dem Capricorn Highway kommend, 109 km. Richtung Süden sind es auf dem Landsborough Highway 410 km nach *Charleville*.

Bus: *Greyhound* fährt ab Rockhampton via Emerald bzw. aus der anderen Richtung von Longreach kommend.

Bahn: Der *Spirit of the Outback* (www.queenslandrail.com.au) steuert die Ortschaft 2-mal/Woche an. Ab Rockhampton 125 $ (11:30 Std.), ab Longreach 39 $ (2:30 Std.).

Flugzeug: Barcaldine hat einen eigenen Flughafen. Flüge mit *QantasLink* (www.qantas.com.au) ab Brisbane ab etwa 240 $ einfach. Wer zu bestimmten Zeiten reisen muss, zahlt u. U. wesentlich mehr.

Touristinfo Barcaldine Tourist Information Centre, neben der Windmühle an der Durchgangsstraße. Von Ostern bis Nov. tägl. 8.15–16.30 Uhr, im Rest des Jahres an Wochenenden geschlossen. Oak Street, ✆ 46511724, infocentre@barcaldinerc.qld.gov.au.

Barcaldine im Internet Informationen unter www.barcaldinerc.qld.gov.au.

Internet Barcaldine Library, Mo 10–12 und 13–15 Uhr, Di/Mi u. Fr 10–12 und 13–17 Uhr, Do 10–13 Uhr, Sa 9–12 Uhr. Ash Street/Ecke Beech Street, ✆ 46511170.

Sehenswertes Tree of Knowledge, nach einem Giftanschlag im Jahr 2006 konnte der geschichtsträchtige Baum, der an der Hauptstraße im Ort stand, nicht mehr gerettet werden, es gibt sogar eine „offizielle" Sterbeurkunde. Im Mai 2009 wurde eine fast schon protzige Gedenkstätte in Form eines riesigen Würfels gebaut.

Australian Workers Heritage Centre, Arbeitermuseum und Souvenirshop. Mo–Sa 9–17 Uhr, So 10–16 Uhr. Eintritt 17 $. Ash Street, ✆ 46511579, www.australianworkersheritagecentre.com.au.

Übernachten Landsborough Lodge Motel, gute Motelzimmer und 3 Familienunterkünfte. Vor den Zimmern eine überdachte Veranda mit Stühlen und Beistelltischchen. Restaurant mit Zimmerservice. DZ ab 100 $, Apartment ab 135 $. Durchgangsstraße (Landsborough Highway), ✆ 46511100, www.landsboroughlodge.com.au.

Ironbark Inn Motel, insgesamt 30 nette Wohneinheiten, allesamt mit AC, TV und Bad. Es gibt einen Pool, einen Waschsalon und ein Restaurant. DZ 120 $. 72 Box Street, ✆ 46312311, www.ironbarkmotel.com.au.

Barcaldine Tourist Park, der modernste Platz in Barcaldine. Supersaubere Sanitäranlagen und schattige Stellplätze für wenig Geld: ohne Strom 22 $, mit Strom 29 $, Cabins mit Bad ab 80 $. 51–65 Box Street, ✆ 46516066 oder 1300658251, www.barcaldinetouristpark.com.au.

Essen & Trinken Shakespeare Hotel, hier kann man übernachten, aber auch ganz gut essen, z. B. Steaks, Burger oder Hähnchenschnitzel. Und ein Bier bekommt man natürlich auch. Tägl. geöffnet. 97 Oak Street, ✆ 46511111, www.shakeyhotel.com.au.

Beliebte Tränken sind auch das **Union Hotel** mit seinem grünen Blechdach (61 Oak Street, ✆ 46512269) oder das **Commercial Hotel** mit dem tollen weißen Geländer an der Veranda im 1. Stock (77 Oak Street, ✆ 46511242). In beiden auch Grub.

Jackie Howe

Der legendäre Schafscherer stellte am 10. Oktober 1892 auf der *Alice Down Station* in Queensland einen neuen Weltrekord auf: 321 Schafe schaffte er in 7 Stunden und 40 Minuten. Erst im Jahr 1950 wurde seine Leistung unter Verwendung moderner Schermaschinen unterboten. Zum Vergleich: Heute zählen Männer, die über 200 Schafe pro Arbeitstag scheren können, zu den absoluten Könnern ihrer Zunft. In Wettbewerben werden mittlerweile auch mit traditionellen Scheren kürzere Zeiten pro Tier erzielt, allerdings nur über einen relativ kurzen Zeitraum. Jackie Howe beendete seine arbeitsame Karriere um das Jahr 1900, verdingte sich fortan als Gastwirt und erstand 1919 eine eigene Schaffarm. Nur ein Jahr später starb er im Alter von 59 Jahren.

Den Landsborough Highway entlang

Die Fernstraße ist auch unter dem Namen *Matilda Highway* bekannt; sie verläuft in Nordwest-Südost-Richtung, der Abschnitt von **Barcaldine** nach **Cloncurry** erstreckt sich über 630 km. Größter Ort ist **Longreach**, von Winton zweigt die Straße zu den Dinosaurierspuren von **Lake Quarry** ab.

Longreach
ca. 4500 Einw.

Longreach war in den Anfangsjahren Hauptsitz der Fluggesellschaft Qantas, und das **Qantas Founders Museum** gehört neben der **Stockmans Hall of Fame** zu den Hauptattraktionen des Ortes. Der Viehzüchter William Landsborough erkannte

1860 als Erster, dass sich die weiten Grasflächen der Region gut für Weidewirtschaft eignen, 1863 wurde der erste Pachtvertrag abgeschlossen. Auf den gut 5000 km² großen „Bowen Downs" grasten bald 350.000 Schafe und 35.000 Rinder. Bis heute ist die Zucht von Rindern und Schafen ein wesentlicher Wirtschaftsfaktor, es gibt sogar ein „Pastoral College", eine Art Berufsschule für Landwirte. Diese Faktoren prägen natürlich den Lebensstil. Hier trägt man Hut und Stiefel, und am Freitag Abend stauen sich die aufgemotzten Utes am Drive Trough Bottle Shop. Mindestens zwei Tage Aufenthalt sollte man einplanen.

Captain Starlight

Im Jahr 1870 stahl der Viehdieb Henry Readford, so der bürgerliche Name, mithilfe von zwei Gefährten 1000 Rinder von der **Bowen Downs Station** und machte sich auf den langen Weg nach Südaustralien. Die Verfolger stießen nach Wochen auf eines der Tiere, einen wertvollen Zuchtbullen, den Starlight unterwegs verkauft hatte, konnten so seine Spur aufnehmen und ihn verhaften. Im Mai 1870 wurde der Viehdieb in der Ortschaft Roma vor Gericht gestellt – und von der Jury freigesprochen. Auf seinem 2400 km langen Treck durch eine der lebensfeindlichsten Gegenden Australiens soll Readford kein einziges Tier der riesigen Herde verloren haben – das habe ihm den Respekt der Jury eingebracht, so die Vermutung. Der Kommentar des vorsitzenden Richters war da eindeutiger: „Ich danke Gott, meine Herren, dass dies Ihr Urteil ist und nicht meines." (*Australia Through Time*, Ausgabe 2002)

Anreise Pkw: Ab *Rockhampton* auf dem Capricorn Highway etwa 690 km. Von *Mount Isa* sind es auf dem Matilda Highway 650 km. Auf dieser Strecke liegt auch *Winton*, etwa 180 km von *Longreach* entfernt.

Bus: *Greyhound* (www.greyhound.com.au) fährt ab Rockhampton via Emerald und Barcaldine.

Bahn: Der *Spirit of the Outback* (www.queenslandrail.com.au) steuert die Stadt 2-mal/Woche an. Ab Rockhampton 145 $ (13:30 Std.).

Flugzeug: *QantasLink* (www.qantas.com.au) steuert *Longreach* tägl. ab Brisbane an, Flugdauer 3 Std. *Regional Express* (✆ 131713, www.rex.com.au) fliegt tägl. von bzw. nach Townsville.

GPS: S23°26.587' E144°15.950'
Ortsvorwahl: 07

Touristinfo & Buchungen Longreach Visitors Information Centre, freundliche Beratung und Auskünfte zu kostenlosen Campingmöglichkeiten am Thompson River. Mo–Fr 9–16.45 Uhr, Sa/So 9–12 Uhr. Nov. bis März Sa/So zu. Qantas Park, Eagle Street, ✆ 46584150, visitinf@longreach.qld.gov.au.

Kinnon & Co. Booking Office, verschiedene Touren im Angebot (→ Aktivitäten), außerdem Kombitickets, z. B. der *Longreach Big Three Pass*, in denen mehrere Attraktionen inkl. sind. 115A Eagle Street, ✆ 46581776, www.kinnonandco.com.au.

Longrtaeach im Internet Informationen unter www.longreachtourism.com.au.

Internet Longreach Library, Mo 13–17 Uhr, Di/Do 9.30–12.30 und 15–17 Uhr, Mi/Fr 12.30–17 Uhr, Sa 9–12 Uhr. 106 Eagle Street, ✆ 46580735.

Aktivitäten Cobb & Co, 45-minütige Kutschfahrten in der restaurierten Pferdekutsche des legendären Cobb-&-Co-Unternehmens – ein hervorragendes Verkehrsmittel, um die Gegend auf abenteuerliche und stressfreie Weise zu erleben. Ab 94 $/Pers. 115a Eagle Street, ✆ 46581776, www.kinnonandco.com.au.

Thompson River Sunset Cruise, auf der Thompson Belle, einem Schaufelraddampfer. Anschließend sitzt man gemütlich am Lagerfeuer und es wird im Camp-Oven gekocht (94 $/Pers.). 115a Eagle Street, ✆ 46581776, www.kinnonandco.com.au.

Einkaufen Station Store, hier gibt es alles, was der Cowboy braucht, Stiefel, Jeans, Hüte, Lederwaren und ein nettes Gespräch obendrauf. Mo–Fr 9–17 Uhr, Sa 9–12 Uhr. 126 Eagle Street, ✆ 46582006.

Outback-Touren Outback Aussie Tours, die Touren dauern je nach Option 5–14 Tage, unterwegs ist man auf den verschiedenen Routen im Kleinbus oder im geländegängigen, für Personentransporte umgebauten MAN-Lastwagen. 899–5999 $/Pers. Tagestouren ab 99 $. ✆ 1300787890, www.outbackaussietours.com.au.

Supermarkt FoodWorks, Tägl. 8–18 Uhr. 141 Ibis Street.

Übernachten Albert Park Motor Inn, sehr gute Wahl in Longreach; die Zimmer sind geräumig, sauber und wohnlich. Zur Ausstattung gehören Bad, AC, TV, Minibar, Internet und Waschmaschine. Zudem Pool, Restaurant und ein Tourdesk. DZ ab 139 $. Ilfracombe Road/Ecke Stork Road, ✆ 46582411, stay@longreachaccommodation.com.

Longreach Motor Inn, in guter Lage, nahe des Zentrums; auch hier sind die Zimmer sauber und haben Bad, kleinen Kühlschrank, AC und Balkon. Für das leibliche Wohl sorgen das Outback-Restaurant und die Larrikin-Bar. Zudem Sauna, Pool und Tourdesk. DZ ab 145 $. 84 Galah Street, ✆ 46582322 oder 1800076020 (kostenlos), www.outbacklongreach.com.au.

Jumbuck Motel, ordentliche 3-Sterne-Alternative. DZ ab 99 $. 45 Ilfracombe Road, ✆ 46581799, www.jumbuckmotel.com.au.

Longreach Tourist Park, Lagerfeuer, Gitarrenspieler und Outbackromantik inklusive. Großer Park mit Cabins (ab 100 $/2 Pers.), Stellplätzen für Wohnmobile (inkl. Strom ab 35 $) und einigen Grasplätzen für Zelte (ab 30 $). 12 Thrush Road, ✆ 1800356099, www.longreachtouristpark.com.au.

Freecamping Longreach Waterhole, am Thomson River, etwa 4 km nördl. der Stadt (via Landsborough Highway), kann man kostenlos campen. Aktuelle Auskünfte in der Touristinfo (s. o.).

Essen & Trinken Harry's Restaurant, im Longreach Motor Inn. Solide Speisekarte mit gegrillten Krokodil-Barramundi-Pflanzerl (18 $), gebratenem Schweinebauch mit Rote-Bete-Relish (30 $) oder grünem Hähnchen-Curry (28 $). Gute Steaks (30–35 $). Frühstück und Abendessen. 84 Galah Street, ✆ 46582322.

Starlight's Tavern, schönes Pub mit Pooltischen, Pokies und gutem Pub-Grub. Tagesspecial schon ab 10 $, v. a. aber gut für ein paar kühle Drinks. Tägl. ab nachmittags geöffnet. 103 Eagle Street, ✆ 46581925.

Station Café, kleines Café im Hinterhof des Station Store; guter Kaffee, Kuchen und kleine Snacks. Rustikale Location neben der Pferdekoppel. Mo–Fr tagsüber. 126 Eagle Street, ✆ 46582006, www.kinnonandco.com.au.

Sehenswertes

Australian Stockman's Hall of Fame: Vor dem Gebäude mit dem auffällig gewölbten Dach steht eine Cowboy-Statue, den Sattel lässig über die Schulter geworfen. Auch innen dreht sich alles um die Pioniere, Entdecker, Viehzüchter und Rinderhirten, die sich allen Widrigkeiten zum Trotz in diesen entlegenen Gegenden des australischen Kontinents angesiedelt haben. Besuchern wird in fünf thematisch gegliederten Abteilungen („Discovery", „Pioneers", „Outback Properties", „Outback Life", „Stockworkers") das harte, bisweilen aber auch wunderbare Leben im Outback nahe gebracht. Neueste Technik, wie Touchscreens und Multimediashows, bereichern die Präsentation. Zudem Cafeteria, Souvenirshop und ein R. M. Williams-Bekleidungsladen.

Tägl. 9–17 Uhr. Eintritt 32 $, Kinder 15,50 $. Landsborough Highway, ✆ 46582166, www.outbackheritage.com.au.

Die Stockman's Hall of Fame in Longreach portraitiert das harte Outbackleben

Qantas Founders Outback Museum: Offiziell gegründet wurde die Fluglinie zwar in Winton, aber ihren ersten Hangar hatte Qantas in Longreach, und der ist bis heute Teil des Museums. Neben einer Vielzahl an Exponaten lockt v. a. eine *Boeing 747*, die komplett besichtigt werden kann. Zu den Flugzeugen gehören aber auch historische Exemplare, etwa eine *DH 61* von 1930 und sogar ein *Avro 504 K*-Doppeldecker, der dem ersten Flugzeug der Flotte ähnlich ist. Zum Museum gehört eine Cafeteria und Shop.

Tägl. 9–17 Uhr. Eintritt 26 $ (inkl. Führung durch die Boeing 60 $). Beides inkl. Wing-Walk-Tour über die massiven Tragflächen der Boeing 747 125 $. ✆ 46583737, www.qfom.com.au.

School of Distance Education: Die einzige Möglichkeit des Unterrichts, wenn der tägliche Schulweg einige hundert Kilometer betragen würde. Hier kann man eine Schulstunde live via Funkgerät miterleben. Der Eintritt kommt der Einrichtung zugute. Zudem gibt es vom T-Shirt bis zur Kaffeetasse eine Reihe netter Souvenirs und auch etwas Literatur.

Touren Mo–Fr jeweils um 9 und 10.30 Uhr. 10 $/Pers. ✆ 46584222, www.longreacsde.eq.edu.au.

Winton

ca. 1000 Einw.

Man staunte nicht schlecht, als man 1999 unweit der Ortschaft das Skelett eines 30 Tonnen schweren Dinosauriers – eines *Sauropoden* – entdeckte. Und „Elliot", wie man den Fund taufte, war nicht alleine, im nahen Lake Quarry kann man 100 Mio. Jahre alte Dinosaurierspuren bewundern. Aber die Urzeitwesen sind nicht die einzige Attraktion, für die der kleine Outback-Ort bekannt ist. Der berühmte Buschpoet *Banjo Paterson* verfasste hier 1895 seine „Waltzing Matilda", jene Verse, die den Text zur „inoffiziellen Nationalhymne" Australiens liefern (→ Kasten „Waltzing Matilda"). Das Poem soll noch im selben Jahr erstmals im North Gregory Hotel aufgeführt worden sein. Zudem wurde in Winton am 16. November 1920 die Fluglinie *Qantas* gegründet.

Auf der Weiterfahrt Richtung Norden sollten Kinofans dann auf jeden Fall einen Stopp in McKinlay einlegen, genauer gesagt am **Walkabout Creek Hotel** – dem Pub aus den „Crocodile Dundee"-Filmen.

GPS: E22°22.470′ S143°02.311′
Ortsvorwahl: 07

Anreise Pkw: *Winton* liegt am Landsborough Highway, nach *Cloncurry* im Norden sind es 355 km, nach *Longreach* im Süden etwa 180 km.

Bus: *Queensland Rail* (☎ 131617, www.queenslandrail.com.au) bietet Bustransfers ab Longreach.

Flugzeug: Mit *Regional Express* (☎ 131713, www.rex.com.au) kann man von Townsville und Longreach einfliegen.

Touristinfo Winton Visitors Information Centre, im Waltzing Matilda Centre. Fundierte Infos zu den Dinosaurierfossilien. Tägl. 9–17 Uhr. 50 Elderslie Street, ☎ 46571466 oder 1300665115, vic@matildacentre.com.au.

Winton im Internet Informationen unter www.experiencewinton.com.au und www.matildacentre.com.au.

Internet Winton Library, Mo–Fr 9.30–16.30 Uhr, Sa 9.30–11.30 Uhr. 76 Elderslie Street, ☎ 46570393.

Touren Carisbrooke Station Tours, Tagestouren (10 Std.) auf der bewirtschafteten Farm (es werden Rinder und Schafe gezüchtet) kosten inkl. Transfer von/nach Winton, Brotzeit und Lunch 143 $/Pers. Es geht auch zu den Dinosaurier-Fußabdrücken. Termine auf Anfrage, auch „Tag Along"-Touren für Selbstfahrer (80 $/Pers.). *Anfahrt:* ab Winton 35 km gen Westen auf der Boulia Road, dann links auf die Cork Mail Road abbiegen und noch weitere 50 km. ☎ 46570084, www.carisbrooketours.com.au.

Matilda Country Tours, Touren zu den Lake Quarry Dinosaur Tracks zwischen April und Sept. (85 $/Pers., Mindestteilnehmerzahl 4 Pers., bei Übernachtungsgästen der Cabins nur 2 Pers.). Auskunft im Matilda Country Tourist Park (s. u.).

Übernachten North Gregory Hotel Motel, einfache, zweckmäßige Zimmer verschiedener Kategorien. Standard-DZ ab 110 $, Deluxe-Room 140–160 $. 67 Elderslie Street, ☎ 46570647, www.northgregoryhotel.com.

Outback Motel, familiäres Motel, alle Zimmer mit Bad, AC, TV und optionalem Frühstücksservice. DZ ab 110 $. 95 Elderslie Street, ☎ 46571422, www.wintonoutbackmotel.com.

Carisbrooke Station, eine bewirtschaftete Schaf- und Rinderstation mit Unterkunft für bis zu 16 Personen. DZ oder Twin-Share-Units 45 $/Pers., Stellplätze für Camper ab 22 $. Auf Wunsch auch Verpflegung möglich. 85 km von Winton entfernt (35 km via Boulia Rd., dann 50 km auf der Cork Mail Rd. – z. T. nicht asphaltierte Piste), ☎ 46570084, www.carisbrooketours.com.au.

Matilda Country Tourist Park, Cabins ab etwa 85 $ (2 Pers.), Stellplatz ab 25 $, mit Stromanschluss 30 $. Zudem Swimmingpool und kleiner Kiosk. 43 Chirnside Street, ☎ 46571607 oder 1800001383 (kostenlos), www.matildacountrytouristpark.com.

Günstig campen kann man auf dem Van-Park am North Gregory Motel. Kein Strom, aber Duschen und Toiletten sind vorhanden. 67 Elderslie Street.

Essen & Trinken North Gregory Hotel, hier soll 1895 die „Waltzing Matilda" von Banjo Paterson erstmals aufgeführt worden sein – so zumindest die Information des Hotels. Auf jeden Fall ist es wert, hier ein Bier darauf zu trinken. Gutes Bistro-Essen mit Steaks vom Holzfeuergrill. Täglich Abendessen. 67 Elderslie Street, ☎ 46570647, www.northgregoryhotel.com.

Tattersalls Hotel, richtig schönes Dorf-Pub mit umlaufendem Balkon und einigen Tischen vor dem Haus. Auf den Teller kommt klassisches Bistro-Essen mit Steaks und Burgern. Täglich Abendessen. 78 Elderslie Street, ☎ 46571309.

Coolibah Country Kitchen Café, im Waltzing Matilda Centre und deshalb beliebt für einen kleinen Snack, v. a. die Pies sind zu empfehlen. Guter Kaffee, Frühstück und leichtes Lunch. Mo–Fr 9–15 Uhr, Sa/So bis 14 Uhr. 54 Elderslie Street, ☎ 46571466.

Tourismus im Zeichen der Dinosaurier

Sehenswertes

Lark Quarry Dinosaur Stampede & Conservation Park: Eine weltweit einmalige Attraktion, denn hier sind die versteinerten Spuren einer wilden Verfolgungsjagd zu besichtigen – von Dinosauriern! Erst 1962 wurde der Sensationsfund gemacht, über 3000 Abdrücke, die von über 150 Einzeltieren aus drei verschiedenen Arten stammen sollen. Die Rekonstruktion des Schauspiels: Vor 93 Mio. Jahren verfolgt ein großer *Carnosaurus* eine Gruppe von kleinen *Coelurosauren* und *Ornipothoden*. Die dramatischen Spuren sollen sogar Steven Spielberg für Szenen in seinem Blockbuster „Jurassic Park" inspiriert haben. Um die Abdrücke zu schützen, wurde inzwischen eine Halle darüber gebaut, Besucher gehen auf eigens installierten Stegen. Es gibt zwar Toiletten, doch weder Benzin noch Lebensmittel noch Getränke!

Tägl. 9–16 Uhr, Führungen tägl. 10, 12 und 14 Uhr. Eintritt 12 $. 110 km südwestlich von Winton und über eine Schotterpiste zu erreichen. Vor Abfahrt das Waltzing Matilda Centre (s. u.) bezüglich der aktuellen Straßenverhältnisse kontaktieren. www.dinosaurtrackways.com.au.

The Waltzing Matilda Centre: Wie der Name verkündet, dem bekannten Lied gewidmet, dessen Text aus der Feder des Poeten *Banjo Paterson* stammt. Es gibt mehrere Ausstellungsräume, im Innenhof ist sogar das besungene Billabong aus Patersons Lied nachgebaut. Die Fotoausstellungen zeigen wunderschöne Outbackbilder, das Restaurant serviert kleine Stärkungen.

Tägl. 9–17 Uhr. Eintritt 23,50 $. 54 Elderslie Street, ☏ 46571466, www.matildacentre.com.au.

Banjo Paterson & Waltzing Matilda

Oh there was once a swagman camped in the billabongs,
Under the shade of a Coolibah tree;
And he sang as he looked at the old billy boiling,
'Who'll come a-waltzing Matilda with me.'

CHORUS:
Who'll come a-waltzing Matilda, my darling,
Who'll come a-waltzing Matilda with me.
Waltzing Matilda and leading a water-bag,
Who'll come a-waltzing Matilda with me.

Up came the jumbuck to drink at the waterhole,
Up jumped the swagman and grabbed him in glee;
And he sang as he put him away in his tucker-bag,
'You'll come a-waltzing Matilda with me.'

CHORUS

Up came the squatter a-riding his thoroughbred;
Up came policemen – one, two and three.
'Whose is the jumbuck you've got in the tucker bag?
You'll come a-waltzing Matilda with we.'

CHORUS

Up sprang the swagman and jumped in the waterhole,
Drowning himself by the Coolibah tree;
And his voice can be heard as it sings in the billabongs,
'Who'll come a-waltzing Matilda with me?'

CHORUS

Overlander's Way

Der Overlanders Way besteht aus dem *Flinders Highway* und dem *Barkley Highway* – die Hauptverkehrsader zwischen der Küste von Queensland und dem Northern Territory. Viele Touristen befahren die Strecke auf dem Weg von Nord-Queensland nach Darwin, Alice Springs oder den Ayers Rock. Von Townsville bis zur Staatsgrenze im Westen sind es etwa 1100 km. Die Ortschaften des *Capricorn Highway* sind über den *Landsborough Highway* angebunden, der bei Cloncurry zum Overlanders dazustößt.

Mount Isa
ca. 23.500 Einw.

In den staubigen Weiten des australischen Outback versteckt sich eine Oase der Zivilisation, eine moderne Kleinstadt, die fast alle erdenklichen Annehmlichkeiten bietet. Ein sicheres Zeichen für den Wohlstand der Gemeinde, denn alles muss über enorme Distanzen angeliefert werden.

Man kann es sich kaum verkneifen, mit beeindruckenden Zahlen und Fakten zu imponieren: Mehr als 50 verschiedene Nationen leben hier, rund 900 km von der nächsten größeren Stadt entfernt. „The Isa" erstreckt sich offiziell auf einer Fläche von über 43.310 km^2, die aber großteils unbebautes Land sind. Die eigentliche Siedlung ist natürlich wesentlich kleiner und unterscheidet sich in den Dimensionen nicht von anderen Städten mit entsprechender Einwohnerzahl. Den Geldsegen verdankt die Mount Isa seinen reichen Bodenschätzen. 1923 entdeckte John Campbell Miles die Silber-Blei-Zink-Vorkommen, die Stadt entwickelte sich rasch zu einem wichtigen Geschäfts- und Industrie-Zentrum im nordwestlichen Outback von Queensland. Heute sind über 3000 Menschen bei den *Mount Isa Mines* beschäftigt, die Stadt kann sich mit einem der höchsten Pro-Kopf-Einkommen in ganz Outback-Australien brüsten. Entsprechend hoch ist die Lebensqualität, man ist auf die Arbeiter angewiesen – so sorgt man gut für sie und ihre Familien. Davon profitieren auch die Touristen. In Mount Isa finden sich zahlreiche Geschäfte, schöne Pubs und Unterkünfte mit hohem Standard. Höhepunkt des Jahres ist das *Mount Isa Rodeo*, das größte seiner Art in ganz Australien.

Basis-Infos

GPS: S20°43.57' E139°29.95'
Ortsvorwahl: 07

Anreise Pkw: Auf dem Overlanders Way sind es 977 km gen Osten nach Townsville. Der Barky Highway führt westlich der Stadt via *Camooweal* ins Northern Territory nach *Tennant Creek* und zum Stuart Highway, der nach Darwin bzw. Alice Springs führt. Vom Capricorn Highway kommend, sind es ab *Longreach* via *Cloncurry* etwa 650 km.

Bus: *Greyhound Australia* steuert Mount Isa von Townsville (ca. 12 Std.) aus an, aber auch aus dem Northern Territory von Darwin (22 Std.) oder Alice Springs (14 Std.).

Die meisten Strecken werden mindestens einmal tägl. befahren, weitere Infos unter ✆ 1300473946 und www.greyhound.com.au.

Bahn: Der *Inlander* (✆ 131617, www.queenslandrail.com.au) verbindet Mount Isa mit Townsville, die 21-stündige Fahrt führt über Julia Creek, Hughenden und Charters Towers. Züge Richtung Osten fahren jeden Mo und Fr, Richtung Westen jeden So und Do. Economy-Ticket 179 $, gegen Aufpreis im Schlafwagen oder im 1.-Klasse-Schlafabteil.

Flugzeug: Der Mount Isa Airport befindet sich 8 km nördlich des Stadtzentrums. Verbindungen mit *Qantas* (✆ 131313, www.qantas.com.au), *Regional Express* (✆ 131713, www.rex.com.au) oder *Virgin Australia* (✆ 136789, www.virginaustralia.com.au) z. B. nach Darwin, Townsville, Cairns oder Brisbane.

Am Flughafen sind die großen Autovermieter vertreten, in den Ort geht es auch per Taxi.

Touristinfo Outback at Isa, großer Servicekomplex, in dem man auch Minentouren buchen kann. Tägl. 9–17 Uhr. 19 Marian Street, ✆ 47491555 oder 1300659660, info@outbackatisa.com.au.

Mount Isa im Internet Gute Informationen unter www.outbackatisa.com.au.

Cattle Station West Leichhard Cattle Station, 125.000 ha große Viehstation etwa 30 Min. nordöstlich von Mount Isa, auf der man das „ganz normale Landleben" erleben kann: Viehtrieb, Setzen der Brandzeichen und vieles mehr. Übernachten kann man in einer der Units, auf Anfrage ist auch Campen möglich (Plätze für beides sind begrenzt, also vorher anrufen). Auf Wunsch auch Verpflegung möglich. ✆ 47438947.

Internet Mount Isa Library 2, Mo–Fr 9.30–17.30 Uhr, Sa 9–13 Uhr. 23 West Street, ✆ 47473350.

Minen-Touren Hard Times Mine Tours, hier kann man selbst Hand an den Pressluftbohrer legen, natürlich unter fachmännischer Anleitung von echten Minenarbeitern. Diverse Angebote ab 49 $. Kinder müssen mindestens 7 Jahre alt sein, Kameras sind nicht erlaubt. Zu buchen in der „Outback at Isa"-Touristinfo (s. o.).

Rodeo Isa Rodeo, *der* Termin in Isa, jedes Jahr am 2. Wochenende im August. Die besten Rodeoreiter des Landes kämpfen dann um über 200.000 $ Preisgeld, jedes Bett der Stadt ist belegt, und die Party geht ab. Seit 2007 findet das Rodeo im aufwendig umgebauten Buchanan-Park statt. Tickets ab 40 $ aufwärts. ✆ 47432706, www.isarodeo.com.au.

Schwimmen & Baden Splashez Aquatic Centre, es gibt ein 50-m-Becken, Kinderpool und Verpflegung am Kiosk. Eintritt 4,50 $. Sept.–April tägl. geöffnet. Isa Street/Ecke Fourth Avenue.

Lake Moondarra, der See befindet sich etwa 15 km nördlich der Stadt und ist ein beliebtes Ausflugsziel für die Familien der Stadt. Möglichkeiten zum Schwimmen, Wassersport und Picknicken.

Supermarkt Coles 4, Mo–Fr 8–21 Uhr, Sa 8–17 Uhr, So geschlossen. Simpson Street/Ecke Marian Street.

In riesigen Road Trains wird das Vieh zu den Märkten geschafft

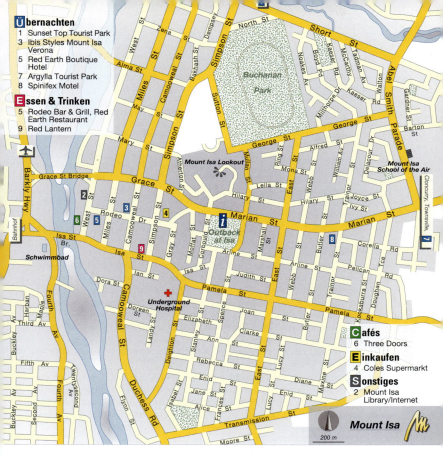

Übernachten/Essen & Trinken

Übernachten Red Earth Boutique Hotel 5, die Zimmer sind hochwertig eingerichtet, die Bäder in Marmor gestaltet, je nach Kategorie auch mit Spa-Badewanne. Für das leibliche Wohl sorgen zwei Restaurants und eine Bar. DZ je nach Wochentag und Saison 169–269 $. Rodeo Drive Street/Ecke West Street, ℘ 47498888 oder 1800603488 (kostenlos), www.redearth-hotel.com.au.

Spinifex Motel 8, hier werden verschiedene Optionen angeboten, es gibt auch die Möglichkeit, Apartments oder Zimmer mit Verbindungstür zu buchen. DZ ab 175 $, King-Suite ab 195 $, voll ausgestattete Apartments mit drei Schlafzimmern um 400 $.

79–83 Marian Street, ℘ 47492944, www.spinifexmotel.com.au.

Ibis Styles Mt Isa Verona 3, von außen ein etwas komischer Klotz, aber innen sehr wohnlich und hell durch große Fenster. Zur Ausstattung gehören Badewanne, TV, Minibar und AC. Zudem Fitnessraum, Pool und Restaurant im Haus. DZ oder Twin ab 189 $. Rodeo Drive Street/Ecke Camooweal Street, ℘ 47433024, www.accorhotels.com.au.

Sunset Top Tourist Park 1, mit Pool, geräumiger Campküche und BBQ-Plätzen. Camping ohne Strom ab 25 $, mit Strom ab 32 $, Cabin ab 90 $, 14 Sunset Drive, ℘ 47437668, www.sunsettop.com.au.

Argylla Tourist Park 7, schöner Park der BIG4-Gruppe, gut ausgestattet mit sauberen Sanitäranlagen, schattigen Stellplätzen und Tourdesk. Camping mit Strom ab 38 $, Cabins ab 125 $. Barkly Highway, ✆ 47434733 oder 1800664418, www.big4.com.au.

Freecamping Fountain Springs Rest Area, ziemlich genau zwischen Mount Isa und Cloncurry gelegen, mit Toiletten, Feuerstelle, BBQs. Direkt am Highway.

Essen & Trinken Rodeo Bar & Grill 5, rustikales Steakhouse mit offener Küche und Grill – man kann den Steaks (30–43 $) beim Brutzeln zuschauen. Zum Lunch (um 15 $) gibt es Wraps, Panini oder Burger. Tägl. 12–15 und 18–21 Uhr. 11 Miles Street (im Red Earth Hotel), ✆ 4749888.

Three Doors 6, hier gibt es super Kaffee, Gebäck und Frühstück, aber auch tagsüber gute Snacks. Große Speisekarte an der Kreidetafel über der Vitrine. Mo–Fr 6.30–15 Uhr, Sa/So ab 8.30 Uhr. 13 West Street, ✆ 47433353.

Red Earth Restaurant 8, edles Restaurant mit weiß gedeckten Tischen. Als Vorspeise gegrilltes Gemüse mit Halloumi (17 $), als Hauptgang gefüllte Hähnchenbrust (35 $) oder Barramundi mit Kräuterkruste (37 $). Abendessen tägl. 18–21 Uhr. 11 Miles Street (im Red Earth Hotel), ✆ 4749888.

Red Lantern 9, hier kommt kantonesische Küche auf den Teller. Auch als Take-away bzw. Lieferservice. Tägl. 17–21.30 Uhr. 1 Simpson Street, ✆ 47434070.

Sehenswertes

Outback at Isa: Auf keinen Fall verpassen! Nirgends lernt man mehr über die entlegene Outbackstadt. Die *Isa Experience Gallery* präsentiert spannende Informationen zur bewegten Geschichte, und im *Riversleigh Fossil Centre* wird das Augenmerk auf die prähistorische Fauna gelenkt. Mit Bergmannshelm und Stirnlampe bewaffnet, kann man in der *Hard Times Mine* die Gerätschaften und Abläufe des Minenbetriebs kennen lernen. Auch die Touristinfo ist hier untergebracht, es gibt ein gutes Café und einen großen Souvenirshop.
Tägl. 8.30–17 Uhr. **Isa Experience Gallery**, Eintritt: 12 $. **Minentour**, Eintritt: 49 $. 19 Marian Street, ✆ 47491555, www.outbackatisa.com.au.

Underground Hospital & Beth Anderson Museum: So richtig zum Einsatz kam das unterirdische Krankenhaus nie. Gebaut wurde es im Zweiten Weltkrieg, weil man fürchtete, Mount Isa könnte Opfer von Luftangriffen werden – glücklicherweise zu Unrecht. Und so diente die unterirdische Anlage als Lagerraum für das Krankenhaus über der Erde.
Nur April–Sept. tägl. 10–14 Uhr. Eintritt 15 $. Joan Street, Hospital Grounds, ✆ 47490281, www.mountisaundergroundhospital.com.

Mount Isa School of the Air: Auch Mount Isa hat ein „größtes Klassenzimmer der Welt", wie der Unterricht per Funkgerät gerne genannt wird. Interessierte können eine Unterrichtsstunde mitverfolgen.
Führungen: An Schultagen um 10 Uhr. Eintritt 2,50 $, Kinder frei. Abel Smith Parade, ✆ 47448333.

Mount Isa City Lookout: Der Aussichtspunkt in der Hilary Street ist nur einen Katzensprung vom Infozentrum entfernt und direkt mit dem Auto zu erreichen. Von dort oben hat man einen guten Überblick über die Stadt und ihre Minenanlagen.

Neugieriger Emu!

Super-Luxus im Outback: Dieser Camper ist im umgebauten Omnibus unterwegs

Cloncurry
ca. 4000 Einw.

Mit dem kometenhaften Aufstieg von Mount Isa verlor Cloncurry, einst eine wichtige Bastion in den Weiten des Outback, im 20. Jh. immer mehr an Bedeutung. In den letzten Jahren rückte die Ortschaft – Verkehrsknotenpunkt zwischen Overlanders Way und Landsborough Highway – aber wieder ins Blickfeld. Bis 2010 sollte hier ein solarthermisches Kraftwerk mit einer jährlichen Leistung von 30 Mio. Kilowattstunden entstehen. Das hätte gereicht, um Cloncurry – als erste Stadt Australiens – komplett mit Solarenergie zu versorgen. Die Pläne wurden allerdings verworfen, weil man zu viele störende Reflexionen von den dafür notwendigen Spiegeln befürchtete. Aber es gibt bereits neue Pläne für eine anders gestaltete Anlage, und das ist nicht verwunderlich, denn die Bedingungen dafür sind wahrlich günstig: Die Ortschaft hält den Hitzerekord in Australien, im Jahr 1889 wurden 53,9 °C verzeichnet.

Im **John Flynn Place**, einem kleinen, dem Gründer des *Royal Flying Doctor Service* gewidmeten Museum, sind historische Dokumente, Fotografien und flugtechnische Gerätschaften zu sehen.

GPS: S20°42.52' E140°31.77'
Ortsvorwahl: 07

Anreise Pkw: Cloncurry liegt 118 km östlich von *Mount Isa* und ist über den Barkley Highway erreichbar. Fährt man auf dem Flinders Highway Richtung Osten, erreicht man nach 396 km *Hughenden*. Von *Longreach* sind es auf dem Landsborough Highway via *Winton* 517 km.

Bus: *Greyhound Australia* (✆ 1300473946, www.greyhound.com.au) bietet Verbindungen nach Mount Isa (1:25 Std.) und in Richtung Küste nach Townsville (10:30 Std.).

Bahn: Cloncurry liegt an der Strecke von Townsville (149 $, 16 Std.) nach Mount Isa (50 $, 4 Std.) und wird vom *Inlander*-Zug (✆ 131617, www.queenslandrail.com.au) angesteuert. Bahnhof an der Hutchinson Parade.

Touristinfo Cloncurry Memorial Park Information Centre, im Memorial Park. Mo–Fr 8–16.30 Uhr, Sa/So 9–16.30 Uhr (Nov.–April Sa/So 9–14 Uhr). McIlwraith Street, ✆ 47421361, info@cloncurry.qld.gov.au.

Cloncurry im Internet Informationen unter www.cloncurry.qld.gov.au.

Im Ort Tankstelle, Pub, Supermarkt, Apotheke, Newsagent, Bottleshop, Post und Bank sind vorhanden.

Das Outback von Queensland

Sehenswertes John Flynn Place, dem Gründer des *Royal Flying Doctor Service* gewidmet. Von Cloncurry startete 1928 der erste Flug der Flying Doctors, die Maschine hatten sie von Qantas gechartert. Mo–Fr 8.30–16.30 Uhr, Mai–Sept. auch Sa/So 9–15 Uhr. Eintritt 10,50 $/Pers., inkl. Unearthed Museum 16 $. Daintree Street/Ecke King Street, ✆ 47422778, www.johnflynnplace.com.au.

Chinesischer Friedhof und **Afghanischer Friedhof**, hier sind Cloncurrys frühe Pioniere begraben, die als Goldsucher und Kamelführer ihren Teil zur Entwicklung der Region beigetragen haben. Die afghanischen Gräber sind vorschriftsmäßig gen Mekka ausgerichtet.

Übernachten/Essen Gidgee Inn, die Zimmer sind picobello und mit eigenem Bad, AC, Deckenventilatoren und TV ausgestattet. DZ ab 165 $. Das Restaurant ist für seine Steaks bekannt (bis 30 $). Railway Street/ Ecke McIlwraith Street, ✆ 47421599, www.gidgeeinn.com.au.

Wagon Wheel Motel, in dem klassischen Queenslander-Gebäude sind 27 gute Wohneinheiten und ein Restaurant untergebracht. DZ um 100 $. 54 Ramsay Street, ✆ 47421866.

Discovery Holiday Park, schöner, gut ausgestatteter Campingplatz der Discovery-Kette. Camping ab 20 $, mit Strom ab 30 $, Cabin ab 110 $. Flinders Highway, ✆ 47422300, www.discoveryholidayparks.com.au.

Dinosaur Trail

In der Gegend um **Winton**, **Hughenden** und **Richmond** wurden zahlreiche Hinweise auf die prähistorische Welt der Tiere entdeckt. Zu den erstaunlichsten Funden gehört der *Richmond Pliosaurus*, das am besten erhaltene Fossil eines Wirbeltiers in ganz Australien. Die Überreste eines „Minmi" genannten Sauriers sind 100 Mio. Jahre alt und waren so gut erhalten, dass Forscher sogar den Mageninhalt analysieren konnten. In der Nähe der Stadt Winton wurde „Elliot", Australiens größter bekannter Dinosaurier gefunden. Der *Sauropod* war so lang wie sechs Pkw und wog schätzungsweise 30 Tonnen. Und 110 km südlich von Winton sind mehr als 3000 Fußabdrücke zu bestaunen, die von einer wilden Jagd stammen (→ Winton/Sehenswertes). Angeblich soll der Schauplatz Steven Spielberg zu einigen Szenen bei Jurrassic Park inspiriert haben.

Richmond und Hughenden

ca. 1000 Einw.

Richmond rühmt sich gern, die Fossilienhauptstadt Australiens zu sein. Der Ort war vor Jahrmillionen von einem riesigen Inlandsee bedeckt, deshalb sind hier auch Fossilien großer Wasserbewohner zu finden. Schon vor der Touristinfo empfängt einen die lebensgroße Nachbildung eines Kronosauriers, der sein zwei Meter großes Maul aufreißt, als wolle er den Besucher sofort verschlingen. In dem Gebäude befindet sich auch das **Kronosaurus Korner Fossil Centre**.

Auch in Hughenden gibt es mit dem **Flinders Discovery Centre** eine Einrichtung, die sich den vorgeschichtlichen Urwesen verschrieben hat. Größter Wirtschaftszweig der Region ist heute allerdings die Viehwirtschaft, Richmond exportiert Jahr für Jahr rund 60.000 Rinder. Dagegen ist in Hughenden die Auswahl an Geschäften größer.

GPS: S20°43.792' E143°078.527'
Ortsvorwahl: 07

Anreise Pkw: Beide Orte liegen am *Overlanders Way* zwischen *Cloncurry* und *Charters Towers*. Distanzen: von Cloncurry nach Richmond knapp 300 km, weiter nach Hughenden 120 km, von dort sind es nach Charters Towers noch einmal gut 260 km.

Bus: 2- bis 3-mal pro Woche nach Osten und Westen mit *Greyhound Australia* (℡ 1300473946, www.greyhound.com.au).

Bahn: Die Ortschaften liegen an der Route des *Inlanders* (℡ 1300872467, www.queenslandrail.com.au) und werden sowohl von Townsville wie von Mount Isa angesteuert.

Touristinfo & Sehenswertes Kronosaurus Korner Fossil Centre, über 200 Ausstellungsstücke, darunter *Minmi*, ein 100 Mio. Jahre altes Fossil eines gepanzerten Dinosauriers, sowie der *Richmond Pliosaurus*, das besterhaltene Fossil eines Wirbeltiers in ganz Australien. Tägl. 8.30–16 Uhr. Eintritt 20 $/Pers. Auch Touristinfo und Café. Flinders Highway, Richmond, ℡ 47413429, www.kronosauruskorner.com.au.

Flinders Discovery Centre, in Hughenden. Hier ist ein echter Gigant ausgestellt, das 22 m lange Skelett des *Hughenden Sauropod* thront über den Köpfen der Besucher. Tägl. 9–17 Uhr. 37 Gray Street, Hughenden, ℡ 47412970, www.flinders.qld.gov.au.

Übernachten/Essen in Richmond Ammonite Inn, schönes Motel mit komfortablen Betten und gutem Restaurant. 2 behindertengerechte Zimmer. Es gibt einen Pool, Parkplätze und einen Wäscheraum. DZ ab 115 $. 88 Goldring Street, ℡ 47413932.

Lakeview Caravan Park, große Stellplätze für Wohnmobile und Caravans; auf den Grünflächen kann man mehr oder weniger zelten, wie man lustig ist. Stellplatz ab 22 $, einfache Cabins mit Bad ab 90 $. 109 Goldring Street, ℡ 47413772, www.richmondlakeviewcaravanpark.com.au.

Federal Palace Hotel, Queenslander-Gebäude mit Pub, Bistro und Budget-Unterkunft. Die 15 Zimmer sind wirklich einfach, aber immerhin mit AC. Gut für ein Feierabendbier. 64 Goldring Street, ℡ 47413463.

Moonrock Café and Bakery, im Kronosaurus Korner. Hier gibt es Kaffee, frisch getoastete Sandwiches, außerdem Pies und Gebäck. Mo–Fr 8.30–16 Uhr, Sa/So 9–14 Uhr. 91–93 Goldring Street, ℡ 47413080.

Übernachten in Hughenden Royal Hotel Resort, alle Zimmer mit eigenem Bad, Kühlschrank, AC, Mikrowelle und Satelliten-TV. Dazu alle Annehmlichkeiten des Pubs. DZ ab 110 $. 21 Moran Street, ℡ 47411183, www.hughendenhotelmotel.com.au.

Allen Terry Caravan Park, nette Mischung aus rot-staubigen Wegen und grünen Wiesen. Campen kann man hier schon ab 20 $ (ohne Strom), ein festes Dach über dem Kopf in annehmbarem Zustand 80–95 $/ 2 Pers. 2 Resolution Road, ℡ 47411190, www.hughendenvanpark.com.au.

Informationszentrum
Kronosaurus Corner in Richmond

Charters Towers

ca. 9000 Einw.

Was kann der Grund sein, dass man einen Ort als „The World" bezeichnet? Gold natürlich, viel Gold. Das wurde hier 1871 gefunden. Innerhalb eines Jahres zog das Goldfieber über 3000 Glücksritter in die Region, und um die Jahrhundertwende lebten 25.000 Menschen im neu gegründeten Charters Towers. In Hochzeiten soll es hier rund 65 Pub-Hotels gegeben haben, im Ort gab es alles zu kaufen, was das Herz begehrt, sodass man seine kleine „Welt" gar nicht mehr verlassen musste. Doch die Suche nach Gold rentierte sich schon seit Beginn des 20. Jh. nicht mehr, die Einwohnerzahl fiel schnell wieder hinter die 10.000er-Marke zurück. Heute bäckt man in Charters Towers die Brötchen etwas kleiner, und statt sich als „Die Welt" zu rühmen, wirbt man für sich als „Stadt ohne Ampeln" ...

Das Outback von Queensland

GPS: S20°04.59' E146°15.51'
Ortsvorwahl: 07

Anreise Pkw: Charters Towers liegt etwa 140 km westlich von *Townsville*, zu erreichen über den Flinders Highway. Der führt dann auch weiter gen Westen, nach *Hughenden* sind es 260 km.

Bus: *Greyhound Australia* (✆ 1300473946, www.greyhound.com.au) fährt z. B. nach Townsville (1:45 Std.) und Mount Isa (10:30 Std.).

Bahn: Anbindung mit *Queensland Rail* (✆ 131617, www.queenslandrail.com.au) z. B. nach Townsville (3:30 Std.) oder Mount Isa (23 Std.). Für lange Fahrten ins Outback gibt es Schlafwagen.

Touristinfo Charters Towers Visitor Info Centre, tägl. 9–17 Uhr. 74 Mosman Street, ✆ 47615533, tourinfo@charterstowers.qld.gov.au.

Charters Towers im Internet Informationen unter www.charterstowers.qld.gov.au.

Internet In der **Bibliothek**, Mo–Fr 10–17 Uhr, Sa 9.30–13 Uhr. 130 Gill Street.

Sehenswertes Stock Exchange Arcade, das Gebäude wurde 1888 für den Geschäftsmann Alexander Malcolm gebaut, 1890 quartierte sich hier die Wertpapierbörse der Stadt ein. In den Räumlichkeiten sind heute Shops, Büros und eine Galerie untergebracht. 76 Mosman Street.

World Theatre, das historische Gebäude mit der wunderschönen Fassade wurde 1891 gebaut und 1996 komplett umgestaltet; heute beherbergt es ein Theater, zwei Kinos sowie Restaurant, Shop und Kunstgalerie. 82 Mosman Street, ✆ 47874344.

Towers Hill Lookout, ein toller Aussichtspunkt nur ein paar Kilometer südlich des Ortszentrums. Zur Information sind einige Tafeln angebracht, zudem wird hier jeden Abend der Film *Ghosts after Dark* vorgeführt, der die Geschichte der Stadt dokumentiert (Vorführungszeit kann nach Jahreszeiten variieren, in der Touristinfo nachfragen).

Supermarkt Woolworths, Mo–Fr 8–21 Uhr, Sa 8–17 Uhr, So geschlossen. 41 Gill Street.

Touren Texas Longhorn Wagon Tours, mal ein ganz anderes Erlebnis. Im Planwagen kutschiert man gemütlich über Land und kann sich die imposanten Longhorn-Rinder anschauen. Star der Truppe ist „JR", ein Bulle, dessen Hörner über 2,9 m messen. Danach gibt es ein klassisches Buschmahl aus dem Camp-Oven. 70 $. Etwa 10 km nördl. der Stadt, Anfahrtsskizze auf der Webseite. ✆ 47878126, www.texaslonghorn.com.au.

Übernachten Gold City Motel, freundliches Motel mit nur 12 Wohneinheiten. Die Zimmer sind einfach, aber sauber und in ruhiger Lage mit Garten und BBQ-Platz. DZ ab 115 $. Lynd Highway, ✆ 47872187, www.goldcitymotel.com.au.

Royal Private Hotel, das historische Gebäude mit umlaufendem Balkon von 1888 wurde 2004 komplett renoviert. Günstige Zimmer mit AC, Mikrowelle und Toaster. Kostenloser Internetzugang. Budget ab 65 $, mit Bad ab 100 $. 100 Mosman Street, ✆ 47878688, www.royalprivate-hotel.com.

Blick über Charters Towers

Aussie Outback Oasis, moderner Caravanpark. Wohnmobil-Stellplatz ab 35 $, die Cabins (ab 115 $) sind nett eingerichtet, je nach Kategorie mit TV, Mikrowelle, Holzfußboden und Sofa. 76 Dr. George Ellis Drive, ✆ 47878722 oder 1800812417 (kostenlos), www.aussieoutbackoasis.com.au.

Essen & Trinken **Henry's Restaurant**, der große Gastraum öffnet sich direkt hinter der massiven Eingangstür. Ruhige Atmosphäre, gutes, bodenständiges Essen. Hauptgerichte etwa ab 23 $. Di–So zum Mittag- und Abendessen geöffnet. 84 Mosman Street, ✆ 47874333.

Stock Exchange Café, hübsches Café in der gleichnamigen Arkade, in der auch einige Tische stehen. Kaffee, Kuchen, außerdem kleine Lunch-Gerichte und Stärkungen für zwischendurch. Tägl. geöffnet. 76 Mosman Street, ✆ 47877954.

Golden Mine, das Chinarestaurant serviert günstiges Essen, auch als Take-away. 10–20 $. 11.30–14 und 17–21.30 Uhr. 64 Mosman Street, ✆ 47877609.

Undara-Volcanic-Nationalpark

Der Nationalpark rund 300 km westlich von Cairns lockt Besucher mit seinem über 100 Kilometer langen System aus Lava-Tunnels. Diese einzigartige unterirdische Welt ist nicht nur schön anzuschauen, sondern formt auch einen Lebensraum, der so gar nicht zu der heißen Gulf Savannah passen will.

Rund 190.000 Jahre ist es her, dass sich nach Vulkanausbrüchen dicke Lavaströme durch die Region schoben. An der Oberfläche erkalteten die zähen Massen und formten eine feste Decke, die heiß-flüssige Lava darunter floss ab und zurück blieben die Tunnel. Im Laufe der Zeit brach die Tunneldecke an verschiedenen Stellen ein und öffnete die Gänge. Es bildeten sich Lebensräume, die von dem feuchten, unterirdischen Klima profitieren konnten – so kommt es, dass man am Rande der heißen und roten Gulf Savannah eine Flora und Fauna findet, die es sonst nur im Regenwald gibt. In der Sprache der lokalen Aborigines bedeutet das Wort „Undara" so viel wie „lange Strecke". Man darf die Lavatunnel nicht alleine erkunden, was ohne entsprechende Ortskenntnis ohnehin zu gefährlich wäre. Auch wildes Campen ist nicht gestattet. So verlässt man sich am besten auf die Dienste von **Undara Experience**, die nicht nur Führungen, sondern auch Unterkünfte anbietet.

Anreise Pkw: Von *Cairns* aus sind die Lavatunnels etwa 300 km entfernt. Die Anreise erfolgt über die Atherton Tablelands und *Ravenshoe*. Von dort sind es entlang des Kennedy Highway ungefähr 150 km, die letzten 17 km zum Nationalpark führen entlang der Gulf Developmental Road. Man erreicht direkt das Infozentrum, die Unterkünfte und das Lokal.

Touristinfo & Buchungen Undara Experience, hier kann man alle im Folgenden genannten Unterkünfte und Touren buchen. ✆ 40971900 oder 1800990992 (kostenlos).

Undara im Internet www.undara.com.au.

Bushwalking Es gibt eine ganze Reihe an Wanderungen in der Region, fast alle sind leicht zu gehen, einige wenige Touren sind mittelschwer. Die Länge der Wanderungen variiert zwischen 1,5 km und 12 km; aktuelle Informationen zur Beschaffenheit der Wege und eine Karte gibt es an der Lodge oder unter www.undara.com.au.

Tagestouren Active Explorer, Archway Explorer oder **Wildlife at Sunset**, drei 2-stündige Touren für je 57 $.Man ist immer mit einem fachkundigen Guide unterwegs, die einzelnen Transfers von der Lodge zu den jeweiligen Orten erfolgen im Kleinbus.

Übernachten/Essen **Zugwaggons**, in den Abteilen stehen bequeme Doppelbetten, die Waggons sind fest installiert. DZ-Version mit Bad ab 180 $, Twin ohne Bad ab 170 $.

Safarizelte, aus Segeltuch mit festem Boden. Ab 50 $ für 2 Pers.

Camper, können zu zweit auf einfachen Stellplätzen (26 $) oder auf Caravanplätzen mit Strom (35–40 $) übernachten.

Fettler's Iron Pot Bistro, auf der Karte stehen z. B. Steaks, BBQ-Huhn, Grillwürste und Fisch des Tages. Kein Billigvergnügen, aber die einzige Möglichkeit für Leute, die sich nicht selbst versorgen. Tägl. Mittag- und Abendessen.

Der Uluru leuchtet in der Abendsonne

Ausflug nach Ayers Rock und Olgas

Der Anblick des aus der endlosen, kargen Ebene des roten Zentrums plötzlich majestätisch aufragenden **Ayers Rock** begeistert selbst den modernen Mensch des Informationszeitalters, der den Felsbrocken bereits dutzendfach auf Bildern, Postkarten oder auf dem Bildschirm gesehen hat. Man kann sich also das Erstaunen der ersten Europäer vorstellen, als sie in den 1870er-Jahren den Felsen entdeckten. Für die Ureinwohner hat der Ayers Rock, dessen offizieller Name aus der Sprache der Aborigines stammt und „Uluru" lautet, sowieso seit jeher eine ganz besondere Bedeutung – eng ist er mit ihren Ahnen und spirituellen Wesen aus der Zeit der Entstehung der Welt verknüpft. Um den Fels herum gibt es verschiedene Kultstätten, die den ansässigen *Anangu Aborigines* heilig sind und an denen das Fotografieren strengstens verboten ist. Der Inselberg ist ca. 3 km lang, 348 m hoch und bis zu 2 km breit, an seiner Basis weist er einen Umfang von etwa 9,4 km auf. Wie bei einem Eisberg befindet sich der Großteil allerdings unter der Oberfläche. Der Uluru besteht aus Arkose-Sandstein, dessen rote Farbe den Oxidationsprozessen des im Gestein enthaltenen Eisens zu verdanken ist. Diese sorgen für ein ganz besonderes Schauspiel, das immer zum Sonnenauf- und -untergang stattfindet, wenn der Fels mit den sich verändernden Lichtverhältnissen in den unterschiedlichsten Farbtönen leuchtet.

Nicht ganz so bekannt, aber ebenso schön sind die 36 Felskuppeln der rund 30 km entfernten **Olgas**, deren offizieller Name „Kata Tjuta" ebenfalls der Sprache der Aborigines entspringt. Übersetzt bedeutet der Name so viel wie „viele Köpfe". Anders als der Ayers Rock bestehen die Felsen nicht aus Arkose-Sandstein, sondern aus Konglomerat. Mit einer Höhe von 546 m überragt die höchste Kuppel den berühmten Nachbarn um knapp 200 m. Auch Kata Tjuta ist in der Kultur der Aborigines Sitz ihrer spirituellen Ahnen und so gibt es auch hier Regeln, an die man sich halten muss. Das Klettern in den Felsen ist strengstens untersagt.

Bis Ende des 20. Jh. waren beide Formationen unter den Namen bekannt, die ihnen die europäischen Entdecker einst gaben, nämlich *Ayers Rock* und *Olgas*. Mittlerweile ist man dazu übergegangen, offiziell wieder die uralten Bezeichnungen in der Sprache der Aborigines zu verwenden, im alltäglichen Sprachgebrauch sind aber beide Varianten üblich.

Ayers-Rock-Resort (Yulara) ca. 3000 Einw.

Nachdem seit Mitte des 20. Jh. der Tourismus zum Ayers Rock beständig zunahm, fing man in den 70er-Jahren langsam an, sich Gedanken darüber zu machen, wie man den Ansturm der Besucher bewältigen und das Areal in unmittelbarer Nähe zum Felsen vor den negativen Folgen des Massentourismus schützen könnte. Man wählte ein rund 100 km^2 großes Gebiet außerhalb der Grenzen des Nationalparks, in dem Unterkünfte, Restaurants, Bars und Einkaufsmöglichkeiten für die Besucher entstehen sollten. 1984 wurde das Yulara-Resort eröffnet, gleichzeitig schlossen alle Unterkünfte, die sich innerhalb der Grenzen des Nationalparks befanden – heute darf man dort nicht einmal mehr campen. Das ist aber auch gar nicht nötig, denn das Ayers-Rock-Resort – so hat man Yulara mittlerweile umbenannt – bietet dem Urlauber alles, was er braucht, wie auch jeglichen Komfort. Sowohl **Uluru** als auch die **Kata Tjuta** sind von hier aus bequem über asphaltierte Straßen zu erreichen. Anfang 2011 hat die *Indigenous Land Corporation* – eine gesetzliche Behörde, die Landkäufe für verschiedene Aborigine-Gruppierungen abwickelt – das Resort für rund 300 Mio. australische Dollar gekauft, die Unter-Behörde *Voyages Indigenous Tourism Australia* leitet die Anlage.

Basis-Infos

GPS: S25°13.99' E130°58.88
Ortsvorwahl: 08

Anreise **Pkw:** Die Anfahrt mit dem Auto ist lang. Von Norden bzw. Süden kommend fährt man zunächst auf dem Stuart Highway, von dem der Lasseter Highway abzweigt, auf dem man letztendlich das Resort erreicht. Die nächste Stadt ist *Alice Springs*, gut 470 km entfernt.

Flugzeug: Der *Ayers Rock Airport* (auch *Connellan Airport*) befindet sich knapp 6 km nördlich des Resorts, ein Transferbus wartet bereits bei Ankunft aller Flüge. Gäste von Longitude 131° werden mit dem Geländewagen abgeholt. Mit *Qantas* (℡ 131313, www.qantas.com.au) oder *Jetstar* gibt es Direktverbindungen von/nach *Sydney*, *Cairns*, *Perth* und *Alice Springs*.

Bus: Bustransfers zum Resort gibt es täglich ab bzw. nach Alice Springs (einfach 165 $, Kinder 83 $), außerdem auch Ausflüge zum Kings Canyon (135 $ einfach).

Touristinfo Yulara Visitor Centre, neben dem Desert-Gardens-Hotel (s. u.). Hier gibt's interessante Informationen zu Flora & Fauna, Geschichte und Geologie der Region. Außerdem kann man Souvenirs kaufen. Tägl. 9–17 Uhr.

Yulara im Internet Das komplette Angebot an Unterkünften, Restaurants und Touren ist gelistet unter www.ayersrockresort.com.au.

Autovermietung Die Anbieter **Thrifty**, ℡ (08)89562556, **Hertz**, ℡ (08)89562244, und **Avis**, ℡ (08)89562266, haben Filialen im Terminal des *Ayers Rock Airport*, bieten aber auch die Option, direkt ab Resort zu mieten. Kleinwagen je nach Saison ab

100 $/Tag, Geländewagen ab 180 $/Tag. Reservierungen auch über das Resort (→ Zentrale Buchungsstelle) möglich.

Sonstiges Es gibt eine Bank, eine Post, einen Zeitungsladen, eine Tankstelle und ein Einkaufszentrum. Außerdem medizinische Versorgung und einen Spielplatz.

Unterwegs im Resort Es gibt einen kostenlosen **Shuttlebus**, der auf einem Rundkurs die Unterkünfte, Restaurants, die Touristinformation und das Einkaufszentrum anfährt. Tägl. 10.30–18 und 18.30–0.30 Uhr, ca. alle 20 Min.

Zentrale Buchungsstelle Alle im Folgenden gelisteten Unterkünfte (außer Camping) und Touren etc. können zentral gebucht werden unter ✆ (02)82968010 oder 1300134044 (nur von Australien aus), per E-Mail unter travel@voyages.com.au oder online unter www.ayersrockresort.com.au. Das Büro ist Mo–Fr 8–18.30 Uhr und Sa/So 9–17 Uhr besetzt.

Achtung: Die zentrale Buchungsstelle befindet sich in New South Wales, beachten Sie also die Zeitzone und nutzen Sie die Ortsvorwahl 02!

Übernachten/Essen & Trinken

Übernachten Sails in the Desert Hotel, auch vorher schon die edelste Unterkunft des gesamten Resortkomplexes, mit der Renovierung Anfang 2012 wurde in den Zimmern vom Teppich bis zum Flachbildfernseher noch einmal kräftig erneuert. Mit Pool, Bar und ausgezeichneten Restaurants. Darüber hinaus gibt es Kunstwerke der *Anangu Aborigines* zu sehen. Im DZ 480–580 $/Nacht, mit Spa 570–690 $, Deluxe-Suite ab 900–950 $.

> **Longitude 131°**, ein echtes Übernachtungserlebnis der Extraklasse. Die Anlage mit den 15 frei stehenden „Luxuszelten" – nur das Dach der vollklimatisierten und edel eingerichteten Unterkünfte ist aus Stoff – befindet sich nicht im Ayers-Rock-Resort, wird aber vom selben Unternehmen betrieben. Gäste können vom Bett aus durch die großen Glasfronten den Uluru sehen. 2 Pers. ab 2400 $/Nacht, eine Person ab 2100 $ (Mindestaufenthalt 2 Nächte), inklusive aller Mahlzeiten, Touren und Transfers ab Ayers-Rock-Resort oder Flughafen. Zu buchen über die zentrale Buchungsstelle (s. o.).

Desert Gardens Hotel, schönes Hotel mit gemütlichen Zimmern, die entweder mit Balkon oder kleiner Terrasse ausgestattet sind. Im Garten und am hauseigenen Pool kann man wunderbar entspannen. DZ 350–500 $, Deluxe-Version mit Blick auf den Ayers Rock ab etwa 550 $.

Emu Walk Apartments, mit komplett eingerichteten Küchen sowie separaten Wohn- und Schlafbereichen. Ideal, wenn man die sehr teuren Restaurants des Resorts meiden will. Apartment mit einem Schlafzimmer 350–500 $ (2 Pers.), mit 2 Schlafzimmern 500–600 $ (4 Pers.). Eine Person zusätzlich 50 $.

Outback Pioneer Hotel & Lodge, die einfachste Unterkunft des Resorts, aber dafür bieten die Budget-DZ und die Schlafsäle günstige Alternativen für den schmaleren Geldbeutel. Standard-DZ 300–440 $, Budget-DZ ohne eigenes Bad 200–250 $. In der Lodge nächtigt man ab etwa 40 $/Pers. in einem 20er-Dorm, im 4-Bett-Zimmer ab 46 $/Pers.

Camping Ayers Rock Campground, großer Campingplatz mit Pool, sauberen Sanitäranlagen und frei nutzbaren Gas-BBQs. Stellplatz ab 36 $ (2 Pers.), mit Strom ab 42 $, Cabin (max. 6 Pers.) ab 160 $/Nacht. Zu buchen direkt unter ✆ 89577001, camp ground@ayersrockresort.com.au.

Essen & Trinken Es gibt in den Hotels etliche sehr gute, aber dann auch entsprechend teure Optionen. Wer etwas unentschlossen ist, kann einfach eine kleine Runde durch das Resort drehen und sich inspirieren lassen.

Pioneer BBQ & Bar, wunderbar ungezwungen. Hier kauft man das Steak oder die Garnelenspieße roh und wirft sie anschließend selbst auf den Grill. Beilagen holt man sich am Büfett. Auch gut für eine Drink. Abendessen etwa 30–45 $. Tägl. zum Dinner geöffnet. Im *Outback Pioneer Hotel & Lodge* (s. o.).

In der **Outback Pioneer Kitchen** gibt es zwischen 11 und 21 Uhr günstigere Snacks wie Burger, Wraps oder Pizzen.

Sounds of Silence Dining

Bei dem Abendessen unter freiem Outbackhimmel werden Vorspeise, BBQ-Hauptgang und Dessert serviert. Das Vergnügen kostet 195 $/Pers. (Kinder 96 $), inkl. Wein, Bier oder alkoholfreier Getränke, Transfer vom/ins Resort und eines kleinen Unterhaltungsprogramms. Für rund 300 $, erfolgt der Transfer auf dem Rücken eines Kamels. Für Kinder unter 10 Jahren nicht empfohlen.

Geckos Cafe, im Resort-Shopping-Centre. Leckere Pizzen, Pasta oder leichte mediterrane Gerichte, unter 30 $. Täglich mittags und abends.

Wer abends – oder auch schon mittags – einen heben will, der kann dies in der rustikalen **Pioneer BBQ & Bar** (im *Outback Pioneer Hotel & Lodge*), in der noblen **Tali Bar** (im *Sails in the Desert Hotel*) oder in der etwas günstigeren **Bunya Bar** (im *Desert Gardens Hotel*).

Tali Wiru

Noch luxuriöserer Freiluft-Gaumenschmaus für maximal 20 Gäste und mit Blick auf Uluru und Kata Tjuta. Für einen Sundowner, das 4-Gänge-Menü (inkl. passender Weine), Didgeridoo-Performance und Hoteltransfers sind dann allerdings auch mindestens 325 $/Pers. fällig. Mindestalter 13 Jahre.

Beide Optionen finden täglich zum Sonnenuntergang statt, es gibt allerdings Mindest- und Maximalteilnehmerzahlen. Zu buchen über das Resort (→ Zentrale Buchungsstelle).

Uluru-Kata-Tjuta-Nationalpark

Rund eine halbe Million Besucher strömt jedes Jahr in den Nationalpark, um den Ayers Rock – *das* Wahrzeichen Australiens – aus der Nähe zu erleben. 1985 wurde der Uluru-Kata-Tjuta-Nationalpark offiziell an die *Pitjantjatjara* und *Yankunytjatjara Aborigines* zurückgegeben, die ihre Ansprüche aufgrund ihrer Jahrtausende währenden Präsenz in der Region geltend machten. Die *Anangu* – so nennen sich die beiden Gruppen – verpflichteten sich im Gegenzug, das Areal für 99 Jahre an die Regierung zurückzuverpachten, wobei der 1326 km² große Nationalpark gemeinsam verwaltet wird. Im Jahr 1987 wurde der Park aufgrund seiner außergewöhnlichen geologischen Formationen von der UNESCO zum Weltnaturerbe erklärt, und weil einige Stätten seit Jahrtausenden von den Aborigines als Kultstätten genutzt werden, erfolgte 1994 außerdem die Aufnahme in die Liste des Weltkulturerbes.

Den Ayers Rock kann man nach wie vor besteigen, allerdings gibt es regelmäßig Sperrungen, etwa bei zu großer Hitze, zu starken Winden oder Feierlichkeiten der Aborigines. Für die Olgas hingegen gilt von vornherein: Es ist strengstens untersagt, die Felsen zu besteigen oder daran herumzuklettern. Macht aber nichts, denn im Gebiet beider Formationen gibt es eine ausreichende Anzahl interessanter Walks für jede Alters- und Fitnessklasse. In jedem Fall sollte man bei einem Besuch im Nationalpark auf extreme Wetterbedingungen vorbereitet sein: Im Sommer können die Temperaturen auf knapp 50 °C ansteigen, während es im Winter in den frühen Morgenstunden empfindlich kalt werden kann. Wer einige der kurzen bis mittellangen Wanderungen unternehmen will, sollte neben viel Trinkwasser, Sonnencreme und breitkrempigem Sonnenhut auch ein gutes Insektenspray einpacken. Brechen Sie möglichst schon in den frühen Morgenstunden zu den Wanderungen auf und vermeiden Sie die Mittagshitze. Besorgen Sie sich auf jeden Fall vor Antritt einer Wanderung aktuelle Informationen im *Uluru-Kata-Tjuta-Cultural-Centre* am Ayers Rock, dort gibt es auch umfangreiche Informationen die Kultur der Aborigines betreffend und Auskünfte zum gesamten Nationalpark. Bleiben Sie immer auf den markierten Wegen – das dient nicht nur der eigenen Sicherheit, sondern verhindert auch, dass man unerlaubt heilige Stätten der Aborigines betritt. Wer es gemütlicher und klimatisiert mag, der kann zumindest den Ayers Rock komplett mit dem Auto umrunden – es gibt eine Straße, die um den Fels herumführt.

Respekt vor der fremden Kultur

In ganz Australien gibt es Orte und Stätten, die für die Ureinwohner seit Jahrtausenden von tiefer spiritueller Bedeutung sind. Und an kaum einem Ort wird dies so sehr mit Füßen getreten wie am Ayers Rock. Jedes Jahr kraxeln noch immer Abertausende von Touristen den Fels hinauf – und das, obwohl mittlerweile jedes Kind weiß, dass die ansässigen Aborigines das als grobe Respektlosigkeit empfinden. Ein echtes Verbot existiert allerdings bislang nicht, und so kann man nach wie vor nur an die Vernunft der Besucher appellieren, derartige Aktionen tunlichst zu unterlassen. Einige Stätten am Fuße des Felsens sind den Ureinwohnern besonders heilig, man kann sie besichtigen, jedoch ist das Fotografieren unter Strafe verboten.

Ein ganz besonderes Phänomen, das man „Sorry Rocks" getauft hat, illustriert andererseits einen Wandel im Bewusstsein der Leute, der sich ganz offensichtlich seit einigen Jahren vollzieht. Regelmäßig erhält die Parkverwaltung Pakete mit Felsbrocken, die Besucher vom Uluru entwendet hatten, oft begleitet von einem Entschuldigungsschreiben und dem Hinweis, dass die Felsstücke nun an ihren angestammten Ort zurückkehren sollen. Es kommt auch vor, dass Leute Schicksalsschläge in der Familie auf den „Diebstahl" und somit die Entweihung des spirituellen Platzes zurückführen und deshalb die einst so begehrten Mitbringsel zurückschicken. Neben kleinen Gesteinstrümmern waren auch schon richtige Brocken von über 10 kg Gewicht unter den Rücksendungen.

Hinweis: Es ist strengstens verboten, Felsstücke oder Sand zu entwenden, ebenso ist das Fotografieren an einigen Stätten untersagt. Bei Zuwiderhandlung drohen empfindliche Geldstrafen von bis zu 5500 $.

Basis-Infos

Anreise Pkw: Der *Ayers Rock* liegt rund 18 km südlich des Ayers-Rock-Resorts. Von der Verbindungsstraße zweigt Richtung Westen die Zufahrtsstraße zu den *Olgas* ab; das Gebiet ist ca. 55 km (einfach) vom Resort entfernt. Es gibt unterwegs keinen Sprit, also vorher unbedingt die Tankanzeige kontrollieren!

Bus: Der *Uluru Express* bietet einen Shuttle-Service vom Resort zum *Ayers Rock* (60–70 $ hin & zurück) und zu den *Olgas* (95 $ hin & zurück). Die Busse fahren mehrmals täglich, vor Ort ist genügend Zeit zum Wandern. www.uluruexpress.com.au.

Nationalparkgebühr Die Gebühr für den Nationalpark beträgt 25 $/Pers., Kinder unter 16 Jahren frei. Die Tickets kann man direkt an der Zufahrt zum Park (vom Ayers-Rock-Resort kommend) kaufen und sind ab Erwerb für 3 Tage gültig.

Öffnungszeiten Die Öffnungszeiten sind so gestaltet, dass man rechtzeitig zum Sonnenaufgang anreisen bzw. nach Sonnenuntergang noch bequem zurück zur Unterkunft fahren kann. Die Öffnungszeiten variieren von Monat zu Monat, können aber in den Touristinformationen erfragt bzw. im Internet unter www.parksaustralia.gov.au eingesehen werden.

Informationen Uluru-Kata Tjuta Cultural Centre, dem Cultural Centre wie auch dem Café sollte man auf jeden Fall einen Besuch abstatten. Neben Informationen zu **Ayers Rock** und den **Olgas** und Kartenmaterial zu den Wanderungen (eine detaillierte Broschüre mit Übersichtskarten kann man sich vorab kostenlos aus dem Internet herunterladen unter www.parksaustralia.gov.au/uluru/plan/maps-apps-info.html) werden anschauliche Ausstellungen zu Kultur, Tradition und Lebensweise der *Anangu* geboten. Daneben gibt's aber auch Interessantes über die Zusammenarbeit von Aborigines und Regierung bei der Verwaltung des Nationalparks zu erfahren. Außerdem befinden sich vor Ort ein Souvenirshop, eine Galerie und ein Café. Tägl. 7–18 Uhr, Informationsstand tägl. 8–17 Uhr. Eintritt frei.

Campen Im gesamten Gebiet des Nationalparks ist es verboten, wild zu campen. Unterkünfte gibt es ausschließlich im Ayers-Rock-Resort (s. o.).

Beeindruckende Perspektiven

Aktivitäten & Touren

Der Nationalpark bietet die Möglichkeit für zahlreiche Touren, die man entweder mit dem Shuttle, per Bus oder mit dem eigenen Fahrzeug unternehmen kann. Darüber hinaus kann man Rundflüge, Motorradfahrten oder Kamelritte buchen. Besonders interessant sind die von fachkundigen Guides geführten Wanderungen. Im Folgenden eine kleine Auswahl der beliebtesten Optionen – eine komplette Liste mit über 40 Varianten kann man auf der Webseite des Resorts herunterladen.

AAT Kings, ☎ (02)93472769 oder 1300228546, www.aatkings.com, haben ein reichhaltiges Programm an Touren zum Ayers Rock oder zu den Olgas im Angebot. Verschiedene Kombinationen – auch über mehrere Tage – bieten etwas für jeden Zeitrahmen und Geldbeutel. Informationen und Buchung direkt, aber auch in den Infozentren des Ayers-Rock-Resorts (→ Zentrale Buchungsstelle). Hier eine kleine Auswahl beliebter Touren:

Uluru Sunrise and Sacred Sites, Aufbruch ist etwa 90 Min. vor Sonnenaufgang und so ist man pünktlich für die ersten Strahlen an der Aussichtsplattform, an der es auch ein kleines Frühstück gibt. Anschließend geht es mit kundigem Guide auf Rundfahrt um den Uluru inkl. kurzer Wanderungen, die z. B. zu Felszeichnungen führen. Dauer etwa 5 Std., ab 99 $/Pers.

Uluru Sunrise and Guided Base Walk, startet ebenfalls 90 Min. vor Sonnenaufgang, dauert aber bis etwa 13 Uhr und beinhaltet zusätzliche und auch längere Wanderetappen. Ab 149$ $/Pers.

Zusätzlich werden auch entsprechende **Sunset-Touren** zum Sonnenuntergang – auch in Verbindung mit einem BBQ-Dinner – angeboten.

Uluru Camels, ein Ausflug auf dem Rücken eines Wüstenschiffs dauert etwa 45 Min. und kostet ab 80 $/Pers., eine 2-stündige Kameltour zum Sonnenauf- bzw. -untergang kostet 129 $/Pers. Kinder zahlen den vollen Preis! Zu buchen über das Ayers-Rock-Resort (→ Zentrale Buchungsstelle) oder direkt unter www.ulurucameltours.com.au.

SEIT Outback Australia Hier werden ebenfalls eine ganze Reihe von geführten Touren angeboten. Die etwa 5-stündigen Ausflüge zu Uluru oder Kata Tjuta kosten mit Transfers ab Ayers-Rock-Resort und kleiner Verpflegung rund 150 $. Buchung über das Resort oder direkt unter ✆ (08)89563156, www.seitoutbackaustralia.com.au.

Rundflüge Beide Anbieter haben Touren im Programm, bei denen über den Ayers Rock und die Olgas geflogen wird. Zu buchen über das Ayers-Rock-Resort (→ Zentrale Buchungsstelle):

Ayers Rock Scenic Flights, im Flugzeug kurz zum Uluru und zurück (20 Min.), ab 110 $/Pers, 40-minütiger Rundflug ab 230 $/Pers., jeweils inkl. Transfer vom Ayers-Rock-Resort.

Ayers Rock Helicopters, die Rundflüge dauern 15–30 Min. und kosten entsprechend 150–185 $/Pers. inkl. Transfer vom Ayers-Rock-Resort.

Parkplätze für Sonnenauf- und -untergang Höhepunkt für viele Urlauber ist es, den Sonnenauf- oder -untergang am Uluru zu erleben. Für Leute mit eigenem Pkw wurden zu diesem Zweck zwei große Parkplätze angelegt, von denen sich die Szenerie besonders spektakulär präsentiert. Der Parkplatz für den Sonnenaufgang befindet sich an der Straße, die um den Fels herumführt, der für den Sonnenuntergang liegt an der Straße zum Ayers-

Karge Strauchvegetation im Uluru-Kata-Tjuta-Nationalpark

Uluru-Kata-Tjuta-Nationalpark

Kata Tjuta – weniger bekannt als Uluru, aber mindestens genauso schön

Rock-Resort. Entsprechende Areale, die mit dem Auto erreichbar sind, gibt es auch bei den Olgas.

Wanderungen am Ayers Rock Als kostengünstigste Alternative bietet sich an, einfach selbst auf Erkundungstour zu gehen (Verbotsschilder stets beachten!). Verzichten Sie bitte auf die Klettertour in den Felsen – die ist zwar immer noch nicht explizit verboten, aber nichtsdestotrotz wollen die Ureinwohner nicht, dass Fremde auf ihrer heiligen Stätte herumkraxeln. Eine wunderbare Alternative ist die **Base Walk**, die rund 10 km lange Wanderung um den Uluru herum (man sollte 3–4 Std. einplanen). Unterwegs kommt man an Felsmalereien vorbei, außerdem ergeben sich immer wieder neue Ausblicke auf den roten Felsriesen. Ein guter Startpunkt ist der *Mala Carpark* westlich des Ayers Rock. Man kann das Auto aber auch am Cultural Center abstellen und von dort über den einfachen **Liru Walk** zum Rundkurs gelangen (und auch wieder zurück), die Wanderung verlängert sich dabei um 4 km. Der rund 1 km lange **Kuniya Walk** führt zum *Mutitjulu Waterhole*, wo entsprechend der Mythen der Aborigines die Wasserschlange Wanampi wohnt.

Ausgangspunkt ist der Kuniya-Parkplatz auf der Südseite des Uluru.

Wanderungen an den Olgas Die Parkplätze an den Startpunkten der Wanderungen sind ausgeschildert. Auch auf diesen Touren müssen die Verbotsschilder beachtet werden. Der **Valley of the Winds Walk** ist sicherlich das schönste Erlebnis im Gebiet der Olgas. Es gibt zwei gekennzeichnete Aussichtspunkte, von denen sich ein guter Blick auf die Formationen bietet. Der erste, der *Karu Lookout*, befindet sich gerade mal einen Kilometer vom Parkplatz entfernt. Bei extremen Wetterbedingungen (zu viel Hitze und Wind) ist der Walk ab hier gesperrt, ansonsten schließt sich ein rund 5 km langer Rundweg an, an dem auch der *Karingana Lookout* liegt. Für die insgesamt 7,5 km lange Wanderung zwischen den majestätischen Felskuppeln sollte man gut 3 Std. einplanen. Festes Schuhwerk ist erforderlich, der Weg ist steinig. Eine einfache, kurze Wanderung von etwa 2,6 km Länge ist der **Walpa Gorge Walk**. In der schmalen Schlucht verdunstet die Feuchtigkeit nicht so schnell wie auf den schattenlosen Ebenen des Nationalparks und so hat sich hier ein echtes Refugium für Pflanzen und Tiere entwickelt.

Abruzzen • Ägypten • Algarve • Allgäu • Allgäuer Alpen • Altmühltal & Fränk. Seenland • Amsterdam • Andalusien • Andalusien • Apulien • Australien – der Osten • Auvergne & Limousin • Azoren • Bali & Lombok • Barcelona • Bayerischer Wald • Bayerischer Wald • Berlin • Bodensee • Bornholm • Bretagne • Brüssel • Budapest • Chalkidiki • Chiemgauer Alpen • Chios • Cilento • Comer See • Cornwall & Devon • Costa Brava • Costa de la Luz • Côte d'Azur • Cuba • Dolomiten – Südtirol Ost • Dominikanische Republik • Dresden • Dublin • Ecuador • Eifel • Elba • Elsass • Elsass • England • Fehmarn • Föhr & Amrum • Franken • Fränkische Schweiz • Fränkische Schweiz • Friaul-Julisch Venetien • Gardasee • Gardasee • Genferseeregion • Golf von Neapel • Gomera • Gran Canaria • Graubünden • Hamburg • Harz • Haute-Provence • Ibiza • Irland • Island • Istanbul • Istrien • Italien • Span. Jakobsweg • Kalabrien & Basilikata • Kanada – Atlantische Provinzen • Karpathos • Kärnten • Katalonien • Kefalonia & Ithaka • Köln • Kopenhagen • Korfu • Korsika • Korsika Fernwanderwege • Korsika • Kos • Krakau • Kreta • Kreta • Kroatische Inseln & Küstenstädte • Kykladen • Lago Maggiore • La Palma • La Palma • Languedoc-Roussillon • Lanzarote • Lesbos • Ligurien – Italienische Riviera, Genua, Cinque Terre • Ligurien & Cinque Terre • Limnos • Liparische Inseln • Lissabon & Umgebung • Lissabon • London • Lübeck • Madeira • Madeira • Madrid • Mainfranken • Mainz • Mallorca • Mallorca • Malta, Gozo, Comino • Marken • Mecklenburgische Seenplatte • Mecklenburg-Vorpommern • Menorca • Rund um Meran • Midi-Pyrénées • Mittel- und Süddalmatien • Montenegro • Moskau • München • Münchner Ausflugsberge • Naxos • Neuseeland • New York • Niederlande • Norddalmatien • Norderney • Nord- u. Mittelengland • Nord- u. Mittelgriechenland • Nordkroatien – Zagreb & Kvarner Bucht • Nördliche Sporaden – Skiathos, Skopelos, Alonnisos, Skyros • Nordportugal • Nordspanien • Normandie • Norwegen • Nürnberg, Fürth, Erlangen • Oberbayerische Seen • Oberitalien • Oberitalienische Seen • Odenwald mit Bergstraße, Darmstadt, Heidelberg • Ostfriesland & Ostfriesische Inseln • Ostseeküste – Mecklenburg-Vorpommern • Ostseeküste – von Lübeck bis Kiel • Östliche Allgäuer Alpen • Paris • Peloponnes • Pfalz • Pfälzer Wald • Piemont & Aostatal • Piemont • Polnische Ostseeküste • Portugal • Prag • Provence & Côte d'Azur • Provence • Rhodos • Rom • Rügen, Stralsund, Hiddensee • Rumänien • Sächsische Schweiz • Salzburg & Salzkammergut • Samos • Santorini • Sardinien • Sardinien • Schottland • Schwarzwald Mitte/Nord • Schwarzwald Süd • Shanghai • Sinai & Rotes Meer • Sizilien • Sizilien • Slowakei • Slowenien • Spanien • St. Petersburg • Steiermark • Südböhmen • Südengland • Südfrankreich • Südmarokko • Südnorwegen • Südschwarzwald • Südschweden • Südtirol • Südtoscana • Südwestfrankreich • Sylt • Teneriffa • Teneriffa • Tessin • Thassos & Samothraki • Toscana • Toscana • Tschechien • Türkei • Türkei – Lykische Küste • Türkei – Mittelmeerküste • Türkei – Südägäis • Türkische Riviera – Kappadokien • Umbrien • Usedom • Venedig • Venetien • Wachau, Wald- u. Weinviertel • Wales • Warschau • Westböhmen & Bäderdreieck • Westliche Allgäuer Alpen und Kleinwalsertal • Wien • Zakynthos • Zentrale Allgäuer Alpen • Zypern

Reisehandbuch   MM-City   MM-Wandern

MM-Wandern
informativ und punktgenau durch GPS

- für Familien, Einsteiger und Fortgeschrittene
- ausklappbare Übersichtskarte für die Anfahrt
- genaue Weg-Zeit-Höhen-Diagramme
- GPS-kartierte Touren (inkl. Download-Option für GPS-Tracks)
- Ausschnittswanderkarten mit Wegpunkten
- Konkretes zu Wetter, Ausrüstung und Einkehr

Übrigens: Unsere Wanderführer gibt es auch als App für iPhone™, WindowsPhone™ und Android™

- Allgäuer Alpen
- Andalusien
- Bayerischer Wald
- Chiemgauer Alpen
- Eifel
- Elsass
- Fränkische Schweiz
- Gardasee
- Gomera
- Korsika
- Korsika Fernwanderwege
- Kreta
- Lago Maggiore
- La Palma
- Ligurien
- Madeira
- Mallorca
- Münchner Ausflugsberge
- Östliche Allgäuer Alpen
- Pfälzerwald
- Piemont
- Provence
- Rund um Meran
- Schwäbische Alb
- Sächsische Schweiz
- Sardinien
- Schwarzwald Mitte/Nord
- Schwarzwald Süd
- Sizilien
- Spanischer Jakobsweg
- Teneriffa
- Toscana
- Westliche Allgäuer Alpen
- Zentrale Allgäuer Alpen

NOTIZEN

NOTIZEN

Register

90-Mile-Beach 525

Aboriginal Art 88
Aborigines 57
AC/DC 92
Advance Australia Fair (Nationalhymne) 76, 155
Affenbrotbaum (Boab Tree) 41
Aga-Kröte 56
Agnes Water 676
Aireys Inlet 497
Airlie Beach 694
Akazie 39
Akubra-Hüte 160
Albury 546
Alkohol 139
Alleinreisende Frauen 140
Allen, Peter 338
Allfarblori 50
Ameisenigel (engl. Echidna) 45
Amphibien 46
Anakie 771
Anangu Aborigines 790
Anemonenfisch 53
Anglesea 497
Angourie 365
Anreise 105
Anschläge (2002 auf Bali) 78
ANZAC (Australian and New Zealand Army Corps) 77
Apart-Hotels 125
Apartments 125
Apollo Bay 499
Ararat 562
Arbeiten in Australien 140
Arbeitsvisum 107
Armidale 334
Arthurs Seat 461
Ärztliche Versorgung 139
Ashes Series 102
Atherton 759
Atherton Tablelands 756
Atkins, Mark 93
Ausrüstung 140
Austinmer 266
Australia Zoo (Beerwah) 640, 641
Australian Antarctic Territory 31
Australian Greens 85
Australian Labor Party (ALP) 85
Australian Rules Football 100
Australische Gespenstfledermaus 51
Auswandern 141
Avoca 492
Ayers Rock (Uluru) 790
Ayers-Rock-Resort (Yulara) 791

Baden 141
Bahn 120
Bairnsdale 526
Ball, Eugene 94
Ballarat 478
Ballina 366
Bankkonto 148
Banks, Joseph 40, 62, 247
Banksia 40
Barcaldine 774
Bargara 674

Barramundi 52
Barrenjoey Lighthouse 244
Barrington Tops National
 Park, Nationalpark 351
Barron Falls 765
Barron Falls Lookout 766
Bartagame (engl.
 Bearded Dragon) 48
Barton, Sir Edmund 74
Barwon Heads 476
Batavia (Schiff) 61
Batemans Bay 279
Bathurst 294
Batman, John 413
Baum- und Busch-
 landschaften 39
Bäume 40
Baywalk Bollards 472
BBQs 134
Beachley, Layne 103
Bearded Dragon
 (Bartagame) 48
Bed & Breakfast 126
Behinderung 141
Belgrave 456
Bell, Richard 89
Bellarine Peninsula 468
Bells Beach 497
Bendigo 487
Benedikt XVI. 82
Benzinpreis 113
Bergbau 86
Berrima 250
Berry 272
Beuteltiere 42
Bevölkerung 96
Bier 137
Big Banana 362
Big Merino (Goulburn) 252
Bilby (Kaninchen-
 nasenbeutler) 45
Black Friday Bushfires 82
Black Star of
 Queensland 772
Blackheath 262
Blaugeringelte Krake 55
Blauwal 54
Blauzungenskink (engl.
 Bluetoungue Lizard 48

Bligh, William 66, 80
Bloomfield Track 752
Blue Mountains 253
Blue Mountains
 Botanic Garden 255
Bluetoungue Lizard
 (Blauzungenskink) 48
Boab Tree (Affenbrot-
 baum, Baobab) 41
Bodenschätze 27
Bogong-Falter 51
Bomaderry 274
Bonegilla 550
Booderee National Park,
 Nationalpark 277
Border Ranges National
 Park 377
Botany Bay 170, 247
Botany Bay National Park,
 Nationalpark 247
Bottlebrush 40
Bougainville, Louis
 Antoine de 62
Bourke 312
Bowen 704
Bowen Basin 687
Bowral 250
Box Jelly (Seewespe) 55
Boy & Bear 94
Boyd, Arthur 90
Brack, John 90
Bradman, Sir Donald 250
Brambuk Kulturzentrum
 (Grampians-Nationalpark
 566
Bribie Island 619
Bright 539
Brisbane, Thomas 581

Brisbane 580
 Anreise 585
 ANZAC Square 606
 Botanic Gardens 609
 Brisbane River
  Stage 608
 Cathedral of
  St. Stephen 606
 City Hall 605
 Commissariat Store 607
 Conrad Treasury
  Casino 607
 Customs House 608

Register 803

 Eagle Street Pier 609
 Einkaufen 600
 Essen & Trinken 594
 Festivals 601
 Gallery of
  Modern Art 611
 Gardens Point 608
 Gardens Theatre 608
 Geführte Touren 603
 Geografie 584
 Geschichte 581
 Griffith Universität 610
 Information 585
 Klima 583
 Krankenhäuser 589
 Kultur 599
 Lone Pine Koala
  Sanctuary 614
 Maritime Museum 612
 Mount Coot-tha Botanic
  Gardens 614
 Mount Coot-tha
  Park 614
 Museum of
  Brisbane 606
 Nachtleben 597
 Nepalesische
  Pagode 610
 Öffentliche Verkehrs-
  mittel 586
 Old Government
  House 609
 Old Windmill 613
 Parken 587
 Parliament House 609
 Queen Street Mall 606
 Queensland Art
  Gallery 610
 Queensland Cultural
  Centre 610
 Queensland
  Museum 611
 Queensland University
  of Technology 608
 QUT Art Museum 609
 River Walk 604
 Roma Street Parkland
  612
 Rundfahrten 604
 Sir Thomas Brisbane
  Planetarium 614
 South Bank 610
 St. Johns Cathedral 606
 Stadtbild 583
 Stadtteile 584
 State Library of
  Queensland 612

Streets Beach 612
Treasury Building 607
Übernachten 592
Veranstaltungen 601
Waterfront 608
Wichtige Adressen 587
XXXX Brewery 613

Broad Beach 625
Broken Hill 316
Broken River 692
Brooklyn 245
Bryant, Mary 67
Bryson, Bill 92
Buckelwal 54
Buckley, William 67, 408, 468
Bullenhai 53
Bulli 266
Bundaberg 671
Bundaberg Rum 137
Bunjil's Sherlter 564
Burke, Robert O'Hara 72, 81
Burleigh Heads 635
Bus 119
Buschfeuer 33
Buschhuhn 50
Bush tucker 136
Bushcamping 130
Bushranger 69
Bushwalking 142
Bustard Bay 676
BYO (Bring Your Own) 138
Byron Bay 368

Cabins 129
Cairns 726
Caloundra 641
Cameron's Corner, 311
Campingplätze 129

Canberra 379
Aboriginal Tent Embassy 403
Anreise 382
ANZAC Parade 396
Australian Institute of Sports 404
Australian National Botanic Gardens 397
Australian War Memorial 396
Black Mountain Tower 398
Canberra Deep Space 405
Canberra Museum & Gallery 396
Captain Cook Memorial 400
Einkaufen 393
Essen & Trinken 390
Festivals 394
Geschichte 380
Gold Creek Village 404
Information 382
Klima 381
Krankenhäuser 385
Kultur 393
Lake Burley Griffin 380, 398
Nachtleben 392
National Archives 403
National Capital Exhibition 399
National Carillon 398
National Film & Sound Archive 397
National Gallery of Australia 400
National Library of Australia 400
National Museum of Australia 398
National Portrait Galley 400
National Zoo & Aquarium 398
Öffentliche Verkehrsmittel 384
Old Parliament House 401
Organisierte Touren 394
Parken 384
Parliament Hill 401
Parliament House 402
Questacon 400
Royal Australian Mint 403
Stadtteile 382
Übernachten 388
Veranstaltungen 394
Wichtige Adressen 385

Canecutters Way 706
Cann River 531
Cape Bridgewater 512
Cape Byron Headland 372
Cape Otway 501
Cape Otway Lighthouse 502
Cape Paterson 517
Cape Tribulation 746
Cape York Peninsula 753
Capricorn Caves 684
Capricorn Coast 676
Capricorn Highway 770
Captain Starlight (Henry Readford) 776
Captain Thunderbolt (Frederick Wordsworth Ward) 334
Caravan-Parks 129
Carnarvon Gorge 773
Carnarvon National Park 773
Carrajung 520
Castlemaine 484
Cathedral Rock Nationalpark 336
CBD (Central Business District) 143
Cessnock 324
Channel Country 574
Charlotte Pass 292
Charters Towers 787
Chatwin, Bruce 92
Ciguatera 143
Clans (Aborigines) 58
Clarke, Marcus 90
Cloncurry 785
Clyde River, Fluss 279
Cobar 312
Coffs Harbour 360
Cold Chisel 92
Commonwealth Games 78, 82
Commonwealth of Australia 74, 81, 83
Cook, James 62, 63, 80, 576, 753
Cooktown 749
Coolabah Tree 40
Coolangatta 635
Cooma 286
Coral Sea Islands Territory 31
Corio Bay 468

Register 805

Corroboree-Frosch 46
Cowra 300
Craig's Hut 532
Croajingolong-Nationalpark 531
Crocodile Dundee 94, 96
Currumbin Wildlife Sanctuary 637
Cyclone Larry 36

Daintree Discovery Centre 746
Daintree River 744, 745
Daintree Village 744
Dampier, William 61
Dandenong Ranges 456
Darling Downs 620
Darling River 26
Dawson, Smoky 93
Daydream Island 703
Daylesford 483
Delfin 54
Denguefieber 149
Deniliquin 309
Didgeridoo 160
Dimboola 571
Dingo 56
Dingos 660
Dinner Plain 541
Dinosaur Trail 786
Dinosaurier 778, 780, 786
Diplomatische Vertretungen 107
Dive Medicals 143
Dollar, australischer (AUD) 163
Dorrigo 336
Dorrigo Nationalpark 336
Dot Painting 89
Drogen 143
Dromana 461
Drover 69
Drysdale, Russell 90
Dubbo 301
Dugong 54
Durchfallerkrankungen 149
Dürre 35
Dusty, Slim 93
Duyfken (Schiff) 61

EC-Card 148
Echidna (Ameisenigel) 45
Echsen 48
Echuca 553
Eden 283
EFTPOS (Electronic Funds Transfer at Point of Sale) 143
Eildon 533
Einkaufen 143
Einreise 108
Einwanderung 75
Einwanderungsbehörden 107
Elisabeth II. 83
Ellinjaa Falls 756
El-Nino 33
Emancipists 68
Emerald 770
Empire of the Sun 94
Emu 48
Endeavour (Schiff) 62, 63, 753
Erdbeben 36
Ermäßigungen 144
Erste Hilfe 144
Erster Weltkrieg 77
Essen und Trinken 132
ETA (Electronic Travel Authority) 105
Ettamogah Pub 550
Eukalyptuswälder 38
Eungella National Park 691
Eureka Stockade (Eureka-Rebellion) 81, 482
Evans, George 272
Everglades Gardens 256
eVisitor-Visa 105
Exclusives 68

Fähren 122
Fahrrad 121
Fahrzeugkauf 115
Fahrzeugmiete 113
Falls Creek 543
Fanning, Bernard 94
Farmstay 129
Farnham, John 94
Fauna 37
Federation Drought 36
Feiertage 146
Felsgravierungen 88
Ferienhäuser 126
Feste 146
Feuerfisch 55
Filmen 147
First Fleet 63, 64, 80
Fitzroy River 682
FKK und Nacktbaden 147
Fledertiere 48
Flinders, Matthew 71, 80
Flora 37
Flossenfüße 48
Flötenvogel 55
Fluggesellschaften 109
Flughunde 51
Flugpreise 109
Flynn, John 81, 785
Föderalismus 84
Forster-Tuncurry 350
Foster 517
Fotografieren 147
Franklin, Stella Maria Miles 91
Fraser Coast 654
Fraser Island 29, 654
Fraser, Eliza 654
Freemantle, Charles 70, 81
Freie Siedler 68
Freizeit 98
French Island 464
Frillneck Lizard (Kragenechse) 48
Froschlurch 46
Führerschein, international 112
Furniss, Paul 94
Fußball 102

Garner, Helen 91
Gecko 48
Geelong 468
Gefangenenlager 66
Gelbfieber 149
Gelbhaubenkakadu 50
Geld 148
Geldautomaten 148
Geografie 24

Register

Geologie 24
Gepäck 109
Geschichte 57
Gesundheitsrisiken 149
Gibson, Mel 94
Giftnattern 47
Gifttiere, Bisse 145
Gippsland 514
Gippsland Lakes 524
Gladstone 679
Glasshouse Mountains 639, 640
Gleitbeutler 45
Glen Innes 336
Glenbrook 254
Gloucester 350
Gold Coast 624
Gold Coast Airport 375
Gold Coast City 625
Golden Wattle 40
Goldrausch 27, 72
Gondwana 24, 37
Gondwanaland 80
Gosse, William C. 72, 81
Goulburn 251
Goulburn River 552
Governor-General 83
Grabowski, Paul 94
Gracemere 684
Grafton 364
Grampians-Nationalpark 562, 566
Grand Ridge Road 520
Granite Gorge 759
Graslandschaften 39
Graue Nomaden 98
Graukopf-Flughund 51
Great Alpine Road 538
Great Artesian Basin 25
Great Barrier Reef 29, 706, 726
Great Cobar Heritage Centre 312
Great Dividing Range 25, 26, 39
Great Green Way 706
Great Keppel Island 686
Great Lakes, NSW 350
Great Ocean Road 493
Great Ocean Walk 500
Great Tropical Way 706
Great Western Plateau 25, 26
Great-Otway-Nationalpark 501
Greenway, Francis 68
Greyhound Australia 119
Griffin, Walter Burley 380
Griffith 307
Grose, Francis 65
Großfußhühner 50

Halls Gap 568
Hamilton 569
Hamilton Island 701
Hampden Bridge 273
Hanging Rock 467
Hart, Pro 90, 319
Hautkrebsrate 97
Hawkesbury River 245
Hay 308
Hayman Island 702
Healesville 458
Heart Reef, Whitsunday Islands 698
Heide Museum of Modern Art (Bulleen) 455
Heidelberg School 89
Helmkasuar 49
Henty, Howard 510
Hepburn Springs 483
Herkules-Falter 51
Herrmannsburger Schule 89
Hervey Bay 665
Higgins, Missy 94
Hinchinbrook Island 720
Hinkler, Bert 673
Hitzekollaps 145
Hitzewellen 33
Hitzschlag 145
HMAS Brisbane (Schiffswrack) 646
Hochland Victoria 532
Höchstgeschwindigkeiten 112
Hogan, Paul 94, 96
Höhlenmalereien 88
Holt, Harold 464
Homosexuelle 150
Hook Island 703
Hookturn 420
Horsham 570
Hostels 127
Hotels 123
Hovell, William 71, 80
Howard, John 78
Howe, Jackie 775
Hughenden 786
Hume, Hamilton 71, 80
Hummock-Gräser 39
Humphries, Granny 273
Hunter Valley 324
Hunter, John 66
Huntsman Spider (Riesenkrabbenspinne) 51
Huskisson 275

Impfungen 149
Industrie 87
Innisfail 723
Insekten 51
Internet 150
Inverell 358
Inverloch 517
INXS 92
Ipswich 620

Jahreszeiten 32
Jansz, Willem 61, 80, 576
Jenolan Caves 256, 263
Jervis Bay 275
Jindabyne 288
Jindabyne (Film) 95

Kaffee 756
Kakadu 50
Kakadu-Nationalpark 30
Kamele 56
Kanakas 671
Kangaroo Valley 272
Känguru 43, 54
Kaninchen 56
Kaninchennasenbeutler (engl. Bilby) 45
Kartenmaterial 150
Kata Tjuta (Olgas) 790
Katoomba 259
Kegelschnecke 55

Register 807

Keilschwanzadler 49
Kelly, Ned 69, 81, 535
Keneallys, Thomas 91
Kiama 271
Kinchega National Park, Nationalpark 323
Kinder 151
Kirra 635
Kleidung 140
Klima 32
Klimaregionen 32
Kloakentiere 45
Kngwarreye, Emily 89
Koala 44, 55
Konsulate 107
Kookaburra 48
Koorana Crocodile Farm (Coowonga) 684
Korumburra 515
Kosciuszko National Park, Nationalpark 289
Kragenechse (engl. Frillneck Lizard) 48
Kreditkarten 148
Kricket 101
Kriminalität 152
Krokodile 47
Kultur 88
Kunst 88
Kuranda 762
Ku-Ring-Gai Chase National Park, Nationalpark 246
Kurnell 248

La Perouse 248
Lady Elliot Island 679
Lady Musgrave Island 678
Lake Barrine 761
Lake Eacham 761
Lake Eildon 533
Lake Eyre 25
Lake MacKenzie 660
Lake Maraboon 770
Lake Mulwala 551
Lake Tinaroo 761
Lake Wendouree 483
Lakes Entrance 526
Lamington National Park 638

Land Titels 60
Landsborough Highway 775
Landwirtschaft 86
Lanyon Homestead 405
Lark Quarry 780
Latrobe Valley 521
Laura 754
Lawson, Henry 91, 313
Lebensmittel 152
Leistenkrokodil 48
Lennox Head 367
Leura 258
Liberal National Party 85
Liberal Party 85
Lichtschutzfaktor 159
Lightning Ridge 339
Lindeman Island 704
Lindsay, Norman 91
Line of Lode 316
Lismore 375
Literatur 90
Lithgow 264
Little River Gorge 530
Little-Desert-Nationalpark 571
Living Desert Reserve 320
Loch Ard Gorge 504
Loch Ard Peacock 508
Lond Island 703
London Bridge/ London Arch 505
Longreach 775
Lori 50
Lorne 497
Louttit Bay 497
Lovedale 324
Lungenfisch 52

Mabo, Eddie 60
Macarthur, John 66, 172
Mackay 687
MacKillops Bridge 530
Macquarie, Lachlan 66, 80
Mad-Max-Filmtrilogie 94
Magenbrüterfrosch 46
Magnetic Island 716
Maheno (Schiffswrack) 661

Malaria 149
Maldon 486
Mallacoota 531
Mallee Eucalyptus 39
Manly 240
Manly Scenic Walkway 238
Manning Valley 350
Mansfield 534
Mareeba 756
Maryborough 491, 663
Maße und Gewichte 153
Maut 118
Mautstrecken 118
McCubbin, Frederick 89
McCullough, Colleen 92
McPherson Range 638
Medien (deutschsprachig) 153
Medizinische Versorgung 153
Meeresschildkröten 48, 674
Meerogal 274
Mehrwertsteuer-Rückerstattung 153
Melba, Nellie 94, 693
Melbourne 412
  AAMI Park 452
  Albert Park Circuit 440
  Anreise 417
  Arts Precinct 449
  Australian Centre for the Moving Image 444
  Birrarung Marr 444
  Block Arcade 443
  Carlton Gardens 448
  City Baths 445
  City Museum 446
  Como Historic House and Garden 452
  Crown Entertainment Complex 450
  Docklands 453
  Einkaufen 437
  Essen & Trinken 429
  Eureka Skydeck 451
  Federation Square 443
  Festivals 439
  Fitzroy Gardens 447
  Gas Brigades 451
  Geführte Touren 441

Geografie 414
Geschichte 413
Government House 452
Historic Cooks
  Cottage 447
Hookturn 420
Immigration
  Museum 448
Information 416
Kings Domain 452
Klima 414
Krankenhäuser 422
Kultur 435
Luna Park 455
Melbourne
  Aquarium 448
Melbourne Convention
  & Exhibition
  Centre 450
Melbourne Cricket
  Ground 440, 452
Melbourne Cup 440
Melbourne
  Museum 448
Melbourne Park 452
Melbourne Sports and
  Entertainment
  Precinct 451
Melbourne Star 454
Melbourne Town
  Hall 444
Melbourne Zoo 449
Michaels Camera
  Museum 447
Nachtleben 433
National Gallery of
  Victoria 451
Öffentliche Verkehrsmittel 417
Old Melbourne
  Gaol 446
Old Treasury
  Building 446
Olympic Park 452
Parken 420
Parliament House 446
Polly Woodside 450
Queen Victoria
  Market 448
RMIT Gallery 445
Rod Laver Arena 452
Royal Arcade 443
Royal Botanic
  Gardens 452
Royal Exhibition
  Building 449
Rundfahrten 442

Southbank 449
Sport 441
Sportveranstaltungen 439
St. Kilda 454
St. Patricks
  Cathedral 447
Stadtteile 415
State Library of
  Victoria 445
Swanston Street 444
The Arts Centre 451
The Ian Potter Ventre:
  NGV Australia 443
Treasury Gardens 447
Übernachten 423
Veranstaltungen 439
Wichtige Adressen 421
Yarra Park 452

Men at Work 92
Merimbula 282
Meter Maids 626
Metung 529
Midnight Oil 92
Mietfahrzeuge 113
Mildura 558
Millaa Millaa Falls 756
Milton 277
Mindestaufenthalt 154
Minogue, Kylie 94
Mirboo North 520
Mission Beach 721
Mitchel, Jan 472
Mittagong 249
Mobiltelefone 161
Mogo Village 280
Mon Repos 674
Montague Island, Insel 282
Mooloolaba 644
Moonlight Head 504
Moreton Bay 615
Moreton Island 615
Morgan, Sally 91
Mornington Peninsula 461
Morrison, James 94
Mosman Gorge 744
Mossman 743
Motels 126
Motor-Inns 126
Mount Archer 684
Mount Barrington 351

Mount Baw Baw 522
Mount Beauty 542
Mount Beerwah 640
Mount Bogong 532, 542
Mount Buffalo 540
Mount Buller 536
Mount Cook 753
Mount Dandenong 456
Mount Feathertop 540
Mount Hotham 540
Mount Isa 781
Mount Kosciuszko 26, 289, 293
Mount Napier 570
Mount Oberon 518
Mount Sorrow 749
Mount Stirling 536
Mount Victoria 263
Mount William 567
Mountain Ash (Rieseneukalyptus) 38
Mr. Fourex 613
Mudgee 298
Munduwalawala, Ginger
  Riley 89
Mungo National Park,
  Nationalpark 322
Murray Cod 52
Murray River 26, 304, 545
Murrumbidgee River 304
Mutawitji National Park,
  Nationalpark 323
Muttonbird Island 362

Nachtleben 154
Namadgi-Nationalpark 379
Namatjira, Albert 89
Nambucca Heads 357
Narooma 280
National Party 85
Nationalflagge 154
Nationalhymne 155
Nationalparks 155
Nationalstolz 97
Native Title Act 60, 82
Native Titles 60
Naturkatastrophen 33
Nelson Bay 347
Netball 102

Register 809

New England
Nationalpark 336
New England Plateau 328
New Holland 61
New South Wales (NSW) 168
  Fauna 173
  Flora 173
  Geografie 173
  Geschichte 170
  Klima 173
  Wirtschaft 175
New South Wales
  Corps 65, 80
Newcastle 341
Newton John, Olivia 94
Niederländische Ostindien-Kompanie 61
Nimbin 377
Nolan, Sidney 90, 405
Noosa 647
Noosa National Park 653
Nordküste New South
  Wales 341
Nord-Queensland 706
Norfolk Islands 31
North Stradbroke
  Island 618
Northern Beaches 243
Northern Beaches
  (Cairns) 736
Notrufnummer 42, 145, 155
Nowra 274
NSW TrainLink 182

Ocean Grove 475
Öffnungszeiten 156
Olgas (Kata Tjuta) 790
Olinda 456
Olympische Sommerspiele
  (Melbourne) 82
Olympische Sommerspiele
  (Sydney) 78, 82
Omeo 544
Orange 296
Outback New South
  Wales 311
Outback Queensland 767
Ovens-River 537
Overlander 68
Overlander's Way 781

Oxley Wild Rivers
  Nationalpark 335
Oxley, John 71

Paketsendungen 156
Parkes 303
Parkes, Sir Henry 74, 338
Parlament 84
Paronella Park 725
Parteien 85
Paterson, Andrew Barton
  ‚Banjo' 90, 296, 780
Perisher Blue 291
Perry Sandhills 310
Pferderennen 100
Phillip Island 465
  Nobbies Centre 467
  Penguins Parade 467
  Phillip Island Circuit 467
  Seal Colony 467
Phillip, Arthur 64, 80, 171, 177
Pigram Brothers 93
Pinguine 50
Pioneer Valley 691
Platypus (Schnabeltier) 45
Point Danger 512
Point-Nepean-
  Nationalpark 463
Pokolbin 324
Politisches System 83
Populate or Perish 75
Port Campbell 505
Port Douglas 737
Port Fairy 508
Port Jackson
  Stierkopfhai 54
Port Macquarie 352
Port Stephens 347
Port-Campbell-
  Nationalpark 503
Portland 510
Porto 156
Portsea 462
Portugiesische Galeere 55
Post 156
Powderfinger 94
Prachtleierschwanz 50
Preisniveau 157

Princess Freeway/
  Highway 520
Pumicestone
  Passage 619, 641
Punktmalerei (engl. Dot
  Painting) 89
Purnululu-Nationalpark 30
Pyrenees 492

Q1 Tower (Surfers
  Paradise) 634
Qantas (austr. Flug-
  gesellschaft) 111
Quarantäne 108
Queenscliff 472
Queensland (QLD) 572
  Fauna 578
  Flora 578
  Geografie 577
  Geschichte 576
  Klima 577
  Wirtschaft 579

Rainbow Beach 662
Rasp, Charles 316
Raubbeutler 44
Rauchen 158
Readford, Henry 776
Reconciliation-
  Bewegung 59
Redback Spider 51
Regenwälder 38
Regierung 84
Reibey, Mary 68
Reisedokumente 105
Reiseschecks 148
Reisevorbereitung 105
Reisezeit 158
Reptilien 46
Resorts 126
Retreats 126
Richmond 786
Rieseneukalyptus 38
Riesenkrabbenspinne
  (engl. Huntsman
  Spider) 51
Riesenwaran 48
Riesenzackenbarsch 53
Rip (Strömung) 141
Riverina 304
Roach, Archie 93

Register

Roberts, Tom 89
Rockhampton 681
Rollstuhlfahrer 141
Rosslyn Bay, Rockhampton 685
Ross-River-Fieber 149
Royal Flying Doctor Service 81, 320, 786
Royal National Park, Nationalpark 81, 155, 248
Rubyvale 771
Rückreise 109
Rudd, Kevin 60, 78
Rugby 101
Rum Corps 65
Rum Rebellion 66, 80
Rutherglen 550

S.
S. Yongala (Schiffswrack) 714
Sale 524
Sapphire 771
Säugetiere 42
Scenic World 255
Schaufelraddampfer (Murray River) 555
Schlangen 46
Schnabeltier (engl. Platypus) 45
Schneeeukalyptus 39
Schulferien, australische 158
Schwimmen 102, 141
Schwule und Lesben 150
Seaspray 525
Seaview 520
Second Fleet 65, 80
Seebären 54, 467
Seeelefant 54, 410
Seehunde 512
Seekrankheit 149
Seelöwe 54
Seeschlangen 47
Seewespe (engl. box jelly) 55
Segeln 102, 700
Seisia 754
Shepparton 552
Ship-Wreck-Coast 504
Shute Harbour 694

Shute, Neville 91
Silverton 322
Singleton 324
Skifahren 533
Skorpionfisch 55
Snowgum (Schneeeukalyptus) 39
Snowy Mountain Hydro 286
Snowy Mountains 285
Snowy River 285, 530
Snowy-River-Nationalpark 530
Sonnenschutz 159
Sorrento 462
Sorry Rocks 794
Southern Cross (Kreuz des Südens) 155
Southern Highlands 249
Souvenirs 159
Sovereign Hill (Ballarat) 481
Spinifex-Gras 40
Spinnen 51
Spirit of Tasmania (Fähre) 122
Sport 99
Springbrook National Park 638
Springbrook Plateau 638
Squatter 68
Squeaky Beach 518
Stawell 564
Stawell Gift 564
Steckdosen 161
Steinfisch 55
Steuernummer 161
Stockton-Sanddünen 347
Stolen Children 60
Stolen Generation 60
Stone, Angus & Julia 94
Sträflinge 66

Strände
4 Mile Beach (Port Douglas) 741
75 Mile Beach (Fraser Island) 658
90-Mile-Beach 525
Aslings Beach (Eden) 283

Avalon (Sydney) 236
Balmoral Beach (Sydney) 237
Bar Beach (Newcastle) 347
Bells Beach (Torquay) 497
Belongil Beach (Byron Bay) 374
Bondi Beach (Sydney) 237
Bongaree Beach (Bribie Island) 619
Bronte Beach (Sydney) 237
Bulcock Beach (Caloundra) 644
Cave Beach (Booderee-Nationalpark) 277
City Beach (Wollongong) 270
Clarkes Beach (Byron Bay) 374
Cobblers Beach (Sydney) 238
Cocora Beach (Eden) 283
Collingwood Beach (Jervis Bay) 277
Cosy Corner (Byron Bay) 374
Dicky Beach (Caloundra) 644
Flynns Beach (Port Macquarie) 357
Golden Beach (Caloundra) 644
Halloways Beach (Cairns) 736
Huskisson Beach (Jervis Bay) 277
Hyams Beach (Jervis Bay) 277
Kings Beach (Caloundra) 642
Lady Bay (Sydney) 238
Lighthouse Beach (Port Macquarie) 357
Little Watego's Beach (Byron Bay) 374
Machans Beach (Cairns) 736
Main Beach (Byron Bay) 374
Manly Beach 242
Manly Cove 242

Merewether Beach (Newcastle) 347
Miners Beach (Port Macquarie) 357
Moffat Beach (Caloundra) 644
Newcastle Beach (Newcastle) 347
Nobbys Beach (Newcastle) 347
North Wollongong Beach 270
Northern Beaches (Cairns) 736
Obelisk Beach (Sydney) 238
Oxley's Beach (Port Macquarie) 357
Palm Beach (Sydney) 238
Palm Cove (Cairns) 736
Shark Net Beach (Jervis Bay) 277
Shelley Beach (Manly) 242
Shelly Beach (Caloundra) 644
South Mission Beach (Mission Beach) 721
Squeaky Beach (Wilsons-Promontory-Nationalpark) 518
Sunrise Beach (Noosa) 646
Sunshine Beach (Noosa) 646
Tamarama Beach (Sydney) 237
The Pass (Byron Bay) 374
Town Beach (Port Macquarie) 356
Trinity Beach (Cairns) 736
Watego's (Byron Bay) 374
Whitehaven Beach (Whitsunday Island) 703
Wongaling Beach (Mission Beach) 721
Woorim Beach (Bribie Island) 619
Yorkey's Knob (Cairns) 736

Sträucher 40
Strine (australisches Englisch) 104
Stromspannung 161
Strzelecki Ranges 519
Stuart, John McDouall 72, 81
Studentenausweis, internationaler 144
Studienvisa 106
Sturt, Charles 71
Subalpine und alpine Vegetation 39
Südkaper 54
Südküste (New South Wales) 265
Sunraysia-Region 558
Sunrise Beach 646
Sunshine Beach 646
Sunshine Coast 639
Surf Carnivals 102
Surfen 103
Surfers Paradise 625

Süßwasserkrokodil 48
Swan Hill 556

Sydney 176
Anreise 181
Art Gallery of New South Wales, Galerie 228
Australian Heritage Fleet 232
Australian Museum 225
Avalon, Strand 236
Balmoral Beach, Strand 237
Bondi Beach, Strand 237
Bronte Beach, Strand 237
Cadman's Cottage 221
Centennial Parklands 235
Chinatown 233
Cobblers Beach, Strand 238
Darling Harbour 230
Einkaufen 209
Elizabeth Bay House 233
Essen & Trinken 196
Fauna 178
Featherdale Wildlife Park 236
Festivals 212
Flora 178
Flughafen 181
Garrison Church 224
Geführte Touren 217
Geschichte 177
Gloucester Walk & Foundation Park 223

Sydney: Bondi Beach

Government House 228
Harbour Bridge 222
Hyde Park 230
Hyde Park Barracks Museum 229
Information 180
Justice & Police Museum 224
Kings Cross 233
Klima 178
Koala Park Sanctuary 236
Krankenhäuser 186
Kultur 208
Lady Bay, Strand 238
Living Museums 219
Loona Park 235
Museum of Contemporary Art 221
Museum of Sydney 225
Nachtleben 205
National Maritime Museum 232
Obelisk Beach, Strand 238
Öffentliche Verkehrsmittel 182
Olympiapark 234
Palm Beach, Strand 238
Port Jackson 176, 180
Powerhouse Museum 231
Queen Victoria Building 226
Royal Botanic Gardens 228
Rundfahrten 218
Sport 214
Sportveranstaltungen 213
St Patrick's Catholic Church 225
St. Andrews Cathedral 226
St. Mary's Cathedral 229
Stadtteile 180
Surfspots 214
Susannah Place Museum 222
Sydney Aquarium 231
Sydney Observatory 224
Sydney Opera House 219
Sydney Tower Eye 227
Sydney Tower Skywalk 227
Sydney Townhall 226
Sydney Wildlife World 231
Tamarama Beach, Strand 237
Taronga Zoo 235
The Domain 227
The Mint 229
The Rocks & Circular Quay 219
The Rocks Discovery Museum 222
Übernachten 187
Veranstaltungen 212
Walsh Bay Wharves 224
Wandertouren 238
Wichtige Adressen 183

Sydney Gay & Lesbian Mardi Gras 212
Sydney, Lord Thomas 64
Sydney-Gunnedah-Basin 175

Taipan (Schlange) 47
Tamworth 329
Tantalvorkommen 87
Taree 350
Tarra Valley 519
Tarra-Bulga-Nationalpark 519
Tasman, Abel 61, 80
Tasmanischer Teufel 44
Tax File Number 161
Telefonieren 161
Ten Pound Poms 75
Tenterfield 338
Termiten 52
Terra Australis incognita 62
Territory of Ashmore & Cartier Islands 31
Territory of Christmas Island 31
Territory of Cocos (Keeling) Islands 31
Territory of Heard & McDonald Islands 31
Tharwa 405
The Battle of Brisbane 582
The Pub With No Beer (Albtraum) 358
Thermometerhuhn 50, 410
Thirroul 266
Thredbo 290
Three Sisters 255
Thrombose 149
Thurra River Sanddunes 531
Thursday Island 754
Tidal River 518
Tidbindilla Nature Reserve 379
Tierwelt 41
Tigerhai 53
Tjapaltjarri, Clifford Possum 89
Tjapukai-Volk 736
Toiletten 162
Toowoomba 621
Torquay 495
Torres, Luis Vaez de 61
Torres-Strait-Insulaner 57, 146
Tourismus 87
Tourist Visa 106
Touristinformationen 162
Town of 1770 676
Townsville 708
Trampen 162
Traralgon 521
Trauerschwäne 50
Traumzeit 58
Travers, Pamela Lyndon 665
Trichternetzspinne 51, 174
Trinkgeld 163
Tropic of Capricorn 33
Tussock-Gräser 39
Tweed Heads 375
Twelve Apostles 503
Twofold Bay 283

Übernachten 123
Apart-Hotels 125
Apartments 125
Bed & Breakfast 126
Bushcamping 130
Cabins 129
Campingplätze 129

Caravan-Parks 129
Farmstay 129
Ferienhäuser 126
Hostels 127
Hotels 123
Motels 126
Motor-Inns 126
Resorts 126
Retreats 126
Überschwemmungen 36
Ulladulla 277
Uluru (Ayers Rock) 790
Uluru-Kata-Tjuta-Nationalpark 30, 793
Ulysses-Falter 51
Unaipon, David 91
Undara-Volcanic-Nationalpark 789
UNESCO-Weltnaturerbe 29

Unterwegs in Australien 111
Benzinpreis 113
Fahrzeugkauf 115
Fahrzeugmiete 113
Höchstgeschwindigkeiten 112
Mit dem Bus 119
Mit dem Fahrrad 121
Mit dem Flugzeug 111
Mit der Bahn 120
Mit Fähre, Schiff & Co. 122
Mit Pkw, 4WD, Wohnmobil und Motorrad 112

Uralla 333
Urangan-Pier (Hervey Bay) 668
Utzon, Jörn 220

Victoria (VIC) 406
Fauna 410
Flora 410
Geografie 410
Geschichte 408
Klima 410
Wirtschaft 410

Vincentia 275
Visa 105
Visum 105
Vögel 48
Vorwahlen 163

Wagga Wagga 305
Währung 163
Wakefield, Edward G. 70
Walcha 333
Walhai 53
Walhalla 523
Wallaby 43
Walls of China (Gesteinsformation) 322
Waltzing Matilda 81, 91, 780
Wandern 163
Wangaratta 537
Waratah 40
Warrnambool 506
Wasserbüffel 55
Wassertiere 52
Waterfall Circuit 756
Waterfall Way 336
Waterfalls Drive 706
Wein 137
Weipa 753
Weißer Hai 53
Wellington 301
Wellington Caves 301
Wentworth 310
Wentworth Falls 257
Werribee Park 468
Whalewatching (Hervey Bay) 670
Whalewatching (Warrnambool) 508
White Australia Policy 76
White, Patrick 82, 91
Whiteley, Brett 90
Whitsunday Coast 687
Whitsunday Island 702
Whitsunday Islands 698
Wildschwein 55
Willandra Lakes 30
Willandra Lakes World Heritage Area 322
Williamstown 455
Wills, William 72, 81
Wilsons-Promontory-Nationalpark 518
Wimmera 562
Wimmera River 571

Winton 778
Winton, Tim 92
Wirtschaft 86
Wodonga 546
Wolfmother 92
Wollemia 41
Wollomombi Falls 336
Wollongong 265
Wombat 44
Wonthaggi 517
Woodside Beach 525
Woomera (Speerschleuder) 58
Working Holiday 164
Working Holiday Visum 106
WWOOF (World Wide Opportunities on Organic Farms oder auch Willing Workers On Organic Farms) 164

Yamba 364, 365
Yarra Glen 458
Yarra Valley 457
Yarragon 521
Yarram 519
Yeppoon 685
Yothu Yindi 93
Yulara (Ayers-Rock-Resort) 791
Yungaburra 759
Yunupingu, Geoffrey Gurrumul 93

Zeitzonen 164
Zentral New South Wales 294
Zheng Hi 61
Zig-Zag Railway 256
Zillie Falls 756
Zoll 108
Zucker, Zuckerrohr 690
Zweiter Weltkrieg 75, 77
Zwergpinguin 174, 410, 467
Zwergpinguine 50
Zyklone 36

Die in diesem Reisebuch enthaltenen Informationen wurden vom Autor nach bestem Wissen erstellt und von ihm und dem Verlag mit größtmöglicher Sorgfalt überprüft. Dennoch sind, wie wir im Sinne des Produkthaftungsrechts betonen müssen, inhaltliche Fehler nicht mit letzter Gewissheit auszuschließen. Daher erfolgen die Angaben ohne jegliche Verpflichtung oder Garantie des Autors bzw. des Verlags. Autor und Verlag übernehmen keinerlei Verantwortung bzw. Haftung für mögliche Unstimmigkeiten.
Wir bitten um Verständnis und sind jederzeit für Anregungen und Verbesserungsvorschläge dankbar.

ISBN 978-3-89953-981-3

© Copyright Michael Müller Verlag GmbH, Erlangen 2009–2016. Alle Rechte vorbehalten. Alle Angaben ohne Gewähr. Druck: hofmann infocom GmbH, Nürnberg.

Aktuelle Infos zu unseren Titeln, Hintergrundgeschichten zu unseren Reisezielen sowie brandneue Tipps erhalten Sie in unserem regelmäßig erscheinenden Newsletter, den Sie im Internet unter **www.michael-mueller-verlag.de** kostenlos abonnieren können.

Was haben Sie entdeckt?

Haben Sie einen schönen Campground, ein stilvolles Restaurant oder einen tollen Strand entdeckt? Wenn Sie Ergänzungen, Verbesserungen oder neue Tipps zum Buch haben, lassen Sie es uns bitte wissen!

Schreiben Sie an: Armin Tima, Stichwort „Australien – der Osten"
c/o Michael Müller Verlag GmbH | Gerberei 19, D – 91054 Erlangen
armin.tima@michael-mueller-verlag.de

Pressestimmen

»Im spärlichen Angebot der spezifischen Reiseführer für New South Wales sticht das Reisehandbuch für den Osten wohltuend heraus. Informativ, umfangreich und extrem gut recherchiert, vermittelt das Handbuch einen recht realistischen Blick auf das, was den Reisenden vor Ort erwartet.«

(Reise-Inspirationen)

»Dass es sich um einen anspruchsvollen und gut recherchierten Reiseführer handelt, wird schon anhand der einführenden Kapitel zu Australien und den einzelnen Regionen und Städten deutlich. Fundierte und spannend zu lesende Ausführungen über die Geschichte und die wirtschaftliche Entwicklung sorgen für eine gute Einstimmung auf das Land und helfen, viele Ansichten und die Situation vor Ort zu relativieren. [...] Jede Region und größere Stadt wird intelligent vorgestellt. Sehr angenehm fällt auf, dass alle Ziele realistisch vorgestellt werden und der Schwerpunkt nicht nur auf den klassischen Touristenattraktionen liegt. Hintergrundinformationen zur Entwicklung und gesellschaftlichen Realität stellen sicher, dass die Kapitel sehr unterhaltsam sind, und zeigen, wie gut der Autor informiert ist. Die verwendeten Fotos scheinen ebenfalls vor dem Hintergrund ausgewählt worden zu sein, dem Leser ein realistisches Bild seiner geplanten Reiseroute zu vermitteln, und machen Lust auf Australien.«

(www.australientipps.de)

»Die sympathische Art und Weise, mit der vor allem die Menschen in den abgelegenen ländlichen Regionen mit den Schwierigkeiten fertig werden, die ihnen das Leben dort abverlangt, wird genauso vorgestellt wie die moderne Art des Lebens in den modernen Großstädten wie Melbourne, Sydney oder Brisbane. [...] Ein umfangreicher Teil des Reiseführers informiert über alles, was Reisende für ihre Art des Urlaubs in Australien wissen müssen. Und man lernt die verschiedenen Küchen Australiens kennen. Ein empfehlenswertes Handbuch für alle Australienreisenden.«

(suite101 – Das Netzwerk der Autoren)

»Voller Geheimtipps.«

(Nürnberger Nachrichten)

»[...] Denjenigen, die es auf die andere Seite des Erdballs nach Down Under zieht, sei ‚Australien – Der Osten' von Armin Tima ans Herz gelegt. Auf 800 Seiten gibt der Autor sein bestens recherchiertes Wissen wieder. Tima hat den fünften Kontinent mehrfach bereist und das zahlt sich für den Leser aus. Das bebilderte Werk ist eine Fundgrube für den Urlauber, der sich irgendwo zwischen Cairns im Norden und Melbourne im Süden tummeln möchte. Dabei schreibt Armin Tima nicht ausschließlich für Rucksacktouristen. Preiswerte Unterkünfte werden genauso genannt wie Restaurant-Tipps von Marke ‚Einfach' bis zur Sterne-Speisenkammer. Es macht teilweise richtig Spaß, die Beschreibungen Timas zu lesen. Wer nicht aufpasst, durchlebt schnell Tagträume vom Great Barrier Reef. Auf seinen Inlandsrouten hat der Autor zahlreiche Nationalparks besucht und anschließend beschrieben. Obligatorisch beschäftigt sich ein Reiseführer mit den Menschen und der Geschichte des Urlaubslandes, das ist auch bei Timas Werk so. [...] Das Kartenmaterial ist im Gegensatz zu Publikationen von Mitbewerbern aussagekräftig. Die Campingplatzsuche gelingt beim Blick auf die Grafik. [...]«

(Die Glocke)

»Ein vollgepackter Reiseführer voller Informationen und phantastischer farbiger Bilder. Das Buch macht Hunger auf den Osten des Känguru- und Koala-Landes.«

(Fachbuchkritik.de)

Klimaschutz geht uns alle an.

Der Michael Müller Verlag verweist in seinen Reiseführern auf Betriebe, die regionale und nachhaltig erzeugte Produkte bevorzugen. Ab Januar 2015 gehen wir noch einen großen Schritt weiter und produzieren unsere Bücher klimaneutral. Dies bedeutet: Alle Treibhausgasemissionen, die bei der Produktion der Bücher entstehen, werden durch die Ausgleichszahlung an ein Klimaprojekt von myclimate kompensiert.

Der Michael Müller Verlag unterstützt das Projekt »Kommunales Wiederaufforsten in Nicaragua«. Bis Ende 2016 wird der Verlag in einem 7 ha großen Gebiet (entspricht ca. 10 Fußballfeldern) die Wiederaufforstung ermöglichen. Dadurch werden nicht nur dauerhaft über 2.000 t CO_2 gebunden. Vielmehr werden auch die Lebensbedingungen der lokalen Bevölkerung deutlich verbessert.

In diesem Projekt arbeiten kleinbäuerliche Familien zusammen und forsten ungenutzte Teile ihres Landes wieder auf. Eine vergrößerte Waldfläche wird Wasser durch die trockene Jahreszeit speichern und Überschwemmungen in der Regenzeit minimieren. Bodenerosion wird vorgebeugt, die Erde bleibt fruchtbarer. Mehr über das Projekt unter **www.myclimate.org**

myclimate ist einer der weltweit führenden Anbieter im Bereich der freiwilligen CO_2-Kompensation. myclimate Klimaschutzprojekte erfüllen höchste Qualitätsstandards und vermeiden Treibhausgase, indem fossile Treibstoffe durch alternative Energiequellen ersetzt werden. Das Projekt »Kommunales Wiederaufforsten in Nicaragua« ist zertifiziert von Plan Vivo, einer gemeinnützigen Stiftung, die schon seit über 20 Jahren im Bereich Walderhalt und Wiederaufforstung tätig ist und für höchste Qualitätsstandards sorgt.

www.michael-mueller-verlag.de/klima